W0292729

ung

Unterwegs in Mexiko

Land und Leute

Quintana Roo u. Karibik

Yucatán und Campeche

Chiapas
Guatemala/Belize

Oaxaca

Pazifikküste

Mexiko-Stadt

Ruta de Cortés

Anhang

I. Berméja
Arena
Bajo nue
Triangu
BAHIA
CAMPE
pta Mo
I. Carmen
emola
S. Juan de Ulua
VERACRUZ
Alvarado
V. de Tuxtla
R. Coatzacoalcos
R. Toneladas
R. Sta Ana
R. Cupilco
R. Chiltepec
R. Tabasco
Xicalanco
Villaherm
Tuxtepec
DE VERACRUZ
NCIA
Lag. Chiapa
Chimalapa
REYNO
Totolapa
Tehuantepec
Tonalá
Chiapa
Ciudad
Comit
DE
Guiechapa
Macuilapa
Guatulco
GOLFO DE TEHUANTEPE
GUATEM

Alacran
Holbox
Contoy
C. Catoche
I. Cankun
Sta. Clara
Igil
Sisal
MERIDA
Valladolid
INTENDENCIA
DE
MERIDA
Campeche
I. Cozumel
B. Ascension
Bacalar
R. Hondo
I. Ubero
R. Nuevo
L. Balchaka
I. Turnef
R. Baliz
R. Usumacinta
G. de Honduras
MAR DE LAS ANTILLAS

Helmut Hermann

Mexiko
Süden

Von der Karibikküste nach Mexiko-Stadt

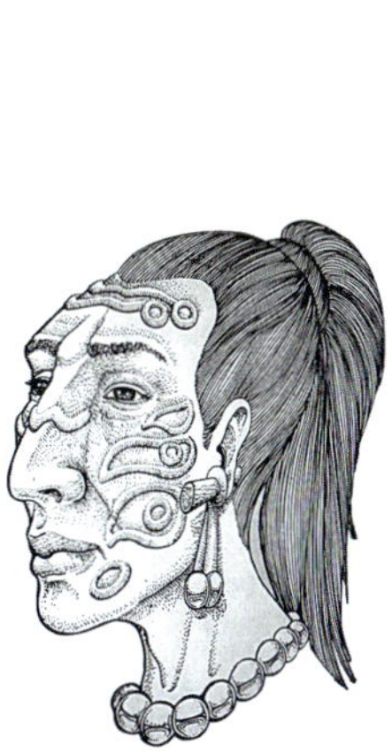

IMPRESSUM

Helmut Hermann

Mexiko Süden

erschienen im Verlag Reise Know-How

Untere Mühle
D – 71706 Markgröningen

3. Auflage **2015**
(vorherige Auflagen: „Yucatán und Chiapas“)
Recherche Ruta de Cortés: Angelika Weißbach
Puerto Escondido: Sylvia Zapletal

ISBN 978-3-89662-372-0
– Printed in Germany –

eMail-Adresse des Verlags: verlag@rkh-reisefuehrer.de
Websites von Reise Know-How:
www.reise-know-how.de
www.rkh-reisefuehrer.de

Gestaltung und Herstellung
Umschlagkonzept: Carsten Blind
Inhalt und Karten: Helmut Hermann
Karte S. 128/29: Reise Know-How Verlag Peter Rump, Bielefeld
Fotos: Bildnachweis siehe Anhang

Bienvenidos a Mexico!

Liebe Mexiko-Freunde,

vor Ihnen liegt das neukonzipierte Mexiko-Reisehandbuch, **„Mexiko Süden".** Das Buch ersetzt den Vorgängertitel „Yucatán und Chiapas" und wurde um 130 Seiten erweitert: hinzugekommen sind die Reiseregionen an der Pazifik- und Golfküste und die schönen Kolonialstädte Taxco, Cuernavaca, Tlaxcala, Puebla u.a. Schwerpunkt ist aber nach wie vor die Yucatán-Halbinsel und das Hochland von Chiapas, die Stammregionen der Maya.

Das Buch ist sowohl für **Individualreisende** mit dem Haupttransportmittel Bus als auch für jene, die Mexiko mit einem **Mietwagen** erleben wollen. Beginnen Sie Ihre Reise entweder in **Mexiko-Stadt** oder in **Cancún** an der Karibikküste, wo auch die Hauptreiseroute des Buchs beginnt. Durch die Halbinsel Yucatán mit ihren vielen archäologischen Stätten geht es über Palenque ins Hochland von Chiapas nach San Cristóbal de las Casas. Dort haben Sie mehrere Optionen zur Weiterreise: zu den Badeorten an der Pazifikküste, über Oaxaca nach Mexiko-Stadt, zurück nach Cancún oder (bereits von Palenque aus) einen Abstecher nach Guatemala und Belize. Lässt Sie Mexiko immer noch nicht los, dann empfehle ich ihnen zum „Nachtisch" die tolle „Ruta Cortés": Von Mexiko-Stadt geht es über Puebla in den abwechslungsreichen Bundesstaat Veracruz (Karte S. 640).

Im **Teil I,** in den **„Reisevorbereitungen",** steht alles, was Sie vor der Reise wissen müssen: Organisation der Reise, Klima, Einreise und Routen. Dabei ist das Kapitel „Mexiko-Stichworte von A – Z" besonders ausführlich.

Der **Teil II, „Unterwegs in Mexiko",** führt auf, was von Ort zu Ort von Belang ist: Reisen mit Bus oder Mietwagen, Verkehr, Flüge, Unterkünfte, Kulinarisches.

Der **Teil III, „Land und Leute",** beschäftigt sich mit Mexikos Geschichte, Landesnatur, Menschen, Staat und Gesellschaft, mit mexikanischer Lebensart, den Volksgruppen und Kulturen. Ausführlich wird die Hochkultur der Maya vorgestellt.

Der **Teil IV, der Reiseteil,** beginnt mit Cancún und endet mit Mexiko-Stadt. Von allen wichtigen Orten und bedeutenden Mayastätten gibt es im Buch exakte Karten und Pläne. Für Selbstfahrer und Wohnmobilreisende sind Streckenbeschreibungen mit Hinweisen zu Stell- und Campingplätzen aufgeführt.

Zum Gebrauch: Die **Griffmarken** an der rechten Buchkante ermöglichen einen schnellen Zugriff auf die Buch- und Reiseteile. In den Seiten stehen oben über den Kopflinien innen im Bund die **Seitenzahlen der Karten,** die zum Text der betreffenden Seite passen. Zum schnellen Aufschlagen bestimmter Seiten ein Tipp: versehen Sie als Seitenfinder das Buch mit Haftnotizzetteln. Touristisch wichtige Orte oder Stätten mit Kartenseiten finden Sie schnell in alphabetischer Reihenfolge auf der nächsten Seite in der **Schnellübersicht.**

Im **Anhang** sind aufgeführt: „Glossar und Lexikon", „Historische Persönlichkeiten", „Ausgewählte Mexiko-Literatur", *„Cómo se dice* – Sprachhilfe Spanisch", „Speisen und Getränke", „Die mexikanische Speisekarte" sowie das Register. Konstruktive Kritik, Neuigkeiten und Beiträge, die unterwegs Notizen erfordern, waren mir seit jeher ein kostenloses Reise-Know-How-Buch Ihrer Wahl wert. Schicken Sie Ihre Mail an: verlag@rkh-reisefuehrer.de.

Buen viaje, Ihr Helmut Hermann

NEU: Mit Ihrem Smartphone können Sie sich nun über einen QR-Code durch Tulúm (S. 177) und Monte Albán (S. 473) per Audioguide führen lassen!

Schnellübersicht

Die wichtigsten Städte / Orte / archäologischen Stätten

Inhaltsverzeichnis

TEIL I – REISEVORBEREITUNGEN

TEIL II – UNTERWEGS IN MEXIKO

TEIL III – LAND UND LEUTE

Die Welt der Maya

TEIL IV – REISETEIL

Bundesstaat Quintana Roo und die Karibikküste

Bundesstaaten Yucatán und Campeche

Bundesstaat Chiapas

Oaxaca-Stadt und Umgebung

Pazifikküste

Hochland

Mexiko-Stadt

Golfküste / Ruta de Cortés

ANHANG

Landkarten von Regionen / thematische Karten

SÜDMEXIKO
HIDALGO
MÉXICO
TLAXCALA
MORELOS
PUEBLA
VERACRUZ
TABASC
GUER-RERO
OAXACA
Rayón
P. Montoya
Tancuayalab
El Higo
Tanquián
Xichú
Pozos
Tamazunchale
Tempoal
Jalpan
Miguel de Allende
Huejutla
Cerro Azul
Potrero del Llano
Huautla
Tuxpan
Zimapán
Poza Rica
Ixmiquilpan
Tecolutla
Juan del Río
Huichapan
Actopan
Atotonilco
Papantla
Tula
Nautla
Pachuca
Huauchinango
Tulancingo
Chignahuapan
CIUDAD DE MÉXICO
Teziutlán
Xalapa
Perote
Toluca
Tlaxcala
Apizaco
Coatepec
Amecameca
Cuer-navaca
Cholula
Puebla
Huamantla
La Antigua
Tenancingo
Atlixco
Veracruz
Córdoba
Taxco
Zacatepec
Técamachalco
Orizaba
Alvarado
Izúcar de Matamoros
Tlacotalpan
Iguala
Huitzuco
Chiautla
Tehuacan
Cosamaloápan
Santiago Tuxtla
San Andrés Tuxtla
Coxcatlán
Balsas
Petlalcingo
Huautla
Coatzacoalcos
Paraíso
Comalcalco
La Venta
Olinalá
Tuxtepec
Acayucan
Chilpancingo
Huajuapan
San Juan Bautista Cuicatlán
Minatitlán
Chilapa
Tamazulapan
Valle Nacional
Tierra Colorada
Tlapa
Silacayoapan
Nochixtlán
Colotlipa
Malinaltepec
Tlaxiaco
Jesús Carranza
Huitzo
Tilantongo
Pichucalco
Putla
Ayutla
Zaachila
Oaxaca
Malpaso
Acapulco
Puerto Marques
Zacatepec
Zimatlán
Tlacolula
Ometepec
Pinotepa Nacional
Sola de Vega
Unión Hidalgo
Berriozábal
Cintalapa
Ejutla
Totolapan
Juchitán
Zanatepec
Jamiltepec
Miahuatlán
Tehuantepec
Nopala
Tapanatepec
Arriaga
Suchixtepec
Salina Cruz
Tonalá
Puerto Escondido
Pochutla
Santiago Astata
Puerto Arista
Tres Picos
Puerto Ángel
Huatulco
Pijijiapan
Mapastepec
Golfo de Tehuantepec
0 km 50 100 150 km
PAZIFIK

S. 128/29
Bahía de Campeche
YUCATÁN
QUINTANA ROO
CAMPECHE
CHIAPAS
GUATEMALA
BELIZE
HONDURAS
EL SALVADOR
Gulf of Honduras
San Felipe
Rio Lagartos
Holbox
Isla Contoy
Chiquilá
Telchac Puerto
Dzilam de Bravo
Progreso
Sisal
Motul
Tizimín
Cancún
Izamal
Celestún
Umán
Mérida
Nuevo Xcan
Pto Morelos
Maxcanú
Piste
Valladolid
Playa del Carmen
Halacho
Muna
Becal
Calkiní
Ticul
Paamul
Cozumel
Hecelchakán
Oxkutzcab
Tulum
Isla Cozumel
Campeche
Tenabó
Chencoyi
Hopelchén
Punta Allen
Bahía de la Ascención
Seybaplaya
Polyuc
Felipe Carillo Puerto
Dzibalchén
Champotón
Bahía del Espírito Santo
Sabancuy
Cd del Carmen
Zacatal
Isla de Aguada
Escárcega
Xpuhil
Bacalar
Majahual
Calderitas
Chetumal
Banco Chinchorro
Allende
Frontera
Xcalak
Villahermosa
Candelaria
Azul Hondo
Ambergris Caye
Orange Walk
Macuspana
Emiliano Zapata
Jalapa
Teapa
Palenque
Tenosique
San Pedro
Belize City
Turneffe Is.
Tila
Yajalón
Simojovel
Usumacinta
BELMOPAN
Tikal
San Ignacio
Chiapa de Corzo
Ocosingo
Chanal
Lago Petén Itzá
Dangriga
San Cristóbal de las Casas
Frontera Corozal
Teopisca
La Independencia
Pasión
Venustiano Carranza
Villa Flores
Presa de la Angostura
Comitán
La Trinitaria
San Antonio
La Concordia
Punta Gorda
Ciudad Cuauhtémoc
Puerto Barrios
Cobán
Lago de Izabal
Motozintla
San Pedro Sula
Escuintla
Motagua
Huixtla
Ulúa
Tapachula
Talisman
Quezaltenango
Zacapa
Puerto Madero
Ciudad Hidalgo
L. de Atitlán
GUATEMALA
Mazatenango
TEGUCIGALPA
Escuintla
SAN SALVADOR
San Miguel
G. of Fonseca

TEIL I: REISEVORBEREITUNGEN

Planung der Reise

Reisen in Mexiko

Mexiko ist ein hervorragendes Reiseland, auch alleine kann es problemlos bereist werden. Es besitzt nicht nur unzählige kulturelle Sehenswürdigkeiten und faszinierende und abwechslungsreiche Naturräume, sondern auch die notwendige touristische Infrastruktur. Bewundernswert z.B., wie effizient und durchorganisiert das Bussystem ist – Busse sind das Reiseverkehrsmittel Nr. 1. Das innermexikanische Flugnetz ist gleichfalls dicht und verlässlich. Auch für Reisen mit Mietwagen oder einem Wohnmobil ist Mexiko lohnend. Bahnreisen sind im Süden Mexikos nicht mehr möglich, da der mexikanische Staat den chronisch defizitären Personenzugverkehr eingestellt hat. Im TEIL II, „Unterwegs in Mexiko“, wird detailliert auf alle Verkehrsmittel eingegangen.

An Unterkünften und Hotels mangelt es in Mexiko nicht, selbst im Urwalddorf findet sich irgendwo eine *cabaña,* und notfalls wird eben die Hängematte aufgespannt. In touristischen Zentren gibt es Hotels aller Kategorien, von „First Class“ bis „Budget“. Berühmt ist Mexiko für sein abwechslungsreiches kulinarisches Angebot. Was das Land außer *tortillas* und *tacos* sonst noch „auf der Pfanne hat“, erfahren Sie ausführlichst gleichfalls im TEIL II bei „Mexiko zwischen Topf und Deckel“ und nochmals konzentriert im Anhang bei „Speisen und Getränke“/„Die mexikanische Speisekarte“.

Reisevorbereitungen

Notieren, was für die Reise besorgt und vorher erledigt werden muss. Ein kleines Notizheft mit allen wichtigen Dingen, eMail-Adressen, Kreditkarten-Sperrnummern etc. anlegen. Die Gültigkeit des Passes kontrollieren, Fotoausrüstung zusammenstellen, eine Reisekrankenversicherung abschließen, den Pass, die Kreditkarten und andere Reisedokumente fotokopieren (Pass auch einscannen), Grundwortschatz Spanisch aneignen. Bei längerer Reisedauer jemanden beauftragen, der sich um Wohnung, Briefkasten etc. kümmert.

Reiseregionen-Übersicht

Yucatán und Chiapas

Mexiko hat kolossal viel zu bieten, wobei die Halbinsel Yucatán und das Hochland von Chiapas Mexikos wohl schönste Reiseregionen sind. Dort erwarten Sie unzählige Mayastätten, attraktive Naturschönheiten und viel landestypische Regionalkultur. Wer wenig Zeit hat und Städte anfliegen möchte: Cancún, Mérida, Villahermosa, Tuxtla Gutiérrez, Oaxaca und einige weitere kleinere Städte sind auch per Flugzeug erreichbar, San Cristóbal de las Casas und Palenque nur mit Einschränkungen. Mit einem Mietwagen kommen Sie schnell voran, vor allem auf der ausgesprochen flachen Yucatán-Halbinsel. Im Bergland von Chiapas infolge der Topografie langsamer.

Pazifikküste / Oaxaca

Die südliche Pazifikküste ist die preiswertere Alternative zur mexikanischen Karibik. Es verlocken etliche Badeorte, wobei die „alte Diva“ Acapulco schon seit vielen Jahren „schwächelt“. Gerne besucht wird aber das aufstrebende Puerto Escondido, eine Surfer-Hochburg. Puerto Ángel und Zipolite, Mexikos legendärer Kultstrand, ist nach wie vor ein Treffpunkt der internationalen Traveller-Szene, während die Retorten-Badestadt Huatulco eher ein Zielort für Pauschaltouristen ist.

Ein urbanes Highlight im Süden Mexikos ist definitiv **Oaxaca** mit den archäologischen Stätten der Zapotken und Mixtken, Monte Albán und Mitla. Eine attraktiv kolonial-moderne Stadtmixtur mit attraktiver Kunstszene und einer großen Anzahl reizvoller Umgebungsziele.

Großraum Mexiko-Stadt

Hier konzentriert sich das architektonische und kulturelle Erbe der Azteken und anderer prähispanischer Kulturen, hier trifft koloniales Spanien auf modernes Mexiko. Mexiko-Stadt ist Ausgangsbasis für Ausflüge nach Teotihuacán (Pyramiden), Puebla mit Cholula (Kirchen und Pyramide), ins schöne Tlaxcala und zu den Städten Cuernavaca und Taxco, der verwinkelten „Silberstadt".

Veracruz/ Golfküste

Auf der großen Rundreise **„Ruta de Cortés"** von Mexiko-Stadt an den Golf von Mexiko und zurück in die Hauptstadt lernt man wichtige historische Städte, archäologische Stätten und viele kulturelle Sehenswürdigkeiten kennen. Aber auch die abwechslungsreiche Bergwelt der Sierra Madre Oriental mit romantischen und kaum besuchten Städchen sind schöne Reiseziele. Von **Puebla,** Hauptstadt des gleichnamigen Bundesstaates mit sehenswertem Zentrum, lassen sich interessante Ausflüge in die Umgebung machen, z.B. ins historische **Tlaxcala,** wo Cortés einst Verbündete bei seinem Kampf gegen die Azteken fand.

Klima und Saisonzeiten

Beste Reisezeit, Klima

Allgemein lässt sich für ganz Mexiko Folgendes sagen: **Mitte Oktober bis Ende April** sind **angenehme,** weil trockene und weniger heiße Monate. **Mai bis September/Oktober** ist eine weniger „reisetaugliche" Zeit, weil es heißer und regenreicher ist.

Yucatán-Halbinsel

Auf Yucatán und im tropischen Tiefland Mexikos ist es nahezu ganzjährig schwülwarm bis schwülheiß, besonders im Inland, wo im Sommer oft Extremwerte erreicht werden. Die Nordküste Yucatáns ist etwas trockener. Am unangenehmsten ist es wegen der Niederschläge von **Juni bis September,** beste Monate sind Dezember bis März. An der Karibik- und auch an der Golfküste können von **Juli bis Oktober** gelegentlich Stürme und **Hurrikane** auftreten. Speziell an der Karibikküste kann von Januar bis März der *norte* für windiges, regnerisches und sogar richtig kaltes Wetter sorgen!

Hochland von Chiapas

Bedingt durch seine Topographie ist Chiapas klimatisch gesehen ein Land der Gegensätze: In der schmalen Küstenregion *(Soconusco)* am Pazifik ist es sehr heiß, im Hochland gemäßigt (dort in den Wintermonaten kalt!) und im restlichen, waldreichen Tiefland ganzjährig schwülheiß. Stellen Sie sich sowohl zwischen Tag und Nacht als auch beim Reisen vom Tiefland ins Hochland auf **empfindliche Temperaturunterschiede** ein. Dies gilt schon für kurze Reisedistanzen, wie z.B. von Palenque im Tiefland nach San Cristóbal de las Casas, das auf über 2100 m Höhe liegt! **Regenzeit** in Chiapas ist etwa von **Mai bis Oktober.** Sie ist aber keineswegs so stark ausgeprägt, dass man gar nicht mehr reisen könnte. Die Niederschläge fallen hauptsächlich nachmittags.

Südliche Pazifikküste

Von Acapulco bis zur Grenze von Guatemala ist es in den Wintermonaten angenehm warm bis sehr warm mit erfrischenden Meeresbrisen. Das warme Pazifikwasser und kaum Regen machen diesen Küstenabschnitt und seine Badeorte zum bevorzugten Touristenziel **von Dezember bis April.** In den

Sommermonaten nur wenig höhere Temperaturen, mit Regen zwischen Juni und September – für einen Aufenthalt dann weniger empfehlenswert.

Hochland-plateau Aufgrund der durchschnittlichen Höhenlage von 1000 bis teils über 2000 m zwischen den beiden mächtigen *Sierra*-Gebirgsketten im Osten und Westen Mexikos (s. Karte S. 89) kann man sich in diesem Gebiet mit den hier im Buch beschriebenen Städten Puebla, Cuernavaca, Taxco, Oaxaca, Mexiko-Stadt (Höhenlage 2240 m) nahezu das ganze Jahr an frühlingshaftem Wetter erfreuen. Charakteristisch sind trockene Wärme und hohe Temperaturunterschiede zwischen Tag und Nacht. Die Winter sind mild, die Sommer heiß mit etwas Regen am Nachmittag. Die nassesten Monate sind Juli und August, die trockensten Dezember, Januar und Februar.

Wettervor-hersage im Web Die aktuelle Wettersituation, die Temperaturen und mehrtägige Vorhersagen für Ihr Reisegebiet kann man auf folgenden Wetter-Webseiten einsehen: www.wetteronline.de • www.wetter.net • www.mexconnect.com/pages/weather • www.weather.com. Mexikanischer Wetterdienst: http://smn.cna.gob.mx. National Hurrican Center der USA für die Karibikküste: www.nhc.noaa.gov/

Saisonzeiten und Hotelpreise

Reisehochsaison ist in Mexiko, vor allem in Südmexiko und an der Karibik, von **Mitte Dezember bis Mitte Januar** mit Spitzen zwischen Weihnachten und Neujahr sowie in der **Karwoche** *(Semana Santa)* und der Woche danach. Dann sind sowohl viele ausländische wie einheimische Touristen unterwegs. In den mexikanischen Hauptferienwochen **Juli und August** reisen gleichfalls viele Mexikaner und Busse und Hotels können schnell ausgebucht sein. Engpässe ergeben sich auch um den **1. November** (Allerheiligen) und an sogenannten „Brückentagen“, wenn von einem mexikanischen Feiertag unter der Woche bis zum Sonntag Kurzurlaub gemacht wird.

■ **Hotelpreise sind in Mexiko saisonabhängig und außerhalb dieser sehr oft verhandelbar.** In der Nebensaison bekommt man oft erhebliche Rabatte und viele Hotels ködern auf ihren Homepages mit *promociones,* Sonderpreisen. An der **Karibikküste** dauert die (überteuerte) **Hochsaison** z.B. vom 15. Dezember bis 30. April und vom 15. Juli bis 15. September.

Hotel-Vorbuchung Mexikos Hotel- und Zimmerangebot ist riesig, man findet immer ein Quartier. Unterwegs kann man gleichfalls übers Internet Zimmer vorbuchen, per Kreditkarte oder Paypal ist eine Anzahlung zu leisten. TIPP: Bei Vorausbuchung übers Internet sind **gehobene, teure** Hotels dort wesentlich günstiger als direkt vor Ort gebucht. Homepages wie z.B. www.expedia.de, www.booking.com u.a. oder Preisvergleichsseiten wie www.kayak.com bieten außer Flügen auch günstige Hotelzimmer, insbesondere in Luxushotels.

Recherchieren lohnt auch in mexikanischen Hotelportalen, wie z.B. auf http://mexico.city.hotelguide.net, http://mexhotels.freehomepage.com, www.zonaturistica.com u.a. Eine Vorausbuchung ist meist nur für das Ankunftshotel sinnvoll oder z.B. für die Weihnachtswoche. Auskünfte und Angebote gibt es auch im heimatlichen Reisebüro, man erhält dann einen Hotelgutschein (Voucher).

Was kann man wo sehen und erleben?

Halbinsel Yucatán und Chiapas

Diese Regionen bieten unglaublich viel Sehenswertes. Die meisten Reisenden planen eine Kombination von erholsamen Strandtagen und Besuchen berühmter Mayastätten. Daneben locken noch Naturreservate und evtl. Abstecher nach Guatemala und/oder Belize.

Chiapas ist das Kernland der **Maya** und **San Cristóbal de las Casas** als Zentrum der Hochland-Indígena dementsprechend ein Muss. Auch die Bootsfahrt auf dem **Sumidero-Canyon** ist ein Erlebnis. Ein Höhepunkt der Mayawelt ist **Palenque** mit den Wasserfällen von **Agua Azul.** Von Palenque sind Ausflüge zu den Mayastätten **Bonampak** und **Yaxchilán** möglich. Man kann von Palenque auch nach **Flores/Tikal** in **Guatemala** und anschließend über **Belize** zurück an die mexikanische Karibik reisen. Guatemala ist ein Land voller Schönheit und Farben, doch nicht so einfach zu bereisen wie Mexiko.

Die größten – aber auch überlaufenen – Mayastätten auf der Halbinsel Yucatán sind **Chichén Itzá, Uxmal** und **Tulúm.** Die mexikanische Karibikküste ist natürlich ein Traumziel, allerdings ein teures.

Südliche Pazifikküste

In den größeren Strandstädten wie Puerto Escondido oder Acapulco finden Sie nur wenige bauliche und andere historische Zeugnisse aus der Kolonialzeit, naturgemäß reist man hierher zum Baden und Relaxen. Ähnliches lässt sich von den Küstenstädten am Golf von Mexiko sagen.

Hochland

In den Kolonialstädten des mexikanischen Hochlands erfreuen in den historischen Stadtkernen zahllose Architektur-„Juwelen“ das Auge des Besuchers. Taxco und Oaxaca bieten dafür hervorragende Beispiele, aber auch Puebla, Tlaxcala und insbesondere Mexiko-Stadt. Wunderschön sind die lebendigen Stadtplätze *(zócalos)* mit prächtigen Regierungspalästen, prunkvollen Kirchen und kolonialen Herrenhäusern mit lauschigen Innenhöfen *(patios).* Es gibt zahllose große und kleine Kirchen und prunkvolle Kapellen, weitläufige vormalige Klöster *(ex-conventos)* mit neuen Zweckbestimmungen auf dem Land zu tollen Hotels umgebaute große Haciendas. Dass in Mexikos historischen Stadtzentren nun verstärkt auf Denkmalschutz geachtet wird und sich auch immer mehr Fußgängerzonen durchzusetzen beginnen, macht die Innenstädte friedlicher.

Hauptreiserouten im südlichen Mexiko

Während früher zum Besuch Mexikos fast ausschließlich Mexiko-Stadt für Hin- und Rückflüge aus Deutschland bzw. aus europäischen Ländern relevant war, bietet heutzutage **Cancún** an der Karibikküste viele Direktverbindungen und damit zusätzliche Möglichkeiten der Reiseroutengestaltung. Ein sogenannter **Gabelflug** – Hinflug z.B. nach Cancún, Rückflug von Mexiko-Stadt – ist ein guter Tipp. Oder man bucht zusätzlich einen Flug von Mexiko-Stadt nach Cancún, wenn von Cancún aus wieder der Rückflug angetreten werden muss. Zwischen beiden Städten verkehren **Billigflieger** (s.S. 56). Alles ist natürlich auch umgekehrt planbar.

Planungsvorschlag für etwa vier Wochen: Für ein paar erste erholsame Urlaubstage an der Karibikküste (Playa del Carmen, Puerto Morelos u.a.) fliegt man zunächst nach Cancún. Nach einem Inlandsflug von Cancún nach Mexiko-Stadt reist man von dort aus per Bus und Mietwagen – diesen am besten erst in Mérida anmieten, um teure Einweggebühren zu vermeiden – nach Cancún zurück. Oder man startet von Cancún aus zu einer großen Rundreise mit Wendepunkt Palenque oder San Cristóbal de las Casas. Ein ganz intensives Mexiko-Erlebnis ist die Fahrt mit einem Mietwagen von Cancún bis Mexiko-Stadt bzw. von dort zum Zielort Cancún mit allen Möglichkeiten der Reisegestaltung. Dafür sollte man mindestens 5 Wochen Zeit haben.

„Gringo-Trail"

Als „Gringo-Trail" wird jene klassische Hauptreiseroute bezeichnet, auf der ausländische Touristen überwiegend durch Mexikos Süden reisen (oder vice versa):

Mexiko-Stadt – (Puebla) – Oaxaca – San Cristóbal de las Casas – Palenque – Mérida – Chichén Itzá – Cancún/Karibikküste

Heimflug entweder ab Cancún oder mit dem Bus über Mérida/Villahermosa/Veracruz/Puebla zurück nach Mexiko-Stadt (oder auch per Flug). Diese Route kombiniert die meisten Sehenswürdigkeiten südlich von Mexiko-Stadt und ist an vielen Punkten durch Ausflüge erweiterbar, z.B. von Oaxaca zum Badeaufenthalt an den Pazifik (Puerto Ángel, Puerto Escondido). Werden Teilstrecken geflogen, wird Zeit gespart.

Zuerst an den Pazifik

Wer nach Mexiko-Stadt fliegt und baldige Lust auf Badetage hat (die Zeitverschiebung und Höhenlage von Mexiko-Stadt machen dort die ersten Tage nicht zur Erholung!!) könnte nach ein paar Besichtigungstagen nach Puerto Escondido an den Pazifik fliegen und danach von dort durch den Süden Mexikos reisen.

Öko-Tourismus und Naturschutzgebiete

Mexiko ist ein herrliches Land für Naturfreunde und wer sich für Öko-Tourismus, Natur, Umwelt und diesbezügliche Projekte im Süden Mexikos interessiert, bekommt nähere Informationen bei www.planeta.com. Unter AMTAVE (Asociación Mexicana de Turismo de Aventura y Ecoturismo, Av. División del Norte 3011, Col. El Rosedal, Coyoacán, México DF, Tel. (55)-5544-7567, www.amtave.org.) haben sich viele mexikanische Veranstalter zusammengeschlossen, die sich auf Natur- und Abenteuer-Erlebnisse in Mexiko spezialisiert haben.

Schutzgebiete

Insgesamt stehen über 6 Mio. ha (ca. 2,5% der Landesfläche Mexikos) unter Naturschutz. Die Schutzgebiete sind in verschiedene Kategorien gegliedert und tragen unterschiedliche Bezeichnungen. Es gibt über 25 **Biosphären-Reservate** *(Reserva de la Biósfera),* 45 größere und kleinere **National- und Naturparks** *(Parque Nacional* und *Parque Natural),* viele *Reservas ecológicas* und auch Meeres-Nationalparks. Die staatliche Organisation *Conanp* (Comisión Nacional de Áreas Naturales Protegidas, www.conanp.gob.mx) befasst sich mit Mexikos Naturschutzgebieten

Ausgewiesen als Nationalparks und Biosphären-Reservate sind durchweg die Gebiete rings um **Vulkane,** größere und kleinere **Regen- und Bergurwälder** (wie *Montes Azules* und *El Triunfo* in Chiapas) oder **Seengebiete,** wie z.B. die *Lagunas de Montebello* bei San Cristóbal de las Casas. Kleinere Biosphären-Reservate tragen den Zusatz *„especial" (Reserva de la Biósfera especial),* wie z.B. die *Isla Contoy* (Vogelschutzinsel bei Isla Mujeres), die Wasserfälle von *Agua Azul* oder das Flamingoschutzgebiet *Reserva de la Biósfera Ría Lagartos* (Nordküste Yucatán). Auch die Gebiete rings um **archäologische Stätten** sind oft Biosphären-Reservate, wie z.B. das *Reserva de la Biósfera Calakmul* (Mayastätte Calakmul, südliches Yucatán). Ein besonderes **Wasser-**

schutzgebiet ist z.B. das Unterwasserriff vor der Insel Cozumel an der Karibikküste *(Parque Natural Submarino de Palancar).* Nicht alle Schutzgebiete können auf eigene Faust besucht werden, manche nur mit Anmeldung und Führung. Für „Do-it-yourself-Reisende" sind im südlichen Mexiko folgende Schutzgebiete interessant und relativ leicht erreichbar:

in Yucatán u. Chiapas Der Sumidero-Canyon (**Cañón del Sumidero**), per Bootsfahrt von Chiapa de Corzo aus • **Isla Contoy** (von der Isla Mujeres aus) • **Lagunas de Montebello** (vielfarbige Seenplatte südöstlich von San Cristóbal de las Casas) • **Reserva de la Biósfera Sian Ka'an** (Küsten-Ökosystem südlich von Tulúm) • **Ría Celestún** und **Reserva de la Biósfera Ría Lagartos** (Flamingo-Schutzgebiete, Küste Nordyucatán).

Pazifikküste Der kleine Nationalpark **Lagunas de Chacahua** liegt 65 km westlich von Puerto Escondido. Mit großen Lagunen, Inseln, Kanälen, Dünen und Mangrovenwäldern stellt er ein noch intaktes Küstenökosystem dar.

im Hochland / Golfküste Die **Grutas de Cacahuamilpa,** ein ausgedehntes Tropfsteinhöhlensystem, liegen 30 km nordwestlich von Taxco im gleichnamigen Nationalpark. • Der 4461 m hohe **Vulkan Malinche** *(Malintzín)* liegt etwa 30 km nordöstlich von Puebla im Nationalpark gleichen Namens. • Zweiter Vulkanberg der Region ist der **Pico der Orizaba** (5610 m) im gleichnamigen Nationalpark.

Weitere Naturschutzgebiete werden im Reiseteil laufgeführt und beschrieben.

Etikettenschwindel Auf eine mexikanische Besonderheit sei hingewiesen: Man erklärte auch Gebiete zu „Nationalparks", die zwar schützenswert, aber touristisch völlig überlaufen sind (oder gerade deshalb, um noch mehr zahlende Touristen anzulocken?). Negativ-Beispiele sind z.B. die Schnorchel-„Paradiese" **El Garrafón** (Isla Mujeres), **Chankanaab** (Isla Cozumel) oder der Aqua-Vergnügungspark **Xel-Há** an der Karibikküste – hier wird mit dem Begriff „Nationalpark", der ja nach unserem Verständnis in erster Linie biologische Ursprünglichkeit und Ruhe einhergeht, Etikettenschwindel betrieben. Ähnlich verhält es sich mit manchen, sogenannten „Öko-Hotels" („xx-Hotel ecológico"), die im Klartext oft nichts anderes als allereinfachste, komfortlose Unterkünfte sind.

Umweltschutz Natur und Umwelt sind auch in Mexiko erheblich gefährdet und belastet. Hauptursache ist die schnell zunehmende Verstädterung, die gewaltige Verkehrsbelastungen und Luftverschmutzung zur Folge hat, aber auch gigantische Müllberge mit unzulänglichen Entsorgungskonzepten. Kaum gereinigte Abwässer sowie Erdölförderung und Pestizide belasten Grundwasser, Flüsse, Seen und Meeresküsten. Jahrhundertelange Abholzung haben im Hoch- und Tiefland riesige Erosionsgebiete hinterlassen, der **Regenwald in Chiapas** z.B. ist auf nur noch 30% seiner einstigen Ausdehnung geschrumpft. Indígena, die aus dem dichtbesiedelten Hochland hinab in die Regenwaldgebiete ziehen und Wälder für neue Anbauflächen brandroden, tun ein Übriges dazu.

Durch die Zerstörung ihrer natürlichen Lebensgrundlagen sind viele **Tier- und Pflanzenarten vom Aussterben bedroht,** wie Jaguar, Quetzal, Tapir u.a. Der sinkende Grundwasserspiegel führt vielerorts zu Wasserknappheit, die in Tourismusschwerpunkten durch den hohen Verbrauch zahlreicher Hotels schlimme Dimensionen annehmen kann.

Sportliche Aktivitäten

Mexiko ist ein Land für Aktivsport, in erster Linie für **Wassersportarten:** Tauchen *(buceo)* und Schnorcheln *(esnórquel)* kann man vor allem gut an der Karibikküste (Isla Cozumel mit Palancar-Riff, Isla Mujeres u.a.). Dort werden auch Tauchgänge in *cenotes* (Einsturzdolinen) angeboten. Etwa 30 km vor der *Costa Maya* südlich von Tulúm liegt das riesige Chinchorro-Atoll *(Banco Chinchorro),* das zweitgrößte der Welt. An der südlichen Pazifikküste gibt es u.a. gute Tauchgründe beim mondänen Huatulco. Mehr darüber in den entsprechenden Kapiteln. Ausrüstung kann jeweils vor Ort gemietet werden oder stellen Hotels zur Verfügung.

An vielen Badeorten wird Wasserski und Segeln angeboten. **Windsurfer** zieht es nach Puerto Escondido bzw. generell an die Pazifikküste, wo auch Hochseeangeln angeboten wird. In der Nähe von Spitzenhotels findet man häufig **Golfplätze.** In Chalchihuapan, einem Dorf bei Puebla, ist **Gleitschirmfliegen** möglich. Anbieter für Pferdeausritte oder Mountainbike-Touren gibt es z.B. in San Cristóbal de las Casas. Für **Wanderungen** eignen sich die oben erwähnten National- und Naturparks, z.B. die *Lagunas de Montebello* und die Schutzgebiete um die Vulkanberge. Auf dem „Vormarsch" ist **Drahtseilgleiten** (*tirolesa,* engl. *Zip-lining*). Solcherart Anlagen entstehen vermehrt nahe touristischer Brennpunkte und in Vergnügungsparks.

Bergsteigen Mexiko ist bekannt für seine Vulkane, besonders attraktiv sind die 5000er, die mit entsprechender Erfahrung und Ausrüstung bestiegen werden können. Der bekanntester Berg des Landes ist der „Popo", der **Popocatépetl** (5452 m) bei Mexiko-Stadt. Leider raucht und rumpelt er seit Jahren, so dass derzeit eine Besteigung nicht möglich ist (aktuelle Infos findet man unter www.cenapred.unam.mx). Gleich nördlich des Popo ruht „die schlafende Prinzessin" **Iztaccíhuatl** (5230 m). Der höchste Berg Mexikos, der 5610 m hohe **Pico de Orizaba** (Citlaltépetl) bei Orizaba, ist nur für geübte, erfahrene Bergsteiger geeignet. Weitere im Buch beschriebene Vulkanberge sind *La Malinche* bei Puebla (4461 m, gut besteigbar) und der *Nevado de Toluca* (4660 m, Anfahrt mit Auto möglich). Auf folgender Website findet man Infos über Vulkane weltweit, auch über 44 mexikanische: www.volcano.si.edu/index.cfm.

Strände und Badeorte

Mexikos **Karibikstrände** sind mit ihrem weißen Korallensand wesentlich schöner als die meist grauen Sandstrände am **Pazifik**. Auch Taucher und Schnorchler finden an der Karibik bessere Bedingungen. Die Strände am **Golf von Mexiko** können mit denen an der Karibik- und Pazifikküste nicht mithalten. Hier eine Kurzbewertung von Yucatán-Strandorten.

Cancún „Ferienfabrik" für amerikanische und europäische Pauschalurlauber. Individualreisende sind besser auf der nahegelegenen **Isla Mujeres** aufgehoben. Doch auch diese Insel ist längst touristisch und teuer vermarktet.

Puerto Morelos Ein noch relativ ruhiger Karibikort südlich von Cancún, die kleinere und stillere Alternative zu Playa del Carmen.

Playa del Carmen Gut als erster Anlaufsort wenn man von Europa angekommen ist. An der **„Riviera Maya"** zwischen Playa del Carmen und Tulúm finden Preisbewusste kaum Billig-Unterkünfte. Auch die allermeisten Cabaña-Anlagen mit „Robinson feeling“ südlich der **Tulúm-Ruinen** sind preislich überhöht!

Cozumel Größte mexikanische Karibikinsel mit überwiegend amerikanischen Pauschalurlaubern. Sehr teuer! Als Tagesausflug von Playa del Carmen o.k.

Celestún Die Strände am Golf von Mexiko sind weniger schön als die karibischen. Besonders in den Wintermonaten ist das Wasser eher grau statt blau. Dafür ist es ruhig und es gibt sehenswerte Flamingo-Touren.

Isla Holbox Die äußerst schmale Halbinsel an der Nordostspitze Yucatáns galt einst als günstiger „Geheimtipp“ für Einsamkeitssuchende. Dies ist zwar passé, dennoch bleibt Holbox eine Alternative zur „Riviera Maya“.

Südliche Pazifikküste

Acapulco Nach wie vor das größte Seebad Mexikos, doch im Vergleich zu anderen Pazifik-Badeorten weniger empfehlenswert.

Puerto Escondido Das ehemalige Fischerdorf hat sich zu einem Mittelklasse-Ferienort entwickelt. Ein empfehlenswertes Ziel auch für Budget-Reisende mit entsprechenden Unterkünften. Überschaubar und angenehm, Hot-Spot für Surfer.

Puerto Ángel *Das* Pazifik-Badeziel vieler Rucksackler. An den Stränden von Zipolite und Mazunte günstige Hängematten- und Cabañas-Kolonien. Ein Ziel für alle, die mit anderen Gleichgesinnten eine Zeit nachzuleben versuchen, die eigentlich schon vorbei ist.

Huatulco Ein Retorten-Badeort der staatlichen Tourismus-Entwicklungsgesellschaft Fonatur an neun schönen Buchten. Fast nur teure Hotels.

Karibik-Strand – Badewanne bis zum Horizont

An- und Einreise

Internationale Flüge nach Mexiko

(Innermexikanische Flüge s.S. 56)

Airlines Europa – Mexiko

Folgende Fluggesellschaften bieten Flüge von Europa nach Mexiko an (in Klammern ihre Webseiten mit Flugplänen, Preisen und Sonderangeboten und ihre Heimatflughäfen bzw. ihre sogenannten „Hubs").

Aeroméxico (www.aeromexico.com u. www.skyteam.com); über Paris
Airberlin (www.airberlin.com, div. deutsche Flughäfen, Charter)
Air France (www.airfrance.com, Paris)
American Airlines (www.aa.com, Dallas)
British Airways (www.britishairways.com, London)
Condor (www.condor.com, Frankfurt u.a. deutsche Flughäfen, Charter. Achtung: Gepäck-Freigrenze hin 23 kg, rück nur 20 kg, Handgepäck 6 kg
Continental Airlines (www.continental.com, Houston)
Delta Airlines (www.delta.com, Atlanta)
Iberia (www.iberia.com, Madrid)
KLM (www.klm.com, Amsterdam)
Lufthansa (www.lufthansa.com, Frankfurt)
Martinair (www.martinair.com, Amsterdam, 100%ige KLM-Tochter; zehn deutsche, ein österreichischer und zwei Schweizer Abflughäfen).
United Airlines (www.united.com, Los Angeles).
u.a.

Einige Airlines, wie z.B. Lufthansa, fliegen Nonstop nach Mexiko-Stadt. Bei ausländischen Airlines geht es zunächst über deren Heimatflughäfen, was zu längeren Flugzeiten führt. Die bisweilen sehr preiswerten Flüge über die USA, z.B. über Miami oder andere US-Städte, sind selten eine gute Alternative, da sich bei ihnen z.T. extreme lange Reisezeiten aufaddieren können.

Bei Anreisen über die **USA** sind generell die verschärften US-Einreisebestimmungen zu beachten, s. dazu die Seite des AA, www.auswaertiges-amt.de bei „Reise & Sicherheit" und die US-Customs and Border Protecion, www.cbp.gov sowie die ESTA-Bestimmungen (Electronic System for Travel Authorization; ein Link ist auf der www.cbp.gov-Seite). Es sollte sehr viel Zeit zum Umsteigen eingeplant werden, da man sich der langwierigen US-Einreiseprozedur unterwerfen muss, inklusive neuer Gepäckaufgabe. Dieses kann nicht vorab nach Mexiko durchgecheckt werden!

Als Alternative zu den oft teuren Linienflügen bieten sich **Charterflüge** an, vor allem nach **Cancún.** Besonders im Sommer, wenn auf Yucatán Nebensaison ist, kann man dorthin günstige **Restplatz-/Last-Minute-Pauschalreisen** buchen (s.u., „Internet-Flugbuchungen") und dann anschließend auf eigene Faust weiterreisen. Auch ein **Gabelflug** (Anflug nach Cancún, Rückflug von Mexiko-Stadt bzw. vice versa) ist eine gute Option.

Tipps rund ums Ticket

Achten Sie beim Buchen/Kauf der Flüge auch auf die **Dauer der Zwischenstopps,** auf die **Ankunftszeiten** entsprechend Ihrer weiteren Pläne (nächtliche Ankünfte sind nachteilig!), auf die **Gesamtflugzeit** und auf die Storno- oder Umbuchungskonditionen, die zu Ihren Reiseabsichten passen sollten. Je billiger das Ticket ist, desto größer sind oft die Einschränkungen und desto länger die Gesamtflugzeit. Am teuersten sind Flüge in der Regel während der Hauptreisezeiten im Dezember/Januar/Ostern und in den Sommermonaten. Die **Direktflugzeit** von Deutschland nach Mexiko beträgt je nach Zielflughafen 11 bis 13 Stunden. Vor dem **Rückflug** muss man normalerweise seinen Flug bis spätestens 3 Tage vorher rückbestätigen. Das gilt in der Regel bei Charter-, nicht aber bei Linienflügen (s. Flugunterlagen). Eine Telefonnummer bzw. eine eMail-Adresse zur Rückbestätigung (confirmation) steht auf dem Flugticket oder man erhält sie beim Reisebüro, welches das Ticket ausgestellt hat. Zum Rückbestätigen in Mexiko am besten ein Reisebüro aufsuchen oder eine eMail schicken.

Mexiko-Airpässe

Wenn man nicht viel Zeit in Mexiko hat oder große Distanzen überbrücken muss, ist der Kauf eines Mexi-Airpasses zwar überlegenswert, doch nicht automatisch billiger als z.B. zwei oder drei in Mexiko gekaufte Einzelflüge. Vor allem nicht, wenn man bei einem der mexikanischen Billigflieger bucht (s.S 53). Airpässe gelten nur mit einem internationalen Ticket nach Mexiko und sind nur *vor* Einreise erhältlich.

Weiterflug Mittelamerika: Wer von Mexiko in die Länder Zentralamerikas weiterfliegen will, sollte sich die Airpasskonditionen der *Grupo TACA* und deren Flugpläne anschauen. Grupo TACA ist ein Zusammenschluss der Airlines von Taca (El Salvador), Lacsa (Costa Rica), Aviateca (Guatemala), Copa (Panama), Nica (Nicaragua) und Avianca (Kolumbien).

Wo informieren und buchen?

Die Möglichkeiten einer Flugbuchung im Internet sind heute unüberschaubar. In darauf spezialisierten Flugreisemagazinen, wie z.B. „Reise & Preise" oder „fliegen & sparen", gibt es Marktübersichten, Billigflugangebote und viele Anzeigen von Flugreisebüros. Schweizer Individualreisende können die guten Angebote des *Globetrotter Travel Service* nutzen, www.globetrotter.ch.

Internet-Flugbuchungen

Immer mehr Reisende gehen dazu über, sich Fluginformationen im Internet zu suchen und auf den Seiten von virtuellen Reisebüros oder bei Fluggesellschaften online zu buchen (Achtung, ausländische Homepages von Fluggesellschaften akzeptieren nicht immer deutsche Kreditkarten!). Informieren kann man sich z.B. bei …

– **Online-Reisebüros/Reiseportale**
www.expedia.de • www.avigo.de • www.travelchannel.de • www.start.de • www.traveloverland.de • www.cheaptickets.com • www.travelscout24.de • www.opodo.de • www.travel24.com • www.ebookers • u.a.

– **Last-Minute-Flugreisen,** z.B. www.ltur.de • www.lastminute.com

– **Touristikkonzernen** oder **Charterfluggesellschaften,** wie zum Beispiel www.airberlin.com oder www.tui.de

– speziellen **Flugsuchmaschinen,** wie www.skyscanner.de • www.flug.de • www.tiss.com • www.kayak.com • www.fly.de • www.airres.com • u.a.

– bei www.statravel.de finden Junggebliebene und Studenten günstige Flüge

Ein- und Ausreisebestimmungen

Touristenkarte

Zur Einreise nach Mexiko benötigen Deutsche, Schweizer und Österreicher und andere EU-Bürger einen Reisepass, der noch mindestens sechs Monate gültig sein muss, sowie eine **Touristenkarte** (*Tarjeta de turista,* offizieller Name *Forma Migratoria Múltiple para Extranjeros, FMM*), die beim Check-in auf dem Airport oder im Flugzeug und an Grenzübergängen **kostenlos** ausgegeben wird (auch von Mexiko anfliegenden Airlines, Konsulaten und Reiseveranstaltern). Füllen Sie die Karte aus, auf der Rückseite finden Sie eine Übersetzungshilfe in Englisch. Der Einreisebeamte stempelt Ihren Pass und gewährt damit eine Verweildauer von **maximal 180 Tagen** – je nach Lust und Laune und Einreisegrenze auch weniger. Vor allem an **Guatemala- und Belize-Grenzkontrollpunkten** bekommt man oft nur zwei oder vier Wochen und bei Widerspruch den freundlichen Hinweis, man könne ja später verlängern lassen (s.u.).

Die bewilligten Tage werden auf der Karte ins Kästchen „Días" eingetragen. Der obere Kartenteil wird einbehalten, der untere Abschnitt ist Ihre Aufenthaltserlaubnis und muss unterwegs in Mexiko manchmal auf Verlangen der Polizei oder Behörden – zusammen mit dem Pass – vorgezeigt werden, z.B. bei Straßenkontrollen. **Die Karte nicht verlieren, sicherheitshalber nach der Einreise von ihr eine Kopie machen** und getrennt aufbewahren (zumindest die Nummer der Karte notieren). Reist man mit dem Wagen von den USA nach Mexiko ein, wird man oft durchgewinkt, doch erledigen Sie unbedingt an der Grenze die Einreiseformalitäten! **Mit einer Touristenkarte darf keinerlei Tätigkeit aufgenommen werden,** auch keine politischen Aktivitäten!

Alleinreisende unter 18 Jahren unterliegen besonderen Bestimmungen, bitte vor der Abreise bei einem mexikanischen Konsulat nach den aktuellen Bestimmungen erkundigen.

Landeinreise von Guatemala, Belize und den USA

Wer **über Land** von Guatemala, Belize oder aus den USA nach Mexiko einreist muss gleichfalls eine Touristenkarte ausfüllen und die **Einreisesteuer DNI** *(Derecho para No Inmigrante)* bezahlen, derzeit **294 Peso,** umgerechnet etwa 16 Euro. Die DNI ist bei **der Einreise per Flugzeug schon im Ticketpreis** inbegriffen. Befreit sind Reisende, die nicht weiter als 25 km ins Landesinnere fahren oder Mexiko innerhalb von 72 Stunden wieder verlassen sowie Passagiere von Kreuzfahrtschiffen. Die DNI braucht nicht gleich bar an der Grenze beglichen werden, der Betrag kann noch später bei einer mexikanischen Bank bezahlt werden, dann erst wird dort die Touristenkarte gültig gestempelt (Bankadressen und Konten werden Ihnen genannt; spätestens bei der Ausreise wird die Einzahlung anhand der Bankquittung überprüft). Manchmal kann auch an den Straßengrenzkontrollpunkten des Militärs bezahlt werden, die ca. 20–40 km hinter der Hauptgrenze im Inland liegen.

Zeitweilige Aus- und Wiedereinreise

Wer zeitweilig in die Nachbarländer Guatemala, Belize oder in die USA ausreist, muss neuerdings eine **Ausreisesteuer von 269 Peso** bezahlen, so wird uns zumindest von der Grenze Frontera Corozal nach Guatemala berichtet (s.S. 360). Immer auf den mexikanischen Ausreisestempel bestehen, sonst wird bei der Wiedereinreise eine Strafgebühr fällig. Dabei wird eine neue Touristenkarte benötigt und die DNI-Steuer (s.o.) entfällt nur, wenn man sich im (Flug-)Transit befindet oder sich nicht länger als 7 Tage im Lande aufhält.

Touristenkarte verlängern

Eine kürzer als 180 Tage gewährte Aufenthaltsdauer ist verlängerbar, und zwar bei einem Büro der *Delegación de Servicios Migratorios* bzw. beim **Instituto Nacional de Migración (INM)**, kurz *Migración.* Auf deren Homepage **www.inm.gob.mx** finden Sie die Adressen der Migración-Büros in den Städten. Erfahrungsgemäß sollte man dort erst kurz vor Ablauf der Aufenthaltsdauer vorstellig werden. Eine gültige Touristenkarte, Reisepass, finanzielle Mittel oder eine Kreditkarte sowie ein Ausreiseticket sind nachzuweisen. Bei dieser Verlängerung wird erneut die **Einreisesteuer DNI** fällig. Wer länger als ein halbes Jahr in Mexiko bleiben möchte, sollte besser kurz nach Guatemala, Belize oder in die USA ausreisen und mit neuer Touristenkarte wieder einreisen (für die USA-Einreise bitte die verschärften US-Einreisebestimmungen beachten, siehe www.cbp.gov mit den ESTA-Regularien!).

Das INM ist auch zuständig bei **Verlust der Touristenkarte.** Deren Büros stehen hier im Buch, wenn vorhanden, bei „Adressen & Service". Die Neuausstellung der Touristenkarte kostet derzeit 295 Peso. Verweigern Sie aber eine sofortig geforderte Strafgebühr, sagen Sie, Sie würden die Sache bei der Ausreise klären. Bei ernsthaften Problemen wenden Sie sich an die mexikanische Touristenbehörde **Sectur,** Tel.-Nr. s.u. bei „NOTFALL-TELEFONNUMMERN", an ein Turismo oder an Ihr Konsulat bzw. an die Botschaft.

Ist bei der **Ausreise mit dem Flugzeug** die Verweildauer um ein paar Tage überzogen, kümmert das niemanden, denn die Karte wird bereits **beim Check-in bei Ihrer Fluglinie** einbehalten, es erfolgt in der Regel keine weitere Passkontrolle bzw. es gibt **keinen Ausreisestempel!** Haben Sie Ihre Karte verloren, holen Sie sich im Büro der Airport-Migración zunächst Ersatz.

Airport-Tax

Die Airport-Tax TUA ist bei Flügen nach Mexiko bereits im Ticketpreis inbegriffen, **jedoch nicht** bei innermexikanischen oder **zusätzlichen Flügen** von **Mexiko ins Ausland,** wie z.B. nach Kuba oder Guatemala.

Zoll

Nach der Passkontrolle holt man sein Gepäck und geht zur Zollkontrolle *(Aduana),* wobei zuvor die *Declarción de Aduana* auszufüllen ist (das richtige Anstreichen der Nummernkästchen erfordert etwas Gedankenarbeit). Zollfrei sind persönliche Gegenstände, zwei Foto- oder Videokameras/Camcorder, Laptop/Notebook und eine Freimenge an Zigaretten und Alkoholika. Nicht erlaubt sind Waffen (auch keine Harpunenspeere), frische Lebensmittel, Pflanzen und Früchte. Sollte jemand tatsächlich mehr als 10.000 US$ dabeihaben, muss dies angegeben werden. Aktuelle Bestimmungen auf www.aduanas.gob.mx.

Verboten ist die Ausfuhr von archäologischen Gegenständen, Antiquitäten, Gold, Drogen und Kakteen. Bei **Wiedereinreise in die EU** sind verboten: Tiere, Tierprodukte und Souvenirs, die unter das Artenschutzabkommen fallen (also z.B. Schwarze Koralle). Frei sind 200 Zigaretten oder 50 Zigarren, 1 Liter Spirituosen oder 2 Liter Wein und Reisemitbringsel im Warenwert von bis zu 430 Euro (genaue Mengen und aktuellste Bestimmungen auf www.zoll.de).

salud y bienvenidos a México!

Mexiko-Stichworte von A – Z

Zur umfassenden Information sowohl für Ihre **Vorplanung** als auch für die Reise **durch Mexiko** hier Wichtiges in Stichworten von A bis Z.

Anreise
s.o., „An- und Einreise“

Archäologische Stätten u. Museen
Da mexikanische Staatsangehörige (und ständig in Mexiko lebende Ausländer) **an Sonntagen** in archäologischen Stätten und in staatlichen **Museen kostenlosen Eintritt** haben, empfiehlt es sich, für diesen Tag nicht unbedingt Besichtigungen einzuplanen. Denn dann könnten Museen überfüllt sein.

Auftreten
Mexikaner/innen legen viel Wert auf ein gepflegtes Erscheinungsbild und höfliche Umgangsformen. Respektieren Sie die Sitten und Gebräuche des Landes durch das Tragen passender Kleidung. In Badeorten kleidet man sich sportlich-leger, eher konservativ im Hochland.

Auskunftsstellen
s.u., „INFORMATIONSSTELLEN“ und „DIPLOMATISCHE VERTRETUNGEN“

Ausrüstung, Kleidung
Was Sie an Kleidung mit nach Mexiko nehmen, hängt davon ab, wie und wohin Sie reisen. 14 Tage Karibikurlaub erfordern diesbezüglich kein großes Nachdenken. Für das Hochland von Chiapas müssen Sie auch Warmes einpacken, vor allem in den Wintermonaten. Besser aber zu wenig als zuviel mitnehmen! Vor Ort kann alles gekauft werden. Ein leichtes, langärmliges Hemd schützt vor Moskitostichen. Profilstarke Turnschuhe sind gut fürs Ruinenklettern, bequeme Sandalen für den Alltag und Badelatschen für miese Hotelduschen und für den Strand. Wichtig ist eine luftige Kopfbedeckung. Für Budgetreisende empfiehlt sich aus hygienischen Gründen und um auch in einer Hängematte schlafen zu können ein leichter Reiseschlafsack.

Je nach Vorliebe nimmt man einen Hartschalen-Koffer oder Trolley, eine strapazierfähige Reisetragetasche oder einen Rucksack. Dazu eine Schultertasche für die Fotoausrüstung und den Kleinkram. Als Reserve im Gepäck noch einen kleinen Tagesrucksack – gut für Spaziergänge, den Strand und Einkäufe.

■ Ich vergesse nie **Ohrenstöpsel** – Mexikos Nächte und die Kreisch-Videos in den Bussen sind immer laut. In Bussen lässt sich die eiskalte Luft der Klimaanlage, die an Fensterplätzen aus Schlitzen herabströmt und Erkältungen verursacht, durch breites **Kreppband** stoppen. Nützlich ist eine LED-Taschenlampe und ein kleines Kombi-Taschenmesser. Als gutes Kommunikationsmittel haben sich Postkarten und Fotos von zuhause erwiesen. Oder man kann Bilder auf dem Display der Kamera zeigen.

■ Zur Ausrüstung gehören **Kopien** des Passes, des Flugtickets und der Kreditkarten. Nehmen Sie dazu ein kleines Reisetagebuch, notieren Sie dort Adressen, Telefon- und Fax-Nummern sowie eMail-Adressen. Aufnahmen von Gepäckstücken sind bei einem Verlustfall (verschwundenes Fluggepäck) oder bei einem Diebstahl evtl. hilfreich.

Autofahren
s.S. 57ff, „Mit Auto oder Wohnmobil durch Mexiko“

Banken
(s.u., „FINANZEN“)

Belize
ist das südliche, englischsprachige Nachbarland von Yucatán; s.S. 385.

Betteln
Armut ist Realität in Mexiko. Betteln ist daher für alte und kranke Menschen oft unerlässlich und auch nicht verpönt. Bettelnde sitzen oft an Kircheneingängen und an Plätzen, wo sich Touristen und betuchtere Landsleute aufhalten. Unterstützen Sie Leute, die nicht mehr arbeiten können oder solche, die etwas tun: Musiker, Clowns, Akrobaten, Touristenführer, Parkwächter, Schuhputzer u.a. Geben Sie aber kein Geld an bettelnde Kinder oder an Bettelnde, die mit Kleinkindern Mitleid erregen wollen!

Diebstahl s. „SICHERHEIT"

Diplomatische Vertretungen **Von Mexiko in D:** Mexikanische Botschaft, 10785 Berlin, Klingelhöferstr. 3, Tel. 030-269323-0, Fax 269323-700, http://embamex.sre.gob.mx/alemania (gute Informationsseiten für alle Bereiche). Generalkonsulate in Frankfurt/M und Hamburg, Honorarkonsulate in Bremen, Hannover, München u. Stuttgart (Adressen s. Homepage der Botschaft).

Von Mexiko in A: Mexikanische Botschaft, 1090 Wien, Wiedner Hauptstr. 21, Tel. 01-3107383, Fax 3107387. Honorarkonsulat in 6112 Wattens-Tirol, Tel. 05224-587712. **Von Mexiko in CH:** Mexikanische Botschaft, 3005 Bern, Bernastr. 57, Tel. 031-3574747, Fax 3574748. Honorarkonsulate in Genf und Zürich. – **Deutsche Botschaft in Mexiko:** Embajada de Alemania, Horacio 1506, Col. Los Morales, 11530 México D.F., Tel. 5283-2200 (dringende Notfälle: Tel. u. SMS 044-55-5431-2177, innerhalb Mexikos Tel. u. SMS 045-55-5431-2177), Fax 5281-2588, **www.mexiko.diplo.de.** Besucher Mo–Fr 9–12 Uhr, Arbeitszeit Mo–Do 7.30–16.30 Uhr, Fr nur bis 15 Uhr. – *Embajada de Austria,* Sierra Tarahumara Pte 420, Col. Lomas de Chapultepec, México D.F. 11000, Tel. 5251-0806, Notfall (0052-55) 044-55-9199-4579, Mo–Fr 9–12 Uhr, www.embajadadeaustria.com.mx. – *Embajada de Suiza,* Av. Paseo de las Palmas 405, Torre Optima, Piso 11, Col. Lomas de Chapultepec, México D.F., Tel. 5520-3003, Fax 5520-8685, Mo–Fr 9–12 Uhr, www.eda.admin.ch.

Konsulate / Honorarkonsulate **Von D** z.B. in Cancún, Puebla, Mérida, Veracruz. Alle aktuellen Adressen der Konsulate auf der Website der dt. Botschaft in Mexiko-Stadt, www.mexiko.diplo.de.
Von A: Cancún, Guadalajara, Mérida, Monterrey und Tijuana.
Von CH: Cancún, Guadalajara, Mérida, Monterrey und Veracruz.

Dokumente **Reisepass:** Dieser muss noch mindestens 6 Monate gültig sein (Verlust des Passes s.u. bei „SICHERHEIT" / „Verlust, Wiederbeschaffung"). Für einen **Mietwagen** ist der **nationale** oder **internationale Führerschein** erforderlich. ADAC-Mitglieder sollten ihren Ausweis ebenfalls mitnehmen, beim mexikanischen Automobilclub in Mexiko-Stadt gibt es dann ermäßigte Leistungen.

■ **Preisnachlässe** bei archäologischen Stätten und staatlichen Museen bekommen i.d.R. **nur Inhaber mexikanischer Studentenausweise** oder Austauschstudenten mit einem mexikanischen Ausweis. Will man viele archäologische Stätten besuchen, lohnt es sich, in Mexiko-Stadt beim *Instituto Nacional de Antropología e Historia* **(INAH,** www.inah.gob.mx) unter Vorlage des nationalen Studentenausweises eine Bescheinigung ausstellen zu lassen, mit der man dann eintrittsfrei in die Stätten reinkommt (aber auch nicht immer und überall, an den Kassen auf Diskussionen gefasst machen, von der Bescheinigung Kopien machen, da sie an den Kassen einbehalten werden). INAH-Adresse: Córdoba 45, 06700 México D.F. (im 2. Stock, Coordinación Nacional de Asuntos Jurídicos; die Córdoba-Straße ist in der Col. Roma, ca. 5 Gehminuten von der Metrostation *Insurgentes* entfernt). Sinnvoll ist es, sich schon vor der Reise schriftlich/per eMail an die INAH zu wenden. Dann braucht man den Ausweis nur noch abzuholen (sonst kann es 1–2 Tage dauern). Auch die **Busgesellschaften** akzeptieren in der Regel nur mexikanische Studentenausweise, und das auch nur eingeschränkt: nur für bestimmte Busgesellschaften, nur eine bestimmte Anzahl Passagiere pro Bus und meist nur zu den Ferienzeiten Juli/August, Ende Dez./Anf. Januar und Ostern. Man muss halt immer wieder fragen.

Studentenausweise: Mit dem internationalen **ISIC-Studentenausweis** (www.isisc.de), der *International Youth Travel Card* **IYTC** (für unter 26-Jährige) und der Karte **ITIC** *(International Teacher Identity Card)* kann man in Mexiko ab und zu Rabatte erhalten. In Hostels werden diese Ausweise anstelle des internationalen Jugendherbergs-Ausweises (Hostelling Internacional, HI) immer akzeptiert. Man kann sie auch in Mexiko-Stadt kaufen, s.S. 630 bei „Reisebüros". Seite der nationalen mexikanische ISIC-Card: www.isic.org.mx.

„Ich nahm den Studentenausweis meiner mexikanischen Sprachschule mit. Mit ihm habe ich nicht nur Ermäßigungen bei archäologischen Stätten und Museen bekommen, sondern auch bei den meisten Busterminals. Fahrten waren bis zu 50% billiger. Damit die Ausweise anerkannt werden, sollte ein Foto und die Gültigkeitsdauer vorhanden sein."

Ein internationaler **Jugendherbergsausweis** (DHJ/HI) kann nützlich sein, doch wird man in Hostels auch ohne akzeptiert und erhält ca. 10% Rabatt.

Drogen Der Besitz und Genuss von Drogen (Marihuana u.a.) ist in Mexiko verboten! Es drohen harte Strafen, auch wenn im Lied *La cucaracha* harmlos-heiter von der Kakerlake erzählt wird, die nicht mehr laufen kann, weil sie kein Marihuana zu rauchen hat – *„... porque la falta, marijuana que fumar" ...*). Polizei und Militär kontrollieren regelmäßig Privatwagen und Busse bzw. die Insassen auf Drogenbesitz.

Einkaufen Mexiko ist ein wahres Einkaufsparadies. In vielen Touristenzentren gibt es vielfach staatliche **FONART**-Geschäfte, die landestypisches Kunsthandwerk verkaufen (www.fonart.gob.mx). Auf sie wird bei den Stadtbeschreibungen bei „Adressen & Service" unter „Einkaufen" hingewiesen. Schöne Mitbringsel sind z.B. Hängematten, Web- und Ledersachen, Silberschmuck und Tequila. **Wohnmobilreisende** können sich mexikoweit in oft gigantisch großen Supermercados (*Chedraui, Soriana, OXXO, MEGA, Superama* u.a.) versorgen. Weitere Einkaufszentren, ursprünglich in den USA beheimatet, sind *Home Depot* und *Wal-Mart* (dazu gehört auch *Bodega Aurrera*). Mehr über Kunsthandwerk und Souvenirs s.S. 108, Tipps zum Handeln s.u. beim Stichwort „HANDELN".

Ein- und Ausreise s.o., „An- und Einreise"

Elektrizität s.u., „STROM"

eMails s.u., „INTERNET"

Fax Ein Fax kann man von der Post bzw. von den daran meist angeschlossenen *Servicios Telecomunicaciones* versenden. Auch private Anbieter *(Fax Público)* und *Casetas de teléfono* bieten Fax-Service an. Im Reiseteil stehen die Fax-Möglichkeiten bei „Adressen & Service" unter „Kommunikation".

Feiertage Alles über Feiertage und Feste bei „Feste, Brauchtum und Folklore", s.S. 101ff. Schnellüberblick: 1. Januar; 5. Februar; 21. März; März/April: Ostern (kein Ostermontag); 1. und 5. Mai; 16. September (vor allem am Vorabend); 12. Oktober; 1./2. u. 20. November; 12. Dezember u. Weihnachten (kein 2. Feiertag).

Fernsehen und Radio Die Massenmedien führen in Mexiko keinesfalls ein verborgenes Dasein, im Gegenteil. Überall flimmern Glotzen, plärren Radios, kreischen Videos. Mexikaner scheinen lärmunempfindlich zu sein, zumindest sind sie überaus lärmtolerant. Radio und Fernsehen sind – bis auf Kabel-TV – in Mexiko gebührenfrei, die Kosten werden über Werbung hereingeholt.

Es gibt ein halbes Dutzend nationaler Programme und viele private Kabel- und Satellitenkanäle. Der der Medienkonzern **Televisa** besitzt in Mexiko einen Radio- und TV-Marktanteil von weit über 60%, zweitgrößer massenorientierter Privatsender ist **TV Azteca.** Auch englischsprachige Kabelprogramme werden ausgestrahlt. Zu einem Hotelzimmer gehört fast immer ein Fernseher, wo man meist auch CNN sehen kann. Auch das Auslandsfernsehen der Deutschen Welle kann in Mexiko empfangen werden.

Im mexikanischen Fernsehen läuft viel Unkritisches und flache Unterhaltung. Beliebt sind die sog. *telenovelas,* seichte Rühr-Stücke in täglichen, endlosen Fortsetzungen, die in einer weißen Oberschichtwelt spielen, die mit Mexiko nicht viel gemein hat. Sie sind immerhin brauchbar zum Spanisch lernen, da die Dialoge simpel sind und relativ langsam gesprochen wird.

Finanzen

■ *Mex. Banknoten mit historischen Persönlichkeiten (v.o.):* B. Juárez *(Politiker),* J. Morelos *(Unabhängigkeitsführer),* Nezahualcóyotl *(aztek. Dichter),* Juana Inés de la Cruz *(Dichterin)*

■ Geld und Währung

Die mexikanische Währung ist der **Peso** (P), das Währungszeichen **„$"** ist das gleiche wie beim US-Dollar (gelegentlich mit zwei senkrechten Strichen). „MXN" ist das internationale Kürzel. Statt „$" steht manchmal auch „MN" geschrieben, was „Moneda Nacional" heißt, hauptsächlich in Grenzgebieten zur Unterscheidung zum US-Dollar, abgekürzt „dlls". Es gibt Banknoten zu 20, 50, 100, 200, 500 und 1000 Peso und Münzen zu 1, 2, 5, 10 und 20 Peso. Ein Peso sind 100 Centavo. Münzen gibt es in Werten von 5, 10, 20 und 50 Centavo.

■ Reisekasse

Der gute alte Traveller-Scheck hat im Zeitalter von Geldautomaten seine Bedeutung verloren. Nicht jede Bank in Mexiko wechselt Reiseschecks, der Zeitaufwand und die anfallenden Gebühren sind hoch! Für Bargeldnachschub ist die Ziehung von Pesos aus Automaten mit einer Kreditkarte die bessere Alternative. Zudem können Sie mit ihr Rechnungen direkt bezahlen (wenngleich eingeschränkt).
Die verbreitetsten Kreditkarten in Mexiko sind **MasterCard** und **VISA** (die VISA-Karte ist wichtig für Guatemala!). Früher war das Ziehen von Bargeld mit einer normalen Bank- bzw. der **EC-/Maestro-Card/girocard** gebührengünstiger als mit einer Kreditkarte, doch funktionieren diese – insbesondere wenn sie das **V-Pay-Logo** tragen – außerhalb des Euro-Zahlungsraums aus Sicherheitsgründen nicht mehr! Erkundigen Sie sich bei Ihrer Bank oder Sparkasse. Manche Karten kann man fürs außereuropäische Ausland freischalten lassen.

An Automaten mit dem VISA-Logo funktioniert in Mexiko auch die „SparCard 3000 plus" der Postbank. Vorteile haben auch Kunden der Deutschen Bank, die bei deren Partnerbank **Scotiabank** gebührenfrei (aber nicht an allen Filialen!) Bargeld abheben können. Die Scotiabank hat viele Filialen in Mexiko, z.B. bei der Supermarktkette MEGA. Informationen auf www.scotiabank.com.

Des Weiteren sollten Sie ein paar kleinere **US-Dollarscheine** einstecken. Sie sind hilfreich an der Karibikküste und auch in Guatemala und Belize. Euro-Banknoten werden natürlich auch eingewechselt, bei der **Banamex** immer problemlos. Zuhause vorab Pesos zu kaufen ist ein Verlust. Infos ums Reisegeld bei www.bankenverband.de, www.reisebank.de, www.swissbankers.ch.

Peso-Mittelkurse bei Drucklegung:

1 Euro = ca. **17** Peso • 10 Peso = ca. 0,6 Euro
1 US-Dollar = ca. 13 Peso • 10 Peso = ca. 0,8 US-Dollar
Aktuelle Kurse z.B. auf www.xe.com, www.goyax.de, www.oanda.com u.a.

■ Kreditkarten (Kk)

Kreditkarten sind in Mexiko den vielen Logos nach zwar weit verbreitet, Restaurants und Hotels akzeptieren sie zur Bezahlung in der Regel aber nur ungern – „nur Bares ist Wahres". Seien Sie also immer genügend „flüssig" und klären Sie bei Hotels vorab die Zahlungsart. Die Ablehnung von Karten wird mit den hohen Provisionen begründet, die die Kartenorganisationen verlangen. Und weil Hotels und Geschäfte zudem sehr lange warten müssen, bis sie ihre Außenstände bekommen, kann das in Inflationszeiten ein Verlust sein. Fragen Sie, ob beim Bezahlen **mit der Karte ein Zuschlag erhoben wird** (bezahlen mit Kreditkarte heißt *pago con tarjeta,* Barbezahlung *pago en efectivo*). Manche Hotels verlangen bei **Kartenbezahlung bis zu 10%** mehr bzw. gewähren Rabatt bei Barzahlung! Auch Tankstellen, wo man selten mit Karte bezahlen kann, verlangen bei Kreditkartenzahlung eine Gebühr.

Unverzichtbar ist eine Kreditkarte für Mietwagen, als Nachweis der Liquidität bei der Touristenkarten-Verlängerung oder z.B. in Krankenhäusern. Wer einen Wagen nach Mexiko einführt, muss dem mex. Zoll gleichfalls eine Karte vorlegen. Reist man zu zweit, erhöhen **zwei Karten verschiedener Kartenorganisationen** bei Diebstahl oder Beschädigung die Zahlungssicherheit. Auch wer alleine reist, sollte zwei verschiedene Karten mitführen. Vorsichtige ziehen Geld nur an Automaten direkt bei Banken und wenn die Bank zudem geöffnet hat.

Wenn Sie ein Zimmer mit Karte zahlen, werden Sie beim Einchecken meist gebeten, den Kreditkartenbeleg vorab **blanko** zu unterzeichnen – jemand könnte also unkontrolliert eine beliebige Summe einsetzen. Dies ist, aus Sicherheitsgründen für das Hotel, weitverbreitet üblich. Erst beim Auschecken wird der fällige Betrag eingetragen. **Vergessen Sie auf keinen Fall den Kopie-Beleg** und lassen Sie Ihre Karte **nie aus den Augen!**

Kreditkarten-Sperrung

Kreditkartenunternehmen verpflichten Sie mit ihren AGBs, Ihre Karte bei **Verlust oder Diebstahl** umgehend sperren zu lassen. Führen Sie die entsprechenden Telefonnummern mit. Zum Sperren fast aller Karten Deutschland unter der Tel. 0049-**116 116** anrufen, auch 0049-30 4050 4050. Auf der Seite **www.kartensicherheit.de** gibt es einen Notfall-Pass zum Runterladen, das Studieren der Seite lohnt sehr.

MasterCard, D: 0049-69-79331910, Fax 79331950. Die gebührenfreie **MasterCard-Sperrservice-Tel.-Nr.** für Mexiko lautet **01-800-3077309,** die internationale über USA **001-3142756690.** Oder im Internet, www.mastercard.de (bei Länderliste „Mexico"). – **Visa-Sperrung,** D: 0049-69-79332525 oder über USA, Tel. 001-800-847-2911, www.visa.de. Übrigens kann man bei den deutschen Tel.-Nummern mit einem Anruf jeweils beide Karten, MasterCard und VISA, sperren lassen, 24 h. – **American Express:** www.americanexpress.de, AE-Kreditkarte sperren, D: 0049-69-97971000, USA: Tel. 001-866-247-6878. Adresse in Mexiko-Stadt: Paseo de la Reforma 350 (Ecke Lancaster, Zona Rosa), Tel. 01-55-5207-7049, gebührenfreie Tel.-Nr. 01-800-2217282. AE-Scheckeinlösung und Client Mail Service Mo–Fr 9–18 Uhr, Sa 9–13 Uhr.

■ Banken, Geldautomaten

Banken gibt es in Mexiko zuhauf. An denen mit Geldautomaten steht **„Caja automática"** oder **„Caja permanente"** (engl. **ATM,** *automatic teller machine*). Am Automaten sind die Logos der Kreditkarten abgebildet die akzeptiert werden. Die Bedienung der Geldautomaten (Geheimnummer parat haben!) ist relativ einfach, auch auf Englisch. Im Auswahlmenü ist die Taste „Saving Card" zu drücken. Man kann Summen verschiedener Höhe abheben, meist bis 5000, ganz selten auch bis zu 10.000 Peso. Bei der Geldabhebung wird von der mexikanischen Bank automatisch eine kleine Kommission einbehalten, was vorher abgefragt wird. Die meisten Bankfilialen mit *Cajas automáticas* haben **Bancomer** und **Banamex,** ebenfalls **Banco Santander, HSBC, GBM Atlántico** u.a. **Ziehen Sie rechtzeitig neues Geld,** da es vorkommen kann, dass Automaten ein, zwei Tage kein Geld mehr ausspucken, oft an Feiertagen und an langen Wochenenden. Berücksichtigen Sie auch Aufenthaltstage in abgelegenen Gebieten, in denen es nur wenige Banken gibt. Geldautomaten befinden es auch in **Supermärkten** und **Einkaufszentren.**

Für alle Bankgeschäfte genügend Zeit einplanen. Lange Wartezeiten und Warteschlangen, vor allem auf dem Land, kann es zum Monatsende geben. **Öffnungszeiten** großer Banken von Mo–Fr meist durchgehend ab 8.30 oder 9 Uhr bis 15.30 oder 16 Uhr.

■ Casas de Cambio

Als Alternative zu Banken können Bargeld und Traveller-Schecks in einer *Casa de Cambio* gewechselt werden, die es in touristischen Orten überall in Mexiko gibt. Sie haben länger geöffnet und auf den großen Flughäfen Mexikos sind sie bei internationalen Flugankünften immer besetzt. Gibt es mehrere Wechselstuben, lohnen sich Kursvergleiche.

Flüge

Von Europa und USA nach Mexiko s.S. 26, innermexikanische s.S. 56.

Fotografieren / Camcorder

Mexiko ist ein tolles Fotoland, es gibt Motive in Hülle und Fülle. Frische Batterien bzw. einen vollgeladenen Akku einpacken, gleichfalls Ersatzakku und Ladegerät und evtl. eine kleine externe Festplatte/USB-Stick. Es gibt aber auch genügend Internet-Cafés, um seine Aufnahmen unterwegs auf CD zu brennen. Filmen ist in vielen archäologischen Stätten gebührenpflichtig.

Motive: Märkte, Feste, Bauwerke, Pflanzen, Landschaften, Menschen usw. Sehr schöne Motive ergeben sich bei den mexikanischen Feier- und religiösen Festtagen. Beachten und respektieren Sie aber immer, dass vor allem die Indígena, oftmals religiös begründet, nicht fotografiert werden wollen! Respektieren Sie deshalb Ablehnungen, die oft religiös sind. Ein strenges Fotoverbot besteht z.B. in der Dorfkirche von Chamula (bei San Cristóbal de las Casas). Bei direkten Personenaufnahmen ist es ratsam, durch eine Geste, z.B. Kamera langsam hochheben und mit einem fragenden Lächeln die Einwilligung zum Fotografieren zu bekommen. *„Se puede sacar una foto"* heißt „darf ich fotografieren".

Blitzlicht- und Stativverbot gilt in vielen **Museen** und **Kathedralen,** bei einigen archäologischen Stätten (Grabkammern, Wandgemälden), bei militärisch-strategischen Objekten (Kasernen, Flughäfen u.ä.) und sogar in der Metro in Mexiko-Stadt.

Gesundheit

Impfungen sind für eine Mexiko-Reise nicht vorgeschrieben (außer man reist von einem Land mit Gelbfieber ein). **Allgemeine Schutzimpfungen** sollte man aber auffrischen (Tetanus, Polio, Hepatitis A und B u.a. Schauen Sie in Ihren Impfpass und fragen Sie rechtzeitig Ihren Arzt.

Hygiene

Magen- und Darmerkrankungen/Durchfälle („Montezumas Rache") können in Mexiko vorkommen, doch ist die Gefahr durch den ständig steigenden hygienischen Standard heute weniger gegeben als früher. In vielen Restaurants stehen Gel- bzw. Flüssigkeitsspender („Estación de Sanitazión"), zum Hände desinfizieren, Köchinnen tragen Mundschutz und Plastikhandschuhe.

Toiletten

Öffentliche Toiletten sind rar, wenngleich in Mexiko-Stadt „im Kommen". Man weicht am besten in Restaurants, Einkaufszentren, Museen oder Touristeninformationen aus. Absolut sauber sind die Toiletten in den großen Busterminals, die „Sanitarios Plus". Sie kosten etwas *(de cuota),* sind dafür aber überwacht und werden ständig gereinigt. Man nimmt sich gleich nach dem Passieren der Schranke *papel higiénico* bzw. bringt welches mit. Toilettenpapier gehört fast überall wegen Verstopfungsgefahr der engen Abflussrohre in einen dafür vorgesehenen Eimer.

Reiseapotheke

Es empfiehlt sich die Mitnahme einer kleinen **Reiseapotheke** mit den wichtigsten Dingen: Pflaster, Mullbinde, Jod o.ä., Wundsalbe, Schmerztabletten, ein Durchfall-Medikament mit Elektrolytpulver, Erkältungsmittel (wichtig!), Halsschmerztabletten, Breitband-Antibiotikum, Augentropfen, Sonnencreme mit hohem Lichtschutzfaktor sowie eine Salbe gegen Sonnenbrand und Insektenstiche.

Gegen **Reiseübelkeit** helfen die mexikanischen Tabletten **Dramamine** (in und um Busterminals auch einzeln zu kaufen). Ansonsten kann man in mexikanischen Apotheken *(farmacias)* viele Medikamente preiswert ohne Rezept bekommen. Arztrechnungen müssen gleich bezahlt werden. Lassen Sie sich eine Quittung mit Diagnose, Arztunterschrift und Stempel für Ihre Auslandskrankenversicherung geben. Bei den Stadtbeschreibungen sind bei „Adressen & Service" unter „Notfall" Krankenhaus/Hospital- und Arzt-Adressen aufgeführt. Im Erkrankungsfall kann evtl. auch Ihr Hotel weiterhelfen. Adressen von „ausländertauglichen" Ärzten erhält man bei Botschaften und Konsulaten bzw. in Mexiko lebenden Europäern oder Nordamerikanern.

Für Reisen durch **Regenwaldgebiete** ist evtl. eine **Malariaprophylaxe** ratsam, doch ist das Erkrankungsrisiko ziemlich gering. Üblich für Mexiko/Mittelamerika sind Malaria-Medikamente auf Chloroquin-Basis, neuerdings das Medikament Malarone. Lassen Sie sich gegebenenfalls beraten oder informieren Sie sich auf www.crm.de, www.travelmed.de, www.fit-for-travel.de, www.crm.de oder www.osir.ch u.a. Auch das Auswärtige Amt bietet auf www.auswaertiges-amt.de einen Gesundheits-Service. Wichtig ist, dass Sie die Malaria-Symptome kennen und dass Sie, wenn Sie erst nach der Heimkehr krank werden, Ihren Arzt darauf hinweisen, dass Sie sich in tropischen Regionen aufgehalten haben!

Einige Tipps für Gesundheit und Wohlergehen:

- **mehr als sonst trinken,** nicht nur in heißen Gebieten, auch im Hochland, wo das Durstgefühl weniger stark ist.
- bei den teils langen Ruinenbesichtigungen und intensiver **Sonnenstrahlung** (ebenso im Hochland) möglichst Kopfbedeckung tragen und ein Mittel mit hohem Lichtschutzfaktor auf exponierte Haut auftragen.
- man kann **sich oft sehr schnell eine Erkältung einfangen,** deshalb Vorsicht vor Zugluft (offene Autofenster) und Klimaanlagen. In klimatisierten Bussen **immer** was Warmes, ein Halstuch und für Nachtfahrten auch ein Tuch dabeihaben!
- **Papayas** regeln die Verdauung und sorgen für Vitamine.
- Bei der Besteigung sehr hoher Berge an die **Höhenanpassung** denken.
- **Aids** heißt auf Spanisch **Sida** und ist auch in Mexiko verbreitet. Kondome heißen *preservativos* und es gibt sie in *farmacias*.

■ Magen-Darmerkrankungen

Die Ursache für „Montezumas Rache" bzw. Durchfall *(diarrea*, auch *turista* genannt) sind nicht nur ungewohnte Keime und anderes Essen, sondern auch klimatische und körperliche Belastungen. Gehen Sie deshalb Ihre Reise langsam an, der Körper braucht Zeit um sich umzustellen. Hauptursache für Durchfälle sind aber Infektionen über Wasser und Speisen. **Vorbeugemaßnahmen:**

Hände regelmäßig waschen • Kein Leitungswasser trinken, auf Eiswürfel in Getränken besser verzichten („sin hielo") • Kein nicht ganz durchgegartes Fleisch oder Hackfleisch, keinen halbrohen Fisch oder Schalentiere (Muscheln) essen • In Städten mit stark verschmutzter Luft wie Mexiko-Stadt nicht an offenen Straßenständen essen • Keine bereits geschälten und aufgeschnittenen Früchte (z.B. Ananas) bei Obstständen essen, denn die können, damit sie frisch aussehen, immer wieder mit Wasser besprengt sein • Keine Früchte essen, die nicht geschält werden können, z.B. Erdbeeren (Fäkaldüngung) • Keine Mayonnaise und fetttriefende Speisen (altes Bratfett) • In **Tropengebieten** wegen Trichinengefahr auf Schweinefleisch verzichten • Ungefährlich ist alles gut Gekochte, Gesottene und Gebratene • Chili regt die Magensäfte an.

Durchfall-Behandlung: Frei erhältliche mexikanische **Durchfallmittel** sind z.B. *Lomotil* (legt praktisch den Darm lahm), *Pepto-Bismol, Kaomycin, Septrim, Kaomycin* – kein „Entero Vioformo" und „Cloranfenicol" einnehmen! Zusätzlich Elektrolyte trinken, z.B. *suero,* das in Apotheken erhältlich ist und nur leichte Kost essen. Hört der Durchfall trotz Medikamente nicht auf oder haben Sie Blut im Stuhl oder hohes Fieber, sollten Sie ein Hospital oder einen Arzt aufsuchen.Die Ursache könnten Amöben oder etwas anderes sein.

■ Malaria

Malaria (span. *paludismo*) kann selten in den Küsten- und Tieflandregionen Mexikos auftreten, und wenn, dann vor allem in der Regenzeit zwischen Mai und Oktober, wenn Moskitos mehr als sonst schwirren. Sie wird durch den Stich der infizierten Anopheles-Mücke übertragen. Malaria-Prophylaxe – mit der mindestens eine Woche vor der Reise ins fragliche Infektionsgebiet begonnen werden muss – schützt nicht 100%ig! Inkubationszeit 10–35 Tage, beginnend mit leichtem Unwohlsein, Kopf-, Gelenk- und Muskelschmerzen und geringem Fieber. Die beste Prophylaxe ist Stichvermeidung (auch gegen das gelegentlich auftretende **Dengue-Fieber**): Zur Mückenzeit Arme und Beine mit heller Kleidung schützen, unbedeckte Hautstellen mit einem Mückenmittel einreiben *(repelente para moscos).* Wenn die Unterkünfte kein Fliegengitter haben, unter einem Moskitonetz schlafen oder Räucherspiralen abbrennen. Bei Fieber nach einer Tropenreise auch an Malaria als Ursache denken!

■ Cholera und Typhus

Diese infektiösen Darmerkrankungen treten in Mittelamerika immer mal wieder auf, doch äußerst selten bei Touristen. Eine Impfung wird nicht empfohlen.

■ Giftiges

In Mexiko gibt es ein paar giftige Schlangenarten *(culebras),* z.B. die etwa einen Meter lange und schwarz-rot geringelte *coralillo* (Korallenschlange, tropisches Mexiko), auf der Halbinsel Yucatán die etwa zweieinhalb Meter lange *nanyaca.* Im Gras und Busch abgelegener tropischer archäologischer Stätten Vorsicht walten lassen! Im trockenheißen Mexiko leben Klapperschlangen und **Skorpione** – nachts nicht barfuß gehen und die Hand nicht in dunkle Löcher stecken. Gelbe bzw. helle Skorpione gibt's auch an der Karibikküste, sie sind gefährlicher als schwarze. Nach einer Übernachtung im Freien morgens Schuhe und Kleidung ausklopfen. Giftig ist auch die nachtaktive Gila-Krusteneidechse, *Monstruo de Gila.*

Weiter mit A–Z

Guatemala Abstecher ins südöstliche Nachbarland Mexikos, ins Herz der Maya-Welt, sind gut möglich. Mehr darüber s.S. 377.

Handeln Handeln ist üblich auf Mexikos Märkten und bei Straßenhändlern, doch man sollte ein Gefühl dafür entwickeln, wo es angebracht ist und wo man es besser lässt. *Gringos* zahlen logischerweise mehr als Einheimische. Wenn möglich beobachten, welche Preise Mexikaner zahlen. Nicht gleich erkennen lassen, dass man die feste Kaufabsichten hat. Lassen Sie sich „überreden". Spricht der Verkäufer von *„con rebaja",* ist er verhandlungsbereit und wartet auf ein Angebot. Festpreise heißen *precios fijos.* Zahlen Sie Herstellern von kunsthandwerklichen Produkten, z.B. webenden Frauen, einen fairen Preis. Nutzen Sie keine Armut aus, sondern handeln Sie eher bei Zwischenhändlern. **Taxipreise** sollte man vorher aushandeln, es sei denn, es ist ein Taximeter vorhanden. **Hotelzimmerpreise** sind in der **Nebensaison** immer verhandelbar, vor allem bei mehreren Nächten Aufenthalt.

Hotels s.S. 64

Info-Stellen für Touristen

■ In Deutschland

Staatliches Mexikanisches Verkehrsamt, Taunusanlage 21, 60325 Frankfurt/M, Tel. 069-253413 u. 253509, tourismusmexiko@webershandwick.com, Fax 253755. Zuständig auch für Österreich, Schweiz und Tschechien. Versendet Info-Material und den „Mexiko-Schlüssel". In manchen deutschen Städten und Bundesländern gibt es Deutsch-Mexikanische Vereine und Gesellschaften. Private Mexiko-Websites bieten vielfach auch Mexiko-Foren. Gute Informationen aller Art über Mexiko bietet die Homepage **der mexikanischen Botschaft** in Berlin, http://embamex.sre.gob.mx/alemania/

■ In Mexiko

Touristen-Informationsstellen (**Delegación de Turismo** oder kurz **Turismo**) bzw. *Tourist Information* gibt es in Mexiko in fast jeder oder zumindest jeder touristisch relevanten Stadt. Sie befinden sich meist in Zócalo-Nähe, im oder in der Nähe des Rathauses (Palacio Municipal) und sind städtisch, bundesstaatlich oder national organisiert. Man erhält dort in der Regel Stadtpläne und

Umgebungs- bzw. Regionalkarten, Veranstaltungs-Kalender und Broschüren zu Umgebungszielen. In größeren Orten kann das Personal meist etwas Englisch. Die Standorte der jeweiligen Turismos sind bei den Stadtbeschreibungen bei „Adressen & Service" aufgeführt.

Neben den lokalen Turismos gibt es noch Tourismusämter für den Bereich eines ganzen Bundesstaates, die *Coordinación Federal de Turismo* heißen. Die Büros sind meist in den Haupt- oder Großstädten eines Bundesstaates. Das Hauptbüro der **SECTUR** *(Secretaría de Turismo)* in Mexiko-Stadt ist in der Av. Presidente Masaryk 172, Notfall-Tel. **078** oder **01-800-0068839.**

Internet

Nachfolgend eine Auswahl an nützlichen Webseiten für eine Mexikoreise. Die Seiten mexikanischer Städte und Reiseregionen stehen an den betreffenden Stellen.

Offizielle Seiten

Mexikanisches Tourismus-Ministerium: **www.visitmexico.com** mit Seiten für Deutschland • Die gute Reiseseite des mexikanischen Außenminsteriums ist http://guiadelviajero.sre.gob.mx/ • Alles über die Hauptstadt findet man auf www.mexicocity.gob.mx • Museen, Kulturelles: www.museosdemexico.org • Mexikanische **Botschaft Berlin**: http://embamex.sre.gob.mx/alemania/ (gute Informationsseiten für alle Bereiche) • Weitere Webseiten s. bei Mexiko-Stadt.

Private Seiten

Sehr, sehr umfangreich ist www.mexiko-lexikon.de • www.mexiko-lindo.de • www.mexico-info.de • www.omex.de • u.a.

Reise-Webseiten

www.mexiko-travelnews.com • www.mexico-travel.com • die Quellen für alles: www.directorio.com.mx und www.dirtur.com (Directorio Turístico de México) • Sammelseiten der texanischen Uni über Mexiko mit allen Bereichen, weitere Mexiko-Portale: www.lanic.utexas.edu • Online-Guide mit vielen Städten: www.mexonline.com • Sammelseite zu vielen Städten in Mexiko: www.go2mexico.com • Über Maya, Völker, Kulturen: www.famsi.org und www.elmundomaya.com • Öko-Tourismus: www.planeta.com • http://mexicochannel.net • u.a.

Zeitungen/ Zeitschriften

www.mayadiscovery.com (die Webseite der Zeitschrift Mundo Maya) • www.thenewsmexico.com (engl./mexikanische Zeitung, mex. Travel Guide) • www.mexicodesconocido.com.mx (mex. Reisezeitschrift)

Weitere Webseiten

Sicherheitslage in Mexiko: www.auswaertiges-amt.de • **Deutsche Botschaft in Mexiko-Stadt:** www.mexiko.diplo.de • Gute Gesamtübersicht über Mexiko mit allen Bereichen bietet www.mexconnect.com • Rund ums Geld: www.swissbankers.ch und www.reisebank.de • Gesundheit/Impfungen: www.travelmed.de, www.fit-for-travel.de und www.crm.de

Internet-Cafés

Internet-Cafés gibt es in Mexiko fast überall, sehr viele haben auch Skype. Fast jedes Hotel bietet seinen Gästen Computerzugang, die Tendenz geht zu **WiFi** (span. *„Internet inalámbrico")*

Auf mexikanischen Tastaturen findet sich selten das **„@"** (arroba) – so geht's: alt + q oder alt + 6 + 4 auf der numerischen Tastatur.

Karten von Mexiko

Eine **Landkarte** von Mexiko besorgt man sich am besten schon zuhause, wie z.B. bei Reise Know-how, **www.reise-know-how.de.** Mexikanische Kartenverlage sind **Guía Roji,** www.guiaroji.com.mx und **Quimera.** Karten sind in Mexiko bei Sanborns-Läden und in großen Supermärkten erhältlich. Für **Yucatán, Chiapas, Guatemala, Belize** ist die Karte *Mundo Maya* von Quimera eine gute Empfehlung. Erweitert fürs Hochland und den Golf von Mexiko heißt sie *Golfo de México.* Weitere: *Sierra Madre* (Hochland, Norden), *Mar de Cortés*

(Westmexiko, Baja California); u.a.

Die besten Detailkarten für das östliche Yucatán liefert **www.cancunmap.com.** – GPS-Karten für diverse Navigationssysteme: *BiciMapas,* Mexico GPS Atlas, **www.bicimapas.com.mx**; als Internet-Download oder per Versand. – Die *Secretaría de Comunicaciones y Transportes* (SCT), **www.sct.gob.mx,** liefert exakte Straßen- und Routenkarten der mexikanischen Bundesstaaten als Download im pfd-Format. – Das staatliche Institut für Statistik und Geografie INEGI gibt gleichfalls Karten heraus, **www.inegi.org.mx.** – *Mile by Mile* (Kanada), **www.milebymile.com,** bietet detaillierte Mexikokarten, teils bebilderte Beschreibung der Highways mit genauen Kilometer-Positionsangaben der Abfahrten, Kreuzungen, Parkbuchten, Ortschaften, Tankstellen, Sehenswürdigkeiten etc. Mexiko-Karten gibt es auch beim US-Automobilclub AAA, **www.aaa.com.**

Straßenatlanten, Quimera: *Volkswagen on the Roads of Mexico,* 1:750.000, sehr guter Autoatlas mit touristischen Hinweisen und 25 Stadtplänen. Von Guía Roji: *Por las Carreteras de Mexico,* 1:1 Mio., ca. DIN-A-4 Heftform, alljährlich neu. Außerdem von Guía Roji: *Gran Atlas de Carreteras de Mexico,* großer Straßenatlas, jede Kartenseite zeigt einen Bundesstaat (Estado), daher unterschiedliche Maßstäbe von 1:200.000 bis 1:1,6 Mio.

Online-Shops für Mexiko- und Lateinamerikakarten und GPS-Kartenprogramme: **www.mexicomaps.com** (in Kalifornien) und **www.maps-of-mexico.com.**

Kleidung s. „Ausrüstung“

Klima s.S. 19, „Klima und Saisonzeiten“.

Kreditkarten s.o., „FINANZEN“

Kriminalität s.u., „SICHERHEIT“

Märkte **Mercados** gibt es in Mexiko in jeder Stadt und in jedem Ort, dort pulsiert das Leben. Auf Märkten wird aber nicht nur alles Erdenkliche verkauft, sondern man kann dort auch **billigst essen.** Größere Städte haben in der Regel Markthallen, auf dem Land findet man eher „Open-air“-Märkte, **tianguis** (aztekisches Wort).

Landkarten s.o., „KARTEN VON MEXIKO“

Literatur s. Anhang

■ *„Denk nicht, sprich nicht – so sind wir alle glücklich ...“ Grafitto in San Cristóbal de las Casas/Chiapas*

Mietwagen

Internationale Mietwagenfirmen wie Alamo, Avis, Budget, Hertz, National usw. sind in Mexiko an allen wichtigen Flughäfen, in großen Städten und Touristenzentren vertreten. Tipp: den Wagen am besten am Flughafen in **Cancún** oder in Mexiko-Stadt anmieten, denn da sind alle Anbieter versammelt und man kann in kurzer Zeit Preise vergleichen und den gewünschten Wagentyp finden. Vorab im Internet informieren! Auch **Mérida** auf Yucatán ist zum Wagenmieten eine gute Stadt, dort gibt es viele Agenturen.

Hinweis: Nur mit Einschränkungen ist es ratsam, mit einem Mietwagen sehr lange Strecken, wie z.B. von Mexiko-Stadt über Chiapas bis nach Cancún oder vice versa zu fahren. Die flache und dünnbesiedelte Halbinsel Yucatán ist jedoch zum Selbstfahren gut geeignet.

Firmen im Internet

www.alamo.com • www.avis.com.mx • www.nationalcar.de • www.budget.com.mx • www.dollar.com • www.hertz.de • www.mexicocar.net • www.royalrent.com • www.thrifty.com.mx • Die Webseite www.rentalcargroup.com bietet eine Suchmaschine, die die günstigsten Angebote verschiedener Mietwagenfirmen raussucht.

Für Cancún, Playa del Carmen, Riviera Maya: www.toprentacar.com • www.budgetcancun.com.mx • www.monacorentacar.com • www.easywayrentacar.com • www.qualitatrentacar.com • www.busterrentacar.com • u.a.

Für Yucatán: *Executive* (Büros in vielen Yucatán-Orten), Tel. 01-800-3007368, www.executive.com.mx.

Anmieten

Zum Anmieten eines Wagens muss man mindestens 21 oder 25 Jahre alt sein, je nach Anbieter (es gibt auch Alterhöchstgrenzen!). Erforderlich ist der **nationale und internationale Führerschein** *(licencia de manejo*; Mexikaner kaufen sich übrigens ihren Führerschein für ein oder mehrere Jahre, fahren lernen sie mit einem Mitfahrer oder mit der Zeit alleine … die lasche Regelung soll nun aber abgeschafft werden). Unumgänglich ist eine Kreditkarte.

Bereits in Deutschland (CH, A) oder erst in Mexiko mieten? Für eine zeitlich begrenzte Mietwagenreise würde ich **vorab in Deutschland anmieten,** das ist günstiger als bei der gleichen Firma vor Ort und es gilt im Schadens- bzw. Streitfall deutsches Versicherungsrecht (Vollkasko ist empfehlenswert). Im Falle einer Nutzungsverlängerung zahlt man den vollen ortsüblichen Tarif.

Deutsche Reiseveranstalter und Internetportale geben einen Überblick über Wagenkategorien (eine Klimaanlage ist in Mexiko kein Luxus!), über die Kosten, Prozedur der Fahrzeugübernahme, Versicherung etc. (vielleicht bietet sich auch ein Komplett-Angebot mit Flug an). Die Firma www.holidayautos.de vermittelt weltweit und auch für Mexiko Mietwagen zu attraktiven Preisen (jedoch kann es vorkommen, dass man einen anderen Wagen als bestellt bekommt). **Online-Buchungen im Internet** direkt bei einem Vermieter können noch günstiger sein. Deutsche/europäische Firmen die mit US- bzw. mexikanischen Gesellschaften kooperieren sind vorzuziehen. *Europcar* kooperiert z.B. mit *Dollar-Rent-A-Car* und mit der mexikanischen *Natmex*. Auch *Hertz* ist an allen mexikanischen internationalen Flughäfen vertreten. Bei Internet-Buchungen darauf achten, wie hoch die Kosten der verlangten Versicherung(en) sind.

Erfahrungen zeigen, dass ein in Deutschland gemieteter Wagen drüben nicht immer so bereitsteht, wie man ihn gebucht hat (z.B. kleinere/billigere/größere Modelle, ohne die bestellte Klimaanlage, Wartezeit und ähnliches). Reklamieren Sie unberechtigt geforderte Zuzahlungen nach der Reise und dokumentieren Sie alles.

Höchstgeschwindigkeiten in Mexiko (wenn nicht anders ausgeschildert):
Ortschaften: **40 km/h** • Landstraßen: **80 km/h** • Autobahn: **100 o. 110 km/h**
Gurtpflicht • Promillegrenze 0,8 • Mobiltelefon nur mit Freisprechanlage

Haftpflicht-versicherung

Wichtig ist der Umfang der **Haftpflichtversicherung** – was deckt sie ab und wie hoch ist im Schadensfall die Selbstbeteiligung. Die übliche mexikanische Standardversicherung deckt nur den Schaden des Unfallgegners, **der Schaden am Mietwagen ist selbst zu bezahlen** (10% *deductible*, max. 1000 US$, was über Kreditkarte eingezogen wird). Das kann durch eine teure Zusatzhaftpflichtversicherung (engl. „CDW", Collision Damage Waiver) inkl. Diebstahlschutz („LDW") auch noch abgedeckt werden. Also immer genau nachfragen, ob der Versicherungsschutz eine Selbstbeteiligung beinhaltet oder nicht. Nicht einlassen sollte man sich auf Vertragsklauseln wie „20% des Fahrzeugwertes bei Totalschaden".

Einen Mietwagen in Mexiko findet man bei einer lokalen Firma ab etwa 30 € pro Tag. Der Tagespreis sinkt bei mehrtägiger Anmietung. Einwegmieten verteuern auf langen Strecken die Kosten erheblich.

TIPP: Wählen Sie keinen zu kleinen und tiefliegenden Wagen! Die **topes,** Mexikos berüchtigte **Straßenschwellen,** sind oft sehr hoch und können tiefliegende Wagen beschädigen! **Und immer anschnallen!** Mexikos schlecht bezahlte Polizisten haben auf unangeschnallte Gringos ein scharfes Auge, dann kann's teuer werden! Außerdem erkennen sie Mietwagen am Nummernschild, z.B. durch die umlaufende rote Linie **(s. Foto).** Lesen Sie auch das Kapitel **„Autofahren in Mexiko",** s.S. 59ff.

Fahrzeugübernahme: Gehen Sie mit dem Angestellten genau dessen Inspektionsblatt durch, was am Wagen schon (versteckt) beschädigt ist, wo Kratzer und Dellen sind, ob eine Scheibe einen Sprung hat. **Fotografieren Sie Beschädigungen.** An Bord müssen sein: Warndreieck, Reserverad (genügend aufgepumpt?), Wagenheber, Straßenkarte. Sind alle Radkappen dran und funktionieren Scheibenwischer, Blinker, Lichter? Ist der Ölstand o.k. und steht die Tankanzeige auf „voll" *(lleno)*? Wurde Ihnen für den Fall einer Panne die Tel.-Nr. des Vermieters ausgehändigt? Der Wagen muss meist wieder vollgetankt abgegeben werden, was man am besten bereits etliche Kilometer vor der Station erledigt.

Weiter mit A–Z

Museen

Gibt es in Mexiko jede Menge, einige sind weltbekannt, wie das Anthropologische Museum in Mexiko-Stadt. Öffnungszeiten sind meist von 9–17 Uhr. Fast alle staatlichen und auch vielfach private sind **montags geschlossen.** Am **Sonntag** ist bei allen staatlichen Museen und archäologischen Stätten der Eintritt für mexikanische Staatsbürger kostenlos, diese können dann überfüllt sein und Besichtigungen mühsam machen. Auf www.museosdemexico.org können Museen virtuell besucht werden. Das *Instituto Nacional de Antropología e Historia,* **INAH,** listet auf **www.inah.gob.mx** alle INAH-Museen und die archäologischen Stätten landesweit auf.

Notfall-Telefonnummern

Allgemeiner kostenloser Notruf: Tel. 060. Für touristische Nöte hat das mexikanische Tourismus-Ministerium **Sectur** eine 24-Stunden-Hotline eingerichtet (Tourist Help Line), **Tel. 078** oder **01-800-0068839** (gebührenfrei und engl.-sprachig), in Mexiko-Stadt Tel. 3002-6300. Für in Not geratene **Autofahrer** sind die **Ángeles Verdes** („Grüne Engel") der Sectur zuständig, Notruf gleichfalls **Tel. 078,** www.sectur.gob.mx/wb/sectur/sect_9453_angeles_verdes. Adresse der Sectur in Mexiko-Stadt: Av. Masaryk No. 172 (nördlich des Anthropologischen Museums), Bürozeiten Mo–Fr 8–18 Uhr und Sa 10–15 Uhr, www.sectur.gob.mx, correspondencia@sectur.gob.mx.

Öffnungszeiten

„Gesetzlicher Ladenschluss" existiert in Mexiko nicht. Einzelhändler schließen öffnen und wie sie wollen, selbst spätabends oder sonntags. Vor 9 Uhr ist jedoch kaum was offen. Zur Essenszeit zwischen 14 und 16 Uhr (oder länger) ist vieles geschlossen. In sehr heißen Gegenden dauert die Siesta-Zeit bis in den Spätnachmittag. Ab 17 Uhr erwacht aber wieder das öffentliche Leben.

Behörden (auch Konsulate, Botschaften) lassen nur **vormittags** Publikumsverkehr zu. **Banken:** Mo–Fr meist durchgehend ab 8.30 oder 9 Uhr bis 15.30 oder 16 Uhr. In der Weihnachts- und Karwoche haben Banken und Behörden vielfach zu, ebenso an nationalen Feier- und Festtagen (s.S. 102ff). **Große archäologische Stätten** sind meist täglich von 8–17 Uhr oder bis 18 Uhr geöffnet (kleinere oder abgelegene erst ab 9 oder 10 Uhr, montags oft geschlossen). **Museen sind wie oben erwähnt fast immer montags geschlossen.** Touristen-Büros haben in touristischen Städten meist bis in die Abendstunden auf, auch sonntags. **Kirchen** sind außerhalb der Gottesdienstzeiten manchmal verschlossen, für eine Besichtigung dann zum Pfarrhaus gehen und um Öffnung bitten.

Öko-Tourismus s.S. 22

Pakete zu versenden ist umständlich, weil der Zoll sehen möchte, was da außer Landes geht. Im Hotel um Hilfe fragen. Größere Artesanías-Geschäfte bieten oft den Service eines Auslands-Paketdienstes an. Päckchen kann man bei der Post aufgeben.

Post Die „Reisezeit" eines gewöhnlichen Briefes *(carta)* oder einer Postkarte *(tarjeta postal)* per Luftpost (*por avión* oder *correo aéreo*) von Mexiko nach Deutschland beträgt meist 10–14 Tage (um die Weihnachts- und Osterzeit länger). Postkarten-Porto nach Europa derzeit 13,50 Ps. Briefmarken heißen *estampillas,* „Einschreiben" *certificado.* Briefe/Postkarten kann man bequemerweise zur Erledigung beim Hotel abgeben oder selbst zum Postamt *(correo)* bringen, es liegt meist in Zócalo-Nähe. Wichtige Sendungen sollten mit einem **Kurier- bzw. Expressdienst** versandt werden, wie DHL (www.dhl.com) oder UPS (www.ups.com). Ein mexikanischer Kurierdienst ist **Estafeta** ist, Infos auf www.estafeta.com. Preiswerter als die normale Post ist **Mexpost,** meist im/beim Postamt befindlich. Briefpost in Mexiko zu empfangen ist **postlagernd** möglich (Poste restante, mex. *lista de correos*), Correo Central.

Preise, Kosten Mexiko ist derzeit kein billiges Reiseland, man kann aber fast überall von luxuriös bis bescheiden etwas finden. Ausgesprochen teuer sind die **Karibikküste** und andere Touristenresorts wie **Huatulco** an der Pazifikküste. Doch selbst dort gibt es Nischen für schmalere Geldbeutel. In Zeiten wirtschaftlicher Probleme oder hoher Inflation können die Preise für Busse, Hotels, Benzin, Taxis etc. von heute auf morgen stark steigen! **Hotelpreise gleiten mit den Saisonzeiten,** in der Weihnachts- oder Karwoche ist es überall teurer als in den weniger touristischen Monaten. Busfahren mit einem Super-Luxus-Bus ist relativ teuer, sehr billig dagegen mit dem „Hühner"- oder „Truthahnbus" (auf langen Strecken hat man jedoch selten die Wahl). **Taxifahren** ist in Mexiko **wesentlich günstiger als bei uns.**

■ Tipps zum Geldsparen

Unterkünfte: Spartipps für Hotels s.S. 67, „Weniger zahlen". **Busse, staatliche Museen, archäologische Stätten:** Studentenausweis vorlegen, s.o. bei DOKUMENTE. Mexikaner über 60 haben bei archäolog. Stätten/Museen oft freien Eintritt (s. Anschläge an den Kassen). Diesen Vorteil gewährt man häufig auch ausländischen Senioren. – **Essen:** Wo viele Mexikaner essen, ist es oft preiswert und gut, z.B. in der Nähe von Regierungsämtern, Bürogebäuden und Unis. Auf den Aushang **Comida corrida** achten, das ist das **Tagesmenü.** Am billigsten und authentischsten isst man auf Märkten. **Hotel-Frühstück** ist oft langweilig und überteuert, besser morgens zu einer Bäckerei *(panadería)* oder in eine *pastelería* gehen, wo es sehr billige Brötchen und Süßwaren gibt. Autofahrer sollten unterwegs dort essen, wo Fernfahrer und Langstreckenbusse einkehren. – **Sonstige Tipps:** Keine teuren Ferngespräche vom Hotel aus führen, Telefonkarten kaufen (s.u., TELEFONIEREN) oder skypen. Bei Preisangaben (Hotels, Restaurants) darauf achten, dass die IVA, die Mehrwert- und auch die Hotelsteuer ISH bereits eingeschlossen sind (*impuestos incluidos); „más impuestos“* bedeutet, das noch die Steuer dazukommt). Handeln: s. beim Stichwort oben.

Reisezeiten s.o., „Klima und Saisonzeiten“

Sicherheit Diebstahlvermeidung ist auch in Mexiko ein Thema. Dabei mag ein 14-Tage-Tourist in einer Hotelanlage weniger gefährdet sein als ein Quer-durch-Mexiko-Reisender. Aufpassen muss man vor allem in **Mexiko-Stadt,** wo es viele Trick- und Taschendiebe gibt. Eine Ursache für das Bestohlen- oder gar Überfallenwerden ist der relative Reichtum der Touristen und die weit verbreitete Armut in Mexiko – erhöhte Kriminalitätsraten sind auch immer ein Abbild einer angespannten Wirtschaftslage mit vielen Arbeitslosen! Wer am Tag nur wenige Euro verdient, bei dem wecken teure Fotoapparate, Camcorder, dicke Geldbörsen oder goldene Uhren Bedürfnisse. Dabei trägt die Gedankenlosigkeit der Touristen oft erst dazu bei, Diebstähle oder gar Überfälle zu provozieren.

■ Sicherheitslage Mexiko

Das Auswärtige Amt in Berlin gibt für bestimmte Länder „Reisewarnungen und Sicherheitshinweise“ heraus (einzusehen auf www.auswaertiges-amt.de).

■ Vorbeugend

Schon vor der Abreise sollte man sich ein paar Gedanken über sein Gepäck und das Verstauen des Geldes und der Reisedokumente machen.

– Reisen Sie mit möglichst wenig Gepäckstücken. Alles sollte **abschließbar** sein. Bei Koffern haben sich Hartschalenkoffer bewährt.

– Dokumente und Geld (bis auf einen „Notgroschen“) nicht im Reisegepäck verstauen, sondern unterwegs immer am Körper mitführen. Bewährt haben sich separate, innen angenähte Hosen- und Beintaschen. Man kann auch passende Taschen am Gürtel befestigen und nach innen einschlagen.

– Bargeld wird entweder in einen Geldgürtel gesteckt (der ist zwar inzwischen Dieben weltweit bekannt, lässt sich aber nach wie vor am schwierigsten klauen) oder es kommt in einen speziellen Beutel, den man am Körper unter der Achsel trägt. Brustbeutel sind weniger geeignet. Ausrüstungsläden bieten Praktisches an, bisweilen auch Flughafen-Shops.

– Für das **Verwahren von Geld und Papieren im Safe des Hotels** sollte eine weitere, möglichst abschließbare Geldtasche mitgenommen werden.

– Keine teuren Uhren oder Schmuck mitnehmen.

– Ganz Vorsichtige können mit einem speziellen Sicherheitskabel reisen, mit dem das Gepäck „an die Kette“ gelegt werden kann: z.B. mit „Defcon“, mit schrillem Alarm- und Bewegungsmelder, z.B. bei www.fkv-gmbh.de

– Das Gepäck und anderes Wichtiges vorher fotografieren. Dann ist im Falle eines Verlustes die Identifikation einfacher.

■ In Mexiko

Zur Vermeidung von Diebstählen sollte man sich unterwegs richtig verhalten und die Tricks der Ganoven kennen, s.u.

– bei Ankünften auf Flughäfen und Busterminals nur in offizielle Taxis *(taxis autorizados)* **steigen, auch wenn die teurer sind!**

– **Vorsicht** vor allem in **Mexiko-Stadt:** Straßenkriminalität! Nur offizielle Taxis nehmen, keine nächtlichen Spaziergänge durch dubiose Viertel machen. Besonders wachsam in der Metro sein: Stoßzeiten meiden und nicht mit Gepäck fahren.

– Bargeld aus Geldautomaten möglichst nur tagsüber ziehen!

– Handtasche und Kamera nicht über Stuhllehnen hängen, keine überquellende Geldbörse hervorholen, Koffer oder Rucksack im Zimmer nicht geöffnet lassen!

– Geld und Reisedokumente im Hotelsafe deponieren (heißt *caja fuerte* oder *caja de seguridad*); bessere Hotels haben einen Safe im Zimmer.
– Kunstfertige Taschendiebe und Taschenschlitzer haben immer dort ein Betätigungsfeld, wo sich Menschen drängen: Also auf Busterminals und Märkten, in vollbesetzten Bussen, bei Fiestas. Und sie warten an jenen Stellen, wo Touristen vor- und vorbeikommen: an Touristenstränden und -märkten, Bushaltestellen. **In dichtem Gedränge** trägt man seine Sachen am besten in einem Tagesrucksack **vor der Brust.**
– Ihre Alarmglocken müssen schrillen, wenn Sie jemand anrempelt oder wenn Sie plötzlich von zwei oder drei Personen angegangen werden.
– Potentielle Diebstahlsgefahr besteht in den meist nur unzureichend gesicherten **Zimmern von Billigunterkünften.** Noch vor dem Einzug ist zu prüfen: Ist die Tür gut verriegelbar? Was ist mit den Fenstern? Kann man von außen einsteigen? In einem unsicher erscheinenden Zimmer würde ich meine Wertsachen nicht zurücklassen, wäge aber auch ab, ob es nicht besser ist, Papiere und Geld im Hotelzimmer zu verstecken als sie durch eine Großstadt spazierenzutragen. Beim Weggehen die Vorhänge zuziehen und abends das Licht brennen und, sofern vorhanden, Radio/Fernseher spielen lassen.

■ **Weitere Gefahrenpunkte:** Diebe beobachten Sie und warten ab, bis Sie einen Augenblick unaufmerksam sind, d.h., Ihr Gepäck aus den Augen lassen, und sei es auch nur für Sekunden! Deshalb sollten Sie Ihre Gepäckstücke immer so platzieren, dass Sie sie ständig im Blickfeld haben. Nicht neben sich stellen, sondern immer vor sich, optimalerweise zwischen die Beine klemmen. Oft wird ein **Ablenkungstrick** angewandt: Jemand versperrt Ihnen den Weg oder verwickelt Sie in ein Gespräch. Wenn Sie dann nach Ihrem abgestellten Rucksack greifen wollen, ist er weg. Im Bus sollten Sie das Gepäck nicht ins Ablagefach direkt über Ihrem Kopf legen, sondern etwas weiter vorne, wo Sie es bequem im Blick haben.

■ **ACHTUNG! In Nachtbussen wird manchmal gestohlen,** Handgepäck dort nicht in die Ablage legen, sondern in Körpernähe unterbringen. **Nach einer Nachtfahrt ist man übermüdet und dadurch unaufmerksam. Gauner wissen dies und warten in Busterminals schon in aller Herrgottsfrühe auf Opfer!** In Groß- und Hafenstädten generell Vorsicht walten lassen, Parkanlagen und obskure Viertel meiden. In Hochland-Städten erstirbt das Leben in den Straßen früh, deshalb für den nächtlichen Nachhauseweg besser ein Taxi nehmen. Kein beliebiges auf der Straße anhalten, sondern ein Funktaxi z.B. zum Restaurant kommen lassen.

■ **Überfälle**

Bei bewaffneten Überfallen – die außerhalb Mexiko-Stadts selten vorkommen – das Portemonnaie sofort hergeben, um Schlimmeres zu vermeiden. Und noch ein Wort zur mexikanischen Polizei: Viele Polizisten bessern ihr mageres Gehalt mit einer „lukrativen Nebenbeschäftigung" auf und sind deshalb nicht immer unbedingt „Dein Freund und Helfer" …! Immer misstrauisch sein, besonders weibliche Reisende!

Eine mexikanische Spezialität ist das **Überfallen ganzer Busse.** Dabei ziehen unterwegs auf freier Strecke plötzlich mehrere *bandidos,* die vorher als ganz normale Passagiere eingestiegen waren, ihre Schießeisen. Bekannt dafür sind/waren die Bundesstaaten Chiapas, Oaxaca und Guerrero. Gefährdet ist man eher in Nachtbussen und Bussen der 2. Klasse als in Luxusbussen, denn Letztere benutzen möglichst die Autobahnen. Damit gar nicht erst Waffen in den Bus gelangen, muss man in vielen Busterminals wie auf dem Airport durch Metalldetektoren gehen und es erfolgt auch eine Kontrolle des Handgepäcks.

Kleinere Gaunereien: überhöhte Restaurant-Rechnungen, zu wenig Wechselgeld, „Vorabzug" von Trinkgeld u.a. passieren fast nur in touristisch stark frequentierten Orten. Deshalb Rechnungen prüfen, Wechselgeld sofort nachzählen. Beim Tanken darauf achten, dass der Zapfsäulen-Zähler auf Null steht.

■ **Verlust, Wiederbeschaffung**

Bei Verlust von Wertsachen eine Anzeige bei der Polizei machen – *„levantar una acta de un robo"* – sofern man ein Protokoll für seine Versicherung benötigt (für gestohlene Traveller-Schecks ist dies nötig). **Für einen gestohlenen Reisepass** ist die Botschaft zuständig, Hilfe leisten die Konsulate (s.o. „KONSULATE" und bei den Städten bei „Adressen & Service" / „Notfall"). Ist das Flugticket weg, sollte man seiner Airline eine Fotokopie vorlegen können bzw. die Ticket-Nummer sagen können. **Kreditkarte sperren:** s.o. bei „FINANZEN" / „Kreditkarten".

Weiter mit A–Z

Souvenirs s.o., „EINKAUFEN".

Sport s.S. 24, „Sportliche Aktivitäten".

Sprache Die mexikanische Amtssprache ist Spanisch *(espanõl* oder *castellano).* Daneben werden noch viele indigene Sprachen gesprochen. **Mit Englisch kommt man nur in den Touristenzentren,** Großstädten und in den Grenzregionen zu den USA durch. **Spanisch-Grundkenntnisse sind nötig und für Individual-Reisende Voraussetzung.** Die Mexikaner begegnen einem dann noch freundlicher. Im Anhang dieses Buches ist ein Mini-Sprachführer für die wichtigsten Reisesituationen („*Cómo se dice* – Sprachhilfe Spanisch"). Gut ist der Kauderwelsch-Sprachführer **„Spanisch für Mexiko"** vom RKH-Verlag.

Spanisch-Lern-Tipp für unterwegs: Ab und zu ins Kino gehen, weil US-Filme meist mit spanischen Untertiteln gezeigt werden. Das gilt auch für die Videos in den Bussen.

Sprachschulen In vielen Hochland- und Universitätsstädten, wie z.B. in Oaxaca oder in San Cristóbal de las Casas, gibt es Sprachschulen. Dabei kann man auf Wunsch bei Familien unterkommen. Guatemalas angesagtes Sprachschul-Zentrum ist Antigua. Wer einen Sprachkurs an einer mexikanischen Uni belegt, sollte auf eine Bescheinigung oder einen Ausweis bestehen, da man mit diesem in staatlichen Museen und archäologischen Stätten freien oder zumindest ermäßigten Eintritt bekommt.

Steuern Die mexikanische Mehrwertsteuer **IVA** *(impuesto de valor agregado)* beträgt derzeit 16% auf alle Waren und Dienstleistungen (für bestimmte Waren gilt ein ermäßigter Satz). Preisauszeichnungen sind, wie bei uns, **gesetzliche Inklusiv-Preise,** aber manchmal wird doch versucht, auf einen (Hotel-)Rechnungsbetrag nochmals 16% aufzuschlagen (oder sogar 18–20%), weil es auch noch die Hotelzimmersteuer **ISH** – *impuesto sobre hospedaje* – gibt (2–3%). Deshalb **besonders bei Luxushotels und -restaurants** vorher fragen: *„con impuestos o sin impuestos?"* Eine Preisangabe mit dem Zusatz „más impuestos" bedeutet, dass noch die Steuer dazukommt! Doch dies ist, wie gesagt, bei „normalen" Hotels so gut wie nie der Fall. Auf die Preise von inländischen Flugtickets kommen 10% Steuern drauf, auf internationale 2,5%.

Die IVA wird Touristen bei der Ausreise auf Antrag und unter Vorlage eines Kaufbelegs **zurückerstattet** (Mindestkaufwert 1200 Peso).

Straßensystem, Adressen / Hausnummern Mexikos Städte sind überwiegend schachbrettartig angelegt. Ausgehend vom Zócalo, dem Schnitt- und Mittelpunkt einer Stadt, werden die *Calles* und *Avenidas* entweder mit Namen oder oft nur mit fortlaufenden Zahlen und den vier Himmelsrichtungen benannt, wie *1 Norte, 2 Sur, 6 Oriente, 7 Poniente* usw. (in eine Himmelsrichtung gerade Zahlen, in die entgegengesetzte ungerade). Ein „a" hinter einer Straßennummer – 3a *(tercera)* bedeutet „3. Straße". Am Zócalo treffen die *Calle Central* und die *Avenida Central* aufeinander und oft ändert sich daraufhin der Name der Straße. Als Straßennamen nimmt man in Mexiko

häufig ein historisch bedeutsames Datum, wie z.B. „Cinco de Mayo" (am 5. Mai 1862 siegten die Mexikaner in Puebla über die Franzosen).

Ein *malecón* ist eine Uferpromenade bzw. eine Straße entlang des Meeres. *Colonia, barrio* oder *delegación* sind Stadtviertel. Mit jeder *cuadra* **(Straßenblock)** erhöhen sich die **Hausnummern** vom Zócalo aus um eine Hundertergruppe, **oft wirr durcheinander.** Nach Nr. 120 kann 148 und dann 132 kommen. „Entre" meint zwischen zwei Straßen, „esq." *(esquina)* ist die Ecke zweier Straßen, „s/n" *(sin número)* ist ein Haus ohne Nummer (bei kleinen Orten heißt es oft *„domicilio conocido"* – Adresse bekannt). „KM 6,8" bedeutet, dass das Haus in der Nähe des (meist nicht vorhandenen) Kilometersteins 6,8 liegt.

Strom

Die Spannung in Mexiko beträgt im Allgemeinen 110 V, die Stecker entsprechen der US-Norm (Flachstecker Typ A). Adapter sind bei Reiseausrüstern und beim Abflug nach Mexiko in Flughafengeschäften erhältlich). Elektrische Geräte müssen auf 110 V umschaltbar sein oder sich automatisch anpassen.

Studentenausweis

s.o. „DOKUMENTE"

Telefonieren

Telefonieren ohne Telefonkarte kann man von den öffentlichen *casetas de teléfono* bzw. *casetas de larga distancia* (bis spät abends offen); es lohnt, die Preise der Casetas zu vergleichen! Von dort kann man auch Faxe versenden. Telefonieren im Hotel ist meist teuer. Am Telefon melden sich angerufene Mexikaner mit „bueno?".

Kartentelefone

Mit einer **Telefonkarte,** z.B. von **Ladatel** (*tarjeta ladatel,* Akronym für *larga distancia teléfono*), können von den zahlreichen öffentlichen Telmex- bzw. Ladatel-Kartentelefonen unkompliziert in- und ausländische Gespräche geführt werden. Die 5-sprachigen Apparate sind einfach zu bedienen. Das Display zeigt wie gewohnt die Kosten bzw. den Restwert der Karte an. Die *tarjetas telefónicas* gibt es für 20, 50 und 100 Peso an zahlreichen Telmex-Verkaufsstellen, bei Zeitungskiosken, Läden, Busterminals etc. (auf das blau-weiße Ladatel-Zeichen „de venta aquí" achten).

■ **Nach Europa** telefoniert man günstiger mit einer Telefonkarte von *Andina, Amiga* oder *Saludo* u.a., in die USA und nach Asien sehr günstig mit *Telefonía Mundial.* Karten gibt es im Wert von 20, 50, 100 und 500 Peso, die Anleitung steht auf der Rückseite. Schweizer sollten evtl. eine Swisscom Calling Card mitnehmen, mit ihr kann man erheblich billiger telefonieren.

Es gibt auch Telefone für **Kreditkarten.** Dann werden die Telefonkosten vom Kreditkartenkonto abgebucht. Vorsicht, lieber nicht! Bei einem Gespräch in die USA bekam ich einmal exorbitante Gebühren berechnet!

Festnetz

- **Ortsgespräch:** Dafür die meist 7-stellige Rufnummer wählen. Mexiko-Stadt, Guadalajara und Monterrey haben als einzige Städte 8-stellige Rufnummern.
- Ferngespräch *(larga distancia automática)* innerhalb Mexikos: 01 + Ortsvorwahl (*clave,* „Schlüssel") + Rufnummer *(número local)* wählen.
- **Vorwahlnummern:** Alle mexikanischen Städte haben 3-stellige Vorwahlnummern (plus vorangehender 01, genannt *acceso al servicio*). Ausnahme sind drei Millionenstädte, die nur zwei Ziffern haben, nämlich Mexiko-Stadt (01-55), Guadalajara (01-33) und Monterrey (01-81). Diese drei Städte haben außerdem 8-stellige Rufnummern (Mexiko-Stadt: 01-55-1234-5678), alle anderen 7-stellige (Cancún: 01-998-1234567).
  Die Vorwahlnummer einer Stadt/Region finden Sie hier im Buch immer am Anfang einer Stadtbeschreibung in der Randspalte oder bei „Adressen & Service". Hier im Buch sind Telefonnummern, bis auf einige Ausnahmen, durchweg ohne Vorwahl angegeben.

- **Telefonieren nach Europa:** Wählen Sie „00“ + Landesvorwahl (D = 49, CH = 41, A = 43) + Stadtvorwahl (ohne die führende „0“) + Rufnummer des Teilnehmers. In die USA: „00“ + 1 + Area Code + Rufnummer. Collect-Calls („por cobrar“) *vía operadora:* 090.
- **Von Deutschland/Europa nach Mexiko** telefonieren: Die internationale Landesvorwahl von Mexiko ist **52.** Wählen Sie also 0052 + *Clave*/Vorwahl der Stadt (doch ohne die mexikanische 01!) + Rufnummer des Teilnehmers. Für Mexiko-Stadt also z.B. 0052+55+12345678. Günstig sind Billig-Vorwahlnummern, zu finden z.B. auf www.billiger-telefonieren.de.

Handy / Mobiltelefon Ein **Mobiltelefon** bzw. Handy heißt in Mexiko **teléfono celular.** Mobilfunknummern sind meist – aber nicht immer – an der Vorwahl 044 erkennbar. Telefoniert man lokal vom **Fest-** ins **Mobilnetz,** ist 044 vorzuwählen, beim **Ferngespräch** ist 045 vorzuwählen. Die Vorwahlnummer eines Handys, z.B. 984 (= Playa del Carmen), entspricht der Stadt, in der die SIM-Karte gekauft wurde.

- In Mexiko von Mobiltelefon zu Mobiltelefon: nur die 3-stellige Ortsvorwahl (ohne „01“) plus 7-stelliger Teilnehmernummer, z.B. 984-1234567 wählen.
- Aus Deutschland in Mexiko ein Mobiltelefon anrufen: 0052-1-984-1234567
- SMS aufs Mobiltelefon: 0052-984-1234567 (die 1 entfällt bei der SMS)

Mexiko ist in mehrere Mobilfunk-Zonen unterteilt. Das Netz basiert auf dem US-Standard TDMA bzw. GSM (1900 Mhz) und ist in den Städten gut ausgebaut. Erforderlich ist ein modernes oder ein Triband-Handy, dennoch sind die Roaming-Kosten horrend (kontaktieren Sie ihren Provider; ein deutsches Handy muss zuvor entsperrt werden, bevor eine mex. SIM-Card funktioniert). **Deshalb ist es viel besser, sich ein einfaches mexikanisches Handy mit Guthaben bzw. mit einer prepaid-SIM-Karte zu kaufen,** z.B. bei den Shops von **Telcel,** dem meistverbreiteten Anbieter mit guter Flächendeckung (www.telcel.com). Andere: **Movistar** (www.movistar.com) und **IUSACell** (www.iusacell.com.mx). **Beim Kauf muss der Reisepass vorgelegt werden.** Wer länger an einem Ort bleiben will, sollte es an Ort und Stelle kaufen, weil Gespräche innerhalb derselben Zone günstiger sind. Eine prepaid Sim-Karte kann für ca. 400 Peso gekauft werden, ein Teil davon ist Gesprächsguthaben. Kleiner Haken: die Karten haben verschiedene Gültigkeitsbereiche. Empfängt man Anrufe *außerhalb* seiner angemeldeten Region, zahlt man mit, befindet man sich *innerhalb* seiner Region, zahlt nur der Anrufer. Ein weiterer Anbieter mit günstigen Tarifen nach Europa ist UNEFONE, der Empfang ist aber auf größere Städte beschränkt.

Gebührenfrei Eine **gebührenfreie** nationale Nummer, z.B. für Hotelreservierungen, beginnt mit **01-800** + 7 weiteren Ziffern (die kostenlose landesweite Touristennotfall-Nummer der SECTUR ist z.B. **01-800-0068839).**

Operadora **Auskunft:** 040. Die Telefonvermittlung **Servicio vía Operadora** für Hilfe bei nationalen mexikanischen Ferngesprächen erreicht man unter **020** (Möglichkeiten: *persona a persona* oder *teléfono a teléfono*). Einen internationalen, englischsprachigen „Operator“ (*operadora internacional*) erreicht man unter **090.** Weitere spezielle Service-Nummern stehen in den mexikanischen Telefonbüchern.

Weiter mit A–Z

Toiletten s.o. „GESUNDHEIT“

Touristenkarte Alles darüber bei „Ein- und Ausreisebestimmungen“, s.S. 27

Trinkgeld Das Trinkgeld – die *propina* – ist in Mexiko, ähnlich wie in den USA, für das Restaurant-Bedienungspersonal ein Teil seines Einkommens. Geben Sie etwa 10% des Rechnungsbetrags (obwohl dies in kleinen Restaurants, wo der Eigentümer hinter der Theke steht, nicht unbedingt erwartet wird). Anders sieht es in den **Touristenzentren** an der Karibikküste und auch in „besseren“ mexikanischen Restaurants aus: dort ist man dazu übergegangen, **auf Rechnungen 10–15%** „servicio" draufzuschlagen, was ärgerlich ist, weil nach unserem Verständnis ein Trinkgeld freiwillig gegeben wird und nicht Bestandteil einer Rechnung sein darf. Hinweise auf der Speisekarte, wie „Propina sugerida 15%" oder „Propina voluntario" sind da korrekter. Diesbezüglich ist **vorheriges** Nachfragen angebracht. In Restaurants ist es üblich, einer Tischgruppe eine Gesamtrechnung vorzulegen. Geben Sie auch eine Kleinigkeit jenen, die Ihnen einen Gefallen oder Dienst erwiesen haben (Kinder, die auf Ihr Auto aufpassen, Zimmerpersonal, Tankwart). Taxifahrer erwarten kein Trinkgeld.

Trinkwasser Wasser kann man in Mexiko nur bedenkenlos trinken, wenn es aus Glas- bzw. Plastikballons oder aus Flaschen kommt *(agua purificada).* Leitungswasser sollte man nie trinken. In vielen Hotels und öffentlichen Gebäuden gibt es Wasser gratis. Überall wo Menschen sind, wird auch Wasser in Plastikflaschen verkauft.

Unterkunft s.S. 64ff

Versicherungen Wenn Sie gesetzlich krankenversichert sind, sollten Sie für Mexiko eine **Reise-Krankenversicherung** abschließen. Vordrucke gibt es bei allen Reisebüros und Banken. Privatversicherte erkundigen sich nach dem Leistungsumfang ihrer Versicherung (meist weltweit einen Monat gültig, Verlängerungen/Ergänzungen sind im Allgemeinen möglich). Die Kosten für eine Behandlung müssen zunächst selbst bezahlt werden (verlangen Sie detaillierte Belege!). Komplett-Versicherungspakete, wie Reiserücktrittskosten-Versicherung, Reisehaftpflicht- und Gepäckversicherung lohnen meist nicht. Wer eine wertvolle Foto- und Filmausrüstung mitnimmt, sollte eine spezielle Fotoversicherung abschließen, normale Reisegepäckversicherungen sind dafür nur beschränkt tauglich. Wichtig für den Fall des Falles ist eine Inventarliste aller mitgeführten Dinge.

Währung s.o. „FINANZEN".

■ *Bunte Karibik-Unterkunft*

Wäschereien Wäsche kann man unterwegs günstig in einer *lavandería* waschen lassen (eine chem. Reinigung ist eine *tintorería*), Adressen stehen manchmal bei „Adressen & Service" einer Stadt. Man sollte aber wissen, dass die Wäsche manchmal durchgeschrubbt, verfärbt oder eingegangen sein könnte! Viele Hotels bieten einen Wäsche-Service an oder sind behilflich.

Wetter s.S. 19, „Klima und Saisonzeiten".

Zeichensprache Halten Mexikaner Daumen und Zeigefinger gegeneinander (was bei uns „ein wenig", „ein bisschen" meint), heißt dies in Mexiko: „Bitte warten, *momentito*".

Zeitungen, Zeitschriften Die größten mexikanischen und überregionalen *periódicos* sind: *Excelsior* (konservative Tageszeitung), *La Jornada* (regierungskritische Tageszeitung, wird vor allem in linksintellektuellen Kreisen gelesen), *El Financiero* (Wirtschaftszeitung), *El Universal* (liberal-konservative Tageszeitung) u.a. *El Tiempo Libre* und *Uno más Uno* sind Blätter mit vielen kulturellen Beiträgen und Veranstaltungskalendern. *Proceso* ist ein regierungskritisches Wochenmagazin.

In Englisch: Die *Mexico City Times* und *The News* erscheinen in Mexiko-Stadt (www.thenewsmexico.com), doch gibt es sie auch im ganzen Land in wichtigen Geschäfts- und Touristenorten. *Mexico City Daily Bulletin* ist eine Touristenzeitung mit viel Werbung und Basis-Infos (in Mexiko-Stadt, kostenlos in Hotels, Restaurants und in der Zona Rosa).

Spanisch/Englisch: *Mundo Maya* ist eine Zeitschrift über das Reisen in den Maya-Regionen. Sie ist gut gemacht und hat interessante Artikel. *México Desconocido,* www.mexicodesconocido.com.mx, ist eine nationale Reisezeitschrift, mit der noch unbekannte Regionen und Schätze Mexikos entdeckt werden können. Die internationale Presse bekommt man in den Läden von *Sanborns* (Restaurant-Kette) und teils in den Läden von *FAMA,* einer Ladenkette mit Büchern, Zeitschriften und Zeitungen.

Zeitunterschied Der Hauptzeitunterschied zwischen Deutschland (MEZ) und Mexiko beträgt –7 Stunden *(Hora Central).* Für das nordwestliche Mexiko (Nayarit, Sinaloa, Sonora und Baja California Sur) –8 Stunden *(Hora de la Montaña)* und für die nördliche Baja California –9 Stunden *(Hora del Pacífico).* Von Anfang April bis Ende Oktober – jeweils erster bzw. letzter Sonntag – gilt die **mexikanische Sommerzeit,** d.h., die Uhren werden in allen Zeitzonen um eine Stunde vorgestellt, so dass die Zeitabstände zu Europa fast gleich bleiben. Die mitteleuropäische Sommerzeit (+1 h) beginnt am letzten Sonntag im März und endet am letzten Sonntag im Oktober.

Zoll in Mexiko s.o., „Ein- und Ausreisebestimmungen"

Zócalo Der *Zócalo* ist der zentrale Platz in mexikanischen Städten und Ortschaften. Er heißt auch oft (richtiger) *Plaza Mayor* oder *Plaza Principal* (Hauptplatz), manchmal auch *Plaza de Armas* („Platz der Waffen", weil sich früher auf ihm das Militär mit den Waffen versammelte). Je nach Landesgegend und Stadt/Ort heißt der Zócalo auch **„Parque"** – ein grüner oder baumbestandener Erholungspark ist es jedoch selten!

Zócalo heißt auf deutsch „Sockel". 1843 plante die Regierung von General Santa Ana in Mexiko-Stadt den Bau eines gewaltigen Denkmals zur Unabhängigkeit Mexikos. Als Santa Ana wenig später abgesetzt wurde, war nur der Sockel fertiggeworden Dieser blieb viele Jahre nutzlos stehen, bis er schließlich entfernt wurde. In der Zwischenzeit hatte sich der Spitzname *zócalo* für den Platz durchgesetzt und wurde in ganz Mexiko zum Inbegriff des städtischen Zentralplatzes.

Der Zócalo ist das soziale Zentrum einer Stadt, hier trifft man sich, hier ist immer was los. In der Mitte befindet sich meist ein erhöhter *Quiosco,* ein Musikpavillon. Wenn man gerade in einer Stadt angekommen ist und man weiß nicht wohin – auf zum Zócalo! Alles andere ergibt sich dann.

Der Zócalo von Mexiko-Stadt im frühen 19. Jh. In der Mitte die Kathedrale, rechts der Nationalpalast.

Mexikos Zócalo heute mit Zelten Protestierender vor dem Nationalpalast

TEIL II: UNTERWEGS IN MEXIKO

Von Ort zu Ort – Reise- und Verkehrsmittel

Reisen mit dem Bus

Haupttransportmittel in Mexiko sind die **Omnibusse** *(camiones),* die flächendeckend bis in die letzten Winkel des Landes fahren. Einst war Busfahren in Mexiko noch wirkliches Abenteuer: Überladene und klapprige alte „Hühnerbusse", wildverwegene *choferes,* die mit ihren Hupen, laut wie Schiffsnebelhörner, die Straße von Hindernissen freibliesen und auf wilden Bergstrecken todesmutig die Konkurrenz überholten, immer 50 Zentimeter am Abgrund entlang … Das kann man zwar heute auch noch erleben, doch normalerweise geht es beim Busfahren in Mexiko sehr gesittet zu: Bei 1.-Klasse-Bussen beträgt die Höchstgeschwindigkeit 95 km/h – wenn der Fahrer schneller fährt, ertönt ein Piepton. Es gibt nummerierte Sitzplätze, in Busterminals VIP-Lounges wie in Flughäfen, Bus-Hostessen, (laute) Videofilme zur Unterhaltung (Ohrstöpsel, *tapónes,* sind nützlich), Liegesitze für Nachtfahrten u.a. **Mexikos Bussystem gilt heute als eines der besten der Welt!**

Busterminal heißt auf mexikanisch-spanisch **Central de Autobuses,** *Central Camionera* oder *Camionera,* hier im Buch meist kurz „Terminal" genannt. Es entstehen immer mehr neue, riesige und supermoderne, die mit allem ausgestattet sind, was Reisende benötigen, oft mit einem *Turismo* (Touristenauskunft). Bei der „Guardaequipaje" kann man sein Gepäck aufbewahren (verschließen und nichts Wertvolles drinlassen!). Zu **Omnibus** wird (meist) *camión* gesagt, doch sind die Bezeichnungen – je nach Landesteil – unterschiedlich (auch *autobús* oder *bus*).

■ *Blick in die Ticket-Halle des Busterminals TAPO in Mexiko-Stadt*

Die Central de Autobuses liegen entweder tatsächlich zentral (und damit bequem erreichbar) in Stadtmitte oder – meist die neuen Terminals – an der Peripherie. Ins Stadtzentrum fährt man dann mit einem Taxi oder billiger mit den ständig verkehrenden Colectivos. Oft gibt es getrennte Busterminals für die 1. und 2. Klasse, die dann **„Terminal de Primera clase"** bzw. **„Terminal de Segunda clase"** heißen. Manchmal sind sie auch nach den Namen der dort abfahrenden Linien benannt, wie z.B. „Terminal ADO", „Cristóbal Colón" o.ä. Die größten, airportähnlichen Busterminals haben Mexiko-Stadt (dort gibt es gleich vier), Guadalajara, Puebla und andere mexikanische Millionenstädte.

Fahrziel, Ticket-Kauf

Man sucht sich sein Fahrziel *(destino)* mit der Abfahrtszeit auf den großen Anzeigetafeln bei den einzelnen Gesellschaften und geht dann zu einem Schalter *(taquilla),* um sein *boleto* zu kaufen. (Bei kleineren Busterminals sollte man sich wegen der Abfahrtszeiten nochmals am Schalter vergewissern, manchmal wird vergessen, die neuesten Abfahrtszeiten anzuschlagen!). Auch die Preise, die je nach **Busklasse** und **Linie variieren,** sind auf den Tafeln aufgeführt – also vergleichen! In größeren Terminals gibt es manchmal eine Auskunft *(informes)*, wo man Verbindungen erfragen kann. Beim Kauf eines *boleto* der 1. Klasse oder Luxusklasse wird man am Schalter nach seinem Namen gefragt und es werden einem die noch freien *asientos* – Plätze – genannt bzw. auf dem Computerschirm zur Auswahl angezeigt. Ändert man seine Pläne und will früher oder später fahren, können gekaufte Tickets umgebucht werden. Oder – gegen einen Abschlag – zurückgegeben werden *(cancelaciones),* aber nur bis ein paar Stunden vor der Abfahrt. **Bezahlung mit der Kreditkarte ist so gut wie nie möglich!** Ausländische Senioren ab 60 Jahren bekommen auf Nachfrage manchmal von einem freundlich gestimmten Buskartenverkäufer ein Senioren-Ticket zum halben Preis (1. Klasse).

■ Beim Ticketkauf sollte man auf jeden Fall hartnäckig sein und nicht zu schnell aufgeben, wenn man *no hay lugar* oder *esta lleno* hört ... beharrliches Nachfragen – auch bei verschiedenen Schalterpersonen – hilft manchmal doch noch ein Ticket zu ergattern, obwohl vorher angeblich ausgebucht war.

■ **Wichtig: Busse, die von einer anderen Stadt starten,** in die man also auf deren Route zusteigt, heißen **de paso.** Es kann also am Zusteigeort manchmal kein Platz mehr frei sein oder man muss stehen (nur möglich bei der 2. Klasse). Andere Bus-Begriffe: **directo** (mit einigen Stopps); **semi-directo** (einige Stopps mehr als directo); **escalas** = Zwischenstopps; **expreso** = Express, keine Stopps. Weitere spanische Worte/Sätze im Zusammenhang mit dem Busfahren stehen im Anhang bei *Cómo se dice* – Sprachhilfe Spanisch / „Bus, Bahn, Flug, Schiff").

Luxus- und 1. Klasse-Busse

Busgesellschaften gibt es in Mexiko unzählige. Sie bedienen bestimmte Strecken bzw. fahren in bestimmten Regionen, sind jedoch nicht scharf voneinander abgegrenzt. Die Streckennetze überschneiden sich, dadurch konkurrierende Preise. Auch die Komfortklassen sind fließend. Beim Reisen genügen zur Unterscheidung drei Kategorien: **„De lujo"** oder **„Ejecutivo"** (Luxus), **„Primera clase"** (1. Klasse) und **„Segunda clase"** (2. Klasse, manchmal *„Servicio regular"* genannt). Die größten Gesellschaften Mexikos mit den Namen ihrer Luxusbusse in Klammern sind:

ADO, Autobuses de Oriente, ist vereint mit Ómnibus Cristóbal Colón, **OCC,** Autobuses Unidos, **AU** sowie **UNO** (*ADO GL, ADO UNO* und *ADO Platino*) •

Zur Gruppe **Estrella Blanca** gehören u.a. *Elite* und *Futura,* beide mit guten 1.-Klasse-Bussen • **Estrella de Oro** *(Diamante)* • **Estrella Roja** (*Pullman Plus de Lujo)* • **ETN,** Enlaces Terrestres Nacionales *(Turistar)* • **Futura** • **Primera Plus** • **Pullman de Morelos** *(Ejecutivo Dorado* und *Pullman de Lujo)* u.a.

Alle Haupt- und Fernstrecken Mexikos werden von 1.-Klasse- und Luxusbussen befahren, alle haben sie Klimaanlage, Video, Toilette, Neigesitze, Sitzplatzreservierung, Unterflur-Gepäckstauraum u.a. Und es gilt: Die Klimaanlagen blasen fast immer unerbittlich kalt, deshalb was Warmes ins Handgepäck stecken. Shops an den Terminals verkaufen oft günstig Decken, für Nachtfahrten sollte man sich eine gönnen.

Eine überlegenswerte, gute Alternative zu überlangen Busreisen durch halb Mexiko sind die mexikanischen Billigfluglinien, s.S. 56.

Ticket-Preise

Je nach Komfortklasse sind Ticketpreise stark unterschiedlich. Von der 2. zur 1. Klasse steigt der Preis um 10–20%, von der 1. Klasse zur Luxusklasse nochmals um 15–20%. Die Buswebseiten nennen die Preise.

Sitzwahl

Faustregel: 100 km 1. Klasse kosten etwa **75 Peso.** Beim Buchen übers **Internet** kann man seinen **Sitz auswählen** (*asiento libre* ist noch frei).

Abfahrtszeiten / Ziele

TICKET BUS

und

BOLETOTAL

und

www.horariosytarifasdeautobuses.com

Zielstädte, Abfahrtszeiten und Preise können auf den Homepages der Buslinien eingesehen werden (s. Tabelle). Ebenfalls möglich ist dies – für alle Buslinien – bei **Ticket Bus** auf **www.ticketbus.com.mx** und auf **www.horariosytarifasdeautobuses.com.** Man kann per Internet reservieren und muss dann spätestens **eine Stunde vor Abfahrt** im Busterminal sein und am Schalter bezahlen. Ticketbus besitzt in allen größeren Städten Mexikos im Stadtzentrum Ticket-Verkaufsbüros, die bei den Stadtbeschreibungen bei „Adressen & Service" aufgeführt sind. Das Partnerunternehmen von Ticketbus, **www.boletotal.mx,** ist mit zusätzlichen Hotelangeboten moderner konzipiert, die Adressen der Ticket-Verkaufsbüros stehen bei „Sucursales". Sowohl Ticket Bus als auch Boletotal erreicht man gebührenfrei unter der **Tel.-Nummer 01-800-0099090** (in Mexiko-Stadt: 5133-5133). Online ein Ticket reservieren und mit der Kreditkarte bezahlen: Man muss sich registrieren lassen (auch bei ADO), eine mexikanische Adresse angeben und dann kann man selbst das Pdf-Ticket ausdrucken. Bei ADO ist die Zahlung auch über eine OXXO-Filiale (größte Lebensmittel-Ladenkette Mexikos) möglich, Prozedur siehe die ADO-Homepage. Beim telefonischen Ticketkauf fällt zusätzlich eine Bearbeitungsgebühr an.

Busse 2. Klasse

Busse der 2. Klasse sind kostengünstiger, **Platzreservierung** ist bei ihnen jedoch **nicht möglich.** Sie benötigen meist erheblich mehr Zeit für die gleiche Distanz wie 1.-Klasse-Busse, weil sie unterwegs oft anhalten. In ländlichen Regionen sind es meist alte, ausrangierte Kisten, die von Dorf zu Dorf rumpeln. 2.-Klasse-Busse fahren gewöhnlich von einem separaten Terminal ab (das auf dem Land oft in Marktnähe oder beim Zócalo liegt). Doch erst mit einem 2.-Klasse-Bus lernt man Mexiko wirklich kennen. An Zwischenstopps versorgen Frauen und Kinder die Fahrgäste mit Getränken, Esswaren und Süßigkeiten.

Abfahrt

Etwa 10 Minuten vor einer Abfahrt wird der Bus ausgerufen (bei de-paso-Bussen mindestens eine halbe Stunde vorher da sein). Man geht zum Warteraum (bei Luxusbussen ist es ein spezieller) bzw. gleich zu den *andenes de abordar.*

Die Abfahrtsstellen der Busse, die *puertas,* sind nummeriert. Vorher muss man meist noch durch einen security-check, wie auf einem Flughafen. Das Gepäck wird bei der 1. Klasse gewöhnlich schon vorher aufgegeben oder man bringt es selbst an den Bus zum Gepäckraum zwischen den Rädern. Man erhält einen **Kontrollzettel, der am Ankunftsort zur Gepäckabholung vorgelegt werden muss.** Beim Einstieg wird Name und Ticket kontrolliert.

■ **Fahrpreisermäßigungen** kann es manchmal beim Vorlegen eines **Studentenausweises** geben, beim Ticketkauf danach fragen. Ist abhängig von der Buslinie, Bus-Kategorie und bestimmten Monaten – mexikanische Saison- bzw. Ferienzeiten sind Juli/August, Ende Dez./Anf. Januar und Ostern.

Wichtige Busgesellschaften

800er-Nummern sind kostenlose Servicenummern, es ist jeweils „01" vorzuwählen			
ABC	www.abc.com.mx	Tel. 800-0250222	**Bedient Region:** Baja California
ADO	www.ado.com.mx www.grupoado.com.mx	Tel. 800-7028000	Mexiko-Stadt, Mexikos Südosten, Puebla, Oaxaca, Golfküste
ADO GL	www.adogl.com.mx	Tel. 800-7028000	dto
ADO Platino	www.uno.com.mx	Tel. 800-7375856	dto
AU	www.autobusesau.com.mx	Tel. 800-8248452	Mex-St., Puebla, Oaxaca, Golfküste
Autotransport. Aguila	www.autotransportesaguila.net	Tel. 800-8248452	Baja California
Autovías	www.autovias.com.mx	Tel. 800-6222222	Mexiko-Stadt u. Orte westlich davon
Chihuahuenses	www.estrellablanca.com.mx	Tel. 800-5075500	Mex-St., Zentral- u. Nord-Mx, Pazifik
Elite	www.estrellablanca.com.mx	Tel. 800-5075500	dto
Estrella Blanca	www.estrellablanca.com.mx	Tel. 800-8248452	Mex-Stadt, Golf- und Pazifikküste
Estrella de Oro	www.estrelladeoro.com.mx	Tel. 800-9000105	Mex-St. u. größerer Umkreis, Pazifik
Estrella Roja	www.estrellaroja.com.mx	Tel. 800-7122284	Mex-Stadt – Puebla
ETN	www.etn.com.mx	Tel. 800-8000386	Mex-St., zentrales Hochland, Pazifik
Flecha Amarilla	www.reserbus.com.mx	Tel. 800-8499004	Mex-St., zentrales u. nördl. Hochland
Futura	www.estrellablanca.com.mx	Tel. 800-5075500	Mex-St., Zentral- u. Nord-Mx, Pazifik
Herradura de Plata	www.autovias.com.mx	Tel. 800-6222222	Mex-St., zentrales u. nördl. Hochland
Mexicoach	www.mexicoach.com	Tel. 664-6851470	Tijuana – San Ysidro, Calif./USA
OCC, Ómnibus Cristóbal Colón	www.occbus.com.mx (www.ado.com.mx)	Tel. 800-8222369	Mex-Stadt, Puebla, Golfküste, Südosten, Chiapas, Oaxaca
Ómnibus de México	www.odm.com.mx	Tel. 800-7656636	Mex-St., zentrl. u. westl. Hochland, N
Primera Plus	www.primeraplus.com.mx	Tel. 800-3757587	Mex-St., zentr. u. westl. Hochl., Pazif.
Pullman de Morelos	www.pullman.mx	Tel. 777-3126063	Mex-St. u. Staat Morelos
TAP	www.tap.com.mx	Tel. 800-0011827	Mex-St., Guadalajara, nördl. Pazifik
Transportes del Norte	www.gruposenda.com	Tel. 800-8909090	Mex-St., zentr. u. nördl. Hochland, N
Transportes Norte de Sonora	www.estrellablanca.com.mx	Tel. 800-5075500	Mex-St., Guadalajara, Pazifikküste, Nordwesten
Tufesa	www.tufesa.com.mx	Tel. 800-7378833	Guadalajara, Mazatlán, Nordwesten
Turistar	www.etn.com.mx	Tel. 800-8000386	Mex-Stadt, zu vielen Großstädten
UNO	www.ado.com.mx	Tel. 800-7375856	s.o. ADO

Abfahrtszeiten

Die **Busabfahrtszeiten** in einem Reiseführer exakt anzugeben ist bei Abertausenden Abfahrten nicht realisierbar. Stattdessen wird hier meist die Frequenz pro Stunde oder Tag genannt (z.B. 3x tägl. oder 2x stdl.). Daraus ist zu erkennen, ob man sich – bei wenigen Abfahrten – besser im Voraus sein Ticket kauft oder einfach zum Busterminal geht und dann meist innerhalb der nächsten Stunde wegkommt. **Faustregel:** Auf den Hauptstrecken bzw. zwischen den Großstädten Mexikos gibt es täglich ein- bis zweistündliche Abfahrten. **Auf sehr langen Strecken wird oft nur nachts gefahren,** doch Nachtbusse sind nicht jedermanns Sache; wer unausgeschlafen ankommt, hat meist nichts vom – vermeintlich gewonnenen – folgenden Tag.

Zu den beliebtesten und frequentiertesten Abfahrtszeiten, also vormittags, tagsüber und an den Wochenenden, sind die Busse schnell ausgebucht. Komfortbusse haben meist nur 32 Sitzplätze!

■ Wenn man irgendwo ankommt, immer gleich die Abfahrtszeiten für das nächste Ziel nachprüfen und gegebenenfalls das Ticket kaufen, besonders für Langstrecken mit Luxus- oder 1.-Klasse-Bussen.

Weitere Tipps

Die Bussitze ganz hinten sind wegen Motorenlärms, Schaukelei und Toilettenverkehr weniger empfehlenswert, genauso die vier Sitze in der ersten Reihe, da hat man bei den meisten Bussen **keine Beinfreiheit.** Und sitzt man am Fenster, bekommt man die **eiskalte Dusche der Klimaanlage** ab (Erkältung droht, Clevere haben breites Tesaband dabei und kleben die Luftschlitze zu). **Deshalb, wie erwähnt, unbedingt etwas Warmes mit in den Bus nehmen, gerade bei Nachtfahrten** oder wenn man von einer **heißen Zone ins kühle Hochland** fährt. Gegen die lauten Videofilme helfen nur Ohrstöpsel!

■ **Vorsicht, Diebstahlsgefahr! Vor allem bei Nachtfahrten** und in Busterminals! Gepäck immer unter Kontrolle halten, Kameras im Bus nicht in die Gepäckablage legen. Bei langen Fahrten werden unterwegs regelmäßig Rast- und Essenspausen eingelegt.

Mexikos Straßen sind sehr kurvenreich, vor allem im Süden des Landes und durch die Sierras. Wem's leicht schlecht wird, sollte vorne sitzen oder vorher die wirkungsvollen **Dramamine**-Tabletten gegen Reiseübelkeit kaufen, in jeder Apotheke oder im Busterminal (oft kann einem aber auch vom Fahrstil der *pilotos* in den 2.-Klasse-Bussen übel werden). Wer schwache Nerven hat, sollte deshalb nicht ganz vorne sitzen, denn da muss man sich oft waghalsige Überhol- und Ausweichmanöver mitansehen …

Colectivos & Co.

Neben den Linienbussen fahren in Mexiko sowohl im Stadt- und Nahverkehr als auch auf Langstrecke und von Dorf zu Dorf „Sammel"- bzw. Kollektiv-Fahrzeuge. Diese Klein- bzw. Minibusse heißen je nach Wagentyp und regionalen Varianten *Colectivos, Combis* oder *Micros* (in Mexiko-Stadt *Rutas* bzw. *Peseros,* weil sie dort einst nur einen Peso kosteten, in Chiapas *Suburbanos*). Sie fahren öfter als Linienbusse und man stoppt sie durch Heranwinken auf der Straße oder geht zu ihren Abfahrtsstellen. Feste Abfahrtszeiten gibt es höchst selten, es wird losgefahren, wenn genügend Fahrgäste beisammen sind. Die Fahrpreise sind gering.

Große Stadtbusse sind meist eine weniger empfehlenswerte Alternative zu Taxis, Micros oder Combis. Es erfordert einige Sprach- bzw. Ortskenntnisse, um in den richtigen Bus einzusteigen. Es wird meist entlang der Hauptverkehrsstraßen gefahren, wo die Haltestellen *(paradas)* liegen.

Taxis

Taxis fahren in mexikanischen Städten zuhauf und sind – bis auf spezielle Touristentaxis – durchaus preiswert. Es gibt keine Einheitstaxis, sondern verschiedene Arten, wie z.B. Flughafentaxis, *Taxis autorizados* oder *Transportes terrestres*. Etwas teurer sind Taxis, die von festen Standorten aus operieren, genannt **Sitios** *(Taxi autorizado del sitio)* oder *Radio taxis.* Im Telefonbuch sucht man Taxis auch unter „sitios"). Wenn kein Taximeter *(taxímetro)* vorhanden ist – was außer in Großstädten meist der Fall ist oder die Dinger funktionieren nicht –, immer den **Preis vor Antritt der Fahrt** aushandeln. Richtwert zuvor im Hotel erfragen. Am besten den Betrag abgezählt parat haben, denn *taxistas* scheinen grundsätzlich kein Geld herausgeben zu können. Alleinfahrende Frauen sollten besser hinten im Taxis sitzen. Die mitgeführte Visitenkarte Ihres Hotels erleichtert dem Fahrer die Fahrt dorthin. Trinkgeld erwarten Taxifahrer keines. Taxitipps für Mexiko-Stadt s.S. 562.

■ Hotels setzen Taxifahrer oft als Schlepper ein – wenn sie Gäste bringen, erhalten sie eine Provision. Weigert sich ein Hotel Provision zu zahlen, redet der Taxifahrer das vom Fahrgast gewünschte Hotel schlecht oder sagt, es sei geschlossen.

■ Als *taxis piratas* werden nicht zugelassene, „wilde" Taxis bezeichnet, in sie besser nicht einsteigen. Für den nächtlichen Nachhauseweg in Großstädten (Mexiko-Stadt) ist es aus Sicherheitsgründen ratsam, telefonisch ein Taxi zu bestellen bzw. sich eines bestellen zu lassen. *Taxis autorizados* führen eine offizielle Lizenz mit, in Mexiko-Stadt z.B. einen Fahrerausweis mit Lichtbild. Auch die offiziellen Taxis von Flughäfen sind *taxis autorizados* („Transportación Terrestre"). Man kauft zuvor an einem Schalter *(taquilla)* einen Taxiwertschein nach Entfernungszone und gibt den *boleto* dem Fahrer.

■ Stadtbesichtigungen oder Kurzausflüge können desgleichen und bequemerweise mit einem Taxi gemacht werden. Man mietet es dazu stundenweise oder für einen halben/ganzen Tag (am besten bei der Taxizentrale). Dies ist meist billiger und stressfreier als ein Mietwagen.

Innermexikanische Flüge

Internationale Flüge nach Mexiko s.S. 26.

Praktisch jede mexikanische Großstadt, aber auch mittelgroße Städte und kleine Orte mit touristischer Bedeutung besitzen Flughäfen. Größte touristische Drehkreuze sind Mexiko-Stadt und Cancún. Direktflüge zwischen Städten auf Yucatán und Chiapas gibt es nur ganz wenige, meist muss dazu über Mexiko-Stadt geflogen bzw. dort zwischen-gelandet werden. Im Reiseteil sind bei den Städten wichtige Flugverbindungen angegeben.

Airlines

Mexikos größte Airline ist die **Aeroméxico,** www.aeromexico.com mit Tochtergesellschaft *Aeromar* (Ziele in Zentral- und Nordmexiko sowie Westküste mit Huatulco, Puerto Escondido u.a., www.aeromar.com.mx). Aeroméxico ist Mitglied der Fluglinien-Allianz SKYTEAM, www.skyteam.com. Hinzu kommen noch etliche Regionallinien wie **Aerotucán,** die zwischen Oaxaca, Puerto Escondido, Huatulco und Tuxtla Gutiérrez fliegt, www.aerotucan.com.mx. Die Gesellschaft **Mexicana** ging insolvent.

Südmexikanische Flughäfen im Internet: **www.asur.com.mx.** Beim Abflug wird die **Airport-Tax** (TUA) fällig. Dies gilt nicht für im Ausland gekaufte Tickets.

Billigflieger

Eine überlegenswerte, gute Alternative zu überlangen Busreisen durch halb Mexiko sind die mexikanischen Billigfluglinien **Interjet** (www.interjet.com.mx), **Volaris** (www.volaris.com.mx) und **VivaAerobus** (www.vivaaerobus.com). Streckennetz siehe die Homepages. Statt von Mexiko-Stadt fliegen sie vom westlich gelegenen **Toluca** (s.S. 637). Bei früher Buchung weitere Preisersparnis. Eine Charterlinie ist **Magnicharters,** www.magnicharters.com.mx.

Buchung / Flughäfen

Einen Flug buchen kann man in jedem mexikanischen Reisebüro – eine gute Adresse ist z.B. www.kochoverseas.com.mx – oder online. Für Flüge in den Spitzenzeiten der Hochsaison – um Weihnachten, Neujahr, Ostern – sollte man dies lange vorher tun.

Viele große Flughäfen in Mexiko sind schlecht ans öffentliche Verkehrsnetz angebunden, so dass man für die Anfahrt oder für die Fahrt vom Flughafen in die Innenstadt ein Taxi nehmen muss. Dieser **Flughafen-Taxiverkehr ist gesetzlich** mit nicht gerade preiswerten Fix- und Zonenpreisen und mittels Taxiwertscheinen **geregelt** (*Taxis autorizados* bzw. *Transportes terrestres*). Anfahren zum Flughafen kann man aber mit einem normalen Taxi.

Mit anderen Verkehrsmitteln

Bahn

Reisen mit der Bahn ist in Mexiko nicht möglich. Frühere Verbindungen wurden, bis auf wenige, spezielle Touristenzüge, alle eingestellt.

Schiffe und Fähren

Regelmäßige Personenfähren verkehren an der Karibikküste zwischen Playa del Carmen und Cozumel (Autofähre von Puerto Morelos) und von Puerto Juárez zur Isla Mujeres (Autofähren von Punta Sam).

Radfahren

Südmexiko ist keine Radfahrerregion, doch einige interessante Touren sind gleichwohl möglich. Routenvorschläge, Erfahrungsberichte und Details aller Art findet man im Reise Know-How „Lateinamerika BikeBuch" von H. u. R. Wiegers. An der Karibikküste, in San Cristóbal de las Casas, Oaxaca u.a. Tourismuszentren kann man Räder für Umgebungstouren mieten.

Mit dem Motorrad

Für Motorradfahrer ist Mexiko ein interessantes Land. Ein- und Ausfuhrprozedur die gleiche wie bei einem Kfz (s.u., „Mit Auto oder Wohnmobil durch Mexiko"). Eine Haftpflichtversicherung ist gleichfalls vorgeschrieben. Bei einer Anreise über die USA sind die Tarife der US-Versicherer an den Grenzübergängen nahezu einheitlich. Über Cancún z.B. ist die Einfuhr auch per Motorrad-Luftfracht möglich. Zoll-Einfuhrformalitäten aber evtl. in Chetumal.

Erfahrungen und Tipps eines Motorradfahrers: „Größtenteils traumhaft schöne Motorrad-Strecken, Kurven-Orgien, Enduro-Paradies .... eine Enduro ist oft von großem Vorteil bei schlechten Straßen und Pisten ... keine nennenswerte Ersatzteil-Versorgung außerhalb der Großstädte ... man muss wahnsinnig aufpassen mit Tieren! ... mit erhöhtem Reifenverschleiß rechnen, Reifennachkauf schwierig, Vorsicht vor Dornen! ... Verkehr problemlos, viel entspannter als in Deutschland ... nicht gerade billige Autobahn-Maut ... Motorrad kann oft ins Hotel mit reingenommen werden ... warme Bekleidung und Regenkombi ist im Winter fürs Hochland sinnvoll." Weitere Tipps zum Verkehr s.u., „Autofahren in Mexiko".

Trampen

Trampen (*aventón* oder *un ride,* gesprochen *„ray"*) ist nicht empfehlenswert, höchstens für Leute, die Spanisch können. Möglich ist es natürlich schon. Gute Wartepunkte sind Tankstellen, wo man Fahrer ansprechen kann (es wird aber manchmal eine Beteiligung an den Benzinkosten erwartet). Frauen sollten weder zu zweit und schon gar nicht alleine trampen!

Mit Auto oder Wohnmobil durch Mexiko

Auto einführen / Von D Wagenverschiffung

Es bestehen Möglichkeiten der Wagenverschiffung von Deutschland nach Mexiko, Abwicklung über Schiffsmakler, z.B. bei www.pwl.de oder man recherchiert im Internet. Verschiffung von D zu einer Hafenstadt an der US-Westküste ist möglich. Rückverschiffung von Mexiko nach Europa/Hamburg geht relativ problemlos von Veracruz an der Golfküste. Dort muss zur Verschiffungs- und Zollabwicklung eine Agentur eingeschaltet werden. Wieder über die USA ist es wesentlich günstiger. Aktuelle Erfahrungen und Transporttipps bieten die Homepages von Leuten, die gerade Mexiko mit ihrem Wohnmobil bereisen oder dort waren, meist auch mit Links zu weiteren Reisewebsites. Drei von vielen: www.reisestationen.de, www.menrad-international.com und www.abenteuertour.de. Alle mit der Wageneinfuhr zusammenhängenden Fragen stehen auf der mexikanischen Zollseite, www.aduanas.gob.mx. Alles über **Mietwagen** s.S. 40.

Vorbemerkung Wer Mexiko mit einem Auto oder Wohnmobil bereisen will, muss einige Dinge beachten. So scheidet wegen bürokratischer Schwierigkeiten der Kauf eines Wagens in Mexiko so gut wie aus. Besser ist der Kauf und spätere Verkauf eines Gebrauchtwagens in den USA. Ausländische Fahrzeuge müssen in jedem Fall wieder aus Mexiko ausgeführt werden, dürfen nicht im Land verkauft werden! Lohnend ist der ganze Aufwand nur, wenn man für eine Autoreise durch Mexiko mindestens 10 Wochen oder besser noch länger Zeit hat.

Fortbewegung auf mexikanisch (v. Dorit Heike Gruhn)

Die breite Palette der mexikanischen Fortbewegungsmittel spiegelt treu sämtliche Schichten der bunten mexikanischen Gesellschaft wieder. Von Privatflugzeugen der Großgrundbesitzer über Luxusbusse, Sportautos, VW-Käfer, Motorradtaxis **(s. Foto u.)**, asiatischen „Tuc-Tucs" bis hin zu Fahrradrikschas und dörflichen Eselskarren – es gibt einfach alles.

Was in keinem Fahrzeug fehlen darf, ist das Bild eines Heiligen oder der **Jungfrau von Guadalupe,** deren Aufgabe es ist, selbiges samt Insassen zu beschützen. Sie haben dann auch alle Hände voll zu tun, denn Verkehrsregeln werden in Mexiko nur beachtet, wenn es unbedingt notwendig ist. Infolgedessen sind die mexikanischen Verkehrsteilnehmer um einiges flexibler und reaktionsschneller als ihresgleichen in anderen Ländern.

Viele Leute lassen ihr neues Fahrzeug auch von einem Priester segnen oder geben ihm Namen, die auf die Frontscheibe gepinselt werden, z.B. „Fast ein Engel", „Die Liebe Gottes", „Die Jungfrau von Juquila" oder „Speedy Gonzales". Viele der Fahrer sind *endrogados,* was nicht etwa bedeutet, dass sie bekifft wären, sondern dass sie ihren blechernen Stolz mühsam abzahlen.

Langstrecken werden gerne mit **Luxusbussen** zurückgelegt. Hier wird die Idee des Komforts mit der Vorstellung des vollkommenen Abgeschottetseins von der Umgebung verbunden. Die Busse ähneln dann eher einem Kino. Die Fenster werden mit dunklen Vorhängen zugehängt und man muss zwangsweise einen meistens blutigen US-Thriller oder eine Soap-Opera über sich ergehen lassen. Statt Landschaft also Todesschreie, Schüsse und Küsse. In 2.-Klasse-Busse steigen auch Händler ein. Das kann vielleicht ein 8-jähriger Knirps sein, der höflich seine Ware anbietet und erst 40 oder 50 km weiter aussteigt, um mit einem anderen Bus zurückzufahren.

Das Gegenstück zu den Reisebussen sind die *guajoloteros* oder *totoleros,* **„Truthahnbusse",** weil selbige und anderes Kleinvieh da mit rein dürfen. Diese werden fast ausschließlich für Dorfbewohner eingesetzt. Aber auch bei diesen alten Kisten kann es vorkommen, dass ein Fernseher die Frontscheibe ziert. Ebenso verhält es sich mit den Taxis. Manche der Fahrer wollen auch bei der Arbeit nicht auf das Fußballspiel verzichten. Dafür aber sind sie billig und zahlreich, und es ist angenehm, sich zu jeder beliebigen Tageszeit vor die Haustür kutschieren lassen zu können.

Klein- bzw. Minibusse heißen je nach Wagentyp und regionalen Varianten **Colectivos, Combis** oder **Micros** (in Mexiko-Stadt *rutas* bzw. *peseros,* weil sie dort einst nur einen Peso kosteten, in Chiapas **Suburbanos**). Ihre Fahrgastkapazität hängt nicht von Sicherheitsvorschriften ab, sondern von der energischen Entschlossenheit des Fahrers, seine Einnahmen durch möglichst viele Passagiere zu verbessern. Flotte CD-Musik lässt eine eventuell unbequeme Sitzposition vergessen.

Trotz alledem ist das mexikanische Transportsystem sehr gut. Es fährt fast immer irgendein Bus gerade dorthin, wo man hin will, egal ob Lang- oder Kurzstrecke, und in der Regel auch ohne lange Wartezeiten – man muss natürlich nur wissen, welcher ...

Eine Besonderheit sind die dreirädrigen **Lastenfahrräder**, die *triciclos.* Diese haben vorne einen zweirädrigen Vorbau, auf dem man einiges transportieren kann. Meist werden sie von Händlern benutzt, aber auf der flachen Yucatán-Halbinsel kann man oft ganze Familien sehen, die so von einem Dorf ins andere gelangen. Noch kurioser sind die **„Mopedtaxis"**, die *motocarros* von Tehuantepec. Man besteigt hinten ein zweirädriges Gestell mit Sonnendach und wird stehend herumgefahren.

Grenzübertritte: Mit einem Fahrzeug von …

… den USA nach Mexiko Touristenkarte und DNI-Steuer (s.S. 28). Fahrzeug: Gebühr für die temporäre Einfuhr eines Wohnmobils *(Permiso de importación temporal de casa Rodante)* ca. 650 Peso, die ausschließlich mit der Kreditkarte bezahlt werden kann. Gültig für 10 Jahre und für mehrmalige Aus- und Einreisen. Man bekommt einen Aufkleber, der in die Windschutzscheibe geklebt werden muss. Die vorgeschriebene Autohaftpflichtversicherung kostet ca. 300 US$ im Jahr.

… Mexiko nach Belize Vor der Ausreise an den Grenzpunkten Chetumal (Subtte. López)//Corozal (Santa Elena) entfernt der mex. Zoll den Windschutzscheiben-Aufkleber und bestätigt die Ausfuhr. Bei der Belize-Einreise ist eine Haftpflicht-Versicherung abzuschließen (auch von Guatemala nach Belize), ca. 30 US$, es gibt an der Grenze ein Versicherungsbüro. Der Sticker der Versicherung wird an die Windschutzscheibe geklebt. Die Einreise mit einem Fahrzeug ist 30 Tage gültig, verlängerbar um jeweils 2x vier Wochen. Diesbezüglich Polizeikontrollen! Das Auto wird mit Nummer und Daten in den Pass des Fahrzeughalters eingetragen. Einfuhrverbot von Früchten. Absprühen des Fahrzeugs bzw. der Reifen gegen Maul- u. Klauenseuche, ca. 5 US$. Personen-Grenzgebühren s.S. 206.

… Mexiko nach Guatemala Grenzübergangspunkte von/nach Guatemala: *Talismán//El Carmen* (20 km östl. von Tapachula). *Ciudad Hidalgo//Ciudad Tecún Umán* (40 km südlich von Tapachula). *Ciudad Cuauhtémoc//La Mesilla* (von San Cristóbal de las Casas). *Tenosique//El Ceibo* (östlich von Palenque; direkt von Palenque aus keine Möglichkeit der Autoeinreise nach Guatemala). Prozedur ähnlich wie bei Belize: ein Sticker für 30 Tage Autoeinfuhr (ca. 200 Quetzales), Pass-Eintrag, Fahrzeug-Desinfektionsbesprühung ca. 50 Q (bei Rückkehr desgleichen auf Mexikoseite und Lebensmittelkontrolle). Auto-Haftpflichtversicherung nicht vorgeschrieben. Personen-Grenzgebühren s.S. 206.

Autofahren in Mexiko

Ángeles Verdes Auf Mexikos Hauptstraßen sind als Pannenhilfsdienst die „Grünen Engel“ unterwegs (8–20 Uhr). Sie werden vom mexikanischen Tourismus-Ministerium SECTUR gesponsert und ihre Dienste sind, bis auf Material, kostenlos. Notruf-Nummer wie SECTUR-Notruf (engl.-spr.): **Tel. 078,** www.sectur.gob.mx/wb/sectur/sect_9453_angeles_verdes.

Automobilclub *AMA* (Asociación Mexicana Automovilística), Orizaba 7, 06700 México, D.F., Tel. 01-800-9110262, www.ama.com.mx. Webseite auf Englisch mit Zweigbüros: www.ama.com.mx/EngVer/Sucursales.asp

Straßenkarten Besorgen Sie sich zur Vorbereitung und Routenausarbeitung schon hier einige Mexiko-Karten (jede hat ihre Stärken und Schwächen bzw. wo die eine ungenau ist, hilft die andere weiter). Allgemein kann der Atlas **Por las de Carreteras de México** von **Guía Roji** mit 15 Übersichtsplänen der wichtigsten Städte empfohlen werden (alle 2 Jahre neue Auflage, erhältlich in Mexiko in Bücherläden und bei gut sortierten Kiosken). Neu und noch besser sind die Karten von **Quimera** (www.quimeramx.com). Mehr zu Karten von Mexiko s. bei „Mexiko-Stichworte von A – Z“ unter „Karten von Mexiko“. Auch in den USA gibt es gute Mexiko-Straßenkarten, empfehlenswert ist die vom AAA (American Automobil Club).

Verkehrs- u. Fahrtipps ■ **Gute, nützliche Tipps** rund ums Autofahren in Mexiko bietet die **Website von Sanborn's, www.sanbornsinsurance.com.**

Das Autofahren in Mexiko reicht von monotonen, stundenlangen Geradeausstrecken bis zu kurvenreichen und höchst mühsamen Gebirgsfahrten. Der Verkehr in Städten ist teils chaotisch, doch unproblematisch auf dem Land (Yucatán) oder auf wenig befahrenen Nebenstrecken. Hier wichtige Punkte für sicheres Fahren:

1. Beharren Sie nicht auf Ihrem Verkehrs-„Recht“! Mexikanische Autofahrer sind Individualisten mit eigener Fahr-Flexibilität. Fahren Sie nicht langsam und unsicher, sondern zügig und mit Selbstvertrauen. Es geht nämlich besser als man denkt und bald wird Ihnen das Autofahren in Mexiko vielleicht mehr gefallen als auf unseren

überfüllten und aggressionsgeladenen Straßen und Autobahnen.

2. Lassen Sie Überholende immer sofort passieren, auch wenn dies im Überholverbot geschieht oder an einer Engstelle an Selbstmord grenzt. Mexikanische Macho-Fahrer haben es nicht immer gerne, wenn man sie überholen will. Während Sie überholen wollen, können jene plötzlich Gas geben …

3. PS-gewaltige Fahrzeuge sind immer im Recht und haben Vorfahrt. Von Bussen und Lastwagen möglichst Abstand halten. Bei alten Lkws funktionieren oft nicht die Bremslichter (überhaupt darauf vorbereitet sein). Überholt wird in Städten oder auf Mehrspur-Straßen sowohl rechts wie links.

4. Achten Sie nur wenig auf den nachfolgenden Verkehr, genauestens aber auf die Autos vor und die rechts und links von Ihnen. Fleißig die Hupe benutzen.

5. Keinen Blinker rechts setzen um anzuzeigen, dass das Fahrzeug hinter Ihnen überholen kann. **Rechts blinken meint in Mexiko „überholen ist nicht möglich"!** Vertrauen Sie aber auch nicht dem **linken Blinken** des Vorderfahrzeugs zur **Überhol-Aufforderung!** Es kann nämlich bedeuten, dass Ihr Vordermann wirklich nach links abbiegen will …

Vor einer Aktion, wie anhalten oder abbiegen etc., schalten mexikanische Autofahrer oft die Warnblinkanlage ein.

6. Straßeneinmündungen im Auge behalten! Ihr Vorderauto kann plötzlich ohne Warnung nach links oder rechts abbiegen und aus Querstraßen wird ohne zu stoppen in Ihre Straße eingebogen! Also das Unerwartete erwarten.

7. Nur in Ausnahmefällen nachts fahren! Vor engen Brücken mit nur einer Fahrbahn („Puente Angosto" oder „Un Solo Carril") hat jenes Fahrzeug das Recht der ersten Überfahrt, das zuerst die Lichthupe betätigt. Lichthupen von entgegenkommenden Fahrzeugen kann auf Gefahr hinweisen oder man möchte nur auf sich aufmerksam machen, weil die Scheinwerfer meist oft so spät wie möglich eingeschaltet werden.

8. Defensiv und nicht zu schnell fahren, ständig auf der Hut vor Hindernissen sein. Straßenteilnehmer sind auch Ochsenkarren, (betrunkene) Radfahrer, Kinder, Esel, Kühe, etc.

9. Vermeiden, zur dichtesten Verkehrszeit in Millionenstädte einzufahren (am ruhigsten ist es am Sonntagmorgen). Besser in einem Motel an der Peripherie übernachten und dann mit dem Bus ins Zentrum fahren. Überfüllt sind die Straßen auch an den Wochenenden in Richtung beliebter Badeorte/Küste oder zu Erholungsgebieten.

10. Fast alle Städte sind schachbrettartig angelegt, was die Orientierung leicht macht. Doch sind die engen Straßen fast immer **Einbahnstraßen.** Linksabbiegen ist selten möglich, man muss deshalb die nächste Straße nach rechts nehmen und um den Block herumfahren.

Straßen

Mexikanische Straßen sind in ihrer Qualität miserabel bis sehr gut. Befestigte Randstreifen findet man selten, dafür **hohe Seitenabbrüche,** was sehr gefährlich werden kann! Immer und überall mit Schlaglöchern aller Größe rechnen (auch in Städten, z.B. wegen fehlender Gullydeckeln). Vorsicht in Bergregionen! In und nach der Regenzeit gibt es regelmäßig Erdrutsche und Überschwemmungen, Felsen können auf der Fahrbahn liegen. Im Zweifelsfall fragen Sie die Busfahrer in einem Busterminal nach den Streckenverhältnissen. Liegengebliebene Fahrzeuge werden selten durch ein Warndreieck gesichert, sondern vielmehr durch Steine, Äste u. dergleichen. Staatsstraßen sind durch „Mex" und eine Zahl gekennzeichnet (z.B. „Mex 200"). Straßen in den Bundesstaaten werden durch die Abkürzung des jeweiligen Bundesstaates gekennzeichnet, z.B. „Chih 123" (Chihuahua) oder „Yuc 210" (Yucatán).

Autobahnen / Mautgebühren

Es gibt im Prinzip zwei Autobahntypen: die alten, größtenteils gebührenfreien *(autopista libre)* und die neueren, deren Benutzung kosten- bzw. mautpflichtig ist (*peage* oder *autopista de cuota,* dazu gehören auch die *Super Carreteras*). **Erkennbar sind sie durch den Zusatz „D"** (Mex 180**D**) in der Straßen-Nummer! Die Gebühren bezahlt man auf den Autobahnen an den *Casetas de cuota,* gestaffelt nach Fahrzeugart und Achsenzahl. Sie sind durchweg sehr teuer und deshalb sind Cuota-Autopistas meist schön leer. Die Website **www.capufe.gob.mx** listet die mexikanischen **Mautgebühren** auf.

Es gibt aber immer auch eine alternative Strecke. Oft ist es die parallel verlaufende alte gebührenfreie Autobahn (vor Mautstellen lohnt es sich manchmal, einem Lkw zu folgen, denn die wissen meist einen Schleichweg, um die Zahlstellen zu umfahren ... über ein paar Feldwege geht es wieder rumpelnd auf die Hauptstraße zurück). Das Netz der gebührenpflichtigen Autopistas ist ca. 4000 km lang; nur neueste Karten verzeichnen alle. Auf normalen Autobahnen muss man gleichfalls mit Mopeds und sogar Fahrradfahrern rechnen, die trotz Verbots munter auf dem Standstreifen radeln. Auch kann ein Eselsgespann die Fahrbahn queren. Entlang der Autopistas gibt es Werkstätten, Restaurants, Tankstellen usw., und man kann außerhalb der offiziellen Abfahrten in nahegelegene Orte abfahren. Eine Mautgebühr muss manchmal auch bei Brücken bezahlt werden.

TOPES – „Schwellenland" Mexiko

Eine besondere „Spezialität" auf Mexikos Straßen sind die **Topes** („Puffer", „Prellböcke"). Das sind **Bodenschwellen,** manchmal auch dicke Schiffsseile quer über die Straße, die die Autofahrer zwingen, langsamer zu fahren, überwiegend vor Ortseingängen. Man muss also nicht nur den Verkehr beobachten, sondern auch die Fahrbahn nach diesen tückischen Dingern absuchen, will man keine **schwere Schäden am Fahrgestell** riskieren – besonders wenn Ihr Wagen tief liegt! **Tipp:** Steigen Sie ein paar Meter davor auf die Bremse und lassen Sie kurz vor der Schwelle wieder los, dadurch schnellt der Wagen nach oben und knallt nicht voll drauf. *Vibradores,* waschbrettartige Querrillen in der Straßendecke, rütteln dösende Fahrer wieder auf („Zona de Vibradores", an Straßenrändern, Autobahnabfahrten).

Verkehrsschilder, Fahrverbot

Die mexikanischen Straßenwarn-, Gebots- und Verbotsschilder sind soweit verständlich, doch sie werden weniger als Vorschriften, sondern eher als Empfehlungen angesehen. Richtungsausschilderungen sind oft sehr dürftig, d.h., man kann sich leicht mal verfahren. Tierwarnungsschilder sollten ernst genommen werden. Interessant sind die verkehrserzieherischen Tafeln wie „Keine Steine auf die Fahrbahn legen", „Lichter abblenden", „Befolge die Schilder", „Zerstöre die Schilder nicht" usw. Im **Kreisverkehr** hat auch ohne Schilder der im Kreis Fahrende Vorfahrt.

■ In **Mexiko-Stadt** wird wegen der Luftverschmutzung für jedes Auto ohne Katalysator einen Tag in der Woche **Fahrverbot** verhängt („hoy no circula", s.S. 556). Das gilt auch für Touristenautos mit ausländischen Kennzeichen.

Benzin

Benzin *(gasolina)* gibt es an den staatlichen Pemex-Tankstellen. *Magna* hat 87, *Premium* 93 Oktan, bleifrei heißt *sin plomo.* Benzin kostet weit weniger als die Hälfte wie bei uns, Diesel (rote Zapfsäulen) ist nochmals billiger. Preise sind im ganzen Land einheitlich, auch an den abgelegensten Orten. In Mexiko gibt es noch den guten alten Tankwart, der für seine Dienste ein Trinkgeld bekommt. Volltanken heißt *„lleno, por favor".* Ein Blick auf das Zählwerk der Tanksäule, das auf Null stehen muss, und auf die Anzeigen vorher/nachher kann nicht schaden!

Polizisten – echte und unechte / Straßenkontrollen

Uniformierte sind in Mexiko mit Vorsicht zu genießen! Um ihren geringen Verdienst aufzubessern, lasten Verkehrspolizisten vor allem *gringos* Verkehrsübertretungen an – tatsächliche und erfundene (Mietwagen erkennen sie durch Aufkleber/spezielle Nummernschilder!). Beliebte Opfer sind **nichtangeschnallte Insassen** – dann wird eine *multa* fällig. Was der Polizist jedoch will, ist meist nur eine *mordida* (s.S. 99). Die Höhe hängt von Ihrem Verhandlungsgeschick oder Ihrem „taktischen" Verhalten ab – zum Vorteil für beide Seiten. Straßenkontrollstellen gibt es entlang der US-Grenze, an der Pazifikküste und derzeit auch in Chiapas (keine „Kontrollgebühr" bezahlen!). Militär und Polizei suchen nach Waffen, Schmuggelware oder Drogen (hat man einen Tramper dabei und gerät in eine Kontrolle und der Tramper führt Drogen mit sich, ist man den Wagen los und wird angeklagt).

Echte und falsche Polizisten: „Als wir mit unserem Miet-Pkw in Mexiko-Stadt losfuhren, wurden wir an einer roten Ampel rausgewinkt und mussten Strafe für **nicht begangene Verkehrsvergehen** bezahlen – 300 Dollar. Uniformierte lauerten uns hinter Brückenpfeilern nahe der Auto-Anmietstation auf. Zu diesem Zeitpunkt hatten wir den Wagen gerade 20 Minuten. Das Abzocken wurde dadurch erleichtert, dass die Polizisten uns durch das Kennzeichen von normalen Autos unterscheiden konnten. Sie waren zu dritt und teilten sich das Geld." – „Wir hatten sichtbar einige leere **Bierdosen** auf der Rückbank liegen und mussten dafür an Ort und Stelle 2000 Peso bezahlen oder alternativ 2500 Peso und Mitkommen auf die Wache".

Pannen, Unfall

Adressen von Reparaturwerkstätten *(taller mecánico)* für Autos Ihrer Marke stehen in den „Gelben Seiten" *(„sección amarilla")* im Telefonbuch. *„El que pega, paga!"* heißt die mexikanische Universal-Regel bei Auffahrunfällen – „der Drauffahrende zahlt"! Blechschäden möglichst ohne Polizei regeln. Ist der andere schuldig, werden Sie evtl. kaum was bekommen, weil nicht alle mexikanischen Autos versichert sind. Bei eigenem schweren Verschulden hat man keine Chance, weil in Mexiko Napoleonisches Recht herrscht, d.h., man ist so lange schuldig, bis man das Gegenteil beweisen kann. Und bis zur Klärung der Sachverhalte kann man im Kittchen landen. Selbst wenn man unschuldig ist, kann es bis zu einer gerichtlichen Verhandlung lange dauern. Bei Unfall mit Polizeigewahrsam unverzüglich ein deutsches Konsulat oder gleich die Botschaft verständigen. Das ist ihr Recht!

Sicherheit

Wagentüren auch während der Fahrt immer geschlossen halten. Beim Weggehen nichts sichtbar im Auto liegen lassen, bei Wohnmobilen Vorhänge zuziehen, Wertvolles in den Kofferraum packen. Das Auto möglichst nur auf einem bewachten Parkplatz abstellen *(estacionamiento)*, vor allem nachts. Kinder bieten sich manchmal als Autobewacher während der Parkzeit an – ein guter Service, der eine Entlohnung wert ist. Eine wirkungsvolle, sichtbare Auto-Diebstahl-Sicherung ist der in Mexiko käufliche „bastón": Ein Stock mit gebogenen Enden wird zwischen Bremspedal und Lenkrad eingehängt und mit einem Schloss oder einer Zahlenkombination gesichert. Ins **Parkverbot** würde ich mich nur mit sehr gut festgeschraubten Kennzeichen stellen, weil es sonst sein kann, dass ein Polizist sie abmontiert. Abzuholen ist das Auto dann gegen eine Strafgebühr auf dem Revier.

Technische Tipps

Wichtige Ersatz- und Verschleißteile dabeihaben, Werkzeug und Ersatzkanister mitführen, das Reserverad überprüfen (Luftdruck), evtl. einen Benzinfilter einbauen. Überall gibt es Angebote für Autoreifen und *vulcanizadoras* für Reparaturen.

Auto-Camping in Mexiko

Trailer Parks /Campingplätze

Für (große) Autocampingplätze und Wohnmobile haben die Mexikaner die amerikanischen Begriffe „Trailer Park" und „RV" (Recreation Vehicle) übernommen. Ausgeschildert sind sie als *Parque de Trayler, Trailer Parque, Campamento, Campo para Remolques* oder *Campo para Vehículos Recreativos,* eine *casa rodante* ist ein Wohnwagen. Diese Plätze haben meist betonierte Standflächen und sind mit allem ausgestattet, was die Amis für ihre monströsen Wohnmobile benötigen, nämlich „Full hook-up": Strom-, Wasser- und Entwässerungsanschlüsse, Restaurant, Laden, Wäscherei etc. Viele Trailer Parques gibt es auf Baja California, an der Pazifikküste und vereinzelt nahe den Kolonialstädten des Hochlands, meist in der Nähe einer Hauptstraße. Auf vielen stehen monatelang US-Dauercamper. Die Konvois US-amerikanischer Wohnwagen, denen man ab und zu auf Mexikos Straßen begegnet (voraus der Scout-Wagen und als Schlusslicht der Wagen des Mechanikers) steuern fast immer Trailer Parks an. Trailer Parks sind teuer bis sehr teuer, am kostspieligsten auf Baja California, an der Pazifik- und Karibikküste. Unter „Wohnmobil / Campen" bzw. **„WoMo"** sind sie hier im Buch hin und wieder bei den Stadtbeschreibungen aufgeführt.

■ In seinem **„Panamericana Ratgeber"** stellt Klaus Vierkotten für fast ganz Mexiko rund 90 Campingplätze und Übernachtungsmöglichkeiten ausführlich vor (Anfahrt, GPS-Daten, Preise, Zustand etc.). Der „Panamericana Ratgeber" kann auf seiner Seite www.abenteuertour.de kostenlos runtergeladen werden. Bonus: Grenzformalitäten, Routenvorschläge, Länderfakten u.v.a. mehr.

Freies („wildes" /„informelles") **Campen**

Anders als in Europa gibt es in Mexiko noch genügend Freiraum und Möglichkeiten, mit seinem Camper da zu stehen, wo einem gefällt: z.B. in Nationalparks, am Meer (allgemeine Strände heißen *playas públicas*), an Seen, irgendwo in der Wildnis oder bei archäologischen Stätten. Es gibt aber auch bereits viele *No acampar*-Schilder (an der Karibikküste, bei archäologischen Zonen. Da hilft manchmal eine *propina* fürs Aufsichtspersonal). Schöne Standplätze finden sich in Bergregionen meist bei Staudämmen, *presas.* Übernachten in Städten ist etwas schwierig. Versuchen kann man es auf bewachten und beleuchteten Parkplätzen („Estacionamiento"), bei Uni-

versitäten, auf Schulhöfen, bei Sportplätzen und Stadien, Tankstellen (meist sehr laut), in den verkehrsarmen und sicheren Straßen „besserer" Wohnviertel oder bei Friedhöfen *(cementerios)*.

Wollen Sie in der Nähe einer Ansiedlung die Nacht verbringen, sollte um Erlaubnis gefragt werden. Einige Sätze: *„Se puede acampar aquí?"* heißt „kann man hier campieren"; *„por favor, podemos pasar la noche aquí?"* – „Können wir bitte hier die Nacht verbringen"; *„quisiéramos acampar, por favor"* – „wir möchten hier bitte campen". Mexikaner verstehen es, wenn Fremde in einer evtl. unsicheren Gegend diese Bitte äußern. Will man höflicherweise anbieten etwas zu bezahlen (z.B. bei armen Campesinos), sagt man *„cuanto le debo?"* – „was schulde ich". *„Nada"* wird fast immer die Antwort sein.

Blockieren Sie keine Feldwege, es kann jemand vorbeiwollen, z.B. frühmorgens ein Campesino mit seinem Ochsengespann. Immer so parken, dass man im Notfall oder am anderen Morgen ohne rangieren zu müssen gleich wegfahren kann. Vorsicht in Wüstengebieten! Kakteenstachel, loser Sand und Dornen sind nicht zu unterschätzen. Auch an Stränden fährt man sich leichter fest als gedacht. Dann und wann kann man sein Wohnmobil auf gut bewachten Campingplätzen stehen lassen und Mexiko mit dem Bus erkundigen. So kommt Abwechslung in die Reise.

Bei Hotels und Motels

Gut möglich ist das Übernachten auf Hotel- und Motelparkplätzen (es gibt auch „spezielle" Stunden-Motels). Dabei kann man die Duschen, Toiletten oder den Pool des Hotels benutzen und im Restaurant essen. An den Küsten gibt es oft Strandrestaurants mit großen Parkplätzen, die zum Übernachten geeignet sind *(„se puede pasar la noche en el camper?" oder „hay lugar para camper"?)*. Auch bei manchen Jugendherbergen, bei einem Hacienda-Hotel (Hinweise dazu bei den Städten im Reiseteil) oder bei Thermalbädern (Aguas Termales, Hochland) kann man einen Platz finden. Die verlangten Standgebühren variieren von umsonst bis zum Preis eines Zimmers im Hotel. In Innenstädten nimmt man am besten ein Hotel mit Patio, wo der Wagen sicher steht (leider dann auch Motorenlärm in den umliegenden Zimmern).

Nächtliche Sicherheit

Übernachten Sie nicht gleich neben der Straße oder im Einzugsbereich einer Großstadt. Stehen Sie nachts zu einsam oder an einer zu dunklen Stelle und die Polizei entdeckt Sie, kann es sein, dass sie Sie zu einem sichereren/helleren Platz geleitet. Bei bewachten Plätzen dem Nachtwächter ein Trinkgeld geben. Am Strand zu anderen Campern gesellen. In einigen mexikanischen Bundesstaaten ist beim freien Campen gleichfalls Vorsicht angebracht, z.B. in den Bergen Sinaloas, Durangos und Guerreros. Dort besser nur in Orten, bei Hotels oder auf Campingplätzen übernachten. Wildes Campen ist auch weniger gut möglich bzw. weniger ratsam in Nordost-Mexiko (US-Grenzgebiet) und in Chiapas.

Campingführer und Websites

Der wohl beste Campingführer ist der „Traveler's Guide to Mexican Camping" von „Rolling Homes", Mike & Terri Church, www.rollinghomes.com. Es gibt auch einen Baja-California-Band, beziehbar über die Homepage oder über www.amazon.de.

Eine sehr gute Campingführer-Reihe bietet Sanborn's, gegliedert nach Regionen, einzusehen/zu kaufen auf www.sanbornsinsurance.com. Ein Klassiker ist „The People's Guide to RV Camping in Mexico", www.peoplesguide.com. Gut ist auch die Webseite www.ontheroadin.com. Außerdem: La Asociación Mexicana de Acampadores, A.C., AMAAC, www.acampadores.org.mx.

Weitere Tipps

Trinkwasser kann man in Mexiko von einem Wasserverkaufswagen kaufen. Gas zum Kochen gibt es bei vielen Gasflaschen-Abfüllstationen (immer weit außerhalb der Städte). Gegen Moskitos hilft ein feines Netz vor den Wagentüren. Für Strände wegen eventuellem Festfahren Schaufel und Bretter mitführen.

Unzählige praktische Reisetipps mehr findet man auf den Webseiten www.panamericanaforum.org und www.panamericana.info

Wie man sich bettet – Unterkünfte

An Hotels und Unterkünften mangelt es in Mexiko wahrlich nicht. Man findet nahezu überall schnell und problemlos ein Hotelzimmer *(cuarto)*, von billigst-einfach über preiswerte Mittelklasse bis hin zur Super-Luxuskategorie in den Badeorten. **Auch braucht fast nie vorher reserviert bzw. telefonisch angefragt zu werden,** außer zu den absoluten Saison-Spitzenzeiten (Weihnachten, Ostern, Sommerferien oder zur Karnevalszeit, z.B. in Veracruz). Gruppen sollten natürlich immer reservieren. Falls das Hotel Ihrer Wahl doch mal voll sein sollte: die Rezeption fragen, ob sie ein Hotel in der Nähe empfehlen können. Ein Trinkgeld ist dabei eine gute Investition, wenn man für Sie herumtelefoniert. Nach der Check-out-Zeit (gewöhnlich 13 Uhr) wird manches noch frei. Ein Hotel in zentraler Lage oder in der Nähe des Zócalo ist im Allgemeinen von Vorteil, doch steigen damit meist die Preise. Fast alle Hotels bieten inzwischen auch **Internet-Service.** Aber es gibt meist Internet-Cafés in der Nähe – „mit Internet“ ist also kein Grund, ein diesbezügliches Hotel auszuwählen.

Hotels, Hospedajes und Hostels

Casa de Huéspedes, Hospedaje, Casa (bzw. **Villa**) Soundso, **Posada** oder auch **Bed & Breakfast** – in Mexiko meist Bezeichnungen für preisgünstigste Gästehäuser, Pensionen und einfache kleine Hotels. Sie werden meist vom Eigentümer und seiner Familie persönlich und freundlich geführt und es gibt sie praktisch in jedem Ort. Manchmal werden in Privathäusern nur einzelne Zimmer vermietet oder es gibt billigste *dormitorios* (Gemeinschaftszimmer) mit *baño común* (Gemeinschaftsbad). Ein **Parador** ist eine Bezeichnung für ein qualitativ gutes Hotel, doch ein **Hotel** kann im Prinzip alles sein – Luxusschuppen oder wüste Absteige.

■ *Der Bauweise von Maya-Palästen nachempfundenes Hotel mitten im Busch*

In den Städten des mexikanischen Hochlands wurden viele historische Häuser zu herrlichen, stilvollen **Kolonial-Hotels** umgebaut. Auf dem Land findet man alte **Haciendas** und **Conventos** (Klöster), die ebenfalls zu wunderschönen Hotelanlagen gestaltet wurden. **Motels** sind im südlichen Mexiko relativ selten, wenn, dann meist an Ausfallstraßen und bei archäologischen Stätten (sie sind auch nur für motorisierte Reisende von Interesse; nicht an ein Motel für spezielle Stunden geraten!). **Apartments** mit kleiner Küche werden ebenfalls ab und zu angeboten.

Die **Qualität** der Hotels und Unterkünfte hängt logischerweise auch immer von der Region ab, d.h., sie ist gut in Städten, einfach bis primitiv im Regenwald oder in ländlichen Gegenden und gut bis sehr gut an der Karibikküste bzw. in großen mexikanischen Badeorten. Dementsprechend dann die Preise.

Eine **Cabaña** ist gewöhnlich eine Holz- oder Palmwedel-Hütte mit oder ohne festen Fußboden. Man findet sie meist an Stränden und in tropischen Gebieten, oft mit nichts drin als einer Bettstelle oder Haken für **hamacas** (Hängematten) und nächtens vielen Moskitos (es gibt jedoch desgleichen Cabañas mit Top-Ausstattung!). **Bungalows** sind meist bessere Unterkünfte, während **Palapas** offene, palmwedelgedeckte (Strand-)Hütten sind, nur gut als Hängematten-Überdachung. In tropischen Gebieten vermieten **Camping- und Trailer Parks** oft auch Cabañas oder Palapas für Hängematten.

■ Achtung! In Mexiko gibt es praktisch so gut wie **keine Camping- bzw. Zeltplätze in unserem Sinne!** Ein eigenes Zelt mitzunehmen ist nicht sinnvoll. Wo man Naturregionen erwandern oder Berge besteigen möchte kann Ausrüstung fast immer gemietet werden.

Hostels / Jugendherbergen

Preisbewusst Reisende kommen in Mexiko günstig in den recht zahlreichen **Hostels** bzw. **Hostales** unter, eine Weiterentwicklung der einstigen traditionellen Jugendherbergen *Albergues Juveniles.* Ihre mexikanischen Verbände heißen AMAJ *(Asociación Mexicana Albergues Juveniles)* und REMAJ und sind Mitglied im internationalen Dachverband **Hostelling Internacional (HI,** auch das deutsche DJH). **Privat betriebene Hostels** haben sich ebenfalls zusammengeschlossen und besitzen gemeinsame Websites mit ausführlichen Beschreibungen und Bewertungssystemen durch die Gäste:

www.hostels.com • www.lugaresdemexico.com • eine sehr gute Seite ist **www.hostelz.com • www.hostellingmexico.com •** auch der Verbund **www.vipbackpackers.com** hat Hostels in Mexiko. Außerdem können auf den Webseiten **www.hihostels.com, www.hostelworld.com** (weltweit) und **www.hostelbookers.com** weitere Hostels gefunden werden. Reservierung/Buchung jeweils per eMail.

Die Hostels bieten nicht nur die üblichen Schlafsäle – *dormitorios* mit *baños comunes* –, sondern auch meist einige **Einzel- bzw. Doppelzimmer** mit Privatbad. Meist ist eine Gästeküche vorhanden, es gibt Internet, Tour-Angebote und es wird touristische Hilfe geleistet. **Somit sind Hostels in Mexiko gute Anlaufpunkte.** Mit einem internationalem Juhe-Ausweis **(HI)** oder einem Studentenausweis **(ISIC)** bekommt man Preisermäßigungen, meist 10% (vorgeschrieben ist der Juhe-Ausweis aber nicht). Es gibt keine Altersbeschränkung und auch keine Dienstpflichten oder feste Schließzeiten.

Hotelpreise, Zimmerkategorien

Die verlangten Preise für ein Hotelzimmer **schwanken in Mexiko im Laufe eines Jahres** erheblich, nämlich je nach Saison (HS = Hoch-, NS = Neben-, ZS = Zwischen-Saison) und Spitzenzeiten (Feiertage, Feste, Ferien). Sie sind auch abhängig von der Region bzw. wie **touristisch** eine Stadt ist. So ist z.B. ein Hotel der Kategorie ECO an der Karibikküste teurer als ein FAM-Hotel im Inland. Im Buch finden Sie folgende drei Kategorien (gutes PLV heißt „gutes Preis-/Leistungsverhältnis"):

- **ECO:** („económico"), billig/preiswert
- **FAM:** („familiar"), einfache bis gehobene Mittelklasse
- **LUX:** für alles was preislich und (oder) komfortabel darüber liegt

Preise sind in mexikanischen **Peso (Ps)** angegeben. An der Karibikküste oder in Städten mit vielen USA-Touristen üblicherweise auch in US-Dollar.

Ein angegebener Preis bezieht sich fast durchweg auf ein **Doppelzimmer (DZ)** für 2 Personen, wobei mexikanische Doppelzimmer *(dobles)* gewöhnlich zwei überbreite, getrennte Einzelbetten haben *(un cuarto con dos camas)* oder ein einzelnes „Ehebett" *(cama matrimonial),* dieses ist dann meist etwas günstiger.

Ein **Einzelzimmer** (**EZ,** *cuarto sencillo/habitación sencilla;* wörtlich: „habitación individual") mit einem Bett ist nur wenig billiger als ein Doppelzimmer. Bei drei oder mehr Personen in einem Zimmer wird entweder pro Person oder das DZ plus zusätzliche Personen abgerechnet. **Langsam schleicht sich nun auch in Mexiko die (Un-)Sitte ein, dass bei einem Doppelzimmer der Preis pro Person verlangt wird – achten Sie darauf bzw. fragen Sie nach!**

■ In den Hotels muss ein Meldezettel ausgefüllt und für die erste Nacht gleich bezahlt werden. Beim Bezahlen mit einer Kreditkarte werden Sie meist gebeten, einen Kreditkartenbeleg blanko zu unterzeichnen. Jemand könnte also eine beliebige Summe einsetzen. Dies ist aus Sicherheitsgründen für das Hotel so Usus. Erst beim Auschecken wird der fällige Betrag für soundsoviele Nächte und Leistungen eingetragen. Vergessen Sie nicht den Kopie-Beleg und lassen Sie Ihre Kreditkarte nicht aus den Augen! **Nur in besseren Hotels ist Frühstück** – *desayuno* – **inklusive** bzw. es geht nicht ohne. Dabei ist *american breakfast – desayuno americano* – reichhaltiger, *european breakfast – desayuno continental* – mit nur einem Brötchen, Kaffee oder Tee einfacher.

■ *Stadthotel in Oaxaca*

Weniger zahlen

In der Nebensaison kann man nahezu immer einen Rabatt erhalten – nur fragen muss man danach (was man natürlich auch in der Hochsaison tun kann). Für die Zimmer eines Hotels werden selten Einheitspreise verlangt. Der Preis variiert je nach Komfort, Lage und Ausstattung, z.B. mit oder ohne **Klimaanlage,** mit Privatbad oder *baño común* im Gang. **Die Rezeption versucht logischerweise immer zuerst die teureren Zimmer loszuschlagen.** Fragen Sie nach einem preiswerteren: *„Quiero ver un cuarto más económico, por favor?“.* Viele Hotels bieten auf ihren Webseiten ab und zu **„Promociónes“** – Sonderangebote. Eine Wochenmiete kann nochmals Grund für einen Preisnachlass sein. **Bezahlung mit einer Kreditkarte kostet oft einen Aufschlag bzw. es wird bei Barzahlung ein Rabatt gewährt – danach fragen!** Es kann auch vorkommen, vor allem in eigentümergeführten Unterkünften, dass eine Rechnung ohne Mehrwertsteuer bei Barzahlung angeboten wird.

Zu dritt Reisende benötigen keine 2 Zimmer, sondern verlangen ein *triple,* vier Personen ein *quadruple.* Ist das **Frühstück** inklusive – was bei gewöhlichen Hotels so gut wie nie der Fall ist –, fragen Sie nach Übernachtung *ohne* Frühstück und frühstücken lieber preiswert in einem der meist zahlreichen kleinen Restaurants.

Hotelpreise werden in Mexiko staatlich kontrolliert und sollten im Foyer bzw. Zimmer angeschlagen sein. Man braucht also nicht zu befürchten übervorteilt zu werden bzw. kann die Preise kontrollieren. **Darauf achten, dass der genannte Preis die Steuern beinhaltet, vor allem bei teuren Hotels** (s. „Steuern“ bei „Mexiko-Stichworte von A – Z).

Zimmerkontrolle

Zimmer immer vorher anschauen (*puedo verlo?* Die innenliegenden Zimmer einfacher Stadthotels haben oft nicht einmal Fenster). **Die besten Zimmer eines Hotels befinden sich im Prinzip immer ganz oben:** In den Tropen schwirren da weniger Moskitos und die Durchlüftung ist besser (dadurch kann auf AC – *aire acondicionado* – verzichtet werden), sie sind weniger dem Lärm ausgesetzt (diesbezüglich prinzipiell Zimmer zur Straßenseite hin vermeiden) und sie sind auch sicherer.

Bei sehr einfachen Hotels sollte man kurz testen: Sind **Matratzen und Bettwäsche** o.k.? In kalten Gegenden: gibt es Heißwasser ? In trockenen, heißen Regionen: gibt es Wasserbeschränkungen? Funktionieren Toilettenspülung, Ventilator oder Klimaanlage? Viele Zimmer haben Haken für Hängematten, doch man schläft in *hamacas* selten so gut wie es scheint.

Sicherheits-Tipps für Zimmer s.S. 44.

Potentielle Zimmergenossen

Neben den *mosquitos* in tropischen Regionen sieht man manchmal im Bad die (lichtscheuen) *cucarachas* **(Kakerlaken).** Sie sind harmlos, tun einem nichts. Im kühleren Hochland können dafür *pulgas* (Flöhe) beißen. In Absteigen lauern manchmal *chinches,* Bettwanzen, die einen ganz schön zerstechen können.

Keine Angst vor **Geckos** (*salamanquesas* bzw. *salamancas*), jenen halbdurchsichtigen Eidechsen, die wie schwerelos die Wände hochspurten oder an der Zimmerdecke kleben! Die nachtaktiven Tiere sind nützliche Zimmergenossen, weil sie mit ihren langen, klebrigen Zungen Moskitos, Spinnen und Fliegen jagen. Mit Millionen von mikroskopisch kleinen Haftpunkten an der Unterseite ihrer stark verbreiteten Zehen nehmen die Kletterkünstler so engen Kontakt mit dem Untergrund auf, dass die sogenannten Van-der-Waals-Kräfte wirksam werden, die Adhäsionskräfte zwischen benachbarten Molekülen oder Atomen. Sie sind die einzigen Reptilien, die eine (quiekende) Stimme haben. Von Zeit zu Zeit werfen sie ihre Haut ab. Fast alle Geckoarten haben unbewegliche Augenlider.

Mexiko zwischen Topf und Deckel – Essen und Trinken

Hinweis: Eine alphabetische Auflistung mexikotypischer Speisen und Getränke und ihre Übersetzungen finden Sie im Anhang unter **„Speisen und Getränke"**

Mexikos kulinarische Wurzeln

Mexiko ist ein ausgesprochen kulinarisches Land, in dem das Essen und die Gerichte zur besonderen Landeskultur gehören – nicht zuletzt deshalb, weil in Mexiko fast alles wächst! Man kann immer wieder neue Gaumenreize erleben, die unbedingt zu den wesentlichen Erfahrungen einer Mexikoreise gehören. Es gehört zur mexikanischen Lebensart, Essen und gesellige Kommunikation miteinander zu verbinden.

Der Reichtum der mexikanischen Küche basiert auf der Verschmelzung zweier Esskulturen, der urmexikanischen mit der spanisch/europäischen. Hinzu kommen Elemente der arabischen Küche (Spanien war ja früher lange durch die Mauren besetzt), der französischen (1861–67 okkupierten die Franzosen Teile Mexikos) und der asiatischen (fernöstliche Einwanderer). Traditionelle Nahrungsmittel der Urbevölkerung wurden durch europäische Haustiere, Pflanzen und Ingredienzien ergänzt, so dass viele Neuschöpfungen entstanden (koloniale Küche). Fleischlieferanten bei den Azteken waren bis dato u.a. der domestizierte Truthahn *(guajolote),* Echsen und gezüchtete haarlose Hunde, *itzcuintles.*

Restaurants gibt es in dutzendfachen Varianten und allen Preisklassen. Doch nur wenn man auch in **fondas, taquerías** oder **torterías** einkehrt, sich das preiswerte Essen der **loncherías, comedores, puestos de comida** (Straßenstände, „Essen auf Rädern") und der Garküchen in den *mercados* munden lässt, nur dann wird man die gewaltige Spannweite der mexikanischen Volksküche „auskosten" können. Preiswert ist das **menú del día,** das Tagesmenü, bzw. die *comida corrida* („corrida" – eine Speise kommt nach der anderen). **Familiär geführte Restaurants** sollte man **vorziehen** bzw. am besten isst man in der Regel dort, wo der Chef präsent ist und ein Auge auf die Sache hat. Qualitativ höherwertige Restaurants findet man oft in alten Kolonialgebäuden, wo man in stilvollem Ambiente speisen kann.

■ *Gutes und günstiges Essen gibt es in den mexikanischen Markthallen*

Im Reiseteil wird bei den Städten auf empfehlenswerte Restaurants hingewiesen, doch man kann auch Einheimische um gastronomischen Rat fragen. *„Puede recomendarme un buen restaurante?"* heißt „können Sie mir ein gutes Restaurant empfehlen". *Un restaurante con platos típicos* hat lokale Spezialitäten auf der Speisekarte. (Übrigens sind in Restaurants bei mehreren Personen getrennte Rechnungen nicht üblich, man zahlt pro Tisch).

■ *Gabe von Mais für die Aussaat (Cód. Florentino)*

Mexikanisches Grundnahrungsmittel ist Mais, der viel Stärke, aber kaum Vitamine enthält. Tägliche Abwechslung mit höherwertigen Lebensmitteln oder häufiger Fleischkonsum ist für den Großteil der ländlichen und verarmten Stadtbevölkerung Mexikos immer noch Luxus. In den Städten und Tourismuszentren ist die US-amerikanische Fastfood-Unkultur stark auf dem Vormarsch. Überall stößt man auf die Abfütterungsstationen der großen internationalen Ketten, *hamburguesas, pizzas, catsup, hot dogs, hot cakes* u.a. stehen schon längst auf den Speisekarten. Industriell hergestellte Nahrungsmittel verdrängen immer mehr die traditionell-mexikanischen. Am schlimmsten ist für uns Brotliebhaber wohl das „Pan Bimbo" oder das „Wonder Bread", eine Art Watte in Brotform. Nur getoastet ist es halbwegs genießbar. Bei der städtischen Mittelschicht verdrängt das Weißmehl-Brötchen langsam die ureigene mexikanische *tortilla.*

Typisches und weniger Typisches

Das Besondere der *cocina mexicana* ist das stetige Aufeinandertreffen vieler Geschmacksrichtungen – scharf und mild, süß und sauer, herb und zart. Die vielen Zubereitungs- und Kombinationsmöglichkeiten der Häppchen, Sößchen und Portionen machen die Menüs abwechslungsreich und überraschend.

Dabei gibt es die „typisch" mexikanische Küche eigentlich gar nicht, sondern sie ist vielmehr die Summe vieler regionaltypischer Gerichte *(platos típicos).* In **Nordmexiko** z.B. haben Fleischspeisen eine größere Bedeutung. Mais-Tortillas werden dort durch Weizen-Tortillas ersetzt, während in **Zentralmexiko** mehr die traditionellen Nahrungsmittel, wie Mais, Bohnen, Geflügel und Rindfleisch vorherrschen. **Südmexiko** steht für aromatische Eintöpfe, viele Gemüsesorten, leckere *tamales* und *quesadillas* und tropische Früchte.

Yucatán kann einige kulinarische Besonderheiten aufweisen (s.u. Exkurskasten). Das bekannteste Gericht ist *cochinita pibil,* zerkleinertes Spanferkelfleisch in Bananenblättern im Erdofen geschmort.

Die vorspanische *cocina prehispánica* wurde in Mexiko mittlerweile wiederentdeckt. Es gibt in Mexiko-Stadt Restaurants mit aztekischer Küche, wo so leckere Dinge wie *gusanos* (Maguey-Würmer, jene aus der Mezcal-Flasche), *escamoles* (gebratene Eier von Honigameisen), Schlangen, Heuschrecken, Leguane und ähnliches mehr auf die Teller kommen.

Grundlage und Bestandteil fast jeder mexikanischen Mahlzeit ist **Mais.** Aus diesem werden nicht nur die alltäglichen Tortillas gemacht, sondern auch Suppen, Süßspeisen oder Getränke. Obligatorische Zutat sind **frijoles refritos,** das berühmte mexikanische Bohnenmus, das schon zum Frühstück auf den Teller kommt. Manchmal wird es noch mit weißem Krümelkäse – *queso fresco* – bestreut. Reis *(arroz)* und Kartoffeln *(papas)* sind ebenfalls beliebt. Gemüse wird teils als Beilage serviert, oft ist es aber auch Hauptbestandteil des Gerichts. Sehr schmackhaft sind z.B. *nopalitos,* entstachelte und gekochte bzw. gebratene Opuntienkaktusblätter. Und mit den berühmten mexikanischen *chiles,* aus denen man Chili-Würzsoßen herstellt (*salsas* und *moles,* s.u.), erreicht die mexikanische Küche ihren Höhepunkt – *muy picante!* Kein typisch-mexikanisches Gericht ist *chile con carne* (höchstens mit *frijoles charros* vergleichbar). Es ist ein Import-Artikel aus der sogenannten Tex-Mex-Küche, der Esstradition der an Mexiko angrenzenden US-Staaten.

■ *Opuntie (Feigenkaktus) mit tunas*

Pozole ist eine deftig-kräftige Suppe bzw. ein Eintopf (grün oder rot) mit Hühner- oder Schweinefleisch, *chiles,* Gewürzen und gequollenen ganzen Maiskörnern. Jede Gegend hat ihre Variationen.

Mais, das „goldene Wunder“

Mais, mex. *maíz* oder *centli,* ist das eigentliche Wundergetreide der Erde. Doch was bei uns fast ausschließlich an Haus- und Schlachtgetier verfüttert wird, ist in Mexiko und in anderen Teilen der Welt für viele Millionen Menschen in roher und verarbeiteter Form (als *tortillas, Polenta, Kukuruz, Cornflakes, Popcorn* usw.) protein- und stärkereiches Grundnahrungsmittel. Aus (Futter-)Mais werden große Mengen Stärke für Industrie, Lebensmittel und chemische Produkte (Kleber, Arzneien, Farben) gewonnen, stellt man Alkohol (Bourbon Whiskey und Ethanol), Sirup (der süßer und billiger als Zucker ist), Speiseöl und neuerdings sogar biologisch abbaubare Verpackungsmittel her.

In der Welterntemenge steht Mais an erster Stelle. Die Durchschnittserträge liegen mit ca. 40 Doppelzentnern pro Hektar deutlich höher als die Erträge von Reis mit ca. 36 dz/ha und Weizen mit ca. 24 dz/ha. Mit Abstand größte Mais-Produzenten sind die USA, China und Brasilien.

Mais wächst in etwa **300 Sorten und Varietäten** und in vielen Farben (gelb, rot, blau, schwarz und weiß). Großgruppen sind Zucker-, Stärke-, Puff- und Hart-Mais, wichtigste Welthandelssorte (der mit den eingedrückten Körnern) ist Zahn-Mais. Weitere Züchtungsverbesserungen und höhere Ertragsraten verspricht man sich mit Hilfe der Gen-Technik. Ohne Mais in einer seiner vielfältigen Zubereitungsformen ist kein typisch mexikanisches Gericht denkbar.

Als eine Mutation des Wildgrases *teosinte* existierte Mais in Mexiko schon in Urzeiten. Die Kultivierung der verschiedenen Wild- und Urformen – *zea mays,* damals nur wenige Zentimeter groß – durch die Mesoamerikaner begann vor etwa 7000 Jahren. Älteste Funde an Resten von Maiskolben, Hülsen und Grannen wurden im **Tal von Tehuacán** (**Coxcatlán,** Puebla) und in den prähistorischen **Höhlen von Yagul** (Oaxaca) gemacht. Durch Mais wurden aus Jägern und Sammlern sesshafte Bauern, der planmäßige Anbau markierte den Beginn aller frühen Zivilisationen Mesoamerikas und war die wirtschaftliche Grundlage ausreichender Ernährung größerer (städtischer) Bevölkerungsgruppen. Und weil Mais bestens als Nahrungsmittel für Mensch und Vieh geeignet war, setzte sich sein Siegeszug, nachdem ihn Kolumbus mit nach Spanien gebracht hatte, von Europa rund um die Welt fort (Mais wurde Kolumbus in der Karibik als Willkommensgeschenk überreicht, er nannte ihn *panizo*). In die Andenländer Südamerikas war er schon ca. 1500 v.Chr. hinabgewandert.

Mais braucht viel Licht und Wärme, ist aber äußerst anpassungsfähig und vergleichsweise unempfindlich gegen Pflanzenkrankheiten und tierische Schädlinge. Er wächst deshalb in allen Regionen Mexikos. Gewöhnlich wird er zusammen mit Bohnen, die sich an seinen Stengeln emporranken und das Unkraut zurückhalten, mit *chile* oder Kürbissen *(calabazas),* die später dem ausgelaugten Boden wieder Nährstoffe zuführen, bei Beginn der Regenzeit ausgesät.

■ *Menschen aus Mais geschaffen. Wandgemälde im Palacio de Gobierno in Mérida*

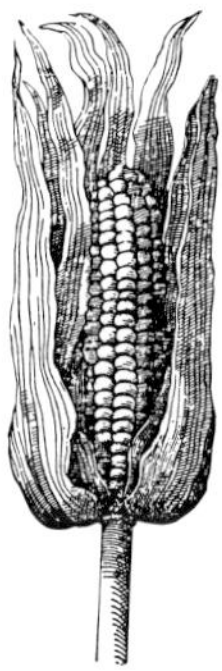

Die Stauden werden ein bis fünf Meter hoch. Frisch geerntet heißen die Maiskolben *elotes.* Ausgereifter und harter Mais (Reifezeit 2 bis 5 Monate) wird auf den Feldern bis in die Trockenzeit stehengelassen, oft mit umgeknickten Kolben, damit wegen Fäulnisgefahr kein Regen eindringen kann.

Für die **Azteken** bzw. Mexica hatte *maíz* eine überragende Bedeutung. Als ihr wichtigstes Nahrungsmittel war er Grundpfeiler ihrer Kultur, galt als heilige Pflanze, als Göttergabe und Heilmittel. Dementsprechend waren ihm zahlreiche Gottheiten geweiht.

Auch für die **Maya** war und ist Mais ein Geschenk der Götter (Maisgott Gott E und *Gucumátz*). Nach dem Schöpfungsmythos der Maya schufen die Götter die ersten Menschen aus Maismasse (niedergeschrieben im Buch Popol Vuh). Die Tzotziles in Chiapas nennen sich „hombres de maíz", Maismenschen, und überall in Mexiko bzw. bei den Maya werden anlässlich der Maisaussaat und der Maisernte noch vielfach rituelle Feste zelebriert.

Durch den Tag

Das mexikanische **Frühstück** *(desayuno)* besteht in traditioneller Form aus Eiergerichten. Das können *huevos rancheros* sein (gebratene Eier auf warmen Tortillas mit Tomaten und Bohnenmus), *huevos a la mexicana* (Rühreier mit Chili, Zwiebeln und Tomaten), *huevos revueltos* (Rühreier) oder *huevos estrellados* (Spiegeleier). Bringen Sie einen Kellner mit „tiene huevos?" nicht in Verlegenheit. Fragen Sie „hay huevos?"... Apropos: Kellner nennt man *joven* (Junge), selbst wenn es ein alter Mann ist. Auch pan dulce (süßes Brot) wird gereicht. Das herzhafte zweite Frühstück heißt *almuerzo.*

Antojitos („kleine Gelüste") heißen die beliebten pikanten Snacks, als Vorspeise werden sie *entremeses* genannt (meist Tortilla-Variationen, die aber auch als Hauptgericht empfohlen werden können). Zu Getränken gereicht heißen sie *botanas.*

Das **Mittagessen,** die *comida,* besteht aus einer *sopa* (das ist die dünne Suppe) und/oder einer *sopa seca* („trockene Suppe", meist Reis, Nudeln oder Spaghetti als Gang zwischen Vor- und Hauptspeise), dem Hauptgericht und evtl. einem Nachtisch *(postre).* Die Comida gilt als Hauptmahlzeit des Tages. Sie wird ab 14 Uhr eingenommen und kann sich weit in den Spätnachmittag hinziehen.

Essenzeit am **Abend** (*cena* – üppig, groß, *merienda* – leicht) ist selten vor 21 Uhr. Auch hier kann es mehrere Gänge geben; *carne* (Fleisch), *pollo* (Huhn) oder *pescado* (Fisch) sind meist die Hauptspeisen.

Wie erwähnt, kann man in Mexiko immer und überall etwas zu essen bekommen, ebenso unterwegs in Bussen, wo ambulante Händler die Reisenden mit Verpflegung versorgen. Die **Müsli- und Bio-Welle** hat auch Mexiko längst erreicht, Speisekarten in Touristenzentren führen Entsprechendes. Oft locken Milchbars mit leckeren Mixgetränken. Fisch bekommt man außerhalb der Fanggebiete eher weniger. Die tropischen Früchtesorten haben vor Ort ein wesentlich besseres Aroma als unsere Kühlschiffkost.

Vegetarier finden ebenfalls zufriedenstellende Kost (doch nicht überall). Um Missverständnissen vorzubeugen, sollte „sin carne y sin pollo" (ohne Fleisch und Geflügel) verlangt werden. *Frijoles refritos* werden i.d.R. in Schweineschmalz aufgebraten. *Quesadillas* (Käse-Tortillas, s.u.) und *Guacamole,* (Avocadocreme, s.u.) sind Alternativen; s.a. im Anhang „Speisen" und „Speisekarte".

Cocina yucateca – die yucatekische Küche

Neben ihrem eigenständigen sprachlichen Erbe und ihren alten Sozialstrukturen bewahrten sich die Yucateco-Maya auch ihre speziellen kulinarischen Traditionen. Hauptbestandteil der *comida yucateca* ist natürlich der Mais. Aber auch Bohnen-, Geflügel-, Fleisch- und Fischgerichte, meist nach besonderen Rezepten mit speziellen Gewürzen zubereitet, kommen auf den Tisch. Dazu gibt es zahlreiche Beilagen.

Mit Ankunft der Spanier wurden die traditionellen Speisen mit europäischen Zutaten kombiniert und so entstanden ungewöhnliche, doch sehr schmackhafte Gerichte. In Chetumal kann man z.B. „gefüllten Käselaib" bestellen, einen warmen Edamerkäse mit einer Füllung aus Hackfleisch, Rosinen und einheimischen Gewürzen. Dazu gibt es Soße und die immer präsenten Tortillas.

Eine vielverwendete Zutat der Küche in Yucatán ist **Recado,** eine Paste aus Pomeranzensaft, Gewürzen und *achiote,* der gekochte Samen des Orleansstrauches *(Bixa orellana),* der Speisen würzt und sie gelb bis rot färbt.

Zu kleinen Blöcken oder Kugeln gepresst, kann man Recado auf allen Märkten kaufen. Es wird verwendet, um Fleisch- und Fischgerichten, die in Bananenblätter eingewickelt und in einer Erdgrube geschmort, Farbe und Geschmack zu geben. Das bekannteste und vorzüglich schmeckende dieser Gerichte ist **Cochinita pibil,** zerkleinertes Spanferkelfleisch mit einer scharfen Soße. **Pollo pibil** ist auf die gleiche Weise zubereitetes Hühnerfleisch.

Ebenso in Bananenblätter eingewickelt und im Erdofen gegart wird **Mukbil pollo,** ein spezielles yucatekisches Gericht für den *Día de los muertos* am 1. November. Dabei handelt es sich um eine Art Maiskuchen *(tamale)* mit einer satten Füllung aus Huhn, Schweinefleisch, Chili-Soße und *achiote.*

Bedingt durch die mittägliche Hitze fällt das **Frühstück** meist üppiger als das Mittagessen aus. Es gibt eine Vielzahl deftiger Frühstücksvariationen, von denen **Huevos motuleños** und **Papadzules** am bekanntesten sind.

Huevos motuleños sind gebratene Eier, die auf einer frittierten Tortilla serviert werden. Obendrauf kommt noch ein Schlag schwarzes Bohnenmus, Tomatensoße mit Schinken- und Käsestückchen, Chili und einige Scheiben frittierte Kochbanane. Etwas schwierig zu essen, aber dafür sehr lecker und vor allem sättigend.

Papadzules sind gerollte Tortillas, gefüllt mit hartgekochten und kleingeschnittenen Eiern, Tomaten- und Kürbiskernsoße. *Codzitos* sind gleichfalls gerollte und gefüllte Tortillas.

An der Küste warten Meeresfrüchte und Fischgerichte in allen Variationen: **Tikin xiik** ist mit Achiote marinierter und gegrillter Fisch. **Panuchos** (oder **pan**) **de cazón** sind mit Hundshai-Fleisch gefüllte Tortillas. Während die Panuchos zuerst leicht angebraten, dann gefüllt und frittiert werden, sind die weitverbreiteten yucatekischen **Salbutes** nur frittiert und mit Zutaten belegt, z.B. Truthahnfleisch, gehackte Zwiebel und Avocadoscheiben.

Chaya ist eine Art Maya-Spinat, den man nicht auslassen sollte.

Die yucatekische Küche kreiert auch sehr schmackhafte Eintopfgerichte, meist mit Huhn, z.B. den **Puchero** mit verschiedenen Gemüsesorten und Kochbananen, die dem Ganzen einen leicht süßlichen Geschmack verleihen. Gut schmecken **Pavo en relleno negro,** Truthahn mit dunkler Füllung und **Poc chuc**, Schweinefleisch mit Zwiebeln und einer sauren Orangen- oder Zitronensoße.

Ein für heiße Tage geeignetes leichtes Gericht ist die delikate **Sopa de lima,** zubereitet mit Hühnerfleisch, Tortillastreifen, Limettensaft und diversen Gewürzen. Sollten Sie nicht auslassen!

Wie überall in Mexiko werden auch auf Yucatán zu fast jedem Essen *salsas* serviert, eine Spezialität ist **xni pec,** eine Mischung aus feingehackten Tomaten, sehr, sehr scharfen Habanero-Chilis, Koriander, Zwiebeln und etwas Essig oder saurem Orangensaft.

Auf Yucatán gilt beim Essen der Grundsatz: Möglichst viel probieren, denn es gibt immer wieder Außergewöhnliches zu entdecken.

Weitere *Comida yucateca*

ic – Chili
itz – Süßkartoffel
kayem – Maismehl
muxubbak – Tamales
p'ao – Tomate
on – Avocado
put – Papaya
sikil pak – Soße/Püree aus Kürbiskernen, Tomaten, Zwiebeln und scharfem Chili
tzamna – schwarze Bohnen
txobilchay – Maispaste, Kürbiskerne und hartgekochte Eier
uah –Tortillas
xak – Gewürzmischung
Xtabentún – ein Anis-Honig-Likör, erhältlich als *seco* (trocken) oder *crema* (süß)

Die Tortilla, das Brot Mexikos

■ *Seit Urzeiten: knien vor dem metate, dem Mahlstein*

Das Brot – und zugleich essbares Besteck und Teller der Mexikaner – ist die **Tortilla.** Ihr eigenartiger Duft mag anfänglich gewöhnungsbedürftig sein, doch einmal auf den Geschmack gekommen, werden einem die dünnen Fladen bald zur täglichen Selbstverständlichkeit. Zwischen Tüchern warmgehalten sind Tortillas das universelle Nahrungsmittel Mexikos. Die Geschichte der Tortilla ist natürlich auch die Geschichte des Mais (s.o.).

Die Maiskörner werden zuerst in Wasser gekocht, in das zuvor Kalk (oder Herdasche) gegeben wurde, damit sich die harte Außenhaut löst. Man lässt sie in diesem Wasser liegen und entnimmt nach und nach den Bedarf zum Mahlen. Typisch ist seit Urzeiten das Bild der knienden Frau vor dem *metate* (aztekisch *metlatl*), dem konkaven Mahlstein aus Lava-Gestein. Mit dem *mano,* dem walzenförmigen Handstein, wird beidhändig der Mais zu Maismasse zerrieben bzw. grob gemahlen (heute gibt es dafür Maismühlen). Mit Wasser und etwas Salz vermischt entsteht so *masa,* frischer Tortilla-Maisteig, der mit den Händen geschickt und flugs zu handtellergroßen Maisfladen flachgeklatscht oder mit einer metallenen Hand-Tortillapresse flachgedrückt wird. Danach werden sie ohne Fett (manchmal noch mit etwas Kalk bestrichen) auf einer heißen Blech- oder Tonplatte, dem *comal,* kurz gebacken.

■ *Duftet und schmeckt köstlich: Tortillas frisch vom comal*

Ersatz für frische Masa ist Masa-Mehl vom Supermarkt, *Masa harina.* Maschinell werden Tortillas mit der *máquina tordilladora* hergestellt, ein kettenquietschendes Rühr- und Backgerät, das unermüdlich die Fladen ausspuckt. Im Geschmack sind diese natürlich nicht mit handgemachten Tortillas vergleichbar. Im Norden Mexikos isst man eher Tortillas aus Weizenmehl.

Mit Käse gefüllt und zugeklappt verwandeln sich Tortillas in **Quesadillas.** Werden sie stattdessen – je nach Region – mit gewürzten Fleischstückchen, mit Schabefleisch oder Gemüse gefüllt, heißen sie *doblata,* im Volksmund aber einfacherweise ebenfalls Quesadillas, unabhängig von ihrem Inhalt. Probieren sollte man unbedingt die mit *hongos* (Pilzen) gefüllten oder jene mit *flor de calabaza* (Kürbisblüten). **Enchiladas** sind zusammengerollte, meist mit Hühnerfleisch gefüllte Tortillas (regional verschieden), mit Zwiebeln gewürzt, weißem Krümel-Käse bestreut und einer *chile-salsa* (*enchilar* = mit Chili).

Die berühmten mexikanischen Tacos sind kleine, je nach Wahl mit Fleischstückchen, Zwiebeln, Tomaten, Käse und anderem belegte oder gefüllte Tortillas. **Besonders lecker** – und meine Lieblingstacos – sind **Tacos al Pastor** (oder *Tacos árabe*), das Fleisch kommt dabei vom Schabegrill, ähnlich wie Döner. Mit hartgekochten Eiern, Tomaten- und Kürbiskernsalsa gefüllt/belegt heißen sie *papadzules.* Frittierte Tortillas heißen **Tostadas,** man knabbert sie als Chips nebenher, belegt sie mit kleingeschnittenem Gemüse, Fleisch, Salat oder Käse oder löffelt mit ihnen die appetitanregende *salsa mexicana.* **Chilaquiles** sind eine schmackhafte Mischung aus zerschnitzelten Tortillas mit Schichten aus gratiniertem Käse, Sahne, Tomatensoße und Zwiebeln. **Gorditas** (rund) und **Tlacoyos** (oval) sind dick gefüllte Tortillas. **Huaraches** („Latschen") sind gleichfalls prall belegte Tortillas, **Chalupas** kleinere mit *salsa verde* oder *roja* und jeder Menge Zwiebeln (Puebla).

Tamales *(aztekisch tamalli)* gehen auf eine urmexikanische Tradition zurück. Mais-*masa* wird mit einer würzigen Paste (gehacktes Fleisch, Kräuter, Chili und Zwiebel) auf Mais- oder Bananenblätter gestrichen, eingewickelt, mit Blattstreifen verschnürt und in Dampf gegart. Es gibt auch süße Tamales, z.B. mit gehackten Mandeln. Tamales sind typisch für die Provinz Oaxaca.

Was Mexiko der Welt gab

Wohl kaum ein anderes Land gab der Welt so viel wie das alte Mexiko. Mexikanische bzw. mesoamerikanische Völker haben einst durch Züchtung und Kultivierung viele Pflanzen und Tiere herangezogen, die heute über die ganze Welt verbreitet sind und z.T. wichtige Grundnahrungsmittel wurden. Darüber hinaus stammen noch viele andere Roh- und Wirkstoffe oder Substanzen, Früchte und Gewürze aus dem alten Mexiko:

An erster Stelle sind natürlich **Mais** *(maíz)* und **Bohnen** *(frijoles)* zu nennen, dann **Zwiebeln** *(cebollas),* **Paprika** *(chile)* und **Zucchini** *(calabaza).* Und was wäre erst die europäisch/italienische Küche ohne **Tomaten** (*tomatl).* In Mexiko kennt man zwei Sorten, die rote *jitomate* und die grüne *tomatillo;* die Tomate war ursprünglich gelb, erst durch Züchtung in Europa im 18. Jh. nahm sie die rote Farbe an! An Gewürzen ragt die **Vanille** (*tlilxóchitl* – „schwarze Blume") heraus, an exotischen Früchten **Ananas** *(piña),* **Avocado** *(aguacate),* **Sapote, Mamey** und **Tuna** (Kaktusfeige). Bei Fasern ist es **Baumwolle** *(algodón)* und **Sisal** *(henequén),* eine aus der Sisal-Agave gewonnene Faser für Säcke, Seile und Matten. **Gummi** wurde schon beim über 3000 Jahre alten Ballspiel *juego de pelota* als Kautschukball verwendet und für **Kaugummi** der milchige Saft des *chicle*-Baums. **Cochenille** (Koschenille) sind getrocknete und zu rotem Karmin-Pulver zermahlene Schildläuse der Opuntien-Kakteen. *Chocolatl,* ein Getränk der Maya, ist heute unser **Kakao** oder, in fester Form, die gute Tafel **Schokolade.** Und wer einen saftigen **Truthahn** *(guajolote)* oder knackige Erdnüsse *(cacahuatl)* genießt, **Weihnachtssterne** liebt *(poinsettias,* benannt nach dem amerikanischen Botschafter in Mexiko im 19. Jahrhundert, Dr. J. Poinsett), **Dahlien** pflanzt oder **Tabak** raucht, weiß vielleicht nicht, dass diese Dinge gleichfalls ursprünglich aus Mexiko stammen. Tabak wurde gerollt geraucht, aus dem Maya-Wort *xigar* (Tabak) bildeten die Spanier *cigarro,* das dann in die übrigen europäischen Sprachen einging.

Von Europa in die Neue Welt kamen Pferd, Kuh, Schwein, Schaf, Ziege u.a.

Mexikanische Spezialitäten

Frijoles

Bohnen sind in der mexikanischen Küche so unentbehrlich wie der Mais. Verwendet werden weniger die bei uns üblichen grünen Gemüsebohnen *(ejotes)*, sondern getrocknete Bohnen, von denen es etliche Sorten gibt: schwarze *(frijoles negros*, Südmexiko), weiße *(blancos)*, rote *(rojos)*, violette *(flor de mayo)*, gefleckte (*pintos*, Nordmexiko) oder bräunliche (*bayo*, Zentralmexiko). Bei einem mexikanischen Essen fast immer dabei sind die schwarzen oder braunen *frijoles refritos*, das aromatische dicke mexikanische Bohnenmus, das mit etwas Schweineschmalz kurz aufgebraten wurde. *Jícama*, Yambohne, ist keine Bohnenart, sondern eine Knollenfrucht, die erdig-süßlich schmeckt.

Salsas – Soßen

Salsa heißt übersetzt „Soße", gemeint sind damit Würzsoßen mit dem Hauptbestandteil *chile*. Sie geben den eher unscharfen Bestandteilen der Speisen erst die richtige Note. Es gibt sie in Dutzenden von Rezepten und Zutaten. Roh oder gekocht, frisch oder gemischt in Fläschchen, von mild über *picante* bis höllisch scharf. Manche Restaurants machen ihre Salsas nach Hausrezepten.

Grundlagen sind fast immer Tomaten, *chiles*, Zwiebeln und Knoblauch. Ihren Namen haben sie gewöhnlich nach der verwendeten Chilisorte. Zwei bekannte Salsas sind die *salsa de tomate verde* (oder *salsa verde*, aus grünen *tomatillos*) und die *salsa roja*, die auf fast jedem Restauranttisch als unverzichtbare Ergänzung zu den Speisen stehen. Klassisch ist die **Salsa mexicana:** immer frisch angemacht aus Tomaten, *chiles serranos, cilantro* (Koriander), Zwiebeln und Limettensaft (auch **Pico de gallo** – „Hahnenschnabel" oder **Salsa bandera,** „Flaggen-Salsa" genannt, nach den Nationalfarben Mexikos: grüner *chile*, rote *jitomate* und weiße *cebollas* (Zwiebeln).

Chiles

Chile (Chili, lat. *Capsicum annuum*) ist das in Mexiko am meisten verwendete Gewürz und der wichtigste Bestandteil scharfer Speisen und Würzsoßen. Es gibt weit über 100 Sorten in allen Größen und Farben, von sehr klein und höllisch scharf bis paprikagroß und mild. Die Spanier brachten ihn nach Europa, aus ihm wurde dann der Paprika gezüchtet. Botanisch gesehen ist Chili ein Nachtschattengewächs wie die Tomate oder die Kartoffel und reich an Vitamin A und C. Die zu Tränen reizende Schärfe heißt *capsaicin* und sitzt vor allem in den Samen bzw. in den Kernen. Capsaicin regt die Verdauung an – wichtig in heißem Klima –, bekämpft Bakterien und ist gut für den Magen. Aus den Farben kann man nicht unbedingt auf die Schärfe schließen – meist jedoch sind rote schärfer als grüne und kleine schärfer als große.

Um Chilis besser enthäuten und mahlen zu können und vor allem um das Aroma besser aufzuschließen, werden sie geröstet, sowohl frische Schoten als auch getrocknete. Das geschieht auf dem Grill, in der Pfanne oder auf dem *comal*. Dann heißen sie *adobados*. Höllisch scharf ist *chile habanero*. Gefüllte Chili heißen *chiles rellenos*. Das Nationalgericht (Flaggenfarben!) *chiles en nogada* sind große, milde Chilis, gefüllt mit Hackfleisch, Gemüse oder Früchten und mit einer Walnusssoße und roten Granatapfelsamen.

Moles

sind eine weitere mexikanische Spezialität, aus vielerlei Bestandteilen fantasievoll zusammengerührt, roh oder gekocht, sämig oder dünnflüssig und in allen nur möglichen Farben (es sind keine fetten Fleischsoßen!). Bekannteste Kreation dürfte die **Guacamole** sein, eine schmackhafte Avocadocreme mit Tomaten, mildem Chili, Zwiebeln, Koriander und einem Spritzer Limonensaft. Man verwendet sie als Beilage, als Dip für *tostadas* oder als Aufstrich. Die berühmteste Soße Mexikos ist aber der dunkle, schwere, dickflüssige **Mole poblano** („Puebla-Soße"), der auf verschiedenen Chilisorten und rund zwei Dutzend Zutaten basiert, darunter so ungewohnte wie Kakaopulver, Erdnüsse, Sesam, Anis oder Zimt (zum Mitnehmen gibt es *mole poblano* in Pasten oder Pulverform). Man serviert die pikante „Schokoladensoße" z.B. mit Huhn oder beim *guajolote* (Truthahn) *en mole poblano*, einem traditionellen Festessen.

Pescados und Mariscos

Am Meer sollte man unbedingt einige der zahlreichen Gerichte aus Fisch *(pescado)* oder Meeresfrüchten *(mariscos)* probieren. Die gebräuchlichsten Zubereitungsarten sind: *frito* (gebraten), *al mojo de ajo* (in Knoblauchtunke), *empanizado* (paniert) oder *a la veracruzana,* mit einer würzigen Soße aus Tomaten, Chilis, Zwiebeln und Oliven. Bei den Fischarten ist besonders der *huachinango* „a la veracruzana" zu empfehlen (Roter Schnapper, ein tropischer Barsch, engl. red snapper). *Truchas* sind Forellen, *atún (bonito)* Thunfisch, *pulpo* und *calamar* Tintenfisch, *marlin* Schwertfisch, *camarones* Krabben (Shrimps), *langostas* Hummer, *cangrejo* Krebs, *ostiónes* Austern (Vorsicht, Gesundheitsgefahren!). *Ceviche* ist ein aromatisch gewürzter (roher) Meeresfrüchte-Cocktail in Zitronen- oder Limettensaft. Nur ganz frisch essen!

Bebidas – Getränke

Bereits im prähispanischen Mexiko war Mais bzw. Maisstärke die Basis von Getränken. *Atole* ist ein altmexikanisches Maisstärke-Getränk mit Zucker und diversen Zugaben (zerkleinerte Früchte). *Champurrado* ist heiße Schokolade mit *masa,* gewürzt mit Zimt und Zucker. *Colonche* ist ein Getränk aus fermentierten Kaktusfrüchten. Daneben gibt es viele köstliche, frischgepresste Fruchtsäfte *(jugos)* und Shakes *(batidos, licuados).*

Tee ist in Mexiko ein etwas vernachlässigtes Getränk. Getrunken wird hauptsächlich *té de manzanilla* (Kamillentee), *té de hierba buena* (auch *yerba buena* geschrieben, „gutes Kraut", das ist milder Pfefferminztee) und *té negro* (Schwarzer Tee). Mexikanischer **Kaffee** ist meist bitter geröstet, doch recht dünn bzw. schwach und wenig aromatisch. Es gibt kaum gefilterten Kaffee, sondern fast nur Nescafé *(instantaneo),* mit Milch *(con leche)* oder Sahne *(con crema)* oder schwarz *(café americano, negro, solo). Café de olla* ist Kaffee mit braunem Zucker, Zimt und Gewürzen, der (in Tontöpfen) aufgekocht und aus Tonbechern getrunken wird – eine mexikanische Spezialität, mal probieren!

Kakao, so wie wir ihn gewöhnt sind, heißt *chocolate caliente* (oder *estilo francés).* **Bier** *(cerveza)* **ist von guter Qualität,** es gibt etliche Sorten (*clara* ist helles, *oscura* dunkles). Man will es wohl immer *fría* – kalt. Gängige Marken sind *Carta Blanca, Superior, Corona* (in klaren Flaschen, eher ein „Wasserbier", wie auch *Sol*), *Tecate, Dos* (oder *Tres*) *Equis, Bohemia* (gehaltvoll, gut), *Negra Modelo* (dunkel, kräftig). *Michelada* ist ein Biermischgetränk, u.a. mit Chili. Eiskaltes Bier mit frisch gepresstem Limettensaft heißt **Chelada (Tipp).** *Submarino* ist Bier mit Tequila. Mexikanisch trinkt man Bier mit einer Limettenscheibe in der Flasche und einer Prise Salz.

Es gibt recht gute mexikanische **Weine** *(vino del país): blanco* (weiß) und *tinto* (rot), *seco* (trocken) und *dulce* (süß). Ein Anbaugebiet ist das Valle de Guadalupe nördlich von Ensenada (Baja California). Manchmal werden **alkoholische Getränke** nur in Verbindung mit Essen ausgeschenkt oder dürfen ab **Sonntagnachmittag offiziell nicht mehr verkauft bzw. in der Öffentlichkeit nicht konsumiert werden!** Wird mit Geldstrafen geahndet!

Noch mehr Alkoholisches: Einmal den berühmten **Tequila-Cocktail „Margarita"** probieren, gemixt aus klarem Tequila, Cointreau, Limonensaft und Eis (das Glas hat ein Salzrändchen). *Coco loco* ist Kokosmilch mit Tequila oder Rum oder Gin *(ginebra), aguardiente* Schnaps aus Zuckerrohr, *Kahlúa* ein wohlschmeckender Kaffee-Likör, *rompope* ein Likör mit Eiern, *piña colada* ein Ananascocktail mit Cocos und *ron* – Rum (bekannte Marken sind *Presidente* und *Don Pedro Reserva*). Für einen *Cuba libre* mixt man Rum, Coca Cola und Limonensaft mit Eis. *Xtabentún* ist ein Anis-Honig-Likör aus Yucatán.

Dem Trunke gibt „mann" sich in **Cantinas** (Bars) hin, die es in allen nur denkbar möglichen Varianten gibt: von typisch ländlichen Wildwest-Kneipen mit Schwingtüren und z.T. offenen Pinkelrinnen bis hin zu eleganten Hotelbars. Frauen sind in rauhen Männer-Cantinas fehl am Platz.

Jugos – Säfte Gibt es überall in Mexiko in speziellen Läden, gepresst aus frischen Früchten (oder auch Gemüse), entweder aus einer Fruchtsorte oder in Kombinationen – köstlich, unbedingt probieren! *Licuados* mit Wasser (oder Milch) werden aus Früchten und Zutaten (Nüsse, Kokos etc.) gemixt, die selbst nicht genug Flüssigkeit enthalten, z.B. Bananen oder Mangos. Gleichfalls sehr lecker! Trinken sollte man auch mal den Saft einer frisch aufgeschlagenen Kokosnuss! Eine *naranjada* ist hausgemachte Orangenlimonade, *tepache* ein gegorener Ananassaft mit braunem Zucker und Nelken.

Refrescos – Erfrischungsgetränke Beim Coca Cola bestellen „Coca" sagen, nicht „Cola", das heißt auf mexikanisch nämlich „Schwanz"! Mineralwasser ist *agua mineral* (Marke: Tehuacán u.a.; *sin* oder *con gas,* ohne oder mit Kohlensäure). *Sidral* oder *manzanita* sind apfelsafthaltige Getränke. *Aguas frescas* werden aus eisgekühltem Wasser, Fruchtfleisch und Zucker hergestellt. Bekannte Sorten sind *agua de horchata* (mit Reismehl und auch Melonensamen), *agua de jamaica* (mit Hibiskusblüten), *agua de tamarindo* (mit Tamarindfrüchten), *agua de piña* (Ananas), *agua de chía* (Maracuja-ähnlich) u.a. Sie werden oft in großen, bunten Glasballons verkauft und sind mit *agua purificada* hergestellt.

Tequila, Mezcal und Pulque

Das wohl bekannteste mexikanische Alkoholgetränk ist der **Tequila** bzw. **Mezcal,** gewonnen aus der 8 bis 10 Jahre alten, stahlblauen *Agava americana* bzw. *Agava tequiliana weber.* Diese Agavenart wächst besonders gut auf den lehmigen Böden des halbtrockenen Bundesstaat Jalisco, und nur der hochwertige Mezcal dieser Gegend (und noch der von Tepatitlán) darf sich „Tequila" nennen (herkunftsabhängiger, geschützter Markenname, so ähnlich wie beim Champagner). Es gibt in Jalisco nahe Guadalajara ein Städtchen namens *Tequila* mit vielen Brennereien, doch soll der Name Tequila auf die *Ticuila*-Indígena zurückgehen, die diesen Agavenschnaps einst erfanden.

Mexikos Nationalschnaps gewinnt man durch Zerkleinern, Kochen und Auspressen des ca. 20 bis 80 kg schweren Agavenherzens bzw. -strunkes *(piña)* zu Maische und anschließender Gärung mit doppelter Destillation (ca. 40% Alkohol). Frisch gebrannter Tequila ist klar und scharf, durch Lagerung in Eichenfässern wird er dunkler und im Geschmack weicher. *Reposado* lagerte etwa drei Monate bis ein Jahr, *añejo* ein bis drei Jahre. Älteste berühmte Marken sind *Cuervo* (gegründet 1795), *Herradura* (1861) und *Sauza* (1873).

So trinkt man (jungen) Tequila auf mexikanisch: eine Prise Salz auf die linke Handfläche zwischen Daumen und Zeigefinger streuen, dann ablecken, den Tequila in einem Zug hinunterkippen und anschließend in eine *limón* (Zitronenscheibe) beißen. „Baden lassen" sollte man seine Zunge in mehrjährigem, braun-gereiftem Tequila. Ihn „solo" und langsam zu trinken ist ein Genuss. Tequila ist auch die Basis für den bei Getränke erwähnten Tequila-Cocktail *„Margarita".*

■ *Agavenstecher*

Für den (stärkeren) **Mezcal** werden als Ausgangspflanze andere Agavenarten verwendet, z.B. die kleinere *Agava angustifolia.* Mezcal ist uriger und rauher als Tequila, es ist meist der Schnaps des „einfachen Mannes" (es gibt aber auch sehr edle und teure Sorten). Berühmt wurde der Mezcal durch einen in der Agave lebenden **Wurm,** den *gusano de maguey,* der als Geschmacksvollendung mit in die Flasche kommt. Gusanos gibt es aber auch zu Pülverchen gemahlen oder als geröstete Knabberbeilage zum Mezcal. Salud!

Pulque, ein leicht säuerlicher, weißlich-schleimiger und alkoholhaltiger Most ist ebenfalls ein Agavengetränk. Wegen der raschen Vergärung kann man ihn nur frisch im Ausschank in *pulquerías* oder an Ständen bekommen. Gewonnen wird Pulque aus der *Agava salmiana.* Dazu wird vor dem Emporwachsen des Blütenstammes das große Herz der Pflanze herausgeschnitten. In der so entstandenen Mulde sammelt sich „Honigwasser" *(agua miel),* das von *Tlachiqueros* morgens und abends abgesaugt wird. Pulque war einst ein ritueller Trank der Azteken, heute ist er ein billiges Alkoholgetränk der Armen.

Frutas – Früchte

Mexiko bietet ein paradiesisches Angebot an bekannten und unbekannten Früchten. Auf den Märkten kann man auf Genuss-Trips gehen.

Guayabas (Guaven) sind gelbe oder grüne Früchte, ähnlich wie eine Birne, doch kleiner. Das leicht säuerliche Fruchtfleisch ist je nach Sorte rosa, weiß oder gelblich. Die *sapote* oder *mamey* ist eine Frucht mit hellrotem, melonenartigem Fruchtfleisch und einer harten, braunen Schale. Bananen: Probieren Sie einmal die *plátano morada,* eine kleinere, rötlich-violette Frucht oder die noch kleinere *plátano manzano* (Apfelbanane). Köstlich! Oder auch einmal *chirimoyas,* die cremig-süß nach Papaya, Ananas und Bananen schmecken. Herrlich ebenfalls die Frucht aller Früchte, die *mango* (sie muss gut reif sein, daran riechen). Es gibt sie in vielen Sorten, sehr gut ist die *mango manila. Sandias* sind Wassermelonen. Papayas sind gut für den Magen und die Verdauung (die dunkelorange-fleischigen schmecken am besten; mit Zitronensaft beträufeln). Auch die rote und mit weichen Borsten besetzte, rundlich-ovale und süße Frucht *rambutan,* die ursprünglich aus Asien stammt, ist erhältlich.

Weitere: *Toronja* – Grapefruit; *durazno* – Pfirsich; *fresa* – Erdbeere (ungewaschene meiden!); *manzana* – Apfel; *naranja* – Orange; *piña* – Ananas (eine *piña* ist ein Tannenzapfen, die Ananas sieht ja ähnlich aus).

Kunstvoll arrangierte Frucht-Cocktails aller Art werden an Straßenständen angeboten, oft mit scharfem Chili bestreut. Aber Achtung: Durchfallgefahr!

Nopales sind die flachen Blätter der **Opuntie** (Feigenkaktus), die entstachelt als Gemüse verwendet werden. Für die Armen Mexikos sind sie ein Grundnahrungsmittel. Sie werden auch roh oder gekocht in Suppe gegessen. Aus den Früchten der Opuntie, den *tuna* (Kaktusfeigen), werden Säfte und Getränke gemacht.

Helado – Eis

Mexiko ist ein Eiscreme-Land. *Nieves* („Schnee") ist Wasser-Eis, dank dem riesigen Früchteangebot äußerst variantenreich, *helados* werden mit Milch hergestellt, *raspados* ist geraspeltes Blockeis, über das Fruchtsirup gegossen wird. *Paleta* ist hausgemachtes Eis am Stiel. Vorsicht mit Softeis!

Postres – Nachtisch

Beliebt sind Karamel-Pudding *(flan)* und gebratene Bananen. Kuchen heißt *pastel. Ate* sind Fruchtpasten bzw. kandierte Früchte, *ante* eine Süßspeise mit Sirup. Einen Nachtisch kann man sich auch an einer Früchtebude oder in einer *dulcería (pastelería)* holen.

„Buen provecho" (guten Appetit) und „salud" (zum Wohl)!

Im Anhang finden Sie unter „Speisekarte" die hier genannten Namen und Begriffe schnell wieder.

TEIL III: LAND UND LEUTE

Kathedrale von Mérida/Yucatán im 19. Jahrhundert

Geschichte Mexikos

Auf den folgenden Seiten finden Sie einige wichtige Ereignisse der mexikanischen Geschichte summarisch im Zeitraffer aufgelistet; s.a. S. 95.

Frühgeschichte

- 10.000 Ältester menschlicher Fund in Mexiko („Mensch von Tepexpan")

- 6000 Erste sesshafte Stämme, Beginn des Ackerbaus

- 5000 Älteste Funde von Maisanbau

Präklassik (ca. 3300 v.Chr. bis 200 n.Chr.)

- 2500 Erste Töpferwaren

- 1200 bis ca. - 500 Mutterkultur der **Olmeken** (La Venta-Kultur, Kolossalköpfe, **s. Abb. r.**) an der Golfküste von Tabasco und dem südlichen Veracruz mit entscheidendem Einfluss auf viele spätere mesoamerikanische Hochkulturen.

- 900 **Zapoteken** siedeln im Tal von Oaxaca

- 900 Besiedelung des **Maya**-Territoriums

- 100 Gründung von **Teotihuacán** in Zentralmexiko

Klassik (ca. 200 n.Chr. bis 909)

Nach Untergang der Olmeken-Kultur entstehen weitere Hochkulturen wie Teotihuacán, Monte Albán, Mayastädte. Wechselseitige Beziehungen durch Handel, Kriege und Migration. Aus der Klassischen Periode stammen die meisten archäologischen Stätten Mexikos.

um 200 Bildung von Maya-Königreichen

200 - 500 Blütezeit von **Teotihuacán,** der ersten Großstadt Mesoamerikas; Untergang gegen 750

300 - 900 Blüte der **Maya-Kultur** mit den Stadtstaaten Palenque, Tikal, Yaxchilán, Calakmul u.a. in Südmexiko und Guatemala. Noch vor 900 werden die meisten Stadtstaaten aufgegeben.

700 - 900 Blütezeit von **El Tajín**, Hauptstadt der Totonaken im nördlichen Veracruz

Der Mayakönig hält Hof (Schauspiel „Palenque Rojo" in San Cristóbal de las Casas, s.S. 408)

Postklassik (910 bis 1517)

In diese Periode fallen große Völkerwanderungen, unter anderem der Einfall kriegerischer Stämme (Chichimeken) aus dem Norden ins mexikanische Zentralplateau. Die Epoche wird mit der Eroberung des Aztekenreiches durch die Spanier abgeschlossen.

um 856 Die **Tolteken** gründen **Tula**, das bald zum mesoamerikanischen Machtzentrum wird (Quetzalcóatl-Priesterkönige).

um 1000 Toltekengruppen wandern ins Maya-Gebiet ab und beeinflussen dort eine **Renaissance der Maya-Kultur** in Chichén Itzá (maya-toltekische Architektursynthese).

1100 Die **Mixteken** überlagern die Zapoteken-Kultur im Tal von Oaxaca (Monte Albán, Mitla). Aufgabe von Chichén Itzá und der Puuc-Stätten.

1168 Tula wird von den Chichimeken erobert

1250 Gründung von **Mayapán**

1325 Gründung der Azteken-Hauptstadt **Tenochtitlán** (heute Mexiko-Stadt) auf einer Insel im Texcoco-See

1492 Am 12. Oktober entdeckt **Kolumbus** Amerika bzw. eine Bahama-Insel

1502 – 1519 Herrschaft des Aztekenkönigs **Moctezuma II.** Das Imperium der Azteken umfasst beinahe ganz Zentralmexiko und große Teile des Süd-Westens.

1517 **Erste** spanische **Seefahrer** erreichen die Ostküste von **Yucatán**

1519 Der spanische Eroberer **Hernán Cortés** und seine Leute gehen im April in der Nähe des heutigen Veracruz vor Anker

1521 Cortés besiegt am 13. August den letzten Aztekenkönig **Cuauhtémoc,** mit dem **Fall Tenochtitláns** beginnt die spanische Kolonialherrschaft

Mexiko-Stadt: Tenochtitlán-Modell im Texcoco-See, vorn aztekischer Zeremonialbezirk

Spanische Kolonialherrschaft von 1521 bis 1821

Mit der Christianisierung durch Kirche und Mission geht auch die Zerstörung indigener Kulturleistungen einher, einige Mönche wie *Sahagún* machen Aufzeichnungen. Urbevölkerung und Einwanderer verschmelzen zur immer größer werdenden mestizischen Mischbevölkerung, eine neue Sozial- und Wirtschaftsstruktur entsteht (Kastensystem, Landwirtschaft und Silberminen). *Nueva España* (Neu-Spanien) wird von spanischen Vizekönigen regiert. **Abb.: Hernán Cortés**

1521 **Mexiko-Stadt** entsteht auf den Trümmern Tenochtitláns. Cortés ist militärischer Oberbefehlshaber und Statthalter (Gouverneur) von *Nueva España.*

1522 Einführung des *Encomienda-Systems*, das die Urbewohner als Leibeigene zur Arbeit bei den spanischen Grundbesitzern verpflichtet.

1523 Die **Franziskaner-Mönche** beginnen mit der Missionierung, ebenso die Dominikaner (1526), Augustiner (1533) und Jesuiten (1571).

1524 – 1530 Niederwerfung der restlichen mesoamerikanischen Völker und Regionen durch Cortés, Guzmán, Montejo u.a.

1531 Nach einer Legende erscheint dem Indígena *Juan Diego* (2002 vom Papst heilig gesprochen) am 12. Dezember eine dunkelhäutige Maria. Als **„Jungfrau von Guadalupe"** wird sie zur Schutzheiligen der Urbewohner und später aller Mexikaner. Millionen treten zum Christentum über.

1545 Der Bischof von Chiapas, **Bartolomé de las Casas (s. Abb.),** setzt sich für die Rechte der Indígena ein. Ihre Zahl ist durch Kriege, Krankheiten und Fronarbeit seit Ankunft der Spanier auf mindestens die Hälfte zurückgegangen. Der Mangel an Arbeitskräften hat die Herbeischaffung **afrikanischer Sklaven** zur Folge.

1535 – 1565 Durch Eroberungszüge wird das Vizekönigreich im Norden bis nach Kalifornien und Texas ausgedehnt. Große Silber-Ausfuhren nach Spanien, denn die Kolonie darf nur mit dem Mutterland Handel treiben.

1697 Letztes unabhängiges Maya-Reich, das der Itzaés am Petén-See (Guatemala), wird von den Spaniern unterworfen.

17. Jh. Die Herrschaft der Spanier ist endgültig gefestigt. Um 1670 geht der erste Silberboom zu Ende. Es entstehen riesige Landgüter, die materielle Ausbeutung des Landes hält an. Etwa ein Drittel Mexikos ist im Besitz der Kirche. 1697 stirbt der spanische König Karl II., die Macht des Mutterlandes bröckelt.

18. Jh. Um 1750 setzt sich die Bevölkerung aus ca. 4 Mio. rechtloser *Indígena,* 1,5 Mio. *Mestizen* (Mischlinge) und etwa 1 Mio. *Criollos* (direkte Nachfahren der Spanier) zusammen. 1767 müssen die Jesuiten Mexiko per königlichem Dekret verlassen, sie waren zu wohlhabend und mächtig geworden.

1803/04 Alexander von Humboldt reist durch Mexiko und macht wertvolle Studien und Aufzeichnungen.

1810 – 1821 Der Priester **Miguel Hidalgo (s. Abb.)** ruft am 16. September 1810 in Dolores (Guanajuato) zum **Unabhängigkeitskrieg** auf („Grito de Dolores"), der bis 1821 dauert. Im wechselhaften Kriegsglück werden die Unabhängigkeitsführer *Hidalgo*, *Allende*, *Jiménez* und *Morelos* hingerichtet.

Von der Unabhängigkeit 1821 bis zur Mexikanischen Revolution 1910

Die ersten 90 Jahre von Mexikos neuer republikanischer Freiheit sind geprägt von endlosen Wirren, Konflikten, Putschen, Kriegen und Bürgerkriegen, Reformen und europäischer Intervention. Allein zwischen 1821 und 1854 lösten sich 34 Regierungen ab, gab es ein Kaiserreich und wurden 5 Verfassungen verabschiedet.

24.08.1821 Unterzeichnung der **Unabhängigkeitsurkunde**

1822 *Agustín Iturbide* wird für ein Jahr erster Kaiser von Mexiko

1823 Mexiko wird **Republik**. Die Provinzen Guatemala, Honduras, El Salvador und Nicaragua erklären ihre Unabhängigkeit.

1836 Texas erklärt sich von Mexiko unabhängig und wird 1845 von den USA annektiert.

1846 – 1848 Darüber kommt es zwischen Mexiko und den USA zum Krieg, der mit dem Verlust von Texas und dem Verkauf von Kalifornien, Arizona und Neu-Mexiko an die USA endet. Damit ist Mexiko um mehr als die Hälfte kleiner geworden.

1847 – 1933 **„Krieg der Kasten", Maya-Aufstand in Yucatán** gegen die mexikanische Zentralregierung (s. Gemälde).

1857 Eine Reformregierung beschließt eine liberale Verfassung (Beschneidung der Privilegien von Kirche und Militär, Abschaffung des kirchlichen Grundbesitzes, des Hacienda-Systems sowie des kommunalen Landbesitzes der Indígena-Gemeinden). Darüber kommt es

1858 – 1861 zum **Reformkrieg,** bei dem die Liberalen gegen die Konservativen siegreich bleiben. Der Zapoteke **Benito Juárez** **(s. Abb.)** aus Oaxaca wird 1858 erster indigener Präsident Mexikos.

Der Aufstand der Maya beim „Krieg der Kasten" dauerte 85 Jahre

1861 – 1863 Das stark verschuldete Mexiko stellt die Zahlungen an europäische Mächte ein. England, Frankreich und Spanien besetzen daraufhin Teile des Landes. England und Spanien ziehen sich bald zurück, Frankreich wird vor Puebla geschlagen **(Schlacht „5 de Mayo" 1862),** kann aber Mexiko-Stadt besetzen. Unter dem Schutz von Napoleon III. und mit Hilfe mexikanischer Konservativer wird 1864 **Maximilian von Habsburg** als **Kaiser von Mexiko** eingesetzt.

1866/1867 Die Liberalen setzen sich siegreich gegen Konservative und Franzosen durch. Maximilian wird 1867 in Querétaro erschossen, die Franzosen ziehen sich nach Europa zurück.

1876 – 1911 **Porfirio Díaz** regiert (Unterbrechung von 1880–84) unter diktatorischen Vollmachten (**Porfiriat**). Hoher Kapitalzustrom durch ausländische Investoren. Wohlstand und Modernisierungen für die Oberschicht, doch die Lage der Landbevölkerung verschlimmert sich. Indigener Gemeindebesitz wird Eigentum von Großgrundbesitzern. Soziale Reformen bleiben aus. Etwa 95% des Bodens sind nun in den Händen von nur 1% der Bevölkerung.

Mexikanische Revolution 1910 – 1917

Das Unzufriedenheitspotential entzündet sich zu einem **bewaffneten Bürgerkrieg**, der bald erbarmungslos tobt, rund 1,5 Millionen Tote fordert und bis heute tief im Bewusstsein der Mexikaner verhaftet ist.

20.11.1910 Der bewaffnete Aufstand beginnt in Nordmexiko unter **Francisco Madero** und **Pancho Villa.**

1911/1913 Díaz dankt im Mai 1911 ab, Madero wird Präsident. Doch schon 1913 wird Madero erschossen und **General Huerta** ruft sich zum neuen Präsidenten aus. Die **Revolutionsführer Emiliano Zapata, Pancho Villa, Venustiano Carranza** und **Álvaro Obregón** kämpfen gegen die Regierungstruppen.

1914 Nach Huerta führt Carranza die Regierung mit Sitz in Veracruz. Ein militärisches Chaos folgt. Obregón besiegt Villa in Celaya, Zapata kämpft gegen Carranza.

05.02.1917 **Proklamation der neuen Verfassung,** mit ähnlichen Grundsätzen wie die liberale Verfassung von 1857, die u.a. die Verstaatlichung aller Bodenschätze Mexikos vorsieht. Für die breite Masse blieb sie jedoch eine Enttäuschung, da viele ihrer Bestimmungen nicht hinreichend umgesetzt wurden. Die vorgesehene Landumverteilung kam erst in den 1930er Jahren in Gang.

Emiliano Zapata und Pancho Villa

Emiliano Zapata (1879–1919) ist Mexikos legendenumwobener, charismatischer Volksheld. Seine sozialrevolutionäre Forderung nach **„Tierra y Libertad“** („Land und Freiheit“) ist in jüngster Zeit von den Zapatisten in **Chiapas** wieder aufgenommen worden. „Das Land gehört demjenigen, der es bearbeitet“, war sein Motto. Vor allem in seinem Heimatstaat Morelos kämpfte er gegen den Diktator Díaz, aber auch gegen dessen Nachfolger Madero und Carranza, die sich seinen (blutigen) Landumverteilungsaktionen entgegenstellten. 1914 war Zapatas Armee, die „Befreiungsarmee des Südens“, auf rund 25.000 Mann angewachsen.

Mit **Francisco „Pancho“ Villa** (1878–1923), der im Norden mit seiner berüchtigten „División del Norte“ gegen die Truppen des Diktators kämpfte, war er zunächst nur lose verbunden. Doch im Dezember 1914 gelang ihnen die vorübergehende Besetzung von Mexiko-Stadt (wobei ihr berühmtes Foto auf dem Stuhl des mexikanischen Präsidenten entstand). Villas Truppen wurden bereits im April 1915 von Obregón geschlagen, Zapata kämpfte weiter gegen Carranza, der ihn am 10.04.1919 in einen Hinterhalt lockte, wo er im Kugelhagel starb. Der steckbrieflich gesuchte Pancho Villa fiel am 20.07.1923 einem Attentat zum Opfer.

Nachrevolutionäres und modernes Mexiko

1920 Ermordung Carranzas. *Obregón* wird Präsident. Unter ihm und seinem Nachfolger *Calles* beschreitet Mexiko einen zunehmend sozialrevolutionären Weg.

1929 Gründung der (Staats-)Partei PNR, die sich 1946 in **PRI** (Partido Revolucionario Institucional) umbenennt und bis zum Jahr 2000 alle Präsidenten stellt.

1934 – 1940 Unter Präsident *Lázaro Cárdenas* werden u.a. Böden umverteilt, die ausländische Ölindustrie enteignet und die Eisenbahnen verstaatlicht.

1946 – 1952 Unter der Regierung von *Miguel Alemán* kommt es zum wirtschaftlichen Aufschwung, doch auch zu Problemen durch anhaltende Korruption.

1953 Die Frauen erhalten das Stimmrecht.

1964 – 1970 Unter der Regierung *Díaz Ordaz* entsteht 1968 eine Studentenrevolte, bei der es zur Erschießung tausender Demonstranten in Mexiko-Stadt kommt. **Olympiade** 1968, **Fußball-WM** 1970.

1970 – 1976 Präsidentschaft von *López Portillo y Pacheco*. 1980 ist Mexiko der viertgrößte Erdölproduzent der Welt. Doch Inflation und Handelsdefizite treiben es in eine wirtschaftliche Krise. Dann fällt weltweit der Rohölpreis. Staatsverschuldung und überbewerteter Peso verursachen eine gewaltige Kapitalflucht. Mexikos Banken werden verstaatlicht.

1982 – 1988 Riesige Auslandsschulden, hohe Arbeitslosigkeit und eine hohe Inflationsrate demoralisieren die Bevölkerung. Präsident *Miguel de la Madrid* privatisiert nahezu 60 staatliche Unternehmen. 1986: **Fußball-WM.**

19.09.1985 Ein **schweres Erdbeben** fordert über 10.000 Tote in Mexiko-Stadt

1988 – 1994 Als Heilmittel gegen die Rezession wird unter *Carlos Salinas de Gortari* eine große Privatisierungswelle eingeläutet. Dafür bekommt Mexiko einen Teil seiner Auslandsschulden erlassen. Unter Salinas werden erneut diplomatische Beziehungen zum Vatikan aufgenommen. Ende Dezember 1994 **Kurssturz** des Peso.

1990 *Octavio Paz* (1914–1998) erhält den Nobelpreis für Literatur.

01.01.1994 Am Tag des Beitritts Mexikos zum Freihandelsabkommen **NAFTA** (North American Free Trade Agreement, span. **TLC,** *Tratado de Libre Comercio*) erschüttert der Indígena-Aufstand des **EZLN** (s. Exkurs „Los Zapatistas" S. 329) unter *Subcomandante Marcos* nachhaltig das Land.

März 1994 Der Präsidentschaftskandidat des PRI, *Luis Donaldo Colosio,* wird ermordet. Nachfolger ist *Ernesto Zedillo* (Amtsantritt 1.12.1994).

1994 – 2000 Der frühere Präsident Salinas exiliert nach Irland, sein Bruder Raúl wird wegen Verdacht auf schwerste Drogengeschäfte inhaftiert. 1997 wird erstmals ein Kandidat der Oppositionspartei PRD *(Partido de la Revolución Democrática)* bei freien Wahlen zum Bürgermeister von Mexiko-Stadt gewählt. Zum Jahresende schwere Zerstörungen an der Pazifikküste durch Hurrikan „Paulina".

02.07.2000 Nach 71 Jahren Regierungsmonopol gewinnt **Vicente Fox Quesada** vom liberalkonservativen **PAN** (Partido de Acción Nacional) die Präsidentenwahl.

2000 – 2005 Zum ersten Mal seit 1976 wird der Machtwechsel nicht von einer Finanzkrise begleitet. Doch der von vielen Mexikanern erhoffte große Wandel unter dem PAN-Präsidenten ist bislang ausgeblieben. Fox' Entwurf für ein Indígena-Autonomiegesetz scheitert im Kongress und wird von der EZLN und dem CNI (nationaler Indígenakongress) abgelehnt.

Beim Krieg gegen den Irak **2003** bleibt Mexiko neutral. **März 2004:** Ein Korruptionsskandal schmälert die vormals große Beliebtheit der PRD-Regierung in Mexiko-Stadt. **2005:** Im Juli fegt der Wirbelsturm *Emily* über die Karibikküste, verursacht aber nur kleine Zerstörungen.

2006 **Felipe Calderón** von der PAN wird neuer mexikanischer Präsident und schickt die Armee in den Kampf gegen die Drogenkartelle.

2007 Hurrikan *Dean* fegt im August über die Costa Maya südlich von Tulúm und hinterlässt schwerste Verwüstungen, vor allem im Badeort Mahahual.

2009 Die sog. „Schweinegrippe", in Mexiko ausgebrochen, hat einen erheblichen Rückgang des internationalen Tourismus zur Folge.

2010/11 Bislang gibt es mehr als **35.000 Tote** im Kampf gegen die gnadenlosen Drogenkartelle, vor allem in Nordmexiko (zu etwa 90% in Abrechnungen in und zwischen den Gangstern der Drogenkartelle). US-Touristen meiden verstärkt ihr südliches Nachbarland. Bei den Regionalwahlen mehrerer Bundesstaaten 2011, bei denen die Weichen für das Rennen um die Präsidentschaft 2012 gestellt werden, gibt es für die Regierungsparteil PAN schlechte Ergebnisse.

01.12.2012 Der am 1.7. 2012 gewählte **Enrique Peña Nieto** vom **PRI** (Partido Revolucionario Institucional) tritt das Amt des Staatspräsidenten an.

2013 Energiereform. Künftig dürfen private Unternehmen an Mexikos Öl- und Gasmarkt und an der Stromversorgung mitmischen, das seit 1938 bestehende Pemex-Monopol ist zu Ende. Auch Öffnung des Telekommunikationssektors.

2014 Im Oktober wird *Vicente Fuentes,* einer der mächtigsten Drogenbosse des Landes, gefasst. Im gleichen Monat werden 43 verschwundene Studenten bei Iguala (Guerrero) in einem Massengrab ermordet aufgefunden.

2015 Nächste Wahlen zur Abgeordnetenkammer des Kongresses im Juli.

Grunddaten: Fakten und Zahlen

Ländername

Seit Unterzeichnung der Unabhängigkeitsurkunde am 24. August 1821 lautet der offizielle Name **Estados Unidos Mexicanos** – Vereinigte Mexikanische Staaten. Die Nationalflagge ist senkrecht grün-weiß-rot, im weißen Feld sitzt ein Adler mit einer Schlange im Schnabel auf einem Kaktus (Gründungsmythos der Aztekenhauptstadt Tenochtitlán).

Daten (2014)

Landesfläche: 1,96 Millionen qkm (ca. 5,5 mal so groß wie D). **Einwohner:** 120 Mio, ca. 60 Ew./qkm; davon über 80% Mestizen, etwa 10% europäischstämmige Mexikaner und etwa 10% autochthone Volksgruppen (Indígena). **Fertilitätsrate:** 2,2 Geburten pro Frau (über 45% aller Mexikaner sind jünger als 24 Jahre). **Amtssprache:** Spanisch. Hinzu kommen über 80 Indígena-Idiome, wichtigste sind *Náhuatl* (Sprache der Azteken) und *Maya yucateco* bzw. *Mayathan.* **Religion:** 90% Katholiken, 7,5% Protestanten; seit 1873 verfassungsrechtlich strikte, 1992 gemilderte Trennung von Staat und Kirche. **BIP** per capita: ca. 11.000 US$ (D: 44.000 US$), Staatsverschuldung ca. 40%. Inflationsrate: 4%. **Durchschnittslohn** brutto ca. 260 Peso/Tag. **Nationalfeiertag:** 16. September.

Städte

Rund 80% der Bevölkerung lebt in Städten, allein im Ballungsraum Mexiko-Stadt 22 Mio. Zweitgrößte Stadt ist Guadalajara (knapp 5 Mio.), weitere Großstädte sind Monterrey (ca. 4 Mio.) und Puebla (2,7 Mio.).

Politisches System

Föderalstaat. **Parlament:** Kongress mit 2 Kammern. Mexiko 31 Bundesstaaten *(estados)* haben eigene Verfassungen und politische Kompetenzen. Der Staatspräsident wird auf 6 Jahre gewählt und vereint als Regierungschef und Oberbefehlshaber der Streitkräfte eine große Machtfülle. Parteien: **PRI** (mitte-links), **PAN** (bürgerlich, christlich-demokratisch), **PRD** (links-sozialdemokratisch), **MORENA** (neue Linkspartei).

Wirtschaft

Die Haupteinnahmequellen Mexikos sind **Erdöl** und **Tourismus.** Bedeutend sind auch die *maquiladoras,* zollbefreite Industriebetriebe mit Billigstlöhnen, angesiedelt an der Grenze zu den USA. BIP-Entstehung: Bergbau/Industrie 28% (hauptsächlich Maschinenbau und Fahrzeugproduktion), Dienstleistungssektor 18%, Transport/Logistik/Kommunikation 9%, Bau: 8%, Land-/Forstwirtschaft 3,5%, Rest Sonstiges. Ein chronisches mexikanisches Problem ist die aufgeblähte, ineffizient arbeitende Bürokratie, ist Vetternwirtschaft und Korruption.

Wichtigster Handelspartner sind die USA, seit dem 1. Jan. 1994 gehört Mexiko zur nordamerikanischen Freihandelszone NAFTA. Ab 2015 wird das Monopol des staatlichen Ölsektors aufgebrochen und werden Förderkonzessionen an Privatunternehmen vergeben. Innerhalb der EU ist Deutschland für Mexiko wichtigster Wirtschaftspartner. Die 1300 deutsche Firmen in Mexiko beschäftigen zusammen 120.000 Personen. Audi, Daimler-Benz und BMW haben den Bau neuer Fabriken angekündigt.

Landwirtschaft

Die vielfach veralteten und personalintensiven Anbaumethoden der **Landwirtschaft** sind nicht konkurrenzfähig. Viele Grundnahrungsmittel müssen eingeführt werden, selbst solche, die wie Mais und Bohnen zu den traditionellen Anbaukulturen Mexikos gehören. Dürreperioden – nur rund ein Viertel der Böden der ohnehin geringen landwirtschaftlichen Nutzfläche des Landes werden bewässert – und Wasserknappheit verschlimmern die Lage noch, ebenso der Verfall der Rohstoffpreise für Kaffee und Zucker. Die Folgen sind eine Intensivierung der **Landflucht** und illegalen **Einwanderung** in die USA. Ein angestrebtes Abkommen, das den Aufenthalt illegaler mexikanischer Einwanderer in den USA legalisieren soll, scheiterte bis jetzt am Widerstand Washingtons.

Schattenwirtschaft

Als Auffangbecken für Erwerbslosigkeit hilft, neben der Großfamilie, lediglich die **Schattenwirtschaft** („Informeller Sektor"). Ein Millionenheer nirgends registrierter Arbeitsloser erwirtschaftet als fliegende Händler und Anbieter diverser Serviceleistungen (Schuhputzer, Türsteher, Nachtwächter etc.) schätzungsweise noch einmal rund ein Drittel des offiziellen Bruttoinlandsprodukts – ohne einen Peso Steuern zu bezahlen. Oftmals ist ein Abtauchen in die Untergrundökonomie lukrativer als eine reguläre Tätigkeit. Rund 40% der Bevölkerung (Zahlenangaben unterschiedlich) lebt unter der Armutsgrenze, darunter 10% in absoluter Armut.

Geografie, Klima und Natur

Naturräumliche Gliederung

Mexiko Umriss ähnelt einem Füllhorn, wobei der größere nördliche Teil vom kleineren südlichen Teil durch den *Isthmus* (Landenge) *von Tehuantepec* getrennt wird. Kernstück des nördlichen „Füllhorns" ist das gewaltige **Mexikanische Hochland** (oder Hochplateau, mex. *Mesa central* oder *Altiplano central*), das an der US-Grenze mit etwa 900 Höhenmetern beginnt und nach Süden bis auf etwa 2500 m Höhe ständig ansteigt. Dieses Hochplateau ist jedoch keineswegs gleichförmig, sondern durch eine Vielzahl von Tälern, Becken, Bergen und Gebirgsketten sehr abwechslungsreich gegliedert. Das Hochland wird eingerahmt und begrenzt von langen **Gebirgsketten:** Im Osten von der **Sierra Madre Oriental** und im Westen von der **Sierra Madre Occidental.** Diese Ketten fallen über Hügelgebiete zu den Küstenebenen ab. Im Süden, entlang des Pazifiks, erhebt sich noch eine dritte Bergkette, die **Sierra Madre del Sur.**

Das **südliche Mexiko** kann nochmals in zwei Gebiete unterteilt werden: in die tropische **Halbinsel Yucatán,** eine flache Kalk- und Karsttafel von weniger als 200 m Höhe, und in das **Bergland von Chiapas,** eine zum Teil recht zerklüftete Gebirgsregion von durchschnittlich 1500 m Höhe, die von der Pazifikküste steil ansteigt. Einige (Vulkan-)Gipfel übersteigen dort 2000 und 3000 m Höhe. Dieses Hochland setzt sich nach Guatemala fort. Die Zahl der **Vulkane** in Mexiko ist sehr hoch. Neun sind höher als 4000 m und drei über 5000 m. Der berühmteste ist der 5452 m hohe **Popocatépetl,** etwa 70 km südöstlich von Mexiko-Stadt.

Wirbelstürme

An den Küsten **Yucatáns** richten immer wieder tropische **Wirbelstürme** große Zerstörungen an. Manche Orte, wie Chetumal, 1955 dem Erdboden gleichgemacht, mussten zwei Mal erbaut werden. Der stärkste Hurrikan des 20. Jahrhunderts, *Gilbert,* wütete 1988, *Mitch* 1998, *Emily* 2005, *Dean* 2007. Hurrikane können nur entstehen, wenn die Meereswassertemperatur mindestens 27 Grad beträgt, deshalb treten sie vor allem in den Monaten **Juni bis November auf.** Doch die Wahrscheinlichkeit, dass Sie auf Ihrer Reise davon betroffen werden, ist äußerst gering.

Wirbelstürme treten auch an Mexikos Pazifikküste auf. Aktuell informieren können Sie sich auf einer Hurrikan-Warnseite, z.B. auf jener des US-National Hurricane Centers (mit Karibikküste), **www.nhc.noaa.gov.**

Pflanzen und Tiere

In den diversen Vegetationszonen Mexikos existiert eine artenreiche Flora und Fauna (bezüglich der Vielfalt der Reptilien steht Mexiko z.B. an erster Stelle). Viele Spezies sind *endemisch*, d.h., sie sind nur in Mexiko anzutreffen. Erwarten Sie allerdings nicht, viele freilebende Tiere zu Gesicht bekommen, dazu gehört schon etwas Glück. Der Zoo *ZooMat* von Tuxtla Gutiérrez, Hauptstadt von Chiapas, ist mit seinen einheimischen Tieren sehr sehenswert.

Flora

Die Flächen jungfräulichen **tropischen Regenwalds** sind in Mexiko nicht mehr groß. Reste gibt es noch im Tiefland von Chiapas **(Selva Lacandona)** und in dortigen bergigen Zonen (Nebelwaldgebiete) sowie im Süden von Yucatán. Den größten Teil dieser Halbinsel bedeckt aber verfilzter Buschwald *(selva baja).* Im Tiefland wachsen Edelhölzer wie Mahagoni, der Kapok **(Ceiba)**-Baum, **Chico zapote** *(Manilkara zapota),* der Chicle-Baum, dessen Rindensaft die *chicleros* für die Gewinnung von Kaugummi anzapfen (heute kaut man synthetische Ersatzstoffe) oder **Blauholz-**

bäume (Haematoxilum campechianum), aus deren Holz man einst den begehrten Indigo-Farbstoff zum Blaufärben von Textilien gewann. Regenwaldbäume sind aufgrund der hohen Luftfeuchtigkeit sehr oft mit Bromelien, Hunderten **Orchideenarten,** Tillandsien (Epiphyten), Schlingpflanzen und Moosen überwachsen. In den Gebirgszügen der beiden großen Sierras wachsen immergrüne Nadel- und Laubbäume (Kiefern, Zypressen, Eukalyptus und Eichen), darunter auch die Zypressenart *Ahuehuete,* Mexikos Nationalbaum.

Aus den tropischen und subtropischen Gebieten stammen zahlreiche Kulturpflanzen, die auch auf die europäischen Märkte gelangen, wie z.B. Bananen, Zuckerrohr, Avocado, Kakao, Vanille u.a. In Höhenlagen über 800 m wird Kaffee angepflanzt. In den Orten fallen immer wieder zauberhafte Zierpflanzen und bunt blühende Bäume ins Auge, wie Korallen- und Flamboyantbäume, Jacarandas, Magnolien, Hibiskus, Weihnachtssterne oder die sehr häufig anzutreffende *Bougainvillea*.

Kakteen und Agaven

Kakteen wachsen vor allem in den Wüsten, Halbwüsten und Steppen Mexikos, also auf Baja California, in Nordmexiko oder im trockenen Oaxaca. Es gibt weit über tausend Kakteenarten, schon von alters her wussten die Bewohner Nutzen aus diesen Pflanzen zu schlagen. Opuntien *(nopales)* sind ein beliebtes Gemüse, auch ihre Früchte *(tuna)* gelten als Leckerbissen. Auf Opuntien wurden früher Cochenille-Schildläuse gezüchtet, aus denen sich roter Farbstoff (Karmin) gewinnen ließ. Andere Kakteensorten dienen als Brennmaterial oder zur Einfriedung, wie die meterhohen Orgelkakteen *(órganos),* wieder andere als Heilpflanzen. Und die *coyotes,* die illegale USA-Einwanderer durch die Wüste führen, wissen genau, welche Kakteen man zur Durststillung anzapfen kann. Bei einigen Völkern Nordmexikos ist der Genuss des halluzinogenen *Peyote*-Kaktus Bestandteil ritueller Feste.

Zu den Sukkulenten, wasserspeichernde Pflanzen, gehören auch die über 300 **Agaven-Arten** *(maguey)* Mexikos, sie sind aber keine Kakteen. Wenn Alexander von Humboldt sie für die nützlichsten Pflanzen des amerikanischen Kontinents hielt, so sicher wegen ihrer vielseitigen Verwendungsmöglichkeiten: Aus ihnen wurden Speisen, Getränke, Fasern, Bau- und Brennmaterial gewonnen. Die Sisalfaser *henequén* und Mexikos berühmte Schnäpse *Tequila* und *Mezcal* (mit Wurm) sowie *Pulque* sind die bekanntesten Agaven-Produkte. In prähispanischer Zeit war die Agave nach dem Mais die am meisten verehrte Pflanze, die Azteken hatten auch einen Agaven-Gott. Zum Blühen kommt die wuchtige Sukkulente nur ein einziges Mal, mit dem Verwelken der gelben Blüten stirbt sie ab.

Tierwelt

Fauna

Im **tropischen und subtropischen** Lebensraum des südlichen Mexiko gibt es u.a. Krokodile, Klammeraffen *(mono araña),* Brüllaffen, Gürteltiere, Geckos und die steinzeitlich anmutenden *Leguane* (ihr Fleisch gilt als Köstlichkeit); an den *Küsten* Meeresschildkröten, Pelikane, Reiher und stellenweise auch Flamingos.

Die Meeresschildkröten *(tortugas)* sind an der Karibikküste stark ge-

■ *Quetzal*

fährdet. Südlich von Tulúm ist die **Reserva de la Biósfera Sian Ka'an** das Brut- und Lebensgebiet für viele Wassertiere, Störche *(jabirús),* Reiher *(garzas),* Wasserschweine *(pecaris)* und Krokodile. Auch **Jaguare** sollen dort noch heimisch sein.

Zu den giftigen Schlangen *(culebras)* zählt in den sub- und tropischen Gebieten die *coralillo,* die rotgeringelte Korallenschlange.

Die schönsten **Tropenvögel** sind der Regenbogen-**Tukan** (*Ramphastos sulfuratus,* span. *tucán pico iris,* dt. Pfefferfresser), **Guacamaya** (*Ara macao,* hellroter Ara), **Papagei** (*Aratinga holochlora,* span. *perico*) und der **Quetzal** *(Pharomachrus pentadactylus bzw. mocino,* „Vogel des Lichts"), aus dessen langen grünen Schwanzfedern die mesoamerikanischen Völker Herrscherkronen und Prunkgewänder fertigten. Leider sind beide nahezu ausgerottet. Aber es gibt noch zahlreiche Papageien, Kolibris, schöne Schmetterlinge *(mariposas)* und viele Wasser-, Sumpf- und Zugvögel aus dem nördlichen Amerika sowie **Flamingos** an der nördlichen Yucatán-Küste (Reserva de la Biósfera Ría Celestún, Río Lagartos).

Menschen, Staat und Gesellschaft

Schwert und Inquisition

Mit der territorialen Eroberung Mexikos durch die Spanier fand gleichzeitig die geistige Eroberung der Urbewohner statt. Der Papst hatte der Erschließung fremder Länder nur unter der Bedingung der Christianisierung dieser Gebiete zugestimmt, die spanische Krone also letztlich mit der Missionierung der Bevölkerung im neu entdeckten „Indien" beauftragt. Das Papsttum, fixiert auf den Expansionsgedanken des Christentums, leistete auf diese Weise den weltlichen Mächten Hilfestellung bei ihren politisch-imperialen Absichten. Der christliche Glaube diente den Eroberern dann als Ideologie und als Rechtfertigung bei der Unterwerfung fremder Völker.

In der Mannschaft von Hernán Cortés waren auch Priester, und ab **1523** kamen Missionsorden ins Land: zuerst die *Franziskaner,* später *Dominikaner, Augustiner* und *Jesuiten* (der Orden wurde 1767 aus ganz Spanisch-Amerika ausgewiesen). Es wurde die „Religion der Liebe" gepredigt, doch das Kreuz traf genauso hart wie das Schwert (Inquisition – 1539 erste öffentliche Verbrennung eines Indígena-Kaziken, weil dieser sich nicht bekehren lassen wollte, durch den Erzbischof von Mexiko, *Zumárraga*).

■ *Conquista-Schlacht*

Grauenvoll war das Inquisitions-Urteil von **Maní** auf **Yucatán** am 12.07.1562: dort wurden über 10.000 Maya zu Tode geschlagen. Eine große Hoffnung war dagegen der Missionar und Bischof von Chiapas, **Bartolomé de las Casas** (1474–1566), der schon früh die Not und das Elend der Urbevölkerung erkannte und sich vehement für sie einsetzte (s. Exkurs S. 401).

„Innere Immigration“

Rechtlos und geschunden blieb den Indígena unter den Spaniern nur der „Weg in die innere Immigration“, und noch heute ahnen sie (unbewusst), dass ihnen der christliche Glaube mit Gewalt aufgezwungen wurde. „Die Niederwerfung ihrer Götter machte die Indianer zu geistigen Waisenkindern“, schreibt Octavio Paz. Die Christianisierung fand keinen Eingang in die Tiefen der indigenen Seelen und vermochte auch nicht den Glauben an eigene Schöpfungsmythen ganz auszulöschen. So entstanden in der Folge oftmals christlich-indigene Mischreligionen, ihre Anhänger praktizieren auf ihre Art den katholischen Glauben, wobei Magie und Geisterglaube oft eine Rolle spielen.

Noch heute glabuen viele Indígena, dass jeder Mensch von einem tierischen Schutzgeist begleitet wird *(chulel, tonal),* der im Verborgenen lebt und schicksalhaft mit ihm verbunden ist. Viele haben deshalb neben ihrem spanischen Namen noch einen *nagual*-Namen, den sie ängstlich geheim halten (*nagualismo,* von aztek. *nahuali* „Maske“, „Verkleidung“, Nagualismus). Wenn der Mensch stirbt, muss auch sein Schutzgeist sterben. Unglück und Krankheiten werden gewöhnlich auf böse Mächte und auf deren Einflüsse zurückgeführt (ein *nahuali* ist eine – in der Regel bösartige – Person, die sich nachts in eine Tier verwandelt und ihr Unwesen treibt).

Oft war es unter der spanischen Herrschaft so, dass die Übernahme der christlichen Lehre für eine Gruppe die einzige Möglichkeit des Überlebens war. Der Unterschied zwischen jenen Ethnien, denen durch Taufe die Eingliederung in die spanische Kultur aufgezwungen worden war und jenen, die ihre geistige Freiheit länger behaupten konnten, ist noch heute erkennbar. Beispielsweise bei den *Tarahumara* in der westlichen Sierra Madre oder bei den **Tzotziles, Tseltales** und **Lacandones** in **Chiapas.** Diese Ethnien werden heute vor allem von protestantischen US-Sekten „angegangen“ (s. Exkurs S. 418).

Mestizaje

Die heutige Bevölkerung Mexikos setzt sich zusammen aus etwa 80% Mestizen, 10% Angehörigen der Urbevölkerung (Indígena) und etwa 10% europäischstämmiger Mexikaner. Die *mestizaje,* die europäisch-mesoamerikanische Verschmelzung, begann mit dem Eintreffen der ersten Spanier an der Küste von Yucatán. *Gonzalo Guerrero* nahm 1511die Maya-Häuptlingstochter Zazil Há zur Frau und hatte mit ihr Kinder, mit die ersten Urahnen der heutigen Mestizengesellschaft Mexikos. Als Cortés mit seinen Schiffen im Frühjahr 1519 bei seiner Fahrt nach Veracruz in Tabasco vor Anker ging, wurden ihm 19 einheimische Frauen zum Geschenk gemacht, darunter war auch *Malintzín* **(Malinche),** die seine Dolmetscherin und Geliebte wurde. Mit ihr hatte er einen Sohn, Don Martín Cortés.

Abb.: *Gonzalo Guerrero mit seiner Maya-Frau und Kindern (Museum in Bacalar)*

No fue triunfo ni derrota. Fue el doloroso nacimiento del pueblo mestizo que es el México de hoy – „Es war weder Triumph noch Niederlage. Es war die schmerzhafte Geburt des Mestizenvolkes, des heutigen Mexiko“ (Tafelinschrift zum Gedenken der Niederlage Tenochtitláns am 13. August 1521 am „Platz der 3 Kulturen“, Mexiko-Stadt.

Die Mexikaner heute

Das Neben- und Durcheinander von Moderne und Tradition macht es unmöglich, die Mexikaner auf ein bestimmtes Bild festzulegen. Wer sich den mexikanischen Mann als einen harten Macho mit breitkrempigem Hut und die mexikanische Frau mit langen Zöpfen und unterwürfigem Blick vorstellt, mag in einigen ländlichen Regionen und bei touristischen Veranstaltungen fündig werden – diese Prototypen existieren sicher noch, als Beschreibungsmerkmal aller Mexikaner taugen sie aber nicht.

In Traditionen verwurzelt sind bis heute zahlreiche Indígena-Gemeinden. Religiöse Feste und Praktiken, in Verbindung von Katholizismus und prähispanischen Religionen, sind feste Bestandteile ihres Lebens. Doch viele werden durch Armut zur Auswanderung in die USA oder in mexikanische Großstädte getrieben, wo auch sie über kurz oder lang in die Mühlen der Modernität geraten.

Die städtischen Mittel- und Oberschichten orientieren sich zunehmend an europäisch/amerikanischen Wertvorstellungen. Die zunehmende Industrialisierung der letzten Jahrzehnte führte auch dazu, dass immer mehr junge Frauen ein Universitätsstudium aufnehmen und im modernen Arbeitssektor vertreten sind (die Frauen der Unterschichten waren immer schon in Landwirtschaft und Handel tätig). Eine Liberalisierung der Moral konnte da nicht ausbleiben: Jungfräulichkeit vor der Ehe ist kein allgemeines Ideal mehr, das höhere Bildungsniveau lässt die Kinderzahl sinken, überall sieht man Väter, die sich rührend um ihren Nachwuchs kümmern.

Doch auch in den Städten prägen teilweise noch traditionelle Denk- und Verhaltensweisen den Alltag. So sind zum Beispiel magische Praktiken sehr verbreitet, und die Familie – im weiteren Sinne, d.h. einschließlich Großeltern, Geschwistern, Onkel, Tanten, Cousins, Neffen und Paten – wird weiterhin als Herzstück der Gesellschaft angesehen. Sie bildet den Lebensraum und wichtigsten Zufluchtsort der meisten Mexikaner. Die hohe Zahl der zerrütteten Ehen und alleinerziehenden Mütter ändert daran vorerst nicht viel. Wer nicht verheiratet ist, wohnt gewöhnlich bei Eltern oder Verwandten.

Wichtig sind auch heute noch Höflichkeit und gute Umgangsformen, selbst Unangenehmes wird gerne „durch die Blume“ gesagt. Das mag dem Hang vieler Europäer zu übermäßiger Direktheit nicht immer entgegenkommen, schafft aber einen zumeist freundlichen Umgangston im öffentlichen Leben, der zwar nicht immer dazu dient, Probleme an der Wurzel zu packen, aber für das Miteinander auch vorteilhaft sein kann.

Erziehung

Schulpflicht besteht für drei Vorschuljahre und die ersten sechs Jahre Grundschule (offizielle Abschlußquote der Grundschule: 94%), die Sekundarschule besuchen nur noch rund 85% der Kinder der entsprechenden Altersgruppe. Einem breiten Netz staatlicher Schulen (kostenfrei) stehen teure Privatanbieter für die Mittel- und Oberschicht gegenüber. Berufsbildende Institutionen sind noch sehr wenig entwickelt, man lernt im Familienbetrieb. Für Kinder der gehobenen Schichten ist die Universität ein Muss, zahlreiche staatliche oder private Einrichtungen stehen den Interessenten offen. Nichtsdestotrotz trägt ein Heer an nicht oder schlecht ausgebildeten Arbeitskräften zur Ineffizienz vieler Institutionen bei. Rund 9% der Bevölkerung sind Analphabeten.

Schattenseiten des Sonnenlandes

Nicht verschweigen sollte man, dass das „Sonnenland Mexiko“ auch seine Schattenseiten hat.

- **Umweltschutz** wird vielerorts noch ganz klein geschrieben; Müll wird einfach auf die Straße oder in die Natur geworfen.
- Viele Städte sind für frühere Jahrhunderte gebaut: Immer mehr **Autos verstopfen die engen Straßen,** Lärm- und Abgase beeinträchtigen des Spaziergängers Muße, nur wenige Städte haben Fußgängerzonen.
- Wo es einen Touristenansturm gibt, erwacht der **Traum vom schnellen Geld.** Alles wird kommerzialisiert, vieles überteuert, das Preis-/Leistungsverhältnis stimmt dann oft nicht mehr (das ist vor allem an der Karibikküste und einigen Pazifik-Badeorten der Fall, aber auch im Kernbereich mancher Kolonialstädte).
- Auch die kleinen Dienstleistungsanbieter (Taxifahrer u.a.) und die Armen wollen was vom „Kuchen abhaben“. Da steigt dann mancherorts die Diebstahlsgefahr, versucht man, völlig unangemessene Preise zu kassieren und marschieren Heere an **ambulanten Verkäufern auf** (Strände, archäologische Stätten, Stadtplätze, z.B. von San Cristóbal de las Casas oder Oaxaca), was mitunter natürlich lästig sein kann.

Seien Sie also auf diese Unannehmlichkeiten vorbereitet und stellen Sie Ihr Stimmungsbarometer auf **„Gelassenheit“,** dann werden die positiven Eindrücke auf Ihrer Entdeckungsreise sicher bei weitem überwiegen. (Dorit Heike Gruhn)

Völker und Kulturen

In keinem anderen Land Mittel- und Nordamerikas leben heute noch so viele indigene Völker wie in Mexiko, und anders als in vielen anderen Staaten Amerikas sind die mexikanischen Indígena auch nicht „letzte Überbleibsel“ einer vergangenen Zeit, sondern signifikante Teile der Gesamtbevölkerung. Gegenwärtig schätzt man den Indígena-Bevölkerungsanteil, je nach Quelle, auf 5–15 Millionen in über 50 Völkern und Kleingruppen, wobei die verschiedenen **Náhua-** und **Maya-Gruppen** zahlenmäßig am stärksten sind.

Manche prähispanischen Völker, wie z.B. die **Olmeken** (Golfküste), waren schon längst verschwunden, als die Spanier den Kontinent betraten, andere wurden von den Eroberern vernichtet: das bekannteste Beispiel sind die **Azteken** (Hauptstadt Tenochtitlán, heutiges Mexiko-Stadt).

So unübersichtlich der ethnische Flickenteppich Mittel- und Nordmexikos ist, so einfach wird es ab dem Golf von Tehuantepec bis hin nach Guatemala und Honduras: Dieser ausgedehnte Raum wird praktisch nur von einem einzigen Volk besiedelt (allerdings regional stark differenziert),

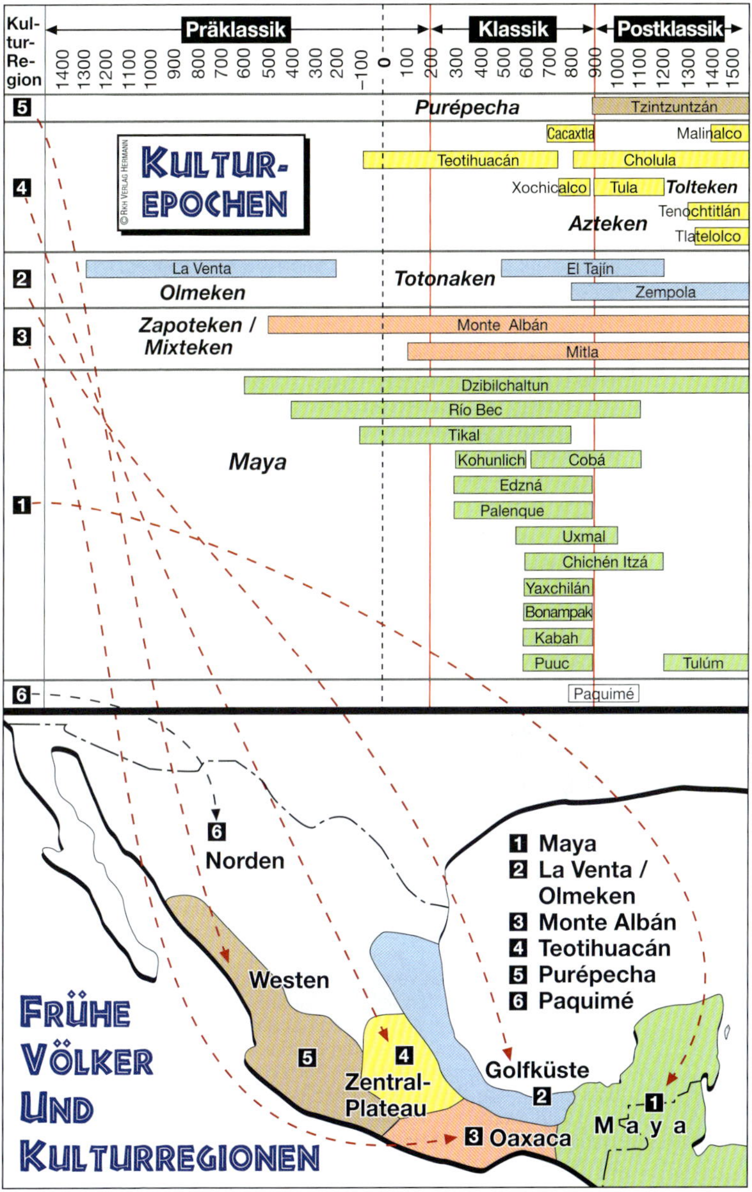
Kultur-Region
Präklassik
Klassik
Postklassik
1400 1300 1200 1100 1000 900 800 700 600 500 400 300 200 –100 0 100 200 300 400 500 600 700 800 900 1000 1100 1200 1300 1400 1500
KULTUR-EPOCHEN
© RKH VERLAG HERMANN
5 Purépecha
Tzintzuntzán
4 Cacaxtla
Malinalco
Teotihuacán
Cholula
Xochicalco
Tula
Tolteken
Azteken
Tenochtitlán
Tlatelolco
2 La Venta
Olmeken
Totonaken
El Tajín
Zempola
3 Zapoteken / Mixteken
Monte Albán
Mitla
1 Maya
Dzibilchaltun
Río Bec
Tikal
Kohunlich
Cobá
Edzná
Palenque
Uxmal
Chichén Itzá
Yaxchilán
Bonampak
Kabah
Puuc
Tulúm
6 Paquimé
FRÜHE VÖLKER UND KULTURREGIONEN
6 Norden
Westen
5
4 Zentral-Plateau
Golfküste
2
3 Oaxaca
1 Maya
1 Maya
2 La Venta / Olmeken
3 Monte Albán
4 Teotihuacán
5 Purépecha
6 Paquimé

von den **Maya.** Es ist die wichtigste und interessanteste Volksgruppe ganz Mesoamerikas. Die mexikanischen Maya leben vor allem auf der **Halbinsel Yucatán** und im **Bundesstaat Chiapas.** *Chontales, Choles, Tojolabales, Tseltales,* und *Tzotziles* sind Maya-Unter-gruppen aus dem Hoch- und Tiefland von Chiapas und aus Tabasco. Die Fotos der Schweizerin Gertrude Duby-Blom (1901–1993) machten vor allem die weißgewandeten **Lacandonen** bekannt. Diese zählen heute nur noch ca. 600 Personen. (Mehr über die Maya s.S. 111).

Zapoteken und Mixteken sind die größten indigenen Gruppen des Bundesstaates **Oaxaca,** beide Nachfahren dieser altmexikanischen Hochkulturen. Zapoteken leben hauptsächlich in den *Valles Centrales* um die Großstadt Oaxaca und am Isthmus von Tehuantepec, Mixteken siedeln auch in den Bergregionen von Oaxacas Nachbarstaaten Puebla und Guerrero. Drittgrößte Gruppe im Staat Oaxaca sind die dort im Norden lebenden **Mazateken,** namhaft für ihre Rituale mit halluzinogenen Pilzen.

Die **Náhua** leben überwiegend im zentralmexikanischen Hochland. Ihre Sprache *náhuatl* wurde (in seiner klassischen Form) von den Azteken und anderen prähispanischen Völkern gesprochen. Die **Totonaken** sind an der nördlichen **Golfküste** beheimatet, ihre Ahnen bauten die Nischenpyramide von *El Tajín*. Im Norden und Nordwesten Mexikos gibt noch zahlreiche Volksgruppen mehr. Bedeutend sind u.a. die **Otomí, Purépecha, Huicholes** oder die **Tarahumara** in der Sierra Madre Occidental.

Resultierend aus dieser Völkervielfalt gehört Mexiko weltweit zu den Ländern mit den meisten **Sprachen:** Bei Ankunft der Spanier soll es ca. 170 gegeben haben, heute sind es immerhin noch rund 60, die sich wiederum in unterschiedliche Varianten aufteilen lassen. Indigene Volkskulturen und Traditionen haben sich übrigens im Süden Mexikos stärker erhalten als im Norden, weil die spanische Kulturüberlagerung im Süden weitaus geringer war als im Hochland und auch erst viel später einsetzte.

Aber noch immer ist gültig, was der Literaturnobelpreisträger Octavio Paz schon vor einigen Jahrzehnten schrieb: „Mexiko verherrlicht seine indianische Vergangenheit, verachtet aber seine lebenden Indios“.

Indigene Autonomieforderungen

Kriege und Konflikte

Ein Problem der mexikanischen Regierungen ist seit langem, dass indigene Ethnien aufgrund ihrer eigenen Kultur, Sprache und Lebensweise – nicht zuletzt schon durch die leidvollen Erfahrungen während der spanischen *conquista* und in der Kolonialzeit – die Anerkennung als eigenständige politische Gemeinschaften innerhalb des mexikanischen Bundesstaates forderten. Blutig ausgefochten wurden diese Forderungen z.B. beim langandauernden **„Krieg der Kasten“** (1847–1933, s.S. 196), als die **Maya auf Yucatán** versuchten, einen eigenen Staat zu gründen, und heute setzen sie sich fort mit dem **Zapatisten-Aufstand in Chiapas,** bei dem die Indígena mit Waffengewalt soziale Gerechtigkeit und kulturelle Autonomie verlangen (Zapatisten-Exkurs s.S. 329). Doch die mexikanische Regierung betrachtet solche Forderungen als Angriffe auf die nationale Einheit. Sie könnte in solchen Bestrebungen aber auch eine Stärkung und Sicherung der vielfältigen Kulturen Mexikos sehen; indigene Traditionen, wie Kunsthandwerk, Trachten und Bräuche dienen ja auch zur Ankurbelung der staatlich-internationalen Tourismusindustrie.

Konflikte entstanden und entstehen z.B. noch immer bei Entdeckung von Bodenschätzen auf indigenem Land, durch Staudamm-, Abholzungs- und Tourismusprojekte und daraus resultierenden Bodenenteignungen.

Zuständig für Indígena-Fragen und Indígena-Politik ist in Mexiko das regierungsnahe **INI** (Instituto Nacional Indígenista), das sich in Ressorts wie Erziehung, Gesundheit, Wirtschaftsentwicklung u.a. gliedert. Ziele und Methoden dieser Behörde haben sich seit ihrer Gründung 1948 vielfach geändert, was vor allem auf Kritiken und Vorschläge indigener Organisationen zurückzuführen ist (der nationale Indígenakongress ist der **CNI,** *Congreso de Pueblos Indígenas*). Mittlerweile vertritt das INI eine Linie der Respektierung und Bewahrung indigener Traditionen, während anfänglich die Assimilation propagiert wurde. Letztendlich dominiert aber das Unvermögen des mexikanischen Staates, seinen indigenen Völkern echte Mitbestimmung innerhalb der staatlichen Strukturen einzuräumen.

Indígena-Leben

Angehörige der ländlichen Volksgruppen Mexikos leben überwiegend in kleinen, ärmlichen Dörfern oder in isolierten Streusiedlungen. Ein entlegenes Leben ermöglicht zwar vordergründig die Bewahrung von Traditionen, doch bedeutet dies meist auch keine befestigte Straße zur nächstgrößeren Stadt, erschwerten Transport der Erzeugnisse zum Markt, kein gutes Schulangebot und eine schlechte medizinische Versorgung.

Lebensgrundlage

Lebensgrundlage der *campesinos* ist die Eigenversorgung mit landwirtschaftlichen Produkten auf niedrigem Produktionsniveau (Subsistenzwirtschaft). Angebaut werden zumeist Mais, Bohnen, Kürbisse und Chili. Viehhaltung ist wegen Trockenheit oder zu heißem Klima nicht immer möglich. Ein zusätzliches Einkommen wird manchmal durch die Herstellung handwerklicher Produkte oder von Kunsthandwerk erzielt. Oft muss aber zusätzlich bei einem Großgrundbesitzer gearbeitet werden, man verdingt sich mit saisonaler Lohnarbeit (z.B. als Kaffeepflücker) oder geht als Tagelöhner in die Stadt.

Ideelle Basis

Indígena sind verwurzelt in Traditionen, sie sind überaus konservativ und sie haben ein starkes Zusammengehörigkeitsgefühl. Ideelle Werte sind gleichberechtigt mit materiellen. **Gemeinsamer Landbesitz** *(ejido)* ist ein weiteres Grundelement. Doch Land ist nicht einfach nur Produktionsmittel oder Territorium, Land bedeutet Identität. Land gehört einem nicht, ein Indígena gehört seinem Land. Überschusserzeugung, Profitstreben und das Leistungsprinzip war ihnen nie vorrangiger Lebensinhalt. Dank dieser selbstauferlegten Beschränkung spaltete sich ihre Gesellschaft nicht oder nur wenig in Besitzende und Besitzlose, in Herrscher und Beherrschte. Durch die Gleichheit aller blieb die Freiheit eines jeden einzelnen mehr oder weniger erhalten.

„Boden und Freiheit“

„Tierra y Libertad“ war eine Losung der Mexikanischen Revolution. Vor 1910 gehörten noch 98% des Bodens Großgrundbesitzern und der Kirche. Nach der Revolution ermöglichte die neue Verfassung und Agrarreformgesetze die Umverteilung des Bodens an die landlosen *campesinos* und *peones* (vor allem unter dem fortschrittlichen Präsidenten *Cárdenas* in den 30er Jahren), und zwar in einer kollektiven Eigentumsform, dem erwähnten *ejido*. Eigentümer blieb aber der Staat, der zur Verwaltung der Ejidos eine gewaltige Bürokratie heranwuchern ließ. Seit 1992 haben die *ejidatarios* durch eine Verfassungsreform die Möglichkeit, kommunal bebautes Ejido zu verpfänden oder zu verkaufen. Weil ihre Mini-Landstücke den meisten Bauern ohnedies nicht ausreichen, wird dies wohl auch so kommen. Damit wird aber letztendlich das Heer der Landlosen, der Habenichtse und der Flüchtlinge in die Städte weiter anwachsen.

Vom Land in die Stadt

Auf dem Land und bei den indigenen Volksgruppen Mexikos haben sich die Familienbräuche seit Jahrhunderten kaum verändert. Der Lebenszyklus folgt festen, überkommenen Vorstellungen. Auf dem *campo* ist noch stark das Bewusstsein verankert, dass viele Kinder wirtschaftliche Absicherung im Alter bedeuten. Die Rollenverteilung in der Familie ist noch stärker festgelegt: die Söhne helfen dem Vater auf dem Feld, die Mädchen der Mutter bei der Hausarbeit oder beim Kinderhüten. Bis auf ganz wenige Ausnahmen, wie etwa in der Gegend um **Juchitán** (Tehuantepec), wo Frauen den Handel beherrschen und auch politisch Einfluss ausüben, ist die Autorität des Vaters und der Männer unbestritten. Bei den Indígena werden Ehen vielfach noch von den Eltern arrangiert und es wird sehr jung geheiratet. Kinder vom Land ohne Ausbildung können meist nur wählen zwischen der Armut in ihrem Dorf oder der Not in der Stadt.

Aus dem ländlichen Mexiko rekrutiert sich auch die große Schar der *muchachas* (Hausangestellte) für die Haushalte der städtischen Mittel- und Oberschicht. Eine arbeits- und sozialrechtlich ungeschützte Anstellung als Putzfrau, Köchin und Kinderaufpasserin. Nur ungern werden die jungen Mädchen von ihren Familien weggelassen, doch die Not einer Campesino- oder Indígena-Familie lässt oft keine andere Wahl. Der Lohn des Mädchens muss die Angehörigen auf dem Land miternähren.

Mexikanische Lebensart

„Mexikanisch“ sprechen

In Mexiko geht man formeller miteinander um als bei uns, Höflichkeit und gute Umgangsformen sind allen wichtig. Übermäßige Direktheit und (verletzende) Offenheit ist verpönt, auch Wichtiges wird zuerst durch Floskeln und leeres Geplauder eingeleitet. Selbst bei wenig Sprachtalent sollten Sie unbedingt die wichtigsten Worte und Umgangsausdrücke in Spanisch beherrschen.

Begrüßungen laufen meist so ab: *„Cómo estás?“* – *„Bien, y tú?“* – *„Bien también“*. Universal-Formeln sind *„con permiso“* („mit Ihrer Erlaubnis“) oder *„disculpe“* („Entschuldigung“), wenn man sich durch volle Busse drücken muss, Fahrstühle betritt oder sich entfernt. Eine Frage oder eine Bestellung im Restaurant beginnt immer mit einem höflichen *„por favor“*. Mit *„gracias“* und *„muy amable“* („sehr liebenswürdig“) bedankt man sich. Darauf hört man *„de nada“* („keine Ursache“), *„para servirle“* („bereit, Ihnen zu dienen“), *„a su servicio“* („Ihnen zu dienen), *„a sus órdenes“* („auf Ihren Wunsch“) oder gar *„a sus pies“* („zu Ihren Füßen“) – alles höfliche, unverbindliche Floskeln, die aber den menschlichen Umgang erleichtern und das Leben angenehmer machen.

Zu vermeiden ist unter allen Umständen eine direkte Konfrontation mit

Offiziellen (Polizei), was immer das Problem sein mag, z.B. ein Gesetzesverstoß. In einem Land, in dem oft das „Normale" nicht geht und dafür alles andere möglich ist, lässt sich alles regeln, doch nicht mit Unhöflichkeit, Ungeduld und „Recht haben". Verletzen Sie nicht das Ego von Uniformierten, indem Sie in einem Konfliktfall sofort eine *„mordida"* (s.u.) offerieren – das wird Ihnen schon signalisiert werden.

Mexikaner lassen sich nicht gerne festlegen, nur selten werden Sie ein glasklares „ja" oder „nein" hören. Das typisch mexikanische ist die Gabe, fünf auch gerade sein zu lassen. *„Cómo no"* („warum eigentlich nicht") und *„con mucho gusto"* („selbstverständlich") bedeuten nicht immer uneingeschränkte Zustimmung, und das berühmte *„mañana"* kann auch erst übermorgen oder nie sein – *„si Dios nos presta el tiempo"* („wenn Gott uns die Zeit leiht") – kann man Unklares schöner ausdrücken? Andere Phrasen: *„qué lindo"* („wie schön!"), *„qué lástima"* („wie schade!"), *„no me digas"* – („sag' bloß!" oder „was Du nicht sagst").

Sehr oft werden Verkleinerungsformen gebraucht (*-ito* oder *-cito*), die man an jedes beliebige Substantiv, Adjektiv oder Adverb anhängt (*casa – casita, grande – grandecito, chico – chiquito – chiquitito* usw.). Diminutive sind jedoch nicht nur Verkleinerungen, sondern gleichfalls Ausdruck von Zweifeln und Skepsis. Wenn die Sonne scheint, heißt das *„hay sol"*, *„hay solecito"* kann dann schon bedeckt sein oder es zieht bereits Regen auf. *„Ahora"* meint jetzt, unverzüglich, sofort, während die Verkleinerungsform *„ahorita"* diese Ankündigung etwas in die Länge zieht (immerhin sagen wir Schwaben gleichfalls „jetzetle" ...), und bei *„ahoritita"* kann sich alles auf unbestimmte Zukunft verschieben. Die eher passive mexikanische Mentalität zeigt sich auch bei *„se me olvidó"* – es hat sich mir vergessen" (statt „ich habe es vergessen") oder *„se me rompió"* – „es ist mir kaputtgegangen" (statt „ich habe es kaputtgemacht"). Und wenn der gebotene Preis beim Handeln zu niedrig ist, bekommt man kein schnödes und hartes „no" als Antwort, sondern *„no se puede"* – „es geht nicht" oder *„ahorita no"* – „im Momentchen nicht".

Nichtssagende Phrasen oder scheinbar bedeutungslose Wörter dienen also als neutrale Zonen, in denen man seine Gefühle abschirmen kann und in denen Kommunikation ohne Konfrontation möglich ist.

Es ist übrigens sehr leicht, mit den Menschen Mexikos in Kontakt zu kommen. Überall ist man gleich in ein Gespräch verwickelt, wird gefragt, woher man kommt, wohin es geht und wie einem Mexiko gefällt. Ausgeprägt ist die mexikanische Bereitschaft zur Auskunft, was manchmal soweit geht, dass – um den Fremden ja nicht zu enttäuschen – nur vage oder gar falsche Informationen weitergegeben werden. Deshalb besser oft zwei Personen (nach dem Weg) fragen!

Begrüßung, Unterhaltung

Ausgiebiger Austausch von Höflichkeiten ist in Mexiko unerlässlich. Die Grußformeln *„buenos días"* (guten Morgen, nur bis 12 Uhr!), *„buenas tardes"* (guten Tag), *„buenas noches"* (guten Abend, gute Nacht), *„hasta luego"* (bis später) u.a. werden viel häufiger ausgesprochen als bei uns. Dabei wird immer *„señor"*, *„señora"* oder ein *„señorita"* hinzugefügt (auch sichtbar ältere Frauen werden überwiegend mit „señorita" angeredet). Das Händeschütteln ist überall bei Begrüßung und Abschied üblich. Befreundete Männer umarmen sich meist *(abrazo),* Frauen küssen sich auf die Wange.

Zeit und Pünktlichkeit

Bei Zeitangaben sollte keine mitteleuropäische Pünktlichkeit erwartet werden. Unpünktlichkeit wird mehr toleriert als Ungeduld. Also *despacio* – langsam – und nicht gleich aufregen, wenn manches ein wenig länger dauert (die Mexikaner sagen dann *„un momentito"* oder *„poquito"* und zeigen mit Daumen und Zeigefinger „ein bisschen"). Dafür wird man überall wesentlich freundlicher bedient als bei uns. Wenn in der mittäglichen *siesta* zwischen 14 und 17 Uhr nichts mehr geht, *paciencia* – Geduld – üben und auf diese wichtige Tagespause eingestellt sein. Die „Mañana-Mentalität" ist auch kein Symptom für Nichtwollen oder gar Faulheit, sondern nur eine völlig andere Zeitphilosophie, die sich im heißen Mexiko bestens bewährt hat.

Mordida

Eine besondere Form des „Schenkens" ist in Mexiko die berühmte **„mordida"** („Biss"). Sie ist das Allheilmittel zur Behebung von Alltagsproblemen, das „Fett" *(unto)* oder das „Schmieröl" *(lubricante)* zur Funktionsfähigkeit der knirschenden Bürokratie respektive der „Leim", der das ganze aufgeblähte mexikanische System zusammenhält. Die Mordida hat nichts mit krimineller Bestechung zu tun, sondern ist als ein Umverteilungsregulativ mehr oder weniger gesellschaftlich anerkannt. Mit ihr kann sich z.B. ein schlechtbezahlter kleiner Polizist ein Zubrot verdienen (es heißt aber auch, dass der Staat nur deshalb so schlecht zahlt, weil die Beamten ja noch die Mordida kassieren ...). Staatsdiener oder Polizisten, von denen man weiß, dass sie abkassieren, z.B. bei illegalen Straßenhändlern, Bettlern etc., müssen oft einen Teil dieser Nebeneinkünfte „nach oben" weitergeben (und auf seinem Weg bis zur Spitze schwillt die *untadas de mano* mächtig an). Andererseits bekämpft der Staat den „Biss": an manchen Grenzübergängen gibt es Schilder mit dem durchgestrichenen Symbol eines angebissenen Apfels ...

Um eine Mordida werden logischerweise gerne die reichen Gringos angegangen, z.B. bei einer verlorenen Touristenkarte oder bei einer angeblichen oder wirklich begangenen Verkehrsübertretung (vielleicht hören Sie auch nur verklausuliert *„recompensar"* oder *„gratificar"*). Dann kommt eine Mordida allemal billiger als ein wirkliches Strafmandat *(multa)*. Es profitieren also beide Beteiligte bzw. man ist so nett und hilft Ihnen Sparen beim Geldausgeben ...

Im Ernstfall also nicht aufregen, besser das Spiel mitspielen. Wenn es gar zu hart kommt: eine Quittung *(recibo)* verlangen oder den Chef *(el jefe)* sprechen wollen. Oder drohen, dass man sich an die staatliche Touristenbeschwerdestelle wenden wird (s. „Mexiko-Stichworte von A – Z" / „Notfall-Telefonnummern"). Dazu die Dienstnummer und den Namen des Polizisten an seiner Uniform aufschreiben.

Damit kein Missverständnis entsteht: eine Mordida veranlasst keinen Beamten, etwas Ungesetzliches zu tun, sondern eben vielmehr, dass er überhaupt etwas tut (oder auch nicht), dass er es schneller oder weniger aufwendig macht oder auch etwas verzögert – alles klar? Letzter Tipp: Die *mordida* nicht mit der *propina* verwechseln, das ist nämlich das Trinkgeld für den Kellner.

Feste, Brauchtum und Folklore

Der Himmel des Volkes

In kaum einem anderen Land wird so oft und so ausgiebig gefeiert wie in Mexiko – an die 5000 Feste, Feiern und Folklore-Veranstaltungen sollen alljährlich in Mexiko stattfinden. Viele Feste werden in ganz Mexiko gefeiert, andere nur in bestimmten Orten. Die meisten haben religiöse Bedeutung und sind tragend für die Gruppenidentität. Wichtigstes (ländliches) Fest ist immer der **Tag des Schutzpatrons** der Kirche bzw. des Ortes (z.B. San Antonio). Diese Fiesta dauert meist etliche Tage, wenn nicht gar die ganze Woche und sie findet meist auf dem Zócalo oder im Stadtpark statt. Man kann Umzüge, farbenprächtige Trachten und Tanzdarbietungen sehen und oft wird zum Abschluss – oder in jeder Nacht – ein lautstarkes Feuerwerk gezündet. Außer bei Mexikos historisch-patriotischen Gedenktagen mischen sich dabei fast immer christliches Brauchtum mit spanischen Kulturtraditionen und altindigene Riten (Inkulturation). Die mexikanischen Fiestas sind vor allem immer äußerst laut, die Musikkapellen fahren meterhohe Lautsprechertürme auf und betäuben die Trommelfelle.

■ *mojiganga – „Pappkameraden"-Parade*

Carnaval wird in ganz Mexiko gefeiert, im südlichen Mexiko in **Villahermosa** und **Mérida** mit Umzügen und Straßenfesten. Eindrucksvoll sind auch die Feste in indigenen Regionen, wie die Karnevalstage in **Chamula** (San Cristóbal de las Casas). Bei vielen **Ferias** (Jahrmärkte, landwirtschaftliche Ausstellungen) werden **Charreadas** (Reiterspiele), **Stier-** und **Hahnenkämpfe** veranstaltet. Im (Groß-)Familienkreis verausgabt man sich vor allem bei **Taufen,** am **15. Geburtstag** der Töchter und bei **Hochzeiten** – nicht selten mit Hunderten Gästen!

Nationale mexikanische Feiertage

1. Januar *Año Nuevo* – Neujahr. In ganz Mexiko mit schönen *fiestas*

5. Februar *Día de la Constitución* – Tag der Verfassung. Nationaler Feiertag zum Gedenken an die Verfassung von 1917

21. März *Día de Nacimiento de Benito Juárez* – Geburtstag von Benito Juárez (mexikanischer Präsident)

1. Mai *Día del trabajo* – Tag der Arbeit

5. Mai *Cinco de Mayo* – Schlacht von Puebla (1862 Sieg der Mexikaner über die Franzosen); wird vor allem in Puebla gefeiert.

16. Sept. *Día de la Independencia* – Unabhängigkeitstag. In ganz Mexiko, vor allem in Mexiko-Stadt und in Dolores Hidalgo (Guanajuato), Militärparaden. Am **Vorabend,** 15.09., wird um 23 Uhr von allen Rathäusern Mexikos der Freiheitsruf Hidalgos zur nationalen Erhebung, der „El Grito", nachvollzogen.

12. Okt. *Día de la Raza* – „Tag der Rasse". Zum Gedenken der Entdeckung Amerikas durch Kolumbus am 12.10.1492 (Feiern in allen Ländern Amerikas).

20. Nov. *Día de la Revolución* – Tag der Revolution. Jahrestag der Mexikanischen Revolution 1910. Militärparaden, viele Museen in Mexiko-Stadt sind geschlossen.

25. Dez. *Navidad* – Weihnachten (es gibt keinen 2. Weihnachtsfeiertag).

Festkalender

Obwohl die nachfolgenden kirchlichen Feste, die *fiestas religiosas* keine offiziellen mexikanischen Feiertage sind, so sind sie doch sehr wichtig und werden in ganz Mexiko gefeiert (die antikirchliche Staatsdoktrin des „Laizismus" hat die Erhaltung der religiösen Volksbräuche eher gefördert als gehemmt). An diesen Tagen sind meist Behörden und Banken geschlossen. Bei beweglichen Festen bitte die Daten vor Ort nachfragen. (Bemerkung: Nachfolgende Festdaten stehen nochmals, mit weiteren lokalen Festen, jeweils bei den Stadtbeschreibungen bei „Adressen & Service".)

6. Januar *Día de los reyes* – Heilige Drei Könige. In ganz Mexiko. Die Kinder bekommen Geschenke.

17. Januar *Día de San Antonio Abad* – San-Antonio-Patronatsfeste (Schutzpatron für Vieh und Felder). Geschmückte Haustiere werden zum Segnungsfest in Kirchen gebracht. Schön in Mexiko-Stadt und Taxco.

20. Januar *Día de San Sebastián* – San-Sebastián-Patronatsfeste. Feste und Tänze in Chiapa de Corzo (Chiapas).

2. Februar *Día de la Candelaría* – Maria Lichtmess. Ganz Mexiko. Umzüge, Tanzdarbietungen, Musik.

Feb./März *Carnaval* – Karneval

20./21. März *Equinoccio* – Tagundnachtgleiche in Chichén Itzá, Kukulkán-Pyramide. Volksfestartiges Ereignis mit Folkloretänzen und Tausenden Besuchern. Wiederholt sich am 21./22. September.

Ostern *Semana Santa* – „Heilige Woche" (Karwoche; Ostermontag ist kein Feiertag!). Von Palmsonntag bis Ostersonntag *(Domingo de Resurrección)* steht ganz Mexiko im Zeichen religiöser Feierlichkeiten und Wallfahrten (vieles ist dann geschlossen).

15. Mai *Feria de San Isidro* – Schutzheiligenfest der *campesinos* und *peones* (Landarbeiter). In ganz Mexiko. Mit Tiersegnungen.

Mai/Juni (bewegl.) *Jueves de Corpus Cristi* – Fronleichnamsfeste und -prozessionen, Kinderfeste. In ganz Mexiko.

24. Juni *Día de San Juan Bautista* – Johannes-der-Täufer-Patronatsfeste. In ganz Mexiko. Jahrmärkte, Taufen in Flüssen.

Voladores kreiseln kopfunter von einem hohen Mast

29. Juni *Día San Pedro y San Pablo* – St. Peter und Paul Fest. In ganz Mexiko gedenkt man der beiden Heiligen mit Prozessionen und Festen.

16. Juli *Dia de Nuestra Señora del Carmen* – Fest zu Ehren der Señora del Carmen und des Karmeliterordens. Ganz Mexiko. Religiöse Feiern und Prozessionen. vor allem in Catemaco (Veracruz) mit großem Pilgerfest und Ciudad in del Carmen (Campeche).

Juli, Ende *Fiesta de Guelaguetza* in Oaxaca. – Alljährlich findet an den zwei auf den 16. Juli folgenden Montagen auf dem Cerro del Fortín im riesigen Freilichttheater *Auditorio Guelaguetza* das größte und **spektakulärste Folklore-Festival** des Staates **Oaxaca** statt, die berühmte **Guelaguetza** (auch „Los Lunes del Cerro" genannt, die „Montage auf dem Hügel"). Sehr großer Andrang!

25. Juli *Día del Santiago* – Santiago-Patronatsfeste (Hlg. Jakobus). In ganz Mexiko. Besonders gefeiert wird in allen Ortschaften die „Santiago" heißen.

15. August *María Asunción* – Maria Himmelfahrt. In ganz Mexiko. Tanzdarbietungen, Jahrmärkte und Wallfahrten.

22. Sept. s. 20. März

29. Sept. *Día Arcángel San Miguel* – San-Miguel-Patronatsfeste. In ganz Mexiko, besonders in San Miguel de Allende.

4. Oktober *Día San Francisco* – San-Francisco-Patronatsfeste. In ganz Mexiko.

1./2. Nov. *Todos los Santos* und *Día de los muertos* – Allerheiligen und Allerseelen. In ganz Mexiko finden nächtliche Totenverehrungen auf blumengeschmückten Friedhöfen statt. Eindrucksvoll auf der Insel Janítzio im Pátzcuaro-See. Aber auch z.B. in Milpa Alta und in Mixquic nahe Mexiko-Stadt oder Villa Etla bei Oaxaca. Der **Día de los muertos** ist wohl Mexikos **charakteristischstes Fest.**

12. Dez. *Día de la Virgen de Guadalupe* – Tag der Jungfrau von Guadalupe. Dies ist der **höchste religiöse Feiertag Mexikos,** vor allem vor der Basilika von Guadalupe in Mexiko-Stadt mit Tanzdarbietungen.

Ab 16. Dez. *Posadas* für 9 Tage bzw. Nächte (s.u.). Die Städte (Zócalos, Parks) werden mit Lichtergirlanden geschmückt.

23. Dez. *Fiesta de los Rábanos* – Fest der Rettiche in Oaxaca.

24. Dez. *Navidad* – Weihnachten auf mexikanisch, nämlich fröhlich, bunt und laut und mit Mitternachtsmessen. Schöne nächtliche Prozession in Oaxaca.

28. Dez. *Día de los Santos Inocentes* – Tag der unschuldigen Kinder mit 1.-April-Scherzen.

■ *Weihnachten (Navidad) auf mexikanisch in Mérida*

El día de los muertos

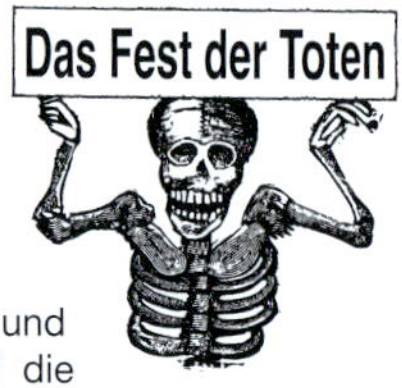

Das bedeutendste Fest Mexikos ist, neben dem Tag der Jungfrau von Guadalupe am 12. Dezember, am **1. November** der landesweite und besonders im Hochland gefeierte *Día de los muertos,* der **Tag der Toten.** Der Glaube prähispanischer Völker an ein Fortleben nach dem Tode und an Seelenwanderung traf hier auf die christliche Vorstellung vom Übergang zum ewigen Leben. Getrauert wird nicht, denn man erwartet den Besuch der ins Jenseits eingegangenen Verwandten und Freunde. Je nach Region und ob Stadt oder Land wird er auf verschiedene Weise begangen. Vor allem ausgiebig sind die Feiern auf der Insel **Janítzio** (Michoacán) oder, im südlichen Mexiko, in **Villa Etla** bei Oaxaca. Meist gedenkt man seiner Toten mit blumengeschmückten Altären oder Opfertischen, auf denen sich vieles befindet, was diese zu Lebzeiten liebten (es heißt, sie kämen in der Nacht, um davon zu essen). In Riesenmengen werden die gelb-orangen Totenblumen *cempasúchiles* verarbeitet und verstreut, und überall duftet es nach Weihrauch. Manche Friedhöfe gleichen dann einem Rummel- und Picknickplatz, denn dort speist und plaudert man fröhlich; die verstorbenen Angehörigen werden im Flackerlicht hunderter Kerzen empfangen. Als Zeichen des lockeren Umgangs der Mexikaner mit dem Tod gibt es bereits Wochen vorher zuckerne **Totenköpfe** zu kaufen, auf die man sich den eigenen Namen eingravieren lässt, und von allen Ecken und Enden grinsen die Skelette des Zeichners **José Guadalupe Posada** (s. **Abb. r.** 1852–1913).

In Mexiko darf der Tod Mensch sein.

■ *ob.: perlenüberzogener calavera • Mitte: Braut und Bräutigam als weißer Tod*

Trachten, Musik und Tänze

Trajes típicos

Mexikanische Volkstrachten sind so bunt und abwechslungsreich wie die Regionen des Landes, doch *trajes típicos,* als Zugehörigkeitsmerkmal einst bedeutend, tragen nur noch wenige (ländliche) Indígena. Eine Ausnahme sind die Hochland-Indígena von **Chiapas.** Dort trägt jede Ethnie eine spezielle Tracht und bestimmte Farben. Sehr schön sind ebenfalls die **variantenreichen Trachten Oaxacas.** Altüberlieferte und noch heute gebräuchliche mexikanische Kleidungsstücke sind *sarapes* (Umhänge, Decken), *huipiles* (ärmellose Blusen oder Hemdkleider der Indígena-Frauen), *quechquémitl* (ein dreieckiges Schultertuch mit Kopfausschnitt) und die bekannten *rebozos* (Schultertücher bzw. Schals). Das traditionelle Kleidungsstück der Frauen auf **Yucatán** ist ein weißer und einfach geschnittener, doch mit sehr schönen Stickereien an Halsausschnitt und Saum verzierter *huipil yucateco,* während die Männer das typische, unifarbene Guayabera-Hemd und den *jipijapa*-Hut tragen. Mexikoweit bekannt ist auch die *china poblana* aus Puebla in den Nationalfarben roter Rock, grüne Taille und weiße Bluse. Schlicht ist dagegen die einfache, weiße Tracht des Staates und der Stadt Veracruz.

Das internationale touristische mexikanische Männerbild wurde geprägt durch die **Charro-Tracht** – enge schwarze Hosen, seitlich mit Silberknöpfen besetzt, hochhackige, spitze Stiefel, Rüschenhemd und breitkrempiger Sombrero. Ursprünglich war es der Festanzug der *vaqueros,* der Viehhirten, heute ist dies auch die Tracht der Mariachigruppen.

Im Vordergrund in der Mitte die Tracht „Flor de Piña“ der Region Cuenca del Alto Papaloapan Tuxtepec in Oaxaca. Die Frau in Lila trägt die Tracht der „adelitas“ (mit angedeutenden gekreuzten Patronengurten), der mitkämpfenden Frauen in Zeiten der Mexikanischen Revolution ab 1919

Musik

Musik, Gesang und Tänze gehören in Mexiko zum Alltag. Nahezu jede Region und jede Volksgruppe hat ihren eigenen Musikstil und natürlich auch eigene Tänze. Ob schnulzige Mariachi-Musik, melodische Marimbas, Harfenklänge, Polkas aus dem Norden (gespielt mit dem Akkordeon), Lieder zur Gitarre oder lebensfrohe *música tropical* – das Musikspektrum Mexikos ist so groß und abwechslungsreich wie das Land.

Ursprünge

Die lebensfrohe mexikanische Folkloremusik wird geprägt von kreolisch-mestizischen Ursprüngen, die die Musik der prähispanischen Völker fast vollständig überlagerte. Nur einige Flöten-, Schlag- und Rasselinstrumente (z.B. die *ayoyotes,* Ketten aus Samenfrüchten, die sich die Conchero-Tänzer um die Knöchel binden) überlebten bis in die heutige Zeit. Weitere Einflüsse stammen von afrikanisch-karibischen Rhythmen (*cumbia, salsa, merengue*). Von allen importierten Instrumenten – Geige, Harfe, Trompete, Akkordeon usw. – ist natürlich die Gitarre das beliebteste Instrument.

Danzas und bailes

Bei Tänzen wird unterschieden zwischen den **danzas,** prähispanischen Tänzen, und den **bailes,** Gesellschaftstänzen, die aus Europa stammen, wie die *habanera* oder der *bolero,* beide aus Spanien, sowie Polka, Mazurka und Walzer. Der **jarabe tapatío** (Sombrero-Tanz) aus Jalisco ist unter den *bailes folklóricos* der wohl „mexikanischste" überhaupt: Die Tänzer (im Charro-Kostüm) steppen und hüpfen dabei um ihre Partnerinnen, die dazu ihre weiten Plissee-Röcke schwingen. Der typisch mitreißende Rhythmus basiert auf einem ungleichförmigen Dreier-Takt mit 6 Schlägen und soll auf einen alten Huicholes-Tanz namens *El Guajolote* („der Truthahn") zurückgehen, bei dem das Männchen tänzelnd das Weibchen umwirbt.

An der Golfregion ist der **zapateado** heimisch, in Veracruz der langsame **danzón** und in Oaxaca die **sandunga.** Populär ist gleichfalls der **huapango,** der seinen Namen nach dem hölzernen Resonanzkasten für das rhythmische Fußestampfen erhielt. Mit dem son *huasteco* ist er der traditionelle Tanz der Huasteken in Veracruz, San Luis Potosí und Tamaulipas.

Tipp: Bei einer Vorstellung des **Balett Folklórico de México** in Mexiko-Stadt oder anderer Tanzgruppen in Tourismusstädten, z.B. in Cancún oder Oaxaca, bekommt man ein einmalig schönes Potpourri mexikanischer Musik und Tanztraditionen vorgeführt. Auch bei großen mexikanischen Festen, z.B. bei der Guelaguetza in Oaxaca, sind immer auch Musik, Tänze und Trachten aus allen Teilen Mexikos vertreten.

■ *Tänzerinnen des Ballets Folklórico de México*

Mariachis

Markenzeichen der mexikanischen Musik und Publikumsfavorit ist nach wie vor die **Mariachi-Musik,** die im 19. Jahrhundert in Jalisco entstand, wo volkstümliche Ensembles mit Gitarren und Geigen – die Trompete hat die einst verwendete Harfe verdrängt – bei Festen aufspielten.

Corridos, Rancheras und Nuevas Canciones

Corridos und *rancheras* sind traditionelle Volks- und erzählende Bänkellieder von Liebe, Leid, Helden, Verrat und Krieg, wie z.B. das bekannte *Las Adelitas,* das von den in der Mexikanischen Revolution 1910–17 mitkämpfenden Frauen erzählt, oder das Lied von der Kakerlake, *La Cucaracha.* Von diesem Genre gibt zahllose Interpreten, Kultbands sind beispielsweise *Los Tigres del Norte* oder *Los Tucanes de Tijuana* mit ihren sarkastischen und sozialkritischen Texten. Großartig auch die Hits der US-Mexikanerin *Linda Ronstadt* („Canciones de mi Padre"). Daraus entstanden die *Nuevas Canciones,* meist politische Chansons, die mehr über die Einstellung der Mexikaner zu ihren Politikern und Autoritären aussagen als z.B. Mariachis-Texte. Eine sehr bekannte Interpretin ist z.B. *Lila Downs,* die mit ihrer sehr klaren Stimme auch nach klassischen Melodien subtile Texte singt wie *Paloma Negra.* Nach der Melodie von La Paloma singt *Eugenia León* gleichfalls Lieder zur Geschichte und aktuellen Politik, wie *Una Canción Méxicana.* Hörproben aller auf www.youtube.com.

Marimba

Im Süden Mexikos, in **Chiapas** und auch an der **Golfküste** (Veracruz) gibt die melodische, xylophonähnliche **Marimba** den Ton an. Die Marimba kam einst als Balaphon mit den afrikanischen Sklaven im 17. Jh. in die spanischen Kolonien und wird heute nicht nur ausgiebig in Mexiko, sondern auch in vielen Ländern Zentral- und Südamerikas gespielt (in Guatemala wurde sie sogar zum Nationalinstrument erklärt). Große Marimbas können bis zu 3 m lang sein. Dann klopfen gleich mehrere Spieler mit ihren Gummiklöppeln virtuos auf die Edelholzbälkchen, die den weichen Ton erzeugen. Flaschenkürbisse dienen manchmal als Resonanzkörper.

jaranas yucatecas

Typisch für **Yucatán** sind die **jaranas yucatecas.** Eine Jarana-*banda* besteht aus je zwei Klarinetten, Trompeten und Posaunen. Die langsamen Musikteile werden im 3/4-Takt gespielt, die rhythmischen im 6/8-Takt. Mann und Frau tanzen mit stampfenden Füßen und erhobenen oder auf dem Rücken verschränkten Armen umeinander herum. Mehr über *jarana yucateca* s.S. 253.

música jarocha

Typisch für **Veracruz** ist die *música jarocha* bzw. der **son jarocho,** der von ganz in weiß gekleideten Musikern, den *jaraneros* mit Harfe und Gitarre gespielt wird (mit Versdichtung; in Veracruz entstand der Welt-Hit „La Bamba"). Der Tanz zur Jarocho-Musik heißt *zapateado.*

■ *Musiker aus Veracruz beim son jarocho*

Kunsthandwerk und Souvenirs

Ein Markt für kunsthandwerkliche Produkte (*artesanías* oder *arte popular*) wurde in Mexiko, wie überall auf der Welt, erst durch den Tourismus geschaffen. Er führte zur Wiederbelebung früherer handwerklicher Traditionen, aber auch zu Umformungen alter Techniken und zu völligen Neuschöpfungen, die zur realen Volkskunst keinen Bezug mehr haben. Die talentiertesten Töpfer, Weber, Sticker, Silberschmiede usw. finden sich unter den Indígena, und das meiste Kunsthandwerk stammt folglich aus den ärmeren Bundesstaaten Mexikos wie Oaxaca, Chiapas, Guerrero oder Michoacán, wobei jede Region in der Regel auf bestimmte Arbeiten spezialisiert ist. Manchmal widmen sich ganze Dörfer der Herstellung einer einzigen Produktlinie, Beispiele dafür sind die originellen **Alebrijes** (buntbemalte Holztierchen, **s. Foto,** 1965 erfunden in Arrazola (Oaxaca), das prähispanische Bastpapier **Amate** in San Pablito (Puebla), aber auch die Silberschmiedearbeiten in Taxco.

■ *Bemalen von Alebrijes im Familienbetrieb*

Wo Kunsthandwerk eine wichtige Einnahmequelle ist, passt man sich dem Geschmack der Kunden an, was mitunter zu einer massenhaften Kitschproduktion führt: Sombreros in allen Größen, Tequila trinkende Mexikaner, die am Kaktus lehnen oder billige Nachahmungen des aztekischen Kalendersteins wird man immer wieder antreffen. Statt reiner Wolle wird dann gerne das günstigere Synthetikgarn verwendet, statt echtem Stein nimmt man Plastik und manche der angeblich handgefertigten Waren kommen direkt aus der Maschine. „Garantiert echte" präkolumbische Antiquitäten, die unter vorgehaltener Hand bei archäologischen Stätten angeboten werden, sind gutgemachte Fälschungen (die Ausfuhr originaler Antiquitäten ist ohnehin streng verboten). Ebenso verhält es sich mit „garantiert echtem" Bernstein, der von fliegenden Händlern verkauft wird. Doch wird man auch immer wieder auf wahre Kunstwerke stoßen, deren Arbeitsaufwand in Europa kaum bezahlbar wäre.

Einen guten Überblick und auch gute Qualität erhält man zumeist in den

■ *Prachtvoller Lebensbaum*

staatlichen **FONART-Läden** (gibt es in vielen Touristenzentren, www.fonart.gob.mx), in **Läden von Hersteller-Kooperativen** oder in den Verkaufsabteilungen von Museen. Hier gelten in der Regel Fixpreise. Handeln kann (und soll) man auf Märkten, bei Straßenhändlern oder in kleineren Läden. Der Kunsthandwerksmarkt *Centro de Artesanías de la Ciudadela* in Mexiko-Stadt (s. dort) führt Arbeiten aus allen Landesteilen.

Korb- und Flechtwaren *(canastas)* sind in ganz Mexiko erhältlich, Hauptproduzenten sind die Mixteken Oaxacas. Ebenso **Keramik** *(cerámica),* die es in vielen regionalen Ausführungen gibt (vor allem bestimmte Dörfer in Oaxaca, Chiapas, Guerrero und Jalisco sind darauf spezialisiert). Eine Besonderheit sind die **Talavera**-Kacheln und -töpferarbeiten aus Puebla sowie die allegorischen **Lebensbäume** *(árboles de vida)* aus drei Orten in den Bundesstaaten México und Puebla.

Auch **Textilien und Webwaren** *(tejidos)* werden im ganzen Land produziert, wobei *sarapes* traditionelle Umhänge (Ponchos) oder Wolldecken sind, *rebozos* Schultertücher bzw. Schals und *huipiles* die bestickten Hemdkleider der Indígena-Frauen (besonders schöne gibt es in Chiapas und Yucatán). Sehr kunstvoll gewebte **Teppiche** findet man vor allem in Oaxaca.

Das Angebot an **Schmuck aus Silber, Gold und Edelsteinen** *(plata, oro, pedrería)* ist in Mexiko gut und preiswerter als in Europa. Für hübsche Silberarbeiten sind Oaxaca und Mexiko-Stadt bekannt. Echten **Bernstein** *(ámbar)* erhält man vorwiegend in **Chiapas**, wo er vorkommt.

Auf **Kupfer-** *(cobre)* und bunte **Lackarbeiten** *(lacas)* – Letztere als hübsche Kürbis- oder Holzkästchen – hat man sich in einigen Städtchen des Staates Michoacán spezialisiert, aber auch in **Chiapa de Corzo** (Chiapas), wo es ein eigenes Laca-Museum gibt. **Hängematten** und **Panamahüte** kauft am besten auf Yucatán.

Verboten ist die Ausfuhr von bedrohten Tieren und Pflanzen – lebend, aber auch tote Teile davon – kaufen Sie also möglichst nichts, was Pflanzen- oder Tierteile (Federn!) enthält.

■ *Souvenirverkäufer in Mexiko-Stadt*

Land/Leute

Architektur

Frühe Architektur

Die Architektur in „Nueva España" war anfänglich ein Abbild der spanisch/europäischen Architektur des 16. und 17. Jahrhunderts und wegen der vormals arabischen Besetzung der Iberischen Halbinsel auch teils maurisch inspiriert. Schon bald entstanden Hunderte von Kirchen und Klöstern, zumal mit den Indígena ein großes Reservoir billigster Arbeitskräfte zur Verfügung stand. Kirchenbauten wurden fast immer auf den Fundamenten und mit den Steinen geschleifter altindigener Tempel und Pyramiden errichtet – markantestes Beispiel ist Mexiko-Stadt. Dabei wurde viel Unwiederbringliches zerstört.

Die ersten Kirchen und Klöster Yucatáns waren Gründungen des Franziskaner-Ordens und sie wurden in Form von wuchtigen Wehrkirchen und Klosterfestungen gebaut. Die für Mexiko eher typischen **Barockkirchen** findet man dagegen überwiegend im mexikanischen Hochland.

Spätere Architekturstile

In Lauf der Jahrhunderte gelangten weitere europäische Architekturstile nach „Nueva España", aus denen dann mexikanische Baumeister und Steinmetze lokale Stilvarianten entwickelten. Beim **Mudejar-Stil** (der Name leitet sich von den *Mudejaren* ab, den nach der Vertreibung der Mauren in Spanien verbliebenen arabischen Künstlern und Handwerkern), der vielerorts in Mexiko anzutreffen ist, vermischte sich islamische (maurische) Baukunst und Ornamentik mit spanischer Gotik. Charakteristisch sind arabeske Stuckornamente, Kassettendecken aus Holz, farbig glasierte Kacheln (azulejos), prunkvolles Schnitzwerk und Arkadengänge. Im **16. Jh.** wurde dann vermehrt im **Renaissance-Stil** gebaut und die Ornamentik im **plateresken Stil** ausgeführt, ein filigraner Dekorationsstil mit Blumen-, Ranken- und Fantasieelementen. Im **17.** Jh. entwickelte sich schließlich der heute überall in Mexiko verbreitete **Barockstil** – bei den Kirchen zuerst nüchtern und wuchtig, später immer üppiger und verspielter. Die Macht der Kirche und vor allem ihr zunehmender Reichtum ermöglichte solch aufwendige und teure Bauwerke. In dieser Epoche entstanden fast all die großen Kirchenbauten der heutigen Großstädte Mexikos.

Im **18. Jh.** entwickelte sich eine Sonderform des hispano-Barocks, der **Churriguerismus.** Ihn charakterisieren bis ins kleinste gegliederte, überladene Fassaden, mit aus der Wand heraustretenden und sich nach unten verjüngenden Pilastern *(estípites),* Spiralsäulen, Heiligenfiguren, Ranken und ornamentierte Wand- und Deckenflächen. Der Zungenbrecher geht zurück auf den Namen des spanischen Architekten *José Benito de Churriguera* (1650–1723). Wann immer Sie vor einer völlig überladenen, prunkvollen Kirchenfassade Mexikos stehen – sie ist fast immer churrigueresk. Herausragende Beispiele sind die Kirchen Santa Prisca in Taxco, Santa María in Tonantzintla, San Francisco in Tepotzotlán u.a.mehr. Auch der **Poblano-Stil,** benannt nach der Stadt Puebla, ist eine Variante des mexikanischen Barocks. Es sind mit *talaveras* (bunte Kacheln) verblendete Kirchen- und Hausfassaden mit weißer Stuckornamentik und roten Ziegeldächern. Gebäude im Poblano-Stil findet man hauptsächlich in und um die Städte Puebla und Tlaxcala.

Am Ende des 18. Jh. begann dann der europäische Klassizismus in Mexiko Fuß zu fassen, die beiden wichtigsten Architekten dieses Stils waren *Francisco Tresguerras* (1759–1833) und *Manuel Tolsá* (1757–1813). In der Ära des Diktators *Porfirio Díaz* (Porfiriat, 1876–1911) entstanden in diesem pompösen Stil viele Regierungsgebäude, Theater und Museen. Auch schöne Beispiele des Jugendstils sind in manchen Städten zu finden (mit herrlichen Glasarbeiten). Modern-großzügige und monumentale Bauten entstanden mit dem Funktionalismus nach dem 2. Weltkrieg. Glanzpunkte sind in Mexiko-Stadt die Bibliothek der Universitätsstadt, das Anthropologisches Museum oder die „Funktionslosen Türme" des deutschstämmigen *Matthias Goeritz.* Damit hatte sich endgültig eine spezifisch mexikanische Baukunst entwickelt.

Die Welt der Maya

Die Maya, die bedeutsamste Hochkultur Mesoamerikas, sind ein einzigartiges und faszinierendes Volk. Schon das Wort klingt magisch (es ist eine Übertragung des yucatekischen Dorfnamens *maian* auf die Landesbewohner, so span. Quellen). Seit sie vor mehr als 3000 Jahren aus dem Dunkel der Geschichte auftauchten und ihre großen Stätten im 19. Jh. wiederentdeckt wurden, verfielen schon ganze Generationen von Archäologen und Wissenschaftlern der Erforschung ihrer Vergangenheit und Kultur. Und so mancher Tourist, der heute im Land der Maya in Südmexiko, Guatemala oder Honduras umherreist, ist gleichfalls von dieser geheimnisvollen Welt fasziniert. „ *... Rätsel, ein dunkles, undurchdringliches einziges Rätsel ...*" schrieb der US-amerikanische Maya-Forscher **John Lloyd Stephens** 1841 **(s. Abb.).**

Die Maya-Königreiche und ihre Herrscher sind untergegangen, aber die Völker der Maya und ihre Kultur gibt es noch heute. Vital und real, bis zum Tag Ihrer Reise. Das ist großartig, und daran sollte man denken, wenn man durch Palenque oder Yaxchilán streift, ein Indígena-Dorf im Hochland besucht oder auf alte Maya-Traditionen stößt.

Geschichte im Zeitraffer

Chronologisch wird die Zeit der Maya – wie bei allen anderen mesoamerikanischen Hochkulturen – in drei große Abschnitte eingeteilt: in **Präklassik, Klassik** und **Postklassik** (s. Diagramm „Kulturepochen", S. 95). Die beiden Hauptttermini, um die es dabei immer wieder geht, sind **„klassische Periode"** und **„nachklassische Periode",** also die Zeit vor dem Niedergang der Zentralzone und danach. Dank des Maya-Kalenders und der Entzifferung ihrer Zeithieroglyphen wurde es möglich, wichtige historische Ereignisse in eine fast taggenaue Beziehung zu unserer heutigen Zeitrechnung zu setzen.

■ *Palenque, Pyramide der Inschriften*

Welt der Maya - Mayastätten in vier Ländern
0 100 km
©RKH Verlag Hermann
Río Bec = Maya-Regionen mit spezifischen Baustilen
Chiapas = mexikanische Bundesstaaten
1 Chac II
2 Xlapak
MEXIKO
Golfo de México
Yucatán
Campeche
Quintana Roo
Tabasco
Chiapas
Puuc
Río Bec
Petén
Dzibilchaltún
Mérida
Ake
Cuca
Izamal
Acanceh
Mayapán
Ek Balam
Culubá
Gruta de Balancanché
Chichén Itzá
Yaxuná
Cancún
El Mec
El Rey
Xcaret
Xel Há
Cobá
Tulúm
Chakalal
Muyil
Tancah
Oxkintoc
Xburotunich
Xkipché
Nohpat
Xhaxché
Uxmal
Kabáh
Mul Chic
Chacmultun
Sayil
Sabana Piletas
Labná
Jaina
Xcalumkin
Acanmul
Chunhuhub
Xbalché
Huntichmul II
Tohcock
Kiuic
Witzinah
Edzná
Nocuchich
Santa Rosa Xtampak
Xkichmook
Tabasqueño
Hochob
Lagartera
Chacchoben
Balamkú
Chicanná
Xpuhil
Hormiguero
Río Bec
Kohunlich
Calakmul
Itzamkanac
Comalcalco
Villahermosa
Palenque
La Reforma
Pomoná
El Mirador
Nakum
Nakbé
Río Azul
Uaxactún
La Corona
Tikal
Cival
Piedras Negras
Holmul
Toniná
San Cristóbal de las Casas
Yaxchilán
Bonampak
Petén
Topoxté
Yaxhá
Dos Pilas
Ceibal
Ixkun
Aguateca
Cancuén
Chinkultic
Lagartero
Xcalak
Ceros
Corozal
Cuello
Lamanai
Altun Ha
Orange Walk
Belize
El Pilar
Belize City
Xunantunich
Cahal Pech
Cayo
Stann Creek
Caracol
Toledo
Nim Li Punit
Lubaantun
BELIZE
Mar Caribe
GUATEMALA
Huehuetenango
Izabal
Zaculeu
Quiché
Alta Verapaz
Quiriguá
San Marcos
Totonicapán
Utatlán
Baja Verapaz
El Progreso
Zacapa
Copán
Quetzaltenango
Sololá
Sacatepéquez
Kaminaljuyú
Iximché
Jalapa
Chiquimula
Takalik Abaj
Suchitepéquez
Retalhuleu
Chimaltenango
Guatemala City
Mixco Viejo
Jutiapa
Escuintla
Santa Rosa
HONDURAS
Atlántida
Cortés
Santa Bárbara
Yoro
Comayagua
Ocotepeque
Intibucá
Lempira
Francisco Morazán
La Paz
Chalatenango
Santa Ana
Tazumal
Cerén
San Andrés
Cabañas
Ahuachapán
Sonsonate
La Libertad
San Salvador
San Vicente
Morazán
La Unión
Valle
La Paz
Usulután
San Miguel
Choluteca
Océano Pacífico
EL SALVADOR

Es wird vermutet, dass die Maya vor vielen tausend Jahren vom nordöstlichen Mexiko bis ins heutige Tabasco zogen und dann weiter nach Chiapas und Guatemala, ins Petén-Tiefland, das dann später zu ihrem Kernland wurde. Zuvor hatten sich die Huasteken, die in den heutigen mexikanischen Bundesstaaten San Luis Potosí und Tamaulipas leben, kulturell und linguistisch abgespalten.

Später, nach dem Niedergang der Mayastädte des Zentralgebiets zwischen 750 und um 900 n.Chr., verschob sich der Mittelpunkt der Mayakultur auf die Halbinsel Yucatán, wo mit Uxmal, Chichén Itzá und anderen Stadtstaaten eine Maya-Renaissance begann.

Das Eindringen der Tolteken vom zentralmexikanischen Hochland nach Yucatán um das Jahr 1000 stellte eine erneute Zäsur dar und schließlich versetzten ab 1540 die spanischen Konquistadoren den übriggebliebenen postklassischen Maya-Königreichen den vernichtenden Schlag. Das letzte war das der **Itzáes** am Petén-See (heute Guatemala, Flores, vormals Tayasal), das sich den Spaniern aber erst 1697 ergab.

Archäologisch wiederentdeckt wurde die Maya-Kultur u.a. durch John L. Stephens und den Briten **Frederick Catherwood,** die zwischen 1839 und 1842 genaue Zeichnungen von ihren Entdeckungen in Chiapas und Yucatán anfertigten. Weitere Maya-Forscher waren der Engländer **Alfred Maudslay,** der Deutsch-Österreicher **Teobert Maler** (1842–1917), der im Gefolge von Kaiser Maximilian nach Mexiko kam und wohl die meisten Mayastätten entdeckte, sowie der Franzose **Désiré Charnay,** der wie Maler von zahlreichen Stätten Fotografien anfertigte.

Zwei Supermächte

Das ausgedehnte Siedlungsgebiet der Maya zwischen Karibik und Pazifik war kein einheitlicher „Staat“ mit einer politisch-militärischen Zentralmacht (wie der aztekische), sondern eine kulturelle Hegemonie mit einer einheitlichen Sprache, die auf politisch autonomen, weit auseinanderliegenden, oft konkurrierenden Stadtstaaten basierte. **Tikal** (Guatemala) und **Calakmul** (Campeche) waren in der Klassischen Zeit die beiden Supermachtblöcke der Maya, wobei Calakmul die größte aller Mayastädte überhaupt ist (dort entdeckte man bislang über 6000 Architektur-Strukturen auf ca. 25 qkm). Beide Machtzentren standen sich feindlich gegenüber, hatten Vasallenstaaten, zwischen denen es immer wieder zu Kriegen kam. Die Maya-Könige waren keinesfalls nur friedliebende Herrscher, sie waren auch machthungrig und Kriegszüge ein legitimes Mittel zur Expansion und zur Gründung neuer Städte. Nach dem Tod von König Pacal in Palenque 683 endeten die Machtkämpfe im zentralen Maya-Gebiet und es kam zum **rätselhaften Niedergang der Metropolen:** die Städte wurden von ihren Bewohnern verlassen und vom Urwald überwuchert (Exkurs darüber s.S. 355).

■ *Maya-Leben in Palenque*

Ökonomische Basis im Gebiet der Maya war eine intensive Agrarwirtschaft und der Handel mit Jaguarfellen, Kautschuk, Quetzalfedern, Honig und weiteren Gütern. Dabei folgten die Handelsrouten oft den Flussläufen und führten nördlich bis ins mexikanische Hochland, nach Süden entlang der Yucatán-Küste bis nach Honduras, Nicaragua und Panama. Seehäfen waren *Xicalango* und *Tulúm.*

Fantastische Jenseitsvorstellungen

Die archaischen Maya hatten eine **polytheistische Religion,** die eine überaus wichtige und zentrale Rolle spielte und alle Lebensbereiche durchdrang. Von Anfang an gab es die Vorstellung eines Zusammenhangs zwischen der **zyklischen Schöpfung und Zerstörung der Welt** und somit einer **engen Schicksalsgemeinschaft zwischen Menschen und Göttern.** Um ihre Gunst zu erlangen, um sie gnädig zu stimmen oder damit die kosmische Ordnung nicht gestört wurde, mussten den Göttern Opfer dargebracht werden. Diese wurden auf den Pyramiden und Zeremonialplätzen von den Priestern, die wichtige Persönlichkeiten waren und großen Einfluss auf Herrscher und Volk hatten, in Form von Kulthandlungen zelebriert. Auch Opferungen von Menschen – und Selbstopfer („Götter, Blut und Visionen", s.S. 369) – waren üblich. Dadurch wurde nicht nur die Verbindung zu den Göttern hergestellt, sondern außerdem die Kontinuität des Lebens gewährleistet. Die Götter konnten auf der Erde nicht in übernatürlicher, sondern nur in menschlicher Gestalt auftreten, als Gottkönige *ahauob* (sing. *ahau).* Die **Maya-Herrscher identifizierten sich mit den Ahnengöttern,** verstanden sich als deren irdische Manifestation. Die Götter hatten die Welt mehrmals zerstört, bevor sie schließlich die **ersten Menschen** – nach zwei Fehlversuchen mit Lehm und Holz – aus **Maismasse** erschufen. Mais, einziges Getreide der Maya, war der Urstoff des Lebens überhaupt.

■ *Ein Maya-Priester vollzieht ein Menschenopfer (Chichén Itzá, Templo de los Jaguares)*

Diese Schöpfungsmythen sind im *Popol Vuh* („Buch des Rates") der Quiché-Maya in umfangreichen Texten festgehalten, wie auch ihre **kosmogonischen Vorstellungen,** ihre Theorien von der Entstehung der Welt, die zu den fantasievollsten aller Völker zählen. Ihr schamanistisches Weltmodell basiert auf dem Urbild eines **mehrschichtigen Universums** mit **Oberwelt** (das Weltall), **Mittelwelt** (die Erde) und **Unterwelt** *(xibalba).* Das Himmelsgewölbe bestand aus 13 Ebenen, in denen die Gestirne, die ebenfalls zu den Göttern zählten, zusammen mit *Itzamná,* der obersten Gottheit, lebten. Die Erde stellte man sich als eine im Urmeer zwischen Himmel und Unterwelt schwimmende Schildkröte vor. **Xibalba** bestand aus 9 Ebenen, in der tiefsten lebte *ah puch,* der Gott des Todes. Weltall, Erde und Unterwelt waren jeweils in 4 Sektoren aufgeteilt, die den Himmelsrichtungen entsprachen, und eine zentrale Achse, der kreuzförmige **Weltenbaum** (*wacah chan,* **s. Abb.**), in der Ikonographie versinnbildlicht durch den Baum *ya'axché* (Ceiba) oder auch durch eine Maispflanze, verband die kosmischen Ebenen Himmel, Erde und Unterwelt.

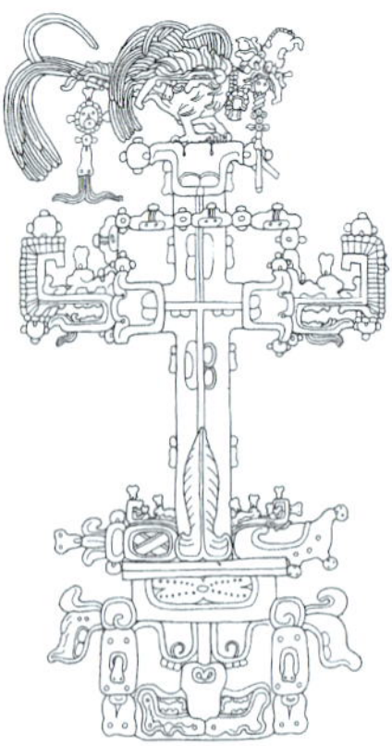

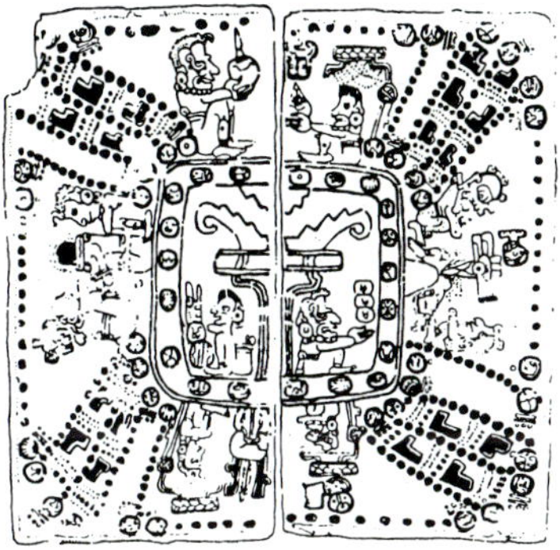

Auch bei heutigen Mayavölkern leben die mythischen Denkweisen und Glaubensvorstellungen ihrer archaischen Vorfahren fort. Sie ehren die Gottheiten der Natur, praktizieren uralte Rituale, halten beschwörende Zwiegespräche mit den alten Göttern und glauben, dass die Seele eines jeden Menschen in einem bestimmten Tier ihre SchwestERseele habe *(chulel).* Ein weiteres bestimmendes Merkmal ist dabei die innige Verflechtung und Vermischung mit den Bräuchen des Katholizismus (Synkretismus).

Weltenmodell der Maya mit den 4 kosmischen Richtungen und mit Tzolkin-Kalender (260 Tage). In der Mitte sitzt unter dem Weltenbaum der höchste Gott Itzamná mit seiner Gefährtin.

Gottheiten und Götter (s.a. „Kleine Götterkunde S. 725)

■ *Chaak*

Das Pantheon der Maya bestand aus Hunderten von Gottheiten für jeden Bereich und Aspekt menschlicher Existenz. Sie verkörperten die Kräfte der Natur, die Himmelskörper, den lebenswichtigen Regen, den Tod usw. und wurden mit unzähligen Themen und Objekten assoziiert. So gab es z.B. **Patronatsgötter** für Tage, Monate und Zahlen, männliche und weibliche, menschen- und tiergestaltige Götter, für eine ältere und eine jüngere Götter-Generation. Einige traten gleich viergestaltig auf oder, wie die Götter der Unterwelt, immer nur paarweise. Solche Vorstellungen machen klar, warum die Gottheiten der Maya so schwer zu „fassen" und zu beschreiben sind. Es gab jedoch keinen absoluten Gottkönig, keinen *ahau.* Die Mayanisten benennen die Götter mit simplen Buchstaben, weil man sich ja letztendlich nicht 100%ig über ihre Funktion sicher ist. Unter denjenigen, denen geopfert wurde, waren z.B.:

■ *Itzamná*

■ der Regen-, Wasser- und Fruchtbarkeitsgott **Chaak** (Gott B), erkennbar an seiner Rüsselnase, die archäologischen Stätten Yucatáns sind geradezu übersät von ihm; bei den Darstellungen in den *códices* schwingt er oft eine Axt bzw. ein Beil; die Maya legten Donner und Blitze als geworfene Beile aus.

■ der Himmels- und Schöpfergott **Itzamná** (Gott D), erkennbar an seiner Hakennase, verwandt mit dem Windgott

■ der **Maisgott** (Gott E); **Abb. l.u.**

■ die Regenbogen-, Mond- und Fruchtbarkeitsgöttin **Ix Chel** (Göttin D), die in der Sichel des Mondes sitzt und manchmal einen Hasen in ihren Armen hält; **Abb. r.o.**

■ der Gott des Windes **Ik**

■ der Schutzpatron der Handelsreisenden und des Kakaos, der lang- (oder phallus-)nasige Gott **Ek Chuak**

■ Todesgott **Ak Puch** (Gott A, **Abb. r.**), erkennbar an seinem Totenschädel, auch als *Yum Kimil, Kimi* oder *Kisin* bekannt

■ der „Herabstürzende Gott" bzw. der Bienengott **Ah Mucen-Cab** (Abb. s. bei Tulúm).

Kukulkán

Später, während der Okkupation Chichén Itzás durch die Tolteken, kam dann noch der Urgott der Nahua-Völker Quetzalcóatl hinzu, bei den Maya heißt er **Kukulkán.**

Als gottesähnlich wurde außerdem der **Ceiba-Baum** verehrt. Bei den Tieren verkörperte die Schlange den Regen, der Jaguar oder Ara die Sonne, die Fledermaus oder Eule den Tod. **Götterbildnisse** schufen die Maya in Form von vollplastischen Skulpturen, Reliefs und fantasievoll-bizarren **Stelen** (bes. Copán, Honduras). Auf Abbildungen und Wandmalereien stellte man sie als groteske, wenig vertrauenserweckende anthropomorphe Kreaturen (menschlich-tierische Mischwesen) dar, und in den *códices* als buntfarbene Illustrationen.

Gesellschaftliche Gliederung

Die Gesellschaftspyramide der Maya, die sich im Lauf der Jahrhunderte herausgebildet hatte, bestand nicht nur aus Herrschern und Sklaven, sondern sie war wesentlich vielschichtiger und differenzierter. An der Spitze stand der König des Stadtstaates, der *halach uinic* („wahrer Mann"), der die Götter auf der Erde repräsentierte bzw. der seine Abstammung von den Göttern ableitete und mit unumschränkter Macht große Populationen regierte. Er stützte sich auf die Gouverneure, die *bacabes,* die die ihnen unterstehenden Städte und Territorien befehligten. Danach kam die Schicht der Adligen, der Gelehrten und Priester, die alle ihr spezifisches Aufgabenfeld hatten und vom *ahau can,* vom „Schlangenherr" angeführt wurden. Hohes Ansehen genossen die Baumeister der Tempel und die Kunsthandwerker, während die Bauern, die dem Herrscher Tribut in Form von Abgaben und Arbeit beim Tempelbau leisten mussten, die Unterschicht bildeten. Unter ihnen standen nur noch die Diener und Sklaven, *pentacoob* genannt, die meist Kriegsgefangene oder Kinder von Sklaven waren.

Schematisches Gemälde der klassischen Gesellschaftsstruktur der Maya in standesgemäßen Trachten und Posen: an der Spitze thront über allen der König, der halach uinic. Unter ihm stehen die Gouverneure, gefolgt von Angehörigen des Adels, der Priester- und Gelehrtenschaft. Die dritte Schicht bildeten Baumeister, Künstler und Kaufleute. Zuunterst das „gemeine" Volk, Bauern, Diener, Sklaven.

Verschlüsselte Botschaften

Die Maya führten über alles mögliche Buch: über ihre Herrscherdynastien (vor allem darüber, denn damit bewiesen die Herrscher ihre göttliche Abstammung), über Rituale, ihre Geschichte und Mythologie. Sie meißelten ihre Glyphenbotschaften in Wände, Treppenstufen und Türsturze, verzierten mit Stuck-Hieroglyphen Pfeiler, Panele und Altäre oder fixierten ihr Wissen in faltbaren Bilderhandschriften, den *códices* aus Rindenbast.

Äußerst grandios sind ihre mächtigen **skulptierten Stelen,** auf denen sie alle wichtigen historischen, politischen und sakralen Ereignisse festhielten.

Nur die Priester konnten die äußerst komplizierte **Maya-Schrift** aus Zeichen und Symbolen (Glyphen) lesen, besser gesagt deuten, denn sie basiert nicht auf einem Alphabet, sondern sie **ist eine Mischung von ideographischen und phonetischen Zeichen** (Bildzeichenschrift und Lautschrift). Wörter oder abstrakte Begriffe konnten entweder als ein Bild (Ideogramm oder Logogramm) oder durch die Verbindung phonetischer Zeichen (Silbenzeichen) „geschrieben" werden. Komplizierterweise waren die Ideogramme dabei nicht unbedingt Abbilder der Dinge, die sie zeigten, das gleiche Zeichen konnte an anderer Stelle eine ganz andere Bedeutung haben. So wussten die Maya-Glyphologen lange Zeit nicht, welche Glyphen *logographisch* waren (für ein Wort stehen) und welche *syllabisch* (für ein Zeichen stehen).

■ *Stele in Copán*

■ *Glyphe für das Wort Jaguar*

■ *Perioden-einheit Glyphe*

■ *Glyphenband von Palenque*

In jüngster Zeit machte die Entschlüsselung große Fortschritte, heute sind etwa 75% der rund 800 Maya-Schriftzeichen, die je zur Hälfte aus Wort- und aus Silbenzeichen bestehen, dekodiert. Intellektuelle Pionierarbeit leisteten der Philologe *Ernst Förstemann* (1822–1906), der das gesamte Zahlen- und Kalendersystem und die astronomischen Tafeln des Dresdner Códex entzifferte, der vielseitige russische Schriftforscher *Yuri Knorozov* (1922–1999), der als Erster erkannte, dass die Mayaschrift Silbenzeichen besitzt, die US-Amerikanerin russ. Abstammung *Tatjana Proskouriakoff* (1909–1985), der die ersten Glyphenidentifizierungen gelangen, der Deutschmexikaner *Heinrich Berlin* (1915–1987), der 1958 den Nachweis ortsspezifischer Emblemglyphen führte, und gegenwärtig der Altamerikanistik- und Maya-Experte *Nikolai Grube.* Auf keinem anderen Gebiet der Altertumswissenschaften verändern sich die Forschungserkenntnisse so schnell und markant wie in der Mayanistik, und sicherlich wird in Zukunft manches Kapitel ganz anders geschrieben werden müssen. Für den unerklärbaren Rest bleibt uns nur Bewunderung.

Códices – Bilderhandschriften

Die *códices* (sing. *códex*) sind die wichtigsten Dokumente über das Leben der altmexikanischen Völker der Nahua (Azteken), Mixteken und Maya. Es sind ziehharmonikaartig gefaltete (bis zu 6,5 m lang) oder gerollte Bilderhandschriften auf Bastpapier *(amatl).* Die bebilderten Hieroglyphentexte beschreiben historische, religiöse, mythologische und astronomische Themen. Das Papier wurde aus den Fasern der Feigenbaumrinde gefertigt und vor dem Beschreiben und Bemalen mit einer dünnen Kalkschicht geglättet und versiegelt. Einige wurden von spanischen Mönchen, die die Náhuatl- oder Maya-Sprache beherrschten, mit Übersetzungs-Kommentaren versehen. **Abb.: Códex Dresden**

Von den einst Hunderten Códices wurden fast alle von der Conquista und der Kirche planmäßig zerstört (Bischof Landa von Yucatán, Maní), und so gibt es von den vielen **Maya-Códices** heute nur noch drei, die nach ihrem Aufbewahrungsort benannt sind: **Códex Dresdensis** (Dresden), **Peresianus** (Paris), und **Tro-Cortesianus** (Madrid; mit 6,7 m der längste und besterhaltene der drei). Der Dresdner Códex entstand vermutlich zwischen 1000 und 1200 auf Yucatán, kam 1739 von Wien in die Dresdner Königliche Bibliothek, ist 3,5 m lang, 20,5 cm hoch und zu 39 Seiten à 9 cm Breite gefaltet. Er enthält überwiegend kalendarische und astronomische Berechnungen von Venus und Mond, die beiden anderen Códices rituelle und prophetische Mitteilungen. Der *Códex Grolier* ist nur ein Fragment und befindet sich im Anthropologischen Museum in Mexiko-Stadt, wo es auch Kopien der anderen gibt. Von den **Mixteken-Códices** sind noch ca. 20 vorhanden, der bekannteste ist der *Códex Nuttall*. **Nahua(Azteken)-Códices** sind *Códex Mendoza, C. Humboldt, C. Borgia* u.a.

Chilam Balam („Bücher des Jaguarpriesters") ist der Sammelname für über **10 Maya-Handschriften** in yucatekischem Maya und lateinischer Schrift, benannt nach den *chilam* (oder *chilanes*), die bei den Maya zuständig waren für Orakel und Weissagungen. Die Textsammlungen enthalten auf über 1000 Seiten Berichte vom Schöpfungsmythos der Maya, Prophezeiungen, Legenden, ihr kosmologisches und astronomisches Wissen sowie Chroniken vergangener Zeiten.

Das Zahlen- und Rechensystem der Maya

Aus nur drei Zeichen, nämlich einem Punkt für die „1", einem waagerechten Balken für die „5" und einer ovalen Muschel für die „0" konnten die Maya, in Kombination mit den *„Kopfzahlen"* (s.u.), jede Zahl und Zahlenmenge darstellen. (Unser Zahlensystem hat bekanntlich zehn Zeichen, die römischen Zahlen sieben.) Mehr als vier Punkte und drei Striche durften nicht verwendet werden und somit war die größte Zahl in Strich-Punkt-Notation „19". Genial war der Einsatz der „Null" als Stellenwert. Gerechnet wurde nicht nach dem Dezimalsystem (1 – 10 – 100 usw.), sondern nach dem **Vigesimalsystem** (1 – 20 – 400 – 8000 usw.):

„... sie zählen immer mit Fünfern bis zwanzig, mit Zwanzigern bis einhundert, mit Hundertern bis vierhundert und mit Vierhundertern bis achttausend", beschrieb Diego de Landa den Umgang der Maya mit Zahlen.

Der Mensch mit seinen 10 Fingern und 10 Zehen war für die Maya eben das göttliche Maß der Dinge (doch nicht nur bei ihnen, fast alle mesoamerikanischen Völker, auch die Azteken, verwendeten ein Zwanzigersystem, gleichermaßen in Europa finden sich Vigesimal-Relikte z.B. im Französischen: 80 = quatre-vingts, „vier [x] zwanzig").

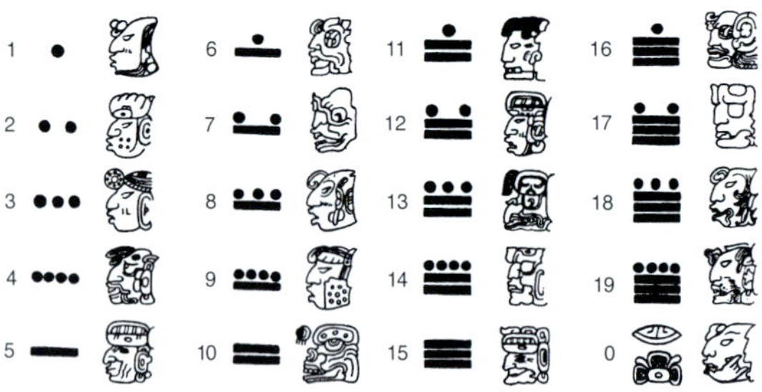

■ *Zahlen als Köpfe, Striche und Punkte ...*

Zahlen konnten die Maya aber nicht nur numerisch mit dem Punkt-Strich-System darstellen, sondern außerdem durch sog. **Kopfzahlen**, bildliche Darstellungen menschlicher Köpfe in Variationen **(Abb. links).**

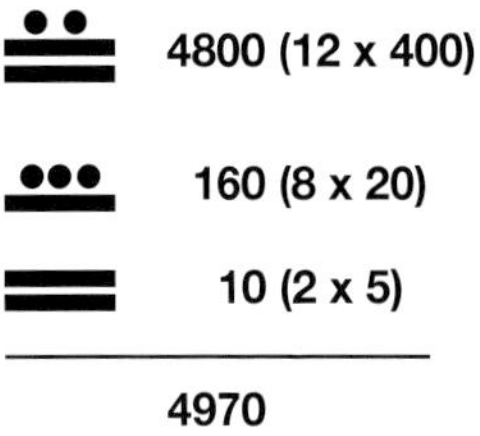

■ *Addition auf Maya ...*

Zahlen größer als 19 wurden nicht durch nebeneinanderliegende Zahlzeichen geschrieben, sondern man ordnete sie in Kolumnen vertikal übereinander an, wobei der geringste (Einer-)Wert Grundposition war. Zahlen der 2. Position von unten hatten den Koeffizienten 20 (x 20), die dritte Position 400 (x 400) usw., unbegrenzt nach oben, und so konnte jede Zahl beliebiger Größe niedergeschrieben werden. Dieses Verfahren ermöglichte überdies Multiplizieren und Dividieren.

Kulturhistorisch hatten die Maya ihr numerisches System, ihre Schrift und auch den Kalender jedoch nicht „von Anfang an" erfunden, sondern sie bauten auf dem Wissensvermächtnis früherer Zivilisationen auf, vor allem auf dem der *Olmeken* und entwickelten es weiter. Nach heutigem Wissensstand waren es die Menschen von Monte Albán, die den ersten Kalender schufen (etwa 5. Jh. v.Chr.). Das Prinzip der „langen Zählung" übernahmen die Maya wahrscheinlich von den *Mixe-Zoque*-Völkern, ihren westlichen Nachbarn im heutigen Staat Oaxaca. Die frühesten Nachweise für die Existenz dieser Zählweise stammen aus der Zeit zwischen 50 v.Chr. und 200 n.Chr.

Der Kalender der Maya

Die archaischen Maya waren geradezu besessen von Zahlen und der kalendarischen Zeitbestimmung, dem Datieren von Ereignissen und der Genealogie von Herrschern. Tieferer Grund mag vielleicht ihr Glaube und ihr Weltbild von der regelmäßigen Zerstörung und Neuschöpfung des Universums gewesen sein (in der Maya-Mythologie befinden wir uns derzeit im 4. Schöpfungszyklus, bei den Azteken in der „5. Sonne"). Vielleicht versuchten sie auch, mit der Zeitergründung und -messung die Zeiten-Zyklen „in den Griff zu bekommen" – die Götter waren die Zeit und die Zeit waren die Götter ...

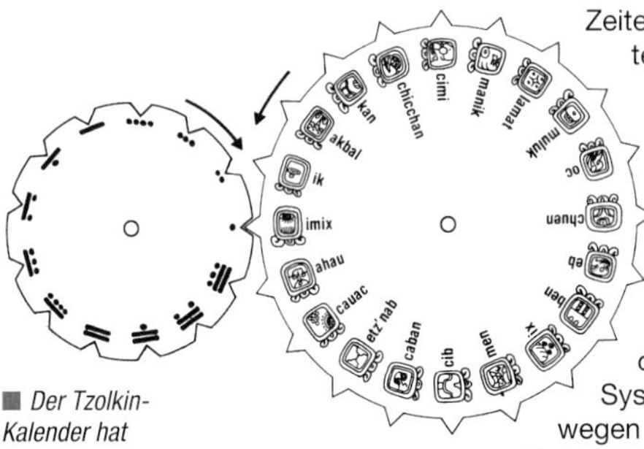

■ *Der Tzolkin-Kalender hat 260 Tage. Jeder Tag ist eine Kombination zwischen einer Zahl von eins bis dreizehn und einem der zwanzig Tagesnamen*

Mit ihren erstaunlichen mathematischen und exakten astronomischen Kenntnissen entwickelten sie ein hochkompliziertes, doch in sich schlüssiges und unserem früheren Julianischen Kalender überlegenes chronologisches System (dieser musste ja bekanntlich wegen seiner Ungenauigkeit 1582 um 10 Tage „vorgestellt" werden). Kleinste Zähleinheit der mayanischen Kalendergelehrten war immer ein ganzer Tag, was sie aber in gewisse Probleme brachte, weil sie Bruchzahlen nicht kannten, ein Sonnenjahr oder ein Mondmonat aber bekanntermaßen ja auch Tagesbruchteile enthält. Diese Überhänge bzw. Synchronisationsfehler wurden durch rechnerisch eingeschobene ganze Tage kompensiert (wie bei unseren Schaltjahren) und durch die Beobachtung und Kenntnis, dass z.B. alle 52 Jahre Sonne und Venus die gleiche Stellung zueinander haben, und dass 5 Venusjahre à 584 Tagen exakt 8 Sonnenjahren entsprechen. So differierte das Mayajahr mit 365,2420 Tagen nur um ganze 2/10.000 Tage (= ca. 17 Sekunden) gegenüber unserem heutigen astronomischen Jahr mit 365,2422 Tagen! Die Bahnverläufe der Sterne und der sichtbaren Planeten oder die Tagundnachtgleichen konnten so verblüffend präzise vorbestimmt werden und ermöglichten, Tempel und Pyramiden exakt auszurichten, z.B. für das Schattenspiel der herabwindenden Schlange in Chichén Itzá. So waren auch lange Voraussagen von Sonnen- und Mondfinsternissen möglich. Apropos Venus: nach Sonne und Mond war sie für die Maya das drittwichtigste Himmelsgestirn, galt aber als böses Omen.

Zwei Kalendersysteme

Die Maya hatten zwei Kalendersysteme, den **Sonnenkalender Haab** und den **Ritualkalender Tzolkin.** Das Sonnen- oder Gemeinjahr **Haab** umfasste **360 Tage**, unterteilt in **18 Monate** zu je **20 Tagen plus** einem 19. Kurzmonat von **5 Tagen** (*uayeb*, „Schläfer des Jahres"; diesen Tagen wurden unheilbringende Eigenschaften zugeschrieben). Jeder Tag *(kin)* und jeder Monat *(uinic)* hatte einen Namen, das Jahr hieß *tun.* Man zählte die Tage von 0 bis 19, und in Verbindung mit einem der 18 Monatsnamen konnte so jeder Tag benannt werden. In der Mitte des 16. Jh. begann das Haab der Maya Mitte Juli, der erste Monat war *pop.*

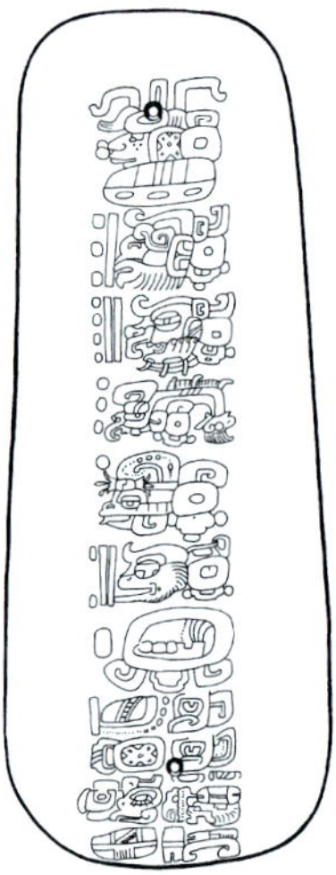

■ *Die Kalenderglyphen der „Leidener Platte" zeigen die Schreibweise der Daten der „Langen Zählung" (Initialserie): Ganz oben die Einführungsglyphe, darunter:*
8 baktun
14 katun
3 tun
1 uinal
12 kin
1 eb
= 583881 = 16. Sept. 320 n.Chr. – Ganz unten die Namens- und Emblemglyphe

Der **Tzolkin** („Heilige Runde") war für die Maya der wichtigere Kalenderzyklus, denn nach ihm wurden die Termine für Zeremonien und religiöse Feste festgelegt und die Priester benutzten ihn für Prophezeiungen. Der Tzolkin-Kalender zählte nur **260 Tage.** Jeder Tag wurde mit einer Zahl zwischen 1 und 13 und einem der 20 Tagesnamen bezeichnet, er bestand also aus einer Nummer und einem Namen (1 Imix, 2 Ik, 3 Akbal usw. bis 20 Ahau). Erst nach dem Ablauf von 260 Tagen (20 x 13) trat wieder der Fall ein, dass ein Tag dieselbe Tageszahl und denselben Tagesnamen hatte.

Sonnen- und Ritualkalender waren miteinander verschränkt, d.h., sie griffen – bildlich gesprochen – mit ihren drei Zeitkreisen wie Zahnräder ineinander. Das gleichzeitige Zusammenfallen des Beginns des Sonnenkalenders mit dem Beginn des Ritualkalenders am gleichen Tag (Koinzidenz) trat erst nach 52 Haab- oder 73 Tzolkin-Jahren ein (73 x 260 = nach 18.980 Tagen). Ein solcher 52-Jahres-Zyklus war die höchste Einheit der Zeitrechnung und wird **Kalenderrunde** genannt. **Der Beginn einer neuen 52-Jahresperiode war ein besonderes Datum** und wurde z.B. als der geeignete Zeitpunkt für den Bau neuer Paläste oder Pyramiden angesehen (oder für deren Überbauung). Auch bei anderen Völkern Mesoamerikas, wie z.B. bei den Azteken, war dieser Zählzyklus gebräuchlich.

Da die Messung bzw. Zählung von ununterbrochenen Zeitstrecken länger als 52 Jahre jedoch auch mit diesem Doppel-System nicht möglich war, brachten die zeitversessenen Maya noch einen vierten Faktor ins Spiel, nämlich die Zähleinheiten des Sonnenjahres Haab: *kin* (Tage), *uinic* (Monate) und *tun* (Jahre). Sie legten fest, dass 20 *tun* ein *katun* war (7200 Tage), 20 *katun* ein *baktun* (144.000 Tage) und 20 baktun ein *pictun* (8000 Jahre) usw., jeweils im Vigesimalsystem x 20. Mit diesen zusätzlichen numerischen Koeffizienten verbunden, konnten nun Daten aus der Kalenderrunde Tausende, ja Millionen Jahre gradlinig, vorwärts- oder rückwärtsgerichtet, taggenau bestimmt werden, die seit dem Nullpunkt des mayanischen Kalenders im 4. Jahrtausend v.Chr., am 11. August 3114 (s.u.) vergangen waren. Dies wird als **„Lange Zählung“** (oder „Initialserie“) bezeichnet, ihr Gebrauch wurde um 900 n.Chr. mit dem Zusammenbruch des mayanischen Klassikums aufgegeben (die 20-jährige *katun*-Zeitperiode blieb bei den Maya jedoch bis heute immer ein wichtiger Zeitabschnitt).

Land/Leute

Ein Inschriften-Datum wurde dann als eine Kolumne von *baktun, katun, tun, uinic* und *kin* dargestellt (die Ziffern meist als Kopfzahlen und seltener als Punkte, Balken und Nullen). Die fünfstellige Notation **2.12.15.4.7** (hier im Buch waagerecht geschrieben) weist als senkrechte Additionsrechnung dann folgende Summanden bzw. Tagesmengen auf:

2 *baktun* (2 x 144.000 Tage), 12 *katun* (12 x 7200 Tage), 15 *tun* (15 x 360 Tage), 4 *uinic* (4 x 20 Tage) und 7 *kin* (7 Tage). Zusammengezählt ergibt dies eine bestimmte Summe von Tagen und durch 365 Tage geteilt eine Jahreszahl.

Bleibt nur noch die spannende Frage, wie man auf das fiktive „Nulljahr“ der Maya kam. Bischof *Diego de Landa* von Yucatán (s.S. 218) hielt in seinen Notizen über die Zeitrechnung der Maya fest (er beschrieb genau die Funktionsweise des Ritualkalenders Tzolkin), dass das Jahr 1553 mit dem Ende eines 52-Jahres-Zyklus (52 Haab-Jahre, Kalenderrunde) zusammenfiel, und dass kurz vor der Gründung Méridas 1542 der Maya-Zyklus 11.16.0.0.0. zu Ende gegangen war. Nun brauchte „nur noch“ zurückgerechnet werden (der Amerikaner J. Goodman hatte anfangs des 20. Jh. diese geniale Idee), um auf die Zahl **11. August 3114** v.Chr. zu kommen – dem **Jahr 0 der Maya-Zeitrechnung**, geschrieben als 13.0.0.0.0, entsprechend 5128 Jahren. In Korrelation mit dem christlichen Kalender konnten nun alle Maya-Datumsangaben in unsere Kalenderjahre übersetzt werden – was allerdings zuvor die Entschlüsselung der Maya-Ziffern voraussetzte! Der derzeitige Zyklus aus 13 *baktun* ging am 21. Dezember 2012 zu Ende – ohne befürchteten Weltuntergang!

In Wirklichkeit ist das Kalendersystem der Maya wesentlich komplizierter als hier kurz dargestellt werden konnte, es gibt dicke Fachbücher und auch Websites darüber (hervorragend ist www.pauahtun.org/calendar/tools.html).

Was bleibt, ist aber die Tatsache, dass die archaischen Maya mathematische Genies waren und **keine andere Kultur der Erde je ein genaueres und längerwährenderes Kalendersystem** entwickelt hat.

Kunst der Maya

Die Maya waren künstlerisch sehr begabt, sie leisteten auf nahezu allen Feldern Großartiges und brachten wunderbare Kunstwerke hervor (selten war es jedoch eine rein dekorative oder abstrakte Kunst, die meisten Werke enthielten immer auch eine Botschaft). Ihre harmonisch proportionierten **Skulpturen,** die sich durch Plastizität und Detailreichtum auszeichnen, stellen Gottheiten, Herrscher, Tiere und Personen dar. In

Steinplatten, Tableaus und **Stelen** meißelten Bildhauer akkurat rituelle, mythische und symbolische Motive und zahllose Glyphen und Daten (zur Steinbearbeitung wurden Meißel aus Obsidian oder Feuerstein benutzt). Auch **Ton** als Werkstoff war den Maya-Künstlern geläufig (Tonfiguren der Insel Jaina), doch am meisten verwendeten sie **Stuck.** Dieses Gemisch aus Ton- oder Kalkmergel (*sascab* oder *sahcab*) bzw. gebranntem Kalkstein und Wasser ist ein hervorragendes Werk-material. Daraus modellierte man überlebensgroße, vollplastische Göttermasken und filigrane Reliefs zum Schmuck von Bauten, auf Wänden diente es als Putz und Malgrund.

■ *Brasero ceremonial (Räuchergefäß) aus Mayapán, Gott Chaak darstellend, Postklassik*

Die Maya waren außerdem Experten in der Herstellung von **Muschelschmuck** und bei der Bearbeitung ihres wertvollsten Materials, des **Jade** (Jadeit). Aus dem „grünen Gold der Maya“ (Jade und Quetzalfedern waren bei den Maya der Inbegriff des Kostbaren) fertigten sie Schmuckobjekte wie Ohrpflöcke und -scheiben, Halsketten, Pektorale, Statuetten und Jadeköpfe sowie mit Jadeplättchen belegte **Masken –** sie zählen zu den großartigsten Kunstwerken, die uns die Maya hinterließen.

■ *re.: Räuchergefäß von Palenque mit dem Gesicht des Sonnengotts Kinich Ahau*

Desgleichen war die **Keramik** hochentwickelt. Gebrauchstonwaren – z.B. Gefäße, Urnen, Töpfe, Teller, Weihrauchbehälter – aus rotem oder grauem Ton wurden entweder an der Luft getrocknet oder im Feuer gebrannt. Künstlerische, formschöne Objekte und zylindrische Vasen bemalte man bunt (Vasenmalerei) oder verzierte sie mit Ritzdekor, oft ergänzt durch Kalenderglyphen. Die Töpferscheibe wurde von den Maya jedoch nicht eingesetzt, sie betrieben auch keine Goldschmiedekunst.

Dagegen schufen sie wiederum in der **Malerei** mit der bildlichen, vielfarbenen Darstellung von Menschen, Göttern und Tieren zeitlose und meisterhafte Kunstwerke. Höchster Ausdruck dessen sind die berühmten Fresken von *Bonampak.*

■ *Pintura mural (Maya-Wandgemälde) „Küstendorf“, Templo de los Guerreros in Chichén Itzá; rechts oben Kukulkán, in den Booten Tolteken-Krieger*

Des weiteren wurden Masken, Tiere und symbolische Elemente zur Verzierung von Wänden oder zu der Ausschmückung von Bilderhandschriften meisterhaft ausgeführt.

Mehr Maya Die Kultur und Geschichte der Maya ist so umfangreich und komplex, dass sie endlose Seiten füllen würde. Ich möchte es hiermit (vorerst) belassen, an anderen Buchstellen steht weiter Wissenswertes. Wer tiefer „einsteigen" will, findet in der Literaturliste im Anhang Buchempfehlungen. Drei hervorragende Maya-Bildbände, die neueste Forschungsergebnisse internationaler Wissenschaftler enthalten, sind besonders zu empfehlen: „Maya – die klassische Periode", „Maya – die nachklassische Periode (Verlag Hirmer, München) sowie „Maya – Gottkönige im Regenwald" von Nikolaus Grube, Könemann Verlag.

Auch im Internet gibt es viele Maya-Seiten: www.mayadiscovery.com • www.mesoweb.com • www.halfmoon.org • www.famsi.org • u.a.

Die Städte der Maya

Kein anderes Volk ganz Amerikas hat so versessen gebaut wie die Maya. Sie errichteten im Klassikum gewaltige Städte mit einer unvergleichlichen Architektur. Staunend standen die Spanier einst vor den großartigen Pyramiden, Tempeln und Palästen, und überwältigt ist auch heute noch jeder Tourist, der in Chichén Itzá, Palenque, Uxmal, Yaxchilán oder in einer anderen der unzähligen archäologischen *sitios* umherwandert (die Zahl aller Mayastätten wird auf über 70.000 geschätzt!).

Alle großen Mayastädte, ob im dichten Urwald oder auf der flachen Yucatán-Halbinsel, waren von mythisch-religiösen Vorstellungen beeinflusst und wurden auf Anordnung von Herrschern als politisch-machtvolle Metropolen ausgebaut. Es waren keine Handels- oder Wohnstädte, sondern **primär Zeremonialzentren** für die Ober- und Führungsschicht des Volkes. Nur Priester, Adlige und der Herrscher und seine Sippe durften sich in ihnen aufhalten. Das bäuerliche Volk lebte verstreut in der Umgebung in Holzhütten. Die **Chozas,** die einräumigen Hütten der Maya mit ihren lehm- und stuckverputzten Stangenwänden und Dächern aus Guano-Palmwedeln, haben sich in ihrem Bautyp bis heute nicht verändert.

Mayastädte wurden im Regenwald möglichst der Nähe von Flüssen errichtet, denn so konnte leicht Baumaterial herangeschafft und mit Booten zur nächsten Siedlung gefahren werden. Auf der knochentrockenen Halbinsel Yucatán waren für Gründungen *cenotes* ausschlaggebend. Dort waren die Städte teils durch sehr lange, gradlinige *sakbeob* („weiße Straßen", Sing. *sakbe*) miteinander verbunden.

■ *Mayastadt-Becán* *(S. 212)*

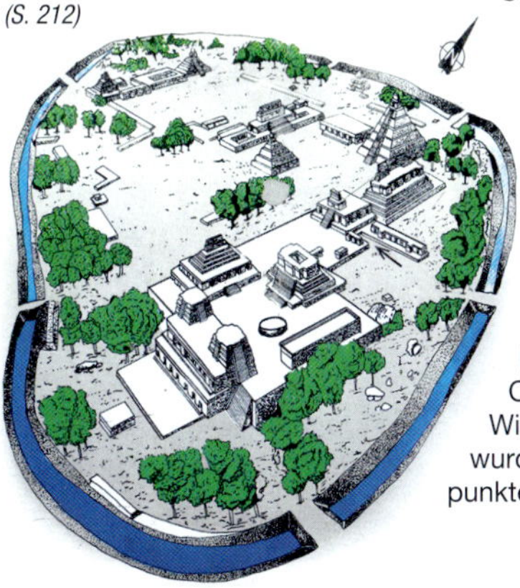

Die **Stadtarchitektur** der Maya lässt kein einheitliches Schema erkennen, doch die Gesamtwirkung der Bauten und die Anlage der Städte ist durchweg von Harmonie und Gleichgewicht geprägt. Die einzelnen Bauten, Tempel und Pyramiden wurden um einen akropolisartigen Mittelpunkt gruppiert, schützende Stadtmauern gab es, bis auf wenige Ausnahmen wie z.B. Tulúm oder Mayapán, keine. Priester und Astronomen beobachteten von Türmen (Palenque) und Observatorien (Chichén Itzá) die Gestirne. Wichtige Pyramiden oder Zeremonialtempel wurden exakt nach astronomischen Bezugspunkten ausgerichtet, z.B. die Kukulkán-Pyramide in Chichén Itzá (s. „Tagundnachtgleiche), und auch in Dzibilchaltún. Als Baumaterial diente auf Yucatán fast durchweg frisch gebrochener Kalkstein, der anfänglich noch relativ weich ist (leicht bearbeitbar) und später durch den Sauerstoff der Luft in einem Oxidationsprozess verhärtet. Geeignete Transport- und Lastengeräte kannten die Maya nicht, das Rad brachten sie z.B. nur bei Kinderspielzeugen an, wie diesbezügliche Funde belegen.

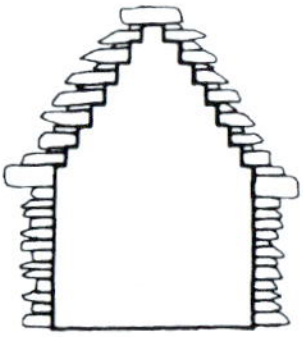

■ *Der berühmte Maya-„Bogen"*

Bautechnisch entwickelte sich eine Vielzahl von speziellen architektonischen Elementen, bekanntestes Beispiel und ein typisches Kennzeichen klassischer Maya-Architektur ist der **Mayabogen** und das **Kragstein-Gewölbe** (span. *bóveda*). Wichtige **Baustile** sind auf Yucatán *Puuc, Chenes, Río Bec* und *maya-toltekisch* (Chichén Itzá). Die Maya waren extrem kleinwüchsig, d.h., die Tempel und Pyramiden mussten auf sie noch monumentaler gewirkt haben als auf uns heutige Hochgewachsene. Viele Eingänge von Bauten wirken deshalb wie für Zwerge gemacht (gut in Tulúm zu sehen).

Die architektonischen Bauleistungen der Maya sind zweifelsohne bewundernswert, doch sollte man auch daran denken, dass die Maya ihre gigantischen Bauvorhaben nur durch diktatorische Anordnungen, Fronarbeit und mit vielen Sklaven und Gefangenen unter mörderischen Bedingungen durchsetzen und verwirklichen konnten (wie auch andere archaische Hochkulturen, z.B. Ägypter oder Inka).

Als zwischen 750 und 900 n.Chr. die Städte verlassen wurden (Exkurs s.S. 355), überwucherte in kürzester Zeit der Urwald die Städte und das Tropenklima tat ein Übriges. Vieles von dem, was der Tourist heute in Uxmal, Palenque, Chichén Itzá und anderswo bewundert, musste über Jahrzehnte hinweg mühselig **rekonstruiert** werden. Alte Fotos und Zeichnungen der ersten Entdecker und Archäologen zeigen die Unterschiede zwischen damals und heute.

■ *Mini-Maya-stadt* ***Xcambó*** *östlich von Progreso (Yucatán-Nordküste)*

Eine Maya-Stadtanlage weist fast immer folgende Elemente auf:

Pyramiden Das Herz einer Maya-Stadt ist gewöhnlich die **Hauptpyramide** mit einem Hochtempel, zu dem meist eine steile Treppe hinaufführt. Manchmal stehen sie auch auf voluminösen, künstlichen Plattformen oder in hügeligem Gelände gegen einen Hang gelehnt (was ihren Bauaufwand verringerte). Im Hochtempel oder vor der Pyramide fanden religiöse Zeremonien statt und bisweilen dienten sie außerdem als Grabstätte für Herrscher (Palenque). Neue bzw. höhere Pyramiden wurden fast immer durch Überschichtung bzw. Ummantelung einer früheren errichtet (Chichén Itzá u.a.). Die berühmtesten Tempelpyramiden der Maya stehen in Tikal, Chichén Itzá und Palenque.

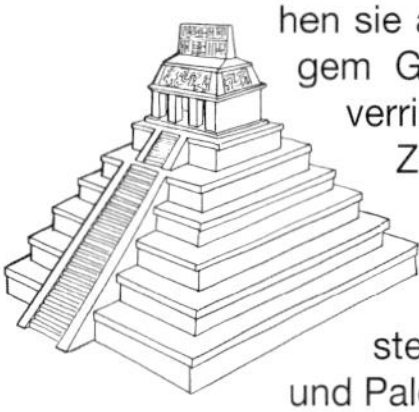

Paläste Als Palast wird ein größeres oder kleineres Gebäude mit diversen Räumen bezeichnet (Kammerpalast). Paläste waren ausschließlich Priestern, Würdenträgern und Herrschern vorbehalten. Ihr architektonisches Grundelement und Konstruktionsprinzip war vor allem das charakteristische **Mayagewölbe** („Kraggewölbe"), mit dem in diversen Ausführungen Räume und Korridore überspannt bzw. überwölbt wurden. Auch Eingänge, Tore oder Maueröffnungen wurden so nach oben hin abgeschlossen. Die meisten Paläste waren außen ein- oder mehrfarbig gestrichen (meist rot und blau), mit Fresken bemalt (Bonampak) und mit Bauskulpturen, Stuck- und Steinreliefs geschmückt. Sehr oft wurden außerdem Hieroglyphentafeln angebracht. Eine Besonderheit der Baugestaltung war der durchbrochene Dachkamm, die *crestería* (Palenque, Yaxchilán).

Exkurs über die Maya-Baustile Puuc, Chenes und Río Bec s.S. 283

Ballspielplätze sind ebenfalls ein Charakteristikum von Mayastädten. Es gab oft gleich mehrere in größerer und kleinerer Ausführung. Das Spiel war jedoch keine alleinige Maya-Angelegenheit, sondern in ganz Mesoamerika verbreitet. Mehr über das Ballspiel im Exkurs, s.S. 244).

Temazcal / Schwitzbäder Ein *temazcal,* ein Dampf- oder Schwitzbad, diente als Reinigungsvorbereitung für Rituale und Zeremonien, aber auch für medizinische Zwecke. Zur Dampferzeugung wurde, wie in einer Sauna, Wasser über zuvor erhitzte Steine gegossen.

Stelen Stelen, die mayanischen „Litfasssäulen", waren fast immer Bestandteile von Stadtanlagen. Die bemeißelten Pfeiler hatten eine sakrale und politische Funktion und wurden auf Zeremonialplätzen und vor Palasteingängen aufgestellt. Auf ihnen wurden wichtige historische, gesellschaftliche und religiöse Ereignisse in Form von Daten und Glyphen verewigt, vor allem die Genealogien der Herrscher, deren Porträts und Lebensgeschichten. Stele E von Quiriguá (Guatemala) ist mit über sieben Meter Höhe und 30 Tonnen Gewicht die größte Stele des Maya-Gebiets. Hunderte Stelen wurden in Calakmul aufgestellt.

Cenotes Ein Cenote (maya *tz'onot*) ist ein ganzjährig wasserführendes Becken oder ein Brunnen (Doline). In den Städten der heißen Kalk-Halbinsel Yucatán waren sie unbedingt überlebensnotwendig. Andere dienten außerdem als heilige Opferstätten (Chichén Itzá).

Maya-Zeittafel

Wie bei allen mesoamerikanischen Hochkulturen wird auch der Ablauf der Mayazeit in drei große Perioden eingeteilt. Ältester Zeitraum ist die Vor- bzw. **Präklassik** (unterteilt in frühe, mittlere und späte Präklassik). **Die wichtigste Zeitperiode** ist das Klassikum bzw. die **Klassik** (unterteilt in frühe und späte), letzte Ära ist die **Post- oder Nachklassik.** Hier ein (unvollständiges) Zeit- und Ereignisschema der 4000-jährigen Maya-Geschichte. Je nach Quellen variieren die Zeiträume. Das **„Goldene Zeitalter"** der Maya-Kultur ist die **Klassische Periode** mit Gründung und Aufstieg der Stadtstaaten Palenque, Piedras Negras, Yaxchilán, Bonampak, Tikal, Calakmul, Copán, Quiriguá u.a.

Die Entwicklung einer Hieroglyphenschrift war schon am Ende der Präklassik abgeschlossen, auch das Rechen- und Zahlensystem und die damit verbundene mögliche kalendarische Zeitbestimmung (s.o.). Die Fixierung von Daten und Ereignissen wurde jedoch in der Postklassik nicht weitergeführt. Weitere Daten zu den Klassikzeiten s.S. 80/81.

Präklassik (ca. 3300 v.Chr. bis ca. 200 n.Chr.)

3114	Beginn der Maya-Zeitrechnung
um 2000	erste dauerhafte Siedlungen
1100	erste Besiedlung von Copán (Honduras)
900-400 vC	Umfassende Besiedlung der Maya-Region (Mayab)
um 200 nC	Bildung von Königreichen, Entwicklung der Architektur

Klassik (ca. 200 n.Chr. bis 909)

300	Blütezeit von Tikal (Guatemala) und Cobá
um 500	Gründung von Chichén Itzá
um 600	Gründung von Mayapán (Puuc-Region); Höhepunkt v. Palenque u. Calakmul
681	Schild-Jaguar wird König von Yaxchilán
683	Tod von König Pacal von Palenque
867	Früheste Inschriften-Datierung in Chichén Itzá
zw. 750 u. 900	Aufgabe von Palenque, Tikal, Calakmul (810) und anderen Stadtstaaten aus unbekannten Gründen
um 900	Blütezeit der Mayastätten im nördlichen Tiefland (Puuc-Stätten)
909	letztes Datum der „Langen Zählung" (s.S. 121) auf einer Stele in Toniná

Postklassik (910 bis 1517)

um 1000	Zug der Tolteken vom Hochland nach Yucatán (Chichén Itzá)
1200	Aufgabe von Chichén Itzá und der Stätten der Puuc-Region
Um 1250	Gründung von Mayapán
1450	Untergang von Mayapán, Zersplitterung von Yucatán in Kleinstaaten
1492	Kolumbus entdeckt Amerika

Kolonialzeit (1517–1821)

1517	Beginn der Eroberung Mexikos (1521 Fall von Tenochtitlán)
ab 1540	Beginn der Eroberung Yucatáns durch Montejo d.J.
1562	Verbrennung der Maya-Códices durch Bischof Diego de Landa in Maní
1697	Letztes unabhängiges Maya-Reich wird unterworfen (Itzáes, Petén-See, Guatemala)

Unabhängigkeit (ab 1821)

1847–1933	Kastenkrieg (Maya-Aufstand auf Yucatán)
1869	Chamula-Rebellion (San Cristóbal de las Casas)
1911	Tzotziles und Tseltales-Aufstand
1.1. 1994	Beginn des Zapatisten-Aufstand in Chiapas

TEIL IV: REISETEIL

Staat Quintana Roo und die Karibikküste

Quintana Roo ist der östliche Bundesstaat der Halbinsel Yucatán. Er wurde aus Teilen der *Estados* Campeche und Yucatán geschaffen, die Aufnahme als 30. Bundesstaat ins Land Mexiko erfolgte erst am 8. Oktober1974. Seinen Namen erhielt er nach dem Dichter und einem Führer der yucatekischen Unabhängigkeitsbewegung aus dem 19. Jh., *Andrés Quintana Roo.* Hauptstadt ist Chetumal. An der Küste von Quintana Roo fand die erste Begegnung zwischen den Spaniern und den damaligen Urbewohnern statt, doch die Region war auch die letzte, die die Spanier in Mexiko unterwarfen.

Geschichtszäsur war das Jahr 1511, als es südlich von Cozumel den schiffbrüchigen Seefahrer Valdivia mit dem Rest seiner Mannschaft an den Strand spülte. Die Überlebenden wurden von den Maya getötet oder starben binnen Kürze, bis auf **Jerónimo de Aguilar** und **Gonzalo Guerrero.** Guerrero nahm sich in Chetumal die Maya-Kazikentochter *Zazil Há* zur Frau und hatte mit ihr zwei Söhne. Nach Berichten wurde er „ein glücklicher Maya und liebte seine Kinder sehr". Während der Eroberung Yucatáns ab 1527 durch **Francisco de Montejo** kämpfte Guerrero auf der Seite der Maya unter *Nachan Can* und konnte durch seine Kriegserfahrung anfänglich das Vorrücken seiner Landsleute erfolgreich verhindern. Er fiel 1536 bei einem Kampf.

■ *Costa-Maya-Traumstrand bei Mahahual*

Campeche
Cayo Nuevo
Roca Culebra
Arrecife Madagascar
Arrecife Sisal
Puerto Progreso
Pta. Baz
Sisal
Dzibilchaltún
Hunucmá
Mérida
Reserva de la Biosfera Ria Celestún
Celestún
Kinchil
Umán
Chunchucmil
Chocolá
Arrecifes Triángulos
Punta Nimún
Isla Arena
Maxcanú
Opichén
La Costa
Oxkintok
Halachó
Muna
Tankuché
Ciudad prehispánica de Uxmal
Becal
Calkiní
Nunkiní
Bajo Obispo Norte
Bajo Obispo Sur
Isla Piedra
Huaymil
Dzitbalché
Isla Jaina
Zac Pol
Hecelchakán
Isla Cayos Arcas
Punta Nitun
Pomuch
Xcalumkín
Bolonchén de Rejón
Tenabo
Xtacumbilxunán Cave
Campeche
Ciudad hist.
Tinúm
Hampolol
Emiliano Zapata
Lerma
China
Chencoyi
Xcupil
Seybaplaya
Punta Morro
Edzná
El Tabasqueño
Haltunchén
Hool
Tixmucuy
Pich
Dzibalché
Hochob
Sihochác
Adolfo Ruíz Cortines
Champotón
R. Champotón
Sta. Cruz
Pustunich
Chencán
San Pablo Pixtun
Yohaltún
Península El Palmar
Sabancuy
Xcabacab
Pixoyal
Chunjabín
Isla del Carmen
Isla Aguada
Chekubul
Chicbul
Ciudad del Carmen
Pto. Real
Dieciocho de Marzo
Pta. Xicalango
Fco. Escárcega
Silvituc
La. Silvituc
Nuevo Campechito
Atasta
Laguna de Términos
Zacatal
Mamantel
División del Norte
Matamoros
Frontera
A. d. P. Laguna d. Términos
El Tigre
Chiltepec
Plan del Carmen
La. del Este
Aguada Seca
Hidalgo
Los Idolos
El Vapor
Buenavista
Comalcalco
Res. d. l. Biosfera Pantanos d. Centla
Palizada
San Joaquín
Candelaria
San Juan
La Esperanza
Nacajuca
Jonuta
Monclova
Calakmul
Antigua ciudad maya
Villahermosa
Colonia la Hulería
Nueva Coahuila
José Colomo
El Triunfo
Ciudad Pemex
Balancán
El Mirador
P. N. Mirador
Benito Juárez
Tepetitlán
Chablé
San Pedro
Macuspana
Emiliano Zapata
El Águila
La Florida
Astapa
Catazajá
La Libertad
Tulipan
L. del Tigre
Jalapa
Pomoná
La Revancha
Parque Nac. el Tigre
Carmelita
Tacotalpa
P. N. Palenque
Palenque
Tenosique
Reserva de la Biosfera Maya
Salto de Agua
Ciudad prehispánica
Teapa
La Palma
Paso Caballos
Tapijulapa
Gregorio Méndez
Misol-Ha Waterfall
Río Chancalá
La Florida
Amatán
Vol. Chichón 2224
El Naranjo
Agua Azul Cascades
Tzinteel
El Porvenir
Piedras Negras
El Cayo
Huitiupan
Yajalón
Sierra de Lacandón
Laguna Perdida
P. N. Laguna Lachuá
Simojovel
Chilón
La Mar
Sacpuy
Tapilula
Rayón
El Bosque
Copainalá
Pueblo Nuevo
Pantelhó
Temo
Toniná
San José La Reforma
P. N. Solistahuacan
Sitalá
Mñas. del Norte de Chiapas
Sierra del Lacandón
R. Usumacinta

Bank
Cabo Catoche
Ecab
Isla Contoy
Isla Holbox
Holbox
Chiquilá
Porvenir
El Cuyo
Las Coloradas
Península Río Lagartos
Río Lagartos
Reserva de la Biosfera de Ría Lagartos
San Felipe
Pta. Yalkubul
Estero El Islote
Dzilam de Bravo
Telchac Puerto
Chicxulub Pto.
Progreso
Dzilam González
Dzidzantún
Motul
Buctzotz
Temax
Tixbacab
Xlacah
Espita
Panabá
Sucilá
Kikil
Buenaventura
Yucatán
Tizimín
Culuba
Tixcancal
Calotmul
Ekbalám
Hunukú
X-Can
Popolnah
Kantunil Kin
Leona Vicario
El Cedral
El Ideal
Vicente Guerrero
El Dos
El Delirio
Cancún
I. Blanca
Punta Sam
I. Mujeres
Pto. Juárez
I. Cancún
L. Nichupté
El Rey
Pta. Nizuc
Pto. Morelos
Pta. Molas del Norte
San Gervasio
Isla del Cozumel
Cedral
Pta. Celarain
Playa del Carmen
Paamul
Tres Reyes
Cobá
Akumal
Xel-Há
Tancah
Tulum
under construction
Mérida
Izamal
Itzamná
Tunkás
Dzitás
Tinum
Uayma
Temozón
Ticuch
Chemax
Valladolid
Kaua
Piste
Holca
Ciudad prehispánica de Chichén-Itzá
Libre Unión
Sotuta
Ikil
Yaxcaba
Yoxumá
Chan-Kom
Tekom
Tixcacalcupul
Xuilub
Chikindzonot
Tahdzibichén
Mayapan
Cuzamá
Huhi
Tekit
Mama
Maní
Teabo
Ticul
Oxkutzcab
Tekax
Akil
Loltún Caves
Sta. Elena
Kabah
Labná
Sayil
Xlapak
Xul
Chacmultún
Thul
Peto
Ichmul
Tepich
Tihosuco
Sabán
Chunyaxché
Muyil
L. Chunyaxché
Boca Paila
Chumpón
La Aguada
Señor
Reserva
Chamax
Vigia Chico
Pta. Allen
B. de la Ascención
Pta. Pájaros
Tzucacab
Sta. Rosa
Dzoyola
Laguna de Chichancanab
José María Morelos
X-Yiatil
Dzuiché
Becanchén
Chumul
Hopelchén
Nohalal
Candelaria
El Naranjal
Xnoh-Cruz
Konchén
Iturbide
Dzibilnocac
Península de Yucatán
Dzibalchén
Hochob
Xmaben
Quintana Roo
Polyuc
Laguna Kana
Felipe Carrillo Puerto
de la Biosfera
Chacmool
Tupak
Chankah Veracruz
Bahía del Espíritu Santo
Pta. Herrero
Pto. Madero
Sian Ka'an
Tampalam
Chunhuhub
Kopchén
Tixmul
San Isidro Poniente
Pres. Juárez
Petcacab
Palmas
Valle Hermoso
Nohbec
Limones
Placer
Los Lirios
Emiliano Zapata
Lázaro Cárdenas
Cafetal
Melchor Ocampo
Río Escondido
La. San Felipe
Reforma
Raudales
B. S. José
San Román
Bacalar
La. de Bacalar
Bahía
Calderitas
Chetumal
B. de Chetumal
Puerto Bravo
Mahahual
Cayo Norte
Banco
Chinchorro
Cayo Centro
Reserva de la Biosfera de Banco Chinchorro
Cayo Lobos
Xcalak
Santa Cecilia
Meseta de Zohlaguna
R. Desempeño
Conhuas
Becán
Xpujil
Chicanná
El Ramonal
Ramonal
Tortuga
Bonfil
Maruchín
Reserva d. l. Biosfera Calakmul
Calakmul ciudad maya
Villahermosa
Balakbal
Nicolás Bravo
Ucum
Kohunlich
Corozal
Sta. Rita
Cerros
Sarteneja
Progreso
Shipstern Nat.Res.
Pucté
Tomás Garrido Canabal
Agua Blanca
Hondo River
San Estevan
Orange Walk
Ambergris Cay
La Unión
El Posito
Dos Bocas
Maskall
San Pedro
Crooked Tree Wildlife Sanctuary
Altun Há
Lamanai
Agua Azul Falls
Orange Walk
Rockstone Pond
Hicks Cays
Cay Chapel
P. N. Mirador-Dos Lagunas-Río Azul
Mirador
Río Azul
Dos Lagunas
Río Bravo Conserv. Area
Hill Bank
Sand Hill
Hick's Cays
Belize
Belize City
Barrel Boom
Wood Houses, Cathedral
Belize Harbour
Turneffe Islands
Northern Cay
Lighthouse Reef
Blue Hole
Red-Footed Booby Sanctuary
Long Cay
Gallon Jug
Sierra de Agua
San José
Hattieville
Belize Zoo
La Democracia
Douglas Cay
Reefs
Middle Long Cay
Gales Point
Uaxactún
P. N. Tikal
Tikal
Nakum
Naranjo
Yax-Há
Biotopo S. Miguel
San Ignacio
Belmopan
Georgeville
Southern Long Cay
Benque Viejo del Carmen
Petroglyph Cave
Middlesex
Stann Creek (Dangriga)
Río Frio Caves
Mayflower
El Cruce
Ciudad Melchor de Mencos
San Andrés
San José
L. Petén Itzá
Flores
San Benito
Manantial
Millionario
Belize
Stann Creek
Hopkins
Sittee Point
Tobacco Range
Glovers Reef
Northeast Cay
20°
18°

Aguilar brachten die Maya auf die Insel Cozumel, wo er 1519 von Cortés befreit wurde. Zusammen mit *Malinche* (s.S. 92) wurde er Cortés' Übersetzer bei der nachfolgenden Eroberung Mexikos bzw. der Aztekenhauptstadt Tenochtitlán.

Bedeutende bzw. **sehenswerte** spanische **Kolonialstädte** wie anderswo in Mexiko gibt in es Quintana Roo so gut wie keine. Das 1543 an der Ostküste entstandene *Salamanca Bacalar* zählt zu den ältesten Stadtgründungen.

Die Maya-Bevölkerung Quintana Roos pflegt noch vielfach ihre überlieferten Traditionen. Wer ein wenig von dieser Kultur kennenlernen möchte, sollte sich z.B. in **Felipe Carrillo Puerto** umsehen. Das Museum in der Festung von **Bacalar** veranschaulicht sehr gut die geschichtlichen Hintergründe. Der Besuch originärer Maya-Dörfer tief im Inland gestaltet sich jedoch schwierig.

Ein wichtiges Datum für Quintana Roo war **1974.** Damals fiel die Entscheidung von Fonatur, der staatlichen mexikanischen Einrichtung für Kultur und Tourismus, aus dem kleinen Fischerdorf **Cancún** an der Nordostküste ein gigantisches Ferienzentrum zu machen. Mit dem Tourismusboom begann dann auch die Neuzeit, es wurden viele Arbeitskräfte benötigt, Zigtausende aus anderen Landesteilen Mexikos wanderten ein. Quintana Roo ist heute der **ideale Ferienstaat Mexikos.** 240 Sonnentage im Jahr, 27 °C Durchschnittstemperatur, kilometerlange, herrliche Strände am türkisblauen karibischen Meer sowie paradiesische Naturreservate garantieren „Karibik pur".

Praktische Tipps

Verkehrsdrehscheibe ist Cancún mit sehr guten Bus- und Flugverbindungen, auch ins benachbarte Ausland, z.B. nach Kuba und Belize, in die USA und Kanada und nach Europa. Zweitwichtigster Knotenpunkt ist **Playa del Carmen.**

Preise: Preisbewusst Reisende haben an der mexikanischen Karibikküste „schlechte Karten". Das Niveau ist inzwischen fast überall so hoch, dass das Preis-/Leistungsverhältnis vielfach nicht mehr stimmt. Die höchsten Preise werden in der **Hochsaison** verlangt, also vom **15. Dezember bis 30. April** – mit nochmaligen Spitzen in der Weihnachts- und Neujahrswoche – und vom **15. Juli bis 15. September.** In der Nebensaison sind die Hotelpreise niedriger und fast immer verhandelbar.

Wohnmobilfahrer: Da die Küste von Cancún bis nach Tulúm immer mehr erschlossen/zugebaut/privatisiert wird, bestehen kaum noch Möglichkeiten des freien Campens am Meer. Die wenigen (halb-)kommerziellen Campingplätze sind meist von US-Amerikanern mit ihren großen Wohnmobilen zugestellt.

Bitte mailen (verlag@rkh-reisefuehrer.de) **oder schreiben Sie, wenn sich in Mexiko Dinge verändert haben oder Sie Neues wissen. Herzlichen Dank!**

Cancún

Ew. 550.000

✆ 01-998

Cancún ist Mexikos Super-Ferienfabrik und eines der größten Touristenzentren der Welt. In der Hochsaison zwischen Dezember und April landen auf dem Airport **täglich** weit über 100 Maschinen aus den USA, Kanada, Europa und auch aus Mittel- und Südamerika, werden Zehntausende Kälteflüchtlinge zu „sun & fun"-Stränden transportiert. **Cancúns einziger Zweck ist maximaler Devisengewinn für den mexikanischen Staat.** Je ausgabefreudiger die Cancún-Urlauber sind bzw. je mehr man ihnen aus der Tasche ziehen kann, desto mehr freut sich der Finanzminister. Die Gewinne summieren sich jedes Jahr auf Milliarden von US-Dollar, Cancúns Parallel-Währung.

Beim Mega-Projekt Cancún wurde von Anfang an alles sorgsamst geplant und bedacht. Den Urlaubern, überwiegend US-Amerikaner und Kanadier, stehen in der „Zona Hotelera" über 110 Hotels zur Auswahl (alle strandseitig in „erster Reihe"; insgesamt verfügt Cancún über 140 Hotels und 25.000 Zimmer). Die meisten Cancún-Touristen verlassen kaum Hotel und Strand, machen vielleicht mal einen Ausflug zu Zielen entlang der „Riviera Maya", z.B. zu den touristischen Vergnügungsparks Xcaret oder Xel-Há, zur Isla Mujeres oder zu archäologischen Stätten wie Tulúm, Chichén Itzá oder Cobá. Vom originären Mexiko ist in Cancún und in seiner Hotellandschaft absolut nichts zu spüren.

Zona Hotelera

Die Zona Hotelera ist eine schmale Landzunge, eine (ehemalige) Insel in Form einer „7", die an ihrer breitesten Stelle nur etwa 500 m breit, dafür aber über 20 km lang ist. Auf ihr reiht sich, gesäumt von weißen Stränden bester Qualität, an kristallklarem Karibikwasser ein Luxushotel ans andere. An ihrem südlichen und nördlichen Ende ist diese Halbinsel durch Dammstraßen mit dem Festland verbunden. Dazwischen liegt die *Laguna de Nichupté* mit ein paar Inseln. Schlagader der Hotelzone ist der breite **Boulevard** (oder *Paseo*) **Kukulkán,** der nördlich in die Stadt Cancún hinein und südlich zum Airport führt.

Cancún aus der Luft, Blick nach Süden; vorn links das Centro de Convenciones

Karibikküste

Cancun / Isla Mujeres
© RKH Verlag Hermann
0
3 km
Zur Isla Blanca
zur Isla Contoy
Isla Mujeres
Bahía de Mujeres
Auto- und Personenfähre
Punta Sam
Trailer Park El Mecoloco
Fährboote zur Isla Mujeres
Parque Nac. El Garrafón
von der Embarcadero Playa Linda
von der Emb. Playa Tortugas
von der Playa Caracol (Club Náutico Dock)
Ciudad Cancún
Puerto Juárez u. Gran Puerto Cancún
Fährboote zur Isla Mujeres
Boulevard Kukulkán
Playa Las Perlas
CREA Youth Hostel
Teatro Canc. / Embarcadero
Playa Linda
Playa Langosta
km 5
Playa Tortugas
Playa Caracol
Centro de Convenciones
Punta Cancún
Plaza Caracol
Hostal Maypan (Plaza Maya Fair)
Mérida
MEX 180
Htl. Laguna Inn
Htls. Laguna Real, Imperial Laguna u. Blue Lagoon
Plaza Quetzal
km 10
Playa Chac Mool
Plaza Flamingo
s. Extrakarte Cancún Centro
km 12
Hotel Sheraton
Playa Yamil Lu'um
Plaza Kukulkán
Playa Marlin
Auf der schmalen Cancún-Landzunge (»Zona Hotelera«) reihen sich über 110 Strandhotels. Überall erhältliche, kostenlose kleine Info-Prospekte (»Mapas«) listen sie sowie andere Einrichtungen, wie Plazas oder Embarcaderos, detailliert mit Telef.-Nrn. und km-Angaben auf.
km 14
Aqua-world
Playa Ballenas
Zona Hotelera
Karibik
Laguna de Nichupté
km 16
Ruinas El Rey
Playa Delfines
MEX 307
km 18
Laguna Río Inglés
Aeropuerto
km 20
Club Med
PuntaNizuc
Blvd. Kukulkán
Parque Nizuc (Wasservergnügungspark Wet'n Wild)
n. Playa del Carmen (70 km) / Tulúm

Die architektonisch z.T. grandios gestalteten Hotels, die All-inclusive-Anlagen mit ihren Poollandschaften, tropischen Gärten und fantasievollen Restaurants sind voll und ganz auf die nicht knausernde US-Klientel ausgerichtet. Es gibt zahlreiche vollklimatisierte Shopping Malls, sogenannte **Plazas** (*Plaza Caracol, Plaza Flamingo* u.a., die größte ist die **Plaza Kukulkán**) mit weitläufigen Ladenpassagen und ein unüberschaubares Unterhaltungs- und Freizeitangebot: Man kann so ziemlich alle Wasser- und „Fun"-Sportarten betreiben, sich in Vergnügungsparks amüsieren, z.B. im riesigen **Parque Nizuc** – „Wet'n Wild" (Km 25) oder im **Aquaworld** (Km 15,2), an „Dinner-Cruises" und „Piratenpartys" teilnehmen, Inselausflüge machen (Inseln Mujeres, Contoy und Cozumel) und am Abend Bars, Diskotheken, Nightclubs oder Folklore-Shows besuchen (im **Centro de Convenciones,** an der Nordostecke, der breitesten Stelle der Halbinsel, und im **Teatro Cancún,** nahe Embarcadero). Beim Centro de Convenciones streckt sich außerdem ein Turm mit Drehrestaurant in den blauen Karibikhimmel und es gibt dort ein archäologisches Museum.

Das teure Cancún kann man sich praktisch nur leisten, wenn man vorab pauschal gebucht oder ein preisgünstiges Last-Minute-Angebot erwischt hat (z.B. bei Restplatzbörsen im Internet). Wegen der Regenmonate September bis November gibt es aber auch vor Ort manchmal günstige Pakete für Spitzenhotels. Ein Zona-Hotelera-Zimmer an der Rezeption kommt ansonsten sehr teuer: Unter 70 US$ gibt es fast keines, und die Skala ist nach oben offen. Apropos **Preise:** Als Rechnungsbestandteil wird in Cancún oft (unberechtigterweise) **10–18** (!) Prozent **„Tip"** draufgeschlagen …

Unangenehm kann es außerdem **Ende Februar/Anfang März** werden, wenn zahllose „brunftige" US-Studenten zur **„Spring Break"** in Cancún einfallen und Hotels, Strände und Kneipen lautstark und saufend übernehmen!

Strände

Die Strände an der offenen **Karibikseite** der Zona Hotelera, wie *Playa Chac Mool, Yamil Lu'um, Marlin, Playa Delfines* u.a. sind alle sehr schön, trotz oder gerade wegen des Wellengangs (rote Strandflaggen signalisieren „gefährlich", gelb „wechselhaft", grün „sicher"). Für Hotelstrände muss durch die Hotels gegangen werden, was leider selten sofort erlaubt wird. Sehr attraktiv ist der Strand beim Sheraton-Hotel und auch beim *Playa Delfines* mit superguten Wellen zum Baden.

Sehr ruhig ist das Wasser an der **Bahía Mujeres,** also an der Nordseite der Zona Hotelera. Der erste Strand nach der Stadt ist die *Playa Linda,* danach kommen *Playa Langosta* und die schöne *Playa Tortugas*. Vom Stadtzentrum sind alle mit **„Hoteles"-Bussen** erreichbar, ständiger Shuttle-Verkehr.

Cancún Centro

Die gesichts- und geschichtslose Reißbrett-Stadt **Ciudad Cancún** stellt alles bereit, was zum Betrieb der „Zona Hotelera" erforderlich ist. Traditioneller mexikanischer Stadt-Charme Fehlanzeige. Die touristische Infrastruktur ist aber perfekt, wie könnte es anders sein, wurde die Stadt doch deshalb extra gebaut. 1970 war Cancún noch ein kleines Fischerdorf, heute zählt die Reißbrettstadt mehr als eine halbe Million Einwohner. Fast jeder lebt direkt oder indirekt vom Tourismus. Cancún ist für viele Reisende praktisch nur Ankunftsort für die Riviera Maya oder Sprungbrett für die Weiterreise durch Yucatán bis ins mexikanische Hochland.

Orientierung

Hauptdurchgangsstraße in Nord-Süd-Richtung ist die Mex 307, die im Zentrum Cancúns **Avenida Tulúm** heißt und gleichzeitig die (mehrspurige) Hauptgeschäftsstraße ist. Sie wird nördlich von der *Av. Uxmal* und südlich von der *Av. Cobá* gekreuzt (jeweils Kreisverkehr mit einem Monument). Die Av. Cobá wird in ihrer östlichen Verlängerung zum breiten, vierspurigen **Boulevard Kukulkán** durch die Hotelzone. Bei Adressen wird außerdem der Stadtbezirk angegeben, der **„Super Manzana" (S.M.)** heißt. Nebenstraßen zweigen von Hauptstraßen oft als zurücklaufende Schleifen ab, dadurch haben zwei Straßen gleiche Namen (s. Karte). Einen zentralen Zócalo wie in anderen mexikanischen Städten gibt es nicht (ein abendlicher Treffpunkt ist aber z.B. der **Parque del as Palapas**). Entlang der überbreiten Hauptstraße Av. Tulúm reihen sich Restaurants, Banken, Geschäfte, Hotels usw.

Herumkommen Von der Av. Tulúm zur Zona Hotelera (und zurück) fahren im Minutentakt weiße **„Hoteles"-Busse.** Zustieg alle paar Dutzend Meter, da wo Leute warten oder einen Bus einfach abwinken. Den Ausstieg dem Fahrer per Knopfdruck signalisieren. Eine Hotel-Sightseeing-Tour bis zum südl. Ende des Blvd. Kukulkán und zurück (mit einer Unterbrechung, z.B. beim Convention Center oder einem Strand) sollte man einmal machen. Am Wendepunkt muss für die Rückfahrt nochmals bezahlt werden.

Die Preise der zahlreich vorhandenen **Taxis** richten sich nach einem Zonensystem, den Preis aber trotzdem immer vorher vereinbaren (Minim. 20 Ps). Von Cancún Centro zur Hotelzone koster ca. 130 Ps (in der Hotelzone gelten höhere Tarife!). Außerdem verkehren weiß/gelbe Colectivos für bis zu 8 Personen.

Adressen & Service Cancún

Turismo / Infos **Turismo:** Av. Tulúm 5 (im Anyuntamiento- bzw. Municipalidad-Gebäude), Tel. 01-**998**-8874329, Mo–Fr 9–17 Uhr. Ein weiteres ist in der Tulúm 26, Tel. 8846531. Außerdem gibt es sehr viele Werbe- und Touristen-Publikationen, die in Hotels, Reisebüros etc. ausliegen und die alle Möglichkeiten des Geldausgebens aufzeigen. Die Magazine heißen *Cancún Tips, Passport Cancún, Iguana* u.ä. In ihnen wird das touristische Angebot Cancúns und auch der gesamten Karibikküste beschrieben.

Websites Nützlich u. ergiebig ist **www.cancun-guide.info** • www.allaboutcancun.com • www.cancuntravel.com • www.cancun.net • www.gocancun.com • www.cancun.com • www.go2cancun.com • www.cancun-map.com • u.a.

Unterkunft

Cancún-Stadthotels Cancún hat wahrlich genug Hotels, doch für eine kurze Übernachtung wird man sich wohl keines in der teuren Zone Hotelera aussuchen wollen. Im Zentrum gibt es ein paar „relativ" günstige. Bei Mittelklasse-Hotels sind die Preise ziemlich gleich, AC, TV und Pool sind Standard. Wer ein paar Tage hierbleiben will: **Online-Buchungen kommen günstiger als direkt vor Ort im Hotel!**

Hostels / ECO Das Portal www.hostels.com/cancun/mexico listet jede Menge Cancún-Hostels. Weitere s.o., „Websites"

Hostel Mundo Joven, Uxmal 25, ideale Lage beim Busterminal, Tel. 8982104, www.mundojovenhostels.com. Gutes, neueres Hostel mit allen Services. Dorm/F 195 Ps, DZ/F 575 Ps. **TIPP!** – **Hostel Quetzal,** Orquideas 10, über www.hostelworld.com. Garten, Dachterrasse, Gästeküche etc. Sicher, gut und schön, Airport-Service. Dormitorio inkl. Frühstück 240 Ps, DZ/F 480 Ps.

Hotel Coral, Sunyaxchén 30, Tel. 8841267. Kleiner Garten und kleiner Pool, laute AC. DZ/AC ca. 750 Ps (günstiger über Internet-Hotelportale). – **Hotel El Alux,** Av. Uxmal 21 (nur wenige Schritte zum Busterminal), Tel. 8840662, www.hotelalux.com. Ordentliche, saubere Zimmer/AC. Sonderangebote auf der Webseite, ab ca. 500 Ps für ein DZ.

FAM **Hotel Suites Caribe International,** Sunyaxchén 36 (Ecke Yaxchilán/Sunyaxchén), Tel. 8843999, www.caribeinternacional.com. Saubere, große Zi. (obere wählen und vorher inspizieren), TV, Pool. DZ ca. 780 Ps (das gegenüberliegende **Hotel Margaritas** ist besser und teurer); in den Umgebungsstraßen gibt es etliche Restaurants. – **Hotel Canto,** Yaxchilán SM 24, www.hotelcanto.com,

CANCUN CENTRO
© RKH VERLAG HERMANN
Fußgängerstraßen
0 100 m
Hotels
1 Hostel Muno Joven
2 Hotel El Alux
3 Best Western Plaza Caribe
4 Ht. El Rey del Caribe
5 Hotel Canto
6 Hotel Suites Caribe International
7 Hotel Coral
8 Hostel Quetzal
Puerto Juárez (3 km) u. Gran Puerto Cancún f. Isla Mujeres
SM 2
MEX 307
Av. Tulúm
Busterminal
Playa-Express-Busse
Rest. El Rincón Yucateca
Supermercado Comercial Mexicana
CANCUN-Tips
Migración
Aerocaribe
Monumento al Historia de México
Dt. Honorar-Konsulat
Rest. Habichuela
Rest. Bistro Alemán
Rest. Los Pericos
Parque de las Palapas
Rest. Altamar
Bank Inverlat
Municipalidad / Ayuntamiento
Banamex
FAMA-Bücher
Bancomer
Mercado de Artesanías
Ki-Huic
Banco del Atlantico
FONATUR
Supermercado Chedraui
Monument des Nord-Süd-Dialogs
Stop Airport-Busse
Airport-Colectivos
Österreichisches Honorarkonsulat
American Express
Aeromexico
Aviacsa
zur Zona Hotelera (Strand-Hotelzone) / Blvd. Kukulkán
Shopping Mall Plaza las Américas
Merca-do 28 / Post
n. Mérida
Av. Uxmal
Av. Cobá
Av. Xcaret
Av. Yaxchilán
Av. Nader
Av. Bonampak
Airport / Pl. d. Carmen
Sunyaxchén
Karibikküste

Tel. 8841267; viergeschossiger Bau, gute Mittelklasse, zentral, 34 Zi. DZ ca. 900 Ps. – **Hotel Best Western Plaza Caribe,** Calle Pino, genau gegenüber vom Busterminal, Tel. 8841377, www.hotelplazacaribe.com. Gute Mittelklasse, Pool etc. DZ/F ca. 900 Ps. – **Hotel El Rey del Caribe,** Av. Uxmal No. 24 (Ecke Av. Nader, SM 2), www.elreydelcaribe.com. Gepflegtes Öko-Hotel nahe des Busterminals (200 m). Mit tropischem Garten und mit Pool eine Oase der Ruhe, persönliches Ambiente. 31 Zimmer/AC od. Vent., Kochecke, Safe, TV u.a. Annehmlichkeiten sowie Airport-Service. DZ/F ca. 1100 Ps.

Hostels und Hotels in der Zona Hotelera

Hostal Mayapan, Boulevard Kukulkán KM 8,5 (*Plaza Maya Fair,* s. Karte „Cancún/Isla Mujeres), Tel. 8833227, www.hostalmayapan.com. Das bislang einzige Hostel in der Hotelzone, sehr sauber und ansprechend. 4–12 Betten-Dorms, auch Doppelzimmer mit Bad, alle AC. WiFi, internationaler Tel.-Service, Lockers, Cafetería, Touren, Gepäckdepot. Anfahrt mit Zona-Hotelera-Bus R1 oder R2 vom Cancún-Busterminal. Ü ab 250 Ps, DZ 850 Ps.

CREA-Youth Hostel, km 3,2 (ca. 5 km vom Busterminal, Anfahrt mit Zona-Hotelera-Bus von der Av. Tulúm), Tel. 8494360; kein Ausweis erforderlich, großer Bau am (nicht schönen) Strand mit Mehrbettzimmern, teils desolater Zustand; strandseitig gibt es Platz zum Zelten.

Ein DZ in der Hotelzone ist kaum unter 100 US$ zu bekommen (saisonabhängig). Hier die kleine Auswahl „preiswerter" Zona-Hotelera-Hotels, Preise bitte telefonisch erfragen, Lage s. Karte:

Laguna Inn, Tel. 882055, ca. km 4, kurz vor dem Embarcadero rechts rein in die Calle del Pescador; gleich in der Nähe gibt es noch zwei, drei andere Hotels; meerseitig ist das *Teatro Cancún*. – **Laguna Real,** Tel. 8832899, km 7,7, Calle Quetzal 8; gleich nahebei noch zwei weitere: **Imperial Laguna** (Tel. 8830070, Quetzal 13) und **Blue Lagoon** (Tel. 8831215, Quetzal 39).

Wohnmobil / Campen

Es gibt keine Trailer Parks für Wohnmobile in der Stadt. Am besten als Standplatz ist wohl die Jugendherberge (s.o.). Oder: *Rainbow Trailer Park,* an der westl. Seite der Mex 307 nach Tulúm, etwa 1,5 km hinter der Abzweigung zum Flughafen, ausgeschildert. Wenig einladend, Fluglärm. An der Straße von Puerto Juárez nach Punta Sam gibt es bei Km 3 nördl. von Cancún den *El Mecoloco Trailer Park* mit Meerblick, N21.21251 W86.80351. Große Grasflächen, Laden, Wäscherei, Tel. 8430324.

Essen & Trinken

(Hinweis: alle Lokale sind im Stadtplan verzeichnet). Nahe des Busterminals, beim Hotel El Alux: **El Rincón Yucateca. – Günstig mexikanisch isst man** bei den volkstümlichen Loncherías am und um den **Parque de las Palapas (TIPP),** z.B. bei *Tacos Israel,* Gladiolas 18, und auch beim **Mercado 28** gleich südl. der Post (westl. der Sunyaxchén). – Etliche eher touristische Lokale findet man in den Fußgängerstraßen westl. der Av. Tulúm, z.B. in der Calle Tulipanes, gut und günstig ist dort **Altamar,** No. 23. – Ausgelassene „Party-Gastronomie" mit Revolutionsambiente findet statt im **Los Pericos** (ein Gang durch die Räume lohnt). – Elegant im lauschig-stilvollen (teuren) **La Habichuela,** Margaritas 25 (Reserv. empf., Tel. 8843158). – Nicht nur für Heimwehkranke: **Bistro Alemán** (Ecke Yaxchilán/Sunyaxchén), ausgezeichneter Küche, das Tagesmenü ist preislich noch moderat.

Kommunikation

Post: Av. Sunyaxchén/Ecke Xel-Há, tägl. 8–16 Uhr, Sa/Sa 9–13 Uhr; PLZ 77500. – **Internet:** viele Cafés, s. @-Piktogramme im Stadtplan; in der Zona Hotelera meist in Shopping Malls (Plazas).

Bank / Geld

In der Av. Tulúm gibt es etliche Banken (z.B. Bancomer, Tulúm 20, gleich daneben die Banamex), fast alle haben *cajas permanentes* (Geldautomat, ATM). Außerdem Casas de Cambio, z.B. Cunex, Av. Tulúm 13, auch abends geöffnet. In der Zona Hotelera findet man ATMs in Plazas bzw. Einkaufszentren.

Mietwagen

Viele Gesellschaften haben Büros in der Stadt (im Einkaufzentrum *La Isla* in der Zona Hotelera) und am Airport. • *Alamo,* Uxmal 21, Tel. 8860179, www.alamo.com • *Avis,* Tel. 8834583, www.avis.com.mx. • *Budget,* Av.

Tulúm SM 20, Tel. 8840730, Airport Tel. 8860026, www.budget.com.mx. • www.dollar.com • www.europcar.com.mx • *Hertz,* www.hertz.de, Tel. 01-800-709-5000 • *National,* www.nationalcar.de, Tel. 8812500, www.thrifty.com.mx, Airport Tel. 8860152.

Für Yucatán: *Executive* (Büros in vielen Yucatán-Orten), Tel. 01-800-3007368, www.executive.com.mx. Eine Übersicht auf www.cancunmap.com/transportation/car-rental.html, Angebote auf www.cancuntravel.com (bei „Car Rental"). Die Seite www.rentalcargroup.com hat eine Suchmaschine, die die günstigsten Angebote verschiedener Mietwagenfirmen raussucht.

Notfall **Polizei:** Tel. 8841913 u. 8852277. – Kostenloser **Notruf:** 066. – **Hospital:** American Medical Car Center, km 8, Tel. 8831001. – Automobilclub: Tel. 8846909 u. 8841271. – **Migración:** Nader 1/Uxmal, Tel. 8813560 (9–13 Uhr, s. Stadtplan). – **Konsulate:** von **D:** Punta Conoco 36, S.M. 24 Mza. 5 L-7 (s. Stadtplan), Tel. (998)-8841598, konsul_d@yahoo.com.mx. Mo–Fr 9–14, Sa 9–12 Uhr. – **CH:** Av. Cobá 12, Edificio Venus D2, sandrorolandi@yahoo.com.mx, Tel. (998)-8848486, 9–13 Uhr. – **A**: Tel. 2519792 (Calle Pecari, s. Stadtplan, innerhalb des Bürogebäudes einer großen Zeitung). **Belize:** Av. Nader 43/Ecke Lima, Tel. 8878417, Fax 887-8631, Mo–Fr 9–13 u. 15–17 Uhr.

Buchladen in der Av. Tulúm einige, an der Westseite z.B. FAMA, No. 105.

Reisebüro Koch Overseas, Av. Tulúm 192, Local 20, www.kochoverseas.com.mx, Tel. 8877556. Empfehlenswert für alle Reisefragen und Flüge.

Einkaufen Supermercados: *Comercial Mexicana,* Uxmal/Ecke Tulúm; *Chedraui,* Tulúm/Ecke Cobá, u.a. Weitere in der Tulúm (Ostseite), meist bis 23 Uhr geöffnet. Rund um die Uhr geöffnet haben *OXXO* und *Seven-Eleven.*

Unterhaltung *Cancún Centro:* Abendliche Treffs sind die Fußgängerstraßen westl. der Av. Tulúm und der **Parque de las Palapas;** Restaurants, Nachtleben und was sonst noch das Touri-Herz begehrt konzentriert sich auch in Av. Yaxchilán gleich südl. der Uxmal. *Zona Hotelera:* Im **Centro de Convenciones** tritt das **Ballet Folklórico** auf (mitreißende mexikanische Tänze und Musik, allabendlich 20 Uhr, Tel. 8810400), ebenfalls sehenswerte Tanzdarbietungen im **Teatro de Cancún** beim Embarcadero (km 4): **Cantos y Danzas de México** (Mo–Fr, 19 Uhr; um 21 Uhr **Tradición del Caribe,** karibische Tänze, jeweils 29 US$; Tel. 8494848, Karten auch jeweils über Ihr Hotel). Ansonsten gibt es in der Hotel-Zone jede Menge Discos (**Tipp:** die große **Coco Bongo** beim Centro de Convenciones, mit großer Abendshow), Nachtclubs, Bars und Techno-Tempel. Was gerade „in" ist, wo man tanzen, feiern, dinieren und den Abend verbringen kann, steht in den Touri-Werbemagazinen („Cancún-Tips", u.a.).

An- und Weiterreise

Busterminal Der Busterminal für 1.- und 2.-Klasse-Busse ist an der Calle Pino im Dreieck der Straßenkreuzung Tulúm und Uxmal. Ein moderner Terminal mit einem außerordentlich großen Angebot an Gesellschaften, Busklassen und Zielorten, so dass man innerhalb kurzer Zeit wegkommt. Für Fernziele und Busse 1. Klasse empfiehlt sich Reservierung (Luxusbusse sind ADO GL, Línea UNO, Elite u.a.). Abfahrtszeiten kann man telefonisch erfragen, z.B. bei ADO unter Tel. 8868604 oder bei der Línea UNO, Tel. 8871149.

Sehr praktisch ist das Portal **www.ticketbus.com.mx,** wenn man sich über Verbindungen, Zeiten und Preise informieren will. Auch sind Buchungen möglich. Außerdem gibt Ticketbus telefonisch Auskunft: Tel. 0180-0702-8000.

Außerhalb des Terminals, auf der anderen Seite der Calle Pino, gibt es Büros weiterer Linien *(Elite),* und hinten stehen die (weißen) Busse von **Playa Express,** die als **Shuttle-Busse** in kurzen Abständen **die Riviera Maya bis Felipe Carillo Puerto runterfahren,** mit Stopps an allen größeren und kleineren Orten entlang der Küste (Playa del Carmen, Tulúm, etc.).

Zur **Zona Hotelera** fahren im Minutentakt weiße „Hoteles"-Busse („R1" und „R2") von der Av. Tulúm und Av. Cobá, 8,50 Ps. – Zum **Airport** s.u. – Zur **Isla Mujeres** über Puerto Juárez mit einem Ruta 13 „Puerto-Juárez"- oder „Punta Sam"-Bus.

Zielorte Nach **Chichén Itzá** (je nach Bustyp 2–3,5 h; *Oriente,* 2. Klasse, fährt etwa stündlich; es gibt auch teure Tagbusse hin- und zurück). – Nach **Belize** zunächst nach **Chetumal** (ca. 6 h, viele Abfahrten, ADO Express). – **Chiquilá** (3 h, für Isla Holbox): *Mayab* 7.30 u. 12.30 Uhr, *Noreste* 13.30 Uhr. – **Mérida:** ständig, 1.-Klasse 4 h (2.-Kl. 7,5 h), UNO, ADO GL. – **Palenque:** 12–13 h (über Mérida), mit ADO u. OCC, 3x tägl. bzw. nächtlich (Vorsicht vor Dieben im Bus!). – **Puerto Morelos:** mit einem Playa del Carmen-Bus. – **Valladolid:** 2–3 h, ständig. – Und andere Ziele mehr.

Sonstiges Wer **Geld** braucht: in der Calle Pino gibt es einen Geldautomat. Wer **Hunger** hat: Gutes und günstiges Essen zum Mitnehmen verkauft der über der Tulúm-Straße liegende *Supermercado Comercial Mexicana.* Gleich dahinter ist eine kleine Grünanlage, in der man in Ruhe essen kann.

Airport Cancún

Cancúns Flughafen *Cancún International Airport* (CUN) liegt 19 km südlich der Stadt, östlich von der Autobahn Mex 307. Auskunft Tel. 8860047, -48, -49, Website **www.cancun-airport.com** u. über www.asur.com.mx.

Als zweitgrößter Flughafen Mexikos (jährlich mehr als 9 Mio. internationale Ankünfte) entwickelte sich Cancún zu einem Flugdrehkreuz mit unzähligen nationalen und internationalen Verbindungen. Neben der wichtigsten mexikanischen Linie, *Aeroméxico* (www.aeromexico.com) und sehr vielen US- und kanadischen Fluggesellschaften sind auch vertreten die *Cubana* (nach Havanna ist es nur eine Stunde Flugzeit, www.cubana.cu), die *Taca* (Airline-Gruppe zu zentral- und zu südamerikanischen Destinationen, u.a. nach Flores in Guatemala, www.taca.com) und die *Copa* (Panama, www.copaair.com); www.cancun-airport.com listet alle Airlines mit ihren Adressen auf (bei „Airlines directory").

Mexikanische Billigflieger von/nach Cancún zu inländischen Zielen sind **Interjet** (www.interjet.com.mx), **Volaris** (www.volaris.com.mx) und **VivaAerobus** (www.vivaaerobus.com). Streckennetz s. jeweils die Homepages. Private, unreguläre Charterflüge mit Kleinflugzeugen zu touristischen Yucatán-Destinationen bieten Aerosaab (Playa del Carmen, www.aerosaab.com) oder AeroCosta, aerocosta2001@cancuntips.com.

Alle im **Terminal 2:** Deutsche Airlines: *Condor,* www.condor.de. *Air Berlin,* www.airberlin.de. *Lufthansa* (Flüge über die USA), www.lufthansa.de. Von Amsterdam/NL: *Martinair,* www.martinair.com. Von Zürich/CH: *Edelweiss Air,* www.edelweissair.ch. Von Wien/A (nicht direkt): *Austrian Airlines,* www.austrian.com.

Ankunft/ Abflug **International: Terminal 3** (Airport-Ostflügel, dt. und europäische Flüge). **Terminal 2:** Flüge innerhalb Mexikos (und auch einige internationale Flüge, vor allem lateinamerikanische).

In Ihre Touristenkarte muss Ihr erstes Reiseziel (Ort/Hotel) eingetragen sein. Bereits im Gepäckausgabe-Bereich sind die Taxipreise und die Fahrzeiten der Busse angeschlagen. Nach der Zollkontrolle – ob man den Koffer öffnen muss, bestimmt ein Zufallsdrücker mit roter oder grüner Anzeige – wird das Gepäck noch durchleuchtet. Geldwechselmöglichkeit noch im Ankunfts-/Abflugbereich bei einer Casa de Cambio" und an Geldautomaten, *cajeros automáticos.*

Wie auf vielen Flughäfen Mexikos ist der Taxi- und Busverkehr vom Flughafen in die Stadt streng reguliert („Transporte Terrestre"). In Cancún darf kein „normales" Taxi ankommende Flugpassagiere aufnehmen (hinbringen schon). Taxifahrer dürfen kein Geld entgegennehmen, nur Gutscheine, die Sie zuvor kaufen müssen! Auf dem Weg ins Freie werden Ihnen diese mehrfach angeboten, zahlbar in Dollar, Euro oder Peso.

Aktuelle Preise für alle nachfolgend genannten Transportarten und Ziele auf www.cancun-airport.com („Services"/Bus Transportation" und „Hotel Transportation").

Mit *Taxi Colectivo* zu einem bestimmten Hotel

Variante 1: Hotel-Transfer nach Cancún: Die Fahrer dieser Großraum-Limousinen (*Taxi Colectivo* bzw. „Shared Shuttle") beginnen ihre Tour am *südlichen* Ende von Cancúns langer Insel-„Zona Hotelera" und setzen die Fahrgäste nach und nach bei ihren Hotels ab. Erst nach ca. einer dreiviertel Stunde wird Cancún-Centro erreicht. Abfahrt erst bei voller Belegung (ca. 10 Personen), Fahrbetrieb von 8–20 Uhr.

Mit einem offiz. Taxi

Variante 2, am teuersten: Mit einem offiziellen Flughafentaxi direkt zum Hotel in Cancún, Puerto Morelos, Playa del Carmen o.a. Zu einem Cancún-Hotel etwa 450 Peso oder ca. 35 US$. Nach Puerto Morelos ca. 50 US$.

Mit dem Bus ins Zentrum von Cancún

Variante 3: Vom und zum Airport Cancún fahren spezielle ADO-Shuttlebusse vom/zum Busterminal in Cancún-Centro, Fahrzeit ca. eine halbe Stunde. Die Busse bedienen allerdings nicht die Zona Hotelera; zu einem Hotel dort vom Busterminal weiter mit einem normalen Taxi. Die Busse stehen am östlichen Ende des Flughafengebäudes, draußen nach rechts wenden, zu einem überdachten Wartebereich. Tickets vor dem Einstieg an einem Pult („Venta de boleto"), 62 Peso. Abfahrt halbstündlich von 6.30 bis 23.30 Uhr.

Mit dem Bus nach Playa del Carmen (50 km)

Gleicher Standort und Ticketkauf wie beschrieben, Abfahrten etwa stündlich. Preis 110 Peso, Fahrzeit eine gute Stunde.

Für **Puerto Morelos** ebenfalls den Playa del Carmen-Bus nehmen und an der Straße, die von der Mex 307 nach Puerto Morelos führt (ca. 2,5 km) in ein normales und günstiges Taxi umsteigen, die dort warten.

Von Cancún zum Airport

Vom Bushaupttterminal an Av. Tulúm mit dem Riviera Airport-Shuttle. Fahrten von 4.30 bis 23.30 Uhr. Taxis von der Av. Tulúm zum Flughafen kosten etwa 200 Peso, von der Zona Hotelera aus mehr. Fz etwa 20 Minuten.

Abflug

Beim Einchecken die **Touristenkarte** in den Pass legen bzw. **der Check-in-Person aushändigen** (die Karte keinesfalls mitnehmen!).

Wer noch viele Peso-Noten übrig hat: der Geldautomat der Santander-Bank wechelt auch in Dollarscheine zurück. Nicht in die Heimat Rückfliegende müssen Airport-Tax zahlen, derzeit 20 US$.

Mietwagen

Es gibt zahlreiche Gesellschaften (s. „Mietwagen" bei Adressen & Service). Wer von zu Hause aus vorbucht, sollte darauf achten, den Wagen am Airport und nicht im Centro Cancún übernehmen zu können. Die Parkplätze liegen vor den Terminals, ein Shuttle-Service bringt Sie direkt zu Ihrer Mietwagenfirma, auch umgekehrt zum Terminal, wenn Sie den Wagen wieder abgeben.

Selbstfahrer v. Flughafen Rtg. Mérida / Chichén Itzá

Die mautpflichtige Mex 180D ist sehr teuer (das „**D**" ist das entscheidende Merkmal). Man dirigiert ahnungslose Touristen listig (die Mautstelle ist erst an der Grenze zwischen Quintana Roo und Yucatán) auf diese fast immer leere Autobahn. **Bis Valladolid gibt es auf ihr keine Ausfahrt,** und später nur noch in Pisté für Chichén Itzá! **Darum die Mex 180** (Libre) ohne das „D" nehmen! Zu Beginn bis zu einer Gabelung haben Mex 180D und Mex 180 eine gemeinsame Spur.

Karibikküste

Umgebungsziele Cancún

Isla Mujeres

Überfahrt zur Insel

Nördlich von Cancún gibt es zwei Fähranleger, von denen Shuttle-Fährschiffe zur Isla Mujeres ablegen: Der neuere Pier heißt **Gran Puerto Cancún** (Katamaranschiffe von *UltraMar*), der ältere, nördlichere, befindet sich in **Puerto Juárez,** 3 km von Cancún-Centro entfernt. Direkte Anfahrt zu beiden Piers mit einem „Puerto-Juárez"-Bus (Linie 13) von der Av. Tulúm in Cancún (Busterminal). Überfahrt bei beiden Piers von 5 bis 21.30 Uhr im Halbstundentakt und um 22.30 und 23.30 (www.granpuerto.com). Rückfahrzeiten dto. im Halbstundentakt von 9–22, 23 u. 24 Uhr. Fahrpreis einfach 70 Ps/140 Ps *redondo.* Online-Buchung möglich (aber nicht nötig). Überfahrtszeit etwa 20 Minuten.

Auch von der **Zona Hotelera** legen von folgenden Piers (teurere) Boote ab: vom **El Embarcadero**/Playa Linda mit *UltraMar* um 9, 10, 11, 12, 13, 14, 16 u. 17 Uhr (außerdem nach Garrafón); von der **Playa Tortugas** um 9, 10, 11, 12, 13, 14, 16 u. 17 Uhr; von der **Playa Caracol** (Club Náutico Dock) um 9, 11, 13 u. 15 Uhr. Einfach ca. 130 Ps. Rückfahrtzeiten sind beim Aussteigen angeschrieben. Online-Buchung möglich (aber nicht nötig).

Eine Autofähre (*transbordador,* auch für Personen), legt von **Punta Sam** ab, 5 km nördlich von Puerto Juárez. Abfahrt um 8, 11, 14.45, 17.30 u. 20.15 Uhr (45 Min., ca. 260 Ps für ein Auto mit 2 Pers.).

„Insel der Frauen"

Die Isla Mujeres liegt etwa 10 km nordöstlich von Cancún. Sie ist 7,5 Kilometer lang, weniger als einen Kilometer breit und es leben dort ca. 14.000 *isleños.* Der Name „Insel der Frauen" soll sich von kleinen weiblichen Tonstatuetten ableiten, die die Spanier bei ihrer Ankunft hier fanden (Ankunft 1517 unter Córdoba). Die Maya, die die Insel bewohnten, gewannen dort Meersalz und trieben damit Handel. An der Südspitze errichteten sie einen kleinen Tempel. Im 18. Jahrhundert war Isla Mujeres ein Piratenversteck (u.a. für Mundaca und Lafitte).

Hat das Boot an der Muelle angelegt, ist man schon nach wenigen Metern mitten im Ort. Restaurant reiht sich an Restaurant und *tienda* an *tienda,* alles ist farbenfroh getüncht. Die wenigen Längs- und Querstraßen hat man schnell erkundet. Die Uferstraße auf der Festlandseite heißt *Av. Rueda Medina,* parallel zu ihr verlaufen die Straßen *Juárez,* die **Flaniermeile Hidalgo** und die Calle *Guerrero.* **Hauptstrände** sind **Playa Norte** und **Playa Los Cocos.**

Wer mehr wissen will, kann in der Medina das **Turismo** besuchen (s. Stadtplan) oder Touristen-Magazine durchblättern.

Pro & Contra

Aus der einst schläfrigen Isla Mujeres schuf man ein touristisches Anhängsel der Ferienmaschine Cancún. Tagtäglich schippern Dutzende Fährschiffe Tausende Tagestouristen zu ihr rüber, der kleine Ort an der Nordspitze ist ein einziger Rummelplatz. Längst vorbei ist die Zeit, als Isla Mujeres noch *das* Globetrotter-Ziel der mexikanischen Karibik war. Aber noch immer kann man in kleinen und familiären Hotels unterkommen und an den Stränden *Norte* und *Los Cocos* relaxen, wobei die **Nebensaisonzeiten perfekt** sind, denn dann offerieren viele Bars und Restaurants ausgedehnte „Happy Hours" („dos por uno"), was den Geldbeutel schont.

„Wenn man wie wir in der Nebensaison auf Mujeres ist, versprechen einige Tage hier Erholung pur: Palmen, Hängematten, die zwischen den Pfählen und der Strandbar aufgespannt sind, schöne Musik, warmes, kristallklares Wasser und eine absolut

Isla Mujeres
© Rkh Verlag Hermann
Tauchziel »Höhle der schlafenden Haie«
Playa Norte
0 3 km
Karibik
Laguna Macax
Laguna Salina Grande
Tortugranja (Schildkrötenfarm)
Playa Pescador
Hacienda Mundaca
Playa Lancheros
Playa Indios
Hotel Garrafón de Castilla
Parque Natural »El Garrafón«
Fußweg
Punta Sur
Maya-Tempelreste
Punta Norte
Brücke
Half Moon Bay
Playa Norte
Playa Los Cocos
Zazil Há
Sea Hawk Divers
Carlos Lazo
Mercado
Guerrero
López Mateos
Hidalgo
Juárez
Bar La Luna
Municipalidad
Matamoros
Abasolo
Madero
Morelos
Bravo
Allende
Rueda
Medina
Uribe
Fischer-Cooperative
Taxis
0 ca. 200 m
Bahía de Mujeres
Muelle (Fähranleger) nach Puerto Juárez u. Zona Hotelera Cancún: Playa Linda / Playa Tortugas / Playa Caracol
Transbordador (Autofähre) n. Punta Sam
Hotels
1 Playa La Media Luna
2 Casa Maya Hotel
3 Na Balam
4 Hotel Cabañas María del Mar
5 Poc-Ná
6 Xul-Há
7 El Caracol
8 Francis Arlene
9 Elements of the Island
10 Marcianito
11 Htl. Bucaneros
12 Posada Soemi
13 Osorio
14 María José

entspannte Atmosphäre unter lauter jungen Leuten aus vielen Nationen – wirklich traumhaft". Doch Paradiese gibt's bekanntlich nicht umsonst: Auf Mujeres ist **alles sehr teuer.**

Strände / Ausflüge

Die feinsandige, blendend weiße Playa Norte mit flachem Wasser wird nur von wenigen Palmen beschattet; zu mietende Sonnenschirme und Liegen sind teuer. Alle anderen Strände auf Festlandseite sind fest in Restauranthänden und meist komplett bestuhlt oder werden von Seegras „geziert".

Mit Roller, Moped und Fahrrad – meist in den Hotels mietbar – oder per Taxi (ihr Standplatz ist gleich beim Fähranleger, Preise zu den Zielen sind angeschlagen), Mietwagen oder mit einem **Golf-Cart** – es gibt viele Anbieter – kann man auf Inselerkundung gehen. Manche wandern auch. Bis zur **Punta Sur** sind es entlang der Ostküste etwa anderthalb bis zwei Stunden Fußweg. Im Süden liegen die Strände *Playa Pescador, Playa Lancheros* (6 km, dorthin fährt auch ein Bus), *Playa Indios* und *Playa Parque Natural Garrafón.* Die Rundstraße bietet jedoch außer der Meeresbiologie-Station und der Schildkrötenfarm **Tortugranja** (s.u.) nichts Interessantes, und auch die Strände sind nicht berauschend. Viele Besucher unternehmen eine Tour zur **Isla Contoy** (s.u.).

Baden an der offenen, rauhen Karibikseite ist wegen gefährlicher Unterströmungen nicht empfehlenswert. **Schnorchler** – Ausrüstungen sind überall mietbar, s.u. – finden ihr Paradies im *Manchones-* und *Mandera-Riff,* zertifizierte **Taucher** ihr Eldorado in der „Höhle der schlafenden Haie" *(cueva de los tiburones dormidos)* und bei gesunkenen Schiffen (Tauchfahrten sind möglich zur „Ultrafreeze", „Mercurio" und „San Geronimo").

El Garrafón und **Hotel Garrafón de Castilla**

Das nahe der Südspitze liegende „Schnorchelparadies" *El Garrafón* wurde zu einem wenig attraktiven *Parque Natural* deklariert (Etikettenschwindel; ein passenderer Name wäre „Vergnügungspark"; www.garrafon.com). Tagtäglich fallen von 8–17 Uhr Cancún-Ausflügler ein, ihre Fähr- und „Piratenschiffe" legen direkt am dortigen Garrafón-Landungssteg an. Die horrend überzogenen Preise für Eintritt und Ausrüstungsmiete sowie die vielen Schnorchler – mehr bunte Flossen als bunte Fische – in ein paar Kubikmetern Wasser bei einem zerstörten Riff lassen von einem Besuch abraten.

Die bessere Alternative, gleich daneben (Carretera Punta Sur Km 6), ist das **Hotel Garrafón de Castilla.** Es bietet einen abgegrenzten Schwimmbereich, Restaurant, Duschen, Schließfächer, Sonnenschirme etc. Eintritt 35 Ps, Schnorchelausrüstung mit Schwimmweste 70 Ps (wer eine Schwimmweste hat, darf auch ins Schnorchelareal von El Garrafón). Geöffnet tägl. 9–17 Uhr, außerdem werden Schnorcheltouren zum Riff angeboten. Anfahrt per Taxi oder Bus, der aber nur bis *Playa Lancheros* fährt. Zu Fuß dann noch ca. 25 Minuten, bei Sonne nicht zu empfehlen!

Vom Parque Natural El Garrafón führt entlang der Klippen ein Fußweg zum aufgegebenen, doch (kostenlos) besteigbaren **Leuchtturm** *(Faro)* am Südkliff *(Acantilado Sur)* mit Überresten einer sehr kleinen **Maya-Ruine,** die einst der Göttin *Ix Chel* geweiht war (überhöhter Eintritt). Dort fanden die Spanier die anfangs erwähnten Tonstatuetten.

Weiteres auf der Insel

An der Westküste befindet sich die Meeresbiologie-Station und Schildkrötenfarm **Tortugranja,** wo in Becken und im Meer Meeresschildkröten aufgezogen werden (verschiedene Altersstufen). Man kann die Farm besichtigen und bekommt Einzelheiten über die gefährdete Spezies erklärt. Tägl. 9–17 Uhr, Tel. 8880705, Eintritt 35 Ps.

Etwas weiter auf der derselben Straße kommt man zur **Playa Tiburón** („Haifischstrand"), wo Schwimmen mit Hundshaien möglich ist (Eintritt). Das Ausflugslokal serviert u.a. Grillfisch. Etwas weiter nördlich ist ein Delfin-Zentrum, teures Schwimmen mit den Tieren und auch hoher Eintritt für Zuschauer.

Die Überreste einer ehemaligen Piraten-Hacienda aus dem frühen 19. Jh. liegen in der südlichen Inselmitte *(Ruinas del Pirata Mundaca);* ist nur eine alte

Hausruine, Eintritt. „Traurige“ Attraktion: Jaguar im Käfig und Spider Monkeys. Von dort kann man zum Leuchtturm weiterfahren.

Nationalpark Isla Contoy

28 km nördlich von Isla Mujeres liegt die unbewohnte **Isla Contoy,** ein Ausflug zum **Parque Nacional Isla Contoy** ist ein empfehlenswertes Erlebnis. Touren mit einem Tagesprogramm (inkl. Fischen, Schnorcheln, Lunch und Getränken) werden überall angeboten, am besten mit der **Cooperativa de Pescadores** (s.u. bei „Tauchen“).

Contoy, eine langgestreckte etwa 7 km lange und 50–700 Meter breite Insel, ist vollständig mit Mangroven- und sattgrünen Palmenwäldern überzogen. Tausende Flamingos, Prachtfregattvögel (*Fregata magnificens;* die Männchen erkennt man an ihrem roten Kehlsack), Pelikane und viele andere Seevögel, über 100 Arten, bevölkern dieses paradiesische Naturschutzgebiet. Am Bootsanleger wachsen die Palmen fotogen dicht an dicht und im *Centro de Visitantes* gibt es ein kleines Freiluftmuseum. In der Nähe steht ein Aussichtsturm mit Blick über die Insel. Nur autorisierte Touranbieter dürfen Touristen befördern, die Besucherzahl ist limitiert. Die Anfahrt dauert ca. 2 Stunden. Unterwegs besteht die Möglichkeit, am *Xlaches*-Riff zu schnorcheln. Gehen dem Bootsführer Fische an den Haken, werden diese auf der Insel gegrillt. Sonnencreme und Mückenspray nicht vergessen!

Informationen: Büro des *Parque Nacional Isla Contoy,* Isla Mujeres, Tel. 8770118. Websites: www.islacontoy.org und www.amigosdeislacontoy.org. Touren sind auch von Cancún aus möglich. Preise und Zeiten siehe auf www.contoytours.com und www.kolumbustours.com.

Adressen & Service Isla Mujeres

Turismo Rueda Medina 130, zw. Morelos u. Madero, Tel. 01-**998**-8770767, Mo–Fr 8–20 Uhr, Sa/So von 9–14 Uhr, infoisla@prodigy.net.mx. – **Polizei:** Tel. 8770082.

Websites **www.isla-mujeres.net** • www.caribbean-on-line.com • www.garrafon.com • www.mexicancaribbean.com • www.islamujeres.info • u.a.

Internet-Cafés Davon gibt es zahlreiche, z.B. in der Abasolo 11A, in der Madero No. 10 u. 17 und auch teils in normalen Cafés.

Busse/Taxi Die Abfahrtsstellen der Inselbusse sind in der Guerrero (s. Ortsplan) und beim Fähranleger. Taxis ebenfalls am Fähranleger; Ziele zu Fixpreisen, s. Anschlag.

Unterkunft Es gibt etwa 30 größere und kleinere Unterkünfte (darunter auch 5-Sterne-Hotels). Teuer sind diejenigen am Strand bzw. in Strandnähe. Da alles dicht beieinander liegt, ist es kein Problem, bei Nichtgefallen ein anderes zu suchen. In der Hochsaison – Weihnachten bis Ostern und im August – erhöhen sich die Preise erheblich, dann ist außerdem alles schnell ausgebucht, morgens zwischen 10 und 12 Uhr hat man die besten Chancen. Zimmer in oberen Stockwerken sind, sofern vorhanden, vorzuziehen, da bessere Belüftung. Auf gut funktionierende Ventilatoren sowie auf evtl. nächtliche Lärmbelästigung durch Musikkneipen achten. Preise in der Nebensaison immer verhandelbar.

ECO **Hotel Xul-Há,** Hidalgo 23, Tel. 8770075. Einfach, Travellertreff, strandnah, DZ mit Bad, TV, Vent. u. Kühlschrank, Ü ca. 400 Ps (Aufpreis für AC). Die Zi. zur Straße sind wegen Diskomusik laut bis frühmorgens! – **Poc-Ná,** Matamoros 15, Tel. 8770090, www.pocna.com. Das älteste Hostel der Insel, in die Jahre gekommen, Lage aber gut! Auch Hamaca- u. Zeltplätze, kleines Restaurant/Bar. Ü/F ab 145 Ps, DZ/F 880 Ps. – **Hotel El Caracol,** Matamoros 5, Tel. 8770150, über www.isla-mujeres.net; saubere Zi., durchschnittlich. DZ/AC 600 Ps. – Gleichfalls in der Calle Matamoros No. 12, linke Seite zw. Medina und Juárez, ein kleines rosa Haus: **Posada Soemi.** Familienbetrieb, 11 Ventilator-Zimmer mit 2–5 Betten, jedes Zi. kostet ca. 400 Ps, sicher, sauber, nach vorn hin laut. Alternative um die Ecke, Calle Juárez: die günstige, saubere und ruhige **Posada Isla Mujeres.** – **Hotel María José,** Madero 21 (Ecke Madero/Medina), Tel. 8770245. Familienbetrieb, günstig, 2 DZ, Moped- und Radvermietung. – **Hotel Marcianito,** Abasolo 10, Tel. 8770011; zentral gelegen, keine AC, auch Mehrbettzimmer. – **Hotel Osorio,** Madero nahe Juárez, Tel. 8770294, hotelosorio@hotmail. Zweigeschossiges, langjähriges Familienhotel, sauber Zi. mit Vent. DZ um 400 Ps.

FAM **Hotel Francis Arlene,** Tel. 8770310, www.francisarlene.com. Guerrero zw. Abasolo u. Madero; dreigeschossig; 24 komfortable, schöne (Balkon-)Zimmer mit Vent./AC u. Kühlschrank. DZ ab 900 Ps. – **Hotel & Restaurante Bucaneros,** Av. Hidalgo 11 zw. Madero u. Abasolo, www.bucaneros.com, Tel. 8771228. Nettes Familienhotel, 16 Zi., freundlich bemüht, leckeres Restaurant. DZ 550–1000 Ps.

LUX **Playa La Media Luna** (Half Moon Beach Hotel), Sección Roccas, Punta Norte, Tel. www.playamedialuna.com. Geschmackvoll eingerichtete Zimmer und Bungalows, AC od. Vent. Reizvolle Lage, Meerblick, hier rauscht noch romantisch das Meer von der offenen Karibik; zur Playa Norte 10 Gehminuten. DZ/F 800–1300 Ps. – **Na Balam,** Playa Norte (Calle Zazil Há 118), Tel. 8814770, www.nabalam.com. 31 Zimmer, wegen Ausstattung und Lage gleich beim Strand für Komfort-Traveller (alle Zimmer auf Meeresseite, manche mit Balkon, Gartenanlage, Pool, gutes Restaurant, Hängematten). DZ ab 1500 Ps. – Gleich daneben: **Hotel Villa Kiin (Casa Maya),** www.villakiin.com, Tel. 8770045. Intimes Strandhotel mit 3 Sektionen: Bungalows, „Casa Maya" und „Pakal rooms". In der Casa Maya 5 „Budget"-Zimmer, 12 „Pakal"-Zimmer und 9 Bungalow-Zimmer in diverser Ausstattung und Qualität, s. die Karte auf der Homepage. Hängematten und Garten und zwei volleingerichtete Küchen. Preise a.A. DZ ab 650 Ps. – Etwas weiter südlich: **Hotel Cabañas María del Mar,** Tel. 8770179, www.cabanasdelmar.com. Angenehmes Strand-Hotel, 56 Zimmer, die meisten mit Meerblick, Palapa-Bar. DZ ab 1200 Ps. – **Elements of the Island,** Av. Juárez 64, Tel. 8770736, www.elementsoftheisland.com. Dreigeschossiges Haus mit drei schön eingerichteten Studio-Apartments mit AC u. Kitchenette, Schweizer Leitung, Café-Restaurant, Yoga. DZ ca. 1100 Ps, Minimum 4 Nächte.

Essen & Trinken Dutzende Restaurants stehen zur Auswahl, von einfachst bis gediegen. Die meisten findet man in den Straßen Hidalgo und Guerrero. Aufpassen vor nachträglich verlangten hohen „Tips" (bis 15%!). Am Nordende der Hidalgo gibt es einige Taco-Buden. Der Mercado in der Guerrero hat günstige Garküchen.

Auf den Speisekarten stehen hauptsächlich Fischgerichte (red snapper), Meeresfrüchte und immer wieder Pizzen (in der Matamoros 7 ist eine preiswerte Steh-Pizzeria mit leckeren Pizzen und Quiches). Gut ist auch *100% Natural* mit frischen Säften, allerdings schließen die abends früh. Zwei gute **Cafés** sind *El Nopalito,* Guerrero/Ecke Matamoros und *Café Cito,* Matamoros 42. Das Restaurant *Chili Loco* am nördl. Ende der Hidalgo ist günstig und gut. Gutes Eis serviert die Eisdiele *Cool* in der Madero.

Lebensmittel einkaufen kann man im Supermercado *Francisco de Asís* in der Morelos am Zócalo.

Unterhaltung Das Nachtleben spielt sich größtenteils in der Hidalgo ab. Das Hostel *Poc-Ná,* Matamoros 15, besitzt eine coole Strandbar mit Partys/Traveller-Treff. Die Bar *La Luna* in der Guerrero nördlich der Plaza ist ebenfalls ein „Hotspot".

Bank / Geld Santander Bank, Rueda Medina, mit Bankomat; auch Casas de Cambio.

Fahrräder, Mopeds, Roller Zahlreiche Vermieter in den Straßen Hidalgo, Madero und Guerrero und auch bei/über Hotels. Eine gute Adresse ist z.B. *Pepe's Moto Rent,* Hidalgo zw. Matamoros u. Abasolo, Tel. 8770019; auch Golf-Carts, dafür muss der Führerschein als Pfand hinterlegt werden. Immer den technischen Zustand eines Fahrzeugs prüfen!

Schorcheltouren / Tauchen (Buceo) Alle Schnorchel-Anbieter bieten im Prinzip die gleichen Touren an – für unterschiedliche Preise. In der Matamoros gegenüber der Posada Soemi gibt es (noch?) einen alten Mexikaner, der Angel- und Schnorcheltouren anbietet. Schnorcheln an drei Stellen bei zwei- bis dreistündiger Dauer kostet bei ihm etwa 20 US$. Die Schnorchelboote starten direkt neben dem Fähranleger.

Tauchzentren: *Sea Hawk Divers,* Tel. 8771233, Eduardo & Co; Eduardo **vermietet** auch schöne, für die Lage an der Playa Norte noch erschwingliche **Zimmer** (etwa 600–800 Ps). – *Mundaca Divers,* Madero 10, Tel. 9992071. – *Squaloadventures Cive Center,* Av. Rueda Medina, Playa Norte, Tel. 8880820, www.squaloadventures.com; kleines Center, Leitung Andrés Alvarez und Vater, sehr kompetent, sicher und hilfsbereit.

Kooperative der Fischer Die **Cooperativa de Pescadores** führt ebenfalls diverse Schnorcheltouren durch, u.a. zum **Garrafón-Riff** und zur **Isla Contoy,** Auskunft/Buchung bei der Palapa der Kooperative an der Rueda Medina (s. Stadtplan), Tel. 8771363. Zur **Isla Contoy** ca. 750 Ps pro Person, inkl. Essen und Schnorchelausrüstung, von 9 bis 17 Uhr.

Walhaie *Whale-Sharks*-Bootstouren **zur Isla Holbox** finden zwischen Juni und September statt. Ein unvergessliches Erlebnis, wenn man den Tieren nahe kommt! Touren zu Festpreisen, ca. 1300 Ps.

Wäscherei Lavandería *Tim Phó,* Juárez/Ecke Abasolo, und *Wash Express,* Abasolo.

Riviera Maya

Bei der Suche nach einem Namen für die paradiesische Schönheit des Küstenabschnitts Cancún – Tulúm (125 km Länge) fiel den mexikanischen Tourismusstrategen **„Riviera Maya"** ein. Nationale und internationale Investoren und Hotelgruppen pumpten Zigmillionen Dollar in gigantische All-inclusive-Resorts, in „Timesharing" und „Condominium"-Projekte, in kommerzielle Vergnügungsparks à la Disneyland wie *Xcaret, Xel-Há* oder *Xplor Zip-line Park,* und alles muss logischerweise Rendite abwerfen, was sich dann an exorbitanten Preisen niederschlägt. Außer den dominierenden US-Touristen mit ihren lockersitzenden *dólares* heizen auch die kaufkräftigen Passagiere internationaler Kreuzfahrtschiffe die Preise an. Acht Kilometer südlich von Playa del Carmen baute man eigens einen Hafen für die Pötte, *Puerto Calica* (Punta Venado). Derzeit gibt es an der Riviera Maya ca. 250 Hotelanlagen, die „Entwicklung" von ehemals kleinen Fischerdörfern zu Mittelklasse-Badeorten verläuft ungebrochen rasant. Top-Touri-Ziele sind **Playa del Carmen,** die **Insel Cozumel** und die **Tulúm-Ruinen** mit ihren zahllosen Strand-Cabañas. Der Karibikküste vorgelagert ist das gewaltige **Mesoamerikanische Barriere-Riff,** das etwa 10 bis 40 km vor der Küste verläuft und sich über 1000 Kilometer bis nach Honduras erstreckt. Und dennoch: Man kann sie hier noch erleben: Traumtage unter Palmen mit Schnorcheln und Schwimmen in kristallklarem Wasser, welches weiße, puderfeine Korallensandstrände leckt. Auf der vierspurig ausgebauten Mex 307 sind alle Strandorte schnell zu erreichen. Entweder per Mietwagen oder von Cancún bzw. von Playa del Carmen mit einem der zahlreichen „Playa-Express"-Busse.

Websites www.mayan-riviera.com • www.rivieramayaexpress.com • www.sac-be.com • www.rivieramaya.com • www.cancunsouth.com • www.caribemexicano.com • u.a.

Kurzübersicht ab Cancún (Auswahl)

Hinweis: Alle Strände und Strandorte mit vielen Fotos (Luftaufnahmen!), Lage und Namen vieler Unterkünfte zeigt **www.locogringo.com.**
Puerto Morelos: kleiner, geruhsamer und langgestreckter Fischerort; Strand vielfach mit Seegras bedeckt. Kaum Nachtleben.
Punta Bete: Hübscher Strand mit Cabañas und Beach-Bungalows, kein Ort.
Playa del Carmen: „Klein Cancún“: Hunderte Unterkünfte für jeden Geldbeutel, zahllose Restaurants, Nachtleben, Discos, Läden etc. Das südlich gelegene *Playacar* ist eine große Anlage für Pauschal-Urlauber.
Xcaret: Aqua-Vergnügungspark, eine weitere künstliche Urlaubswelt
Paamul: Bucht mit Palmen, Strand-Bungalows, Wohnmobil-Treff. Sehr ruhig.
Puerto Aventuras: luxuriöse Privat-Wohnanlagen, viel Beton, Marina, ruhig, kaum Nachtleben. Kein Reisezielort.
Xpu-Há: Ein sehr schöner Strandabschnitt, aber ziemlich zugebaut.
Akumal: sehr große Hotel- und Clubanlagen mit Dutzenden Strandbungalows, Villen, Condominiums und Hotelzimmern an fünf attraktiven, kilometerlangen Stränden. Sehr gute Restaurants, lange Wege, ruhig.
Aktún Chen: Natur- und Erlebnispark mit einem sehr großen Höhlensystem
Chemuyil und Xcacel: öffentliche Badestrände
Xel-Há: Aqua-Vergnügungspark
Hidden Worlds nennt sich „Family Cenote Adventure Park“
Bahías de Punta Solimán / Tankah: Schöne Buchten mit kleinen, hochpreisigen Beachfront-Unterkünften. Sehr ruhig, isoliert und kein Nachtleben.
Tulúm: Gleich südl. der archäologischen Stätte Tulúm gibt es zahllose, qualitativ sehr unterschiedliche Cabaña-Anlagen. Unterkünfte auch im Ort Tulúm.

Preise an der Karibikküste

■ Das gesamte Hotel-, Gastronomie- und Freizeit-Angebot kann keinesfalls als preiswert bezeichnet werden. Es gilt an der Karibikküste die Gleichung: Tourist = Geld, also her damit. Der Yankee-Tourismus ist der Goldesel für die Mexikaner. Amerikanern scheinen überhöhte Preise egal zu sein.

Hotelpreise

Ein Zimmer vorab über große Internet-Hotelportale (Expedia, Booking u.a.) zu buchen kommt i.d.R. günstiger als direkt vor Ort. **Hochsaison** (HS) ist von Anfang/Mitte Dezember bis April. In der Nebensaison sind Zimmerpreise immer verhandelbar – manchmal auch ganzjährig, außer in den absoluten Spitzenzeiten. Viele Hotels nennen auf ihren Webseiten keine Preise, man muss per eMail anfragen. Manche haben ein- bis zwei Dutzend Tarife, je nach Zimmer- und Bettenart, Zimmerausstattung und Lage innerhalb des Hotels.

Trinkgelder Riviera Maya

In **Touristen-Restaurants** werden auf die Rechnungssumme meist **10–15% „Tip“ draufgeschlagen,** was rechtlich nicht richtig ist, weil seriöse Restaurants auf ihren Rechnungen darauf hinweisen, dass dieser Zuschlag freiwillig („Propina volunataria“) oder ein Vorschlag ist („Propina sugerida 15%“). Erkundigen Sie sich also **vor** dem Bestellen bzw. studieren Sie die Speisekarte, wenn Sie hinterher keine Überraschung erleben wollen (Wechselgeld kommt manchmal gar nicht zurück).

Cancún – Playa del Carmen

Acamaya / Villas La Paz Croco Cun Crocodile Park

Gleich vor bzw. nördlich vom Croco Cun Crocodile Park gibt es einen 2,5 km langen Stichweg zum **Acamaya Reef Trailer Park** (ausgeschildert), ein kleiner, schmaler Platz mit schattenlosen unebenen Terrassenplätzen, doch mit Zugang zum Strand. Übernachten in Cabañas.

Im kommerziellen **Croco Cun Crocodile Park** kann man Krokodile und in Yucatán heimische Tiere, wie Affen, Schlangen, Papageien sehen. Tägl. von 8.30–18 Uhr. Der überhöhte Eintrittspreis lohnt eine Besichtigung nicht.

"Riviera Maya"
Cancun - Tulum
0
20 km
© Rkh Verlag Hermann
Chiquiliá / Holbox
Cancún
(Maut)
Aeropuerto Cancún
(Maut)
Rainbow Trailer Park
Cancún-Hotelzone (Zona Hotelera)
MEX 180
MEX 180D
MEX 307
keine Ausfahrt!
Mérida
»Km 80«
El Ideal
Nuevo Xcan
MEX 180D = teure mautpflichtige Autobahn, besser die Mex 180 benützen!
Siete Boca Cenote (u.a.)
Htl Sak-Ol K'aax
Croco Cun Crocodile Park
Acamaya
Vallarta
Ruta de Cenotes
Puerto Morelos
Jardín Botánico
(Autofähre)
Valladolid / Chichén Itzá
Punta Maroma
Cobá
Punta Bete
X'Calacoco
Playa del Carmen
Playacar
Xplor Zip-line Park
Xcaret (Vergnügungspark)
Puerto Calica
(Autofähre)
San Miguel
Isla Cozumel
Cenotes Kantun Chi, Azul und Cristalino
Paamul
Puerto Aventuras
Barcelo
Playa Xpu-Há
Laguna Yal-Kú
Grutas Aktun Chen
Akumal
Chemuyil Pueblo
Aventuras Akumal
Chemuyil
Cobá (45 km)
Xcacel
Cenote Dos Ojos
Xel-Há (Vergnügungspark)
Hidden Worlds
Grand Cenote
Punta Solimán
Tankah
Tulúm Pueblo
Tulúm Ruinas
Tulúm-Cabañas
Chetumal
s. Tulúm-Karte
Boca Paila
Reserva de la Biósfera Sian Ka'an
n. Punta Allen
Karibik

Puerto Morelos

Ew. 3000

✆ 01-998

Puerto Morelos ist ein langgestreckter Fischerort, 36 km südlich von Cancún. Busse nach/von Playa del Carmen bzw. Cancún lassen einen an der Mex 307, am Abzweig („Crucero") der Stichstraße Richtung Meer, aussteigen. Für die 2,5 km in den Ort oder zu einem Hotel eines der Taxis nehmen, die östlich hinter der Hochstraße stehen, Kostenpunkt max. 25 Peso. Auch Colectivos fahren.

Puerto Morelos ist der älteste ehemals spanische Hafen an der gesamten Karibikküste. In dem kleinen, beschaulichen Ort haben sich etliche Leute aus den USA, Kanada und Europa niedergelassen, von denen einige kleine Hotels, Restaurants und Geschäfte betreiben. Im Inland, gleich westlich der Mex 307, liegt *Puerto Morelos Pueblo.*

In Puerto Morelos ist alles überschaubar, von Touristengewimmel und Hektik keine Spur und auch kaum Autoverkehr (in der Nebensaison aber ein „totes Nest"). Das Korallenriff, ca. 600 Meter vor der Küste, ermöglicht Schnorcheln und Tauchen, es gibt etliche Tauchshops. Das Meer ist flach, ruhig und karibikgrün, der Sandstrand weiß, aber nicht allzu breit und teils mit angeschwemmtem Seegras bedeckt. Hurrikane entwurzeln immer wieder die wenigen Palmen. „Wahrzeichen" des Orts ist sein „Schiefer Turm", gleich beim Zócalo/Parque bzw. am Pier, Resultat eines Hurrikans im Jahr 1967; nahebei steht der neue Leuchtturm. Der lange südliche Frachtpier gehört zum kleinen dortigen Hafenareal.

Am Parque gibt es an der Nord- (Calle Morelos) und Südseite (Calle Tulúm) Restaurants und Läden. Einen Geldautomaten (HSBC) findet man an der Nordostecke („Information Centre"), den Taxistand an der Nordwestecke. Infos kann man in der Buchhandlung *Alma Libre* (Südseite) erhalten, die kanadische Eigentümerin führt außer Büchern und Landkarten auch gebrauchte Bücher.

■ *Stadtstrand von Puerto Morelos*

PUERTO MORELOS
© RKH VERLAG HERMANN
0 ca. 200 m
Croco Cun Crocdile Park
n. Cancún u. Airport
MEX 307
Hotels
1 Ojo de Agua m. Rest.
2 Villas Latinas
3 Mexicoplus
4 Inglaterra
5 Posada El Moro
6 Posada Amor
7 Hotel Hacienda Morelos
8 Rancho Sak-Ol
Excellence Riviera Cancun (www.excellence-resorts.com)
Akamaya Camping
Dreams Riviera Cancun (www.dreamsresorts.com)
La Petite France (www.petitefrance.com.mx)
Ceiba del Mar (www.ceibadelmar.com)
Q. Roo
Niños Héroes
Rojo Gómez
J. Rojo Gómez
Juárez
Heriberto
Arrecifes Suites (www.haciendamorelos.com/reef)
E. Calles
L. Cárdenas
Marand Travel
Ejercito Mexicana
L. Mateos
Wäscherei Lava Plus
Melgar
Korallenriff
Mangroven
Pto. Morelos, Restaurants am Zócalo
Pto Morelos Pueblo
Executive Autovermietung
Hochstraße
»Crucero«
Taxis n. Pto Morelos (ca. 2 km)
Bus n. Cancún
Bus n. Playa del Carmen
»Schiefer Turm«
Pier
Marine
Morelos
Tulúm
Zócalo/Parque
Autovermietung
El Cid
Handicraft Center / Artesanías
R. Gómez
Isla Mujeres
Cargo Pier
Cozumel
Hafengebiet (gesperrt)
Restaurants
1 Cantina Habanero
2 Rest. Verde Green
3 John Gray's Kitchen
4 Mama's Bakery
5 La Casa del Farit
6 El Pirata
7 Hola Asia / David Lau's
8 Pelicano's
9 Las Palmeras
10 La Panza es Primero
11 Al Chimichurri
12 Spaghettino
La Ruta de Cenotes
Jardín Botánico Yaax Che
n. Playa del Carmen / Tulúm
Hotelresort u. Marina El Cid

Am Parque gibt es an der Nord- (Calle Morelos) und Südseite (Calle Tulúm) Restaurants und Läden. Einen Geldautomaten (HSBC) findet man an der Nordostecke („Information Centre"), den Taxistand an der Nordwestecke. Infos kann man in der Buchhandlung *Alma Libre* (Südseite) erhalten, die kanadische Eigentümerin führt außer Büchern und Landkarten auch gebrauchte Bücher.

Ein kleines lokales Reisebüro befindet sich gegenüber dem OXXO-Laden an der Südwestecke des Parque (Calle Rojo Gómez). Neben OXXO ein Internet-Café. Geht man die Rojo Gómez nach Süden, liegt rechts die *Posada Amor* mit Restaurant. Danach kommt ein großer und günstiger Souvenirmarkt („Handicraft Center"), wo qualitativ gute Hängematten, Silberschmuck, Textilien, Webwaren u.a. verkauft werden – eine preisgünstige Gelegenheit kurz vor dem Heimflug ab Cancún. Auf der linken Straßenseite das Restaurant *Spaghettino.*

Von der Plaza nach Norden befinden sich in der Rojo Gómez ein paar weitere Hotels und Restaurants, ebenfalls in den Parallelstraßen Rafael Melgar (östlich) und Niños Héroes (westlich).

Adressen & Service Puerto Morelos

Allgemeine Infos

Anfahrt vom Cancún-Flughafen mit dem ADO-Bus nach Playa del Carmen; ca. 45 Peso, Ausstieg an der Mex 307/Puerto Morelos. Oder per Taxi (ca. 600 Ps).

Reise- u. andere Infos bei **Marand Travel,** Av. Niños Heroes 46 (s. Stadtplan), Andrés & Martha Uscanga, Tel. 8710162, www.puertomorelos.com.mx, Mo–Fr 9–13 u. 17–20 Uhr, Sa 9–13 Uhr.

Busse u. Colectivos nach Playa del Carmen, zum Flughafen und nach Cancún ab der Mex 307 in kurzfristigen Takten. Zur Mex 307 mit Taxi oder Colectivo von der Ecke Morelos/Niños Héroes (Grillstand). Taxi-Standplatz am Parque, Preise sind angeschlagen, Tel. 8710090, 24-h-Dienst.

Websites: www.puertomorelos.com.mx • www.almalibrebooks.com • Die Seite www.locogringo.com bietet einen Web-Film über Pto Morelos.

Internet-Cafés: *Internet Papelaria,* Südwestecke Zócalo, gleich neben (rotem) OXXO-Laden. – *Cyber Center,* Nordseite Zócalo, bei Super Casa Martín.

Autovermietung: *Europcar,* Südwestecke Zócalo, gleich neben OXXO-Laden bzw. gegenüber der Kirche, Tel. 2069372, www.europcar.com.mx. – *Executive* an der Crucero/Mex 307, www.executive.com.mx

Tauchen: Zum Schnorcheln und Tauchen im Marine Park benötigt man als Berechtigung ein kostenpflichtiges Armband. Es gibt über eine halbes Dutzend Dive Shops im Ort, u.a. *Dive in Puerto Morelos* (neben Mama's Bakery, s.u.), Tel. 2069084, www.diveinpuertomorelos.com. – *Snorkeling Puerto Morelos,* am Strand unter der Terrasse des Restaurants La Panza es Primero (s.u.). – *Marina Dive Center,* www.marinadivecenter.com. Auch die Fischer-Kooperative am Pier bietet Schnorchel-Touren an.

Umgebungsziele / Touren

Im westlich der Mex 307 gelegenen Teilort *Puerto Morelos Pueblo* (Anfahrt mit einem Taxi) gibt es einen guten Früchtemarkt und sonntags von 9–15 Uhr findet dort im Non-Profit-Mayazentrum **Lu'um Ka'a Nab** ein traditioneller Markt mit einer kleinen Tanz-Show um 11.30 Uhr statt. Auch Massagen und Übernachtungen sind möglich, Details auf www.mayaecho.com.

Goyos Jungle Tours, Tel. 2212679, im Café D'Amancia am Parque, macht individuelle Touren und bietet das Erlebnis eines *temazcal* an, ein rituelles Maya-Dampfbad. *Marco Rhia* von **Kooltours,** www.kooltours.com, Tel. 01-998-1572983, hat ein recht großes Programm an Tages- und auch Wochentouren ins Inland. Weitere Umgebungsziele s.u. bei „Südlich von Puerto Morelos".

Fähre nach Cozumel Südlich befindet sich der Cargo Pier für Frachtschiffe und Autofähren *(transbordadores)* nach Cozumel, ca. dreistündige Überfahrt. Cozumel-Autofähren legen auch von *Calica* (Punta Venado) ab, 8 km südlich von Playa del Carmen.

Unterkunft Die meisten Hotels liegen in Gehweite zum Strand, und es gibt etliche mehr als hier aufgeführt. Angegebene Preise sind Hochsaisonpreise von Dezember bis April. Für Wochen- oder Langzeiturlauber werden volleingerichtete Apartments angeboten, Details auf den Webseiten www.puertomorelosmexico.com oder www.almalibrebooks.com/rentals.htm. Diesbezügliche Auskünfte auch bei der Buchhandlung *Alma Libre* am Zócalo.

Die weiter nördlich gelegenen (teuren) Strandhotels, meist All-inclusive-Anlagen (s. Stadtplan mit deren Websites), erreicht man nur per Taxi.

Reihenfolge v. günstig bis teuer)

Posada Amor, Rojo Gómez, ca. 60 m südlich der Plaza, Tel. 8710033, pos_amor@hotmail.com. Klein und freundlich, bungalowähnliche einfache Zimmer (prüfen!) mit Ventilator und Bad. Hinten ein schattiger, begrünter Hof. Das Restaurant bietet gute Gerichte, sonntags Büffet. DZ um 700 Ps.

Hotel & Beach Club Ojo de Agua, Calle Rojo Gómez 16, ca. 450 m nördlich vom Zócalo nahe Strand, Tel. 8403942, www.ojo-de-agua.com. Dreistöckiger, rosaroter Hotelklotz mit 36 Zimmern (einige mit Kitchenette). Garten mit Zugang zum schönen, aber schattenlosen Strand, netter kleiner Pool, Palapa-Seafood-Restaurant, Frühstücksbüffet. DZ ca. 800 Ps, genaue Preise a.A.

Hotel Mexicoplus, Niños Héroes, Tel. 1471021, www.mexicoplus.com. 9 unterschiedliche, einfache Zimmer, davon 5 mit AC. DZ/F ca. 800 Ps.

Posada El Moro, Rojo Gómez 17, www.posadaelmoro.com, Tel. 8710159. Dreistöckiger, nicht gerade einladend wirkender weißer Klotz, dafür nahe am Zócalo. 5 farbenfrohe Zimmer, Suites mit Kitchenette, Patio mit Hängematten und Mini-Pool, freundlich, engl.-spr. DZ/F ca. 950 Ps (aktuelle Saisonpreise auf der Webseite). Nebenan „Mama's Bakery".

Hotel Inglaterra, Niños Héroes 29, über www.puerto-morelos.org, Tel. 2069081. Dreistöckiger Bau im altenglischen Tudor-Stil, Zimmer diverser Größen (teils o. Außenfenster, vorher inspizieren) mit AC oder Vent., große Badezimmer, TV, WiFi, Pool, Gemeinschafts-Loggia im 1. Stock mit Schaukelstühlen. DZ/F ab 900 Ps. Das Restaurant im Haus wird laut einer Zuschrift von zwei Franken geführt und ist „super".

Carmen Hacienda, Melgar 5, 100 m südlich von der Zócalo-Südostecke, Tel. 8710448, www.haciendamorelos.com. Dreigeschossiges und türmchengekröntes Mittelklassehotel am Strand mit Restaurant, Bar und Pool. 30 Zimmer mit Meerblick. DZ/F 1500 Ps.

Villas Latinas, Rojo Gómez, 250 m nördlich der Plaza, www.villaslatinas.com, Tel. 8710118. Großzügige und strandnahe Anlage mit diversen „Villas" in Gartenambiente. Zimmer mit Meerblick, AC oder Vent., diverse Bettengrößen, einige Zimmer mit Kitchenette. Palapa-Restaurant, schöner Pool, Parkplatz – „Service allerdings schwach". DZ ab 1000 Ps.

Rancho Sak-Ol (maya, „Lichttor"), Tel. 8710181, www.ranchosakol.com. Liegt 1,1 km südlich der Plaza direkt am Strand (ca. 15 Gehminuten, Taxi 40 Ps, Anfahrt über die El Cid-Straße). Doppelstöckige Palapa-Cabañas mit Seilhängebetten, untere Zimmer mit AC, naturbelassene Umgebung, große Meeresfront-Palapa. Hilfsbereites Betreiberpaar, Valente ist Maya-Experte, er erbaute eine im Mayastil konzipierte kleine Hotelanlage – *Rancho Sak-Ol K'aax* – mitten im Dschungel (s.u., „Ruta de Cenotes"). WiFi, Schnorcheln, kostenlose Fahrräder (wegen des abgesperrten Hafengebiets kann man jedoch nicht direkt am Strand entlang zum Zócalo laufen), Küchenbenutzung. DZ mit reichhaltigem Self-Service-Frühstück ab 800 Ps, je nach Saison, aktuell s. Webseite. Dollar-Barzahler erhalten 5% Rabatt.

Essen & Trinken

Für so einen kleinen Ort gibt es erstaunlich viele Restaurants, geschätzt 40! Viele findet man rund um den Zócalo, einige servieren auch preiswerte *comida corrida*. Überall gibt es schmackhaften *pescado* – mal einen *huachinango* (Roter Schnapper) probieren. Selbstversorger bekommen Fangfrisches aus dem Meer mittags am Pier/Nordseite Zócalo.

■ *Mexikanische „Baukunst" in Puerto Morelos*

Südliche Zócalostraße (Tulúm), von W nach O: **Café D'Amancia:** Kaffee & Cappuccino, Backwaren, Säfte, WiFi. – **Doña Triny's:** mexikanisch. – **David Lau's:** Pizza, Asiatisches, Do–So Live-Musik, www.davidlaus.com. – **Hola Asia** (an der Ecke, Obergeschoss): der Name sagt's, auch italienisch und mexikanisch, gute Hähnchen. – Strandseitig, mit großem Palapadach: **Los Pelicanos,** eher ein Touristenrestaurant, Seafood, mexikanisch, Frühstück. Geht man südlich den Strand entlang (oder auf der Melgar weiter), erreicht man nach dem Restaurant *Las Palmeras* das dem mexikanischen Freistil-Catchen gewidmete **La Panza es Primero** („zuerst der Magen"): schöne, erhöhte Aussicht auf Strand und Meer, umfangreiche Speisekarte mit guten, schmackhaften Gerichten, vegetarisch, Fisch und Fleisch; schweiz.-mex. Besitzer, freundlicher Service, zivile Preise – unser **TIPP!**

Nördliche Zócalostraße (Morelos): Mit das beste von den drei, vier Restaurants dort ist das an der Ecke gelegene, familiengeführte **El Pirata** – gute mexikanische Standards, Frühstück, Fisch und Shrimps, Pasta. – **La Casa del Pescador:** einfach, aber gutes Seafood. Um die Ecke, die Melgar hoch: **La Casa del Farit** – Essen gut, Preise aber überzogen, traumhafte Sicht.

Calle Niños Héroes: Für Vegetarier: **El Verde Green.** – **John Gray's Kitchen:** Sehr gutes Restaurant, Dinner-Club-Atmosphäre, variantenreiche Kochkunst, nur abends, So geschl.

Calle Rojo Gómez, nördlich v. Zócalo, rechte Straßenseite: **Don Pepe Olé,** mexikanisch, Grillgerichte, guter Fisch (z.B. mit chilenischem Weißwein). – Linke Seite: **Mama's Bakery,** Backwaren, Frühstück, Lunch bzw. *almuerzo*. – **Cantina Habanera:** Populäre Bar, preiswertes Essen.

Calle Rojo Gómez südlich: gegenüber der Posada Amor: **Chimichurri,** uruguayisch, spezialisiert auf Gegrilltes (Parrilla), supergut, ab 18 Uhr, fast immer voll, ein **TIPP.** – Weiter südlich, links: **Spaghettino:** nomen est omen.

Nachtleben

Bara Bara Bar, gleich südl. nach der Posada Amor (s.o.). – **Cantina Habanera** (s.o.). – **La Cantina Bistro,** schräg gegenüber der Posada Amor, am Wochenende Live-Musik.

Südlich von Puerto Morelos

Jardín Botánico Yaax Che

Etwa 2 km südl. vom Morelos-Abzweig liegt der *Jardín Botánico Dr. Alfredo Barerra Marín* bzw. *Jardín Botánico Yaax Che,* KM 320. Wege führen durch ein 60 ha großes Waldgelände mit vielen Pflanzen, doch botanisch nicht unbedingt eine große Empfehlung. Zu sehen gibt es außerdem ein *Campamento Chiclero* sowie Zapote-Bäume, aus deren Saft Kaugummi – *chicle* – gewonnen wurde. Infos über www.ecosur.mx, tägl. 9–17 Uhr, Tel. 998-2069233, Eintritt 70 Ps, Infos auf einem Handzettel.

Ruta de Cenotes

Einen Kilometer südlich der „Crucero" an der Mex 307 zweigt von dieser eine Straße nach Osten ab – die **Ruta de Cenotes.** Nach etwa 14 km, beim Ort **Central Vallarta,** führt nach Norden durch den dichten Busch eine 2 km lange Piste zum Cenote **Siete Bocas** – „Sieben Münder". In diese unter- und oberirdischen Cenotes kann man einsteigen, baden und tauchen. Geringe Gebühr an Besitzerfamilie. Übernachten: Etwa auf halbem Weg zu Siete Bocas zweigt nach Osten/rechts ein Weg ab zum wunderschönen, im Maya-Stil erbauten *Rancho Sak-Ol K'aax* (Foto s.S. 64, www.hotelsakolkaax.com).

Zurück auf der Hauptstraße geht es nach etwa einem Kilometer und gleichfalls in Nordrichtung zum Cenote **Boca del Puma,** einem „Zip-line Park", wo man über Seilrutschen, beginnend auf 24 Meter Höhe, durch das Blätterdach der Bäume rauscht und sich anderen „modernen" Abenteuern hingeben kann (Eintritt ca. 1100 Ps, www.bocadelpuma.com). Zwei Kilometer auf der Hauptstraße weiter kommt das nächste Dschungelerlebnis: **Selvatica Zip-line Park** mit ähnlichem Programm wie Boca del Puma, www.selvatica.com.mx.

Auch im Wald südlich der Hauptstraße gibt es Cenotes: Zwischen Boca del Puma und Selvatica liegt straßennah der bestens zum Baden geeignete Cenote **Verde Lucero** mit glasklarem Wasser und einer Zip-line (Eintritt 50 Ps). Ein weiterer Cenote, zurückfahrend zur Mex 307, ist **Las Mojarras** (km 12,5) mit zwei Zip-lines. Eintritt 120 Ps.

Superteure Hotel-Resorts

Nach diversen Hotelanlagen passiert man die Zufahrten zu drei großen All-inclusive-Luxusanlagen, hauptsächlich für betuchtes US-Klientel: allein das an der *Punta Maroma* gelegene **Maroma Resort & Spa** nimmt 80 Hektar Fläche ein (www.maromahotel.com), und auch **Tres Ríos** ist nicht weniger ausgefallen – „Endless luxury in harmony with nature" (www.haciendatresrios.com). Die nach 2 km folgenden vier **Mayakoba-Kettenhotels** sind ebenfalls Resort-Hotels ähnlichen Zuschnitts (www.mayakoba.com).

Punta Bete

Der etwa 3 km lange, schneeweiße und teils felsige Strand von *Punta Bete* (kein Ort!) befindet sich 64 km südlich von Cancún oder 7 km nördlich von Playa del Carmen. Unasphaltierte, 2,5 km lange Zufahrt von der Mex 307 (Schild „Xcalacoco"). Unterkunft bieten eine Handvoll preislich gehobener, privater Beach-Bungalows und Cabañas. Für Ruhesuchende eine gute Alternative zum trubeligen Playa. Außerdem einige Restaurants. Camper finden einen Stellplatz bei *Xcalacoco. Sandos Caracol* ist ein All-inclusive-Resort.

Coco's Cabañas (an der Gabelung der Zufahrtsstraße nach links) besteht aus fünf gefälligen um einen kleinen Pool liegenden Rundcabañas in einem tropischen Garten. Zum Strand ca. 30 Meter, kleine Outdoor-Bar und Restaurant (Grill- und ital. Gerichte), Chef ist Helmut. Über www.tulumresorts.com, Tel. 999-8875470. DZ/F mit Vent. ca. 1000 Ps. Etwa 80 m weiter nördlich liegt am Strand das kleine *Los Piños,* Cabañas und Restaurant.

Südlich: *Playa Xcalacoco Cabañas* und *Paradise Point Cabañas.* Am Strand entlang sind es über Moxche bis Playa del Carmen etwa 4 km.

Playa del Carmen

Ew. 120.000

✆ **01-984**

„Playa" ist die größte und schnellstwachsende Stadt zwischen Cancún und Tulúm und das wichtigste neuere Touristenzentrum an der gesamten Riviera Maya. Das historische *Xaman-Há* der Maya und das pittoreske Fischerdorf der 1980er transformierten die Tourismusplaner erfolgreich zu einem mexikanisches „Klein-Miami" – aber ohne Hochhäuser und Hotelkästen á la Cancún. Die Bauphasen sind noch lange nicht abgeschlossen, Playa wird weiter wachsen.

Die vierspurige, teils hochgelegte Durchgangsstraße **Mex 307** durchschneidet die Stadt von Nord nach Süd und trennt sie dabei in zwei Hälften und Welten: Auf gut einem Kilometer Breite bis hin zum Meer erstreckt sich das touristische Playa mit Aberhunderten Hotels und Restaurants, derweil östlich der Mex 307 das neuerbaute „mexikanische" Playa tief ins Inland hineinwächst.

Alles in Playa ist überschaubar, jeder kann hier finden was ihm zusagt. Realität ist aber auch, dass der Rummel im Zentrum, die hohen Preise und die Präsenz zahlloser Nordamerikaner nicht jedermanns Sache sind.

Orientierung

Playas Straßen folgen konsequent einem Gitterraster. Von der Mex 307 führt die Straße *Avenida Juárez* zum **Parque** (Zócalo) und zur **5. Avenida,** der touristischen Hauptschlagader von Playa. Am Ende der Juárez liegt links der Busterminal *Terminal del Centro* (Kurzstrecken). Der neue, größere Terminal befindet an der Av. 20/Ecke Calle 12, s. Stadtplan.

Die parallel zum Strand verlaufenden Straßen heißen *Avenidas,* ihre Nummerierung erfolgt landeinwärts in Fünferschritten. Sie werden gekreuzt von den *Calles,* die von der **Avenida Juárez** nach Norden gerade, nach Süden ungerade Nummern haben. „BIS"-Calles sind kleinere Straßen zwischen zwei Nummern. Taxis sind viele unterwegs oder warten an Standplätzen. Selbstfahrer: Fahrtrichtungen der Straßen beachten!

■ *Playa del Carmen, Strand*

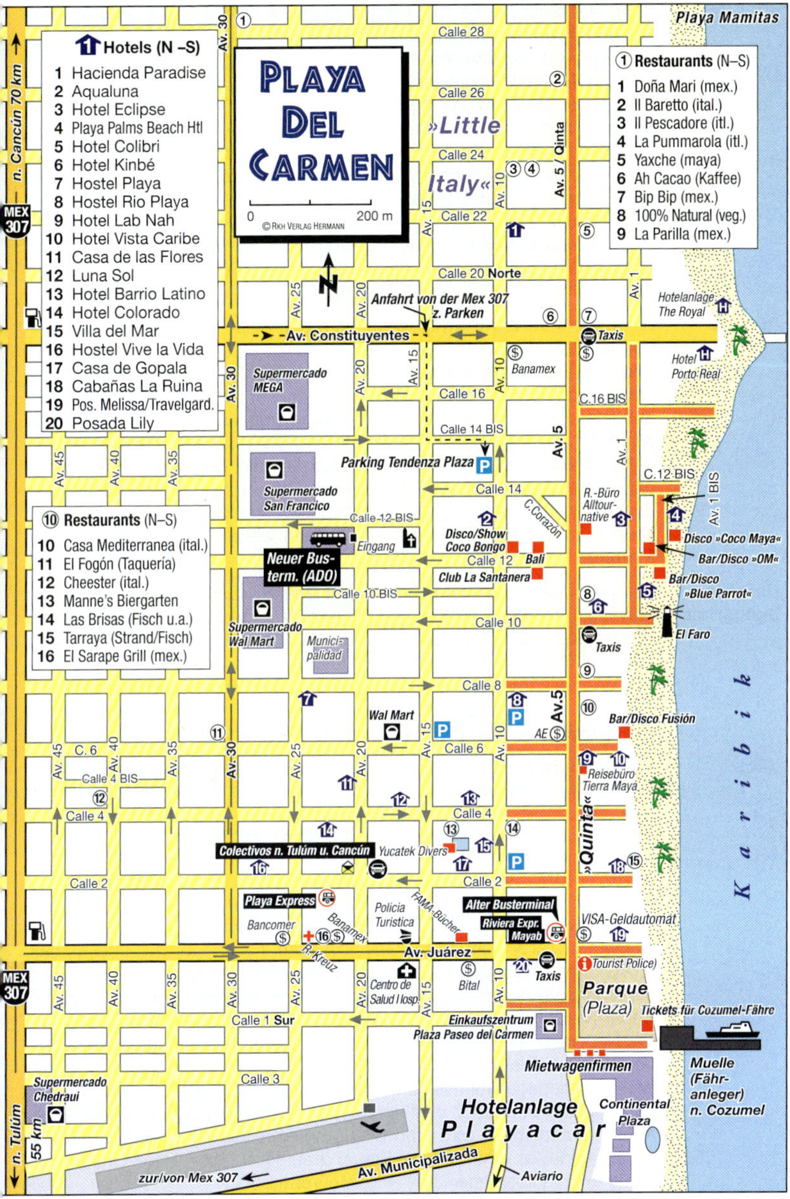

Karibikküste

An der Südostecke des Parque befindet sich der Pier *(muelle)* der **Schiffsfähren nach Cozumel,** und südlich des Parque erstreckt sich das sehr weitläufige, große Touristen-Resort **Playacar** mit hochpreisigen Hotels und All-inclusive-Anlagen.

Von der Mex 307 ins Zentrum: Nehmen Sie, von Süden kommend, statt der chronisch verstopften Avenida Juárez besser die *Av. Municipalizada.* Von Norden kommend die *Av. Constituyentes.* Auf dieser bis zur 15. Av. fahren, dort rechts abbiegen und dann links in die Calle 14 BIS bis zum sicheren Parkplatz der *Plaza Tendenza* (s. gestrichelte Linie im Stadtplan). In der 10. Avenida gibt es noch zwei weitere Parkplätze.

Hauptfußgängerzone und Rummelmeile ist die **5. Avenida,** auch **Quinta** genannt. Hier und in den Seitenstraßen buhlen unzählige Restaurants, Cafés und Läden um Kundschaft.

Strände

Der **Strand im Zentrum** ist bildschön, der weiße Korallensand hat den Vorteil, dass die Sonne ihn nicht übermäßig aufheizen kann. Zu seiner Verbreiterung und Stabilisierung schafften Schiffe in einer großen Aktion unglaubliche Sandmassen herbei. Doch es gibt nur wenig schattenspendende Palmen, da sie immer mal wieder von Wirbelstürmen abrasiert werden.

Das Meer ist ruhig, weil die vorgelagerte Insel Cozumel starke Winde und rauhen Seegang abhält. Tauch- und Schnorchelausrüstungen sowie Tauchtouren werden zahlreich angeboten. Lange Strandspaziergänge können in Richtung Norden unternommen werden, angesagt ist **Playa Mamitas** ab Calle 28.

Umgebungsziele

Von Playa kann man viele kürzere und längere Ausflüge machen: zu den Mayastätten **Tulúm, Cobá** und **Chichén Itzá,** zu den Vergnügungsparks **Xcaret, Xplor Zip-line Park und Xel-Há,** man kann mit dem Fährschiff zur **Insel Cozumel** rüberfahren und außerdem verlocken im Inland diverse **Cenotes** zum Einsteigen, Schwimmen oder Tauchen.

Adressen & Service Playa del Carmen

Infos

An der Nordwestecke des Zócalo bzw. am Beginn der 5. Avenida steht ein *Tourist Police Kiosk.* Prospekte und touristische Broschüren liegen fast überall aus.

Websites: www.playadelcarmen.com • www.locogringo.com • u.v.a.

Unterkunft

Playa hat zahllose Hotels von Budget bis Luxus – derzeit mindestens 300! Viele haben europäisches oder nordamerikanisches Management, hier wurde viel ausländisches Geld investiert. Faustregel: Je näher an der 5. Av. oder am Strand entlang, desto mehr ist zu zahlen. Sehr teurer ist die Hochsaison von Mitte Dezember bis nach Ostern mit nochmaliger Super-Steigerung in der Weihnachts-/Silvester- und Neujahrswoche. In der Nebensaison fallen die Preise erheblich und es kann gehandelt werden. Aktuelle Preise und Belegungen erfährt man bei fast allen Hotels auf deren Homepages mittels automatisierter Buchungsanfrage. Viele bieten auch Spezialrabatte für bestimmte Tage und Zeiten oder Aktionspreise. Achtung: manchmal wird statt des Zimmerpreises der Preis pro Person verlangt oder es wird noch die Steuer draufgeschlagen. Hotels mit Patios (Zimmer in ruhiger Innenlage) sind von Vorteil.

ECO
(bis ca. 600 Ps/DZ)

Hostel Playa, Av. 25/Ecke C. 8, Tel. 8033277, www.hostelplaya.com. Nettes, großräumiges Hostel, freundlich, Gästeküche, Dormitorios, Platz für Zelte sowie Hängematten. Nachteil: Etwas weit zum Strand. Ü 180, DZ 450 Ps.
Hostel Rio Playa, Calle 8 zw. Av. 5 u. 10, Tel. 8030145, Buchung über www.hostels.com. Strandnah, Dachpool mit Bar, viele Services, auch Gästeküche und Restaurant. Dormitorios (Ü/F ab 250 Ps), auch wenige DZ/F 330 Ps. Tipp, aber nur für nicht Lärmempfindliche, weil direkt darunter (Karaoke-)Bars.
Hostel Vive la Vida, Calle 2 Nte zw. Av. 25 u. 30, www.hostelvivelavida.com, Tel. 1092457. Neueres Hostel, alle Services wie WiFi, Gästeküche, Fahrräder etc. Ü Dorm 2–6 Pers. ab 140 Ps (saisonabhängig), DZ 500–900 Ps.
Hotel Colorado, Calle 4 zw. Av. 20 u. 25, Tel. 8730863. Eine Art „Villa Kunterbunt", fürsorgliches dt. Betreiberpaar Cord & Sybill, 10 saubere DZ, Gästeküche. Wer keinen Luxus erwartet und nicht so lärmempfindlich ist, liegt hier richtig. DZ 400 Ps.
Cabañas La Ruina, Calle 2 (von der 5. Av. die Calle 2 zum Strand hinunter, Rezeption linke Straßenseite), Tel. 8730405. Strandnah, aber spartanisch, Travellertreff. Cabañas mit div. Ausstattung und Lage (strandseitig ja/nein, AC ja/nein, Privatbad ja/nein). Auch Zelt- und Hamaca-Plätze. DZ 400–900 Ps.

Zwei Ausweichmöglichkeiten nahebei: **Posada Melissa,** einen Straßenblock südlich (Verlängerung der Juárez, zwischen Bank und Drogerie), Tel. 8730485. Einfachst, obere Zimmer mit Meerblick. DZ 550 Ps, mit AC 950 Ps.
Travelgarden, Tel. 8730068, einfache, kleine Dorms und auch DZ für 450 Ps.
Posada Lily, Av. Juárez/Av. 10, Tel. 8730116. Von der Lage her optimal, in Strand- und Busterminalnähe. Einfache DZ 450 Ps, keine Preiserhöhungen in der Hochsaison. Basic-Alternative schräg gegenüber: **Hotel Marinelly,** Tel. 8730140. DZ ca. 400 Ps, bei mehreren Tage Aufenthalt verhandelbar.

Karibikküste

FAM

Hotel Lab Nah, C. 6/Ecke 5. Av., Tel. 8732099, www.labnah.com. Kleines, dreistöckiges Mittelklasse-Familienhotel, 33 Zimmer/AC, keine zwei Minuten zum Strand, gratis Internet, Safe, kleiner Pool. DZ/F ab ca. 800 Ps, je nach Zimmertyp und Saison.
Hotel Villa del Mar, Av. 10 zw. C. 2 u. 4, www.hotelvilladelmar.com, Tel. 8730863. Familiäres Hotel, freundlicher Service (ital./dt.), strandnah und nur wenige Schritte zur 5. Avenida und zum Busterminal. Safe, WiFi, Pool, Parkplatz a.A. Wer dazu noch Plüsch und Barockmöbel liebt, hat hier seinen Himmel gefunden. DZ/F ab 850 Ps.
Casa de las Flores, Av. 20 zw. C. 4 u. 6, www.hotelcasadelasflores.com, Tel. 8732898. Sehr schöne, stilvoll-farbenfrohe Anlage, gute und saubere Zimmer/AC oder Vent., Safe, Kühlschrank, Pool, tropischer Garten, WiFi u.a. Annehmlichkeiten. Geführt von der Italienerin Paula Ceruti. DZ um 1200 Ps, je nach Saison (evt. verhandelbar).
Hotel Eclipse, 1. Av. zw. C. 12 u. 14, www.hoteleclipse.com, Tel. 8730629. Sehr individuelles Hotel gehobenen Standards gleich am Strand, attraktiver Innenhof, gemütliche und bequeme Zimmer mit Kingsize-, zwei Doppel- oder Einzelbetten, alle mit AC u. Ventilator, TV, Kühlschrank und Hängematte. Privatterrasse mit Tisch u. Stühlen, Preis inklusive Frühstück und Strandkorb im Beach Club. Trotz der nahen Quinta ruhig, auch Apartments. Standard-DZ/F um die 1000 Ps.
Hotel Barrio Latino, Calle 4 zw. Av. 10 u. 15, www.hotelbarriolatino.com, Tel. 8732384. 16 ansprechende, verschieden ausgestattete Zimmer (davon 9 mit AC und ein Backpacker-Zimmer), Safe, Balkone mit Hängematten, netter Patio mit Kakteen-Ambiente, zentrale Lage, Parkplatz, ital. Frühstück, Leute an der Rezeption sehr hilfsbereit, gutes PLV. DZ/F ab ca. 900 Ps (s. Webseite).
Casa de Gopala, Calle 2 zw. Av. 10 u. 15, www.casadegopala.com, Tel. 8730054. Zentral gelegener Oldie, 16 saubere, geräumige und helle Zimmer (auch mit AC), schöner tropischer Garten, Pool und Tauchzentrum, US-/

Schweiz.-Management (Jolanda Moret). DZ um die 1000 Ps.

Hotel Luna Sol, Calle 4 No. 169, zw. Av. 15 u. 20, www.lunasolhotel.com, Tel. 8733933. Stilvoll-mexikanisch, familiär (kanadisch), guter Service, 16 sehr saubere Garten- und Balkonzimmer, 2 Gärten, großer Pool, WiFi, zentral, ruhig. DZ je nach Saison ab 1100 Ps + Steuer.

Hacienda Paradise, Av. 10 zw. C. 20 u. 22, www.haciendaparadise.com, Tel. 87311397. Zweistöckiges Boutiquehotel in ruhiger Lage (zur 5. Avenida nur einen Block), zum Strand 300 Meter, ideal auch für Selbstfahrer, Parken vor der Tür. Familiäres ital. Management (engl./dt.-spr.), 32 geräumige und im Hacienda-Stil eingerichtete, sehr saubere Zimmer und Suiten, alle mit Terrasse oder Balkon um den zentralen Pool mit Palmengrün. Alle Services, kostenlos sind WiFi, Kaffee, Tee und Wasser in der Lobby. Auch ein Tour-Büro. Frühstück (Büffet) und Snacks im Open-air-Restaurant „Casa Nostra" im Garten. In Fußnähe viele Restaurants. DZ/F ab 900 Ps (NS), in der HS ab 1500 Ps. – In Gehweite das Schwesterhotel **Aqualuna,** ein im griechischen Stil gehaltenes Boutiquehotel mit 12 sehr sauberen Zimmern und Suiten mit allen Annehmlichkeiten (Av. 10/Ecke C. 14, Tel. 8731965, www.aqualunahtl.com). Frühstück im Hacienda Paradise. DZ/F ab 800 Ps (NS).

Beach-Hotels

Vier Vorschläge von zahllosen Möglichkeiten:

Hotel Vista Caribe, Calle 6 zw. 5. Av. und Strand, www.hotelvistacaribe.com, Tel. 8730349. Komfortable, große Zimmer: Standard, Triple und Suiten. 50 Meter zum Meer. DZ 700–1300 Ps, je nach Saison.

Kinbé Hotel, Calle 10 zw. Av. 1 u. 5, Tel. 8730441, www.kinbe.com. Modernes Hotel in wunderschönem Design mit allen Annehmlichkeiten. Freie Aussicht von der Dachterrasse, ein kleines Relax-Paradies. DZ ab ca. 1000 Ps.

Playa Palms Beach Hotel, 1. Av. BIS zw. C. 12 u. 14, www.playapalms.com, Tel. 8033908. Größere, etwas eingezwängte Anlage direkt am Strand. DZ ab 1800 Ps, Promotions.

Hotel Colibri, Av. 1 zw. C. 10 u. 12, www.hotelcolibribeach.com, Tel. 8031090. Dieses Strandhotel besitzt 33 nett eingerichtete Zimmer mit Balkon und Hängematte mit Blick auf den tropischen Garten. Beachrestaurant und Schaukelbar. Allerdings nächtliches Disco-Gewummere vom „Blue Parrot". Tauchschule im Haus. DZ 1000–2000 Ps je nach Saison u. Zimmerkategorie.

Essen & Trinken

Playa del Carmen quillt über von Restaurants aller Kategorien und Gourmet-Richtungen – Sie können aus Hunderten auswählen! Zahlreich sind italienische Lokale vertreten, sie häufen sich nördlich der Avenida Constituyentes, in der *Quinta Nueva,* der „neuen 5. Avenida" und in deren Nebenstraßen. In der 10. Avenida zwischen den Calles 8 u. 10 konzentriert sich Preiswertes und Gehobenes. Nach US-„Sitte" wird auf den Rechnungsbetrag 15% „Service charge" erwartet bzw. gleich draufgeschlagen (s.S. 146, „Trinkgelder").

Fast alle Restaurants in der **5. Avenida** sind teuer bzw. es ist dort teurer als anderswo. Ein sehr guter Italiener ist die **Casa Mediterranea** zw. Calle 6 u. 8, im Innenhof des Hotels El Jardín de Marieta; sympathisches Ambiente, Mi Ruhetag. – **Babe's** in der Calle 10: Nicht nur Nudelfreunde, auch Liebhaber gewürzintensiver Speisen finden hier ihren Himmel, Gerichtemix aus thailändisch, vietnamesisch, griechisch und italienisch.

Alternativen in den Nebenstraßen

Um den Kreuzungsbereich 10. Avenida/Calle 4 liegen etliche Lokale mit moderaten Preise. Ein Klassiker in der Calle 4 ist **Manne's Biergarten:** Zapfbier und deutsche Küche, freitags Spanferkel vom Drehgrill. – In Richtung Meer, Calle 4/Ecke Av. 10, tischt **Las Brisas** gute und nicht teure Fischgerichte auf.

Etwas abseits in Richtung Westen, günstige Lokale: **Taquería El Fogón** (Av. 30/Ecke C. 6, es gibt noch zwei andere El-Fogón-Lokale): Sehr gut mexikanisch, empfehle den *Taco loco* und die *Arrachera norteña,* dazu *nopales.* –

Zwei Avenidas weiter kann man bei **Cheester** (40. Av. zw. C. 4 u. 6) sehr gut und preiswert Pasta & Pizza genießen (Di geschl.)

Direkt am **Strand,** am Ende der Calle 2, ist das rustikale und günstige **Tarraya** mein Favorit seit langem (ich kam Ende der 1980er Jahre zum ersten Mal ins damalige Fischerdörfchen Playa del Carmen): Tischchen im Sand, Bier in der Hand und eine leckere Guacamole mit Tortillachips löffeln. Natürlich auch frische Fischgerichte. – In der Juárez gibt es bei **El Sarape Grill,** Av. Juárez nahe Ecke C. 25, ausgezeichnete *Enchiladas* und *Tacos al Pastor*.

Spezielle Küchen

Mexikanisch bei **La Parilla,** Quinta/Ecke C. 8, gehoben. – **Vegetarisch** bei **100% Natural,** Quinta zw. C. 10 u. 12: Naturkost, Saft-Cocktails, Kaffee, Frühstück; auch *Babe's* (s.o.) ist dafür eine Adresse. – Stilvoll speist man maya-yucatekisch bei **Yaxché** (gehoben), 5. Av./Ecke C. 22; Speisekarte auf www.mayacuisine.com.

Nördlich der Constituyentes („Little Italy“)

Constituyentes/Ecke 5. Av., links: **Ah Cacao,** diverse Kaffeesorten und leckere Yucatán-Kakao-Getränke nach Maya-Art (ein weiteres Ah Cacao-Lokal in der 5. Av./Ecke C. 30). – Gegenüber von Ah Cacao gibt es bei **Bip Bip** sehr gute *fajitas* und viele andere Gerichte. – Italienisch: leckere und günstige Pizzen serviert **Pummarola,** C. 24 zw. Av. 5 u. 10. – Weiter hinten, an der Ecke mit der 10 Nte: **Il Pescadore,** familiär, exzellente Pasta. – Quinta/Ecke C. 26: **Il Baretto,** sehr gute Gerichte zu gehobenen Quinta-Preisen. – **Babe's,** Quinta zw. Calle 28 u. 30., Beschreibung s.o.

Weiter die Quinta hoch liegt an der Ecke mit der Calle 34 rechts **La Bodeguita del Medio;** zwar ein wenig anders als die Original-Bar in Havanna, dennoch mit kubanischem Ambiente. Zu Salsa-Musik werden u.a. schwarze Bohnen und Hühnchen in kubanischer Spezialsoße aufgetischt. Di und Do vergnügte Mitmach-Salsa-Kurse. – Preiswert und authentisch mexikanisch bei **Doña Mari,** Calle 28/Ecke Av. 30.

10 Straßen weiter nördlich, in der Calle 38 zw. der 5. Avenida und dem Meer, befindet sich das bekannte **La Cueva del Chango,** Tel. 1470271, www.lacuevadelchango.com. In der „Höhle des Affen“ bewirtet Andres Friederich seit 15 Jahren seine Gäste mit vorzüglichen Speisen aus täglich frischen Zutaten (Speisekarte s. Homepage; Hauptgerichte 136–178 Ps). Romantisches Ambiente zwischen vielem Grün.

Weiter mit „Adressen & Service“

Kommunikation

Post: Calle 2/Ecke Av. 20, Mo–Fr 9–16.30, Sa 9–13 Uhr; PLZ 77710. – Etliche Telefon- und Fax-Casetas in der Quinta. – **Internet-Cafés:** zahllose (einige s. @-Piktogramme im Stadtplan), z.T. auch in Geschäften, Läden und Cafés.

Bank / Geld

In der Quinta gibt es mindestens zwei Dutzend *Casas de Cambio* zum Tausch von Bargeld (Kurse vergleichen lohnt) und natürlich auch Geldautomaten, *cajeros automáticos.* Banken konzentrieren sich in der Juárez, s. $-Piktogramme im Stadtplan (Traveller-Schecks bei der Banamex von 9–13 Uhr). Eine Scotiabank ist in der Constituyentes.

Touren / Reisebüros

Chichén Itzá und Cobá besser auf eigene Faust besuchen, über Buchungen mit einem der diversen Veranstalter, wie z.B. „Easy Tours“, bekamen wir enttäuschte Mails.

Alltournative, 5. Av. zw. C. 12 u. 14, Tel. 8039999, www.alltournative.com. – *AventourA,* 10. Av. zw. C. 1 Sur u. 3 Sur, vor der Einfahrt von Playacar, Tel. 8794477. – *Bambu Tours,* 10. Av. Sur, Plaza Antigua, Local 12 vor der Einfahrt von Playacar, Tel. 8030760, www.bambutours.com.

Mietwagen

Etliche Agenturen befinden sich auf der Quinta: *Alamo,* Quinta/Ecke C. 6, www.alamo.com. – *Thrifty,* Quinta/Ecke C. 8, www.thrifty.com.mx. – *Hertz,* Quinta/Ecke C. 10, www.hertz.com. – *Budget* ist in der Av. 10 vor der Einfahrt von Playacar (s. Stadtplan), www.budget.com.mx, *Avis* in der Juárez 307, www.avis.com.mx. – *Executive* (Büros in vielen Yucatán-Orten), Quinta zw. C. 10 u. 12. 6. – *Hertz* hat seinen Wagenpark außerhalb – kostenlosen Transfer verlangen (auch bei anderen, die ihre Wagen nicht im Zentrum haben!). Lokale Anbieter sind günstiger als internationale. Auch Hotels vermitteln Mietwagen.

Notfall

Notruf: Tel. 066. **Polizei:** Tel. 8032823. *Policia Turística* in der Juárez zw. Av. 15 u. 20, Tel. 8732656. – **Hospital:** *Centro de Salud,* Juárez zw. Av. 15 u. 20, Tel. 8730493. – Gut: *Medica del Carmen,* 25. Av. zw. Juárez u. C. 2 Nte. – Sehr teuer ist das *Hospiten Hospital,* Tel. 8031002, außerhalb an der Mex 307 südlich, www.hospiten.com. – Zahnarzt (dt.-spr.): Manuel López, Calle 2/Ecke Av. 30, Tel. 01-984-2672357 oder vom öffentlichen Tel. 044-984-2672357.

Einkaufen

Zahllose Geschäfte aller Art in der Quinta und in deren Nebenstraßen. Ein Laden- und Souvenirzentrum ist der *Paseo del Carmen,* südwestlich vom Parque. Allgemeine Lebensmittel-Kette: OXXO. Buchladen FAMA, Juárez zw. C. 10 u. 15 (gebrauchte Bücher in der *Librería Mundo,* C. 1 Sur 189 zw. Av. 20 u. 25 oder im *Mundo* bei Plaza de las Américas, s.u.). – Supermärkte: *MEGA,* Av. 30 zw. C. 14 BIS u. Constituyentes. Gleich südlich davon schließen sich an (s. Stadtplan): *Super San Francisco* und *Wal Mart.*– Große Shopping Malls außerhalb an der Mex 307 in Rtg. Tulúm: *Chedraui* u. *Centro Maya* mit *Soriana.* Die moderne Mall *Plaza de las Américas,* alles unter einem (klimatiserten) Dach, liegt landeinwärts: von der Mex 307 in Rtg. Cancún, dann links in die C. 38.

Wäscherei

Playa Lavandería, Calle 22 zw. Av. 1 u. 5. – *Lavandería Lamat,* Av. 10 zw. C. 12 u. 14; u.a.

Unterhaltung

Live-Musik aller Stilrichtungen, Qualitäten und Lautstärken in den Restaurants der Quinta und Nebenstraßen. Das Nachtleben mit Discos und Clubs konzentriert sich vor allem in der **Calle 12** ab der 10 Av. nach Osten. Die größte Show bietet dort die Mega-Disco **Coco Bongo,** C. 12/Ecke Av. 10, www.cocobongo.com.mx. Ein paar Meter weiter: **Bali Club,** Tanzmusik und Techno, gegenüber der **Club La Santanera,** unten House Club mit internationalen DJs, oben hippe Lounge. Auch am Beach geht die Post ab: populär sind **Blue Parrot, OM, Coco Maya** (s. Stadtplan) oder **Fusión** (Calle 6/Strand) – und es gibt noch weitaus mehr. In der **La Bodeguita del Medio** (Av. 5/Ecke C. 34), Cuba-Feeling mit Live-Musik. Di u. Do 19.30–21 Uhr kostenloser Salsa-Tanzkurs (auch Singles) mitten im Lokal. Auch nur Zusehen macht Spaß.

Aktivitäten

Umgebungs-Touren auf eigene Faust mit einem Rad oder Scooter (Vermieter s.u.).

Natur: In Playacar gibt es das *Aviario Xaman Há* mit über 200 tropischen Vögeln, mehr als 60 Arten; vom Parque die 10. Av. ca. 600 m südlich gehen, tägl. 9–17 Uhr, Eintritt 200 Ps.

Schnorcheln: Dafür ist ein Ausflug zur Lagune **Yal-Kú** in Akumal, 37 km südlich von Playa del Carmen, ein Tipp (s.S. 170). Akumal ist sehr einfach mit einem Colectivo zu erreichen, es ist nicht nötig, eine teure Tour zu buchen.

Tauchen: Tauchschulen und -shops gibt es ohne Ende. *Playascuba,* Av. 15/Ecke C. 4, Tel. 8032403, www.playascuba.com; Service, Preis und Leistung stimmen. – *Buceo Cyan-ha,* Hotel Shangri-La Caribe, Calle 38/Beach, Tel. 8032517, www.cyanha.com; die älteste Tauchbasis in Playa, seit 1983, PADI, SSI, Tauchpakete, Urlaubs-Schnupperkurse, Cenotetauchen, Unterricht auch in Deutsch. – *Yucatek Divers,* Av. 15 zw. C. 2 u. 4, Tel. 8032836, www.yucatekdivers.com; Meeres- und Cenotetauchen, Schnupperkurse im 3 Meter tiefen Pool, kleine Gruppen, Schweizer Leitung Jolanda Moret, langjährige Präsenz. In Playa del Carmen gibt es eine Druckkammer.

Windsurfen: am Strand werden Bretter vermietet.

Yoga: *Morethanyoga,* Arielle Thomas Newman, www.morethanyoga.com, Tel. 8732671. Spontane Probe-Lektionen. **Massagen** am Strand zuhauf.

Rad-/ Scooter mieten Viele Vermieter, z.B. *BUSTER,* 10. Av. zw. C. 10 u. 15. *Thomy's Mopeds,* Calle 2 zwischen Quinta und Av. 10, Tel. 8722111.

An- und Weiterreise

Der neue Terminal für 1.-Klasse- und Langstreckenbusse (ADO) liegt an der **Av. 20/Ecke Calle 12,** der **Terminal del Centro** an der Ecke Juárez/Quinta, Tel. 8730109 u. 8730444. Vom Terminal del Centro vorwiegend Kurzstrecken, u.a. mit Riviera- und Mayab-Bussen. Zwischen beiden Terminals Taxiverkehr zum Einheitspreis.

Mit **Playa Express** (Abfahrtstelle Calle 2, s. Stadtplan) entlang der Küste in **Richtung Cancún** (1 h) und **Tulúm** (1 h).

Neuer Busterminal zahlreiche Abfahrten zu vielen Zielen mit einem großen Angebot an Gesellschaften, Busklassen und Preisen. Fernbus-Linien 1. und 2. Klasse sind ADO u. ADO GL („Grand Luxe"), Altos, TRP, Oriente, Riviera, Mayab, Premier, Maya de Oro, Ómnibus Cristóbal Colón. Ziele und Abfahrtszeiten im Internet: www.ticketbus.com.mx.

Chichén Itzá (270 km, 3,5 h) um 8 Uhr mit ADO vom Terminal del Centro, über Tulúm und Cobá. – **Chetumal** (310 km, ca. 4 h) etwa anderthalbstündlich mit ADO oder Mayab (vom Terminal del Centro). – **Cobá** (110 km, knapp 2 h) um 8, 9 u. 10.30 Uhr. – **Mérida** (390 km, 4,5 h) etwa stündlich mit ADO über Tulúm und Cobá), mit ADO GL um 16, 21.30 und 11.45 Uhr. – **Palenque** (800 km, 11 h), mit ADO GL (bequeme Liegesitze) um 15.30, 16.45 und 19.15 Uhr. – **Valladolid** (210 km, 3 h) um 9.30, 10, 14.45, 17 u. 17.15 Uhr.

Nach Tulúm am schnellsten/bequemsten mit **Colectivos** von der C. 2 zw. Av. 15 u. 20 (s. Stadtplan), Abfahrt ständig zwischen 6–21 Uhr. Oder mit einem Riviera- oder Mayab-Bus, ständige Abfahrten vom Terminal del Centro.

Zum Flughafen Cancún / Cancún-Stadt Der **Airport-Shuttle-Bus** fährt vom Terminal del Centro um 7, 8, 9, 9.30 Uhr und ab 10 Uhr zu jeder vollen Stunde, die beiden letzten Busse abweichend um 18.10 und 19.15 Uhr. Fz 60 Min., 106 Ps. Es gibt auch Flughafentransfers mit Colectivos, die einen dann vom Hotel abholen. Ticket einen Tag zuvor kaufen, auf Angebote in der Quinta und Nebenstraßen achten oder das Hotel um Ticketkauf bitten. Nach **Cancún-Stadt**/Busterminal ständige Abfahrten.

Flughafen Playa del Carmen Der kleine Airstrip, hauptsächlich für Privat- und Charterflieger, befindet sich zwischen der Juárez und der Playacar-Anlage. Fluglinienbüros am Airport. Aero Saab, Tel. 8730804, www.aerosaab.com. Aeroméxico-Büro: Av. 10/Ecke 14 BIS (Tendenza Plaza).

Fähren nach Cozumel Zwischen Playa del Carmen und Cozumel (16 km) verkehren Fährschiffe der Gesellschaften *Mexico Waterjets,* www.mexicowaterjets.com und *UltraMar,* www.granpuerto.com.mx (auf den Homepages Abfahrten und Preise. Je nach Schiffstyp etwas unterschiedliche Fahrtzeiten und Preise, durchschnittlich 45 Minuten/ca. 160 Ps einfach. Tickets gibt es an mehreren Kartenstellen gleich südlich der Plaza vor dem Pier, Auskunft Tel. 8721508.

Abfahrten von Playa del Carmen nach Cozumel: ab 6 Uhr im Stundentakt zu jeder vollen Stunde, zurück genauso. Zeiten können sich ändern, Aushänge an den Kartenverkaufsstellen und am Pier beachten!

Bitte mailen (verlag@rkh-reisefuehrer.de) **oder schreiben Sie, wenn sich in Mexiko Dinge verändert haben oder Sie Neues wissen. Herzlichen Dank!**

Isla Cozumel

Cozumel liegt 16 km vor Playa del Carmen und ist mit 53 km Länge und 14 km Breite die größte mexikanische Insel. Die Topographie ist flach, im Inneren wuchert dichter Buschwald und gegen die Ostküste brandet der Atlantik. Die Strände der Westküste sind windgeschützter und daher ruhiger. An ihnen gibt es nur teure Hotels, ausgerichtet auf dollarschwere US-Urlauber. Größte und einzige Stadt ist **San Miguel de Cozumel.** Wenn die zahlreichen Kreuzfahrtschiffe ihre Passagiere dort am Pier *Punta Langosta* ausspucken, wird die Situation extrem.

Wem also Playa del Carmen bereits zu touristisch oder zu kostspielig ist, dem wird Cozumel noch weniger gefallen. Viele machen deshalb von Playa del Carmen nur einen Tagesausflug und schnorcheln dabei evtl. in **Chankanaab** (s.u.), eine Art Aqua-Vergnügungspark, der stark vermarktet wird, teuer und oft überlaufen ist. Eine Alternative wäre eine Rundfahrt um die südliche Inselhälfte per Mietwagen oder Roller.

Für **Taucher** ist Cozumel jedoch ein absolutes El Dorado. Die vielen Unterwasserriffe an der Westküste, vor allem das berühmte **Palancar-Riff** *(Palancar Arrecife)* sind einzigartige Tauchgründe (die Riffe sind Teile des gewaltigen *Arrecife Maya,* das sich von der Isla Mujeres bis hinunter nach Honduras zieht). Das kristallklare Wasser erlaubt traumhafte Sichtweiten, die submarine Wunderwelt wimmelt von Riff-Fischen in allen nur erdenklichen Farben und es gibt baumhohe Korallenwälder. Ausrüstung kann in den zahllosen Dive-Shops und Tauchschulen gemietet werden (alle Riffs sind als Unterwasser-Nationalparks geschützt, das Sammeln von Korallen und anderen Meeres-„Souvenirs“ und auch das Harpunieren ist streng verboten). Gute Karte: **www.cozumeldivemap.com.**

Geschichte

Bis zur Ankunft der Spanier (erster war 1518 *Juan de Grijalva,* der mit vier Schiffen von Kuba rübersegelte) war Cozumel der östlichste Punkt des Maya-Territoriums. Die Küstenmaya nannten die Insel *ah cuzamil peten* – „Platz der Schwalben“. Für sie war Cozumel ein bedeutendes Pilgerzentrum, verehrt wurde *Ix Chel,* die mayanische Regenbogen-, Mond- und Fruchtbarkeitsgöttin. Seefahrende *Putún-Maya* kamen mit ihren seetüchtigen Kanus vom nordyucatekischen Xicalango (nahe Ciudad del Carmen) und errichteten Handelsstützpunkte, begehrt waren Honig und Chicle-Saft. Auf der Insel wurden über 30 verstreut liegende kleine Mayastätten gefunden, alle aber verfallen und überwuchert. Die bedeutendste ist **San Gervasio** (s.u.).

■ *Cozumel vom Meer aus*

San Miguel
Ⓣ = Tauchshops
Museo de la Isla Cozumel
Playa del Carmen
Fähranleger
Hotels
1 Hostelito
2 Htl. Flores
3 Htl. Pepita
4 Vista del Mar
5 Amaranto B&B
Kreuzfahrt-Pier Punta Langosta
Av. Melgar
Juárez
Plaza
Calle 8 Nte
Calle 6 Nte
C. 4
C. 2 Nte
Av. 5 Nte.
Av. 10
Av. 15
Av. 20. Nte.
Av. 25
Supermercado Asis
Calle 1 Sur
Salas
Mercado
Carretera Transversal
Av. 5 Sur
Av. 10
C. 3 Sur
Av. 15. Sur
Av. 20 Sur
Av. 25 Sur
Av. 30 Sur
Blue Bubbles Divers
Calle 5 Sur
Calle 7 Sur
Isla Cozumel
0 5 km
© RKH Verlag Hermann
San Gervasio war ein Maya-Zeremonialzentrum und die größte von etwa 30 Maya-Stätten auf Cozumel
Punta Molas
Cancún
Playa del Carmen
Puerto Morelos (Autofähre)
Flugzeug unt. Wasser
Puerto Calica (Autofähre)
Intern. Pier (Muelle Intern.)
San Miguel de Cozumel
San Gervasio
Casa del Mar Hotel
La Ceiba Hotel
Parque Arqueológico
El Presidente Hotel
Money Bar Beach Club
Club del Sol Hotel
Parque Nacion. Chankanaab
Playa Corona
Carretera Transversal
Der Spanier Grijalva erreichte 1518 als erster Cozumel. 1519 kam Cortés auf die Insel und entdeckte seinen gestrandeten Landsmann Aguilar.
Playa Santa Cecilia
Punta Morena
Playa Maya
Playa San Francisco
Diamond Resort Hotel
Pl. del Sol
Playa Palancar
EL Cedral
Costera Sur
Arrecife Palancar
Playa Chen Río
Punta Chiqueros
Playa Bonita
Arrecife Columbia
Ruinas de Columbia
El Mirador
Arrecife Maracaibo
Laguna de Columbia
Chun Chacab
Tumba de Caracol
Karibik
Parque Punta Sur / Faro Celarain

Verlief Grijalvas Besuch bzw. die erste europäisch-/mesoamerikanische Begegnung noch friedlich, so hinterließ der Inselbesuch von **Hernán Cortés** 1519 als Folge zerstörte Maya-Kultstätten und die tödliche Pockenkrankheit. Bis 1600 waren so gut wie alle Inselbewohner ausgerottet. Doch immerhin hatten Mexikos Eroberer eine kleine Kirche gebaut (in der Nähe des heutigen Flughafens). Cortés hörte von einem „bärtigen Mann" und fand seinen Landsmann **Aguilar** wieder, der 1511 als Schiffbrüchiger an die Küste von Yucatán gespült worden war und den die Maya als Gefangenen nach Cozumel gebracht hatten. Aguilar soll vor „Entzücken geweint haben". Es handelte sich um ein „Rendezvous" historischer Dimension für die Welt! Der inzwischen mayasprachige Aguilar – und die später an Bord genommene **Malinche,** die sowohl Yucateca-Maya als auch die Aztekensprache Náhuatl beherrschte –, waren Cortés' wertvollste Begleiter bei der Eroberung des Aztekenreiches.

Im **17. Jh.** wurde Cozumel Stützpunkt und Versteck berüchtigter Karibik-Piraten wie Henry Morgan u.a. Als **1848** auf Yucatán der „Krieg der Kasten" ausbrach (s.S. 196), flüchteten viele vor den Kriegswirren nach Cozumel und sammelten anlässlich des Kaugummi-Booms *chicle*-Saft. Im 2. Weltkrieg diente die Insel zeitweise als US-Luftwaffenstützpunkt, der Ausbau zum heutigen Tourismus- und Tauch-Zentrum begann ab 1970. Heute hört man hier mehr Englisch als Spanisch.

San Miguel de Cozumel

Ew. 70.000

✆ 01-987

Orientierung San Miguel de Cozumels Straßennetz verläuft nach dem Gitterraster. Die Hauptstraße entlang des Meeres ist die **Av. Rafael Melgar.** Vom Fähranleger geht es geradeaus in die **Av. Benito Juárez** zur **Plaza** *(Plaza del Sol)* mit umliegenden Fußgängerzonen. Die Verlängerung der Juárez nach Osten, die *Carretera transversal,* quert nachfolgend die Insel. Die Parallelstraßen zur Juárez sind die *Calle Norte* und *Calle Sur.* Die Küstenstraße Av. Melgar wird nach Norden zur *Costera Norte* und nach Süden zur *Costera Sur.*

San Miguel bietet praktisch nichts, ist aber Freihandelszone. Die Plaza und die umliegenden Straßen sind voller Souvenir-, Schmuck- und Artesanías-Läden, auch Restaurants und Straßencafés gibt es viele. Wenn die *cruceros,* die Passagiere internationaler Kreuzfahrtschiffe in die Stadt einfallen, dann klingeln die Kassen. In der Saison vergeht kein Tag ohne mindestens eine Ankunft dieser Pötte. Kaufen Sie keine Korallen, schon gar keine schwarzen, die Einfuhr in die EU ist verboten.

Herumkommen Zwischen San Miguel und den nördlich und südlich gelegenen Hotels (Laguna Chankanaab) verkehren kaum Busse, das Transportmonopol haben mehr oder weniger die Taxis. Nach Chankanaab ca. 150 Ps einfach. Inselrundfahrt: s.u. bei „Rundfahrt".

Museum Das **Museo de la Isla de Cozumel** an der Melgar zw. Calles 4 u. 6 Nte ist sehenswert. Es zeigt die Geschichte, die Natur und das mayanische Erbe Cozumels (archäologische Funde, Maya-Hütte hinter dem Museum), interessante Fotos (z.B. vom Hurrikan 1988) sowie die Entstehungsgeschichte der Korallenriffe. Mit nettem Dachrestaurant, einem Laden mit Literatur (wer die archäologische Stätte *Gervasio* besuchen will, sollte hier nach einer Broschüre zu dieser Stätte fragen). Tägl. 8–17 Uhr, Eintritt.

Parque Arqueológico Dieser liegt in der Verlängerungsstraße des Internationalen Piers (da wo die Kreuzfahrtschiffe anlegen) und am südl. Ende der Av. 65 (s. Stadtplan). In einer tropischen Gartenanlage sind über 60 naturgetreue Replikate prähispanischer Skulpturen, Stelen und Statuen ausgestellt: von den Maya, Olmeken (Olmekenkopf), Azteken (Coatlicue), Tolteken u.a. Außerdem kann eine typische Maya-Hütte besichtigt werden. Tägl. 8–18 Uhr, (teurer) Eintrittspreis.

Adressen & Service San Miguel

Turismo An der Plaza del Sol beim Zócalo (links der Bancomer-Bank), 1. Stock, Tel. 01-**987**-8720972, Mo–Fr 8–15 Uhr; Info- bzw. Werbebroschüren über Cozumel, Karten. Ein Stadtplan mit Stränden und den Riffs (arrecifes) ist auch in Läden und Hotels erhältlich („Blue Guide"). Außerdem Spezielles für Taucher.

Websites www.islacozumel.com.mx • www.travelnotes.cc/cozumel (Infos von der gesamten Insel) • www.cozumelparks.org.mx • www.go2cozumel.com • www.cozumel.net • Taucher stöbern bei www.cozumel-diving.com • u.a.

Unterkunft Noch einigermaßen bezahlbare Unterkünfte liegen im Stadtzentrum. Die Zimmerqualitäten sind gut, fast alle haben AC. Außerhalb von San Miguel gibt es fast nur hochpreisige Strand- und Luxushotels.

Hotel Flores, Salas 72 (bei der 5. Av.), Tel. 8721429; zentral, sauber (Fr/Sa allerdings extrem laute Musik von der Salsa-Bar gegenüber); mit Dive-Shop *Equalizers.* DZ ca. 300 Ps. – **Hostelito,** Av. 10 No. 42, zw. Juárez u. C. 2 Nte, nur 200 m vom Fähranleger, www.hostelcozumel.com, Tel. 8698157. Mit das beste unter den preisgünstigen; Dormitory (ca. 180 Ps) und zwei private DZ (ab 500 Ps). – **Hotel Pepita,** 15. Av. Sur 120 (gleich südl. Calle 1), Tel. 8720098, www.hotelpepitacozumel.com. Schöne Zimmer, Garten, seit vielen Jahren von Travellern gerne besucht. DZ 550 Ps.

Hotel Vista del Mar, Av. Rafael Malagar 45 (zw. Calle 5 u. 7 Sur), Tel. 3099988, www.hotelvistadelmar.com. Dreistöckig, gute Mittelklasse, Pool u.a. Annehmlichkeiten mehr. DZ/F ca. 900 Ps, je nach Saison. – **Amaranto B&B,** Calle 5 Sur, zw. Av. 15 u. 20, Nte 421, www.tamarindoamaranto.com, Tel. 8723219. Sehr schöne Unterkunft, klein, aber fein. DZ/F ab 850 Ps. Dazu gehören Amaranto Bungalows, gleiche Adresse.

Essen & Trinken Viele Restaurants aller Kategorien (Fisch in allen Variationen). Wo Touristen einkehren ist es kostspielig (auf *comida corrida* achten). Preisgünstig ist es bei den Markt-Restaurants in der Salas zw. den Avenidas 20 u. 25, dort ist ein Tipp das Restaurant *Cuzamil.*

Kommunikation **Post:** Melgar bei Calle 7 Sur (s. Stadtplan). **Internet-Cafés:** in der Calle 1 Sur/ Av. 10; u.a.

Bank / Geld Viele Casas de Cambio, um die Plaza etliche Banken mit Geldautomaten.

Buchladen / Karten *Agencia de Publicaciones Gracia,* Plaza-Ostseite. *FAMA,* Av. 5 Nte zw. Juárez u. C. 2 Nte; Bücher auch im Museum (s.o.). Karten von Cozumel bekommt man auch bei Autovermietern.

Mietwagen *Localiza,* Calle 2 Nte/R. Melgar; *National,* Juárez 10; *Payless,* Melgar 685; *Rent-a-Car,* Av. 5 zw. C. 1 u. C. Salas; u.a. Anbieter. Auf Pisten darf meist nicht gefahren werden. Viele Autovermieter vermieten auch Motorroller.

Fahrräder, Mopeds, Motorroller Mieten kann man Fahrräder, Mofas und Motorroller (*motocicleta* – scooter). Ein vollgetanktes Mofa kostet ca. 160 Ps pro Tag (ein Tank reicht für eine Tagestour um den asphaltierten Inselteil). Vermieter an nahezu jeder Ecke und bei Hotels oder z.B. bei *Rentadora Cozumel,* Av. 10 Sur 172 (zw. C. 1 Sur u. Salas). Preise vergleichen bzw. handeln. Faustregel: Roller kosten weniger als die Hälfte als Mietwagen. Fahrzeug-Zustand prüfen und Helm tragen!

Tauchen / Tauchshops Die ganze Branche (CADO – Cozumel Association of Dive Operators) verlangt stolze Preise für ihre Leistungen. Es gibt Aberdutzende von Tauchshops, hier nur zwei Adressen: *Blue Bubble Divers,* Av. 5 Sur 298 (C. 3 Sur) und *Aqua Safari,* Melgar/C. 5 Sur (weitere: s. „T"-Zeichen im Stadtplan). Weitere gibt es an Stränden und Strandhotels. Vorab informieren: www.cozumel-diving.com.

Fähren Die Fähren zurück nach **Playa del Carmen** legen vom Hauptpier *Muelle Turístico* ab (Tickets dort), Abfahrtszeiten siehe Anschlag bei der Ankunft! (Ultra-

Mar-Schiffe fahren um 6, 7, 9, 10, 11, 12, 14, 16, 17, 18, 19 und 21 Uhr; Zeiten auch auf www.granpuerto.com.mx). Zusätzlich verkehren noch die Schiffe von *Mexico Waterjets,* www.mexicowaterjets.com.

Die Autofähre von/nach Puerto Morelos und die Kreuzfahrtschiffe legen an der **Muelle Internacional** an, ca. 4 km südlich von San Miguel beim Hotel La Ceiba. Auskunft über Fahrzeiten der Autofähre nach Puerto Morelos: Tel. 8720827. Außerdem fahren Autofähren nach **Puerto Calica** (Punta Venado), 8 km südl. von Playa del Carmen.

Flug

Der Airport ist 2 km nördlich von San Miguel, nur Taxiverkehr dorthin. Ganz Eilige können in wenigen Minuten nach/von Playa del Carmen fliegen. Auch nach/von Cancún gibt es Verbindungen, zudem einige Flüge in die USA.

Sehenswertes auf der Isla Cozumel

Insel-Rundfahrt

Für eine Tour in Richtung Süden oder eine Rundfahrt mietet man sich ein Auto (es fahren keine Busse) oder einen Motorroller (evtl. kann ein Tages-Sonderpreis mit einem Taxifahrer ausgehandelt werden). Nachfolgend die Beschreibung der Küste bis zur Insel-Südspitze (Parque Punta Sur), der Ostküste und der *Carretera Transversal* mit der Mayastätte *San Gervasio* (sie schließt um 16 Uhr, bei einer geplanten Besichtigung berücksichtigen). Die Strecke von der Playa Santa Cecilia zur Nordspitze Punta Molas ist nicht asphaltiert. Zeitbedarf 1 Tag, Streckenlänge (mit Abstechern) ca. 80 km.

Strände und Wassersport

Empfehlenswert sind z.B. *Playa del Sol* und die langgestreckte Playa *San Francisco.* Nördlich von San Miguel sind die Strände schmaler und felsiger. Alle Publikumsstrände verfügen über Palapa-Restaurants, Umkleidekabinen, Duschen, Schnorchel-Vermietung etc. Die Ostküstenstrände sind starker Brandung ausgesetzt und ziemlich felsig, schwimmen ist dort, außer an wenigen geschützten Stellen, lebensgefährlich! Wer nicht schnorcheln/tauchen kann oder will, kann die Unterwasserwelt auch von oben betrachten, nämlich durch ein **Glasboden-Boot.** Abfahrten z.B. in Nähe der Muelle Internacional, eine jedoch eher enttäuschende Angelegenheit. Oder eine Fahrt mit dem Elektro-**U-Boot „Atlantis“** (beim Hotel *Casa del Mar,* Rtg. Chankanaab, teuer). Den Ruf Cozumels als Tauchparadies begründete 1961 der Unterwasserforscher Jacques Cousteau, der die Schönheit des Palancar-Riffs publik machte.

Schnorcheln und Tauchen

Zuschrift: „Organisierte Schnorcheltouren sind meist ihr Geld nicht wert“. In Eigenregie: Erste gute Möglichkeit südlich von San Miguel ist der Strand des Hotels **La Ceiba** (das Hochhaus strandseitig) beim Kreuzfahrtschiff-Pier. Gleich in der Nähe liegt als Tauchziel ein für einen Film versenktes Flugzeug 10 m unter Wasser (ohne Motoren). Auch bei den nachfolgenden Hotelanlagen *El Presidente* und *Club del Sol* bestehen Tauch- und Schnorchelmöglichkeiten. 1 km nach dem Hotel Presidente kommt der sehr gute Schnorchel-Spot *Money Bar Beach Club:* alles vorhanden, Equipment, Restaurant etc., alles top gepflegt, Eintritt frei, www.moneybarbeachclub.com. Und wer danach noch nicht genug hat, findet 1,5 km hinter **Chankanaab** (s.u.), beim *Playa Corona Beach Club* weitere gute Schnorchel-Bedingungen (Eintritt ca. 25 Ps). Ein gutes, aber bestimmt nicht billiges Tauchzentrum ist auch *Dive Palancar* beim Diamond Resort Hotel nahe Playa San Francisco.

Parque Nacional Chankanaab

Chankanaab (maya, „kleines Meer") liegt ca. 8 km südl. von San Miguel. Wie schon erwähnt, handelt es sich dabei um einen touristischen Wasserpark. Die Lagune *Acuario natural,* ein großes, ovales Wasserbecken, ist durch einen unterirdischen Kanal mit dem Meer verbunden. Dadurch können die bunten Tropenfische rein- und rausschwimmen (Schnorcheln u. Schwimmen verboten). An der Laguna befindet sich außerdem ein botanischer Garten *(Jardín botanico tropical)* mit sehr vielen tropischen und subtropischen Pflanzenarten, in der *Zona Maya* sind u.a. Replikate von Maya-Bauten zu sehen. Schwimmen mit Delfinen ist sehr teuer, Preise s. auf www.dolphindiscovery.com.

Geschnorchelt und getaucht wird im felsigen Meer, in dem sich bunte Fische tummeln, die nicht mehr scheu sind. Man kann einige Unterwasserhöhlen gleich am Ufereinstieg antauchen. Weitere Tauchziele sind eine in der Nähe versenkte Madonnastatue und Überreste eines gesunkenen Schiffs (Anker, Kanonen). Außerdem wurde im Meer ein Floß verankert. Für Tauchgänge zum weiter draußen liegenden Chankanaab-Riff muss man mit einem Boot fahren.

Chankanaab besitzt außerdem ein Tauchmuseum, Palapa-Restaurants, Dive-Shops (Schnorchelgerät-Vermietung), Umkleideräume, Läden u.a. Eintritt 210 Ps. Geöffnet tägl. 7–18 Uhr.

Weitere Strände

Südl. von Chankanaab liegen die Strände *Playa Corona, Playa Maya* und die schöne, langgestreckte **Playa San Francisco** (Restaurant, Tauchclub etc.). Etwa 1 km draußen liegt das submarine San-Francisco-Riff.

Nach dem *Diamond Hotel* zweigt nach links eine Straße zur **Mayastätte Cedral** ab (wohl die älteste der Insel, doch nicht unbedingt lohnend, 9–16 Uhr). Die kleine Ortschaft ist das Agrarzentrum Cozumels.

Playa Palancar

Ein attraktiver Palmenstrand mit Tauchbasen, von wo zu den Riffs rausgefahren wird. Das höhlendurchlöcherte Palancar-Riff, das mit etwa 1,5 km Abstand parallel zur Insel verläuft, ist 5 km lang. Einzelne Sektionen dieses Unterwassergebirges erreichen Höhen bis zu 25 Meter. Es liegt *más o menos* 27 m unter der Wasseroberfläche, südlichere Teile noch tiefer. Von der Playa Palancar sind auch Tauchgänge zum *Colombia-* und *Maracaibo-Riff* und noch zu vielen weiteren möglich. Die gutinformierten Tauchbasen informieren Sie bei Nachfrage.

Weiterfahrt nach Osten

Die Straße führt vorbei an den **Ruinas de Columbia.** Danach zweigt eine 4-km-Stichpiste nach Süden in den **Parque Punta Sur** (Eintritt) ab. Nach Passieren der kleinen Mayastätte *Tumba de Caracol* erreicht man den Leuchtturm **Faro Celarain** mit kleinem Museum (besteigbar, Aussicht). Der Strand mit Bar ist schön, es besteht die Möglichkeit, in der Lagune Krokodile zu beobachten. Am Riff kann man schnorcheln.

Die Weiterfahrt nach Norden führt an der brandungsgepeitschten Ostküste entlang. Vom Punkt **El Mirador** blickt man über die windumtoste Küstenlandschaft. An der geschützten **Playa Bonita** vor der **Punta Chiqueros** ist Schwimmen möglich (Restaurant). Ungefährdet Baden lässt es sich auch bei der **Playa Chen Río** (gutes Fisch-Restaurant, Cafetería). Hinter **Punta Morena** (Hotel und Restaurant) erreicht man bei der Playa Santa Cecilia (Restaurant) die Abzweigung ins Inland. Nach ca. 5 km zweigt nach rechts eine Stichpiste zur 8 km entfernten Mayastätte San Gervasio ab.

Maya-Ruine San Gervasio

Tägl. 7–16 Uhr, Eintritt 90 Ps, Cafetería. Nur diese eine Mayastätte wurde auf Cozumel gründlicher ausgegraben. Sie ist die von allen am besten erhaltene. In dschungelartiger Umgebung gibt es in 6 Gruppen etwa 20 relativ kleine, bescheidene Bauten (einige wurden rekonstruiert). *Sakbeob,* „weiße Straßen", verbanden sie miteinander. San Gervasio war zeitgleich mit Tulúm und Chichén Itzá bewohnt. Es war ein Zeremonialzentrum, in dem die Maya ihrer Regenbogen-, Mond- und Fruchtbarkeitsgöttin *Ix Chel* huldigten.

Strände und Strandorte zwischen Playa del Carmen und Tulúm

Um nachfolgende Strände und Orte bis einschließlich Tulúm zu besuchen, mietet man sich in Playa del Carmen am besten einen Wagen. Wer sich für den Ausflug Zeit lässt, ab und zu am Strand Pausen einlegt und sich dieses und jenes ansieht, sollte dafür zwei Tage veranschlagen (übernachten kann man z.B. in Tulúm). Mittels Bussen direkt an die Strände zu gelangen, ist nicht möglich. Man kann nur jeweils an der Mex 307 aussteigen und muss dann auf Stichstraßen (bzw. Pisten) zum Meer gehen (jeweils etliche 100 m, nicht empfehlenswert in der Hitze). Playa Express und andere Busse 2. Klasse verkehren ständig auf der Mex 307.

Nachfolgende km-Entfernungen sind ungefähre Angaben ab Kreuzung Ave. Juárez/Mex 307 in Playa del Carmen. Sonnenschutz- und Moskitomittel nicht vergessen. Historischer Hinweis: In prähispanischer Zeit waren nahezu alle nachfolgenden Orte Stützpunkte seefahrender Maya.

Xplor Zip-line Park

6 km südlich von Playa del Carmen. „Zip-lining“ (span. *tirolesa*) meint Gleiten entlang (hier doppelt) gespannter Drahtseile in luftiger Höhe. Zwei Seilbahnen mit 2,3 und 1,5 km Länge. Außerdem Höhlenflussschwimmen oder Floßfahrten sowie Touren mit einem Amphibien-Fahrzeug. Tageseintritt mit allen Attraktionen etwas über 100 US$, www.xplor.travel, Tel. 984-1476560. Gleich in der Nähe:

Xcaret

Von der Mex 307 noch knapp 2 km nach Osten. Vom Parkplatz an der Straße pendelt so alle 20 Min. ein Zubringerbus zum Xcaret-Eingang, wo der nachgebaute **Arco de Labná** (s.S. 291) steht. „Schkaret“ ist ein Wasservergnügungs- bzw. Themenpark, Disneyland in Maya-Version, für den an der Riviera Maya kräftig die Werbetrommel gerührt wird. Eintritt Basic um 100 US$. Ganzjährig 8.30–21.30 Uhr. Weitere Infos und aktuelle Preise s. www.xcaret.com. Transport ab Cancún mit den buntbemalten Xcaret-Bussen von der Plaza Caracol um 9, 10 und 11 Uhr (beim Coral Beach Hotel), Tel. 998-8833143. Xcaret nennt sich „Parque Eco-Arqueológico“, weil es hier eine kleine Maya-Ruine gibt und man meint, so noch mehr „ökogläubige“ Touristen anlocken zu können.

■ *Schnorcheln in Xcaret*

Außer der Strandanlage mit ihren Lagunen gibt es noch einen teils unterirdischen Fluss, einen botanischen Garten, ein Aquarium für Meeresschildkröten, ein kleines Museum (mehr ein Verkaufsladen), Pferdeställe, vier Restaurants, Auditorium für Vorführungen, eine Kapelle (zum Beten), Vogelgehege, Artesanías-Läden, usw. usf., und wenn sich nicht zuviele Besucher auf den Zehen stehen, kann man sogar noch ein wenig schwimmen und schnorcheln (die Verwendung von Sonnenschutzmitteln ist verboten). Viele Dinge müssen nochmals extra bezahlt werden, wie z.B. das Schwimmen mit den Delfinen, Motorbootfahren, Schnorchelausrüstung u.a. Ein Highlight ist jedoch sicherlich die abendliche, mehrstündige Open-air Folklore-Show, die mit der Vorführung des legendären Ballspiels der Maya beginnt (Spielart „Ulama", Ballspiel-Exkurs s.S. 244).

Puerto Calica

Calica liegt wenige Kilometer südlich von Xcaret und ist ein Hafen für internationale Kreuzfahrtschiffe und für Autofähren nach Cozumel.

Paamul

Liegt 10 km südlich von Xcaret. Eine schön geschwungene, teils palmenbestandene Bucht. Der Strand mit Korallensand ist nicht allzu breit und nach Süden zu eher felsig. Etwa 2 km nördlich beginnt ein Traumstrand. Anfahrt von Playa del Carmen per Taxi oder Bus, die Zufahrtsstraße ist ca. 350 m lang.

Unterkunft im Paamul-Hotel oder in einer der 10 großen Cabañas, gehobene Preise mit Specials s. www.paamul.com, Tel. 999-9259422. Palapa-Restaurant „Arrecifes" und „Brasil en Paamul", Tauchshop, Mini-Supermercado u.a. Mit über 200 Stellplätzen meistfrequentierter Wohnmobilplatz zwischen Cancún und Tulúm. Zahlreiche US-und Kanada-Dauercamper mit großen Wohnmobilen unter Palapa-Dächern.

Puerto Aventuras

Liegt 21 km südl. von Playa del Carmen. Kein „Abenteuer-Hafen", sondern eine ausgedehnte Anlage mit Eigentumswohnungen („Condos"), Apartments, Luxus-Hotels, Restaurants, Golfclub und Tennisplätzen. An der Marina gibt es zahme Delfine und Manatees (Rundschwanzseekühe). Außerdem ein Tauchzentrum an der *Caleta Chakalal.* Besichtigung ist möglich, Geldautomat, www.puertoaventurasmexico.com. Einlass am Tor nach Kontrolle 9–17 Uhr.

Im CEDAM-Museo (Taucher-Museum) sind neben Maya-Relikten und Zeugnissen zur Geschichte der Küstenregion auch Fundstücke der 1741 vor Akumal gesunkenen spanischen Galeone „Mantancero" ausgestellt (Mo zu).

Barcelo / Cenotes

Barcelo, ca. 4 km hinter Puerto Aventuras, ist eine weitere Mega-Ferienanlage. Gleich danach führen nach Westen ausgeschilderte Stichpisten zu nahe beieinanderliegenden, offenen **Cenotes:** *Kantun Chi, Azul, Cristalino.* Der Cristalino mit seinem klaren Wasser ist zum Schwimmen, Schnorcheln und Tauchen der beste, er wird gerne besucht und liegt gleich hinter dem Straßen-Hinweisschild. Eintritt.

Xpu-Há

Der Strandabschnitt „Schpu-Há" liegt 28 km südlich von Playa del Carmen, beginnend etwa 1 km nach dem *Xpu-Há Palace All Inclusive Resort.* Kleine Wegeschilder, aber kaum mehr vorhanden und mit „X" beginnend, weisen auf Zugänge zu dem breiten, weißen Sandstrand an einer weitgeschwungenen, kilometerlangen Bucht. Er zählt zu den schönsten der Riviera Maya, ist aber – kein Wunder – heute ziemlich zugebaut. Etwa 1 km vor der Tankstelle auf der Westseite der Mex 307 weist links ein Schild auf das Restaurant „Xpu-Há La Playa" hin, und gleich danach das Schild „X-7" auf den Campingplatz „Bonanza". Tageseintritt 40 Ps, Zelten 120 Ps, Wohnmobil 240 Ps, sehr einfache DZ 900 Ps. Alles ein wenig desolat. Das erwähnte Restaurant „Xpu-Há La Playa" ist gleich nördlich davon (wenn man von der Straße auf dessen Parkplatz reinfährt, spart man sich den Bonanza-Zutrittspreis).

Akumal

Liegt 37 km südlich von Playa del Carmen, von der Mex 307 sind es ca. 500 m. Der „Platz der Schildkröte“ – was *akumal* auf Maya heißt – ist eine sehr große Hotel- und Clubanlage mit Dutzenden von Strandbungalows, Villen, Condos und Hotelzimmern an fünf schönen, kilometerlangen Strandabschnitten nördlich und südlich von *Akumal Centro.* An der Zufahrtsstraße befinden sich rechts Info-Kioske.

Geradeaus gelangt man zum breiten, weißen Hauptstrand mit ruhigem Wasser, schattigen Palapas und Strandrestaurants (Luftansicht aller Akumal-Strände mit Lage der Hotels, ihre Vorstellung mit Fotos und Preisen auf www.aerialmapsrivieramaya.com). Ansonsten kann man sich eine Unterkunft auf folgenden Homepages suchen: www.i-akumal.com, www.akumaltravel.com, www.akumal-villas.com, www.akumalvacations.com u.a.

Schnorchel-Erlebnis Yal-Kú

Nördlich vom Akumal-Hauptstrand schließen sich die große **Half Moon Bay** *(Bahía Media Luna)* und die tolle Schnorchel- und Korallenlagune **Yal-Kú** an (ca. 2,5 km vom Haupteingang, von dort fahren Taxis nach Yal-Kú). Eintritt 110 Ps, Duschen und Sanitäranlagen, Schließfächer. Schnorchelausrüstung ist mietbar, und gar nicht so selten kann man im Wasser Schildkröten „begleiten“. Infos zum Tauchen beim Veranstalter www.akumaldiveshop.com mit seinem Shop bei der Zufahrt nach Yal-Kú. Einzig preislich moderate Unterkunft an der Caleta Yal-Kú (doch nicht direkt am Wasser) ist **Que Onda,** Tel. 984-8759102, www.queondaakumal.com (viele Fotos auf www.locogringo.com). Nur 7 Zimmer und 2 Suites, Restaurant, Pool. DZ 80–120 US$.

Südlich vom Akumal-Hauptstrand setzen sich die Strände auf ca. 4 km fort, es folgen *Jade Bay, South Akumal Bay* und *Aventuras Akumal Bay,* alle gleichfalls mit preislich gehobenen Unterkünften, Condos und Beachfront-Anlagen. Es gibt etliche Dive-Shops und neben dem Riff ist auch die spanische Galeone „Mantancero“, die 1741 vor der Küste sank, ein Tauchziel.

Wer sich für Meeresbiologie und die Ökologie in der Umgebung interessiert: Anlaufstelle ist das **Centro Ecológico de Akumal** (www.ceakumal.org). Es leben und arbeiten dort junge, hilfsbereite Leute, die alles über die regionale Ökologie wissen. Es wird angeboten abends zu Strandstellen zu fahren, an denen im Juni, Juli und August Schildkröten ihre Eier ablegen.

■ *Der breite Strand von Xpu-Há*

Aktún Chen Südlich von Akumal (ca. 41 km von Playa del Carmen) führt landseitig eine Zufahrt zu einem privaten Naturpark mit einem sehr großen Höhlensystem, von dem Teile begehbar sind. Eintritt Cenote/Höhle/Canopy (Seilrutsche) ca. 250/350/500 Ps, tägl. 9–17 Uhr, Tel. 984-1092061, www.aktunchen.com.

Nur per Führung in Gruppen, Dauer ca. 45 Minuten. *Aktún chen* (maya, „Höhle mit unterirdischem Fluss") ist eine eindrucksvolle Unterwelt aus Kalksteinformationen, Stalaktiten und Stalagmiten. 600 m nach dem Einstieg in die Haupthöhle wird ein ca. 12 m tiefer Cenote mit kristallklarem Wasser erreicht. Am Eingang kann man in einem kleinen Park Schlangen, Affen u.a. Tiere sehen, außerdem gibt es ein Restaurant.

Chemuyil Liegt 42 km südlich von Playa del Carmen. Schöner, weißsandiger Strand mit Palmen. Eine Badebucht, die der „Erschließung" entging, beliebt bei den Einheimischen, Dusch- und Sanitäranlagen sind vorhanden. Zufahrt mit Schranke, geringer Eintritt. Westlich der Mex 307 der neugegründete kleine Ort Chemuyil.

Xcacel Befindet sich 3 km südl. von Chemuyil, Zugang leicht zu übersehen, nur kleines Schild. Ursprünglicher Strand, an dem einst ein Mega-Resort entstehen sollte, jedoch ist Xcacel für Meeresschildkröten eine wichtige Brutstätte. Öffentlicher Badestrand (Eintritt), doch während der Schildkröten-Brutzeit von Mai bis Oktober komplett gesperrt (ca. 150 Nester pro Kilometer Strand; Schildkröten-Schutzprogramm-Infos auf www.florafaunaycultura.org, geführte Touren Tel. 984-8715273). Außerdem ca. 400 m südlich ein Cenote.

Xel-Há Liegt 47 km südl. von Playa del Carmen und ca. 15 km nördl. von Tulúm. Busse von Playa del Carmen, Terminal 2. Klasse, um 9, 9.40, 10.20 u. 11.20 Uhr. Rückfahrt 16, 17.20 u. 17.50 Uhr. „Schel-Há" ist ein privater, rummeliger Aqua-Vergnügungspark mit Nationalpark-Status (Fläche 4 ha), der wie **Xcaret** – zu dem er gehört – intensiv vermarktet wird.

Geöffnet 9 bis 18 Uhr, Eintrittspreis Mo–Fr um 90 US$ (an Wochenenden etwa 25% billiger, Online-Buchungen ermäßigt), inkl. aller Attraktionen, Schnorchelausrüstung, Büffet-Essen und Getränke. Schwimmen mit Delfinen zusätzlich 65 US$. Ein Übersichtsplan ist an der Kasse erhältlich, alle Infos unter www.xelha.com.mx. Wenn schon ein (kinderfreundlicher) Wasserpark, dann ist Xel-Há die bessere Alternative als Xcaret. Vor dem Empfangsgebäude befindet sich ein großer Parkplatz für die vielen Tourbusse. Rechts davon Souvenirläden, Toiletten und ein Geldautomat.

In der Anlage gibt es etliche Restaurants, werden Liegestühle, Hängematten, Duschen, Schließfächer usw. bereitgestellt. Die zum Schnorcheln erlaubten Bereiche sind extra ausgewiesen. Im Wasser darf kein Sonnenschutzmittel verwendet werden. In den fingerförmigen Lagunen mit ihren kleinen Inselchen tummeln sich in glasklarem Salz- und Süßwasser vielfarbene Tropenfische, die durch die ständigen Schnorchler z.T. ziemlich zutraulich geworden sind. Man kann die Fische aber auch von den Wegen und Stegen entlang den Lagunen beobachten. Wenn das Wasser trübe aussieht, liegt die Ursache in der Vermischung von Salz- mit Süßwasser, es gibt unterirdische Quellen, Grotten und Höhlen. In einer befindet sich ein Mayaaltar.

Das „kristallklare Wasser" (so heißt *xel-há* in maya) ist an manchen Tagen total überlaufen. Dann sieht man mehr bunte Flossen von Schnorchlern als bunte Fische. **Deshalb am besten frühmorgens eintreffen** (Linienbusse halten vorn an der Mex 307; von dort ist es noch ca. 1 km).

Maya-Stätten

Ca. 200 m südlich der Xel-Há-Zufahrt befinden sich landseitig im Busch einige kleine Mayastrukturen (Maya Xel-Há), eher kümmerliche Zeugnisse der – mit Tulúm – einst größten Mayastadt an der gesamten Karibikküste. Sie reichte bis ans Meer zum heutigen Vergnügungspark Xel-Há und war von der mayanischen Klassik bis zur spanischen Eroberung 1540 durchgehend bewohnt.

Geöffnet 8–17 Uhr. Man bezahlt das Eintrittsgeld und erreicht nach ca. 200 m die „Estructura de las Pilastras" und die dahinterliegende „Estructura 136". Eine Mauer der kleinen Ruine *Casa de los Pájaros* (Estructura 8b) zeigt Fragmente von sehr alten Wandmalereien, Motive sind Vögel im Flug, darunter Papageien. Weitere 200 m im Busch liegt die Jaguar-Gruppe mit der *Casa de Jaguar,* gleichfalls mit verblichenen Wandmalereien. Rechts davor ein großer Cenote. Auf dem Weg sind viele Iguanas zu sehen.

Cenote Dos Ojos /

Nur wenig später – Schilder künden es an – führt ebenfalls westwärts eine Abzweigung zum **Cenote Dos Ojos,** der einige Kilometer landeinwärts liegt. Die „Zwei-Augen"-Unterwasserhöhlen mit ihrem kristallklaren Wasser sind ein Traum. Dos Ojos wird von der dortigen Maya-Comunidad betrieben, Eintritt 100 Ps, Schnorcheln 70 Ps.

Dos Ojos ist ein Teil von **Nohoch Nah Chich,** einem der größten Unterwasser-Höhlensysteme Yucatáns mit kilometerlangen Grotten und unterirdischen Flüssen. Noch ausgedehnter und länger, ca. 100 km, ist nur noch **Ox Bel Ha.**

Hidden Worlds

Dos Ojos wird auch vermarktet von **Hidden Worlds,** ein US-Unternehmen („Family Cenote Adventure Park"), 9–17 Uhr, www.locogringo.com, Tel. 044-984-1201977. Zehn Attraktionen, Adrenalinsüchtige haben die Qual der Wahl: *Cenote Rappel* (Cenote-Abseilen), *Avatar* („verschärftes" Zip-lining), *Cenote Splash down, Cenote Diving, Skycycle,* geführte Schnorcheltouren u.a. Preise s. Homepage.

Bahías de Punta Solimán

Ca. 2 km südlich von Hidden Worlds kommt das **Restaurante Lalo's;** gutes Essen, gemütliche Atmosphäre.

Fast gegenüber weist ein Schild nach Osten zu den *Bahías de Punta Solimán.* Auf einer Staubstraße gelangt man zu einem kleinen, friedvollen Strand an der Solimán Bay (die kleine Bucht nördlich von ihr ist nicht mehr öffentlich) mit über zwei Dutzend hochpreisigen *Casas* und kleinen Hotels sowie wenigen Restaurants. Luftansicht der Solimán Bay mit Lage von Unterkünften und vielen Fotos von ihnen auf www.aerialmapsrivieramaya.com.

LabnaHa Cenote Park

Auf der Mex 307 weiterfahrend kommt links der *LabnaHa Cenote Park* mit üblichem Programm: Cenote- und Höhlentauchen, Schnorcheln, Zip-lining. Mit drei Cenotes, Profi-Taucher. Preise s. Homepage www.labnaha.com.

Tankah

Etwa 2 km weiter ist links die Zufahrt (es ist schwierig, auf der Mex 307 zu wenden) zur *Tankah Bay* (Schilder „Casa Cenote" und „Tankah Inn"). Am *Maya Tankah Resort* führt der Weg 2 km nach Norden zum Ende der geschwungenen Bucht, vorbei an etlichen hochpreisigen *Casas bzw.* kleinen Hotels: *Tankah Inn* (www.tankah.com)*, Casa Cenote Restaurant* mit *Casa Cenote Cabañas* (www.casacenote.com), *Blue Sky* mit Restaurant u.a. Beim Restaurant *Casa Cenote* gibt es einen Süßwasser-Cenote zum Schwimmen.

Luftansicht der Tankah Bay mit Lage von Unterkünften und vielen Fotos von ihnen über www.aerialmapsrivieramaya.com.

Tankah ist so ziemlich der letzte öffentliche Zugang zum Meer von der Mex 307 vor Erreichen Tulúms.

Tulúm

Verschiedene Tulúms

Tulúm liegt 55 km südlich von Playa del Carmen, wobei sowohl die berühmte **Maya-Ruinenanlage** am Meer so heißt wie auch die langgezogene Straßenstadt **Tulúm Pueblo** an der Mex 307. Südlich der Ruinen liegen die zahllosen Tulúm-Strandunterkünfte.

Wer mit dem Bus von *Norden* kommt, steigt zur Besichtigung der Ruinen noch *vor* Tulúm Pueblo an der Kreuzung **„El Crucero Ruinas"** aus – Busse und Colectivos halten hier sowieso alle. Danach kann sowohl von der Crucero als auch vom ADO-Busterminal im Ort Tulúm weitergefahren werden. Unterkünfte um die Crucero s.S. 180.

Zu den Tulúm-Ruinen: von der Kreuzung 250 m östlich bis zu dem 20 Meter hohen Mast der Voladores links beim Tulúm-Touristenzentrum gehen. Gleich hinter dem Mast werden Tickets für das „Bähnle", das im Pendelverkehr in wenigen Minuten zu den Ruinen fährt, verkauft (Sparwillige bzw. Sportliche gehen die 700 Meter zu Fuß, für Radfahrer gibt es einen Radweg). Im und um das Touristenzentrum gibt es Läden (in die Ruinen unbedingt mit Wasservorrat einrücken!), Restaurants und Souvenirmärkte. Toiletten findet man an der West- und Ostseite des Zentrums (kostet Trinkgeld), einen Geldautomaten östlich des Ticket-Verkaufs fürs „Bähnle".

Selbstfahrer nehmen ebenfalls die obige Straße und ergattern vielleicht einen (kostenpflichtigen) Parkplatz linker Hand noch vor dem Mast. Oder sie fahren von der Crucero noch ca. 300 weiter südlich und folgen dabei der Ausschilderung zum riesigen Parkplatz „Ruinas Tulúm" südlich des Touristenzentrums (Parkgebühr derzeit 30 Ps).

Beim Mast können sich Touristen gegen Geld mit Riesen-Leguanen oder mit „Maya-Kriegern" fotografieren lassen. Oder man sieht dem Schauspiel der **Voladores de Papantla** zu (Vorführungen unregelmäßig; Trinkgeld). Vier an ihren Füßen festgebundene Männer kreiseln kopfunter von einem hohen Mast, auf der ein Flötenspieler sitzt, langsam zur Erde hinab. Der Brauch geht auf die Totonaken zurück, er wird in ganz Mexiko an touristischen Stellen aufgeführt. Mexiko-Neuankömmlinge sehen ihn in Tulúm meist zum ersten Mal.

■ *Tulúm, Blick vom Castillo auf den Templo del Viento mit (gesperrtem) Strand*

Las Ruinas Tulúm – Mayastätte Tulúm

Vorab

Wer möchte, sollte Badekleidung und -tuch mitnehmen – sowohl für den tollen kleinen Strand in den Ruinen also auch evtl. *nach* der Besichtigung für den Strand südlich der Ruinen. Dazu, wie auf der Tulúm-Karte ersichtlich, ca. 1 km nach Süden zum Beach-Restaurant **El Mariachi** laufen und dort relaxen (s.S. 185). Später von dort mit einem Taxi (anrufen lassen) zurück in den Ort Tulúm oder für die Weiterfahrt zum ADO-Busterminal.

Die Sonne brennt stark, es gibt so gut wie keinen Schatten in den Ruinen und am kleinen Strand; Kopfbedeckung und Sonnencreme sind angebracht. In den ersten Frühstunden ist die Stimmung am schönsten. Sobald die zahllosen Touri-Busse aus Cancún ihre Fracht entladen haben, ziehen ganze Karawanen durchs Gelände.

Info-Ruinen

Tulúm ist von 8–17 Uhr geöffnet (Einlass-Ende 16.30 Uhr), Eintritt 59 Ps. Besichtigungszeit je nach Interesse und Badezeit 1–2 Stunden. Vor der Kasse ist ein Modell der Anlage, offizielle Führer bieten ihre Dienste an.

Zugang / Rundgang

Von der Taquilla geht es entlang der etwa 6 m dicken und bis zu 5 m hohen Außenmauer zur Nordseite der Anlage. Treten Sie durch den *hinteren* bzw. 2. schmalen Mauerdurchbruch in das Areal ein. Die Mauer diente sowohl als Verteidigungswall als auch zur Abschirmung der Zeremonialbauten. Auf den Ecken der Mauern standen Wachtürme und auf der Südseite der Anlage gab es ebenfalls zwei Eingänge. Die insgesamt über 600 m lange Mauer umschließt ein 380 x 170 m großes Gelände, in dem über 50 (kleinere) Tempel, Häuser- und Palastreste liegen. Auf dem höchsten Punkt der Kliffküste befindet sich der Haupttempel **El Castillo.** Keine Monumentalbauten oder Pyramiden erwarten, sonst ist möglicherweise die Enttäuschung groß. Wege mit Seilabsperrungen geben die Route vor (s. Pfeile in der Karte). Keiner der Bauten ist mehr zugänglich.

Meistbesuchte Ruine Mexikos

Tulúm ist eines der wichtigsten Kulturdenkmäler Mexikos und die meistbesuchte Mayastätte überhaupt. Tulúm (yucatekisch: „Mauer“, „Wall“) beeindruckt durch seine einmalige Lage direkt über dem türkisfarbenen Meer; Gebäude, Land und Wasser verbinden sich zu harmonischer Schönheit. Tulúms früherer Name *Zamá* bedeutet soviel wie „Morgenröte“ oder „Sonnenaufgang“. Die Stadt war einst ein religiöses Zentrum, gewidmet dem Morgen- und Abendstern, der Venus. Vor allem aber war Zamá der wichtigste Handelshafen der Maya. Schutzgott der Maya-Händler war der langnasige *Ek Chuak.* Mit Cobá (s.S. 190) war Zamá durch eine lange *sakbe* – „weiße Straße“ – verbunden.

■ *Blick auf den Castillo-Tempel (r.), links der Templo del Dios Descendente*

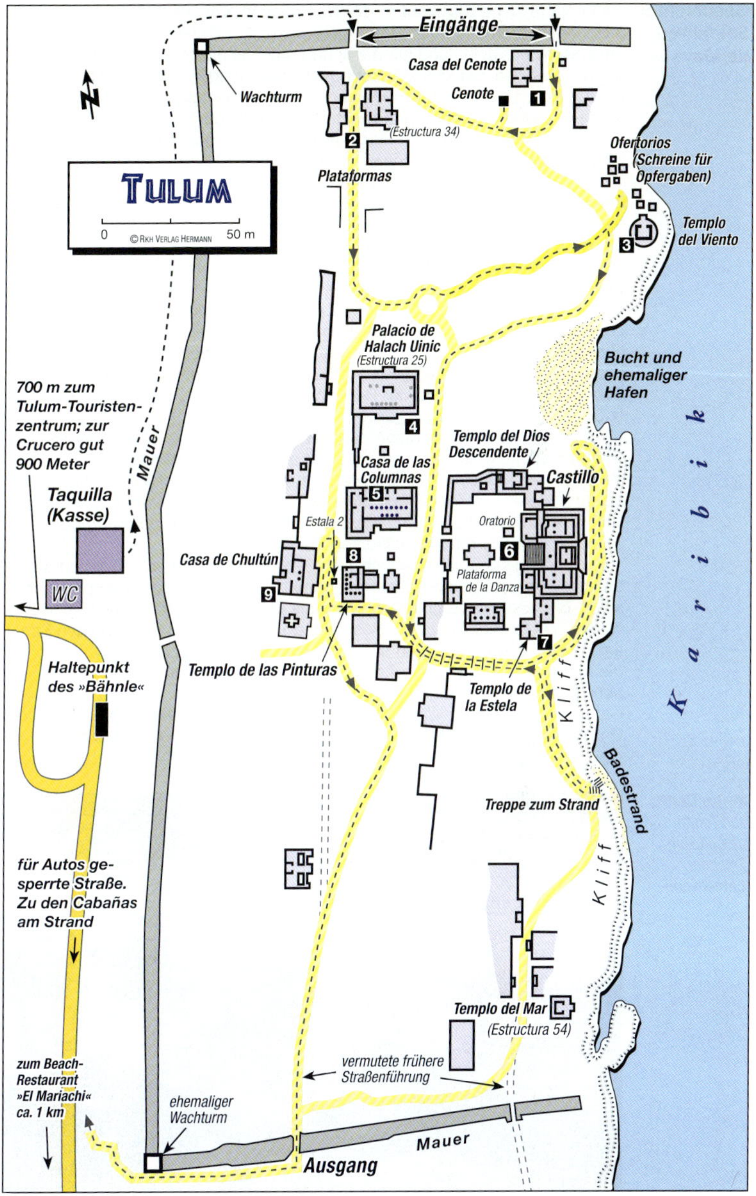

Karibikküste

Geschichte: Seefahrende Maya

Tulúm hatte seine **Blütezeit in der Nachklassik von 1200–1400 n.Chr.** Erste Siedlungsspuren stammen jedoch aus wesentlich früheren Epochen, ältestes Zeugnis ist ein Stelenfund mit der Jahreszahl 564 n.Chr (umgerechnet).

Tulúm war der östlichste Außenposten des yucatekischen Mayagebiets und bei der Ankunft der Spanier eine der letzten noch intakten Mayastädte an der Küste. Die einst blühende Handelsstadt profitierte durch den Export von *chicle* und wildem Honig und auch durch ihre strategisch günstige Lage und als Verbindungspunkt zwischen Binnen- und Seehandel. Die hochseetüchtigen Boote der *Putún-Maya,* deren Heimathafen *Xicalango* an der Nordküste Yucatáns über 800 km weiter westlich lag (bei Ciudad del Carmen, Tabasco), fuhren bis hierher und legten an dem kleinen Hafen an. Die seefahrenden Maya stießen bis nach Nito am Río Dulce (heutiges Guatemala) vor, erreichten Honduras (Naco am Río Ulúa) und sogar Costa Rica und Panama. In Tulúm fand man viele Gegenstände aus diesen Gebieten. Zur sicheren Navigation wurden entlang der Küste in regelmäßigen Abständen Bauwerke errichtet, in denen Leuchtfeuer brannten, damit die Kanus auch bei Nacht ihren Weg fanden – auch im Castillo von Tulúm brannte einst ein solches Leuchtfeuer. Regelmäßig pendelten Boote nach *Muyil* (s.S. 195) und zur Pilgerinsel Cozumel, wo am Schrein von *San Gervasio* der Regenbogen-, Mond- und Fruchtbarkeitsgöttin **Ix Chel** Opfer dargebracht wurden.

1518 segelte die Expedition des *Juan de Grijalva* an der Karibikküste entlang und sichtete Tulúm: *„... Eine Stadt so groß, dass Sevilla nicht bedeutender oder besser erscheinen möchte“,* schrieb später der Mitfahrer Juan Díaz in einem Bericht, *... man sah dort einen sehr hohen Turm. An der Küste ergingen sich viele Indios mit zwei Bannern, die sie hoben und senkten, während sie uns Zeichen machten, dass wir näherkommen sollten“.*

An Land ging Grijalva jedoch nicht – vielleicht hätte er dabei von seinen Landsleuten *Aguilar* und *Guerrero* gehört, den ersten europäischen „Touristen“, die 1511 als Schiffbrüchige an die Ostküste Yucatáns gespült worden waren ... (s.S. 162, Cozumel „Geschichte“). 1544 wurde Tulúm von den Spaniern erobert und danach von seinen Bewohnern aufgegeben. 1842 besuchten die Yucatán-Forscher Stephens und Catherwood Tulúm, die Bauten waren aber damals schon längst vom Dschungel überwuchert, wie die Zeichnungen Catherwoods zeigen. Während des Kastenkriegs ab 1847 diente Tulúm den Cruzob-Maya als Zufluchtsort (Kastenkrieg-Exkurs s.S. 196). Erste archäologische Untersuchungen und Restaurierungen wurden 1916–22 durchgeführt.

■ *Das Castillo von Tulúm, 1842 gemalt vom Zeichner Catherwood*

■ *Tulúm Audio Guide*

Die Bauten

Tulúm zählt architektonisch *nicht* zu den Glanzpunkten der Mayaarchitektur! Die niedrigen und schwerfälligen, etwas windschief wirkenden Bauten stammen alle aus der nachklassischen Maya-Zeit. Sie hatten Flachdächer statt typischem Maya-Kraggewölbe. Säulen mit Schlangenköpfen wie beim „El Castillo" weisen auf maya-toltekische Einfluss bzw. auf Chichén Itzá hin. Überhaupt vereint Tulúm etliche yucatekische Stilelemente verschiedener Epochen und Herkunftsregionen.

Achten Sie auf die niedrigen Eingänge der Bauten, was auf die kleine Körpergröße der früheren Bewohner hinweist. Wohnrecht im Stadtareal bestand nur für die herrschende Priesterklasse, für Baumeister, Astronomen, Händler und Seefahrer. Die Bevölkerung lebte verstreut außerhalb und entlang der Küste in einfachsten, vergänglichen Behausungen.

Casa del Cenote (in der Karte Nr. **1**)

Nachdem man durch die Mauer eingetreten ist, liegt linker Hand das dachlose „Wasserhaus", wegen eines unterirdischen Cenote, über dem das Gebäude erbaut wurde. Im breiten Eingang stehen zwei Säulen und im hinteren Raum befindet sich ein Altar. Außerdem fand man ein Grab.

Nach den paar Stufen abwärts nach rechts halten, dort sieht man unter einem Überhang den kleinen Cenote.

Beachten Sie beim Weitergehen in Richtung Westen den alten Wachturm auf der Ecke der Umschließungsmauer.

(2) Plataformas

Nach Süden gehend passiert man Reststrukturen von einigen Plattformen, deren Grundmauern über das ganze Areal verteilt sind. Auf den Plattformen standen einst Wohngebäude, gefertigt aus vergänglichen Baumaterialien. Das erste schiefe Gebäude links, das „Haus des Nordwestens" (Estructura 34), war vielleicht Domizil eines Angehörigen der Oberschicht. Die kurze Zugangstreppe führt zum Eingangsbereich mit zwei Säulen.

(3) Templo del Viento

Gehen Sie zum **Wind-Tempel** hoch, der die wunderschöne kleine Bucht *(caleta)* von Tulúm überragt. Zusammen mit dem Castillo im Hintergrund Tulúms berühmtes Postkarten-Motiv. Der Tempel steht auf einer Plattform mit gerundeten Eckkanten, die den mesoamerikanischen Windgott assoziieren (in Personalunion mit Kukulkán). Der Eingang des Tempels ist auf seiner Nordseite. Im Inneren befindet sich ein kleiner Altar und ein Sehschlitz nach Süden.

Auf dem Felshang vor dem Tempel sonnen sich meist fette Leguane, getarnt durch die fast gleiche Farbe wie der Stein. Blickt man nach Norden, sind drei *ofertorios,* Altäre für Opfergaben, zu sehen.

Es geht wieder nach unten, vorbei an der kleinen Strandbucht, einst der kleine Hafen von Tulúm. Der Zutritt ist zum Schutz der Meeresschildkröten gesperrt.

(4) Palacio de Halach Uinic (Estructura 25)

Im Palast des „Wahren Mannes" residierten einst die Herrscher und Hohepriester Tulúms. Der Eingang ist auf der Südseite. Treppenstufen führen zu vier kapitelltragenden Säulen hinauf, die einst ein Patio-Dach trugen. Unter einem Schutzdach sieht man die Stuckfigur eines „Herabstürzenden Gottes", *Dios Descendente.* Jeder der drei Zugänge hat einen Sturz aus Holz anstelle eines Kraggewölbes wie im mayanischen Klassikum.

Dios Descendente

Das Bildnis des „Herabstürzenden Gottes" *Dios Descendente* (auch „Herabfliegender", „Herabfahrender" oder „Tauchender Gott" genannt) in Form von Stuckskulpturen ist auf zahlreichen Kultbauten Tulúms angebracht. Er war Tulúms wichtigste Gottheit. Die Beine spreizen sich himmelwärts und sein Kopf ist unten. Aus Oberarmen und Schultern wachsen ihm Flügel und er hat den Schwanz eines Vogels. Er sieht aus, als würde er im Sturzflug vom Himmel herab ins Meer eintauchen. Der „Herabstürzende Gott" soll den beginnenden neuen Tag symbolisiert haben, er wird aber auch mit der Venus und den Bienen in Verbindung gebracht (Bienengott, Verehrung wegen des kostbaren Honigs). Auch in Sayil (s.S. 289, *Ah Mucen-Cab* genannt) und Cobá gibt es Dios-Descendente-Skulpturen.

(5) Casa de las Columnas

Das „Haus der Säulen" (Estructura 21) wurde in ähnlicher Bauweise wie der Palacio de Halach Uinic errichtet und ist ebenfalls ein herrschaftlicher Sitz mit vielen Kammern, Durchgängen und Säulen, die einst ein Flachdach trugen.

(6) El Castillo

Wendet man den Blick nach links, ist hinter der Mauer erhöht die **Castillo-Tempelpyramide** mit ihrer Aufgangstreppe zu sehen. Sie ist das Resultat mehrerer Überbauungen von älteren Substrukturen. Den Fries des quaderförmigen Tempels stützen zwei Säulen, die rechte ist an ihrem Fuß – nicht sichtbar – in maya-toltekischem Stil als Schlangenkopf ausgebildet. Am Kranzgesims kann man in der mittleren Nische einen „Herabstürzenden Gott" erkennen. Bei der Rekonstruktion von El Castillo diente die Zeichnung von Catherwood als Vorlage.

Im Zentrum des davorliegenden Hofes befindet sich die mächtige *Plataforma de la Danza* (s. Tulúm-Karte), auf der vielleicht einst rituelle Zeremonien durchgeführt wurden. Links daneben ein kleiner, würfelförmiger Tempel, ein *Oratorio* (man kann ihn beim linken Mauerdurchlass sehen). Wahrscheinlich war er für den Oberpriester gedacht.

Ganz links außen ragt der schiefe *Templo del Dios Descendente* empor, der **Tempel des Herabstürzenden Gottes**. Auch er wurde auf einer älteren Struktur errichtet. Augenfällig ist seine trapezförmige und unten schmalere Bauweise. Über dem Eingang wieder eine Stuckplastik des „Herabstürzenden Gottes". Die Tempelinnenwände zieren Wandmalereien, die (in Fragmenten) den Sonnen-, Regen- und Maisgott zeigen.

(7) Templo de la Estela

Weiter dem Weg die Treppenstufen hoch in Richtung Meer folgen. Links liegt der restaurierte **Tempel der Stele,** er besitzt auf seiner Fassade (kaum sichtbare) Stuckfiguren, im Innenraum ist ein Altar. Hier fand der Yucatán-Forscher Stephens die *Estela 1* mit der Datierung 564 (berechnet nach der „Langen Zählung", vgl. „Der Kalender der Maya", s.S. 119). Die Stele ist heute im Britischen Museum in London. Es wird aber vermutet, dass die *Estela 1* zu einem späteren Zeitpunkt vom ca. 8 km nördlich gelegenen Tankah hierher nach Tulúm gebracht wurde.

Beachten Sie links des Tempels den Torbogen, durch den man früher in den Hof des Castillo gehen konnte.

Schöne Aussichten

Vorbei an der hohen und glatten Rückwand von El Castillo bis zur Kliffkante vorgehen mit Aussicht auf den „Tempel des Windes" und auf die kleine Sandbucht vor türkisem Karibikwasser mit weißen Wellenkämmen – ein traumhaft schönes Bild! Auf den Steinen entlang des Wegs wärmen sich viele Iguanas.

Gleich südlich von El Castillo führt eine sehr steile Treppenkonstruktion hinab zu einem herrlichen kleinen Strandabschnitt – Zeit für eine erfrischende Pause. Ganz im Süden, kurz vor der Stadtmauer, sieht man den **Templo del Mar** (Estructura 54). – Gehen Sie wieder zurück nach unten und dann weiter zum „Tempel der Malereien".

(8) Templo de las Pinturas

Der doppelstöckige **Tempel der Malereien** (Estructura 16) mit seinem würfelförmigen Aufsatz ist der wichtigste Tempelbau Tulúms mit den meisten dekorativen Elementen. Beachten Sie an den vier Gebäudekanten die Eckmasken mit Mund und Augen, die den mayanischen Himmelsgott Itzamná darstellen. Vor dem Tempel steht unter einem kleinen Palapa-Dach die ca. 1,25 m hohe **Stele Nr. 2** mit der Jahreszahl 1261 in Maya-Zahlenzeichen.

Der Name *Templo de las Pinturas* leitet sich ab von Malereien auf der Wand hinter den vier Säulen, die Gottheiten darstellen; u.a. *Ix Chel,* die mayanische Regenbogen-, Mond- und Fruchtbarkeitsgöttin, die auf ihren Händen den kleinen **Regengott Chaak** trägt (**s. Abb.;** die Malereien zeigen übrigens seltsamerweise Stilelemente mixtekischer Códices der Region Oaxaca). Lesen Sie dazu auch die Erklärungsplatte „Pintura mural" mit ihren farbigen Abbildungen.

Im Fries über den vier Säulen sind drei Nischen eingelassen, in der mittleren befindet sich die (beschädigte) Stuckplastik eines „Herabstürzenden Gottes". Über dem Eingang des Oberbaus ist er nochmals zu sehen. Rötliche Farbreste an den Wänden, Eckkanten, am Fries und an den Skulpturen deuten darauf hin, dass der Bau einst bemalt war.

Zu den Bauten dieser Gruppe gehört auch die **Casa de Chultún** (in der Karte Nr. **9**, *estructura* 20), das „Haus des Wassers", benannt nach einer einstigen Wassersammelstelle. Catherwood verewigte das Gebäude mit einer Zeichnung.

Tulúm Pueblo

Ew. 15.000

✆ 01-984

Tulúms lange, verkehrsreiche Hauptstraße Mex 307 heißt im Ort **Avenida Tulúm.** Die anderen Straßen beiderseits der Av. Tulúm tragen Namen von Planeten (Venus, Orion etc.). Außer dem Busstopp beim **Crucero Ruinas** gibt es in der Ortsmitte noch den **ADO-Terminal** (wobei „Terminal" im Sinne von Größe übertrieben ist). Dort stehen Taxis sowie entlang der Avenida Tulúm. Der Standplatz für Colectivos nach Playa del Carmen ist etwas weiter südlich.

Tulúm vergrößert sich alljährlich, die Einwohnerzahl nimmt zu und das mexikanisch Ungeordnete verabschiedet sich langsam (Tulum wird nun auch einen großen Flughafen bekommen). Neueröffnungen, Schließungen oder Umzüge von Restaurants und Unterkünften – oder deren tote

Homepages – sind gang und gäbe. Ein Überblick über den Stand der Dinge bietet www.todotulum.com mit Stadt- und Strandkarten.

Tulúm Pueblo ist Ausgangspunkt für die Unterkünfte am Meer entlang der Boca-Paila-Straße. Manche Traveller übernachten deshalb günstiger im Ort und fahren mit dem Taxi oder Fahrrad – die viele Unterkünfte zur Verfügung stellen – zum Strand. Einige Hotels bieten auch einen Shuttle-Service an. Taxis kosten aus dem Ort zu den Tulúm-Ruinen ca. 60 Ps, zu den Cabañas je nach Entfernung. Mit einem Wagen ist man am flexibelsten.

Adressen & Service Tulúm

Internet www.todotulum.com • www.info-tulum.com • www.tulumliving.com • www.tulum.cc • u.a. Etliche Internet-Cafés gibt es entlang der Av. Tulúm und in den dahinterliegenden Straßen (s. Plan).

Polizei an der Plaza, Tel. 8712055. – **Post:** Sol Oriente/Ecke Orion Sur

Unterkünfte

Tulúm-Hotels haben selten ein gutes Preis-Leistungsverhältnis. Neues, Teures wird gebaut, der Trend geht zu Boutiquehotels in Konkurrenz zu den Unterkünften am Strand. Hotels in Ortsmitte, direkt an der Avenida Tulúm, sind meist dem Verkehrslärm ausgesetzt. Es gibt weit mehr Unterkünfte als nachfolgend aufgeführt, viele werden von Italienern betrieben. Hier genannte Preise sind nur Richtwerte, in der Weihnachtswoche oft doppelt so hoch!

ECO-Unterkünfte um die Crucero Ruinas

Für Traveller: **Hotel El Crucero,** gleich beim *Crucero Ruinas* östl. der Mex 307, Tel. 8712610. Betreiberin ist eine freundliche Amerikanerin, gemütlich, Bar u. Restaurant mit gutem Essen, Infos, Garten, Internet, Radverleih. Etwas laut wegen der Straße und relativ dunkle Zimmer. Dorm-Bett 140 Ps, DZ 550–700 Ps.

Zwei Hostel-Alternativen nahebei westlich der Mex 307: **Lobo Inn,** Tel. 1287855. Dt.-mex. Leitung, „Hippie-Touch", durch die Straßenlage leider laut, Radverleih, Gästeküche, freies Internet, Pool, sicheres Parken, gutes Frühstück. Ü Dormitorio 140 Ps, es gibt auch DZ. – 80 Meter südlich liegt die familiäre **Posada Los Mapaches,** Tel. 8712700, www.posadalosmapaches.com. Rustikale Palapa-Cabañas, *habitaciones compartida* und *privada* (aber nur Gemeinschaftsbäder), leider durch die Straße gleichfalls laut, doch sehr sauber, freundliches Personal, großes, warmes Frühstück mit Früchten und Saft, freies Internet, Ausflüge werden meist kostenlos organisiert. Ü ca. 300 Ps inkl. Frühstück und Fahrrad.

Eco

Beim ADO-Busterminal befindet sich in Gehweite das gut geführte **Hotel Casa Rosa,** Jupiter Nte, Tel. 8025434, 33 Zimmer. Vom ADO-Hinterausgang auf der Calle Polar nach links gehen, an der nächsten Straßenkreuzung rechts. DZ ca. 420 Ps.

The Weary Traveler, neue Adresse: Polar Pte zw. Orion und Beta, Tel. 01-984-1429283, www.wearytravelerhostel.com. Nach dem Umzug des bekannten Backpacker-Hostels liegen uns noch keine näheren Angaben und Erfahrungen vor. Die Webseite verkündet lediglich „dormitories, private rooms, pool". Über Erfahrungen und Preise sind wir dankbar.

Hostel Casa del Sol, Polar Pte/Luna Nte, über www.hostelbookers.com, Tel. 1461473 (Alberto Vera). Reizvolle, gemütliche Anlage mit viel Grün, diverse Services wie Radverleih, Selbstkocherküche, WiFi etc. Dorms und Zimmer, Nettes Personal, empfehlenswert. DZ ca. 320 Ps.

L'Hotelito, Av. Tulúm zw. Orion- und Beta Nte, www.hotelitotulum.com, Tel. 1361240. Balinesischer Touch, etwas abgewohnt, doch gutes ital. Restaurant, Palapa- und normale Zimmer, etwas laut. DZ um 1000 Ps. – Schräg gegenüber ist das **Chilam Balam,** große DZ, ca. 500 Ps.

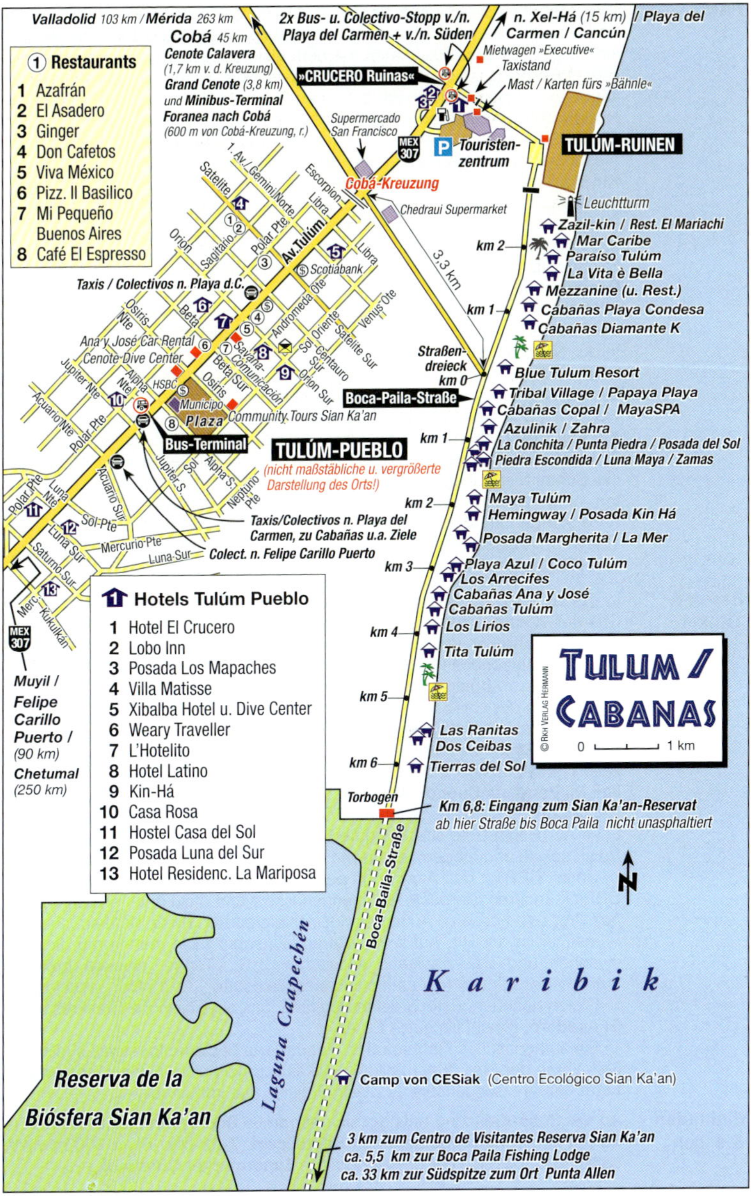
Valladolid 103 km / Mérida 263 km
Cobá 45 km
Cenote Calavera (1,7 km v. d. Kreuzung)
Grand Cenote (3,8 km) und Minibus-Terminal Foranea nach Cobá (600 m von Cobá-Kreuzung, r.)
2x Bus- u. Colectivo-Stopp v./n. Playa del Carmen + v./n. Süden
n. Xel-Há (15 km) / Playa del Carmen / Cancún
Mietwagen »Executive«
Taxistand
Mast / Karten fürs »Bähnle«
»CRUCERO Ruinas«
Supermercado San Francisco
MEX 307
Touristen-zentrum
TULÚM-RUINEN
Cobá-Kreuzung
Chedraui Supermarket
Leuchtturm
3,3 km
km 2
km 1
Straßen-dreieck km 0
Boca-Paila-Straße
km 1
km 2
km 3
km 4
km 5
km 6
Torbogen
Zazil-kin / Rest. El Mariachi
Mar Caribe
Paraíso Tulúm
La Vita è Bella
Mezzanine (u. Rest.)
Cabañas Playa Condesa
Cabañas Diamante K
Blue Tulum Resort
Tribal Village / Papaya Playa
Cabañas Copal / MayaSPA
Azulinik / Zahra
La Conchita / Punta Piedra / Posada del Sol
Piedra Escondida / Luna Maya / Zamas
Maya Tulúm
Hemingway / Posada Kin Há
Posada Margherita / La Mer
Playa Azul / Coco Tulúm
Los Arrecifes
Cabañas Ana y José
Cabañas Tulúm
Los Lirios
Tita Tulúm
Las Ranitas
Dos Ceibas
Tierras del Sol
Restaurants
1 Azafrán
2 El Asadero
3 Ginger
4 Don Cafetos
5 Viva México
6 Pizz. Il Basilico
7 Mi Pequeño Buenos Aires
8 Café El Espresso
1. Av. / Gemini Norte
Satelite
Escorpion
Libra
Sagitario
Orion
Polar Pte.
Av. Tulúm
Scotiabank
Taxis / Colectivos n. Playa d.C.
Osiris Nte
Beta
Andromeda Ote
Venus Ote
Sol Oriente
Satelite Sur
Centauro Sur
Orion Sur
Savana
Comunicación
Beta Sur
Osiris Sur
Ana y José Car Rental
Cenote Dive Center
Jupiter Nte
Alpha Nte
HSBC
Municipo
Plaza
Community Tours Sian Ka'an
Acuario Nte
Polar Pte
Bus-Terminal
TULÚM-PUEBLO
(nicht maßstäbliche u. vergrößerte Darstellung des Orts!)
Jupiter S
Sol
Alpha S
Neptuno Pte
Polar Pte
Luna Nte
Acuario Sur
Sol Pte
Luna Sur
Mercurio Pte
Luna Sur
Saturno Sur
Merc.
Kukulkan
Taxis/Colectivos n. Playa del Carmen, zu Cabañas u.a. Ziele
Colect. n. Felipe Carillo Puerto
MEX 307
Muyil / Felipe Carillo Puerto / (90 km)
Chetumal (250 km)
Hotels Tulúm Pueblo
1 Hotel El Crucero
2 Lobo Inn
3 Posada Los Mapaches
4 Villa Matisse
5 Xibalba Hotel u. Dive Center
6 Weary Traveller
7 L'Hotelito
8 Hotel Latino
9 Kin-Há
10 Casa Rosa
11 Hostel Casa del Sol
12 Posada Luna del Sur
13 Hotel Residenc. La Mariposa
TULUM / CABANAS
© RKH VERLAG HERMANN
0 1 km
Km 6,8: Eingang zum Sian Ka'an-Reservat
ab hier Straße bis Boca Paila nicht unasphaltiert
Boca-Baila-Straße
Laguna Caapechén
Karibik
Camp von CESiak (Centro Ecológico Sian Ka'an)
Reserva de la Biósfera Sian Ka'an
3 km zum Centro de Visitantes Reserva Sian Ka'an
ca. 5,5 km zur Boca Paila Fishing Lodge
ca. 33 km zur Südspitze zum Ort Punta Allen

FAM

Villa Matisse, Satelite Nte 19, Tel. 8712636, shuvinito@yahoo.com. Schöne und gemütliche, von der Französin Lourdes geführte Unterkunft zum Wohlfühlen in ruhiger Lage. Zusammen mit dem gleich gegenüberliegenden **Restaurant Azafrán** (s.u.) ein fast unschlagbares Duo. 6 komfortable Zimmer mit sauberen, großen Bädern, Räder für den Ort und Strand. DZ 800 Ps. **TIPP.**
Hotel Latino, Andromeda zw. Orion u. Beta, www.hotellatinotulum.com, Tel. 6699779. Kleines und sauberes Hotel, diverse Zimmergrößen, angenehme Atmosphäre, Pool, viele Restaurants drumherum. DZ 600–960 Ps.
Kin-Há, Orion Sur/Ecke Sol Oriente, www.hotelkinha.com. Gut geführte Anlage, etwas dunkle, aber ordentliche Zimmer. Üppig begrünter Innengarten mit Hängematten, Treffpunkt der Hotelgäste. Restaurant, sicheres Parken, ital. Management. Gleichnamiges Schwesterhotel am Strand, wo man etwa 10% Rabatt aufs Essen bekommt, Transport dorthin möglich. DZ ab 1300 Ps.
Posada Luna del Sur, Calle Luna Sur, www.posadalunadelsur.com, Tel. 8712984. Gepflegte kleine Posada-Anlage, schöne Zimmer mit AC und Balkon, Gastgeberin Janet ist nett. DZ mit gutem Frühstück 1550–1900 Ps.
In der Nähe: **Hotel Residencia La Mariposa,** Mercurio Pte (zw. Kukulkán u. Saturno Sur), Tel. 8025304, www.hotellamariposatulum.com. Sehr saubere Zimmer und Apartments, div. Annehmlichkeiten, ruhige Lage, dafür etwas weit weg „vom Schuss", WiFi. DZ/F ab 1000 Ps, ab 2 Nächten Rabatt.
Xibalba Hotel, Andromeda zw. Libra und Gemini, www.xibalbahotel.com, Tel. 984-8712953. Familiär geleitetes 7-Zimmer-Hotel der Deutschen Robbie & Aneke Schmittner, ruhige Lage. Komfortable Zimmer mit sehr breiten Doppelbetten und großen Bädern, Gartenanlage mit Palmen und Pool, Spa-Serviceangebote. WiFi, Safe, 24-h-Bewachung, Touren rund um Tulúm. DZ ab 1500 Ps. Angeschlossen ist ihr **Xibalba Dive Center,** ein- bis mehrtägige Dive-Packages s. www.xibalbadivecenter.com.

Essen & Trinken

In Tulúm wird auf fast alle Restaurant-Rechnungen ein 10%iger „Service-Charge" draufgeschlagen. Viele gibt es entlang der Hauptstraße Av. Tulúm und in den Straßen dahinter. Von gut gestylten Restaurants nicht blenden lassen – oft überzogene Preise, kleine Portionen u. geschmacklich wenig Tolles.

Hinter dem Busterminal preiswert und gut yucatekisch: **El Huinic de Tulúm.** – In der Calle Alpha Sur bietet das **Café Expresso Tulúm** schmackhaftes Frühstück. – **Viva México,** Calle Orion, nomen est omen. – Gleich über der Orion-Straße befindet sich der Klassiker **Don Cafetos:** reichhaltige Mahlzeiten, gute Fischgerichte, zivile Preise. – An der Ecke mit der Calle Beta Sur lädt **Mi Pequeña Buenos Aires** ein zu guten Steaks und Fisch frisch vom Grill; viel frequentiert, Preise gehoben. – Gegenüber, auf der anderen Straßenseite, Ecke Av. Tulúm/Beta Nte, die gute Pizzeria **Il Basilico.** – **Ginger,** in der Calle Polar; schick und modern, exotische Gerichte, Pastageriche, Fischvariationen.

Unser **TIPP** ist das **Azafrán** in der Satelite: Michaela („Millie") & René, ex-DDRler, kreieren allerbeste Gaumengenüsse – und dazu noch selbstgebackenes Brot und Fassbier! Außerdem kleiner Biergarten. Beste Kritiken, auch das Frühstück ist der Hit. Auf www.azafrantulum.com kann man vorab die Karte einsehen und was Leckeres aussuchen, z.B. „Tender chicken breast in crunchy pecan curry fruit sauce and shiitake risotto". Ab 15 Uhr geschlossen.

Gleich daneben, Ecke Satelite/Sagitario, das argentinische Steakrestaurant **El Asadero,** gleichfalls gutes Essen.

Ein authentisches **Fischlokal** ist **Pescaderia El Camello,** etwas südlich außerhalb an der Mex 307; rustikal-mexikanisch, von einer Fischer-Kooperative, tagesfrische Fischgerichte zu zivilen Preisen, fast immer voll.

Einkaufen & essen

An der Cobá-Kreuzung befindet sich der große **Supermercado San Francisco** mit einem **Selbstbedienungs-Restaurant,** 7–22 Uhr. Etwa 300 m weiter östlich befindet sich der besser sortierte **Supermarket Chedraui.**

Mietwagen / Scooter Bei *Ana y José Car Rental* oder bei *Savana-Comunicación,* Hauptstraße, s. Stadtplan, www.savana.com.mx. – *Hertz* ist an der Cobá-Kreuzung und *Executive Car rental* (www.executive.com.mx) etwa 100 m nördlich vom Crucero Ruinas. Außerdem *Alamo* (www.alamo.com) und *Europcar* (www.europcar.com.mx).

Geld / Bank Geldautomaten (ATM): *Scotiabank,* Hauptstraße/Ecke Satelite Sur. *Santander,* an der Hauptstraße neben der Polizei. Weitere siehe $-Piktogramme im Stadtplan. Wechsel von Bar-Dollars und Traveller-Schecks auch beim Busterminal möglich. Ein Geldautomat zudem im Touri-Zentrum der Tulúm-Ruinen (s. dort).

Wäscherei *Burbujas,* Calle Jupiter Sur zw. Sol u. Mercurio.

Tauchen **Xibalba Dive Center** (s.o., Xibalba Hotel). Über 10-jährige Erfahrung im technischen Tauchen auf der Yucatán-Halbinsel, Grotten-, Höhlen- und Rifftauchen. Bewährt und kompetent, außerdem maßgeschneiderte Tauch- und Hotelpakete. Alle Details auf www.xibalbadivecenter.com. – **Cenote Dive Center,** Tel. 8763285, www.cenotedive.com, spezialisiert für Cenote-Tauchen.

Karibikküste

An- und Weitereise **Nach Cobá** außer mit einem regulären Bus auch mit einem Minibus vom **Terminal Foranea,** 600 m westlich von der Cobá-Kreuzung, s. Karte.

ADO-Terminal Kleines Terminal, Gepäckabgabe möglich, kein Ticketvorverkauf. – Die **Verbindungen** sind recht zahlreich: nach **Cancún,** 130 km, 2 h, 1. Klasse ab 9.30 stündlich, 2. Klasse ab 7 Uhr halbstündllich; oder nach Playa del Carmen u. dort umsteigen. **Flughafen** Cancún: 3x tägl. direkt, z.B. um 11 Uhr. – **Chetumal,** 250 km, 4 h, über Felipe Carrillo Puerto, ab 6 Uhr bis 18 Uhr alle zwei Stunden; auch Busse 1. Kl. – **Chichén Itzá,** 3,5 h, ADO 9 und 4.30 Uhr. – **Cobá** (s.a. oben), 45 km, 45 Min., um 10 Uhr (um 15 Uhr zurück), sowie **Valladolid** (2 h), mehrmals täglich. – **Felipe Carrillo Puerto,** ca. 1,5 h, schneller mit einem Colectivo. – **Mahahual,** 4 h, Mayab, 11.30 Uhr (oder mit einem Chetumal-Bus und in Limones umsteigen). – **Mérida,** 4–6 h, 5x tägl. – **Playa del Carmen,** 65 km, 1 h, ständig. Wer in Etappen nach Playa del Carmen will, kann unterwegs in 2.-Klasse-Busse zusteigen. Außerdem verkehren ständig Colectivos, schneller und billiger als ein Bus. Mehrere Abfahrtsstellen an der Av. Tulúm.

Touren *Alltournative,* www.alltournative.com, gegenüber Supermercado San Francisco. Diverse Off-track-Abenteuer, s. Homepage.

Die Tulúm-Cabañas („Zona Hotelera")

Überblick

✆ 01-984

Die Cabañas und Unterkünfte südlich der Tulúm-Ruinen entlang des Meeres bzw. der Boca-Paila-Straße bis zum Beginn des Biosphären-Reservats Sian Ka'an sind bezüglich Preise und Qualitäten sehr unterschiedlich. Eine Faustregel ist: Je südlicher, desto teurer – manchmal auch die reinste Abzocke, selbst bei den „billigen"! Und oft wird mit der Vorsilbe „Eco" oder mit „eco-friendly" getarnt, dass es in den Cabañas weder Strom noch fließend Wasser gibt …!

Wegen der großen Menge an Unterkünften – weit über 80 – ist es nicht möglich, hier alle zu beschreiben und zu bewerten, zumal neue Anlagen entstehen, alte umgebaut oder erweitert werden oder die Besitzer wechseln und sich damit meist auch die Qualität verändert – positiv oder negativ. Nachfolgend die Abfolge entlang der Strandstraße, aber es gibt weitaus mehr. Die Telefon-Vorwahl für alle Unterkünfte ist, wenn nicht anders angegeben, 01-984.

Nicht alle Unterkünfte haben eine eigene Webseite, sie präsentieren sich auch auf Sammelwebseiten wie z.B. www.tulumresorts.com. Die Seite **www.hotelstulum.com** ist die offizielle Seite der Tulúm Hotel Asociation und listet zum schnellen Vergleich die „Durchschnittspreise" – es sind eher die günstigsten in der Nebensaison – von über 40 Beachfront-Unterkünften. Für Wohnmobile/Zeltcamper ist erste Anlaufstelle Mar Caribe und Cabañas Zazil-kin nördlich vom Straßendreieck.

Preise

Die Preise variieren sehr stark und sind abhängig von Jahressaison, Qualität und Ausstattung der Cabañas bzw. Bungalows sowie der Lage, ob direkt am Strand oder in der 2. Reihe „im Garten". Hauptsaison ist von Mitte Dezember bis Mitte Januar mit Superpreisen in der Weihnachts- und Neujahrswoche mit oft über 200 US$ für 2 Personen – und trotzdem ist in dieser Zeit vieles ausgebucht. Hauptklientel sind die zahlungswilligen US-Gringos. Außerhalb der Hochsaisonzeiten sind die Preise verhandelbar. In der Nebensaison, ab etwa April/Mai bis Herbst, haben viele Unterkünfte geschlossen.

Die Besitzer akzeptieren bei Zahlung vor Ort oft keine Kreditkarten, nur Bar-Peso oder auch nur Dollar, sobald auf ihren Webseiten nur Preise in US-Dollar stehen. Homepages mit modernen Reservierungssystemen geben umgehend Auskunft über Verfügbarkeit und Preise und nennen die obligatorischen Anzahlungsmodalitäten. Achten Sie auf „Specials", Preisnachlässe, z.B. bei mehrtägigen Aufenthalten oder in der Nebensaison.

Cabaña-Qualitäten

Bei den spartanischen **Cabañas rústicas,** oft direkt am Strand, sind Gemeinschaftsbäder üblich, Strom gibt es nur abends (Generatoren). Ihre Restaurants sind – wie fast alle dort – überteuert. Primitiv-Hütten haben meist nur Sandböden und Wände aus unverfugten Pfahlhölzern, durch die der Wind bläst und in den Wintermonaten nachts die Kälte kriecht. Moskitos und allerlei Krabbelgetier sind an der Tagesordnung, Gepäck immer verschlossen halten. Palapa-Cabañas haben selten Fenster und sind deshalb dunkel. Die Einrichtung besteht neben den obligatorischen Haken für Hängematten meist nur aus den Betten bzw. einem abgehängten Doppelbett. Moskitonetze sind immer nötig. Immer zuerst die sanitären Anlagen überprüfen. Vor Diebstählen ist zu warnen, über Nacht nichts draußen lassen. Mitbringen für einfache Cabañas und für einige Tage sollte man: Kerzen, Taschenlampe, Mücken-Repellent und Trinkwasser (Kanister). Hängematte und Moskitonetz sind im Preis fast immer mit drin oder können auch gemietet werden.

Die teureren, manchmal gemauerten Cabañas und Bungalows sind nicht automatisch besser. Auch dort gibt es nicht überall ganztägig Strom, und aus den Duschen kann leicht salziges Wasser kommen. Am Strand gibt es nur teilweise Palmenschatten, dafür eher Sandfliegen und bei starkem Wind treibt Seegras an (wenn der Strand einer Anlage nicht von Seegras gesäubert wird, ist das schon mal ein schlechtes Aushängeschild).

TIPP

Wer auf ein Robinson-Feeling nicht verzichten möchte, aber eine sichere Vorplanung mit festen Kosten und Reservierung schätzt, sollte sich überlegen, ob er nicht gleich z.B. das Unterkunftsangebot von CESiak (Centro Ecológico de Sian Ka'an, www.cesiak.org, s.S. 188) wahrnimmt und im Sian-Ka'an-Reservat noch Naturerlebnisse dazubekommt. Deren *Tent Cabins* (ein großes, installiertes Zelt unter einem festen Dach) kosten 65–120 US-Dollar. Naturambiente und die Aussicht aufs Meer und die dortige Lagune sind spektakulär. Duschen und Toiletten werden gemeinsam benutzt – sind aber picobello sauber. Das Restaurant ist nicht billig, bietet aber Leckeres.

Anfahrt an den Strand

Vom **Busterminal** in Tulúm-Stadt mit Taxi, Fahrrad oder Scooter. Kein öffentlicher Bus. **Selbstfahrer:** An der Cobá-Kreuzung nach Osten fahren. Nach 3,3 km verzweigt sich die Straße nach Norden und Süden (s. „Straßendreieck" im Tulúm-Plan).

km 0 Cabañas vom Straßendreieck n. Norden/Tulúm-Ruinen

Blue Tulúm (km 0,2) Liegt gleich beim Straßendreieck, ein teures All-inclusive-Resort vom Feinsten, www.bluetulumresort.com. Preise a.A.

Cabañas Diamante K Insgesamt ca. 30 (dunkle) Cabañas mit Betten/Hängebetten und Hamacas, mit und ohne Privatbad. Idyllisch gelegene Anlage mit vielen schattenspendenden Palmen. Restaurant nicht gerade überwältigend. Tel. 1858300, www.diamantek.com. Preise auch über www.hotelstulum.com.

Cabañas Playa Condesa Cabañas mit Steinböden und Moskitonetzen, kleines Restaurant der Familie, die auch noch 2 Zimmer in ihrem Haus vermietet. Felsiger Strand, doch zum Baden kann man etwas weitergehen. DZ 400–800 Ps.

Mezzanine Luxuriöses Beachfront-Hotel. Das **Restaurant** ist absolute Spitze (Thai bzw. asiatisch), Strandabschnitt nicht sonderlich schön. DZ je nach Saison 180–350 US$, www.mezzanine.com.mx.

La Vita è Bella Luxus-Bungalows, schöne Anlage. Das italienische Restaurant ist zwar toll eingerichtet, aber überteuert und nicht der Hit; www.lavitaebella-tulum.com, Tel. 1514723. DZ 155–300 US$.

Paraíso Tulúm Beach Club y Cabañas. Anlage mit 10 DZ, breiter Strand, Liegestühle, schattenspendende Palmen, Beach-Bar und gutes Restaurant. Tel. 1377089. Ab 120 US$, Details und auch Preise über www.hotelstulum.com.

Mar Caribe Weitläufige, günstige Anlage, ca. 2 Dutzend Sandboden-Cabañas (500 Ps) mit Doppelbett und Moskitonetz. Cabañas auf Stelzen ca. 800 Ps. **Standplatz für Wohnmobile,** auch **Cabañas Zazil-kin.**

Cabañas Zazil-kin (km 2,5) / **Restaurant El Mariachi** Langjährig populärer Familienbetrieb, Backpacker-Treff, breiter Strand mit Sportmöglichkeiten, Beach-Bar, Tel. 1240082. Etwa 45 Cabañas mit Doppel- oder Einzelbetten und nur nötigster Ausstattung, WiFi-Area, Strom erst abends, kein warmes Wasser. Lärm von Stromgeneratoren und laute Disco-Musik, deshalb besser eine Cabaña in Richtung Meer wählen. Cabaña mit/ohne Steinboden m/o Bad 500–900 Ps. Oft ausgebucht, reservieren nicht möglich, man wird in Warteliste eingetragen, hat bei morgendlicher Ankunft aber immer eine gute Chance. Taxistand direkt am Eingang. Das **Restaurant El Mariachi** liegt gleich südlich. Diveshop *Acuatic Tulúm,* Tel. 8762619. Stellplätze für **Wohnmobile,** N20.20615 W87.43212.

Km 3,0 Straßenblockierung und Parkplatz. ACHTUNG! Hier wurden schon wiederholt geparkte Autos aufgebrochen!

km 0 Cabañas v. Straßendreieck n. Süden/Boca-Paila-Straße

(eine Auswahl; Km-Distanzen ab dem Straßendreieck)

Tribal Village Die erste von fünf weiteren Beach-Cabaña-Anlagen innerhalb eines Kilometers, so dass man alle leicht zu Fuß erreichen und vergleichen kann.

Papaya Playa Busch-Cabañas diverser Größen mit Sand- oder Steinfußböden. Mehr als stramme Preise, wenn nicht gar Abzocke, www.papayaplaya.com. – Nachfolgende 4 Anlagen vermarkten sich gemeinsam unter www.ecotulum.com.

Cabañas Copal Große Auswahl zwischen 47 diversen Cabaña- und Casita-Typen mit oder ohne Privatbad für jeden Geschmack und Geldbeutel von rustikal bis gehoben. Restaurant, Beach-Bar, Nightlife; www.cabanascopal.com, Tel. 01-800-6819537. DZ 30–355 US$, Homepage mit „Specials".

MayaSPA Massagen, Aroma-Therapien, Yoga, Temazcal u.a. Tel. 01-800-6819537, www.maya-spa.com. Unterkommen bei *Copal, Zahra* oder *Azulik.*

Azulik (km 0,8) 15 bessere „Villas" oder normale Cabañas, www.azulik.com, Tel. 01-800-6819537. Auch Einfaches kann hier teuer sein.

Zahra 22 Räume/Cabañas, Restaurant, Tel. 01-800-6819537, DZ 55–250 US$, „Specials", s. www.ecotulum.com.

Nachfolgende fünf Unterkünfte liegen alle dicht beieinander mit diversen Restaurants am Beach und an der Straße:

La Conchita (km 0,9) Acht strandnahe, weniger spartanische Cabañas im Maya-Stil, z.T. doppelstöckig. Das „Muschelchen" ist sauber und gepflegt, zuvorkommender Service, gutes Frühstück, attraktive Strandbucht. Fotos und Details auf www.hotelstulum.com. DZ/F, je nach Einheit, 170–210 US$.

Punta Piedra (km 1,0) 5 diverse gemauerte DZ-Cabañas, schöne Anlage, familiäre Atmosphäre. Dive-Shop, Fahrradvermietung, nebenan Restaurant *Buenos Aires Beach.* Tel. 8064502, www.posadapuntapiedra.com. DZ 100–200 US$.

Posada del Sol 9 individuell ausgestattete Zimmer in unterschiedlicher Lage. Tel. 1348874, www.laposadadelsol.com. DZ 100–200 US$. Über der Straße das gehobene Restaurant *Trec Luces.*

Piedra Escondida Luxuriöse, zweistöckige Gebäude mit 8 schönen, großen DZ mit Bad und Balkon (die oberen Zimmer sind teurer) an herrlicher kleiner Bucht. Nette, familienfreundliche Anlage, WiFi. Gutes, jedoch nicht billiges mex.-ital. Restaurant, Bar, **Mietwagen Europcar.** www.piedraescondida.com, Tel. 8712217. DZ 155–245 US$.

Einer der zahllosen Hotelstrände (Piedra Escondida)

Luna Maya Kleine, geschmackvolle Hotelanlage mit 7 Zimmern und einer Cabaña. Palapa-Restaurant, Bar, Lounge, Live-Musik. Tel. 8712382, www.hotelstulum.com u. www.lunamaya-tulum.com. DZ/F 65 (Cabaña) bis 280 US$.

Zamas (km 1,2) Kleines und farbenfrohes Beach-Cabaña-Hotel mit 6 Zimmern. Gute Mittelklasse, www.zamas.com. DZ 95–295 US$. Danach kommt ein Polizeiposten.

Maya Tulúm (km 1,9) 37 Cabañas in drei Kategorien mit Hängebetten, esoterisch/New Age ausgerichtet, sehr viele US-Yoga-, Massage- und Meditationsjünger (Bhagwan lässt grüßen). Vegetarisches Restaurant. Tel. 8712429, www.mayatulum.com. DZ/F 160–650 US$.

Hemingway 5 „Öko"-Cabañas am Strand, weitere 5 in der 2. Reihe. DZ/F 160–250 US$.

Posada Kin-Há Kleines Öko-Hotel unter ital. Leitung (Schwesterhotel im Ort Tulúm), das Restaurant serviert köstliche Fischgerichte und Pasta nach italienischer Kochkunst. Nähere Infos auf www.hotelkinha.com. DZ ab 1300 Ps.

Posada Margherita (km 2,5)	Acht massive Cabañas der Luxuskategorie, ital. Leitung, sehr gutes Beach-Restaurant. Super Strand. Alles Öko und Nutzung von Solartechnik. Tel. 8018493, www.posadamargherita.com. DZ 140–250 US$.
Pos. La Mar (km 2,6)	8 schöne Beach-Bungalows und Cabañas im sehr farbenfrohen Eco-Chic. Tel. 1063682, www.posadalamar.com. DZ 125–220 US$.
Lumil-Ek	- noch vorhanden? 3 einfache, familiengeführte Cabañas, **Camping/Wohnmobile,** kein Strom.
Playa Azul (km 3,0)	16 schön designte Qualitäts-Cabañas am Strand und in rückseitiger Lage. Tel. 1574829. DZ 90–285 US$. Das benachbarte Schwesterhotel *Coco Tulúm,* www.cocotulum.com, ist günstiger, DZ 110 US$.
Coco Tulúm	Wie in alten Zeiten, als es nur einer Hamaca und Palapa bedurfte ... 8 Beach- und 6 Garden-Cabañas und Tower-Zimmer. Alles basiert hier auf Gemeinschaftsbenutzung, trotzdem sehr saubere Sanitäranlagen. Ferner Restaurant und Beach Club, im Playa Azul können die Sportangebote genutzt werden. Tel. 1574830, www.cocotulum.com. DZ ab 80 US$, im Tower mehr. **Eine der günstigsten Anlagen überhaupt** an der Boca-Paila-Straße.
Cabañas Los Arrecifes (km 3,1)	Kleinere Anlage mit sauberem Sandstrand und vereinzelten Palmen. Einfache Hütten mit Sandboden und Gemeinschaftsdusche, aber auch gute Gebäude-Zimmer. Restaurant nicht gerade günstig. Bar, Massagen, Tauchen, Hängematten. Tel. 1552957, www.losarrecifestulum.com. Wer keine großen Ansprüche hat, **kann hier fündig werden.** DZ 50–300 US$.
Cabañas Ana y José (km 3,4)	Schöne Karibik-Anlage im Ethno-Stil direkt an einem Palmenstrand. 23 Standard- und Luxus-Cabañas mit Terrasse und Bad. Sportmöglichkeiten, gutes Restaurant, Bar. Ausflüge ins Sian-Ka'an-Reservat, Autovermietung, Hochzeiten. Tel. 8805629, www.anayjose.com. Sehr teuer!
Cabañas Tulúm (km 3,5)	Größere Anlage mit 8 Beachfront-Zimmern und weiteren 8 in der zweiten Reihe, alle mit AC. Yoga- und Spa-Angebote, gutes Restaurant. Tel. 01984-1518754, www.cabanastulum.com. DZ/F 155–370 US$.
Camping Oasis	- es liegen uns keine aktuellen Informationen vor, ob Camping Oasis noch vorhanden ist.
Los Lirios	4-Sterne Spa- und Yoga-Center, www.loslirioshotel.com. Teuer.
Tita Tulúm (km 4,3)	zweistöckige, stilvolle Cabañas mit Balkon in idyllischer Gartenlage direkt am Meer, liebevoll eingerichtet, Restaurant. Patrona Tita spricht Deutsch, Tel. 8778513, www.titatulum.com/www.hotelstulum.com. DZ 110–205 US$.
Las Ranitas (km 5,5)	Exklusive, beeindruckend attraktive Anlage, www.lasranitas.com, super teuer, DZ 213–772 US$.
Dos Ceibas (km 5,6)	„Alternative", große „New Earth"-Anlage mit einem halben Dutzend unterschiedlich ausgestatteten, gemauerten (Rund-)Bungalows. Restaurant, Meditationraum u.a. Tel. 8776024, www.dosceibas.com. DZ 65–260 US$.
Tierras del Sol (km 6,0)	Größere Anlage mit Cabañas und Bungalows in diversen Ausstattungen und Qualitäten, Restaurant. Tel. 8079387. DZ 115–260 US$, „Specials".
Torbogen zum Sian-Ka'an-Reservat (km 6,8)	Eintritt 30 Peso. Von hier sind es noch 4,5 km bis zum **Camp** von **CESiak,** ca. 8,5 km zum Centro de Visitante von www.mexicoecoadventures, 11 km zur **Boca Paila Fishing Lodge** und ca. 45 km bis zum Ende der langen Halbinsel, zum Ort **Punta Allen.** Beschreibung s.S. 189.

Bitte mailen (verlag@rkh-reisefuehrer.de) **oder schreiben Sie, wenn sich in Mexiko Dinge verändert haben oder Sie Neues wissen. Herzlichen Dank!**

Umgebungsziele von Tulúm Pueblo

Cenotes u. Lagunen

An der Straße **Tulúm – Cobá** liegen zum Baden und Schnorcheln einige interessante Cenotes, s.S. 189. Fährt man auf der Mex 307 nach Süden, erreicht man nach ca. 7 km den Abzweig zur **Laguna Kaaluum** und bald danach die Mayastätte **Muyil** mit gleichnamiger Lagune, s.S. 196.

Reserva de la Biósfera Sian Ka'an

Südlich von Tulúm erstreckt sich bis hinab zur *Costa Maya* das bedeutendste Küstennaturschutzgebiet Mexikos, das Biosphären-Reservat **Sian Ka'an** (maya, „wo der Himmel geboren wurde"; UNESCO-Weltnaturerbe). Es ist über 5000 Quadratkilometer groß und nimmt ca. 10% der Fläche des Staates Quintana Roo ein. Eine menschenleere, heiße und weglose Wildnis, fast ganz aus Sumpfland, Mangroven, Schilfgebieten, Lagunen und Seen bestehend. Der dichte Buschwald birgt auch noch manche überwachsene Mayastätte. Die Tierwelt ist sehr artenreich: über 300 Vogelarten, darunter viele Kormorane, Störche *(jabirús),* Meeresschildkröten, Krokodile, Schlangen, Affen u.a. haben hier ihr Habitat, selbst Jaguare sollen noch herumstreifen. Der Küste von Sian Ka'an vorgelagert ist das Große Maya-Riff, das zweitgrößte Riff der Welt.

Von Tulúm gibt es zwei Möglichkeiten, das nördliche Sian Ka'an zu besuchen: Bei **Muyil** an der Mex 307 (s.S. 195) oder über die **Boca-Paila-Straße.** Nach dem Ende der Strand-Cabañas wächst eine lattenschmale Halbinsel nach Süden, eine Naturstraße führt auf 40 Kilometern bis zum kleinen Fischerort und Endpunkt **Punta Allen** (Fahrtdauer ca. 2 Stunden, je nach Zustand der sandigen Piste; Übernachtungsmöglichkeiten in Punta Allen). Eine eindrucksvolle, naturintensive Tour, vorbei an unberührten Palmenstränden und Wasserwelten. Selbstfahrer sollten ein hochbeiniges Fahrzeug haben, in Tulúm volltanken (!), Proviant und Wasser und für Punta Allen genügend Peso oder Dollar in bar mitführen, da es dort es keinen Geldautomaten gibt. Doch am besten ist eine gebuchte/geführte Tour mit einem Veranstalter.

Tour-anbieter

Community Tours Sian Ka'an (CTSK), Osiris/Ecke Sol Ote (s. Karte), Tel. 1140750, www.siankaantours.org. Es werden 5 drei- bis achtstündige Touren angeboten, die „Forest & Float", bei der es ab *Muyil* u.a. mit Booten oder Kajaks durch Mangrovenkanäle geht, kostet ca. 1200 Ps. Details und weitere Touren auf ihrer Homepage.

CESiak (Centro Ecológico de Sian Ka'an), Av. Tulúm 68, Tel. 01-984-871-2499, www.cesiak.org. Deren „Canal Tour" ab dem *CESiak Camp* (Centro Ecológico) an der Boca-Paila-Straße kostet derzeit ca. 1000 Ps. Die Touren sind gut organisiert und lehrreich, man kann im schönen CESiak-Camp übernachten und von dort Boots- und Buschexkursionen unternehmen. Alle Details auf der Cesiak-Homepage.

EcoColors Tours, Cancún, Calle Camaron 32, Tel. 01-998-8843667, www.ecotravelmexico.com. Die Tour „Sian Ka'an Multisport Adventure" umfasst Kayaking, Coastal-Hiking und Cenote-Schnorcheln (Gran Cenote bei Túlum). Abfahrt in Cancún um 7 Uhr, Playa del Carmen 8, Tulúm 9 Uhr. Jeden Mi u. Fr, inkl. Mittagessen in Tulúm ca. 1600 Ps.

In Eigenregie nach Punta Allen

Von Tulúm aus kann man täglich mit einem Colectivo um 14 Uhr in ca. 3 Stunden nach Punta Allen fahren. Abfahrt Taxistand in Ortsmitte (s. Stadtplan), Tel. 1155580. Rückfahrt v. Punta Allen um 5 Uhr. Oder geeigneten Wagen mieten.

Durch Sian Ka'an Den Beginn des Reservats markiert ein Torbogen. Eintritt ca. 50 Ps pro Tag und Person. Wer unterwegs Campen will, was erlaubt ist, sollte sich nach den Bestimmungen erkundigen. Beim Kontrollposten führt ein mit Baumscheiben ausgelegter Weg durch die Mangroven zu einem herrlich wasserklaren Cenote.

Die Landschaftsszenerie ist anfänglich ziemlich monoton, links und rechts blickt man fast durchweg nur auf eine dichte grüne Wand. Etwa 4 km nach dem Torbogen erreicht man das **CESiak Camp.** Evtl. ist es möglich, auch ohne Voranmeldung die Schildkröten-Abteilung zu sehen, ein Kanu zu mieten, sich einer geführten Tour anzuschließen oder zu übernachten.

Gut 4 km hinter dem CESiak-Camp liegt das **Centro de Visitantes Reserva de la Biósfera Sian Ka'an.** Es verfügt über einen Aussichtsturm und zum Übernachten gibt es fünf Räume mit Gemeinschaftsbad und eine Suite.

Alle nachfolgenden privaten Cabañas sind sehr teuer, da Vollpension, Infos s. Homepages. 2 km nach dem Centro de Visitantes kommt an einem breiten, herrlichen Palmenstrand die **Boca Paila Fishing Lodge** (www.bocapailamexico.com). Kurz danach ein Militärposten, dann eine Brücke (nach ihr wird die Piste schlechter) und das *Pez Maya Centro,* ein Natur- und Schildkröten-Schutzprojekt. Etwa 7 km weiter tauchen die *Cabañas Xamach Dos* auf (www.xamachdos.com), und etwa 13 km hinter Xamach passiert man die *Cabañas Sol Caribe* (www.solcaribe-mexico.com).

Punta Allen ... ist *muy tranquilo* – es gibt ca. je ein Dutzend Unterkünfte und (Fisch-)Restaurants entlang der Strandstraße und in den wenigen Straßen dahinter. Meist werden Unterkunft kombiniert mit Hochseeangeln/Flyfishing angeboten. Die *Casa de Asención* hat günstige Zimmer und ist gleichzeitig Restaurant. Preiswert sind *Posada Paraíso,* die Gartencottages der *Casa Sirena* (www.casasirena.com) und die *Posada La Conchita.* Camping am Strand und (hochpreisige) Beachfront-Cabañas bieten *Hotel Costa del Sol* und *Shardon* (www.shardon.com).

Möglich sind Ausflüge und Bootstouren zur *Laguna Negra* (Trail) oder zum Vogelschutzgebiet *Cayo Culebra.* Das Schnorcheln am Riff und bei der riesigen Sandbank *Punta Pelicanos* ist fantastisch. Das *Sian Ka'an Visitor Center* am Ortseingang an der Strandstraße kann Auskunft geben, auch über Touren mit Guides bzw. Bootseignern.

Straße Tulúm – Cobá

Cenotes Auf der Strecke Tulúm – Cobá gibt es rechts und links der Straße einige Cenotes. Etwa 1 km ab der Kreuzung/Mex 307 kommt rechts ein Parkplatz mit einem Souvenir-Shop. Rechts davon beginnt ein kurzer Trampelpfad durch den Wald zum **Cenote Calavera** („Totenkopf"; ausgeschildert, Eintritt ca. 50 Ps). Er besteht aus einem größeren und zwei kleineren Deckeneinbrüchen. Nichts Besonderes, halt ein Loch mit Wasser.

Zum Schwimmen, Schnorcheln und Tauchen ist bestens geeignet der **Gran Cenote** (3,8 km ab der Cobá-Kreuzung, rechte Seite, Eintritt 120 Ps: Ein offenes, ca. 12 m tiefes und großes Wasserloch mit äußerst klarem, kühlem Süßwasser und mit einem Höhlenteil mit Tropfsteinskulpturen und reizvoller Unterwasserwelt. Schnorchelausrüstung kann gemietet werden (Preis wie Eintritt). Schließt gegen 16–17 Uhr.

Ein paar Kilometer weiter kommt auf der linken Straßenseite der **Cenote Aktun-Ha** oder **Cenote Car wash** (so genannt, weil Einheimische hier früher ihre Autos wuschen). In dem kühlen und klaren Wasser kann gutes Schwimmen, Schnorcheln lohnt weniger.

Auf der weiteren schnurgeraden Strecke gibt's nichts Aufregendes mehr, nur ab und zu ein paar Hütten, einfache Straßenrestaurants und Souvenirstände von Maya-Familien … 43 km hinter Tulúm Pueblo kommt der Abzweig zum **Cobá Pueblo,** dahin noch 2,5 km.

Cobá Pueblo

Service in Cobá Pueblo

Cobá-Pueblo ist ein kleines Straßendorf am Lago Cobá. Ohne die Cobá-Ruinen würde hier kein Mensch herkommen. Der Busstopp, die *Parada de Autobuses,* ist am nördlichen Dorfanfang, beim **Posada-Restaurante El Bocadito** (abgewohnte) Zimmer 150–350 Ps; dort auch Auskunft über Bus-Abfahrtszeiten beim Besitzer *Francisco Itzá Xuluc,* Tel. 01-**985**-8563738, www.cancunsouth.com/bocadito). Alternative: Ca. 100 m nördl. vom Bocadito und auf anderer Straßenseite befindet sich das **Hotelito Sac-bé,** Tel. 01-984-2067140. Familiär, einfache, aber saubere DZ, 350–450 Ps, mit kleinem Restaurant. Ein weiteres Rest. ist dort **Lol-há.**

Im El Bocadito kann man etwas trinken (Gerichte mäßig) und dann für die Dauer der Cobá-Besichtigung gegen eine Gebühr das Gepäck deponieren. Zu den Ruinen ist es etwa 1 km: Der Straße zum See folgen – in dem angeblich Krokodile leben –, nach links wenden (rechts geht es zum Hotel Villas Arqueológicas). Vorbei an vielen Souvenirbuden und Comedores gelangt man zum Eingang.

Busverbindungen

Nach **Tulúm** (45 Min.)/Playa del Carmen etwa 6 Busse am Tag. **Abfahrten bei der Ankunft beim Restaurant El Bocadito erfragen,** dort auch Ticketverkauf. Busse sind *de paso,* können also schon voll sein (dann notfalls mit einem Touristenauto mitfahren oder mit anderen „Gestrandeten“ ein Taxi teilen; diese stehen beim Bocadito-Restaurant oder beim Cobá-Parkplatz). In Richtung **Valladolid** (45 Min.)/**Chichén Itzá/Mérida** ebenfalls tägl. ca. 6 Verbindungen.

Restaurants

Das Restaurant **Pirámide** befindet am See am Beginn des Wegs zum Hotel Villas Arqueológicas, weiter hinten ist das **Nicté Há.** Die **Comedores** beim Cobá-Parkplatz bieten Essen zu zivilen Preisen. Bestes Restaurant ist das **Bugambilias** im **Hotel Villas Arqueológicas,** eine angenehme, ruhige Anlage.

Hotel Villas Arqueológicas

40 kleine Zimmer gruppieren sich um den zentralen Pool. Tel. 984-2067001, DZ ca. 800 Ps. Details und aktuelle Preise und „Special Promotions“ auf www.villasmex.com.

Punta Laguna

Für Selbstfahrer: Etwa 20 km nördlich von Cobá, an der Straße nach Nuevo Xcan, liegt der See *Punta Laguna* (Eintritt) mit großem Naturschutzgebiet und einem kleinen Maya-Dorf. Man kann Kanus mieten oder mit einem Führer gegen Entgelt eine Tour in das Waldgebiet machen, um die dort lebenden Brüll- und Klammeraffen (*monos arañas,* engl. *spider monkeys*) zu beobachten. Letztere sind tagaktive Baumkletterer, die sich vorwiegend mit Hilfe ihres Greifschwanzes schwingend fortbewegen. Außerdem: Drahtseilgleiten (*Zip-lining* bzw. *tirolesa*), Kunsthandwerk, Cenote-Abseilen, *ceremonia de purificación.* Übernachtung in Palapas und Camping ist möglich, auch Mahlzeiten. Informationen auf www.puntalaguna.com.mx, Tel. 045-985-1079182.

Archäologische Stätte Cobá

Lage: 45 km westl. von Tulúm.– Es hat sich längst herumgesprochen, dass die Maya-Bauten von Cobá im dichten Busch, fernab vom Touristenrummel Tulúms, einen Besuch wert sind, zumal man hier auf die Pyramiden (noch) hochklettern kann. Und so rollt hier an manchen Tagen Tourbus um Tourbus an …

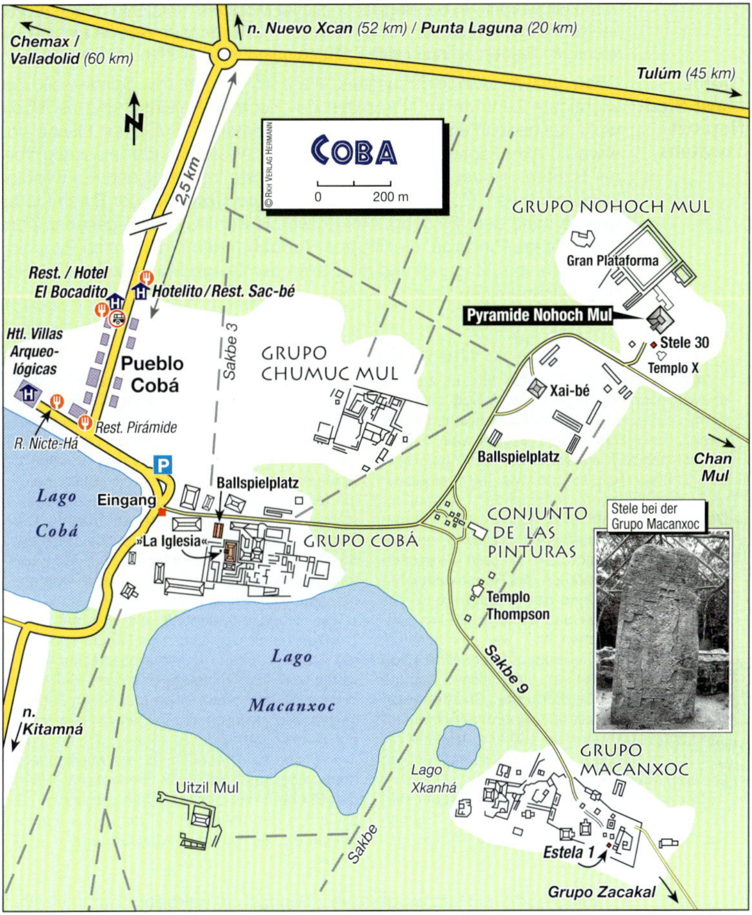

Die Seitenwege des weitverzweigten Geländes sind jedoch keineswegs überlaufen, und deshalb kann man in diesem Naturschutzgebiet noch die Einsamkeit des yucatekischen Buschwaldes erleben, mit Vogelgeschrei, Zikadengezirp und Iguanas. Für die Anstrengung der langen Wegstrecken wird man von einer der höchsten Maya-Pyramiden mit einer weiten Sicht über topfebenes Land belohnt. Eine ausgiebige Besichtigung dauert Stunden, doch zwei reichen aus, wenn man sich zur Fortbewegung hinter dem Eingang eines der kleinen Fahrräder (eher „Krücken") mietet (35 Ps). Man kann sich auch bequem von einem **Trici-Taxi** kutschieren lassen (große Runde 2 h 170 Ps). Wasserflasche nicht vergessen, Getränkestand bei der Pyramide Nohoch Mul.

Cobá-Info Die Stätte ist tägl. von **8–17 Uhr** geöffnet, Eintritt 58 Ps, Parken 40 Ps (freies Parken bei einem der Restaurants an der Straße). Um die Mittagszeit kann es sehr heiß werden, in der Regenzeit plagen Moskitos, Vorsicht vor den (Korallen-)Schlangen. Verlaufen kann man sich nicht, es gibt Wegweiser und vor wichtigen Bauten befinden sich Erläuterungstafeln. Toiletten am Eingang.

Größte Maya-Stadt Nordost-Yucatáns

Cobá (maya, „windgekräuseltes Wasser") war in der Spätklassik das wichtigste Zentrum im Nordosten der Yucatán-Halbinsel und es ist die wohl ausgedehnteste Maya-Siedlung überhaupt. Auf einer Fläche von etwa 70 qkm liegen verstreut im Gelände Abertausende unausgegrabener Bauten verstreut, erst ein Bruchteil wurde freigelegt und nur weniges ist rekonstruiert. Zugänglich sind: die **Grupo Cobá** mit der Pyramide **La Iglesia** nahe dem Eingang, das Ensemble der Malereien, genannt **Conjunto de las Pinturas,** die Gruppe **Nohoch Mul** mit der hohen Pyramide (ca. 2 km vom Eingang) und die Stelen der **Grupo Macanxoc** südöstlich des gleichnamigen Sees (s. Karte).

Die weißen Straßen

Auf der Halbinsel Yucatán gibt es zahlreiche künstlich angelegte Straßen, sog. *sakbeob* (Sing. *sakbe; sak* heißt im yucatekischen Maya „weiß", *be* = Straße), die sowohl weit auseinanderliegende Mayastädte als auch innerhalb der Stätten Teilbereiche wie Tempelbezirke und Wohnanlagen miteinander verbanden. Dammartig erhöht und schnurgerade zogen sich die *sakbeob* durch den dichten Busch Yucatáns und entsprachen in dem flusslosen Land den Wasserstraßen des Regenwalds. Mit über 100 km war **eine der längsten** jene *sakbe* **zwischen Cobá und Yaxuná** (30 km südwestlich von Chichén Itzá; wer Chichén Itzá besucht hat, wird vielleicht auf der *sakbe 1* von der Kukulkán-Pyramide zum heiligen Cenote gegangen sein). Das **dichteste „Straßennetz" gab es in Cobá** (fast 50 *sakbeob* mit einer Gesamtlänge von mehr als 150 km), kleinere regionale bestanden in Uxmal, Izamal und in anderen Mayastädten.

Der konstruktive Aufwand zum Bau der *sakbeob* war beträchtlich: mit großen Steinen wurden zunächst mehrere Meter breite Begrenzungsmauern angelegt, die man mit Geröll und Schutt auffüllte. Anschließend wurde das Fundament mit Steinwalzen eingeebnet und mit einer Deckschicht aus flachen, hellen Kalksteinen versehen (deshalb „weiße Straßen"). Spalten und Fugen wurden mit einem Kalkmörtelbrei ausgegossen der zementartig erstarrte und die Dämme wetterfest machte. Die Güte der Konstruktion war so solide, dass die Straßen über 1000 Jahre hielten. An den Knotenpunkten der gradlinigen *sakbeob* entstanden später oft Siedlungen und Dörfer.

Die Überland-*sakbeob* ermöglichten den Transport und Austausch von Gütern und Waren. Dazu konnten die Maya aber keine Fuhrwerke bzw. Radfahrzeuge einsetzen, weil es ja in ganz Mittelamerika keine tauglichen Zugtiere gab. Also wurden alle Lasten auf menschliche Rücken gepackt …

Die *sakbeob* besaßen für die Maya obendrein eine mythologische Bedeutung: Nach den Büchern des Chilam Balam verbanden sie als in den Himmel führende Bänder auch symbolhaft die Menschen mit den Göttern.

Ein großräumig verzweigtes Netz von fast 50 **sakbeob** (Dammstraßen, s. Exkurs) verband Bauten, Ortsteile und das Hinterland. Eine **sakbe** führte von Cobá sogar bis nach Tulúm an die Karibikküste und eine weitere 100 km bis nach *Yaxuná,* 30 km südwestl. von Chichén Itzá. Dieses Straßennetz entstand zwischen 600 und 800 n.Chr. und war das dichteste ganz Mesoamerikas.

Zwei größere und drei kleinere Seen sicherten die Wasserversorgung der Bewohner, im 8. Jh. betrug ihre Zahl über 50.000. Nur die ständige Wasserverfügbarkeit ermöglichte eine solch gewaltige Bau- und Siedlungsleistung. Der Architekturstil der Bauten weist Ähnlichkeiten mit Tikal in Guatemala auf, aber auch mit Tulúm. Bis jetzt fand man über 30 reliefierte Stelen und viele Altäre.

Cobá war bereits um 100 n.Chr. besiedelt, seine Blütezeit, ca. 600–900 n.Chr., fällt in die Epoche der Maya-Klassik. In der Endklassik wurde es aufgegeben und 1200 wiederbesiedelt. Bewohnt war Cobá noch bis ins späte 15. Jh., die Spanier entdeckten die Stadt jedoch nie. 1891 besuchte Yucatán-Forscher und Fotograf Teobert Maler die Stätte, 1973 begannen Ausgrabungen.

Rundgang durch die Anlage

Grupo Cobá Etwa 80 m hinter dem Eingang geht es rechts zur Cobá-Gruppe, zur größten Konzentration von Bauwerken. Zahlreiche Tempel, Wohnbauten, Hofgruppen, Plazas, Stelen und ein Ballspielplatz bildeten den Kern von Cobá, dominiert von der fast 25 m hohen Pyramide **La Iglesia** – „die Kirche" (der Name rührt daher, dass die Maya vor der – überdachten – Stele 11 am Treppenaufgang Opfergaben niederlegten). Die angerundeten neun Etagen der Pyramide ummanteln ältere Substrukturen und gekrönt wird sie von einem kleinen Tempel (Aufstieg gesperrt).

Beim Gang zurück zum Hauptweg kommt man rechts gehend zum rekonstruierten **Ballspielplatz.** Ungewöhnlich sind die steilen Böschungen mit zwei Zielringen, eingesetzten Reliefs und offenen Schmalseiten (ausführlicher Ballspiel-Exkurs s.S. 244). Der Baum an einem Ende ist eine Ceiba.

Karibikküste

Ceiba-Bäume (Kapok)

In vielen Maya-Ortschaften (meist beim Parque Central bzw. Zócalo), bei Tempeln oder bei *cenotes* ist häufig ein hoher, gradstämmiger Baum mit weißlicher, stachelbewehrter Rinde zu sehen – die **Ceiba (s. Foto,** Kapokbaum, *Ceiba pentandra* oder *Ceiba aesculifolia,* Fam. *Bombacaceae*). Auf Maya **ya'axché** („grüner Baum") oder *pochote*. Ausgewachsene Ceibas sind leicht an ihren erst in der Krone waagerecht wachsenden Ästen zu erkennen. Ihre Silhouette ähnelt einem hohen Kreuz. Ceibas kommen als imposante Überständer im Regenwald und in Galeriewäldern vor, der häufig von mächtigen Brettwurzeln gestützte Baum kann bis zu 70 Meter hoch werden. Verbreitet ist er von Mexiko bis Brasilien, Nicaragua trägt eine Ceiba im Staatswappen. Zu Beginn der Trockenzeit wirft er sein Laub ganz oder teilweise ab. Die großen, glockenförmigen Blüten lassen wie Baumwolle aus den Samen Fasern wachsen, die als Kapok bezeichnet werden und als Füllmaterial (Schwimmwesten, Polster, Matratzen) dienen.

Die Ceiba ist seit Jahrhunderten der heilige Baum der Maya, er wird verehrt und es ranken sich viele Legenden und Erzählungen um ihn. In ihrem kosmologischen Modell verkörpert er den **Weltenbaum,** die Verbindungsachse zwischen Erde und Kosmos, wobei seine Wurzeln bis in die Unterwelt *xibalba* hinunterreichen. Anhand der Baumblüte zwischen August und September konnten die Maya vorhersagen, ob im Verlauf kommender Monate viel oder wenig Regen fallen würde: voller Blütenstand bedeutete reichlich Niederschläge, bei wenigen Blüten musste eine Trockenperiode – und damit auch leere Wasserlöcher – befürchtet werden. Im wasserarmen Yucatán ein wichtiges Prognosemittel für die Feldbestellung und die Erträge.

Conjunto de las Pinturas Auf dem Weg zur Pyramide Nohoch Mul (Schild „Gran Pirámade") führt nach rechts ein kurzer Seitenweg zur Gruppe Conjunto de las Pinturas, deren Bauwerke man der letzten Besiedlungsphase Cobás zurechnet. Hier steht eine kleine (gesperrte) Pyramide aus groben Steinen mit einem kleinen überdachten Kammertempel (die Türsturze und Friese sind innerseits farbig bemalt, daher der Name „pinturas“). Vor der Pyramide Säulen, die einst ein Dach trugen, und 13 kleine Steinschreine bzw. -altäre, die die sakrale Bedeutsamkeit des Conjunto de las Pinturas unterstreichen. Nordwestlich steht eine weitere überdachte Stele.

Nun entweder diagonal durch den Conjunto de las Pinturas vor zum Hauptweg vorgehen oder auf der Sakbe 9 südlich zur *Grupo Macanxoc* (ca. 1 km).

Grupo Macanxoc

Dort befinden sich zahlreiche monolithische Altäre und unter Palmschutzdächern meterhohe skulptierte Stelen, die vermutlich zur Erinnerung an Cobá-Herrscher aufgestellt wurden (viele sollen Frauen von Tikal gehabt haben). Einige sind stark erodiert, doch die des **Retrato del Rey** ist sehr gut erhalten, trotz des zerstörten Gesichts. Er trägt einen Quetzal-Federbusch und in seinen Armen Zeremonialstäbe. Die wichtigste Stele ist die **Estela 1** (jene hinter der Mauerwand, **s. Abb.**), die **in der Maya-Welt einmalig** ist: ihre Oberfläche ist mit 313 Glyphen und vier wichtigen Datumsangaben versehen, darunter auch der derzeitige Maya-Kalenderzyklus aus 13 *baktun,* der nach 5128 Jahren am 21. Dezember 2012 zu Ende ging (Näheres s.S. 119, „Der Kalender der Maya“, Stichwort „Lange Zählung“).

Auf dem Rückweg und weiter zur Nohoch Mul-Pyramide kann durch den Conjunto de las Pinturas hindurchgehend abgekürzt werden.

Ballspielplatz / Pyramide Xai-bé

Rechts liegt ein rekonstruierter Ballspielplatz mit Schrägböschungen und Zielringen wie jener bei der Grupo Cobá.

Der nächste Seitenweg führt rechts rein zur **Pyramide Xai-bé,** die mit ihren abgerundeten Kanten und mit der in den Baukörper eingeschnittenen Aufgangstreppe eine architektonische Ausnahmeerscheinung ist (der ovale Grundriss erinnert an die „Pyramide des Zauberers“ in Uxmal). Sie befindet sich an den Kreuzungsstellen mehrerer Sakbeob.

Grupo Nohoch Mul

Ca. 100 m vor der Pyramide steht rechts die überdachte **Estela 30.** Das Relief der Herrschergestalt ist erodiert, klarer erkennen kann man es als Umzeichnung auf der Erklärungstafel vor der Nohoch-Mul-Pyramide (der Regent steht auf den Rücken kniender Gefangener). Die Glyphen datieren den 30. Nov. 780.

■ *Die 42 m hohe Pyramide Nohoch Mul*

Die Pyramide **Nohoch Mul** (maya, „großer Berg“) ist mit 42 m die höchste der nördlichen Yucatán-Halbinsel. Ein beeindruckender Anblick wenn man um die Ecke biegt. Ihre Grundfläche beträgt 60 x 60 m. Die 6 Etagen sind stark zerfallen und kaum mehr als solche erkennbar. Ihr Kern entstand im 7. Jh., in späteren Epochen wurde sie mehrfach über- und umgebaut. Rechts neben der breiten Zentraltreppe stand ebenerdig ein Kammertempel. Links eine Seitentreppe, die zu einer kleinen Plattform führt, auf der ebenfalls ein Tempel stand.

Für die Aussicht von oben müssen (mindestens) 117 Stufen erklommen werden. Der die Pyramide krönende Tempel ähnelt in Details dem Tempel-Architekturstil Tulúms, zudem ist er wesentlich jünger als die Nohoch-Mul-Pyramide selbst. Im Fries sind Nischen mit Skulpturen des „Herabstürzenden Gottes“ (mehr über diese wunderliche Maya-Gottheit s.S. 178). Aus dem grünen Walddickicht ragt die Pyramide Xai-bé heraus, sieht man in der Ferne den Macanxoc- und Cobá-See (rechts) sowie die Spitze der La-Iglesia-Pyramide. Nördlich blickt man auf die voluminöse **Gran Plataforma,** das mächtigste, doch unvollendete Bauwerk von Cobá. Zurück zum Eingang sind es noch ca. 2 km.

Auf der Mex 307 von Tulúm nach Chetumal

Die etwa 270 km lange Strecke zwischen Tulúm und Chetumal ist langweilig und einsam, es gibt kaum Orte und wenig zu sehen. *Felipe Carrillo Puerto* ist der einzige Verkehrsknotenpunkt in dieser spärlich besiedelten Region. Etwa 7 km südlich von Tulúm liegt links die Zufahrt (1 km) zur **Laguna Kaaluum** (Eintritt). Man kann picknicken und Kajaks mieten.

Muyil und Lagunen

Nach etwa 11 weiteren Kilometern bzw. 26 km südlich von Tulúm kommt in Richtung Osten die kurze, erste Zufahrt (weiter südlich gibt es noch eine) zu der im Busch liegenden **Mayastätte Muyil** (Eintritt, 8–17 Uhr) mit gleichnamiger Lagune. Die fünfstufige Hauptpyramide ist 17 Meter hoch und über eine Treppe besteigbar. Auf der 2. Plattform sind rückwärtig uralte Vogel-Stuckplastiken zu sehen.

Zweite Attraktion ist die **Lagunen-Bootstour** (ca. 2,5 Stunden, 400 Ps p.P. plus Eintritt ins Sian-Ka'an-Reservat). Man geht auf einem ca. 600 m langen Plankenweg von den Ruinen – unterwegs ein Aussichtsturm – zur Muyil-Lagune. Die Bootstour führt nach Osten durch einen kurzen Kanal in die *Laguna Chunyaxché* und von dort in den schmalen Mangrovenkanal *Cayo Venado.* Dieser etwa 12 km lange Durchstich bis hin zum offenen Meer wurde von den frühen Maya gegraben (und somit konnten Boote vom Hafen in Tulúm um die schmale Boca-Paila-Halbinsel herum bis nach Muyil fahren). Kurz nach dem westlichen Beginn des Venado-Kanals befindet sich die kleine Maya-Struktur *Xlapak* und es gibt einen Trail zum Begehen des Kanalbereichs. Schönes Schwimmen ist gleichfalls möglich.

Felipe Carrillo Puerto

hieß früher **Chan Santa Cruz** („Kleines Heiliges Kreuz“) und es war die Hauptstadt und letzte Bastion aufständischer Maya im „Kastenkrieg“ 1847–1933 (s. Exkurs). Viel los ist in dieser Stadt nicht.

Westlich der Durchgangsstraße Mex 307, am Ende der Calle 69, befindet sich im *Santuario de la Cruz Parlante* (Hinweisschild) eine kleine Kapelle mit einem Kreuz, das an den Orakel-Kult des „Sprechenden Kreuzes“ erinnert (s. Exkurs), wie auch das alljährliche „Fest vom Heiligen Kreuz“ vom 3.–8. Mai. Am Parque in Ortsmitte steht die alte Kirche *Balam Na* mit ihrem Tonnengewölbe. Gleich daneben die *Casa de la Cultura* mit Artesanías-Ateliers.

Der „Krieg der Kasten“ und das „Sprechende Kreuz“

Das geschichtlich wichtigste Ereignis der Yucatekischen Halbinsel seit der Eroberung durch die Spanier war der über **85 Jahre dauernde,** sogenannte „Krieg der Kasten“ *(La Guerra de las Castas)* von 1847 bis 1933. Der Kastenkrieg war die längste und erfolgreichste indigene Rebellion auf dem ganzen amerikanischen Kontinent und ein (letzter) Versuch der mexikanischen Maya, auf Yucatán einen eigenen unabhängigen Staat zu etablieren. Der Name *La Guerra de las Castas* stammt von einer damaligen Regierungsproklamation *(„Unámonos todos los de las otras castas …“),* einem Aufruf an alle „Kasten“ bzw. an alle Bevölkerungsgruppen Yucatáns. Heute wird der Krieg auch „La Guerra Social Maya“ genannt. **Foto: Gemälde des Kastenkriegs im Museo del Fuerte in Bacalar**

Gegen Mitte des 19. Jh. nahm die herrschende Oberschicht Yucatáns zur Vergrößerung ihrer Zuckerrohr- und Sisalplantagen immer mehr Gemeindeland der Urbevölkerung in Besitz, insbesondere im Osten und Süden Yucatáns, wo sich seit der Kolonialzeit viele Mayagruppen in weitgehender Unabhängigkeit hatten behaupten können (damals lebten auf der Halbinsel etwa 500.000 Menschen, von denen 75% reinblütige Maya waren). Es kam zu bewaffneten Zusammenstößen, doch letztendlicher Grund für den Bürgerkrieg waren vorausgegangene interne Machtkonflikte mestizischer Mexikaner, bei dem die rivalisierenden Gruppen auch ihre Maya-Landarbeiter bewaffneten - doch nur mit dem Effekt, dass die Maya selbst Kampferfahrung und Waffen sammeln konnten. 1847 vereinigten sich die ständischen Maya unter ihrem Führer **Cecilio Chi** (1823–48), und dieser funktionierte den Bürgerkrieg der mexikanischen Oligarchie in einen Befreiungskrieg der Mayas gegen die *blancos* um. Die Rebellen, oft nur mit Buschmessern und harmlosen Flinten bewaffnet, eroberten binnen kurzer Zeit nahezu das ganze nördliche Yucatán mit Ausnahme von Mérida und Campeche. Es kam zu grausamen Exzessen und Racheorgien. Erst zwei Jahre später gewannen die Regierungstruppen wieder die Oberhand. Der Krieg hatte ein Drittel der Bevölkerung Yucatáns dahingerafft. Die restlichen Aufständischen wurden in den dünn besiedelten Osten Yucatáns vertrieben (in das heutige Quintana Roo) oder sie flüchteten mit ihren Angehörigen dorthin. Dort riefen 1850 die Maya-Rebellen einen eigenen Staat mit der Hauptstadt **Chan Santa Cruz** („kleines heiliges Kreuz“) aus.

Der Kult des „Sprechenden Kreuzes“ („Cruz Parlante“) war ein Produkt des Kastenkriegs. Initiiert wurde er 1850 vom Führer der Aufständischen, *José María Barrera,* der agitatorisch den Glauben der Maya ausnutzte, die Götter könnten durch Bilder und Zeichen zu den Menschen sprechen. Er ritzte drei Kreuze in die Rinde eines Baums und ließ sie mit Hilfe des Bauchredners Manuel Nahuat Aufforderungen und militärische Befehle verkünden.

Dieser Orakel-Kult wurde dann zur treibenden Kraft, die **Cruzob-Maya** zum Krieg gegen die Mexikaner aufzurufen (*cruzob* ist spanisch/maya und meint „diejenigen vom Kreuz“ oder „die dem Kreuz folgen“).

1857 gab es zwischen den Staaten Campeche und Yucatán Streitigkeiten und das „Sprechende Kreuz“ ließ verlauten, dass die Zeit für einen Angriff günstig sei. Die Cruzob-Maya konnten den Vorteil nutzen und Gebiete erobern, 1858 nahmen sie die Festung San Felipe bei Bacalar ein. Ab 1863 bekamen sie Waffennachschub vom südlichen Nachbarn Britisch-Honduras (heute Belize).

In den nachfolgenden 30 Jahren dezimierten sowohl interne Maya-Konflikte als auch Epidemien die Reihen der Cruzob-Rebellen (mit ihren Angehörigen waren es noch etwa 10.000 Personen), und 1893 versiegte auch die Unterstützung aus Britisch-Honduras. Doch erst 1901 gelang es den Truppen der mexikanischen Zentralregierung unter *General Ignacio Bravo,* nach vielen zermürbenden Guerilla-Kämpfen, die letzten Cruzob-Bastionen *Tepich, Tihosuco* und schließlich **Chan Santa Cruz** einzunehmen. Dieses wurde danach in **Felipe Carrillo Puerto** umbenannt. (In Tihosuco, an der Mex 295 zwischen Felipe Carrillo Puerto und Valladolid, gibt es das *Museo de la Guerra de Castas.*) 1902 entstand dann aus Teilen der Staaten Yucatán und Campeche der neue mexikanische Bundesstaat **Quintana Roo.**

Bis 1915 flammten immer wieder Aufstände auf (die Cruzob hatten sich tief in den Busch zurückgezogen), doch erst 1933 besiegelte dann endgültig ein Friedensvertrag zwischen Mexikanern und Maya deren lange Kapitulation. Damit war der Traum eines unabhängigen Mayastaats endgültig ausgeträumt.

Übernachten kann man in Felipe Carrillo Puerto im einfachen Hotel *El Faisán y Venado* an der Mex 307, das gute Restaurant offeriert u.a. yucatekische Spezialitäten. Besser übernachtet man im *Esquivel* südlich vom Zócalo, Calle 63, DZ/Vent. ca. 500 Ps.

Von Felipe Carrillo Puerto zweigt die Mex 184 in Richtung Ticul und Mérida ab, Autofahrer sollten vorher volltanken. Rund 70 km südlich von Felipe Carrillo Puerto erreicht man das kleine Limones, von wo es zur 6 km westlich liegenden und relativ neu ausgegrabenen Mayastätte **Chacchoben** geht (Stufenpyramide und andere Strukturen, Erläuterungstafel, Restaurant).

Abstecher Costa Maya

In Richtung Meer

Von **Cafetal** an der Mex 307 zweigt eine breite Straße 60 km nach Osten nach **Mahahual** und zur **Costa Maya** ab. An dieser Küste, zwischen *Punta Herrero* im Norden und *Xcalak* im Süden, erstrecken sich auf 130 Kilometern einsame und teils sehr schöne Strände am türkisfarbenen Meer. Doch auch die Costa Maya wird bereits erschlossen, vor allem Mahahual. In gleicher Weise entstehen in einigen anderen und bislang isolierten kleinen Küstensiedlungen Cabañas, Bungalows und Beachfront-Hotels. Mahahual ist mit seinem großen Pier bereits fester Anlaufpunkt für riesige Kreuzfahrtschiffe, hauptsächlich aus den USA. 30 km vor der Küste liegt das riesige **Chinchorro-Atoll** *(Reseva de la Biósfera Banco Chinchorro),* ein Traumziel für Taucher.

Mit unglaublicher Kraft prallte im August 2007 Hurrikan „Dean“ auf die Küste Yucatáns und zerstörte dabei weite Teile der Costa Maya, auch Mahahual litt schwer.

Internet-Infos der Region: www.grandcostamaya.com • u.a.

Mahahual

Ew. ca. 3000

✆ 01-983

Einst beschauliches Fischerdorf, findet hier nun eine rasante touristische Entwicklung statt, vergleichbar mit Playa del Carmens Aufstieg vor 15, 20 Jahren. Bautafeln mit geplanten Hotels und „Se vende"-Landverkaufschilder kündigen andere Zeiten an. Ein neues El Dorado für Investoren und Leute, die sich hier viel vom zukünftigen Tourismus versprechen. In- und außerhalb des Ortes betreiben neben US-Gringos auch nicht wenige Italiener Restaurants und kleine Hotels.

Fünf Kilometer vor Ortsbeginn, noch vor der Pemex-Tankstelle, zweigt nach Süden die Straße nach *Xcalak* ab (ca. 70 km). Geradeaus fährt man direkt auf den Leuchtturm am Meer zu. Rechter Hand befindet sich die Marine-Station, hier ist der „KM 0" für die Entfernungsangaben nach Süden. Links nach Norden erstreckt sich das neue Stadtgebiet **Nuevo Mahahual,** mitten in der Erschließung. Preschen dort vom *Paseo del Puerto* gerade Taxis im Renntempo runter, dann hat oben am Pier wieder ein Kreuzfahrtschiff angelegt. Aberhunderte Landgänger werden im Pendelverkehr flugs ins Zentrum gekarrt, bevölkern dann komplett den mehrere hundert Meter langen *Malecón Peatonal.* Souvenirverkäufer, Massagestände (!), Zöpfchenflechterinnen und Läden verdienen gut. Mahahual hängt praktisch am Tropf der Kreuzfahrtschiffe. In der Saison legen die Pötte praktisch jeden Tag an, oft auch gleichzeitig zwei. Beim Pier gibt es im US-Stil „Outlet Stores", Souvenirläden und Restaurants, wird für musikalische Unterhaltung gesorgt. Bleiben die Schiffe aus, ist hier alles tot.

Mahahual zieht sich die Küste entlang. Der Bereich, wo sich das „Leben" abspielt, ist ca. einen Kilometer lang und reicht die drei Straßenblöcke ins Inland. Die Einfahrtsstraße heißt *Huanchinango.* Etliche sind nicht asphaltiert, auch nicht die Straße nach Xcalak. Alles wirkt improvisiert, es werden noch viele Veränderungen kommen. Eigentlich ist aber alles so, wie man sich einen Fischerort mit karibischem Touch vorstellt.

Der Busterminal befindet sich beim (unattraktiven) Hotel *Mahahual,* einen Block westlich vom Malecón, an dem es Restaurants, Geschäfte und einen *Módulo de Información Turística* gibt. Die Strandhotels liegen in unregelmäßigen Abständen an der Staubstraße nach Süden (wer ein ortsnahes wählt, kann zu Fuß mehrere Restaurants erreichen). **TIPP:** abends können an Strandabschnitten *chaquistes* zustechen, winzige, fast unsichtbare Miniblutsauger, und auch *tabanos,* Bremsen, können plagen. Rechtzeitig ein Mittel auftragen.

Adressen & Service Mahahual

Infos

Geldautomat vorhanden. Internet (meist WiFi) bei *Oxtankah* am Malecón (südl. vom Hotel Mahahual), beim Restaurant *Tirovino* (KM 2,0), in den Hotels und in Nuevo Mahahual. Dort auch eine Lavandería. Nördlich vom Hotel Mahahual ist eine Autovermietung, *El Tucan.*

Internet: www.xcalak.info • www.grandcostamaya.com • u.a.

Unterkünfte

Das Meer ist selten mehr als 40 m von einer Unterkunft entfernt. Wo der Strand zu einem Hotel oder Strandrestaurant gehört, wird er meist vom Seegras befreit, anderswo „ziert" ihn vielfach Unrat bzw. Plastikmüll. Die meisten Unterkünfte gibt es südlich des Ortes, wenige nördlich (Camping ist möglich gleich südlich vom Leuchtturm, an der *Playa Tequila,* dort auch *baños publicos*). Hotel-Webseiten: wwww.mahahualhotel.com • www.mahahual.mx

Eine von mehreren Unterkünften im Ort ist die **Hospedaje El Profe,** Huachinango zw. Calle Sierra u. Cherna, Tel. 8326930; 9 Zimmer, DZ ca. 550 Ps.

An der Xcalak-Straße: Bei KM 2,0 liegen die einfachen **Cabañas del Doctor,** www.lascabanasdeldoctor.com, Tel. 8322102; auch Zimmer im Gebäude und Camping. DZ 655 Ps. – Nahebei: **Hotel Restaurante Luna de Plata,** www.lunadeplata.info. Ansprechende Zimmer, schöne Bäder und Terrassen. Gutes, aber nicht billiges Restaurant. Bar über der Straße am Strand. DZ 650–900 Ps. – 500 m weiter von den Cabañas del Doctor: **Hotel Los Arrecifes,** www.hotelarrecifes-mahahual.com; Restaurant, Strandbar, WiFi. DZ 1000 Ps.

KM 5,2: **Hotel Maya Luna,** Tel. 8360905, www.hotelmayaluna.com. Kleinere ökologische Anlage, 4 zweigeschossige Beach-Bungalows mit Dachterrasse, gutem mex.-europ.-Restaurant, Gastgeber sind das niederländ. Paar Jan & Caroline. Verleih von Schnorchelausrüstung und Kajaks. DZ/F 950–1500 Ps.

Südlich vom Hotelresort **Balamku** am KM 5,7 (www.balamku.com), einer großen Anlage mit Rundhäusern, liegt beim KM 6 eine weitere kleine NL-Enklave, nämlich das **Hotel Travel In** (Rundbogenfenster) von Justa & Adam; 3 DZ, Ü ca. 250 PS, Gemeinschaftsbad, gutes Restaurant.

KM 7: **Margarita del Sol,** www.margaritadelsol.com. Größere Apartment-Anlage mit 8 Suiten, DZ 1260–1660 Ps. – Nahebei, direkt am Strand: **Cabañas Kohun Beach,** Besitzer sind die freundliche Amerikanerin Janet und der Mexikaner Guillermo (Strand dort weniger einladend).

Ab KM 8,0: **Kabah-na,** Tel. 7005917, www.kabahna.com. Schöne Anlage mit 7 Cabañas/Bungalows für 2–4 Personen, Strandabschnitt aber klein wegen privater Nachbarn. Beach-Bar, ital. Rest. *Fusion.* DZ 700–1200 Ps. – Das hochpreisige **Maya Palms Resort,** KM 10, wird oft von Tauchern aufgesucht.

KM 11,6: Mit seinem Strandhotel **El Castillo,** www.hotel-castillo.com, Cel. 983-1105918 (Reservierungen hotel.castillo@hotmail.com) hat der Österreicher Peter ein kleines Paradies geschaffen. Familiäre Atmosphäre, sehr gute Küche, 8 Zimmer mit Meerblick und Terrasse. Bar, Strandhängematten, nahe zum Korallenriff. DZ 600–800 Ps (Hinweis: Haus wird evtl. verkauft, prüfen!)

Essen & Trinken

Vom nördlichen Tequila-Strand beim Leuchtturm über den Malecón und entlang der Ausfallstraße nach Süden gibt es Restaurants, man hat die Qual der Wahl, auch unter italienischen. Ein Fischrestaurant ist z.B. *Nohoch Kay* in der Querstraße Cazón am Ortsausgang. – In *Nuevo Mahahual,* Av. Paseo del Puerto, erste Ecke rechts, ist man im *Café Aro* Gast bei Stephan & Iris: gutes Frühstück, leckere Gerichte und Sandwiches, WiFi. Für das gute Restaurant des Hotels *Mayan Beach Garden* muss man ca. 20 km nach Norden fahren.

Tauchen

Das Korallenriff liegt ca. 300 m vom Ufer. Es ist reizvoll, aber nicht spektakulär. Ausrüstungen können geliehen werden. Ausflüge zum Chinchorro-Riff sind teuer, Fahrzeit ca. 2 h. *Dreamtime Dive Center,* KM 2,5, Tel. 1240235, www.dreamtimediving.com; Tauchgänge und Ausflüge zum Chinchorro-Riff. – *Blue Ha Dive Center,* KM 2,6.

An- und Weiterreise

Busse Chetumal – Mahahual (via Limones, 210 km, 2 h): 2.-Klasse-Busse fahren um 4, 6 u. 15.15 Uhr. Die Busse fahren weiter bis **Xcalak** (s.u.). Ab und zu fährt dorthin auch ein Colectivo, ansonsten muss man ein Taxi nehmen.

Mahahual – Chetumal (über Laguna Bacalar) um 6.30 Uhr. Nach Cancún (5 h, über Limones, Felipe Carillo Puerto, Tulúm, Playa del Carmen) um 9 Uhr. Andere Busse kommen von Xcalak. Außerdem noch Busse von Felipe Carrillo Puerto (130 km, 2 h, 1. Klasse).

Ganz im Süden: Xcalak

Von Mahahual sind es 60 Kilometer zum weltverlorenen Fischerdorf **Xcalak,** kurz vor der Grenze nach Belize. Fast ein Ort zum Verstecken. Etwa 22 km hinter Mahahual gibt es Stellplätze für Wohnmobile direkt am Meer. Auf den letzten 12 km vor Xcalak gibt es bis in den Ort hinein mehr als 20 Cabaña-Resorts und kleine Hotels. Websites von Xcalak mit dortigen Unterkünften: www.xcalak.info • www.bill-in-tulsa.com • www.grandcostamaya.com

Laguna Azul / Laguna Bacalar

Wenige Kilometer südlich von Cafetal erreichen Selbstfahrer das Straßendorf *Pedro Antonio de los Santos.* Etwa 200 m hinter dem südlichen Dorfende, gegenüber eines hohen Funkmastes und durch eine Hinweistafel markiert, führt nach links ein Weg zur **Laguna Azul** (3,2 km).

Beste Unterkunft am See: *Cabañas Laguna Azul,* von Cristina & Carlos bzw. Karlheinz aus D. 3 saubere, voll ausgestatteten Cabañas (500 Ps), Hängematten-Palapas, 10 WoMo-Stellplätze (75 Ps/Pers. N18.92504 W88.16600). Rest., Bar u. Kanus für den See. Alles wunderschön, www.hotellagunaazul.com.

Bei der Weiterfahrt nach Süden ist ab und zu die schmale, doch über 50 km lange **Laguna Bacalar** zu sehen. Weil sie in diversen Farbtönen schillert, auch *Laguna Siete Colores* genannt.

Übernachten unterwegs: nicht im teuren *Rancho Encantado* (www.encantado.com), besser im Hotel *Puerta del Cielo,* ca. 1 km weiter bei KM 40 (wer aus Bacalar kommt: ca. 1,5 km nach der Einmündung der Ausfahrtsstraße Av. Costera in die Mex 307), Tel. 01-983-8370413. Für die **Stadt Bacalar** von der Mex 307 die 1. Ausfahrt nach links nehmen. Wer von Süden kommt, biegt bereits beim Schild „Cenote Azul/Av. Costera" rechts ab, diese Straße führt hinter dem Cenote Azul am westlichen Seeufer entlang zum Zócalo. An der Costera liegen die meisten Unterkünfte, s.u.

Bacalar

Ew. 10.000

✆ 01-983

Bacalar, ein kleines, eher reizloses Städtchen, wurde 1543 als spanischer Stützpunkt gegründet, abgeleitet von *Bak'halal* („umgeben von Ried"), wie die Maya-Siedlung zuvor hieß.

Bekannt ist Bacalar durch seine *Laguna,* in deren klarem Wasser man schwimmen, Kajak fahren oder an den angrenzenden Unterkünften angenehm relaxen kann. Der See ist durch Wasserwege („Canal de los piratas") mit der *Bahía de Chetumal* und somit mit dem offenen Meer verbunden, was einst der Entwicklung Bacalars zu einem Verschiffungshafen des damals in der Alten Welt sehr begehrten Blaufärbeholzes *palo de tinta* Auftrieb verlieh.

Unterhalb des erhöht liegenden Zócalo verläuft entlang des Sees die **Avenida Costera.** An ihr reihen sich viele Unterkünfte und dort ist auch das populäre **Balneario** zu finden, ein öffentlicher Badeplatz mit Restaurant (es gibt noch einen Balneario an der nördlichen Costera).

■ *Blick vom Fuerte de San Felipe auf die Laguna Bacalar*

Sehr sehenswert ist das gleich beim Zócalo am See liegende **Fuerte de San Felipe** mit vierzackigem Grundriss, Festungsgraben und historischen Kanonen. Das Fort wurde 1733 von den Spaniern gegen Überfälle von Piraten erbaut, die wiederholt Bacalar und seine Bewohner überfielen. 1858 wurde die Festung von den *Cruzob-Maya* – Stichwort „Kastenkrieg", s.S. 196 – eingenommen. Das kleine **Museum** dokumentiert auf einem eindrucksvollen, überbreiten Mural die Ereignisse dieses langandauernden yucatekischen Krieges. Außerdem wird die aufregende Geschichte der Region und der Ostküste Yucatáns, die Handelsrouten seefahrender Maya und das Leben der berüchtigsten Piraten dokumentiert. Zu den Exponaten zählen frühe Navigationsinstrumente, Schiffsmodelle und Musketen. Ein Schaubild zeigt *Gonzalo Guerrero,* jenen spanischen Schiffbrüchigen, der 1511 die Maya-Häuptlingstochter *Zazil Há* zur Frau nahm, mit ihr drei Kinder hatte und damit die ersten mexikanischen *mestizos* zeugte.

Eintritt Fort und Museum 60 Ps, Di–So 9–19 Uhr (Fr/Sa bis 20 Uhr). Vom Fort hat man eine hübsche Aussicht über den See, direkt gegenüber blickt man auf die Bootsstege der Marine.

Infos

Información Turística: Zócalo-Westseite (= 5. Avenida), mit Banorte-Geldautomat. – **Internet:** www.bacalarmosaico.com (mit Unterkünften). – **Internet-Café:** Von der Nordwestecke des Zócalo die Avenida 5 nördlich gehen, kurz danach auf der linken Seite. – **Polizei:** Südseite Zócalo.

An der Zócalo-Nordseite (Calle 22) gibt es wenige, einfache **Restaurants,** wie das *Laguna de Bacalar.* – Gut ist auch die *Pizzeria Bertilla* in der 5. Av., wenige Meter von der Zócalo-Südwestecke entfernt. – *El Mulato de Bacalar,* im Club de Vela an der Costera nahe Zócalo-Südostecke. Der „Boquinete" ist ein Fisch aus dem See, man bekommt ihn im Restaurant *Pez de Oro,* ca. 200 m nördlich vom Fuerte. – *Gaia,* von der Südostecke des Zócalo auf der 3. Av. einen halben Block: vegetarisch, Frühstück, Säfte u.a. Mit *Gaia Showcase* (Veranstaltungen) und *Gaia Spa.*

Bootstouren: Wer eine mehrstündige und lohnende Bootstour über den See machen möchte, sollte Tel. 983-1044930 und 983-7007071 anrufen, Bootspreis 1200 Ps (auch für mehrere Personen). Der *Club de Vela* (Wassersport-Club) bietet ebenfalls Boot-Trips an, s.o. bei Restaurants.

Busse: Die Busstation liegt an der Mex 307/Calle 30. Südwärts fahrende Busse 2.-Klasse Busse fahren auf der 7. Avenida ins Zentrum, nordwärts fahrende auf der 5. Avenida (die 5. Av. schneidet den Zócalo auf seiner Westseite). **Colectivos** fahren in kurzen Abständen nach und von Chetumal (40 km).

Unterkunft

Hier eine Auswahl entlang der Avenida Costera nach Süden, fast alle liegen direkt am See. Die genannten Entfernungsangaben („v.Z.") gelten ab der Zócalo-Südostecke.

Casita Carolina, 200 m v.Z., Tel. 8342334, www.casitacarolina.com. Gemütlich, häufig ausgebucht, da vom Zócalo leicht zu Fuß erreichbar. Drei nett eingerichtete Casitas auf großer Seewiese mit Hängematten-Palapas, Bootssteg und Kajaks. Gastgeberin ist Kanadierin Carolyn. DZ 400–800 Peso.

Hotelito El Paraíso, 300 m v.Z. (Calle 14, beim **Balneario** zum See runter), Tel. 8342787, www.hotelitoelparaiso.com. Sehr gut geführte Unterkunft mit aufmerksamem Personal. In einem langgezogenen, zweistöckigen Gebäude gibt es 14 große, saubere Zimmer (alle mit Kühlschrank) und im romantischen Garten ist eine Palapa mit Sitzgelegenheiten, morgens gibt es dort Kaffee. Ein Steg führt zum See mit Kajaks. Parkplatz, Internet. DZ 750 Peso.

Hotelito La Ceiba, 800 m v.Z., nicht am See, rechts die Straße hoch (Av. 3 No. 456), Tel. 8342565, www.hotelitolaceiba.com. Freundliches, familiengeführtes Haus (Ramón Caamal besitzt ein Grundstück am Seeufer), schöne Zimmer auf zwei Etagen mit Seeblick, teils mit Kitchenette, Internet. DZ ab 700 Ps.

Amigos B&B, 1,6 km v.Z., Tel. 8723868, www.bacalar.net. 6 Zimmer mit diversen Bettbreiten, Gemeinschaftsraum, Küche, Veranda, Steg. Frühstück optional. DZ 700–800 Ps.

Los Aluxes, 2,2 km v. Z., Tel. 8342817, www.bacalarlagunazul.com. Nicht allzu große Anlage, nett, aber überteuert, großes Palapa-Restaurant. DZ ab 1200 Peso, die (unbedingt) verhandelt werden sollten! Derzeit geschlossen!

Casa Corazon, 2,5 km v.Z., nicht am See, www.casacorazonbacalar.com.mx. 12 große Zimmer in zweistöckigem Bau. DZ ab 1100 Ps.

Laguna Bacalar, 2,9 km v.Z., Tel. 8342206, www.hotellagunabacalar.com. Touri-Hotelanlage mit See-Panorama; gutes Restaurant, Pool, Kajaks u.a. 33 Zimmer und auch Apartments. DZ ab 1200 Ps.

Wohnmobil: ca. 600 m weiter kommt der einfache Platz *Los Coquitos.* Schön ist es auch beim *Balneario Rancho Alegre,* ebenfalls an der Costera.

Cenote Azul

Von Bacalar zum Cenote Azul brauchen Selbstfahrer nicht zur Mex 307 zurückfahren, man folgt in Bacalar der Costera für ein paar Kilometer nach Süden.

Der etwa 80 Meter tiefe Cenote liegt ca. 200 Meter östlich der Mex 307 (KM 34) und ist von dort aus ausgeschildert. Morgens, wenn die Nebelschwaden über den See wabern und von der aufsteigenden Sonne langsam aufgelöst werden, ist es dort wunderschön. Das Restaurant El Cenote Azul (www.cenoteazul.com) lädt zu guten Gerichten ein, Camper können beim einfachen *Cenote Azul Trailer Park* übernachten. Die Ringstraße um den Cenote führt nach Bacalar bzw. kommt von dort als Av. Costera.

Weiter auf der Mex 307 nach Süden: Hinter *Xulhá* geht es geradeaus nach **Chetumal,** nach rechts auf die **Mex 186** in Richtung **Escárcega** auf die **Ruta Río Bec** mit vielen Mayastätten (Beschreibung dieser Strecke und der Stätten nach Chetumal).

Chetumal

Ew. 200.000

✆ 01-983

Chetumal, die Hauptstadt des Bundesstaates Quintana Roo, liegt an der riesigen *Bahía Chetumal* und an der Mündung des *Río Hondo.* Eine ziemlich ruhige, langweilige Stadt – außer an Karneval, da geht es fast zu wie in Rio de Janeiro, Programm im Internet. Ganzjährig sehr **heiß und schwül,** Umsteigepunkt von und nach Belize/Guatemala (s. „TIPP“ S. 206). Ein paar Dinge sind sehenswert, vor allem das **Museo de la Cultura Maya** oder die karibischtypischen bunten **Holzhäuser,** von denen Chetumal nur noch einige besitzt (eines befindet sich gleich vor dem Museum). Nur ein paar Schritte südlich des Museums steht auf der Nord-Süd-Hauptstraße *Avenida de los Héroes* das Denkmal **Alegoria de Mestizaje,** das an die erste europäisch-mesoamerikanische Familie erinnert: Der spanische Schiffbrüchige *Gonzalo Guerrero,* der 1511 an der Küste gestrandet war (s.S. 127), nahm sich in Chetumal die Maya-Häuptlingstochter *Zazil Há* zur Frau und hatte mit ihr Nachwuchs. Rechts der bärtige Guerrero, in der Mitte das erste Mischlingskind Mexikos. Hier in Denkmal- bzw. in Museumsnähe ist auch die beste Gegend für eine Unterkunft.

Geschichte

In prähispanischer Zeit war *Chacetemal* („Platz, wo die roten Bäume wachsen“) für die Maya ein natürlicher geschützter Hafen und ein Platz, wo sie ihre seetüchtigen Handelsboote bauen konnten. Das heutige Chetumal geht auf eine strategische Ortsgründung von 1898 unter dem Namen *Payo Obispo* zurück, um den Waffennachschub für die aufständischen Cruzob-Maya („Krieg der Kasten“, s.S. 196) von Belize (damals Britisch Honduras) abzuschneiden. 1955 verwüstete einer der immer wieder auftretenden karibischen Wirbelstürme die Stadt, danach wurde sie mit breiten Straßen modern wieder aufgebaut.

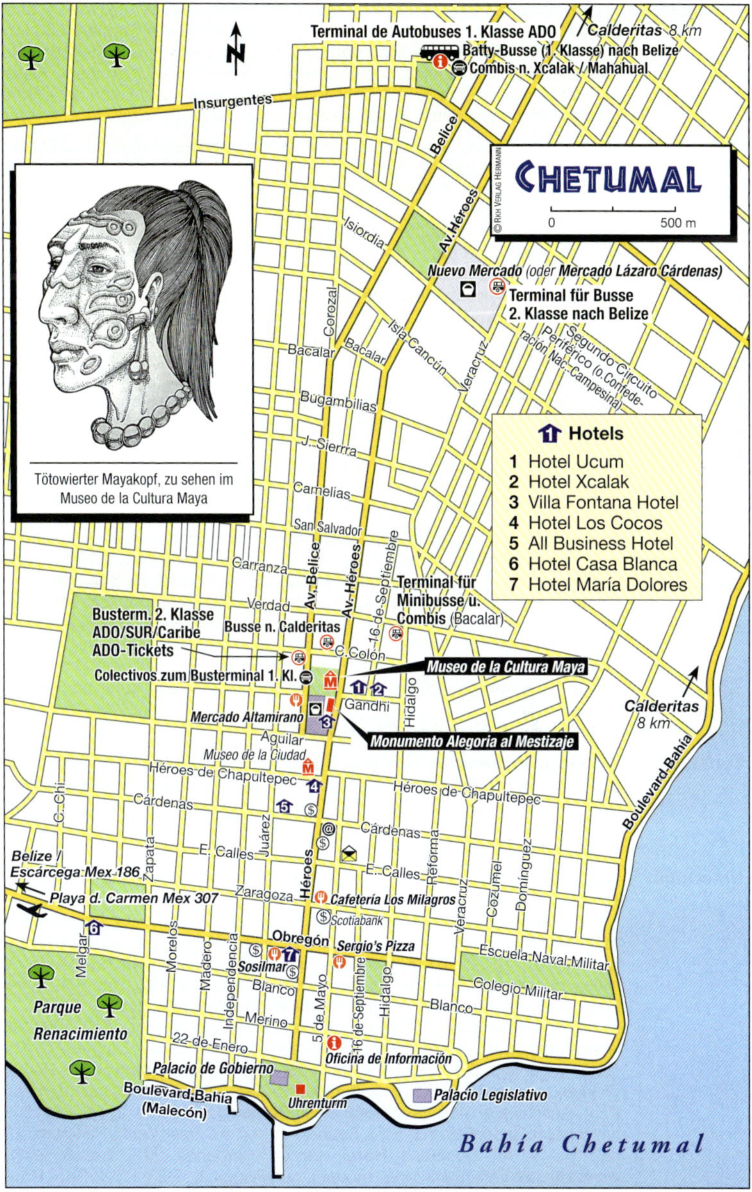

Karibikküste

Orientierung Hauptzugangsstraßen in die Stadt sind von Westen die Mex 186 (von Escárcega, 275 km) und von Norden die Mex 307 (von Playa del Carmen, 330 km). Einfahrt über die Avenida Obregón. Die meisten Geschäfte, Hotels und Restaurants liegen am südlichen Ende der Av. Héroes. Der Busterminal 1. Klasse liegt im Norden (s. Stadtplan). Entlang der Meeresbucht zieht sich der kilometerlange *Boulevard Bahía.* In den Straßen fahren reichlich Taxis.

TIPP: Museo de la Cultura Maya Der klotzige Bau an der Ecke der Straßen Héroes/Gandhi ist nicht zu übersehen. Di–Sa 9–19 Uhr, So 9–14 Uhr, Eintritt 51 Ps, Studenten ermäßigt, über www.secqr.gob.mx (Fotos). Taschenabgabe, Fotografieren ohne Blitz und Stativ erlaubt.

Dieses Museum vermittelt einprägsam und mit einigen interaktiven Displays die Geschichte und Kultur der gesamten Maya-Welt. Auf drei Ebenen, die das kosmologische Universum der Maya symbolisieren, werden etliche Modelle bedeutender Mayastädte präsentiert, z.T. unter Glasfußboden. Im Untergeschoss ist die Maya-Unterwelt *xibalba* mit der *ceiba sagrada,* dem heiligen Weltenbaum, darüber Erde und Himmel. Außerdem Replikate von Stelen (Yaxchilán, Copán, die „Königin von Uxmal"), Videos archäologischer Stätten, Maya-Gebrauchsgegenstände, Bilder und Schautafeln zu diversen Themen u.a. Sehr eindrucksvoll ist der (verkleinerte) **Nachbau des Raums 1 von Bonampak** mit seinen herrlich-bunten Wandmalereien (Beschreibung s.S. 374). Zudem kann man sich in die Maya-Arithmetik und in die Systeme der Maya-Kalender einführen lassen. Alle Erklärungen auch in Englisch.

Das kleine Museum zur Stadtgeschichte, **Museo de la Ciudad,** befindet sich an der Héroes de Chapultepec. Di–So 9–17 Uhr.

Umgebungsziele Chetumal **Calderitas:** steinige kleine Strände befinden sich 8 km nördlich von Chetumal in Calderitas, Anfahrt mit einem Bus von der Colón zw. Belice und Héroes oder mit Minibus vom Minibus-Terminal Hidalgo/Ecke Verdad. Es gibt dort einige Fischrestaurants; viel Betrieb am Wochenende, Campmöglichkeit, ansonsten nicht lohnenswert. Nach **Bacalar** an der *Laguna Bacalar* (ca. 35 km) auch vom Minibus-Terminal. Nach **Mahahual** und **Xcalak** (210 km, s. Mahahual) an der Costa Maya, s. dort. Zur Mayastätte **Kohunlich** (65 km westl.) mit einem Mietwagen; es werden in Chetumal aber auch (teure) Touristen-Touren angeboten.

Adressen & Service Chetumal

Turismo **Oficina de Información Turística,** 5 de Mayo 21/Ecke Carmen O. Merino, Tel. 8332465, Mo–Fr 8–16 Uhr. – Secretaría de Turismo, Calzada del Centenario 622, Col. Del Bosque, Tel. 01-**982**-835086. Info-Módulo gibt es auch im Busterminal (s. Stadtplan).

Websites Chetumal: über www.qroo.gob.mx • www.chetumalmosaico.com

Unterkunft Gleich gegenüber vom Busterminal: **Posada Costa Azul,** Calle Insurgentes, einfach. Ideal, wenn man auf der Durchreise ist. DZ 300 Ps.

ECO: Hotel María Dolores, Obregón 206, Tel. 8320508. Div. Mehrbettzimmer, nebenan gutes Restaurant *Sosilmar.* DZ 300–350 Ps. – **Hotel Ucum,** Gandhi 167, Tel. 8326186, www.hotelucumchetumal.com. Großgebäude mit vielen nüchternen *cuartos con AC y ventiladores,* Parkplatz im Hof, hinten Pool. Ein hinteres Zimmer wählen, keines zur lauten Straße. DZ/AC 380 Ps.

FAM: Hotel Xcalak, 16 de Septiembre/Ecke Gandhi, Tel. 1291708, www.hotelxcalak.com.mx. Zentral gelegen, 17 funktionale Zimmer/AC, Restaurant *Pantoja.* DZ 400 Ps (456 Ps in der HS). – **Villa Fontana Hotel,** Héroes 181 (gleich beim Museo de la Cultura Maya), Tel. 1292004. Neu, nüchtern, gut! DZ lt. Anschlag ab 450 Ps. – **Hotel Casa Blanca,** Obregón 312, Tel. 8321248, www.casablancachetumal.com. Saubere Zi. mit AC oder Vent., Parkplatz. DZ 650 Ps. – **All Business Hotel,** Lázaro Cárdenas 201, Tel. 8350460, www.abh.com.mx. Funktional, modern, gut, Parkplatz. DZ ca. 720 Ps. – **Hotel**

los Cocos, Héroes 134 (Ecke Chapultepec), www.hotelloscocos.com.mx, Tel. 8350439. Garten mit Pool, Open-air-Restaurant, bewachtes parken, 176 Zimmer, eines zum Garten hin nehmen. DZ ab 900 Ps.

Wohnmobil/Campen: *Trailer Park Yax-Há* in Calderitas; mit Palmen und Karibik-Blick, gepflegte Anlage. N18.56104 W88.24839.

Essen & Trinken
Günstige Loncherías findet man auf dem Mercado Altamirano, viele Restaurants gibt es an der Av. Héroes. **Restaurante Sosilmar** im Hotel María Dolores, Obregón 206. – **Cafetería Los Milagros,** Zaragoza zw. Héroes u. 5 de Mayo, viele Studenten. – **Sergio's Pizza,** Obregón 182/Ecke 5 de Mayo, auch guten Fisch.

Kommunikation
Post: Calle 2-A/Ecke 5 de Mayo, Mo–Fr 9–16 Uhr, Sa 9–13 Uhr; PLZ 77000. **Internet-Cafés:** s. Piktogramme im Stadtplan.

Bank / Geld
Bancomer u. eine Casa de Cambio an der Héroes, Banamex an der Obregón. Beim Busterminal s. „An und Weiterreise".

Konsulate
Belize: Retorno Carranza 562. Col. Flamboyantes (weit außerhalb), Mobil-Tel. 044-982-8387728; EU-Bürger und Schweizer brauchen für Belize kein Visum. Mo–Fr 9–14 u. 15–18 Uhr, Sa 9–14 Uhr. Guatemala: Av. San Salvador Norte 501, Tel. 8323045; EU- u. CH-Bürger brauchen kein Visum; Mo–Fr 9–14 Uhr. Mexikanische **Migración:** Av. Centenario 582, Tel. 8320221, Mo–Fr 9–18 Uhr.

Fluglinien / Reisebüros
Der Flughafen von Chetumal liegt westlich an der Obregón. Keine Direktflüge nach Tikal, nur über Cancún oder von Corozal in Belize. – **ADO-Bustickets:** Ecke Belice/C. Colón.

Unterhaltung
Zwei Musikschuppen am südl. Ende der Juárez zw. Blanco u. Merino: *El Palamar* und *Scorpion's.*

An- und Weiterreise / Geld
Es gibt etliche Terminals in der Stadt, deshalb immer vorher auf den richtigen Abfahrtsort, die Busgesellschaft und Abfahrtszeit achten!

Das Hauptterminal, die **Central Camionera,** liegt ca. 3,5 km nördlich des Zentrums. Abfahrten 1. Klasse mit **ADO,** Omnitur del Caribe, Maya de Oro, Mayab, Super Expreso und OCC. Restaurant, Läden, Info-Stelle und Geldautomat (gleich neben dem Terminal – östlich – befindet sich der Supermercado *San Francisco,* dort gibt es ebenfalls einen ATM für VISA, Maestro, MasterCard und auch einen Santander-Bankschalter für Traveller-Schecks). Auch noch an der Grenze ist der Wechsel von Peso und US-Dollar in Belize-Dollar möglich (1 US$ = 2 BZ$, **fixiert!**). Combis nach **Mahahual/Xcalak** fahren gleichfalls vom ADO-Terminal ab, aus dem Terminal nach draußen gehen und dann links.

Vom Terminal ins Zentrum mit einem Taxi, sie stehen nach dem Ausgang gleich links. *Zur* Central Camionera aus dem Zentrum mit einem Colectivo gleich westlich vom Museo de la Cultura Maya (s. Stadtplan).

Der **Terminal 2. Klasse** befindet sich im Zentrum nordwestlich vom Museo de la Cultura Maya, Ecke Belice/C. Colón, Linien ADO, SUR, Caribe, TRT u.a.

Lokalbusse fahren vom **Nuevo Mercado,** auch Mercado Lázaro Cárdenas genannt, ab. Von dort auch 2.-Klasse-Busse nach Belize.

Der **Terminal für Minibusse/Combis** ist an der Verdad/Ecke Hidalgo; nach Bacalar u.a. Nahziele.

Zielorte in Mexiko
Hinweis: Kommt man von Flores/Guatemala mit *San Juan Tour & Travel* an, wird einem angeboten, mit dem San-Juan-Kleinbus weiter nach **Tulúm** zu fahren – dieser wird dann kräftig vollgestopft. Ein Normalbus kostet nicht mehr und ist bequemer.

Es gibt sehr viele Busverbindungen. **Nach Bacalar** (ca. 45 Min.) mit Mayab vom Hauptterminal; oder über Laguna Milagros/Cenote Azul vom Minibus-Terminal, Hidalgo/Ecke Verdad. Oder vom 2.-Klasse-Busterminal. – **Campeche:** (7–9 h) 3x tägl., ADO oder TRT. – **Cancún** (380 km, 5,5 h) mit ADO um 8.30,

10.30, 12.30, 13.30, 14.30, 15.30, 16.30, 18.30, 19.30, 20 u. 23.30 Uhr. – **Escárcega** (270 km, 4–6 h) 5x tägl. – **Felipe Carillo Puerto** (160 km, 2–3 h) ständig. – **Mahahual** (via Limones, 210 km, 2 h): 2.-Klasse-Busse um 4, 6 u. 15.15 Uhr. Die Busse fahren weiter bis **Xcalak,** man kann also direkt an den Cabañas an der Küste aussteigen. – **Mérida** (460 km, 8 h) tägl. ca. 10 Busse, Omnitur del Caribe und Mayab. – **Palenque** (ca. 8 h) 4x tägl. mit ADO oder OCC (einige fahren weiter nach San Cristóbal de las Casas). – **Playa del Carmen** (310 km, 4 h) um 8.30, 10.30, 13.30, 14, 15, 16.30, 18, 19.30, 23.30 Uhr. – **Tulúm** (250 km, ca. 3,5 h), ständige Abfahrten, oder mit einem Playa del Carmen/Cancún-Bus. – **Valladolid** (6 h) 4x tägl. mit Mayab. – **Xpujil** (2–3 h) 9x tägl. – Nach **Uxmal** zunächst nach **Ticul.**

Nach Belize

Nach **Belize City** (160 km, 3–4 h) über Corozal und Orange Walk vorzugsweise mit einem 1.-Klasse-Bus (z.B. mit National Transport Services), Abfahrt vom Hauptterminal ab 7 Uhr etwa alle 45 Minuten bis 18.30 Uhr.

TIPP: Von **Chetumal direkt auf die Karibik-Cayes:** Es besteht die Möglichkeit, von Chetumal ohne den Umweg über Belize City direkt auf die Belize-Inselchen **Caye Ambergris** und **Caye Caulker** (beide s.S. 387) zu gelangen, und zwar in 1,5 Std. mit einem Schnellboot von *Water Jets International*. Anlegeort ist San Pedro auf Caye Ambergris, wo die Einreiseformalitäten erledigt werden. Das Boot fährt weiter zum südl. von Ambergris gelegenen Caye Caulker und nach Belize City. Fahrpläne und alle Details auf www.sanpedrowatertaxi.com. Anleger und Tickets in Chetumal an der *Muelle Fiscal,* Abfahrt 15 Uhr, Preis 30–40 US$, an Wochenenden u. Feiertagen mehr. Das ist gleichfalls eine **Ausflugsidee** nach Belize und zurück.

Nach Guatemala

Über Belize City nach Flores. Für **Tikal** nur bis **El Remate** und dort übernachten (s.S. 382). Nach **Flores** mit der *Línea Dorada* (www.lineadorada.info, insgesamt 8,5–9 Stunden, Abfahrt 7 Uhr vom Hauptterminal) oder mit dem privaten Veranstalter *San Juan Tour & Travel* um 7 Uhr.

Grenze / Orange Walk

Der Grenzübergang liegt 20 km außerhalb von Chetumal. Man muss aus dem Bus aussteigen, sein Gepäck nehmen und über die Grenze tragen. Nach der Migración steigt man wieder in den gleichen Bus ein. Hoteltipp für **Orange Walk,** dem ersten größeren Ort ca. 55 km südlich der Grenze: *Hotel de la Fuente,* 14 Main Street, www.hoteldelafuente.com. Orange Walk ist ein guter Ausgangspunkt für lohnende Touren zur großen Mayastätte **Lamanai.** Ständige Busabfahrten nach Belize City.

Grenzgebühren

Mexiko s.S. 28. Unbedingt mexikanischen Ausreisestempel holen, sonst Strafgebühr bei Wiedereinreise! Die Einreisegebühr bzw. die DNI-Steuer kann nicht direkt an der Grenze bezahlt werden, Sie bekommen einen Beleg, mit dem Sie in Chetumal oder anderswo zu einer Bank gehen und dort einzahlen müssen (auch per Kreditkarte möglich).

Belize, Ausreise (auch bei nur schnellem Transit): 30 BZ$ „Border processing fee" oder 15 US$ (mit US-Dollar zu bezahlen ist möglich. Passend bereithalten, sonst bekommt man als Rückgeld Belize-Dollar). Wer länger als 24 Stunden im Land war, muss zusätzlich 7,50 BZ$ „PACT fee" *(Protected Areas Conservation Trust)* zahlen. Alle Gebühren auf www.bmabz.com/travel.html, Kinder unter 12 Jahren sind befreit. Ausreise übers Meer zurück nach Chetumal/Mexiko ist günstiger. Selbstfahrer s.S. 59.

Guatemala, Ein- und Ausreise: kostenlos. Doch es wird versucht, bei der Einreise Gringos bis zu 50 Quetzal (5 US$/50 mexikanische Peso) pro Person abzuknöpfen.

La Ruta Río Bec

Von Chetumal auf der Mex 186 nach Westen

Mex 186 Chetumal – Escárcega (ca. 275 km, ohne Abstecher zu den arch. Zonen)

Die südlichsten Gebiete der Bundesstaaten Campeche und Quintana Roo nennt man **Río-Bec.** Eine Region mit einer extrem hohen Konzentration an Mayastätten – über 45 an der Zahl. Die größte ist **Calakmul.** Für die Besichtigung dieser „Mundo-Maya"-Stätten ist ein Mietwagen nötig. (Es geht zwar auch sehr umständlich mit den selten fahrenden Bussen und teuren Taxifahrten dazwischen, doch da muss man schon ein arger Maya-Fan sein … auch die lange Autoanfahrt von Uxmal runter nach Xpujil über Hopelchén ist nicht unbedingt empfehlenswert). Wer in Chetumal ist, kann eine Stippvisite zum schönen **Kohunlich** machen.

Río-Bec-„Nabelschnur" ist die wenig befahrene **Mex 186,** die sich fast schnurgerade von Ost nach West durch den Busch zieht. Die Ausschilderung ist gut, *Xpuhil, Becán* und *Chicanná* liegen z.B. gleich direkt neben der Straße, die kleinen Straßenorte, die Unterkünfte (s. „Hoteltipps") und die Tankstellen jedoch weit auseinander. Tanken Sie in Ucum nochmals voll, die nächsten Tankstellen liegen am Ortseingang von **Xpujil,** dem einzig größeren Ort zwischen Chetumal und Escárcega.

Die meisten Stätten öffnen um 8 Uhr und schließen um 17 Uhr. Einige bieten Führerdienste an.

Río-Bec-Architekturstil / Reservas de la Biósfera

Die Bauten sind überwiegend im **Río Bec-Stil** erbaut, der sich in dieser Region um 900 n.Chr. durchgesetzt hatte (Blütezeit der Mayastätten 600 bis 1200 n.Chr.). Charakteristisch für ihn sind – er ist übrigens dem *Petén-Stil* des nördlichen Guatemala äquivalent – kompakt-schlanke, kantengerundete und nicht besteigbare (weil zu steile) Türme ohne Innenräume, meist in Zwillingsausführung **(s. Foto).** Oft werden die Türme auch „Schein-" oder „falsche" Pyramiden genannt. Architektonische Zierelemente an Bauten und Strukturen sind vielfach Darstellungen des mayanischen Schöpfergottes *Itzamná,* entweder als vollplastische Stuckporträts oder in Form zusammengesetzter steinerner Mosaikmasken an Fassadeneingängen. Ein weiteres Río-Bec-Erlebnis ist die magische Urwald-Atmosphäre mit zahllosen Pflanzenarten, mit blühenden Blumen, Bromelien und Bäumen wie *chico zapote, jabin, ceiba* oder *ramón* (Brotfruchtbaum) und die sehr artenreiche Fauna mit bunter Vogelwelt, taumelnd-großen Schmetterlingen, Brüllaffen, bunten Papageien, Tukanen … und mit viel Glück kann man außerdem noch einen Jaguar sehen. Alles Land um die archäologischen Stätten steht unter Naturschutz *(Reserva de la Biósfera).*

Dzibanché / Kinichná

Ca. 39 km vom Straßendreieck Mex 307/Mex 186 führt von der Mex 186 nach Norden eine Stichstraße nach **Dzibanché** (22 km, über Morocoy). Zeitbedarf für Hin-/Rückfahrt und Besichtigung ca. 2 h. Sehr sehenswert! Eintrittsgebühr gilt für beide Stätten.

Dzibanché wurde im Jahr 1927 entdeckt und war höchstwahrscheinlich ein Vasallenstaat Calakmuls. Zu Zeiten der höchsten Besiedlungszahl lebten hier etwa 40.000 Menschen. Beeindruckend sind die vier Pyramiden um die Hauptplaza. Von der höchsten (Templo I) hat man eine weite Sicht über das Blätterdach der Selva. Die Ausgrabungen förderten glyphen- und reliefgeschmückte Aufgangstreppen und im Templo I ein reich ausgestattetes Königsgrab zutage.

Im Templo VI entdeckte man glyphengeschmückte, hölzerne Türsturze. Nach diesen *dinteles* bekam Dzibanché seinen Namen: „geschrieben in Holz“.

Kinichná („Haus der Sonne“) liegt 2 km nördlich von Dzibanché. Dort ist die enorm große Acrópolis-Pyramide interessant.

Kohunlich

Bald danach, 61 km östlich von Chetumal, führt im Straßendorf Dzibanché von der Mex 186 eine 9-km-Strecke nach **Kohunlich** (noch davor befindet sich links die Cabaña-Unterkunft „Hotel María & José“, DZ ca. 430 Ps, Tel. 983-8397970. Die Betreiberin organisiert auch ein Privat-„Taxi“ nach Kohunlich).

Die enge Zufahrtstraße hat etliche Schlaglöcher, geparkt wird dann vor der Schranke. Besichtigungszeit etwa 1–1,5 Stunden (ab 16.30 Uhr wird man nicht mehr eingelassen). An der Kasse – Eintrittspreis 55 Ps – ist ein INAH-*miniguía* erhältlich. Am Eingang befindet sich eine Lagekarte und vor den Bauten sind Erläuterungstafeln angebracht.

■ *Eine der Stuckmasken am Templo de los Mascarones*

Kohunlich (sprich: Ko-unn-litsch; der Name leitet sich ab vom englischen *cohoon ridge, cohoon* ist eine Palmenart) gehört definitiv zu meinen Río-Bec-Lieblingsstätten, weil viele der Strukturen idyllisch im Dschungel an Waldwegen zwischen anmutigen Corozo-Palmen und weißlichen Jabin-Bäumen liegen. Die Nüsse der Corozo-Palme liefern ein wertvolles Öl und das harte Jabin-Holz verwendeten die Maya als Türsturze. Bekanntgemacht haben Kohunlich jedoch vor allem seine sechs großartigen, über 2 m hohen frühklassischen **Stuckmasken** am Treppenaufgang des *Templo de los Mascarones,* die den großäugigen, dicklippigen und die Zunge heraushängenden mayanischen Sonnengott **Kinich Ahau** darstellen. Ihre ehemals sattrote Bemalung ist noch gut ersichtlich.

Die Río-Bec-Bauten Kohunlichs wurden zwischen 800 und 1050 n.Chr. errichtet, Gebäude der ersten Bauphase stammen aus der Zeit zwischen 450 und 600 n.Chr. Aufgegeben wurde es im 12./13. Jh. und wiederentdeckt 1912. Das überbaute Areal umfasst ca. 2 qkm. Ungeachtet der Verbindungen mit anderen Río-Bec-Stadtstaaten (und mit Tikal) entwickelte Kohunlich eigenständige Architekturmerkmale. Nahezu alle Bauten muss man sich überwiegend rot angemalt und stuckverziert vorstellen. Außergewöhnlich ist auch das ehemalige komplexe Drainage-System zum Sammeln von Regenwasser in *aguadas.*

Vom Eingang gelangen Sie zur **Plaza de las Estelas** mit dem *Palacio de las Estelas,* links überragt von der **Acrópolis.** Der Bau gleich rechts heißt **El Rey.** Geradeaus geht es direkt zu den Stuckmasken, rechts an El Rey vorbei durch den Wald zu diversen Bauten (zum enorm großen Wohn- und Verwaltungskomplex *Los 27 Escalones,* Ballspielplatz u.a.). Am Ende des Waldwegs gelangt man ebenfalls zum Tempel der Masken, er ist unterwegs ausgeschildert. Achten Sie hinter El Rey rechts in den Mauerspalten auf die kleinen Steinchen bzw. auf die Wellenlinien – darunter ist die Mauer noch original, oberhalb wurde sie rekonstruiert. Bei der Rückfahrt zur Mex 186 können Sie beim hügelwärts gelegenen und superteuren Hotel *The Explorean Kohunlich* eine Kaffeepause einlegen.

Weiterfahrt nach Xpujil

Weiterfahrend passiert man die Grenze zwischen Quintana Roo und Campeche mit einer Militärkontrolle. Noch vor der Stadt Xpujil zweigt eine Straße nach Süden in die Selva ab zur Agglomeration 14 spätklassischer Río-Bec-Stätten (Bez. A–N, meist nur ein Gebäudekomplex). Nach ihnen bekamen der Architekturstil und die Region ihre Namen. Nur die ersten 6 km der rauhen Strecke sind asphaltiert.

Ort Xpujil und Umgebung

Kurz vor **Xpujil** kommen auf beiden Seiten der Straße Tankstellen. Von dem langgezogenen Straßenort kann man in westlicher Richtung und in kurzen Distanzen die drei Stätten *Xpuhil, Becán* und *Chicanná* besuchen.

Am Ortseingang von **Xpujil** ist rechter Hand die ADO-Haltestation (wer hier aussteigt, muss ein Taxi zu den drei nachfolgend genannten Stätten nehmen). Etwa in Ortsmitte führt nach Norden eine gut befahrbare Straße (Asphalt mit Schlaglöchern) über Zoh-Laguna, Bel-Há, Xcan-Há, Xmaben, Ucum nach Dzibalchén und weiter nach Hopelchén bis **Uxmal (Chenes-Route, s.S. 321).** Unterwegs gibt es in dem kaum besiedelten Gebiet keine Tankstelle und auch praktisch keine Unterkünfte mehr bis Hopelchén (außer anfänglich in **Zoh-Laguna,** 10 km von Xpujil: *Cabañas El Viajero* oder die günstigen *Cabañas Mercedes,* 6 Cabañas mit Duschen und Ventilatoren, es kocht Señora Mercedes, DZ ca. 300 Ps. Beide Unterkünfte Tel. 8716054).

Von Xpujil kann man in südwestlicher Richtung nach **Hormiguero** fahren (23 km), über das Dorf Carrizal (man findet in Xpujil das Richtungsschild für Hormiguero nur in der Ortsmitte in Fahrtrichtung Chetumal). Nach 12 km guter Straße der Beschilderung nach rechts folgen, dann noch 8 km auf einer *sehr* ruppigen Stichstraße, hochbeiniger Wagen nötig). Schön und sehenswert ist dort das zoomorphe Fassadendekor des (baufälligen) Edificio II in Form eines aufgerissenen Monsterrachens, ähnlich wie in Chicanná, Chenes-Stil. Eintritt.

Hinweis **Übernachtung:** besser in Xpujil oder in Zoh-Laguna als bei einer der nachfolgenden Unterkünfte entlang der Mex 186, da diese alle wesentlich teurer sind. In Richtung Westen kommen da einige Möglichkeiten: **Hotel y Restaurante Calakmul,** linker Hand, ca. 30 funktionale Zimmer, Pool, Tel. 01-983-8716029, www.hotelcalakmul.com. DZ ab 590 Ps, Essen mäßig. – Gleichfalls links, auf der Anhöhe, das unscheinbare **Hotel Mirador Maya,** das Cabañas und zwei ans Restaurant angebaute Doppelzimmer bietet. DZ ab 550 Ps, Tel. 01-983-8716005, www.hotelmiradormaya.com. – 12 km außerhalb, km 142, liegt **Río Bec Dreams,** www.riobecdreams.com, kanad./brit. Paar Rick & Diane. Kleine, einfache *Jungalows* im Buschwald und etwas bessere Cabañas mit Privatbad, ca. 900 Ps. Es gibt ein Palapa-Restaurant.

Archäologische Stätte Xpuhil

Noch in Xpujil ist rechts der Mex 186 die Zufahrt zur archäologischen Stätte **Xpuhil** (aus dem „j" in Xpujil wird nun ein „h"). Eintritt 37 Ps, 8–16.30 Uhr.

■ *Die drei kantengerundeten Türme von Xpuhil*

Karibikküste

Xpuhil – „Katzenschwanz", nach einer hier wachsenden Pflanzenart – bestand aus 17 Baugruppen. Unübersehbares Merkmal der rätselhaft-monumentalen Estructura 1, die man nach einem kurzen Waldweg erreicht, sind drei mächtige, kantengerundete Türme (bei anderen Río-Bec-Stätten sind es immer nur zwei). Sie stehen auf einer meterhohen Plattform und sind ein Höhepunkt mayanischer Architekturkunst. Leider nur noch ein erodierter Abglanz früherer Schönheit – der ganze Komplex war mit rotfarbenem Stuck überzogen, wie das ursprüngliche Aussehen links am Boden bei der Erläuterungstafel zeigt. Die Pfeiler der Vorhalle trugen ein Flachdach, aus dem der mittlere, rückspringende Turm emporragte. Alle drei Türme krönten Hochtempel, Frontfassaden waren mit sog. „Scheintreppen" und mit Masken des Regengottes Chaak geschmückt. Eine kann man auf der Rückseite des höchsten Turms ganz oben noch gut erkennen.

Becán

Becán liegt 6,5 km westl. von Xpujil und 500 m nördlich der Mex 186 (hinter der 2. Fußgängerbrücke gleich rechts abbiegen). Eine der bedeutendsten Stätten der Río-Bec-Region und sehr sehenswert. Früheste Siedlungsspuren Becáns stammen aus dem 7. Jh. v.Chr. Der große Ausbau des Stadtkerns mit Pyramiden, Tempeln und Palästen geschah zwischen 600 und 730 n.Chr. Wiederentdeckt wurde Becán (maya, „Graben") 1934. Eintritt 37 Ps, 8–16.30 Uhr.

Das Besondere an Becán ist, dass die etwa 12 ha große, ovale Stadtanlage von einem 2 km langen Wall- bzw. Wassergraben umschlossen wird (ca. 5 m tief und 15 m breit), der, zusammen mit 7 kontrollierbaren Brückenzugängen und einer Brustwehr an der inneren Grabenwand, diese einst mächtige regionale Metropole für jeden Eindringling unüberwindbar machte.

An der Kasse kann man einen INAH-*miniguía* kaufen und damit die Anlage umfassend informiert durchstreifen. Noch bevor es über den Steg des Wassergrabens geht ist links eine 3D-Stadtmodell. In der Anlage zunächst links hochgehen, zur baumbestandenen *Plaza A* bzw. zur Plaza Este (interessant ist am Treppenaufgang die Würgefeige, *Ficus lapathifolium,* span. *matapalo,* die ihren *Wirtsbaum* einmal erdrosseln wird). Den flachen Rundaltar *(Altar Circular)* umgeben verschieden große Bauwerke. Die südliche, voluminöse **Estructura I** wird flankiert von Río-Bec-charakteristischen (hier nur stummeligen) Türmen. Steigen Sie am linken Turm nach unten. Die Südfassade strukturieren viele Eingänge und vier ehemalige Kraggewölbegänge. Am linken hinteren Eck führt eine Treppe wieder hoch zur Rundaltar-Plaza. Dort liegt linker Hand die *Estructura II,* ihr gegenüber die *Estructura III* und im Norden die palastartige *Estructura IV* mit zentraler Freitreppe. Alle Bauwerke werden durch Bodenplaketten erklärt.

■ *Becán, Rundaltar-Plaza mit Estructura IV*

Zur Plaza B bzw. zur Plaza Central müssen Sie wieder am Würgefeigenbaum nach unten gehen und dann links. An der Nordseite dieser Plaza steht das höchste Bauwerk Becáns, die über 30 m hohe *Estructura IX.* Weiter westlich liegen West-Plaza (Plaza C) mit dem Ballspielplatz und weitere Bauten, an denen Rekonstruktionsarbeiten im Gange sind.

Hotels

2 km westl. von Becán kommt eine Kreuzung, links geht es nach **Chicanná** (400 m), rechts zur Bungalow-Anlage **Chicanná Ecovillage Resort** (Tel. 01-981-8119192, www.chicannaecovillageresort.com. Die Anlage mit einem Pool bietet Doppelbett-Bungalows für ab 1350 Peso. Der Öko-Aspekt will sich jedoch nicht so recht erschließen. Das Restaurant dagegen ist in Ordnung und nicht überteuert. Wer weiter möchte, erreicht nach 45 km das – gleichfalls teure – *Hotel Puerta Calakmul,* es befindet sich gleich am Beginn der Stichstraße nach Calakmul (s.u., „Calakmul"). Am Parkplatz von Chicanná kann man mit einem Wohnmobil gut übernachten.

Chicanná

Chicanná liegt 8 km westl. von Xpujil und ca. 200 m südl. der Mex 186. Eintritt 42 Ps, 8–16.30 Uhr. Chicanná (maya *chi* „Mund“, *can* „Schlange“, *ná* „Haus“ – „Haus des Schlangenrachens“, nämlich die *Estructura II*) ist nur eine kleine Stätte und sie wurde 1966 entdeckt. Hier kann man Bauten in Chenes- und Río-Bec-Architektur sehen. Chicanná war vermutlich eine Außenresidenz der Eliten Becáns. Führungsliteratur ist erhältlich (im INAH-*miniguía* sind die Strukturen mit arabischen Ziffern bezeichnet, die mit den römischen Ziffern der Erklärungstafeln nicht übereinstimmen).

Vom kleinen Palapa-Eingangsgebäude gelangt man auf einem schattigen Fußweg zur zweistöckigen **Estructura XX,** deren (beschädigte) Frontfassade ästhetisch ornamentiert ist. Oben ragen aus den Eckkanten übereinandergesetzte Masken des Regengotts Chaak vor, gekrönt wurde der Bau einst von einer *crestería.*

Durch lichten Buschwald geht es, vorbei an zerfallenen Gebäudestrukturen, zum Markenzeichen von Chicanná, zur **Monstermasken-Fassade** der *Estructura II,* erbaut ca. 750 n.Chr. Eine geschosshohe Portalwand, die in Mosaiktechnik komplett mit unzähligen geometrischen Ornamenten verblendet wurde, wobei der Eingang (beachte den hölzernen Sturz) den aufgerissenen Rachen eines Ungeheuers symbolisiert – nämlich den Maya-Schöpfergott *Itzamná* („Erdmonster“). Deutlich treten die unteren und oberen Reißzähne hervor, die Augen sind als Rechtecke ausgebildet. Eingänge dieser Art in Form anthropomorpher Mosaikmasken – halb Mensch, halb Tier – sind typisch für den *Chenes-Stil.* Den Río-Bec-Kontrapunkt bildet die gegenüberliegende *Estructura I* mit kantengerundeten, steilen Scheintürmen.

■ *Die Monstermasken-Fassade von Chicanná (Estructura II)*

Calakmul

Ca. 45 km westlich von Chicanná bzw. 53 km hinter Xpujil zweigt – noch vor dem Dorf Conhuás – von der Mex 186 eine gebührenpflichtige Straße nach Süden nach **Calakmul** ab (60 km; an der Abzweigung befindet sich eine kleine Information). Fürs Auto sind an der Schranke 56 und pro Kopf 28 Peso zu zahlen. Calakmul ist täglich von 7–18 Uhr geöffnet, Zeitbedarf für die Besichtigung 3–4 Stunden.

Die Fahrt durch die urwüchsige und manchmal dichte Waldkulisse dauert pro Strecke etwa 1,5 bis 2 Stunden – je nachdem, ob die Schlaglöcher mal wieder nicht geflickt sind. 20 km hinter der Schranke erreicht man eine weitere Kontrollstelle, wo für die Einfahrt in die 7000 qkm große *Reserva de la Biósfera Calakmul* und fürs dortige *Museo Arqueología y Naturaleza de Calakmul* pro Person 50 Peso zu zahlen sind. Eintritt in die Ruinenstätte nochmals 56 Peso p.P.

Durch das ausgedehnte Gelände führen drei ausgeschilderte und verschieden lange Wege – kurz, mittel und lang (im Besucherzentrum ist ein INAH-*miniguía* erhältlich). Die Karte, die man am Eingang bekommt, ist mäßig und hilft oft nicht weiter (fotografieren Sie die Karte von der allerersten Schautafel ab, dann können Sie unterwegs die Wege auf dem Kameradisplay identifizieren).

Zwar ist Calakmul UNESCO-Weltkulturerbe, doch bitte kein zweites Palenque erwarten, sondern auch lange Wege, schwüle Hitze – was zum Trinken mitführen – und je nach Jahreszeit viele Moskitos.

Unterkunft

Hotel Puerta Calakmul: noch vor der Schranke nach links fahren, nach 700 m wird die Anlage erreicht. 15 geräumige und gefällige Palapa-„Villas“ aus Naturmaterialen mit Bad und Dschungel-Dekor inmitten des Waldes (viele nächtliche Tiergeräusche). 160 US$ für eine Einheit. Gutes Restaurant (wer von den Übernachtungsgästen Frühaufsteher ist, kann am Vorabend ein Lunchpaket bestellen). Tel. 01-998-8922624, www.puertacalakmul.com.mx.

Ökocamp Campamento Yaax'Che: Nach 7 km auf der Stichstraße geht es rechts zum Campamento Yaax'Che inmitten des Waldes (ausgeschildert). Man kann dort in 10 Zelten, ausgestattet mit (Luft-)Matratzen, Betttüchern und Decken ab 200 Peso p.P. übernachten. Es gibt ein einfaches Restaurant mit regionaler Küche und alles ist ökologisch ausgerichtet. Das Camp verfügt über einen gut markierten, 2 km langen Wanderweg und einen 22 m hohen Turm mit Solaranlage, von dem aus Vögel und andere Tiere (viele Brüllaffen) und nachts der Sternenhimmel beobachtet werden können. Es werden diverse archäologische und naturkundliche Führungen in Calakmul und Umgebung angeboten, einer der Führer spricht Englisch. Mind. 15 Tage vorher reservieren, Tel. 01-983-8716064, www.ecoturismocalakmul.com. Örtliches Büro in **Xpujil,** Fernando Sastre, Av. Calakmul s/n zw. Calles Okolwitz u. Payan, Tel. 01-983-8716064.

■ *Calakmul, die mächtige Estructura II an der Grand Plaza*

Geschichte

Der **Maya-Stadtstaat Calakmul** war einst – zusammen mit Tikal in Guatamala (100 km südlich), mit dem es in ständigem Kampf um die Hegemonialherrschaft lag – das bedeutendste und **mächtigste Maya-Machtzentrum und gleichzeitig die größte aller Mayastädte überhaupt!** Auf einem Areal von ca. 25 qkm entdeckte man über 6000 Bauten und Strukturen (Tikal besitzt in seinem 16 qkm großen Zentralbereich ca. 3000), die ehemalige Zahl der Bewohner wird auf 60.000–100.000 geschätzt. Außerdem stellten die Herrscher Calakmuls über 115 Stelen mit Inschriften auf – mehr finden sich nirgendwo in *Mayab!* Archäologen und Restauratoren werden in Calakmul noch über viele Jahre Arbeit haben. In mehreren Herrscher-Gräbern fand man einige aus Jademosaik gefertigte ausdrucksvolle **Totenmasken (s. Foto),** die in Campeche ausgestellt sind (s. dort).

Besichtigung

Nicht auslassen: den Aufstieg auf die 45 m hohe Pyramide **Estructura II** an der **Gran Plaza** (mit Stelen vor und auf der mächtigen Freitreppe), dort wurde das Grab des Sohns des Herrschers Yuknoom des Großen gefunden (s.u.). Oben geht es weiter auf die dahinterliegende Pyramide, mit 53 m die höchste Calakmuls und nach Tikal (65 m) die zweithöchste der Maya-Welt. Im Süden ragt in etwa 30 km Entfernung aus dem grünen Teppich der Selva die Mayastätte *El Mirador* in Guatemala heraus. Bei genügend Zeit können Sie auch noch die anderen Bereiche dieser einst glanzvoll-grandiosen Stadt durchstreifen (Vorsicht, es gibt giftige Schlangen).

Stelen

Leider sind die meisten epigraphischen Inschriften der vielen Stelen stark verwittert, was auf eine schlechte Qualität des örtlichen Kalks zurückgeht, der gebrannt als Mantel auf zurechtgehauene Steinsäulen aufgetragen und dann mit Glyphen und Bildnissen skulptiert wurde. Deshalb ist auch die zeitliche Abfolge der (Dynastie-)Geschichte Calakmuls bruchstückhaft. Die früheste Stelen-Inschrift datiert den 16. September 431, gefunden bei der Estructura II.

Ein bedeutender Herrscher war *Tuun Kab Hix* (ca. 520–550 n.Chr.), unter dem Calakmul in der Klassischen Periode zum *Cuchcabal Kul Kanal Ajaw* („Königreich des Schlangenkopfs“) aufstieg, mit Bündnissen und Allianzen mit Uaxactún, Nakbé, El Mirador u.a. Im Jahr 562 besiegte Calakmul den Rivalen Tikal und stieg nun für über 130 Jahre zur beherrschenden Supermacht der Region auf (Stele 4 berichtet von den Kriegen mit Tikal). Auch Palenque, das mit Tikal verbündet war, wurde 611 von Calakmul angegriffen. Unter König *Yuknoom des Großen* (Thronbesteigung 636) erreichte Calakmul dann seine größte Machtausdehnung. Es war jedoch am Ende Tikal, das Calakmul 695 endgültig besiegte – ein Schlüsselereignis in der Geschichte des Tieflands, denn danach begann der Zerfall der gesamten politischen Systeme und Ordnungen und letztendlich die Aufgabe aller Mayastädte im Tiefland (s.S. 355). Mit dem Jahr **810** enden die letzten inschriftlichen Zeugnisse in Calakmul (Estructuras IV-B und X), außerhalb in Seibal 849.

Vielleicht wird Calakmul einmal Haupt-Touristenattraktion im südlichen Yucatán werden.

Balamkú

An der Mex 186 liegt gleich westlich des Calakmul-Abzweigs das Dorf Conhuás. 2,5 km hinter Conhuás nach Norden abbiegen, dann sind es noch ca. 3 km bis Balamkú (ausgeschildert). Eintritt 37 Ps, 8–16.30 Uhr.

Balamkú (*balam* Jaguar, *kú* Tempel = Tempel des Jaguars) wurde erst 1990 entdeckt und ist nur etwa einen Quadratkilometer groß. Hauptattraktion ist bei der *Casa de los Cuatros Reyes* eine vollplastische Stuckfassade aus dem 6. Jh. n.Chr., über 16 m lang und nahezu 2 m hoch. Der einst rote Fries zeigt Figuren einer Kröte und zweier Krokodile, aus deren weit aufgerissenen Rachen *reyes* – Könige – entstiegen sind. Die Tiere hocken auf *cauac*-Masken, die das Erdmonster symbolisieren und sind umgeben von Jaguaren und vogelfressenden Schlangen. Die geheimnisvollen Geschöpfe symbolisieren das Universum der Maya und zählen zu den schönsten Stuckfiguren des Maya-Tieflands überhaupt. Zum Straßenknotenpunkt **Escárcega** (s.S. 322) sind es von Conhuás rund 100 km (Tankstelle/Hotel).

Bundesstaaten Yucatán und Campeche

Einstieg

Die dünnbesiedelte Halbinsel Yucatán mit einer Fläche von 200.000 qkm ist etwa fünf Mal so groß wie die Schweiz. Sie teilt sich auf in drei nahezu gleichgroße Bundesstaaten, in **Quintana Roo, Yucatán** und **Campeche.** Neben Chiapas und Guatemala ist die Yucatán-Halbinsel **das Land der Maya,** und die Erkundung ihrer Welt wie eine Zeitreise von der Gegenwart in die Vergangenheit (mehr über die Maya s.S. 111). Großartige archäologische Stätten, reizvolle koloniale Orte und freundliche Menschen machen aus der *Península yucateca* eine Reiseregion mit größter Anziehungskraft.

Hinweis: Damit die *Halbinsel* Yucatán nicht mit dem *Bundesstaat* Yucatán verwechselt wird, ist nachfolgend im Text bei „**auf** Yucatán" die gesamte Halbinsel gemeint, „**in** Yucatán" meint den Bundesstaat Yucatán.

■ *Typisch yucatekisches ländliches Haus (choza)*

Websites www.yucatan.gob.mx • http://yucatan.travel/en/ (Bundesstaat Yucatán) • www.qroo.gob.mx (B.-Staat Quintana Roo) • www.campeche.gob.mx • www.cancun.com (Cancún u. Karibikküste) • www.mayayucatan.com • www.travelyucatan.com • u.a.

Klima In beiden Bundesstaaten ist es nahezu ganzjährig schwülwarm bis schwülheiß, vor allem im Inland, wo sommers häufig Extremwerte erreicht werden. Am **unangenehmsten** ist es wegen der Niederschläge von **Juni bis September.** Ausgeglichener ist es am **Golf von Mexiko.** Von Dezember bis Februar weht aber oft der sehr kalte Wind *norte* von den USA herab, **wühlt das Wasser der Golfküste graubraun auf** und treibt viel Seegras an!

Geologie und Topographie Die Yucatekische Halbinsel ist von ihrer natürlichen Beschaffenheit anders als das übrige Mexiko. Es ist eine riesige Kalk- und Karsttafel, flach wie eine Tortilla und nur wenige Meter den Meeresspiegel überragend. Der trockene Nord- und Nordostteil ist bedeckt mit einem eintönigen Teppich aus dichtem Busch und ausgedehnten Sisalfeldern. Im Osten und im Grenzbereich zu Guatemala wuchert feucht-tropischer Dschungel. Die höchsten „Erhebungen" finden sich in der hügeligen Puuc-Region (350 m) südlich Méridas.

Yucatán ist sehr trocken, auf dem kalkigen, porösem Untergrund versickern schnell alle Niederschläge. Flüsse konnten sich deshalb nur **unterirdisch** bilden, und durch die Jahrtausende hindurch spülten und wuschen diese Wasserläufe unzählige Grotten und Höhlen aus. Wo deren poröse Decken einstürzten, entstanden Seen und Wasserlöcher, die **Cenotes**. Die Begriffe *cenotes, actunes* und *chultunes* werden dem Yucatán-Reisenden immer wieder begegnen.

Archäologische Highlights Yucatán und Campeche sind mit archäologischen Stätten geradezu übersät. Höhepunkte sind die beiden größten Zentren der Maya, **Chichén Itzá** und **Uxmal.** Verstreut im Land gibt es noch unzählige weitere, die nur wegen ihrer Abgeschiedenheit nicht weniger beeindruckend sind, z.B. *Edzná* bei Campeche. Ruinen-Liebhaber können von Mérida aus neben Uxmal auch Stätten wie *Sayil, Kabáh* oder *Labná* **(Ruta Puuc)** als Tagesausflug besuchen. Entlang der Mex 186 im Süden von Campeche verläuft (wie schon beschrieben) die **Ruta Río Bec** (s.S. 207) mit den Stätten *Kohunlich, Xpuhil, Becán, Calakmul* u.a.

Wirtschaft Wirtschaftliche Grundlagen Yucatáns sind Sisalagaven, Fischerei, Holzeinschlag und der Baum **Chico zapote,** aus dessen Saft Kaugummi produziert wird (der saftzapfende *chiclero* gehörte viele Jahre zum Bild Yucatáns). Eine intensive Landwirtschaft ist wegen des in kurzer Zeit versickernden Oberflächenwassers und wegen langer Trockenperioden nicht möglich. Das meiste Geld erwirtschaftet man heutzutage durch den Tourismus.

Routen und Reisen in Yucatán und Campeche

Die Abfolge der Stationen unserer **Hauptreiseroute von Cancún bis nach San Cristóbal de las Casas** im Hochland von Chiapas durch die beiden Bundesstaaten Yucatán und Campeche ist folgendermaßen (s. hintere Klappenkarte):

Cancún – (Abstecher *Isla Holbox*) **– Valladolid** (Abstecher *Ek Balam* u. *Río Lagartos*) **– Grutas de Balankanché – Chichén Itzá – Izamal – Mérida** (Abstecher *Celestún, Dzibilchaltún, Progreso*) – Uxmal mit Ruta Puuc – Campeche mit Abstecher *Edzná* – Palenque (Abstecher Guatemala) – Ocosingo (Abstecher *Toniná*) – San Cristóbal de las Casas.

Busreisende haben auf den Hauptstrecken gute bis sehr gute Verbindungen, es verkehren überdies viele **Luxus- und auch Nachtbusse.** Für den Besuch von Dörfern, kleineren Ruinenstätten oder abgelegener Strandorte müssen Busse 2. Klasse genommen werden.

Mietwagenreisende haben den Vorteil freier Zeitgestaltung und Unabhängigkeit. Die Straßen sind gut bis sehr gut und der Verkehr auf dem Land ist gering. Die Fahrt durch kleine yucatekische Dörfer und zu kaum besuchten Mayastätten ist ein bleibendes Erlebnis (s.u. „Tipps für Autofahrer").

Yucatán – alles dreht sich um das Wasser

Ohne Wasser kein Leben, besonders auf der knochentrockenen Yucatán-Kalksteinplatte. Deshalb ist es nicht verwunderlich, wenn die archaischen Maya ihren Wasserlöchern geradezu göttlichen Status verliehen. Erst diese Wasserlöcher ermöglichten Ansiedlungen und viele wurden zu Kultstätten. Begriffe:

■ **Cenote:** ganzjährig wasserführender, trichter- oder schüsselartiger Einbruch im Erdboden (Einsturz-Doline). *Cenote ist* die spanische Umformung des Maya-Wortes *tz'onot.* Unterirdische Cenotes bezeichnet man auch als „Cenote-Grotten".

■ **Actunes:** trockene bzw. versandete *cenotes* heißen **actunes.**

■ **Chultún:** Mit einer wasserfesten Tonschicht oder mit Steinen ausgekleidetes Wasserauffangbecken (Zisterne).

■ **Aguada:** (spanisch „Wasserstelle"), ebenfalls ein künstliches Reservoir zum Sammeln von Wasser.

■ **Chaak:** War der Regen- und Wassergott der Maya. Sein rüsselnasiges Abbild ist in Form von unzähligen furchterregenden Masken und Fratzen an vielen Maya-Tempeln zu sehen. Um ihn gutmütig zu stimmen und um Regen zu erbitten, wurden häufig Opfergaben in die heiligen *cenotes* geworfen.

■ *Foto unten: Schwimmen im offenen Cenote von Dzibilchaltún, nördlich v. Mérida*

Zeitkalkulation / Saison / Preise

Für die Yucatekische Halbinsel sollte man mindestens zwei, besser drei Wochen zur Verfügung haben. Ideale **Reisezeit** ist September bis Mitte Dezember und Ende Januar bis April (mit Engpässen in der Osterzeit). Absolute **Hochsaison** ist die Weihnachts-/Neujahrszeit, dann sind nicht nur viele ausländische Touristen, sondern auch die Mexikaner unterwegs. Die Preise für Hotels sind dann am höchsten. Dagegen sind in der Sommer-Nebensaison immer Preisnachlässe drin, man muss nur danach fragen. Bei den Zimmern sollte in den schwülheißen (Sommer-)monaten wegen Moskitos auf Moskitonetze oder vergitterte Fenster geachtet werden, harmlose Geckos an Decken und Wänden jagen diese Plagegeister.

Tipps für Autofahrer

Autofahren auf Yucatán ist gleichbedeutend mit endlosem Fahren auf nahezu kurvenlosen Straßen, durch dicht verfilzten Busch und vorbei an endlosen Agavenfeldern. Nicht gerade abwechslungsreich, aber stressfrei. Die **Autobahn Cancún – Mérida** Mex 180**D** ist **mautpflichtig und sehr teuer!** Hauptstrecke entlang des Golfes von Mexiko ist die Mex 180. Zu kleinen archäologischen Stätten muss meist auf Pisten gefahren werden, die nach kräftigem Regen verschlammen. Etwas Proviant und Wasser sollte man immer dabeihaben, für lange bzw. abgelegene Strecken immer vorher volltanken.

Camping: Im Inland, abseits touristischer Ziele, sind Campingplätze sehr rar und die Standplatzsuche ist ein Problem, weil der Busch so dicht ist. Möglichkeiten bieten z.B. die Parkplätze kleinerer archäologischer Stätten, doch auch dort werden immer mehr „No acampar"-Schilder aufgestellt.

Die Golfküste

Die gesamte Golfküste ist geprägt von Mangroven, Sandbänken, Lagunen und überwiegend grauen Stränden. Die touristische Infrastruktur ist hier – mit Ausnahmen – **weniger gut ausgebaut.** Die Küstenorte sind meist nur über Stichstraßen zu erreichen und von Ort zu Ort verkehren nur wenige Busse.

Die nordöstliche Spitze Yucatáns markiert die schmale **Isla Holbox,** ein gutes Ziel, wer dem Karibik-Kommerz entgehen will (aber kaum billiger!). Weiter westlich folgt **Río Lagartos** mit seiner *Reserva de la Biósfera Ría Lagartos* mit Flamingo-Kolonien – jedoch kaum schöne Badestrände. Etwas besser sieht es damit auf dem Abschnitt von *Dzilam de Bravo* bis nach *Progreso* aus – doch nicht in den Wintermonaten! **Celestún** mit der *Reserva de la Biósfera Ría Celestún* und seinen Flamingos ist ein guter Abstecher von Mérida. Von *Celestún* bis *Campeche* ist die Küste kaum zugänglich *(Reserva de la Biósfera Los Petenes).* Auf der Strecke *Campeche – Champotón* wechseln sich sandige und felsige Abschnitte ab und gibt es ein paar kleine, lokale Badeorte. Die danach folgende Küstenstrecke bis *Ciudad del Carmen* ist kaum attraktiv.

Geschichte und Maya

Als die Spanier von Kuba aus Expeditionen nach Westen unternahmen, war Yucatán das erste Gebiet, das von Mexiko entdeckt wurde. 1517 erkundete *Hernández de Córdoba* die Nordküste Yucatáns, doch die Einheimischen töteten seine halbe Mannschaft bei Champotón. Der nächste Spanier war 1518 **Juan de Grijalva (s. Abb.),** der die Insel Cozumel umfuhr und im weiteren Verlauf seiner Seereise die Golfküste erkundete. Ebenfalls an der Nordküste Yucatáns entlang segelte 1519 der Eroberer Mexikos, *Hernán Cortés,* auf seinem Weg nach Veracruz.

Der Name „Yucatán" soll so entstanden sein: Als die Spanier die

Maya nach dem Namen ihres Landes fragten, sollen sie immer wieder *„ci-u-thán, ci-u-thán"* – „wir verstehen euch nicht, wir verstehen euch nicht" geantwortet haben, woraus „Yucatán" wurde. Vorher war die Halbinsel als *Mayapán* oder **Mayab** bekannt.

Die Berichte der ersten Spanier genügten, um die Jagd nach Gold, Reichtum und Eroberung anzustacheln. Maßgeblich beteiligte Konquistadoren waren **Francisco de Montejo** (Vater – **s. Abb.**) und sein gleichnamiger Sohn („El Mozo", der Jüngere). Jener gründete 1542 *Mérida,* die erste spanische Hauptstadt Yucatáns. Dann folgte dem Feldzug der Kreuzzug, das Kreuz traf genauso hart wie das Schwert. Ketzer- und Inquisitionsgerichte wurden inszeniert, das schrecklichste war das *auto de fé* von *Maní* („Glaubensakt", Verkündung und Vollstreckung eines kirchlichen Urteils) am 12.07.1562. Schriftlich belegt ist, dass dort über 10.000 Maya zu Tode geschlagen oder zu Krüppeln gefoltert wurden.

Zu traurigem Ruhm brachte es auch der zweite Bischof der Stadt Mérida, **Diego de Landa,** der versuchte, den Glauben der Maya dadurch auszurotten, indem er ihre unersetzlichen Handschriften verbrennen ließ. In diesen **Códices** war das Wissen der Maya niedergeschrieben (s.S. 117).

Auf Yucatán kam es immer wieder zu **Aufständen:** zuerst gegen die koloniale Ausbeutungsherrschaft der Spanier, später gegen die Oberschicht der weißen *criollos* und schließlich gegen die Zentralgewalt der fernen Regierungshauptstadt. 1840, 19 Jahre nach der Unabhängigkeit Mexikos von Spanien, erklärte sich Yucatán von Mexiko unabhängig. Die Autonomiebestrebungen Yucatáns – u.a. eine Folge der Vernachlässigung und der Isolation vom nördlichen mexikanischen Staatsgebiet –, mündeten 1847 durch die Schlacht bei Valladolid in den **Krieg der Kasten,** ein Aufstand der Landbevölkerung gegen despotische Großgrundbesitzer (Exkurs darüber s.S. 196).

Nach einem Vernichtungsfeldzug durch mexikanische Regierungstruppen wurde Yucatán 1848 endgültig dem mexikanischen Staatenbund einverleibt. Doch die volle rechtliche und politische Integration gelang erst in den 1930er Jahren unter Präsident Lázaro Cárdenas – was die unterprivilegierte Landbevölkerung Yucatáns jedoch bis heute nicht davon abhält, sich immer wieder der langen Tradition yucatekischen Widerstandes zu besinnen, wenn es gilt, Missstände zu beseitigen oder sozialen Fortschritt zu erkämpfen.

Diego de Landa

Diego de Landa, Bischof von Yucatán, war eine höchst kontroverse Persönlichkeit, denn kein anderer interessierte sich so wie er für die Kultur der Maya und verübte gleichzeitig so entsetzliche Verbrechen an ihnen. Ganz im Geist seiner Epoche versuchte er mit fanatischer Macht und Gewalt und auch mit den Foltermethoden der Inquisition den Eroberten die christliche Religion aufzuzwingen. Über seine brutalen Bekehrungsversuche berichten diverse Dokumente. Trauriger Höhepunkt war das schreckliche **auto de fé** am 12.07.1562 in **Maní,** ein sogenannter „Glaubensakt" bzw. die Verkündung und Vollstreckung eines kirchlichen Urteils.

Historiker sind ihm aber auch zutiefst dankbar, denn fast nahezu alles, was man heute über die Geschichte Yucatáns und die dortigen nachklassischen Maya weiß, verdankt man seinen Studien und Beobachtungen, die er 1566 in seinem Hauptwerk *Relación de las Cosas de Yucatán* festhielt („Bericht über die Angelegenheiten von Yucatán", s. Ausgewählte Mexiko-Literatur im Anhang; von Pater *Brasseur* 1864 veröffentlicht). So beschreibt er z.B. das bedeutsame Ereignis der Gefangennahme von *Aguilar* und *Guerrero.* Auch für Geografen, Archäologen und Ethnologen sind seine Aufzeichnungen allererste Informationsquellen. Sie enthalten geografische Notizen, Skizzen von Maya-Ruinen (Chichén Itzá) und von Städten (Tihó, auf dem Mérida erbaut wurde), Zeichnungen von Glyphen u.a. und beschreiben Wesensmerkmale der Maya-Ethnien. An dem Versuch jedoch, ein mayanisches Alphabet zu schaffen, scheitert er, es wurde „nur" eine Silbenliste. Insgesamt fällt sein Urteil über die Maya nicht negativ aus, im Gegenteil, er lässt immer wieder durchklingen, wie sehr er ihre kulturellen Leistungen bewundert.

Landa wurde am 12.11.1524 in Cifuentes in Spanien geboren, nach einem Klosteraufenthalt ließ er sich als Ordensmönch für Yucatán anwerben. Über Veracruz kam er 1549 dorthin, 1552 wurde er Klostervorsteher von *Izamal,* 1560 von Mérida und 1572 erfolgte die Weihe zum Bischof. Er starb 1579 in Mérida.

Stirn-Abplattung

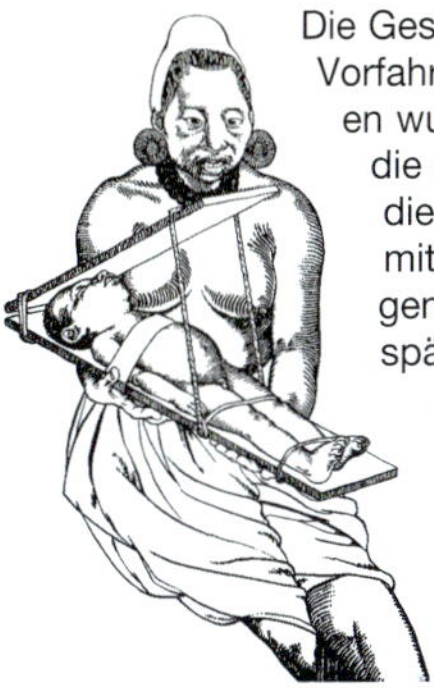

Die Gesichtszüge der heutigen Maya erinnern frappierend an die ihrer Vorfahren, deren Profile von den damaligen Künstlern in Stein gehauen wurden. Besonders charakteristisch sind die fliehende Stirn und die erhöhte Nase, aber auch die „Mongolenfalten" der Augen. Für die prähispanische Stirnabplattung wurden die Köpfe der Babys mit Kopfbinden und Hölzern deformiert (zu sehen auf Abbildungen im Anthropologischen Museum in Mérida), dies begünstigte später das Tragen von Rückenlasten mit einem Stirnband. Zum Schönheitsideal gehörte es außerdem, schiefäugig oder schielend zu sein (auch *Itzamná,* der Himmelsgott, ist so dargestellt). Dazu hängte man Säuglingen kleine Kugeln knapp vor die Augen. Yucatekische Frauen sollen überdies ihre Zähne spitz gefeilt haben, in die sie dann, nachdem sie sie angebohrt hatten, Edelsteine einsetzten.

El Idioma Maya

In weiten Teilen der Península Yucatán wird auch heute noch fast ausschließlich das alte **Yucateca-Maya** *(Mayathan)* gesprochen, vor allem auf dem Land. Eine melodische, metaphernreiche Sprache mit vielen Wortspielereien (Gold heißt z.B. *takin* – „Exkrement der Sonne", glühendes Holz „Feuerblume", alte Männer sind „mächtige Felsen"). Charakteristisch sind spezielle Klick- und Knack-Töne und dass es keine äquivalenten Laute zu unserem „d" und „f" gibt; auch „r"-Laute sind selten.

Maya-Wörter werden fast durchweg auf der letzten Silbe betont, das oft vorkommende **„x"** (Xlapak, Xibalba, Uxmal) **wird als „sch" ausgesprochen,** wie in *Sch*uh, „c" immer wie „k" (chaac), „ch" (Chetumal, Chan, Chichén) wie „tsch" in K*itsch,* „-ich" (Kohunlich, Tunich) wie -itsch, das „h" bleibt so gut wie stumm (Ko-unn-litsch). Der Plural wird mit der Endsilbe *-ob* gebildet (sakbe –

sakbeob, ahau – ahauob). In der neueren Maya-Orthographie verdrängt das „k“ zunehmend das „c“ (chaac = chaak, Kukulcán = Kukulkán).

Einige Wortbeispiele und Zahlen: *ahau* – König (geschrieben *ajaw*), Führer; *balam* – Jaguar; *na* – Haus; *ki* – Sisal; *cutz/tzo* – Truthahn; *kin* – Sonne; *chén* – (als Endung) = Brunnen/Quelle; *chultún* – Zisterne; *ki-hic* – Markt; *witz* – Berg.

1 – *hun* • 2 – *ca* • 3 – *ox* • 4 – *can* • 5 – *ho* • 6 – *uac* • 7 – *uuc* • 8 – *uacax* • 9 – *bolon* • 10 – *iahun* • 11 – *buluc* • 12 – *iahca* • 13 – *oxlahum* • 14 – *canlahum* • 15 – *holahun* • 16 – *uaclahun* • 17 – *uuclahun* • 18 – *uacaclahun* • 19 – *bolontahun* • 20 – *hunkal*

Für die meisten Europäer ist Maya schwer zu erlernen. Weiteres über die Maya-Sprachen s.S. 327.

Von Cancún nach Mérida

Es gibt permanente Busverbindungen von Cancún nach Mérida und Chichén Itzá. Selbstfahrer sollten nicht, wie erwähnt, die sehr teure bzw. mautpflichtige („Cuota“) **Mex 180D** nehmen (das „D“ macht den Unterschied; Ausfahrten nur in Valladolid und in Pisté für Chichén Itzá), sondern die alte Mex 180 in Richtung Valladolid. In *El Ideal* („kilómetro 80“) kann man nach Norden zur *Isla Holbox* abbiegen.

Isla Holbox

Ew. 2000

✆ 01-984

Die kleine Isla Holbox (sprich *olbosch* – maya, „schwarzes Loch“) ist ein Insel-Anhängsel der langgezogenen und lattenschmalen Landzunge *Holbox* an der Nordostspitze von Yucatán. Der kleine Inselort **La Villa de Holbox** galt noch bis vor wenigen Jahren als Geheimtipp ohne teuren karibischen Kommerz. Inzwischen aber, weil die Insel bzw. ihre Walhaie-Bootstouren in den letzten Jahren extrem beworben und sie dadurch immer populärer wurde, kann Holbox' Preisgefüge nicht nur mit dem Cancuns und der Riviera Maya mithalten, sondern übertrifft es bereits. Extrem kann es im Juli und August werden, wenn für die Mexikaner Ferienzeit ist und sie Holbox „fluten“, wie auch immer an Wochenenden. „Und weil Mexikaner es bekanntlich laut und heftig lieben, läuft dann überall in den Hotels aller Kategorien permanent von morgens bis abends laute mexikanische Musik – *muy tranquilo* war einmal“, so teilte uns jemand seine Erfahrungen mit.

Über die Sandstraßen der ca. 40 km langen und 1,5 km breiten Insel rollen nur wenige Autos. Hauptverkehrsmittel sind hier Golfcars und Motorroller, beide kann man mieten (z.B. bei *Rentadora El Brother*). An die Strände schwemmt es viel Seegras an und im seichten, eher grauen Meer, kann man ewig weit rausgehen. Eine Plage sind, vor allem in der Regenzeit von Juli bis Oktober, die Moskitos und die Sandfliegen *(jejenes),* die dann auch in den einfachen Strandhütten auftreten. Summa summarum ist Holbox dennoch ein guter Auftakt oder Abschluss einer Yucatán-Rundreise.

Was tun?

Nichts. Zur Abwechslung kann man mal mit den Fischern aufs Meer fahren (morgens um 5 Uhr, später erfolgt dann die Anlandung des Fangs). Oder eine Bootsfahrt zu einer der umliegenden Lagunen oder Inselchen machen, zur *Isla Pájaros,* wo es Pelikane und ein paar Flamingos gibt (Letztere erst so ab September). Die angebotenen Bootsausflüge sind jedoch durchweg teuer, es sei denn, man bringt eine Gruppe zusammen, wodurch der Pro-Kopf-Preis sinkt (max. 6 Leute in einem Boot, Dauer 3–5 h). **Kitesurfen** ist eine gute Idee, beste Wind-Zeit dafür ist von Dezember bis März. Die *Kiteboard School HKS* im Hotel *Casa las Tortugas,* www.holboxkiteboarding.com, ist gut aufgestellt und die Verhältnisse sind sowohl für Anfänger als für Könner geeignet.

Eine weitere Attraktion sind **Walhai-Bootsausflüge** von Juni bis August/September (engl. whale sharks, span. *tiburón ballena*), p.P. 1000–1300 Peso.

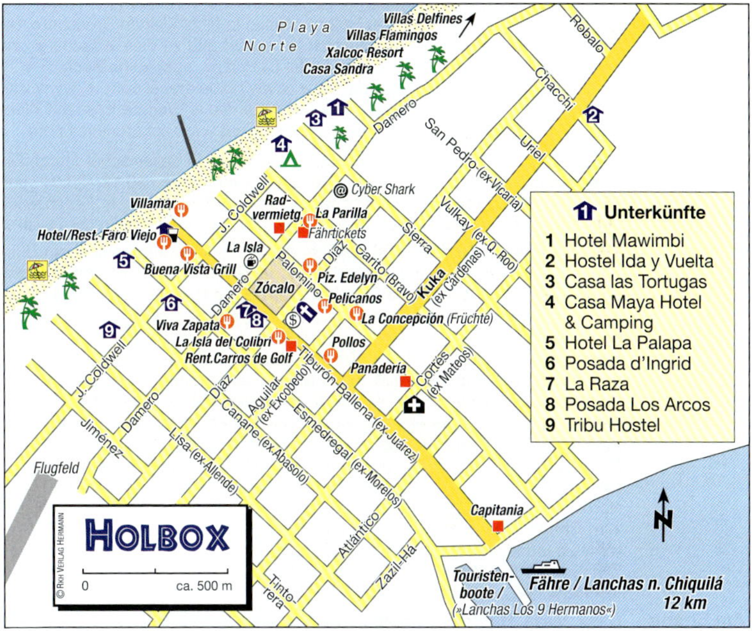

Adressen & Service Holbox

An- und Rückfahrt

Von Cancún fahren Mayab-Busse um 7.50 u. 12.40 Uhr, Fz 3–3,5 h nach **Chiquilá.** Von **Valladolid** mehrmals tägl. Busse über Nuevo Xcan und El Ideal (dort umsteigen; die Busse von Cancún kommen in El Ideal um etwa 10.30 u. 15.30 Uhr an). Außerdem fahren **von Mérida** Busse (Fz 5–6 h), um 6, 7 u. 23.30 Uhr, Letzterer passt für die 6-Uhr-Fähre; über Valladolid (Fz 3 h). Umsteigen in **Tizimín** ist einfacher, weil von dort 3 Tagbusse nach Chiquilá fahren. **Selbstfahrer** nehmen von Cancún die Mex 180 Libre bis Nuevo Valladolid und biegen dort rechts ab zur Mex 5. Auf ihr wieder rechts nach/über Kantunil-Kin.

Fährschiffe, *barcos,* verbinden Chiquilá über die *Laguna Yalahau* mit Holbox (100 Ps, Fz 25 Min.). Abfahrt um 6, 8, 10, 11, 12, 13, 14, 15 (nur Sa/So), 16, 17, 18 (nur Fr/Sa/So), 19 u. 21.30 Uhr.

Selbstfahrer können ihren Wagen in Chiquilá auf dem bewachten Parkplatz (30–40 Ps/Tag) oder am Anleger stehen lassen. Auf der Insel angekommen, **Golfcar-Taxi** zur Unterkunft nehmen, 20–40 Ps. Rückfahrt Holbox – Chiquilá um 5, 7, 9, 10, 11, 12, 13, 14, 15, 16, 17, 18 u. 20 Uhr. Außerdem Colectivo-Boote für 6–8 Personen. – Von **Chiquilá nach Cancún** gibt es tägl. Busse um 6, 7.30 und 13.30 Uhr. **Alle Zeiten vorab verifizieren!**

Reisende **von Holbox nach Valladolid/Mérida** müssen die Frühfähre um 5 nehmen, da der einzige Direktbus dorthin zwischen 5.30 u. 6 Uhr fährt. Es geht aber auch zu späterer Zeit und zwar so: Man nimmt den Cancún-Bus bis nach El Ideal *(kilómetro 80),* 1 km östl. der Einmündung in die Hauptstraße 180, und hat von dort an einem kleinen Busterminal alsbald Anschluss nach Valladolid/Mérida westwärts.

Infos Holbox Holbox wechselte die Straßennamen, die *Av. Juárez,* die vom Fähren-Pier zum Zócalo führt (15 Min. zu Fuß), heißt jetzt z.B. *Tiburón Ballena,* andere s. Karte.

Alle wichtigen Informationen mit Schiffs- und Busverbindungen sowie einige historische Anmerkungen zu Holbox stehen in einer kleinen Broschüre, die im Internet-Café *Cyber Shark* erhältlich ist. Im Ort gibt es eine Wäscherei und Geldautomaten an der Plaza und im Hotel La Palapa, aber keine Bank.

Websites: www.holboxisland.com • www.holboxtravel.com • www.islaholbox.net • www.mextreme-travel.com/holbox • u.a. Weitere Infos auf Webseiten-Hotels. – Weitere Unterkünfte in Holbox auf www.zonaturistica.com

Unterkunft Es gibt etwa 25 kleine Hotels und Cabañas, einige in italienischer Hand. Die Übernachtungspreise sind stark saisonabhängig (HS: 20.12.–30.04 und 01.07.–31.08). In den Sommermonaten erhebliche Nachlässe. In Ferienzeiten unbedingt reservieren. Aktuelle Preise s. Hotelwebseiten, meist in US-Dollar).

ECO **Tribu Hostel,** J. Coldwell, Tel. 01-984-8752507, www.tribuhostel.com. Farbenfrohes und empfehlenswertes Hostel, eine Straße vom Strand entfernt. Dorms für 4, 6 u. 10 Personen sowie Privat-DZ mit Bad. Gästeküche, Hängematten im Garten, Dachterrasse, Bar, Internet, Partys u.a. bei Davide & Mia. DZ mit Doppelbett je nach Saison 420–520 Ps, Ü Dorm 130–170 Ps.

Hostel Ida y Vuelta, Av. Paseo Kuka (6 Minuten vom Zentrum, beim Restaurant Atmósfera), Tel. 8752358, über www.mextreme-travel.com. Ein grünes Paradies für Freunde einfachen, rustikalen Lebens, 80 m zum Strand: 5 Cabañas, Dormitorio-Hängemattenplätze oder Betten, Zeltplätze, kleines Haus mit Küche, Touren etc. Davide & Sascia. Ü Dorm 125Ps, Cabaña 355–880 Ps.

Posada Los Arcos, Zócalo-Westseite, Tel. 8752043. Zentrale Lage, einfache, saubere Zimmer. Je nach Saison und ob m/o AC kostet ein DZ 400–550 Ps. – Nördlich nebenan, ebenfalls einfach und etwas günstiger: **La Raza.** – Näher zum Strand (40 m): **Posada d'Ingrid,** Morelos/Ecke Coldwell, Tel. 8752070, www.posadadeingrid.com. Zweistöckiges Gebäude mit 6 einfachen, sauberen Zimmern für 3 Personen sowie 4 DZ, Hof-Palapa, nette Betreiber. Zimmer für 3–4 Personen, Vent. oder AC 450–650 Ps.

Am Strand **Casa Maya Hotel y Camping,** www.casamayadejoselimaholbox.com, Tel. 8752428. Am Strand, Camping im tropischen Garten, *baños comunes,* Ü ab 130 Ps. Außerdem 7 individuell eingerichtete Zimmer, kleine Gästeküche, familiär und farbenfroh. DZ/F 900 Ps, Sonderpreise s. Homepage. – **Hotel La Palapa,** Av. Morelos 231, Tel. 8752121, www.hotellapalapa.com. Ethno-Chic-Hotel im karibischen Stil, nette ital. Betreiber, 19 Zimmer und Suiten, 1 Bungalow. Direkt am eigenen Strand mit Garten, Kokospalmen und Hängematten. Alle Zimmer mit AC, Terrasse oder Balkon. Das Restaurant „Casa Nostra" mit Meerblick serviert Frühstück am Morgen und Snacks tagsüber. Vermietung von Kajaks. DZ/F ab 1500 Ps, Bungalows ab 1200 Ps, aktuelle Preise auf der Homepage. – **Hotel Mawimbi,** Av. Sierra, Tel. 8752003, www.mawimbi.net. Attraktive Beach-Anlage mit 6 Zimmern und einem Bungalow mit Küche, italienisch. DZ/F 90–145 US$. Gleich nebenan: **Casa Las Tortugas,** www.holboxcasalastortugas.com, DZ 111–205 US$. – **Villas Chimay,** Tel./Fax 8752220, www.holbox.info, 1 km westl. des Dorfs am Strand (*chimay* ist das Maya-Wort für „Fregattvogel"). Schönes Idyll von Petra & Manfred. Die Cabañas kosten für 2 Pers. um die 100 US$. Gutes Restaurant. Die Anlage steht zum Verkauf. –

Oberklasse: Xaloc Resort (www.holbox-xalocresort.com), **Casa Sandra** (www.casasandra.com), **Casa Takywara** (www.casatakywara.com) sowie die Resort-Anlage **Villas Flamingos** (www.villasflamingos.com).

Essen

Generell werden die Portionen eher klein gehalten, selbst Fisch. Einige kleinere Restaurants und einfache Loncherías um den Parque bieten überwiegend Pizzen und Fische. Für gute Pizzen und Fischgerichte ist z.B. **Edelyn,** Zócalo-Ostseite, ein Tipp, zum Frühstücken das kleine **La Isla del Colibri** (Südwestecke). – Zur Abwechslung mal gefüllte Kartoffeln im guten Einheimischen-Lokal **Pelicanos** probieren, gleich südlich der Südostecke des Parque. – **El Faro,** direkt am Meer mit sehr schöner Aussicht, empfiehlt sich für gutes Frühstück, und der **Buena Vista Grill,** gleich südlich davon, für Frischgegrilltes aus dem Meer. – Gelobt wird vom Zócalo südwestlich **Viva Zapata,** beim coolen Cendo, Küche auf gleichbleibend gutem Niveau, Steaks und Fisch werden im Freien über Holz gegrillt, gegessen wird im 1. Stock, ab und zu Live-Musik. – Nett und romantisch sitzt man auf der Dachterrasse von **La Parilla de Juan,** Ecke Damero/Carita.

Valladolid

Ew. 70.000

✆ 01-985

Valladolid liegt 40 km östlich von Chichén Itzá. Die Stadt besitzt zwar einige interessante Dinge wie ein paar koloniale Bauwerke und den außerhalb liegenden Cenote Dzitnup, ist aber in erster Linie Verkehrs- und Umsteigepunkt mit häufigen Verbindungen in alle Richtungen. In den engen Straßen lärmt entsprechend laut der Verkehr. Valladolid liegt genau im Schnittpunkt der Straßen Mex 180 (Cancún – Chichén Itzá) und Mex 295 (Río Lagartos – Felipe Carillo Puerto). Schnell erreicht man von hier Chichén Itzá, Río Lagartos (mit Ek Balam auf der Strecke), Cobá und Tulúm. Sobald der neue Flughafen zwischen Valladolid und Chichén Itzá seiner Bestimmung übergeben ist, wird die Stadt noch mehr touristischen Aufwind bekommen.

Valladolids Außenbezirke sind trist. Hübsch und lebendig ist jedoch der große **Zócalo bzw. Parque Principal** *(Parque Francisco Cantón),* auf dem eine riesige mexikanische Flagge weht. Auf der Südseite ragt als Orientierungspunkt die doppeltürmige **Iglesia San Gervasio** (1706) auf. Unter schattenspendenden Bäumen trifft man sich zum morgendlichen Plausch und zum abendlichen *paseo*, fotografieren Touristen die *Yucateca*-Brunnenstatue, werden buntbestickte *huipiles* und *blusas* zum Verkauf an die Umzäunung gehängt und ertönte sonntagabends Live-Musik. Um die Plaza gibt es Hotels, Geschäfte und Restaurants. Im **Palacio Municipal** (Ayuntamiento) an der Südostecke dokumentieren *Murales* (Wandbilder) die bewegte Geschichte der Stadt, dort befindet sich auch das städtische **Turismo** (mit sauberer Toilette).

Geschichte

Valladolid spielte bei der Niederwerfung Yucatáns eine wichtige Rolle: es wurde von den Spaniern 1545 auf den Grundmauern der von ihnen eroberten Maya-Stadt *Zací* errichtet, drei Jahre nach Mérida. Zaci war ein politisches und religiöses Zentrum der Maya, erst nach zweijähriger Gegenwehr gaben sich die Verteidiger geschlagen. Als auf Yucatán 1847 der Kastenkrieg ausbrach (s.S. 196), griffen 13.000 Maya-Aufständische als eine der ersten Städte Valladolid an, da hier die Bevölkerung jahrhundertelang besonders stark unterdrückt worden war. Nach der Racheorgie lag Valladolid ausgeblutet da und fristete über hundert Jahre ein Schattendasein (s.a. Museo San Roque).

Orientierung

Valladolids Straßenzüge verlaufen mehr oder weniger im Gitterraster: Nord-Süd-Calles haben gerade Nummern, Ost-West-Calles ungerade. Achtung **Autofahrer:** Die **Straßenschilder** nach Chichén Itzá/Mérida und nach Cancún **lotsen** euch **auf die kostenpflichtige teure Autobahn** („Cuota") nördlich von Valladolid! Die alte Mex 180 benutzen (Straßen aus dem Zentrum s. Stadtplan).

Bus-terminals Es gibt zwei Busterminals (s. Stadtplan): der neue 1.-Klasse ADO-Terminal liegt an der Ecke der Straßen 54/37, wichtiger ist jedoch der 2. Klasse Terminal an der Ecke der Straßen 39/46. Gleich gegenüber fahren Colectivos nach Pisté und **Chichén Itzá** ab. 1.-Klasse-Busse auf der Strecke Mérida – Cancún (u. vice versa) lassen Reisende mit Zielort Valladolid an einem Bushof an der Autobahn aussteigen, von wo sie zum innerstädtischen 2.-Klasse-Terminal gefahren werden.

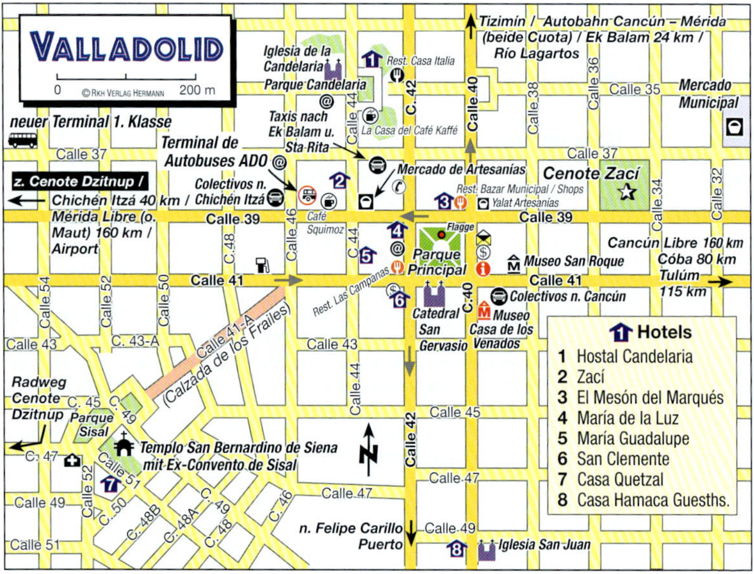

Sehenswert Neben etlichen Kirchen besitzt Valladolid auch eines der ältesten Klöster Yucatáns, das 1552 erbaute **Convento de Sisal** mit **Templo San Bernardino de Siena** (Mi–Mo 8–12 u. 17–19 Uhr). Wer mit dem Wagen/Taxi auf dem Weg zum Cenote Dzitnup ist, könnte den Umweg durch die nette Calle 41-A bzw. **Calzada de los Frailes** machen, in der es kleine restaurierte Kolonialhäuser gibt.

Der offene **Cenote Zací** liegt in einem kleinen Park zweieinhalb Cuadras östl. des Zócalo. Ein großes, dunkles Algen-Wasserloch, zu dem Stufen hinabführen; Restaurant und Mini-Zoo. Nicht unbedingt lohnend.

Einen Besuch wert ist aber unbedingt das private Volkskunst-Museum **Casa de los Venados** in der Calle 40 No. 204, fast beim Zócalo. Ein US-Ehepaar hat hier über viele Jahre ein historisches Haus renoviert und zeigt darin nun über 3000 Objekte mexikanischer Volkskunst! Führungen um 10 Uhr oder nach Verabredung, Tel. 8562289, Spende 60 Ps.

Das **Museo San Roque** zeigt Objekte und Dokumente zur Geschichte Valladolids, vor allem aus der präshispanischen bzw. Maya-Zeit. Calle 41 beim Zócalo, tägl. 9–21 Uhr.

Einen Besuch wert ist evtl. der **Mercado de Artesanías,** Calle 39.

Nicht versäumen!

Cenote Dzitnup (X'keken) und Samulá

Absolut sehenswert ist der unterirdische und 7 km außerhalb liegende Cenote **Dzitnup** (oder X'keken), einer der schönsten ganz Yucatáns. Das durch einen Deckendurchbruch hereinflutende Sonnenlicht lässt eine geheimnisvolle Unterweltstimmung entstehen (bester Sonneneinstrahlwinkel von 12–14 Uhr). Wer noch nie in einem Cenote ein Bad genommen hat oder geschwommen ist, kann dies hier tun und sollte das Erlebnis nicht versäumen. Die Temperatur des türkis-glasklaren Wassers beträgt erfrischende 20 Grad. (Hinweis: Zum Tauchen sind andere Cenotes weitaus interessanter. Tipp vorab für einen traumhaften oberirdischen Cenote: *Yokdzonot,* westlich von Chichén Itzá, s.S. 247). Unmittelbar vor dem Cenote Dzitnup liegt auf der rechten Straßenseite der **Cenote Samulá** (Sak Mul Há), ähnlich eindrucksvoll wie Dzitnup. Durch die Öffnung in der Höhlendecke wachsen die Wurzeln eines alten Ceiba-Baums dem kobaltblauen Wasser entgegen. Schwimmen ist gleichfalls möglich.

Beiden Cenoten haben ein gemeinsames und großes Empfangsgebäude mit guten sanitären Einrichtungen, Gepäckaufbewahrung und Umkleideräumen. Tägl. 8–17 Uhr, Eintritt für jeden Cenote 59 Ps, Kinder unter 13 Jahren frei. Handtuch nicht vergessen. Auf dem Gelände diverse Comedores u.a.

Anfahrt: Dzitnup liegt westlich außerhalb an einer nach Süden führenden Seitenstraße der Mex 180 nach Chichén Itzá. Per **Colectivo** von der Calle 44 zw. C. 39 u. 41, einfach 60 Ps. Oder mit einem **Taxi** und Wartezeit aushandeln. Selbstfahrer aus dem Zentrum: auf der Calle 39, am Ortsausgang geht's an einer Polizeistation vorbei, von da noch 3 km bis zu einer Abzweigung nach links (ausgeschildert), dann noch 2 km. Oder einen **Bus** nach Pisté/Chichén Itzá nehmen, an der Abzweigung aussteigen und das letzte Stück trampen. Oder ein **Fahrrad** mieten, es gibt einen Radweg nach Dzitnup über die Calle 47.

Der tolle Cenote Dzitnup

Adressen & Service Valladolid

Turismo

Im Palacio Municipal (mit Arkaden), Zócalo-Südostecke (Ecke Calles 40/41), Tel. 01-**985**-8562063; 9–20 Uhr, So 9–12 Uhr; Prospekte und auch Toilette. **Websites:** www.valladolid.com.mx • www.valladolidyucatan.com • u.a.

Unterkunft
ECO

Hostal La Candelaria, Calle 35 zw. C. 42 u. 44, beim *Parque la Candelaria* (die C. 44 hochgehen), Tel. 8562267, über www.hostelz.com. Nach seiner Renovierung wieder das beliebteste Hostel der Stadt, internationale Atmosphäre, nettes Betreiberpaar Tania & Ewout, gepflegter Garten mit Outdoor-Küche und Hängematten, Infos, Radvermietung für Cenote Dzitnup, Internet – kurz: ein Backpacker-Paradies. Tourangebote (Cenote, Höhlen, Ek Balam). Separate Dormitorios und Zimmer, 140–300 (EZ) Ps, Gäste erst ab 18 Jahren!

Hotel María Guadalupe, Calle 44 No. 198 (zw. C. 39 u. 41), Tel. 8562068, www.hotelmariaguadalupe.com; einfache, hellhörige, wenige Zimmer (teils ohne Fenster) mit Bad und Vent. DZ ab 450 Ps.

FAM

Hotel Zací, Calle 44 No. 191 zw. C. 37 u. 39, www.hotelzaci.com, Tel. 8562167. 60 Zimmer AC o. Vent., kleiner Pool, Garten, Restaurant (weniger gut), Parkplatz. DZ/Vent. 550 Ps. – *3 Hotels am Parque Principal:* **Hotel San Clemente,** Calle 42, No. 206 (Südwestecke), www.hotelsanclemente.com.mx. Tel. 8562208; 64 große Zimmer AC o. Vent. auf drei Geschossen um zentralen Pool, Parkplatz, Restaurant (frühstücken jedoch besser im gegenüberliegenden Rest. *Las Campanas*). DZ mit AC 515 Ps. – **Hotel María de la Luz,** Calle 42 No. 193, www.marialuzhotel.com.mx, Tel. 8562071. Untere Mittelklasse, 70 Zimmer/AC um einen zentralen, kleinen Pool. Nicht gerade leise. Frühstücksbüffet, Restaurant mittel. DZ 750 Ps. Ausflugsangebote nach Ek Balam.

LUX

Hotel El Mesón del Marqués, Calle 39 No. 203 (Nordostecke des Parque Principal, Tel. 8562073, www.mesondelmarques.com. Dreistöckiges Kolonialgebäude aus dem 16. Jh. mit speziellem Ambiente. 90 schöne Zimmer/AC (hintere sind ruhiger!), zwei nette Patios mit Pflanzen, Pool, Bar und **sehr gutes Restaurant Hostería del Marqués** (auch für Außerhaus-Gäste, **Tipp zum Frühstücken**). Preise je nach Zimmergröße und -art ab 900 Ps. – **Casa Quetzal,** Calle 51 No. 202 zw. C. 50 u. 52 (südl. des Convento de Sisal), Tel. 8564796, www.casa-quetzal.com. Kleines, behagliches und ruhiges Gästehaus mit 7 Zimmern, erholsamer Garten (Pool ist aber nicht nutzbar), Schönheits- und Yoga-Angebote. DZ ab 1000 Ps. **TIPP!** – **Casa Hamaca Guesthouse,** Parque San Juan, Calle 49/Ecke C. 40, www.casahamaca.com, Tel. 8565287. Sehr apartes Gästehaus, 8 individuelle Zimmer, Garten und kleiner Pool, US-Besitzer Denis Larsen. DZ/F ab 1350 Ps.

Essen & Trinken

Im **El Bazar Antojitos** beim Zócalo, Calle 40/Ecke C. 39, gibt es eine Ansammlung günstiger Brutzelstuben bzw. *loncherías.* – Gleich daneben ist das sehr empfehlenswerte Restaurant des Hotels **El Mesón del Marqués** (s.o.). – Neben dem ADO-Terminal bietet das kleine **Café-Bistro Squimoz** sehr guten Cappucchino, leckere Fruchtsäfte, Kuchen u.a. Gutes PLV, WiFi. – *Comida yucateca* serviert **Restaurante Las Campanas,** Zócalo-Südwestecke; leckere, große Portionen, nettes Ambiente, abends Live-Musik. – **Restaurante Yepez,** Calle 41 No. 148 (eine halbe Cuadra von der Zócalo-Südostecke, gegenüber Museo San Roque). – Ein sehr gutes italienisches Restaurant und ein **TIPP** ist im Parque la Candelaria beim gleichnamigen Hostal: **Casa Itali@,** Calle 35, Mo–Sa 6.30–11.30 Uhr. Statt dauernder Bohnenpampe tischt Eugenio 14 Sorten Holzofenpizzen, 20 Pasta-Gerichte, Lasagne, Nachtische und Vegetarisches auf – plus italienischen Wein! – Gleichfalls beim Parque la Candelaria: **La Casa del Café Kaffé;** es bietet neben schwarzen Getränken auch Snacks und Säfte.

Den Maya-Anis-Honig-Likör *Xtabentún* (sprich schta-bentunn), eine Yucatán-Spezialität, die in Valladolid hergestellt wird, sollte man mal probieren.

Adressen / Feste

Bank: Bancomer am Zócalo (Calle 40) und Zócalo-Südwestecke bzw. Calle 41 (Hotel San Clemente). – **Internet-Cafés:** Zócaloseite Calle 42; Calle 37/Ecke C. 46; Calle 43 No. 200-G zw. C. 38 u. 40; u.a. – **Mercado de Artesanías:** Calle 39/Ecke C. 44. – **Mercado Municipal:** östl. vom Cenote Zací, s. Stadtplan. – **Post:** am Zócalo, Calle 40. – **Supermercado:** *Super Maz,* Calle 39 zw. C. 48 u.

50. – **Fiesta:** Eine große alljährlich vom 27. Jan. bis 2. Feb. (Virgen de Candelaría).

An- und Weiterreise

Der **2. Klasse-Terminal** befindet sich an der Calle 39/Ecke C. 46 mit zahlreichen Verbindungen. **1.-Klasse:** Calle 54/Ecke C. 37.

Nach **Cancún** (2–3 h) ständig. – **Chichén Itzá/Pisté** (45 km/45 Min.), am besten direkt zum westlichen Haupteingang. Oder mit jedem Mérida-Bus 2. Klasse (Chichén Itzá öffnet um 8 Uhr, früh dort sein, deshalb einen der ersten Busse nehmen, z.B. um 7.15 Uhr). Oder mit einem schnelleren Minibus gegenüber vom Busterminal. – **Chiquilá** (für Isla Holbox). – **Cobá** (45 Min.)/**Tulúm** (2 h) 4–6 Abfahrten. – Izamal (2 h) 2 x nachmittags. – **Ek Balam** (s.u.) – **Mérida** (2–3 h) ständig. – **Playa del Carmen** (2,5–3,5 h) ständig. – **Tizimín/Río Lagartos** ein- bis zweistündlich.

Umgebungsziele von Valladolid

Abstecher zum Golf von Mexiko

Valladolid ist Ausgangspunkt für Ausflüge nach Norden an die Küste, nach **Río Lagartos** (103 km, Flamingo-Bootstouren; wer vor allem Flamingos sehen möchte, sollte vorzugsweise die Kolonien in **Celestún** westlich von Mérida besuchen). Auf der Strecke nach Río Lagartos ist der Abstecher zur archäologischen Stätte von **Ek Balam** obligatorisch. Die Zufahrt zweigt 25 km nördl. von Valladolid von der Mex 295 nach Osten ab (ausgeschildert, ca. 5 km).

Ek Balam

Eine schöne, nur wenig besuchte Stätte. **Anfahrt** von Valladolid mit einem Collectivo oder einem Taxi von der Calle 37 zw. C. 44 u. 42. Der Gesamtpreis für ein Taxi ist wegen der Wartezeit für die Besichtigung – dafür genügt eine Stunde – verhandelbar. Weitere Möglichkeit: eine Tourbuchung beim Hostal *La Candelaria* oder beim Hotel *María de la Luz.*

Ek Balam besitzt ein kleines Empfangsgebäude, Eintritt 89 Peso, geöffnet tägl. 8–16.30 Uhr. Bei den Bauten gibt es Erläuterungstafeln; ein INAH-*miniguía* ist erhältlich. Direkt neben dem Eingang wird eine lohnende 3-km-Tour mit MTB zum Cenote **X-Canché** angeboten. Mit Abseilen in den kühlen Cenote, Schnorchelausrüstung wird gestellt. Tel. 985-1009915.

Übernachten im Pueblo Ek Balam, vor der Ruinenzufahrt links ins Dorf abbiegen: **Dolcemente Ek Balam,** www.dolcementeekbalam.com, Tel. 01-985-1036073. Aparte italienische Anlage, saubere Bungalows und Zimmer, gutes (ital.) Restaurant. DZ ab 700 Ps. – 100% ökologisch ausgerichtet ist **Genesis Retreat,** ca. 300 m von den Ruinen entfernt, Tel. 01-985-8527980, www.genesisretreat.com, kanad. Leitung, Gartenanlage zum Entspannen, gutes Restaurant, 8 diverse Cabañas, Programmangebote. DZ/F ab 600 Ps.

„Strahlender Jaguar“

Ek Balam ist eine alte Mayastadt und heißt eigentlich **Tiquibalon,** *Ek Balam* („Strahlender Jaguar“) war ein Herrscher Tiquibalons. Den Spaniern war das Mayazentrum seit dem Ende des 16. Jahrhunderts bekannt.

Es ist eine sehr schön instandgesetzte kompakte Anlage, umgürtet von einem ungewöhnlichen doppelten Ringwall. Die Hauptbauten mit zwei Plazas – darunter auch ein kleiner Ballspielplatz – liegen alle innerhalb des etwa 1 qkm großen Areals und datieren aus der Zeit 700–1000 n.Chr., der Blütezeit Ek Balams. Die Ringmauer besitzt vier Zugänge, von denen vier *sakbeob* („weiße Straßen“, s.S. 192) nach Norden, Süden, Osten und Westen führen. An der Südseite – dort tritt man ein – gibt es zwei Zugänge, und eine weitere *sakbe*. Außergewöhnlich ist die Bauweise der Eingangs-Struktur mit ihren abgerundeten Ecken.

■ *Teil der grandiosen Stuckfassade an der Hauptpyramide*

Hauptattraktion am Aufgang der voluminösen, über 150 m breiten und 30 m hohen Hauptpyramide („La Torre") ist eine **Stuckfassade** mit grandiosem Dekor und spektakulären, vollplastischen Skulpturen. Sie wurde erst 1998 entdeckt, ihr Erhaltungszustand und der Detailreichtum sind in der Mayawelt einzigartig! Fantastisch ist auch die Ausgestaltung eines Portals als zähnebewehrter Schlangenrachen. Diesen *Chenes*-Dekorstil findet man fast nur im Süden Yucatáns – überhaupt ist das Konglomerat von Baustilen in Ek Balam völlig ungewöhnlich und ein großes Rätsel in der Mayaforschung!

Die Mex 295 strebt fast schnurgerade durch Busch- und Weideland weiter. Nach 50 km wird Tizimín erreicht.

Tizimín

Ew. 50.000

✆ 01-986

Tizimín („Platz des Tapirs") ist eine ruhige Kolonialstadt mit zwei alten Klöstern. Hier kann man eine Pause einlegen. Von Süden einfahrend gelangt man auf der Calle 50 zum **Parque Principal,** von Norden auf der Calle 52. Um ihn gibt es ein paar Geschäfte, auf der Nordseite liegt der *Palacio Municipal* und im Osten das Kloster *Tres Reyes Magos.* Die Busterminals der 1. und 2. Klasse befinden sich an der Ecke der Calles 46/47 bzw. in der Calle 47 (zahlreiche Verbindungen in alle Richtungen). In der Nähe, an der Ecke der Calles 47/48, befindet sich Markt.

Essen: am Parque Principal liegt an der Westseite das *Restaurante Tres Reyes,* der Spruch „La mejor comida del mundo" braucht zwar nicht ernstgenommen zu werden, doch ist z.B. *Pavo en relleno negro,* Truthahn mit schwarzer Füllung, einen Versuch wert. Billig isst man auf dem **Mercado,** Calles 47/48, westl. des Noreste-Busterminals. – **Übernachten:** *Posada María Antonia,* Calle 50 No. 408 (Ostseite Parque de la Madre, der an der Südostseite des Parque Principal beginnt), Tel. 8632384. – Besser ist **Hotel San Carlos,** Calle 54 zw. C. 52 u. 53, zwei Blocks westl der Plaza, Tel. 8632094. – **Internet-Café:** Calle 52 No. 368 zw. C. 43 und 45. – **Geld:** ATM vorhanden. – **Fiesta:** Um den Jahreswechsel steigt in Tizimín die große *Feria de los Reyes* (Heilige Drei Könige, 26.12.–15.01.): Prozessionen, Stierkämpfe und viel Folklore.

Río Lagartos

Ew. 3500

✆ 01-986

Der ruhige Fischerort (*lagartos* = Echsen) liegt 50 km nördlich von Tizimín am Golfo de México. Wen es hierher verschlägt – Lagartos wirkt eher wie ausgestorben –, kommt in erster Linie wegen der zahlreichen **Flamingos,** deren Populationen jedoch heutzutage nicht mehr die Größe wie früher haben. Beste Zeit um die Vögel zu sehen ist Juli/August.

Gleich östlich von Río Lagartos erstreckt sich entlang des *Estero Río Lagartos* das 470 qkm große **Reserva de la Biósfera Ría Lagartos,** ein Paradies für zahllose Vogelarten, darunter viele Zugvögel. Hunderte Spezies sind hier heimisch, vor allem Reiher *(garzas),* Kormorane, Ibisse, Störche, Pelikane u.a. Mit etwas Glück wird man bei einer Bootstour außerdem Salzwasser-Krokodile *(cocodrilos)* sehen. *„Estero"* steht hier nicht wie üblicherweise für „Flussmündung", sondern es ist ein sehr schmaler Meeresarm mit einer höheren Salzkonzentration als das Meer, in dem sich eine spezielle Flora entwickelte, vor allem Mangroven, *manglares* (kleiner Exkurs darüber s.S. 306).

Alles über Río Lagartos, Flamingos und die Natur auf der Homepage von *Diego Nuñez Martínez* (s.u.), www.riolagartosnaturetours.com. Río Lagartos hat bislang keinen Geldautomaten.

Ortsbeschreibung

Hotels / Restaurants

Selbstfahrer fahren auf der Hauptstraße Calle 10 in den Ort rein, bis zum *Monumento al Flamenco* (Flamingo-Statue). Dort links in die Calle 19 abbiegen, bis ganz ans Ende zum **Restaurante Isla Contoy** beim Leuchtturm. Dieses Restaurant ist **Treffpunkt und Info-Börse** (Tel. 8620000, tägl. frische Fischgerichte, Lobster, Bar, Sunset-Drinks). Für Flamingo-Touren dort nach Guide *Ismael Navarro* fragen (s.u.). Flyfisher/Sportfischer werden ebenfalls dort beim Büro von **Flyfishing Yucatan** bestens versorgt (und können dabei im **Hotel Punta Ponto** unterkommen, Details auf www.flyfishingyucatan.com). Gleich neben dem Restaurant befindet sich die sehr einfache **Posada Isla Contoy.**

Biegt man von Hauptstraße Calle 10 nach der Flamingo-Statue rechts ab in die Calle 14, so kommt man zum Meer. An Straßenende liegt links das Hotel **Villa de Pescadores** (www.hotelriolagartos.com.mx, Tel. 8620020, DZ ab 630 Ps). Obere Zimmer mit schönem Panoramablick auf die Boote und den Estero. Westlich um die Ecke von der Villa de Pescadores liegt das *Restaurante Macumba.*

Eine Cuadra vorher befindet sich an der Calle 14/Ecke Calle 11 die günstige **Posada Leydi** von Doña Tere, Zimmer mit Meerblick, Tel. 01-986-8620106.

Busankömmlinge werden von vielen „amigos" erwartet, die sofort das passende Hotel und Touren parat haben, doch lieber selbst die Lage erkunden: auf der Calle 19 westlich bis zum *Monumento al Flamenco* gehen und von dort wie oben beschrieben auf der Calle 14 bis vor zum Meer und weiter links zu den Restaurants **Las Palapas de la Torreja** (s.u.) und **Isla Contoy** (s.o.).

Wohnmobilfahrer finden am östlichen Ortsende beim **Ojo de Agua Dulce** beim dortigen großen Palapa-Restaurant einen guten Gratis-Standplatz. Die natürliche Quelle ermöglicht Schwimmen.

Flamingo-Bootstouren

Lancheros passen Touristen schon am Ortsbeginn ab, man bekommt ständig Angebote für Flamingo-Bootstouren. An der Pierstraße stehen drei *Casetas de Información turista* von der *Unión de Lancheros Flamingos.* Ein Boot, in das 4–6 Personen reingehen, kostet ca. 650 Ps – handeln bzw. sich mit anderen zusammentun; auch abhängig davon, wie lange man insgesamt unterwegs ist und wie weit man fährt. Bis *Angostura* sind es ca. 1,5 Stunden bzw. über 30 km. Vorteilhaft sind frühmorgendliche oder nachmittägliche Abfahrten (doch nicht später als 14.30 Uhr). An Sonnenschutz denken (Hüte fliegen im Fahrtwind davon), beim Fotografieren ist ein Teleobjektiv vorteilhaft.

Der Lanchero steuert nach Osten und man sieht auf Bäumen und in den Mangroven allerlei Vogelarten und Wassertiere. An einer Engstelle wird unter einer Holzbrücke durchgefahren, danach weitet sich der Estero wieder. *Yoluk* und *Emal* sind Flamingostellen. Man passiert einen *mirador* (Aussichtsturm) und die **Flamingo-Punkte** *Angostura* und *Puntameco.* Sind keine Flamingos im Wasser, wird angelegt und es geht es ein Stück zu Fuß zu einer Kolonie. Das Wasser bedeckt weißer Schaum, der sich durch die Vogelexkremente bildet. Flamingos sieht man vermehrt im Juli und August (Flamingo-Exkurs s.S. 305).

Ein engl.-spr., zertifizierter Führer für das Río Lagartos Biosphären-Reservat, zu Flamingos, Meeresschildkröten (Mai–Sept) und auch zu Krokodilen (Nachtfahrten) ist *Diego Nuñez Martínez* mit Familienunternehmen. Büro im Restaurant **Las Palapas de la Torreja** beim Malecón (Calle 9) bzw. beim Leuchtturm; er hat 15 Boote, 10 Kayaks und 10 Mountainbikes, Tel.-Büro 01-986-8620452, Cel. 01-986-1008390, www.riolagartosaventuras.com (span.) oder www.riolagartosnaturetours.com. Auch *José Ismael Navarro* ist ein guter

Guía mit Touren. Kontakt zu ihm übers *Restaurante Isla Contoy* (s.o.), Tel. 8620000.

Feste

Die **Feria de Santiago** findet in alljährlich Ende Juli statt (Beginn am Samstag vor dem 25.6., Dauer eine Woche). – **Día de la Marina:** 1. Juni.

Ausflüge von Río Lagartos

Von Río Lagartos lohnt ein Abstecher zu den östl. liegenden **Salinas Las Coloradas** (25 km). Dazu mit dem Wagen von Río Lagartos zunächst kurz südlich fahren und dann an einer Kreuzung östlich abbiegen (westl. geht es nach San Felipe). Man passiert die Salzfabrik und sieht haushohe, gleißende Salzhalden und rötliche Salzseen. Am Ende der Straße liegt der kleine Ort Las Coloradas. Schon die Maya gewannen hier in Verdunstungsbecken Meeressalz.

San Felipe, 10 km westl. von Río Lagartos (Busverbindungen), ist ein abgeschiedenes, friedvolles **Fischerdörfchen** mit bunten Holzhäusern und Hafenpromenade mit schattigen Sitzbänken. Wenige, doch günstige und einfache Unterkünfte (z.B. *Hotel San Felipe de Jésus,* Calle 9, leider brummt davor ein riesiger Generator), essen in rustikalen Fischrestaurants (Hummer!). Die Fischer bieten Bootstouren zu einem schönen Strand mit Palapas an.

Westlich v. Valladolid

Grutas de Balankanché

Die touristischen Tropfsteinhöhlen *Grutas de Balankanché* liegen gut 40 km westlich von Valladolid bzw. 6 km vor Chichén Itzá (1,5 km östl. des Hotels Dolores Alba) an der Mex 180 an einer kurzen Stichstraße von dieser (ausgeschildert). Anfahrt mit jedem 2.-Klasse-Bus zwischen Valladolid und Pisté (dem Fahrer Bescheid sagen, „por las grutas“) oder als Taxiausflug von Pisté. *Balankanché* („Thron des Jaguars“) wurde – wie z.B. auch die Loltún-Höhle und viele weitere Kalkgrotten auf der Yucatán-Halbinsel – von den Maya einst als Wasserquelle und Kultstätte genutzt (Verehrung von Regengott Chaak und später auch von Tláloc, der toltekische Wassergott, von ca. 300 v.Chr. bis 1200). Höhlen spielten in der Weltsicht der Maya eine besondere Rolle, da sie als Eingänge in die Unterwelt *xibalba* und als Sitz von Göttern galten.

Am Zugangsweg zur Höhle wurde ein kleiner **Botanischer Garten** mit interessanten Sträuchern und Bäumen angelegt, es wachsen u.a. *Ceibas* (jene mit dem stachligen Stamm) und auch Chicle-Bäume.

Das ausgedehnte Höhlensystem besteht aus sieben großen Kammern, drei davon sind zugänglich. Im Zentrum der Hauptkammer formten Stalagmiten und Stalaktiten in Tausenden von Jahren eine Säule, um die eine Vielzahl von Opfergaben liegen – unberührt seit mindestens 700 Jahren. Man beließ die Schüsseln, Urnen, Töpfe, Krüge, *incensarios* (Räuchergefäße), Figürchen, Maismahlsteine (*xca* bzw. *metates*) und andere Dinge an Ort und Stelle.

Infos

Am Eingang Schautafeln und Fotografien, Café, Museum, kleiner Laden. Tägl. geöffnet von 9–17 Uhr, **Eintritt** 95 Ps. Besichtigung nur mit Führung, Minimum 6 Pers., Dauer 40 Min. Scheinwerfer strahlen die Höhlen farbig aus, eine Tonanlage erzählt Maya-Legenden. Span. 9, 12, 14 u. 16 Uhr, engl. 11, 13 u. 15 Uhr. **Die Maya-Unterwelt ist jedoch nicht das Richtige für klaustrophobe Gemüter – pure Saunaschwüle und stickige, sauerstoffarme Luft, lange und steile Treppen!** Wer es hinter sich hat, kann sich hinterher abkühlen im

TIPP!

Cenote Ik kil

Ca. 1,5 km weiter westlich von Balankanché, genau gegenüber des Hotels Dolores Alba (s.u.), führt eine Stichstraße zu dem offenen und sehenswerten Cenoten **Ik kil.** Geöffnet 8–16 Uhr, Eintritt 70 Ps.

Umziehräume, Toiletten, Schließfächer, und ein Hotel und Restaurant.

Den über 25 m tiefen und kreisrunden Einbruch zieren hinabwachsende Luftwurzeln und ein Mini-Wasserfall. Runter geht es auf einer Treppe, danach erfrischendes Schwimmen in türkisem Wasser mit vielen Fischen. Vor 13 Uhr da sein, denn danach rücken Touristen an die zuvor Chichén Itzá besichtigten.

Cenote Suytun

Dieser Cenote liegt 6 km westlich von Valladolids Stadtgrenze an der Mex 180, Rancho Ganadero. Sehr fotogen, doch zum Schwimmen wegen vieler Schwalben und Fledermäuse ist das Wasser nicht perfekt sauber. Mit Restaurant, Cabañas, Duschen, Pool sowie täglicher Maya-Tanzdarbietung 16–18 Uhr, www.cenotesuytun.com. Auch ein guter Stellplatz für Wohnmobile.

Pisté / Chichén Itzá

Pisté

✆ 01-985

Der kleine Straßenort liegt 2 km nordwestlich von Chichén Itzá und er lebt fast ausschließlich vom Chichén-Itzá-Tourismus. Die 2 km lange Durchgangsstraße **Mex 180** heißt im Ort Calle 15. Es gibt einen Geldautomaten.

An- und Weiterfahrt von Pisté

Anfahrt mit dem Bus von Valladolid (45 km) oder Mérida (120 km) s. jeweils dort. Nahezu alle Busse von Mérida machen von der Mex 180 den Schlenker bis zum Haupteingang von Chichén Itzá. (Wer in Pisté aussteigt, muss von der Mex 180 auf der Stichstraße bis zum Haupteingang noch etwa 25 Min. zu Fuß laufen, es fahren aber auch Taxis/Colectivos). An der Durchgangsstraße von Pisté gibt es zwei Bushaltestellen, eine östliche und eine westliche. Am östlichen Ortsrand, zwischen den Hotels *Pirámide Inn* und *Posada Novela,* liegt der Bus-Stopp der Linie *Oriente* (Tel. 01-985-8510052). Die Busse halten aber auch überall an der Hauptstraße und an der Dorfplaza.

Busse 2. Klasse fahren stündlich zwischen 8.15 und 16.15 Uhr nach **Mérida** (2,5 h). Nach **Valladolid** (50 Min., dorthin auch ständig Colectivos) und nach **Cancún** (4,5 h) zur vollen Stunde zwischen 7 und 17.30 Uhr. Auch nach Tulúm und Playa del Carmen. – **Busse 1. Klasse** nach **Mérida** (knapp 2 h) um 14.25 u. 17 Uhr, **Cancún** (2,5 h) 16.30 Uhr, **Cobá** (1,5 h) und **Tulúm** (2,5 h) um 8 u. 16.30 Uhr. Zeiten bitte verifizieren!

Unterkunft in Pisté

Unterkünfte sind in Pisté nicht preiswert, aber wesentlich günstiger als jene bei den Ruinen. An der Hauptstraße Mex 180 liegen von Osten her:

Hotel Pirámide Inn, linke Straßenseite, gleich beim Busstopp, www.piramideinn.com, Tel. 8510115. Groß, motelähnlich, 50 Zimmer/AC oder Vent., Pool, Gartenanlage (Zimmer nach hinten sind ruhiger), Restaurant. DZ 500 Ps; man kann auch preiswert seine Hängematte aufhängen oder zelten. – 100 m weiter, linke Seite: **Stardust Inn,** einfacher als das Hotel Pirámide Inn. – 250 m weiter die beste Option an der Hauptstraße, rechts: **Best Western Chichén Itzá,** DZ ca. 850 Ps (sehr oft voll), mit kleiner Gartenanlage und Pool. – 70 m weiter liegt rechts das zweistöckige Haus „Artesanías Juquilita“, da gegenüber führt eine schmale Straße auf 150 Metern runter zur günstigen und ruhigen **Posada Olalde** mit Gartenanlage und Schatten. DZ 350 Ps, Tel. 8510086.

Wohnmobil-Stellplätze: Beim Hotel Pirámide Inn (nachts extrem laut) oder bei *Cuarto Camping,* gegenüber vom Stardust, und neben der Bushaltestelle; große DZ, Pool im Garten, günstig.

Restaurants in Pisté

Entlang der Hauptstraße reihen sich Restaurants, z.B. *Las Mestizas,* 100 m vor dem Best Western-Hotel links. Günstiger isst man bei den kleinen Lokalen um die Dorfplaza am westlichen Ortsende. Tipp: Das Restaurant im Empfangsgebäude von Chichén Itzá bzw. das Café im Gelände sind beide teuer, in Pisté evtl. was zum Essen kaufen und mitnehmen.

Hotels östlich der Chichén-Itzá-Ruinen (Lagen s. Karte)

Hotel Dolores Alba

Die einzig kostengünstige Alternative zu den drei folgenden Hotels beim Osteingang ist das **Hotel Dolores Alba** an der östlichen Zufahrtsstraße zu den Ruinen (die alte Mex 180), km 122, zwischen der Balankanché-Höhle und Chichén Itzá. Tel. 01-**985**-8581555, www.doloresalba.com. 40 einfache, motelähnliche, geräumige DZ mit Vent./AC in Gartenanlage **direkt** an der sehr lauten Straße (Ohrstöpsel bereithalten), 2 Pools. DZ/F 650 Ps, Bezahlung mit Kk + 8%. Restaurant nicht günstig, wenig motiviertes Personal. Von 8.30–14.30 Uhr Transport zu den Ruinen (2,5 km, 20 Ps) u. zur Balankanché-Höhle (1,5 km), in den Zeiten davor u. danach nicht. In der HS Reservierung ratsam. Anfahrt mit einem 2.-Klasse-Bus stündlich von Mérida oder Valladolid, dem Busfahrer Bescheid sagen, er hält vor dem Hotel. Der Fam. Sánchez gehört auch das Hotel Dolores Alba in Mérida, s. dort.

Falls das Dolores Alba voll sein sollte: genau gegenüber liegt – ca. 400 m zurückgesetzt im Busch und an einem Cenote – die Bungalow-Anlage **Ik Kil** (s.o.), teurer als das Dolores Alba, mit Restaurant, Tel. 01-985-8510039.

Nachfolgende 3 Hotels liegen jeweils nur ein paar 100 m vom Osteingang der Ruinen entfernt – und diese Vorzugslage des „fußläufigen" Zutritts lässt man sich teuer bezahlen ... Einen heißen Besichtigungstag Chichén Itzás kann man jedoch dort abends, stilvoll ausklingen lassen. Wer am Haupteingang mit dem Bus ankommt, muss zu den Hotels ein Taxi nehmen, 80–100 Peso.

Hotel Villas Arqueológicas Chichén Itzá

Wie jedes Hotel dieser Kette (weitere in Cobá, Uxmal, Cholula, Teotihuacán) ist es im gleichen Stil erbaut und gestaltet. 40 kleine DZ, Pool, Restaurant, Bar. Von den drei Hotels am Osteingang ein **TIPP** (reservieren ratsam, häufig durch Gruppen belegt). DZ ca. 800 Ps. Tel. 8566000, Beschreibung, aktuelle Preise mit Special Promotions auf www.villasmex.com.

Hotel Hacienda Chichén

Sehr schöne Hacienda-/Bungalow-Anlage „mit allem" in tropischer Gartenanlage mit Pool. Restaurant gut, aber nur mäßiges PLV. Tel. 01-999-9208407, www.haciendachichen.com. DZ/F ab 2200 Ps, auch günstige „Specials".

Hotel & Bungalows Mayaland

Liegt gleich rechts/östlich des Osteingangs, die größte Luxus-Hotelanlage Yucatáns, gehört zur Kette Best Western. Riesiger Garten mit Bungalows, 3 Pools, über 100 Zi., internationale Gruppen, 4 Restaurants, Sicht auf Kukulkán-Pyramide, Tel. 01-998-8872595, www.mayaland.com. DZ/F ab 1200 Ps, auch „Specials". Der hintere Parkplatz ist gleichfalls sehr teuer.

Ruinas Chichén Itzá

Vorüberlegungen und Zeitplanung

Besuch zum Beispiel von Valladolid oder von Mérida aus als **Tagestour** hin- und zurück. Wegen der Mittagshitze unbedingt früh aufbrechen, so dass man so zwischen 8 und 9 Uhr am Eingang ist. Damit erspart man sich das (teure) Übernachten bei den Ruinen bzw. in Pisté. Nach der Besichtigung kann man nach Mérida oder Valladolid weiter- bzw. zurückfahren (auch nach Cancún, Cóba, Tulúm und Playa del Carmen).

Chichén Itzá intensiv und mit Muße erleben: Nachmittags dort eintreffen, eine erste Besichtigungsrunde drehen (ca. 1–1,5 Stunde vor Kassenschluss wird selten Eintritt verlangt) und am nächsten Tag gleich morgens den Rest der Ruinen ablaufen. Dabei zum Übernachten am besten ein Hotel beim

Osteingang wählen (oder das Dolores Alba, s.o.). Chichén Itzá hat nämlich zwei Eingänge, einen im Westen – dies ist der Haupteingang mit dem Besucherzentrum – und einen östlichen. Letzterer ist weit wenig frequentiert, keine Wartezeiten.

Bei einer **Ganztagesbesichtigung** sollte überlegt werden, zur Mittagspause und zum Essen in eines der Hotels am Osteingang (s.o.) rauszugehen (bei gleichzeitiger Abkühlung im Hotel-Pool).

Empfangsgebäude „Unidad de Servicios"

Das monumentale Chichén-Itzá-**Empfangsgebäude** liegt am großen (gebührenpflichtigen) Parkplatz, wo sich auch die Bushaltestelle befindet. Es zeigt ein Modell von Chichén Itzá und ist „mit allem" ausgestattet: Information, Laden mit Literatur, Karten und Postkarten, **Busticket-Schalter** (Weiterfahrt 1. Klasse vorbuchen!), Geldautomat, Telefone, Toiletten etc. Die **Gepäckabgabe** (Guardaequipaje) befindet sich beim Eintrittskartenschalter um die Ecke.

Schön anzusehen ist das farbige Küstendorf-Bild (s.S. 122) aus dem *Templo de los Guerreros.* Außerdem vorhanden: **Restaurant-Cafetería, Chilam Balam Auditorio** mit Filmen und ein kleines **Museum** (8–17 Uhr), das mit Schautafeln, Stelen, einem Chak Mool, skulptierten Säulen, Fotos von Ausgrabungen, Fundstücken aus dem *Cenote Sagrado* u.v.m die Geschichte Chichén Itzás dokumentiert.

Ruinenführer bieten ihre Dienste an, doch vor den meisten Bauten gibt es Erläuterungstafeln in Spanisch, Englisch und Maya.

Öffnungszeiten Chichén Itzá: **sommers täglich von 8–18 Uhr,** in den Wintermonaten bis **17.30 Uhr** (jeweils eine halbe Stunde vorher wird man vom Personal zu den Ausgängen gescheucht). Das Empfangsgebäude hat länger auf.

Eintrittspreise Der Gesamteintritt von **202 Peso** setzt sich zusammen aus der INAH-Gebühr plus der staatlichen Conaculta-Abgabe, die an einer Extrakasse zu zahlen ist. An der Einfahrt Parkgebühr 25 Ps, und auch fürs Videofilmen ist zu löhnen. Die frühere abendliche Licht- und Tonschau „Espectáculo de Luz y Sonido" gibt es nicht mehr.

Infos zur Besichtigung Ein Gesamtrundgang mit ausgiebiger Besichtigung aller der auf einer Fläche von ca. 8 qkm verstreuten Bauten nimmt mit (nötigen!) Pausen einen ganzen Tag in Anspruch. Wer dies wirklich vorhat, sollte sich gegen die **mittäglich glühende Sonne** wappnen, auf lange Fußmärsche eingestellt sein und was zum Trinken mitführen (es werden aber auch entlang der Wege Getränke verkauft). Die meisten Besucher belassen es mit einem Besuch der Hauptmonumente, was aber auch drei, vier Stunden dauert.

Südwestlich der Kukulkán-Pyramide gibt es Toiletten und ein Café, ein weiteres WC ist nördlich beim Cenote Sagrado. „Die Anlage gleicht zu Stoßzeiten einem Jahr- und Flohmarkt, vor allem der Weg zum Cenote Sagrado. Das ständige Ansprechen von *ambulantes,* Souvenirverkäufern, nimmt dem Ort auch noch den letzten Rest an Mystik", so eine Zuschrift.

Weiterfahrten mit dem Bus von Chichén Itzá (s.a. oben, Pisté). Vom Parkplatz des Haupteingangs von Chichén Itzá fahren Busse 1. und 2. Klasse nach **Mérida** (1. Klasse knapp 2 h)**, Valladolid** (50 Min., evtl. dort umsteigen für Cancún u.a. Ziele), **Cancún** (2,5 h; 2.-Klasse 4,5 h)**, Playa del Carmen** (3,5 h), **Cobá** (1,5 h) und nach **Tulúm** (2,5 h, 2. Klasse 4 h; z.B. um 8.30, 14.40 u. 16.35 – Zeiten verifizieren!). Wer 1.-Klasse weiterfährt, sollte sein **Ticket rechtzeitig holen,** da die Busse an manchen Tagen ziemlich ausgebucht sind – leider öffnet der Schalter erst um 10 Uhr!

Tipp: Die Weiterfahrt nach Valladolid (2. Klasse) evtl. bei den **Balankanché-Höhlen** unterbrechen, Beschreibung s.S. 230.

Überblick über die Stätte

Chichén Itzá ist **die berühmteste archäologische Stätte Yucatáns** und, zusammen mit Tulúm an der Karibikküste, die meistbesuchte ganz Mexikos! Im Durchschnitt kommen übers Jahr pro Tag 10.000 Besucher und noch mehr in den Stoßwochen. Extrem großer zusätzlicher Andrang herrscht in den Tagen der **Tagundnachtgleiche** am 20./21. März und 21./22. September (s.S. 239, „Equinoccio").

Es ist unbedingt zu empfehlen, bei Öffnung der Stätte da zu sein. Gegen 12 Uhr rollen Unmengen Touristenbusse aus Cancún an und fluten mit ihren Tagestouristen das Gelände.

Man unterscheidet drei Ruinen-Zonen: **Zona Norte** (mit Kukulkán-Pyramide), **Zona Central** und die zeitlich älteste **Zona Sur** (hier im Buch nicht beschrieben). Die Straße Mex 180, die das Ruinen-Areal in einem großen Bogen umrundet, führte einst mitten durch das Gelände an der Kukulkán-Pyramide vorbei.

Infolge der Besuchermassen ist das Besteigen der Pyramiden und das Begehen der allermeisten Strukturen nicht mehr möglich!

Geschichtlicher Abriss

Wer waren die Ersten?

Über die ersten Bewohner Chichén Itzás gibt es keine gesicherten Erkenntnisse, nur Mutmaßungen und Legenden (die Chronik der Stadt ist deshalb so schwer zu bestimmen, weil nur ganz wenige Stelen mit Datierungen oder Inschriften über Herrscher gefunden wurden; die früheste Notation stammt aus dem Jahr 842). Chichén Itzá heißt soviel wie „Stadt der Itzá am Rande des Wassers", aber da es in der Gegend keinen Fluss oder See gibt, können damit nur die beiden Cenotes gemeint sein.

Zweimal in Besitz genommen

Laut Maya-Forscher Dr. Morley wanderten *Itzá-Maya* aus der Petén-Region (heute nördliches Guatemala) zwischen 455 und 495 nach Yucatán ein und siedelten sich in Chichén Itzá an. Ihr Anführer war der Hohepriester *Lakin Chan,* auch **Itzamná** genannt, nach ihm hießen die Bewohner der Stadt *Chanes* oder *Itzáes.* Noch vor dem Jahr 700 sollen sie aber Chichén Itzá in südwestlicher Richtung (heutiges Tabasco) wieder verlassen haben und dann vor dem Jahr 1000 erneut – zwischenzeitlich kulturell stark beeinflusst von Nahua-Stämmen des Hochlandes – als *Chontal-(Putún)Maya* unter dem Anführer *Nacxit Xuchit* nach Chichén Itzá gezogen sein.

Vielleicht handelte es sich bei den Rückkehrern aber auch um **Tolteken** aus dem mexikanischen Hochland, denn diese sollen ja, nach einer vielzitierten Theorie, im Jahr 987 aus Tollán (Tula, nordwestl. von Mexiko-Stadt) nach Chichén Itzá gewandert sein, ihr Führer war der legendäre **Ce Acatl Topiltzin Quetzalcóatl** (s. „Quetzalcóatl und Kukulkán"). Diese Hypothese ist allerdings widersprüchlich zu wesentlich älteren toltekischen Datierungen in Chichén Itzá. Wie auch immer: Durch die 2. Besitzergreifung wurde der Stadt neues Leben in Form innovativer Bauideen eingehaucht (maya-toltekische Architektursynthese).

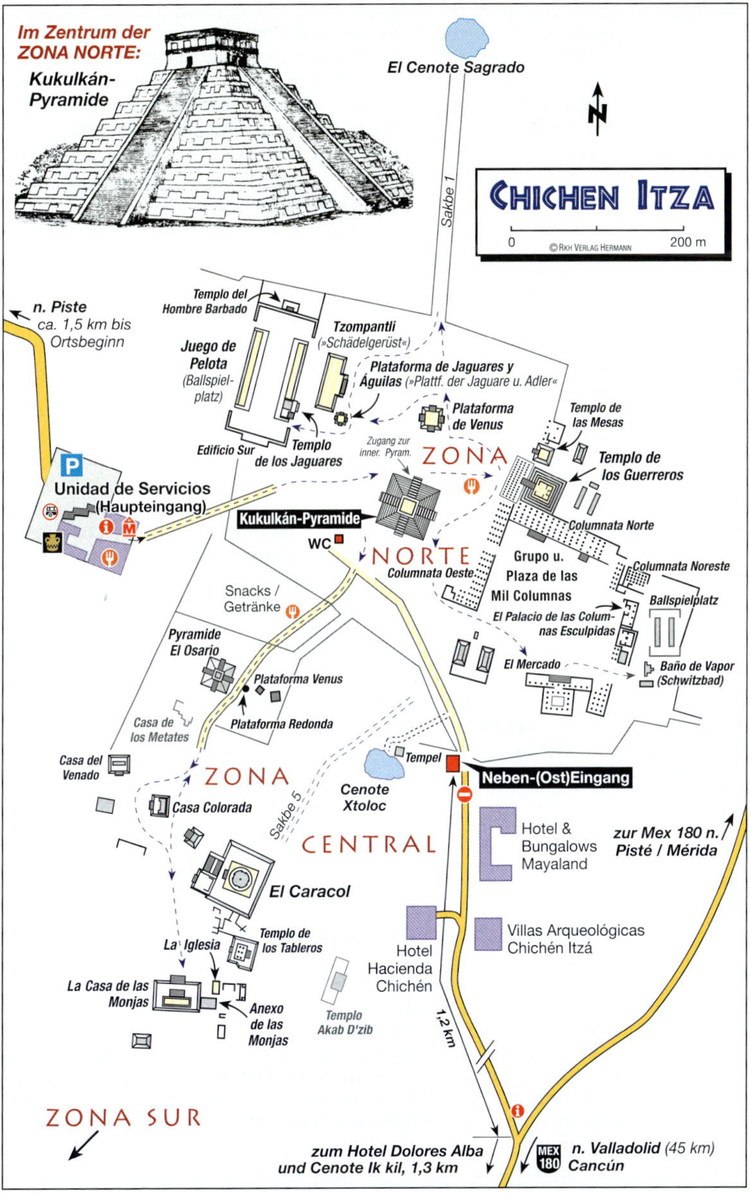
Im Zentrum der ZONA NORTE:
Kukulkán-Pyramide
El Cenote Sagrado
N
CHICHEN ITZA
0
200 m
© RKH VERLAG HERMANN
Sakbe 1
n. Piste
ca. 1,5 km bis Ortsbeginn
Templo del Hombre Barbado
Tzompantli (»Schädelgerüst«)
Juego de Pelota (Ballspiel-platz)
Plataforma de Jaguares y Águilas (»Plattf. der Jaguare u. Adler«
Plataforma de Venus
Templo de las Mesas
Templo de los Guerreros
Edificio Sur
Templo de los Jaguares
Zugang zur inner. Pyram.
ZONA NORTE
P
Unidad de Servicios (Haupteingang)
Kukulkán-Pyramide
WC
Columnata Norte
Columnata Oeste
Grupo u. Plaza de las Mil Columnas
Columnata Noreste
Ballspielplatz
El Palacio de las Columnas Esculpidas
Snacks / Getränke
Pyramide El Osario
Plataforma Venus
Plataforma Redonda
Casa de los Metates
El Mercado
Baño de Vapor (Schwitzbad)
Casa del Venado
Tempel
Neben-(Ost)Eingang
ZONA CENTRAL
Casa Colorada
Sakbe 5
Cenote Xtoloc
Hotel & Bungalows Mayaland
zur Mex 180 n. Pisté / Mérida
El Caracol
Templo de los Tableros
La Iglesia
Hotel Hacienda Chichén
Villas Arqueológicas Chichén Itzá
La Casa de las Monjas
Anexo de las Monjas
Templo Akab D'zib
1,2 km
ZONA SUR
zum Hotel Dolores Alba und Cenote Ik kil, 1,3 km
MEX 180
n. Valladolid (45 km) Cancún

Niedergang

Noch zu Beginn des Postklassikums war Chichén Itzá der mächtigste Stadtstaat Yucatáns, doch kurz nach 1200 ging auch diese nachklassische Renaissance zu Ende. Die Herrscher des Stadtstaates **Mayapán** (s.S. 297) okkupierten Chichén Itzá und beendeten damit die **Liga von Mayapán.** In dieser Dreier-Allianz waren Mayapán, Chichén Itzá und Uxmal vorher nahezu 200 Jahre lang politisch verbunden gewesen.

Die Neuzeit

Spätestens um 1400, vielleicht schon früher, wurde Chichén Itzá dann endgültig verlassen, über Gründe und Umstände gibt es wiederum verschiedene Hypothesen. **1533** besetzten es die Spanier unter *Francisco de Montejo* („El Adelantado"), doch die Idee, es zur Hauptstadt Yucatáns zu machen, wurde bald wieder aufgegeben, trotz der positiven Darstellung in einem (späteren) Bericht von Bischof **Diego de Landa:** *„Chichén Itzá ist ein sehr ansehnlicher Ort, der etwa 10 Meilen von Izamal und 11 von Valladolid entfernt liegt ... Hier regierten drei Herrscher gemeinsam ... Sie verehrten ihren Gott sehr und errichteten ihm beeindruckende Gebäude"* (*Relación de las Cosas de Yucatán* – „Bericht über die Angelegenheiten von Yucatán").

Hinterher lag Chichén Itzá jahrhundertelang mehr oder weniger vergessen im Busch (doch der große Cenote blieb für die Maya-Bevölkerung immer ein Wallfahrtsort). Neuzeitliche erste Grabungen wurden 1841 durchgeführt, in diesem Jahr waren auch Stephens und der Zeichner Catherwood hier, später besuchten es ebenfalls Maudslay und Maler. Ab 1904 wurde erstmals der Cenote Sagrado erforscht, große wissenschaftliche Ausgrabungen und umfangreiche Rekonstruktionen fanden von 1923 bis 1943 statt. Die Zeit hatte allen Bauten schwer zugesetzt, sie waren zerfallen und zugewuchert, auch die Kukulkán-Pyramide bot ein klägliches Bild (vgl. ihre Südseite, die im vorgefundenen Zustand belassen wurde). 1988 wurde Chichén Itzá von der UNESCO zum Weltkulturerbe erklärt.

Verschiedene Epochen, verschiedene Baustile

Bauhistorisch ist Chichén Itzá das Resultat vieler Zeitepochen und verschiedener Kulturen (u.a. sind Stilelemente und Einflüsse der Golfküste und Oaxaca identifizierbar), weist jedoch alle architektonischen und städtebaulichen Komponenten eines mesoamerikanischen Stadtzentrums auf: Pyramiden, Tempel, Paläste, Zeremonialzentren und Ballspielplätze. Und sogar – einzigartig – einen speziellen Bau zum Beobachten der Gestirne, ein Observatorium.

Ältester Teil ist die **Zona Sur,** in der etliche kleinere Tempelreste stehen, vieles überwuchert ist und Ausgrabungen noch im Gange sind.

Von den Bauten der **Zona Central** sind die älteren noch im rein mayanischen **Puuc-** oder im **Chenes-Stil** errichtet (Casa Colorada, La Iglesia, Anexo de las Monjas u.a.), während bei den monumentalen Bauten der **Zona Norte** (Kukulkán-Pyramide, „Tempel der Krieger", Ballspielplatz, Tzompantli) der toltekische bzw. der **maya-toltekische Hybridstil** vorherrscht, der Elemente aus dem zentralmexikanischen Hochland respektive aus der früheren Tolteken-Hauptstadt Tollán mit Formen und Stilen der Maya-Architektur kombiniert. **Dominierend** in der **Ikonographie** Chichén Itzás sind die zahllosen stilisierten Darstellungen der Gottheit **Kukulkán** in Form des **„Vogel-Schlangen-Manns"** und der **„Gefiederten Schlange".**

Quetzalcóatl und Kukulkán

Quetzalcóatl – „die mit den Federn des Quetzal-Vogels geschmückte Schlange“ war die wichtigste Gottheit und die zentrale Figur der gesamten mesoamerikanischen Götterwelt, der Urgott aller Nahua-Stämme. Das Mischwesen war Schutzpatron der Künste und symbolisierte die Dualität und die Erde, die Grundlage allen Lebens. Die toltekischen Priesterkönige von Tollán (Tula) trugen ebenfalls den Titel Quetzalcóatl. Ein historischer Quetzalcóatl, **Topiltzin Quetzalcóatl** bzw. Ce Acatl Topiltzin Quetzalcóatl (*ce acatl* = aztekisch, Jahr 1 Rohr), soll um das Jahr 1000 den Zug der Tolteken vom Hochland nach Chichén Itzá geleitet haben. Die Nahua-Gottheit Quetzalcóatl mutierte dann bei den Maya-Völkern zu **Kukulkán** (maya *kukul* = Vogel bzw. Quetzal, *kán* = Schlange), symbolisiert durch **gefiederte Schlangen** bzw. Schlangenköpfe und den **Vogel-Schlangen-Mann:** aus einem weit aufgerissenen Schlangenrachen schaut ein menschlicher Kopf heraus **(s. Foto).** Wie wichtig er für Chichén Itzá war zeigt die Häufigkeit seiner Darstellungen, nirgendwo anders auf Yucatán wurde er so verehrt wie hier. Bedeutsam war außerdem der Kult um den Regen- und Wassergott **Chaak,** der als dekorative Maske mit charakteristisch-rüsselartiger Nase viele Bauten ziert.

Kukulkán-Pyramide

Diese Pyramide auf dem großen Grasplatz in der Zona Norte ist das eindrucksvollste Bauwerk und das Wahrzeichen von Chichén Itzá. Wegen ihrer stattlichen Größe nannten sie die Spanier **El Castillo** – „die Burg“ (alle Bautennamen Chichén Itzás sind span. Fantasiebezeichnungen!). Sie ist Kukulkán geweiht, dem mayanischen Quetzalcóatl, symbolisiert durch zwei mächtige Schlangenköpfe, die die Nordtreppe bewachen.

„Dieses Gebäude hat vier Treppen, die in die vier Himmelsrichtungen gehen, 33 Fuß breit sind und jeweils 91 Stufen haben, die zu ersteigen eine unerträgliche Mühe ist (...); jede Treppe hat zwei niedrige Geländer, die ebenso wie die Stufen zwei Fuß breit sind und aus gutem Mauerwerk wie das ganze Gebäude bestehen ...“, schrieb Diego de Landa.

Die Maya begannen mit ihrem Bau vor dem Jahr 800 (s.u., „Die innere Pyramide“), vollendet wurde sie später, zwischen dem 11. und 13. Jahrhundert, und zwar von den Tolteken. Sie ist ein architektonisches Meisterwerk, perfekt in Symmetrie und Ausführung. Der Grundriss ist quadratisch, die Länge einer Seite beträgt 55 m, die Höhe 25 m (ohne Tempelaufsatz). Vier axiale und 45 Grad steile Treppen mit 91 Stufen führen über 9 Etagen bzw. Plattformen auf die Spitze. In welchem Zustand sich die Pyramide vor der Restaurierung 1923–33 befand, sehen Sie an ihrer Ost- und Südseite.

Kein wichtiges Maya-Bauwerk ohne **astronomisch-astrologische Hintergründe** und Zahlenmystik, die Kukulkán-Pyramide vereint perfekt Raum und Zeit! Die 4 x 91 Stufen plus der Sockelstufe des Hochtempels ergibt die Gesamtzahl 365, also die Anzahl der Tage eines Sonnenjahres. Eine Pyramidenseite hat 9 Plattformen, die die 9 Ebenen der mayanischen Unterwelt symbolisieren, und durch die Treppe zweigeteilt ergibt dies 18, was den 18 Monaten (zu je 20 Tagen) des Maya-Gemeinjahrs *Haab* entspricht (s.S. 120). Außerdem beträgt die Anzahl der rechteckigen (zurückspringenden) Dekor-Paneele auf einer Pyramidenseite 52, was den 52-Jahres-Zyklus (Kalenderrunde) symbolisiert, die höchste Einheit der Maya-Zeitrechnung.

Wenn Sie auf der Nordseite der Pyramide stehen und zum Tempelaufsatz hochblicken, sehen Sie – vielleicht durch das Teleobjektiv Ihrer Kamera –, dass zwei skulptierte Säulen den darüberliegenden Sturz aus Zapote-Holz (!) tragen und dass der Tempelfries mit Chaak-Masken verziert ist. Der Tempel besitzt auf jeder Seite einen Eingang. Im Inneren überdacht mayatypisches Kraggewölbe die vier Kammern des Tempels, Wände und Stützpfeiler zeigen Reliefs von Kriegern.

Die den Sturz tragenden Säulen sind nicht mehr komplett: Ursprünglich war jeder Säulenfuß als Schlangenkopf mit aufgerissenem Rachen ausgebildet und am oberen Säulenende ragten die beiden Schwanzspitzen um 90 Grad abgewinkelt nach oben. Solche **Schlangensäulen** sind ein elementares **architektonisches Element Chichén Itzás,** man kann sie dort bei einigen Bauten sehen. In sehr massiger Ausführung z.B. am *Templo de los Jaguares,* am *Templo de las Mesas* oder ganz prägnant am **Templo de los Guerreros.**

Die innere Pyramide

Nicht zu erkennen ist, dass die Kukulkán-Pyramide als Mantel über eine ältere Substruktur erbaut wurde. Diese Ursprungspyramide war etwa 16 m hoch. Einst durfte man in sie einsteigen (der Zugang befindet bei den Schlangenköpfen der Kukulkán-Pyramide). Über einen schmalen Treppengang stieg man in schwülheißer Saunaluft hoch zum ehemaligen Tempel der alten Pyramide.

Dort befinden sich in zwei hintereinanderliegenden Räumen zwei Steinskulpturen, ein **Chak Mool** und ein zinnoberroter **Jaguar (s. Abb.),** das heilige Tier der Maya, der wohl einst die Funktion eines Throns hatte. Seinen Kopf wendet er Chak Mool zu, sein mit vier Reißzähnen bestücktes Maul dabei weit aufreißend. Grüne Jadesteine symbolisieren die Fellflecken. Die Entdeckung der kleineren Pyramide mit diesen frühen Skulpturen war damals eine Sensation.

Chak Mool

Ein Chak Mool (maya, „roter Jaguar") ist eine halb rücklings liegende mysteriöse menschliche Skulptur mit seitlich gewendetem Kopf, angezogenen Beinen und einer Schale oder einem Tablett auf dem Bauch, wo Kultgaben für die Götter niedergelegt wurden, oder, nach toltekischem Brauch, die noch zuckenden Herzen menschlicher Ritualopfer (Menschenopfer zelebrierten die Maya verstärkt durch den Einfluss der Tolteken). Ein Chak Mool hatte die Funktion eines Wächters vor Heiligtümern oder war eine Art Götterbote. Der Name ist eine Fantasiebezeichnung und geht auf den französischen Archäologen Le Plongeon zurück, der auf der „Plataforma de Venus" (s.u.) eine solche Skulptur ausgrub. Originär stammen sie vom Hochland Mexikos. Man fand derartige Skulpturen im toltekischen *Tollán,* im Haupttempel von *Tenochtitlán* **(s. Foto)** und bei weiteren archäologischen Stätten des Hochlands. Bei keiner anderen kommen sie jedoch so gehäuft vor wie in Chichén Itzá.

Equinoccio / Tagundnachtgleiche

Die Kukulkán-Pyramide ist exakt auf den Einfall der Sonnenstrahlen der **Tagundnachtgleiche** (Äquinoktium bzw. *equinoccio*) am 20./21. März und am 21./22. September ausgerichtet. Dabei wirft die tiefstehende Sonne – infolge der Kanten der 9 Plattformen – ab ca. 16.30 Uhr ein gewelltes Schattenband auf die Seitenbalustrade der nördlichen Aufgangstreppe mit ihren unten liegenden Schlangenköpfen, so dass der Eindruck entsteht, als würde sich die Schlange von oben herabwinden („Herabstieg Kukulkáns").

Wegen dieses Phänomens reisen Zehntausende extra an (hoffentlich ist dann der Himmel nicht bedeckt, im Herbst besteht die Gefahr eher). Schon bei der Anfahrt gibt es ein halbes Verkehrschaos. Auf dem Platz vor der Pyramide findet ein fröhliches Fest statt mit Musik und Folkloretänzen. Das Ereignis, das vom Fernsehen übertragen wird, dauert etwa eine Stunde und wiederholt sich morgens bei aufgehender Sonne auf der gegenüberliegenden Seite der Pyramide. Der Effekt ist aber auch in den 5 Tagen vor und nach der Tagundnachtgleiche gut erkennbar. Er wurde erst 1972 von einem mexikanischen Archäologen entdeckt und verdeutlicht ein weiteres Mal die kosmisch-kreativen Bauideen der Maya.

Templo de los Guerreros

Der „Tempel der Krieger" auf einem Pyramidenstumpf gegenüber der Kukulkán-Pyramide ist in Anlage und Bauplan zweifelsfrei eine größere Kopie des abgegangenen Morgensterntempels von Tula (Tlahuizcalpantecuhtli). Die rechteckigen Pfeiler vor dem (gesperrten) Treppenaufgang trugen das Dach einer Halle. In sie sind **toltekische Krieger** **(s. Abb.)** in typischem Hochland-Ornat eingemeißelt, jeder in individueller Ausführung, was wie eine in Reih' und Glied stehende Armee anmutet und den militärischen Charakter des Tempels unterstreicht.

Am oberen Ende der Aufgangstreppe sind links und rechts über den zwei Schlangenköpfen zwei vollplastische kleine Figuren zu erkennen, in ihren gefalteten Händen steckten einst Banner. Es sind Standartenträger, die in der Architektur des zentralen Hochlands (Tula und Azteken) weit verbreitet waren.

Zwischen den beiden bewacht Chichén Itzás berühmter **Chak Mool** den Eingang zum Tempel (von unten nur mit etwas Abstand

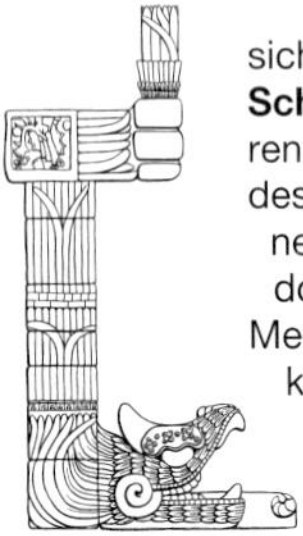

sichtbar). Die zwei Pfeiler hinter der **Skulptur in Form aufgerichteter Schlangenleiber** mit weit aufgerissenen Rachen **(s. Abb.)** trugen auf ihren nach vorn abgewinkelten Schwanzspitzen einst die Dachkonstruktion des Tempels bzw. den Sturz der drei Eingangsportale. Die Wände des Innenraums waren mit Wandmalereien verziert. Bekannt ist das „Küstendorf", eine Dorfszene mit von Kriegern bemannten Booten auf dem Meer (Abb. s.S. 122), ein Verweis auf die von Chichén Itzá militärisch kontrollierten Seehäfen an der nördlichen Küste Yucatáns.

An den Außenmauern des Tempels sind Reliefs und Masken angebracht. Rechts und links, zwischen den eingerollten Rüsselnasen der Chaak-Masken, des Maya-Regengotts, sieht man den **Vogel-Schlangen-Mann** bzw. **Kukulkán:** aus einem aufgerissenen Schlangenrachen mit herabhängend-gespaltener Zunge schaut ein menschlicher Kopf heraus, umgeben vom Federdekor eines Vogels mit Krallenfüßen.

Links des Kriegertempels befindet sich der rekonstruierte (und ebenfalls gesperrte) **Templo de las Mesas,** der „Tempel der Tische", der seinen Namen wegen eines Altars aus großen, tischähnlichen Steinplatten oben im Tempel bekam (von unten nicht sichtbar). Am Ende der Treppe befindet sich eine kolossale Schlangensäule und dahinter ihr Schwanzstück mit plastischer Darstellung der charakteristischen Schwanzschuppung einer Klapperschlange.

Grupo de las Mil Columnas

Südlich des Templo de los Guerreros erstreckt sich die große, baumbestandene **Plaza de las Mil Columnas,** gesäumt von den Nord-, West-, Ost- und Nordwestkolonnaden *(columnatas).* In ihrer Gesamtheit werden die Säulen und Pfeiler, die aus Einzelsegmenten zusammengesetzt sind, **Grupo de las Mil Columnas** genannt, obwohl es nur etwa 400 sind. Die längste Säulengruppe ist die westliche (Columnata Oeste) gegenüber der Kukulkán-Pyramide. Darübergelegte Holzbalken trugen einst Dachkonstruktionen, so dass man sich hier riesige, luftige Säulenhallen vorzustellen hat – gewiss ein grandioser Anblick! Mit der Verwendung hölzerner Träger gelang auf Yucatán erstmals die Überdachung großer Flächen – doch wegen des vergänglichen Baumaterials überstanden sie leider nicht so dauerhaft die Jahrhunderte wie die Maya-Kraggewölbe.

In der Columnata Norte tragen die Säulen Kapitellplatten. Der davon südlich liegende **Palacio de las Columnas Esculpidas** besitzt üppig skulptierte, kurze Säulen. Früher war es möglich, durch die **Columnatas Norte** hindurchzugehen und die dortigen östlichen Bauwerke zu besuchen.

El Mercado u. Baño de Vapor

Zum ganz im Osten liegenden **Baño de Vapor** (Dampfbad) gelangt man durch **El Mercado.** Es ist aber nicht erwiesen, ob dort tatsächlich einst Markt abgehalten wurde. In einem Innenhof stehen die 25 höchsten Säulen Chichén Itzás, sie trugen einst ein Dach aus vergänglichen Materialen.

Ins (ebenfalls abgesperrte) **Baño de Vapor** begab man sich zur rituellen Reinigung des Körpers, ein uralter Brauch mesoamerikanischer Kulturen. Von seiner Vorhalle sind nur noch die Pfeiler übrig, in den Dampfraum schlüpfte man unten durch die kleine Öffnung. Dampf wurde wie in einer Sauna erzeugt: über erhitzte Steine goss man Wasser. Der Rauch des Feuers und der Dampf konnten aus runden Löchern am Boden entweichen (Kopf zwischen den Holzlatten durchstrecken und ganz weit vorbeugen, dann sieht man noch ein solches Loch). Nördlich des Dampfbades liegt ein kleiner Ballspielplatz.

Plataforma de Venus

Auf dem Weg zum Cenote Sagrado passiert man auf dem Hauptplatz die (eingezäunte) **Venusplattform.** Ein quadratischer Altarbau mit über 20 m Seitenlänge mit vier axialen Aufgangstreppen, deren Wangen oben mit Schlangenköpfen enden. Das Bauwerk hat seinen Namen nach den Venus-Sternzeichen an den vier Ecken, ein halber vierstrahliger Stern in Kombination mit einem Rutenbündel, dem Symbol für Jahre. Ihm gegenüber diagonale Streifen, Symbol für das Monatszeichen *pop* im Maya-Kalender, und dazwischen, ins Mauerwerk eingelassen, Kukulkán mit heraushängender und gespalten-eingerollter Zunge. Die Venus war für alle altmexikanischen Völker ein wichtiges Mythologie-Element, sie bestimmte z.B. die Kriegszüge, galt als böses Omen. Ihr 584-tägiger Umlaufzyklus war für die Maya ein wichtiger Berechnungsfaktor ihrer Kalendersysteme (s.S. 119).

Die Plattform heißt auch „Tumba de Chak Mool", weil hier der französische Archäologe Le Plongeon 1875 eine solche Skulptur fand. Sie sehen sie an der Ostseite.

Cenote Sagrado

Vom Hauptplatz nun weitergehen zum **Heiligen Cenote.** Er ist mit der Kukulkán-Pyramide durch die schnurgerade **Sakbe 1** verbunden, eine mehrere hundert Meter lange, dammartige Zeremonialstraße. Man lokalisierte in Chichén Itzá über 20 dieser „weißen Straßen" (s.S. 192), die Stadtsektoren miteinander verbanden.

Der mächtig große Cenote mit seinem algengrünen Wasser hat einen Durchmesser von 60 m, die Wassertiefe beträgt ca. 30 m. Da durch die senkrechten Wände und durch den ca. 25 m tieferliegenden Wasserspiegel das Ausschöpfen von Wasser mühsam und gefährlich war (problemloser ging dies beim südlichen Cenote *Xtoloc*), diente dieses Wasserloch allein religiösen Zwecken.

„In diesen Brunnen", schrieb Diego de Landa, *„werfen und warfen sie schon damals nach altem Brauch Menschen lebendig als Opfer für die Götter, wenn Dürre herrschte, und sie glaubten, sie stürben nicht, obwohl sie sie nie wiedersahen. Sie warfen auch viele andere Dinge hinein, Edelsteine und Dinge, die ihnen wertvoll waren."*

Der Cenote wurde mehrmals untersucht. Ausbaggerungen und Tauchgänge unter Leitung des amerikanischen Konsuls und Hobby-Archäologen Thompson förderten 1904–1911 vom schlammigen Grund Tausende Gegenstände und Opfergaben aus Silber, Gold, Jade, Holz, Ton und Obsidian zutage. Darunter auch Textilfragmente, Copal-Baumharzklumpen und kostbare Scheiben aus getriebenem Gold mit eingravierten Motiven (eines zeigt die Opferung eines dahingestreckten Menschen, dem die Brust aufgeschnitten wird). Obendrein noch etwa drei Dutzend Skelette und Schädel. Die Touristenführer erzählen hier ihren Gruppen gerne schauerliche Geschichten von geopferten „Jungfrauen". Man barg aber sowohl weibliche als auch männliche Skelette aller Altersstufen.

Einige Cenote-Fundstücke sind im Museum am Eingang ausgestellt, andere im Archäologischen Museum in Mérida (die meisten Stücke befinden sich jedoch im Museum der Harvard-University in den USA).

Auch nachdem Chichén Itzá von seinen Bewohnern verlassen worden war blieb der Cenote in den nachfolgenden Jahrhunderten ein Kult- und Wallfahrtsort der yucatekischen Maya.

Tzompantli

Auf dem Rückweg vom großen Cenote kommt man am Hauptplatz am **Tzompantli** (náhuatl „Schädelgerüst") vorbei, eine etwa 60 x 12 m große, T-förmige Plattform, auf der nach span. Quellen die abgeschlagenen

Köpfe besiegter Feinde zur Schau gestellt wurden. Gleichzeitig war es auch die Schädelstätte für religiöse Menschenopfer. Der Fries zeigt in vier Reihen ca. 500 eingemeißelte Totenköpfe, die auf dem mittleren Band auf Pfähle aufgespießt sind. Tzompantlis findet man außerdem in Zentralmexiko. – Neben dem Tzompantli liegt die

Plataforma de Jaguares y Águilas

Die „Plattform der Jaguare und Adler" sieht aus wie eine kleinere und niedrigere Version der Venusplattform. Ihre Treppenwangen enden oben wieder mit großen Kukulkán-Schlangenköpfen. Die Plattform ist ein militärisches Monument, den gefürchteten Elite-Einheiten der toltekischen Adler- und Jaguartruppen gewidmet. An den Wänden befinden sich Reliefplatten mit den Symbolen dieser grausamen Krieger, Adler und Jaguar. Letztere verschlingen die Menschenherzen **(s. Abb.)**, man kann die Flecken des Jaguarfells erkennen. Laut dem Chronisten Landa war das Monument auch Podium für rituelle Tänze und zeremonielle Handlungen.

Foto-Tipp: mit einem Weitwinkel-Objektiv einen Schlangenkopf (Westseite) groß links oben in den Bildvordergrund platzieren, im Hintergrund dann die Kukulkán-Pyramide.

Templo de los Jaguares

Bevor es in den Ballspielplatz hineingeht, kommt man am hinteren – gesperrten – Anbau des hochragenden **Jaguar-Tempels** vorbei. In dem ebenerdigen Raum steht zwischen den beiden Säulen ein gut erhaltener, steinerner Jaguar, ähnlich dem im Inneren der Kukulkán-Pyramide. Er dürfte als Zeremonienthron gedient haben. Die Pfeiler sind mit Flachreliefs verziert, die diverse Szenen zeigen. Auf der hinteren Wand (schwer erkennbar) ein Würdenträger, der auf einem Jaguar-Thron sitzt, speertragende Krieger sowie mit Schlangen kämpfende Priester.

Blickt man am Tempel hoch, sind ca. 3 m von oben am Fries abwechselnd Jaguardarstellungen und Schilde zu erkennen. Von den vier Eckpunkten ragen Schlangenköpfe heraus.

Zum Obergeschoss des mächtigen Baus führt eine – ebenfalls gesperrte – Seitentreppe (der obere Raum ist mit kriegerischen Wandfresken ausgeschmückt). Dieser Raum öffnet sich zum Spielfeld des Ballspielplatzes hin (gehen Sie dazu in das Spielfeld rein, rüber auf die linke Seite): Sie sehen wiederum zwei dicke Schlangensäulen, deren Schwänze den schweren Überbau stützen.

Juego de Pelota

Gleich nachdem Sie in den Platz eingebogen sind, sehen Sie rechts an der Mauerkante einen Schlangenkopf und auf der Schrägmauer darunter Flachreliefs von Ballspielern. Es ist eine ganze Prozession mit Arm- und Knieschonern, Hüftschutzgürteln, Nasenpflöcken und Federkopfschmuck (je nach dem Sonneneinstrahlwinkel mehr oder weniger gut erkennbar). Bevor es zu den zentralen Relief-Szenen in der Mitte des Platzes geht noch ein paar Fakten zum Platz:

In Chichén Itzá gibt es über ein Dutzend größerer und kleinerer Ballspielplätze, der monumentalste und schönste ist dieser hier. Er ist gleichzeitig der größte, der je in Mesoamerika gebaut wurde: die Länge beträgt 168 m, die Breite 70 m, der Grundriss ist doppel-T-förmig. Das Spielfeld selbst hat die Maße 145 m x 37 m und die Seitenmauern sind 8 m hoch.

■ *Das Spiel im Ballspielplatz von Chichén Itzá, ein Zielring ist oben sichtbar*

An beiden Wänden sind oben steinerne Ringe angebracht, verziert mit den Reliefs zweier miteinander verschlungener Schlangen. Durch diese **Zielringe** musste beim Spiel die Kautschukkugel befördert werden, was sicherlich viel Geschick erforderte. Bemerkenswert ist außerdem die Akustik des Platzes: wenn man laut in die Hände klatscht, schallt das Echo siebenfach wider.

Nun zu den Reliefszenen unter den Zielringen **(linke Platzseite):** Unten am Boden sehen Sie einen **Spielball,** der mit einem **menschlichen Totenkopf dekoriert** ist (in seiner Mitte fehlt ein Stück) und aus dessen Mund eine Volute bzw. das Symbol für „Tod" quillt. Rechts des Balls kniet ein Enthaupteter, aus dessen Hals Blutströme in Form von Schlangen nach oben schießen. Der Spieler ihm gegenüber hält mit seiner linken Hand seinen abgetrennten Kopf, die rechte umklammert das Obsidian-Messer, mit dem er die Tat vollzog. Auf der gegenüberliegenden (rechten) Platzwand ist eine fast gleiche Enthauptungsszene eingemeißelt, wieder mit einem Totenkopf.

Yuc+Camp

■ *Enthauptungs-Relief und Totenkopf, Platzseite rechts*

Veranschaulicht diese makabre Szene nun das bizarre Ende eines Ballspiels, nämlich die Tötung des Spielführers der unterlegenen Mannschaft – eine weitverbreitete Annahme – oder ist sie eher die bildliche, symbolische Umsetzung des ewigen Kreislaufs vom Werden und Vergehen? Dazu vermag die Maya-Forschung (noch) keine definitive Aussage treffen, der Schlüssel liegt vielleicht, so ein Ansatz, in den mythenhaften Ballspiel-Erzählungen des Maya-Buches Popol Vuh (s.a. Exkurs „Das mesoamerikanische Ballspiel").

Die südliche Schmalseite des Ballspielplatzes wird von einem beschädigten Tempel begrenzt, dem **Edificio Sur.** Auf seinen Pfeilern sind Krieger abgebildet. Der Abschlusstempel im Norden ist der **Templo del Hombre Barbado,** der „Tempel des bärtigen Mannes". Das Abbild dieser mysteriösen, barttragenden Person befindet sich in der Mitte der Tempelrückseite. Gesichter bärtiger Männer gibt es in der Maya-Welt höchst selten.

Das mesoamerikanische Ballspiel

In den prähispanischen Städten der Maya und in vielen anderen Zentren mesoamerikanischer Kulturen war das Spiel mit dem Kautschukball – *juego de pelota* – zentraler Bestandteil des gesellschaftlichen Lebens. Doch es war weder ein Freizeitspaß noch ein sportlicher Wettkampf, sondern vielmehr ein Spiel mit religiös-kosmischen Dimensionen. Das ergibt sich schon aus der Lage der Ballspielplätze nahe der Zeremonialzentren, respektive waren Ballspielplätze Teil der Zeremonialzentren. So wie in unseren Städten die größten Bauwerke Kirchen und Stadien sind, waren es in den Städten Mesoamerikas die Ballspielplätze (und Pyramiden).

■ Ballspieler (Códex Magliabechiano)

Ein **kulturübergreifendes Phänomen,** dessen Spuren tief zurückreichen. Schon eine mythische Erzählung im Maya-Buch **Popol Vuh** beschreibt das Ballspiel (Spiel des Bruderpaares Jun und Wuqub Junajpu als religiöses Drama auf ihrem Weg in die Unterwelt).

Die bis dato **früheste archäologische** Spur war 1998 die Freilegung einer etwa **3400 Jahre alten Spielanlage** bei *Paso de la Amada* an der mexikanischen Pazifikküste. Die **meisten** Ballspielplätze Mexikos – 24 Stück – wurden in **Cantona** (Puebla) entdeckt. Besonders kultiviert wurde das Spiel auch in **El Tajín,** wo 17 Ballspielplätze ausgegraben wurden.

Darstellungen und Abbildungen des Ballspiels gibt es zahllose: Ballspieler als Tonfiguren von der Insel Jaina und von Tlatilco, Reliefs auf Steinmonumenten in Tikal und Yaxchilán (als zu Bällen verschnürte Menschen, s. **Abb. nächste Seite**), als ballspielende Götter in den Códices, als Verzierungen auf Tonvasen und Bildnisse in der Gefäßmalerei, als Illustrationen in alten Büchern oder als totenkopfdekorierter Spielball in Chichén Itzá.

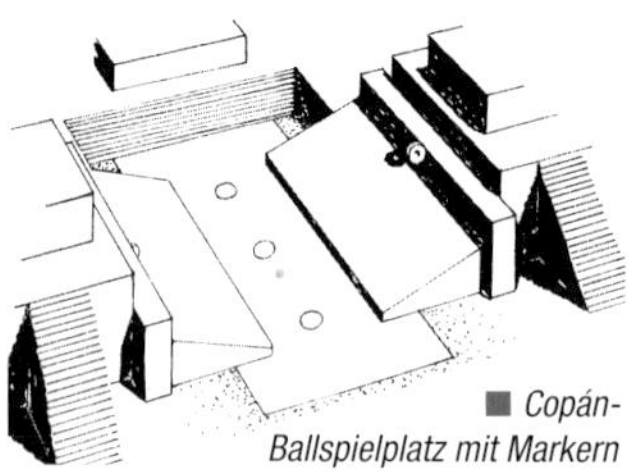
■ Copán-Ballspielplatz mit Markern

Genügend Beweise dafür, dass das Ballspiel schon immer tief im religiösen, sozialen und auch politischen Leben der Völker Mesoamerikas verankert war. Bei den Azteken hieß das Ballspiel *tlaxtli* („einen Stern ausgraben"), bei den Maya *pok ta pok* (im Mayagebiet wurden die meisten Plätze im Klassikum zwischen dem 3. und 9. Jh. n.Chr. angelegt).

Erfunden respektive entwickelt hat sich das Spiel aller Wahrscheinlichkeit nach in den tropischen Gegenden Mexikos, am Golf von Mexiko bei den Olmeken bzw. der **La Venta-Kultur.** Denn dort wachsen *Heveen* (Castilla-Bäume), aus deren geronnener Latexmilch (Kautschuk) die Spielbälle hergestellt wurden (in La Venta gibt es ebenfalls einen sehr alten Ballspielplatz, der zwischen 1000 und 700 v.Chr. erbaut wurde).

Die **Spielfelder** wurden I- oder doppel-T-förmig ausgeführt, wesentliches **Unterscheidungsmerkmal** sind die seitlichen Begrenzungen: Die **Frühformen** der Plätze der Tolteken (Tula), Zapoteken (Monte Albán), Totonaken (El Tajín) und Maya hatten **schräge Böschungen,** die Ballspielplätze der Azteken und Mixteken besaßen dagegen überwiegend senkrechte **Prallmauern** mit in der Mitte angebrachten steinernen Ringen, durch die der Ball gespielt werden musste (also wie Chichén Itzá). Bei den Plätzen mit Böschungen – also der Maya-Typ – waren auf dem Spielfeld eine oder mehrere Marker bzw. **Markierungssteine** in Form von runden Scheiben angebracht. Es gibt auch noch Mischformen wie nahezu quadratische Plätze (Guatemala). Manchmal wurden die Spielfelder außerdem in die Erde eingesenkt (Monte Albán). Ballspielplätze waren darüber hinaus Kulisse und Bühne für Riten und Kulthandlungen, denn man spielte nicht nur vor Menschen, sondern auch vor den Göttern.

Die **Größe der Anlagen** war unterschiedlich: die Länge bewegte sich zwischen 30 und 60 Metern, die Breite zwischen 7 und 25 Metern (der Ballspielplatz in Chichén Itzá ist als der größte Mesoamerikas ein Sonderfall). Die Spielfläche kleinerer Plätze waren meist mit Steinen ausgelegt, größere beließ man grasbewachsen.

Die **Spieler** trugen dick gepolsterte Schutzkleidung, um die Hüfte mit einem hufeisenförmigen sog. Joch (span. *yugo,* **s. Abb.** rechts), und mochten annähernd so ausgesehen haben wie Michelin-Männchen oder amerikanische Football-Spieler. Um den Aufprall des teuflisch harten Kautschukballs zu mildern (er wog etliche Kilogramm) oder bei Stürzen keine Verletzungen davonzutragen, wurden auch Arme, Knie und Hände bandagiert (Spieler mit Knie- und Armschonern sind zu sehen bei den Reliefs des Ballspielplatzes in Chichén Itzá zu sehen, Spieler mit Joch-Hüftschutz in El Tajín).

Der genaue **Spielverlauf** und die exakten Spielregeln sind unklar, ob z.B. Mann gegen Mann, Paare gegen Paare oder Mannschaft gegen Mannschaft. In Yaxchilán gibt es auch Darstellungen von Frauen als Ballspielerinnen. In den geböschten Anlagen wurde sicher nach anderen Regeln gespielt als auf hochwandigen Plätzen (dort auch mit kleineren Bällen), und im Laufe der Jahrhunderte bildeten sich bestimmt viele regionale Spielversionen heraus. Ein Team bestand aus etwa drei bis sieben Spielern, auf großen Plätzen spielten auch noch mehr. Der Ball flog über eine Mittellinie zwischen den Mannschaften hin und her und durfte nur mit dem Ellbogen, dem Knie, der Hüfte oder dem Gesäß geschlagen werden (eine Abart, **Ulama** genannt, bei dem die Hüfte benutzt wird, wird noch heute in abgelegenen Bergdörfern nördlich von Mazatlán im Bundesstaates Sinaloa gespielt). Wer die Kugel auf den Boden fallen ließ, bekam vermutlich Strafpunkte. Wahrscheinlich benutzten manche Völker dazu auch – wie in Teotihuacán – gekrümmte hölzerne Schläger, wie Relief-Darstellungen zeigen (ähnlich wie beim modernen Jai-Alai-Spiel). In einem Platz mit Prallwänden musste der Ball durch die Seitenringe geschossen werden, was dann den sofortigen Sieg bedeutete.

Der Tourismus macht es möglich, dass man sich heute das **Maya-Ballspiel wieder ansehen kann** und zwar im Aqua-Vergnügungspark **Xcaret,** südlich von Playa del Carmen (Spielform *Ulama,* mit einem 4 kg schweren Gummiball).

Als die **Spanier** das Spiel mit dem elastischen Ball zum ersten Mal sahen, waren sie zutiefst beeindruckt. Cortés nahm sogar einheimische Spieler mit nach Spanien, wo sie das Spiel vorführen mussten – Kautschuk war ja in Europa bis dahin ein völlig unbekanntes Material. Ein Augenzeuge war auch der spanische Mönch und Chronist *Diego Durán,* der noch in der 2. Hälfte des 16. Jh. aztekische Ballspiele miterlebte und darüber Aufzeichnungen verfasste.

Ob das Ballspiel aber jedes Mal auch **ein Spiel um Kopf und Kragen** war, die Verlierer bzw. die Spielführer der unterlegenen – oder gar der siegreichen Mannschaft – getötet bzw. geopfert wurden, ist nach wie vor unklar (Opferreliefs gibt es nicht nur in Chichén Itzá, sondern auch z.B. in *El Tajín,* wobei die Totonaken die Tötung durch Herausschneiden des Herzens vollzogen). Der Hintergrund der bizarren Tötungs-Darstellungen kann aber auch, wie eingangs angeführt, eine Anlehnung und bildliche Umsetzung des religiösen Dramas im Popol Vuh sein, bei dem die beiden Heldenbrüder Jun Junajpu und Wuqub Junajpu nach ihrer Selbsttötung von einem Ballspielplatz aus den Weg in die Unterwelt *xibalba* antraten.

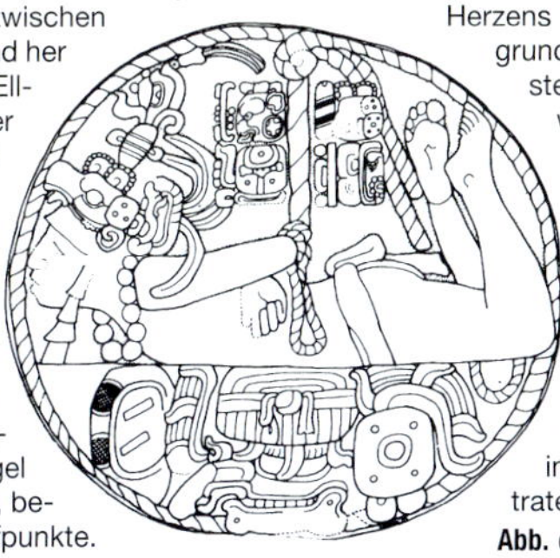

Abb. oben: *Ballspieler mit Hüftschutz; kleine Tonfigur von der Insel Jaina, Klassik.* – **Mitte:** *Ballspiel-Marker von Chinkultic, der Spieler schlägt gerade den Ball mit der Hüfte; außen herum Maya-Zahlen: 591 n.Chr.* – **Unten:** *zu einem Ball verschnürter Mensch, Ballspiel-Szene, Yaxchilán.*

Zur Zona Central

Von der Zona Norte geht es nun zur **Zona Central,** wo weitere Bauwerke stehen, die fast durchweg im Klassikum entstanden sind (ca. 500–900 n.Chr.). Hauptmonument dort ist *El Caracol,* das Observatorium.

Tumba del Gran Sacerdote („Grab des Hohepriesters")

Diese neunstufige rekonstruierte Pyramide im maya-toltekischen Stil mit vier axialen Treppen und den schlangengestaltigen Balustraden mutet an wie eine kleinere Ausgabe der Kukulkán-Pyramide. Sie wurde über einer natürlichen Höhle erbaut, in der man 7 Gräber mit Opfergaben und den knöchernen Überresten Bestatteter – vermutlich Priester – fand. *Osario* – „Beinhaus", lautet deshalb ein anderer Name der Pyramide. Vor ihr befinden sich **Plataforma Redonda** und **Plataforma de Venus,** Letztere ähnelt sehr der Venusplattform der Zona Norte. Beide waren vermutlich Podien für rituelle Handlungen und Tanzdarbietungen. Plattformen und Pyramide bilden zusammen einen eigenen kleinen Zeremonialkomplex.

Gehen Sie nach rechts hinter die Pyramide, dort steht neben der südlichen Aufgangstreppe ein rekonstruiertes Eckstück des ehemaligen Tempels auf der Pyramide mit Chaak-Masken.

La Casa Colorada

Dieser Tempel im Puuc-Stil (glatte untere Wände, erbaut um 850) steht auf einem Unterbau und wird von einem reichverzierten Dachkamm *(crestería)* gekrönt. Auf den Innenwänden gibt es Reste roter Bemalung, wovon der Name herrührt (anderer: *El Chichanchoob*). Außerdem wurden in der Hauptkammer Hieroglypheninschriften gefunden, die Ereignisse protokollierten.

El Caracol

(„Schnecke", auch „Observatorium" genannt). Eines der interessantesten Gebäude Chichén Itzás und einer der ganz wenigen Rundbauten in der Welt der Maya. Der teilrekonstruierte, heute nicht mehr betretbare monumentale Bau stammt aus der Übergangsphase zwischen 900 und 1000 (maya und maya-toltekisch), ist insgesamt 22 m hoch und wurde auf einer zweistöckigen Plattform mit breiten Aufgangstreppen errichtet. Ausgrabungen fanden zwischen 1925 und 1931 statt. Der Name „Schnecke" leitet sich ab von einer Wendeltreppe, die im Inneren in den obersten Aufbau führt. Die Nordseite ist zerstört.

■ *Ein Maya-Astronom beim Fixieren mit dem Kreuzstab (Códex Bodley)*

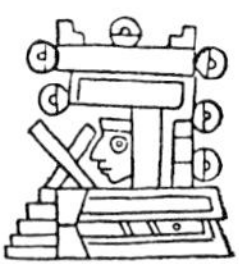

Von diesem Rundbau (Höhe und Durchmesser ca. 11 m) beobachteten die Maya durch schmale Fenster den Lauf und die Positionen der Gestirne, wobei sie die Fensterkanten als Visierlinien benutzten. Drei Fenster sind heute noch vorhanden. Aus jenem über der Aufgangstreppe wurden in Westrichtung die Sonnenuntergangspunkte an den Tagundnachtgleichen im März und September sowie der nördlichste Stand der Venus angepeilt. Aus dem Fenster rechts daneben der südlichste Stand der Venus und aus dem dritten, das nach Süden ausgerichtet ist, südliche Gestirne.

Auf der Grundlage ihrer astronomischen Beobachtungen bestimmten die Maya dann die Zyklen ihrer beiden Kalendersysteme, *Haab* und *Tzolkin* (s.S. 120), konnten lange im Voraus Sonnen- und Mondfinsternisse berechnen oder die Zeiten der Aussaat festlegen. Ihre Aufzeichnungen betrieben sie Nacht für Nacht, Jahr für Jahr, über Jahrzehnte hinweg. Optische Instrumente besaßen sie keine, nur einfache Hilfsmittel zum Peilen und logisches Denkvermögen. Das flache Land ohne topographische Hindernisse und der fast immer wolkenfreie Nachthimmel waren dabei von großem Vorteil. Die Astronomie stand bei den Maya in engem Zusammenhang mit ihrer Weltauffassung, wonach der Kosmos Spielbühne der göttlichen Mächte ist. – Vom Caracol nun weitergehen zu dem hohen Bauwerk mit der breiten, mächtigen Treppe.

La Casa de las Monjas

Das voluminöse „Haus der Nonnen" ist das größte Bauwerk von Chichén Itzá aus der Klassischen Zeit, wegen den vielen Räume im Inneren meinten die Spanier, es wären Wohnungen von „Nonnen" bzw. Maya-Priesterinnen. Die Grundfläche beträgt 70 x 35 m, die Höhe 18 m. Der Bau weist Puuc- und Chenes-Stilmerkmale auf und ist das Resultat mehrerer Überbauungen von mindestens sechs Substrukturen. Näheres zu den verwirrend-verwickelten Bauphasen steht auf der Erläuterungstafel.

La Iglesia

Links davon der freistehende Bau der „Kirche“ (nämlich der „Nonnen“) mit ihrer fast vollständig ornamentierten oberen Fassade (Puuc-Stil, 7./8. Jh, s. hist. **Abb**.) und hoher *crestería.* Sie besitzt nur einen Raum. Schmuck-Hauptmotiv ist die Maske des Regengotts Chaak, dessen hakenförmige Nasen an den Gebäudekanten, über dem Eingang und vom Dachkamm hervorstehen. Sehen Sie oben zwischen den Schwalbenschwanz-Friesbändern die wellenförmig gezackte Schlange? Sie hat zwei Köpfe, die an beiden Gebäudekanten herausragen.

Links und rechts der zentralen Chaak-Maske sind in zwei Nischen jeweils zwei Tierfiguren (Gürteltier, Schnecke, Schildkröte und Krebs), sog. *bacabs,* Gottheiten, deren Aufgabe es war, den mayanischen Himmel zu stützen. Den Platz zwischen den unteren Friesbändern ornamentieren geometrische Mäander.

Anexo de las Monjas

Der **Anexo de las Monjas,** der „Anbau des Nonnenhauses“, besitzt eine komplett in Mosaiktechnik dekorierte Fassade die zweifelsohne die schönste und ästhetischste ganz Chichén Itzás ist! Das Monsterrachen-Portal (darüber die Reißzähne) und der Schmuck mit Chaak-Masken, Mäandern und unzähligen geometrischen Ornamenten erinnert an Bauwerke des Chenes-Stils. Zwischen den oberen Friesbändern befindet sich eine gezackte Schlange, den Türsturz ziert ein kleiner Totenkopf und im Oval darüber thront ein Fürst mit prächtigem Federkopfschmuck – bei den Maya Machtzeichen der Herrscherklasse. Von dieser Fassade war schon der Zeichner Catherwood beeindruckt, er hielt sie 1841 in einer Zeichnung fest.

Tipp: Sehen Sie sich beim Zurückgehen noch den **Cenote Xtoloc** an.

Cenote Xtoloc

Der Cenote Xtoloc war trotz seiner Kleinheit das **Hauptwasserdepot** der Bewohner von Chichén Itzá. An seinem Rand befindet sich ein kleiner Tempel. Im Gegensatz zum nördlichen großen Cenote, der durch seine Menschenopfer ja den Tod bedeutete, symbolisierte diese Wasserstelle das Überleben. Leider ist der Zugang über die Sakbe 5 gesperrt worden.

Zona Sur („Chichén Viejo“)

Etwa 1 km südlich der Casa de las Monjas liegen verstreut im dichten Busch viele weitere kleinere Ruinen, doch wohl nur ausgesprochene Archäologie- und Ruinen-Enthusiasten werden diese auch noch sehen wollen. Dazu braucht man im Grunde einen Führer.

Cenote Yokdzonot

Nicht versäumen!

Etwa 15 km westl. von Chichén Itzá bzw. Pisté liegt an der Mex 180 das Dorf **Yokdzonot** mit dem gleichnamigen **Cenote,** tolles Schwimmerlebnis zwischen herabhängenden Wurzeln. In der Dorfmitte nach links bzw. südlich abbiegen, die ca. 300 m lange Zufahrt ist ausgeschildert, parken gleich hinterm Eingang. Busse 2.-Klasse und Combis stoppen beim Cenote-Eingang. Von einer Dorfkooperative betrieben, 60 Ps.

Der offene Cenote – Durchmesser 40 m, Wasserspiegel 22 m unter der Kante, Wassertiefe ca. 50 m – kann auf einem Rundweg umlaufen werden. Sehr gepflegte Anlage: vorhanden sind Picknick-Tische, Toiletten, Duschen, Palapas und Hängematten. Geniales Restaurant, die Dorffrauen kochen köstlich yukatekisch, Tortillas handgemacht. Einfache Cabañas/Camping bei *Yucatán Maya Retreat* („Ecohotel"), 400 m weiter; mit kleinem Pool, Tel. 984-1275056, www.yucatanmayanretreat.webs.com.

Izamal

Ew. 20.000

✆ 01-988

Die kleine Stadt liegt auf der Hälfte der Strecke von Chichén Itzá nach Mérida bzw. 70 km östlich von Mérida. Wegen ihrer vielen Pyramiden-Hügel wurde Izamal früher „La Ciudad de los Cerros" genannt, doch bekannter ist sie heute als „La Ciudad Amarilla", als „gelbe Stadt", weil der überwiegende Teil ihrer Häuser und Bauten – und auch die Hauptattraktion, der **Convento de San Antonio de Padua** – ockergelb erstrahlen. Dieses monumentale Kloster, **das größte Yucatáns,** liegt im Zentrum. Ein paar Straßen nördlich erhebt sich die restaurierte und besteigbare Pyramide **Kinich-Kakmó,** die größte und bedeutendste von rund einem Dutzend in der Stadt.

Orientierung

Izamal ist ein eher verschlafenes, aber sehr sauberes Kolonialstädtchen, das man gut zu Fuß entdecken kann. Ein kostenloser **Stadtplan** mit Rundgang ist im Turismo oder im *Centro Cultural y Artesanal* (s.u.) und anderswo erhältlich. Nostalgische Pferdekutschen, *calesas victorias,* warten vor dem Kloster auf Fahrgäste.

An der nördlichen Schmalseite des Klosters liegt zwischen der Calle 28 und 30 der heutige **Parque Itzamná,** in alten Mayazeiten ein riesiger Platz, der sich nördlich bis zum Fuß der Pyramide *Kinich-Kakmó* (s.u.) an der Calle 27 erstreckte. Am Sonntag findet auf ihm von 9–15 Uhr „Izamal en Domingo" statt. An der breiteren westlichen Klosterseite liegt der *Parque 5 de Mayo* bzw. die **Plaza Central.** Der Busterminal ist an der Calle 32 zw. C. 31 u. 33. Zum nahen Kloster auf der Calle 31-A östlich gehen, vorbei am *Palacio Municipal* (linker Hand) mit dem **Turismo.** Vor dem Kloster ist rechts der Markt.

Geschichtliches

Gegründet wurde das prähispanische Izamal (das älter ist als Chichén Itzá und Uxmal) vermutlich um das Jahr 300. Es entwickelte sich zu einer ausgedehnten Zeremonialstätte und zu einem Pilgerziel, verehrt wurde *Itzamná,* der Himmels- und Schöpfergott der Maya. Mit anderen Mayastätten, wie *Aké* und *Kantunil,* war Izamal durch breite *sakbeob* verbunden. Die verwickelte Frühgeschichte des einst bedeutenden Stadtstaates ist auch im Buch *Chilam Balam* dokumentiert. 1882 hielt sich der französische Yucatán-Forscher *Désiré Charnay* in Izamal auf und fertigte Skizzen der Pyramiden und der Plaza an.

Maya-Pyramiden

Kabul u.a.

Kabul ist eine kleinere Pyramidenplattform nördlich der Plaza Central. An einer Wand entdeckten *Stephens* und sein Zeichner *Catherwood* 1842 eine große Stuckmaske, die später, vermutlich im Krieg der Kasten ab 1847 (s.S. 196), zerstört wurde. Zum Glück weiß man durch die Zeichnung Catherwoods wie sie einst ausgesehen hat.

Östlich des Parque Itzamná befindet sich die Pyramide **Itzamatul,** eine kleinere Ausgabe der Pyramide Kinich-Kakmó. Zwei ihrer Seiten wurden restauriert. – **El Conejo** liegt vier Straßen östlich des Klosters, **Habuc** zwei Straßen südlich davon.

Kinich-Kakmó

Die voluminöse, über 30 m hohe Pyramide **Kinich-Kakmó** liegt an der Calle 27 zw. C. 28 u. 28-A ein paar hundert Meter nördl. des Klosters (man sieht sie von der nördl. Schmalseite des Atriums hinter dem großen Platz). Sie wurde rekonstruiert, die Maße ihrer Grundfläche betragen 200 x 180 m. Damit ist sie **eine**

der größten Mexikos (Sonnenpyramide in Teotihuacán: 225 x 222 m). Bauzeit vermutlich um 1200, die Basis bzw. ihre Substrukturen sind jedoch wesentlich älter. Von oben ergibt sich ein schöner Blick auf das Kloster, Izamal und die Umgegend. Das Gelände ist umzäumt und wird um 17 Uhr geschlossen.

Kloster / Convento de San Antonio de Padua

Der Bau des Klosters

1553, 11 Jahre nach der Grundsteinlegung Méridas, führte der Franziskanerorden – nur er war anfänglich in Yucatán vertreten – mit Izamal die Reihe seiner Klostergründungen fort: nach Mérida, Campeche und Maní wurde hier das 4. und größte Kloster gebaut. Es war eine wohldurchdachte und gezielte Entscheidung, auf den Heiligtümern der Maya – und Maní war Izamal eines ihrer wichtigsten religiösen Zentren – imposante Kirchenbauten zu errichten, um den Einheimischen Größe und Glanz des christlichen Glaubens vor Augen zu führen. Dabei tat sich der Prälat von Izamal, der später als Bischof von Yucatán berühmt gewordene **Diego de Landa** (s.S. 218), besonders hervor. Kloster und Kirche von Izamal stehen auf der geschleiften Maya-Pyramide des Regengottes *P'ap'hol-chaak,* 12 Meter über Erdhöhe.

Das Kloster misst rund 400 x 500 m und wurde 1562 vollendet, geweiht ist es *San Antonio de Padua.* Das weitläufige **Atrium,** nach jenem der Kirche im Vatikan das zweitgrößte der Welt, umschließt ein überdachter Säulengang mit 75 Arkaden. Über drei Rampen kann man zum Platz hochsteigen. 1993, genau 440 Jahre nach Baubeginn des Klosters, besuchte Papst Johannes Paul II. bei seinem Mexikobesuch auch Izamal und knüpfte damit wieder an die vatikanisch belastete Vergangenheit an. Er zelebrierte eine Messe und bekannte sich zur moralischen Verpflichtung der Katholischen Kirche gegenüber den indigenen Völkern Amerikas (seine Statue steht im Atrium vor dem Eingang zur Kirche). – Zutritt Kloster 6–20 Uhr. Am Di, Do, Fr u. Sa um 19.30 Uhr (Apr–Okt 20.30 Uhr) **Licht- und Tonshow,** *Espectáculo de luz y sonido,* Eintritt 84 Ps.

Kirche und Kapelle

Die relativ schmucklose, einschiffige Kirche mit ihrer typischen dreieckigen Glockenwand *(espadaña)* wurde wie viele der ersten Kirchen Yucatáns in Form einer dickmaurigen Wehrkirche ausgeführt. Sie ist der *Virgen de la Inmaculada Concepción* geweiht, der Schutzpatronin Yucatáns, die Diego de Landa von Guatemala mitgebracht hatte. Ihr Bildnis sieht man im Fenster über dem Eingang und im Inneren steht sie als weißgewandete Statue im Zentrum der hochbarocken Altarwand im Chorraum. Sie ist außerdem von einem dahinterliegenden Kapellenraum sichtbar, sofern das Türchen hinter ihr auf ist. Auf Schienen kann sie zurückgefahren werden, und da sie zudem auf einem Drehteller steht, kann sie sich den Gläubigen von vorn zeigen. Um in den oberen Raum zu gelangen müssen Sie aus der Kirche links hinaustreten und rechts die Treppe hochgehen. Gleich hinter der Tür in dem Kapellenraum hängen links an der Wand Gemälde, eines zeigt **Fray Diego de Landa** (eine Statue von ihm steht auf der Plazuela auf der Südseite des Klosters). Interessant sind die beiden Kreuzgänge des Klosters, der mit den doppelstöckigen Arkaden ist der ältere (16. Jh.). Noch mehr zur Geschichte des Konvents und zu Izamal kann man im kleinen **Museo Comunitario Itzamal-Kauil** an der Klosternordwand/Ostecke, außerhalb an der Calle 31, erfahren. Tägl. 8–13 u. 18–21 Uhr.

■ *Kloster und Diego de Landa*

Centro Cultural y Artesanal Das sehenswerte kleine Museum ist in einem restaurierten Kolonialhaus untergebracht und dient auch als kleines Info-Zentrum mit Cafetería. Es liegt an der Calle 31 No. 201, einen Block westlich des Klosters, gegenüber der Plaza. Zu sehen ist hochwertiges Kunsthandwerk der Region und ganz Mexikos, auch Textilien, Schmuck, Infos über Sisalanbau u.a. mehr. Der interessante Innenhof grenzt an die Pyramide Kabul. Tägl. 9.30–18.30 Uhr, So 9–14 Uhr, geringer Eintritt, Tel. 9541012.

Adressen & Service Izamal

Infos Das **Turismo** ist im Palacio Municipal an der Ecke der Calles 32A/31A, Tel. 01-988-9540009. Prospekte, Stadtpläne u.a. – **Centro Cultural y Artesanal,** Calle 31 No. 201/Ecke C. 31-A, einen Block westlich des Klosters gegenüber der Plaza, informativer Stadtplan. – **Internet-Café** Calle 31-A; u.a.

Unterkunft **Posada Flory,** Calle 30 No. 267/Ecke C. 22, Tel. 9540562. Günstige Familienunterkunft, DZ 250 Ps.

Hotel Green River, Av. Zamna 342 zw. C. 38 u. 40, westl. des Zentrums (ca. 10–15 Min. Fußweg), Tel. 9540337. In einer großen und entspannenden Gartenanlage, freundlich familiengeführt. 20 geräumige, aber etwas abgewohnte Zimmer, Pools, Restaurant. DZ 450 Ps, Frühstück extra.

Macan Che, Calle 22 No. 305 (zw. C. 33 u. 35, 4 Blocks östl. des Klosters), Tel. 9540287, www.macanche.com. 12 schön eingerichtete Doppel-Bungalows in herrlicher Gartenanlage und 2 Häuser, kleiner Pool und Yoga-Kurse. DZ 630–900 inkl. üppigem Frühstück. Gutes Restaurant (Anmeldung nötig). **TIPP.** Die Website informiert auch über Izamal, z.B. über Daten von Festen. In der gleichen Straße das unten erwähnte Restaurant *Tumben-Lol.*

Sehr zentral liegt **San Miguel Arcángel,** Calle 31-A No. 308 zw. C. 30 u. 30-A, www.sanmiguelhotel.com.mx, Tel. 9540109. Mittelklasse, 8 Zimmer zur Straße mit Balkon (Zi. 4 mit schönem Blick auf das Kloster) oder nach hinten zum Garten (ruhiger). DZ/F ca. 600 Ps.

Rinconada del Convento, Calle 33 No. 294 (gleich südlich des Klosters), Tel. 9540151, www.hotelizamal.com. Nettes kleines Hotel, 12 gute Zimmer, Pool im Garten am Hang einer Pyramide, Reisebüro. DZ/F ca. 950 Ps.

Selbstfahrer **Itzamaltún,** Calle 31 No. 251 zw. C. 22 u. 24, www.itzamaltun.com, Tel. 9540023. In einer Gartenanlage, Pool, Parkplatz. DZ 700 Ps.

Romantik Hotel Santo Domingo, Calle 18 zw. 33 u. 35 (ca. 800 m östl. vom Kloster), Tel. 01-988-9676136, www.izamalhotel.com. Sehr schöne Anlage mit 10 stilvollen Bungalow-Zimmern auf einer großen Ex-Hacienda. Gastgeber ist der freundliche Österreicher Harald Eder. Sehr gutes Restaurant, Bar und toller Pool, ausgezeichnete Bewertungen. Auf dem angrenzenden **Campingplatz** gibt es WoMo-Stellplätze mit kleiner Servicestation. Alles sehr ambientevoll und eine Oase der Ruhe. DZ ab 850 Ps. **TIPP!**

Außerhalb **Hotel Hacienda San Antonio Chalanté,** 8 km südlich nahe dem Ort Sudzal (KM 2,7), Tel. 01-998-1033367, www.haciendachalante.com. Hacienda-Nostalgie für Einsamkeitsliebende, Pool, Reiten etc. 9 individuelle Zimmer, DZ/F 700–1100 Ps, Essen a.A.

Essen und Trinken Günstig im **Markt,** Calle 30, an der Südwestecke des Klosters. Hinter dem Mercado, Calle 33/Plazuela Dos de Abril und schräg gegenüber vom Rest. El Toro isst man im **Los Mestizos** gut yucatekisch. Sehr gut ist das gehobene **Kinich** neben der Kinich-Kakmó-Pyramide, Calle 27 No. 299 zw. C. 28 u. 30, Tel. 9540489. Hervorragende *comida yucateca* zu noch akzeptablen Preisen in tollem Ambiente, nettes Personal. Diverse *platillos, sopa de lima* oder z.B. das Hühnchengericht *zak kol o pebre,* köstliches *agua de chaya* probieren. Das Kinich schließt um 21 Uhr. – **Tumben-Lol,** Calle 22 No. 302, zw. C. 31 u. 33; beliebtes (Touristen-)Restaurant mit Garten-Patio.

Einkaufen Eine große Auswahl an Kunsthandwerk bietet das *Centro Cultural y Artesanal,* s.o. – *Artes populares* auch bei *Hecho a Mano,* C. 31-A No. 308 (La Casona). – Auch der Mercado bietet sich an.

Fiestas Alljährlich ab 18. Oktober wird in Izamal 10 Tage lang die große *Fiesta de Cristo Negro* gefeiert (Tanzdarbietungen in den Nächten vom 25.–28.). 1–8. Dez.: Fest der Schutzheiligen der Stadt, der *Virgen de la Inmaculada Concepción.*

An- und Weiterreise Der Busterminal liegt an der Calle 32 zw. C. 31 u. 33, zwei kurze Blöcke westlich des Klosters. Nach/vom *Terminal del Noreste* und *Terminal del Centro* in **Mérida** ca. halbstündlich mit *Oriente,* 75 km, 1,5 h. Nach/von Valladolid 2 h. Nach/von Cancún über Valladolid. Für Chichén Itzá mit einem Valladolid-Bus, aussteigen in Pisté bzw. am Eingang der Ruinen oder beim Hotel Dolores Alba (s. Chichén-Itzá-Hotels). Wer von Chichén Itzá kommt, muss in Hoctún umsteigen.

Selbstfahrer nach Chichén Itzá sollten bei Kantunil nicht auf die teure Mex180**D** geraten, die Mex 180 („Libre") nehmen! Von Mérida entweder über den Hängematten-Herstellungsort *Tixkokob* und Cacalchén oder schneller über die Mex 180. Ins Zentrum auf der Calle 31.

Mit dem Zug nach Izamal: s. Mérida bei „Bahn"

Mérida

Ew. 900.000

✆ 01-999

Mérida, Hauptstadt des Bundesstaates Yucatán, ist eine betriebsame Geschäfts- und Verwaltungsstadt. Ihr Beiname *Ciudad Blanca* – „weiße Stadt" geht auf den weißen Kalkstein zurück, mit dem viele der Gebäude errichtet wurden – doch die sind heute längst nicht mehr weiß, was den vielen Autoabgasen zu verdanken ist.

Mérida wird allenthalben als „sehenswerte Stadt im Kolonialstil" vermarktet, doch viel Sehenswertes hat sie nicht zu bieten. In den Einbahnstraßen lärmt der Verkehr, und die Hitze, vor allem während der Regenzeit von Juni bis September, ist erdrückend. Wer bereits Oaxaca kennt, dem wird Mérida weniger gefallen, doch wer von der Karibikküste bzw. von Cancún anreist, für den ist sie die erste größere mexikanische Kolonialstadt.

Außer der **Polícia Turística,** Tel. 9420060, anzutreffen in ihren grünen *Módulos* (Kiosks) in der Calle 60 auf der Plaza Hidalgo und am Parque de Santa Lucía, gibt es noch die **Turiamigos/Turifriends,** die ebenfalls allen Touristen kostenlos und zweisprachig mit Rat und Tat zur Seite sehen (blaues T-Shirt mit Kappe).

Großes kulturelles Programm Mérida ist berühmt für sein großes kulturelles Angebot, man setzt voll auf den Tourismus und bietet Besuchern ein **umfassendes Kulturprogramm** wie kaum anderswo: allabendlich finden Folklore-Veranstaltungen, Open-air-Konzerte, Musik- und Tanzdarbietungen statt (meist freier Eintritt), die von städtischen Tanzgruppen und Orchestern und der Folkloregruppe der Universität bestritten werden. Angefangen hatte es einst vor vielen Jahren mit *Serenatas Yucatecas* im kleinen *Parque Santa Lucía.* Dort gaben – und geben donnerstags immer noch – Gitarrenspieler Balladen, Liebes- und Volkslieder und selbstgeschmiedete Verse zum Besten – das heißt dann *trova.*

Nützliche touristische Tipps, Neuigkeiten zu Mérida und zu seinen Umgebungszielen stehen im monatlich neu erscheinenden Heft **Yucatán Today** (engl./span.), auch mit vielen Karten für Selbstfahrer. Kostenlos überall ausliegend oder im Internet unter www.yucatantoday.com einsehbar. Eine ähnliche Publikation ist das Heft **Explore Yucatán.**

Veranstaltungen

Montag, 21 Uhr: *Vaquería Regional,* Musik und Tanzdarbietungen vor dem Palacio Municipal am Zócalo mit dem *Orquestra Jaranera del Ayuntamiento.* Eine *vaquería* ist ein ländliches yucatekisches Volksfest. – **Dienstag, 20.30 Uhr:** *Remembranzas Musicales,* Big-Band-Musik mit der Banda del Ayuntamiento im Parque de Santiago, Calle 72 zw. C. 57 u. 59 (s. Stadtplan). – **Mittwoch, 21 Uhr:** Show im Centro Cultural „El Olimpo" neben dem Palacio Municipal. – **Donnerstag, 21 Uhr:** *Serenata Yucateca* im kleinen Parque Santa Lucía, Calle 60/Ecke C. 55. Das ist der Abend der *merideños,* immer gut besucht. Gedicht- und Gesangsvorträge und zum Abschluss *Jarana*-Tänze. – **Freitag:** Musik und Tänze mit dem *Ballet Folklórico* der Universität im Teatro Peón Contreras, Calle 60/Ecke C. 57. Oder *Serenata Universitaria* in der Uni gegenüber des Teatro Contreras. – Um 20.30 Uhr *Noche de Trova,* „Nacht der Troubadoure" im Centro Cultural „El Olimpo" neben dem Palacio Municipal. – **Samstag, 20 Uhr:** *Noche Mexicana.* Musik und Lieder Mexikos, Paseo de Montejo zw. den Calles 47 u. 49. Ab 19 Uhr werden die Straßen um den Zócalo abgesperrt, auf der Calle 60 vom Zócalo bis zum Parque St. Lucía spielen Bands, Restaurants stellen ihre Tische und Stühle auf die Straßen – viel Spaß und Tanz bis weit nach Mitternacht. – **Sonntag, 9–21 Uhr:** *Mérida en Domingo,* **der wöchentliche Höhepunkt.** Große Volksfiesta mit Ganztagesprogramm und mit reger Teilnahme der Bevölkerung auf den gesperrten Straßen um den Zócalo und in der Calle 60. Viele Musikgruppen und *tianguis* (Markt) auf dem Zócalo, Tänze vor dem Palacio Municipal.

Mérida – Basis für Ausflüge

Mérida ist idealer Ausgangspunkt zu nahegelegenen interessanten Sehenswürdigkeiten und archäologischen Stätten wie *Chichén Itzá, Uxmal, Ruta Puuc* (das Turismo bietet verschiedene Touren an), *Izamal,* Abstechern zur Küste (*Progreso* und *Celestún*) u.a. Zwei, drei Tage sollte man dort schon verbringen und eventuell auch nach **Celestún** zu den Flamingos ans Meer fahren (rund 95 km). Auch der **Cenote-Ausflug** nach *Cuzamá* ist beliebt (s.S. 299; als gebuchte Tour oder in Eigenregie per Colectivo, Abfahrt an der Ecke der Calles 67/62).

Für eine intensivere Besichtigung der interessanten Umgebungsziele – z.B. *Ruta Puuc/Ruta de los Conventos* – am besten ein Auto mieten.

Geschichte

Die *merideños* verhehlen ihren Lokalpatriotismus nicht und sind stolz auf ihre alte Maya-Kultur. Nachdem Cortés 1521 Tenochtitlán (Mexiko-Stadt) erobert hatte, versuchte im Süden 1527 **Francisco de Montejo** („El Adelantado") Yucatán einzunehmen. Dieser erste Versuch, die Maya zu unterwerfen, misslang. Erst seinem gleichnamigem Sohn („El Mozo", der Jüngere, **s. Abb.**) gelang durch bessere Taktik und geschickte, wechselseitige Bündnisse mit den Maya die koloniale Unterwerfung: am 6. Januar 1542 gründete er, auf den Resten der alten Maya-Ansiedlung *Ichcaanzihó* (Tihó), den Ort **Mérida,** benannt nach der gleichnamigen spanischen Stadt. Nachfolgend entwickelte sich Mérida zum militärischen, politischen und wirtschaftlichen Zentrum der gesamten Yucatán-Halbinsel. 1618 verlieh ihr König Philipp II. Wappen und Stadtrechte (Mérida war also direkt der span. Krone unterstellt). Im 17. und 18. Jh. wurde die Stadtgrenze durch 7 Torbogen *(Arcos)* markiert, von denen heute noch drei stehen (Arco San Juan, Arco Dragones und Arco El Puente). Während des Kastenkriegs ab 1847 (s.S. 196) gelang es den Maya-Rebellen nicht, Mérida und Campeche einzunehmen.

■ Untrennbar mit Mérida verbunden ist **Sisal** bzw. **Henequén,** jene Agaven-Faser, die einst auf dem Weltmarkt für die Herstellung von Seilen, Schnüren und Teppichen heißbegehrt war (Sisal-Exkurs s.S. 275). Der Sisal-Boom spülte Mitte des 19. Jahrhunderts viel Geld in die Stadt und die architektonischen Zeugnisse des damaligen Reichtums kann man heute noch bewundern: prunkvolle Stadthäuser, Parkanlagen, die Prachtallee **Paseo de Montejo** und vor den Toren Méridas herrschaftliche Haciendas. Auch die Eisenbahnlinie wurde in der Zeit des Sisal-Booms gebaut. Haupteinnahmequellen sind heutzutage verarbeitende Industrien und der ständig wachsende Tourismus.

Jarana Yucateca

Bei der **jarana yucateca** tanzen die *jaraneros* (sie im *terno de gala,* er im weißen Anzug) mit stampfenden Füßen und erhobenen oder auf dem Rücken verschränkten Armen umeinander herum, wobei der Oberkörper möglichst ruhig gehalten und nur die Beine bewegt werden. Manchmal wird dabei auch gleichzeitig eine Flasche auf dem Kopf balanciert (oder gleich ein ganzes Tablett, *suerte* genannt). Oder es wird auf einer *almude,* einer umgedrehten Kiste getanzt, was das Stakkato der knallenden Absätze verstärkt. Auch ein bunter Bändertanz im Kreis um eine Stange wird als Tanzfigur oft eingebaut.

Die Jarana entstand aus der Verbindung von Tänzen spanischen Ursprungs (Zaragoza) mit prähispanischen yucatekischen Tänzen; *jaranear* bedeutet im Spanischen u.a. „ein Fass aufmachen oder „Krach“ machen. Die *Banda de Jarana* besteht aus je zwei Klarinetten, Trompeten und Posaunen, einer Kesselpauke und dem *güiro,* einem Kalebassen-Schlaginstrument. Die langsamen Musikteile werden im 3/4-Takt gespielt, die rhythmischen und stampfenden im 6/8-Takt. Während des Tanzes ruft einer der Jaraneros „bomba“, worauf die Musik unterbricht und einer der Tänzer seiner Partnerin lauthals Komplimente macht: über ihr schönes Kleid, ihr Aussehen, seine Liebe und Heiratsabsichten. Zum Ende einer Jarana-Vorführung spielt das Orchester traditionell noch den *torito,* der einen Stierkampf nachahmt und voller lust- und leidenschaftlicher Anspielungen steckt. Die Jarana zu beherrschen und gekonnt vorzuführen braucht viel Erfahrung. Deshalb erhalten Kinder beizeiten Unterricht oder sie lernen den Tanz von ihren Eltern. Im Palacio Municipal wird regelmäßig geübt und in Karnevalstagen wird Mérida zur Jarana-Bühne.

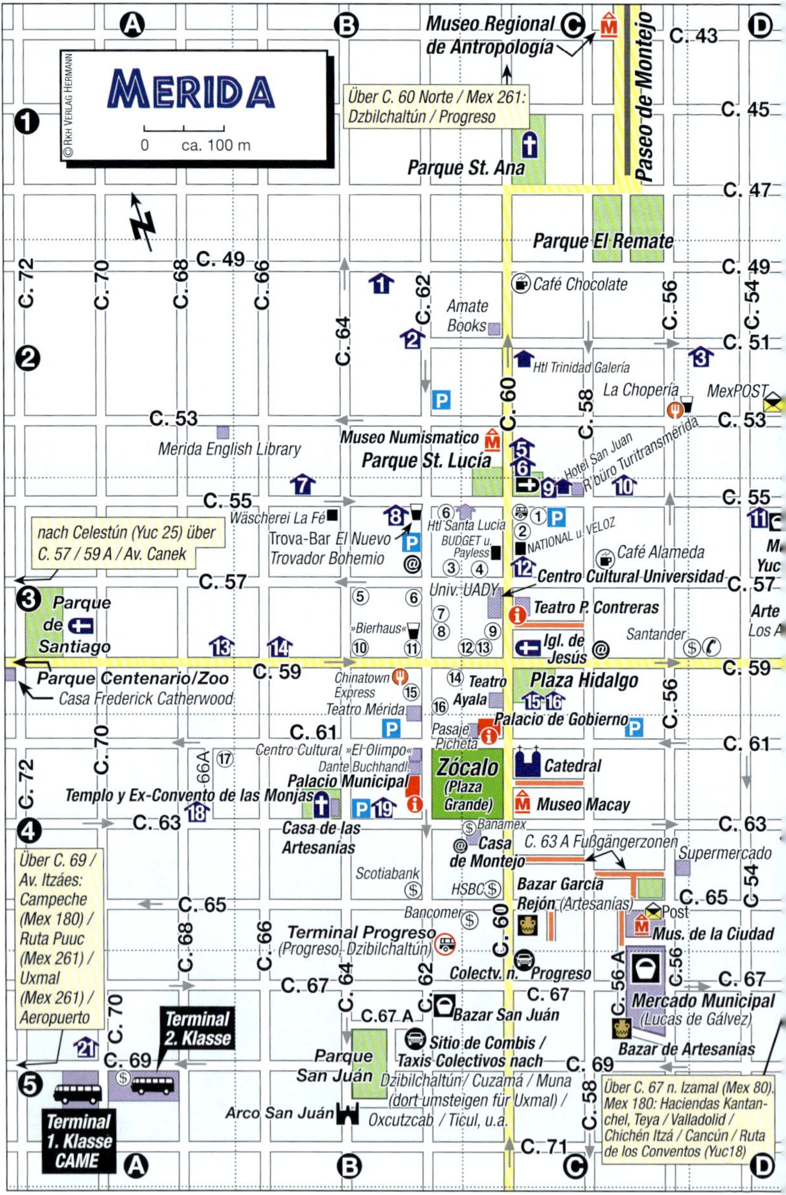
MERIDA
0 ca. 100 m
© RKH VERLAG HERMANN
Museo Regional de Antropología
Über C. 60 Norte / Mex 261: Dzbilchaltún / Progreso
Parque St. Ana
Paseo de Montejo
C. 43
C. 45
C. 47
Parque El Remate
C. 49
Café Chocolate
Amate Books
C. 51
Htl Trinidad Galería
La Chopería
MexPOST
C. 53
Merida English Library
Museo Numismatico
Parque St. Lucía
Hotel San Juan
R'büro Turitransmérida
C. 55
Wäscherei La Fé
Trova-Bar El Nuevo Trovador Bohemio
Htl Santa Lucia
BUDGET u. Payless
NATIONAL u. VELOZ
Café Alameda
nach Celestún (Yuc 25) über C. 57 / 59 A / Av. Canek
C. 57
Centro Cultural Universidad
Univ. UADY
Teatro P. Contreras
Parque de Santiago
»Bierhaus«
Igl. de Jesús
Santander
C. 59
Parque Centenario/Zoo
Casa Frederick Catherwood
Chinatown Express
Teatro Mérida
Teatro Ayala
Plaza Hidalgo
Palacio de Gobierno
C. 61
Pasaje Picheta
Centro Cultural »El Olimpo«
Dante Buchhandl.
Palacio Municipal
Zócalo (Plaza Grande)
Catedral
Templo y Ex-Convento de las Monjas
Museo Macay
C. 63
Casa de las Artesanías
Banamex
Casa de Montejo
C. 63 A Fußgängerzonen
Supermercado
Über C. 69 / Av. Itzáes: Campeche (Mex 180) / Ruta Puuc (Mex 261) / Uxmal (Mex 261) / Aeropuerto
Scotiabank
HSBC
Bazar García Rejón (Artesanías)
C. 65
Post
Bancomer
Mus. de la Ciudad
Terminal Progreso (Progreso, Dzibilchaltún)
Colectv. n. Progreso
C. 67
C. 67 A
Bazar San Juán
Mercado Municipal (Lucas de Gálvez)
Terminal 2. Klasse
Sitio de Combis / Taxis Colectivos nach Dzibilchaltún / Cuzamá / Muna (dort umsteigen für Uxmal) / Oxcutzcab / Ticul, u.a.
Bazar de Artesanías
C. 69
Parque San Juán
Arco San Juán
Über C. 67 n. Izamal (Mex 80). Mex 180: Haciendas Kantanchel, Teya / Valladolid / Chichén Itzá / Cancún / Ruta de los Conventos (Yuc18)
Terminal 1. Klasse CAME
C. 71
C. 72
C. 70
C. 68
C. 66
C. 66A
C. 64
C. 62
C. 60
C. 58
C. 56
C. 56 A
C. 54
A
B
C
D
1
2
3
4
5

Hotels

1 Htl B&B Marionetas
2 Nómadas Youth Hostel
3 Hotel del Peregrino
4 B&B Casa Ana
5 Hotel Maison Lafitte
6 Casa Lucía Boutique
7 Hotel MedioMundo
8 Hostal Santa Lucía
9 Hotel Luz en Yucatán
10 Hotel Santa María
11 Casa Esperanza
12 Hotel Casa del Balam
13 Las Arecas
14 Hotel Del Gobernador
15 Grand Hotel
16 Hotel Caribe
17 La Casa del Tío Dach
18 Hostel Casa Nico
19 Hotel Los Arcos
20 Hotel Dolores Alba
21 Hotel El Español

① Restaurants

① Rst. Café Club
② El Nuevo Tucho u. Disco KY 60
③ Cafetería Pop
④ Pórtico Peregrino
⑤ Alberto's Continental Patio
⑥ 2x La Chaya Maya
⑦ Café i. Htl Colonial
⑧ Marlín Azul (Fisch)
⑨ Bella Epoca
⑩ Pane e Vino (ital.)
⑪ Los 2 Toros Yucatecos
⑫ Pancho's
⑬ Amaro
⑭ Vito Corleone (ital.)
⑮ El Trapiche
⑯ Da Vinci (ital.)
⑰ La Casa de Frida

Orientierung

Méridas Einbahnstraßen verlaufen im Gitterraster, doch gibt es kaum Straßennamen. Ost-West-Straßen haben ungerade Zahlen (absteigend nach oben) Nord-Süd-Straßen gerade Zahlen. Adressen werden meist so geschrieben: Calle 61 No. 431 x 60 y 58, d.h., das Haus mit der Nr. 431 liegt in der 61. Straße zwischen *(entre)* den Calles 60 und („y") 58.

Durchgangs- und Hauptstraßen sind die Calles **59** und **60,** der Zócalo wird von den Calles 63 und 61 sowie von 60 und 62 eingeschlossen. Die breite Prachtstraße im Norden der Stadt ist der **Paseo de Montejo.** Er wird gesäumt von eindrucksvollen Villen aus der Sisalboomzeit. Dort befindet sich das **Anthropologische Museum** (Museo Cantón) und es gibt viele Hotels und Restaurants der Oberklasse.

Das Innenstadt-Leben spielt sich hauptsächlich vom Zócalo nördlich entlang der Calle 60 ab, dort liegen die meisten Hotels, Restaurants, Geschäfte etc. Anfahrt mit einem Bus der Linie 10, Haltestelle in der Calle 59/Ecke C. 58.

Stadtunterteilung

Cuadras (Häuserblocks) bilden zusammen *Manzanas* oder *Secciones,* Stadtviertel bzw. Vororte heißen *Colonias.* Die große **äußere** Ringstraße um Mérida heißt *Anillo Periférico,* die **innere** *Circuito Colonias.*

Wer als **Selbstfahrer** ins Centro möchte, folgt von Norden kommend der Calle 62 (oder 58) oder dem breiten *Paseo de Montejo,* von Osten der Calle 65 (oder 61) und von Westen der Calle 59 (die Calles sind jeweils Einbahnstraße). Als Orientierungspunkt kann man die beiden rot-weißen Funkmasten anpeilen, die nordwestlich vom Zócalo an der Ecke der Calles 64/59 hoch aufragen. Parkplätze gibt es auch im Zentrum ausreichend, s. Piktogramm „P" im Stadtplan. An gelb markierten Bordsteinen darf nicht geparkt werden.

Herumkommen

Es verkehren zahlreiche grüne Stadtbusse (mit komplizierten Fahrtrouten) und weiße Colectivos, doch im Centro kann alles Wichtige zu Fuß erreicht werden. **Taxis** stehen an *sitios* (z.B. an der Zócalo-Nordostecke und Plaza Hidalgo, zum/vom Busterminal ins Centro kostet es 50 Ps).

Stadtbesichtigungen

Touristen können sich mit einer *calesa,* einer **Pferdekutsche,** gemächlich durch die Stadt fahren lassen. Standplätze der Kutscher beim Zócalo/Calle 61 und beim Parque St. Lucía.

Motorisiert durch die Stadt geht es bei einer **Doppeldecker-Busrundtour** mit dem roten **Turibus,** Haltestellen an der *Kathedrale* (9.30, 10.15, 11, 11.45, 12.30, 13.15, 14, 14.45, 15.30, 16.15, 17, 17.45, 18.30, 19.15, 20 u. 20.45 Uhr), beim *Museo Regional de Antropología,* bei den Luxushotels im Norden (*Fiesta Americana,* dort Start um 8.30 Uhr, *Holiday Inn* 9 Uhr, *Hyatt*), *Gran Plaza Shopping Mall* und *Monumento a la Bandera.* Rundtourdauer etwa 1,5 Stunden, Tickets beim Einstieg, ca. 130 Ps. Stadterklärungen mittels Ohrhörer, auch auf Deutsch. Fahrtroute und Fahrplan auf www.turibus.com.mx, Auskunft Tel. 9462424.

Rustikaler und günstiger (120 Ps, span./engl.) sind die zweistündigen Stadttouren mit den alten Open-air-Bussen von **Transportadora Carnaval,** Abfahrt tägl. um 10, 13 und 16 Uhr (So nicht 16 Uhr) am *Parque Santa Lucía* (Plan C2), Tel. 9276119.

Interessierten wird außerdem eine kostenlose span./engl. **Führung zu Fuß** zu den Sehenswürdigkeiten um den Zócalo herum geboten, Start um 9.30 Uhr an der Zócalo-Westseite beim städtischen Touristenbüro bzw. vor dem Palacio Municipal, Tel. 9420000.

Sehenswertes in Mérida

Zu den besonders sehenswerten Dingen im Zentrum von Mérida gehören ein paar Kolonialbauten um den Zócalo und die große Kathedrale. Besuchenswert sind außerdem einige Museen, darunter das *Museo Regional de Antropología* am Paseo de Montejo (nördlich, Plan C1). Ebenfalls erlebenswert ist der große Markt von Mérida (Plan C5; Beschreibung s. „Adressen & Service“).

■ *Die Türme der Zócalo-Kathedrale San Ildefonso*

Zócalo mit Kathedrale

Der große Zócalo – auch **Plaza Grande** oder Plaza Principal genannt – ist das Herz und der Treffpunkt der Stadt. Hier ist jeden Tag was los. Umgeben von kolonialem Charme kann man unter Lorbeerbäumen und zwischen getrimmten Buchsbäumen und Blumenrabatten umherschlendern oder, auf einer Bank sitzend, das bunte Treiben beobachten (für von Angesicht-zu-Angesicht-Gespräche oder Verliebte eignen sich hervorragend die S-förmigen steinernen *confidenciales*). Straßenhändler bieten Hängematten, bunte Luftballons, Süßigkeiten und sonstigen Schnickschnack an, Imbiss- und Getränkestände sorgen für das leibliche Wohl. Täglich um 8 und 18 Uhr finden auf dem Platz militärische Flaggenappelle statt.

Unübersehbar ragt östlich, auf der geistlichen Platzseite, die mächtige **Kathedrale** auf. Ihr gegenüber der weltliche **Palacio Municipal,** gekrönt durch einen Uhrenturm. Auf der Südseite des Platzes steht das Haus des Stadtgründers, die *Casa Montejo,* während die Nordseite der Präsenz Regierungsgewalt vorbehalten ist. Dort befindet sich an der Ecke der Calles 60/61 der **Palacio de Gobierno.**

Palacio de Gobierno

Der Regierungspalast wurde 1892 in neoklassizistischem Stil erbaut und 1905 umgebaut. Zutritt frei, 8–20 Uhr, So 9–17 Uhr. Gleich beim Eingang ist linker Hand eine Touristen-Information. Gehen Sie am Wachpersonal vorbei in den Innenhof (hinten links sind Toiletten) auf die breite Treppe zu. Das Wandbild stellt den mayanischen Entstehungsmythos des Menschen aus Mais dar (nach dem Buch *Popol Vuh,* s. Erläuterungstafel).

Sehr sehenswert sind die 27 Großgemälde des lokalen Malers *Fernando Castro Pacheco* im *Salón de la Historia* im oberen Arkadenumgang. Sie zeigen sehr eindrucksvoll die leidvolle Geschichte Yucatáns und der yucatekischen *raza maya,* darunter „Guerra de Castas“ (Krieg der Kasten), „El Henequén“ (Sisal), „Fray Diego de Landa“ (Méridas Bischof bei der Verbrennung von Idolen und Códices, s.S. 295, Maní), „Venta de Indios“, die Montejos (Vater, Sohn und Neffe, die Eroberer Yucatáns). Die Gemälde entstanden zwischen 1971 und 1978 und werden durch Schilder erklärt.

Westlich neben dem Palacio de Gobierno schließt sich die Einkaufs- und Restaurantpassage **Galería Pasaje Picheta** an, am Eingang linker Hand ein Schalter von **Ticket Bus** (www.ticketbus.com.mx).

El Catedral San Ildefonso

(Von 12–16 Uhr geschl.). – Dies ist die älteste Kathedrale auf dem nordamerikanischen Kontinent, sie wurde in Rekordzeit zwischen 1561 und 1598 erbaut (Mexikos Kathedrale benötigte 240 Jahre; vielleicht ging es in Mérida nur so schnell, weil bereits die Steine der vormaligen Maya-Siedlung Tihó „dalagen“ …).

Der massige Baukörper mit schmuckloser Frontfassade, die durchbrochenen und sich in Stufen verjüngenden Doppeltürme sowie die drei Renaissance-Portale erinnern an eine Wehrkirche – all ihre ersten Kirchen und Klöster erbauten die Spanier wehrhaft und trutzig. Im Zentrum des Halbbogens befindet sich das riesige mexikanische Staatswappen (s. Foto links). Es wurde 1822, gleich nach der mexikanischen Unabhängigkeit, angebracht.

Das schlichte Innere beeindruckt durch die riesig-dicke Säulen, Rundbögen und hohe, kreuzgerippte Kuppeln. Die Wand hinter dem Altar schmückt ein 12 Meter hohes Kreuz mit einem fast so großen Christus aus Mahagoni-Holz. An der nördlichen Wandseite des Kirchenschiffs eine Kopie der *Virgen de Guadalupe* mit mex. Flagge und ganz hinten links, in einer Seitenkapelle, der schwarze **Cristo de las Ampollas** („Christus der Brandblasen"). Die Statue stammt von 1645 und ist *die* religiöse Kostbarkeit der Kirche (alljährlich zweiwöchiges Prozessionsfest ab dem 27. September).

Auf der Kirchenschiff-Südseite und rechts des Altars hängt ein Gemälde, das den Maya-Kaziken **Titul-Xiú** bei seiner Taufe zeigt (vgl. Maní S. 295). Bei den antiklerikalen Unruhen der Mexikanischen Revolution wurde 1915 die Kirche gestürmt und die gesamte Einrichtung schwer verwüstet, mitsamt der Orgel. 1993 besuchte Papst Johannes Paul II. die Kathedrale.

Museo Macay

(tägl. außer Di 10–18 Uhr, Eintritt frei, www.macay.org). – Dieses historische Gebäude gleich rechts der Kathedrale wurde 1573 erbaut und war ursprünglich das Haus des Bischofs von Yucatán, **Diego de Landa** (s.S. 218). Jetzt ist hier das **Museo de Arte Contemporáneo Ateneo de Yucatán** untergebracht. In 15 Sälen werden wechselnde Kunst- und Gemäldeausstellungen präsentiert, meist Modernes. – Jetzt zur Mitte der Zócalo-Südseite gehen, zum Montejo-Palast mit dem mächtigen Portal.

Casa de Montejo

(Mo–Fr 9–16 Uhr, Sa bis 14 Uhr). – Dieser Komplex, der einst einen ganzen Straßenblock einnahm, war die Residenz des Stadtgründers von Mérida, **Francisco de Montejo** („El Mozo", der Jüngere). Bauzeit zwischen 1543 und 1549 und somit das älteste Gebäude der Stadt. Bis 1980 befand es sich noch im Besitz der Nachfahren der Montejos, heute nutzt die Bank Banamex die historischen Räume als *Museo Casa Montejo* (geführte Touren Di–Fr um 11, 13 u. 17 Uhr, So 11 u. 17 Uhr).

Beeindruckend ist vor allem das hohe, platereske Portal mit einem kleinen Balkon. Darunter ein Mann, der die Balkonkonsole auf seinen Schultern trägt (vermutlich der Architekt). Der bärtige vollplastische Kopf links ist Montejo, rechts seine Frau. Rechts und links der Balkontür weitere interessante Details: die spanischen Konquistadoren mit ihren Schwertern und Hellebarden stehen triumphierend auf abgeschlagenen Köpfen besiegter Maya, deren Münder schmerzvoll weit aufgerissen sind. Ein drastisches Beispiel für die Macht und die Dominanz der Kolonialherren. Diese Siegespose zur Demütigung unterlegener Gegner war bereits bei den prähispanischen Tolteken und auch bei den Maya archetypisch.

Prächtig auch die Schmuckelemente der rechten Gebäudewand: die vier übergroßen, bodenhohen Fenster werden von Dreiecksgiebeln überdacht und von vollplastischen Büsten flankiert.

Palacio Municipal

Das doppelgeschossige Rathaus mit Glockenturm wurde 1735 im spanisch-maurischen Stil erbaut. An der Eingangsseite sind links und rechts zwei *murales* (Wandbilder) angebracht (links „Crisol de 2 Razas" – „Schmelztiegel der zwei Rassen"). Einige Wandgemälde der oberen Stockwerke zeigen gleichfalls Szenen der Geschichte Mexikos und Yucatáns. Jeden Montag um 21 Uhr gibt es vor dem Rathaus um 21 Uhr Tanzdarbietungen, sonntags wird eine „Mestizo-Hochzeit" aufgeführt, 13 und 18 Uhr. Gleich nördlich vom Palacio die gutsortierte Buchhandlung *Dante* und an der Ecke das **Centro Cultural „El Olimpo",** Méridas städtisches Kulturzentrum mit fast allabendlichem Programm (Tel. 9240000).

Plaza Hidalgo

Wenn man vom Zócalo die Calle 60 nordwärts geht, erblickt man ab und zu Art-deco-Architektur. An der Ecke zur Calle 59 liegt rechts die kleine, baumbestandene *Plaza Hidalgo,* die Statue zeigt General Peraza. Rechts das traditionsreiche *Gran Hotel* und hinten in der Ecke das *Hotel Caribe.* Von den Restaurants und Cafés kann man das Geschehen beobachten, manchmal klöppeln Marimbaspieler oder Gitarrenspieler geben Stücke zum Besten.

Nördlich der Calle 50 ragen die Doppeltürme der Jesuitenkirche **Iglesia de Jesús** (Tercera Orden) von 1618 empor. In ihrem Inneren reizvolle Fresken und ein imponierendes Domgewölbe.

Der Calle 60 folgend liegt rechts der kleine *Parque a la Maternidad* mit einer Statute, bevor man sich dem Theater nähert.

Teatro José Peón Contreras

(Mo–Fr 9–13 Uhr). – In diesem mächtigen Bau mit Außensäulen im Obergeschoss ist an der Südwestecke das Büro des **Turismo** untergebracht, Tel. 9249290. Neben viele Prospekten und sonstigen Informations-Materialen werden auch Touren angeboten, z.B. nach Uxmal und Kabah. Vor dem Büro das *Café Peón Contreras.*

Einst stand hier das Colegio San Javier, das im 20. Jh. zum Contreras-Theater umgebaut wurde (Contreras war ein bedeutender yucatekischer Dramaturg). Der Architekt verwendete viel italienischen Marmor, wie ein Blick ins Treppenhaus und ins Foyer zeigt. Sehen Sie im ausgehängten Programm nach, ob was Interessantes geboten wird (Ballet-Folklórico-Aufführungen meist 2x monatlich mittwochs um 21 Uhr).

Universidad Autónoma de Yucatán UADY

Auf der linken Straßenseite liegt das Gebäude der Universität UACY, einst das *Colegio San Pedro* von 1711. Eingangsportal an der Ecke 60/57. Zweimal im Monat finden hier freitags um 21 Uhr Konzerte im Patio statt (freier Eintritt; Termine an der Auskunftsstelle erfragen bzw. Anschläge beachten). Die oberen Arkadenbögen sind im spanisch-maurischen Stil ausgeführt.

Einen Straßenblock weiter auf der Calle 60, an der Kreuzung mit der Calle 55, liegt links der kleine Parque de Santa Lucía.

Parque de Santa Lucía

Auch als „Parque Los Héroes" bekannt. Dort steht ein Obelisk (Colonel Molas) und übers Eck auf Säulen die Büsten berühmter yucatekischer Komponisten bzw. Troubadoure und Poeten. Jeden Donnerstagabend um 21 Uhr finden hier auf der Eckbühne Darbietungen von Sängern, Musikern und Dichtern statt *(Poesía y trova)*. Sonntagmorgen so ab 10 Uhr **Flohmarkt** mit Musikdarbietungen. Gegenüber, auf der anderen Straßenseite, die Kirche *Santa Lucía* von Anno 1575.

Parque de Santiago

Der Park liegt vom Zentrum westlich an der Calle 59 mit gleichnamiger Kirche. In den umliegenden Straßen gibt es einige Budget-Unterkünfte und in der Calle 59 No. 572 (fast Ecke C. 72, mit 2 Bäumen davor, Plan A3), liegt die im Belle-Epoque-Stil renovierte **Casa Frederick Catherwood.** Dort sind alle 25 Lithographien des berühmten englischen Zeichners ausgestellt (und erhältlich), die dieser bei seinen Reisen in den 1840er Jahren von vielen Maya-Stätten Yucatáns anfertigte. Mit Café, Bistro und einem Fair-Trade-Shop, Mo–Sa 9–14 u. 17–21 Uhr, Tel. 1545565, www.casa-catherwood.com.

Parque Centenario / Zoo

Dieser Park liegt 12 Straßenblocks westlich vom Zócalo. Sein Zoo (Di–So 8–18 Uhr, Eintritt frei) zeigt sowohl das Tierleben als auch die Flora Yucatáns. Anfahrt per Bus von Calle 61 oder 65 oder mit Taxi.

Yucatáns Troubadoure

Ende des 19. Jahrhunderts entwickelte sich in Yucatán eine spezielle Form von Musik und Balladenliedern, die als **trova yucateca** bekannt wurde. Sie vereint traditionelle spanische, karibische – hauptsächlich kubanischer *son* – und mestizische Musik mit Lyrik und Poesie. Gitarrentrios oder Solisten erzählen von Musen und Rosen, Träumen und Illusionen, den Mühen des Alltags und enttäuschter Liebe. So inbrünstig, dass viele *trovadores* mit ihren Liedern und Texten weit über die Grenzen Yucatáns hinaus bekannt wurden. In jener Epoche gab es in Mérida große Gesangs- und Musikwettbewerbe. Wer heute ein erfolgreicher *trova*-Künstler werden möchte, muss erst einmal die „Feuerprobe" auf der Plaza Santa Lucía bestehen und sich der dichtgedrängten Zuhörerschaft stellen. Es wird rezitiert und deklamiert, romantische Trova-Lieder werden gesungen und die *Banda del Ayuntamiento de Mérida* spielt auf. Beschlossen wird der Abend mit Jarana-Tanzdarbietungen.

Huipil, Terno und Guayabera

Die (nahezu einzige) traditionelle Tracht der yucatekischen (Maya-)Frauen ist ihr weißer, kurzärmeliger **huipil yucateco,** ein gleichermaßen einfaches wie elegantes Kleidungsstück. Er ist weitgeschnitten, wird knielang getragen und ist um den unteren Saum und am rechteckigen Halsausschnitt mit schönen bunten Stickereien verziert. Aus Leinen gefertigt ist er *das* luftige und praktische Alltagsgewand der Frauen und Mädchen in der Hitze Yucatáns.

Die edle, meist seidene Ausführung des *huipils* ist der **terno de gala,** der zu Festlichkeiten, beim Ausgehen und beim Jarana-Tanz getragen wird. Der *terno* („Anzug") setzt sich aus drei Teilen zusammen: Über dem *huipil* wird der *jubon,* ein ebenfalls prächtig buntbestickter Überwurf mit weitem Halsausschnitt, getragen. Darunter trägt „frau" den *fustán,* der ebenso wie *huipil* und *jubon* reich mit Spitzen besetzt und bestickt ist. Die farbigen Muster stellen Blumen, Blüten und traditionelle Ornamente dar, in Handarbeit gefertigt dauert dies Monate.

Über die Schultern und um die Oberarme geschlungen trägt die *mestiza yucateca* ihren *rebozo „Santa María",* ein langes Schulter- und Halstuch. Ihr schwarzes Haar hat sie zu einem Knoten mit Spange zusammengesteckt, mit farbigen Bändern und Blumen verziert. Hochhackige weiße Schuhe, zahlreiche goldene Hals- und Armketten sowie filigraner und ebenfalls goldener Ohrenschmuck vervollständigen das elegante Erscheinungsbild (viel goldener Schmuck gilt als Symbol femininer Unabhängig- und Selbständigkeit).

Huipil und *terno* sind heute geradezu Sinnbilder für die Frauen und die eigenständige Kultur Yucatáns. (Bemerkung: *huipil* ist ursprünglich ein Wort aus der *náhuatl*-Sprache).

Die yucatekischen **Männer** tragen ebenfalls traditionell weiße Kleidung: das lockere, lang- oder kurzärmelige **Hemd Guayabera,** das mit vier Taschen besetzt ist (und ursprünglich aus Kuba stammt), die **manta**-Hose und **guaraches,** Sandalen mit Absätzen. Den Kopf bedeckt der biegsame und ebenfalls weiße *Jipijapa*-Hut, geflochten aus feinen Palmfasern. Einziger Farbtupfer ist das rote Einstecktuch *paliacate,* das aus einer Tasche hervorlugt.

Paseo de Montejo

Wer möchte, geht die Calle 60 weiter hoch bis zum *Parque Santa Ana,* biegt dann nach rechts in die Calle 47 und steht nach einer weiteren Cuadra am Beginn des überbreiten und sehr langen **Boulevard Paseo de Montejo** (oder Anfahrt mit einem „Hyatt-" oder „Montejo"-Bus auf der Calle 60). Diese baumbestandene Prachtstraße – Méridas „Antwort" auf den Pariser Champs-Elysées – war Anfang des 20. Jh. die erste Adresse der Stadt. Hier setzten sich die reichen Sisalplantagen-Besitzer Denkmäler in Form mächtiger Herrschaftshäuser. Erbaut im französischen Stil beherbergen heute teure Hotels, Banken, Restaurants und Luxusläden.

5 Straßenblocks bzw. ein paar hundert Meter weiter oben steht in der Straßenmitte das halbkreisförmige **Monumento a la Patria,** das symbolhaft Episoden der mexikanischen Geschichte darstellt (u.a. in der Mitte die Geburt der Maya, links der Adler auf dem Kaktus, der die Gründung Tenochtitláns symbolisiert). Noch vor dem Monument biegt links die **Av. Colón** ab (Calle 37), an der große US-amerikanische Hotels liegen: Holiday Inn, Fiesta Americana, Hyatt u.a.; und natürlich auch teure Geschäfte, Restaurants etc.

Ein ganzes Stück weiter befindet sich der *Parque de las Américas* (Paseo Colón/Calle 20). Dort gibt es Bäume aus allen Ländern Süd- und Nordamerikas. Doch die meisten wird am Paseo de Montejo nur das **Museo Arqueológico** interessieren. Es liegt in der Calle 43, links.

Museo Regional de Antropología

Anderer Name: „Palacio Cantón", Paseo de Montejo/Ecke Calle 43. Eintritt 41 Peso, Di–So 8–17 Uhr, Tel. 9230557. **Sehenswert!** Wichtigste Erklärungen auf Englisch. An der Rezeption eine Auswahl an Literatur.

Der Prachtbau, erbaut 1909–11, war einst die Residenz des Generals Francisco Cantón. In dem Museum, das größte seiner Art in Yucatán, werden in 10 Räumen neben frühgeschichtlichen Funden auch Gegenstände von Mayastätten präsentiert: u.a. ein Chak Mool, zeremonielle Urnen, Stelen (beachtenswert ist die zwei Meter hohe Tabi-Stele), Keramiken, Statuetten von der Insel Jaina, Replikate der Fresken vom Templo de los Frescos in Tulúm u.a. Außerdem Opfergaben aus dem „Heiligen Cenote" von Chichén Itzá (Jade-Figuren). Replikate von Tempelgemälden und Schaubilder, die z.B. die Technik der Stirnabplattung bei Maya-Kleinkindern veranschaulichen, ergänzen die Ausstellung.

Museums-TIPP!

El Gran Museo del Mundo Maya de Mérida

Dieses neue Museum (seit 21.12.2012) liegt 8 km nördlich des Zentrums an der Straße nach Progreso (Calle 60 Nte No 299E, Anfahrt mit einem Taxi, Infos auf www.granmuseodelmundomaya.com).

Das gewaltige Gebäude in futuristischer Bauweise in bester mexikanischer Architekturtradition ist der Zivilisation der Maya gewidmet. Es zeigt in sechs Großabteilungen innen und außen die frühere und heutige Welt der Maya mit Kultur und Natur, Kunst und Wissenschaft, Gesellschaft und Weltsicht. Die Ausstellungsräume sind sehr gut konzipiert und zeigen Aberhunderte Artefakte, Fotos, Schaubilder, Skulpturen, Keramiken, Stelen etc. Eine Zeitreise durch die Jahrtausende, vor allem die letzten Säle lohnen sich sehr. Mit Mayamax-3-D-Kino und abendlicher Light-Show auf die Außenfassaden. Mi–Mo 8–17 Uhr, Eintritt 150 Ps.

Weitere Museen in Mérida

Museo de Arte Popular

Fünf Cuadras östlich vom Zócalo, in der Calle 57/Ecke C. 50A, befindet sich in einem ehemaligen Kloster das (nicht weltbewegende) Volkskunst-Museum (Di–Sa 9.30–18.30 Uhr, So 9–14, Eintritt). Zu sehen sind Trachten, Masken, Töpferkunst, Webwaren, *huipiles* etc. aus allen Teilen Yucatáns und Mexikos. Angeschlossen ist das **Centro Cultural de los Pueblos Mayas,** das Zentrum für Maya-Kultur. Di–Sa 9–20 (Mittagspause), So 8–14 Uhr.

Museo de la Ciudad

Calle 56 zw. C. 65 u. 65-A (Plan C4), Di–Fr 9–20 Uhr, Sa/So bis 14 Uhr, im ehemaligen Postgebäude. Das Stadtmuseum zeigt Dokumente, Grafiken und Exponate der Geschichte Méridas von den Anfängen über die Maya- und Sisalzeit bis zur Gegenwart. Eintritt frei, Tel. 9236869.

Museo de la Canción Yucateca Calle 57 zw. C. 50 u. 48, Di–Fr 9–17 Uhr, Sa/So 9–15 Uhr, Tel. 9237224. – Die Sammlung dieses kleinen Musikmuseums ist den Musiktroubadouren Méridas und der Musik Yucatáns gewidmet (*trova yucateca,* s. Exkurs „Yucatáns Troubadoure"). In drei Räumen sind Ölgemälde von Komponisten und Poeten, alte Grammophone, Instrumente, Fotografien u.a. mehr ausgestellt. Nicht wirklich spannend.

Museo Numismatico Das Haus für Münzsammler: Calle 60 No. 469 zw. C. 53 u. 55. Sa–So 9-13.30 Uhr u. 16.30–20.30 Uhr.

Adressen & Service Mérida

Turismo Das Haupt-Turismo ist im *Teatro Peón Contreras,* Calle 60 (Südwestecke bzw. Ecke Calle 60/Callejón de Congreso, nicht zu übersehen), Mo–So 8–20 Uhr, Tel. 01-**999**-9249290; Verteilung von Touristenbroschüren und -heften wie „Yucatán Today", „Discover Yucatán", u.a.

Ein zweites Touristenbüro, das bundesstaatlich-yucatekische, ist an der **Zócalo-Nordseite** beim Eingang zum Palacio de Gobierno auf der linken Seite (8–21 Uhr, Tel. 9303101). Ein drittes, das städtische, an der Westseite des Platzes beim **Palacio Municipal,** Tel. 9420000.

Weitere Auskunftsstellen *(Módulo de Información Turistíca)* im Flughafengebäude (am Ausgang) und im CAME-Busterminal (1. Klasse).

Websites www.merida.gob.mx • www.cityview.com.mx/merida • für Touristen, aktuell: **www.yucatantoday.com** • www.yuctanliving.com • u.a.

Unterkunft

In Mérida gibt es zahllose Hotels aller Preislagen. Nachfolgend aufgeführte Häuser befinden sich meist in Zócalo-Nähe. Teure und internationale Hotels liegen entlang des Paseo de Montejo nördlich des Zentrums. Hotels im Zentrum sind meist alte Kolonialgebäude (straßenseitige Zimmer sind laut). Im gehobenen Preisbereich gibt es zudem wunderschöne und persönlich geführte Gästehäuser/B&Bs mit wenigen Zimmern oder Apartments, fast alle nördlich vom Zócalo. Saison ist von Weihnachten bis Ostern, dann ist vieles ausgebucht und die Preise erhöhen sich merklich. Im schwülheißen Sommer ist eine Klimaanlage (AC) so gut wie unverzichtbar. In der Nebensaison kann man erhebliche Rabatte aushandeln.

– nahe Busterminals **Hotel El Español,** Ecke C. 69/70 [Plan A5, **21**], nur wenige Schritte vom CAME, Tel. 9232854, www.hotelelespanol.com.mx. 49 Zimmer/AC, Pool.

ECO **Nómadas Youth Hostel,** Calle 62 No. 433 [Plan B2, **2**], 5 Blocks nördl. vom Zócalo, Tel. 9245223, www.nomadastravel.com. 16 Zimmer für 1–6 Personen und 2 große Dormitorios. Teils etwas laut/unruhig, großer Pool, Gästeküche, Internet, lockers, Waschmaschine, Live Trova-Gitarrenmusik, Info-Börse, Touren n. Chichén Itzá, Uxmal, Cenotes de Cuzamá (s.S. 299) und Celestún. Bustickets für die 1. Klasse, auch Flugangebote. Ü/F ab 149 Ps, DZ/F 340 Ps, mit Bad 440 Ps. Nahebei, auch ein Traveller-Hotel: **Hotel Trinidad Galería,** Calle 60/Ecke C. 51, Tel. 9232463, www.hotelestrinidad.com. DZ ab 395 Ps.

Günstigst und nicht im Stadtplan verzeichnet: **La Casa del Tío Rafa,** C. 65 No. 589 zw. C. 72 u. 74, Tel. 9249446, www.lacasadeltiorafa.com. Super-familiär und persönlich, 2 dorms (110 Ps), DZ 280, max. 15 Pers. Alle weiteren Details s. Homepage.

Hotel Los Arcos, Calle 63 No. 501 zw. C. 62 u. 64 [Plan B4, **19**], eine halbe Cuadra westl. vom Zócalo, Tel. 9249728. Das Hotel liegt im Patio, engl.-spr. Eigentümer, saubere Zimmer (etwas dunkel, tägl. Reinigung), **Selbstfahrer**

können den Hofparkplatz nutzen (20 m weiter ein weiterer Parkplatz). Im 1. Stock Restaurant Las Vigas mit gutem, preiswerten Essen und Frühstück. DZ/ Vent. u. Bad 300 Ps, DZ/AC u. TV ca. 550 Ps. (Hinweis: „Hotel Los Arcos" ist nicht zu verwechseln mit dem „Los Arcos Bed & Breakfast in der Calle 66 zw. 49 u. 53).

Hostel Casa Nico, Calle 63 No. 517 zw. C. 66A u. 68 [Plan A4, **18**], Tel. 2868944, www.hostelcasanico.com. Kleines Familien-Hostel, einfache Zimmer, kleiner Pool. Diverse Tourangebote, z.B. nach Uxmal/Ruta Puuc, Izamal Cenote-Tauchen u.a. Dorm-Bett/F 100 Ps, DZ/F 180 Ps/p.P.

Gleich um die Ecke liegt die Alternative *Hotel Las Monjas.*

Las Arecas – A small Hotel, Calle 59 zw. C. 66 u. 68 [Plan A3, **13**], Tel. 9283626, www.lasarecas.com. Schönes privates, koloniales Gästehaus, zócalonah. Fünf individuelle Zimmer mit Bad für 2–4 Personen, geschmackvoll dekoriert. Zwei kleine Patios, Internet, sehr freundliche Besitzer Mauro und Raúl (engl.-spr.), man fühlt sich wie daheim. WiFi. DZ/F Vent. 460, AC 585 Ps. **TIPP!** Hinweis: Genau auf die Adresse achten, kein Namens- oder Hotelschild, Klingel links der Tür, Reservierung/Anmeldung sinnvoll!

La Casa del Tío Dach, Calle 61 No. 446 zw. C. 50 u. 52 [Plan D4, **17**], Tel. 9245931, www.lacasadeltiodach.com.mx. Östlich vom Zócalo, nettes, ruhiges Familien-Hostel, stilvoll mit Kunst eingerichtet. 5 Zimmer mit 2, 4 oder 6 Betten. Ü/F 120 Ps.

ECO–LUX

Hinweis: Eine Konzentration von Unterkünften aller Preisklassen findet man um den noch zócalonah gelegenen *Parque Santa Lucía.* Auch für Autofahrer vorteilhaft, da es Parkplätze gibt (s. Stadtplan):

Hostal Santa Lucía, Calle 55 No. 512 zw. C. 62 u. 64 [Plan B3, **8**], Tel. 9289070, www.hostelstalucia.com. Geführt vom netten Jorge mit allem, was der Traveller braucht, auch Infos, Touren u.a. Zimmer etwas klein. Dorm/F 160 Ps, semiprivado 320 Ps/F, privado 380 Ps/F. Sonderpreise s. Homepage.

Hotel Maison Lafitte, Calle 60 No. 472 zw. C. 53 u. 55 [Plan C2, **5**], Tel. 9281243, www.maisonlafitte.com.mx. Mittelklasse, beste Zimmer zum Garten, Pool, gutes Frühstücksbüffet, Internet. Zufriedenstellend, doch nicht so toll wie auf den schönen Fotos auf der Homepage. DZ/F 1100 Ps. Gleich nebenan:

Casa Lucía Boutique Hotel, Calle 60 No. 474 zw. C. 53 u. 55 [Plan C2, **6**], Tel. 9280740, www.casalucia.com.mx. 13 Suiten mit üblichen Komfortattributen, doch so groß ist der Unterschied zu anderen Oberklasse-Hotels nicht, als dass die ca. 1400 Peso für ein DZ gerechtfertigt wären.

Hotel San Juan (www.hotelsanjuan.com.mx) und **Hotel Santa Lucía** gehören zusammen (Lagen s. Plan C3, jeweils ohne eine Hotel-Nr.), was sowohl an der dreistöckigen Bauart als auch an der Möblierung zu sehen ist. In beiden kostet ein DZ o. Frühstück ca. 495 Ps. Vorzuziehen ist das nahegelegene

Hotel Santa Maria, Calle 55 No. 493 zw. C. 56 u. 58 [Plan C3, **10**], Tel. 9236512, www.hotelsantamariamerida.com.mx. Auf 3 Etagen 50 nüchterne, saubere und sehr ruhige Zimmer, AC und TV. Internet, Safe, Pool, **Parkplatz.** Das Reisebüro *Turitransmerida* und das nette Frühstückslokal *Café Club* liegen eine halbe Cuadra westlich. Und auch das libanesisch/mex. *Café Alameda,* C. 58 No. 474/Ecke C. 57 [Plan C3] ist eine Empfehlung. DZ Hotel Santa María 495 Ps.

Hotel Luz en Yucatan, Calle 55 No. 499 zw. C. 60 u. C. 58 [Plan C3, **9**], Tel. 9240035, www.luzenyucatan.com. Wer etwas Besonderes sucht: bildschönes, stilvolles Gästehaus mit großzügigen Zimmern und volleingerichteten Apartments. Das Haus war ehemals Teil der Sto.-Lucía-Kirche. Netter Garten, kleiner Pool, Ruhezonen, Gästeküche u.a. US-Betreiber, Parkplatz und Frühstückslokal *Café Club* schräg gegenüber. 5 Zimmer und 2 Apartments. DZ/Apartments ab 700 Ps.

FAM

Hotel Dolores Alba, Calle 63 No. 464 zw. C. 52 u. 54 [Plan D4, **21**], Tel. 9285650, gratis 01-800-8495060, www.doloresalba.com. Vorne kolonialer Altbau (preislich günstiger, allerdings evtl. Straßenlärm), dahinter Hotelneubau. 95 ruhige, zufriedenstellende große Zi. mit Vent./AC auf 3 Geschossen um einen gepflegten Pool. DZ um 600 Ps (Zimmer im Altbau billiger), sehr gutes PLV. Restaurant-Cafetería (nicht die Welt), sicheres Parken im Hof, Gäste-Waschmaschinen u. Trockner. In der HS vorausbuchen. Die Fam. Sánchez betreibt außerdem das Dolores Alba an den Chichén-Itzá-Ruinen, Reservierung für dort ist möglich.

Hotel Caribe, Plaza Hidalgo [Plan C3, **16**], in der Ecke hinten, Tel. 9249022, www.hotelcaribe.com.mx, Tel. 9249022. Superzentral u. trotzdem ruhig, Patio-Restaurant, Reisebüro, Dach-Pool, Parkplatz 2 Straßen weiter. 53 Zimmer/AC mit TV, Safe, freies Internet. DZ 725 Ps. Falls voll/z. Vergleich, 50 m davor: **Grand Hotel Mérida,** Plaza Hidalgo Südseite [Plan C3, **15**], Tel. 9247730, http://granhoteldemerida.com/mx/ Traditionshaus vergangener Tage mit altehrwürdigem Charme von 1901, doch keineswegs so teuer wie der Name impliziert. Zentraler geht's nimmer. Alle Dienste, jedoch kein Pool. Ruhige Zimmer um den alten Patio, 1– 4 Betten (Zimmer mit Blick auf die Plaza Hidalgo verlangen), Restaurant. DZ ab 850 Ps.

Hotel del Peregrino, Calle 51 No. 488 zw. C. 54 u. 56 [Plan d2, **3**], Telefon 9245491, www.hoteldelperegrino.com. Renoviertes und supersauberes Kolonialhaus in ruhiger Lage, komfortable Zimmer mit Bad, TV u. Safe. Internet frei, Gästeküche, oben Terrasse mit Bar zum Relaxen. Kleines Reisebüro, Parkmöglichkeit nahebei. Sehr freundliche, hilfsbereite und engl.-spr. Eigentümer Margaret Chin u. Alberto León, herrliches Frühstück. DZ/F 890 Ps. **TIPP.**

Hotel MedioMundo, Calle 55 No. 533 zw. C. 64 und 66 [Plan B3, **7**], Tel. 9245472, www.hotelmediomundo.com. Schön renoviertes, außen blaugestrichenes Kolonialhotel zum Wohlfühlen. Die 12 großzügigen und nett eingerichteten Zimmer gruppieren sich um einen farbenfrohen Innenhof, im 2. Hof ist ein kleiner Pool und eine Bar, außerdem ein Kunsthandwerks-Laden. Gastgeberin Nicole – selbst viel gereist – und das Personal sind sehr nett. DZ je nach Zimmertyp und Saison (s. Website) ab 975 Peso, inkl. Frühstück, keine Kinder unter 8 Jahre.

Privat geführte, gute Gästehäuser u. B&B

... folgende Unterkünfte sind meist zeitgemäß umgebaute Kolonialhäuser mit Komfort und Kultur, kleine Stadtoasen mit Wohlfühl-Ambiente und durchweg immer engl.-spr. Gastgebern. Meist nur wenige, doch individuell und stilvoll eingerichtete Zimmer, Details und Fotos s. Homepages. Immer vorab reservieren. Hier eine Auswahl, alle schön und empfehlenswert:

Günstig ist **B&B Casa Ana,** Calle 52 No. 469 zw. C. 51 u. 53 (etwa abgelegen, Plan D2, **4**], Tel. 9240005, www.casaana.com. 5 DZ/F je 650 Ps, familiär, Garten, Pool, Mind. 2 Übernachtungen. **TIPP.** – **B&B Hotel Marionetas,** Calle 49 No. 516 zw. C. 62 u. 64 [Plan B2, **1**], Tel. 9283377, www.hotelmarionetas.com. Eine Suite und 8 DZ/F, ab 1150 Ps. – **Cascadas de Mérida,** Calle 57 No. 593 zw. 74-A u. 76 (westl. außerhalb des Plans), www.cascadasdemerida.com, Tel. 9238484. Modern, 4 Casitas ab 1200 Ps, großer Pool, Spa-Dienste. – **Casa Esperanza,** Calle 54 No. 476 zw. C. 55 u. 57 [Plan D3, **11**], Tel. 2867316, www.casaesperanza.com. 3 Gartenzimmer, Haus und Speisen öko-/biologisch („organic") ausgerichtet, Pool, angeschlossen ist ein Artesanías-Laden. DZ/F ab 850 Ps. **TIPP.** – **Hotel Luz en Yucatan,** s.o.

LUX

Hotel Del Gobernador, Calle 59 No. 535/Ecke C. 66 [Plan B3, **14**], Tel. 9304141, www.gobernadormerida.com.mx. 4-Sterne-Hotel, zentrumsnah, kleiner Pool, Parkplatz. DZ ca. 1100 Ps, bei Online-Buchung weniger.

Hotel Casa del Balam, zentrumsnah, Calle 60 zw. C. 57 und 55 [Plan C3, **12**],

Tel. 9248844, www.casadelbalam.com. Sehr stilvoll, DZ ab ca. 900 Ps.

Weitere Groß- und Luxushotels gibt es entlang des Paseo de Montejo, z.B. **Hotel Montejo Palace,** No. 483C, gegenüber das **Hotel Paseo de Montejo.** Das **Hotel Fiesta Americana** ist eine Landmarke am Paseo de Montejo. Weitere Großhotels in der Av. Colón westlich vom Paseo de Montejo.

Haciendas

In der näheren und weiteren Umgebung Méridas (s.S. 273, „Alte Haciendas in neuer Zeit") gibt es einige ehemalige Sisal-Haciendas, die stilgerecht restauriert und zu exklusiven „Gran Lujo"-Hotels umgebaut wurden, meist auch mit Gourmet-Restaurants: **Hacienda Temozón Sur** (s.S. 275). **Hacienda San Antonio Cucul** (im Norden von Mérida, Calle 28 No. 340A). **Hacienda Teya** (von Anno 1683, Km 12,5 an der Mex 180 Rtg. Chichén Itzá/Cancún, Tel. 01-999-9880800, www.haciendateya.com, Spitzenrestaurant). **Hacienda Katanchel** (ebenfalls an der Mex 180, km 25,5 östl. von Mérida; 37 Suiten, Top-Restaurant, sehr teuer, Tel. 9234020). **Hacienda Uayamon,** 27 km südöstlich von Campeche, Weltklasse-Luxus mit Spa. **Hacienda Santa Rosa,** Carretera Mérida – Campeche (in Maxcanú nach Osten nach Santo Domingo abbiegen, Tel. 01-999-9104842; das ehemalige Privatanwesen eines Adligen, heute ein wunderschönes Luxus-Resort). – Weitere Details über die Webseiten www.thehaciendas.net bzw. www.starwoodhotels.com.

Wohnmobil / Campen

Rainbow Trailer (RV) Park, nördlich von Mérida, an der Mex 261 nach Progreso (aus Mérida über den Paseo de Montejo rausfahren), am Km 8, beim großen Liverpool-Einkaufscenter, davon nur durch die Straße getrennt, N21.04146 W89.63041. Sehr groß, wird evtl. verkauft. Vom Liverpool Busse ins Zentrum. Ein Chedraui ca. 300 m weiter, gleiche Seite. Am Periférico auch ein Wal-Mart und eine Gasstation.

Essen & Trinken

Méridas Gastronomieangebot ist vielfältig, Yucatekisches sollte mal probiert werden (*pollo pibil, cochinita pibil, poc chuc* u.a., s.S. 72). Auch in Mérida wird Trinkgeld in Höhe von 15% fast überall auf die Rechnung draufgeschlagen – ein Indiz dafür, dass viele US-Gringos die Stadt besuchen.

Die warmen Abende sind das Richtige für Freiluftrestaurants – doch leise Plätze sind rar. *Merideños* und Touristen sitzen meist an der Nordseite des Zócalo unter den Arkadengängen. Unter den Arkaden befindet sich auch der Eingang zur innenliegenden **Pasaje Picheta,** in der es ein paar Restaurants/Cafés gibt, auch Ticketbus, Internet und Toiletten.

Mehrere Freiluftrestaurants und -cafés säumen die Südseite der **Plaza Hidalgo**. Im Freien sitzen kann man gleichfalls etwas weiter nördlich, beim **Café Restaurante Peón Contreras** (Theater-Südseite). Im noch zuvor auf der anderen Straßenseite liegenden **Restaurante La Bella Epoca** (Calle 60 No. 495 [Plan C3, **9**] speist man im Belle-Epoque-Ambiente, im 1. Obergeschoss kann man kann nett auf Mini-Balkonen sitzen, im hinteren Teil Terrasse mit Springbrunnen. Fr–So Live-Musik.

Preiswerte *comida corrida* findet man in mexikanischen Restaurants in den Nebenstraßen und ganz billige Futterstellen bietet der **Mercado Municipal,** Calle 56/67 (Plan C5) mit zahlreichen *fondas* bzw. *loncherías* sowohl im Unter- als auch i, Obergeschoss.

Hier eine Auswahl an Restaurants, die meisten liegen im Bereich nördlich vom Zócalo, s. Stadtplan.

Calle 62

Geht man vom Zócalo die **Calle 62** hoch, kann unter etlichen Restaurants gewählt werden, alle mit gutem PLV bzw. mit moderaten Preisen:

Da Vinci [Plan B3, **16**]: gut italienisch, Preise mittel. – **El Trapiche** [Plan B3, **15**]: kleines, einfaches Lokal, von Einheimischen wie auch von Touristen gerne besucht; *comida corrida,* Pizzen, lokale Gerichte, große Portionen, günstig. **TIPP!** – **Los 2 Toros Yucatecos** [Plan B3, **11**], groß, günstige *comida regional,* Frühstücksbüffet. Gleich daneben: **„Bierhaus",** umfangreiche Bierkarte, auch Paulaner, Mi u. So *Música en vivo.* Um die Ecke in der Calle 59: **Chinatown**

Express, sehr günstiges Büffet! – **Marlín Azul** [Plan B3, **8**] ist *die* Adresse für beste Fischgerichte im Zentrum Méridas, dabei nicht teuer. – Ein weiteres Frühstücksbüffet bis ca. 11.30 Uhr gibt es im *Hotel Colonial* im **Café Colonial** [Plan B3, **7**]; auch Mittagsbüffet mit mehreren Fleischgerichten. – Empfehlungen sind die beiden Beliebten Restaurants **La Chaya Maya** [2x Plan B3, 2x Nr. **6**]: 100% authentische Yucateca-Küche (*poc chuc, pollo/cochinita pibil, huevos motuleños* etc.), Tortillas werden frisch zubereitet, normale Preise, www.lachayamaya.com, Tel. 9284780, 7–23 Uhr. Die größere Filiale befindet sich in der Calle 55, s.u. „Am Parque St. Lucía".

Calle 57

Cafetería Pop [Plan B3, **3**] „pop" nicht von „populär" oder „Popcorn", *pop* ist der Name des 1. Monats im Mayakalender). Guter Kaffee zum prima Frühstück, Früchtebecher, Eiscreme, Hamburger. Portionen aber nicht allzu groß; buntgemischtes Publikum. – Benachbart: **El Pórtico del Peregrino** [Plan C3, **4**], koloniales Patio-Ambiente, verschiedene Speiseräume, yucatekische und internationale Gerichte, Steak und Fisch, gehoben.

Am Parque St. Lucía

Wer dort in der Nähe wohnt, sollte ins kleine, günstige **Café Club,** Calle 55 zw. C. 58 u. 60 [Plan C3, **1**] gehen: gutes Frühstück und mexikanische Standards, auch vegetarische *comida corrida.* In der Calle 55 nach Westen zu befindet sich das erwähnte Restaurant **La Chaya Maya** (Plan B3, 13–22 Uhr) und weiter vorne an der Kreuzung lädt die Trova-Bar **El Nuevo Trovador Bohemio** zum Musikgenuss ein (Mo–Sa bis 21 Uhr, Tel. 9009703).

Italienisch

Außer **Da Vinci** (s.o.) auch **Pane e Vino,** Calle 59/Ecke C. 64 [Plan B3, **10**]; selbstgemachte, hervorragende Pasta wie bei Mama, Lasagne, Salate usw., preislich gehoben, tägl. außer Mo. – **Vito Corleone,** Calle 59 zw. C. 60 u. 62 [Plan B3, **14**]; prima billige Pizzen (die *mediana* reicht locker für zwei Leute), sowie andere preiswerte Gerichte, **TIPP.**

„Erlebnis-Gastronomie"

Pancho's, Calle 59 zw. C. 60 u. 62 [Plan C3, **12**], großer Open-air Patio, dekoriert im Stil der mexikanischen Revolution mit Zapata und Pancho Villa, auch die Kellner im Revolution-Outfit. Beliebt bei Touri-Gruppen und Mexikanern. Bar und Live-Musik, das Essen ist gut, preislich gehoben.

El Nuevo Tucho, Calle 60 nahe Ecke C. 55 [Plan C3, **2**]: Essen mit Live-Unterhaltung, populär bei mexikanischen Familien, volkstümlich.

Gehoben

(s.o. *El Pórtico del Peregrino*). **Restaurante Amaro,** Calle 59 zw. C. 62 u. 60 [Plan C3, **13**], gehoben. Einigermaßen vom Straßenlärm geschützt, sitzt man in einem Innenhof und kann unter vielen guten Gerichten wählen (auch Vegetarisches; mal *berenjena meshe* – Auberginen –, den Maya-Spinat *chaya* oder *crepes caramel* mit Walnüssen probieren). Geöffnet ab 11.30 Uhr. In dem Haus wurde der yucatekische Poet und Politiker *Andrés Quintana Roo* geboren, nach ihm wurde der mexikan. Bundesstaat an der Karibikküste benannt. Speisekarte auf www.restauranteamaro.com, abends sehr oft Trova-Musik.

La Casa de Frida, westlich vom Zócalo, Calle 61 zw. C. 66 u. 68 [Plan A4, **17**]: exzellente Gerichte bei stimmigem PLV, mex./yucatek./internat., Fisch, Fleisch, Vegetarisches. Haus-Spezialität: *chiles en nogada.* Der Innen- und der nette Außenbereich sind mit Fotos und Bildern von Frida Kahlo & Diego Rivera dekoriert, nicht abgehoben, angenehme Hintergrundmusik. Hauptgerichte 120–200 Peso, Mo–Fr 18–22 Uhr, Sa 12–17 u. 18–22 Uhr, So 12–17 Uhr; Tel. 9282311. Speisekarte mit Preisen auf www.lacasadefrida.com. **TIPP.**

Alberto's Continental Patio, Calle 57/Ecke C. 64 [Plan B3, **5**], Tel. 9285367, gehoben. Angenehme Atmosphäre, sowohl drinnen als auch draußen im lauschigen, romantischen Innenhof mit Pflanzen und dezentem Lichterschmuck. Neben mexikanischer und internationaler auch sehr gute libanesische Küche, Pfannenbrot. Alles ist mit Antiquitäten dekoriert, die der Besitzer Alberto Salum gesammelt hat. – Zu den guten und gleichzeitig volkstümlichen Restaurants zählt auch das **Los Almendros** am Parque de Mejorada [Plan D3].

... weiter mit „Adressen & Service Mérida“

Unterhaltung **s. vorne am Mérida-Kapitelanfang das Wochenangebot der Stadt.** Zahllose Musikkneipen, Discos, Nightclubs, Bars, Kinos etc. lassen abends keine Langeweile aufkommen. Entlang der **Calle 60** gibt es einige Lokalitäten für Gesellige/Tanzwütige, z.B. **El Nuevo Tucho,** zw. C. 55 u. 57 [Plan C3, **2**], volkstümliches großes Restaurant mit Musik- und Unterhaltungsshows. Gleich daneben: **Disco KY 60.** – **Live-Musik** von Do–So im **Restaurante La Bella Epoca** [Plan C3, **9**], auch häufig im (Außen-)Café des Teatro José Peón Contreras, schräg gegenüber. – **Pancho's,** Calle 59 zw. C. 60 u. 62 [Plan C3, **12**], alles im Stil der mexikanischen Revolution. – Trova-Musik in der Trova-Bar **El Nuevo Trovador Bohemio,** Ecke 55/62, Mo–Sa bis 21 Uhr, Tel. 9009703. – **La Chopería,** Calle 56/Ecke C. 53 [Plan C2, **2**]; mex.-brasil. Rest. mit Bieren, Cocktails und Musik. Apropos Bier: Das **Bierhaus** [Plan B3] bietet Mi/So Live-Musik, dazu frisches Paulaner.

Die Luxushotels entlang des Paseo de Montejo bieten die üblichen Hotel-Shows mit Mariachi-Kapellen. Was sonst noch gerade aktuell ist, steht im Heft „Yucatán Today“ bzw. auf deren Webseite www.yucatantoday.com.

Kommunikation **Post:** Calle 65/Ecke C. 56 (Museo de la Ciudad). Mexpost: Calle 53 zw. C. 52 u. 54. Kleine Poststelle auch im CAME-Busterminal. – **Telefon:** etliche Casetas (mit **Fax**), s. Tel.-Piktogramme im Stadtplan. *Telplus,* Calle 61 No. 497 zw. C. 58 u. 60. *Telworld,* Calle 60 No. 486 zw. C. 55 u. 57. – **Internet-Cafés:** davon gibt es viele, z.B. entlang der Calle 60. An der Südseite des Zócalo ist *Inter Zócalo* beim Hostel Zócalo, auch in der *Pasaje Picheta,* Zócalo-Nordseite. Um den Zócalo gibt es auch öffentliches WiFi.

Bank / Geld Alle Banken haben Geldautomaten (ATM). *Banamex,* Zócalo-Südseite, Casa de Montejo [Plan C4]. *Bancomer,* Calle 65 No. 506 [Plan C4]. *Santander,* Calle 59/56 [Plan D3]. *Scotiabank,* Calle 65/62 [Plan B4]. HSBC, Calle 65/60 [Plan B4]. Etliche *Casas de Cambio,* z.B. Zócalo-Nordseite in der Pasaje Picheta *Cambiaria del Sureste* oder *Finex,* Plaza Hidalgo (Calles 60/59). *American Express,* Paseo de Montejo 492/Ecke C. 43 (gegenüber des Museo Regional de Antropología), Tel. 9428200.

Reisebüros, Touranbieter Davon gibt es in Mérida jede Menge. Angebote vielfach in Hotels aushängend. Alle Veranstalter bieten Touren in die nähere und weitere Umgebung an (Ruta Puuc, Uxmal, Chichén Itzá etc.). Ein paar Adressen von vielen: *Turismo Bolontikú,* Calle 60 No. 468 zw. C. 55 u. 57, Tel. 9247285. – *Yucatán-Trails,* Calle 62 No. 482 zw. C. 57 u. 59, Tel. 9282582 (engl.-spr., erfahren, gut). – *Turitransmérida,* Calles 55/Ecke C. 58, Tel. 9281871, www.turitransmerida.com.mx; größeres Unternehmen, alle Nah- und mittleren Ziele. – *Ecoturismo Yucatán,* Col. Pensiones, Calle 3 No. 235, Tel. 9202772, www.ecoyuc.com. Führender Anbieter für ökologische und andere Touren, Tagestrips und Tour-Pakete.

Mietwagen Es gibt über ein Dutzend Firmen in der Stadt. Bessere Preise bei Reservierung übers Internet. Im **Hotel Fiesta Americana**/Paseo de Montejo gibt es etliche Büros alle unter einem Dach: *Europcar/Hertz,* Tel. 9253548, www.europcar.com.mx. – *Executive* (von Vorteil: Büros in vielen Yucatán-Orten!), Tel. 01-800-3007368, Tel. Airport 9461387, www.executive.com.mx. – *National,* Tel. 9207722 (im Centro Calle 60 zw. C. 55 u. 57, s. Stadtplan, Tel. 9232493), www.nationalcar.de. – *Payless Car Rental,* Tel. 9258283 (im Centro Calle 60 zw. C. 55 u. 57, s. Stadtplan, Tel. 9241478, Tel. Airport 1766202). – Neben Payless in der Calle 60: *Budget,* Tel. 9251900, Tel. Airport 9461393, www.budget.com.mx. – *Veloz,* Centro Calle 60 zw. C. 55 u. 57, s. Stadtplan, Tel. 9280373, www.velozrentacar.mx. – *Alamo,* Hotel Hyatt, Tel. 9255453, Tel. Airport 9462255, www.alamo.com.

Notfall **Notruf:** Tel. 066, kostenlos; vom Handy: Tel. 113. – **Mérida-Polizei** (Municipal): Tel. 9420060 u. 9420070, **Touristenpolizei** (Policía Turística Municipal): Tel. 9420060 (nach *Policía Turística* fragen), Av. Reforma Calle 72 zw. C. 39 u. 41. – **Secretaria de Turismo,** Tel. 9303760. – **Krankenhaus:** *Clínica de Mérida* (privat, engl.-spr.), Col. García Gineres, Av. Itzaés No. 242 zw. C. 27 u. 29, Tel. 9200411. **Touristen-Arzt**: Dr. Oswaldo Basto Moguel (engl.-spr.), Mo–Fr 8–13 Uhr, Sa 9–12 Uhr, Tel. 9430045, Mobil 044-99473896, obasto@hotmail.com, Diagnose ca. 500 Ps. **Zahnarzt:** Dr. Javier Cámara Patrón, Tel. 9253399. – **Migración:** Av. Colón/Calle 8, Col. García Ginerés, Tel. 9254553, 9–13 Uhr. – **Konsulate:** *Belize:* Miguel A. Dutton Delorme, Calle 53 No. 498 zw. C. 56 u. 58, Tel. 9286152, consbelize@dutton.com.mx. – *Deutschland:* Johannes Rommel, Calle 49 No. 212 zw. C. 30 u. 32, San Antonia Cucul, Tel. 999-9443252, konsulat@jerommel, Mo–Fr 8–12. – *Öster.:* Alberto Bulnes Gueda, Av. Colón 501 zw. C. 60 u. 62, Centro, Tel. 9256386, Fax 9258068, bulnesa@prodigny.net.mx, Mo–Fr 8–12.30 Uhr. – *NL:* José Gutiérrez López, C. 64 No. 418 zw. C. 47 u. 49, Centro, Tel. 9243122, pixan2003@prodigny.net.mx. – **Ángeles Verdes** (Autonotdienst): Tel. 9831184 u. 078.

Buchladen *Librería Dante,* Zócalo-Nordwestecke unter den Arkaden, zwischen Palacio Municipal und Centro Olimpo; großes Angebot, nicht nur Bücher. Eine Zweigstelle ist in der Calle 59 zw. C. 60 u. 62. Gleichfalls in der Calle 59: *Librería Burrel,* auch Landkarten. – *Libros Amate,* Calle 60/Ecke C. 51.

Bücherei *Merida English Language Library,* Calle 53 No. 524 zw. C. 66 u. 68 (Plan A2), Tel. 9248401, www.meridaenglishlibrary.com. Bücher, Internet, Zeitungen u.a.

Das Geschenk der Ureinwohner – Hamacas

Eine Hängematte ist der Inbegriff für Muße und Entspannung, und Mérida ist das Hängematten-Zentrum Mexikos. In traditioneller, kunstvoller Art geknüpft werden sie z.B. noch im Dorf *Tixkokob,* auch in Chumayel oder Teabo. Doch extra dort hinzufahren lohnt nicht, Mérida ist voll von *hamacas.*

Wie entstand der Name „Hängematte"? Die Spanier übernahmen das Wort *amaca* bei den Ureinwohner auf den Antillen, machten daraus *hamaca,* die Engländer *hammock* und die Franzosen *hamac.* Im Niederländischen mutierte das Wort zu *hangmak* und dann zu *hangmat* – zur „hängenden Matte".

Wichtige Frage vor einem Kauf: Aus welchem Material soll sie sein? Aus **Nylon, Sisal** (*henequén,* wird so gut wie nicht mehr angeboten, kratzt!) oder **Algodón** (Baumwolle)? Nylon ist leichter, dauerhafter und pflegeleichter als Baumwolle, die sich im Freien bei Nässe vollsaugt. Dafür liegt man in Baumwollgewebe in heißem Klima kühler und es ist hautsympathischer. Als Zimmerhängematte sind sie vorzuziehen. Als Reisehängematte ist dagegen eine möglichst kompakt zusammenlegbare und leichte die bessere Wahl. Achten Sie auch auf das Garn: es sollte dünn, glatt und fest sein. Je dichter die Hamaca geknüpft wurde, desto besser liegt man und desto länger hält sie. Das Knüpfmuster sollte gleichmäßig sein.

Ausschlaggebend für den **Liegekomfort** ist aber vor allem die **Breite** der Hängematte. Je mehr Endfäden *(brazos)* es sind, desto breiter ist sie. Eine normal breite heißt *sencilla* (etwa 50 Paare von *brazos*), eine doppelte *doble. Familiar* oder *matrimonial*-Hängematten haben etwa 150 brazos, noch breitere heißen *matrimonial especial* oder *hamaca de cuadro cajas.* Lassen Sie sich nicht übers Ohr hauen. Gern werden „Neulingen" kleine Hängematten durch geschicktes Auseinanderziehen als große angedreht! Für eine erholsame Siesta kommt für uns großgewachsene Europäer eigentlich nur die Größe „familiar" in Frage – die *brazos* zählen! Hängematten sollten auch möglichst lang sein. Man ruht am bequemsten, wenn man sich ein wenig **diagonal** hineinlegt. Hängematten mit Querhölzern oder mit seitlichen „Vorhängen" sind keine „echt mexikanischen".

Eine normale Hängematte kostet im Straßenverkauf 250–400 Peso.

Mercados / Einkaufen

Generell: In Mérida lohnt das Vergleichen und Verhandeln sehr und das nicht nur auf den Märkten. Dann erhält man häufig erstaunliche Rabatte!

Méridas bunter **Mercado Municipal** *(Mercado Lucas de Gálvez)* ist eine authentische Attraktion. Er befindet sich südöstlich vom Zócalo zwischen den Calles 56 und 56A (Plan C5) und schiebt sich als Straßenmarkt in die umliegenden Straßen. Hier wird von Montag bis Samstag ab 9 Uhr alles angeboten und umgeschlagen, was man sich nur vorstellen kann. Vor einem Kauf wird kräftig gehandelt. *Fondas* und *loncherías* bieten preiswerte Gerichte an. Es gibt außerdem noch einen Touristen-Markt, den **Bazar García Rejón,** Calle 60/Ecke C. 65 (Plan C4) mit reichlich *artesanías* aller Art.

Zócalonahe Artesanías-Läden findet man in der Calle 59 zw. C. 60 u. 62. Originell ist dort z.B. der Sammlerladen **Miniaturas,** der Tausenderlei Dinge und Kleinigkeiten anbietet. Eine staatliche **Casa de las Artesanías** (Mo–Sa 9–20, So 9–14 Uhr, Fixpreise) mit einer schönen Palette an lokal gefertigtem und teils hochwertigem Kunsthandwerk befindet sich in der *Casa de la Cultura del Mayab,* die wiederum zum ehemaligen Nonnenkloster *Templo de las Monjas* gehört (bei der Iglesia de las Monjas, Calle 63/Ecke C. 64, Plan B4). Mit Café, Buchladen und Galerie.

TIPP: Der kleine Laden **Alma Mexicano,** Calle 54 No. 476 zw. C. 55 u. 57 (Plan D3) bietet Volkskunst von Hersteller-Kooperativen aus vielen Teilen Mexikos und außergewöhnliche Geschenke (mit Café und auch 3 schöne Zimmer, s.S. 264 „Casa Esperanza"). Mo–Sa 9–18.30 Uhr, So 11–15 Uhr.

Am **Paseo de Montejo** No. 474 Calle 56A ist **Galerías El Triunfo** ein Paradies für Dekoratives aller Art in unglaublicher Auswahl und Vielfalt auf drei Etagen.

Mérida bietet ein riesiges Angebot an Guayabera-Hemden, Lederwaren und Sisalprodukten. Qualitativ gute Kleidung aus naturbelassener Baumwolle bei *Mexicanisimo,* Parque Hidalgo, rechts vom Grand Hotel. Oder bei *Camisería Canul,* Calle 62 zw. C. 57 u. 59. *Códice,* Calle 59 No. 501A zw. C. 60 u. 62 ist ebenfalls eine gute Textilien-Adresse. Spezialist und Hersteller von **Guayabera-Hemden** ist *Guayaberas Jack,* Calle 59 No. 507A zw. C. 60 u. 62. – **Panama-Hüte,** *Sombreros de Panamá, Jipijapa*-Hüte (sie kommen von Becal in Campeche): *La Casa de los Jipis,* Calle 56 Nr. 526. *El Sombrero Popular,* Calle 65 Depto. 18, zw. C. 58 u. 60, und auch im dortigen Bazar García Rejón (s.o.).

Hängematten: *Hamacas el Aguacate,* Calle 58 No. 604/Ecke C. 73. Zentral liegt ein Laden an der Calle 60/Ecke C. 59, 1. Stock (hart handeln). *Hammocks Rada* ist in der C. 60 No. 527A zw. C. 65 u. 67 (anderthalb Blocks südlich vom Zócalo). Sehr große Auswahl bei *La Poblana,* Calle 65 No. 492 zw. C. 58 u. 60.

Supermarkt *San Francisco,* Calle 56 zw. C. 63 u. 65, gleich daneben noch ein weiterer.

Wäscherei *Lavandería Santiago,* Calle 59 Nr. 580B zw. C. 72 u. 74. *La Fe,* C. 64 zw. C. 55 u. 57. Eine weitere rechts vom Hotel Flamingo, C. 57 No. 485 zw. C. 56 u. 58.

Feste

Außer den nationalen Fest- und Feiertagen wird alljährlich am 27.9. für zwei Wochen die kirchliche Fiesta „Cristo de las Ampollas" begangen. Prozessions-Höhepunkt ist der 13. Oktober.

Das Jahr beginnt am Abend des 5. Januar mit dem großen **Festival de la Ciudad** (Stadtgründungsfest). Mit etwa 170 kulturellen Veranstaltungen aller Art (Troubadour-Singen, Tänze, Theater, Kunst und vieles mehr) bis zum 22. Januar ist es der erste Höhepunkt im Jahresfestkalender. Programm im Internet, Aushänge in der Stadt.

Karneval: die närrischen Tage werden in Mérida ausgelassen gefeiert, von Donnerstag bis Aschermittwoch finden nachmittags und abends kilometerlange Festzüge *(Paseo de Carnaval)* zu Ehren des Gottes Momo statt, die sich vom Paseo de Montejo (Aufstellung beim Monumento a la Bandera) nach Süden durch die dazu gesperrte Calle 60 über den Zócalo am Palacio Municipal

vorbei bis zur Calle 65 bewegen. Die *carros alegóricos,* die Festwagen, werden von Firmen gesponsert. Wer um die Karnevalszeit in Mérida ist, sollte dazu das Programm studieren (Turismo oder auf www.merida.gob.mx/carnaval).
Ebenfalls im **Februar:** Viele Veranstaltungen der Universität
März/April: Trovas und Passionsspiele in der Osterwoche (Semana Santa)
September: Cristo de las Ampollas-Prozessionen in der Kathedrale
Oktober – Dezember: *Otoño Cultural,* Kulturveranstaltungen aller Art
1./2. November: Diá de los Muertos. – *Feria Yucatán* (2 Wochen).
Nov./Dez.: vierwöchige *Feria Yucatán X'matkuil* in X'matkuil südl. v. Mérida.

An- und Weiterreise

Mérida ist Yucatáns wichtigste Verkehrsdrehscheibe mit zahllosen Verbindungen in alle Richtungen, auch Flüge.

Busse

Der Terminal der **1. Klasse,** genannt **CAME,** und der Terminal der 2. Klasse (TAME) liegen nebeneinander an den Calles 69 und 70, etwa 1 km südwestlich vom Zócalo. Beste Verbindungen zu unzähligen Nah- und Fernzielen. Je nach Gesellschaft und Bustyp sind die Preise für gleiche Ziele unterschiedlich.

1.-Klasse-/Luxusbusse – ADO, ADO GL und ADO PLATINO, UNO – fahren en route auch das Hotel **Fiesta Americana** im Norden Méridas an (Calle 60/ Av. Colón), mit Zielen Cancún (u. Airport), Playa del Carmen u.a. Tel. 9204444.

Im CAME-Terminal gibt es eine Touristen-Auskunft, Hotelnachweis, Geldautomat, Telefone, Taxi-Sitio u.a. Auskunft für Abfahrtszeiten und Tickets auch bei *Ticket Bus* am Zócalo, Pasaje Picheta oder www.ticketbus.com.mx.

Am besten gleich nach der Ankunft die Weiterreiseverbindungen prüfen und vorausbuchen, **vor allem für die Strecke nach Palenque und nach Cancún/ Tulúm/Playa del Carmen** (eventuell Besichtigungsunterbrechung in **Chichén Itzá).** Vorbuchung ist auch ratsam für die Rundtour **„Ruta Puuc“** (s.u.).

Ins Zentrum von Mérida bzw. zum Hotel am besten mit einem Taxi (Zonenpreise oder Taxameter, ins Zentrum ca. 40/50 Peso). Gegenüber dem Busterminal 1. Klasse gibt es eine Gepäckaufbewahrung, Preis abhängig von der Größe des Gepäckstücks. Öffnungszeiten wie Busterminal.

1. KLASSE Busterminal CAME

Tel. 9248391, www.ado.com.mx. Von dort fahren die Linien ADO (Tel. 01-800-7028000) und ADO GL („Grand Luxe“) und ADO PLATINO, UNO, Altos, Maya De Oro u.a. ab. Viele der hier aufgeführten Ziele können außerdem mit Bussen der 2. Klasse erreicht werden.

Nach: **Campeche** (200 km, 2,5–3,5 h), direkt über Becal/Mex 180; etwa stündlich mit ADO, auch 3x ADO GL; oder mit Umweg über Uxmal/250 km. – **Cancún** (320 km, 3,5–4 h) stündlich und in kürzeren Takten mit ADO GL und UNO, viele Gesellschaften und Bustypen, 2. Klasse um 6, 6.30, 7 Uhr usw. bis 19 Uhr, und noch 22, 23 u. 24 Uhr. – **Celestún,** s.u., Terminal Noreste. – **Chetumal** (460 km, 8 h) tägl. 4x ADO über Felipe Carillo Puerto.

Chichén Itzá (120 km, 2 h): **vom Terminal der 2. Klasse** um 7.20, 8.20, 9.20, 10.20, 11.20 Uhr usw. mit Linie „Oriente“. Die Busse fahren direkt zum Eingang der Chichén-Itzá-Ruinen. ADO-Busse 1. Klasse fahren nur vier, sind aber **wesentlich schneller!** Weiterfahrtszeiten von Chichén Itzá n. Valladolid, Cancún, Playa del Carmen, Cóba u.a. Zielen s. Chichén Itzá. Alle Busse 2. Klasse nach Cancún und Playa del Carmen, die **nicht** die Autobahn MEX 180**D** nehmen, stoppen bei Chichén Itzá und in Valladolid!

Cobá 6.30 u. 13 Uhr. – **Izamal,** s.u., Terminal Noreste. – **Mexiko-Stadt** (TAPO u. NORTE, 1550 km), je ein ADO und ADO GL, ca. 20 h. – **Palenque** (550 km, 8 h) 4x ADO, OCC um 19.15, über Campeche. – **Playa del Carmen** (390 km, knapp 5 h) 3x ADO GL, 12x ADO, über Valladolid; 2. Klasse ganztägig ständig (über Tulúm). – **San Cristóbal de las Casas** (800 km) OCC um 19.15. – **Tulúm** (320 km, über Cobá ca. 5 h) mit ADO um 6.30, 10.40, 14.20, 17.45 u. 23.40 Uhr. – **Uxmal** s.u. – **Valladolid** (160 km, 2,5 h) über Pisté/Chichén Itzá: ADO, vormittags ein- bis anderthalbstündlich, nachmittags 16, 18.10 u. 21.30 Uhr, auch viele 2.-Klasse-Busse (stündlich, Fz mehr als 3,5 h) sowie Colectivos von der Calle 52 zw. C. 63 u. 65, s. Stadtplan. – **Veracruz** 3x tägl. – **Villahermosa** (9 h) UNO, ADO GL und viele normale 1.-Klasse-Busse.

Nach Uxmal und Ruta Puuc

NUR nach Uxmal: vom Terminal 2. Klasse mit einem ATS-Bus um 6, 8, 9.05, 10.30, 12.05 und 14.35 Uhr, Fz 1 h 20 Min., 80 km (man kann aber auch den **„Ruta Puuc"-Bus um 8 Uhr** nehmen, s.u.; oder notfalls mit einem Colectivo nach Muni fahren, Abfahrtsstelle 3 Straßenblocks südlich vom Zócalo, s. Stadtplan; in Muni umsteigen nach Uxmal). **Retour von Uxmal nach Mérida** um 9, 12.30, 15 u. 17 Uhr. Colectivo von der Bushaltestelle in Uxmal um 12.15 Uhr.

KOMBI-TIPP: Uxmal zusammen mit der Rundtour „Ruta Puuc": gleichfalls mit ATS, Abfahrten Fr/Sa/So um **8 Uhr** vom Terminal 2. Klasse. Nacheinander fährt der Bus zuerst **Labná, Xlapak, Sayil, Kabáh** und schließlich **Uxmal** an. Aufenthaltsdauer in den kleineren Stätten zwischen 30 und 40 Minuten, in Uxmal (nur) 1,5 Stunden. Rückfahrt des Ruta Puuc-Busses von Uxmal nach Mérida um **14.30 Uhr,** Ankunft Mérida 15.45 Uhr. **Puuc-Sonntagsbusse** sind meist schnell ausgebucht, da an diesen Tagen die Mexikaner freien Eintritt haben. Speziell für die „Luz y Sonido"-Show fährt ein ATS-Bus von Mérida um 18 nach Uxmal und in der Nacht zurück.

Yuc+Camp

Weitere Option für Uxmal

Mt einem ATS-Bus (Autotransportes del Sur) nach Sta. Elena/Hopelchén um 6, 8, 9, 10.30, 12, 14.45, 17 und 18 Uhr. Ausstieg dann an der Straße, die zur Stätte von Uxmal runterführt, ca. 200 m Fußweg, s. Karte „Uxmal".

Wer länger in der Puuc-Region bleiben möchte und/oder eine preiswerte Übernachtungsstätte bzw. eine Basis für die anderen Puuc-Stätten sucht (Kabáh, Sayil, Labná u.a.), fährt nach der Besichtigung Uxmals (oder gleich direkt) zu *Sacbe Bungalows,* Tel. 01-985-8581281, www.sacbebungalows.com.mx, Edgar & Annette. Bushaltestelle direkt vor Sacbe Bungalows, dem Fahrer Bescheid sagen. Der Bus fährt tägl. zurück nach Mérida (Abfahrten 6x tägl.), zu den Puuc-Stätten oder auch weiter nach **Campeche** (Verbindungen vage, einer nachmittags so um 16/16.30 Uhr, umsteigen in Hopelchén. Edgar kennt die Zeiten, er ist bei allem behilflich, kann z.B. den Transport nach Uxmal und zurück organisieren. Weitere Details zu Sacbe Bungalows s.u., bei der Randspalte „Hotels vor und bei Uxmal".

2. KLASSE-Busterminal (TAME)

Er liegt gleich um die Ecke vom CAME, Calle 68 zw. C. 68 u. 70 (Plan A5), Tel. 9204444 u. 9240830. Von hier fahren Busse ebenfalls zu obigen 1.-Klasse-Zielen, sowie nach Becal, Chichén Itzá, Izamal (auch vom Oriente-Terminal), Muna, Oxkutzcab, Ticul, Tulúm, Uxmal, Valladolid und zu anderen Zielen. Gesellschaften: ADO, ATS, SUR TRT, TRP, Mayab, Oriente u.a.

Ziele von weiteren Mérida-Terminals (2. Klasse)

TERMINAL NORESTE, Calle 67/Ecke C. 50 (Plan D5): Nach **Celestún** mit Occidente um 6.10, 7, 8, 9, 10, 11, 12, 12.45, 13.30 Uhr und später mit *Oriente* (95 km, 2 h). Vom Terminal Noreste fahren auch *Expresso de Oriente*-Busse nach **Izamal** (etwa halbstündlich, 75 km, 1,5 h). Außerdem Busse zur Nordküste (Dzilam de Bravo u.a. Zielorte) sowie zu nordöstlich liegenden Yucatán-Orten wie **Tizimín** und **Río Lagartos** (4 h); auch bis Cancún und zu kleineren Orten dazwischen.

Für **Holbox** über/nach Tizimín oder Valladolid. Auch Busse für die Orte der **Ruta de los Conventos,** wie *Acancéh, Telchaquillo,* **Maypán-Ruinen** (8.30 Uhr), *Tekit, Maní, Oxkutzcab, Ticul.* Wenige Abfahrten, s.a. bei „Colectivos".

Nach **Progreso** und auch nach Dzibilchaltún fahren Busse vom **TERMINAL PROGRESO** südlich vom Zócalo, Calle 62 zw. C. 65 u. 67 (Plan B4), Tel. 9248991, www.autoprogreso.com; Abfahrt praktisch ständig (35 km, 45 Min.). Der Abfahrtsplatz für Progreso-Colectivos liegt einen Block östlich des Terminal Progreso, Calle 60 (Plan C5).

Colectivos ins Umland von Mérida fahren ab vom **Parque de San Juan** zw. den Calles 62 u. 64; z.B. nach *Dzibilchaltún, Muna* (dort umsteigen für Uxmal), *Ticul, Oxkutzcab* u.a. Ziele mehr.

Bahn Der Bahnhof ist an der Calle 55 zw. C. 46 u. 48, ca. 9 Blocks nordöstlich vom Zócalo. Der Personenzugverkehr wurde eingestellt, sonntags fährt aber ein **Touristen-Zug nach Izamal.** Programm: 8.15 Uhr Abfahrt, Ankunft in Izamal 9.50 Uhr, Stadtbesichtigung bis 13 Uhr, dann Mittagessen und Folklore-Ballett. Um 15.20 Rückfahrt nach Mérida. Buchbar in Reisebüros.

Airport / Airlines **Airport:** Der Flughafen *Manuel Cresencio Rejón* liegt ca. 8 km südwestlich an der Mex 180, Tel. 9461530. Nur wenig internationale Flüge (überwiegend USA), Cancún ist dafür der bessere Airport. Am Ausgang ein Info-Desk mit Hotel-Nachweis und Prospektmaterial. Mietwagen-Gesellschaften rechts vor dem Ausgang (Hertz, National, Budget). Zum Bus nach rechts gehen (No. 79) oder besser ein Colectivo nehmen, **Transporte Terrestre,** dazu einen Wertgutschein kaufen. Transporte Terrestre bietet Abholservice vom Hotel zum Flughafen, Tel. 9461529.

Airlines: *Aeroméxico,* Hotel Fiesta Americana, Plaza Montejo, Tel. 01-800-0214000. Billigflieger: www.vivaaerobus.com, Tel. Airport 9462516. Ebenfalls Low-cost: www.volaris.com, Tel. Airport 9464699.

Autofahrer Ausfahrten aus dem Zentrum Méridas s. Stadtplan. Die *Super Carretera* Mex 180 nach Cancún (ca. 240 km) kostet derzeit ca. 35 US$ *cuota* (aktuelle Preise auf www.capufe.gob.mx). **Achtung, Abfahrten nur** in Pisté/Chichén Itzá und Valladolid! Richtungsschilder „Cancún" und „Playa del Carmen" leiten auf die teure Autobahn! Die „Libre"-Straße ist aber genauso gut erhalten und zwischen den Dörfern oft leer.

Umgebungsziele Méridas

1. Uxmal, Ruta-Puuc-Stätten und Ruta los Conventos

2. Dzibilchaltún, Progreso, Celestún, Izamal (s.S. 300)

Übersicht Ziel und „Pflicht" eines Mérida-Reisenden ist der Besuch der nahegelegenen Ruinenstätte **Uxmal.** Doch die **Sierra Puuc,** das sanfte Hügelland südlich von Mérida (*pu'uk* heißt im yucatekischen Maya „Hügelkette"), bietet noch weitere interessante Dinge: die Landschaft ist geradezu vollgepackt mit archäologischen Stätten, wie **Kabáh, Sayil, Labná** u.a. mehr. Sie mögen zwar alle ähnlich sein, doch jede hat ihren eigenen Charakter. Man kann sie von Mérida aus hintereinander auf einer Rundtour besuchen, auf der **Ruta Puuc.** „Zugaben" auf der Strecke sind alte **Sisal-Haciendas** wie **Yaxcopoil** und **Ochil** sowie die **Höhle von Loltún.** (Achtung: letzte Führung dort um 16 Uhr, im Zeitplan berücksichtigen oder die Tour „am Ende" beginnen!). Ideal kombinieren bzw. anschließend fortsetzen lässt sich die Ruta Puuc mit der **„Ruta de los Conventos",** der „Route der Klöster". Auf ihr lernt man typische kleine yucatekische Landstädtchen, uralte Kirchen und Klöster, Märkte, Cenotes sowie die einst sehr bedeutende Maya-Stadt **Mayapán** kennen.

Die Ruta Puuc und die Ruta de los Conventos ergeben also zusammen eine sehr abwechslungsreiche Rundtour, auf der man viel von Yucatán sehen und kennenlernen kann. Allerdings erfordert diese **Kombination beider Touren** einen **Mietwagen** (Zweitagestour, ca. 250 km, Übernachtung erforderlich). **Nachfolgend werden alle Ziele beider Routen hintereinander als Autotour beschrieben.** Start- und Endpunkt ist jeweils Mérida. Das Autofahren selbst gestaltet sich problemlos, es herrscht kaum Verkehr, die Straßen sind gut und die sehenswerten Dinge kommen im Viertelstundentakt (vor und in den Ortschaften aber unbedingt auf die vielen Bodenschwellen, *topes,* achten). Zum Übernachten gibt es genügend Hotels und auch Campingplätze (s. unten bei Uxmal, „Unterkunft").

Ruinen-Tipps

Ruinenbesichtigungen möglichst früh beginnen, bevor die Touri-Busse anrollen und die Sonne gnadenlos herunterbrennt. Eine **Kopfbedeckung** mitnehmen, auch ein **Sonnen- und Mückenschutzmittel** ist nützlich. Schuhe mit **rutschfesten Gummisohlen** bzw. Tennisschuhe sind fürs Ruinenklettern – und außerdem für Höhlen – am sichersten. Vorsicht vor lockeren Pyramidensteinen! Eine (kleine) **Flasche Trinkwasser** miteinpacken. Beim Herumstreifen im Busch ein wenig aufpassen, es gibt Schlangen. Ungefährlich sind die vielen Iguanas (Echsen). Keine Steine bzw. „Erinnerungsstücke" von Ruinen als Souvenir mitnehmen! **Sonn- und feiertags** sind die Stätten **meist überlaufen,** da an diesen Tagen Mexikaner keinen Eintritt zahlen müssen.

1. Uxmal, Ruta-Puuc-Stätten und Ruta de los Conventos

Ausfahrt Mérida

Mit dem eigenen Auto verlässt man Mérida auf der gut ausgebauten Mex 180 (wer sein Fahrzeug auf dem Flughafen anmietet: vorne an der Hauptstraße nach links einbiegen) in Richtung **Umán** (Richtungsschilder für Uxmal: „Campeche"). Wer möchte, kann in Umán an der großen Plaza anhalten. Dort steht eine wuchtige Franziskaner-Kirche von Anno 1790 mit durchbrochenem Glockenturm. Danach weiter auf die Mex 261 in Richtung **Muna.** Zuvor noch ein paar Worte zu ehemaligen Sisal-Haciendas, die man unterwegs besuchen kann:

Alte Haciendas in neuer Zeit

Untrennbar mit Yucatán verbunden sind seine **Sisal-** bzw. **Henequén-Plantagen,** wo die einst begehrte Agavenfaser für den Weltmarkt produziert wurde. Seit dem 16. Jahrhundert funktionierten die Haciendas nach feudalherrschaftlichen Prinzipien. Die Landgüter produzierten Agrarerzeugnisse und später Sisalfasern aus Agaven. Die reichen Gutsbesitzer, die *hacendados,* setzten meist Verwalter ein, während sie derweil nobel in der Stadt wohnten und sich nur ab und zu auf ihren Gütern blicken ließen, deren Mittelpunkt das eindrucksvoll große Haupthaus war. Nachdem der Sisal-Boom in den 1950er Jahren abgeebbt war, begann der Zahn der Zeit an den Haciendas zu nagen. Wegen ihrer vielfach architektonischen Schönheit investierten in jüngerer Zeit sowohl die öffentliche Hand als auch private Investoren in Renovierung und Umwandlung zu (isoliert gelegenen) luxuriösen Hotels, Restaurants und auch Museen. Im weiteren Umkreis von Mérida gibt es nicht wenige Haciendas und man sollte auf der Puuc-Route die eine oder andere besuchen.

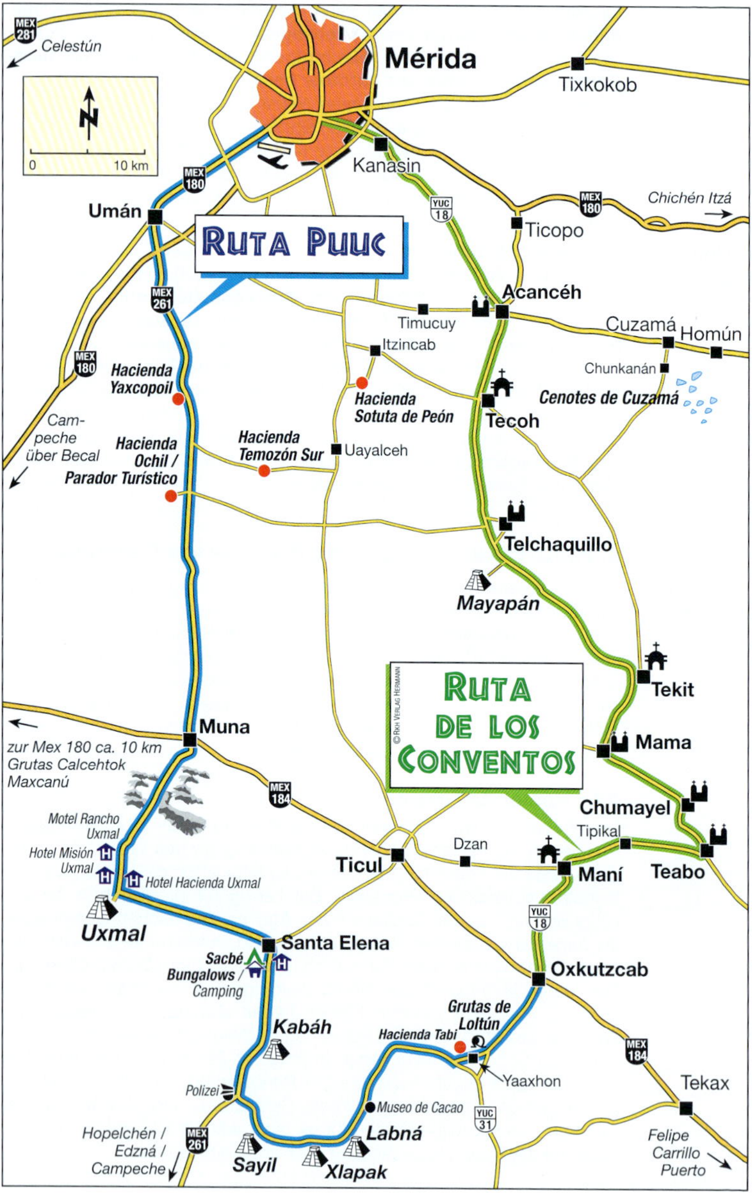
Mérida
Tixkokob
MEX 281
Celestún
0 10 km
Kanasin
MEX 180
Umán
Ruta Puuc
YUC 18
Chichén Itzá
Ticopo
MEX 261
Acancéh
Timucuy
Cuzamá
Homún
Itzincab
Chunkanán
MEX 180
Hacienda Yaxcopoil
Hacienda Sotuta de Peón
Tecoh
Cenotes de Cuzamá
Campeche über Becal
Hacienda Ochil / Parador Turístico
Hacienda Temozón Sur
Uayalceh
Telchaquillo
Mayapán
Ruta de los Conventos
© Rkh Verlag Hermann
Tekit
Muna
Mama
zur Mex 180 ca. 10 km Grutas Calcehtok Maxcanú
MEX 184
Chumayel
Motel Rancho Uxmal
Hotel Misión Uxmal
Hotel Hacienda Uxmal
Tipikal
Dzan
Ticul
Maní
Teabo
Uxmal
YUC 18
Santa Elena
Sacbé Bungalows / Camping
Oxkutzcab
Kabáh
Grutas de Loltún
Hacienda Tabi
MEX 184
Yaaxhon
Tekax
Polizei
Museo de Cacao
YUC 31
Hopelchén / Edzná / Campeche
MEX 261
Labná
Sayil
Xlapak
Felipe Carrillo Puerto

Hacienda Yaxcopoil

Gut 20 km südlich von Umán liegt rechter Hand, nicht weit von der Straße entfern und noch innerhalb des Ortes Yaxcopoil, die ehemalige *hacienda henequenera* **Yaxcopoil.** Sie ist schon von weitem an dem maurischen Doppel-Torbogen zu erkennen.

Eintritt 75 Ps, Tel. 01-999-9001193, www.yaxcopoil.com, Touren Mo–Sa 8–18 Uhr, So 9–13 Uhr. Kleiner Laden, Getränke. Yaxcopoil („Ort der grünen Pappeln") wurde im 17. Jh. mit einer Anbaufläche von über 11.000 ha für die Produktion von Sisal gegründet. Die Hacienda diente schon als Filmkulisse, Teile der Anlage sind leider etwas heruntergekommen.

Man fährt vor bis zum großen Platz, links ist das Hauptgebäude mit einem dreiportaligen Eingang. Lassen Sie sich von einem der herumsitzenden Jungen die Anlage erklären oder fragen Sie nach einem Prospekt *(„folleto")* in Deutsch bzw. Englisch. Besichtigen kann man das Hauptgebäude und die umliegenden Verwaltungs-, Arbeits- und Wohnräume und eine kleine Kapelle. In den Räumen und in der Küche gibt es Einrichtungsgegenstände, Möbel, Gemälde und Bücher aus dem 17. und 18. Jh. Außerdem zeigt ein kleines Museum Maya-Funde der Umgebung. In der weitläufigen Gartenanlage befindet sich ein Tiefbrunnen mit Schöpfwerk, um den großen Platz liegen Werkstätten, Ställe und das Lager- und Maschinenhaus. In ihm befindet sich ein historischer riesiger Dieselmotor aus Hannover, der die Sisalmaschinen antrieb.

Yuc+Camp

Sisal – Yucatáns „Grünes Gold"

Seinen ehemaligen Reichtum verdankt Mérida der Sisalagave *(Agave sisalana, Agave fourcrodes),* aus deren großen, schwertartigen Blättern *henequén* gewonnen wird, hanfartige Fasern, die sich bestens zu Säcken, Matten, Teppichen und Seilen für die Seefahrt verspinnen lassen. In der 2. Hälfte des 19. Jh. hatte Yucatán darauf das Weltmonopol und Mérida wurde sehr wohlhabend. Es besaß bessere öffentliche Einrichtungen als jede andere mexikanische Stadt. Der Name **Sisal** stammt von der gleichnamigen kleinen Hafenstadt nördlich von Mérida am Golf von Mexiko, von wo die begehrte Faser in alle Welt exportiert wurde, vor allem in die USA.

Das „Grüne Gold" Yucatáns fand zum Anbau im trockenheißen Norden der Halbinsel ideale Bedingungen. Die harte Arbeit auf den riesigen Plantagen machten *peones* (Tagelöhner), deren Armut im krassem Gegensatz zum Reichtum der *hacendados* stand, die sich prächtige Villen in Mérida bauen und es sich in der Stadt gutgehen ließen.

Der Sisal-Boom begann um 1870 und brach nach dem 2. Weltkrieg, nach dem weltweiten Siegeszug synthetischer Fasern wie Nylon u.a., so schnell zusammen wie er einst entstanden war.

Henequén-Raspelmaschine aus dem 19. Jh.

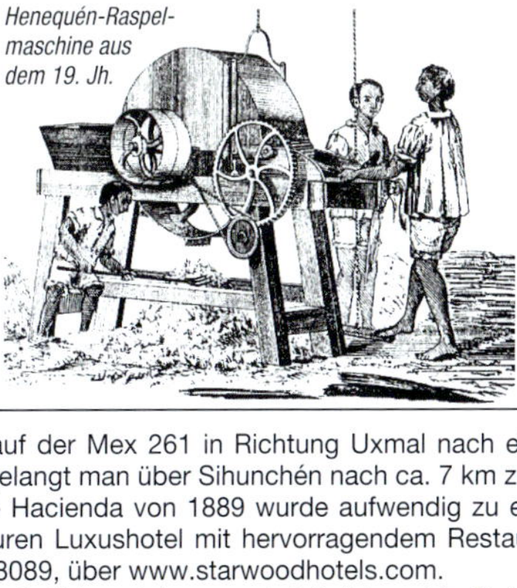

Hotel Hacienda Temozón Sur

Biegt man bei der Weiterfahrt auf der Mex 261 in Richtung Uxmal nach ein paar Kilometern nach links ab, gelangt man über Sihunchén nach ca. 7 km zur **Hacienda Temozón Sur.** Diese Hacienda von 1889 wurde aufwendig zu einem erstklassigen und superteuren Luxushotel mit hervorragendem Restaurant umgebaut. Tel. 01-999-9238089, über www.starwoodhotels.com.

Von Temozón ein wenig weiter östlich und dann nordwärts fahrend (s. Ruta-Puuc-Karte) wird hinter Uayalceh die Hacienda Sotuta erreicht.

Hacienda Sotuta de Peón

TIPP: Die **Hacienda Sotuta de Peón** ist in Betrieb, wodurch Besucher in einer Tour den ganzen Sisal-Produktionsprozess mit Raspeln, Trocknen, Pressen und Verspinnen der Faser erleben können. Von einem Esel gezogen, zuckelt man gemütlich auf einer Art Draisine durch die Agavenfelder. Man besichtigt das stilvoll renovierte und eingerichtete Haciendahaus, kann sich im Restaurant stärken oder im Cenote erfrischen. Touren tägl. um 10 und 13 Uhr, 330 Peso, Infos auf www.haciendatour.com (der Besuch ist auch von Mérida aus als Komplett-Arrangement möglich, Tel. 01-999-9418639).

Hacienda Ochil

Zurück auf der Mex 261 und nach Süden weiterfahrend erreicht man kurz danach (rechts) die restaurierte und sehr ansprechende **Hacienda Ochil** (Tel. 01-999-9106035) mit alter Fabrikanlage und Sisalagaven-Anbau. In den Künstler-Werkstätten wird produziert, es gibt ein Restaurant mit leckerem Essen und angemessenen Preisen sowie ein kleines Museum mit einem Artesanías-Laden. Recht interessant und die Besichtigung wert, 9–18 Uhr, 40 Ps.

Fortsetzung Weiterfahrt:

Man erreicht **Muna** und dahinter wird es dann – kaum zu glauben – für kurze Zeit hügelig. Selbstfahrer sollten in Muna volltanken. Wer in der Gegend von Uxmal übernachten möchte, hat folgende Auswahl.

Hotels vor und bei Uxmal

Uxmal ist kein Ort, es gibt aber Hotels in unmittelbarer Nähe der Ruinen. Billigunterkünfte gibt es nur in Ticul oder bei den Sacbe Bungalows in **Sta. Elena.**

Motel Rancho Uxmal, ca. 4 km vor Uxmal; Restaurant, Pool, alles wenig vertrauenserweckend … Auf der Straße folgen dann zwei Restaurants.

Hotel Misión Uxmal (Park Inn), ca. 2 km vor Uxmal, erhöhte Lage und klotzige Bauweise; teuer, doch schöne Aussicht von der Terrasse (Pool) auf die „Pyramide des Wahrsagers" von Uxmal.

Hotel Hacienda Uxmal (Mayaland-Resort-Hotel), links, kurz vor der Abzweigung nach Uxmal, Tel. 01-997-9762031, www.mayaland.com (mit Fotos und Reservierung). Die Balkonzimmer der zweigeschossigen Anlage gruppieren sich um einen hübschen Pool mit tropischem Garten. DZ ab 1200 Ps (ab Ende April weniger).

The Lodge at Uxmal, unmittelbar vor dem Uxmal-Parkplatz, gleichfalls ein Mayaland-Hotel, Tel. und Webseite wie das Hotel Hacienda Uxmal, wesentlich teurer als dieses. Bungalows mit insgesamt 80 Zimmern um einen Pool. Gleich daneben ein großes Palapa-Restaurant.

Hotel Villas Arqueológicas Uxmal, die Straße 100 m weiter, Tel. 997-9762040. Wie jedes Hotel dieser Kette – weitere in Chichén Itzá, Cobá, Cholula, Teotihuacán – ist es stilvoll gestaltet. 36 kleine DZ (riechen etwas muffig) liegen um den zentralen Pool. Gutes Restaurant, Bar, Bücherei. DZ ca. 800 Ps. Beschreibung, aktuelle Preise mit Special Promotions auf www.villasmex.com.

■ **Sacbe Bungalows** (www.sacbebungalows.com.mx, Tel. 01-985-8581281 u. 01-997-9785158). Die gepflegte Anlage liegt 14 km hinter Uxmal beim Dorf **Sta. Elena,** gleich nach dem südl. Ortsausgang in Richtung Kabáh auf der rechten Straßenseite (km 127). Wer eine preiswerte Unterkunft und einen Ausgangspunkt für Puuc-Ruinenbesichtigungen sucht, sollte dorthin fahren. 2.-Klasse-Busse von Mérida nach Sta. Elena um 6, 8 Uhr (der um 8 Uhr ist Puuc-Bus, er passiert Sacbe um 9.30 Uhr), 9, 10.30, 12, 14.45, 17 und 18 Uhr (dem Busfahrer sagen, dass man erst bei Sacbe Bungalows oder am *campo de béisbol* aussteigen will). Annette und Edgar, ein franz./mex. Paar, bieten in ruhiger Lage sieben beschattete Bungalows und ein Haus mit Privatbad (Heißwasser), Ventilator und Moskitonetz. Außerdem Standplätze mit Stromanschluss für Wohnmobile, Hängematten-Palapas und Pool. Bungalow für 2 Personen je nach Ausstattung und Größe 320–460 Ps, Frühstück 78 Ps.

Die Bushaltestelle für Busse nach **Mérida** (6x tägl., 1,5 h) und in Richtung

Campeche (über Hopelchén, ca. 3 h) und auch für die Puuc-Stätten **Kabáh, Sayil** und **Labná** befindet sich direkt vor dem Eingang von Sacbe Bungalows. Zu den **Loltún-Höhlen** um 7.30 Uhr. Edgar weiß die Abfahrtszeiten und ist bei allen Fragen behilflich, z.B. kann er den Transport nach Uxmal und zurück organisieren. Eine ideale Basis für Ruinenbesichtigungen oder Ruhetage.

Uxmal-nahe Unterkünfte auch in Santa Elena.

Santa Elena

Das kleine Städtchen Santa Elena hieß früher *Nohcacab* und wurde im Kastenkrieg 1847 schwer zerstört. Sehenswert ist am Zócalo die erhöht stehende Francisco-Kirche (1779) mit angeschlossenem **Museo de las Momias.** Hier liegen in 12 Särgen mumifizierte junge Mädchenleichen aus dem 19. Jh., die man 1980 im Erdreich unter der Kirche fand. Museum tägl. geöffnet von 8–17 Uhr, die Kirche nur nachmittags. Ihr Turm kann bestiegen werden. In den 1860-Jahren siedelten in und um Sta. Elena etwa 500 Deutsche.

Unterkunft am südlichen Dorfrand bzw. 150 m nördlich von **Sacbe Bungalows** (s.o.) an der Mex 261 in leicht erhöhter Lage: **B&B The Pickled Onion,** Tel. 997-1117922, www.thepickledonionyucatan.com, Inhaberin Valerie ist Engländerin. Sehr gutes Essen (höhere Preise als das u.g. Chac Mool, Speisekarte auf der Webseite), Rest.-WiFi kostenpflichtig. 7 einfache, saubere DZ-Cabañas und eine 4-Personen-Cabaña, außerdem Hamaca-Plätze, Pool, Frühstücksbereich und eine Bar. DZ/F 520–715 Ps.

Etwa 150 m weiter liegt das gute yucatekische **Restaurante El Chac Mool,** Tel. 997-9785117; das angeschlossene kleine **Hotel** ist wegen der Direktlage an der Mex 261 eher laut. – Nochmals ca. 50 Meter weiter, Einfahrt links: **The Flycatcher Inn:** 6 ruhige Zimmer mit Bad in separat stehenden Häuschen, 2 Cottages und eine Suite, jeweils mit Terrasse und Hängematte im Palmengarten. Besitzer Kristine (USA) und Santiago, www.flycatcherinn.com, Tel. 997-9785350. DZ 715–975 Ps, jeweils mit reichhaltigem Frühstück, hilfsbereite Leute.

■ *Straßenszene bei Santa Elena*

Uxmal

Uxmal (sprich: „Usch-mäll) liegt ca. 80 km südwestlich von Mérida und ist mit Chichén Itzá die bedeutendste aller Mayastätten der Yucatán-Halbinsel. **An- und Rückfahrt per Bus:** s. Mérida „An- und Weiterreise" und oben bei „Sacbe Bungalows"; oder an der Kasse erfragen, es fahren auch Colectivos. **Besichtigungszeit:** ca. 2–3 Stunden.

Weiterfahrt von Uxmal nach **Campeche** um 13.15 und 18.15 Uhr (erfragen) und zur Carretera Mex 261 hochgehen.

Unidad de Servicios

So heißt das Empfangsgebäude mit seinem quadratischen Innenhof. Geöffnet ist Uxmal tägl. von **8–17 Uhr,** der Eintritt kostet **196 Peso** einschließlich der *obligatorischen* Gebühr der nächtlichen „Licht- und Tonschau" (s.u.).

Der Parkplatz kostet 22 Ps und kann von Wohnmobil-Reisenden gegen eine geringe Gebühr benutzt werden (Toiletten ganze Nacht zugänglich). Ruinenführer bieten ihre Dienste an, doch vor den meisten Bauten gibt es Erläuterungstafeln in Spanisch, Englisch und Maya.

Rechts der Kartenstelle befindet sich das kleine **Museum** mit Uxmal-Funden. Der große Uxmal-Herrscher *Chan Chaak* sitzt im Lotus-Sitz da, der obere Querstein zeigt einen Federkopfschmuck. Dahinter das **Restaurant.** Auf der anderen Seite Ladengeschäfte, ein gut bestückter Buchladen, Geldautomat und Toiletten.

Licht- und Tonschau *„Espectáculo de Luz y Sonido"*

Allabendlich wird im Nonnen-Viereck (Nord-Tempel) eine Licht- und Tonschau dargeboten. Dabei werden Uxmals Bauten von Scheinwerfern abwechselnd farbig angestrahlt (die Kukulkán-Schlange als grünes Neon-Band), dramaturgisch passend zur Erzählung und zur Musik. Das etwas theatralische Hörspiel schildert die Entstehungsgeschichte Uxmals, das Leben seiner Bewohner und Herrscher, die Kriegszüge und die Anrufung *Chaaks* um Regen. Unter einem klaren Sternenhimmel recht eindrucksvoll. Von November bis März **Beginn 19 Uhr,** April bis Okt. **20 Uhr,** Dauer 45 Minuten.

■ Die Gran Pirámide ist besteigbar

Gegen eine Gebühr von 40 Ps und **Pass oder Führerschein als Pfand** erhält man einen Übersetzungskopfhörer *(traductor)* mit den wählbaren Sprachen Deutsch, Englisch, Französisch u. Italienisch. Wer zuerst abends die Schau besucht und am nächsten Tag die Ruinen, bekommt am nächsten Tag gegen Beleg die Differenz zum Haupteintrittspreis zurück, dazu das erhaltene Plastikarmband am Handgelenk belassen.

Es ist ratsam, rechtzeitig da zu sein, da es nur eine bestimmte Anzahl an Kopfhörern gibt, doch öffnet die Kasse erst etwa 20 Minuten vor Beginn. Es kann richtig kühl werden! Wer die Schau sehen und anschließend noch nach Mérida zurückfahren will, sollte sich schon tagsüber nach einer Rückfahrmöglichkeit erkundigen. Normalerweise fährt ein ATS-Bus um 22 Uhr nach Mérida zurück.

„... Aura architektonischer Symmetrie ... “

Auftakt

Kennzeichnend für Uxmal sind neben Pyramiden sog. **Cuadrángulos,** große rechteckige Plätze, um die Bauten gruppiert sind. Die (teils rekonstruierten) Gebäude sind überwiegend im **Puuc-Stil** errichtet, also mit vielfältigem, plastischem Friesdekor. Einmalig in der Maya-Welt ist die „Pyramide des Zauberers“ mit ihrem ovalen Grundriss. Uxmals Architekturstil wirkt streng, doch insgesamt harmonisch. Uxmal wurde ins UNESCO-Weltkulturerbe aufgenommen.

„Es gibt keine Grobheit oder Barbarei in Anlage und Proportionen, im Gegenteil, das Ganze hat eine Aura architektonischer Symmetrie und Großartigkeit“, schrieb der amerikanische Abenteurer und Amateur-Archäologe *John Lloyd Stephens,* der 1841 Uxmal besuchte. (Sein Kollege *Frederick Catherwood* fertigte eindrucksvolle Zeichnungen der damals verfallenen Ruinen an.)

Uxmal besaß keine *cenotes,* keine unterirdischen Wasserdepots, zu tief liegt das Grundwasser unter dem Kalkgestein. Das lebenswichtige Nass mussten die früheren Bewohner deshalb in *chultunes* sammeln, in Zisternen. Die zentrale Bedeutung des Wassers bzw. der Regenzeiten für Uxmal spiegelt sich in den vielen Darstellungen des rüsselnasigen **Regengottes Chaak** an den Bauten wider (er war überhaupt der Hauptgott der Puuc-Region).

Über die realen und sozialen Lebensverhältnisse der ehemaligen Bewohner und über die dynastische Geschichte ist nur sehr wenig bekannt. Es herrscht nicht einmal Gewissheit über Sinn und Funktion der bestehenden Gebäude. Alle ihre Namen sind spätere Fantasiebezeichnungen. Die Hieroglyphen auf den wenigen aufgefundenen Stelen und Steinplatten konnten wegen ihres schlechten Zustands bis jetzt noch nicht entziffert werden.

Der **Name** Uxmal könnte von den yucatekischen Mayawörtern *„ox“* (drei) und *„mal“* (mehrmals) stammen, also sinngemäß „dreimal erbaut“. Möglich ist aber auch die Ableitung von *„ox“* (ernten, pflücken), also die „Dreimal Ertragreiche“, was wegen des Ackerbaupotentials bei Oxkutzcab ebenfalls einen Sinn ergeben würde. ...

Geschichtliches

Erste Spuren Uxmals können bis ins Jahr 400 n.Chr. zurückverfolgt werden, ihre Blütezeit als politisches, wirtschaftliches und religiöses Zentrum erlebte der Stadtstaat zwischen 800 und 1000 n.Chr. In dieser Zeit war Uxmal das dominierende urbane Zentrum der Region, vergleichbar mit Chichén Itzá und Mayapán (mit denen zeitweilig Allianzen – „Liga von Mayapán“ – bestanden). Alle größeren Bauten entstanden um 900 unter dem Regenten *Chan Chaak,* damals lebten in Uxmal etwa 20.000 Menschen. Mit den kleineren Maya-Siedlungszentren der Umgegend (Kabáh u.a.) war Uxmal durch aufgeschüttete Straßen, sogenannte *sakbeob,* verbunden (s.S. 192).

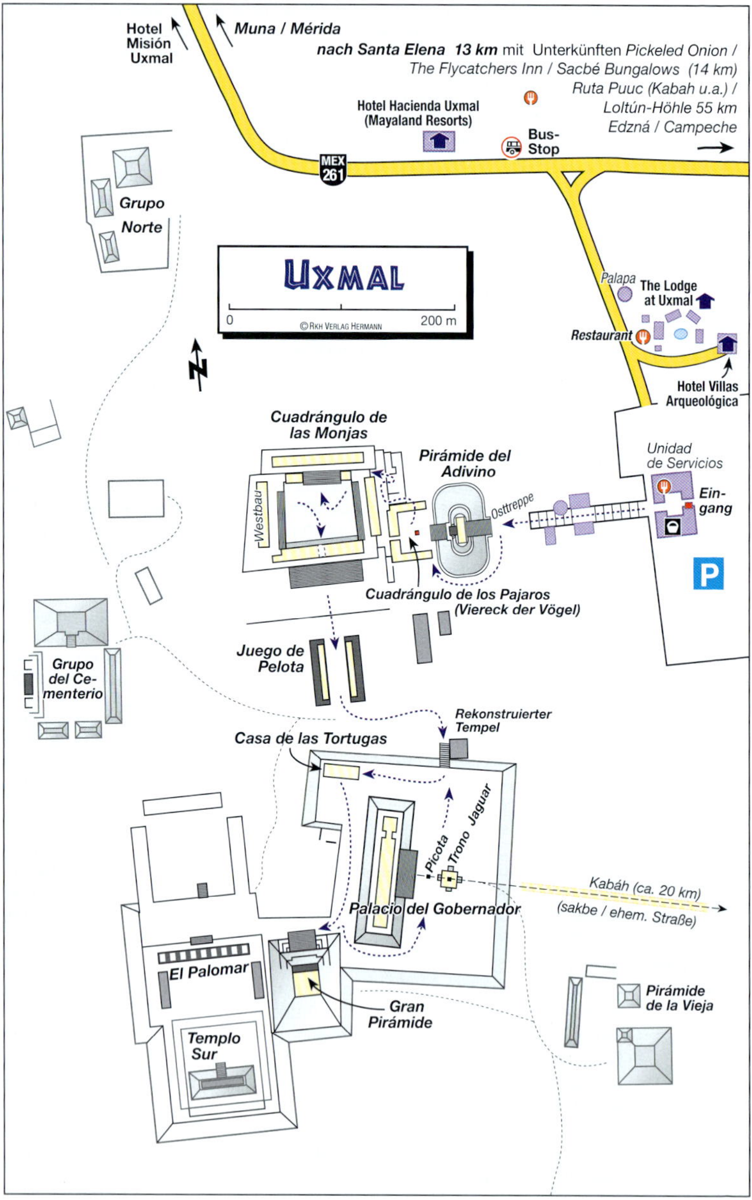
Hotel Misión Uxmal
Muna / Mérida
nach Santa Elena 13 km mit Unterkünften Pickeled Onion / The Flycatchers Inn / Sacbé Bungalows (14 km)
Ruta Puuc (Kabah u.a.) / Loltún-Höhle 55 km
Edzná / Campeche
Hotel Hacienda Uxmal (Mayaland Resorts)
Bus-Stop
MEX 261
Grupo Norte
UXMAL
0
200 m
© RKH Verlag Hermann
Palapa
The Lodge at Uxmal
Restaurant
Hotel Villas Arqueológica
Cuadrángulo de las Monjas
Westbau
Pirámide del Adivino
Osttreppe
Unidad de Servicios
Ein-gang
P
Cuadrángulo de los Pajaros (Viereck der Vögel)
Juego de Pelota
Grupo del Ce-menterio
Rekonstruierter Tempel
Casa de las Tortugas
Picota
Trono Jaguar
Kabáh (ca. 20 km) (sakbe / ehem. Straße)
Palacio del Gobernador
El Palomar
Gran Pirámide
Templo Sur
Pirámide de la Vieja

Nach der toltekischen Invasion der Yucatekischen Halbinsel war Uxmal spätestens um 1200 von seinen früheren Bewohnern verlassen worden. Zuvor waren aber bereits die **Xiú** aufgetaucht, eine ebenfalls aus Zentralmexiko eingewanderte Toltekengruppe, die in Uxmal den Kult des Wassergottes Tláloc *(Chaak)* und der „gefiederten Schlange" *Quetzalcóatl (Kukulkán)* einführten. Die Xiú beherrschten Uxmal, zusammen mit Mayapán, bis in die Mitte des 15. Jahrhunderts. Danach lag Uxmal vergessen im Busch, doch seine Existenz war den Spaniern seit der Eroberung Yucatáns bekannt. Intensive wissenschaftliche Ausgrabungen begannen ab 1929 unter Frans Blom.

Pirámide del Adivino

Am Zugangsweg ragt unübersehbar das bekannteste Bauwerk und das Hauptmonument Uxmals auf, die wuchtige, 38 m hohe „Pyramide des Zauberers" oder „Wahrsagers" (der Name rührt von einer lokalen Legende, nach der die Pyramide von einem Zauberer in einer einzigen Nacht erbaut wurde). Sie besitzt einen in der Welt der Maya ungewöhnlichen ovalen Grundriss (85 x 50 m), die abgerundeten Kanten erinnern an die Rundwände typischer Maya-Hütten. Die für den Aufstieg gesperrte Pyramide ist das Resultat von **fünf Überbauungen bzw. Ummantelungen früherer Baukörper und Zeitepochen** vom 8.–11. Jahrhundert. Gekrönt wird sie vom *Tempel V,* dem zuletzt erbauten. Nach einer Pyramide in Calakmul und der 42 m hohen Pyramide Nohoch Mul in Cobá ist die „Pyramide des Zauberers" die dritthöchste auf der Halbinsel Yucatán. 117 Stufen führen ohne einen Zwischenabsatz steil hinauf, der Neigungswinkel beträgt etwa 60 Grad.

Nun an ihr links vorbeigehen in den Hof dahinter, in den *Cuadrángulo de los Pájaros.*

Yuc+Camp

■ *Die mächtige „Pyramide des Zauberers"*

Cuadrángulo de los Pájaros

Das **„Viereck der Vögel“** (oder **Guacamayo-Hof**) wurde 1996 rekonstruiert. In der Mitte befindet sich ein quadratischer Sockel mit einem Phallus – auch bei den Maya ein Symbol der Fruchtbarkeit. Beim Blick die Pyramidentreppe hoch sehen Sie als Treppenabschluss den würfelförmigen **Chenes-Tempel,** so genannt wegen seines reinen Chenes-Baustils. Seine Front ist in Form einer gigantischen Maske gestaltet, der Eingang stellt dabei den geöffneten Rachen dar. Über dem Eingang ragt eine Nase hervor und darüber sind zwei Augen zu sehen. Auch die Zähne in Form von auf die Spitze gestellten kleinen quadratischen Steinen unter dem Türsturz sind erkennbar.

Die Eckkanten des Tempels zieren übereinandergesetzte Chaak-Masken. Unter dem Eingang befindet sich auf den Treppenstufen ein kleines, vorgebautes Podest bzw. die Maske eines Gottes – vielleicht war dies ein Opferaltar. Es wird angenommen, dass hier Räuchergefäße zum Verbrennen von *copal* standen.

Die steile Aufgangstreppe flankieren links und rechts je zwölf zurückgesetzte, großartige Chaak-Masken, ähnlich denen oben beim Chenes-Tempel. Die Mauerreste der Vorgängersubstruktur I rechts sind mit Säulchen in Dreierbündeln verblendet. In der Substruktur I fand man einst die Skulptur der – fälschlicherweise so bezeichneten – **„Königin von Uxmal“,** ein etwa 80 Zentimeter hoher und tätowierter Kopf der aus einem Schlangenrachen herausschaut **(s. Abb.).** Mit seinen Ohrpflöcken und einem Jadestirnband ist es wohl das Bildnis eines Kukulkán-Priesters. Das Meisterwerk befindet sich im Anthropologischen Museum in Mexiko-Stadt.

Auf der West- bzw. der gegenüberliegenden Seite der Pyramide befindet sich ein schönes Kragbogentor, die Friese rechts und links von ihm sind mit dicht aneinandergesetzten Halbsäulchen, sog. *colonetten,* verblendet. Vorbild waren die zusammengebundenen Holzpfähle der Maya-Hütten, ein Stilelement, das man an vielen Bauten Uxmals und auch an anderen Stätten der Puuc-Region immer wieder entdecken kann.

Die Rückseite der Adivino Pyramide mit Guacamayo-Hof

Maya-Baustile

■ **Puuc-Stil:** ein Architekturbaustil der Maya (der Name leitet sich ab von der hügeligen Gegend südlich Méridas), Blütezeit zwischen 800 und 1000 n.Chr. In reiner Ausführung enthält er keine *toltekischen* Stilelemente, wie sie z.B. in Chichén Itzá auftreten. Charakteristisch sind **schmucklose, glatte untere Mauerflächen** und **überreich verzierte obere Bauteile** (Friese, Gesimse und Türsturze). Stuckreliefs, wie z.B. in Palenque, kommen nicht vor. Als Wandschmuck dienen geometrische Ornamente (Dreiecke, Quadrate, Kreuzstäbe, Mäander-Bänder), zusammengesetzt aus zuvor präzis zugeschnittenen Einzelsteinen. Charakteristisch für die Bauplastik des Puuc-Stils sind auch (die meist übereinandergesetzten) Masken des Regengottes Chaak, der durch seine nach unten gebogene Nase und großen Augen leicht identifizierbar ist. Wichtigste Stätten in reinem Puuc-Stil sind neben Uxmal noch *Kabáh, Labná* und *Sayil.* Es gibt außerdem Mischformen.

Foto: Nonnen-Viereck, Edificio Norte

■ **Chenes:** ebenfalls ein (lokaler) Maya-Baustil, doch aus dem End-Klassikum, benannt nach der Region **ch'e'en** im Osten des heutigen Bundesstaates Campeche, wo er gehäuft vorkommt und zahlreiche Orte die Endsilbe *chén* haben (Bolonchén, Hopelchén; *chén* heißt im yucatekischen Maya „Brunnen" oder „Quelle"). Kennzeichnend für ihn sind mit geometrischen Mustern überladene Fassaden und Eingänge in Form überdimensionaler Schlangen- oder Monsterrachen, die Portale zur Unterwelt symbolisieren (s. in Uxmal der Eingang des Chenes-Tempels hinten auf der „Pyramide des Zauberers"). Auch anthropomorphe Darstellungen, halb Mensch, halb Tier, sind typisch. Chenes-Stätten sind *Hochob, Dzibilnocac* und *Chicanná.* **Foto: Chicanná,** Nachbau im Anthropologischen Museum in Mexiko-Stadt.

■ **Río Bec:** Dieser Stil weist ähnliche Merkmale auf wie der Chenes-Stil. Erkennungsmerkmale sind kompakte, kantengerundete und nicht begehbare (weil zu steile) Türme bzw. Scheinpyramiden, meist in Doppelausführung. Der Name leitet sich ab von der Entdeckung (um 1907) einer Anzahl stilistisch ähnlicher Bauten nahe eines Flusses mit Bäumen (*bec* ist der Mayaname einer großen Baumart) im Süden Yucatáns an der Grenze zu Guatemala, der heutigen Region Río Bec. Die Bautenarchitektur der dortigen Stätten *Becán, Río Bec,* **Xpuhil (s. Foto rechts)** u.a. wird von diesem Stil bestimmt (Ortslagen s. hintere Klappenkarte).

Yuc+Camp

Links des Tordurchgangs ein Anbau mit drei Eingängen. Sein Fries ist wie ein Mayahüttendach mit Palmwedeln verziert, die kleinen steinernen Vögel sind **Grünflügel-Aras** (Guacamayas), nach denen der Hof seinen Namen erhielt. Links oben am Eck ragt die Skulptur eines Schlangenkopfes mit weit aufgerissenen Kiefern hervor. Der südliche Bau mit seinen Rundsäulen und quadratischen Kapitellplatten ist ebenfalls eine Rekonstruktion. Der Längsgang mit den oben eingelassenen Rundhölzern ist ein perfektes Beispiel des Maya-Gewölbebogens.

Nun durch die Nordseite aus dem „Viereck der Vögel" über Aufgangstreppen in den großen Innenhof des „Nonnen-Vierecks" gehen.

Cuadrángulo de las Monjas

Das „Nonnen-Viereck" besteht aus vier langgestreckten Gebäuden auf drei unterschiedlichen Bauebenen, und weil das Geviert den spanischen Mönch Cogolludo im 17. Jh. an eine Klosteranlage für Nonnen erinnerte, bekam sie diesen Namen.

Für eine Rundumsicht begibt man sich am besten in die Mitte des vertieften Platzes (ca. 50 x 60 m), wo die Reste einer einst riesigen Steinsäule liegen. Gemäß der Maya-Zahlensymbolik und -mystik hat jeder der Flügelbauten, die sowohl religiösen als auch weltlichen Zwecken dienten, eine andere *ungerade* Zahl von Eingängen (5, 7, 9 – mit Torbogen – und 11). Die Eingänge führen in lange, hintereinander liegende Doppelräume.

Das Hauptgebäude

Das höchste und das mächtigste Bauwerk ist der ca. 80 m breite Palast auf der **Nordseite** (Edificio Norte, **Foto s.S. 283 o**). Eine breite Aufgangstreppe, flankiert von zwei Tempelbauten, führt hinauf. Die schmucklose untere Mauer ist ein charakteristisches Beispiel des Puuc-Baustils. 11 Eingänge – der mittlere ist quadratisch – führen in 26 Räume in 13 Doppel-Einheiten.

Der breite Fries – rechts ist er fast ganz zerstört – ist üppig dekoriert. Interessant sind Details über dem 3. und 5. Eingang von links: dort sind stilisierte Maya-Hütten mit Palmdächern zu erkennen *(chozas),* über ihnen windet sich je eine waagerechte Schlange mit 2 Köpfen. Über dem 5. Eingang bzw. unter der Hütte sieht man die Skulptur eines doppelköpfigen Jaguarkopfs im Profil. Beeindruckend sind außerdem die vier (verbliebenen) Maskentürme mit übereinandergesetzten **Chaak-Masken.** An der rechten Gebäudekante ragen seine Rüsselmasken heraus.

Ostbau

Hinter dem *Edificio Oriente* ragt die Pyramide des Wahrsagers auf. Das Gebäude besitzt 5 Eingangsportale. Der Fries mit seinem Gittermuster ist wohl der schönste aller vier Bauten. Die nach oben breiter werdenden 8 horizontalen Stäbe stellen doppelköpfige Schlangen dar. Unten an der Basis, über den Eingängen und oben am Gesims befindet sich eine durchgehende Reihe kurzer runder Halbsäulchen. Über dem mittleren Eingang drei übereinandergestellte Masken des Regengottes Chaak. Er blickt außerdem ganz außen an der linken und rechten Gebäudekante herab. Durch die Übereckposition wirken die Masken sehr plastisch, über den eckigen Zahnreihen ragt die lange Nase hervor (meist jedoch fehlt sie).

Westbau

Der Edificio Poniente mit seiner siebenstufigen Treppe besitzt 7 Eingänge, der mittlere ist quadratisch. Sein Fries ist von allen Bauten am komplexesten und üppigsten mit Mäandermotiven, Figuren und Chaak-Masken geschmückt (vieles ist beschädigt). An den Gebäudekanten links und rechts blicken wieder übers Eck gesetzte Chaak-Masken herab. Über dem mittleren Eingang ist eine Art Thron mit einem Baldachin aus Federn. Darunter der kleine Kopf eines Herrschers. Interessant sind wieder die Nachbildungen von Maya-Hütten über

einigen Eingängen, wie über dem ganz rechts. Links davon die vollplastische Darstellung einer Schlange mit aufgerissenem Rachen, aus dem ein Menschenkopf herausschaut **(s. Foto).** Eine Darstellung des mesoamerikanischen Ur-Gottes **Quetzalcóatl,** der sich bei den Maya zu **Kukulkán** wandelte (Vogel-Schlangen-Mann). Das Ende der Schlange hängt von oben herab, die Schwanzspitze ist wie bei einer Klapperschlange geschuppt. Da Klapperschlangen aber nur im trockenen mexikanischen Hochland vorkommen, ist dies ein Indiz auf die vom Hochland nach Yucatán eingewanderten Tolteken. Ihren Gott Quetzalcóatl hatten sie mitgebracht.

Rechts des Schlangenkopfes sehen Sie die kleine Figur eines Mannes mit einem abgeschlagenen Bein. Offenbar sehnten sich schon die Männer der Maya nach einem Wundermittel wie Viagra, wie das große und schlaff herabhängende Genital vermuten lässt. Über dem Mann ist ein Jaguarkopf.

Südbau

Der Edificio Sur ist der niedrigste und nach dem Nordpalast der zweitälteste Bau. Er besitzt 8 Eingänge und einen Torbogen. Exakt über jedem Eingang ist wieder das Maya-Haus zu erkennen. Der Fries ist mit steinernem Flechtwerk verblendet. Durch das große **Kragbogentor** geht es nun hinaus aus dem Nonnenviereck in Richtung Norden bzw. zum Ballspielplatz.

Juego de Pelota

Der einstige **Ballspielplatz** liegt genau in der Achse des Durchgangs. Seine beiden ca. 35 m langen Prallmauern sind ziemlich verfallen und er ist bei weitem nicht so eindrucksvoll wie der in Chichén Itzá. Auf dem Spielfeld liegen zu beiden Seiten aneinandergereihte Rundstücke einer langen steinernen Schlange. Der Zielring rechts oben ist ein Replikat.

Das zeremonielle Ritual des Ballspiels war einst das bestimmende Element mesoamerikanischer Kulturen und aller urbanen Zentren der Maya (ausführlicher Exkurs s.S. 244). Doch der Ballspielplatz von Uxmal ist weder monumental noch von Tempeln umgeben wie anderswo.

Casa de las Tortugas

Nach dem Ballspielplatz nach links wenden (rechts geht es zur Grupo del Cementerio) und rechts die Treppe hochgehen. Man steht jetzt auf einer kolossalen, aufgeschütteten Plattform (180 x 150 m), die als Fundament für den „Palast des Gouverneurs" und fürs „Schildkrötenhaus" dient (rechts hinten).

Die Casa de las Tortugas ist ein nüchterner, aber proportional ausgewogener rechteckiger Bau am Rand der Plattform mit schön modellierten Schildkrötenplastiken am oberen Kranzgesims. Wahrscheinlich war er ein Tempel für den Wasserkult, sofern die Panzer Wasser- und keine Landschildkröten darstellen (Schildkröten spielten in den Maya-Schöpfungsmythen eine wichtige Rolle). Zwischen den Kranzgesimsen oben und unten ziehen sich um das gesamte Gebäude dicht aneinandergesetzte Halbschäfte. Diese könnten sowohl Schilfrohr als auch die Holzpfähle von Maya-Hütten symbolisieren. Von der Stirnseite führen drei Eingänge in den Bau, und auch von der Breitseite. Tritt man dort ein, sieht man beim Blick nach oben die Konstruktion des Mayagewölbebogens. Aus dem hinteren dachlosen Raum schöner Blick nach Norden.

Gran Pirámide (Foto s.S. 278)

Links hinter der Casa de las Tortugas erhebt sich die imposante „Große Pyramide“, die mit 30 m Höhe nur wenig niedriger ist als die Pyramide des Zauberers. Nur die Nordseite ist (makellos) rekonstruiert, die anderen drei Pyramidenseiten sind mit Geröll und Gestrüpp bedeckt.

Über die sehr steile Treppe gelangt man nach oben. Für die Anstrengung des Aufstiegs belohnt eine weite Aussicht. Die Fassade des Tempels wurde mit kleinteiligen Puuc-Ornamenten verblendet, darunter auch Darstellungen von Grünflügel-Aras, deshalb „Templo de Guacamayas“.

El Palomar

Geht man rechts nach hinten, blickt man hinunter zum „Taubenhaus“. Dieser zerfallene Komplex ist älter als die anderen Bauten Uxmals. Von ihm ist nur noch eine Mauer erhalten, die einen brüchigen und dreieckig gezackten Dachkamm trägt, dessen Durchbrüche den Maya-Forscher Stephens an Taubenschläge erinnert haben sollen. Die Mauer war einst Teil einer großen, rechteckigen Patio-Anlage, ähnlich wie das Nonnen-Viereck.

Links davon befindet sich die noch nicht ausgegrabene Pyramide der „Grupo Sur“ mit einem zerfallenen Tempel obendrauf. Genau so haben viele Bauten und Pyramiden Uxmals einst ausgesehen.

Weitere Bautengruppen

Von der Großen Pyramide sieht man auch die **Grupo del Cementerio,** die „Friedhofsgruppe“. Sie besteht aus einigen stark zerstörten und verwachsenen Bautenresten um einen Patio. Friese zeigen Totenköpfe, gekreuzte Knochen, Hieroglyphen und andere Motive. Gräber wurden aber keine gefunden. Vom Ballspielplatz führt durch den Busch ein (derzeit verbotener) Pfad zu ihr.

Die zugewachsenen Pyramiden der weiter nördlich liegenden **Grupo Norte** sind noch nicht oder kaum ausgegraben.

Südöstlich des „Palastes des Gouverneurs“ liegt isoliert die ebenfalls überwachsene und noch nicht freigelegte **Pirámide de la Vieja,** die „Pyramide der alten Frau“ mit dem „Haus der alten Frau“. Dieses trägt einen turmartigen Aufbau und ist eines der ältesten Bauwerke Uxmals (erbaut um das Jahr 700).

Gehen Sie nach dem Abstieg von der Gran Pirámide um das Südende des „Palacio del Gobernador“ auf dessen Vorderseite.

Palacio del Gobernador

Mit seinen harmonischen Proportionen und der prunkvollen Dekoration des Frieses ist der „Palast des Gouverneurs“ unzweifelhaft **das herausragendste architektonische Meisterwerk Uxmals, wenn nicht gar Mexikos!** Er ist knapp 100 m lang und damit der längste Fassadenbau der Maya überhaupt (Breite 12 m, Höhe über 8 m). Er diente als Versammlungshaus für Adlige und war die Residenz von Regenten, wie von *Chan Chaak,* der um 900 in Uxmal herrschte und in dessen Regierungszeit dieses gewaltige Symbol der politischen Macht Uxmals entstand (die kopflose Skulptur über dem zentralen Eingang stellt ihn dar).

Der Palast ist in drei Teilstücke gegliedert. An den Hauptbau sind links und rechts Seitenflügel angefügt, getrennt durch rückspringende und pfeilförmig-spitze Kraggewölbe, durch die man einst auf die andere Seite des Baus gehen konnte. Im Gegensatz zur kahlen unteren Fassade **(s. Foto)** ist die obere bzw. ist der Fries mit Gittersteinen, geometrischen Mäandermotiven und mit über 200 Chaak-Masken in auf- und absteigender Linie dekoriert (ein weiteres Indiz, wie sehr Uxmal vom Wasser abhängig war!). Zur Herstellung benötigte man etwa 20.000 sorgsam vorgefertigte Steine.

Es gibt insgesamt 11 Eingänge, die in parallele Doppelräume hineinführen, wobei diejenigen hinter den drei mittleren Eingängen mit 20 m Länge die längsten sind. Sie – und alle weiteren Räume – weisen das übliche mayatypische Kraggewölbe auf. In die rückwärtigen Kammern fällt kaum noch Licht, die Steine sind schmierig-schwarz verdreckt, überall haben Schwalben ihren Kot hinterlassen. Der Palast wurde astronomisch genau auf die südlichste Deklination der Venus ausgerichtet, also auf den südlichsten Winkelabstand zum Himmelsäquator, wie durch Nachmessungen herausgefunden wurde. Außerdem führte auf dieser Linie eine über 20 km lange *sakbe* direkt zum *Arco von Kabáh.*

Picota

Vor dem Palast ragt eine monolithische Säule im 45-Grad-Winkel aus der Erde. Sie war einst mit Stuck, Hieroglyphen und mit symbolischen Ornamenten verziert. Vermutungen gehen in Richtung Phallus-Kultobjekt, doch die Säule könnte genauso etwas mit der Zentralachse des Maya-Weltensystems zu tun gehabt haben (Weltenbaum). Eine dritte Theorie sieht in der Säule einen Schandpfahl *(picota),* an dem Leute angebunden und ausgepeitscht wurden.

Trono del Jaguar

Der zweiköpfige Jaguar auf einer Altarplattform *(adoratorio)* mit Aufgangsstufen ist aus einem einzigen Steinblock gehauen. Er war ein Symbol königlicher Macht und diente den Herrschern Uxmals wohl als Thron. Die zwei Köpfe stehen vermutlich für den Dualismus Gott und Mensch bzw. für die göttliche Herkunft der Herrscher. Unter ihm wurden Kleinobjekte aus Jade und Obsidian gefunden.

Weiterfahrt nach Süden auf der Chenes-Route

Routenhinweis

Wer von Uxmal bzw. Sta. Elena auf der Mex 261 bis Hopelchén und weiter auf der **Chenes-Route** tief in den Süden bis nach Xpujil fahren möchte, blättert vor auf S. 321.

Weitere archäologische Stätten der Ruta Puuc

Weiterfahrt / Unterkunft

Die Öffnungszeiten nachfolgender Ruinenstätten sind täglich von 8–17 Uhr. Bis auf kleine Getränke- und Souvenirshops gibt es keine größeren Services (bei den Loltún-Grotten ein Restaurant). Da die letzte Führung der Loltún-Höhle um 16 Uhr ist, muss dies im Zeitplan berücksichtigt werden. Für die Weiterfahrt nach Kabáh folgen Sie der Straße Mex 261, bald passiert man **Sta. Elena** (s.S. 277).

Kabáh

Die Mex 261 führt mitten durch das Gelände dieser alten Maya-Stadt, die nach Uxmal die zweitwichtigste war. Kabáh ist eine sehr weiträumige Anlage, noch vieles ist unausgegraben. Blütezeit war vom 9. bis zum 11. Jh. Besichtigungszeit ca. 45 Min. Tägl. 8–17 Uhr, Eintritt 42 Ps, Toiletten.

Palacio de las Máscaras

Hinter dem Eingang nach rechts gehen und dann die Treppe hoch zum „Palast der Masken" **Codz-Poop,** was auf maya-yucatekisch soviel wie „eingerollte Matte" heißt, abgeleitet von den Chaak-Masken mit ihren einwärts gerollten Nasen.

Der links und rechts zerfallene, ca. 45 m breite und 6 m hohe Palast steht auf einer künstlich aufgeschütteten Plattform. Sein hinterer mäanderdurchbrochener Dachkamm ist über 3 m hoch. Vor der Aufgangstreppe liegen auf dem Boden verstreut viele Steine und Teile von Masken, die darauf warten, von den Restauratoren wieder zusammengepuzzelt zu werden.

Faszinierend ist die Fassade des Palasts: die gesamte Front ist mit einem Gewimmel von identischen Masken des Regengottes Chaak bedeckt (**Foto,** also auch die sonst beim Puuc-Stil untere kahle Wand!). Über 250 Chaaks in drei Längsreihen mögen es einstmals gewesen sein. Kein anderes Maya-Bauwerk der Yucatán-Península ist so reichhaltig mit den Masken des Regengotts dekoriert. Sie sind mosaikartig zusammengesetzt, zwischen den Steinzapfen-Augen ragt die rüsselförmige Nase hervor. Leider sind diese fast alle abgebrochen (eine elegant nach innen gebogene ragt von der rechten Gebäudekante oben vor). Unter der Nase öffnet sich der Mund mit den Zahnreihen, und rechts und links haben die Masken Ohren in Form von quadratischen Ohrpflöcken mit Löchern in der Mitte. Jeweils ein linkes und ein rechtes Maskenpaar teilen sich gemeinsam ein Ohr.

Vier Eingänge führen in zehn paarweise angeordnete Räume, wobei als Treppenauftritte ebenfalls Chaak-Masken bzw. ihre breiten Nasen dienen. Perfekt bearbeitet ist die untere durchgehende Schwelle und das mäanderverzierte Gesims links über dem linken Eingang.

Kabah, Palast der Masken

Rückseite

Nun um die eingefallene linke Ecke des Bauwerks auf seine Rückseite gehen. Dort sind oben über der gittermusterverzierten Wand am Fries zwei ausdrucksstarke Männerstatuen in natürlicher Größe zu sehen (einer fehlt der Kopf), die ihre stummeligen Arme mit kurzen Fingern vorstrecken. Sie ähneln Atlanten, Kriegern in typischer Hochland-Rüstung. Zwischen den beiden eine stilisierte Maya-Hütte. Einen Eingang verschönern besonders kunstvoll gearbeitete (rekonstruierte) Reliefs. – Nun die hintere Treppe hinuntergehen und nach links zum Palast hoch.

El Palacio

Ein gut erhaltener, zweigeschossiger Palast, typisches Beispiel für reine bzw. frühe Puuc-Dekoration, erbaut um das Jahr 800. Der Palast steht auf einer Plattform, die 14 Zisternen *(chultunes)* hatte, was auf eine einst hohe Bevölkerungszahl schließen lässt. Der Dachkamm ist durchbrochen, doch die wenigen Verzierungen können es nicht mit der Ausdrucks- und Detailkraft des Maskenpalasts aufnehmen. Im Inneren gibt es ca. 30 Räume. Rundsäulen mit quadratischem Kapitell unterteilen zwei Eingänge. Vor dem Palast steht eine kurze monolithische Säule, ähnlich wie die Picota (Schandpfahl) von Uxmal (Erklärung s. dort). Weitere Bautenreste liegen verstreut im buschbestandenen Gelände. – Nun zum Eingang zurückgehen und die Straße überqueren.

Arco de Kabáh

Ein weiteres Schmuckstück Kabáhs ist der berühmte **Torbogen.** Nach der Straßenüberquerung rund 200 m weitergehen. Rechter Hand ist ein Hügel aus losen Steinen, die „Gran Pirámide“ oder *teocalli* („Götterhaus“).

Der allein auf weiter Flur stehende Arco ist ein nüchternes (restauriertes) Monument, mit seiner Puuc-Strenge ein deutlicher Kontrapunkt zu den restlichen Dekorbauten Kabáhs. Mit ca. 6,50 m Höhe ist er der höchste aller Maya-Torbogen, auch seine Spannweite mit über 4 m dürfte wohl kaum übertroffen werden (noch höher und breiter ist statisch kaum mehr möglich). Hier wurde mit der Technik des Maya-Gewölbes ein eigenständiges architektonisches Element geschaffen. Vielleicht trennte der Torbogen einst die innere Stadt von der äußeren, doch wahrscheinlicher ist, dass er einst den Beginn bzw. das Ende einer Straße nach Uxmal markierte, denn Kabáh war eine Tochterstadt Uxmals. Beide Zentren waren durch eine *sakbe,* eine über 20 km lange Straße miteinander verbunden (in Uxmal entdeckte man das Pendant des Torbogens, er ist noch nicht zugänglich).

Alle Mayastädte der Puuc-Region waren mit *sakbeob* verknüpft, schnurgerade verliefen die „weißen Straßen“ durch den dichten Busch. Es gibt sie auch in vielen anderen Stätten Yucatáns (Exkurs s.S. 192).

Yuc+Camp

Sayil

El Palacio

Bei der Weiterfahrt nach Sayil – 9 km von Kabáh – muss an der Straßengabelung der Mex 261 (Militärkontrollposten) nach links abgebogen werden. Besichtigungszeit der Stätte ca. eine halbe Stunde. Tägl. 8–17 Uhr, Eintritt 42 Ps, Toiletten.

■ *El Palacio, Sayil*

Sayil („Ort der Ameisen“) war zwischen 750 und 1000 das große urbane Zentrum (Stadtausdehnung ca. 3,5 qkm) eines dichtbesiedelten Gebiets. Mit seinem Umland und anderen Städten war es durch Sakbeob verbunden.

Man geht durch ein kleines Waldstück – rechts zwei Stelen – und steht nach etwa 150 Metern vor einem imponierenden Palast im Puuc-Stil. Es ist ein breiter, dreistöckiger Terrassenbau von klassischer Schönheit und harmonischen Proportionen (Größe 80 x 40 m; er ähnelt ein wenig dem Stufenpalast von Edzná). Kennzeichnend ist die verschiedenartige architektonische Fassadengestaltung seiner Stockwerke – unten nüchtern, in der Mitte üppig und oben wieder schlicht. Er entstand in mehreren Bauetappen zwischen 650 und 900 n.Chr. und war wohl Residenz und Verwaltungszentrum in einem. Im Inneren gibt es nahezu 100 Räume. Das Gestein schimmert zart-rötlich (stärker spätnachmittags und frühmorgens), die Ursache sind Eisenoxyd-Einschlüsse.

Der rechte Teil des Baus ist stark zerfallen, die linke Seite wurde rekonstruiert. Auf der ersten Terrasse sind links zwei schmale und vier breite Tempeleinlässe zu sehen, die durch dicke, kapitelltragende Rundsäulen unterteilt sind. Die Wandstücke dazwischen sind mit gebündelten Halbsäulen, sogenannten Colonetten, verkleidet. Mögen sie auf den ersten Blick auch wie „Abflussrohre" aussehen – es sind stilisierte Nachbildungen der Rundholzpfähle typischer Maya-Hütten *(chozas),* wobei die Manschetten die Seilverbindungen nachahmen (auch die Mauer rechts des Treppenaufgangs ist mit Colonetten oben durchgehend verblendet.)

In der Mitte des Frieses ragt eine wuchtige, raumgreifende **Chaak-Maske** heraus **(s. Abb.).** Links und rechts von ihr, direkt über den schmalen Eingängen, Darstellungen des **„Herabstürzenden Gottes"** *Ah Mucen-Cab* („Bienengott"). Mit seinen nach oben gespreizten Beinen soll er bei den Maya den beginnenden neuen Tag symbolisiert haben. Auch in Tulúm (vgl. dort) und in Cobá tritt dieser Gott auf, Sayil muss also bis zur Karibikküste Verbindungen gehabt haben. An der linken Außenkante des Frieses ragt nochmals die Rüsselnase einer prächtigen, übers Eck gesetzten Chaak-Maske heraus.

Mirador / Yum Keep

In den vor dem Palast angrenzenden Trockenwald führt schräg nach links ein Pfad hinein (auf kleines Schild achten). Auf dem schattigen Spaziergang wird nach etwa 250 m die kleine Tempelpyramide „El Mirador" erreicht. Dieses Bauwerk trägt eine überhohe, perforierte *crestería* (früherer Puuc-Stil). Vorbild waren vielleicht die hohen Tempel-Dachkämme der Städte der Petén-Region im heutigen Guatemala, wie z.B. Tikal oder Uaxactún.

Links am Mirador vorbei führt der Waldweg weiter. In der Stille und Einsamkeit kann man sich wie ein früher Entdecker fühlen. Nach ca. 60 m wird eine unter einem Palapa-Schutzdach stehende seltsame Stele (Nr. 9) erreicht: der Phallusgott (maya: *yum keep*), eine Figur mit übergroßem Penis. Die dürfte in der Mayawelt ziemlich einmalig sein. Phallus-Darstellungen finden sich in der Puuc-Region außerdem noch in Labná und Loltún (am Eingang der Grotte). Sie waren wohl Symbole der Fruchtbarkeit.

Xlapak

El Palacio

Die nächste archäologische Stätte auf der Straße nach Labná ist **Xlapak** (sprich: Schla-Pak). Es ist die kleinste an der Ruta Puuc, ca. 6 km von Sayil entfernt (Besichtigungszeit ca. 15 Min.). Von der Hütte des Wärters geht es etwa 80 m durch trockenen Buschwald. Tägl. 8–17 Uhr, Laden, Eintritt frei.

Hier steht nur ein einzelner Tempel aus dem Maya-Spätklassikum in reinem Puuc-Stil. Die untere Fassade ist eine schmucklose Mauer, der genauso hohe wuchtige Fries ist üppig mit Chaak-Masken, Mäandern und einem Sims aus Säulchen dekoriert (diese ziehen sich auch an der Basis entlang). Von den Kanten des Baus ragen gleichfalls die großen Nasen des Regengottes heraus. Die Innenräume sind dunkel, aber behaglich kühl – diese Rückzugsmöglichkeit in der Hitze muss für die damaligen Maya geradezu eine Wohltat – vielleicht auch ein Privileg – gewesen sein.

Die Rückseite bzw. der hintere Eckbereich des Tempels ist eingefallen, aber dadurch wird im Querschnitt die Bautechnik des Maya-Gewölbes sichtbar. Über dem mittleren hinteren Eingang prangt eine raumgreifende, hohe Doppelmaske, die mit ihren Nasen, Augen und den aufgerissenen großen Sägemäulern ein besonders prächtiges Beispiel der hochentwickelten Maya-Steinmetzkunst darstellt. – Nach ca. 4 km wird Labná erreicht.

Labná

Labná (yucateco-Maya, „alte Häuser") wird vor allem wegen seines berühmten Torbogens **Arco de Labná** besucht. Tägl. 8–17 Uhr, Eintritt 37 Ps, Toiletten. Besichtigungszeit ca. 45 Min.

Labná war einst eine recht bedeutende Stadt und ihre Ausdehnung beachtlich, wie aus den über 70 entdeckten *chultunes* (Zisternen) in ihrer Umgebung gefolgert werden kann. Die wichtigsten Bauwerke stammen aus der Zeit zwischen 750 und 1000. Gegenwärtig sind vier Hauptbauten zugänglich, viele weitere sind noch unausgegraben oder der Busch hält sie umklammert. Erste Berichte von Labná verfasste Mitte des 19. Jahrhunderts das „ruinenbewährte" Entdecker-Gespann Stephens/Catherwood. Catherwoods Stich des Labná-Torbogens machte das Bauwerk weithin bekannt.

Grupo El Palacio

Nachdem man etwa 100 m durch ein Wäldchen gegangen ist, öffnet sich eine ausgedehnte Grasfläche mit einer quer darüber hinwegführenden, dammartig erhöhten *sakbe.* Mit den Bäumen und Bauten ergibt sich so das Bild einer harmonischen Parkanlage. Gleichfalls etwas erhöht liegt linker Hand der langgestreckte „Große Palast". Seine vielen Anbauten, Seitenteile und Vorsprünge mit Ein-, Durch- und Ausgängen machen eine Beschreibung dieses verschachtelten Baus sehr schwierig. Die baulichen Modifikationen in gemischten Architekturstilen stammen aus unterschiedlichen Epochen. Einflüsse von Chichén Itzá und anderen maya-toltekisch geprägten Zentren sind ebenfalls erkennbar. Hinten rechts ragt ein zweites Stockwerk mit einem Palastbau auf. Wie in Sayil sind auch hier die Eingänge und teils auch die Wandflächen mit Säulen verziert. Auf den Friesen bestimmen Mäandermotive, Ornamentbänder und Masken die Dekoration. Alles wurde perfekt und nahtlos in- und aneinandergefügt. Der gesamte Komplex war wohl der Wohnbereich der Oberschicht Labnás. Weitere historische Einzelheiten mit einem Abbild aus früheren Zeiten bietet die INAH-Informationsplatte.

Gehen Sie von der Grasfläche die fünfstufige Treppe zu jenem Eingang hoch, über dem eine geradezu fantastisch geformte Maske installiert ist (cuarto 18). Die Nase biegt sich nach oben und das Maul ist mit kräftigen Sägezähnen bestückt.

Rechts davon befindet sich an der Gebäudekante oben eine weitere Besonderheit: Aus einem weit aufgerissenen Tierrachen schaut ein menschlicher Kopf heraus **(s. Abb.).** Wegen der Zähne kann es keine Schlange sein, es ist eher ein Krokodilsrachen. Der Kopf stellt vermutlich den Schöpfergott Itzamná dar oder es ist **Kukulkán.**

Vom Palast geht es nun auf der historischen **Sakbe** aus festem Kalkschotter in Richtung Süden zum Torbogen. Links, hinter Bäumen verborgen, liegt der ca. 40 m lange **Templo de las Columnas.** Weiter vorne ragt links auf einer Pyramide bzw. auf einem Geröllhügel der **Templo Mirador** empor, gekrönt von einer extrem hohen *crestería.* Nicht wie sonst üblich in der Mittelachse, sondern über der Vorderfassade. Und dann steht man vor Labnás architektonischer Glanzleistung.

Arco de Labná

Der Arco de Labná ist ein 6 m hohes Baukunstwerk, er ist der schönste Maya-Bogen überhaupt! Das Prinzip des „falschen Gewölbes" wurde bei ihm – ähnlich wie beim Bogen von Kabáh – als ein eigenständiges architektonisches Element angewendet (den Maya gelang es ja bekanntlich nicht, das Prinzip des „echten" Rundbogens mit dem Schlussstein in der Mitte zu erfinden, obwohl sie mit ihrem Kraggewölbe nahe dran waren). Der Arco war kein Triumphbogen für einen Herrscher oder Heerführer, wie es sie z.B. im alten Rom gibt, er verbindet lediglich zwei tiefer liegende Patios.

Man blickt zunächst auf die Rückseite. Der obere Teil ist links und rechts mit geometrischen Motiven verziert. Mit etwas Fantasie kann man darin je ein

Augenpaar mit einer keilförmigen Nase aus Quadersteinen erkennen, und in der Tat ist es die stilisierte Maske des Regengottes. Das horizontale Zickzack-Band darunter stellt eine Schlange dar.

Die andere Seite des Torbogens ist vielfältiger und attraktiver **(s. Foto).** Bis auf die restaurierte Oberkante bzw. den Dachkamm befindet sie sich noch genau in jenem Originalzustand, wie ihn einst Stephens und Catherwood 1844 vorfanden (s. links die **Zeichnung** von **Catherwood**).

Links und rechts des Durchgangs sind unten zwei kleine Altarräume mit Eingängen, darüber liegt ein waagerechtes (Schlangen-)Zickzackband, auf dem wiederum zwei palmwedelgedeckte Maya-Hütten stehen. In den Öffnungen wurden einst Idole (kleine Götterfiguren) aufbewahrt. Das steinerne Flechtwerk und die restliche Ornamentik – an der linken Baukante ist eine Chaak-Maske – unterstreichen die Ästhetik des Bauwerks.

Links neben dem Bogen ist eine Mauer, die wunderbar mit Mosaiken, Wandsäulen, Mäander-Mustern und eingesetzten Ornamentsteinen geschmückt ist. Sie könnte jederzeit als Vorlage für ein modernes Stoff-Design dienen.

Der schöne Arco de Labná

Grutas de Loltún

„Steinblume"

Genug von Steinen und Ruinen? Dann kommt jetzt die passende Abwechslung (sofern es nicht später als 16 Uhr ist): der Einstieg in die Kalktiefen Yucatáns, in die **Grutas de Loltún, die eindrucksvollsten und größten** der vielen Höhlen Nordyucatáns. Sie liegen 8 km südlich von Oxkutzcab bzw. 22 km hinter Labná (hinter Labná an der Straßengabelung links fahren, es geht durch das Dorf *Yaaxhon*). 10 km hinter Labná tauchen Bananen- und Orangenhaine auf, die Landschaft wird üppig-tropisch, ein Zeichen für reichlich vorhandenes Grundwasser. Ein Schild weist auf die ehemalige **Hacienda Tabi** hin, die links ein paar km in den Feldern liegt (früher Anbau von Sisal, Mais und Zuckerrohr, 8–17 Uhr).

Bei der Weiterfahrt kommt dann ebenfalls links das (teure) Restaurant „El Huinic de Loltún" (Schild beachten), wo man eine Pause einlegen kann. Vom hinteren Bereich führt eine Treppe nach unten, direkt in den Ausstieg der Loltún-Höhle (kann man Gäste cleverer in sein Restaurant lotsen?). Vom Parkplatz des Restaurants verläuft ein Fußweg zum offiziellen Eingang der Loltún-Höhle (ca. 600 m), doch man wird wohl mit seinem Wagen hinfahren.

Auf yucateca-Maya heißt *lol* „Blume“ und *tún* „Stein“, also „Steinblume“, der passende Name für diese eindrucksvolle Unterwelt aus Kalkstein- und Felsformationen, Stalaktiten und Stalagmiten. Urzeitliche Höhlenmenschen und Maya ließen sich einst in dem hohen, weitverzweigten Grottensytsem häuslich nieder oder nutzten es als Kultstätte (bei den Maya galten Höhlen als Sitz von Göttern und Ahnen), wie Keramikfunde, Knochenreste, Wandmalereien, Feuerstätten und Felszeichnungen belegen. Außerdem gab es hier nie versiegende Wasserdepots und der feine Höhlenlehm war zum Töpfern bestens geeignet. Während des Kastenkriegs im 19. Jh. (s.S. 196) war die Höhle außerdem geheime Zufluchtsstätte der Aufständischen.

Gleich am Eingang ist links das Felsrelief eines Kriegers zu sehen, der in seinen beiden Händen Waffen hält. Sein Alter wird auf über 2000 Jahre geschätzt. Die *cámaras,* die Gänge, Kammern und Hallen werden effektvoll beleuchtet („espectáculo de luz y color“) und sind nach ihrem Aussehen benannt: „Catedral“, „El Cuarto de las Estalactitas“, „La Galería del Grand Cañón“ usw. An einer Stelle ist die Höhlendecke eingebrochen, effektvoll scheint die Sonne herein, Moose und Wurzeln hängen herab.

Info-Loltún

Die Loltún-Höhlen stehen unter der Regie der INAH (nationales mex. Institut für Archäologie und Geschichte). Höhlenausdehnung ca. 850 x 500 m, ca. 45 m unter der Erde, Gehstrecke ca. 1 km, Höhlentemperatur 25 °C. **Achtung,** wenn möglich Schuhe mit Profilsohlen anziehen, **sehr rutschig!**

Geöffnet tägl. 8–17 Uhr, **Eintritt** 105 Peso. Die Besichtigung ist nur mit einem Führer möglich (auch in Englisch), wobei diese versuchen, zusätzlich ein hohes Trinkgeld abzuverlangen – Betrag vorab klären! Fotografieren mit Blitz ist erlaubt. **Führungen** um 9.30, 11, 12.30, 14, 15 und 16 Uhr, Dauer gut eine Stunde. Parkplatz kostenpflichtig. Restaurant und Toiletten. Einen Informationsprospekt gibt es an der *taquilla.* Die kleine Außenanlage schmückt eine monolithische Phallus-Säule.

Anfahrt mit dem Bus von Mérida (Tagesausflug, Fz ca. 3 h, da der Bus überall hält): vom Terminal Noreste über Ticul nach Oxkutzcab, von dort per Colectivo oder Taxi. Schnellere Alternative: Mit Colectivo vom *Sitio de Combis* südl. vom Zócalo (s. Stadtplan) nach Oxkutzcab und vom dortigen Marktplatz per Taxi oder Colectivo zur Loltún-Höhle; Fz etwa 1,5 h. Retour nach Mérida vice versa. Nächster Ort nach Loltún ist **Oxkutzcab.** Dort beginnt die **Ruta de los Conventos.**

La Ruta de los Conventos

Die „Route der Klöster“

Südöstlich von Mérida liegen an der Yuc 18 viele kleine Orte, aneinandergereiht wie die Perlen einer Kette. Diese Städtchen haben ihre eigene, beschauliche Atmosphäre, dort kann man das dörflich-bäuerliche Yucatán und freundliche Menschen kennenlernen (Frauen tragen weiße, rotbestickte *huipiles*). An **Sonn- und Feiertagen** oder z.B. zur Karnevalszeit ist mehr los, da trifft und vergnügt sich Jung und Alt auf den meist übergroßen Dorfplätzen bei Musik, Tanz und Spiel. Manchmal kommt kommt man gerade recht zu einem Jahrmarkt oder sonntäglichen Stierkampf.

Sehenswert und historisch interessant sind vor allem die **Kirchen** und **Klöster** der Städtchen (nach ihnen bekam die *Ruta de los Conventos* ihren Namen), fast ausnahmslos Gründungen der Franziskaner-Mönche aus dem 16. und 17. Jh. (sie kamen 1523 nach Mexiko). Wie die meisten Bauwerke dieses Ordens sind es architektonisch schlichte, einschiffige Kirchen mit massiven Mauern und kahlen Fassaden, überwölbt von durchgehenden Tonnendächern. Sie wurden meist auf zuvor zerstörten Mayatempeln errichtet und wegen der ständigen Aufstände glichen viele eher Festungen. Charakteristisch ist der dreieckige Glockengiebel *espadaña* mit den in den Durchbrüchen hängenden

Glocken. Das Kircheninnere ist dunkel und karg und ohne schwelgerische Kirchenkunst, also genau das Gegenteil der überladenen Barockkirchen im mexikanischen Hochland. Die größte architektonische Neuerung beim Kirchenbau in der Neuen Welt waren die an die Kirche angefügten offenen „Indio-Kapellen“ *(capillas abiertas),* weil Ungetaufte Kirchen nicht betreten durften.

Hinweis: manche der Kirchen sind über die Mittags-/Nachmittagszeit geschlossen, aber oft kann jemand in der Nähe aufschließen. Kolonialgeschichtlich interessant sind vor allem **Maní** und die alte Maya-Stadt **Mayapán.**

Reiseroute **Oxkutzcab – Ticul – Maní – Teabo – Chumayel – Mama – Tekit – Telchaquillo – Mayapán – Tecoh – Acancéh – Mérida.**

Es verkehren nur wenige Busse zwischen den Orten! Abfahrt von Mérida vom **Terminal Noreste,** Calle 67/Ecke C. 50.

Oxkutzcab

Oxkutzcab heißt auf yucateca-Maya *„Ramón* (= Brotnüsse des Ramón-Baumes), *Tabak und Honig“.* Im Umland des Städtchens wachsen auf Plantagen viele tropische Früchte, wie z.B. Mangos, Avocados, Mamey, Saramuyos, Guaven und Mandarinen, aber vor allem wachsen zahllose Orangenbäume (Ende Oktober/Anfang November findet in Oxkutzcab eine zweiwöchige Orangen-Fiesta statt). In der **Markthalle** im Ortszentrum, die ein bunt-naives Gemälde ziert, das die Orangenernte und Frauen in *huipiles* zeigt, werden die Produkte umgeschlagen. Das Früchteangebot der Straßenhändlerinnen ist ebenfalls verlockend. Zum Transport von Gütern und als „Taxi des kleinen Mannes“ benutzt man *triciclos,* dreirädrige Fahrradkarren – welch' eine gelassene Fortbewegungsart (es gibt sie auch in anderen Orten).

Gegenüber vom Markt steht die Franz von Assisi geweihte **Kirche,** 1581 begonnen und 1699 vollendet. Ihre beiden Türme haben drei große Durchbrüche, oben ist die Figur Assisis zu sehen. Die Offene Kapelle wurde als Altarraum an die heutige Kirche angepasst. Im Inneren gibt es barocke vergoldete Altarbildnisse, die Christus und Heilige darstellen.

Übernachten: *Hotel Puuc,* Calle 55/Ecke C. 44 (300 m vom Zócalo, ausgeschildert), Tel. 01-**997**-9750103, www.oxkutzcab-hotelpuuc.com; sauber, komfortabel und ruhig, DZ ab 420 Ps, mit Restaurant. – **Essen:** *La Cabaña Suiza* bei der Plaza. *Tutul-Xiú,* Calle 45 No. 102 zw. C. 50 u. 52. **Weiterfahrt**: Mit einem Colectivo zu den *Grutas de Loltún.* **Fiesta:** 10.–16.08.

Ticul

(Bem.: Von Oxkutzcab kann auch gleich nach Maní gefahren werden).

Das 70 km südlich von Mérida gelegene Ticul ist eine etwas größere Stadt. Es bietet sich zum Übernachten an, aber auch als Umsteigeort für Uxmal, für die Grutas de Loltún, Mérida, Felipe Carrillo Puerto, Chetumal (Karibikküste) und für Campeche (die meisten Busse jedoch *de paso*). Zum Verkehr gehören zahlreiche *triciclos.*

Historisch ist der Ort weniger bedeutend, sieht man einmal von der Tatsache ab, dass Ticul („Platz der Pyramiden“) vor dem Einfall der Spanier zum Stadtstaat Maní gehörte (s.u.). Einen Blick wert ist die bescheidene *Iglesia de San Antonio* aus dem 17. Jh. mit zwei niedrigen Glockenwänden und das Franziskaner-Kloster an der **Plaza,** die sich an der Calle 26 zw. C. 23 u. 25 befindet. Dort auch Banamex, eMail-Café, Museum, Polizei, Post, Kirche und *Plaza de la Cultura.*

Hauptstraße ist die **Calle 23** (auch C. Principal genannt, samstags wegen Straßenmarkt gesperrt). Sie führt westlich nach Muna/Mérida, von ihr zweigt die C. 34 nach Santa Elena ab. Der **Mercado** ist westlich der Plaza zwischen

Calle 23 u. 21. Neben landwirtschaftlichen Produkten ist Ticul ein Zentrum für Schuhe, Terrakotta- und Keramikwaren, es gibt viele Läden mit großem Angebot. Spezialität sind wirklichkeitsgetreue Nachbildungen alter Maya-Kunstwerke, eine Werkstätte mit Verkauf ist **Arte Maya** in der Calle 23 No. 301. Beim Haus No. 269J in der gleichen Straße ist ein weiteres Geschäft.

Unterkunft: *Hotel Plaza,* am Zócalo (Calle 23/C. 26), Tel. 01-**997**-9720484, www.hotelplazayucatan.com; Zimmer z.T. mit AC, 500 Ps, **TIPP.** – *Hotel Las Bougambillias,* außerhalb, am Ende der Calle 25 nahe der Straße nach Muna. – In der Nähe, westl. Ende Calle 23, liegt das *Motel Cerro Inn* für Autofahrer u. Wohnmobile. **Restaurants:** einige um die Plaza, *Loncherías* in der C. 23.

Busverbindungen: Die Central Camionera befindet sich eine Cuadra entfernt von der Plaza hinter der Kirche an der Calle 24. Ständige Abfahrten nach Mérida und zu vielen weiteren Orten. **Colectivos/Combis** für Umgebungsziele (Loltún-Höhle u.a.) ebenfalls in der Calle 24/Ecke C. 25. Nach Uxmal zunächst nach Muna und dann umsteigen oder schneller über **Sta. Elena,** Abfahrten dorthin von der Calle 30 zw. C. 25 und 25-A.

Fiesta: 5. April. – **Autofahrer:** Die Mex 184 nach Felipe Carrillo Puerto (ca. 200 km) ist ziemlich einsam, es gibt wenig Versorgungsmöglichkeiten.

Maní

Dieser kleine Ort ist der geschichtsträchtigste der Region, wenn nicht der ganzen Yucatán-Halbinsel! Vor der spanischen Eroberung war Maní die große Hauptstadt des Maya-Stadtstaates **Xiú** mit dem Herrscher **Titul-Xiú.** Wegen Kleinkriegen mit anderen, regionalen Maya-Stadtstaaten zeigte Xiú aber schon Auflösungserscheinungen, als der Eroberer *Francisco de Montejo* anrückte. So hatten die Spanier leichtes Spiel. Die Xiú beherrschten zuvor Uxmal und hatten um 1450 Mayapán zerstört (s.u.). 1542 nahm Titul-Xiú als erster Maya-Herrscher die Religion der neuen Herren an und machte damit den Weg für flächendeckende Christianisierungen frei. Zwanzig Jahre später, am **12. Juli 1562,** war die große Plaza von Maní Schauplatz für einen sog. „Glaubensakt" *(auto de fé),* ein schreckliches Ketzergericht, inszeniert durch den damaligen Bischof von Mérida, **Diego de Landa** (s.S. 218).

Die Kirche von Maní – „wo alles passierte ..."

Man schnitt den „Ketzern" die Haare ab, peitschte sie aus und quälte sie zu Tode, oft durch Kreuzigung! Etwa 5000 *ídolos* („Götterbilder"), 13 *altares* und viele religiöse Maya-Kunstgegenstände wurden zerstört. Aber vor allem wurden unschätzbar wertvolle **Maya-Handschriften** verbrannt (27 sollen es gewesen sein). In diesen papiernen **Códices** war das Wissen und das Gedankengut der Maya vieler Jahrhunderte handschriftlich festgehalten worden.

„Wir fanden bei ihnen eine große Zahl von Büchern mit diesen Buchstaben", schrieb Landa, *„und weil sie nichts enthielten, was von Aberglauben und Täuschungen des Teufels frei wäre, verbrannten wir sie alle, was die Indios zutiefst bedauerten und beklagten ..."*

Nur drei Maya-Códices blieben übrig, sie wurden nach ihren späteren Verwahrungsorten benannt: „Dresden" (es ist der wertvollste), „Paris" und „Madrid". Der „Códex Grolier" ist nur noch ein Fragment. So gesehen war der Maya-Name Maní – „Platz, wo alles passierte" – von den Gründern einst geradezu prophetisch gewählt worden. Als Landa später seinen Irrtum erkannte, begann er alles niederzuschreiben, was er von den Maya und von Yucatán wusste. Sein Werk *Relaciónes de las Cosas de Yucatán* wurde eine der wichtigsten Quellen der Mayaforschung (und auch das Buch *Chilam Balam,* s.u. bei „Chumayel").

An die wuchtige **Klosterkirche** auf dem großen Atrium-Platz ist links eine muschelförmige *capilla abierta* angebaut, um zu versammelten Indígena predigen zu können. Bereits 1549 gegründet, ist es das drittälteste Kloster Yucatáns. Tausende Indígena mussten jahrelange Fronarbeit leisten. Über dem Portal ist ein Fenster und darüber sieht man in einer Nische die Figur des Erzengels Michael, dem die Kirche geweiht ist. Im Inneren ist der Hallenbau schmucklos, kostbar sind jedoch die bemalten hölzernen Seitenaltäre. Die Kanzel befindet sich ebenfalls seitlich und von der Vorderwand blicken sechs Heilige herab. Es soll auch ein kleines Museum geben (bitte danach fragen). In Maní finden in der Oster- bzw. in der Karwoche eindrucksvolle religiöse Feiern statt.

Vorhanden ist außerdem noch das Haus von Diego de Landa und ein unterirdischer Cenote an der *Plaza de los Cedros* (etwa 150 m von der Kirche entfernt, die Straße rechts neben der Municipalidad hinuntergehen). Der Cenote ist mit einer Steinmauer umgeben, eine steile Treppe führt in die sehr dunkle Wasserhöhle hinab.

An der Calle 26 No. 208 (rechts an der Straße, die von Oxkutzcab in den Ort führt) ist das Restaurant *El Principe Tutul-Xiú,* mit einem Gedenkspruch an die Tragik des *auto de fé* von Maní.

Teabo

Von Maní nach Teabo sind es über das kleine Dorf Tipikal ca. 11 km. Teabos zackengeschmückte **Kirche** wurde zwischen 1664 und 1696 erbaut und ist *San Pedro y San Pablo* gewidmet. Sie besitzt einen kleinen, farbig bemalten kostbaren Holzaltar. Westlich der Kirche kann man Reste eines alten Maya-Friedhofes besichtigen, darin steht die Statue des einstigen *encomendero* (Lehnsherren). Rechts der Kirche befindet sich zu Ehren des Maya-Kaziken *Andrés Ek* die rotgestrichene *Capilla de los Indios,* der Herrscher spielte bei der Christianisierung der Maya eine wichtige Rolle. Im Garten der Kirche ist eine Quelle, die einst ein Bewässerungssystem von Kanälen mit Wasser versorgte. Sonntagnachmittags finden auf dem Platz neben der Kirche manchmal Stierkämpfe statt, ansonsten ist Teabo außerdem für seine hübsch bestickten *huipiles* bekannt. Fiestas: 3. Mai und 14. Sept.

Chumayel

Von Teabo nach Chumayel sind es nur 4 Kilometer. Dieser Ort wurde berühmt, weil hier ein umfangreiches und wichtiges Teilbuch des **Chilam Balam** gefunden wurde, das u.a. die Erschaffung des mayanischen Universums beschreibt. Chilam Balam – „Bücher des Jaguarpriesters" – ist der Sammelname für über 10 Maya-Handschriften. Die *chilam* (oder *chilanes*, „Wahrsager", „Dolmetscher", „Priester") waren bei den Maya zuständig für Orakel und Weissagungen und zweifellos auch hervorragende Kenner der Geschichte. Diese Enzyklopädie enthält auf über 1000 Seiten Berichte vom Schöpfungsmythos der Maya, Prophezeiungen, Legenden, ihr kosmologisches und astronomisches Wissen sowie Chroniken vergangener Zeiten. Nach ihrer Übersetzung im 16. und 17. Jh. wurde sie für die Maya-Forschung zu einer der wichtigsten Quellen. Die **Kirche** an der Plaza gegenüber dem Palacio Municipal stammt aus dem 16. Jh. und ist der *Purísima Concepción* geweiht. Der Glockengiebel ist sechsfach durchbrochen, vor der Kirche stehen zwei schlanke, hohe Palmen. In dem langen Hallenbau hängen an der Hinterwand 6 goldgefasste Christus- und Heiligenbilder (18. Jh.). Vor dem Altar steht rechts ein hölzerner Torbogen, darunter ein Kreuz mit einem schwarzen Christus. Im Mai findet in Chumayel das große Fest *Santa Cruz* statt.

Mama

Die festungsartige *Iglesia La Asunción* mit ihren seitlichen Stützmauern ist wieder eine Franziskanergründung und die wohl älteste Kirche der Ruta de los Conventos. Die dreieckige *espadaña* ist sechsfach durchbrochen. Das Eingangsportal und der Fensterrahmen darüber sind reich verziert, über dem Fenster ist eine Nische mit der Asunción-Jungfrau. Im Kircheninneren gibt es Säulen und am Ende des Kirchenschiffs Christus- und Heiligenbilder. Sehr schön sind die bemalten hölzernen Seitenaltäre. Im Kirchgarten (links der Kirche) befindet sich unter einem Kuppelbogen namens *media naranja* („Halborange") eine Quelle mit einem hölzernen Wasserschöpfwerk *(noria),* ursprünglich in arabischen Ländern gebräuchlich.

Tekit

Das Dorf Tekit gehörte einst zum Bereich des Maya-Kaziken von Maní, Titul-Xiú. Während des Kastenkrieges (s.S. 196) fand in Tekit 1847 eine blutige Schlacht statt. An der großen Plaza befindet sich der Ex-Convento *San Antonio de Padua,* eine Kirche aus dem 16. Jh., und die *Capilla de San Cristóbal.* Noch bevor man den nächsten Ort Telchaquillo erreicht, geht es links ab zu den Ruinen von Mayapán.

Nicht versäumen:

Mayapán

Geöffnet 8–17 Uhr, Eintritt 35 Peso (fragen Sie nach einem INAH-*miniguía*), Toiletten. – Mayapán („Banner der Maya") war vermutlich eine Frühgründung der *Itzáes.* In der einst von einer 8 km langen Verteidigungsmauer umschlossenen Stadt lebten auf einer Fläche von etwa vier Quadratkilometern 10–15.000 Menschen, wie man aus Tausenden von Hausfundamenten hochrechnete. Die Wasserversorgung sicherten Dutzende Cenotes. An der von Mayapán gegründeten politischen Allianz „Liga von Mayapán" war neben Uxmal auch das benachbarte mächtige Chichén Itzá beteiligt, das kurz nach 1200 von den Herrschern von Mayapán okkupiert wurde. Dadurch wurde das vielfach in mayanischer und spanischer Literatur erwähnte Mayapán **zur dominierenden Stadt Yucatáns** mit wesentlich mehr Relevanz als bis dato angenommen, wie die noch längst nicht abgeschlossenen Ausgrabungen nachweisen.

■ *Mayapán, die Gran Plaza mit Bauwerken. Der yucatekische Horizont ist topfeben*

Mayapán hatte Handelsbeziehungen zu weit entfernten Städten, sogar bis Honduras, ehe es schließlich im 15. Jh. von den Xiú-Maya aus Uxmal erobert und 1451 zerstört wurde. Die Xiú machten anschließend Maní (s.o.) zu ihrer Metropole. Mittelpunkt ist die **Gran Plaza** mit Castillo- oder **Kukulkán-Pyramide** und mit dem Caracol-Observatorio bzw. **Templo redondo,** beides kleinere Replikate der berühmten Originale in Chichén Itzá – vielleicht wollten Mayapáns Herrscher damit an die Größe und Bedeutung Chichén Itzás anknüpfen. Auch die quadratischen Plattformen sind kleinere Nachbildungen der Venus- und Tzompantli-Plattform von Chichén Itzá. Allerdings ist die Qualität der Bautechnik und -ausführung bei weitem nicht so perfekt wie dort.

Die **Kukulkán-Pyramide** am Südrand des Zeremonialzentrums besitzt neun Plattformen und bietet nach ihrer Erklimmung eine herrliche Sicht auf das flache Umland und auf die religiösen und administrativen Bauwerke, Schreine, Altäre und Strukturen auf der Gran Plaza. Am Spätnachmittag zeigt sich an der Aufgangstreppenwange der gleiche Licht-/Schatteneffekt einer sich „herabwindenden Schlange" wie in Chichén Itzá bei den Tagundnachtgleichen. An der Basis der Pyramidenrückseite befindet sich unter einem Palapaschutzdach ein Stuck-Relief mit Motiven enthaupteter Krieger.

Der **Templo redondo** besitzt keine Peilöffnungen wie das Observatorium Caracol in Chichén Itzá. Nicht weit südlich von ihm befinden sich sehr schön reliefierte Steine und südwestlich eine großartige Chaak-Maske. Die Säulenkolonnaden und Gebäudemauern trugen einst Dächer und dienten vermutlich als Versammlungsräume, darunter der *Sala de los Reyes* westlich der Pyramide oder der *Sala de las Tortugas* mit dem *Templo de la Máscara* gegenüber der Kukulkán-Pyramide.

Alles in allem eine sehr harmonische Anlage ohne Touristenschwärme wie anderswo.

Telchaquillo

Die Bedeutung des kleinen Ortes rührt vom nahen Mayapán her. Die kleine Kirche am *Parque Principal* ist bescheiden und schmucklos. Unter dem Platz liegt ein früher für die Maya wichtiger Cenote, in den man runtersteigen kann. Es gibt auch einen lohnenden Cenote außerhalb: Jungs, die am Ortseingang warten, dirigieren als Mitfahrer einen hin. Die üble Straße zieht sich etwas.

Tecoh

ist die nächste Stadt („Platz des Pumas"). Sie liegt in einem ausgedehnten Agaven-Anbaugebiet mit zahlreichen Cenotes. Die *Iglesia y Ex-Convento La Asunción* aus dem 17. Jh. am Zócalo mit ihren beiden dreistufigen Türmen wurde auf den Resten einer ehemaligen Maya-Pyramide erbaut. Die Tafeln hinter dem Altar im Chorraum und die Gemälde sind einen Blick wert. Im Pfarrgarten gibt es eine Quelle. Hungrig? Dann ab in die Markthalle! Fiestas: 2. Februrar und 1.–5. Mai.

Acancéh

Archäologische Zone geöffnet 8–17 Uhr, Eintritt 31 Ps.

Acancéh heißt „Röhrender Hirsch", einem solchen wurde im Zentrum in der Mitte der großen *Plaza de las Tres Culturas* Plaza ein Denkmal gesetzt (Calles 20/21). Drei Kulturen sind hier präsent: prähispanische Pyramide, koloniale und moderne Kirche – also Symbole der Geschichte Mexikos. Erster Blickfang am Platz ist die zweitürmige *Iglesia de Nuestra Señora de la Navidad,* eine Franziskanergründung aus dem 16. Jh. Die nüchterne Frontfassade schmückt eine Uhr. Nicht weit von ihr steht die *Capilla de Guadalupe.* Als Kulturkontrast erhebt sich an der Plaza die vierfach gestufte und etwa 15 m hohe *Pirámide de los Estucos.* Ihre Ecken (unter einem Schutzdach) sind geschmückt von fünf überdimensional großen Stuckmasken, menschliche Köpfe mit Ohrenschmuck, Kopfputz und symbolischen Zierattributen. Ein Wärter kassiert den geringen Eintritt und begleitet den Besucher die Pyramide hoch. Beim Rundgang blickt man auf eine benachbarte Stufenpyramide.

Nun sind es nur noch 30 km bis Mérida. Ins Stadtzentrum den grünen „Centro"-Schildern folgen.

Abstecher-Tipp

Cenotes de Cuzamá

Etwa 15 km östlich von Acancéh liegt das Dorf **Cuzamá** und nach weiteren 3 Kilometern erreicht man das noch kleinere *Chunkanán* (Karte s.S. 274). Südlich davon gibt es eine *Zona de Cenotes.* Colectivos nach Cuzamá starten in Mérida am *Parque de San Juan,* Calle 67/Ecke C. 62 (Plan B5). Es fahren auch Busse. Nicht zu spät losfahren, spätestens mittags.

Wenn man mit einem Colectivo oder Bus in Cuzamá ankommt, wird man von einem der schon wartenden Trici-Taxis für wenig Entgelt zur Ex-Sisal-Hacienda *Chunkanán* kutschiert. Von dort ging es **früher,** vor einem Landbesitz-Rechte-Streit, mit einer uralten, umgebauten und pferdegezogenen Agaven-Lore auf holprigen Gleisen insgesamt 7 km durch überwucherte Sisalfelder. Nun hat die „Cuzamá-Fraktion" (ca. 1 km vor dem Dorf Chunkanán), auf der Gebiet der Ex-Sisal-Hacienda einen Zaun errichtet, so dass die Pferdewagen aus Chunkanán zwei der großen Cenoten nicht mehr anfahren können. Sie fahren außer zu dem einen Cenote der ihnen geblieben ist noch zwei kleine an (eher *grutas* mit Wasser), sind aber dafür günstiger. Um zu ihnen zu gelangen, muss man an den anderen vorbei bis richtig ins Dorf rein fahren. Die „Vorderen" haben zwei schöne und einen kleinen Cenote zu bieten und sind dafür auch etwas teurer.

Der (früher erste) Cenote, *Chelentún,* ist semi-subterran, auf einer steilen Treppe geht es hinab zum stahlblauen, klaren Wasser. In den Cenote *Bolonchojol* steigt man recht abenteuerlich auf einer senkrecht gestellten Leiter durch ein enges Bodenloch in die Dunkelheit ab, der dritte und größte Cenote, *Chac Sinik Ché,* ist wieder besser zugänglich und wunderbar zum Schwimmen.

Foto: Auf klarstes Wasser gebettet …

Yuc+Camp

Von Mérida nach Norden und Westen: 2. Dzibilchaltún, Progreso, Celestún

Dzibilchaltún

Lage

Die archäologische Stätte Dzibilchaltún liegt 21 km nordöstlich von Mérida bzw. ca. 7 km östl. der Straße Mex 261 nach Progreso. Dzibilchaltún („Platz mit Inschriften auf flachen Steinen") ist ein sehr altes, vielleicht sogar das älteste Mayazentrum in Nord-Yucatán. Auf einer ausgedehnten Fläche von rund 16 qkm liegen verstreut etwa 8400 *estructuras,* die meisten noch unausgegraben. Großartige **Paläste, Tempel oder Pyramiden** bietet Dzibilchaltún **nicht,** trotzdem wird es von sehr vielen US-Kreuzfahrtschiff-Touristen besucht, deren Schiffe in Progreso anlegen. Vielleicht ist dies der Grund des teuren Eintrittspreises von derzeit **118 Peso.** Wegen vieler seltener Tier- und Pflanzenarten wurde das Umland Dzibilchaltúns als *Parque Eco Arqueológico* (540 ha) ausgewiesen.

Anfahrt: Von Mérida mit einem Progreso-Bus, der einen direkt am Eingang absetzt, oder mit einem Colectivo vom Parque San Juan (s. Mérida-Stadtplan B4). Bei der Ankunft die Rück- bzw. Weiterfahrtszeiten erfragen. **Selbstfahrer:** Aus dem Zentrum Méridas auf der Calle 60 nach Norden (Avenida Tecnológico) und dann auf die Autobahn Mex 261 in Richtung Progreso. Dzibilchaltún ist gut ausgeschildert.

Öffnungszeiten: tägl. von 8–17 Uhr. Wer Badekleidung mitnimmt, kann sich im schönen offenen Cenote ein (kühles) Bad gönnen.

Vor dem Eingang Parkplatz (Gebühr), im *Parador Turístico* Restaurant, Artesanías-Verkauf, Toiletten. Ein INAH-*miniguía* mit Erklärungen der Bauten Dzibilchaltúns ist erhältlich, es gibt in der Anlage aber Erläuterungstafeln.

Museum: Im modern konzipierten und informativen **Museo del Pueblo Maya** (derzeit geschlossen, montags Ruhetag) sind neben Kleinfunden, Keramiken, Maya-Gebrauchsgegenständen, Stelen und Skulpturen auch die 7 handgroßen Tonpüppchen vom Tempel der „Sieben Puppen" ausgestellt. Dokumentiert ist außerdem die spanische Eroberung der yucatekischen Halbinsel (Piratenüberfälle) u.a. mehr.

Historisches

Dzibilchaltún war seit etwa 900 v.Chr. bis zur Ankunft der Spanier um 1500 kontinuierlich bewohnt. Blütezeit war um 830, damals hatte die Stadt etwa 30–40.000 Bewohner. Aus dieser Zeit stammt die Mehrzahl der erhaltenen Inschriften mit Angaben über die Herrscher. Zwölf *sakbeob* verbanden das Zentrum um den **Cenote Xlacah** („alte Stadt") mit den umliegenden Teilstädten und führten auch zu ferneren Mayazentren. Nach 1200 ging die Bautätigkeit zurück. Die spanischen Eroberer nutzten Dzibilchaltún als Steinbruch für die Häuser und Kirchen von Mérida.

Besichtigung

Auf einem Pfad gelangt man zum 20 m breiten Hauptweg *sakbe 1* und wendet sich dort nach links bzw. Osten (nach rechts geht es zum Cenote). In der Ferne sieht man schon den **Templo de las Siete Muñecas.** Nach etwa 600 Metern, an einer Stele vorbei, steht man vor ihm. Der auf einer Plattform erbaute kleine „Tempel der Sieben Puppen" ist das bekannteste Bauwerk Dzibilchaltúns und Fundort der sieben Tonfigürchen (wie sie aussehen, zeigt die Erläuterungstafel). Er stammt aus dem 5. Jahrhundert, besitzt vier Eingänge und maya-unübliche Fensteröffnungen. Ein kleiner, turmartiger Aufbau krönt das Flachdach, der Fries ist mit Chaak-Masken dekoriert. Um das Jahr 800 wurde er vollständig mit Geröll gefüllt und mit einer neuen Struktur ummantelt. Seine Ausgrabung und „Auferstehung" erfolgte 1959. Wie die Kukulkán-Pyramide von

■ *Dzbilchaltún, Templo de las Siete Muñecas*

Chichén Itzá wurde er bzw. die Fluchten seiner Eingänge und Fenster exakt auf den Ost-West-Einfall der Sonnenstrahlen der Tagundnachtgleichen *(equinoccio)* am 20./21. März und am 21./22. September ausgerichtet – an diesen Tagen strömen die Besucher nur so.

Auf dem Rückweg zur *Plaza Central* läuft man auf die von Franziskanern um 1590 erbaute *capilla abierta* zu, eine offene Kapelle in Muschelform zum Predigen vor einer großen Schar Indígena (Ungetaufte durften keine Kirchen betreten). Rechts die Pyramide *Estructura 36* und linker Hand die Aufgangsstufen zum 130 Meter langen *Palacio* – eines der längsten Gebäude der Mayawelt überhaupt, vermutlich ein Residenz-Komplex *(Estructura 44)*.

Weiter vorn liegt der wirklich schöne **Cenote Xlacah** mit glasklarem, türkisen Wasser und von Seerosen bedeckt. Er war einst die Hauptwasserquelle Dzibilchaltúns und diente wohl auch als Opferbrunnen, denn man barg aus ihm zahllose Gegenstände (Tiefe ca. 40 m). Meist hoher Badeandrang. – Südlich und nördlich liegen noch zahlreiche weitere unausgegrabene Bauten, Tempel und Plätze.

Yuc+Camp

Progreso

Ew. 50.000

✆ 01-969

Progreso liegt 35 km nördlich von Mérida langgestreckt am Meer und ist zügig per Autobahn zu erreichen. Es ist eine Hafen-, Industrie- und auch die Badestadt der *merideños,* die an Wochenenden und vor allem im schwülheißen Juli und August in großer Zahl hierherkommen. Progreso wurde 1856 gegründet und lief bald danach dem damals wichtigen und weiter östlich gelegenen Henequén-Exporthafen **Sisal** den Rang ab.

Wegen des seichten Meeres bzw. wegen der weit ins Meer hinauslaufenden yucatekischen Festlandplatte musste ein sehr langer Pier *(muelle)* für die anlegenden Schiffe gebaut werden (1936–47). Später verlängerte man ihn auf über 6 km bis zur künstlichen Insel *Terminal Remota,* an der heute Hochsee- und Kreuzfahrtschiffe anlegen. Der Pier zählt zu den längsten der Welt und mit seinen Rundbögen ist er Progresos Wahrzeichen (Zutritt für Fußgänger verboten).

■ *Progreso mit seinem langem Pier und dem Denkmal des Stadtgründers*

Die im üblichen Schachbrettmuster angelegte Stadt bietet ansonsten kaum Sehenswertes. Die Calle 80 führt von Süden, vorbei am *Faro*, direkt zum Pier mit dem Denkmal des Stadtgründers Juán Miguel Castro. Entlang des Malecóns (Calle 19, Fußgängerzone) reihen sich unter Palmen viele Strand- und Palaparestaurants, die Frisches und Gegrilltes aus dem Meer bieten (dazu ein Tipp: *Flamingo's,* Malecón/Ecke Calle 70, neben dem Hotel Real del Mar).

Der sehr lange Stadtstrand ist in

den Wintermonaten **Dezember bis März weniger einladend,** wenn der Dauerwind *norte* das Wasser grau aufwühlt und sehr viel Seegras anspült! Das gilt dann **für die gesamte Nordküste Yucatáns** und macht diese Monate zur **Nebensaison ohne Badefreuden!**

Adressen & Service Progreso

Anfahrt: Ab Mérida vom Terminal Progreso (Mérida-Stadtplan B4) oder mit einem Colectivo vom Parque San Juan südlich davon. Ständige Abfahrten. Der Busterminal in Progreso ist an der Ecke Calles 29/82 zwischen Zócalo und Pier. Ständige Abfahrten nach Mérida. Colectivos fahren in die östlichen Vorort-Dörfer Progresos, s.u. „Östliche Küste".

Unterkunft: In der Calle 21 – einen Block vom Strand – und entlang des Malecóns gibt es etliche Hotels, wie z.B. das erwähnte Strandhotel **Real del Mar,** Malecón/Ecke C. 70, Tel. 9350798, DZ 250–500 Ps. – Gleich daneben: **Tropical Suites,** ähnliche Preisklasse, Tel. 9351263. – Gut für Selbstfahrer, eine Straße vom Beach entfernt: **Casa Isidora,** Calle 21 No. 116 zw. C. 58 u. 69, Tel. 9354595, www.casaisidora.com. Modern, sauber, Pool, alle Services, kanadisch, Preise mittel. – **Budget-TIPP: Hostal Progreso „El Boarding House"**, Calle 21/Ecke C. 54, Tel. 1030294, hostalprogreso@gmail.com. Schöne Zimmer mit Bad bei Moisés, 260 Ps inkl. super Frühstück.

Westliche Küste

4 km westlich von Progreso, in **Yucalpetén** am Lago Fraga, befinden sich der Handelshafen, eine Marinebasis und Marinas für Yachten. Hinter **Yucalpetén** (Badestrand, Hotel-/Beach Club Sian Ka'an), etwa 8 km westlich von Progreso, liegt das kleine Fischerdorf **Chelem** mit etlichen Hotels und vielen Restaurants. Anfahrt am besten mit einem Colectivo vom Supermercado „San Francisco de Assísi", Calle 80 zw. C. 29 u. 31 (beim Zócalo). Um nach **Sisal** zu gelangen, dem historisch interessanten und ältesten Hafen Yucatáns, muss man vom nächsten Ort Chuburná zunächst nach Süden fahren und in einem großen Umweg dann wieder nach Norden zurück. An der Küste entlang geht es derzeit nur mit Allradantrieb, die Straße wurde von einem Hurrikan weggerissen, vielleicht ist sie nun wieder instandgesetzt. Sehenswert sind im staubigen, vergessenen Sisal nur noch die Wälle gegen einstige Piratenüberfälle.

Östliche Küste

Touristisch steckt der Küstenstreifen östlich von Progreso noch in den Kinderschuhen (genügend Bargeld mitführen). Ausfahrtsstraße aus Progreso zur Küstenstraße ist die Calle 27. Die Yuc 27 endet nach 85 km in Dzilam de Bravo. Bis dorthin hat man kleinere Fischerorte und landseitig ausgedehnte, halb verlandete Lagunenlandschaften passiert. Zur richtigen Jahreszeit kann man in den Feuchtgebieten zahllose Flamingokolonien sehen und das ganze Jahr hindurch Wasservögel aller Art.

Hinter Progreso versperren zunächst über viele Kilometer private Strandhäuser und Grundstücke den Zugang zum Meer. 5 km hinter **Chicxulub Puerto** wird **Uaymitún** erreicht, dort steht neben der Straße ein hölzerner Aussichtsturm für Vogelfreunde. Fast immer kann man hier Flamingos, Kormorane oder Löffler erspähen.

Es folgt San Benito Beach mit Zufahrten zu Strandhotels, am Km 25 ist das *Technotel* eine gute Option (DZ ca. 1200 Ps). 7,5 km danach kommt rechts der Abzweig zur Mayastätte **Xcambó** (ca. 3 km, Foto s.S. 124). Man quert dabei die *Laguna Rosada* mit artenreicher Vogelwelt und weißversalzten Baumskeletten im Sumpf. Die restaurierte Stätte mit kleinen Pyramiden und Bauten aus grobem Gestein um eine Hofanlage ist sehenswert, ebenso die seitlich angebaute kleine katholische Mini-Kapelle. Vielleicht gewannen die frühen Maya hier einst Salz für den Transport nach Dzibilchaltún. Der Wärter nimmt gern ein Trinkgeld.

Fast wäre die Welt untergegangen ...

Das Dorf Chicxulub ist Namensgeber eines gewaltig großen Einschlagkraters, der entstand, als vor etwa 65 Millionen Jahren ein etwa 10–15 Kilometer großer Asteroid in Nordyucatán einschlug und seine Folgephänomene, wie See- und Erdbeben, Flutwellen, Vulkanausbrüche und lange Sonnenverdunkelung fast das ganze damalige Leben auf der Erde auslöschten, darunter wohl auch die Dinosaurier. Das nahezu kreisförmige Einschlagbecken mit einem Durchmesser von rund 200 Kilometern liegt tief unter mächtigen Sedimentschichten begraben, konnte aber durch spezielle Messverfahren und Satellitenfotos nachgewiesen werden. Es ist der drittgrößte Einschlagkrater der Welt. An der Erdoberfläche Nordyucatáns ist davon nichts mehr zu bemerken, außer dass sich südlich von Mérida, an einem seiner konzentrischen Ringe, wie auf einer Schnur aufgezogen, viele Cenotes aneinanderreihen.

Der Filmregisseur Roland Emmerich visualisierte das Inferno in seinem Katastrophenfilm „2012", aber auch auf Youtube.com kann man den Super-Impakt nacherleben. Der 21.12. 2012 war nach dem Langzeitkalender der Maya letzter Tag des 13. Baktun. Diese Zeitspanne dauerte 5128 Jahre und für nicht wenige Weltuntergangsgläubige bedeutete sie zuvor auch das Ende der menschlichen Zivilisation (s. Mayakalender S. 119).

Zurück auf der Küstenstraße Yuc 27 und weiterfahrend kommt links das teure All-inclusive-Hotel *Reef Yucatán.* **Telchac Puerto** ist etwa „größer". Am Zócalo gibt es ein paar Futterstellen. Unterkunft: *Libros y Sueños,* Calle 23 No. 200, strandnah, Tel. 991-9174125, kanadisch, DZ ca. 400 Ps. Weiterfahrend kann direkt am Strand übernachtet werden: *Hotel Ukamulbe,* 14 DZ mit Kochnische, ca. 600 Ps, sehr, sehr einfach. Nebenan befindet sich das kleine Restaurant *Bellmar.*

Etwa 9 km weiter wird das Fischerdorf **San Crisanto** erreicht, wo Fischer eine lohnenswerte Bootstour durch Mangroven und zu einem offenen Cenote mit Schwimmgelegenheit anbieten – **TIPP.** Dazu von der Hauptstraße an der Kreuzung an einer Tienda rechts abbiegen zum Büro vom *Ejido de San Crisanto,* Calles 30/29, www.sancristanto.org, Tel. 01-999-9104310. Tourdauer ca. 2 h, preiswert und ein Erlebnis! Die Cooperativa vermietet auch einfache Strandbungalows.

Nächste Orte sind *Chabhihau* und Santa Clara. Hinter Santa Clara führt die schmale Straße an beiden Seiten durch Lagunengewässer – Flamingos, Störche, Pelikane, Löffler und andere Arten haben hier ein Habitat gefunden.

Dzilam de Bravo liegt am Ende der Küstenstraße und ist ein etwas größerer Ort. Am Malecón landen die Fischer morgens ihre Fänge an, umschwärmt von Pelikanen und Möwen auf Futtersuche. Das östlich liegende Lagunen- und Mangrovenschutzgebiet *Parque San Felipe* bietet schöne Naturerlebnisse (Pelikane, Flamingos, Löffler etc., auch evtl. Krokodile), zweieinhalbstündige und auch längere Bootstouren dorthin veranstaltet die örtliche *Cooperativa Dzayachuleb,* zu finden östlich des Ortes bei der Capitania, Tel. 01-991-9122520, sayachulebcoop@hotmail.com. Die Mex 281 führt von Dzilam de Bravo südlich ins Inland.

Von Mérida nach Westen: Celestún

Ew. 5000

✆ 01-988

Das schläfrig-kleine und öde Fischerstädtchen liegt 95 km westlich von Mérida am Ende der Mex 281 direkt am Meer auf einer langgestreckten Landzunge. Ein beliebter Ausflugsort für *merideños,* besonders an den Wochenenden, und auch für Traveller, die eine preiswerte Alternative zu den teuren Karibik-Stränden suchen. (Selbstfahrer: Trotz der nur 95 km vom Zentrum Méridas über die Av. Aviación/Mex 180 nach Umán und von dort über Kinchil – Mex 281 – liegt die Fahrzeit bei knapp 2 Stunden.)

Der eigentliche Reiz Celestúns besteht in den Bootstouren zu Tausenden von rosaroten Flamingos. Die meisten sieht man im **März/April** und **Juni/Juli,** beträchtlich kleiner sind die Populationen August bis Oktober. (Selbstfahrer: auch auf der Strecke von Progreso nach Dzilam de Bravo kann man Flamingos und andere Seevögel sehen, s.o. „Östliche Küste").

■ *Rosarote Flamingos auf blauem Meer*

Noch vor Ortsbeginn überquert man auf einer langen Brücke die *Laguna Ría Esperanza* bzw. *Ría Celestún,* die tief nördlich ins Land hineinragt. Hinter der Brücke befindet sich links der **Parador Turístico Celestún** mit der Bootsanlegestelle (Busse stoppen, doch nicht automatisch). Dort erhält man Auskünfte, kann Bootstouren buchen und zahlt auch den Eintritt von 30 Peso für die *Reserva Especial de la Biósfera Ría Celestún.* Tägl. 8–17 Uhr. Man kann aber auch direkt nach Celestún fahren, bis zum Zócalo sind's noch 1,7 km (Einfahrt auf der Calle 11). Von dort sind es über die staubigen Straßen noch 100 m bis zum Strand.

Der Strand ist breit und muschelübersät. In manchen Monaten spült es vermehrt Algen und Pflanzen an, dann ist das Meer grün und trüb und reizt nicht zum Baden. In einem der rustikalen Fischrestaurants die Füße in den Sand stecken und kühles Bier trinken kann man aber immer. Die schläfrige Szenerie wird nur belebt von wenigen, einfachen Hotels und zwei alten Türmen – einer ist der ehemalige Leuchtturm – oder wenn die Fischer ihre Fänge anlanden. In der Gegend wird außerdem Salz gewonnen.

Bootstouren zu den Flamingos

Die meisten machen ihren Flamingo-Bootstrip von der Brücke aus, was in der Regel die bessere Entscheidung ist. Wer am **Zócalo** aussteigt, auf den stürzen sich meist gleich die Schlepper, und auch am Strand werden einem Touren angetragen. Erkundigen kann man sich z.B. im Treffpunkt **Restaurante Celestún** in der Calle 11/Ecke C. 12. Die Preise setzen sich aus der Bootsfahrt plus

Eintritt ins Naturreservat zusammen. Um den Bootspreis zu mindern, sollte man versuchen – vorab, sonst kann das Warten frustrierend sein – 5 bis 6 Leute zusammenzubringen. Bei den „stadtgebuchten" Touren mit Abfahrt vom Strand dauert die Anfahrt zu den Flamingos wesentlich länger, weil die *lancheros* erst einmal auf dem Meer nach Süden fahren müssen und dann nördlich wieder in die *Ría Celestún* hinauf (insgesamt ca. 2,5 h). Wer nicht ganz seefest ist und keine Wirbelsäule aus Gummi hat, sollte die Tour von der Brücke aus wählen, denn bei etwas Seegang auf dem offenen Meer schlagen die Boote hart auf (Sitzplatz ganz vorn im Boot vermeiden).

Bei den Booten an der Brücke sollte man direkt bei den Kapitänen buchen und natürlich nicht mehr – oder weniger – als den angeschlagenen Festpreis bezahlen, der sich aus Boot-, Personen- und Eintrittpreis in das Biosphären-Reservat summiert. Die **einstündige Bootstour** bei 6 möglichen Passagieren kostet derzeit 200 Peso pro Nase, eine zweieinhalbstündige Tour 300 Peso. Die einstündige ist ausreichend, da bei der längeren Tour sich die Verweildauer bei den Flamingos und am Süßwasserteich *Ojo de Agua* nicht verlängert, man nur länger unterwegs ist, weil zusätzlich der südliche *Bosque Petrificado* und das aufgegebene Fischerdorf *Real de Salinas* angefahren werden. In der Nebensaison, wenn man lange auf Mitfahrer warten muss, sollte man handeln oder man versucht es im Ort, s.o.

Tipps: Wer in dem erwähnten Süßwasserteich schwimmen will, kann Badekleidung anziehen; umziehen ist möglich in den Toiletten bei der Kasse. Im August gibt es am Süßwasserteich viele Moskitos, deshalb vorher Schutzmittel auftragen. Für formatfüllende Flamingoaufnahmen wird ein Objektiv mit viel Zoom benötigt, ein Fernglas ist nützlich.

Tourverlauf (1 Stunde)

Der Bootsmann fährt die Lagune nach Norden hoch, in Richtung *Isla de los Pájaros* (am Embarcadero gibt es eine Lagetafel des Gebiets). Bald tauchen die ersten Flamingos auf, dann sieht man sie in Schwärmen. Bei Flut eher, weil sich die Tiere dann an den verbliebenen seichten Stellen sammeln. Wenn das Boot nahe genug dran ist, wird der Außenborder ausgemacht, und statt des Motorknatterns hört man nur noch Vogelgeschrei. Jetzt kann man das tolle Schauspiel der stelzenden rosaroten Flamingos genießen und fotografieren (bitte nicht aufscheuchen!). Wird die Fluchtdistanz – etwa 80 m – unterschritten, weichen die Flamingos zurück und kreisen das Boot in weitem Bogen ein oder sie rennen mit raumgreifenden Schritten los und starten elegant in die Lüfte. Anschließend fährt der Bootsmann durch einen dichten Mangrovenkanal zum *Ojo de Agua Valdiosera.* Dies ist ein glasklarer Süßwasser-Quellteich, in dem man schön, aber nur auf kurzer Distanz, schwimmen kann.

Flamencos Rosas

Celestún liegt innerhalb der etwa 600 qkm ha großen **Reserva Especial de la Biósfera Ría Celestún** (eine *ría* ist eine schmale und lange, tief in das Land eindringende Meeresbucht). Diese ausgedehnte sumpfige Lagunen- und Mangrovenlandschaft ist Brut-, Lebens- und Überwinterungsgebiet für unzählige Wassertiere und Vögel wie Reiher *(garzas),* Kormorane, Pelikane, Fregattvögel u.a. Zu Tausenden siedeln vor allem *flamencos rosas (Phoenicopterus ruber)*, die ein spezielles Habitat benötigen, nämlich niedriges tropisches Salzwasser, das vor direkter Flut und Ebbe geschützt ist (ähnliche Lebensbedingungen finden die Flamingos im 250 km östlich gelegenen *Parque Ría Lagartos*). Ursache für die lachsrote Gefiederfärbung sind Farbstoffe, Karotinoide, die in kleinen Krebsen und Kieselalgen enthalten sind und die die Langbeiner hier in großen Mengen finden. Mit einem Sieb am Schnabelrand werden sie aus dem Bodengrund geseiht. Ohne diese Nahrung wird das Gefieder wieder weiß.

Unterkunft Fast alle Hotels im Ort, etwa ein halbes Dutzend, liegen an der Calle 12, die parallel zum Strand verläuft. An Wochenenden kann es voll werden. Hochsaison ist Juli und August, in der Nebensaison fallen die Preise. Oben befindliche Zimmer fangen kühlende Meeresbrisen ein. Hotelseite: www.celestun.com.

Hotel María del Carmen, Calle 12 bei C. 15, Tel. 01-988-9162170. Lage direkt am Meer, 14 meerseitige, einfache und saubere Zimmer mit Vent. oder AC (obere haben Balkon und Meerblick). DZ ab 450 Peso; bei mehreren Tagen handeln. – **Hotel Gutiérrez,** Calle 12 (bei C. 13), Tel. 9162170. Am Strand, einfach, große Zimmer, nur wenige mit Meerblick, DZ ca. 300 Ps.

Hostels: Ría Celestún Hostel, Calle 12 No. 104A/Ecke C. 13 (eine Cuadra vom Zócalo, 30 m zum Strand), Tel. 9162597; Dorm-Betten und DZ, Internet, Gästeküche, aktuelle lokale Informationen u.a. mehr. Ü 100 Ps, DZ ca. 300 Ps. – **Casa Cirilo Hostel,** Calle 12, No. 76, direkt am Strand, nur 2 Zimmer. – **Hotel Sofia,** Calle 12, einfache Einzel- und DZ, Letztere ca. 400 Ps.

Am nördlichen Ortsausgang der Calle 12 liegt das **Ecohotel Flamingo Playa,** lt. einer Zuschrift aber „unerfreulich". Gleich nebenan die Anlage **Hotel los Manglares,** Tel. 9162555, www.hotelmanglares.com.mx. 20 Zimmer in zwei Gebäuden auf drei Etagen und 4 vollausgestattete Cabañas. DZ ca. 1000 Ps. Sehr gut kommt man dort nördlicher auch im schönen **Hotel Celeste Vida** unter (kanadisch, Tel. 9162536, www.hotelcelestevida.com. DZ ab 1100 Ps).

Wohnmobile: Übernachtung am Bootsanleger für die Flamgingo-Touren.

Bank / Geld Geldautomat am Zócalo bei der Polizei.

Essen und Trinken Viele Restaurants bieten Fangfrisches aus dem Meer (gut sind *cangrejos,* Krebse; Fisch lieber ohne dicke, fette Panierpampe bestellen). Fischrestaurants gibt es entlang der Strandstraße Calle 12, z.B. **Tipe La Boya, Restaurante Celestún** und das gehobenere **La Palapa** (alle drei zw. C. 11 u. C. 13). Leckeres und Gegrilltes aus dem Meer auch bei **Chivirico,** Calle 12/Ecke C. 11. Schräg gegenüber das beliebte **La Playita,** neben ihm **Los Pampanos.** Die Strandrestaurants schließen abends früh. Oft werden überhöhte „Servicio"-Zuschläge verlangt. Frisches Obst gibt es im kleinen Markt.

Anfahrt von Mérida nach Celestún In Mérida (s. dort) vom **Terminal Noreste,** Calle 67/Ecke C. 50 (wer in Mérida auf dem CAME ankommt und gleich nach Celestún will, muss ein Taxi zum Terminal Noreste nehmen). Um 6 und 8 Uhr und dann stündlich, Fz je nach Bustyp 1,5 bis gut 2 Stunden. Rückfahrten von Celestún nach Mérida ab dem Zócalo i.d.R. zur vollen Stunde stündlich, letzter Bus um 20 Uhr.

Selbstfahrer, Weiterfahrt nach Campeche: die diagonale Abkürzung nach Halacho an der Mex 180 ist zwar sehr streckenmäßig sehr schlecht, doch noch richtig yucatekisch-dörflich. Man kann in Chunchucmil auch über Santo Domingo nach Maxcanú fahren, vorbei an der *Hacienda Santa Rosa* (s.u.).

Mangroven

Mangroven *(manglares)* sieht man immer wieder an den tropischen und subtropischen Küsten Mexikos, an Flussmündungen und Brackwasserküsten. Es sind anspruchslose, salztolerante und immergrüne Pflanzen in Busch- oder niedriger Baumform, die oft ganze Wälder bilden. Ihre Wurzeln befinden sich bei Flut unter der Wasseroberfläche, bei Ebbe stehen sie stelzig im Schlick. An ihren Blättern befinden sich Salzdrüsen, die überschüssig aufgenommenes Salz wieder ausscheiden können. Es gibt viele Arten: schwarze, rote und weiße, Knopfmangroven tragen zur Verlandung von Küsten bei. Die Braunfärbung des Wassers rührt von einem Farbstoff her, den die Wurzeln absondern.

Mérida – Campeche

Um von **Mérida** nach Campeche zu gelangen, gibt es zwei relevante Strecken: entweder die kürzere Route (*Vía Corta,* Mex 180, 190 km) oder die längere *Vía Larga* (Mex 261), auf der es über **Uxmal** und Hopelchén geht. Selbstfahrer auf der Mex 180 können folgende Abstecher oder Stopps machen:

1. Tipp: Im Dorf **Chocholá,** ca. 13 km südlich von Umán, gibt es den **Cenote San Ignacio** (im Ort auf der Hauptstraße bis zum Fußballfeld vorfahren, dann rechts/links/rechts und drei Blocks weiter). Schöner, subterraner Grotten-Cenote (ca. 30 x 15 m) zum Schwimmen, familiäre Anlage, *gastronomía yucateca,* Hamacas, Haustier-Zoo, Kinderpools etc. Alle Details auf www.cenotesanignacio.com.

2. Tipp: Wer das tolle **Hacienda-Hotel Santa Rosa** sehen möchte, biegt in Maxcanú nach Osten in Richtung Santo Domingo ab. Santa Rosa ist das ehemalige Privatanwesen eines Adligen, heute ein wunderschönes Luxus-Resort, Tel. 01-999-9104842, www.starwoodhotels.com.

3. Tipp: Wem aber eher nach einem *richtigen* Höhlenabenteuer zumute ist, fährt nicht nach Maxcanú, sondern bleibt auf Mex 180 und biegt kurz danach auf die Mex 261 nach Muna ab. 6,5 km weiter weist ein Schild auf die **Grutas de Calcehtok** (oder Xpukil) hin, deren Zugang in der Wildnis nach 2 km erreicht wird. Calcehtok ist ein komplexes, riesiges und noch unerschlossenes Höhlensystem, eines der größten Yucatáns! Man kann nur mit einem Führer rein, und am Eingang ist fast immer einer, z.B. Jacinto, Tel. 01-997-1023641, ca. 350 Ps/2 Pers. Tägl. 9–17 Uhr, ein- bis mehrstündige Touren, von einfach bis extrem, durch engste Höhlentunnel tief unter der Erde ohne natürliches Licht. Achtung, sehr kalt und nichts für Klaustrophobe! Die Kammern dienten den frühen Maya als Kultstätten, wie Funde beweisen, und im „Krieg der Kasten" (s.S. 196) als Zufluchtsort der Aufständischen.

Unterirdisches Hüteflechten

Weiter nach Süden auf der Mex 180 erreicht man **Becal,** den Herstellungsort der weißen Panamahüte *(Sombreros de Panamá),* auch **Jipijapa** genannt (nach dem Ort in Ecuador, wo dieser Huttyp ursprünglich hergestellt wurde). Das Flechten der Hüte aus den feinen Fasern der *Sabal mexicana*-Palme geschieht in Heimarbeit in Kalksteinhöhlen **(s. Foto),** deren feuchte Luft die Palmfasern geschmeidig hält. Wer dies sehen will, muss einen 2.-Klasse-Bus von Mérida nehmen und in Becal aussteigen.

Gut 30 km weiter wird **Hecelchakán** erreicht, wo sich am Zócalo das kleine *Museo Arqueológico del Camino Real* befindet (Di–So 9.30–17.30 Uhr). Es zeigt die berühmten kleinen **Tonfiguren (s. Foto)** der gleich vor der Küste liegenden **Insel Jaina,** welche die Maya zur Totenbestattung nutzten. Nach etwas mehr als 60 km wird Campeche erreicht.

Auf der *Vía Larga* von Mérida können Selbstfahrer zwischen Uxmal und Hopelchén die *Grutas de Xtacumbilxunán* besuchen, s.S. 318.

Campeche

Ew. 200.000

✆ 01-981

Campeche liegt am Golf von Mexiko und ist die Hauptstadt des gleichnamigen Bundesstaates. Gegründet wurde die Stadt am 4.10.1540 als *„La Villa Española de San Francisco de Campeche"* von *Francisco de Montejo* („El Mozo", d.J.). Doch der erste Europäer, der hier bei der alten Maya-Siedlung *Ah Kin Pech* am 22.03.1517 auftauchte, war der spanische Seefahrer *Hernández de Córdoba* (in Champotón versetzten ihm die Maya dann eine verheerende Niederlage, s. dort). Das spanische Stadtrecht erhielt Campeche erst 1777. Für die Spanier war Campeche das Einfallstor für ihre Yucatán-Eroberungszüge und danach lange Zeit Haupthafen des Landes und einzige der Halbinsel. Heute sieht man vom Hafen nichts mehr, er ist verlandet. Kurze Wege vom Zentrum direkt ans Meer – Fehlanzeige! Campeche entbehrt leider ein wenig vom sonst ständig präsenten lebensfrohen mexikanischen Flair – man sollte also diesbezüglich nicht zuviel erwarten. Letztlich besuchen es auch nur relativ wenige Touristen.

Einst Beute der Piraten …

Die hier zur Verschiffung nach Europa lagernden Güter wie Silber, Kakao, Jade u.a. lockten im 16. und 17. Jh. englische, französische und holländische **Piraten** an, wie Henry Morgan, William Parker oder Laurent Graff, die die Stadt häufig plünderten. Nach einem erneuten furchtbaren Überfall ließen die Spanier 1686 eine gewaltige Stadtmauer bauen, die, nach ihrer Fertigstellung 18 Jahre später, 3 m dick, 8 m hoch und 2,5 km lang war! Sieben **Baluartes,** meterdicke Verteidigungsbastionen, verstärkten den ringförmigen Wall an Eckpunkten und machten Campeche von nun an uneinnehmbar. Vier gleichfalls schwer gesicherte *puertas,* Stadttore, waren die einzigen Zugänge. 1893 wurde die Mauer, bis auf wenige Teilstücke, geschleift, um Platz für den aufkommenden Straßenverkehr zu schaffen. Erhalten geblieben sind die beiden Stadttore *Puerta de Tierra* (landeinwärts) und *Puerta de Mar.*

Nach der mexikanischen Unabhängigkeit 1821 verlor Campeche an Bedeutung und hatte Mitte des 19. Jahrhunderts zudem schwer unter dem yucatekischen Kastenkrieg zu leiden (s.S. 196). Wirtschaftlichen Aufschwung brachte im 20. Jh. die Erdölförderung vor der Küste.

■ Nächtliche Fiesta auf dem Zócalo von Campeche

... heute Unesco-Weltkulturerbe Eine Stadt, die früher massive Festungsanlage war, ist in Mexiko außergewöhnlich und ziemlich einmalig. Campeches historischer Stadtkern wurde deshalb 1999 in das Weltkulturerbe der Unesco aufgenommen. Mit buntgestrichenen Häusern und renovierten Zeugnissen kolonialer Vergangenheit präsentiert sich Campeche als eine Stadt abseits des yucatán-üblichen Ruinen-Touristenstroms. Wegen seiner permanenten Schwüle ist das Leben hier alles andere als hektisch – *campechanos* frönen der Gemächlichkeit, gelten als wortkarg und sind auch sonst kein Ausbund überschwänglicher Freundlichkeit, so einige Zuschriften.

Orientierung Alles Sehenswerte liegt innerhalb der (ehemaligen) Stadtmauer, an der außen die Ringstraße *Avenida Circuito Baluartes* entlangführt. Ost-West bzw. parallel zum Meer verlaufende Straßen haben gerade Straßennummern, Nord-Süd-Straßen ungerade. Autofahrer Achtung: Gerade Straßennummern haben im Zentrum Vorfahrt!

Die **Busterminals** der 1. und 2. Klasse liegen an verschiedenen Orten. Die **2. Klasse** befindet sich ca. 600 m von der Stadtmauer bzw. vom Baluarte San Pedro in der Av. Gobernadores. Für ein Hotel in der Nähe des *Parque Principal* (Zócalo) ein Taxi nehmen. „Centro"- bzw. „Gobernadores"-Busse, gegenüber dem Busterminal, fahren bis zum *Baluarte San Pedro* oder *Baluarte San Francisco* (kein Busverkehr ins Centro Histórico!). Der Terminal der **1. Klasse** liegt ca. 3 km außerhalb der Stadtmauer an de Av. Central, Taxiverkehr.

Entlang des Meeres verläuft die durch Aufschüttung nachträglich verbreitete *Avenida Ruíz Cortínez,* die nach Süden als Mex 180 nach Champotón / Ciudad del Carmen / Villahermosa weiterführt (auf ihr geht es auch zum Fuerte de San Miguel mit Museum und zur *Playa Bonita*). Zwischen der Avenida Cortínez und dem Meer verläuft der Malecón-Weg.

Sehenswertes

Bis auf die Baluartes und die bunten Häuser bietet Campeche im Zentrum nichts Bedeutsames. Anschauen kann man alle sieben Bastionen, doch nur zwei sind interessant: **Baluarte de San Carlos** mit dem kleinen *Museo de la Ciudad* und **Baluarte de la Soledad** mit dem *Museo de la Arquitectura Maya.* Eine Fußtour entlang der ehemaligen Stadtmauer zu allen (Santiago, San Pedro, San Francisco, San Juan und Santa Rosa) kann bei stechender Sonne eine schweißtreibende Unternehmung werden. Ansehen sollte man die zwei Stadttore **Puerta de Mar** und **Puerta de Tierra,** die Fußgängerzone **Calle 59** mit sehenswerten Kunstwerken verbindet beide. Die Puerta de Tierra besitzt ein interessantes kleines Museum. Die bunten Hausfassaden fotografiert man vorteilhaft frühmorgens (oder abends) bei flacher Sonneneinstrahlung.

Bequemerweise könnte man für eine Stadtbesichtigung auch die **Tranvía de la Ciudad** besteigen, einen luftigen, bunten Touristenbus in der Art der früheren Straßenbahnen der Stadt. Die ca. 45-minütige Tour ist jedoch nicht unbedingt lohnend. Abfahrt tägl. vom Parque um 9, 10, 11 und 12 Uhr und wieder stündlich von 17–20 Uhr. Es wird abgewartet, bis sich mindestens 7 Fahrgäste eingefunden haben, danach geht es schwungvoll um die Ecken. Erklärungen nur in Spanisch und wegen dem Motorengeräusch kaum verständlich, Fotostopps werden keine eingelegt. Die Tranvía **El Guapo** fährt zu den Fuertes (s.u.).

Für eine intensive Stadttour und Ausflüge zu archäologischen Zielen in die Umgebung (2x tägl. nach **Edzná**) den Veranstalter **Xtampak** kontaktieren: *Xtampak Tours,* Calle 57 No. 14, beim Parque Principal, Tel. 8116473. Programm auf www.xtampak.com. Auch eine gute Adresse für Reiseauskünfte.

Außerhalb der Stadt … … liegen auf Hügeln die ehemaligen Festungen *Fuerte de San José* (nördlich, Richtung Mérida) und *Fuerte de San Miguel* (südlich, 4 km vom Zentrum in Richtung Champotón). Beide wurden in der Piraten-Epoche zur Abwehr derselben errichtet. Fuerte San José ist kleiner. Das dortige (kleine) *Museo de Barcos y Armas* zeigt Waffen und Maritimes (Di–So 9–17 Uhr, Eintritt).

Museums-TIPP im Fuerte de San Miguel

Eindrucksvoller ist das **Fuerte de San Miguel** mit seinem **Museo Arqueológico e Histórico** und kostbaren Schätzen der **Maya:** Objekte aus

■ *Maske aus Calakmul*

Edzná, filigrane Jademasken (s. Foto) aus **Calakmul** (s.S. 211), Statuetten von der Insel Jaina, die etwa 40 km nordöstlich von Campeche liegt, und viele weitere Fundstücke von Mayastätten des Staates Campeche, die durch ihre Darstellungskraft bestechen.

Vom Fuerte de San Miguel mit seiner gleichfalls sehenswerten Architektur (Wallgraben, Kanonen) hat man zudem eine schöne **Aussicht** auf Campeche, herrlich sind da oben die Sonnenuntergänge.

Geöffnet Di–So 9–17 Uhr, Tel. 8162460, Eintritt 41 Ps. Anfahrt per Taxi oder mit der Tranvía **El Guapo** tägl. um 9 und 12 Uhr vom Parque (zum Fuerte San José um 10.30 und 18.30 Uhr). Da aber die Tranvías nicht warten, muss man in die Stadt zurück gehen oder ein Taxi nehmen. Man kann den Fuß des Festungshügels auch mit einem gewöhnlichen Stadtbus erreichen und in 10 Minuten zur Festung hochgehen. Busabfahrt von der Av. 16 de Septiembre (in der Nähe des Baluarte de Santiago). Danach können mit der gleichen Linie weitere 5 km bis zur Endstation **Playa Bonita,** dem Meeresbad der Campechanos, gefahren werden.

Um den Zócalo (Parque Principal)

Die nachfolgende Fußtour entlang der Stadtmauer und zu allen Baluartes beginnt am Zócalo und verläuft gegen den Uhrzeigersinn. Wegen der Hitze morgens oder erst spätnachmittags losgehen.

Parque Principal

An der Ostseite steht die doppeltürmige **Catedral de la Concepción** (Grundsteinlegung 1540, damit älteste Kirche von Yucatán, doch erst um 1700 in heutiger Form vollendet). Abends malerisch angestrahlt.

Hübsch angelegt ist die Grünanlage mit Bänken und dem zu einem Café umgebauten Quiosco. Auf der Südseite, mit doppelten *portales,* der ehemalige *Palacio de Gobierno* (oben ist das Restaurant *Casa Vieja,* von da lässt sich das Geschehen auf dem Platz überblicken, schön ist es dort abends). Auf der Westseite, Calle 10/Ecke 57, liegt die **Casa Seis/Centro Cultural,** ein ehemaliges herrschaftliches Wohnhaus aus dem 18. Jahrhundert, dessen Original-Mobiliar besichtigt werden kann – sehenswert (tägl. 9–21 Uhr, Eintritt)! Mit Souvenirshop und Cafetería.

An der Nordseite des Platzes befindet sich der moderne Bau der **Stadtbibliothek.** Wer nicht den ganzen Rundgang macht, kann zunächst – oder später – vom Parque östlich in die Calle 10 gehen, zum Stadtpalast Caravajal.

Mansión Caravajal

Dieses zweistöckige Gebäude war einst im Besitz von Don Fernando Caravajal, eines sehr reichen *hacendado* während der Kolonialzeit. Erbaut wurde es im 19. Jh. im Mudejarstil, wie die charakteristisch-maurischen Bögen um den Patio zeigen. Heute nutzt es die Stadtverwaltung.

Museo del Archivo General del Estado

Dieses kleine Archiv-Museum befindet sich anderthalb Blocks südlich vom Zócalo in der Calle 12 No. 159 zw. C. 57 u. 59. Es zeigt historische Dokumente, Landkarten und Videos über die Geschichte des Staates Campeche. Geöffnet Mo–Fr 8–15 u. 17–21 Uhr. Eintritt frei.

Von Baluarte zu Baluarte (Circuito Baluartes)

Baluarte de Nuestra Señora de la Soledad / Puerta de Mar

Dieser Festungsbau links neben der Bibliothek beherbergt das kleine **Museo de la Arquitectura Maya** bzw. das *Museo de las Estelas* (Di–So 9–19.30 Uhr, Eintritt). Zu sehen sind etwa 50 Stelen aller Art und Größen, Türsturze, Hieroglyphentafeln und andere Objekte, die in Ruinenstätten Campeches gefunden wurden, in Calakmul, Edzná, Jaina, Dzibilnocac u.a.

Dann rechts die Rampe auf den Baluarte hinaufgehen (Museum-Eintrittskarte erforderlich) und auf der Mauerkrone vor bis zur **Puerta de Mar.** Dort ist eine Glocke und die Nachbildung einer Schiffs-Takelage. **Das Meer reichte einst bis kurz vor das Tor,** hier machten die spanischen Galeonen fest!

Nach dem Abstieg auf der Calle 8 in Richtung Baluarte de San Carlos gehen (noch vor der Calle 59 liegt linker Hand das Restaurant *Marganzo*). Weiter vorn passiert man den rechtsliegenden *Palacio de Gobierno* (mit Wandgemälde, ein Spanier beugt sich über den Bauplan von Campeche). Danach kommt gleich der Baluarte de San Carlos.

Baluarte de San Carlos

Er ist der älteste von allen. Guterhalten beherbergt er das kleine **Museo de la Ciudad** (Di–So 8–19.30 Uhr, Eintritt) mit Zeugnissen der historischen Stadtentwicklung (Kommentare nur auf Span.). Interessant ist vor allem das Stadtmodell mit der Mauer und den Bastionen und wie weit das Meer an die Stadt heranreichte. Zu sehen sind außerdem Schautafeln, alte Fotografien, Schiffsmodelle, die Porträts der beiden Yucatán-Eroberer *de Montejo* (Onkel und Neffe) und die Gewinnung und Verschiffung des Blauholzes **Palo de tinta** (Haematoxilum campechianum, **s. Abb.**), dessen Farbstoff für das tiefblaue Färben von Textilien in Europa – bis zur Synthetisierung des Indigo im 19. Jh. – äußerst begehrt war. Danach hinten auf das Flachdach des Baluarte steigen, wo einige alte Kanonen stehen und man aufs Meer sieht.

Nun entweder am **Instituto Campechano** vorbei die Calle 63 bis zur Calle 18 hochgehen oder die Calle 67 bis zum Baluarte de Santa Rosa nehmen. (Das Instituto Campechano mit der Ex-Klosterkirche **Templo San José** ist ein ehemaliges Jesuitenkloster). Beim Näherkommen an den Baluarte de Santa Rosa sieht man den Ansatz der Mauer, die einst runter zum Baluarte de San Carlos verlief.

Baluarte de Santa Rosa u. San Juan

Dieser ist nicht immer geöffnet. In ihm ist die Kunstgalerie von Campeche untergebracht. – Ein paar hundert Meter weiter östlich liegt der **Baluarte de San Juan.** Dort beginnt das längste Stück der erhaltenen – und begehbaren – Wehrmauer, der Aufstieg ist an der Puerta de Tierra. Dazu auf der Calle 18 entlang der Mauer gehen.

Puerta de Tierra

Im Tordurchgang des „Landtors" mit der mächtigen Kanone befindet sich eine Touri-Infostelle und links ein kleines Museum mit alten Waffen und Porträts der Piraten, die einst Campeche überfielen, wie Rock Brasiliano oder Henry Morgan. Interessant sind außerdem die Kanonen hinter dem Durchgang. Der Wärter lässt einen nach Zahlung einer kleinen Gebühr die Mauer hochsteigen, auf der man hin- und hergehen kann (beachten Sie die Schießöffnungen am Boden über dem Torbogen). Wenn man wieder hinunter will, die Glocke läuten. An der Puerta de Tierra findet **Dienstag-, Freitag- u. Samstagabend** um 20 Uhr eine „Licht- und Ton-Show" statt (**„Espectáculo de Luz y Sonido",** Eintritt 50 Peso), ein szenisches Spektakel der Geschichte Campeches mit einem „echten Piratenangriff"!

Wer keine Lust mehr hat kehrt durch die Calle 55 zum Parque zurück (unterwegs evtl. ins *Instituto de la Cultura* reinschauen, Calle 12 zw. C. 59 u. 61).

Baluarte de San Francisco

Dieses Bollwerk, benannt nach Franz von Assisi, wurde Ende des 17. Jahrhunderts erbaut und diente u.a. zur Aufbewahrung von Pulver und Munition. 1899 wurde es teilweise abgebrochen und später erneuert.

Baluarte de San Pedro In diesem verkehrsumbrandeten Bollwerk gibt es eine kleine Artesanías-Verkaufsstelle. Man kann hochsteigen, gegenüber liegt der große Markt.

Baluarte de Santiago Dieser Baluarte wurde 1704 vollendet und benannt nach dem Heiligen Santiago (Jakobus), Schutzheiliger der Konquistadoren bzw. Spaniens. Anfang des 20. Jahrhunderts wurde er geschleift und 1955 wieder teilrekonstruiert. In ihm wurde ein kleiner, aber hübscher botanischer Garten mit vielen Pflanzenarten angelegt *(Jardín Botánico Xmuch Haltún).*

Adressen & Service Campeche

Turismo Am Parque Principal, Calle 55, links der Kirche, Tel. 01-**981**-8113989, Mo–So 9–21 Uhr, www.municipiodecampeche.gob.mx. Erhältlich ist ein Stadtplan mit 10%-Ermäßigungs-Gutscheinen für div. Hotels, Restaurants, Autovermietungen und Tour-Anbieter. Am Platz ist auch ein Info-Kiosk. Kleine Info-Stellen gibt es außerdem im *Baluarte de San Carlos* und *San Pedro* (9–19 Uhr), bei der *Puerta de Tierra* sowie im 1.-Klasse-Busterminal.

Für den Staat Campeche ist zuständig das *Secretaría de Turismo,* Av. Ruíz Cortínez/Plaza Moch Couoh, Tel. 1273300, www.campeche.travel (auch in engl.), geöffnet 18–15 u. 16–21 Uhr.

Websites: www.mapadecampeche.com • www.portal.camp.gob.mx • u.a.

Yuc+Camp

Unterkunft Wer auf der Durchreise ist und übernachten muss: Gegenüber vom Busterminal 2. Klasse gibt es Hotels.

ECO **Monkey Hostel,** am Zócalo, Ecke Calle 10 u. 57, über www.hostelz.com, Tel. 8116605. Unter den Hostels in Campeche die erste Wahl, nicht nur wegen der Lage. Alle Services, doch ein kleines Problem ist die Sicherheit. Ü/F 110 Ps, DZ o. Bad 250 Ps.

Hostal Viatger Inn, Calle 51 No. 28 zw. C. 12 u. 14, Tel. 8114500. Neues, sauberes Hostal, nur drei (enge) Dormitorios für 12, 14 u. 8 Personen. Details über www.hostelz.com. Kaffee-Bar, TV, AC, WiFi, Lockers. Ü 180 Ps.

Hotel Colonial, Calle 14 No. 122 zw. C. 55 u. 57, Tel. 8162222. Seit vielen Jahren Traveller-Unterkunft mit einem Innenhof, etwas abgewohnte Zimmer mit Vent. oder AC. DZ Vent., ca. 340 Ps.

FAM **Hotel Regis,** Calle 12 No. 148 zw. C. 55 u. 57, Tel. 8163175. Große, hohe Zimmer unterschiedlicher Qualität (mehrere zeigen lassen) mit AC od. Vent. um einen Patio. DZ/Bad ca. 450 Ps. – **Maya Campeche Hotel,** Calle 57 No. 40 zw. C. 14 u. 16, Tel. 8168053, www.mayacampechehotel.com. Kleines Hotel mit 15 schönen Zimmern mit TV, AC od. Vent. Ruhig (außer den Zimmern zur Straße hin), freundlich, zu Fuß alles erreichbar. DZ 600 Ps.

Hotel Guaranducha Inn, Calle 55 No. 16 zw. C. 12 u. 14, www.guaranduchainn.com.mx, Tel. 8116658. Gepflegtes, freundliches Hotel mit blitzsauberen, ruhigen Zimmern und Betten *matrimonial, King Size, dobles* und *triples.* DZ/F (minimales Gedeck) mit AC ab 600 Ps. – **Hotel López,** Calle 12 No. 189 zw. C. 61 u. 63, Tel. 8163344, www.hotelllopezcampeche.com.mx (auch dt.), Modernes, sehr sauberes und eines der meist empfohlenen Hotels von Campeche. 39 komfortable, ruhige EZ und DZ mit AC auf drei Geschossen um einen länglichen Patio; kleiner Pool, WiFi, Restaurant und Bar, Hotelparkplatz, freundlich, hilfsbereit. DZ ab 550 Ps. Gleich daneben ein Café mit großer ital. Kaffeemaschine.

Hotel del Paseo, Calle 8 No. 215, Tel. 8110100, www.hoteldelpaseo.com. Gutes Mittelklasse-Hotel in der Nähe vom Baluarte de San Carlos; 42 Zi., Restaurant, Reisebüro, Parkplatz u.a. DZ 585 Ps.

FAM–LUX In Richtung Meer gibt es einige hochpreisige Hotels (s. Stadtplan), z.B. das **Hotel Baluartes,** Av. 16 de Septiembre 128, Tel. 8163911, oder das noch teurere Best Western **Hotel Del Mar,** Av. Ruíz Cortínez 51, www.delmarhotel.com.mx, Tel. 8162223, ein hässlicher Riesenklotz, wo Touristengruppen absteigen (DZ 1100–1700 Ps). Am schönsten und teuersten: **Hacienda Puerta Campeche,** Calle 59 gegenüber der Puerta de Tierra. Dort mal einen Drink einnehmen …

Wohnmobil / Campen

New Samula Trailer Park. Mini-Campingplatz im Frontrasen eines Privathauses, seit mehr als 50 Jahren eine kleine Institution, N19.81726 W90.55238. Gute Busverbindung ins Zentrum. Oder beim Campground des *Club Náutico* bei Km 12, Seybaplaya (Yachthafen, großer Pool, Tennis, Restaurant). Oder kostenlos in Lerma, an der Anlegestelle der Fischerboote, o.k. für eine Nacht. Camping ist auch möglich bei der Jugendherberge an der Av. Melgar, Colonia Buenavista, südlich der Stadt am Meer entlang.

Essen & Trinken

Samstag- und Sonntagabend werden auf dem Zócalo zahlreiche Imbissstände aufgestellt die hausgemachte *campechano*-Kost anbieten, eine Spezialität ist z.B. *pan de cazón,* Tortillas mit Hundshai-Fleisch. Guten italienischen Kaffee serviert die *Italian Coffee Company,* Calle 12 nahe Ecke C. 61. Günstige Preise haben die Essstände auf dem Markt. Restaurants schlagen durchweg 10% Service drauf, was z.T. nicht auf den Karten vermerkt ist.

Touristen(-gruppen) marschieren alle zielstrebig ins **Restaurante Marganzo,** Calle 8 No. 262, 7–22 Uhr; nett eingerichtet, Bedienung in Campeche-Tracht, häufig Live-Musik, sogar eine Karte auf Deutsch. Frühstück, (Fisch-)Gerichte, lokale Spezialitäten, Preise eher gehoben, Qualität höchstens „ausreichend". – Alternativen liegen nicht weit am **Parque Principal.** Westseite: **Restaurante Campeche** und gleich nebenan das **Restaurante El Parque,** beide mit typisch mex. Küche (auch Fisch) zu günstigen Preisen. – Am gemütlichsten sitzt man am Parque bei den Portales an der Südseite oben in der **Casa Vieja,** schön eingerichtet mit Bildern und Fotos, abends friedliche Stimmung mit Blick auf den Platz und die Kirche. Essen aber teuer! – In der Calle 55 (s. Stadtplan) zwei weitere Restaurants: **Iguana Azul** (nur abends, gut, eher gehobene Preise, am Wochenende oft Live-Musik) und **Parroquia** (24 h geöffnet). – Naturkostfreunde (Säfte etc.) gehen zum kleinen **Nutri Vida** (Calle 12 bei Ecke 59). – Vegetarisches und Säfte bietet **Atrapa Sueño,** Calle 10 No. 260. – Nördlich außerhalb, bei der ehemaligen *Iglesia San Francisco* bzw. bei den *Portales de San Francisco,* befindet sich das Restaurant **Cenaduría Portales** mit leckeren *campechana*-Gerichten in kolonialem Ambiente (ab 17 Uhr). Wer einen Wagen hat, findet ebenfalls im Norden an der Mex 180 Rtg. Mérida am Strand (ca. 4 km) mit dem **Parador Gastronómico de Cocteleros** ein ganzes Konglomerat an volkstümlichen kleinen Fischrestaurants.

Kommunikation

Post: 16 de Septiembre/Ecke C. 53; Mo–Fr 9–17 Uhr, Sa 9–13 Uhr; PLZ 24000. – **Internet-Cafés:** in den Unterkünften und in den Straßen, z.B. Calle 55 zw. C. 10 u. 12

Bank / Geld

Siehe $-Piktogramme im Stadtplan, fast alle mit Cajas Automáticas. Banamex: Calles 53/10.

Reisebüros / Touren

Gibt es einige in der Stadt, z.B. in der Calle 16 No. 348 oder Calle 8 No. 201, und auch in größeren Hotels. Empfehlenswert ist *Xtampak Tours,* Calle 57 No. 14; **2x täglich Fahrten nach Edzná.**

Mietwagen

Rent-a-Car, im Hotel Del Mar, Av. Ruíz Cortínez (s.o.); u.a.

Notfall

Polizei: Calle 55, Tel. 8162309, Notfall Tel. 066. – Cruz Roja Mexicana, Tel. 8152411.

Mercado / Einkaufen

Mercado: Circuito Baluartes, beim B. San Pedro. Casa de Artesanías: Calle 55 zw. C. 12 u. 14. Supermercado: bei der Post, Plaza Comercial Ah Kin Pech.

Wäscherei

Lavandería Antigua, Calle 57 Nr. 28 (zw. C. 12 u. 14).

Unterhaltung

Aktuelle Veranstaltungen bitte im Hotel oder beim Turismo am Parque erfragen (während der Urlaubszeit/in den Sommermonaten erweitertes Angebot). Zwei Discos gibt es in der Calle 8 gegenüber vom Hotel Alhambra. Aktuelle Nachtschwärmer-„Hotspots" bitte erfragen.

Jeden Samstag- und Sonntagabend (ausgenommen im Sept.) Fiesta auf dem Zócalo; nichts Aufregendes, aber nett, ca. 19–22 Uhr. Straßen werden abgesperrt. Außerdem *lotería* vor der Kathedrale. – An der *Puerta de Tierra* (s.o.) Dienstag-, Freitag- u. Samstagabend um 20 Uhr ein geschichtliches Szenenspiel. – *Carnaval* wird in Campeche groß gefeiert, zweiwöchiger Festkalender. – Ab 15. Sept. findet für 14 Tage die *San-Román-Fiesta* statt, zu Ehren des schwarzen Christus in der Kirche San Francisco. Im ganzen Dezember viele religiöse und volkstümliche Festivitäten.

An- und Weiterreise

Campeche ist ein Verkehrsknotenpunkt mit guten Busverbindungen. Wie eingangs bei „Orientierung" erwähnt, befinden sich die beiden Busterminals der 1. und 2. Klasse außerhalb in verschiedenen Richtungen (s. Stadtplan).

Weitere Busse/Colectivos für Nahziele fahren vom Mercado ab. **Hinweis:** Tickets für die Weiterfahrt gleich nach der Ankunft kaufen! Stadtbusse zum 1.- u. 2.-Klasse-Terminal halten bei der Post, Av. 16 de Septiembre/Calle 13.

Weiterfahrt-Optionen

Um nach **Mérida** zu gelangen, gibt es zwei relevante Strecken: entweder über die kürzere Route *(Vía Corta)* Mex 180 (190 km) oder über die längere *Vía Larga* (Mex 261), auf der es über Hopelchén und **Uxmal** geht.

Auf der Mex 180 nach Mérida erreicht man nach gut 60 km **Hecelchakán,** wo sich am Zócalo das kleine *Museo Arqueológico del Camino Real* befindet (Di–So 9.30–17.30 Uhr). Es zeigt die berühmten kleinen **Tonfiguren** der gleich vor der Küste liegenden **Insel Jaina,** welche die Maya zur Totenbestattung nutzten.

Ca. 30 km weiter liegt **Becal,** Herstellungsort der weißen Panamahüte *(Sombreros de Panamá),* auch **Jipijapa** genannt (nach dem Ort in Ecuador, wo dieser Huttyp ursprünglich hergestellt wurde). Das Flechten der Hüte aus den feinen Fasern der Guano-Palme *(Sabal mexicana)* geschieht in Heimarbeit in Kalksteinhöhlen, deren feuchte Luft die Palmfasern geschmeidig hält. Wer dies sehen will, muss einen 2.-Klasse-Bus nach Mérida nehmen und in Becal aussteigen.

Wer vor Mérida zuvor noch Uxmal besuchen möchte, was sich anbietet, nimmt ebenfalls einen **2.-Klasse-Bus** nach Mérida über *Hopelchén* und *Sta. Elena* (Fz 4,5 h), Abfahrt um 4.30 Uhr (für jene, die mit dem Nachtbus von Palenque kommen), weitere um 6, 9, 12, 14.30 und 17 Uhr. Aussteigen dann 14 km vor Uxmal am Ortsanfang von Sta. Elena, direkt bei **Sacbe Bungalows** (linke Straßenseite, Ankunft ca. 12 Uhr, weitere 20 Min. bis Uxmal). Sacbe Bungalows hat gute Übernachtungsmöglichkeiten, Details siehe bei Uxmal, bei „Unterkunft". Sacbe Bungalows ist außerdem eine gute Basis zum Besuch der Puuc-Stätten Kabáh, Sayil, Labná u.a. – Weiterfahrten mit dem Bus von Sacbe Bungalows bzw. von Uxmal nach Mérida täglich, mindestens 6x.

1. Klasse: Linien *ADO* und *ADO GL, Ómnibus Cristóbal Colón, Maya de Oro, ALTOS* u.a. Ziele: **Cancún** (500 km, 7 h) 7x, auch 2 Nachtbusse; oder nach Mérida und dann weiter von dort. – **Chetumal** (420 km, 6 h) über Xpujil, 1x tägl. 12 Uhr. – **Edzná** (s. dort). – **Hopelchén** (90 km, 1,5 h) 2. Klasse fast stündl. – **Mérida** (über Becal, 2,5 h) etwa halbstündl.; über UXMAL s.o. – **Mexiko-Stadt** (1350 km, ca. 18 h) 3x tägl. – **Palenque** (360 km, ca. 5,5 h) einziger Tagesbus um 11 Uhr, weitere um 21.45, 24, 0.30 und 2 Uhr. – **San Cristóbal de las Casas** (820 km, 10 h) um 21.45 Uhr. – **Tulúm** 6.30, 10.40, u. 12.40 Uhr. – **Veracruz** (870 km, 12 h) 2x tägl. – **Villahermosa** (450 km, 6,5 h) 5x tägl. – **Xpujil** (5 h) 1. Klasse um 12 Uhr, 2. Klasse 4x tägl.

■ **ACHTUNG! 1.-Klasse-Busse nach Palenque** und **San Cristóbal de las Casas** fahren in Mérida ab, man bekommt in Campeche nur noch Restplätze, deshalb **gleich reservieren,** besonders um Weihnachten, Ostern und an Feiertagen.

Selbstfahrer

Von Campeche gelangt man nach 83 km nach **Hopelchén** (s.u.). Von dort führt nach Süden eine relativ gute Straße – Asphalt mit Schlaglöchern – über Becanchén, Dzibalchén, Ucum, Xmaben, Xcan-Há, Bel-Há und Zoh-Laguna nach **Xpujil** an der Mex 186 (Chenes-Route, s.S. 321. Zwischen Hopelchén und Xpujil keine Tankstelle!

Nach **Champotón:** nicht die mautpflichtige Mex 180**D** nehmen, sondern, bei genügend Zeit, die Küstenstraße Mex 180.

Flug

Der Airport befindet sich ebenfalls in der Verlängerung der Nacozari, ca. 5 km außerhalb. In die Stadt mit Colectivos oder Taxi, zum Airport mit Taxi.

Umgebungsziele von Campeche

Edzná

Anfahrt Edzná

In der näheren und weiteren Umgebung Campeches gibt es einige Mayastätten. Die bekannteste, größte und schönste ist **Edzná,** ca. 60 km südöstlich.

Man gelangt dorthin entweder bequem und schnell mit einem Touranbieter (s. *Xtampak-Tours* in Campeche) oder in Eigenregie mit einem Bus südl. vom Parque Alameda (etwa 1,5 h) oder auch schneller (1 h) mit einem Colectivo gegenüber vom Markt (s. Campeche-Stadtplan). Edzná-Busse in Fahrtrichtung Bonfil/Pich fahren um 7 und 11.15 Uhr (vielleicht noch welche dazwischen). Nach Rückfahrzeiten fragen, normalerweise 13 und 16 Uhr. Man kann aber gut nach Campeche zurücktrampen oder man passt ein Colectivo ab (an der Hauptstraße, dort wo die Stichstraße nach Edzná abzweigt; von der Stätte ca. 10 Min./500 Meter zu Fuß).

■ *Edificio de los Cinco Piscos*

Infos Geöffnet tägl. 8–17 Uhr (letzter Eintritt 16.30 Uhr), Eintritt 46 Ps, kleine Empfangspalapa (evtl. den Edzná-*miniguía* der INAH kaufen, doch vor den Bauten gibt es auch Erläuterungstafeln). Zeitbedarf ca. eine gute Stunde. In der Regenzeit extrem viele, sehr lästige Moskitos!

Freitags und samstags findet um 19 Uhr (März–Okt. 20 Uhr) die Lightshow *Luz de los Itzáes* statt, bei der das Edificio de los Cinco Pisos farbig angestrahlt wird, ähnlich wie in Uxmal und Chichén Itzá. Eintritt 115 Ps.

Kein Hotel oder Restaurant direkt an der Stätte, nur in *Nohyaxché,* 1 km nördlich von Edzná, *Cabañas Ecoturísticas Usahasil,* einfachst, Tel. 01-981-8294842, oder etwas besser in *Tixmucuy,* ca. 10 km westlich, bei *Turístico San Pedro,* Tel. 01-981-8127929, Cabañas mit Pool und Restaurant. Camping/Stellplatz möglich am Sportplatz, ca. 2 km von Edzná.

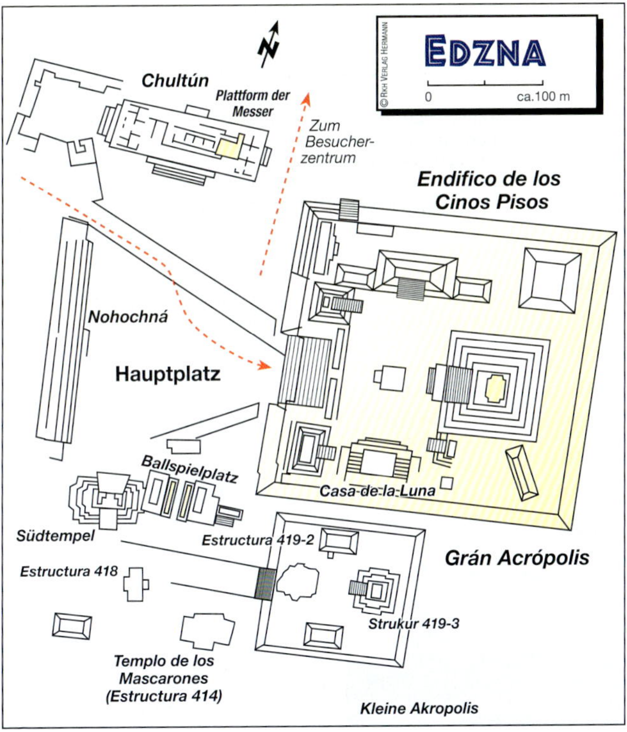

Historisches Edzná war eine bedeutende Maya-Stadt, besiedelt seit etwa 600 v.Chr. Blütezeit war zwischen 600 und 900 n.Chr. Von seinen Bewohnern verlassen wurde es erst um 1500, wiederentdeckt 1907. In ihrer geschlossenen Form ist die gesamte Anlage außergewöhnlich und für Maya-Bewunderer ein Muss.

Der Name Edzná leitet sich von *Itzáes* ab, was auf Maya „Haus der Itzáes" heißt, der vermutliche Name der Edzná-Herrscherdynastie zwischen 800 und 1000. In seiner Spätphase war die Stadtanlage ein Teil des mächtigen Hegemonialstaates Calakmul (gelegen an Grenze zum heutigen Guatemala).

Rundgang Man geht zunächst durch eine Palapa mit Stelen (die frühesten Hieroglypheninschriften Edznás datieren das Jahr 652) und dann etwa 150 m durch trockenen Buschwald zu einem weiten, grasbewachsenen Platz (etwa 160 x 110 m groß), an dem auf der *Gran Acrópolis* unübersehbar das 32 m hohe „Gebäude der Fünf Stockwerke" – **Edificio de los Cinco Pisos** – aufragt.

Das Bauwerk steht auf einer aufgeschütteten Plattform und weist sowohl Charakteristika einer Pyramide als auch die eines Palastes auf (Chenes- und Puuc-Stilelemente, Letztere überwiegen). Erkennbar ist eine gewisse Ähnlichkeit mit dem Stufenpalast von Sayil. Bauzeit in fünf Epochen im Maya-Klassikum, 200–909 n.Chr.

Die Stockwerke haben zusammen 27 Räume mit teils säulengeschmückten Eingängen und der Tempelaufbau auf der Spitze wird durch eine meterhohe, durchbrochene *crestería* gekrönt.

Wer sich die rekonstruierte, steile Aufgangstreppe hinaufgearbeitet hat, wird durch eine großartige Fernsicht belohnt – flach, flach, flach ... Linker Hand die *Casa de la Luna,* davor der Südwest-Tempel, rechts der Nordwest-Tempel. Auf der anderen Seite der Plaza Principal das langgestreckte **Nohochná,** das „große Haus", obendrauf standen einst vier lange Pfeilerhallen. Die frontbreite Treppe erinnert an die Tribüne eines Stadions, von der aus Zeremonien auf dem Hauptplatz bestens überblickt werden konnten.

Zu dem etwa vier Quadratkilometer großen Zeremonial-Areal gehören noch weitere Gebäude und Tempel. Sehenswert ist der **Ballspielplatz** an der Südseite des großen Platzes und der dahinterliegende kleine **Templo de los Mascarones** (Estructura 414), der seinen Namen nach den künstlerisch großartig gearbeiteten Stuckmasken erhielt (Bildnisse des großäugigen Sonnengottes *Kinich Ahau* – ähnlich wie die Masken von Kohunlich –, die den Sonnenauf- und -untergang repräsentieren).

Zur Wasserversorgung der Bewohner legte man *chultunes* an, subterrane Wasser-Reservoirs. Darüber hinaus wurde das gesamte, rund 25 qkm große Gelände durch ein ausgeklügeltes System von verzweigten Kanälen be- und entwässert.

Grutas de Xtacumbilxunán

Die *Grutas de Xtacumbilxunán* liegen an der Mex 261 zwischen Uxmal/Sta. Elena und Hopelchén, gleich südlich des Dorfes **Bolonchén de Rejón** und sind sowohl von Norden als auch von Süden her ausgeschildert (die Endung *chén* bedeutet im yucatekischen Maya „Brunnen/Quelle", *bolon* „9" oder „Mine"). Dieses Höhlensystem ist noch kaum erforscht. Di–So 10–17 Uhr.

Vom Parkplatz mit der Unterkunft des Wärters, der etwa 50 Peso fürs Lichtanmachen verlangt geht es auf überwachsenen Stufen hinab zum Höhleneingang, unten ist es feucht und schlüpfrig. Tief im Inneren verlaufen einige kleine Bachläufe, die in Cenotes münden, aus denen die Maya früher ihr Wasser holten. Es ist jene Höhle, von der der Zeichner *Frederick Catherwood* im 19. Jh. eine eindrucksvolle Zeichnung schuf **(s. Abb.):** Auf einem riesigen, wackligen Leitergerüst steigen Männer in die Tiefe um ihre Tonkrüge mit Cenote-Wasser zu füllen.

Santa Rosa Xtampak

Etwa 5 km nördlich vom Ort Hopelchén führt eine schlechte Straße auf 44 Kilometern nach Osten zu den kaum besuchten Ruinen der Mayastätte **Santa Rosa Xtampak,** ehemals ein städtisches Zentrum der *Chenes-Region* (s.u.). Dort lebten zwischen 650 und 850 mehr als 10.000 Menschen mit sehr vielen *chultunes* zu ihrer Wasserversorgung. Für Mayafreaks einen Besuch wert.

Hopelchén

Ew. 6000

✆ 01-996

Hopelchén („Platz der fünf Quellen) ist mit etwa 6000 Einwohnern das kleine, ruhige Zentrum eines ausgedehnten landwirtschaftlich genutzten Gebiets. Den großen Zócalo – eigentlich zwei Plätze – mit seinen ausladenden Lorbeerbäumen, Dreirad-Fahrradtaxis und Marktständen säumen einige Läden, einfache Restaurants, Palacio Municipal und Kirche, gegründet von den Franziskanern.

Adressen & Service

Turismo: Info-Kiosk beim einfachen **Hotel Arcos,** Zócalo. *Casa de la Cultura,* Calle 20, zwei Straßen nördl. des Zócalo, Tel. 8220089. **Banamex** neben dem Palacio Municipal. **Bushaltestelle** Calle 23. **Restaurant** *La Gondola,* Zócalo, einfach. Kunsthandwerk: *Centro Artesanal Los Chenes* gleich nördl. des Ortes.

Mennoniten

In Hopelchén – oder in Mérida und Campeche – fallen einem manchmal große Männer mit blonden Haaren und blauen Augen auf, die nicht so recht ins mexikanische Bild passen wollen. Es sind deutschstämmige **Mennoniten,** die sich, nachdem Agrarland in ihren vormals nordmexikanischen Herkunftsregionen zunehmend knapp geworden war, in den frühen 1980er Jahren in der Gegend um Hopelchén niederließen und Tochterkolonien gründeten. Die ersten stammten aus Zacatecas, später folgten Gruppen aus Chihuahua und Tamaulipas. Heute mögen es einige Tausend sein, die im weiteren Umkreis von Hopelchén eine neue Heimat gefunden haben. Mennoniten gelten in ganz Mexiko als hervorragende landwirtschaftliche Produzenten und als Agrarspezialisten – bekannt wurden sie auch durch ihren fast überall in Mexiko erhältliche Mennoniten-Käse –, und sie sind heute in Hopelchén ein bedeutender Wirtschaftsfaktor. Die lokalen *campechanos* respektieren ihre *menonas,* Schwierigkeiten im Zusammenleben gibt es kaum, auch wenn die Mennoniten, bedingt durch ihre traditionelle Lebensweise, nach wie vor eine gewisse Distanz bewahren.

■ *Mennoniten-Frauen in Hopelchén*

Ihre verstreuten *colonias* bilden eigene, relativ abgeschlossene kulturelle Einheiten. Ein großes Siedlungsgebiet ist *Nuevo Progreso* mit 12 *campos,* 20 km östlich von Hopelchén. Auch um *Hecelchakán* (nördlich von Campeche), *Edzná* und um *Dzibalchén* südlich von Hopelchén gibt es Mennonitensiedlungen.

Amish aus den USA, die in Hopelchén protestantisch missionieren, unterstützen die Mennoniten sehr. Ihr Haus in der Calle 22 No. 11 (Tel. 996-8220462) ist für viele Mennoniten eine zentrale Anlaufstelle mit einem Laden mit deutschen Lehrbüchern für die Schule, Büchern, Zeitschriften, religiöser Literatur, Kleidung, Taschen, Saatgut u.a. Dingen mehr. Man kann dort Informationen über sie erhalten, eine Karte mit der Lage der einzelnen Mennoniten-Kolonien und auch vielleicht ihre Bekanntschaft machen – sprechen Sie sie einfach auf Deutsch an. Vielleicht wird man eingeladen und erhält so hochinteressante Eindrücke und Einblicke in eine völlig andere Welt.

Mexikos Mennoniten

Mexikos Mennoniten wanderten ab 1920 in Migrationswellen von Kanada und den USA nach Nordmexiko ein (um die Stadt Cuauhtémoc im Bundesstaat Chihuahua). Heute leben in ganz Mexiko etwa 50.000 Mennoniten in relativer Autonomie. Der Name dieser protestantischen Wiedertäuferbewegung leitet sich ab von einem ihrer früheren Führer, dem Friesen *Menno Simons* (1496–1561). Mit enorm viel Fleiß und effizientem landwirtschaftlichem Know-how verwandeln sie überall Brache und Buschwildnis in fruchtbares Ackerland, oft in gemeinschaftlicher Bestellung.

Männer tragen meist Latzhosen und Stetson-Hüte, die scheuen Frauen lange, dunkelgeblümte und hochgeschlossene Kleider, ihr streng anliegendes und mittig gescheiteltes Haar bedeckt eine bestickte Haube oder ein bänderverzierter Strohhut. Frauen grüßen Fremde nicht zurück. Ihre Gemeinden gehören zu den geburtenfreudigsten Mexikos, 10 bis 12 Kinder sind keine Seltenheit.

Mexikanische Mennoniten – sie heißen Jansen oder Friesen, Neufeld, Abraham oder Wiebe – kann man auf Spanisch oder Deutsch ansprechen. Ihr „Plautdietsch" ist eine Mundart-Varietät des Ostniederdeutschen, das sie sich seit dem Verlassen Deutschlands im 17. Jahrhundert und nach langen Wanderungen um die halbe Welt bis heute bewahrt haben, wie auch ihre festen Glaubensvorstellungen. Mennonite zu sein heißt, konsequent nach der Bibel und den Grundsätzen der Gemeinschaft zu leben: sie taufen keine Kinder (erst ab 14 Jahren), lehnen Scheidung, Eid und Wehrdienst ab, heiraten nicht nach außen, haben eigene Schulen und predigen Gewaltverzicht. Nicht die Staatsgewalt wird als höchste gesetzliche Autorität anerkannt, sondern nur die Gebote Gottes. Um diesen Glauben unangefeindet leben zu können, zogen – besonders die Konservativen – immer wieder weiter, von Deutschland nach Polen, nach Südrussland (1789), in die USA, nach Kanada, um die ganze Welt ... immer dann, wenn sie mit der Obrigkeit ihres Gastlandes in Konflikt gerieten, der Druck der Gesellschaft zu groß wurde oder sie meinten, nicht mehr glaubensgerecht leben zu können.

Filmtipp: Der tragisch-poetische und vielfach preisgekrönte mexikanische Film *Luz Silenciosa* (2007, dt. „Stilles Licht") gewährt einen intensiven und eindrucksvollen Blick in die Welt nordmexikanischer Mennoniten (überwiegend Laienschauspieler, Dialoge in „Plautdietsch").

Chenes-Route

Von Hopelchén auf der Mex 269 nach Süden bis Xpujil

Von Hopelchén führt eine einsame, aber relativ gut befahrbare Straße – Asphalt mit Schlaglöchern – bis nach Xpujil an der Mex 186 (s.S. 209). Von dort kann man auf der „Ruta Río Bec" (s.S. 207) westlich nach Escárcega oder östlich bis Chetumal weiterfahren. Distanz Hopelchén – Xpujil ca. 160 km. Man passiert unterwegs nur ganz wenige, kleine Siedlungen ohne nennenswerte Versorgungsmöglichkeiten und ohne Tankstellen! Auch Hotels gibt es so gut wie keine, erst wieder kurz vor Xpujil in Zoh-Laguna (s.S. 209).

Links und rechts der Straße befinden sich etliche kleine Maya-Stätten, für deren Besichtigung auf staubigen Zufahrtswegen in den Busch hineingefahren werden muss und deren Ausschilderung meist unzureichend ist. Fast all diese Stätten wurden im **Chenes-Stil** erbaut, ein Maya-Architekturstil aus dem Endklassikum (600–900 n.Chr.), abgeleitet nach den „-chén"-Endsilben vieler Ortsnamen hier in der Nordostregion des Staates Campeche. Charakteristische Chenes-Merkmale sind üppiger, vollplastischer Steindekor an den Gebäudefassaden und repräsentative Eingänge in Form großer Monstermasken bzw. überdimensionaler Reptilienrachen (Fotobeispiel s.S. 211).

El Tabasqueño Etwa 30 km südlich von Hopelchén führt gleich nach der Siedlung Pakchén eine 2 km lange Piste nach Westen zur kleinen Stätte El Tabasqueño. Der Haupttempel *Estructura 1* wurde restauriert, zeigt eine Monstermaske als Eingang, an den Gebäudekanten acht übereinandergesetzte Chaak-Masken und oben Reste eines Dachkamms.

Hochob Nächster Ort auf der Mex 269 in Richtung Süden ist **Dzibalchén** (etwa 40 km südlich von Hopelchén). Von dort 10 km südwestlich nach Chencoh fahren und weitere 4 km nach **Hochob** (Eintritt). Wie Tabasqueño wurde auch dieses sehenswerte Stätte 1887 von Teobert Maler (1842–1917) wiederentdeckt, der 1880/1890 die Yucatán-Halbinsel nach Mayastätten durchforstete und von vielen Fotografien anfertigte. Der mittlere Eingangsbereich des Hauptgebäudes (oder Schlangenkopfpalast, *Estructura 2*) ist mit seinem Fassadendekor und komplexem Steinmosaik um das Schlangenmaul-Portal beispielhaft für den Chenes-Stil bei sehr gutem Erhaltungszustand. Das andere mächtige Gebäude besitzt zwei seitliche, steil aufragende Türme mit (zerfallenen) Scheintreppen, wie sie für den Rio-Bec-Stil charakteristisch sind. Alle Bauten Hochobs entstanden in der Spätklassik, besiedelt war es bereits weit früher.

Dzibilnocac Für die Stätte Dzibilnocac muss von Dzibalchén in nordöstlicher Richtung bis **Iturbide** gefahren werden (ca. 20 km). Dieser kleine Ort diente beim „Krieg der Kasten" 1847–1933 (s.S. 196) als Garnison der aufständischen Maya gegen die mexikanische Zentralregierung.

Dzibilnocac erstreckt sich auf flachem Gelände, bemerkenswert ist der *Templo Palacio* (archäologische Bezeichnung: *Estructrua A1*), ein Hochtempel auf einer steilen Pyramidenplattform. Fries und Fassaden sind reich mit komplexen Steinmosaiken verziert, aus drei Gebäudekanten ragen Rüsselnasen von Chaak-Masken. Zwischen dem noch nicht freigelegten westlichen Flankentempel erstreckt sich als Verbindungsgebäude ein Palastbau. Dzibilnocac wurde in der Mitte der Präklassik besiedelt, die heutigen Bauten stammen aus der Spätklassik, um 950 wurde es aufgegeben. Das Entdecker-Gespann John Lloyd Stephens und Frederick Catherwood besuchte Dzibilnocac 1841, Teobert Maler fotografierte es 1887.

Mex 269

Zurück auf der Hauptstraße Mex 269 geht es für lange Zeit weiter durch einsames Gebiet in Richtung Süden. 4 km abseits von *Xcan-Há* gibt es einfache Übernachtungsmöglichkeiten, die nächsten sind in Zoh-Laguna. Von da sind es noch 10 km nach Xpujil an der Mex 186, s.S. 209.

Campeche – Champotón – Escárcega – Palenque

Selbstfahrer: Von *Campeche* nach Champotón nicht die mautpflichtige Mex 180**D** nehmen, sondern besser die Küstenstraße Mex 180. Etwa 30 km südlich erreicht man **Seybaplaya** mit dem (gehobenen) Hotel *Tucán Siho Playa.* Schönes Ambiente, mit Pool und Strand. Informationen auf www. tucansihoplaya.com.

Champotón

Ew. 28.000

✆ 01-982

Champotón wurde von den Maya *Potonchan* genannt und war schon in prähispanischer Zeit ein wichtiger Hafen. Es war das Tor, durch das die Tolteken Einfluss auf die Mayakultur nahmen, und hier gingen die ersten spanischen Seefahrer an Land (1517, unter *Hernández de Córdoba*). Doch der Mayahäuptling *Moch-Cohuo* machte mit den weißen Ankömmlingen kurzen Prozess: Über die Hälfte der Mannschaft wurde getötet, der Rest segelte nach Kuba, wo Córdoba seinen Wunden erlag. Darauf nannten die Spanier die Hafenstadt „Puerto de la mala pelea" – „Hafen des schlechten Kampfes". Erst *Francisco de Montejo* konnte 1541 Champotón für die spanische Krone unterwerfen. Im 17. und 18. Jahrhundert wurde Champotón, genau wie Campeche, häufig von Piraten geplündert. Aus diesem Grund wurde 1719 die Festung *San Antonio* erbaut, von der noch Teile erhalten sind die besichtigt werden können.

Von Norden auf der Mex 180 kommend, überquert man die Brücke über den *Río Champotón,* an dessen Mündung der Fischerhafen liegt. Auf dem Fluss kann man Bootsausflüge machen. Entlang der Küstenpromenade nach Süden liegen zahlreiche bunte Boote und es gibt viele Fischrestaurants. Ein großes Fest findet am 2. Februar statt, die *Fiesta de la Candelaria.*

Infos

Großer Busterminal mit sehr vielen Verbindungen. Hotel nahebei: *Géminis* (FAM), Calle 30 No. 10 (ruhiges Zimmer weg vom Innenhof und Pool verlangen). Hotel *Snook Inn,* Calle 30 No. 1 zw. C. 28-B u. Av. Revolución (von Norden her direkt am Ortseingang nach der Brücke). Saubere ordentliche Zimmer, Pool. Gut Frühstücken kann man ganz in der Nähe im ital. Café Napolitana. *Hotel Venezia,* an der Hauptstraße nach Süden ziemlich am Ortsende, in der Nähe viele gute Fischrestaurants. Weitere Unterkünfte liegen alle nahe beieinander südl. des Flusses.

Selbstfahrer: in Richtung Südwesten nach *Ciudad del Carmen* gibt es entlang der Mex 180 viele unberührte Strandabschnitte mit Muschelbänken und unzähligen Pelikanen. Einige Kilometer südlich von Champotón passiert man das große Tourismusresort *Campeche Playa* mit schönen Stränden.

Die Mex 261 führt ins Inland nach Escárcega (85 km).

Escárcega

Escárcega ist eine hässliche Kleinstadt, da wo die Straßen Mex 261 und 186 aufeinanderstoßen. Die Mex 186 ist die Straße der **Ruta Río Bec** (s.S. 207) nach **Chetumal** (275 km) mit Besuchsmöglichkeit diverser Mayastätten wie Calakmul u.a. Alle Fernbusse legen in Escárcega einen Zwischen- bzw. Tankstopp ein.

Wer in Escárcega strandet: *Hotel Escárcega,* an der Mex 186 (Av. Justo Sierra 86, ca. 300 m östl. der Hauptkreuzung), Tel. 8240187. Zimmer o.k., Matratzen alt, am Wochenende laute Discomusik von gegenüber. DZ 400 Ps. – *Hotel María Isabel,* Av. J. Sierra 127, Tel. 8240045; motelähnlich, Restaurant. – Gut ist das *Hotel Tuli Há,* mit Pool. DZ ca. 400 Ps.

Erste Klasse Terminal ADO, an der Kreuzung: tägl. Verbindungen nach Palenque (knapp 210 km, 4 Abfahrten 4.10, 6.30, 12.50 u. 23.35 Uhr), Villahermosa, Chetumal, Campeche, Mérida, Cancún, Playa del Carmen, Veracruz u.a. Zielen mehr. Taxis warten vor dem Terminal. Die Bushaltestation der 2. Klasse liegt ca. 1,5 km westlich der Kreuzung. **Selbstfahrer** nach **Chetumal** müssen eine mautpflichtige Brücke überqueren, evtl. Straßenkontrollen. Nächster Ort mit Tankstelle: Xpujil, ca. 155 km. **WoMo:** im *Centro Conservación de la Vida Silvestre,* östlich von Escárcega, mitten im Urwald, N18.60224 W90.70316.

Palenque s.S. 331

Champotón – Ciudad del Carmen – Villahermosa

Etwa 85 km südl. von Champotón erreicht man die *Laguna de Términos* bzw. den *Estero de Sabancuy,* den man zum Besuch des kleinen gleichnamigen Fischerorts über eine Brücke überquert, vielleicht um in einem der Fischrestaurants von Sabancuy einzukehren. In den Estero können Bootstouren unternommen werden.

40 Kilometer weiter erreicht die Mex 180 auf der langen, extrem schmalen *Península El Palmar* das Fischernest *Isla Aguada* (desolates Hotel Playa Punta Perla) und damit den Beginn von Mexikos längster Brücke *Puente de la Unidad* („Brücke der Einheit"). Sie ist 3222 Meter lang und gebührenpflichtig. Nach weiteren 35 Kilometern auf der *Isla del Carmen,* vorbei an der riesigen Meeresbucht *Laguna de Términos,* die aber kaum tiefer als 3–5 Meter ist, wird *Ciudad del Carmen* erreicht.

Ciudad del Carmen

Ew. 150.000

✆ 01-938

Die Stadt war im 17. Jh. ein Stützpunkt von Piraten, die von hier aus spanische Schiffe überfielen. Die Neugründung als Ciudad del Carmen erfolgte 1722. Später ein Fischerdorf, bis schließlich in den 1980ern vor der Küste Öl gefunden wurde. Heute ist Ciudad del Carmen eine typische Erdölstadt mit Raffinerien ohne Sehenswürdigkeiten. Das *Museo de la Ciudad,* Calle 22 und fünf Blocks von der Plaza entfernt, berichtet von der wechselvollen Geschichte. Die zentrale Plaza heißt offiziell *Parque I. Zaragoza.* Ciudad del Carmens Hauptgeschäftsstraßen sind Calle 31 und 32, die sich an der Plaza treffen. Calle 20 führt zum Malecón.

Infos

Turismo: In der Municipalid Calle 20/Ecke C. 31. Oder in der *Casa de la Cultura,* Calle 24 zw. C. 27 u. 29, nahe der Plaza. – **Bus:** Der Busterminal 1.- und 2.-Klasse liegt östlich außerhalb, ins Zentrum mit einem Taxi. Gute Verbindungen nach/von Villahermosa, Campeche, Mérida, Cancún u.a. Zielen. ADO hat ein Ticket-Büro neben dem Hotel Zacarías beim Parque, gegenüber der Kirche. – **Übernachten** an der Plaza: *Hotel del Parque,* Calle 33 zw. C. 20 u. 22, o.k. *Hotel Las Villas,* Calle 28 No. 116, DZ 650 Ps. – **Essen:** an der Plaza entlang der Calle 33 gibt es etliche günstige Loncherías. *Restaurante Los Pelicanos,* Calle 24/Ecke C. 29, mit Garten. Von den Restaurants am Malecón ist vielbesucht die *Caféteria La Fuente* (Calle 20/Ecke C. 29), gutes Frühstück. Speziell Frisches aus dem Meer bietet *El Marino,* Calle 20 No. 2.

Weiterfahrt nach Villahermosa

Über den **Puente Zacatal,** fertiggestellt 1984 und mautpflichtig, geht es über die Mündung der Laguna de Términos nach **Zacatal.** Einige Kilometer dahinter lag der frühere Hafen *Xicalango,* von wo die seefahrenden *Putún-Maya* (Chontal-Untergruppe) mit ihren hochseetüchtigen Booten ablegten. Sie fuhren entlang der Küste Yucatáns zu ihren fernen Handelsstützpunkten *Cozumel, Tulúm* und *Bacalar,* und sogar noch weiter bis zu den heutigen Ländern Guatemala (Nito am Río Dulce), Honduras (Naco am Río Ulúa), Costa Rica und Panama. Zur sicheren Navigation errichteten sie entlang der Küste in regelmäßigen Abständen Bauwerke, in denen Leuchtfeuer brannten. Ein anderer wichtiger Meereshafen der Putún war **Potonchán** am Río Grijalva bei Frontera, wo im Juni 1518 *Juan de Grijalva* und im März 1519 *Hernán Cortés* vor Anker gingen.

Vom Ort **Atasta** aus können Bootstouren in das Naturparadies der Mangroven- und Lagunenlandschaft unternommen werden: *Atasta Magle Tours,* Tel. 938-2867026.

Vor Frontera wird die Trichtermündung der vereinigten Flüsse *Río Grijalva* und *Río Usumacinta* überquert und damit auch die Grenze zwischen den Bundesstaaten Campeche und Tabasco. Von der Flussmündung sind es nach **Frontera** am Río Grijalva noch 20 km und von dort auf der Mex 180 wie gehabt durch ausgedehntes Sumpf- und Schwemmland nach Villahermosa weitere 70 km.

Beschreibung **Villahermosa** s.S. 715

Bundesstaat Chiapas

Einstieg

Mexikos südlichster Bundesstaat mit seiner ethnisch-kulturellen Vielfalt und einer Fülle landschaftlicher Schönheiten ist ganz anders als das stark spanisch überprägte Mittel- und Nordmexiko. Es ist das Tor zur **Welt der Maya-Völker** und für viele Reisende die interessanteste mexikanische Region. Die schönen Trachten **(s. Foto u.)** und kulturellen Traditionen der indigenen Maya-Völker sind ein Symbol für Land und Leute.

Besucher können zahlreiche sehenswerte Dinge bestaunen, wie die Maya-Stätten **Palenque, Yaxchilán** und **Bonampak, Sumidero-Canyon** oder die **Dörfer der Hochland-Indígena.** Es gibt aber auch Gegenwartsprobleme und verdeckte Konflikte. Bekannt machte Chiapas in den 1990er Jahren der Aufstand der **Zapatisten** gegen langjährige Ungerechtigkeiten und Unterdrückung hier im Süden Mexikos (Exkurs s.S. 329).

Chiapas' Name leitet sich vom Volk der *Chiapa* ab, das einst in der Nähe des *Río Grijalva* siedelte. Hauptstadt ist das eher gesichtslose **Tuxtla Gutiérrez,** schönste Stadt **San Cristóbal de las Casas.** Die Landesfläche beträgt ca. 75.000 qkm.

Websites

www.turismochiapas.gob.mx (Homepage der Secretaria de Turismo de Chiapas, SECTUR, mit vielen Links zu Städten und archäologischen Stätten) • www.colegiomexsur.edu.mx • www.mundochiapas.com/turismo • http://chiapas.turista.com.mx • www.mundomaya.com • www.infochiapas.com • www.chiapasmio.com • u.a.

■ *Trajes de Chiapas*

Geschichtliches

Bereits die Azteken unter *Ahuítzotl* (1486–1502) versuchten Chiapas zu unterwerfen, sie konnten aber nur einige Stämme tributpflichtig machen. Nach der Eroberung des zentralen Mexiko zog es die beiden spanischen Konquistadoren *Gonzalo de Sandoval* und *Pedro de Alvarado* (der Eroberer Guatemalas) nach Süden, denn dort wurde ein geheimnisvolles Territorium vermutet. 1524 erreichte *Diego de Mazariegos* die Region, er gründete 1528 das heutige *San Cristóbal de las Casas* als damalige Hauptstadt der Region.

Die geistliche und geistige Eroberung geschah anfänglich durch Mercedarier-Mönche und später durch Dominikaner (bedeutende Klöster gibt es in Chiapa de Corzo, San Cristóbal de las Casas, Tecpatán u.a.). 1532 wurde Chiapas dem Generalkapitanat Guatemala unterstellt, von wo aus es dann jahrhundertelang verwaltet wurde. 1823 erklärte sich Chiapas unabhängig und ein Jahr später schloss es sich endgültig der 1821 unabhängig gewordenen Republik Mexiko an.

Das Land

Chiapas ist ein überwiegend waldreiches Bergland. Die wichtigste Gebirgskette ist die *Sierra Madre de Chiapas,* deren Höhenregionen **Los Altos de Chiapa** im Mittel 2000 Meter hoch liegen. Doch dampfende Regenwälder, mäandernde Urwaldflüsse *(Río Usumacinta),* Seen *(Lagunas de Montebello, Agua Azul, Laguna Miramar)* oder Vulkankegel wie *El Chichonal* gehören genauso zur Landschaftsvielfalt wie endlose Pazifikstrände, beeindruckende Wasserfälle *(Misol-Há, El Aguacero)* oder berühmte **Maya-Stätten** wie *Palenque, Yaxchilán* oder *Bonampak.* Großartig ist der tiefeingeschnittene und durch den aufgestauten *Río Grijalva* gebildete **Sumidero-Canyon,** der mit Booten befahren werden kann. Höchster Berg ist mit 4093 Meter der Vulkan *Tacaná.*

Äußerst artenreich in den diversen Vegetationszonen zwischen Regenwald und dem klimatisch gemäßigten Hochland ist die **Flora** und **Fauna.**

Blick zurück auf Ocosingo

Kein anderer mexikanischer Bundesstaat kann es mit dieser biologischen Vielfalt aufnehmen, was Chiapas wiederum für **Öko-Tourismus** und **Naturschutzgebiete** prädestiniert. Es gibt über ein halbes Dutzend größere und kleinere Schutzgebiete mit Namen *Reservas de la Biósfera, Parques Naturales, Reservas ecológicas* sowie zwei Nationalparks, nämlich den *Parque Nacional Cañón del Sumidero* und *Parque Nacional Lagunas de Montebello.*

Klimatisch ist Chiapas ein Land der Gegensätze: an der schmalen Küstenregion, im *Soconusco,* ist es sehr heiß, im Hochland gemäßigt (in den Wintermonaten gar kalt) und in den Regenwäldern ganzjährig schwülheiß. Man muss sich auf **empfindliche Temperaturunterschiede** einstellen, die sowohl zwischen Tag und Nacht auftreten als auch beim Reisen vom Tief- ins Hochland, und zwar schon innerhalb kurzer Reisedistanzen! **Regenzeit** ist in Chiapas etwa von Mai bis Oktober.

Die **Wirtschaft** basiert überwiegend auf bäuerlicher Produktion nur für den Eigenbedarf (Subsistenzwirtschaft), die Campesinos bauen Mais, Bohnen, Kartoffeln und Tomaten an. Viele Männer suchen ihr Auskommen aber auch auf den **Bananen-, Kakao-** und **Kaffeeplantagen** des Landes. Es gibt viele Bodenschätze und große Erdöl- und Erdgaslagerstätten, aber kaum eine verarbeitende Industrie. Dafür produziert man sehr viel **hydroelektrischen Strom,** wesentlich mehr, als Chiapas selbst verbrauchen kann – abgeschiedene Dörfer sind jedoch selten an das Stromnetz angeschlossen. Für die Stromgewinnung wurde der Río Grijalva mehrere Male zu mächtigen Staudämmen aufgestaut (*Presa Belisario Domínguez, Presa Chicoasén* – das ist der Sumidero-Canyon – und *Presa Nezahualcóyotl*). Die Einnahmen aus dem **Tourismus** werden für Chiapas immer wichtiger. Das größte Potential an Ressourcen birgt jedoch der **Regenwald,** dessen Bestand durch Abholzung, Ölbohrungen, Besiedlungsdruck und damit einhergehender Brandrodung immer mehr zerstört wird, besonders in der *Selva Lacandona.*

Die uralte Welt der Maya-Sprachen

Die Sprache Maya wird in Mesoamerika seit 3000 Jahren gesprochen, heutzutage vor allem im Maya-Kernland Guatemala und in Mexiko auf der Yucatán-Halbinsel *(Yucateco-Maya),* in Chiapas und in Tabasco. Das linguistisch verwandte *huasteca* ist ein Einsprengsel im Náhuatl-Sprachgebiet des mittleren Nordostmexiko.

Maya ist eine eigenständige, geschlossene Sprachfamilie mit vielen Untergruppen und primär **zwei Hauptgruppen: Tiefland-Maya** (Yucateco-Maya) und **Hochland-Maya,** das in Chiapas und in Guatemala *(Quiché)* gesprochen wird (mit fließenden Übergängen). Zu den Hochland-Sprachen zählen auch noch *Chontales* in Tabasco und *Chortí* in Honduras.

Linguisten vermuten, dass es bis zum Ende des Klassikums, also bis etwa 900 n.Chr., eine einheitliche Mayasprache (Proto-Maya) mit nur dialektalen Varianten gab, erst danach setzte die Diversifikation ein. Von etwa 1000 bis 1500, als in das nördliche Yucatán náhuatlsprachige Gruppen (Tolteken) vordrangen, erfuhr das Yucateco-Maya Modifikationen im Vokabularium, jedoch nicht in Grammatik und Syntax. Auch das *castellano* bzw. Spanische als Staatsprache in allen mittelamerikanischen Ländern konnte Maya nicht verdrängen. Nach Schätzungen sprechen heute etwa **6 Millionen** Menschen über **30 Maya-Sprachen.** In Chiapas gibt es acht Maya-Sprachen: *Tseltal, Tzotzil, Tojolabal, Chol, Lacandón, Mam, Chuj* und *Zoque,* wobei Tseltal als *lingua franca* (Verkehrssprache) zwischen den Gruppen dient.

Ein bunter Sprachenteppich stellt **Guatemala** dar, dort werden über 20 Maya-Sprachen gesprochen, einige auch grenzüberschreitend. Hauptsprachen dort sind *Quiché, Mam, Cakchiquel* und *Kekchí.*

Weiteres über „El Idioma Maya“ s.S. 219.

Die Menschen

Schon vor der spanischen Conquista lebten im weitläufigen Territorium von Chiapas zahlreiche Maya-Ethnien, deren Kulturen, Sprachen, Religionen, Trachten *(trajes típicos)* und vielfältiges Brauchtum *(costumbre)* bis heute noch lebendig sind, wobei Touristen mit der indigenen Welt besonders im Hochland um San Cristóbal de las Casas in Berührung kommen. Heute leben im *Estado de Chiapas* etwa 3,3 Millionen *Chiapanecos,* davon rund ein Drittel Maya-Ethnien. Damit besitzt Chiapas – nach Oaxaca – den **größten indigenen Bevölkerungsanteil** aller mexikanischen Bundesstaaten. Größte Gruppen im Hochland sind die **Tseltales** und **Tzotziles,** kleinere *Tojolabales, Mames, Chuj, Zoques* und weitere. Die *Choles* siedeln sowohl im Hoch- als auch im Tiefland in Richtung Villahermosa, die *Lacandones* im Tiefland westlich des Río Usumacinta.

Hinweis: beim Fotografieren von Indígena generell vorsichtig sein, mancherorts, wie z.B. in Chamula, kann man sonst größte Probleme bekommen.

■ *Marktfrau in Ocosingo*

Probleme

Chiapas ist in den Augen vieler Mexikaner meist nur der fremdartige, rückständige Süden, arm und unterentwickelt und voller Konfliktherde. Hier zeigen die mexikanischen Gegensätze ein krasseres Erscheinungsbild: Es gibt hohe Analphabeten- und Arbeitslosenquoten, auch die Säuglingssterblichkeit ist hoch. Landreformen, allgemeine Schulbildung und ein Gesundheitswesen für alle – einst Ziele der Mexikanischen Revolution – konnten in Mexikos südlicher Grenzprovinz nie richtig verwirklicht werden. Auch heutige Hilfsgelder versickern meist in den Taschen korrupter Beamter und Parteibonzen. Große Teile des bebaubaren Landes befinden sich in den Händen weniger *mestizos,* und diese halten außerdem die politische Macht in den Händen. So bleibt vielerorts für die Landbevölkerung nur ein hartes Leben – früher bei den Spaniern als Zwangsarbeiter im kolonialen Ausbeutungssystem der *encomiendas* (die in Chiapas erst 1720 abgeschafft wurden), heute als landlose Bauern oder Kaffeepflücker oder Wanderarbeiter. Ausbeutung, Ungerechtigkeit, Unterdrückung und Armut – das ist in Chiapas seit Hunderten von Jahren schmerzliche Realität.

Kein Wunder also, wenn es deshalb in Chiapas schon in der Kolonialzeit und bis heute immer wieder **Revolten** und bewaffnete Erhebungen gab, die Indígena wehrten sich damit außerdem noch gegen die Assimilation ihrer Kultur und Lebensart mit der mexikanischen Mestizo-Kultur: 1712 Tseltales-Aufstand von Cancuc, 1772 Gómez de la Gloria mit 6000 revoltierenden Indígena, 1869 Chamula-Rebellion, 1911 Aufstand der Tzotziles und Tseltales, **1. Januar 1994** Aufstand der **Zapatisten.** Dieser letzte große Konflikt, der mit militärischer Macht niedergeschlagen wurde, öffnete dem nördlichen Mexiko die Augen über die wahren Zustände im Süden ihres Landes.

Los Zapatistas

Ins Rampenlicht der Weltöffentlichkeit geriet Chiapas am 1. Januar 1994, als bewaffnete und maskierte Männer die Rathäuser von *San Cristóbal de las Casas, Las Margaritas, Ocosingo* und die von sechs weiteren Dörfern angriffen und besetzten. Wie einst der charismatische und 1919 erschossene Revolutionsheld *Emiliano Zapata* fordert der **EZLN** *(Ejército Zapatista de Liberación Nacional,* Zapatistisches Heer der nationalen Befreiung) soziale Gerechtigkeit, aber auch kulturelle Autonomie der indigenen Bevölkerung.

Die Regierungstruppen konnten die besetzten Rathäuser alsbald blutig zurückerobern, aber bis heute kontrollieren die Zapatisten einige Zonen und Dörfer im Hinterland, wie z.B. Altamirano, etwa 80 km östlich von San Cristóbal de las Casas. Am 12. Januar 1994 begann ein Waffenstillstand – bis dahin hatte es mindestens 150 Tote gegeben –, der jedoch immer wieder von blutigen Zwischenfällen mit Toten unterbrochen wurde.

Die langwierigen Verhandlungen zwischen dem damaligen Präsidenten Carlos Salinas de Gortari und den Zapatisten führten zu keiner Einigung, und auch der im Juli 2000 gewählte Präsident Fox konnte sein Wahlversprechen, den Konflikt zu lösen, nicht einhalten. Sein Entwurf für ein Indígena-Autonomiegesetz wurde abgelehnt, da er die Vorlage der Zapatisten zum Nachteil der Indígena verändert hatte. Seither liegt der Friedensdialog auf Eis.

Wenn die Regierung die Aufständischen dennoch nicht militärisch eliminierte, so liegt das sicher auch daran, dass ihr Anführer, der als *Rafael Sebastián Guillén* aus Tampico (Tamaulipas) identifizierte **Subcomandante Marcos** einen geschickten Medienkrieg in die Wege leitete und mit seinen *Comunicados* und literarischen Anklagen weltweit Aufsehen erregte. Sein mit einer Sturmmaske vermummtes Gesicht ging durch die Weltpresse, prangt in Chiapas heute noch auf Hauswänden oder auf T-Shirts und ist als Postkarte erhältlich, wie auch Zapatisten-Püppchen und andere revolutionäre Souvenirs.

Zu Beginn des Aufstands sympathisierten sehr viele Chiapanecos, besonders die Landbevölkerung, mit den Forderungen der Zapatistas, doch mit der Zeit verlor die Rebellion ihre breite Zustimmung. Auch deshalb, weil in San Cristóbal de las Casas die Touristen ausblieben und darunter die gesamte örtliche Reisebranche zu leiden hatte, einschließlich der Straßenhändler und Bettelnden.

Nach Angaben der Zapatisten sind seit 1994 bis Ende 1999 mehr als 1000 Guerilleros und sympathisierende Indígena umgekommen, und mehr als 15.000 Menschen wurden aus ihren Dörfern und Städten vertrieben. In den Medien ist es aber ziemlich ruhig um die Zapatisten geworden.

Homepage der Zapastisten für aktuelle Infos: **http://enlacezapatista.ezln.org.mx/**

Routen und Reisen in Chiapas

Reisen in Chiapas ist wegen der in manchen Regionen nur schwachen Infrastruktur nicht immer ganz einfach. Das Straßennetz ist weitmaschig, die Strecken kurvenreich und voller Höhenunterschiede. Längere Regenfälle können selbst gute Straßenverbindungen über Nacht unpassierbar machen. Selbstfahrer kommen auch auf kurzen Distanzen meist nur langsam voran.

Haupttransportmittel sind Busse, eine (bedeutungslose) Eisenbahnlinie gibt es nur entlang der Pazifikküste. Relevant für den Personen- und Gütertransport sind außerdem die schiffbaren Flüsse *Río San Pedro* und *Río Usumacinta.* Abgelegene Orte im Hinterland werden meist mit kleinen Propellermaschinen angeflogen.

Wichtigste Einfallstraße von der Halbinsel Yucatán ist die **Mex 186** nach Palenque und weiter nach San Cristóbal de las Casas als Mex 199. Schlagader im Hochland ist die **Mex 190,** die Panamericana, die von Guatemala (Grenzübergang Cuauhtémoc//La Mesilla) über San Cristóbal de las Casas und Tuxtla Gutiérrez zum Golf von Tehuantepec bzw. nach Oaxaca führt. Vom Golf von Mexiko erreicht man auf der Autobahn **Mex 180D** Tuxtla Gutiérrez, die **Mex 195** schlängelt sich von Villahermosa nach San Cristóbal de las Casas. Die **Mex 200** beginnt an der guatemaltekischen Grenze in Tapachula und läuft parallel zur Pazifikküste bis in den Südosten des Bundesstaates Oaxaca.

Touristische Highlights in Chiapas (von W–O)

Sumidero-Cañón (Bootsfahrt von Chiapa de Corzo aus), **San Cristóbal de las Casas** (historische Kolonialstadt, Zentrum der Hochland-Indígena, Indígena-Dörfer im Umland, viele Ausflugsmöglichkeiten), **Palenque** (schönstgelegene archäologische Stätte Mexikos) mit **Agua Azul** (herrliche Wasserfälle, Bademöglichkeit). Beim/am Río Usumacinta liegen **Bonampak** (Maya-Tempel mit *murales*) und **Yaxchilán,** eine sehr eindrucksvolle Mayastätte.

Siete Rutas

Das *Secretaría de Turismo de Chiapas* (SECTUR) unterteilte Chiapas in 7 „Rutas turísticas“, ausgewiesen auf Publikationen, Prospekten und in Chiapas-Webseiten. Details zu diesen 7 Routen mit Orten und Zielen auf www.chiapas.gob.mx/rutas-turisticas oder www.colegiomexsur.edu.mx.

Ruta Maya: Von San Cristóbal de las Casas nach Palenque und entlang der Guatemala-Grenzstraße *Carretera Fronteriza* zurück nach San Cristóbal.

Ruta Culturas Vivas: Die vielen Dorfgesellschaften (Chamula, Zinacantán u.a.) um San Cristóbal.

Ruta Camino Real: Das Gebiet westlich von Comitán mit Wasserfall *El Chiflón* (s.S. 420), weniger besucht.

Ruta dos Chiapas: Tuxtla Gutiérrez mit Sumidero-Cañón und San Cristóbal de las Casas.

Ruta Valles: Entlang der Mex 190 und seitlichen Nebentäler von Oaxaca nach Tuxtla Gutiérrez.

Ruta Zoques: Das Siedlungsgebiet dieser Ethnie von Tuxtla Gutiérrez bis nach Tabasco. Selten besucht.

Ruta Costa-Soconusco: Die Orte entlang der Mex 200 und der Pazifikküste ohne großartige touristische Höhepunkte.

■ ***Sumidero-Canyon,*** *Blick in die Tiefe vom Aussichtspunkt „Los Chiapas“, s.S. 437*

Selbstfahrer können Chiapas' fantastische Landschaftsszenerien auf kurvenreichen Berg- und Urwaldstraßen hautnah erleben. Die Hauptstraßen sind alle asphaltiert, doch häufig in schlechtem Zustand. Immer vorsichtig und defensiv fahren, die meist unübersichtlichen Straßen nutzen noch viele andere Verkehrsteilnehmer, wie Viehherden, lastentragende Campesinos, Radfahrer, Busse und oft verkehrsunsichere Lastwagen. Campen: Außerhalb der touristischen Orte gibt es so gut wie keine kommerziellen Campingplätze.

Hinweis: Wegen unstabiler politischer Verhältnisse in Chiapas führt das Militär an den Straßen **Pass- und Personenkontrollen** durch – meist junge Soldaten mit „staatstragender" Miene. Touristen waren in Chiapas bislang jedoch noch nie gefährdet.

Santo Domingo de Palenque

Ew. 85.000

✆ 01-916

Wenn schon Maya-Ruinen oder Pyramiden in Mexiko – dann die von Palenque! Eingebettet in tropischem Regenwald sind sie die wohl eindrucksvollsten aller klassischen Mayastätten Südmexikos. Sie liegen ca. 8 km außerhalb des Ortes Palenque (eigentlicher Name **Santo Domingo de Palenque,** eine Dominikanergründung von 1564).

War Palenque bis noch vor wenigen Jahren sehr unattraktiv, so erfuhr das Ortsbild durch Verschmälerung der Hauptstraße Av. Juárez und Aufwertung des Zócalo zu einem abendlichen Treffpunkt mit Markt und musikalischer Unterhaltung (in „Konkurrenz" zu dem unglaublich lauten Vogelkonzert dort) ein „Facelifting" hin zum Besseren. Nach wie vor gibt es aber im Ort so gut wie nichts Interessantes zu sehen, nur viele Touristen, alle auf dem Weg zu den Palenque-Ruinen, nach Agua Azul, Bonampak, Yaxchilán oder nach Tikal/Guatemala. Der nie abreißende Besucherstrom beschert Palenque eine gute Einnahmequelle, neue Restaurants und Hotels entstehen, ständig wird renoviert und erweitert.

■ *Der Cabeza Maya*

Wer alle Reiseziele in der näheren und weiteren Umgebung wahrnehmen will **(Palenque-Ruinen, Agua Azul, Misol-Há, Yaxchilán, Bonampak)** benötigt 2–3 Tage. Eilige können jedoch die Palenque-Ruinen, Agua Azul und Misol-Há auch an einem Tag besichtigen, zahlreiche Reiseagenturen bieten vielerlei Touren in allen nur möglichen Kombinationen an, auch mit Flores in Guatemala. Im Übrigen dämpft die **Schwüle und Hitze** Palenques jegliche weitere Unternehmungslust erheblich.

Zurechtfinden Die nördliche Anfahrtsstraße Mex 199 von Catazajá bzw. von Yucatán/Villahermosa führt über *Pakalná* (Palenques kleiner Airport u. Bahnhof) zum **Straßendreieck Cabeza Maya (Mayakopf-Monument, s.o.),** wo die Straße zu den Palenque-Ruinen und nach San Cristóbal de las Casas abzweigt und die **Orts-Hauptstraße Av. Juárez** beginnt. Sie führt auf etwa 800 m bis zum Zócalo bzw. zum Parque. Etwa 80 m nach dem Cabeza Maya befinden sich rechts die Busterminals. Davor warten Taxis.

Adressen & Service Palenque

Turismo Juárez/Ecke Abasolo, eine Cuadra vom Zócalo, Tel. 01-**916**-3450356. Infos, Karten, Hotelprospekte. Mo–Sa 9–21 Uhr, So 9–13 Uhr. Ein Info-Kiosk ist auf dem Zócalo. **Websites:** www.palenque.com.mx; u.a.

Unterkunft

Palenque ist voller Hotels aller Preiskategorien. Jene im Ort befinden sich überwiegend an der Hauptstraße Juárez **(s. Foto)** und in der 2. Reihe südlich und nördlich von ihr (es gibt weitaus mehr als hier aufgeführt sind). Daneben gibt es noch einen ruhigeren Hotelbezirk westlich am Ortsrand, im etwas abgelegenen **Waldgebiet „La Cañada",** dort überwiegend Mittelklasse-Unterkünfte (mit der Ausnahme von **Yaxkin**).

Unterkünfte im **Centro** sind für Komfortsuchende nicht zu empfehlen, haben aber den Vorteil der kurzen Wege zu Restaurants, Reiseagenturen und Geschäften. Vom ADO-Terminal ist es etwa gleich weit bis zum Zócalo und zu den „La Cañada"-Unterkünften. Neuere und teure Hotels für Touristengruppen liegen an der Straße Mex 199 zum Airport bzw. Rtg. Villahermosa.

Eine dritte Ansammlung von Unterkünften aller Preiskategorien liegt entlang der Straße zu den Palenque-Ruinen (bis zu ihnen sind es aus dem Ort knapp 8 km). Dies sind die richtigen für Selbstfahrer und für Traveller, die gerne naturnah logieren. Ein weiterer Vorteil ist, dass man von ihnen zu Fuß zu den Ruinen laufen und abends etwas Urwald-Atmosphäre erleben kann. Durch den nie abreißenden Colectivo- und Taxi-Verkehr zwischen den Ruinen und Palenque-Ort ist der Transport von und in die Stadt problemlos (Colectivo 10 Ps, Taxi 50 Ps). Das Preisniveau aller Unterkünfte ist für das Gebotene zu hoch. Wegen der drückenden Schwüle auf funktionierende Ventilatoren achten oder gleich ein Zimmer mit AC nehmen!

Hotels im Ort

Reihenfolge ab den Busterminals, fast alle sind von den Bussen zu Fuß erreichbar, Taxis stehen dort aber auch bereit.

Beim ADO-Busterminal: **Hotel Elena,** gleich südlich des ADO-Bushofes, DZ 300–400 Ps, soll auch separat Duschen und Gepäckaufbewahrung anbieten.

Hotel Avenida, Tel. 3451029, 80 m vom Busterminal, schräg über die Straße, türkisfarbener Flachbau, aneinandergebaut mit der dreistöckigen, orangenfarbenen **Posada Los Ángeles,** Tel. 3451738. Man kann also schnell entscheiden, welches einem mehr zusagt (das Avenida hat einen Pool). Beide preislich ähnlich, DZ 300–400 Ps, je nachdem ob mit oder ohne AC.

Posada Nacha'n-Ka'an, Av. 20 de Noviembre No. 25, Tel. 3454737, pnachankaan@hotmail.com. Hoher, schmaler Bau, aber das wohl das meistbesuchte unter den einfachen Hotels. José ist sehr freundlich und hilfsbereit und spricht Englisch. Einfache, aber sehr saubere Zimmer über drei Stockwerke verteilt, Internet, Frühstücksraum, Infos etc. DZ 400 Ps (auch welche mit AC), Dormitorio-Bett 80 Ps. **TIPP.**

Am östlichen Ende der Juárez noch zwei Hotels der unteren Mittelklasse:

Hotel Casa de Pakal, DZ/F 650 Ps. – **Hotel Chan-Kah Centro,** Juárez/Ecke Independencia (nicht zu verwechseln mit dem Schwesterhotel *Chan-Kah* an der Straße zu den Ruinen), Tel. 3450318, www.chan-kah.com.mx. 5-stöckiger Hochbau am Zócalo, Restaurant und Reisebüro, großer Pool. DZ 650 Ps.

Posada Kin, Abasolo 1, Tel. 3451714. Relativ neu, einfach, sauber. DZ mit Vent. um 400 Ps.

Hotel Palenque, Av. 5 de Mayo, Tel. 3450103, www.hotelpalenque.com.mx. Das traditionsreiche erste Hotel von Palenque begann einmal mit 2 Zimmern, heute sind es 27, noch immer im Familieneigentum. Gute Mittelklasse, Garten, Bar, Live-Marimba-Musik, Chol-Kunsthandwerk, Pool, WiFi, Hotelparkplatz und Restaurant. Freundlich, saubere und große Zimmer. DZ/F 900 Ps.

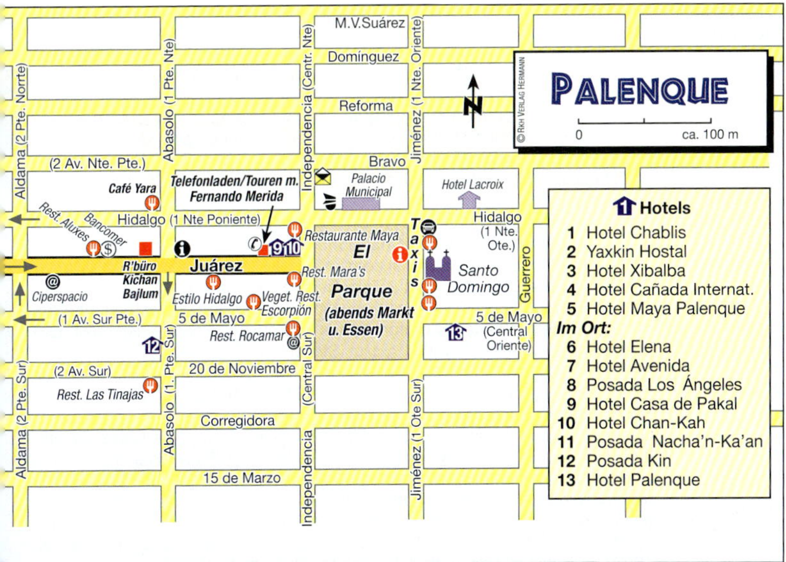

In Richtung „La Cañada" Geich nach dem Cabeza Maya rechts: **Hotel Maya Palenque** (Best-Western, blauer Klotz), Tel. 3450780, www.bestwestern.com. Mittelklasse, große Zimmer/AC und mit TV, Pools im Garten. DZ ab 685 Ps. – Direkt gegenüber: **Hotel La Cañada International,** Tel. 3452094, www.hotelcanadainternacional.com. Gute Zimmer/AC (die zur Straße hin sind laut), Pool, Rest. DZ je nach Ausstattung 600–900 Ps.

Hotels im Waldgebiet „La Cañada" *Alle Unterkünfte haben Parkplätze und liegen ruhig. Lage s. Stadtplan.* Restaurant-Hinweis dort: *Maya Cañada* (gehoben).

Yaxkin Hostal, östliches Ende der Merle Green, www.yaxkinhostels.com, Tel. 3450102. Umgebaute ehemalige Disco, alle Traveller-Services, Bar, Gästeküche, Restaurant, 3 Dormitories (Ü 150 Ps), dazu 2 DZ mit AC/Vent. u. Privatbad (um 450 Ps). Gut frühstücken unten im Café Jade.

Hotel Xibalba, Merle Green 9, rechte Seite (nach Restaurant Merolec), Tel. 3450411, www.hotelxibalba.com. 35 ordentliche Zimmer in zwei Gebäuden (mit Replikaten von Pacals Grabplatte u. Yaxchilán-Türsturz 25), Restaurant/Bar *Don Carlos* und Reiseagentur *Viajes Shivalva.* Gutes PLV, DZ ca. 750 Ps.

Hotel Chablis, Merle Green 7 (schräg gegenüber Hotel Xibalba, gleiche Besitzer Fam. Morales), Tel. 3450870, www.hotelchablis.com. Ähnlich gut wie Hotel Xibalba, 32 Zimmer, Restaurant. DZ ab 950 Ps.

LUX **Chan-Kah Resort Village,** s.u. – **Hotel Misión Palenque,** ganz am Ostrand Palenques, Rancho San Martín, Tel. 3450241, www.hotelesmision.com; Gartenanlage, 210 Zi. um Pool, allabendlich Musik, DZ ab ca. 80 US$. – **Hotel Plaza Palenque,** 2 km außerhalb an der Straße nach Catazajá (KM 27), Tel. 3450555, www.plazapalenqueinn.com.mx. US-Motel-ähnlich, 96 Zi., Rest. Pool etc. DZ 1250 Ps.– An der Catazajá-Straße gibt es noch weitere Hotels.

Unterkünfte an der Straße zu den Ruinen An der etwa 7 km langen Straße zu den Palenque-Ruinen reihen sich weitere Hotels, Campingplätze und Cabañas – mehr als unten aufgeführt! Für jeden Geschmack und Geldbeutel ist etwas dabei. Um zu den Palenque-Ruinen hochzusteigen, den Weg links nach dem Museo de Sitio nehmen, der Eintritt ist an der Palapa-Kasse zu bezahlen. Schönes frühmorgendliches Naturerlebnis auf steilem Weg, anfänglich vorbei an kleinen Wasserfällen.

Hinweis: Der Palenque-**Nationalpark** beginnt bereits an der Zufahrtsstraße zu den Palenque-Ruinen. Kontroll- und Zahlstelle beim KM 4,4, noch vor *El Panchán* (s.u.). Eintritt 28 Ps. Zu zahlen und zwar täglich, auch wenn man nur zu einer hinter der Kontrollstelle liegenden Unterkunft möchte.

Hotel Cabañas Safari, KM 1 (beim DIF Regional), Tel. 3450026; Cabaña-Anlage. – **Boutique Hotel Quinta Chanabnal,** KM 2,2, rechte Straßenseite, Tel. 3455320, http://quintachanabnal.com. Neues kleines Luxus-Hotel in einem tropischem Gartenpark, alles nur Top! Besitzer Raphael ist Spezialist für Mayageschichte, jedes Detail erinnert an seine Passion. Äußerst schöne und geräumige Suiten mit allem Komfort, gutes Restaurant, Pools – *der* Palenque-Luxus-**TIPP!** 7 Suiten ab 150 US$ plus Steuer.

Motel Los Leones, KM 2,5. Dieser Trailer Park ist eher was für große Ami-Wohnmobile, „Normalos" sind beim **Mayabell** (s.u.) besser aufgehoben.

Hotel Villas Kin-Ha, KM 2,7.

Gegenüber vom Villas Kin-Ha liegt auf einer kleinen Anhöhe **La Aldea del Halach-Huinic,** KM 2,8, www.hotellaaldea.net, Tel. 3451693. Man geht etwa 100 m hinauf zur Rezeption, um einen kleinen Swimmingpool gruppieren sich in einer hübschen, familiengeführten Gartenanlage 28 komfortable Palapa-Cabañas. Auch Cabañas – Platz für max. 4 Perosnen – mit Gemeinschaftsbad ca. 250 Ps p.P., mit Privatbad 400 Ps, als Luxusversion mit AC und Privatbad ab 1000 Ps. Wohlfühl-Ambiente, ruhig, gutes Restaurant.

Chan-Kah Resort Village, KM 3,1 (das mit den Maya-Torbögen), Tel. 3451134, www.chan-kah.com.mx. Anlage mit verstreut liegenden Casitas mit AC, schönes Ambiente, idyllische Pools mit Palmen und (mittelmäßiges) Restaurant. DZ m. Frühstück ab 1770 Ps.

Campground/Trailer Park María de Sol, nach Chan-Kah, mit Restaurant.

El Panchán, KM 4,5, www.elpanchan.com. Für alle, die es einfach, günstig und „kultig" lieben ist diese große Anlage mit verschiedenen Betreibern (*Chato's Cabañas, El Jaguar, Mono Blanco* und unten genannte) seit vielen Jahren ein Traveller-Treff. Keine Luxus-Herbergen und nichts für jene mit einer Krabbelgetier-Phobie oder die nächtliches Zikaden-Zirpen und Brüllaffengeschrei verängstigt. Am besten eine freistehende Cabaña wählen, ein eigenes Moskitonetz ist bei den sehr einfachen Unterkünften von Vorteil.

Angeboten werden diverse Cabaña- und Bungalowtypen von 100 bis 300 Peso p.P., je nachdem ob *baño común* oder *baño privado.* Man sollte sich die Zeit nehmen und sie sich zeigen lassen. Zuschriften äußern sich positiv über **Jungle Palace,** deren Holz-Doppelcabañas mit kleiner Terrasse alle am Bach stehen (ca. 300 Ps für 2 Pers. eigenes Bad), während die langjährigen **Cabañas Margarita & Ed,** Tel. 3484205, in der Traveller-Gunst auf dem „absteigenden Ast" zu sein scheinen (300–650 Ps, auch Zimmer in einem festen Haus mit AC). Die Restaurants dort sind o.k., preislich etwas erhöht. *Don Mucho's* ist am populärsten, abends häufig Live-Musik. Außerdem Internet-Café und Tourangebote (*Paco Tours,* Tel. 044-916-1032075, z.B. nach Agua Azul und Misol-Há, geführte Dschungeltouren und etliche andere mehr.

Elementos Naturales Youth Hostel, KM 5, Tel. 3484655. Budget-Übernachtungen in rustikalen Cabañas, ähnlich wie El Panchán. Mal als zufriedenstellend bewertet, mal wird es verrissen.

Gleichermaßen vor tropischer Kulisse: **Maya Bell,** KM 6, etwa 400 m bis zum Palenque-Museum und 500 m zum unteren Palenque-Eingang, auf der linken Straßenseite, „Hotel, Cabañas y Tryler Park" heißt es auf dem Hinweisschild, Tel. 3416977, www.mayabell.com.mx. Schöne Anlage, hilfsbereite Rezeption, Camping, günstige **Wohnmobil-Stellplätze,** Hängematten, Duschen, Pool, Restaurant (auch Vegetarisches), Parkplatz, *temazcal* (Dampfbad) u.a. Dinge mehr; fast allabendlich Live-Musik. Die Cabañas, erbaut in „biologischer Architektur in magischem Ambiente …" kosten je nach Ausstattung, Größe und Belegung 350–950 Ps (die mit AC sind die komfortabelsten). „Erst auf intensive Nachfrage wird einem was Billigeres angeboten … Hängemattenplatz z.B. 90 Ps, Lockers kosten extra."

Hotel Nututun Viva, www.nututun.com, gelegen an der Straße nach Ocosingo, 3,5 km nach der Abzweigung von der Ruinen-Straße, Tel. 01-612-1750860. Groß, motelähnlich, hübsche Lage am Río Chacamax, Pool, Platz für **Wohnmobile** (Strom extra und teuer). Bademöglichkeit am Fluss („Balneario Nututun"). DZ ab 850 Ps. Gegenüber liegt die günstigere *Posada Carmen.*

Essen & Trinken

Palenque bietet ein breites Angebot an Restaurants, Cafés, *loncherías* usw. Doch über schlechten Service, hinzuaddiertes Trinkgeld u.ä. erreichten uns schon etliche Klagen. Viele Restaurants, Taquerías und Cafés findet man in der Hauptstraße **Juárez,** teils Open-air im Obergeschoss. In den Nebenstraßen gibt es weniger überlaufene Möglichkeiten. **Am günstigsten** isst man bei den Ständen des Nachtmarktes am Zócalo.

Hier eine Auswahl (jeweilige Lage s. Stadtplan): **Restaurante Café Yara,** Hidalgo/Ecke Abasolo: orangefarbener Bau mit oberer Etage, nettes Ambiente, diverse Kaffeesorten, Frühstück, Menüs 65–100 Ps. – Südlich der Juárez empfiehlt sich in der 2. Av. Sur 41 das gute und günstige **Las Tinajas** mit großen Portionen, auch Vegetarisches. – Populär für Italienisches ist die **Pizzeria Palenque,** Juárez zw. Allende u. Aldama. – **Zócalo:** An der Ecke Juárez liegt **Mara's Restaurant,** dessen zentrale Lage mit überhöhten Preisen und Servicezuschlag zu bezahlen ist. – Nördlich davon, Independencia/Ecke Hidalgo: **Restaurante Maya,** gutes Restaurant, *platillos internacionales y comida chiapaneca.* – Gerade was zu feiern? Dann evtl. ins schicke **La Selva,** ca. 200 m südl. vom Maykopf-Denkmal, mit Gartenrestaurant; à la carte, Menüs, Büffet; Speisekarte auf www.laselvarestaurante.com.mx.

Kommunikation **Post:** Independencia/Ecke C. Bravo; Mo–Fr bis 20 Uhr, Sa 9–12 Uhr; PLZ 29960. – **Telefon/Fax:** eine Caseta ist in der Juárez 13 beim Zócalo und im ADO-Terminal. – **Internet-Cafés:** Mehr als ein Dutzend in der Juárez und in den Nebenstraßen, s. @-Piktogramme im Stadtplan.

Bank / Geld *Bancomer,* Juárez 96, *Banamex,* Juárez 62 (beide mit Geldautomaten, Travellerschecks nur bei Bancomer; Bargeldwechsel in beiden Banken nur 10–12 Uhr. Es wechseln auch Hotels und Reiseagenturen (schlechte Kurse).

Notfall **Polizei:** Palacio Municipal, Tel. 3451844. – **Hospital:** Hospital an der Juárez, westl. Ende, hinter Busterminal 1. Klasse, Tel. 3450788. – **Migración:** An der Straße Palenque – Catazajá, hinter Pakalná beim KM 6, mitten auf der „grünen Wiese" (Col. Las Joyas), Tel. 3450795, www.inm.gob.mx.

Wäscherei Eine günstige ist in der Jiménez zw. 20 de Noviembre u. 15 de Marzo (südöstl. vom Parque).

Feste In der Kar- bzw. Osterwoche: *Expo Internacional y Mundo Maya Palenque.* August: *Feria de Santo Domingo de Palenque.*

An- und Weiterreise

Bus Palenque hätte unbedingt einen neuen, zentralen Busterminal verdient, an der Avenida Juárez herrschen leicht chaotische Verhältnisse.

Meistfrequentiert ist **ADO 1. Klasse** (Geldautomat, Gepäckaufbewahrung, Internet, Tel. 3451344, www.ado.com.mx). Dort auch *Ómnibus Cristóbal Colón* (OCC, gehört auch zu ADO). Die Depots/Büros der nicht wenigen Linien der **2. Klasse** liegen nur wenige Meter weiter: **AEXA** (*Autobuses Expreso Azul,* Tel. 3452630), **OTC** und **Cardesa**. Abfahrtsplätze der Colectivos und ihre Ziele s. Stadtplan.

Zu wichtigen Fernzielen mit 1.-Klasse-Bussen, wie Playa del Carmen, Tulúm und besonders für Mérida am besten das Ticket gleich nach der Ankunft kaufen.

Ziele mit ADO, OCC und **TRT: Agua Azul / Misol-Há:** mit Colectivos, s.u. – **Campeche** (360 km, 5,5 h) 8, 21 u. 23 Uhr oder mit Mérida-Bus; oder mit Colectivo nach (Crucero) Emiliano Zapata, dort passieren diverse Busse aus Richtung Villahermosa nach Campeche und Mérida. – **Cancún** (860 km, 13 h) 20 Uhr, TRT 21.30 Uhr. – **Chetumal** (südl. Karibikküste, 500 km, 7,5 h), 20 Uhr, TRT 21.30 Uhr. – **Emiliano Zapata,** 8, 20, 21 u. 23 Uhr. – **Escárcega:** 8 u. 23 Uhr. – **Mérida** (550 km, 8 h), 8, 21 u. 23 Uhr. – **Mexiko-Stadt** (1000 km, ca. 14 h) 18.30 u. 21 Uhr. – **Oaxaca** (800 km, anstrengende 15,5 h) 17.30 Uhr. – **Ocosingo** (100 km, 2 h 45 Min.) fast stündl. mit ADO und AEXA sowie ständig Colectivos, Abfahrt beim AEXA-Terminal. – **Playa del Carmen** (800 km, 11–12 h), 20 Uhr, TRT 21.30 Uhr. – **San Cristóbal de las Casas** (190 km, 5,5 h, Pause in Ocosingo; sehr, sehr kurvenreiche Strecke mit unzähligen Topes), mit OCC 6 Busse tägl., ADO 7 Uhr. Weitere Busse vom AEXA-Terminal! – **Tenosique für Guatemala:** (100 km, 2 h) stündl. mit Transportes Palenque von der Calle Allende. – **Tulúm** (750 km, 11 h, wie Cancún), 20 Uhr, TRT 21.30 Uhr. – **Tuxtla Gutiérrez** (6 h) stündl. mit ADO und AEXA. – **Villahermosa** (140 km, 2,5 h) nahezu stündlich mit ADO und auch AEXA.

Guatemala s.S. 377

Flug Kleiner Flugplatz, 3 km nördlich von Palenque. Wer von Guatemala einfliegt, bekommt nur 2 Wochen Aufenthalt genehmigt. In den Ort mit einem Taxi fahren, am Flugplatz besteht keine Geldwechselmöglichkeit.

Carretera Fronteriza del Sur (Mex 307) **nach Comitán**

Zum Parque Nacional Lagunas de Montebello/Comitán: Auf der *Carretera Fronteriza del Sur,* die parallel zur guatemaltekischen Grenze verläuft (Karte s.S. 338), kann man von Palenque aus „hintenrum" ins Hochland von Chiapas gelangen. Nach *Benemérito de las Américas* (210 km) per Colectivo von *Transportes Chamoán* südl. vom Cabeza Maya nehmen oder gleich einen *Línea Comitán Lagos de Montebello*-Van, der bis Comitán fährt (Abfahrt von der Calle Suárez im Norden Palenques, einige Straßenblocks westlich vom Palenque-Markt, etwa stündlich, Tel. 3451260). Wer dabei unterwegs die Öko-Lodge **Las Guacamayas** besuchen möchte (s.u.), nimmt von Benemérito de las Américas weitere Colectivos (oder ein Taxi) über Pico de Oro nach Reforma Agraria.

Selbstfahrer tanken voll und biegen ca. 9 km hinter Benemérito de las Américas an der *Crucero Zamara/Pico de Oro* rechts ab in Richtung Chajul und erreichen nach ca. 43 km ab der erwähnten Crucero (260 km von Palenque) die **Comunidad Reforma Agraria** mit der (rechts abbiegen) schönen Öko-Lodge *Centro Ecoturístico Las Guacamayas* am Río Lacantún, ein Guacamaya-Schutzprojekt, Tel. 01-555-1511869. Übernachten: 14 Cabañas bzw. 14 DZ (ca. 850 Ps, keine Kreditkarten), *habitación colectiva* p.P. 180 Ps, auch Camping, Restaurant. Bootstouren (2 oder 3 Stunden für bis zu 6 Personen) auf dem Río Lacantún zu Papageien, auch zu Affen und Krokodilen, und mit Glück sieht man Tapire. Mehr über das Projekt, Details zur Strecke sowie aktuelle Preise auf www.utselva.edu.mx/centrosecoturisticos.

Anschließend weiterfahren nach *Chajul,* wo man wieder auf die asphaltierte Carretera Fronteriza/Mex 307 stößt, die über Tziscao im Nationalpark *Lagunas de Montebello* (s.S. 425) zur Mex 190 und nach Comitán führt.

Ein lohnender Abstecher unterwegs sind die schönen, türkisfarbenen Wasserfälle **Las Nubes,** wo es das *Las Nubes Centro Ecoturístico* mit 15 Bungalows, Restaurant und Natur-Aktivitäten gibt (Tel. 01-963-1009732). Details und Fotos wieder auf der o.g. utselva-Webseite. Zum Besuch vom Ort *Jerusalem* auf einem 12-Kilometer-Abzweig nach Norden fahren.

Hinweis auf diese Carretera-Fronteriza-Strecke von San Cristóbal aus s.S. 410, „Auf der Carretera Fronteriza nach Palenque".

Bahn

Palenques Bahnhof befindet sich ca. 6 km nördlich außerhalb an der Mex 199 in *Pakalná* (in Richtung Catazajá), wo auch der kleine **Flughafen** ist. Der Zugverkehr nach Mexiko-Stadt und Mérida ist seit langem eingestellt.

An der Carretera Fronteriza gibt es nur wenige kleine Orte, hier Montecristo

Chiapas

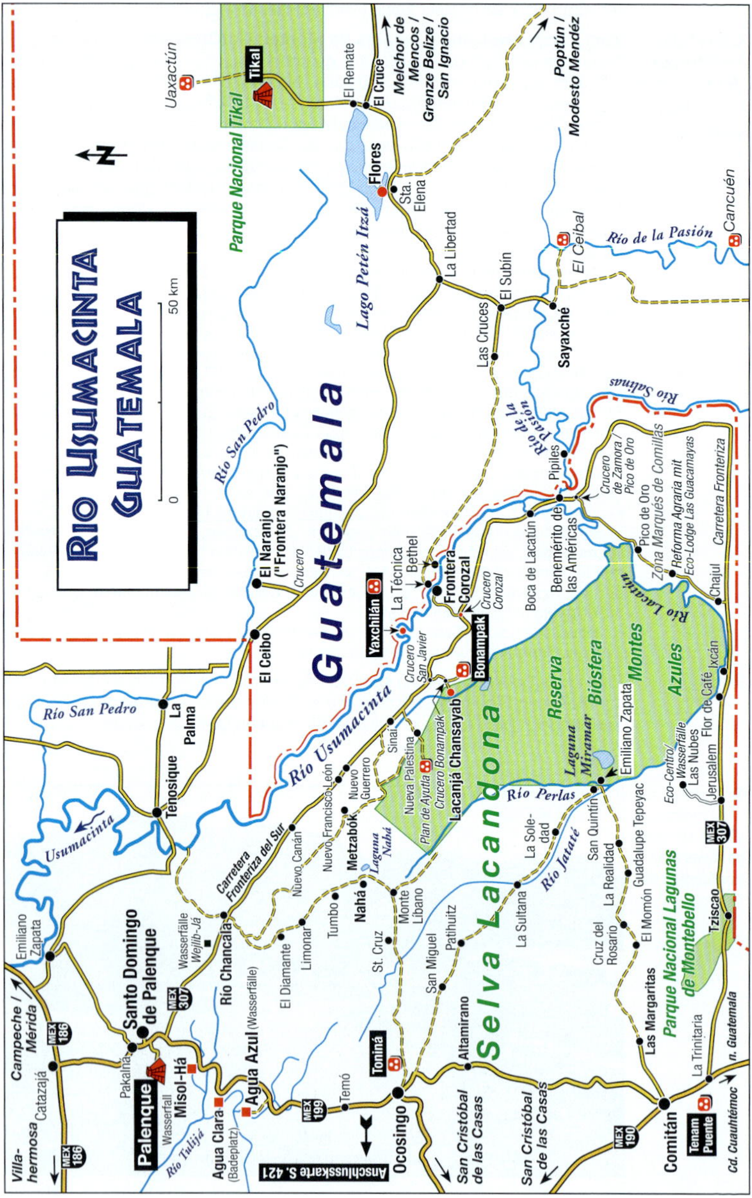
Rio Usumacinta
Guatemala
0
50 km
Uaxactún
Tikal
Parque Nacional Tikal
El Remate
El Cruce
Melchor de Mencos / Grenze Belize / San Ignacio
Poptún / Modesto Mendéz
Flores
Sta. Elena
Lago Petén Itzá
La Libertad
El Subín
Las Cruces
Sayaxché
El Ceibal
Río de la Pasión
Cancuén
Río Salinas
Río San Pedro
El Naranjo ("Frontera Naranjo")
Crucero
Guatemala
El Ceibo
Yaxchilán
La Técnica
Bethel
Frontera Corozal
Crucero Corozal
Bonampak
Pipiles
Río de la Pasión
Crucero de Zamora / Pico de Oro
Boca de Lacatún
Benemérito de las Américas
Pico de Oro
Zona Marqués de Comillas
Reforma Agraria mit Eco-Lodge Las Guacamayas
Carretera Fronteriza
Chajul
Río Lacatún
Reserva Biósfera Montes Azules
Ixcán
Flor de Café
Emiliano Zapata
Laguna Miramar
Eco-Centro/ Wasserfälle
Las Nubes
Jerusalem
MEX 307
Río Perlas
Selva Lacandona
Lacanjá Chansayab
Crucero Bonampak
Plan de Ayutla
Nueva Palestina
Sinaí
Crucero San Javier
Río Usumacinta
La Palma
Tenosique
Río San Pedro
Usumacinta
Nuevo Guerrero
Nuevo Francisco León
Metzabók
Laguna Nahá
Nahá
Nuevo Canán
Carretera Fronteriza del Sur
La Soledad
San Quintín
Río Jataté
La Realidad
Guadalupe Tepeyac
El Momón
Cruz del Rosario
Las Margaritas
Parque Nacional Lagunas de Montebello
Tziscao
La Trinitaria
n. Guatemala
Cd. Cuauhtémoc
Tenam Puente
Comitán
MEX 190
San Cristóbal de las Casas
San Cristóbal de las Casas
Ocosingo
Anschlusskarte S. 421
Temó
Toniná
Altamirano
San Miguel
Patihuitz
La Sultana
Monte Líbano
St. Cruz
Tumbo
Limonar
El Diamante
Agua Azul (Wasserfälle)
Río Chancalá
Wasserfälle Welib-Já
MEX 307
Santo Domingo de Palenque
Emiliano Zapata
Campeche / Mérida
MEX 186
Catazajá
Villahermosa
MEX 186
Pakalná
Palenque
Wasserfall Misol-Há
Agua Clara (Badeplatz)
Río Tulijá
MEX 199

Übersicht der Umgebungsziele von Palenque

Ziele von Palenque

Palenque-Ruinen (8 km), **Cascadas Misol-Há** (20 km, s.S. 358), **Cascadas Agua Azul** (60 km, s.S. 358), **Agua Clara** (zwischen Misol-Há und Agua Azul), **Bonampak** (160 km, s.S. 374), **Yaxchilán** (155 km Straße plus 18 km Boot, s.S. 364).

Günstig

1. Kombinierter Ausflug nach **Agua Azul und Misol-Há** mit **Transportes Chambalu,** Depot in der Calle Allende, Tel. 3452849 (Chambalu-Combis fahren so alle 10–20 Minuten zu den Palenque-Ruinen). **Tour nach Agua Azul und Misol-Há:** Abfahrt Palenque um **9 Uhr** nach Misol-Há (1 h Aufenthalt), Agua Azul (3 h), Rückankunft Palenque 16.30 Uhr. Abfahrt **10 Uhr:** Misol-Há (30 Min. Aufenthalt), Agua Azul (3 h), Rückankunft Palenque 16.45 Uhr. Abfahrt **12 Uhr:** Misol-Há (30 Min. Aufenthalt), Agua Azul (3 h), Rückankunft Palenque 18.45 Uhr. Oder als Frühfahrt zuerst die Palenque-Ruinen besichtigen, anschließend mittags weiter nach Agua Azul und Misol-Há.

Mit einem Touranbieter

2. Man kann den Trip auch über eine der zahlreichen Reiseagenturen buchen, manche bieten Abhol-/Bringservice. **Agua Azul** mit **Misol-Há** kosten 150–180 Peso. In jedem Fall sich immer vergewissern, was alles im Preis mit eingeschlossen ist (Eintrittspreise) und wie lange die jeweiligen Aufenthaltszeiten sind. Als Extra wird manchmal und wenn möglich *Agua Clara* angefahren, ein schöner Badeplatz am Río Shumulhá, 2 km von der Straße entfernt.

3. Außerdem könnte man mit einem 2.-Klasse-Bus (*Transportes Nuevo Volcán del Tercer,* Calle 5 Pte Sur) oder mit einem Colectivo in Richtung San Cristóbal de las Casas fahren. Dann an der Stichstraße zum Misol-Há-Wasserfall aussteigen und die 1,5 km laufen oder sich mitnehmen lassen. Länger ist es hinunter nach Agua Azul (ca. 4 km), aber da runter ist immer Verkehr.

4. Folgende Kombination ist **für jene interessant,** die nach einer Tour gleich **nach San Cristóbal de las Casas** weiterwollen. Also Besuch der **Palenque-Ruinen,** dann **Misol-Há** und **Agua Azul.** Von Agua Azul weiter mit dem Bus oder einem Combi nach San Cristóbal (Gepäck verbleibt derweil beim Touranbieter). Wird von *Viajes Kukulcán, Kichan Bajlum, Turística Maya Chiapa, PACO Tours* u.a. in diversen Abfahrts- und Ankunftsvarianten angeboten: Abfahrt Hotel z.B. 8 Uhr (9 Uhr), Palenque Ruinas bis 12 Uhr, weiter nach Misol-Há (1 h), Agua Azul bis 17 Uhr, Ankunft in San Cristóbal 18.30 bzw. 20.30 Uhr.

Agencias de Viajes / Tour-Anbieter für Agua Azul, Misol-Há, Yaxchilán, Bonampak, Flores/Tikal (Guatemala) u.a.

Es gibt in Palenque jede Menge Agenturen. Alle bieten auf ihren Flyern Standard- und Kombinationstouren an: nach *Agua Azul/Misol-Há (Agua Clara), Yaxchilán, Bonampak* (ins Lacandonendorf *Lacanjá Chansayab*), außerdem auch Ausflüge bzw. den Nur-Transport nach *Flores* in Guatemala für den Besuch Tikals.

Reise- und Tourbüros: **Viajes Kukulcán,** Av. Juárez 8, gleich östl. vom ADO-Terminal, Tel. 3451506, www.kukulcantravel.com. – **PACO Tours,** Tel. 044-916-1032075, kleines Büro gleich östl. vom AEXA-Terminal und bei der Unterkunft *El Panchán* an der Straße zu den Ruinen (s. dort), persönlich geführt, kompetent, alle Standardziele, auch die Weiterfahrt nach San Cristóbal nach Besuch von Agua Azul und Misol-Há). – **Servicios Turísticos de Palenque,** 5 de Mayo/Ecke Juárez, Tel. 3451340, www.stpalenque.com. – **Turística Maya Chiapas,** Av. Juárez 123 (links von der Banamex-Bank), Tel. 3450798, www.tmayachiapas.com.mx. – **Kichan Bajlum,** Av. Juárez links der Info-Stelle, Tel. 3452452, www.kichanbajlum.com. – **Viajes Misol-Há,** Juárez 148, Tel. 3450911, www. viajesmisol-ha.com; u.a.

Hinweis: Praktisch alle Reisebüro-Buchungen nach **Flores/Santa Elena/ Tikal** in Guatemala sind Buchungen auf das Monopol-Reiseunternehmen *San Juan Tour & Travel,* dessen Klapperbusse man in Bethel/Guatemala besteigt (s.S. 363 unten).

Tourbeispiele auf den Flyern und Webseiten der Anbieter. Anfangspreise sind bei vergleichbaren Leistungen, z.B. für die Tour nach Flores, fast überall identisch. Handeln ermöglicht Rabatte. Leistungen zuvor vergleichen: sind z.B. die offiziellen Eintrittsgebühren zu den Stätten im Preis schon drin? (meist nicht). Kommen bei einer speziellen Tour oder bei einer Zweitagestour noch Nebenkosten für notwendige Führer, Essen und Übernachtung dazu?

Mega-TIPP: Fernando Merida ist genau der richtige **Führer für spezielle Touren,** er macht Dschungeltrips zu wenig bekannten oder ganz neu ausgegrabenen Mayastätten, wie z.B. nach *Plan de Ayutla* in der Nähe des gleichnamigen Dorfes (in der *Reserva de la Biósfera Montes Azules,* Karte s.S. 338), nach *Las Golondrinas* sowie zu den originären Lacandonendörfern *Metzabók* und *Nahá.* Ayutla kostet für 4 Pers. ca. 1000 Peso (im Anschluss daran könnte man sich nach Frontera Corozal fahren lassen). Die Tour nach Metzabók und Nahá dauert zwei Tage und kostet für 4 Pers. ca. 2300 Peso; Transport, Essen und alles andere inklusive. Für Leute, die Guacamayas beobachten wollen, empfiehlt er, besonders im Juli/August, **Las Guacamayas** am Río Lacantún (s.o., Marginalie „Carretera Fronteriza del Sur"), Preis wie Ayutla. Fernando hat seinen kleinen Schreibtisch in einem Telefonladen in der Juárez 13 westlich vom Parque (s. Stadtplan), seine Handy-Nr. ist 044-9161033649.

Nach Yaxchilán, Bonampak und Tikal/Guatemala

Palenque, Yaxchilán (sprich: Jasch-tschi-lán) und **Tikal** in Guatemala sind **Höhepunkte der Maya-Welt.** Es liegt also auf der Hand, nach Palenque auch Yaxchilán (und Bonampak) sowie Tikal zu besichtigen. Von Tikal bzw. Flores könnte man anschließend weiterfahren nach Belize und von dort über die mexikanische Grenzstadt **Chetumal** wieder zurück nach Mexiko bzw. Tulúm (s. hintere Klappenkarte). Oder nach einem Tikal-Ausflug wieder zurück nach Palenque fahren.

Hinweis: Wer nach Tikal den Süden Guatemalas erkunden möchte (Antigua, Atitlansee), der hat von Flores aus die besten Busverbindungen nach Guatemala-Stadt, von wo man weitere Guatemala-Ziele ansteuern kann.

Yaxchilán liegt am Río Usumacinta südöstlich von Palenque. Über die asphaltierte *Carretera Fronteriza* sind es ca. 155 Straßen- plus 18 Flusskilometer ab Frontera Corozal, einer Siedlung am Río Usumacinta, dem Grenzfluss zu Guatemala. **Yaxchilán ist wesentlich interessanter als Bonampak,** das „nur" blasse Wandfresken bietet. Die kleine Stätte Bonampak liegt etwa 160 Straßenkilometer von Palenque entfernt.

Beide Ziele zusammen bieten Palenque-Reisebüros als **ein- bis mehrtägige Touren** in allen nur denkbaren Varianten an, eingeschlossen z.B. auch der Besuch des Lacandonendorfs **Lacanjá Chansayab** bei Bonampak. Das Ganze dann entweder als Ausflug mit Rückkehr nach Palenque oder mit anschließender Weiterreise von Mexiko nach Guatemala über den Usumacinta-Fluss von Frontera Corozal nach Bethel.

Die zweitägige Ausflugstour Palenque – Yaxchilán – Flores/Tikal und zurück nach Mexiko/Bonampak plus Übernachtung bieten die Reisebüros preislich überhöht an. Man kann das alles selbst problemlos und wesentlich billiger organisieren, auch die Rückfahrt von Santa Elena/Flores. (Oder man fährt von dort mit San Juan Tour & Travel nach Palenque zurück.)

„Nur-Fahrt" direkt nach Flores/Guatemala

Eine **Direktfahrt von Palenque nach Sta. Elena/Flores** machen die Reisebüros fast durchweg in Zusammenarbeit mit dem guatemaltekischen Unternehmen *San Juan Tour & Travel.* Abfahrt von Palenque nach Frontera Corozal um 6 und 8 Uhr, Ankunft in Flores um 14 bzw. 16 Uhr. Die mexikanische Migración ist in Frontera Corozal, s.S. 360.

Nach Flores günstiger in Eigenregie

Man besteigt dazu in Palenque ein Colectivo von **Transportes Chamoán** südlich vom Cabeza Maya (s.u.) an der Straße zu den Palenque-Ruinen und fährt nach **Frontera Corozal.** Von Frontera Corozal entweder im klassischen Transfer per Boot zum etwa 8 km flussaufwärts gelegenen guatemaltekischen **Bethel** (Guatemala-Migración) und dann mit einem Bus nach Santa Elena/Flores.

Transportes Chamoán fährt tägl. bis nach Lacanjá um 5, 7.30, 9, 10 Uhr usw. stündlich bis 16 Uhr, Tel. 916-3451818.

Günstiger kommt der direkte Weg von Frontera Corozal **über den Fluss** ins gegenüberliegende guatemaltekische Dorf **La Técnica,** s.S. 363.

Die Frontera-Corozal-Colectivos fahren von Palenque ab morgens 4 Uhr bis 17 Uhr abends, immer dann, wenn sie voll sind (mind. 7 Personen). Kostenpunkt ca. 100 Ps, Fahrzeit 2,5–3 Stunden. Bei der Ankunft in Frontera Corozal müssen Touristen für das Betreten der „Zona Lacandona" 15 Peso löhnen. Will man zuvor von Frontera Corozal aus noch **Yaxchilán** besuchen, muss man sich nach einer Boots-Gelegenheit umsehen. Dabei würde ich empfehlen, zuvor eine Nacht in Frontera Corozal zu bleiben, z.B. im *Nueva Alianza,* s.S. 361.

NEUER WEG: „Von-oben" nach Guatemala/Tikal

■ Dazu von Palenque mit einem Colectivo von *Transportes Palenque* (Calle Allende) über Catazajá und Emiliano Zapata nach **Tenosique** fahren (Karte S. 338), Fahrzeit ca. 1 h, es fahren auch reguläre 2.-Klasse-Busse, durchgehend asphaltierte Strecke. Von Tenosique mit einem Bus oder Colectivo von der Calle 16/Ecke C. 37 (ca. stündliche Abfahrten) zur 60 km südöstlich gelegenen Grenze mit mexikanischer Migración. Nach der Ausreise (Bestimmungen s.S. 24) mit einem Tuc-Tuc (oder ca. 500 m laufen) rüber zum Guatemala-Grenzposten **El Ceibo**. Dort ein Colectivo nach **El Naranjo** (bzw. „Frontera Naranjo") am Río San Pedro nehmen (Fz ca. 45 Min.), aber **bereits vorher** am Straßendreieck („Crucero") aussteigen und das nächste Colectivo abpassen, das nach Flores fährt (ca. 3,5–4 h).

Funktioniert natürlich auch umgekehrt von Flores aus. Zwar nicht die kürzeste, **aber die schnellste Verbindung Palenque – Tikal oder entgegengesetzt.** Wird von Palenque aus bislang nicht als buchbare Tour angeboten. Perfekt auch für **Selbstfahrer** von Yucatán nach Guatemala (s.S. 59).

Für Touren n. Yaxchilán und Bonampak dabei haben:

Sonnencreme, Mückenschutzmittel, Kopfbedeckung und Wasserflasche. **Reisepass und Touristenkarte sind zwingend vorgeschrieben,** es gibt unterwegs Militärkontrollen. Für einen möglichen Marsch von Lacanjá Chansayab nach Bonampak durch die Selva bzw. für eine 2-Tages-Tour lauffeste Schuhe, lange Hosen und langärmliges Hemd, Waschzeug, Badekleidung, Taschenlampe (ebenfalls gut für Yaxchilán), Toilettenpapier und evtl. Regenschutz.

Beschreibung der Stätten Yaxchilán S. 364 und Bonampak S. 374. Guatemala s.S. 377ff.

Sitio Arqueológico Palenque

Infos

Palenque ist täglich geöffnet von **8–17 Uhr** (letzter Zutritt 16.30 Uhr). Die Stätte liegt im **Nationalpark Palenque** (Eintritt 28 Ps, zu entrichten an der Zufahrtsstraße). Oben beim Eingang oder an der unteren Zugangskasse links der Straße sind weitere 59 Ps zu löhnen. Besser den oberen Eingang nehmen und später von der Nordgruppe in ca. 20 Minuten zur Straße hinunterlaufen, s. Palenque-Plan. Dies muss aber **vor 16 Uhr** sein, sonst wird man nicht mehr runtergelassen!

Palenque ist sonntags sehr überfüllt, montags ist das **Museum** an der Straße unten geschlossen (*Museo de Sitio Alberto Ruz L'huillier,* Tel. 3452684, Di–So von 9–16.30 Uhr). Für freien Museumseintritt das Ruinen-Ticket aufbewahren. Museums-Details s.S. 357.

Anfahrt/ Zeitplanung

Anfahrt zu den Ruinen mit einem Colectivo von *Transportes Chambalu* von der Calle Allende oder mit *Transportes Palenque* südlich davon in der Allende zw. 20 de Noviembre u. Corregidora (s. Stadtplan). Die Combis beider Unternehmen verkehren ständig ab morgens 6 Uhr in kurzen Abständen, Fahrpreis 10 Peso einfach (keine Rückfahrt lösen, so kann man jederzeit mit einem beliebigen Colectivo zurückfahren). Man braucht sich nur an die westliche Avenida Juárez zu stellen und eines stoppen („Ruinas"). Wer in La Cañada wohnt, geht bis zum Maya-Kopf und stoppt dort eins. Distanz von Palenque-Ort zu den Ruinen ca. 8 km. **Wer wenig Zeit hat** und noch vor 12 Uhr mit der Besichtigung Palenques fertig ist, kann anschließend **nachmittags** mit Transportes Chambalu **nach Agua Azul/ Misol-Há** fahren (dafür morgens bei Chambalu anmelden, es wird eine Zeit zur Abholung vor dem oberen oder unteren Ruineneingang ausgemacht, so um 12 Uhr; Details s.S. 399).

Palenque ist Magie!

So schrieb ich früher: „Wegen der eindrucksvollen Stimmung am frühen Morgen und der bald danach drückenden Saunaschwüle sollte man mit der Besichtigung so früh wie möglich beginnen. Eine geradezu magische Stimmung breitet sich aus, wenn dichte Nebelschwaden über den Tempeln hängen und angsteinflößendes Geheul von Brüllaffen *(monos aulladores)* aus dem Wald schallt, das sich mit Vogelstimmen und Zikadengezirpe vermischt … "

Da die Frühbesichtigung nun aber inzwischen fast alle Besucher mitsamt den vielen Reisegruppen beherzigen, sind die (späteren) Nachmittagsstunden heute gleichfalls eine gute Option. Die Anlage wird inzwischen in großen Teilen von Souvenirverkäufern belegt, so dass dies heute viel von der früheren Atmosphäre nimmt…

Eingangsbereich oben

Es gibt Toiletten, ein Restaurant und Souvenir-Stände. Beim „Servicio de Guía" warten Führer. Manchmal verkaufen Lacandonen den Touristen Pfeile und Bögen, lassen sich als Kuriosität fotografieren, und von einem hohen Mast kreiseln ab und zu *Voladores* zur Erde hinab. An der Ticketkontrolle 50 m weiter vorne steht eine Tafel mit Wissenswertem über Palenque. Eine Lagekarte zeigt die überaus große Fläche der Stadt, vgl. Sie den Ausschnitt der Karte in diesem Buch (bei der Schautafel weist aber der Nordpfeil nach unten!).

Rundgang-Tipps

Je nach Interesse dauert die Besichtigung 3 bis 5 Stunden. Nützlich sind rutschfeste Schuhe (besonders morgens sind die Treppenstufen sehr glitschig!), Sonnenhut, evtl. Mückenmittel, Wasser. Vor den Bauten sind Tafeln mit Erklärungen in Spanisch, *Tseltal* und Englisch angebracht.

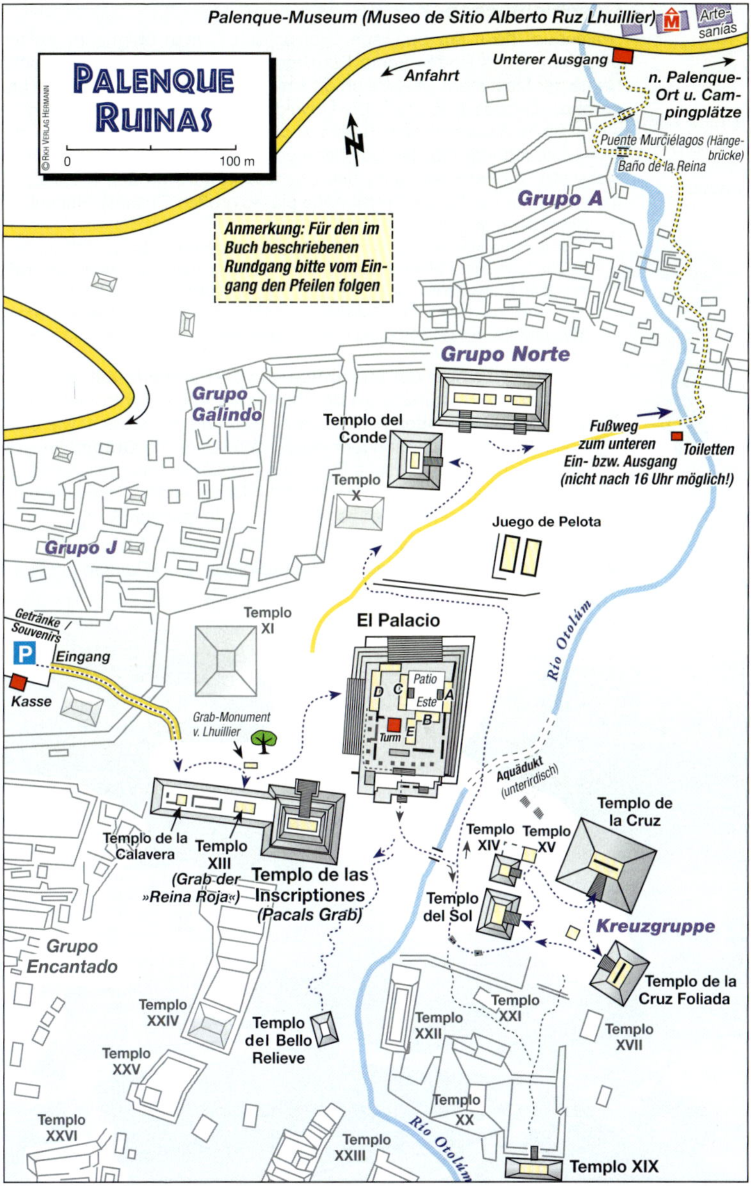
Palenque-Museum (Museo de Sitio Alberto Ruz Lhuillier)
Arte-sanías
PALENQUE RUINAS
© RKH VERLAG HERMANN
0
100 m
Unterer Ausgang
Anfahrt
n. Palenque-Ort u. Campingplätze
Puente Murciélagos (Hängebrücke)
Baño de la Reina
Grupo A
Anmerkung: Für den im Buch beschriebenen Rundgang bitte vom Eingang den Pfeilen folgen
Grupo Norte
Grupo Galindo
Templo del Conde
Fußweg zum unteren Ein- bzw. Ausgang (nicht nach 16 Uhr möglich!)
Toiletten
Templo X
Juego de Pelota
Grupo J
Getränke / Souvenirs
Eingang
Kasse
Templo XI
El Palacio
Patio Este
A
B
C
D
E
Turm
Río Otolúm
Grab-Monument v. Lhuillier
Aquädukt (unterirdisch)
Templo de la Cruz
Templo de la Calavera
Templo XIII (Grab der »Reina Roja«)
Templo de las Inscriptiones (Pacals Grab)
Templo XIV
Templo XV
Templo del Sol
Kreuzgruppe
Grupo Encantado
Templo de la Cruz Foliada
Templo XXIV
Templo del Bello Relieve
Templo XXI
Templo XXII
Templo XVII
Templo XXV
Templo XX
Templo XXVI
Templo XXIII
Río Otolúm
Templo XIX

Chiapas

Geschichtliches

„Palenque" heißt auf Spanisch „Holzpalisade", man übernahm einfach den Namen des Dorfes Santo Domingo de Palenque. Der authentische Name der Mayastadt ist – wie so oft – nicht dokumentiert (vermutlich **Lacamha,** „Ort des Wassers"). Die Urwaldstadt wurde an strategisch günstiger Stelle zwischen dem Bergland von Chiapas, den Ausläufern der Selva Lacandona und der Tiefebene von Tabasco erbaut, außerdem in nicht allzu großer Entfernung des Usumacinta (alle großen Maya-Zeremonialstätten der Region liegen nahe dieses großen Flusses). Höhenlage von Palenque: 200 m.

■ *Pacal, König von Palenque, mit hohem Kopfputz*

Palenque stammt aus der **Klassischen Mayaperiode** von 300 bis 900 n.Chr. Somit ist Palenque zwar nicht die älteste (und auch nicht die größte) aller Mayastädte, doch wegen ihrer architektonischen Fantasie und Harmonie vor tropischer Kulisse die wohl schönste aller mexikanischen Mayastädte. Sie ist geradezu das Sinnbild einer versunkenen und wiederauferstandenen Stadt.

■ Der **Tempel der Inschriften** und die **Pyramide XIII** (das Grab der „Reina Roja") sind die **berühmtesten Maya-Pyramiden Mexikos,** denn sie dienten nicht ausschließlich als Kultstätten, wie einst angenommen wurde, sondern waren außerdem die **Grabmäler von Herrschern,** so wie ägyptische Pyramiden. Beide Grabfunde sind schon lange keine Einzelfälle mehr in der Welt der Maya, andere, noch ungeöffnete Maya-Pyramiden, bergen bestimmt noch so manche Gruft.

Blick über Palenque, v. l.: ***Templo del Sol, Templo XIV*** *und* ***XV;*** *rechte Seite, links:* ***Templo de las Inscriptiones,*** *re.* ***El Palacio*** *mit Turm*

Erste Siedlungsspuren Palenques werden auf ca. 100 v.Chr. datiert, seine **Blütezeit** erlebte dieses politische und religiöse Zentrum **zwischen 650 und 750 n.Chr.,** hauptsächlich unter zwei Generationen einer mächtigen Herrscherfamilie: Unter König **Pacal** (geb. 603–683) und seinem Sohn **Chan-Bahlum II.** (geb. 635–702). Beide waren prägend für die außergewöhnlichen Bauten, das reiche Kunstschaffen und die Großmachtstellung von Palenque. Ihrem hieroglyphischen Nachlass verdanken die Maya-Experten die detailliertesten historischen Kenntnisse der Maya-Klassik überhaupt.

Als wegen politischer Destabilisierung und auch langanhaltenden ökologischen Krisen die Mayazentren sich aufzulösen begannen (Exkurs s.S. 355), kollabierte auch Palenque. Der Stadtstaat wurde um 810 von seinen vielen Tausend Bewohnern verlassen. Der Urwald verschlang alles, und was sich den späteren Wiederentdeckern bot, war ein ganz anderes Bild als heute.

Entdecker und Archäologen

Erste Ausgrabungen führte 1786 der spanische Hauptmann *Antonio del Río* durch. Von 1832 bis 1834 hielt sich der (exzentrische) österreichische *Graf Waldeck* zu Gemäldestudien in Palenque auf. 1841 veröffentlichte der amerikanische Entdecker und Archäologe *John Lloyd Stephens* sein berühmtes Buch „Incidents of Travel in Central America, Chiapas und Yucatán", illustriert mit Lithographien seines Begleiters, des Engländers *Catherwood.* Durch dieses Buch wurde Palenque weltbekannt. Weitere Palenque-Forscher waren der Franzose *Désiré Charnay* (der ab 1859 erste Fotografien herstellte), der Engländer *Alfred Maudslay* und der Deutsch-Österreicher *Teobert Maler* (1842–1917). Im 20. Jh. ist der Däne *Frans Blom* zu nennen (s. San Cristóbal de las Casas, „Na Bolom"; sein wichtiges Werk heißt „Tribes and Temples"), der mexikanische Archäologe *Alberto Ruz L'huillier* (Ausgrabungen von 1945–52, er fand das Grab Pacals) und schließlich dessen Landsmann *Arnoldo González Cruz,* der 1994 das Grab der „Roten Königin" in der Pyramide XIII öffnete.

Die Anlage

Unter Einbeziehung der Topographie und unter der mayaüblichen Beachtung astronomischer Gesetze wurden die Bauten Palenques so angelegt, dass eine offene Stadtstruktur entstand, wobei sich die wichtigsten Bauten (Tempel der Inschriften u.a.) an einen urwaldbewachsenen Höhenzug schmiegen. Doch das, was der Tourist heute an Pyramiden und restaurierten Gebäuden auf einer Fläche von ca. 500 x 800 Metern sieht, ist nur ein ganz kleiner Teil eines einst Quadratkilometer großen Stadtareals (ausgedehnte Wohngebiete lagen westlich des Eingangs und östlich über dem Río Otulúm). Die Anzahl aller Gebäude wird auf über 500 geschätzt, ausgegraben wurden aber bis dato nur etwa 10 Prozent! Weitere Freilegungen und Forschungen sind im Gange. Außerdem muss man sich vorstellen, dass alle wichtigen Bauwerke einst mit feinen Stuckreliefs verziert und die dunklen Mauern **zinnoberrot** angestrichen waren, was unter ei-

Die Pacal-Dynastie

Der Stammbaum des mächtigen palenquischen **Herrscher-Geschlechts Pacals** lässt sich durch die epigraphischen bzw. hieroglyphischen Protokolle Palenques über viele Generationen bis in das Jahr 431 zurückverfolgen. In jenem Jahr wurde ein Mann namens *Bahlum-Kuk* (geb. 397) zum König gewählt, er war der Stammvater einer langen Herrscherdynastie, die nachfolgend bis zum letzten König von Palenque, K'inich K'uk Balam II., führte.

Die wichtigsten Palenque-Herrscher waren aber **Pacal der Große** und sein **Sohn Chan-Bahlum II.** In der Genealogie gab es auch zwei bedeutende Frauen, **Kanal-Ikal** und **Zac-Kuk,** die Letztere war die Mutter von Pacal.

Pacal der Große (der Name bedeutet „Schild"), 603–683, Regierungszeit 615–683 (68 Jahre).

Chan-Bahlum II. („Schlange-Jaguar"), 635–702, Pacals erster Sohn, Regierungszeit 684–702 (19 Jahre).

Kan-Xul II. (auch Kan Hok' Chitam genannt, „Kostbares Tier"), 643–711, Pacals zweiter Sohn, Regierungszeit 702–711. Er wurde wahrscheinlich vom Herrscher von Toniná gefangengenommen und 711 getötet.

■ *Tablero-Abbildung anlässlich der Inthronisation von Kan-Xul II., 2. Sohn von Pacal dem Großen: links Pacal, in der Mitte Kan-Xul II. (auf Sklaven sitzend) und rechts Kan-Xuls Mutter Apo-Hel*

Die letzte Zeitangabe eines Thronantritts der Dynastie Pacal, die die Glyphologen entschlüsseln konnten, war das Jahr 764 mit K'inich K'uk Balam II. (Regierungszeit 764 bis ca. 783). Die letzte Datumsglyphe Palenques notiert das Jahr 799. **Nach 810 war Palenque** von seinen Bewohnern **verlassen.**

2003 machten Archäologen einen neuen sensationellen Grabfund mit einem prunkvoll bestatteten Herrscher. Wahrscheinlich ist es *Kan Joy Chitam I.,* der als einer der ersten Regenten von 529 bis 565 über Palenque herrschte. Von diesem nach Pacal zweiten unversehrten Königsgrab erhoffen sich die Forscher einen Quantensprung im Verständnis sowohl von Palenque als auch der gesamten Mayawelt.

nem azurblauen Himmel vor sattem Urwaldgrün bestimmt fantastisch ausgesehen hat.

Baustil: Typisch für den Baustil der Palenque-Tempel sind ihre relativ breiten Eingänge und besonders ihre steilen **Mansarddächer (Abb.),** häufig dekoriert mit Skulpturen und gekrönt von durchbrochenen, gitterartigen **Dachkämmen,** den *cresterías* (noch gut zu sehen beim *Templo del Sol* und beim *Templo de la Cruz Foliada*). Diese Kämme erzeugen eine optische Erhöhung, wodurch die Tempel weit weniger wuchtig wirken. Die Gesamtarchitektur Palenques erscheint offener und ästhetischer als die anderer Mayastädte.

Ein besonderes Charakteristikum von Palenque sind die künstlerisch exzellenten **Stuck-Tableaus** im Inneren der Tempel der **Kreuzgruppe.** Sie zeigen Abbildungen früherer Herrscher und wichtige Szenen ihrer Regentschaft. Auch Wände und Pfeiler anderer signifikanter Gebäude wurden mit (bunten) Reliefplatten (Tempel XIX) und Hieroglyphen-Paneelen versehen, besonders beim Inschriften-Tempel.

Durch das Gelände schlängelt sich das Flüsschen *Otulúm,* das hinter dem Palacio von einem subterranen Aquädukt begleitet wurde. Wahrscheinlich diente dieser als Abwasserkanal. Seit 1981 ist Palenque ein mexikanischer Nationalpark (1780 ha) und UNESCO-Weltkulturerbe.

Besichtigung

Templo de la Calavera

Nachdem man vom Eingang durch ein kurzes Waldstück gegangen ist sieht man rechts oben den **Templo de la Calavera** („Totenkopf-Tempel"). Sein rechter Teil ist stark beschädigt. Geht man die Treppe hoch, ist unten an dem rechten der zwei Pfeiler ein hasenkopfähnlicher Stuckschädel mit zwei Zähnen zu erkennen. Von ihm hat der Tempel seinen Namen. Wie alle Tempel Palenques war er blau und rot bemalt.

Pirámide XIII „La Reina Roja"

Die Pyramide mit dem überdachten Eingang ist die Pyramide XIII. Im Inneren wurde ein Grab entdeckt, das am 10. Juni 1994 durch den mexikanischen Archäologen *Arnoldo González Cruz* geöffnet wurde. Nach der Entdeckung der Grabgruft Pacals 1949 in der danebenliegenden Inschriften-Pyramide war es die **zweite archäologische Sensation** in Palenque.

Die Forscher stießen auf einen verdeckten Gang, an dessen Ende sich eine zugemauerte Kammer befand, die einen Steinsarkophag barg. Verschlossen mit einer Steinplatte und unberührt seit mehr als 1200 Jahren! Als man die Platte abnahm, lag darunter das Skelett einer etwa 40 Jahre alten und 1,70 m großen Frau mit einer aus vielen Malachitplättchen zusammengesetzten **grünen Gesichtsmaske** (**s. Foto;** zu sehen im Palenque-Museum, Original im Anthropologischen Museum in Mexiko-Stadt).

Grabbeilagen waren Brust- und Armschmuck. Sarkophag und Skelett waren ganz in Zinnoberrot, jene Farbe, die die Maya für Begräbniszeremonien verwendeten. Daher der Name „La Reina Roja" – „Die rote Königin". Da keinerlei Glyphen am Sarkophag oder in der Gruft gefunden wurden, war die Identifizierung und die genaue zeitliche Einordnung schwierig, sicher ist nur das 7. Jahrhundert. Die „Rote Königin" war aber sicherlich ein hochrangiges Mitglied der Pacal-Dynastie. Vielleicht handelt es sich um eine der beiden Priesterköniginnen dieses Herrschergeschlechts und damit um das erste hochrangige weibliche Maya-Grabmal.

Es wurden noch zwei weitere Skelette von Geopferten gefunden, die die Tote auf ihrem Weg in die Unterwelt *xibalba* begleiten sollten.

Rechts und links der Grabgruft schließen sich zwei weitere, leergeräumte Kammern an. Von den Enden des Quergangs führen Treppenstufen ins verschlossene Pyramidenobere.

Grabmal Alberto Ruz L'huillier

Direkt vor der Treppe der Pyramide XIII befindet sich das Grabmal von **Alberto Ruz L'huillier** in der Form eines kleinen Palenque-Tempels. Er war der Entdecker des Grabmals im „Tempel der Inschriften" und wollte neben seiner Lebensentdeckung beigesetzt werden. Der große Baum mit heller Rinde dahinter ist eine Ceiba, der heilige Baum der Maya.

■ *Die „Pyramide der Inschriften", rechts von ihr Pyramide XIII, „Reina Roja"*

Templo de las Inscripciones

Der (gesperrte) **„Tempel der Inschriften"** ist nicht nur das interessanteste Bauwerk Palenques, sondern auch eines der bekanntesten Maya-Monumente Mesoamerikas überhaupt. Die Pyramide war von Beginn an als Grabmonument geplant, sie enthält die Totengruft des bedeutendsten Palenque-Herrschers **Pacal der Große** († 683), vollendet von seinem Sohn **Chan-Bahlum II.** im Jahr 692 über der zuvor fertiggestellten Krypta Pacals. Ihre Entdeckung 1949 als erstes Pyramiden-Grab der Maya durch den Archäologen *Alberto Ruz L'huillier* war eine Jahrhundert-Sensation. **Eine Nachbildung der Grabkammer ist unten im Museum zu sehen.**

Die Pyramide mit ihren neun Plattformen bzw. Etagen ist zusammen mit dem Hochtempel etwa 21 Meter hoch, die *cresteria* ist leider zusammengestürzt. Der Tempel ist deutlich größer als alle anderen Palenques. Die vier Pfeiler sind an ihren Vorderseiten mit Stuckfiguren dekoriert, sie zeigen u.a. Pacal, wie er seinen kleinen Sohn und Nachfolger Chan-Bahlum II. in den Händen hält. An den Wänden zum rückwärtigen Raum sind jeweils zwei ca. 2 x 5 m große Glyphentafeln angebracht. Diese Glyphen **(„Inschriften")** und auch die lange dynastiegeschichtliche Linie von Pacals Herrschergeschlecht gaben dem Tempel seinen Namen.

Die Maya waren Meister im konstruktiven Auffangen schwerer Decken und Lasten, wovon die Gewölbekonstruktion der Krypta zeugt, die die ungeheure Last der darüberliegenden Pyramide unbeschädigt über 1300 Jahre trug. Das System der Kragsteingewölbe (span. *bóveda*) hatte aber den Nachteil, dass damit keine allzu großen bzw. weitgespannten Räume überdeckt werden konnten.

Der Abstieg in Pacals Grab ...

... ist heute für Besucher nicht mehr möglich. Dennoch hier die Schilderung, wie man es früher erleben konnte: In feuchtwarmer Grabkammerluft geht es auf einer 22 Meter langen Treppe über 66 Stufen nach unten. Auf der halben Strecke kehrt sich auf einem Zwischenpodest die Gehrichtung um. Die Treppe begleitet an der linken Wandseite ein 10 x 10 cm großes quadratisches Tonrohr, das schlangengleich Stufe für Stufe bis hinab in die Krypta führt – Pacals Psychodukt oder „Seelenkanal". Dadurch konnte die Seele des Verstorbenen mit der Welt der Lebenden in Verbindung treten.

Der Vorstoß in die Grabkammer durch den geheimen Treppenabgang, der oben mit einer dicken, bodengleichen Steinplatte unauffällig verschlossen war, war aufregend wie ein Krimi. Drei Grabungsperioden bzw. Jahre benötigten L'huillier und seine Arbeiter, bis sie Hunderte von Tonnen Schutt und Geröll mühselig in Eimern hinaufgetragen hatten. 1952 war es endlich soweit. Nach dem Durchbruch einer Wand standen sie vor einer hohen, dreieckigen Steinplatte, die sich um sich selbst drehen ließ. Davor lagen die Skelette von fünf Geopferten. Sie sollten einst den verstorbenen Herrscher bei seinem Weg nach *xibalba* (Unterwelt) begleiten. Die Männer blickten in einen **Grabraum mit dreieckigem Gewölbe (s. Foto),** in dem auf 6 Steinsockeln ein mächtiger **Sarkophag** stand, der mit seinen Ausmaßen fast den gesamten Raum einnahm (9 x 4 Meter, Höhe 7 Meter).

Chiapas

Den Sarg deckte eine reliefverzierte, monolithische Grabplatte ab (3,8 x 2,2 Meter, Dicke 25 cm, ca. 5 Tonnen schwer, Abb. s.u. bei „Museum". Unter ihr lag in der Grabwanne das über 1300 Jahre alte Skelett des großen Mayaherrschers **Pacal.** Sein (einstiges) Gesicht war bedeckt mit einer **Totenmaske (s. Abb.)** aus zusammengefügten Jadeplättchen mit Augen aus Obsidian. An den Außenflächen des Sarkophags waren Bildnisse früherer Herrscher der Pacal-Dynastie eingemeißelt.

Zwischen den Grabbeigaben – überwiegend Schmuck aus Jade – lagen unter dem Sarkophag außerdem zwei **Stuckköpfe** in menschlicher Originalgröße. Sie stellten beide höchstwahrscheinlich **Pacal** dar, einst als Jüngling und später als Herrscher mit hohem Kopfputz **(s. Abb.).** Jener könnte aber auch der Pacal-Stammvater *Bahlum-Kuk,* Regierungszeit 431–435, gewesen sein. Die künstlerisch formvollendeten Köpfe avancierten zum Emblem Palenques und zu Symbolen der Maya-Welt schlechthin.

Den Besuch des Pacal-Hades, eine der bedeutendsten Grabkammern ganz Amerikas, war früher das eindrucksvollste Erlebnis von Palenque. Eine Nachbildung der Krypta und des Sarkophags ist außer im Palenque-Museum auch im Anthropologischen Museum in Mexiko-Stadt zu sehen (s. Foto oben).

Templo XI

Vor dem Tempel der Inschriften bzw. gegenüber des Palastes liegt der durch Bäume verdeckte und überwucherte unausgegrabene Tempel XI – damit auch noch spätere Generationen von Archäologen was zu tun haben.

El Palacio

Neben der Inschriften-Pyramide erstreckt sich auf einer ca. 10 m hohen Plattform der nicht minder beeindruckende **Palast** mit einer breiten Haupttreppe an der Westseite. Mit einer Grundfläche von 80 x 100 m ist es der größte Baukomplex von Palenque und er diente sowohl religiösen als auch weltlichen Zwecken. Erbaut wurde er von Pacal und seinen Söhnen Chan-Bahlum II. und Kan-Xul II. über einen Zeitraum von fast einem Jahrhundert, **von 615 bis 711**. Unter Chan-Bahlum II. wurde als letzte Ergänzung der markante, dreistöckige Turm hinzugefügt, der als **Observatorio,** als Sternwarte diente. Er ist 15 m hoch, im Querschnitt nahezu quadratisch und sein eigentümliches Mansarddach gleicht genau der Dachform des kleinen Tempels bei der Grupo Norte. Der *torre* ist der einzige seiner Art in ganz Mesoamerika (der obere Turmteil wurde 1955 rekonstruiert).

Die vielen Pfeiler des Palasts zieren zahlreiche Götter- und Menschendarstellungen auf Stucktafeln, das Innere des Palasts ist verschachtelt und verwinkelt. Es gibt zahlreiche Räume, Korridore, Pfeilergalerien, „Casas" (überdeckte Bereiche bzw. Kammern), vier Innenhöfe (Patios) und auch unterirdische Gänge.

„Zum ersten Mal betraten wir ein von den Ureinwohnern des Landes errichtetes Gebäude, welches schon stand, ehe die Europäer von dem Dasein dieses Kontinents etwas wussten ..." schrieb 1841 John Lloyd Stephens, einer der ersten Palenque-Forscher. *„Wir trafen Anstalten, unter einem Dache unsere Wohnung aufzuschlagen, und wählten den vorderen Korridor dazu. Den Truthahn und die Hühner ließen wir im Hof, der derartig von Bäumen überwachsen war, dass wir kaum über ihn hinwegsehen konnten, frei herumlaufen. [...] Da eine abergläubische Furcht die Indianer nicht zur Nachtzeit in den Ruinen bleiben ließ, waren wir des Nachts die einzigen Bewohner dieses Palastes unbekannter Könige."*

■ *„El Palacio" mit dem dreistöckigen Turm*

Besichtigung

Steigen Sie die 60 Meter breite Treppe hoch zu den 6 mit **Stuckreliefs** geschmückten Pfeilern, die 5 Zugänge ergeben – bei den Maya war die Zahl der Eingänge und Öffnungen an Gebäuden immer ungerade!

Wie alle Stuckreliefs von Palenque waren auch diese einst von meisterhafter Qualität und zeigen Herrscher Palenques als Göttergestalten beim Zelebrieren von Ritualen. Der erste und fünfte Pfeiler von links zeigen Adlige als Inkarnationen des Regengottes Chaak beim Enthaupten von Menschenopfern, der zweite einen Herrscher im Ornat des Maisgottes mit einer kniefälligen Per-

■ *Das dritte Stuckrelief*

son, der dritte einen tanzenden Mann **(s. Foto)** mit einer Schlange in den Händen vor einer Frau mit kurzem Rock und *huipil*. Alle Stuckreliefs waren ursprünglich farbig bemalt, auch an diesen hier sind noch Farbreste zu erkennen.

Gehen Sie nun beim letzten rechten Pfeiler durch den Gewölbebau hindurch und nach links zum Westhof bzw. zum „Patio de los Jefes Guerreros". Beim Blick zuvor nach oben sehen Sie die Konstruktion der Maya-Kraggewölbe mit Aussparungen für hölzerne Querstreben. Die T-förmigen Nischen in den Mauern werden mit dem Windgott für kühlende Belüftung assoziiert.

Der **Patio de los Jefes Guerreros** diente als Versammlungsort militärischer Befehlshaber. Die Pfeiler schmücken wieder (beschädigte) Stuckreliefs, zeigen Herrscher mit Federkopfschmuck. Die Glyphentableaus unten am Boden rechts und links der Erläuterungstafel nennen die Namen von Noblen aus Santa Elena (heutiges Tabasco) und dokumentieren den Tod eines Herrschers in Pomoná, gleichfalls in Tabasco gelegen, im Jahr 663. Rechts ragt der Turm hoch, an seinem Fuß ist das Rot Palenques zu sehen.

Nun nach rechts in den gleichfalls tieferliegenden „Hof des Turms" gehen. Rechts und links der Abgangstreppe sind im Boden etliche Löcher bzw. Lochsteine zu sehen (ca. 1 m links der Treppe und auch 2,50 m rechts von ihr). Dies waren Wasserabflusslöcher für Temazcal-Bäder, für rituelle Reinigungen oder Waschplätze.

Auf der gegenüberliegenden Wand, im Korridor der Casa E und abgesperrt durch Gitter, ein Höhepunkt Palenques, Pacals Inthronisation.

Chiapas

Pacals Krönung

Die metergroße, eingelassene ovale Tafel *(lápida oval)* ist eines der schönsten Kunstwerke Palenques! Sie zeigt **Pacals Inthronisation** im Jahr 615. Ein Bildnis von grafischer Meisterschaft. Auf der linken Seite ist **Pacals Mutter Zac-Kuk** zu sehen, die ihrem Sohn den königlichen Kopfputz zur Krönung und damit die Insignien der Macht reicht. Der junge Pacal ruht erhöht auf einem doppelköpfigen Jaguarthron. Gut erkennbar ist seine fliehende Stirn und ein schielendes Auge, bei den Maya bekanntlich Attribute der Schönheit. Auch andere Details sind wirklichkeitsnah ausgeführt, z.B. seine Fingernägel oder das Muster auf der Bluse der Mutter (die in ihrer ärmellosen Form als *huipil* noch heute von den Maya-Frauen getragen wird). Oben links und rechts Namensglyphen der beiden Personen.

Gehen Sie nach links weiter und die Treppe hoch. Links geht es hinab in den *Patio de los Jefes Guerreros* (s.o.), rechts in den ebenfalls abgesenkten *Patio de los Cautivos.*

Patio de los Cautivos

Der „Hof der Kriegsgefangenen" zeigt rechts und links der Abgangstreppe unter Schutzdächern 9 Reliefplatten (links 4, rechts 5) mit hochrangigen Persönlichkeiten, die Palenque auf seinen Feldzügen in Feindstädten gefangennahm. Es sind massige Personen mit ausdrucksstarken Gesichtern, die Köpfe weisen die charakteristisch-fliehenden Maya-Stirnpartien auf. Glyphen nennen ihre Namen und woher sie stammen. Diese Gestalten bilden einen ungewöhnlichen Kontrast zu den sonst so filigranen Personendarstellungen Palenques. Ihre Gesten, z.B. hochgehobene Arme, bekunden Unterwerfung; auf der linken Seite der Treppe zeigt die 2. Platte von rechts einen sklavisch-Knienden. Datiert werden sie auf den Anfang des 8. Jahrhunderts.

Die gegenüberliegende Treppe wird von zwei geneigten Platten mit gleichfalls Figurenreliefs eingefasst und führt hoch zur Casa C. Die Glyphen der

Setzstufen in Treppenmitte halten die Geburt Pacals des Großen im Jahr 603, seine Inthronisation 615 und einen Kriegszug gegen Pomoná fest.

Gehen Sie zurück zur großen Aufgangstreppe und hinunter oder suchen Sie sich Ihren Weg zur Südseite des Palacios und über Absätze und Treppen hinunter zur bunten Schar der Andenkenverkäufer.

Templo del Bello Relieve

Noch vor dem Flüsschen Otulúm beginnt nach rechts ein Weg den Wald hinauf, der nach ca. 90 Metern zu einem versteckt liegenden kleinen Tempel führt. Nicht unbedingt lohnend, eher für jene, die etwas Ruhe und Schatten suchen. Unter dem sattgrünen Blätterdach ist es düster, feucht und modrig – Dschungel-Atmosphäre, auch das ist Palenque.

Der Tempel ist stark ramponiert, auch das Relief an der Wand seiner Innenkammer, von dem der „Tempel des schönen Reliefs" seinen Namen bekam, ist kaum noch erkennbar. Weitere Details über den Tempel stehen auf einer Erläuterungstafel.

Die Kreuzgruppe

Nun über ein Brückchen das Flüsschen Otulúm überqueren, dann nach rechts und durch ein Wäldchen die Stufen hoch, zur *Plaza de la Cruz* (Schild), zum „Platz der Kreuzgruppe".

Diese Hofgruppe bzw. Tempel-Triade setzt sich zusammen aus dem **Templo del Sol** („Tempel der Sonne", gleich links), dem dominierenden **Templo de la Cruz** („Tempel des Kreuzes", Mitte) und dem **Templo de la Cruz Foliada** („Tempel des Blattkreuzes", rechts). Die sich ähnelnden Bauwerke wurden zu Ehren von Chan-Bahlum II. erbaut, Sohn und Nachfolger von Pacal und zur Feier seiner Inthronisation 644 erbaut. In der Mitte des Platzes befindet sich ein kleiner Altaraufbau.

■ *Der mächtige Templo de la Cruz*

Die Tempel stehen jeweils auf mehrstufigen pyramidalen Fundamenten. Auffällig ist das **Dreier-Prinzip:** in jeden Tempel führen drei Eingänge hinein, und im Tempelinneren gibt es hinter dem Vorraum jeweils drei weitere Kammern, von denen die mittleren jedes Mal breiter sind. Diese Schrein- oder Sakralräume, deren Hinterwände mit kunstvollen Relieftafeln dekoriert sind, heißen auf Maya **Pib na** („unterirdisches Haus"). In allen drei Tempeln werden die Motive auf den mittleren Haupttafeln jeweils rechts und links immer von männlichen Personen flankiert – es ist jedes Mal König Chan-Bahlum II. und sein (jeweils kleinerer) Vater Pacal (die Reliefs sind unterschiedlich gut erhalten und ihre Konturen sind nicht immer klar erkennbar). Die begleitenden Hieroglyphentexte berichten vom Machtwechsel zwischen Vater und Sohn und den Weihefeiern Chan-Bahlums II. Auch die Eingangspfeiler eines jeden Tempels sind mit Bildtafeln von Zeremonien um Chan-Bahlum II. dekoriert, die überreichliche Darstellung der mayanischen Götterwelt diente den Pacals wohl vor allem als Beweis ihrer direkten Abstammung von den Göttern.

Templo del Sol

Der von allen dreien am besten erhaltene **Tempel der Sonne** steht auf einem Pyramidensockel und mit seinem gut erhaltenen Dachkamm ist er einer der schönsten von Palenque. Eine breitere und dann eine schmalere Treppe führen hinauf, die Pfeiler sind (in Fragmenten) mit Glyphen und Bildtafeln verziert. Am Fries des Mansarddaches sind ebenfalls Reste plastischer Stuckskulpturen zu erkennen.

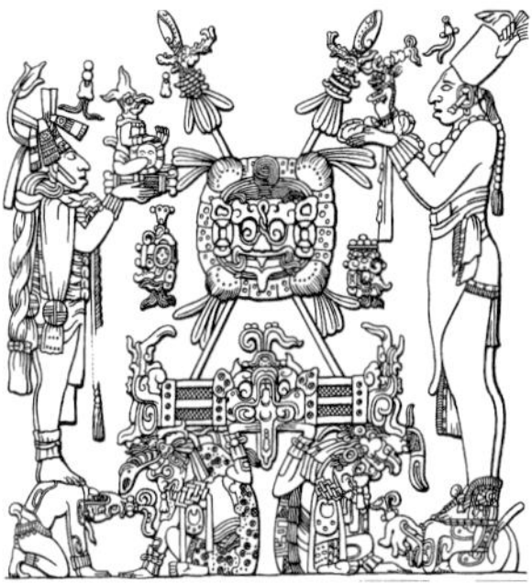

Der rückwärtige Raum ist dreigeteilt, Hauptraum ist der mittlere *pib na*. An seiner Hinterwand sind Flachreliefs und Figurentafeln angebracht. Sie erinnern an die Geburt von Chan-Bahlum II. im Jahr 635 und an seine Inthronisation 684. Die mittlere **Tafel** zeigt einen Kampfschild mit dem Kopf eines Jaguars und gekreuzten Speeren **(s. Abb.),** darunter einen Thronsessel, der von knienden Göttern auf ihren Schultern getragen wird. Rechts davon steht Chan-Bahlum II. auf dem Rücken einer kleinen Person. Mit seinem hohen Kopfschmuck und erhobenen Händen offeriert er eine kleine Gottheit aus Jade. Der linke, kleinere Mann steht ebenfalls auf den Schultern einer niederknienden Person. Es ist Pacals Vater (der damals schon tot war). Die kleinen Bildreliefs über dem Schild und links oben sind Hieroglyphentexte, sie ermöglichten den Glyphologen die exakte zeitliche und historische Interpretation der figuralen Zusammensetzung (Jahresglyphe 642).

Chiapas

Templo XIV

Der kleinere Tempel XIV gleich rechts des Templo del Sol auf einem zweistufigen Unterbau wurde von Kan-Xul II. als Erinnerung an seinen Bruder Chan-Bahlum II., nach dessen Tod im Jahr 702, erbaut. Vom Hochtempel sind nur noch die Außenmauern erhalten. Das durch ein Gitter geschützte Relief-Tableau ist aber sehr gut erhalten. Es zeigt eine rituelle, posthume Szene, nämlich Chan-Bahlums Auferstehung aus der Unterwelt Xibalba. Man sieht ihn tanzend rechts, während ihm seine Mutter Apo-Hel eine Gottheit offeriert. Dieses Ritual fand 260 Tage nach dem Tode von Chan-Bahlum statt.

Templo XV

Im rechten Winkel zum Tempel XIV steht der noch kleinere **Templo XV,** von dem nur noch die Mauerfundamente zu sehen sind. Er wurde ebenfalls von Kan-Xul II. erbaut. Im Inneren und auf der Rückseite des Hügels wurden je drei Gräber gefunden, vermutlich Opfergräber zum Baubeginn. Außerdem weitere 18 Skelette, alle nach Norden ausgerichtet, unter einem Platz hinter dem Tempel. Wichtigster Fund war ein Sarkophag mit den Überresten eines vermutlichen Herrschers im ehemaligen Zentralraum.

Templo de la Cruz

Der **Tempel des Kreuzes** mit seinem mächtigen Dachkamm ist der größte und höchstliegende, er dominiert die Kreuzgruppe. Er ähnelt dem Sonnentempel und wurde ebenfalls in der Regierungszeit Chan-Bahlums II. im Jahr 692 errichtet. Archäologen vermuten, dass in der Tiefe der Pyramide vielleicht Chan-Bahlum II. begraben liegt. Der Portico bzw. der vordere Teil des Tempels ist bis auf einen Pfeiler auf der linken Seite weggebrochen. 71 Treppen-

stufen führen über untere vier und obere sieben Plattformen nach oben – ein weiteres Beispiel ungerader Zahlen in der Maya-Bautenmystik.

Der Name des Kreuztempels leitet sich ab vom Hauptmotiv der zentralen **Relieftafel** im *pib na* (**s. Abb.;** Replikat, Original im Anthropologischen Museum in Mexiko-Stadt). Sie zeigt den kreuzförmigen, stilisierten **Weltenbaum** (*wacah chan;* im mythologischen Verständnis der Maya war der Weltenbaum die verbindende Achse zwischen Erde und Kosmos). Auf seiner Spitze thront der Himmelsvogel, ganz unten ist die Maske des Erdmonsters zu sehen. Zwischen den äußeren Glyphenbändern steht rechts Chan-Bahlum II., links wieder der kleinere (schon verstorbene) Pacal.

Außerhalb der Kammer zeigt die rechte Tafel den zigarrerauchenden Gott „L" der Unterwelt Xibalba. Die linke wiederum Chan-Bahlum II. An der Südböschung des Tempels wurde das Grab eines Noblen mit bedeutenden Beigaben gefunden.

Vom Tempel ergibt sich ein schöner Panoramablick zum Palacio, zum Tempel der Inschriften und links zum Templo del Sol.

Templo de la Cruz Foliada

Der **Tempel des Blattkreuzes** liegt gegenüber dem Templo del Sol. Er liegt noch komplett unter der Erde, seine Vorderfront fehlt und von hinten greift der Wald an. Die Plattformen der Pyramide sind (noch) nicht freigelegt. Der Tempel verdankt seinen Namen einer kreuzartigen Maispflanze als Hauptmotiv auf der mittleren **Relieftafel** im *pib na* (**s. Abb.,** Replikat; das Original befindet sich im Anthropologischen Museum in Mexiko-Stadt). Das Blattkreuz war wie der Weltenbaum ein wichtiges Mythologie-Symbol der Maya. Es versinnbildlichte die Mittelachse der Welt und wird ebenfalls vom Himmelsvogel gekrönt. Die abstehenden Seitenarme ähneln behaarten Maiskolben. Auf ihnen befinden sich nach oben blickende Menschenköpfe (in der Schöpfungsgeschichte der Maya wurde der Mensch aus Maismasse geschaffen). Rechts des Blattkreuzes ist der kleinere Pacal zu sehen, links wieder Chan-Bahlum II. Er steht auf einem Menschenschädel aus dem Maiskolben wachsen. Die wichtigste Zahl der Glyphen ist 692, das Jahr der Weihung des Tempels.

Wenn man zum Palacio zurückgeht, kommt man an Schildern vorbei, die auf die Tempel XVII, XIX, XX, XXa, XXI und XXII im Wald hinweisen. Oft sind die Zugangswege abgesperrt, weil Archäologen an der Arbeit sind. Der wichtigste ist *Templo XIX* mit einem Schutzdach.

Templo XIX

Tempel XIX – erstmals im Jahr 2000 Besuchern zugänglich gemacht – wurde vermutlich auf Anordnung des drittletzten mächtigen Palenque-Herrschers *Ahkal Mo'Nab* III. in seiner Regierungszeit zwischen 721 und 736 erbaut.

Am augenfälligsten ist ein Pfeiler, dessen linke Seite eine rot-türkise Stuckrelieftafel ziert. Das über 3 m hohe Panel, das wie ein Puzzle aus Aberhunder-

Warum gaben die Maya ihre Städte auf?

Nach wie vor nicht endgültig gelöst ist das Rätsel der Aufgabe der Mayastädte in der Endphase des Klassikums, etwa im Zeitraum zwischen 750 und 900 n.Chr.

Wie sich anhand letzter Inschriften und Datumsglyphen in den Mayastädten ermitteln lässt, begann der Kollaps im Westen des Maya-Gebiets (Palenque 799) und erfasste danach nacheinander einst bedeutende und mächtige Stadtstaaten im Zentrum des Tieflands bzw. im Einzugsgebiet des Río Usumacinta: Yaxchilán (808), Piedras Negras (810), Naranjo und Uaxacatún 849. Tikal s.S. 392.

Am längsten hielten sich Städte an der extremen Peripherie, wie z.B. Calakmul (909) oder Toniná, wo ebenfalls anno 909 das allerletzte in klassischem Stil geschriebene Datum in den Stein gemeißelt wurde. Nur ganz wenige kleine Zentren konnten ihre Entwicklung bis in die Zeit der spanischen Eroberung fortsetzen. Die im Tiefland des nördlichen Yucatáns entstandenen Mayastädte und -reiche wie Chichén Itzá, Mayapán u.a. verfielen in der Postklassik.

Dem Zusammenbruch im Klassikum ging eine Reihe begleitender Phänomene voraus: Die Maya errichteten keine Stelen mehr, stellten den Bau von Monumental-, Prestige- und Wohnbauten ein, verfassten keine Hieroglyphen- und Schriftdokumente mehr und gaben den Gebrauch ihrer „Langen Zählung" auf.

Theorien über auslösende Faktoren, die das über viele Jahrhunderte erfolgreiche politische und wirtschaftliche System der Maya zerfallen und versinken ließen, gibt es viele. Erklärungsansätze sind z.B.

- machtpolitische Destabilisierungen u. langandauernde Kriege (Tikal – Calakmul)
- Zerfall des Gottkönigtums und der tragenden Institutionen und Führungsschichten durch interne Turbulenzen.
- Erweiterung des bis dahin vorherrschenden religiösen Mayabewusstseins durch kriegerische Ideologien, dadurch vermehrt Machtkonflikte und Feldzüge mit Konsequenz des Ausblutens der Städte.
- soziale Unruhen oder Aufstände der unterdrückten Volksmassen gegen die Priester und Herrscher (die Maya-Elite regierte mit harter Hand und die Städte waren hierarchisch straff durchorganisiert).

Als wohl wahrscheinlichste Ursache des Niedergangs verdichtet sich immer mehr die Vermutung einer **ökologischen Katastrophe,** hervorgerufen durch extreme **Klimaschwankungen** und beschleunigt durch **Überbevölkerung.** Wissenschaftler der Universität Florida konnten durch Messungen von Sauerstoff-18-Isotopen in den Karbonathüllen wirbelloser Kleinstlebewesen aus den Cenotes Yucatáns das Verhältnis von Verdunstung und Niederschlag in früheren Jahrhunderten nachweisen (bis zurück ins Jahr 1500 v.Chr.) und dadurch herausfinden, wie feucht oder trocken das damalige Großklima war. Demnach kam es zwischen den Jahren 500–1000 zu immer längeren Trockenperioden im Gebiet der Maya und damit wohl auch zu Hungersnöten in ihrem damals überbevölkerten Lebensraum (nach Schätzungen lebten im früheren Petén, in der Großregion um Tikal, annährend vier Millionen Menschen). Das Land verödete – zum Brennen von Kalk als Baumaterial hatte man riesige Mengen Regenwaldes vernichtet – und die tributpflichtigen Bauern konnten die Versorgung der Menschen in den Städten nicht mehr aufrechterhalten. Auf sich allein gestellt, hatten diese keine Überlebenschancen. Ein Massen-Exodus setzte ein, der in seinem Sog auch die kleineren Städte mit in den Abgrund riss, so dass zum Ende des 9. Jh weite Teile des Tieflands entvölkert waren. Die übriggebliebenen Bewohner waren später nicht mehr in der Lage, die alte Entwicklung aufzugreifen und fortzuführen, weil es auch die Maya-Eliten und die Priesterschaft, die alleinigen Träger und Besitzer des Wissens, nicht mehr gab.

■ *Die Stucktafel vom Templo XIX*

ten von Einzelteilen in siebenmonatiger Arbeit wieder zusammengesetzt wurde, zeigt in feinsten Details König *Upakal K'inich,* vermutlich der vorletzte Herrscher Palenques (ca. 742). Das Original befindet sich im Palenque-Museum.

Nach seiner Wiederherstellung, nach **mehr als 1200 Jahren,** ist es heute **das schönste aller Stuck-Bildnisse Palenques!** Spektakulär war 1999 außerdem die Freilegung eines steinernen Schreins bzw. einer Thronplattform (2,8 m x 1,70 x 0,50 m), die mit Bildszenen dreier Würdenträger und mit zahlreichen Glyphen verziert ist. Nach Ansicht der Archäologen ist dieser Fund einer der wichtigsten der letzten Jahrzehnte. Wenn alle Glyphen entschlüsselt sind wird nicht nur die Geschichte von Palenque, sondern auch die der Maya insgesamt in vielen Bereichen anders interpretiert werden müssen. So fand man beispielsweise die eingravierte Jahreszahl **3. März 3309 v.Chr.**, das ist ein noch älteres Datum als der bisher bekannte Nullpunkt des Maya-Kalenders 3114 v.Chr.

Im in der Nähe liegenden **Tempel XX** fanden die Archäologen tief im Inneren eine mit Fresken ausgemalte Grabkammer mit gleichfalls zahlreichen Funden, doch ohne menschliche Überreste.

In den nächsten Jahren wird hier, wo heute alles zugewuchert ist, die Geschichte Palenques fortgeschrieben. Was die Archäologen dort gerade ausgraben und erforschen, kann man auf www.mesoweb.com nachverfolgen.

Nach Norden

Hinweis: Nach 16 Uhr kein Zutritt mehr für den Weg nach unten zum Museum!

An der kleinen Río-Otulúm-Brücke geradeaus gehen, vorbei an der Rückseite des Palacio mit seiner Aufgangstreppe. Pfeiler und Wände der Casa A sind mit Stuckdarstellungen geschmückt. Im Schatten der Bäume laden steinerne Bänke zum Ausruhen ein.

Weitergehend erreicht man den kleinen Ballspielplatz, **Juego de Pelota.** Die fürs Spiel typischen Steinringe wurden hier nicht gefunden, wahrscheinlich gingen sie verloren oder sie waren aus Holz, das mit der Zeit verwitterte (Ballspiel-Exkurs s.S. 244).

An der nördlichen Freitreppe des Palacio vorbei bis zum Hauptweg gehen und dann nach rechts. Der Blick zurück ist unvergleichlich!

Templo del Conde

Dieser Tempel ist einer der ältesten aller bisher ausgegrabenen, erbaut um das Jahr 650. Eine steile Treppe führt hinauf. Das Innere ist wieder wie üblich in einen vorderen Portico mit drei Eingängen und in drei rückwärtige Räume aufgeteilt. Unter dem Fußboden des Portico fand man drei Gräber mit wenigen menschlichen Überresten, dafür aber um so mehr Grabbeigaben.

Seinen Namen trägt der Palast nach dem Grafen Friedrich von Waldeck, der von 1832 bis 1834 in Palenque war und sich in dem Tempel häuslich einrichtete. Waldeck veröffentlichte etwas wirre Theorien und Interpretationen über Palenques Paläste und malte viele romantisierende Ansichten der Stadt.

Grupo Norte Neben dem „Tempel des Grafen“ liegt die **Grupo Norte,** drei mehr oder weniger zerfallene Tempel in nahezu gleicher Frontlinie, erbaut zwischen 695 und 739 und alle auf einer einzigen, langgestreckten künstlichen Plattform stehend. Ihre mittleren Eingänge sind nahezu quadratisch.

Zwischen den beiden rechten Tempeln befindet sich zurückversetzt ein 4. und kleinerer. Er hat eine quadratische Grundfläche und seine Dachform bzw. sein Mansarddach entspricht dem des Palacio-Turms. Vielleicht waren diese Tempel auch einst für das Ballspiel bedeutsam, weil der Juego de Pelota-Platz in Sichtweite liegt. Von oben, von den Rückseiten der Tempel, hatte man früher ohne die Bäume einen freien Blick über die Ebene unterhalb Palenques.

Weg hinunter zur Straße

Damit ist der Gang durch Palenque beendet. Man folgt dem Weg (s. Schild „Museo Salida“), vorbei an den Toiletten rechter Hand, durch den Wald steil hinunter zur Straße (Dauer ca. 15 Min.). Unter kühlem Baumschatten und über zahllose Treppenstufen passiert man entlang des Río Otulúm überwucherte Ruinen von Palastkomplexen, die zu Wohnzwecken dienten, kleine Wasserfälle und Wasserbecken. Ein sehr idyllisch gelegenes bei der „Grupo B“ trägt den Namen „Baño de la Reina“ – „Bad der Königin“. Weiter unten quert nach „Grupo de los Murciélagos“ die leicht schwankende Seilbrücke *Puente Murciélagos* den Fluss mit seinen kleinen Wasserfällen.

Nach Verlassen der Ruinenstätte liegt das Museum nach rechts die Straße runter auf der linken Seite.

Museum Im **Museo de Sitio** muss für den freien Eintritt nochmals die Eintrittskarte vorgezeigt werden. Zu sehen sind ein Modell von Palenque, Glyphen-Tableros, Vitrinen mit kostbaren Figuren, Keramiken, Stuckköpfe, Reliefplatten, Totenmasken aus Jade und Malachit (darunter jene der **„Reina Roja“**), Schautafeln, Genealogien und maskenverzierte Räuchergefäße, *incensarios.*

Chiapas

Eindrucksvoll sind außerdem der Tablero von Pacals Krönung (vom El Palacio), eine Sammlung roter *Portas Incensarios de Cerámica* (gefunden im Templo de la Cruz Foliada) und als Höhepunkt – in einem Zusatzraum mit Klimaanlage, der ab 9.30 Uhr bis 15.30 alle 30 Minuten für max. 30 Personen geöffnet wird –, eine **Nachbildung von Pacals Grab mit der Grabplatte in der Pyramide der Inschriften** (Details dazu s.o., Marginalie „Der Abstieg in Pacals Grab“). Die Grabplatte ist auf ihrer Oberseite nahezu vollständig mit religiösen Reliefmotiven bedeckt. Mittelpunkt ist die Darstellung von König Pacal, der in Hockstellung und mit vorgebeugtem Oberkörper dem Rachen der Unterwelt entsteigt, dem kreuzförmigen Weltenbaum *wacah chan* entgegen, dem Maya-Symbol der Achse der Welt. Seine Stirn ist mayatypisch deformiert und sein Hinterteil berührt die Maske des Erdungeheuers, Metapher für die Unterwelt *xibalba.* Das vielleicht **berühmteste Bildnis der Maya-Kunst** wird umrahmt mit vielen Glyphen, Symbolen, Monstern und anderen Motiven der Mayakosmologie und -mythologie. Beim Museum ist auch ein Laden und ein Restaurant. Für die Rückfahrt nach Palenque zur Straße vorgehen und ein Colectivo oder Taxi anhalten.

■ *Die Oberseite der Grabplatte*

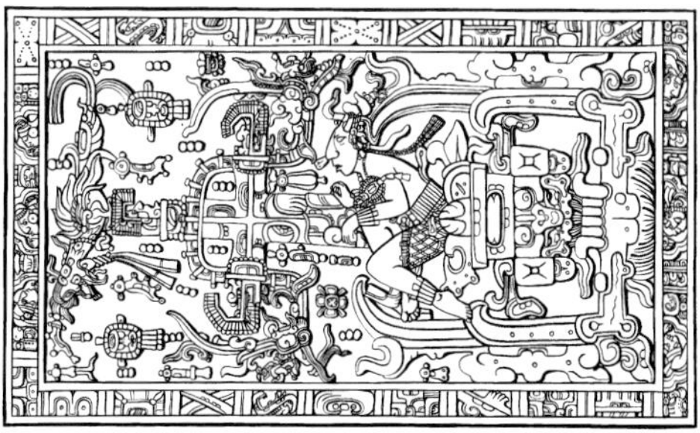

Umgebungsziele von Palenque

Cascadas Misol-Há

Die Naturschönheit **Misol-Há** (maya, „Wasserfall") liegt an der Straße nach San Cristóbal de las Casas, 20 km von Palenque entfernt an der rechten Seite (ausgeschildert). Von der Abzweigung sind es noch ca. 1,5 km zu dem Wasserfall, der in tropischer Vegetation aus 40 m Höhe in einen tiefen Pool stürzt – perfekt für ein kühles Bad. Am Ende der Trockenzeit, also im April/Mai, fällt allerdings nur wenig Wasser über die Kante. An der Zufahrtsstraße sind 20 Ps fällig, Eintritt nochmals 30 Ps. Anfahrt von Palenque per Colectivo oder als gebuchte Tour.

■ *Wasserfälle Misol-Há*

Vom Aussichtspunkt geht es auf einem Pfad weiter, direkt hinter den (donnernden) Wasservorhang – doch Vorsicht, Rutschgefahr, und auch das Kameraobjektiv vor dem Sprühnebel schützen. Am Ende der Strecke befindet sich eine Höhle mit einem klitzekleinen Wasserfall, für dessen Besichtigung einem nochmals Peso abgeknöpft werden. Sie lohnt nicht.

Recht gut essen kann man in einem Restaurant zu moderaten Preisen und übernachten in den einfachen Cabañas von *Centro Ecoturístico Misol-Há* noch vor dem Wasserfall (12 Ein-, Zwei- und Mehrbett-Cabañas/Bungalows mit Ventilator), alles detailliert auf www.misol-ha.com. Bei Nacht tolle Geräuschkulisse. Kostenpunkt einer DZ-Cabaña ca. 300 Ps, je nach Saison. Auskunft und Reservierung: *Centro Turístico Ejidal Cascadas Misol-Há,* Tel. 01-916-3451210. Misol-Há ist auch ein perfekter Platz für Wohnmobile, gebührenpflichtiger und 24-h-bewachter Parkplatz.

Agua Clara

Nächstes Wassererlebnis, ebenfalls rechts und ein 2-km-Abstecher von der Mex 199, ist **Agua Clara,** ein hübscher Platz am Río Shumulhá (manchmal nicht zugänglich wegen rechtlichen Disputen mit der dortigen Bevölkerung). Eintritt 30 Ps. Wunderschönes Baden, sofern nicht gerade Trockenzeit, in einem *balneario natural,* das etwa 300 m lang und 80 m breit ist (Tiefe bis 2 m). Es gibt ein Restaurant und eine einfache Unterkunft, betrieben durch *indígenas tseltales,* die einem allerlei Dinge verkaufen wollen. Anfahrt von Palenque per Colectivo oder mit einer Reisebüro-Tour.

Nach weiteren 8 km bzw. ca. 60 km von Palenque wird der Abzweig zur Hauptattraktion *Agua Azul* erreicht.

Cascadas Agua Azul

Anreise

Von Palenque aus am besten als Rundtour buchen. Wer mit einem 2.-Klasse-Bus oder Colectivo nach San Cristóbal de las Casas unterwegs ist (oder von dort kommt), kann sich am Abzweig, am sog. **Crucero Agua Azul,** absetzen lassen. Dort stehen fast immer Colectivos für die 4 km hinunter zu den Wasserfällen. Agua Azul ist *ejidal,* Gemeinschaftsbesitz der lokalen Tseltales, die an der Zufahrt ihre Pesos verlangen, unten wird der Eintritt fällig, beides zusammen ca. 36 Peso). Außerdem evtl. Schnursperren durch Frauen und Kinder, die Bananen verkaufen wollen.

Für die Weiterfahrt nach Ocosingo/San Cristóbal de las Casas kann am Crucero gleichfalls ein Bus oder ein Colectivo abgewartet werden, nur nicht erst am späten Nachmittag!

Cascadas Agua Azul

Agua Azul (*Reserva Biósfera Cascadas Agua Azul,* Maya *Yax Há* – „Blaues Wasser") liegt inmitten üppiger Tropenvegetation. Diese **schönsten Wasserfälle von Mexiko** sollte man nicht verpassen. Der Río Yax stürzt in breiten, weißschäumenden Kaskaden über zahlreiche Felstreppen, eingebettet in wucherndes Ufergrün. Die satte Blau- und Türkisfärbung des Wassers rührt von einem hohen Anteil gelösten Kalks. Am schönsten leuchten die Farben in der Trockenzeit von etwa **Dezember bis Mai,** in Zeiten starken Regens ist das Wasser leider nur braun. Auf einem Weg links der Fälle geht es über kleine Brücken aufwärts, wobei sich immer wieder neue Ausblicke auf den schäumenden Fluss ergeben. Ein tropisch-feuchtes Erlebnis. Das hat sich logischerweise weit herumgesprochen – Agua Azul ist **meist überlaufen,** vor allem an **Wochenenden.** Zur Ferienzeit und an Weihnachten/Neujahr großer Rummel. Achtung: Diebstahlsgefahr allenthalben!

An einer ruhigen und mit Seilen markierten Stelle kann sicher geschwommen werden, außerdem weiter oben und auch in den unteren Flussabschnitten. Beachte: im Fluss gibt es sehr starke Strömungen, **Gefahr des Ertrinkens!**

Es gibt eine kleine Informationsstelle, essen und trinken kann man bei einem der über zwei Dutzend – meist unfreundlichen – Palapa-Restaurants bzw. Comedores. Spezialität sind *mojarras fritas,* gebratene, wohlschmeckende Flussfische. Übernachten ist möglich, aber wegen primitiver Cabañas weniger empfehlenswert (diejenigen im oberen Wegdrittel sind vorzuziehen, prüfen; (Hängematten/feste Betten). Außerdem ist ein großer Parkplatz für Wohnmobile vorhanden – der dann nochmals kostet – und ein kleiner Laden. Beim Touristen-Büro kann man sein Gepäck deponieren – doch gut verschließen! Frauen und Mädchen verkaufen Früchte und *buñuelos* sowie *caña* (Zuckerrohr), *elotes,* Tortillas und Getränke – etwas nervige, ständige Anmache …

Chiapas

■ *Kühles Bad in weißschäumendem Wasser: Cascadas Agua Azul*

Von Palenque nach Yaxchilán und Bonampak

Straßenverlauf Mex 307

Von Palenque fährt man ca. 140 km auf einer Asphaltstraße durch relativ langweilige Hügellandschaft bis zur Straßenverzweigung *Crucero San Javier.* Unterwegs etliche Militärkontrollen und immer wieder *topes.* Namen wie *Jerusalén* oder *Jericho* weisen auf protestantische Dorfneugründungen hin. Schön sind diverse Wasserfälle entlang der Straße: ca. 30 km hinter Palenque geht es links/östl. zu den **Cascadas Wejlib-Já.** Beim KM 47 kommt ein nur schwer lesbares Schild „Cascada la Asunción", bei dem man nach rechts auf eine Holperpiste abbiegt (die eigentlich einen Geländewagen verlangt). Diese führt durch ein paar kleine Dörfer und man muss sich ein paar Mal erkundigen, bis man schließlich – am Ende mit einem Führer – den im Regenwald liegenden *Cascada la Asunción* erreicht. In der Nähe des Dorfs *Nuevo Francisco León* befinden sich beim KM 61 die Wasserfälle von **Busil-Ha** (Schwimmen), am besten zu besuchen bzw. zu verbinden mit Einkehr beim nahegelegenen (KM 61) Straßenrestaurant *Parador Valle Escondido* (mit Cabañas).

San Javier ist kein Ort, da gibt es nur ein paar Hütten und den Parador San Javier. Hier gabelt sich die Straße: nach rechts bzw. geradeaus geht es nach Bonampak. Nach 4 km wird der **Crucero Bonampak** erreicht, dort gibt es ein Restaurant und den Camping *Margarito.* Von da sind es nach Bonampak noch 9 km und nach Lacanjá Chansayab, rechts ab, weitere 3 km.

Lacanjá Chansayab / Campamento Río Lacanjá

Das kleine Lacandonen-Dorf **Lacanjá Chansayab** mit etwa 400 Bewohnern liegt am gleichnamigen Fluss mit guter Badestelle. Gleich hinter der Brücke rechts auf einer Wiese befindet sich unter Bäumen ein großes Palapa-Restaurant. Man ist im Dorf gut auf Touristen eingestellt, also nicht erwarten, dass die Lacandonen so traditionell wie früher leben, manche ziehen ihre weißen Gewänder nur noch für die Touris an.

Zum Übernachten kann man aus etwa einem Dutzend *Campamentos* auswählen, von einfach bis komfortabel. Empfehlenswert ist z.B. das freundliche Campamento **Tucan Verde Ecológico,** www.tucanverde.com, bei der Familie von Ismael Chansaap Yuk Najkin. Es gibt auch Platz zum Campen, Hängematten sind mietbar. Frühstück und Essen zu moderaten Preisen. Führerdienst durch den Wald, zum Wasserfall am Río Cedro, nach Bonampak u.a. Kaufen kann man Lacandonen-Pfeile, Keramiken, Schnitzereien, Korbwaren.

Eine andere Möglichkeit ist bei „Camping & Cabañas Jaguar", Carmita Naskin, GPS 91 13 26 / 16 76 64. Etwa 2 km südlich gibt es eine weitere Möglichkeit zum Übernachten, und zwar beim guten **Campamento Lacanjá** (*Cabañas Ya'axcan* für 2–6 Pers.) des Veranstalters *Explora* von San Cristóbal de las Casas (www.ecochiapas.com, Tel. 01-976-6784295). Südlich davon befindet sich eine kleine archäologische Stätte, *Sitio Arqueológico Lacanjá.* Details und aktuelle Preise auf www.utselva.edu.mx/centrosecoturisticos bei „Centros Ecoturísticos". Anfahrt von Palenque nach Lacanjá mit *Transportes Chamoán* beim Mayakopf, Tel. 916-3451818, tägl. um 5, 7.30, 9, 10 Uhr usw. zur vollen Stunde bis 16 Uhr, Fz gut 2 h.

Frontera Corozal

Von San Javier sind es noch ca. 35 Kilometer bergab bis zum *Crucero Corozal* (Militärkontrollposten). Nach links führt eine Schotterpiste nach Frontera Corozal (ca. 15 km), geradeaus verläuft die Carretera Fronteriza – oder die „Ruta Maya" – weiter nach Benemérito de las Américas. Bei der Ankunft in Frontera Corozal müssen Touristen für das Betreten der „Zona Lacandona“ 15 Peso zahlen.

Frontera Corozal, ein weitgestreutes Dorf am Río Usumacinta und erst 1976 gegründet, ist Abfahrtsort für die Boote nach Yaxchilán und Posten der mexikanischen Migración (vor dem Fluss rechts) für nach Guatemala- Aus- bzw. von dort Einreisende. Mexiko verlangt neuerdings eine Ausreisesteuer von 269 Peso und Einreisende benötigen eine neue Touristenkarte, auch wenn die alte noch gültig ist (s.S. 28). Ausreisende sollten ihre Peso in guatemaltekische Quetzal tauschen.

Die letzten **Colectivos nach Palenque** fahren gegen 17 Uhr, Fahrzeit 2,5–3 Stunden. Wer übernachtet: am Abend spielt sich das Leben am Fluss mit friedvollen Szenerien ab.

Museum

Das kleine *Museo Regional de la Cuenca del Río Usumacinta* gegenüber der Migración zeigt in drei kleinen Häusern die Geschichte des Ortes und das Leben der hier ansässigen *Lacandones, Choles* und *Tseltales* (8–18 Uhr, Eintritt; Erlöse kommen Lacandonen-Familien zugute). Zu sehen sind Fotos, Ausgrabungsstücke und Exponate zu Naturschutz und Volkskunde. Angeschlossen ist das gute *Restaurante Imperio Maya.*

Übernachten und Boote nach Yaxchilán

Escudo Jaguar, hinter der Migración 150 Meter nach rechts, ausgeschildert, www.escudojaguarhotel.com oder www.utselva.edu.mx/centrosecoturisticos, Tel. 01-555-3290995 oder 502-5353-5637. Saubere Cabañas, Zweier-Cabaña ohne Bad ca. 350 Ps, mit ca. 750 Ps, je ob HS/NS, aktuelle Preise s. Webseite. Günstiger in Mehrbettzimmern, auch Camping. Gutes Restaurant.

Bezüglich einer **Bootstour nach Yaxchilán** ist man im Escudo Jaguar behilflich: *Anita y Mary Transporte Fluvial,* Tel. Centro Turístico 01-555-3290995. Ein Boot für 1–3 Personen kostet derzeit 850 Peso, für 4 Pers. 900 Ps, für mehr Leute entsprechend mehr (Preise siehe o.g. utselva-Webseite). Auskünfte auch am **Embarcadero** am Fluss. Letzte Boote nach Yaxchilán fahren um 13.30 Uhr, Dauer ca. 40 Minuten. **Für einen Besuch Yaxchiláns ist keine Ausreiseprozedur aus Mexiko notwendig,** aber es ist noch vor Bootsabfahrt der Yaxchilán-Eintritt zu bezahlen, derzeit 55 Peso p.P.

Günstig übernachten kann man bei den netten Leuten im **Nueva Alianza** in Höhe der Migración etwa 100 Meter nach links und etwa 5 Minuten Fußweg vom Fluss entfernt, Tel. 502-53531395, Celular 01-916-1026441, über www.utselva.edu.mx/centrosecoturisticos. Diverse Cabañas und Zimmer mit *baño general,* Einzel- oder Doppelzimmer kosten 110 Ps die Nase, jeweils mit *baño general.* Für eine riesige Cabaña mit großer Terrasse und angeschlossenem Privatbad sind ca. 600 Ps zu löhnen. **Die Boote kosten hier nach Yaxchilán nur 600 Peso, und wenn man an der Anlegestelle verhandelt, bekommt man es unter Umständen noch günstiger.**

Guatemala-Grenzgebühren

Guatemala, Einreise: kostenlos; 90 Tage Aufenthalt. **Ausreise:** kostenlos. Doch es wird versucht, bei der Einreise Gringos bis zu 50 Quetzal (5 US$/50 mexikanische Peso) pro Person abzuknöpfen. Über Fehlverhalten der guatemaltekischen Grenzer kann man sich beschweren: orp@migacion.gob.gt

Ausreise nach Guatemala

„Klassisch“ über Bethel: Zu diesem kleinen guatemaltekischen Dorf flussaufwärts benötigen die Boote ca. 40 Minuten. Nachdem man dort die Uferböschung hochgegangen ist, geht es nach rechts ins „Zentrum“: ein paar Häuser, kleine Läden, bescheidene Restaurants, Bushaltestation sowie die guatemaltekische Migración. Geldwechsler tauschen Peso und Dollar in Quetzal. Übernachten ist ebenfalls möglich, die Hinweisschilder beachten.

Tropen- und Urwald-Tipps

Wenn der touristische Zivilisationsmensch zum erstenmal mit dem Urwald in Berührung kommt, fallen ihm meist allerhand gefahrvolle Dinge über die „Grüne Hölle" ein, die er irgendwann einmal gelesen oder gehört hat. Hier ein paar Tipps, um Unannehmlichkeiten zu vermeiden:

Gesundheit: Feuchtheiße Umgebung ist ein idealer Nährboden für Bakterien und Pilze. Deshalb hygienebewusst leben, regelmäßig Hände waschen, bei vielem Duschen (möglichst nicht barfuß) nicht den natürlichen Schutzfilm der Haut mit zuviel Seife zerstören. Die häufigste Erkrankung in den Tropen ist die Erkältung, vorsicht deshalb mit Klimaanlagen, Fahrtwind in offenen Fahrzeugen. Nicht die Nachtkühle in höherliegenden Tropenregionen unterschätzen. Vorsichtig sein mit eiskalten Getränken (Magenverstimmung), vegetarische Kost ist Fleischspeisen vorzuziehen (kein Schweinefleisch, Trichinengefahr).

Kleidung: Möglichst Mischgewebe, nicht enganliegend, nur langärmlige Hemden und lange Hosen. Bei Urwaldmärschen lieber eine Kopfbedeckung tragen, weniger wegen der Sonne, sondern als Schutz gegen herabfallende Zecken oder Blutegel. Keine Sandalen, besser halbhohe, leichte Schuhe.

Orientierung: Vorsicht bei Abkürzungen, bei Unternehmungen allein oder beim Verlassen eines Urwaldpfades (auch bei Rückwegen!). Gefahr des Verlaufens oder Verirrens!

Schlangen: Schlangen sind meist nur nachtaktive und erschütterungsempfindliche Tiere, die sich normalerweise beim festen Voranschreiten eines Menschen davonmachen. Schleichen Sie also nicht wie ein Waldindianer durch den Busch und gehen Sie nicht ins hohe Gras. Es gibt giftige Schlangen auf Yucatán und im lacandonischen Regenwald, eine davon, die *nanjaca* bzw. die *cuatronarizes* ist es mit tödlicher Sicherheit, andere sind es weniger (viele Gebissene sterben auch am Schock). In der Nacht nur mit einer Taschenlampe und einem Stock ins Freie gehen.

Insekten: Dagegen kann man sich nur bedingt schützen, vor allem lästig sind natürlich die Moskitos, die sich tagsüber im Dunklen verstecken und bei Dämmerung losschwirren. Einreibemittel auf Haut und Kleidung hält sie etwas zurück, beim Schlafen hilft evtl. eine Moskitospirale, die mit ihrem Rauch die Plagegeister vertreibt. Am besten ist ein Moskitonetz. Gegen juckende Moskitostiche gibt es in Mexiko *Di-Delamine* und *Andantol-Jalea,* zur Not tut's auch Limonensaft oder der Saft der Aloe (Letzterer ist auch gut gegen Sonnenbrand). Bettdecken und Matratzen sind in Tropenhütten häufig verwanzt, einfache, harte Lager sind meist „sauberer". Diesbezüglich am hygienischten ist eine Hängematte (diagonal reinlegen ist bequemer).

Wasser: Auf Badefreuden in *unbekannten* tropischen Flüssen und in stillstehenden Seen und Tümpeln besser verzichten – kleinste Würmer und Larven, die sich durch die Haut bohren, können eklige Wurm- und Tropenkrankheiten verursachen. Möglichst nur sicheres Wasser trinken. Für sauberes Wasser bei einem mehrtägigen Urwaldtrip gibt es Wasserentkeimungstabletten *(pastillas para purificar agua)* in *farmacias,* wie z.B. *yodo* oder *hidroclonazone.* Dschungel-Führer kennen wasserhaltige Lianen die sie kappen um trinken zu können.

Und: Die Dämmerung ist in den Tropen sehr kurz! Deshalb wichtiges noch bei Tageslicht erledigen. Eine Taschenlampe wird dann zum wichtigsten Utensil. **Unbedingt die unglaublich zirpend-schnarrend-rufende Geräuschkulisse eines nächtlichen Tropenwaldes erleben,** indem man auf einem gefahrlosen Weg ein Stück in den Wald hineingeht. (Wer einen kleinen Recorder dabeihat, kann seine tönenden Urwaldnächte zuhause nochmals anhören).

Wer eine Tour gebucht hat, z.B. mit San Juan Tour & Travel, braucht sich um die Weiterfahrt von Frontera Corozal nach Bethel nicht zu kümmern. „Do-it-yourself-Reisende" erhalten unten am Fluss am Embarcadero bei einer Palapa-Infostelle Auskünfte und Tickets für alle Bootsverbindungen.

Günstiger als die Bethel-Bootsfahrt ist der direkte Transfer von Frontera Corozal über den Fluss mit einer Colectivo-*lancha* zum guatemaltekischen Dorf **La Técnica** (ca. 50 Peso). Von dort fahren täglich 3 bis 5 Minibusse bzw. Toyota-Coaster-Busse: der erste gegen acht Uhr, der nächste zwischen 10 und 11 Uhr, einer um 12 und ein weiterer um 14 Uhr nach Santa Elena/Flores, ca. 45 Quetzal. Außerdem Minibusse.

Für Passagiere über Bethel geht es dort gleichfalls weiter mit einem Bus 2. Klasse oder Colectivo nach Santa Elena/Flores. Distanz rund 150 km, Fahrzeit ca. 4,5 h, Fahrpreis etwa 40 bis 70 Quetzal. San Juan Tour & Travel will 100 Quetzal und ist viel langsamer. Man fährt über **Las Cruces** (bis dahin holprige Piste) und **El Subín.** Colectivos und SJ legen in Las Cruces einen Halt ein. In Santa Elena fährt der SJ-Bus nach Flores direkt zu den Hotels der Fahrgäste.

■ **Achtung!** Die „Fahrgast-Fischer" *(coyotes)* in den San-Juan-Bussen beschwatzen impertinent die Fahrgäste, für die spätere Weiterfahrt von Flores nach Belize bzw. nach Chetumal/Mexiko doch sofort „billige" Anschluss-Bustickets zu kaufen. Doch diese besser erst in Flores kaufen, Tickets sind dort keinesfalls teurer, man kann vergleichen und ggf. handeln – und man muss auch nicht mit San Juan weiterfahren! Mehr über Flores und Tikal s.S. 378ff.

Vorab: Übel ist auch, dass die *coyotes* sofort Tickets nach Tikal verkaufen wollen, und zwar immer mit einem Guide. Die Gruppen bestehen dann, je nach Saison, aus 20 bis 40 oder sogar noch mehr Leuten, so dass die Tikal-Informationen gegen Null gehen. Praktisch alle Coyotes haben Abmachungen mit Transportunternehmen bzw. deren Chauffeuren. Nichts andrehen lassen, sondern zunächst in Flores selbst vergleichen. Die Geschichten der Coyotes sind nur Panikmache.

■ *Tempel in Yaxchilán*

Yaxchilán

Flussfahrt

Mückenschutzmittel und Trinkwasser mit dabei? Dann an Bord.

Schon immer spielten Flüsse kulturhistorisch eine wichtige Rolle, an ihnen entwickelten sich frühe Zivilisationen. Verbindende Schlagader in der Welt der Maya war der **Río Usumacinta,** der wasserreichste Fluss Mittelamerikas. In seinem Einzugsbereich liegen *Yaxchilán, Bonampak, Palenque, Piedras Negras* u.a. Mayastätten mehr. Während der Trockenzeit kann der Wasserspiegel des Usumacinta bis zu 10 Meter sinken, erkennbar an den hohen, ausgewaschenen Uferböschungen. Dann ragen viele Sandbänke heraus. Ab und zu kommt an der guatemaltekischen Uferseite (Region Petén) ein Dorf in Sicht, und wenn der Bootsführer scharfe Augen (und Glück) hat, wird er auf Flusskrokodile hinweisen. Ansonsten sind dichte Galeriewälder die Begleiter.

Yaxchilán liegt an der linken Flussseite an einer hufeisenförmigen, fast geschlossenen Flussschleife. Nach etwa 40-minütiger Fahrt (ca. 18 km) legt das Boot an. Über Treppen gelangt man das Steilufer nach oben, wo ein paar Hütten stehen. Die Ruinen liegen links. Yaxchilán ist tägl. von 8–16.30 Uhr geöffnet. Wer keine Pauschal-Tour gebucht und noch nicht bezahlt hat muss den Eintritt nachentrichten, 55 Peso.

Vorgeschichte

Die sehr weitläufige Anlage vor undurchdringlicher Urwaldkulisse stammt aus der klassischen Maya-Periode (ca. 300–900 n.Chr). Zusammen mit *Palenque,* mit dem etwa 70 km weiter flussabwärts gelegenen *Piedras Negras,* mit *Tikal* (beide im heutigen Guatemala) und *Copán* (Honduras) war Yaxchilán einer der großen **eigenständigen Stadtstaaten im Mayazentralgebiet.** Seine Blütezeit hatte Yaxchilán im 7. und 8. Jh., und nach dem Niedergang Palenques (810) war Yaxchilán das bedeutendste Mayazentrum der Region. Doch bald danach wurde auch Yaxchilán von seinen Bewohnern aufgegeben (Exkurs darüber s.S. 355). Yaxchiláns zahllose Hieroglyphen-Inschriften und die hervorragenden Bildreliefs waren – zusammen mit denen von Palenque – Hauptinformationsquellen zur Entschlüsselung der Geschichte der Tiefland-Maya.

Wiederentdeckt wurde Yaxchilán von *Edwin Rockstroh* (1881), wissenschaftlich zuerst beschrieben von *Alfred Maudslay* (1882), auch der Franzose *Charnay* war hier. Den Namen *yaxchilán* („yax“ = blau/grün, „chilán“ = Verstreutes) bekam die Stätte vom Deutsch-Österreicher *Teobert Maler,* der von 1901–1903 hier forschte (zuvor hielt sich Maler, wie Maudslay und Charnay, in Palenque auf). Erst ab 1970 wurde Yaxchilán gründlicher erforscht.

Die Anlage

Die Bauten liegen in Reihen hintereinander am Flussufer und verstreut im hügeligen Inland. Der flache Uferbereich ist nicht allzu breit und war wohl einst säuberlich gerodet, ohne die hohen Bäume. Wer zu den Bauten im Wald gehen möchte, muss schweißtreibende Anstiege in Kauf nehmen. Allzu viel erkunden kann man jedoch in 2–3 Stunden nicht. Vorsicht, es gibt (kleine) giftige Schlangen!

Was Yaxchilán so beeindruckend macht, sind seine klassischen Bauten in imponierendem Architekturstil inmitten von Urwald-Atmosphäre, und das Gefühl, direkt in die alte Maya-Zeit abzutauchen (doch dann muss man sich die Stadt frei von Regenwald vorstellen). Ständig ertönt das Geschrei der Brüllaffen (*Alouatta palliata,* span. *monos aulladores,* engl. *howler monkeys),* man sieht sie manchmal durch die höchsten Wipfel turnen, und wer draußen bei den Hütten übernachtet, erlebt morgens am Usumacinta einen unvergesslichen Sonnenaufgang. Hier wurde das einzigartige Zusammenspiel von Mayaarchitektur und umgebender Natur nicht zerstört, wie es leider in so vielen anderen Mayastätten passierte.

Für die Lacandonen ist Yaxchilán – sie nennen es *chixokla* – immer noch Pilgerstätte, sie opfern hier ihren Ahnengöttern.

Die Bauten Es gibt etwa 100 größere und kleinere Bauten (Bauzeit 6. bis 9. Jh.), doch nur ein paar Dutzend sind freigelegt und noch weniger restauriert. Im dichten Wald liegt noch viel Unausgegrabenes verborgen. Die allermeisten tragen keine Namen, sie werden – zusammen mit einer fortlaufenden Nummer – nüchtern als *estructuras* bezeichnet. Stufenpyramiden gibt es keine, da hier die Maya die natürlichen Erhebungen als Pyramide nutzten bzw. sie dazu umgestalteten.

Die wichtigsten Gebäude und der kleine Ballspielplatz liegen nahe des Flussufers und gegenüber dem Hauptplatz am ansteigenden Hang. Sie sind meist langgestreckt und nicht hoch. In Grundriss und Baustil ähneln sie den Tempeln in Palenque (mehrere Eingänge an den Längsseiten, zwei parallele Kammern mit Kraggewölben, durchbrochene, massive *cresterías*). Die oberen Fassaden tragen meist Verzierungselemente. Der Zahn der Zeit und das Tropenklima hat vieles zernagt und zerfressen.

Dinteles und Estelas

Charakteristisch für Yaxchiláns Bauten sind ihre reliefverzierten Türsturze (span. **dintel,** engl. lintel **(Foto dintel 14).** Die Reliefs sind aber nicht, wie man annehmen sollte, auf die Vorderseiten der Türsturze eingemeißelt, sondern auf die Unterseiten – stellen Sie sich also schon mal auf Kopfverrenkungen ein (oder greifen Sie zum Taschenspiegel, sofern Sie einen dabeihaben). Es sind feinste Flachreliefs mit höchster Ausdruckskraft, **die schönsten der gesamten Maya-Welt!** Verewigt wurden historische Daten und kriegerische Abläufe, politische Botschaften sowie vor allem persönliche Ereignisse im Leben der **Balams, der Herrscher-Dynastie** von Yaxchilán.

Außerdem fand man in Yaxchilán viele **Stelen** (von denen es z.B. in Palenque keine gibt), deren Ikonographie ebenfalls aus Reliefbildern, Glyphen und Datumsangaben besteht. Die schönsten und bedeutendsten Stelen und Türsturze befinden sich im Anthropologischen Museum in Mexiko-Stadt und auch im Britischen Museum in London (Türsturze 24 u. 25).

Foto links: dintel 26 (v. Estructura 23, Jahr 726). **Frau Xoc** („Lady Fist-Fish") reicht ihrem Mann **Schild-Jaguar** einen Jaguar-Helm (Anthropologisches Museum Mexiko-Stadt).

Yaxchiláns Herrscher-Dynastie

■ *Schild-Jaguar I.*

War es in Palenque das Herrschergeschlecht der Pacals, die die Geschichte jener Maya-Stadt prägten, so bestimmten in Yaxchilán die **Balams** die Geschicke, und dies über 500 Jahre lang! Der Stammvater war der sagenumwobene **Ahau** (König) **Yat-Balam** („Penis-Jaguar", Thronbesteigung 359), doch am bedeutendsten in der langen Herrscherliste waren seine späteren Nachfahren und Könige **Schild-Jaguar I.** (Itzam-Balam I., König ab 681, gest. 742, **s. Abb.**) und sein Sohn **Vogel-Jaguar** (Yaxun Balam IV., geb. 709, König ab 752, Regentschaft bis ca. 771). Unter der langen Regierungszeit von Schild-Jaguar I. (61 Jahre) hatte Yaxchilán erheblich expandiert und es wurden viele Bauten fertiggestellt. Nach seinem Tod 742 folgte ein zehnjähriges Interregnum.

Schild-Jaguar I. hatte zwei Frauen: **Frau Abendstern** (aus Calakmul), Vogel Jaguars Mutter, und **Frau Xoc** („Lady Fist-Fish"). Diese legendäre Frau spielte in der Balam-Dynastie als Ritualpriesterin eine außergewöhnliche Rolle, wie aus etlichen Blutritual-Darstellungen auf Türsturzen und Reliefplatten hervorgeht, ihr wurde eigens der Tempel 23 geweiht. Unter Abendsterns Sohn Vogel-Jaguar erreichte Yaxchilán dann die Höhe seiner Macht. Er ließ weitere Bauwerke errichten, auf denen er und seine Frauen abgebildet sind. Sein Nachfolger wurde sein Sohn **Itzam-Balam II.** (geb. 752). Die letzte Datumsglyphe der Balam-Dynastie stammt aus dem Jahr 808 (Dintel 10).

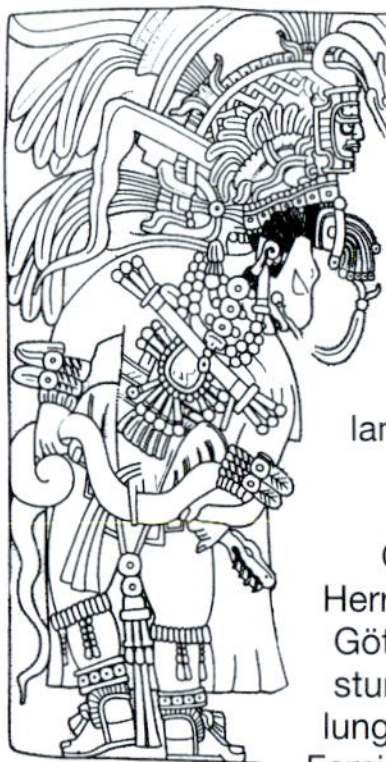

■ *Vogel-Jaguar (Yaxun Balam IV.)*

Die Könige von Yaxchilán waren der Überzeugung – wie auch andere Maya-Herrscher und die Aztekenkönige –, direkt von den Göttern abzustammen. Um diesen Ruhm zu bekräftigen und ihren Herrschaftsanspruch zu untermauern, mussten die Bildhauer sie mit Göttern zusammen in rituellen Handlungen ausdrucksstark auf Türsturzen und Stelen verewigen. Dieses dutzendfache Selbstdarstellungsprogramm mit Weihe- und Blutopferritualen, den verwickelten Familienverhältnissen und politisch-kriegerischen Turbulenzen während ihrer Regierungsjahren ist sehr kompliziert und böte Stoff für ein ganzes Buch. Nachfolgend kann deshalb die umfangreiche Historie der „steinernen Bibliothek" Yaxchiláns nur ansatzweise dargestellt und interpretiert werden.

Rundgang

Estructura 19 / Laberinto

Zwischen hohen Bäumen geht es in einen Waldweg. Nach etwa 200 m wird die Rückseite der querliegenden Estructura 19 erreicht **(Foto s.S. 364).** Wegen der verzweigten und labyrinthartigen Bauweise mit dunklen, feuchten und rauchgeschwärzten Gängen und Kammern auf zwei Ebenen bekam es den Namen „Laberinto" (durch die obere Ebene kann man später nach dem Rundgang wieder zurückgehen). Wer mit einer Taschenlampe in die Kammern leuchtet, sieht Fledermäuse hängen. Es wird vermutet, dass diese Räume einst für Weihe-Riten benutzt wurden.

Nachdem man hinten wieder hinausgetreten ist, öffnet sich ein langer Platz mit weitausladenden Baumriesen. Noch vor dem letzten Treppenabsatz liegt ein runder **Altarstein** aus der Regierungszeit von Vogel-Jaguar (König ab 752), wie aus den Glyphen entziffert werden konnte.

Ballspielplatz

Die linksliegenden Bauten 16 und 17 waren wohl im Zusammenhang mit dem Ballspielplatz erbaut worden, dienten vielleicht einer vorherigen Reinigungszeremonie. Die Türsturze zeigen Abbildungen von Frauen mit Schlangen.

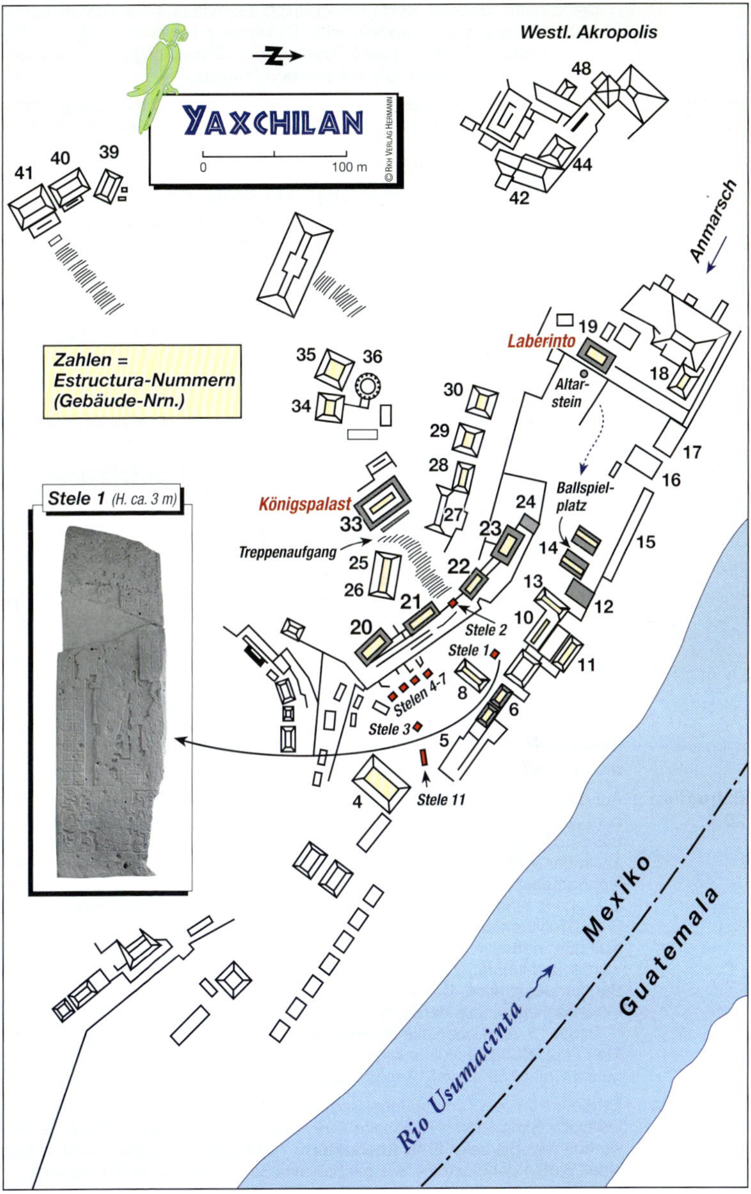
YAXCHILAN
0
100 m
© RKH VERLAG HERMANN
Westl. Akropolis
48
44
42
41
40
39
Anmarsch
Zahlen =
Estructura-Nummern
(Gebäude-Nrn.)
35
36
34
30
29
28
27
19
Laberinto
Altar-
stein
18
17
16
Ballspiel-
platz
15
14
24
23
22
21
20
Königspalast
33
Treppenaufgang
25
26
Stele 1 (H. ca. 3 m)
Stele 2
Stele 1
13
10
12
11
8
Stelen 4-7
6
Stele 3
5
Stele 11
4
Mexiko
Guatemala
Rio Usumacinta

Der danach folgende kleine Ballspielplatz Estructura 14 wurde vermutlich unter Schild-Jaguar I. in mayatypischer Bauweise in I-Form mit seitlichen Böschungen erbaut. Zu sehen sind 5 Rundsteine als Markierungen (z.T. reliefiert), drei auf der Platzmitte und zwei auf den Böschungen.

Estructura 12 Danach kommen die Mauerreste der dahinterliegenden und zurückgesetzten Estructura 12. Hinten sind zwei Türsturze zu sehen, durch kleine Überdachungen werden sie vor der Witterung geschützt. Auf weiteren Türsturzen ist die Genealogie früherer Yaxchilán-Herrscher aufgezeichnet.

Estela 1 Unter einer aufgespannten Plane und etwas erhöht steht die wuchtige, beidseitig reliefierte Stele 1. Die vordere Seite erinnert an Vogel-Jaguars Thronbesteigung. Er ist reich geschmückt, doch wo sein Kopf sein sollte, ist die Stele beschädigt. Links von ihm Glyphenkolonnen und rechts eine kleine Person. Ganz unten das Abbild einer Gottheit.

Estructura 6 Die nächste größere Baugruppe mit einem hohen Dachkamm ist die Estructura 6. Im Mauerwerk sieht man eine Maske des Regengottes Chaak. Wegen den ehemals farbigen Stuckarbeiten und Ausmalungen heißt der Bau auch „Templo Rojo" – „Roter Tempel". Zutritt an der Stirnseite durch eine kleine Tür (sofern möglich). Im Inneren des schwarz-feuchten, doppelräumigen Baus fand man zahlreiche Keramiken und religiöse Gegenstände, die belegen, dass die Lacandonen hier ihren Göttern Opfer brachten.

Estela 11 Die liegende Stele 11 sollte 1964 nach Mexiko-Stadt ins Anthropologische Museum gebracht werden, war aber für das kleine Buschflugzeug zu schwer. Vormals stand sie vor der Estructura 40 auf dem hohen Hügel landeinwärts. Das Stelenbild zeigt zwei sich gegenüberstehende Männer, links der alte König Schild-Jaguar, rechts sein Sohn und Nachfolger Vogel-Jaguar. Beide halten einen sogenannten Klappenstab in ihrer Hand. Die winklige Datums-Hieroglyphe am Fuß des Vaters datiert das Jahr 741, die anderen Glyphen beschreiben die Thronbesteigung. An den Schmalseiten der eindrucksvollen Steinplastik sind Beischriften eingemeißelt. Sollte sie mal wieder aufgestellt werden, könnte man die Rückseite sehen: Vogel-Jaguar trägt eine Maske des Regengottes Chaak, vor ihm knien drei kleine Männer bzw. Gefangene in demütiger Haltung. Vielleicht sollen sie geopfert werden. Darüber eine Hieroglyphenkolonne und auf dem abgebrochenen Stück in kleiner Darstellung Vogel-Jaguars Eltern, die auf ihren Sohn herunterschauen: links Frau Abendstern und rechts daneben der bereits verstorbene Vater Schild-Jaguar.

Estructura 20 Auf dem Weg rüber zur Estructura 20 stehen Stele 3 mit zwei Altären sowie 4 bis 7, z.T. unter Schutzdächern. Estructura 20 ist das doppelstöckige linke Gebäude der Hangbauten. Über dem linken Eingang befindet sich der Türsturz 12, in der Mitte Türsturz 13 und rechts 14. Die Türsturze 13 und 14 sind in ihrer Ikonographie sehr ähnlich. Obwohl sie sehr hell sind (und somit wie Kopien aussehen), sind es Originale. Dintel 14 zeigt links die Frau von Vogel-Jaguar, Frau Groß-Schädel-Null und rechts außen ihren Bruder. Frau Groß-Schädel-Null hält in ihrer rechten Hand ein Messer, mit dem das Blutritual vollzogen wurde, und in ihrer linken Hand eine Opferschale zur Aufnahme blutgetränkter Baumrindenstreifen. Der Mann stützt mit seiner rechten Hand den Kopf einer Visionsschlange, aus deren Rachen ein Ahne heraustritt.

Dintel 13 zeigt ebenfalls ein Blutopfer, dargebracht von Vogel-Jaguar und Frau Groß-Schädel-Null anlässlich der Geburt des Thronerben von Vogel-Jaguar im Jahr 752. Dintel 12 zeigt Vogel-Jaguar (Mitte) mit Gefangenen (rechts).

Estructura 21 Estructura 21, ein Tempel Vogel-Jaguars, hat ein Schutzdach und enthält eine wertvolle Stele, deren Rückseite über einen dahinter aufgehängten Spiegel sichtbar ist. Sie zeigt **Frau Abendstern,** Vogel Jaguars Mutter, beim Vollzug eines Blutentnahmerituals, wie sie sich eine Schnur durch ihre Zunge zieht.

Die Vorderseite stellt ebenfalls Frau Abendstern dar. Sie trägt einen hohen Kopfputz und in ihrer linken Hand hält sie eine Opferschale, in der Baumrindenstreifen liegen, um beim Ritual des Zungendurchstechens das Blut aufzufangen. In ihrer rechten Hand hält sie, kaum sichtbar, einen Schädel. Unten einige Reihen von Glyphen.

Die Reliefs der drei Türsturze 15, 16 und 17 von Estructura 21 entsprechen bildlich-inhaltlich denen von Estructura 23 (ein Tempel des Vaters Schild-Jaguars). Sie zählen künstlerisch zu den schönsten und befinden sich im Britischen Museum in London. Der einst über dem linken Eingang angebrachte Türsturz 15 zeigt den Visionsritus von Frau Tun von 755, Sturz 16 Vogel-Jaguar in vollem Kriegsornat, wie er mit Lanze vor einem knienden Gefangenen steht und Sturz 17, einst über dem rechten Eingang, Frau Balam, wie sie sich eine Schnur durch die Zunge zieht und Vogel-Jaguar aus seinem Penis Blut abzapft (**s. Abb.** im Kasten unten).

Stele 2 Zwischen Estructura 21 und 22 geht es steil aufwärts zum Königspalast, am Beginn der Treppe steht Stele 2 mit dem Reliefbild eines frühen Herrschers.

Götter, Blut und Visionen

Religion und Rituale waren für die Maya untrennbare Bestandteile des Lebens. Die Maya-Herrscher identifizierten sich mit den Göttern, doch ihre Vergöttlichung erwarben sie sich nicht mit der Geburt, sondern erst durch ein schmerzhaftes Initiationsritual anlässlich des Beginns ihrer Regentschaft. Um mit den Göttern in Verbindung treten zu können, mussten Blutopfer vollzogen werden: Entweder in Form eines Menschenopfers (Tötung von Gefangenen) oder durch **Selbstkasteiung** *(autosacrificio).* Vollzogen wurde das Ritual aber auch bei der Geburt eines Herrschersohns, bei der Weihe eines Tempels oder anlässlich wichtiger Koinzidenzen im Laufe der Kalenderzyklen (z.B. nach Ablauf von 52 Jahren). Beim Selbstopfer durchstachen die Männer ihre Penishaut, Frauen gewannen ihr Blut durch Zungenperforation.

„Sie brachten ihr eigenes Blut als Opfer dar, zerkratzten sich manchmal rundherum …“, beobachtete und schrieb der spanische Bischof Diego de Landa, … *„manchmal opfern sie bestimmte Körperteile, manchmal durchstechen sie sich die Zunge in schräger Richtung von einer Seite zur anderen und stecken unter grässlichem Leiden Grasblätter durch die Löcher. Andere schlitzen sich das männliche Glied auf; sobald sie dies getan haben, ziehen sie die größtmögliche Menge Schnur durch die Löcher …“*

Schele und Freidel schreiben in „Unbekannte Welt der Maya“: *„Der dabei auftretende Blutverlust versetzte den Betroffenen, zusammen mit starken Schmerzen, in einen Trancezustand, der das Erscheinen der Visionsschlange begünstigte. Die Visionsschlange war der Verbindungsweg, auf dem die Ahnen ins Diesseits gelangten, um sich ihren Nachfahren zu offenbaren …“*

Zum Durchstechen wurden spitze Dornen, Knochen oder Rochenstachel verwendet. Das Blut wurde mit Gefäßen aufgefangen, in denen aufsaugende Baumrindenstreifen lagen. Diese wurden verbrannt, der Blutrauch stieg zu den Himmelsgöttern hoch. Die Häufigkeit von Opfer-Darstellungen in der Kunst der Maya und viele archäologische Funde von Rochenstacheln bestätigen die weite Verbreitung der Blutopfer in der Welt der Maya.

Abb.: Selbstkasteiungsszene, *Türsturz 17 von Tempel 21 zeigt rechts Vogel-Jaguar, wie er sich aus seinem Penis Blut abzapft. Links zieht Frau Mutul-Jaguar eine Schnur durch ihre Zunge. Nach der Hieroglyphen-Inschrift war der Anlass des Blutopfers die Geburt des Sohns von Vogel-Jaguar, Itzam-Balam II. im Jahr 752 (British Museum, 770 n.Chr., Kalkstein, Format 69 x 76 cm).*

Chiapas

Ein weiterer Türsturz mit Blutritus-Darstellung ist der berühmte **Türsturz 24** von **Estructura 23** (entstanden 700–725), ein absolutes Meisterwerk der Maya-Kunst (British Museum, Kalkstein, Höhe 110 cm, Breite 80 cm). Er zeigt **Schild-Jaguar** und seine **Frau Xoc,** wie sie den Ritus der Blutentnahme zelebrieren. Frau Xoc bzw. „Lady Fist-Fish" zieht eine dornenbewehrte Schnur durch ihre Zunge, das Blut tropft in eine Schale am Boden. Offensichtlich findet die Selbstkasteiung im Dunkeln statt, weil der König mit einer brennenden Fackel Licht spendet. Beide Personen sind durch die Hieroglyphen-Bänder zu identifizieren. In seiner künstlerischen Ausdruckskraft und Feinheit ist dieses Relief, das durch seinen tiefen Einschnitt fast vollplastisch erscheint, eines der ästhetischsten Reliefs der Maya überhaupt!

Ein sehr schönes Beispiel der **Visionsschlange** stellt **Türsturz 25** von **Estructura 23** dar (British Museum, Kalkstein, 130 x 86 cm, Jahr 681). **Frau Xoc** (rechts unten) hat nach einem Blutritual eine Vision. Gebannt und in den Anblick versunken starrt sie zu einer Schlange empor, aus deren Rachen ein menschlicher Kopf bzw. ein Krieger mit Helmbusch entspringt – wahrscheinlich der Balam-Dynastiebegründer Yat-Balam. Die Visionsschlange war für die Maya die Verbindung zwischen der natürlichen und übernatürlichen Welt. Auch dieses meisterhafte Relief ist überaus detailreich und sehr tief eingeschnitten, so dass wieder der Eindruck von Dreidimensionalität entsteht.

Estructura 33 (Königspalast)

Hoch über dem Hauptplatz ragt eines der Hauptbauwerke Yaxchiláns hervor, der *Palacio del Rey,* der „Königspalast". Er ist ca. 22 m lang und mit der mächtigen Crestería über 13 m hoch. Die Crestería hatte einst 8 Reihen und besteht aus zwei parallelen Wänden. In ihrer Mitte sind die Reste einer Figur zu sehen. Auch der Dachfries war einst mit Stuckornamenten reich verziert.

■ *Königspalast*

Der Palacio wurde in der Regierungszeit Vogel-Jaguars erbaut, die kopflose Figur des Königs befindet sich in einer Kammer hinter dem mittleren Eingang. Im Lotussitz sitzt er da, sein Kopf liegt im nächsten Raum (ursprünglich befand sich die Figur ganz hinten rechts). Dieser Torso wird noch heute von Lacandonen verehrt, wie danebenliegende Reste von Opfergaben und Copal (Weihrauch) beweisen. Kopf und Rumpf wieder zusammenzufügen, würde nach dem Glauben der Lacandonen großes Unglück nach sich ziehen (für die Lacandonen ist der Tempel außerdem der Sitz von *hachakyum,* ihr Sonnen- und Lebensgott – oder ehren sie in dem Torso *hachakyum?*).

Die Türsturze der drei Eingänge sind mit Szenen aus dem Leben Vogel-Jaguars geschmückt. **Türsturz 1** (linker Eingang) zeigt Vogel-Jaguar mit dem sog. Figurinen-Zepter; rechts hinter ihm seine kleiner abgebildete Frau, Frau Groß-Schädel-Null. **Türsturz 2** (mittlerer Eingang) zeigt rechts Vogel-Jaguar beim Jubiläum seiner Inthronisation. Links sein kleiner Sohn Chel-Te. In ihren Händen halten beide kreuzförmige Zepter, das mayanische Symbol der Weltachse. **Türsturz 3** zeigt rechts wiederum Vogel-Jaguar und links eine seiner Frauen, beide mit Figurinen-Zepter.

Menschliche Bälle

Vor den Eingängen zum Palast liegen in Form einer langen Stufe über ein Dutzend skulptierter Steine, geschützt durch eine Abdeckung. Sie zeigen u.a. die Thronbesteigung von Vogel-Jaguar und Ballspiel-Szenen der Herrscher Yaxchiláns, wobei zu Kugeln zusammengeschnürte Gefangene als menschliche Bälle dienen (Ballspiel-Exkurs s.S. 244). Die Gesichter der Reliefs sind z.T. beschädigt. Auf dem langen Stein in der Mitte (Stufe Nr. VII) spielt **Vogel Jaguar** mit einer solch menschlichen Kugel, sie rollt eine sechsstufige Treppe hinab (Jahresdatierung 744). Rechts von Vogel Jaguar die Darstellung zweier Zwerge, Boten der Unterwelt.

Stufe VI links daneben zeigt **Schild-Jaguar,** Vogel Jaguars Vater, gleichfalls beim Ballspiel; der Ball liegt auf einer dreistufigen Treppe.

Stufe VIII, rechts von VII, zeigt den Großvater Vogel-Jaguars, **6-Tun-Vogel-Jaguar,** beim Ballspiel im Jahr 636. Der Ball rollt rechts von ihm eine 6stufige Treppe herab. Auf dem Ball sind oben die in die Luft ragenden Beine des verschnürten menschlichen Körpers zu erkennen.

Estructuras 39, 40, 41

Die **Estructuras 39, 40** und **41** liegen etwa 400 m hinter und oberhalb des Königspalasts. Von ihm führt ein Pfad hoch. Auch diese Tempel wurden unter Vogel-Jaguar IV. erbaut. Nr. 40 weist noch eine Crestería auf und zeigt im Inneren Spuren von Wandmalereien. Die Stelen von Tempel 41 beschreiben Ereignisse aus dem Leben Schild-Jaguars.

Estructura 22

Nachdem man die vielen Stufen wieder hinabgestiegen ist, nach links wenden. Der nächste Bau ist die Estructura 22. Das Gebäude wurde wahrscheinlich in der Zeit Vogel-Jaguars IV. erbaut. Auf den Türsturzen sind Glyphen zu sehen.

Estructura 23

Dieser Tempel war außergewöhnlich, denn er war der einzige, der einer Frau geweiht wurde, **Frau Xoc,** eine der Gattinnen von Schild-Jaguar. Er enthielt die künstlerisch schönsten Türsturze 24 und 25 (s. Kasten) die 1886 von Maudslay nach London ins Britische Museum gebracht wurden. Nr. 26 befindet sich im Anthropologischen Museum in Mexiko-Stadt. Er zeigt Frau Xoc, wie sie ihrem Mann Schild-Jaguar eine Jaguar-Maske (Helm) überreicht (s. Kasten vorne, „Dinteles und Estalas“).

Ende des Rundgangs

Damit ist der Rundgang beendet. Durch die Estructura 19/Laberinto gelangt man wieder auf den Pfad der zum Ausgangspunkt führt .

Es gibt noch weitere Strukturen. Jene der Westlichen Akropolis liegen hinter dichten Bäumen verborgen. Die Estructuras 42, 44 und 48 weisen reichverzierte Türsturze auf, Nr. 42 zeigt Vogel-Jaguar, wie er mit seinen Kriegern spricht. Nr. 44 wurde unter Schild-Jaguar zur Erinnerung an seine Schlachten erbaut. Estructura 48 diente als rituelles Reinigungsbad.

Bitte mailen (verlag@rkh-reisefuehrer.de) **oder schreiben Sie, wenn sich in Mexiko Dinge verändert haben oder Sie Neues wissen. Herzlichen Dank!**

Die Lacandonen

Die *Lacandones* sind Maya und die kleinste Ethnie Mexikos. Ihre Vorfahren zogen sich einst vor den spanischen Konquistadoren in die Urwaldgebiete von Chiapas zurück, wo sie, isoliert und ohne in der Kolonialzeit missioniert zu werden, als eine Art „Waldnomaden" bis in die Neuzeit überlebten. Sie selbst nennen sich *hach winik* (was „wahre" oder „echte Menschen" bedeutet), und sie sprechen *lacandón,* mit Sprachunterschieden zwischen einer südlichen und nördlichen Gruppierung).

Lacandonen sind sehr kleinwüchsig, haben schulterlanges, tiefschwarzes Haar, mädchenhaft-weiche Gesichtszüge und tragen weiß-wallende Gewänder – hat man sich so die frühen Maya vorzustellen, die Palenque, Yaxchilán, Bonampak erbauten? Ihre von der westlichen Zivilisation unberührte Lebensweise machte sie jahrzehntelang zu „Lieblingsobjekten" der Ethnologen, die Schweizerin *Gertrude Duby-Blom* (1901–1993) dokumentierte in Hunderten Fotos ihre traumverlorene Welt (zu sehen im Haus *Na Bolom* in San Cristóbal de las Casas).

Heute mögen es noch etwa sechs- bis siebenhundert Lacandonen sein, die zurückgezogen in Familiengemeinschaften *(caribales)* im Regenwald zwischen den Flüssen Usumacinta und Jataté eine kümmerliche Existenz fristen oder eine Hütte in den drei größeren *comunidades* **Nahá, Metzabók** und **Lacanjá Chansayab** haben. Nur noch wenige leben traditionell, wozu z.B. das Praktizieren alter Maya-Riten gehört und das Trinken von *balché,* einem leicht alkoholischen Getränk aus der Rinde des gleichnamigen Baumes. Zählbar sind auch jene Lacandonen, die sich dann und wann nach Yaxchilán aufmachen, um dort den Ahnengöttern Opfer zu bringen. Man sieht sie am Eingang der Palenque-Ruinen, wo sie Imitationen ihrer früher gebrauchten Pfeile und Bögen verkaufen und sich als Kuriosität fotografieren lassen. Sie wirken wie wandelnde Exponate eines Völkerkundemuseums, denen die Geschichte erlaubt hat, zu überleben.

US-*Evangelistas,* Parabolantennen, der Kahlschlag im lacandonischen Regenwald und auch Touristen haben das Leben der Lacandonen unumkehrbar verändert. Traditionell wird noch am ehesten in Nahá gelebt (zumindest war es so, als dort noch der legendäre *Chan k'in Viejo* lebte), während **Lacanjá Chansayab,** das in der Nähe von Bonampak und der Straße nach Frontera Corozal liegt, den größten Wandel durchmacht. Fünf *Casas de la Cultura,* stilgerecht erbaut und eingerichtet, sollen nun in Nahá, Lacanjá Chansayab, Metzabók, Nuevo Palestina und Frontera Corozal die Identität und das kulturelle Erbe der Lacandonen bewahren helfen. Sie stehen allesamt unter Leitung der Dörfer. Man kann *artesanías* kaufen, rustikal-einfach übernachten und essen.

Alles interessante und den Stand der Dinge über die Lacandonen bietet die Webseite der University of Victoria in Kanada, **http://web.uvic.ca/lacandon/index.htm.**

Chan k'in Viejo (Foto), eine weitbekannte Lacandonen-Persönlichkeit, starb hochbetagt – er war wohl über 100 Jahre alt – am 23.12.1996. Er war ein *t'o'ohil,* ein spiritueller Führer und Bewahrer der Traditionen der *hach winik* und lebte in Nahá. Ich traf ihn 1979 bei den Ruinen von Palenque – er war damals schon eine Legende –, wo dieses Foto entstand.

Mit Streichholz, Axt und Kettensäge

So wie die Welt der Lacandonen zu Ende gehen wird, ist auch das Verschwinden ihres einstigen Lebensraums, der nach ihnen benannten *Selva Lacandona,* vorgezeichnet. Über 70% dieses einst etwa 13.000 qkm großen Urwaldgebiets, das wie ein Keil nach Guatemala hineinragt und dessen nördliche Begrenzung der Río Usumacinta bildet, sind vernichtet. In diesen Wäldern gab es einst eine sehr artenreiche Flora und Fauna, waren Jaguare, seltene Reptilien und unzählige Vögel beheimatet (von denen der bunteste, der Quetzal, den die Maya einst als Götterboten verehrten – er hieß bei ihnen *kukul –,* praktisch ganz verschwunden ist). Geht der Trend so weiter, wird der primäre Regenwald von Chiapas in weniger als 50 Jahren komplett verschwunden sein.

Die Ursachen dieses Tropenwaldsterbens liegen jedoch nicht nur allein am Holzeinschlag, sondern auch an dem Bevölkerungsdruck aus dem gemäßigten Hochland von Chiapas. Es ist die am dichtesten von Indígena besiedelte Region Mexikos, die aber ihre vielen Bewohner nicht ausreichend ernähren kann. Und so zog man – durch staatliche Förderprogramme ermuntert – hinab in den verheißungsvollen Regenwald (hauptsächlich *Tseltales* und *Choles*), wo man ein Stück Land zugeteilt bekam (oder es einfach besetzte), das sich nach Brandrodung bestellen ließ. Nach den Statistiken stieg die Zahl der Bewohner im Lacandonen-Regenwald von einst wenigen 10.000 im Jahr 1960 auf nahezu 200.000 um die Jahrtausendwende!

Mit der *Reserva Integral de la Biósfera Montes Azules* wurde zwar ein etwa 3000 qkm großes Schutzgebiet geschaffen, in dem Fauna und Flora bewahrt und in dem nur noch dem tropischen Regenwald angepasste Nutzungskonzepte durchgeführt werden sollen (*„Proyecto ecoturístico",* die Lacandonen sind „Bestandteil" dieses Schutzgebiets). Doch das stille wie auch laute Waldsterben mit Streichholz, Axt und Kettensäge geht weiter. Ungebremst werden weiterhin Tausende Hektar Wald abgeholzt und eingeäschert, damit es Platz gibt für Hütten, Dörfer, Bohnen, Mais und Rinder. Und niemand scheint imstande zu sein, diesem ökologischen Harikiri Einhalt zu gebieten.

Gäste auf Ästen

Weil sie in der Dunkelheit des Urwaldbodens nicht wachsen können, besiedeln viele Pflanzen höhere, lichthelle Äste von Wirtsbäumen. Man nennt sie „Aufsitzerpflanzen" oder **Epiphyten.** Dazu zählen viele Farne, Moose und Orchideen. Über speziell entwickeltes Speichergewebe nehmen sie Feuchtigkeit und die darin enthaltenen Nährstoffe auf. Da das Angebot sehr gering ist, wachsen Epiphyten sehr langsam. **Bromelien** sind ebenfalls Epiphyten, die zum Überleben eine besondere Strategie entwickelten: Ihre Blätter formen einen kleinen Trichter, in dem sich Regenwasser, Mückenlarven, Einzeller, Würmer und andere Kleinstlebewesen sammeln, von deren Ausscheidungen die Pflanze dann mittels eingewachsener feiner Wurzeln lebt. Zusätzlich spült das Regenwasser zusätzlich Humusreste von oberen Astregionen in die Trichter. Große Bromelien können in ihren Mikro-Teichen bis zu zehn Liter Wasser speichern.

Die mit Sicherheit undankbarsten Aufsitzer sind die **Baumwürger,** z.B. die **Würgefeige** (*matapalo,* Gattung Ficus, **s. Foto**). Sie beginnt ganz unscheinbar, lässt ihre Wurzeln durch die Luft oder am Stamm entlang zu Boden wachsen und bekommt dort üppig Nahrung. Allmählich verholzt das anfänglich dünne Wurzelwerk zu einem starken Hüllgeflecht rings um den Stamm, das den Wirtsbaum regelrecht erwürgt.

Bonampak

Für das *Monumento Natural Bonampak* biegt man vom *Crucero San Javier* nach rechts ab. Nach 4 km kommt die Straßengabelung *Crucero Bonampak* mit dem Campingplatz *Margarito*. Rechts abbiegend geht es zum Lacandonendorf **Lacanjá Chansayab** (3 km), geradeaus nach Bonampak. Unmittelbar nach der Abzweigung erreicht man das „Besucher-Zentrum" mit kleinem Ausstellungsbereich, Video-Information, Cafetería, Toiletten. Von dort Zubringerdienst in alten Bussen (ca. 80 Ps p.P.), sportlich Veranlagte legen die 9 km auf der Naturpiste durch den Wald mit Miet-Fahrrädern zurück. Selbstfahrer dürfen nicht weiterfahren, die Lacandonen haben hier das alleinige Besitz- und Nutzungsrecht. **Bonampak** selbst ist **tägl. geöffnet** von 8–16.45 Uhr, Eintritt 46 Peso.

Auf einem etwa fußballfeldgroßen, waldumschlossenen Platz (Gran Plaza) stehen vor der Akropolis von Bonampak zwei große Stelen (z.T. zerbrochen und wieder zusammengesetzt). Die 6 m hohe **Stele 1** stellt **König Chaan Muan** dar. Auf den Stufen der Akropolis, die von Tempelbauten gekrönt wird, stehen mehrere Gebäude, und auf dem ersten Podest zwei weitere Stelen mit Reliefs im Stil von Yaxchilán. Zahlreiche andere Gebäudegruppen Bonampaks liegen noch unter dichter Vegetation begraben.

Das wichtigste Gebäude, der etwa 17 m breite **Templo de las Pinturas** (Struktur 1) mit seinen drei ausgemalten Räumen, steht rechts. Eine Dachkonstruktion schützt ihn vor Regengüssen, die Eingänge sind mit Türen gesichert.

Historisches

1946 führten Lacandonen den amerikanischen Filmemacher Giles Healey im schwer zugänglichen Regenwald zu einigen Maya-Bauten. Sie waren unbedeutend, bis auf einen völlig zugewachsenen und vor Nässe triefenden Tempel. In seinem Inneren barg er eine Sensation: die künstlerisch ästhetischsten Wandmalereien Mesoamerikas, eine Bilddokumentation von unschätzbarem Wert. Der hinzugerufene Mayaforscher Sylvanus Morley taufte die Fresken „Bonampak", auf Maya „bemalte Wände". Es wird vermutet, dass Bonampak ein kleines, sekundäres Maya-Fürstentum war, das zwischen 650 und 800 n.Chr. seine Blütezeit hatte und mit dem ca. 30 km entfernten Yaxchilán in Abhängigkeit stand.

Die Gemälde wurden auf einem geglätteten Stuckuntergrund mit Pflanzen- und Mineralpigmentfarben aufgetragen und blieben seit ihrer **Entstehung um das Jahr 790** weit über tausend Jahre erhalten – trotz des ständig feuchten Klimas bzw. gerade deshalb, denn das eindringende Wasser hatte eine schützende Calcitschicht (Sinterkalk) darübergelegt und so als Versiegelungssmittel gedient.

Bemalung im Raum 1, Stirnwand: unten Musiker mit Kalebassen-Rasseln (fotografiert im Anthropolog. Museum in Mexiko-Stadt)

Restaurierungs- und Konservierungsarbeiten wurden 1960 und 1984 durchgeführt, das Abtragen der Calcitschicht zog einige Fresken in Mitleidenschaft. Beschädigt wurden sie auch durch frühe Besucher, die in ihrer Dummheit Petroleum über die Wände schütteten, um das Calcit durchsichtig zu machen. 1993 wurden bei einem Forschungsprojekt Infrarot-Kameras und spezielle Computerprogramme eingesetzt, die verborgene Konturen und verblichene Farben wieder sichtbar machten. Danach konnten hervorragende digitalisierte Reproduktionen mit satten Farben und klaren Umrissen gedruckt werden.

Von den **Originalfresken** sollte bezüglich den Farben **nicht allzu viel erwartet werden.** Wesentlich farbintensiver sind die Kopien der Bonampak-

Wandmalereien im *Museo de la Cultura Maya* in Chetumal und im Anthropologischen Museum in Mexiko-Stadt, wo der *Templo de las Pinturas* nachgebaut wurde (das Museo Regional de Antropología in Villahermosa bietet nur kleine Teilansichten).

Templo de las Pinturas

Die drei kleinen Räume mit ihren Fresken sind ca. 4,5 m x 2,5 m groß und nicht miteinander verbunden. Ihre Böden sind erhöht, und man kann nur etwa einen Meter weit eintreten, pro Raum jeweils nur 3 Personen. Blitzlicht ist verboten.

Alle 3 *cuartos* sind von ihren Unterkanten bis in die Spitzen der Dachschrägen komplett und meisterhaft mit farbigen Szenen ausgemalt. Die naturalistischen Bildsequenzen zeigen eine Art episches Drama mit höfischem Leben, Schlachten, rituellen Opferhandlungen und Siegesfeiern, jeder Raum illustriert ein anderes Kapitel. Vorherrschende Farben sind rot und türkis. Das Display außerhalb des Tempels leistet Erklärungshilfe.

■ *Das Schlachtengetümmel in Raum 2 (Anthropolog. Museum in Mexiko-Stadt)*

Raum / Cuarto 1

(Linker Eingang). Die Farben der Fresken im Raum 1 sind am besten erhalten. Als zentrales Thema wird auf der Längswand oben rechts der Thronerbe, der junge Sohn von König Chaan Muan, in den Armen eines erhöht stehenden Dieners den Adligen und Würdenträgern von Bonampak präsentiert. Sie tragen Prunkkleider, fantasievolle Kopfbedeckungen und Ohrpflöcke, vor ihrer Brust hängen Jadehalsketten und jeweils drei rote, runde Muscheln. Unter ihnen eine Hieroglyphenkolonne. Das Bild des Thronerben findet seine Fortsetzung auf gleicher Höhe auf der Stirnseite rechts, wo in der Mitte König Chaan Muan und seine Frauen auf einem tischartigen Thron sitzen. Auf der Seite über der Eingangstür sind noch schwach Tänzer in großem, grünen Kopf- und Federschmuck zu erkennen.

Auf dem unteren umlaufenden blauen Band wird die Zeremonie von einer Reihe von Musikern und Tänzern begleitet. Links der Eingangstür zeigen die Wandmalereien zwei Musikanten, die lange, trompetenartige Hörner blasen. Die nachfolgenden verkleideten und maskierten Gestalten stellen Erdgötter dar, unter ihnen der Krokodilgott mit einer Krokodil-Maske, der Krebsgott mit Scherenarmen, der Fisch- und auch der Maisgott (sitzend, unmaskiert, mit Jade-Halskette). Sie zelebrieren wahrscheinlich einen Ernte- oder Fruchtbarkeitsritus.

An der linken (westlichen) Stirnwand trommelt in der Mitte ein Musiker auf einer Standtrommel, er blickt nach links zu drei Männern, die mit Stöcken auf Schildkrötenpanzer schlagen; zwischen ihnen ragen zwei große „Sonnenschirm"-Banner nach oben (einer rund, der andere als Halbkreis). So defiliert der Zug um die Ecke, angeführt von Männern, die mit beiden Händen runde Kürbis- bzw. Rhythmusrasseln schwingen.

Die Wand gegenüber vom Eingang zeigt – immer noch unten auf dem blauen Band – drei Tänzer mit großem grünen Federputz, doch diese Fresken sind stark angegriffen. Rechts davon, an der rechten Stirnwand, weitere Höflinge mit nacktem Oberkörper, Lendenschurzen und Kopfschmuck.

Raum 2

Zeigt auf allen Wänden wilde Schlachten- und Kriegszenen („La batalla"). Gleich gegenüber vom Eingang (Südwand) steht im Kampfgetümmel König Chaan Muan mit Jaguarfell-Wams, Kopftrophäe und mit einem Speer, wie er und seine Krieger auf der Jagd nach Gefangenen sind, um sie zu versklaven oder zu opfern. Mit seiner Linken greift der König in den Haarschopf eines Darniederliegenden, ihm gegenüber ein hoher militärischer Anführer mit Kurzspeer. Auch auf den beiden Raum-Stirnseiten toben Schlachten.

■ *Der König und seine Gefangenen*

Über der Eingangstür (Nordwand) dann die wohl meistbeschriebene Szene Bonampaks. Im Zentrum sieht man **König Chaan Muan** (mit Jaguar-Wams und -Gamaschen), wie er mit seinen Kriegern und Frauen nach erfolgreichem Kriegszug stolz die Gefangenen präsentiert. In seiner Rechten hält er eine Lanze und zu Füßen des Triumphators hocken gedemütigte, nackte Kriegsgefangene, bereit zur Aburteilung. Einer fleht den König um sein Leben an **(s. Abb.),** denen auf den Treppenstufen tropft das Blut aus den Fingern – man riss ihnen die Fingernägel heraus. Am rechten Fuß des unter der Lanze Sitzenden liegt ein abgeschlagener Kopf.

Das Relief auf der Unterseite des Türsturzes zeigt, dass auch Yaxchiláns Herrscher *Schild-Jaguar II.* (Vogel-Jaguars Sohn = Itzam-Balam II.) einmal Bonampak aufsuchte. Vielleicht war er es, der Bonampak besiegte.

Raum 3

An der Eingangsseite links sind Feiern mit Menschenopfern, Tänzern und Trompetenbläsern zu sehen. Über der Tür stehen über die ganze Raumbreite zehn Männer in langen Gewändern. Darunter Sitzende mit gestikulierenden Armen.

Auf der Wand gegenüber vom Eingang findet eine Siegesfeier statt: Bizarr Kostümierte tanzen auf einer Pyramidentreppe, oben drei Fürsten. Hieroglyphen identifizieren einen von ihnen als Itzam-Balam III. von Yaxchilán.

Eine Schlüsseszene ist das Bild an der linken Stirnwand oben: Adlige Frauen vollziehen ein Blutopfer (Selbstkasteiung, *autosacrificio*), das so abläuft wie schon bei Yaxchilán beschrieben (unter Schmerzen und in Trance Blut zu lassen hieß bei den Maya den Göttern zu dienen): Auf dem tischähnlichen königlichen Thron sitzend ziehen sich drei Frauen in weißen Gewändern Dornenschnüre durch ihre durchbohrten Zungen. Rechts vor der rechten Frau steht ein Gefäß, in das das Blut tropft und in dem Baumrindenstreifen liegen, die es aufsaugen. An der rechten Tischkante ein kniender Assistent, der die Dornen reicht. Links am Fuß des Throns eine sitzende Frau, die ein Kind in ihren Händen hält. Dies könnte der neue Thronfolger sein.

Hinweis: Beginn der Beschreibung Guatemala und Belize; dann zurück zur Strecke Palenque – San Cristóbal de las Casas.

Abstecher GUATEMALA

Reisewichtiges

Währung: **Quetzal (Q / GTQ). 1 € = ca. 10 Quetzal.** 10 mex. Peso ca. 6 Q. 1 US$ ca. 8 Q. Euro-Scheine werden auf dem Land kaum getauscht! **Für Guatemala ist zum Geldabheben an Automaten die VISA-Kreditkarte sehr wichtig!** Auch ein paar Dollar-Scheine diverser Höhe in der Tasche haben!

Telefonieren: am besten von einem Internet-Café; internationale Vorwahl 00-502-+Rufnummer; verbreitet sind Telefonkarten von *Teluga.*

Einreisebestimmungen: Kein Visum für EU/CH/USA-Bürger, 90 Tage Aufenthalt, keine Ein-/Ausreisegebühren, doch werden bei der Einreise bis zu 50 Quetzales p.P. verlangt.

Reisezeit: „Land des ewigen Frühlings", Regenzeit von Mai bis Oktober. Touristeninformationen heißen in Guatemala INGUAT (Adresse in Guatemala-City: 7. Av. 1-17, Zona 4, Tel. 24212810, www.visitguatemala.com.

Internet-Infos www.visitguatemala.com • www.larutamayaonline.com • www.famsi.org u. www.mesoweb.com (Mesoamerika und Mayakultur) • u.a.

Land und Leute Größe: 108.800 qkm (etwa so groß wie Süddeutschland). In 22 Verwaltungsbezirken leben 22 Maya-Ethnien, Ladinos und Garífunas, zusammen 13 Mio. Guatemalteken. Amtssprache Spanisch, 21 Maya-Sprachen sowie Garífuna und Xinca. Hauptstadt Guatemala Ciudad (2 Mio.). Überwiegend Landwirtschaft (Kaffeeanbau), Tourismus und Kleinindustrie. 1996 endete ein 36 Jahre dauernder Bürgerkrieg.

Reiseziele **Antigua:** Guatemalas alte koloniale Hauptstadt, heute Touri-Stadt mit vielen Sprachschulen. – **Atitlán-See:** schönstgelegener See Guatemalas mit **Panajachel,** Touris zuhauf; landschaftlich reizvoll ist die Umgebung mit drei Vulkanen; Ausflüge um und über den See (Dörfer San Pedro, Santiago Atitlán). – **Chichicastenango:** Kleinstadt in der Quiché-Region nördlich des Lago Atitlán, Do und So großer Markt. – **Quetzaltenango** („Xela"): Guatemalas zweitgrößte Stadt, Sprachschulen, schöne Umgebung mit Vulkanen, Thermalquellen, Dorf Zunil. – **Río Dulce:** am *Lago de Izabal* Flussfahrten; an der Mündung des Río Dulce in den Golf von Honduras liegt **Lívingston,** Heimat der schwarzen, engl.-spr. *Garifunas.* – **Tikal:** meistbesuchte Mayastadt Guatemalas. – **Flores:** kleine Inselstadt in der Nähe Tikals, herrliches Schwimmen im Lago Petén Itzá.

Rundreise: Palenque – Tikal (Gua.) – Belize – Chetumal (Mx)

Flores / Santa Elena

Anlaufpunkt **für Tikal** ist zunächst das unattraktive **Santa Elena** (30.000 Ew.) am südlichen Ufer des **Lago Petén Itzá.** Hauptstraße mit Geschäften und Banken ist die 4. Calle. Westlich von Santa Elena liegt *San Benito* (20.000 Ew.).

Gleich nördlich von Santa Elena liegt im See auf einer Insel (Größe ca. 400 x 500 m) das Städtchen **Flores,** das durch einen Damm mit Santa Elena verbunden ist. Flores hat etwa 2000 Einwohner, ist reizvoll und ruhig, und nur dort sollte man wohnen. Es gibt zahlreiche kleine Hotels und nette Restaurants direkt am Seeufer, der *Parque Central* liegt auf der höchsten Erhebung der Insel. Abends ist es dort schön zu sitzen und die angebotenen Köstlichkeiten zu genießen. Zwischen Santa Elena und Flores besteht ständiger Pendelverkehr mit Bussen und Tuc-Tucs (10 Q). Ein Malecón wurde um die gesamte Insel gebaut, mit mehreren in den See hineingebauten Stegen, von denen man ins kühle Nass springen oder auf denen man sich sonnen kann.

Es lohnt, für Flores ein paar Tage einzuplanen und außer Tikal vielleicht auch die eine oder andere Mayastätte zu besuchen, die aufgrund ihrer besonderen Architektur und ihrer Lage im unberührten Regenwald vielleicht noch besser gefallen als das große, vielbesuchte Tikal. Flores ist übrigens auf der historischen Maya-Kapitale *Tayasal* erbaut worden, einst Sitz des Königs Kanek, Oberhaupt der Itzá, die am längsten gegen die Spanier Widerstand leisteten. 1697 wurde Tayasal als letzte freie Mayastadt von den Spaniern mit einem eigens umgebauten Kanonenboot erobert und restlos zerstört.

Wer von Palenque (oder **Chetumal**) mit einem Bus von *San Juan Tour & Travel* anreist wird wie erwähnt gedrängt, gleich Tickets für Tikal oder für die spätere Weiterfahrt zu kaufen und dann zu seinem Flores-Hotel gefahren – also vorher eines aussuchen. Unschlüssige lädt San Juan am liebsten beim *Hotel Mirador del Lago* ab (s.u.).

In Flores organisiert San Juan Tour & Travel die meisten Touren, überall liegen seine Werbeflyer mit den Abfahrten und Preisen nach Palenque, Belize City, Chetumal, Ceibal, San Ignacio und zu anderen Zielen aus.

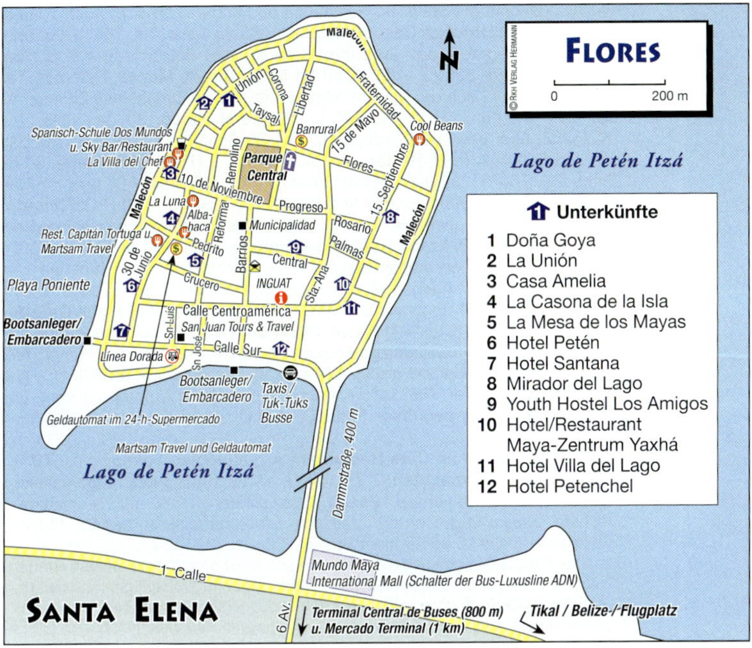

Achtung, häufig werden überhöhte Preise genannt, zuerst rumhören! Alle Reisebüros und auch die Hotels auf Flores sind Agenturen für San Juan Tour & Travel. Bequem ist der Bring- und Abholservice von San Juan, doch sind die frühmorgendlichen „Abfahrts"-Zeiten zunächst mal „Einsammel"-Zeiten, mancher wartet schon mal 20 Minuten vor seinem Hotel, bis endlich einer der klapprigen San-Juan-Minibusse auftaucht und man zum „richtigen" Bus gefahren wird. Es geht oft recht chaotisch zu. Auskunft und Tickets in jedem der vielen Reisebüros in Flores. Das Hauptbüro von San Juan Travel ist in der Calle Sur, s. Karte.

Hotels in Flores

Vorbemerkung: Die Hotels in der archäologischen Zone von Tikal (70 km) sind teuer und nur ratsam, wenn man Tikal ausgiebig und dann zwei Tage lang anschauen will.

Auf Flores gibt es über zwei Dutzend Hotels aller Preiskategorien, alle nahe beieinander liegend. Zimmer immer zuerst prüfen, denn fast jedes Hotel verlangt verschiedene Preise für verschiedene Zimmerqualitäten.

Direkt am Wasser zu logieren ist wegen kühlender Brisen im schwülheißen Klima vorteilhaft. Relativ klein und hellhörig sind fast alle Unterkünfte – Zimmer deshalb am besten immer „ganz oben" bzw. „ganz hinten" wählen. Ein paar Empfehlungen mit den Nummern auf der Karte von Nord nach Süd:

(1) Doña Goya, Calle Unión, Tel. 78675513. Einfache, familiengeführte Traveller-Unterkunft, Dachterrasse mit Hängematten. DZ/Bad 100 Q, Ü im 6-er Dormitorio Q 40. – **(2) Hotel La Unión,** Unión, Tel. 78675531, diverse ruhige Zimmer mit Seeblick. DZ 130 Q, empfehlenswert. – **(3) Casa Amelia,** Unión, Tel. 78675430, www.hotelcasamelia.com. Gute Mittelklasse, 12 schöne Zimmer/AC, davon 6 mit Seeblick, Restaurant und andere *servicios,* auch Touren. DZ 340 Q. – **(4) Hotel La Casona de la Isla,** 30 de Junio, Tel. 78675203, über www.hotelesdepeten.com. 26 Zimmer mit AC und Balkon sowie Pool, Bar, Restaurant. DZ/F 520 Q. – **(5) Hotel La Mesa de los Mayas,** Reforma, Tel. 78675268. Der „Tisch der Mayas" liegt zentral, hat anspruchslose Zimmer mit AC, aber ein gutes PLV: DZ 200 Q. **(6) Hotel Petén,** 30 de Junio, Tel. 78675203, über www.hotelesdepeten.com. 20 Schöne Zimmer, teils mit Balkon und Seeblick, Pool, Restaurant. DZ/F 480 Q. – **(7) Hotel Santana**, 30 de Junio, Tel. 78675123, www.santanapeten.com. 35 Zimmer/AC, teils mit Balkon. Bar, Pool, Dachrestaurant mit Seeblick. DZ/F 520 Q. – **(8) Hotel Mirador del Lago,** 15 de Septiembre, Tel. 78675409. Nur drei der Zimmer haben Seeblick, DZ 150 Q. – **(9) Youth Hostel Los Amigos,** Calle Central, Tel. 78675075 u. 502-44952399, www.amigoshostel.com. Dormitorios, Hängematten und Zimmer, gemütlich eingerichtet, alle Services, Restaurant, Bar, Touren – „The Backpackers Oasis" (Eigenwerbung). Ü 55, DZ 120 Q. – **(10) Hotel/Café Arqueológico Yaxhá** (s.u.). – **(11) Hotel Villa del Lago,** 15 de Septiembre, Tel. 78675181, www.hotelvilladelago.com.gt. 21 ältere und neuere Zimmer, teils Balkone zum See oder mit großer Terrasse. Gutes Hotel. DZ ab 330 Q. – **(12) Hotel Petenchel,** Tel. 78675450,einfache und saubere Zimmer mit Vent. und Bad um einen üppig-begrünten Patio. DZ 170 Q.

■ Das **Mayazentrum Café Restaurant Arqueológico Yaxhá** ist ein **TIPP** sowohl zum **Übernachten** (7 Zi./140 Q) als auch für gutes guatemaltekisches und internationales **Essen** (Spezialitäten: Menü mit prähispanischem Essen und Cordon bleu mit Bratkartoffeln) in nettem Maya-Ambiente. Calle 15 de Septiembre, Tel. (00502) 7926-0577.

Das Café ist außerdem *die* Anlaufstelle und **Infobörse für alle Mayafreunde.** Hier kann man in der kleinen Maya-Bibliothek stöbern, Archäologen und den dt. Architekten *Dieter Richter* treffen, der fast allwöchentlich mit viel Fachwissen angereicherte Diavorträge über die Maya und diverse Ausgrabungsstätten hält in denen er tätig ist. Er organisiert zu moderaten Preisen außerdem Tages- und Mehrtagestouren zu kaum besuchten, aber interessanten Mayazentren, wie z.B. San Clemente, La Blanca – Yaxhá – Topoxté (eine Insel im Lago Yaxhá, ca. 70 km östl. von Flores). Erlöse kommen u.a. dem Schutz der Stätten und den dortigen Dorfbewohnern zugute. Anfragen zu Touren und Vortragsterminen: cafeyax_ha@yahoo.com, www.cafeyaxha.com.

Außerdem betreibt Yaxhá die **Sprachschule Dos Mundos,** Unterricht in der Sky Bar/Restaurant am westl. Malecón, www.flores-spanish.com. Intensives Lernen bei relaxtem, animierenden Blick über den See.

Restaurants Es gibt ca. 15 Restaurants auf der Insel: **La Luna,** 10 de Noviembre/Ecke 30 de Junio; tropisches Ambiente, vegetarische Auswahl, gute Gerichte, auch deutsche. – **Capitan Tortuga,** 30 de Junio: Hübsches See-Ambiente bei gutem Essen. – Das **Albahaca** serviert lt. Zuschrift „bestes Essen, z.B. Fettuccine und *pollo* mit *tamarindo*-Sauce". – Gute Kritiken auch für **La Villa del Chef,** Betreiber Oliver Dittmann, Calle Unión. – Die **Sky Bar/Restaurant** der Sprachschule *Dos Mundos* (s.o.) auf einer schönen Dachterrasse empfiehlt sich für saftig-riesige Hamburger und leckere Spieße (Huhn, Rind, Krabben oder Mix).

Information INGUAT, Calle Centroamérica, Tel. 78675365, Mo–Fr 8–16 Uhr.

Bank / Geld Die *Banrural* ist am Parque, Wechsel von Dollar und Euro. Ein Geldautomat befindet sich gegenüber des Restaurants *Capitan Tortuga.* Weitere Banken/Geldautomaten in Santa Elena, z.B. in Calle 4. Travellerschecks: *Banco Agromercantil,* Mo–Fr 8.30–19, Sa 9–13 Uhr. Auch Hotels wechseln, aber schlechte Kurse.

Touren Für Ausflüge ins nähere und weitere Umland von Flores und zu Mayastätten wie Uaxacatún, Yaxhá, El Ceibal/Laguna Petexbatún eines der etlichen kleinen Reisebüros aufsuchen (manche in Internet-Cafés). Ein größeres ist *Martsam Travel,* Calle 30 de Junio. Yaxhá-Touren übers *Café Restaurant Arqueológico Yaxhá.* Anzuraten ist auch eine Bootsfahrt auf dem See zum **Mirador-Baum** (kennt jeder Bootsführer) mit toller Aussicht aus der Krone auf Flores und den See.

Weiterreise Wie erwähnt, können fast alle Hotels Auskunft geben über Ziele, Abfahrtszeiten und wo man Tickets kaufen kann – oft gleich im Hotel. Der Hauptterminal – *Terminal Central de Buses* (oder **Terminal Nuevo de Autobuses)** ist in Santa Elena an der 6. Avenida, über die Dammstraße immer geradeaus, s. Karte). Ansonsten aufpassen bei Abfahrten von Santa Elena: Da mehrere Busunternehmen zur gleichen Zeit zu gleichen Zielen fahren, immer auf das richtige Busunternehmen achten! Für Fernziele vorzugsweise 1. Klasse wählen bzw. einen Touristen-Bus und reservieren. *San Juan Travel* fährt fast immer mit alten Kisten. Eine hilfreicher online-Agent für Verbindungen in ganz Guatemala und für private Shuttle-Busse und Vans ist www.transportguatemala.com.

Nach **Belize City** (220 km), bis zur Grenze ca. 1,5 h, von dort bis Belize City nochmals 2,5 h; mit *San Juan Travel* tägl. um 5 und 7.30 Uhr. Mit *Línea Dorada* (Tel. 79248535, www.lineadorada.info) um 7 Uhr. Oder etappenweise mit einem Bus 2. Klasse oder mit einem ca. stündlichen Microbus vom Markt zum Grenzort *Melchor de Mencos.* Hinter der Grenzstation besteht kein direkter Anschluss nach Belize City, man muss nach *Benque Viejo* ein Taxi nehmen (3 km). Von dem Terminal in Ortsmitte fahren stündl. Busse nach Belize City (3 h).

Chetumal/Mex. (350 km), insgesamt ca. 9 h, nur um 7.30 Uhr mit *San Juan Travel.* Generell lange Verspätungen einkalkulieren, wegen Grenzformalitäten, Pannen u.a. mehr, manchmal Stunden!

Guatemala-City (500 km), 1. Kl.: *Línea Dorada* um 6.30, 11, 20 u. 22 Uhr, Fz 8 h. Oder mit *Autobuses del Norte* (ADN, www.adnautobusesdelnorte.com), um 21 u. 22 Uhr (ADN-Busse sind etwas teurer und gelten dennoch als problematisch). Tagbusse haben abends noch Minibus-Anschluss nach **Antigua** zum gewünschten Hotel. Auch Nachtbusse haben am nächsten Morgen Anschluss, aber das Ticket muss vorher bei der Agencia gekauft werden, relativ teuer. Unterkunft Antigua z.B. in der *Posada Juma Ocag,* Alameda de Santa Lucía 13 (DZ 160 Q), *Hotel La Merced,* 7 Av. Nte (DZ 340 Q) oder *Posada Las Rosas,* 6. Av. Sur No. 8, eine ruhige, einfache und angenehme Unterkunft, www.hotellasrosasgt.com. Der Antigua-Transfer *muss gleich* mitgebucht werden! Oder ein Taxi nehmen, wenn man mind. zu zweit ist, ca. 225 Q (in der Station nach vertrauensvollen Fahrern fragen, z.B. Vinico, Tigo-Tel. 55801323, Claro 47611532, whatsapp im Tel. der Tigo-Nr.

Busse 2. Klasse: *Fuentes del Norte* (12 h) und *Rápidos del Sur.*

Palenque über **Bethel** bzw. La Técnica am Usumacinta, s.u. Mit *San Juan Travel* um 5 Uhr (bis alle eingesammelt sind, wird es 6 Uhr). Stopp in Las Cruces (ab da nicht mehr asphaltiert), Fz bis Bethel ca. 3,5 h. Details zu Bethel s.S. 361, Tausch von restlichen Quetzal ist in Bethel möglich, aber bis Palenque keine Bank. Per Boot von dort in 30 Min. auf dem Río Usumacinta nach *Frontera Corozal* (Mexiko/Migración, s.S. 360). Weiterfahrt nach Palenque Fz ca. 3 h, Ankunft dort ca. 14.30 Uhr.

Günstiger in Eigenregie nach Palenque: Zunächst nach *La Técnica* am Usumacinta fahren, und zwar mit einem der etwa ab 8 Uhr und ca. stündlich startenden Toyota-Coaster von ACTEP (Tel. 79248215) vom Terminal Nuevo (sie halten nochmals etwa 30 Minuten an der Haltestelle im Markt, auch dort könnte man also noch zusteigen), Fz ca. 4,5 h/ca. 130 km. Auch die Linie *La Pinita* befährt diese Strecke (zum neuen Busterminal in Santa Elena Die guatemaltekische Migración befindet sich kurz vor Bethel bzw. eine halbe Fahrstunde vor dem nördlicher gelegenen *La Técnica.* Von La Técnica mit einem Boot für ca. 20 Q über den Usumacinta nach **Frontera Corozal** (s.S. 361) zur mexikanischen Migración.

Nach Palenque bzw. ins nördliche Yucatán über den Grenzpunkt El Ceibo//La Palma (s.S. 341, Karte s.S. 338): Einen (halbstündlichen) Microbus nach El Naranjo nehmen und ca. 10 km vorher am Straßendreieck („Crucero") aussteigen und ein Colectivo zum Grenzpunkt El Ceibo nehmen. In Tenosique, 60 km weiter, Anschlussverbinden nach Palenque u.a. Zielorte.

Grenzgebühren

Guatemala, Aus-/Einreise: kostenlos. Doch es wird versucht, bei der Einreise Gringos bis zu 50 Quetzal (5 US$/50 mexikanische Peso) pro Person abzuknöpfen.

Belize, Ausreise (auch bei nur schnellem Transit): 30 BZ$ „Border processing fee" oder 15 US$ (mit US-Dollar zu bezahlen ist möglich, passend bereithalten, sonst bekommt man als Rückgeld Belize-Dollar). Wer länger als 24 Stunden im Land war, muss zusätzlich 7,50 BZ$ „PACT fee" *(Protected Areas Conservation Trust)* zahlen. Hohe Airport-Ausreisesteuern. Alle Gebühren auf www.bmabz.com/travel.html, Kinder unter zwölf Jahren sind befreit. Selbstfahrer s.S. 59.

Mexiko-Einreise: s.S. 28, „Landeinreise".

Flug

Flüge nach/von Palenque (derzeit eingestellt), Guatemala-City, Cancún, Belize u.a. in Reisebüros. Der **Airport** (mit INGUAT-Info-Stelle) liegt 2 km östl. von Santa Elena. Minibusse zum Airport von der Calle 4. Ausreisesteuer 20 US$.

El Cruce / El Remate

Am Straßendreieck **El Cruce** (Puente Ixlú) geht es östlich zur Grenze nach Belize nach Melchor de Mencos//Benque Viejo del Carmen (65 km, Fz 2 h), nördlich nach Tikal (35 km) und südwestlich nach Santa Elena (37 km). 2 km nördl. liegt am Ostufer des *Lago Petén Itzá* das Dorf **El Remate** mit etlichen Unterkünften entlang der Straße von preiswert bis gehoben. Ständiger Micobus-Verkehr von/nach Flores, 45 Min. In El Remate zu übernachten hat den Vorteil, dass es nur 35 km nach Tikal sind (von Flores doppelt). Unterkunft: *Mon Ami,* ein Franzose, der gutes Essen auftischt, www.hotelmonami.com, Calle Jobompiche, Tel. 30100284, Steg am See, verschiedene Casas und Bungalows. Dorm 50 Q, Bungalow 200 Q/2 Pers. – Ein neues gutes Hotel ist *El Muelle* mit Restaurant, Steg und Pool, www.hotelelmuelle.com, Tel. 55818087, auch von ihm Blick über den See. Baden kann man im *Balneario Municipal.*

Tikal

Die **Mayastadt Tikal** liegt 70 km nordöstl. von Santa Elena im gleichnamigen Nationalpark. Mit jährlich rund 300.000 Besuchern zählt sie zu den beliebtesten Touristenattraktionen Mittelamerikas. Es gibt zwei Museen, Comedores, Artesanías-Läden und drei (teure) Unterkünfte.

Die Hin- und Rückfahrt nach Tikal (jeweils gut eine Stunde) kann über Hotels oder Agencias de Viajes in Santa Elena/Flores gebucht werden bzw. es wird einem in Flores von *San Juan Travel* ständig angetragen (60 Q hin- u. zurück). San Juan Travel (Tel. 9260041) fährt mit seinen alten Kisten um **3 (!) Uhr** („Sunrise Tour", der Tikal-Eintritt kostet aber dann 250 Q statt 150 Q) und dann ab 5 Uhr zu jeder Stunde bis 10 Uhr; zurück um 12.30, 14, 15, 16, 17 u. 18 Uhr. Abholung vom Hotel – doch das kann dann schon mal dauern, besonders morgens bei den 5- und 6-Uhr-Abfahrten! Es fahren auch Busse von ATIM, 1,5 h, Tel. 44785996, 30 Q.

Tikal ist von **6–18 Uhr geöffnet.** Am Nationalparkbeginn enden die öffentlichen Busse, es sind aber noch weitere 17 km bis zum eigentlichen Eingang. Eintritt derzeit 150 Q. Im Areal befinden sich genügend Toiletten und auch Restaurants. Alles ist sicher, an jeder noch so versteckten Ecke steht ein Ranger (aber dennoch besser ohne viel Geld losziehen). Restaurierungsarbeiten sind ständig im Gange – die umfangreiche Analyse und Restauration der Akropolis des Tempels II wird von 2012 bis 2020 mit *„cooperación española“* erfolgen – manche Bauwerke sind deshalb nur eingeschränkt zugänglich. Derzeit wird nur an Tempel IV gearbeitet. Der Komplex der „Sieben Tempel“ ist fertiggestellt. Tempel I, III und die „Pyramide der verlorenen Welt“ – *mundo perdido* – dürfen nicht mehr bestiegen werden.

Wer übernachtet, sollte zum Beobachten des Sonnenuntergangs unbedingt zum **Mirador en Arbol** gehen, der in seinem Hochgeäst eine kleine Plattform besitzt. Aufstieg über eine abenteuerliche, schwankende Holzleiterkonstruktion! Wegbeschreibung mit Plan ist an der Zugangsschranke erhältlich. Vorsicht vor Affen, die die Besucher mit allerhand Dingen bewerfen.

Übernachten: Die Hotels in Tikal sind allesamt überteuert! *Jaguar Inn* (9 Zimmer), *Tikal Inn* (14 Zi.), *Jungle Lodge* (44 Zi., über 100 Euro). Am billigsten ist der Campingplatz (einfachste Cabañas, Hängematten unter Palapadach), ein Zelt kann beim Restaurant Café Tikal gemietet werden. Wer noch nicht gefrühstückt hat, kann dies bei den Comedores rechts der Zufahrtsstraße nachholen (in der Anlage werden vereinzelt Getränke verkauft).

■ *Tikal, Blick auf den niedrigeren Tempel II*

Geschichte Tikals

Tikal mit seiner faszinierenden Architektur ist die wohl eindrucksvollste aller Mayastädte. Besiedelt war die Stadt über 1000 Jahre lang, zwischen 800 v.Chr. und 950 n.Chr. (allerfrüheste Architekturzeugnisse datieren etwa von 700 v.Chr.). Verbindungen Teotihuacáns in Zentralmexiko mit Tikal lassen sich inschriftlich nachweisen (378 n.Chr., Einflüsse auf Architektur und Kunst). Die geografische Lage im zentralen Petén begünstigte dann die Entwicklung zu einer der größten Maya-Metropolen, in der um das Jahr 700 vermutlich über 70.000 Menschen in einem 60 qkm großen zusammenhängenden Siedlungsraum lebten. Der Zentralbereich umfasst 16 qkm mit 3000 Einzelbauten, die Maya erbauten unterschiedliche, kosmographisch angeordnete Komplexe. Tikals dynastische Geschichte konnte durch die zahllosen Inschriften auf Stelen – die älteste datiert das Jahr 292 – und durch den „Tempel der Inschriften“ detailliert erforscht werden. Im gesamten zentralen Tiefland war Tikal stilprägend.

Besichtigung

Der Weg zur Hauptplaza ist recht weit. Vogelgezwitscher und Affengekreische vermischen sich zu einer mystischen Atmosphäre dieser unheimlich weitläufigen Anlage. Die **Gran Plaza,** gesäumt von den steil aufragenden Tempelpyramiden I und II, war das kultische Zentrum. Der im Jahr 735 im tikal-typischen Stil errichtete **Tempel I,** auch **„Großer Jaguar“** genannt **(s. Abb. l.),** mit dem neunfach gestuften pyramidalen Unterbau und mit seinem charakteristisch hohem Dachkamm ist 47 Meter hoch und **Symbol und Markenzeichen von Tikal.** Er wurde über der Grabkammer des 26. Königs von Tikal, *Jasaw Chan Kawiil,* erbaut. Der gegenüberliegende **Tempel II** **(s. Foto Vorseite)** ist vermutlich das Grabmonument seiner Frau. In den Palästen der Zentral- und Nordakropolis residierten die Herrscher und der Hofstaat sowie die Oberschicht. Die Nordakropolis war eine Nekropolis, in der die Könige prunkvoll unter Pyramidentempeln bestattet wurden.

Von der Gran Plaza zum 65 Meter hohen **Tempel IV** gehen. Er ist nicht nur das höchste Bauwerk Tikals, sondern auch das allerhöchste des Maya-Klassikums. Über Holztreppen mit ein paar hundert Stufen geht es steil nach oben. Die weite Aussicht über ein endloses Dschungelmeer und die Ruinen der einst mächtigsten Mayametropole belohnen die schweißtreibende Anstrengung.

Das Ende von Tikal

Der große Rivale Tikals war das 100 km nördlich (im heutigen Mexiko) gelegene **Calakmul** (s.S. 211), ebenso wie Tikal auf imperiale Expansion ausgerichtet. Beide Stadtstaaten ketteten Maya-Kleinkönigreiche an sich und rangen um die politische und ökonomische Vormachtstellung in der Region. Die Kriegszüge zogen sich jahrzehnte- wenn nicht gar jahrhundertelang hin. Die komplexen Fragen und Analysen, welcher der beiden Stadtstaaten wann zu größter Macht aufstieg, wer wen und wann besiegte oder unterlag, werden wahrscheinlich nie vollständig geklärt werden können. In der ersten Hälfte des 9. Jahrhunderts begannen starke Krisen Tikal zu erschüttern, es entstanden kaum noch Zeremonialbauten, das überlebensnotwendige Netz der Wasserdepots konnte nicht mehr unterhalten werden, da die Population schrumpfte (Exkurs über den Niedergang der Mayastädte s.S. 355). Tikal geriet in den Sog des Zerfalls der gesamten politischen Systeme und Ordnungen im Maya-Tiefland und wurde zwischen 950 und 970 irreversibel aufgegeben.

Mayastätten in der Umgebung Tikals/Santa Elena

Uaxactún

Die nicht allzu große **Mayastätte Uaxactún** (wenig restauriert, fast ohne Touris, ursprünglich und sehr reizvoll) liegt 23 km nördlich von Tikal gleichfalls im Tikal-Nationalpark. Die Pistenstrecke kann von Mai–Oktober schwierig werden. Anfahrt entweder von Santa Elena mit einem Bus *(Transportes Pinita)* ab 13 Uhr vom Markt, ab Tikal ca. 15.30 Uhr, an Uaxactún ca. 17.30 Uhr. Rückfahrt anderntags 6 Uhr, Tikal 8 Uhr, an Santa Elena 10 Uhr. Andere Anfahrtsmöglichkeit: In Tikal übernachten und um 15 Uhr nach Uaxactún weiterfahren. Die Jungle Lodge (s.o.) bietet Uaxactún-Tagestouren an, Dauer von 8–13 Uhr, passend für den 14-Uhr-Rückbus nach Santa Elena. Übernachtungsstätte in Uaxactún: *Doña Maria.*

Yaxhá

Die Maya-Stadt Yaxhá liegt 70 km östlich von Flores am Yaxhá-See und ist die nach Tikal am meisten besuchte Stätte Guatemalas. Zusammen mit **Nakum** und **Naranjo** und 13 verstreuten Unterzentren ist sie Teil des „Triángulo Cultural“, ein Gebiet von über 1200 Quadratkilometern, einst die am dichtesten besiedelte Region der Mayaklassik. Die Ausgrabungen und Restaurierungsarbeiten – auch unter Teilnahme deutscher Wissenschaftler – sind seit 1994 im Gange (Details auf www.yaxha.de). Höchstes Gebäude in Yaxhá ist der 30 m hohe *Templo 216.* Übernachten kann man am Ufer des Yaxhá-Sees (schöner Sonnenuntergang!) in Hängematten oder Zelten. Touren organisiert das Café Restaurant Arqueológico Yaxhá. Mit ADN von Flores nach Yaxhá um 6 u. 8 Uhr, zurück um 13 u. 16 Uhr, oder Weiterreise zur nahen Belize-Grenze.

El Ceibal

Diese eindrucksvolle Mayastätte liegt 70 km südwestl. von Santa Elena mitten im Urwald. Mit Bussen ist sie umständlich zu erreichen, wenn, dann sind Colectivos besser. Am besten eine Tour buchen, vor allem dann, wenn man alleine oder zu zweit ist. Das Problem sind nämlich die teuren Lanchas in **Sayaxché:** Nachdem man mit der Fähre über den Río de la Pasión übergesetzt hat – dort, wo die Lanchas starten –, erfährt man, dass ein Boot um die 600 Q kostet, egal wie viele Personen mitfahren.

El Mirador Abenteuerlich ist eine bis zu 6-tägige Tour nach *El Mirador, El Tintal* und *Nakbé* in den Norden nahe der mexikanischen Grenze. Wird organisiert durch eine Kooperative des Dorfes Carmelita, das auf etwa halber Strecke Flores – El Mirador liegt. Kontakt zur Kooperative im Café Restaurant Arqueológico Yaxhá.

BELIZE

Besucher sind meist auf der Durchreise nach/von Yucatán (Grenzstadt Chetumal) und von/nach Guatemala (Besuch von Tikal); oder sie interessieren sich in Belize für die **Cayes,** die kleinen, pittoresken Karibikinselchen vor der langgestreckten Küste. Das 300 km lange *Belize Barrier Reef* zählt zu den schönsten Tauch- und Schnorchelgebieten der Welt. Englisch ist Amtssprache, Umgangssprache das englischbasierte *Kriol.*

Wissenswertes **Land und Leute:** Belize mit seinen 6 *Districts* ist kaum größer als Hessen, das Klima tropisch. Einwohner: ca. 320.000. Ein dunkler Mix afrikanisch-europäischer und kreolisch-mittelamerikanischer Ethnien und Kulturen. *Garífunas* sind Nachkommen der karibischen Urbevölkerung und entflohener afrikanischer Sklaven. Auf dem Land gibt auch es dt.-spr. Mennoniten-Sprengsel, wie um **San Ignacio,** dessen bunter Markt sehenswert ist (Hoteltipp dort: *Martha's Guest House,* 10 West Street, www.marthasbelize.com).

Hauptstadt ist das (triste) Belmopan, die größte und wichtigste Stadt **Belize City.** Während der yucatekischen Sommerzeit von April bis Oktober ist Belize-Ortszeit minus eine Stunde.

Das arme **Belize ist teurer als Mexiko,** für wenig Leistung werden häufig Fantasiepreise verlangt. Vieles ist primitiv, das Bild einer US-Karibik-Kolonie drängt sich auf.

Internet-Infos Informationen über das südliche und englischsprachige Nachbarland Yucatáns gibt es auf www.travelbelize.org, das ist die offizielle Website des Belize Tourism Board. Umfassend ist vor allem **www.belize-wegweiser.de.** Weitere:

■ *Auf der Insel Caye Caulker*

www.belize.com, www.belizeforum.com, www.belizenet.com und www.belizeit.com. Die Seite **www.guidetobelize.info** hat Fahrpläne für Busse und Wassertaxis zu den Cayes, Stadt- und Inselkarten, Travel-Tipps u.v. mehr. Auf www.belize.de findet man das Belize-Konsulat in Frankfurt (konsulat@belize.de). Staatliche Informationen gibt es auf www.bmabz.com, das Außenministerium hat die Seite www.mfa.gov.bz.

Reisen

Beste Reisezeit: November bis April (Trockenzeit Dezember–Mai, Regenzeit Juni–November). **Währung:** Belize-Dollar, 1 US$ = 2 BZ$ (fest gekoppelt). Vorteilhaft sind US-Dollarscheine, Banken haben teils ATM (Geldautomaten), überwiegend MasterCard und VISA. Euro zu wechseln ist schwierig. Auf Hotelzimmer kommt noch die Government-Tax von 9%. Die Gebühren für Natur- und Nationalparks, z.B. *Blue Hole N.P.,* 20 km südlich von Belmopan, sind hoch. **Telefon:** Ländercode 501, Rufnummern 7-stellig. Notruf Polizei 911, Krankentransport 090.

Einreisebestimmungen: Kein Visum im Pass erforderlich für Bürger der EU und der Schweiz, die Aufenthaltszeit von 30 Tagen ist verlängerbar. **Ausreisegebühren** s.S. 382.

Verkehr: Mit (alten) Bussen durchs Land, es gibt nur drei asphaltierte Fernstraßen: der *Northern Highway* führt von Chetumal (Mexiko) über Orange Walk nach Belize City, der *Western Highway* von Belize City über Belmopan und San Ignacio nach Guatemala und der *Hummingbird Highway* und *Southern Highway* erschließen den Süden des Landes.

Reiseziele

Einige der zahllosen *Cayes* (sprich: kiis) sind touristisch erschlossen, Traveller fahren überwiegend nach *Caye Caulker,* sehr gut zum Ausspannen, Tauchen und Schnorcheln. Mayastätten: Von Belize City gut zugänglich sind *Altun-Há* und *Lamanai.* Größte und bekannteste Stätte ist *Caracol,* sie liegt schwer erreichbar an der guatemaltekischen Grenze, *Lubaantun* ist im Süden. Außerdem hat Belize etliche attraktive Naturparks mit großem Artenreichtum. Empfehlenswert ist ein Besuch des Belize-Zoos, die Tiere leben hier in einer weitläufigen, naturnahen Anlage. Von Belize City in einer dreiviertel Stunde über den Western Highway erreichbar, Abfahrt am zentralen Busterminal alle halbe Stunde mit einem San-Ignacio-Bus.

Belize City

Tropenstadt mit verwitterten altersschwachen Holzgebäuden und keinerlei geschichtlichen Sehenswürdigkeiten. Ein gut hergerichtetes Viertel mit hübschen historischen Häuschen und dem üblichen Touristenkram findet man im Hafengelände. Dort ist man als ängstlicher Touri sicher. Gepäckdepot im Wertfach des Hafenpiergebäudes problemlos, auch mit Rucksackfächern. Teils aggressive Armut in der Nähe der Wassertaxi-Anlegestelle. **Vorsicht in Belize City, vor allem nachts!**

Infos: Belize Tourism Board, 64 Regent Street, Mo–Fr 8–12 u. 13–17 Uhr, Tel. 2272420. **Unterkunft:** z.B. *Hotel Belcove,* 9 Regent St West, Tel. 2273054, www.belcove.com. Zentral und sauber, netter Eigentümer, DZ 43–63 US$. *Bachelor Inn Hotel,* Hotelkasten, 10 Minuten von Downtown, 5931 Bachelor Ave., Tel. 2237310, www.bachelor-inn-hotel.com. DZ ab 59 US$. *North Front Street Guest House,* No. 124, günstig und einfach, 15 US$ p.P. – Weitere s. in den o.g. Belize-Websites.

Busverbindungen: nach **Chetumal/Mexiko** (160 km, 3 h) stündliche Abfahrt zur vollen Stunde mit 1. Klasse *Batty-Bus* (15 Mosul Street; AC, Snacks, Getränke). *Línea Dorada* (www.lineadorada.info) fährt um 10 und 12 Uhr, *Premier Bus* um 6, 9 und 11 Uhr; beide Linien vom Water Taxi Terminal an der North Front Street nahe der Swing Bridge (Drehbrücke von 1922). Der ADO-Bus fährt nach Cancún mit Stopps in Bacalar, Tulúm und Playa de Carmen.

Nach **Santa Elena/Flores in Guatemala** bzw. zum Grenzpunkt Benque Viejo//Melchor de Mencos (130 km, 3,5 h) mit *Batty* (s.o.). *Novelos* (19 West

Collet Canal) fährt um 10 bzw. 12 Uhr; Línea Dorada (www.lineadorada.info) vom Water Taxi Terminal um 9.30 Uhr, an Flores 14.30 Uhr. Oder *mit San Juan Travel* (Abfahrt von der Swing Bridge) um 9.30 und 14.30 Uhr (an Flores 14.30 u. 19.30). Vorzugsweise die komplette Strecke bis Santa Elena durchbuchen!

Caye Caulker

Die kleine Doppel-Insel ohne Trubel und Hektik liegt etwa 35 km nordöstl. von Belize City. Bewohnt (ca. 1000 Ew.) ist nur die südliche Insel, die etwa 1,5 km lang ist. Nur wenig Sandstrand an der Ostküste, teils störendes Seegras und auch verschmutzte Abschnitte. Westseite weniger windig. Insel-Infos im Internet: www.gocayecaulker.com.

Anreise von Belize City mit *Caye Caulker Water Taxi,* Tel. 2335752, vom Water Taxi Terminal an der Swing Bridge um 8, 10.30, 13.30 u. 16.30 Uhr, 30 BZ$, Fz ca. 45 Minuten, www.cayecaulkerwatertaxi.com. Oder mit *Water Jets International* (s.u.), Ablegestelle ebenfalls bei der Swing Bridge. Außerdem als Flug möglich, mit *Maya Air* (www.mayaregional.com) in 7 Minuten; 40 US$/72 return. Maya Air fliegt auch zu anderen Belize-Inlandszielen.

Auf **Caye Caulker** gibt es etwa zwei Dutzend Unterkünfte und Cabañas – doch aufgepasst, viele schließen ihre Rezeptionen bereits um 16 Uhr! Alle Unterkünfte und Sonstiges zur Insel auf www.cayacaulkerbelize.net. Tipps sind z.B. das *B&B Lazy Iguana* im Südteil der Insel (www.lazyiguana.net, DZ ab ca. 85 US$) oder *Mara's Place* nördlich beim „Split" (dort schöne Bar): Holzhäuschen mit Warmwasser, Ventilator und TV, von der Veranda-Hängematte kann das Strandleben beobachtet werden, Bootsvermietung. DZ etwa 95 BZ$, doch meist ausgebucht. Einfach und relativ günstig (Ü 14 US$): *Yumas's House Belize,* www.yumashousebelize.com. Zu den besten zählen die *Seaside Cabañas,* www.seasidecabanas.com (DZ ab 140 US$), einen nicht ganz so hohen Standard hat das *Tropical Paradise Hotel* (DZ ab 32 US$). Deutschsprachig logieren bei Doris im Insel-Südteil: *Tree Tops,* Tel. 2260240, www.treetopsbelize.com, DZ o. Bad ab 70 US$, mit ab 95 US$.

Angeboten werden alle Wassersportarten sowie Segelboot- und Schnorchel-Trips zum ein Kilometer entfernten Riff. Halb- und Ganztagesschnorchel- bzw. Rifftouren werden überall angeboten, für reduzierte Preise am besten vorher mit anderen zusammentun. Empfohlen wird *Carlos Ayala,* unmittelbar rechts der Anlegestelle.

Von Caye Caulker direkt nach Santa Elena/Tikal ist mit einem privatem Kleinbus möglich, s. Anschlag im Internet-Café in der Front Street; bequem und empfehlenswert.

Übers Meer nach Chetumal / Mexiko

Von Caye Caulker per Boot nach Chetumal/Mexiko: Von Caye Caulker mit einem Schnellboot von **Water Jets International** (www.sanpedrowatertaxi.com, Tel. 2262194) nach **San Pedro** auf der von Caye Caulker nördlich gelegenen Insel **Caye Ambergris** (Übernachten in San Pedro: *Conch Shell Inn,* DZ 55 US$).

Schnellboote: Caye Caulker – San Pedro 7.45, 10.45, 15.15 und 18.45 Uhr. In San Pedro werden die Ausreiseformalitäten erledigt. Abfahrt nach Chetumal um 8 Uhr, Fz ca. 1,5 h, Ankunft dort an der Muelle Fiscal. Chetumal – San Pedro um 15 Uhr. Preis Caye Caulker – Chetumal 40 US$, an Wochenenden und Feiertagen 50 US$.

Water Jets International fährt auch die Strecke Belize City – Caye Caulker – San Pedro. Belize City ab um 7, 10, 14.30 u. 18 Uhr. Rückfahrten: San Pedro (6, 10.30, 15, 17.30 Uhr) – Caye Caulker (6.30, 11, 15.30, 18 Uhr) – Belize.

Die Migración in Chetumal erwartet das Boot bei der Ankunft im Hafen.

Nun zurück nach Mexiko, zur Strecke Palenque – San Cristóbal de las Casas:

Von Palenque nach San Cristóbal de las Casas

Man verlässt Palenque auf der Mex 199 in Richtung Ocosingo. Selbstfahrer: Sehr kurvenreiche Strecke, viele Dörfer und noch mehr Topes. Wenn Kinder ein Touri-Auto erspähen, kann es vorkommen, dass sie Schnursperren ziehen, um z.B. Bananen zu verkaufen. Manchmal sperren Leute die Straße auch mit Nagelbrettern, bis man ihnen „Zoll" bezahlt hat. Geduldig den Preis runterhandeln und auch die Strecke nicht nachts fahren.

Ocosingo

Ew. 30.000

✆ 01-919

Ocosingo liegt in einer Talsenke auf 900 Meter Höhe, etwa auf der Hälfte der Strecke nach San Cristóbal de las Casas. Die Stadt ist Ausgangspunkt für Besuche der Mayastätte **Toniná,** die 14 km östlich liegt. Ocosingo bietet keine Besonderheiten, als größter Ort zwischen Tief- und Hochland ist es vor allem ein bäuerliches Handelszentrum, überall wird *queso de bola* verkauft, eine Art Hüttenkäse in Kugelform. Während des Zapatisten-Aufstands am Jahresanfang 1994 wurden auf dem Markt von Ocosingo zahlreiche Aufständische erschossen. Die Hauptdurchgangsstraße Mex 199 durchschneidet den Westteil des Ortes.

Von der Bushaltestelle von OCC/ADO beim Restaurant Fénix an einem Steilstück der Mex 199 sind es zum Zócalo (Parque Central, Banamex-Bank) etwa 15 Minuten Gehzeit. Dazu die Mex 199 ein Stück hochgehen, am „Centro"-Schild nach links in die Avenida Central abbiegen und dann noch drei Straßenblocks abwärts. Avenidas verlaufen in O–W-Richtung, Calles N–S. Den langgestreckten Zócalo zieren formgeschnittene Bäume und an den Seiten Arkadengänge. An der Ostseite steht die Kirche San Jacinto. Zum lebhaften **Markt** *Tianguis campesino* auf der 2. Av. Sur Ote nach Osten weitere vier Straßenblocks hinuntergehen. In den Markthallen Indígena-Leben pur mit vielfältigen Trachten – doch Vorsicht mit dem Fotografieren, die Leute schätzen das nicht. **Gegenüber vom Markt fahren Combis nach Toniná.**

Adressen & Service Ocosingo

Infos

Websites: www.turismochiapas.gob.mx • www.ocosingochiapas.com.mx • www.ocosingo.gob.mx • u.a. – **Banken:** Banamex an der Nordwestecke des Zócalo, auch Santander, beide mit Geldautomaten. – **Internetcafé:** Zócalo. – **Restaurants** hauptsächlich um den Zócalo und in der Calle Central Nte.

Unterkunft

Um den Zócalo und entlang der Calle Central Nte (Nordseite Zócalo) einige:

Hospedaje Esmeralda, Calle Central Nte 14, Tel. 6730014. Gästehaus mit wenigen, günstigen Zimmern *(baño común)*, Traveller-Treff, hilfsbereiter Besitzer. Gutes, einfaches Terrassen-Restaurant. – **Hotel Central,** Nordseite Zócalo, Tel. 6730024. Freundliche Leute, 12 Zi., WiFi, mit Restaurant *Las Delicias* eine gute Kombination. Einfaches DZ ca. 330 Ps. – Gegenüberliegend: **Hotel Casona,** Tel. 6730140, etwas besser und teurer. – **Hotel Margarita,** Central Nte 19 (bei der Hospedaje Esmeralda), Tel. 6730280. 21 große, angenehme Zi. DZ 380–430 Ps.

Wohnmobil/Campen: direkt an den Ruinen von Toniná, schöner Platz mit sanitären Einrichtungen. Bungalows, Restaurant, Reiten.

An- und Weiterreise

Busse: Nach San Cristóbal de las Casas (90 km, gut 2 h) oder Palenque (95 km, 2,5 h) fahren diverse Linien wie OCC, ADO, Altos u.a. Nach der Ankunft die Abfahrtszeit für das nächste Ziel klären und Ticket kaufen. Nach San Cristóbal und Palenque jeweils über ein Dutzend Abfahrten, auch in der Nacht.

Von einem Autohof oberhalb des Busstopps (Av. 1 Norte) fahren auch **Colectivos** in beide Städte, jeweils etwa alle 30–45 Minuten. Busverbindungen gibt es auch zu entfernteren Zielen.

Für einem Kurzbesuch von Toniná ist im Terminal von Cristóbal Colón Gepäckabgabe möglich. Wer Richtung Palenque fährt, kann nach ca. 50 km beim Crucero Agua Azul (s.o.) aussteigen oder durchfahren bis Palenque und von dort aus nach Agua Azul besuchen.

Ocosingo ist wie Comitán (s.S. 422) ein Startpunkt zur **Laguna Miramar** (s.S. 420), größter See in der Selva Lacandona. Es fahren tägl. morgens einige Fahrzeuge vom Markt (ca. 150 km, 5–6 h, rauher Trip). Militärkontrollen.

Selbstfahrer Zur Stätte **Toniná,** egal ob von Palenque oder San Cristóbal de las Casas kommend, bereits außerhalb von Ocosingo auf die Umgehungsstraße *Periférico* abbiegen und dem Hinweisschild „Toniná" folgen. Innerhalb Ocosingos von der Mex 199 auf die 1. Av. Sur zur Plaza fahren und bei der Kirche auf die Calle 1 Ote Sur.

Die Strecke **Ocosingo** – **Comitán** über Altamirano und Gónzales de León ist gut ausgebaut und wunderschön! Ein herrlicher *Balneario,* **Las Jajas,** liegt in Richtung Palenque ca. 20 km abseits der Mex 199.

Von Toniná über Nahá nach Palenque: Von Ocosingo bzw. an Toniná vorbei führt eine Strecke über *Monte Líbano, Nahá* (65 km) u.a. Lacandonen-Orte nach *Río Chancalá* an der Mex 307 und weiter bis nach Palenque. Es geht durch hübsches Hügelland mit vielen Tälern und Flüsschen, Restflächen tropischen Regenwaldes und vorbei an Siedlerhütten und Viehweiden. Unterwegs Militärkontrollen. In Nahá kann man z.B. bei *Kin García Martínez* einfachst unterkommen und einige Tage das Dorfleben der Lacandonen erleben. Zuvor muss man sich aber beim Dorfältesten registrieren lassen! Anfahrt auch mit Combis möglich.

■ *Blick von den Toniná-Ruinen*

Toniná

Toniná ist eine **ungewöhnliche Mayastätte** an der Grenze zwischen Hoch- und Tiefland. Blickfang in dem waldbedeckten und hügeligen Areal ist die festungsartige **Tempelpyramide** bzw. **Akropolis** an der Gran Plaza. Der gigantische Bau mit sieben Terrassen bzw. Plattformen ist über 70 Meter hoch und zählt somit zu den höchsten Bauten in der Maya-Welt. Man kann die verschlungen-verwinkelten Gänge und Räume erforschen und bis zur obersten Etage hochsteigen, von der man einen formidablen Blick übers Land hat. Insgesamt braucht man viel Zeit, wenn man an allem interessiert ist.

Toniná (tseltal: „Haus aus Stein") hatte seine Blütezeit zwischen dem 6. und 10. Jh. (Spätklassikum, die früheste Datumsangabe auf einer Stele stammt von 593). Militärisch zeitweise sehr stark, besiegte Toniná im Jahr 730 das benachbarte mächtige Palenque und nahm den dortigen Herrscher gefangen. Es existierte auch etwa ein Jahrhundert länger als Palenque, die letzte entschlüsselte Datumsglyphe stammt aus dem Jahr 909 (die von Palenque von 799). Außerdem stand Toniná mit Bonampak in Verbindung. Man fand vollplastische Stelen, Rundplastiken und Statuen, die Ähnlichkeiten mit denen in Copán (Honduras) aufweisen, doch denen von Toniná fehlen meist Köpfe und Füße.

■ *Kan Xul II.*

■ *Relief eines Gefangen im Museum*

Auf der 5. Plattform der Tempelpyramide entdeckten Archäologen eine Grabkammer mit einem monolithischen Sarkophag, und auf der 6. Plattform steht der Altar *monstruo de la tierra* („Monstrum der Erde"). Dort wurde 1992 eine 16 Meter lange und 14 Meter hohe, spektakuläre Stuckwand freigelegt, genannt **El mural de los cuatro eras o soles** („Mural der vier Zeitalter oder Sonnen"). Der Fries ist in der Art eines *codex* gearbeitet und stellt verschiedene Gottheiten und die kosmogonischen Phasen dar, also die Maya-Vorstellungen von der Entstehung der Welt. Realistisch-grausam ist dabei das zentrale Abbild des skelettartigen Gott des Todes „Schildkrötenfuß", der in einer Hand den Haarschopf eines Geköpften hält. Vermutlich gehörte das Haupt **Kan-Xul II.,** letzter Herrscher von Palenque († 711), von dem man in Toniná außerdem eine Steintafel mit seinem Abbild in gebeugter Haltung fand – der „Gefangene von Toniná", heute im Archäologischen Museum von Tuxtla Gutiérrez.

Auf der obersten Plattform stand einst die (zerbrochene), prächtige Statue des Herrschers **Zots-Choj,** der in seiner hochaufragenden Kopfkrone drei Chaak-Masken trägt (Chaak war der Regengott der Maya). Die Figur befindet sich heute in dem eindrucksvoll gestalteten **Museum** voll attraktiver Kunstwerke, Stelen und Statuen. Am Fuß der Gran Plaza liegt einer der zwei Ballspielplätze. Weiterhin ist ein *temazcal* (Dampfbad) vorhanden.

Anfahrt / Unterkunft

Vom Markt in Ocosingo *(Tianguis campesino)* fahren regelmäßig und etwa halbstündlich Toniná-Combis bis zum Museum. Von da sind es noch etwa 500 m zu den Ruinen. Täglich geöffnet 9–17 Uhr, Eintritt 46 Peso inkl. Museumsbesuch (Mo geschl). Führer bieten ihre Dienste an. Mitnahme einer Taschenlampe vorteilhaft. Übernachten (und Standplatz für Wohnmobile) bei **Toniná Kayab,** beim Toniná-Parkplatz, www.toninakayab.com. Schöne Zweier-Cabañas 300 Ps. Restaurant vorhanden.

Von Ocosingo nach San Cristóbal de las Casas

Endlose Kurven und unzählige, heimtückische *topes* vor und zwischen den Straßendörfern verhindern auf der ständigen Aufwärtsfahrt ein zügiges Vorankommen. Fahrtbegleiter sind viele brandgerodete Flächen, weil der Wald permanent in Ackerland verwandelt wird. In hügeliger Landschaft liegen Streusiedlungen. Dann bemerkt man einen drastischen Klima- und Vegetationswandel: feuchtheiße Wärme, Zuckerrohr-, Bananen- und Kaffeeplantagen sind klarer Bergluft und Pinienwäldern gewichen. Nach Cuxulja und Oxchuc wird Huixtán passiert, danach der kleine Flugplatz und schließlich stößt die Straße auf die Panamericana, die Mex 190. Bis San Cristóbal de las Casas sind es nur noch 12 km.

San Cristóbal de las Casas

Ew. 250.000

✆ 01-967

San Cristóbal de las Casas ist *der* Touristen- und Traveller-Magnet im Süden Mexikos. Die historisch bedeutsame Kolonialstadt liegt in einem Hochtal auf 2100 Meter zwischen pinienbewaldeten Bergen und besitzt eine besondere Atmosphäre. Das Klima ist frühlingshaft trocken-warm, doch in den Monaten von Dezember bis Februar gibt es empfindlich kalte Abende und Nächte.

„Die Luft in dieser Höhe ist so klar, so rein, dass sie mit nichts anderem an Reinheit verglichen werden kann … Das Land, stundenweit, im Umkreis, ist bedeckt mit Tannen- und Fichtenwäldern … Nur ein einziger Fabrikschornstein, der des Elektrizitätswerks, raucht …“ schrieb 1928 der berühmte Schriftsteller *B. Traven,* der sich in San Cristóbal de las Casas aufhielt.

Was San Cristóbal so anziehend macht, ist der Mix von kolonialer Vergangenheit und indigener Gegenwart. Aus den umliegenden Dörfern treffen frühmorgens *Tzotziles* und *Tseltales* und Angehörige anderer Indígenagruppen ein, um auf dem großen **Mercado Municipal** ihre landwirtschaftlichen Erzeugnisse zu verkaufen. Unübersehbar auch soziale Probleme: fliegende Händler, Bettelnde, Straßenkinder und arme, kleinwüchsige Indígena-Frauen, die oft barfuß über die eiskalten Pflastersteine tippeln, ein Kind auf dem Rücken und drei weitere im Schlepptau.

„Keine Straßenbahn, keine Eisenbahn erfüllt die Straßen mit Lärm, in der ganzen Woche hört man vielleicht ein, zwei, oder, wenn es hochkommt, drei Autos stöhnen und tuten. Nachts um 12 Uhr wird das elektrische Licht für die ganze Stadt abgestellt“, schrieb B. Traven.

Das ist heute anders. Die Jugend vergnügt sich in kreischenden Spielkaschemmen, lauter Verkehr wälzt sich durch die engen Einbahnstraßen. Die Bürgersteige sind sehr schmal und hoch, man muss ständig rauf- und runterspringen, an steilen und glatten Garageneinfahrten besteht Rutschgefahr.

■ *Blick auf San Cristóbal vom Cerro San Cristóbal*

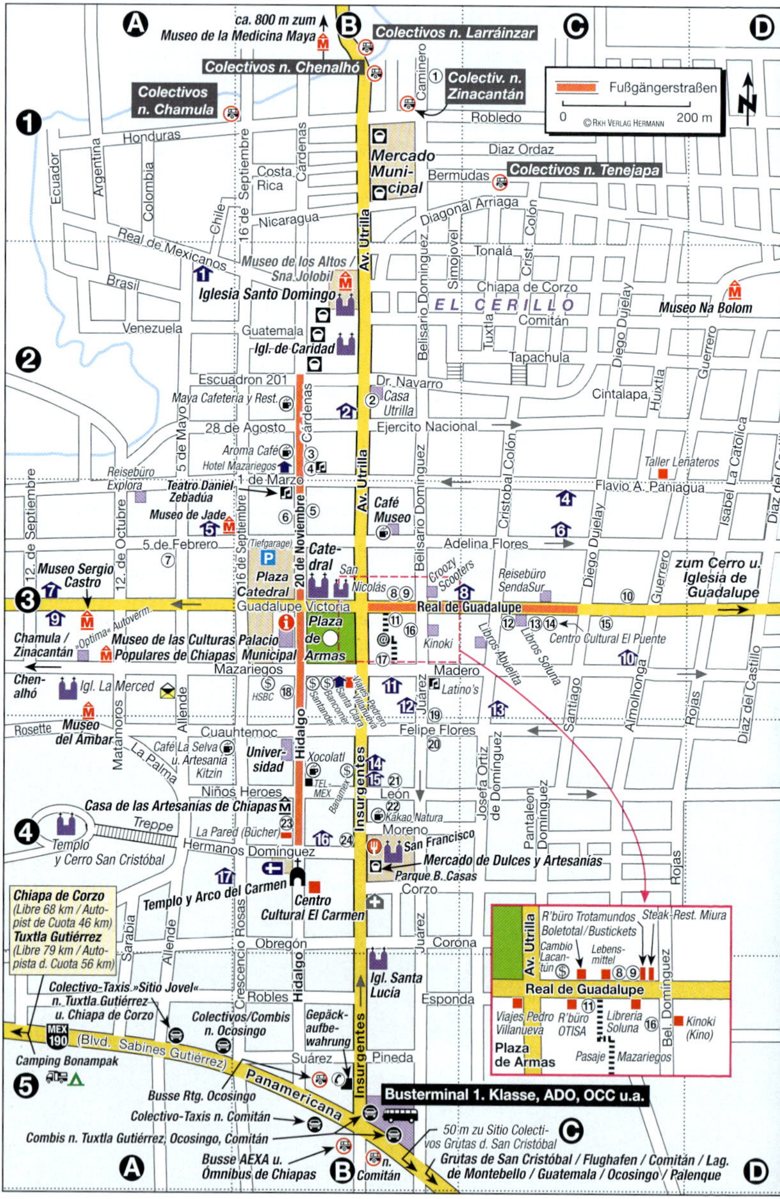

ca. 800 m zum Museo de la Medicina Maya
Colectivos n. Larráinzar
Colectivos n. Chenalhó
Colectivos n. Chamula
Colectiv. n. Zinacantán
Fußgängerstraßen
0
200 m
© Rkh Verlag Hermann
Robledo
Honduras
Diaz Ordaz
Mercado Municipal
Bermudas
Colectivos n. Tenejapa
Diagonal Arriaga
Costa Rica
Nicaragua
Ecuador
Argentina
Colombia
Chile
16 de Septiembre
Cárdenas
Caminero
Real de Mexicanos
Museo de los Altos / Sna Jolobil
Iglesia Santo Domingo
Brasil
Tonalá
Chiapa de Corzo
EL CERILLO
Comitán
Tapachula
Museo Na Bolom
Venezuela
Guatemala
Igl. de Caridad
Escuadron 201
Dr. Navarro
Casa Utrilla
Maya Cafetería y Rest.
28 de Agosto
Ejercito Nacional
Aroma Café
Hotel Mazariegos
Reisebüro Explora
Teatro Daniel Zebadúa
1 de Marzo
Museo de Jade
Café Museo
Flavio A. Paniagua
Taller Leñateros
5 de Febrero
Adelina Flores
(Tiefgarage)
Catedral
Plaza Catedral
San Nicolás
Croozy Scooters
Reisebüro SendaSur
zum Cerro u. Iglesia de Guadalupe
Museo Sergio Castro
Guadalupe Victoria
Real de Guadalupe
Plaza de Armas
Palacio Municipal
Museo de las Culturas Populares de Chiapas
»Optima« Autoverm.
Chamula / Zinacantán
Kinoki
Libros Abuelita
Libros Soluna
Centro Cultural El Puente
Mazariegos
Madero
Chenalhó
Igl. La Merced
HSBC
Santander
Bancomer
Santa Clara
Viajes Pedrero Villanueva
Latino's
Museo del Ámbar
Rosette
Cuauhtemoc
Felipe Flores
Café La Selva
u. Artesanía Kitzin
Universidad
Xocolatl
TELMEX
Banamex
La Palma
Niños Heroes
León
Casa de las Artesanías de Chiapas
Kakao Natura
Treppe
Templo y Cerro San Cristóbal
La Pared (Bücher)
Moreno
Hermanos Domínguez
San Francisco
Mercado de Dulces y Artesanías
Parque B. Casas
Templo y Arco del Carmen
Centro Cultural El Carmen
Corzo
Chiapa de Corzo (Libre 68 km / Autopist de Cuota 46 km)
Tuxtla Gutiérrez (Libre 79 km / Autopista d. Cuota 56 km)
Obregón
Corona
Igl. Santa Lucía
Colectivo-Taxis »Sitio Jovel« n. Tuxtla Gutiérrez u. Chiapa de Corzo
Robles
Esponda
Colectivos/Combis n. Ocosingo
Gepäckaufbewahrung
MEX 190
(Blvd. Sabines Gutiérrez)
Suárez
Pineda
Camping Bonampak
Panamericana
Busse Rtg. Ocosingo
Busterminal 1. Klasse, ADO, OCC u.a.
Colectivo-Taxis n. Comitán
Combis n. Tuxtla Gutiérrez, Ocosingo, Comitán
50 m zu Sitio Colectivos Grutas d. San Cristóbal
Busse AEXA u. Ómnibus de Chiapas
n. Comitán
Grutas de San Cristóbal / Flughafen / Comitán / Lag. de Montebello / Guatemala / Ocosingo / Palenque
Av. Utrilla
Insurgentes
Hidalgo
20 de Noviembre
Belisario Domínguez
Cristobal Colón
Diego Dujelay
Guerrero
Isabel La Católica
Diaz del Castillo
Juárez
Santiago
Almolhonga
Rojas
Josefa Ortiz de Domínguez
Pantaleon Domínguez
12. de Septiembre
12. de Octubre
5 de Mayo
Matamoros
Allende
Crescencio Rosas
Sarabia
R'büro Trotamundos
Steak-Rest. Miura
Boletotal/Bustickets
Cambio Lacantún
Lebensmittel
Viajes Pedro Villanueva
R'büro OTISA
Librería Soluna
Kinoki (Kino)
Pasaje Mazariegos
Bel. Domínguez

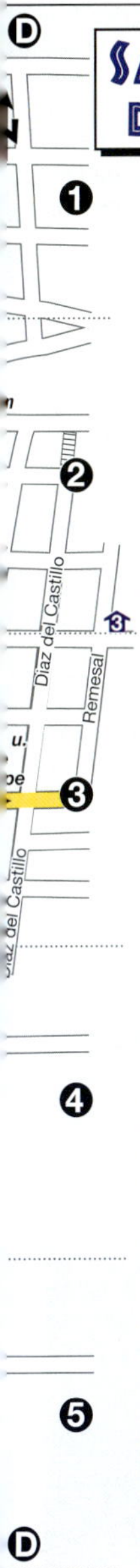

San Cristobal de las Casas

Hotels

1 Rossco BP Hostel
2 Casa Mexicana
3 Hostel Yaxkin
4 Hostel Miramar
5 Htl El Paraíso
6 Casa Felipe Flores
7 Hostel Las Palomas
8 Hotel Posada Margarita
9 La Casa de Mama
10 Le Gite del Sol
11 Mansión de los Ángeles
12 Htl Tierra y Cielo
13 Posada México
14 Htl Plaza Magnolias
15 Htl La Noria
16 Posada La Media Luna
17 Htl San Marcos

Restaurants
Cafés | Musikbars/Rest.

1 Rst. Alebrije (B1)
2 Rst.-Café Alameda (B2)
3 Al sazón que me toquen (B2)
4 Café Bar Revolución (B2)
5 Rst. La Salsa Verde (B3)
6 Naturalissimo Vegetariano (B3)
7 Rst. Mayambé (A3)
8 TierrAdentro (B3)
9 Las Bugambilias (B3)
10 Comida Thai | L'arrabbiata (C3)
11 Rst. Plaza Real (B3)
12 Rst. Arez (C3)
13 Pizzeria El Punto (C3)
14 La Casa del Pan Papalotl (C3)
15 Pierre Rest. Frances (C3)
16 Parilla Los Ches (B3)
17 Rst. Maya Pakal (B3)
18 R. La Paloma / La Galería (B3)
19 Ristorante Italiano (B3)
20 Rst. Normita (B4)
21 Rst. Normita II (B4)
22 Hong Kong (B4)
23 Anabanana (B4)
24 Rst. Madre Tierra (B4)

Orientierung

Das Zurechtfinden ist in San Cristóbal kein Problem, das Straßennetz ist im mexikotypischen Gitterraster angelegt. **Fußgängerstraßen** mit vielen Geschäften und Restaurants sind die Straßen **Hidalgo, 20 de Noviembre** und **Real de Guadalupe,** Letztere ist die Hauptfußgängerzone vom Zócalo in Richtung Osten. In westlicher Richtung heißt sie *Guadalupe Victoria* (die „Guadalupes“ also nicht verwechseln, auch nicht die „Domínguez“-Straßen, es gibt deren gleich vier mit jeweils einem anderen Vornamen).

Durch die südliche Stadt verläuft die *Panamericana,* an ihr liegen die Busterminals. Hauptstraße ins Zentrum ist die *Calle Insurgentes,* eine Einbahnstraße, wie fast alle anderen Straßen auch. Vom Busterminal sind es zum Zócalo auf der Insurgentes acht Cuadras oder 15 Minuten Gehzeit. Meist wird man deshalb ein Taxi zur Unterkunft nehmen.

Die **Insurgentes** durchschneidet die Stadt in Süd-Nord-Richtung, hinter dem Zócalo heißt sie jedoch **Avenida General Utrilla** und steigt zum großen Markt hoch.

Chiapas

Stadtübersichten

Auf zwei den Ort überragenden Hügeln thronen Kirchen: im Westen liegt der *Templo y Cerro de San Cristóbal,* im Osten die *Iglesia de Guadalupe.* Die Sicht von der Guadalupe-Kirche lohnt bei Sonnenuntergang, zum Besuch auf der Calle Real de Guadalupe östlich gehen. Vom Cerro de San Cristóbal stören Bäume die Aussicht. *Barrio* ist die Bezeichnung für einen Stadtteil, von ihnen gibt es in San Cristóbal mehr als ein Dutzend.

Fortbewegen

Taxis stehen an den Busterminals und am Zócalo, fahren auf Kundensuche aber auch durch die Straßen; eine Stadtfahrt kostet ca. 40 Ps. Mietbar sind **Motorroller** (Scooter). Fußmüde können mit dem Nostalgie-Straßenwagen **El Coleto** durch die Stadt gondeln, Abfahrt zu jeder vollen Stunde von 10–19 Uhr am *Mercado de Dulces y Artesanías* in der Insurgentes (Plan B4). **Pferdetour** s.S. 414.

Touristenführerin

Hella Musick, dt. Ethnologin und Reiseleiterin, ist bestens vertraut mit den Traditionen und der Kosmovision der Hochland-Maya sowie der Geschichte und den aktuellen Ereignissen der Region. Sie lebt seit mehr als 20 Jahren in San Cristóbal de Las Casas. Kontakt: taxibat@yahoo.de.

Vielerlei Angebote und Möglichkeiten

Der nie abreißende Touristenstrom ist der beherrschende Wirtschaftsfaktor für die Stadt. Es gibt zahllose Hotels, Gaststätten, Läden, Reiseagenturen und touristische Angebote aller Art, von der Fahrrad-, Pferde- und Motorrollervermietung über Web-, Sprach- und Malkurse bis hin zu Ultralight-Flügen und Seminaren über die Medizin der Maya. Viele der Kleinunternehmer sind Europäer oder Nordamerikaner.

Es herrscht ein riesiges Angebot an Kunsthandwerk, sowohl auf den Straßenmärkten als auch in vielen Artesanías-Läden. Man kann in Galerien Gegenwartskunst genießen, in vielen netten Restaurants gut essen und den Abend in einer Folklore-Kneipe ausklingen lassen. Die Kälte verhindert ein nächtliches Straßenleben, viele Restaurants schließen früh, doch die kühle Luft ist nach heißen Tieflandtagen eine Erholung – allerdings kann man sich hier auch sehr leicht erkälten! Neben den beliebten Touren in die Dörfer der **Indígena** (nach Chamula, Zinacantán u.a.) gehört vor allem der Tagesausflug zum **Sumidero-Canyon** (s.S. 430) von San Cristóbal aus zum Standardprogramm.

Geschichtliches

Die frühere Hauptstadt von Chiapas hat nicht nur wechselvolle Zeiten hinter sich, sondern trug auch verschiedene Namen: Anfänglich als mayanisches *Hueyzacatlán* bekannt, ist sie, nach Chiapa de Corzo, die zweitälteste spanische Stadtgründung in Chiapas. Der Eroberer **Diego de Mazariegos** gründete sie am 31.03.1528, besonders in der Absicht die Maya-Stämme der Region zu unterwerfen. 1536 wurde sie von Kaiser Karl V. zur *Ciudad Real de Chiapa* erhoben, zur „Königlichen Stadt". Danach hieß sie – nach dem Ortspatron – *San Cristóbal de los Llanos* oder *Villa Viciosa,* und schließlich verewigte man 1848 mit ihrem heutigen Namen ihren ersten Bischof, den großen Protektor der Urbevölkerung, **Bartolomé de las Casas** (1475–1566). 1892 verlor San Cristóbal de las Casas seine Hauptstadtfunktion an Tuxtla Gutiérrez.

Der bewaffnete Aufstand der **Zapatisten** (s.S. 329) unter Subcomandante Marcos begann am 1. Januar 1994 mit dem Angriff auf den Palacio Municipal der Stadt.

■ *Straße Real de Guadalupe*

Sehenswertes

San Cristóbal de las Casas besitzt keine herausragenden Sehenswürdigkeiten, dafür eine reizvolle Atmosphäre. Dazu tragen vor allem die farbenfroh renovierten Fassaden der Kolonialhäuser und ihre gemütlichen Patios sowie die Präsenz der Indígena bei. Dennoch gibt es einige interessante Bauten, Kirchen und Museen sowie kulturelle Einrichtungen.

Am Zócalo

Der baum- und palmenbestandene Zócalo (offiziell „Plaza 31 de Marzo", das Datum der Stadtgründung) mit seinen Sitzbänken, Straßen- und Luftballonverkäufern ist der Treffpunkt der Stadt. In der Mitte befindet sich der erhöhte **Quiosco** mit einem Café, wo man bei meist musikalischer Unterhaltung nett sitzen und das Treiben beobachten kann. Über die ganze Zócalo-Westseite dominiert der **Palacio Municipal** (Rathaus) mit seinen Arkadenbögen, nach Einbruch der Nacht wird er in wechselnden Bonbonfarben angestrahlt **(s. Foto).** Am rechten Gebäudeeck befindet sich das Büro des **Turismo.** Auf der Hinterseite des Palacio liegt ein weiterer Platz mit den Bronzebüsten der vier mexikanischen Freiheitshelden Allende, Juárez, Hidalgo und Morelos.

Auch die dem Palacio Municipal gegenüberliegende Platzseite ist von Arkadengängen mit Läden gesäumt. An der Südostecke steht das ansehnliche Kolonialhaus des Konquistadors **Mazariegos,** heute das *Hotel Santa Clara.*

Kathedrale

An der Zócalo-Nordseite prunkt unübersehbar das Schaustück der Stadt, die 1528 begonnene und gedrungen gebaute **Kathedrale** *Nuestra Señora de la Asunción.* Die Frontfassade in gelb- und ziegelrot verschönert feiner weißer Stuckdekor. Innen ist sie ziemlich karg, es gibt mehrere Barockaltäre, Gemälde und Skulpturen. Einen Blick wert ist das Schnitzwerk der Kanzel mit einem Atlanten als Stütze. Hinter bzw. östlich der Kathedrale an der Calle Utrilla befindet sich die kleine, bescheidene *Iglesia San Nicolás.*

■ *San Cristóbals Kathedrale*

Calle Utrilla

Die Kirche bzw. der Ex-Convento y Templo de **Sto. Domingo** ist einen Besuch wert. Dazu die Avenida Utrilla hochgehen und anschließend den Markt besuchen. An der Ecke mit der Calle Dr. Navarro ist die **Casa Utrilla.** Im netten Patio befindet sich das Restaurant **Alameda** und gibt es ein paar kleine Geschäfte mit Büchern und Artesanías. Ab und zu Live-Musik. Auf der anderen Straßenseite der **Templo de la Caridad** mit beginnendem Marktgewühl.

Kirche Santo Domingo

Gleich nördlich vom Templo de la Caridad steht auf einem baumbestandenen kleinen Plateau die schönste Kirche der Stadt, die *Iglesia Santo Domingo*. Errichtet durch die Dominikaner zwischen 1547 und 1560, war sie das erste Gotteshaus dieses Ordens in Mexiko. Ihr Inneres (Eingang auf der südlichen Längsseite) ist mit viel Blattgold ausgeschmückt, Indígena knien andächtig vor Altären und Heiligenbildern.

Auf dem Gelände zwischen Templo de la Caridad und der Kirche Santo Domingo findet ein *Tianguis Artesanal Indígena* statt. Auf diesem bunten, drangvollen Tagesmarkt stehen die Stände zahlloser Händler und Kleinstanbieter dicht an dicht. Frauen bieten Textilien und Kunsthandwerk an, darunter viel Importware aus Guatemala. Jene die weben benutzen die uralte Form des transportablen *telar de cintura* (Rückengurt- oder Gürtelwebgerät, **s. Códex-Abb.**), der vorne z.B. an einem Baum festgebunden und mit einem Gürtel um den Rücken gespannt wird. Im Angebot sind auch Zapatisten-„Devotionalien“: Wollpüppchen mit Holzgewehren, *pasamontañas* (Kopfmasken), Postkarten von Subcomandante Marcos. Außerdem Gürtel aller Art, filigraner Silberschmuck, bunte *pulseras* (Armbänder) und sonstiger Schnickschnack.

Gehen Sie vor zur Frontfassade der Santo-Domingo-Kirche, die zu einem späteren Zeitpunkt als das Kirchengebäude erbaut wurde. Neben den überreichlich floralen Schmuckelementen im typischen *barroco chiapaneco*-Stil sind außergewöhnlich die spiralgewundenen, sogenannten „salomonischen“ Säulen. Fünf Heilige blicken herab. Rechts und links der zentralen Figur ist als Fassadenschmuck der habsburgerische Doppelkopfadler zu sehen, das Wappen von Kaiser Karl V. Die beiden „Kirchtürme“ schafften es nur wenige Meter in die Höhe.

■ *Kirche Santo Domingo*

Links der Frontfassade erstreckt sich der ehemalige **Convento** (Kloster), in dem vor der derzeitigen Renovierung der Ausstellungs- und Verkaufsraum der indigenen Web-Kooperative *Sna Jolobil* und das *Museo de los Altos Chiapas* untergebracht waren. Nach den Umbauarbeiten wird sicherlich alles in neuem Glanz erstrahlen.

Mercado Indígena

Danach wieder zur Av. Utrilla zurückgehen und hoch zum Markt. Gleich rechts, gegenüber der Kirche Santo Domingo (Haus 43), kann man in den Verkaufsraum der Web-Kooperative **J'pas Joloviletic** reinschauen (geöffnet 9–14 u. 16–19 Uhr, So 9–13 Uhr). Angeboten werden nur handgefertigte, teils sehr zeitaufwendig und künstlerisch hochwertige und damit nicht billige Unikate.

Das Gedränge wird dichter, man nähert sich dem **Markt.** Er wird in keinem Reiseführer über Mexiko ausgelassen und als einer der interessantesten bezeichnet. Doch vom früheren Ambiente dieses zentralen Warenumschlagsplatzes ist leider nicht mehr viel vorhanden, heute gibt es kaum mehr ein Durchkommen durch das Gewirr der Marktstände.

Angeboten wird hier – und in der angrenzenden Markthalle – so ziemlich alles: landwirtschaftliche Produkte, unzählige Früchtesorten, Lebensmittel, Kleidung, Ton- und Korbwaren, Blumen, Kleinvieh und vieles mehr. Eine verwirrende Vielfalt mit zahlreichen Hochland-Indígena in ihren farblich verschiedenartigen Dorf- und Stammestrachten. Bereits frühmorgens schleppen kleinwüchsige Männer gebeugt schwere Lasten zu den Verkaufsständen, schichten Frauen Kartoffeln, Tomaten und Früchte zu optisch ansprechenden und verkaufsfördernden kleinen Pyramiden auf. Und wer allzu unbekümmert fotografiert, dem fliegt schon mal was Überreifes entgegen. Markt ist täglich, doch sonntags haben die umliegenden Dörfer ihre eigenen Markttage, dann ist hier weniger los. Vorsicht vor Taschendieben!

Chiapas

Wer möchte, kann vom Markt aus das *Museo de la Medicina Maya* besuchen (s. „Weitere Museen"). Günstig essen beim Markt: **Restaurante Alebrije,** Caminero 4 [Plan C1, **1**].

Auf dem großen Markt von San Cristóbal

Trajes y tejidos

Die farbenprächtige Webkunst und die schönen Trachten im Hochland von Chiapas (und noch mehr in Guatemala) sind ein eindrucksvolles Erlebnis in der Welt der Maya. Auf dem Markt von San Cristóbal de las Casas erwartet einen diesbezüglich ein buntes Mosaik. Anhand der verschiedenen Trachten, Farben und Webmuster kann erkannt werden, zu welcher Ethnie die Träger gehören respektive aus welchem Dorf sie stammen (die Entwicklung ortsspezifischer Trachten geht z.T. auf die spanischen Bekleidungsvorschriften während der Kolonialzeit zurück, denn damit sollte die Kontrolle über die Indígena-Gemeinden erleichtert werden).

Männliche **Chamula** (Tzotziles) tragen helle oder braune, ärmellose Jacken (jorongos) aus roher, gesponnener Schafwolle mit Gürtel zu ihren weißen Hosen. Chamula-Frauen tragen schwarze, gefilzte Röcke, blaue oder weiße Blusen und in ihre langen Zöpfe flechten sie oft rote Bänder ein. Die **Tenejapanecos** (aus Tenejapa, Tseltales) sind an ihren schwarzen, knielangen Umhängen zu erkennen, ihre Frauen tragen gleichfalls schwarze Röcke und lila Blusen, während die **Zinacantecos** (Tzotziles) durch ihre lachsroten – heute überwiegend blauen – Ponchos mit Blumenmustern und durch bunte Bänder an ihren flachen Strohhüten auffallen (verheiratete Männer haben kürzere Bänder oder sie sind verflochten). Frauen aus Zinacantán tragen blaue Wollröcke, weiße Blusen und darüber ebenfalls lachsrote bzw. blaue Poncho-Umhänge. Die **huipiles** der Frauen aus **Amatenango del Valle** (Tseltales) sind dunkelrot und kunstvoll bestickt mit breiten Gürteln, während die der **Tojolabales**-Frauen (vom Ort **Las Margaritas**) weiß und mit bunten Stickereien verziert sind. Weben ist die **mayaspezifische Kunstform** schlechthin mit einer über tausend Jahre alten Tradition. Nach einer Legende soll die Mond- und Fruchtbarkeitsgöttin *Ix Chel* die Mayafrauen das Weben gelehrt haben. In den Dörfern ist der Lebensweg der Frauen von der Mädchenzeit an oft lebenslang mit der Webkunst verbunden.

Die in die Stoffe **eingewebten Motive und Ornamente** (**s. Abb. rechts,** v. oben ***MONOS, SAPO*** und ***SANTOS***) sind meist uralte Maya-Sinnbilder für den Kreislauf des Lebens (Fruchtbarkeitssymbole). Der Maya-Kosmologie entlehnt sind es gleichsam Resonanzen aus der Tiefe der Zeit. So kann man beispielsweise in den Stick- und Webmustern der *huipiles* der Tzotziles-Frauen Symbole der Sonne, von Schmetterlingen, Blumen, Maiskolben oder Fröschen erkennen (typisch für den Ort Pantelhó), und das weitverbreitete **Rautenmuster** („Diamanten") – überwiegend üblich auf den weißen, rotbestickten Blusen der Frauen von **San Andrés de Larráinzar** –, trug schon die berühmte Maya-Königin Xoc aus Yaxchilán auf ihrem Gewand (Türsturz 24, s.S. 370). Historisch ist auch der Kopf- und Haarschmuck bei den Frauen(*tocado;* alte Maya-Darstellungen zeigen hochrangige Personen immer wieder mit turbanartigen Gebilden). Meist werden meterlange bunte Bänder um das Haar gewickelt oder es wird ein gefaltetes Tuch auf den Kopf gelegt. Besonders schön sind außerdem die gewebten Röcke *(cortes).* Die mit Blumenmustern leuchtend buntbestickten Halskrausen sind jedoch spanischen Ursprungs. Im Übrigen ist die gesamte Symbolik der Webmuster beinahe eine Wissenschaft für sich, diesbezüglich sei nochmals oben auf *Sna Jolobil* und das *Museo de los Altos Chiapas* sowie unten auf das *Museo Sergio Castro* hingewiesen.

Im Allgemeinen tragen die Frauen mehr traditionelle Trachten als die Männer, wobei die Bekleidung bei allen Maya-Ethnien nicht nur den Zweck als solche hat, sondern auch – zusammen mit der eigenen Sprache – ein wichtiges Unterscheidungsmerkmal und insbesondere ein **Identitätssymbol** ist. Sie reflektieren die eigene Geschichte. Jede Veränderung wäre gleichbedeutend mit der Aufgabe der kulturellen Eigenständigkeit.

Bei aller Begeisterung für die Maya-Webkunst sollte aber auch an das Wort der guatemaltekischen Friedensnobelpreisträgerin *Rigoberta Menchú* gedacht werden, die sagte: *„Was uns am meisten weh tut, uns anderen, den Indígena, ist, dass sie unsere Tracht schön finden, aber die Person, die sie trägt, gleichfalls nichts ist".*

Interessante kleinere Museen und Einrichtungen:

Na Bolom

Ein Besuch von **Na Bolom** („Haus des Jaguars", www.nabolom.org) in der Vicente Guerrero 33 ist für viele San-Cristóbal-Besucher ein Muss (die Real de Guadalupe hochgehen und in die Vicente Guerrero links abbiegen). In diesem großzügigen Anwesen mit Gartenanlagen und Patios wohnte der dänische Archäologe *Frans Blom* (1893–1963), der sein Lebenswerk Palenque und den Indígena von Chiapas widmete, vor allem den **Lacandonen.** Seine Frau *Gertrude Duby-Blom* (1901–1993), Schweizerin und Fotografin, erwarb sich zwischen 1950 und 1980 durch Dokumentation und Hilfsprojekte ebenfalls Verdienste um dieses Volk und sein Siedlungsgebiet, die *Selva Lacandona.* Mit insgesamt etwa 50.000 Fotos hinterließ sie ein fotografisches Archiv von großem historischen Wert. Die Fotos schmücken, zusammen mit Gemälden, Kunstwerken und archäologischen Fundstücken, die Räume des Hauses.

Na Bolom ist heute eine öffentliche Institution, ein Maya-Studienzentrum mit Museum, vollgepackt mit der Vergangenheit des Ehepaars. Es gibt eine sehr große Maya-Bibliothek (über 10.000 Bände, jedem zugänglich, Mo–Sa 11–14 Uhr), Gebrauchsgegenstände der Lacandonen, Schmuck, Textilien und immer wieder Fotos von ihnen. Die dort arbeitenden Volontäre, die aus vielen Ländern stammen und eine Zeitlang bei Forschungsprojekten mitarbeiten, geben bei einem Rundgang Erklärungen. Wer vorhat, Touren in die Selva Lacandona zu machen, kann sich hier informieren, und wer mag, kann in diesem internationalen Haus auch wohnen (16 schön eingerichtete Zimmer, DZ ca. 1150 Ps). Möglich ist auch nur Frühstück, Mittag- oder Abendessen (Anmeldung nötig), wo man oft mit gerade im Hause weilenden Lacandonen speist.

Na Bolom, Tel. 6781418, www.nabolom.org. Eintritt ohne Führung 40 Ps, 9–20 Uhr. Engl.-spr. Führung Di–So 16.30 Uhr 45 Ps, Dauer 1,5 h inkl. halbstündigem Videofilm. Restaurant.

Museo de la Medicina Maya

Vom Markt der Verlängerung der Utrilla folgen, der *Salomón Gonzáles Blanco,* bis Querstraße Andrés Quintana Roo (ca. 300 m; ausgeschildert, Haus No. 10, links).

Das kleine Museum ist ein Teil des CEDEMM („Centro Regional de Desarollo de la Medicina Maya"). Träger des Ganzen ist eine Organisation von traditionellen Heilern und Tseltales- und Tzotziles-Indígena aus 20 Municipios in Chiapas, OMIECH. Dargestellt und gezeigt wird die überlieferte Maya-Medizin mit Naturheilmitteln und Arzneipflanzen, die Heilmethoden und die magischen Praktiken der *pulsadores, yerberos, parteras, hueseros* und *rezadores de los cerros.* Zu sehen ist ein Heilkräuter-Garten und eine kleine Maya-Farmacía. In der *Casa de Curación* kann man seine Leiden diagnostizieren und sich gleich behandeln lassen, z.B. Kopfweh oder Durchfall (nur vormittags ist jemand zur Diagnose und Behandlung da). Der Ausstellungstext ist auf Deutsch übersetzt. Mo–Fr 10–18, Sa/So 10–17 Uhr, Eintritt 20 Ps, www.laneta.apc.org/omiech, Tel./Fax 6785438.

Café Museo

Das kleine Kaffee-Museum in der Flores 10 (Plan B3) entstand auf Initiative von *Coopcafe,* einem Zusammenschluss kleinerer Kaffeeproduzenten in Chiapas. Anhand von Schaubildern, alten Fotos und Geräten wird erläutert, wo und wie der Kaffee in Chiapas angebaut und weiterverarbeitet wird. Alles ist sehr liebevoll zusammengestellt (den Raum hinten rechts nicht versäumen). Im großen und ruhigen Café kann man anschließend original Kaffee aus Chiapas trinken. Eintritt 30 Ps, Mo–Sa 10–19 Uhr.

Drei nahe beieinander liegende kleine Museen (alle im Plan A3):

Museo Sergio Castro

Privatmuseum, nur nach vorheriger Anmeldung. – Der Agraringenieur und Veterinär Sergio Castro kümmert sich schon seit vielen Jahren um **indigene Dorfgemeinschaften** und ist einer ihrer besten Kenner. Sein einmaliges Privatmuseum ist voll mit **Original-Trachten,** Bildern und Gegenständen, die er aus den Dörfern zusammengetragen hat oder als Dank für seine Hilfe von den Indígena bekam. Sein Haus befindet sich in der *Guadalupe Victoria 38* (linke Seite, gelbes Haus mit türkisen Fenstern, Klingel ist oben). Er ist meist nur abends da, gegen 18/19 Uhr, vorher anrufen, Tel. 6784289.

Museo de las Culturas Populares de Chiapas

Gleich um die Ecke, in der Mazariegos 37, befindet sich das kleine *Museo de las Culturas Populares de Chiapas.* Die Zahl der Exponate – Kunsthandwerk, Webkunst, kulturelles Brauchtum *(costumbres)* u.a. – ist recht klein. Mit Verkauf. Di–Fr 9–17 Uhr, Sa/So 9–14 Uhr.

Museo del Ámbar de Chiapas

San Cristóbals **Bernstein-Museum** befindet sich im Ex-Convento La Merced nahe Calle Diego de Mazariegos, Eingang direkt links neben dem Eingang der Kirche. Eine kleine, aber sehenswerte Sammlung rund um den *ámbar* aus Chiapas. Reizvoll Unikate mit Insekten-Einschlüssen, Wissenswertes, Videofilm u.a. Geöffnet von 10–14 u. 16–19 Uhr, Tel. 6789716, montags geschlossen, www.museodelambar.com.mx.

Weiter besuchenswert sind:

Casa de las Artesanías de Chiapas / Museo Etnográfico

Die *Tienda de Casa de las Artesanías DIF Chiapas* ist in der Fußgängerzone Hidalgo/Ecke Niños Héroes. Das staatliche An- und Verkaufsunternehmen bietet reichhaltiges Kunsthandwerk aller Stilrichtungen und Macharten aus Chiapas: Webkunst, Trachten der umliegenden Dörfer San Cristóbals, Bücher und viele nette Kleinigkeiten. Tägl. 9–21 Uhr, So 9–15 Uhr.

Templo y Arco del Carmen

Die Calle Hidalgo nach Süden gehend, erreicht man den *Templo y Arco del Carmen.* Den Glockenturm von 1677 durchbricht ein Torbogen **(s. Foto).**

Museo Mesoamericano del Jade

La Casa del Jade ist ein Juweliergeschäft, 16 de Septiembre No. 16 (Plan A3) mit zwei Ausstellungsräumen über Jade. Zu sehen ist die Nachbildung von König Pacals Grab in Palenque mit Grabbeigaben und Jadeschmuck mesoamerikanischer Kulturen. 12–20 Uhr, So 12–18 Uhr, www.eljade.com, Tel. 6781121.

Leñateros (Papierherstellung)

Flavio Paniagua 54 (Plan C2). Kein Museum, sondern alternative Papierherstellung, *papel hecho a mano,* und daraus gefertigte künstlerische Stücke. Man kann bei der Produktion zusehen, die Vorgänge werden erklärt. Auch kunstvolle Buchherstellung, dekorative Papierobjekte stehen zum Verkauf. Muster auf www.tallerlenateros.com. Mo–Fr 9–20 Uhr, Sa bis 14 Uhr.

Bartolomé de las Casas

Der spanische Dominikanermönch **Bartolomé de las Casas** beeinflusste mit seinen Ideen und Ansichten wie kein anderer in positivem Sinne die spanische Missionstheologie, er war der erste, der die eigenständigen Werte der urmexikanischen Kulturen erkannte, gewissermaßen der erste große Befreiungstheologe Lateinamerikas. Vehement klagte er in seinen Werken Ausbeutung und Völkermord an den Ureinwohnern des amerikanischen Kontinents an.

„Wieviel Schaden, wie viele Schwierigkeiten, Zerwürfnisse und Verwüstungen ganzer Königreiche gab es hier. Wie viele Seelen sind in Westindien über die Jahre qualvoll zu Grunde gegangen – und wie ungerechtfertigt. Wie viele unverzeihliche Sünden sind begangen worden ...“ schrieb er. Und an anderer Stelle: *„... würde ich die einzelnen Grausamkeiten und Gemetzel aufzählen, die begangen, und Morde, meine Sprache würde, obzwar der Wahrheit nicht widersprechend, keinen Glauben finden und den Sinn mit Schrecken verhärmen ...“*

Das Andenken und geistige Erbe des **„Defensor universal de los Indios“** („Beschützer der Indios“) wird noch heute in allen mittelamerikanischen Ländern geehrt.

Geboren wurde er 1474 in Sevilla als Sohn eines Kaufmanns, sein Vater war Teilnehmer der ersten Schiffsreise von Kolumbus. Er absolviert ein Theologie- und Jura-Studium in Salamanca. Ab 1502 Reisen nach Hispaniola und Kuba. 1510 Weihe, 1514 Priester in Kuba. Nach seiner Rückreise 1515 nach Spanien setzt er sich bei der Krone für die Rechte der unterdrückten Urbevölkerung ein, worauf er 1516 den Amtstitel *„Defensor universal de los Indios“* erhält (durch Fürsprache des Kardinals Francisco Jiménez y Cisneros). 1521 zieht er sich in das Kloster der Dominikaner in Santo Domingo auf der Insel Hispaniola zurück und verfasst dort in Abgeschiedenheit bis 1535 seine Werke „Apologetische Geschichte der Westindischen Länder“ *(„Apologética histórica“)* und „Allgemeine Geschichte der Westindischen Länder“ *(„Historia General de las Indias“).*

1539 muss er sich in Spanien wegen Hochverrats verteidigen und in dieser Zeit verfasst er auch sein berühmtestes Werk **„Kurzer Bericht über die Zerstörung der Westindischen Länder“** *(„Brevísima relación de la destrucción de las Indias occidentales“).* 1542 nimmt er bei Kaiser Karl V. Einfluss auf die „Neuen Gesetze“ *(Nuevas Leyes),* die der Urbevölkerung besseren Schutz vor Ausbeutung gewähren sollen, doch drei Jahre später werden diese wieder suspendiert.

1544 wird er zum Bischof von Chiapas geweiht. Durch seine indigenfreundliche Sicht der Dinge und seine Absicht, Spaniern auf dem Sterbebett keine Absolution zu erteilen, wenn diese nicht ihr Raubgut zurückgeben, macht er sich viele Feinde. 1547 muss er (endgültig) Mexiko verlassen und in Spanien wird er erneut wegen Hochverrats angeklagt (Gegenspieler: Sepulveda). Doch er kann sich erfolgreich verteidigen und ab 1551 wirkt er einige Jahre als Berater am Königshof.

1566 stirb er im Kloster Atocha in Madrid, doch wo sich sein Grab befindet, weiß niemand. Seine Werke durften jahrhundertelang nicht gedruckt und verbreitet werden.

Bartolomé de las Casas war es auch, der der spanischen Krone vorschlug, als Arbeitskräfte in den amerikanischen Kolonien Spaniens Afrikaner einzusetzen. Doch nicht als Sklaven, sondern unter dem Schutz der *Nuevas Leyes* gleichberechtigt mit den Uramerikanern. Ein Ratschlag, den er später bitter bereute, als die Entwicklung ganz anders verlief.

Bartolomé de las Casas als Befreier der Indios. Skulptur von Antonio Moltó, Madrid 1881.

Adressen & Service San Cristóbal de las Casas

Turismo Am Zócalo im Rathaus (Palacio Municipal, Arkadengebäude, an der rechten Ecke), Tel. 01-**967**-6780660. Prospekte, Karten, Anschlagbrett mit allerlei Angeboten. Mo–Sa 8.30–21 Uhr, So 9–20 Uhr.

Websites www.turismochiapas.gob.mx • www.rutasdechiapas.com.mx • www.mundomaya.com.mx • www.mundomaya.com • www.chiapasmio.com

Umfassendes Angebot Keine andere Touristenstadt im Süden Mexikos bietet ein solch umfassendes touristisches Dienstleistungs-, Hotel- und Gastronomieangebot wie San Cristóbal de las Casas.

Unterkunft

Viele historische Kolonialgebäude San Cristóbals wurden zu stilvollen Hotels mit schönen Innenhöfen umgebaut. Es gibt ein überreichliches Angebot, auch bei Budget-Unterkünften (bei ganz einfachen sollte man sich immer nach der Dusche erkundigen, ob es ganztägig heißes Wasser gibt oder nur zu bestimmten Stunden). Die Hotels, Hostels und Casas de Huéspedes sind über die ganze Stadt verstreut. Darauf achten, dass man kein Zimmer zu einer eventuell lauten Straße hin bekommt. Wegen kalter Nächte sollte eine Extradecke bereitliegen. Manche Hotelzimmer haben wegen der Winterkälte offene Kamine zum Feuermachen, bessere Hotels überdachte Innenhöfe.

Zu den Saisonzeiten in der Weihnachts- und Neujahrswoche und in den zwei Wochen vor und nach Ostern können Zimmer knapp werden, ebenfalls während der mexikanischen Ferienzeit im Juli und August. Preise sind in der Nebensaison meist verhandelbar, besonders bei längeren Aufenthalten. Die Vermittlung privater Unterkünfte für längere Aufenthalte beim Turismo erfragen.

Hostels **Hostel Miramar,** Flavio Paniagua 29 [Plan C3, **4**], www.hostelmiramar.com, Tel. 6783431. Familiäres Hostel, freundliche, hilfsbereite Besitzer Manuel & Frida, mehrere nette Zimmer. Günstige Tourenvermittlung, Gästeküche. Sehr gutes Preis-Leistungsverhältnis, DZ ab 240 Ps mit *baño compartido*.

Le Gite del Sol, Madero 82/Ecke Guerrero [Plan C3, **10**], www.legitedelsol.com, Tel. 6316012. 7 einfach-saubere Doppel- u. Mehrbettzimmer, alle mit Bad/Dusche, nette, freundliche Gastgeber Denis (Kanada) und Adriana (Mex.). Dachterrasse, WiFi, Tourenvermittlung, Parkplatz, Gästeküche. DZ/F 250–300 Ps.

Hostel Las Palomas, Calle Guadalupe Victoria 47 [Plan A3, **7**], Tel. 6314809, www.laspalomas.hostel.com. Zuschrift: „In drei Wochen Mexiko mit Abstand das schönste, freundlichste und sauberste Hostel und das alles zu einem günstigen Preis mit Frühstück." Internationale Atmosphäre, großer Patio, viele Services, Einzel- u. Mehrbettzimmer, Gästeküche. Ü 150 Ps, DZ 300 Ps, DZ-Suite 550 Ps. **TIPP.**

Posada México, Josefa Ortiz de Domínguez 12 [Plan C13, **13**], Tel. 6780014, über www.hostelz.com u.a. Langgezogen über zwei Gebäude mit Garten, alle Traveller-Services, Tour-Angebote. Eine Posada-Nebenstelle befindet sich in der Madero 28 (vor *Latino's,* Plan B3, ca. 80 m). Ü/Dorm ab 150 Ps, DZ/Bad 420 Ps. Jeweils inkl. Frühstück, 10% Rabatt mit Juhe-Ausweis.

Hostel Yaxkin, Av. Remesal 11/Ecke F. Paniagua [Plan D2, **3**], Tel. 6315525, www.yaxkinhostels.com. Ein 2013 modern umgebautes Haus mit allen Annehmlichkeiten und Services wie Wifi, Küche, Radverleih etc. 11 Zimmer div. Größe und Bettenzahl, 3 Dorms, alle jeweils mit eigenem Bad. Das Ganze blitzbank, s. Video auf der Homepage. Ü 130 Ps, DZ/Bad 430 Ps. **TIPP.**

Rossco Backpackers Hostel, Real de Mexicanos 16 [Plan A2, **1**], Tel. 6740525, www.rosscohostel.com. Dieses persönlich und freundlich geführte Hostel avancierte trotz seiner nicht zentrumsnahen Lage im Norden der Stadt zu einem Liebling der Rucksackler. Alle Traveller-Services, schöne *áreas comunes,* im tropischen Garten allabendlich Lagerfeuer. Umfangreiches (Stock-)Bettenangebot: 4, 10 u. 14 *camas mixtas/baño compartido,* 8 *camas chicas/baño compartido*, 4 *camas mixtas con baño* sowie je ein Doppel- u. Triple-Zimmer mit Bad. Ü/Dorm ab 150 Ps, DZ/Bad 450 Ps.

ECO/FAM **Posada La Media Luna,** Hermanos Domínguez 5 [Plan B4, **16**], nahe Fußgängerstraße Hidalgo, Tel. 6315590, www.hotel-lamedialuna.com. Entspannte Unterkunft mit diversen Zimmern, nettes kleines ital. Restaurant (wie Besitzer), diverse Ausweichmöglichkeiten in der Nähe. Touren in die Umgebung und Transport nach Guatemala, freies Internet, Reiseinfos, Wäscheservice. DZ mit Continental- oder mexikanischem Frühstück ganzjährig 520 Ps.

Mansión de los Ángeles, Madero 17, halbe Cuadra vom Zócalo [Plan B3, **11**], Tel. 6781173, www.mansiondelosangeles.com. Sauber, ruhig und zentral, relativ kleine Bäder. Die meisten Zimmer gruppieren sich um den überdachten, hellen Patio. DZ ab 670 Ps.

Hotel Posada Margarita, Calle Real de Guadalupe 34 [Plan C3, **8**], Tel. 6780957, www.aboutsancristobal.com (bei „Hotels"). Eingeführt seit vielen Jahren, freundlich. Geräumige Zimmer, diverse Services wie WiFi und Geldwechsel, Restaurant und Bar, Autovermietung, Reisebüro, Touren. DZ 700 Ps (HS), NS 600 Ps.

La Casa de Mama, Calle Guadalupe Victoria 56 [Plan A3, **9**], Tel. 6788236, www.lacasademama.com.mx. Komfortables Kolonialhotel, 24 große Zimmer um einen Innenhof. Gutes Restaurant. DZ ca. 700 Ps.

Hotel La Noria (Best Western), Insurgentes 18A [Plan B4, **15**], Tel. 6786878, www.bestwestern.com.mx. Ruhige, große und schön ausgestattete Zimmer abseits der Straße. DZ ab 750 Ps. Gleich dahinter das Hotel *Plaza Magnolias* (Oberklasse).

Hotel El Paraíso, 5 de Febrero 19 [Plan A3, **5**], www.hotelposadaparaiso.com, Tel. 6780085. Stilvoll eingerichtetes Gebäude, schöner Patio, freundliche, etwas kleine Zimmer (die im Erdgeschoss sind laut), Schweizer Leitung. Sehr **gutes Restaurant.** DZ ab 1050 Ps.

FAM/LUX **Hotel San Marcos,** Cres. Rosas 21 [Plan A4, **17**], www.hotelsanmarcossc.com, Tel. 1160519. Neueres, ruhiges Hotelanwesen nahe der Iglesia del Carmen und Fußgängerstraße Hidalgo, 28 komfortable Zimmer für 1–4 Pers., Restaurant. DZ ab 1200 Ps (Internet).

Tierra y Cielo, Juárez 1 [Plan B3, **12**], Tel. 6781053, www.tierraycielo.com.mx. Modern umgebautes historisches Haus, familiengeführt, zentral, 12 exklusive Zimmer, innovatives, preisgekröntes Restaurant, umfassender Service. Alle Details auf der Homepage. DZ/F ab 1250 Ps.

Casa Mexicana, 28 de Agosto 1 [Plan B2, **2**], www.hotelcasamexicana.com, Tel. 6780698. Haus zweier Künstler, Kiki & Gabriel Suárez, voller Pflanzen und ausgeschmückt mit eigenen Fotografien und Gemälden sowie Folk-Art aus ganz Mexiko – „más que un hotel, su casa …" Komfortable Zimmer gruppieren sich um den überdachten Patio, noch schönere Zimmer um den Patio im gegenüberliegenden zweigeschossigen Kolonialgebäude. Heizung! Außerdem Restaurant, Bar und Parkplatz. DZ 1500 Ps. **TIPP.**

Hotel Plaza Magnolias, Calle Insurgentes 14 [Plan B4, **14**], Tel. 6788600, www.plazamagnolias.com.mx. Stilvoll, historisches Ambiente. DZ ab 1550 Ps.

Casa Felipe Flores, Calle Felipe Flores 36 [Plan C3, **6**], www.felipeflores.com, Tel. 6783996. Historisches, renoviertes und mit Kunst geschmücktes Kolonialhaus, 5 diverse, eher kleinere Zimmer, freundliche US-Besitzer. Gemütlicher Aufenthaltsraum, Bibliothek, Terrasse. DZ/F ab 1600 Ps.

Wohnmobil / Campen

Rancho San Nicolás, östlich außerhalb, Tel. 6780057, N16.73409 W92.6221, 20 Gehminuten von der Fußgängerzone San Cristóbals. Anfahrt über die Hauptstraße Avenida Las Américas, abbiegen an den Ampeln beim *Templo San Diego* (weiß-blaue Kirche) in die Calle Pacheco Luna, die später auf die Av. Almalonga stößt. Nach links der Almalonga folgen, dann rechts in die Francisco León bis zum Rancho San Nicolás. Alles recht gut und sauber. Auch Übernachtungshütten. – **Bonampak Trailerpark,** wenn man auf der neuen Autopista in den Ort kommt schräg gegenüber des Supermarktes Chedraui an der *Plaza Comercial y Cinemas.* Eine einfache Camp-Möglichkeit auch bei den *Grutas de San Cristóbal* (auch „Grutas Rancho Nuevo" genannt), ca. 10 km südöstl. der Stadt an der Mex 190 nach Comitán, s.S. 419.

Essen & Trinken

In San Cristóbal kann man hervorragend essen gehen und es gibt unzählige Restaurants, *loncherías* und Cafés aller kulinarischen Präferenzen. Doch die Szene wechselt rasch, Restaurants schließen und es machen neue auf. Viele haben sich auf die Vorlieben der Reiseszene eingestellt – Vegetarier, Müsli-, Vollkornbrot-, Joghurt- und Kuchenliebhaber dürfen sich freuen. Am besten isst man in der Regel dort, wo der Chef oder die Chefin präsent sind. Angenehm und nett sind Kombinationen von Restaurant und Galerie und/oder Musikkneipe. In den Fußgängerstraßen **20 de Noviembre** und **Real de Guadalupe** kann man aus vielen Möglichkeiten auswählen. Einige Restaurant schlagen gleich 10% Trinkgeld drauf. **Tipps:** Erfrischend und wohlschmeckend ist *agua de chía,* es wird aus Samen einer Frucht gemacht, die der Maracuya ähnelt. Und wenn es kalt ist, mal *ponche* probieren, heißen Ananas-Punsch, oder eine herrlich wärmende *sopa de flor calabaza.*

Sehr günstig isst man im **Mercado de Dulces y Artesanías** in der Insurgentes (Plan B4), auch drumherum gibt es preiswerte Futterstellen.

Restaurants in der Calle Real de Guadalupe

Hier gibt es im ersten Straßenblock nach dem Zócalo etliche Lokale. Rechte Straßenseite (auch wenn es „teuer" aussieht): Das Patio-Restaurant **Plaza Real** [Plan B3, **11**] serviert in nettem Ambiente im Hof ein preiswertes 3-Gänge-Tagesmenü (nicht am Wochenende). Auf der linken Straßenseite:

TierrAdentro: Überdachtes Patio-Restaurant, umfangreiche Speisekarte, hier gibt es etwas für jeden Geschmack. Traveller-Treff, einige Läden sowie Infos über Zapatisten-Kooperativen (dazu auch den Zapatisten-Laden in der Real de Guadalupe 57A besuchen, Plan C3). Unmittelbar daneben, No. 24C, fast zu übersehen: **Las Bugambilias,** familiär, klein, gemütlich und günstig; leckeres Frühstück und Essen. – Rechts um die Ecke, in der Belisario Domínguez 6B, gleich an der rechten Seite [Plan B3, **16**], befindet sich die kleine **Parilla Argentina Los Ches** (Ursula Etter von *La Pingüina Suiza,* nicht zu verwechseln mit dem Argentinier genau auf der Ecke): Saftiges Fleisch und würzige Pizza vom offenen Holzkohlengrill (an kalten Abenden wärmt das Feuer), Salate, Pasta, *empanadas argentinas.* Di–So 14–23 Uhr.

Ofenpizzen auch im übernächsten Straßenblock, rechte Seite: **Pizzeria El Punto.** – Etwas weiter, rechts [Plan C3, **14**]: **Centro Cultural El Puente.** Diese Spanisch-Sprachschule beherbergt **La Casa del Pan Papalotl,** sehr gute vegetarische Küche, Preise gehoben (s.a. unten, „Vegetarisch/Organisch").

Im nächsten Block rechts, Haus-Nr. 73, befindet sich das französische Restaurant Pierre (Do Ruhetag).

Etwa 60 m weiter liegt links das winzige **Comida Thai** [Plan C3, **10**] und gleich daneben, auch nur ganz wenige Tische, das **l'arrabbiata,** geführt von einer jungen Italienierin, „die wahnsinnig leckere, selbstgemachte Pasta auftischt, z.B. mit frisch hergestelltem Pesto". **TIPP!**

Calle 20 de Noviembre Ab der Plaza Catedral, zwischen 5 de Febrero und 1 de Marzo, linke Straßenseite: **Restaurante Naturalissimo Vegetariano.**
Auf der rechten Straßenseite bietet **La Salsa Verde** viele Taco- und Fajita-Variationen, auch *comida corrida.*
Über die Calle 1 de Marzo an der Ecke: **Café Bar Revolución.** Gleich daneben: **Al sazón que me toquen,** nett eingerichtetes Patio-Restaurant, gutes mex. Essen, Tortilla-„Schaubacken", aufmerksamer Service, moderate Preise, Musik, Fr–So 14.30 *Ballet Folklórico* o. Aufpreis, Spielmöglichkeit für Kinder.
Weitergehend, linke Seite: **Aroma Café,** 20 de Noviembre 8: Organisch angebauter Chiapas-Kaffee und Cappuccino an gemütlichen kleinen Bistrotischen mit großer Kuchenauswahl sowie Internet-Café.
Über die Calle 28 de Agosto drüber, linke Straßenseite, ein weiteres Café: **Maya Cafetería y Restaurante,** mit Fotos der Zapatisten-Bewegung.

Südlich vom Zócalo **La Paloma,** Fußgängerstraße Hidalgo 3, halber Block südl. vom Zócalo, gleich neben der Kunstgalerie/Artesanías **La Galería,** tiefblau gestrichen; ein Café-Restaurant mit schönem Patio und Empore, gute mex. Gerichte, preislich eher gehoben, fast allabendlich (Gitarren-)Musik. – Einen Straßenblock weiter kommt links das **Café Xocolatl** mit vielen Kakao- und Kaffeevariationen.
Anabanana, Hidalgo No. 9 [Plan B4, **22**]; klein und gemütlich, nur 5 Tische, mexikanische Gerichte, Frühstück. Links daneben eine **Creperia.**
Echt italienisch im **Ristorante Italia** [Plan B3, **18**]. Gleich gegenüberliegend, Ecke Juárez/Flores, ist das alteingeführte **Normita** eine Empfehlung; der *comedor familiar* bietet schmackhafte und günstige mexikanische Standards, wie z.B. Pozole (das Rest. Normita II ist in der León, Plan B3, **20**).

„Exotische" Küchen **ASIATISCH/MEDITERRAN:** In der Calle 5 de Mayo 10 [Plan A3, **7**], Tel. 6746278: **Mayambé,** gemütliches Patio-Restaurant, indische, arabische, thai- und orientalische Spezialitäten, wie z.B. Currys oder Falafel, auch vegetarische Gerichte, zivile Preise. **TIPP.** – **THAILÄNDISCH: Comida Thai** [Plan C3, **10**]. – **LIBANESISCH: Arez,** Real de Guadalupe/Ecke Josefa Ortiz de Domínguez [Plan C3, **12**]. – **CHINESISCH: Hong Kong,** León zwischen Insurgentes u. Juárez [Plan B4, **21**]. Ein weiterer Chinese ist **Kiang-Heng,** Madero 21-B/Ecke Juárez.

Vegetarisch/ Organisch **TierrAdentro,** Calle Real de Guadalupe [Plan C3, **14**]. – **Restaurante Maya Pakal,** Madero 12, halbe Cuadra vom Zócalo [Plan B3, **17**]: gutes, günstiges Frühstück, verschiedene und sehr schmackhafte Tagsmenüs, nettes Personal. – **La Casa del Pan Papalotl,** www.casadelpan.com, Real de Guadalupe 55 [Plan B2, **1**], im Obergeschoss vom *Centro Cultural El Puente;* sehr gute vegetarische Küche, jeden Tag von 13.30 bis 16/17 Uhr ein hochwertiges Büffet, organisch angebauter Kaffee, Preise gehoben, So Ruhetag. – **Restaurante Naturalissimo Vegetariano,** 20. de Noviembre [Plan B3, **6**]. – **Restaurante Madre Tierra,** Insurgentes 19 [Plan B4, **23**]. Bio-Restaurant, seit vielen Jahren beliebt in der Travellerszene, wohlschmeckende Gerichte, viel Vegetarisches, zivile Preise, gutes dunkles Brot, auch leckere Kuchen und Frühstück sowie „Menu del Día"; manchmal Live-Musik. Gleich nebenan die dazugehörende Vollkorn-Panadería mit großer Auswahl an frischen Backwaren.

Steaks/ Fleisch / exklusiv essen **Parilla Argentina Los Ches,** Belisario Domínguez 6B/Ecke Real de Guadalupe [Plan B3, **16**]. – **Restaurante Miura,** Real de Guadalupe 26, neben Reisebüro Tratomundos [Plan B3, **9**]; Preise gehoben. – Exklusiv essen, z.B. im Restaurant des Boutiquehotels **Tierra y Cielo** in der Calle Juárez 1 [Plan B3, **12**].

Weitere Service-Adressen

Kommunikation **Post:** Allende 3, Mo–Fr 8–16 Uhr, Sa 8.30–15.30 Uhr; PLZ 29200.
Telefon: Vorwahl **01-967**, Ladatels beim Zócalo und in den Straßen; Ferngespräche auch von *El Paso* nahe Busterminal (s. Stadtplan „Gepäckaufbewah-

rung") und *Locutorio,* Av. 20 de Noviembre. – **Fax:** Mazariegos 29.
Internet-Cafés: fast überall in der Stadt, auch mit Telefon-Service und/oder Skype, etliche in der Real de Guadalupe. Viele Cafés bieten WiFi.

Notfall

Polizei: Palacio Municipal, Tel. 6780554. – **Hospital:** Insurgentes 24, Tel. 6780770. – **Migración:** Diagonal Hermanos Paniagua (ca. 1,3 km westl. vom Busterminal, Ecke Panamericana), Tel. 6780292, Mo–Fr 9–14 Uhr.

Bank / Geld

Cajas automáticas haben Bancomer und Santander, beide Südseite Zócalo, HSBC ist ein wenig weiter westlich. Die Banamex ist in der Insurgentes, s. Stadtplan. Außerdem etliche Casas de Cambio, z.B. *Agencia de Cambios Lacantún,* Real de Guadalupe 12A, gleich beim Zócalo.

Reisebüros und Touranbieter

Standard- Halbtags- und Ganztagstouren sind: **Sumidero-Canyon** (s.S. 430, wird auch von vielen Unterkünften angeboten), **Indígena-Dörfer** um San Cristóbal, **Palenque-Ruinen** (mit **Agua Azul** und **Misol-Há**), **Yaxchilán** und **Bonampak** sowie **Lagunas de Montebello** mit **Grutas de San Cristóbal** u. Wasserfall **El Chiflón**. Preisvergleiche lohnen immer, dabei erkundigen, ob der Preis nur reiner Transport ist, einen erklärenden Führer mit einschließt und ob vor Ort noch Eintrittspreise zu entrichten sind.

In der **Real de Guadalupe** reiht sich ein Tourenanbieter an den nächsten. **Boletotal,** No. 14: **Ticketvorverkauf** ADO, OCC. Gegenüber, No. 3C: **OTISA,** www.otisatravel.com, Tel. 6781933. Engl.-spr. Rundum-Agentur, diverse Touren, z.B. zum Cañón del Sumidero, Flugbuchungen, **Guatemala**-Shuttle-Service direkt nach Panajachel und zu anderen Orten. – Straßenseite gegenüber, weiter oben: **Tierra Maya** (u.a. nach Guatemala) und **Trotamundos**, No. 26C, www.trotamundoschiapas.com.mx, Tel. 6787021; Touren in die nähere und weitere Umgebung, auch Laguna Miramar. – **Viajes Chincultic** in der *Posada Margarita,* No. 34, Tel. 6780957: Standardprogramme, Guatemala, Reittouren, Airport Tuxtla Gutiérrez. – **SendaSur,** No. 23, Tel. 6783909, www.sendasur.com, spezialisiert auf Ökotourismus in der Selva Lacandona; gut.

Andere Straßen: Touroperator **Explora,** spezialisiert auf Kajak-, Fluss- und Höhlentouren, 1 de Marzo No. 30 (Plan A3), Tel. 6746660, www.exploachiapas.com. – **Agencia de Viajes „Pedrero Villanueva",** Zócalo/Ecke Insurgentes (Plan C5), www.viajespedrerovillanueva.i8.com, Tel. 6781041; alle näheren und weiteren Destinationen (Palenque), Reittouren nach Chamula.

Rad- und Biketouren: La Pingüina Suiza, Schweizerin Ursula Etter, die schon seit vielen Jahren Touren in wenig besuchte Indígena-Dörfer anbietet. Tel. 044-967-6809130, pinguinoslimex@yahoo.com.mx. Es werden drei Touren in wenig besuchte indigene Dörfer angeboten: 20 km/3 Stunden: Arcotete, Carmen del Arcotete (Kirche), 350 Ps/p.P. – 25 km/4 Stunden: Arcotete, Carmen del Arcotete und Nebelwald, 380 Ps/p.P. – Downhill-Tagestour zum Sumidero-Canyon und Wasserfälle El Chiflón. Auch Mehrtagestouren. Bike-Miete: nur ganztägig 10–18 Uhr, 200 Ps. Tourbuchungen in der *Parilla Argentina Los Ches* [Plan B3, 16].

Mietwagen

(Arrendadora de Autos): *Optima,* Mazariegos 39 (Plan A3), Tel. 6745409, Mo–Sa 9–14 u. 16–19 Uhr, So 9–13 Uhr. – *Posetur* im Hotel Diego de Mazariegos, Ecke 5 de Febrero 1/Flores.

Motorroller/ Scooter / Fahrrad

Croozy Scooters, Belisario Domínguez 7 (Plan B3), Tel. 6314329; stunden- und tageweise, auch Fahrräder. – *Chiapas Moto Adventure,* Mazariegos 47 (genau gegenüber der Kirche La Merced), Tel. 6788728.

Bücher

Libreria Soluna, Real de Guadalupe 13B und No. 31, auch Karten und Reiseführer. – *Libros Abuelita,* Josefa Ortiz de Domínguez: umfangreiches Sortiment. – *Librería La Pared,* Hidalgo 13B; guter, netter Laden, auch Reiseführer für Guatemala, Büchertausch und Verleih. – *Librería Chilam Balam,* Casa Utrilla in der Utrilla 33/Ecke Navarro, gutsortiert, auch Landkarten. – Bücherei (Biblioteca Municipal) im Centro Cultural El Carmen, Calle Hidalgo, bei der Kirche El Carmen. – Eine große Maya-Bibliothek besitzt das Museo Na Bolom (s.o.).

Wäscherei Einige in der Real de Guadalupe: *Lavasor,* No. 26 (Wäscheabgabe), *Lavomart,* No. 70A und *Las Estrellas,* No. 75. *Superklin,* Crescenio Rosas 48. *Lavandería Laura,* Belisario Domínguez 5 (einen Block südl. vom Zócalo), Tel. 5781802, „gleicher-Tag-Service" 8–21 Uhr, gut. *Lavorama,* Guadalupe Victoria 20A.

Gepäckaufbewahrung *EL Paso,* Insurgentes beim Busterminal (s. Stadtplan), tägl. von 7–23 Uhr, auch Tel./Fax-Service.

Einkaufen In den Geschäften und auf den Märkten wird eine riesige Auswahl an Webwaren, Textilien, Schmuck und Lederwaren angeboten. Das Sortiment an Hemden, Jacken, Röcken, Taschen, Blusen *(huipiles),* Kopf- und Schultertüchern *(rebozos)* usw. ist unüberschaubar (Kleidung stammt überwiegend aus Guatemala, Qualität und Passform ist stark unterschiedlich). Außergewöhnliches und Qualitätswaren findet man in Galerien und Modeläden. Viele Textil-, Artesanías-, Souvenir- und Schmuckläden gibt es in der **Real de Guadalupe,** z.B. *Tierra de Ámbar,* No. 16 und 28A mit interessanten Bernstein-Stücken. Ein superguter **Schmuckladen** ist *La Estrella Joyería,* 20 de Noviembre No. 21, klein, aber tolles Angebot! *Pulseras* (Armbänder) und *cinturónes* (Gürtel) werden allerorts von Straßenhändlern und Kindern angeboten. In der Real de Guadalupe 57A – nach dem *Centro Cultural El Puente* – verkauft der Laden **Nemi Zapata** fair gehandelte Produkte aus den *comunidades autónomas,* wie Webarbeiten, Literatur, Honig, Poster etc. – Ebenfalls ein Fair-Trade-Laden mit schönen Maya-Hochlandtextilien ist **Kitzin,** Ecke Cres. Rosas/Cuauhtémoc (Plan A4), mit *Café La Selva* (Plan A4, 10.30–14.30 u. 16.30–20.30 Uhr).

Sehr hübsche Objekte, wie Gemälde, Keramiken, Textilien, Kunsthandwerk und auch Bücher gibt es in der **Galería** in der Hidalgo 3. In der gleichen Straße, Ecke Niños Héroes, befindet sich die **Casa de las Artesanías de Chiapas,** ein staatliches Unternehmen mit reichhaltigem Kunsthandwerk aller Stilrichtungen aus Chiapas. Die Indígena-Kooperative *Sna Jolobil* (s.o.) bei der Santo Domingo Kirche (derzeit im Umbau, www.snajolobil.com) verkauft sehr wertvolle Webstücke, und vor der Kirche findet der tägliche *Tianguis artesanal Indígena* statt. Für Maya-Kunsthandwerk aller Art empfiehlt sich der Laden *Kun Kun,* Real de Mexicanos 21, Tel. 6781417.

Einkaufen/Supermercados: Im Zentrum ist ein Laden in der Guadalupe, einen halben Block vom Zócalo links (Plan B3). *Su Super,* Adelina Flores/Ecke Cristóbal Colón und in der Insurgentes gegenüber der Kirche San Francisco. Der riesige Supermarkt *Chedraui* liegt außerhalb an der neuen Autopista, von Tuxtla Gutiérrez kommend in der Diagonal Hermanos Paniagua beim Hotel Bonampak.

Unterhaltung Des Öfteren werden auf dem Zócalo vor dem Palacio Municipal Konzerte und Band-Auftritte geboten, in vielen Restaurants gibt es abends bzw. hauptsächlich am Fr/Sa/So *música en vivo.* Hier eine Auswahl der vielen Musikkneipen und -restaurants, Musikbars und Nachtclubs (genauere Adressangaben s. bei den Restaurants oder Noten-Piktogramme im Stadtplan):

Restaurante Madre Tierra (Calle Insurgentes). – **Restaurante La Paloma** (Hidalgo). **Restaurant-Bar Posada Margarita** (Real de Guadalupe 34). – **Club Latino's** (Ecke Madero/Juárez, Live-Salsa, www.latinosclub.com). – **Perfídia** (Real de Guadalupe). – Am Zócalo wird in der Café-Bar **Cocodrilo** des Hotels Santa Clara (Südseite) fast jeden Abend Live-Musik gespielt, manchmal auch Folkloretänze. – **Café-Bar Revolución,** 20 de Noviembre/Ecke 1 de Marzo (Plan B2): fast jeden Tag Live-Musik, tolle Stimmung! – **El Juglar,** Guadalupe Victoria 46 (nach der Querstraße 12. de Septiembre): Do/Fr/Sa Musikdarbietungen.

Musik-/Tanzdarbietungen und Aufführungen manchmal im *Centro Cul-*

tural El Carmen (Plan B4) gegenüber der Kirche El Carmen und im *Centro Cultural El Puente,* Real de Guadalupe 55 (Plan C3); das dortige *Cinema Puente* zeigt Filme. Filme auch im Kino **Kinoki** in der Belisario Domínguez/Ecke Real de Guadalupe (Plan B3), 3x täglich; sehenswerte, nicht alltägliche Produktionen, Programm auf www.fotokinoki.blogspot.com.

Ansonsten Veranstaltungsplakate und Aushänge beachten oder im Turismo nachfragen, ob etwas ansteht.

TIPP: Im **Teatro Daniel Zebadúa** in der 20 de Noviembre (Plan B3) wird zu Saisonzeiten mehrmals in der Woche von 20 bis 21.20 Uhr das Schauspiel **Palenque Rojo** aufgeführt, die mythische Geschichte des Kriegs zwischen den zwei mächtigen Maya-Stadtstaaten Toniná und Palenque – alles in Maya-Sprache (beim Besuch Programmblatt in gewünschter Sprache). Ein sehenswertes und farbenprächtiges Historien-Spektakel mit Tänzen und Kostümen der antiken Maya (Foto s.S. 80). Trailer, Zeiten, Zusammenfassung, auch auf Deutsch, auf www.palenquerojo.com. Auskunft/Reservierung Tel. 1161134.

Feste

San Cristóbal Fiestas und jene der Dörfer in der Umgebung sind sehr zahlreich. Vor allem erlebenswert sind die Feste der Schutzheiligen *(fiestas religiosas patronales),* z.B. in **Chamula** am 24.06. (Johannes-Patronatsfest), aber auch alljährlich der dortige Karneval (5 Tage). Hier nur ein paar Hauptdaten für Feste in der Stadt, aktuelle Termine im Turismo erfragen:

31. März: Tag der Stadtgründung. – Ostern: *Semana Santa* (Oster-Prozessionen am Karfreitag zu den Kirchen), ab Ostersonntag eine Woche lang *Feria de la Primavera y de la Paz,* das Frühlingsfest mit viel Trubel und Umzügen. – April: *Festival Internacional de Marimba.* – Vom 17. bis 25. Juli: *Fiesta religiosa patronal* (großes Patronatsfest, Kirche San Cristóbal), gleichzeitig die mehrwöchige *Feria de Ámbar* (Bernstein-Fest) und *Festival de Jazz.* – 14. September: an diesem Tag trat 1824 Chiapas Mexiko bei, am 15./16. Nationalfeiertag. – Letzte Oktoberwoche: *Festival Cervantino Barroco.* – 2. November: *Dia de los muertos.* – Vom 10.–12. Dezember: *Fiesta de la Virgen de Guadalupe;* vor Weihnachten (16.–24.) *posadas.*

Spanischkurse

Centro Cultural El Puente, Real de Guadalupe 55, www.elpuenteweb.com, Tel. 6783723. – *Instituto de Lenguas Jovel,* F. Madero 45, www.institutojovel.com, Tel. 6784069. – *La Casa en el Arbol,* Real de Mexicanos No. 10, Tel. 6745272, www.lacasaenelarbol.org; u.a.

An- und Weiterreise

Bus

Busfahrkarten in der Stadt gibt es bei **Boletotal** im ersten Straßenblock der Real der Guadalupe No. 16 (Plan C5), Tel. 5133-5133, www.boletotal.mx, Mo–So 8–22 Uhr, keine Kreditkarten. Homepages Busgesellschaften s.S. 54.

Die neue Autopista zwischen San Cristóbal und Tuxtla Gutiérrez verkürzt die Fahrzeiten erheblich, sowohl für Busse als auch Colectivos („hinunter" ca. 40 Minuten, „hoch" eine Stunde).

Der **Hauptbusterminal** (Auskunft Tel. 6780291, Geldautomat) befindet sich am Ende der Insurgentes an der Panamericana mit Linien *OCC, ADO, UNO,* TRF, AEXA u.a. (AEXA hat auch noch einen Terminal an der Panamericana, s. Stadtplan). Weitere Abfahrtsstellen für Busse 2. Klasse und von verschiedenen Combi-/Colectivo-Linien nach Chiapa de Corzo/Tuxtla Gutiérrez, Comitán, Ocosingo und zu weiteren Zielen liegen verstreut an der Panamericana. Zu den umliegenden Dörfern wie **Chamula** u.a. fährt man mit VW-Bussen/Combis bzw. Colectivos oben **vom Markt ab** (s. Stadtplan B1).

Da die Busse ab San Cristóbal durchweg gut ausgelastet sind, empfiehlt sich baldiger Ticketkauf. Die Weiterreise mit Colectivos ist oft Bussen vorzuziehen: Schneller, billiger, fahrplanunabhängig und häufig sogar komfortabel, da vielfach neuere US-Vans eingesetzt werden. Im Terminal gibt es eine Gepäckaufbewahrung, und auch bei *El Paso* in der Insurgentes, ca. 60 m nach dem Terminal auf der linken Seite, tägl. von 7–23 Uhr, mit Tel./Fax-Service).

Sumidero-Canyon: Für die **Bootsfahrt** gibt es keine Bus-Direktverbindung von San Cristóbal zum Embarcadero von **Chiapa de Corzo,** wo die Boote ablegen. Man nimmt einen Tuxtla-Gutiérrez-Colectivo von „Sitio Jovel" (Plan A5) und bittet um Ausstieg an der Chiapa de Corzo-Abzweigung an der dortigen *Parada* (s. Karte S. 432). Dann auf einer Fußgängerbrücke die Straße überqueren, einen der zahlreich fahrenden Colectivos ins Zentrum von Chiapa de Corzo anhalten, zur *Plaza Ángel Albino Corzo* (s. Chiapa de Corzo S. 428). Zurück nach San Cristóbal in umgekehrter Weise. Hinweis: den Sumidero-Canyon von San Cristóbal aus als Tagesausflug mit einem Touranbieter zu buchen ist einfacher und bequemer, s.S. 419.

Möglichkeit für **Selbstfahrer:** von der besagten Parada an der Mex 190D erst gar nicht nach Chiapa de Corzo reinfahren, sondern weiter zur Brücke *Belisario Domínguez,* die den Río Grijalva überspannt. Vom dortigen großen Parkplatz hinunter zum *Embarcadero Cahuaré,* von wo ebenfalls Boote ablegen (s.S. 430). Hauptbeschreibung Sumidero-Canyon s.S. 430.

Bus-Ziele

Nach **Campeche** s. Mérida. – **Cancún** (1050 km, ca. 18 h) mit OCC um 12.15 u. 16.05 Uhr, ADO GL 15.45 Uhr, AEXA. – **Chiapa de Corzo** (46 km per *autopista*, auf der alten Straße 68 km), ständig Colectivo-Verkehr (s.o.), auch Busse 2.-Klasse. – **Comitán** (88 km, gut 1,5 h), für Lagunas de Montebello (ca. 150 km) und Amatenango ca. stündlich OCC-Busse, schneller mit einem Combi/ Colectivo, s. Stadtplan. – **Guatemala-Grenze:** zum Grenzposten **Ciudad Cuauhtémoc** sind es 170 km/ca. 3,5 h über Comitán, mit OCC um 7.45, 11.30, 15.05, 17.30 u. 20.45 Uhr. Frühmorgens losfahren, wenn noch eine Anschluss-Verbindung nach Guatemala-City bzw. bis zum Atitlán-See/Panajachel erreicht werden soll. Es gibt auch Direkttransporte nach Panajachel und zu anderen Guatemala-Orten, s.o. bei „Reisebüros". – **Mérida** (740 km, ca. 13 h), über Campeche (11 h), mit OCC 18.20. – **Mexiko-Stadt** (1150 km, TAPO u. NORTE, 13,5 h), mit OCC um 16.10, 17.40, 18.10, 20.10, 20.30 (ADO GL) u. 22.30 Uhr. – **Oaxaca** (630 km, ca. 11 h) mit OCC 18.05, 20 Uhr (ADO GL), 21 Uhr (ADO Platinum) u. 22.45 Uhr über Tuxtla Gutiérrez und Juchitán. Oder per Colectivo nach Tuxtla Gutiérrez und dort einen Bus nach Oaxaca nehmen, das Ticket aber bereits in San Cristóbal kaufen. – **Ocosingo** (90 km, 2 h), mit AEXA und OCC um 7.15, 9.20, 11.20, 12.15, 15.45, 16.05, 18.20 u. 23 Uhr; ca. stündl. mit 2. Klasse, oder mit einem Palenque-Bus; am schnellsten mit einem Colectivo, ständige Abfahrten. – **Palenque, s.u.** – **Playa del Carmen/Tulúm** (16–18 h) mit OCC um 12.15, 15.45 (ADO GL) u. 16.05 Uhr. – **Pochutla** für **San Ángel/Zipolite:** zwei OCC-Nachtbusse um 19.15 (knapp 12 h) und 22 (11 h) Uhr, ebenfalls nach **Puerto Escondido** um 19.15 (13 h) und 22 Uhr (ca. 13 h). – **Tuxtla Gutiérrez:** über die *autopista* 56 km, Fz eine gute Stunde, ständig; 1.-Klasse OCC 8.50 Uhr oder mit AEXA. 2.-Klasse mit Ómnibus de Chiapas. Schneller mit den ständig fahrenden Combis/Colectivos. – Flughafen: s.u. – **Veracruz** mit ADO GL 21.15, OCC 21.45 Uhr. – **Villahermosa** (310 km, ca. 5 h) mit OCC 23 Uhr oder in Tuxtla Gutiérrez umsteigen.

Flug / Flughafen

San Cristóbal de las Casas besitzt nur einen kleinen Flugplatz an der Straße in Richtung Palenque. Linienflüge ab **Tuxtla Gutiérrez** vom Flughafen *Ángel Albino Corzo* (TGZ). Flugtickets und auch Airport-Direkttransport über Reisebüros oder mit *Taxi Jovel,* Tel. 6786899. Es fährt auch der ADO-„Sprinter", und zwar 3x tägl. um 9.30, 13.30 u. 14.30 Uhr. Vom Flughafen nach San Cristóbal de las Casas mit einem Direkt-Taxi.

Selbstfahrer

Die mautpflichtige Autopista Mex 190**D** zwischen San Cristóbal und Tuxtla Gutiérrez verkürzt die Fahrzeit zwischen beiden Städten erheblich. Die alte Bergstrecke Mex 190 war eine Kurvenquälerei ohne Ende.

Reisemöglichkeiten nach Palenque-Ort

„Herkömmlich" nach Palenque-Ort mit einem **1.-Klasse-Bus** (200 km, knapp 6 h, *nicht* über Tuxtla Gutiérrez fahren!) mit OCC um 1.10, 7.15, 11.20, 12.15, 15.45 (ADO GL), 16.05, 18.20 und 23 Uhr. Auch mit AEXA.

Zeitlich länger und „authentischer" fährt man mit der **2. Klasse** (ATG, Transportes Lacandonia) oder mit einem Colectivo. Die Strecke ist sehr, sehr kurvenreich! Unbedingt tagsüber fahren. Auch für Selbstfahrer sehr anstrengend, da viele Topes! **Vorplanung** mit einem **Bus 2. Klasse:**

1. Unterwegs evtl. die **Maya-Ruinen von Toniná** bei Ocosingo besuchen (s.S. 389). Dem Fahrer Bescheid sagen, dieser hält dann in Ocosingo genau an der Stelle, nämlich am *Mercado Campesino,* von wo Colectivos und Taxis nach Toniná abfahren, welches 13 km östlich von Ocosingo liegt. Taxipreis verhandeln, dabei gleich ausmachen, dass man zu einer vereinbarten Zeit wieder abgeholt wird oder der Fahrer wartet. Noch am gleichen Tag kann dann Palenque erreicht werden. Wer für Ocosingo einen der ständig fahrenden Colectivos besteigt (Abfahrtsstelle Plan B5), gelangt schneller nach Ocosingo. Dort an der Colectivo-Station das Gepäck deponieren und mit dem Taxi nach Toniná fahren. Danach Weiterfahrt nach Palenque mit einem Colectivo, Fahrzeit ca. 3 h.

2. Vor Palenque evtl. **Agua Azul** besuchen (s.S. 358), dort übernachten und am nächsten Tag nach Palenque weiterfahren.

3. Agua Azul, Misol-Há und Palenque-Ruinen mit einem Touranbieter an einem Tag s.S. 410.

Auf der Carretera Fronteriza del Sur nach Palenque

Von den Lagunas de Montebello (s.S. 425) führt die asphaltierte **Carretera Fronteriza del Sur** als **Mex 307** immer parallel zur guatemaltekischen Grenze über *Benemérito de las Américas* (dort keine Ausreise nach Guatemala möglich!) bis nach **Palenque** – von den Lagunas de Montebello insgesamt ca. 350 Kilometer, s. Karte S. 338.

Eine landschaftlich sehr reizvolle Strecke und überlegenswerte Alternative für Selbstfahrer, die Einsamkeit und Natur suchen (in Gegenrichtung wird sie ausführlicher bei Palenque beschrieben, s.S. 337. Mit Bussen/Colectivos gleichfalls machbar, jedoch etwas mühselig (Abfahrten s. Comitán). Es gibt zwei Höhepunkte, die Wasserfälle **Las Nubes** (vom Ort Jerusalen ein 12-Kilometer-Abstecher nach Norden, Übernachtung möglich) und das **Centro Ecoturístico Las Guacamayas** am Río Lacantún, ein Schutzprojekt für die prachtvoll roten *Ara macaos* (Macaw), die zu den größten Papageien der Welt zählen. Für Las Guacamayas von der Hauptstraße auf eine Piste in Richtung **Chajul** abbiegen und weiter über die Dörfer Playón de la Gloria, Adolfo López Mateos bis **Reforma Agraria** mit *Las Guacamayas* am Río Lacantún (links abbiegen, Übernachtung möglich). Von Reforma Agraria über Pico de Oro bis zum gleichnamigen Straßendreieck an der Carretera Fronteriza, dann kommt Benemérito de las Américas.

In Comitán bzw. an der Straßenabzweigung La Trinitaria volltanken, nächste Tankstelle erst wieder in Benemérito de las Américas; unterwegs etliche Kontrollen durchs Militär, die Straße dient auch zum Überwachen dieser abgelegenen indigenen Region.

Von San Cristóbal Touren in die Indígena-Dörfer

Einen Ausflug in die Dörfer rund um San Cristóbal de las Casas – also zu Mexikos indigenen Wurzeln – unternimmt fast jeder. Dort leben überwiegend **Tzotziles** und **Tseltales,** Chiapas' größte und miteinander verwandte Maya-Ethnien (jeweils ca. 150.000 Angehörige). Tzotziles-Dörfer sind z.B. *Chamula, Zinacantán, Chenalhó, San Andrés de Larráinzar.* Tseltales leben in *Tenejapa, Amatenango, Huixtán* (s. Karte).

Äußeres Unterscheidungsmerkmal sind ihre Trachten (s.o. Exkurs *„Trajes y tejidos"*), ein Merkmal der Bewahrung kultureller Identität durch die Jahrhunderte, und logischerweise eine eigene Sprache. Die Dorfgemeinschaften führen ein mehr oder weniger autonomes Dasein, die Autorität mexikanischer Obrigkeit gilt nicht viel, man wehrt sich gegen die bevormundende Mestizo-Gesellschaft, also ganz in der Tradition der Vorfahren, die sich den spanischen Eroberern noch lange Zeit nach deren Eindringen nach Yucatán und Chiapas widersetzten. Zwischen der mexikanischen Staatsgewalt und den Indígena kam es immer wieder zu Konflikten und bewaffneten Rebellionen, die blutig niedergeschlagen wurden. So griffen z.B. im „Krieg der Rosen" (1867–1870) 1869 etwa

13.000 Chamulas San Cristóbal de las Casas an, und heute sind viele Tzotziles und Tseltales immer noch Anhänger der Zapatisten (Exkurs „Los Zapatistas“, s.S. 329).

Problematik Fremde brachten den Maya in über 500 Jahren selten etwas Gutes. Es ist deshalb verständlich, wenn auch heutzutage den Touristen, die in immer größerer Zahl in die Dörfer ziehen, nicht viel abgewonnen wird. Als Fremder ist man nur geduldet, nicht unbedingt erwünscht, wenngleich sich in den Dörfern scheinbar noch das Originäre einer bedrohten Kultur begucken lässt. Gringos mussten vielfach schlechte Erfahrungen machen, als sie (unbewusst) gegen den Sittenkodex verstießen, Tabus verletzten (Tragen indigener Symbole auf Kleidung) oder Fotografierverbote nicht ernst nahmen *„... will be punished“,* heißt es auf einem Plakat in Chamula). Auf folkloristische Idylle und ein „come-together-feeling“ sollte man sich, trotz sensiblem Auftreten, keine Hoffnung machen.

Man kann in die Dörfer um San Cristóbal selbst fahren, doch ohne Führer wird man so gut wie nichts über die Glaubensvorstellungen, das Denken und Leben der Indígena erfahren, schon wegen der Sprachprobleme.

Tipps Wer kann, sollte seine Tour am **Sonntagmorgen** machen, denn dann ist in den Dörfern **Markt** und die Menschen kommen von ihren verstreut liegenden Gehöften (aber Achtung, in der Fastenzeit zwischen Karneval und Ostern rotieren die Markttage, in Chamula ist dann freitags Markt). Ungünstig für Chamula ist Mittwochmorgen, weil da die Kirche geputzt wird und die mystische Atmosphäre nicht zu erleben ist (dann zuerst nach Zinacantán fahren). **Markttage** sind auch die speziellen Dorffeiertage, die Patronatstage, an diesen und an anderen Festtagen sind Dorfbesuche am interessantesten (Festtermine s. bei den Dörfern). Im Januar werden viele Neujahrsfeste abgehalten, an Ostern Prozessionen, und ganz außergewöhnlich ist auch der Karneval in Chamula, der mehrere Tage dauert. Es ist davon abzuraten, durch die Gegend bzw. von Dorf zu Dorf zu wandern! Vorsicht beim Fotografieren, immer vorher fragen *(„me permite tomarle una foto?“).*

In Eigenregie Die Straßen von San Cristóbal zu den nahegelegenen Dörfern Chamula und Zinacantán sind asphaltiert, zu weit entfernteren geht es über Schotterpisten (schlimm während der Regenzeit). Es gibt kaum Direktverbindungen von Dorf zu Dorf, wenn man zum nächsten will, muss man dazu fast immer zuerst zurück in Richtung San Cristóbal. Ausnahmen bilden Chamula und Zinacantán: Sonntags zuerst morgens nach Zinacantán und dann anschließend weiterfahren nach Chamula, denn dort dauert der Sonntagsmarkt bis in den Nachmittag. Diese zwei Dörfer besucht zu haben genügt für einen Tag vollauf. **Pferdetour** nach Chamula s.S. 414.

Combi-Abfahrten: Nach Chamula und Zinacantán laufend, Fahrzeit jeweils ca. 15 Min. Nach Tenejapa Fz ca. 1 h. Die Combis fahren oben beim Markt ab, am Ende der Utrilla (s. Stadtplan). Am besten schon frühmorgens abfahren. Bei der Ankunft in einem entfernteren Dorf nach der letzten Rückfahrtmöglichkeit nach San Cristóbal fragen.

Geführte Touren Touren nach Chamula und Zinacantán werden in San Cristóbal zigfach angeboten, an jeder Ecke hängen Anschläge. Preise und Leistungen sind ähnlich, geboten wird meist nur der Transport mit Fixzeiten. Hotels bieten auch Touren an, reichen aber häufig die Kunden lediglich an einen Veranstalter weiter und kassieren Kommission. Darüber hinaus gibt es noch ein paar unabhängige Personen, die gute Beziehungen zu den Dörfern haben und als Guides seit vielen Jahren Touren anbieten.

■ **1.** Die Guías **Raúl** und **César** sind gute Führer und Erklärer (engl./span.) Ihre Tour nach Chamula und Zinacantán kostet derzeit **175 Peso** und dauert 4–5 Stunden. Treffpunkt ist das große Kreuz vor der Kathedrale beim Zócalo jeden Morgen zwischen 9 und 9.30 (dunkelblauer VW-Bus). Die Gruppen können manchmal recht groß werden; spanischsprachige sind kleiner als „englische". In **Chamula** wird am Ortseingang ausgestiegen, es geht vom Friedhof zur großen Plaza, danach in die Kirche und in das Haus eines *mayordomo* (s.u.), wo ein kleiner Altar und Reliquien stehen. Die Ausführungen über die Chamula, deren religiöse Bräuche und Lebensweise sind fundiert und interessant. Evtl. wird auch ein Schamane besucht. Anschließend wird von Chamula nach **Zinacantán** gefahren, dort wird gleichfalls die Kirche und eine Familienweberei besichtigt. Ab 4 Personen auch Touren in die Dörfer *Tenejapa, Amatenango del Valle, San Andrés de Larráinzar* und andere. Vorab-Infos bei Raúl unter Tel. 6783741 oder 6789141, manherg@hotmail.com.

■ **2.** Bei **Mercedes-Tour** (nach der Gründerin Mercedes Hernández, Tel. 6740376 o. 1223082) nach Chamula und Zinacantán stehen verschiedene Führer zur Verfügung, wie Alberto Medina oder Alejandro Valdiviezo (Engl./Span.). Treffpunkt ist der Quiosco am Zócalo jeden Morgen um 9 Uhr, Erkennungszeichen ist ein aufgespannter, buntfarbener Regenschirm. Derzeit 180 Peso p.P.

San Juan Chamula

Chamula (das christliche „San Juan" wurde erst durch die Spanier hinzugefügt), liegt etwa 12 km nordwestlich von San Cristóbal de las Casas. Chamula hat ca. 4000 Einwohner und ist das religiöse Zentrum für die dort und im Umland weit verstreut lebenden Tzotziles. Es ist die größte und touristisch meistbesuchte Gemeinde um San Cristóbal.

Website: über www.turismochiapas.gob.mx.

Die Anfahrtsstraße windet sich aus staubigen Vororten eine Hügellandschaft hoch, vorbei an Wiesen, bebauten Parzellen, Fichtenwaldungen und Gehöften. Viele von Chamulas Häusern liegen verstreut in der Landschaft. Es gibt drei Ortsteile: San Juan, San Sebastián und San Pedro. Am Ortseingang warnt ein Schild vor dem Fotografieren in der Kirche und bei religiösen Zeremonien. Die Autos halten meist oben an einem Parkplatz und man kann nun direkt geradeaus ins Dorf gehen oder nach rechts am Friedhof vorbei (die verschiedenen Farben der Kreuze lassen Rückschlüsse auf das Alter der Toten zu, unter weißen Kreuzen liegen Jungverstorbene), auch dieser Weg führt zur Plaza, kurz davor passiert man ein paar Marktstände.

Auf dem übergroßen, zweigeteilten Platz mit der Kirche findet der Markt statt und er ist außerdem Austragungsort für die vielen Feste in Chamula (s.u.). Dann wimmelt es von Menschen. Am Rand gibt es ein paar große Maya-Kreuze und Comedores. Gegenüber der Kirche steht die Statue eines Chamula-Mannes mit Bänderhut, die Inschrift lautet *„Autoridad de Chamula – Monumento a mi Raza"*.

Touristen werden von bettelnden Kindern, Souvenirhändlern und Artesania-verkaufenden Frauen bedrängt. Männern ist vielfach Alkoholismus anzusehen.

Bevor man die Attraktion des Ortes, die Kirche mit ihrem türkisen Eingangsbogen und den drei Glocken betreten darf, muss man direkt an der

Kirche – oder in einem Gebäude an der Seite des Platzes, jenes mit der Uhr, im „Oficina de Turismo" –, für 20 Peso eine **Eintrittskarte** holen.

Hinter dem Turismo befindet sich das kleine, aber interessante **Museo Etnográfico.**

Markt und Kirche von Chamula

Pferdetouren nach Chamula

Werden mit Führern durchgeführt, Vermittlung über fast jedes Hotel und in Reisebüros. Für jene, die etwas Erfahrung (!) mit Pferden haben, sicherlich eine Abwechslung und ein Erlebnis in dieser schönen Landschaft. Gute Erfahrungen einer Tour nach Chamula machte ein Leser mit einer Vermittlung in der *Casa Utrilla* in der Calle Utrilla (Plan B2). Seine 5-Stunden-Tour mit gepflegten Pferden und guten Guides war ein Erlebnis. Ein weiter Touranbieter ist die *Agencia de Viajes „Pedrero Villanueva"*, Zócalo/Ecke Insurgentes. Bei einer Tour sollte im Preis enthalten sein: Transport zu den Pferdeställen am Stadtrand, Führer und Rücktransport zur Unterkunft bzw. ins Centro.

Dorf-Autoritäten

In Chamula wie auch in den anderen Indígena-*municipios* des Hochlands bestimmen strikte (und patriarchaische) Regeln das Zusammenleben, wobei die Organisationsstruktur noch überwiegend aus vorspanischer Zeit stammt und Gesellschaft und Religion – wie sonst in Mexiko – nicht strikt voneinander getrennt sind. Entscheidungen fällt der immer nur männliche Ältestenrat, die *principales* oder der mit hoher Machtfülle ausgestattete *cacique.* Auch die *cofradías,* die Bruderschaften (die es vielfach in Guatemala gibt), haben großen Einfluss. **Mayordomos** sind gewählte Oberhäupter der verschiedenen Gruppen und Dörfer und Träger eines religiösen und sozialen Gemeindeamtes mit gewissem politischen Einfluss (aber keine offiziellen Bürgermeister). Sie leisten Dienste an der Allgemeinheit *(cargos)* und genießen hohes Ansehen, weil sie bei Festen und Feierlichkeiten Kosten übernehmen bzw. die Leute freihalten (als sog. *alféreces*). Zum Zeichen ihrer Autorität tragen sie schwarze Umhänge, verwunderlich-hohe Sandalen und unter den Arm geklemmte Stäbe, sogenannte *varas.* Bitte nicht fotografieren, wenn sie Zeremonien durchführen. Alljährlich am Jahresende, 30. Dezember bis 1. Januar, wird mit Festlichkeiten die Rotation der *autoridades* gefeiert.

■ *Mayordomos in Chamula*

Die Kirche Nochmals: Fotografieren im Inneren der Kirche ist verboten! Gebaut wurde sie im 17. Jh., auch wenn unter den drei Kirchenglocken 1522–1524 steht. Wer nicht darauf vorbereitet ist, wird beim Eintritt in das dämmerige, geheimnisvolle Innere mehr als verwundert sein: Dies ist keine weitere Version des spanischen Kolonialbarocks, denn es gibt keine Kirchenbänke, keine Orgel (nur ein Harmonium, das unsichtbar aus der Tiefe des Raums greint), weder Kanzel noch Beichtstühle. Stattdessen brennen auf dem grünen Fliesenboden, der mit duftenden Piniennadeln bestreut ist, Hunderte Kerzen, die eine geheimnisvolle Lichtstimmung verbreiten. In den wabernden, bläulichen Kerzen- und Weihrauchschwaden fühlt man sich in eine andere Zeit und Welt versetzt, die kaum zu fassen ist. Fast wie in Trance murmeln die auf der Erde sitzenden Indígena Gebete vor den Holzfiguren katholischer Heiliger, die entlang der Seitenwände postiert sind, knien vor Sebastian, Florian und anderen. Der wichtigste ist Johannes, *San Juan,* Ortsheiliger von Chamula. Er steht ganz vorne, der rechts von ihm ist der kleinere *Juan Bautista.* Links in der Ecke hinten, in einem erhöhten Glasschrank, ist Christus.

Die meisten Heiligenfiguren befinden sich in Glasschreinen. Einige tragen Spiegel vor der Brust, das soll das Böse abwehren. Jeder von ihnen ist zuständig für einen bestimmten Schutz oder eine besondere Gunst, die die Betenden erbitten oder ihm dafür danken. Tiefer betrachtet haben die katholischen Heiligen jedoch nur die Funktion und Rolle früherer Maya-Naturgottheiten übernommen. Die Chamula verehren ihre alten Erd- und tierischen Schutzgeister, die *chulel.* Sie bringen ihnen Gaben dar in Form von **pom,** Weihrauch aus Copal-Baumharz, und **posh,** selbstgebrannter, hochprozentiger Schnaps, der traditionell als Trancemittel benutzt wird (und der immer mehr von Colagetränken abgelöst wird). Rülpsen lässt die bösen Geister entweichen …

Ungeachtet der vielen ausländischen Besucher finden in der Kirche spirituelle Heilungszeremonien statt, bei denen Schamanen u.a. Hühner und Hühnereier für Opfer- und Beschwörungsrituale benutzen. Vielleicht ist zu sehen, wie ein Huhn zuerst über Kerzen hin- und hergeschwenkt und ihm dann anschließend der Kragen umgedreht wird. Problemlos wird hier lebendiger Synkretismus praktiziert, die Vermischung alter Maya-Rituale mit den Bräuchen des katholischen Glaubens, der einst mit den spanischen Eroberern ins Land kam.

Die Kirche von Chamula ist eine magische, faszinierende Welt für sich.

Das Maya-Kreuz

Die großen Kreuze, die mit Pinienzweigen geschmückt vor der Kirche und um den Platz stehen (Pinien sind Symbole des Lebens, damit wird die Heiligkeit erhöht), sind **keine christlichen Kreuze,** sondern versinnbildlichen den kreuzförmigen Weltenbaum der Maya, den *wacah chan,* und sind damit prähispanischen Ursprungs. Der *wacah chan* symbolisiert im kosmologischen Modell der Maya das Zentrum des Kosmos und die Verbindungslinie zwischen Erde und übernatürlicher Sphäre sowie den Schnittpunkt der vier Himmelsrichtungen. Durch seine Ähnlichkeit mit dem Maya-Kreuz vereinfachte das christliche Kreuz unzweifelhaft die Verbindung beider Religionen. Am Ortseingang von Chamula stehen gleichfalls zwei große Holzkreuze, die als der Göttervater *chul totic* und seine Frau *chul metic* interpretiert werden.

Feste

Alljährlich finden in Chamula sehr viele Feste statt. Dann sind die schönsten Trachten zu sehen. 16.–22. Januar: *San Sebastián* und *San Paul.* März oder April: Ostern *(Semana Santa).* 17.–19. März: *St. José.* 1.–3. Mai: *Santa Cruz.* 22.–25. Juni *San Juan Bautista* (Ortsheiligenfest, Haupttag ist der 24.). 28.–30. August: *Santa Rosa.* 19.–21. September: *San Mateo, San Nicolás.* Am 1. Sonntag im Oktober: *Señora del Rosario.* Außerdem Feste an den Feiertagen 2. Nov. und 12. Dez.

Karneval

Spektakulär sind vor allem die Karnevalsfeiern in Chamula, *kin tajimoltic* genannt („verrückte Tage"), das **wichtigste Fest** der Tzotziles. In die Feierlichkeiten fließt nämlich die alte Maya-Glaubensvorstellung der fünf „verlorenen" Tage am Ende des nur 360 Tage dauernden Gemeinjahres *haab* mit ein. Diese 5 Tage galten als unheilbringend (Maya-Kalender s.S. 119). Abertausende (und Hunderte Touristen) strömen zusammen, Böller werden abgeschossen, Fahnen geschwenkt, Akkordeon- und Gitarrengruppen spielen auf, es wird exzessiv getrunken (der rituelle Rausch ist Bestandteil des traditionellen Glaubens), sonnenbebrillte *mash* machen in vollem Ornat und mit ihren Musikinstrumenten Wettläufe um den Markt. Am Faschingsdienstag findet dann die *purificación* statt, das spektakuläre Reinigungsritual mit einem Lauf über glühende Holzscheite. Die Karnevalsfeste sind also weniger eine allgemeine Volksbelustigung, sondern dienen eher dazu, die Gruppenidentität der Chamula zu stärken und die kosmogonische Religion (Weltentstehungslehre) der Maya-Ahnen zu bewahren. Wieder Vorsicht mit dem Fotografieren!

Zinacantán

Zinacantán („Platz der Fledermaus") liegt 12 km nördlich von San Cristóbal de las Casas in einem weiten Tal und ist ebenfalls eine Tzotziles-Gemeinde (ca. 3500 Bewohner). Flache Häuser liegen verstreut in der Landschaft, und schon bei der Anfahrt sind viele Blumengewächshäuser zu sehen, wo Chrysanthemen, Lilien, Geranien und Sorten gezogen werden. Dieses Gewerbe verhalf den *zinacantecos* zu einem gewissen Wohlstand, ihre rosaroten oder blauen Trachten sind gleichfalls blumenbestickt. Zu sehen gibt es in dem aufgeräumten Dorf, außer der großen Kirche, eigentlich nicht viel. Informativ ist das kleine kommunale **Museo Sna Isotzlebetik** hinter der Kirche, in dem Trachten, Gebrauchsgegenstände und kleine Kunstwerke ausgestellt sind.

Für den Besuch der **Kirche San Lorenzo** muss zunächst wieder ein *boleto* vom Oficina de Turismo geholt werden, das sich im Ort schräg gegenüber der Kirche an der rechten Straßenseite befindet. Dort kann man alle weiteren Auskünfte erhalten. In der Kirche und auf dem Platz mit seinen Kreuzen davor ist Fotografieren verboten. Das Kircheninnere – das Dach brannte 1975 aus – ist nicht so geheimnisvoll wie die Kirche von Chamula, interessant ist aber die ungewöhnliche Ausmalung mit schwarzer Farbe. Den Fliesenboden bedecken wieder Piniennadeln. Im Nebenflügel sind weitere Heilige und Heiligenbilder zu sehen, charakteristisch ist die Ausschmückung mit Kamille.

Außer dem kleinen Markt seitlich hinter der Kirche gibt es noch einen touristischen Souvenir- und Textilmarkt. Dazu die Hauptstraße an der Kirche vorbeigehen und dann rechts. Man kann zuschauen, wie mit dem Hüftwebrahmen gewebt wird. Ein besonders farbenprächtiges Erlebnis ist Zinacantán an seinen Fest- und Feiertagen, wenn zahllose Menschen aus dem Umland zusammenströmen.

Anfahrt von San Cristóbal des las Casas: mit einem Combi oben vom Markt. – **Feste:** 6.1.: *Santos Reyes* (Dreikönige). 18.–20. Januar: *San Sebastián.* In der *Semana Santa* (Karwoche) ebenfalls Feste. 24. Juni: *San Juan* (Ortsheiliger), mehrere Tage. 8.–11. August: *San Lorenzo.* 8. Sept.: *Virgen de la Navidad;* u.a. – **Website:** über www.turismochiapas.gob.mx

Tenejapa

Tenejapa (Tseltales) liegt 27 km nordöstlich von San Cristóbal (Fz ca. 1 h, Abfahrt vom Markt). Vier Kilometer vor dem Dorf geht es rechts zu einem schönen Felsbogen, Arcotete. Hübsche Lage im Tal des Flusses *Fogótico,* Markt ist am Donnerstag- und Sonntagmorgen.

■ *Tenejapa, Dorfautoritäten*

Außer einigen *comedores* gibt es eine einfache *Casa de Huéspedes.* Am Ortseingang rechts vor der Kirche Ildefonso ist eine Web-Kooperative mit einem kleinen interessanten Web-Museum.

Reizvoll ist die dörfliche Atmosphäre und schön sind die Trachten, besonders die reichbestickten Blusen der Frauen. Das Touristen-Ticket ist im *Palacio Municipal* zu bekommen. Hauptfeste sind *San Ildefonso* am 23. Januar, Karneval und der *Día de Santiago* vom 22.–24. Juli.

Weitere Dörfer

San Andrés de Larráinzar (ca. 5000 Ew.) liegt 18 km nördl. von Chamula bzw. 27 km von San Cristóbal (Fz ca. 50 Min.). Markt ist am Fr/Sa/So jeweils vormittags. Hier webt man Stoffe (Cooperativa-Laden am Ortseingang), es findet ein Sonntagsmarkt statt und die Zapatistenbewegung genießt bei der Bevölkerung breite Unterstützung.

San Pedro Chenalhó (ca. 10.000 Ew.) liegt 36 km von San Cristóbal, Markt ist dort sonntags. Beide Orte sind eigentlich nur an ihren Markt- und Hauptfesttagen interessant: San Andrés de Larráinzar feiert am 30. Nov. den *Día de San Andrés,* Chenalhó vom 16.–21. Jan. *San Sebastián* und vom 27.–30. Juni den *Día de San Pedro.* Beide Orte feiern logischerweise auch den Karneval.

Christen, Expulsados und Caciques

In Chiapas gibt es heute in nahezu jedem Ort zwei Kirchen: Neben der alten und mit zahlreichen Heiligenfiguren ausgestatteten katholischen *Iglesia* auch einen protestantischen *Templo.* Der liegt oft etwas abseits und ähnelt eher einer einfachen Turnhalle. Dort predigen Baptisten, Adventisten, Zeugen Jehovas oder andere der zahlreichen protestantischen US-Kirchensekten. Ihr Anteil in Chiapas wird auf über 30% geschätzt. Eine stetige Entwicklung, die sich auch in Guatemala und in ganz Mittel- und Lateinamerika fortsetzt (die Katholische Kirche beginnt, ihr jahrhundertealtes Glaubensmonopol zu verlieren). Die Glaubensgemeinschaften aus den USA bemühen sich schon seit Jahrzehnten mit missionarischem Eifer um das Seelenheil ethnischer Minderheiten (*Proselytismus,* Gewinnung Andersgläubiger mit allen Mitteln). Zum Übertritt locken die *evangelistas* mit allerlei materiellen Anreizen, wobei dabei aber nicht nur christliche, sondern auch politische und wirtschaftliche Interessen dahinterstehen. Die übersetzten Neuen Testamente stammen meist vom Linguistischen Sommerinstitut ILV (Wycliff-Bibelübersetzer), einer mächtigen Organisation fundamentalistischer, evangelikaler Missionare. Neuerdings sollen muslimische Prediger ähnliches versuchen.

Durch die Kirchenübertritte werden als Folge gewachsene Dorfgemeinschaften gespalten und Zwietracht gesät. Das traditionelle indigene Prinzip der gegenseitigen Hilfe ist durch dieses Abwerben einem Konkurrenzdenken aller gegen alle gewichen. Wer konvertiert, muss gehen, weil die Vertreter der neuen Lehre Alkoholkonsum, alte Tänze oder Verehrung der Stammesheiligen verbieten. In und um Chamula kam es deshalb immer wieder zu gewalttätigen Auseinandersetzungen, schon viele Tausende wurden von ihren katholisch gebliebenen Dorfgenossen aus dem Gemeindegebiet verstoßen *(expulsados).* Deshalb forderten Vertreter indigener Organisationen immer wieder, das ILV in seiner missionarischen Offensive zu hindern. Denn was die kirchlichen Sprachforscher als die „christliche Errettung armer bibelloser Heiden“ ausgeben, ist in Wirklichkeit, noch vor dem Tourismus, die größte Bedrohung der kulturellen Identität der Indígena.

Doch nicht nur der Religionsstreit allein hat in den Dörfern die Lage polarisiert und Vertriebene zur Folge, auch das **Kaziken-System,** die autokratische Machtposition der Dorfoberhäupter trägt dazu bei. Sie allein bestimmen, was im Dorf geschieht, wer z.B. einen *comedor* oder einen Laden aufmachen oder (hochprozentigen) Alkohol verkaufen darf (dessen ungehemmter Genuss, bedingt durch die alten religiösen Bräuche, schon längst zu einem Allgemeinproblem geworden ist). Die *caciques* missbrauchen ihren Status oft auch rücksichtslos und ausbeuterisch zum eigenen wirtschaftlichen Vorteil, um z.B. in Besitz der Ernte eines Dorfbewohners zu gelangen. Um missliebige Personen loszuwerden oder um sie zu vertreiben wird ihnen einfach das Etikett „Protestant“ angehängt. Zusammen mit ein paar üblen Nachreden und Gerüchten genügt dies zum Ausschluss aus der Dorfgemeinschaft. Die *expulsados* dürfen dann nicht mehr den *ejido,* das gemeindeeigene Land, bebauen oder benutzen. Als Mittel- und Arbeitslose fristen sie in den Randvierteln von San Cristóbal de las Casas ein oft elendes Dasein, schlagen sich als Straßenhändler oder Tagelöhner durch, ihre Zahl beträgt weit über 10.000. Die Kaziken wiederum wurden und werden oft protegiert vom PRI, der einstmals mächtigen mexikanischen Monopol-Partei, die die Kaziken durch Privilegien und Pfründe auf ihre Seite zieht und so Einfluss und Macht über die Dorfgemeinschaften gewinnt.

Nähere und weitere Umgebungsziele von San Cristóbal de las Casas

Fast alle Ausflugsziele in der Umgebung von San Cristóbal de las Casas können mit Combis bzw. Bussen, einem Mietwagen oder durch eine gebuchte Tour besucht werden (s.o. „Reisebüros und Touranbieter"). Die Tourveranstalter bieten auch Kombinationen zu mehreren Zielen an.

Grutas de San Cristóbal (Grutas Rancho Nuevo)

Diese gewaltige Höhle liegt ca. 10 km südöstlich von San Cristóbal rechts der Mex 190 in Richtung Comitán (ausgeschildert), nahe des Dorfes *Rancho Nuevo,* deshalb auch *Grutas Rancho Nuevo* genannt. Die ersten 700 Meter der Unterwelt sind ausgeleuchtet und auf einem betonierten und teils hochgesetzten Weg wandert man zwischen eindrucksvollen Formationen von Stalagmiten und Stalaktiten. Von der Straße geht es durch den *Parque Ecoturístico Rancho Nuevo* zunächst durch einen Kiefernwald.

Ganzjährig besuchbar (beste Zeit ist die Trockenzeit November– April), tägl. von 8–16.30 Uhr, Eintritt und Parken je 15 Peso. In der Höhle ist es sehr kühl! Es gibt ein Restaurant und *comedores,* beim Parkplatz können Pferde gemietet werden (Reiten ist aber nur im näheren Umfeld gestattet), auch Camping ist möglich. Busse 2.-Klasse und Combis – Abfahrt südlich vom Busterminal an der Panamericana, „por las grutas"–, stoppen auf Anfrage an der Straße.

Amatenango del Valle

Das Dorf liegt 38 km in Richtung Comitán an der Mex 190 und ist bekannt für seine Töpfereien und Tonwaren *(alfarería),* die anstatt in einem Brennofen seit Jahrhunderten nach uralter Methode in einem offenem Holzfeuer gebrannt werden – was zur ziemlichen Abholzung des Umlands beitrug. Spezialität sind kleine Tierfiguren, *animalitos,* Besucher werden sofort von Kindern umringt die zeigen wollen, wie diese hergestellt werden. *La Casa de Juliana* gehört einer Töpfer-Kooperative und bietet eine große Auswahl an Keramik-Produkten.

Sehr attraktiv ist zudem die Tracht der dort lebenden Tseltales: Frauen tragen blaue Wollröcke und dunkelrote, kunstvoll bestickte *huipiles* mit breitem Gürtel, ihr schwarzes Haar flechten sie zu langen Zöpfen. Eine Fiesta findet statt am 4. Oktober. Anfahrt per Combi oder mit einem Comitán-Bus von Autobuses Tuxtla Gutiérrez.

Lagunas de Montebello

Ein Nationalpark mit vielen Seen in waldreicher, schöner Landschaft an der Guatemala-Grenze, ca. 150 km südöstl. von San Cristóbal, s.S. 425. Dort liegen zudem die **Ruinas de Chinkultic,** eine alte Maya-Pyramidenanlage (s.S. 424).

In Eigenregie von San Cristóbal mit öffentlichem Transport an einem Tag eine etwas stressige Sache, man müsste sehr früh losfahren. Andernfalls im Park oder in Comitán übernachten. Am besten bei einem Anbieter eine kombinierte Tagestour zu buchen, bei der – mit jeweiligen Aufenthaltszeiten – folgende Ziele angefahren werden: *Grutas de San Cristóbal, Chiflón-Wasserfälle, Lagunas de Montebello.* Tourzeit von etwa 9 bis 19.30 Uhr.

Cañón del Sumidero

Den Sumidero-Canyon ab Chiapa de Corzo besuchte man früher als Unterbrechung seiner Reise von San Cristóbal nach Tuxtla Gutiérrez bzw. auf seinem Weg nach Oaxaca/Pazifikküste oder von dort kommend. Eine Direktanreise nach San Cristóbal de las Casas und dann **von dort** als gebuchter **Tagesausflug** zum Sumidero-Canyon ist heute fast immer **die bessere Alternative** und erheblich stressfreier, als alles auf eigene Faust zu organisieren. Die Sumidero-Tour wird in San Cristóbal von vielen Reisebüros, Hotels und Hostels angeboten, man wird bequemerweise von seiner Unterkunft abgeholt und wieder zurückgebracht. Dauer meist von 9 bis 15 Uhr, Fahrzeit einfach 35–45 Minuten, Kosten derzeit um die 200 Peso – das ist weniger, als wenn man alles selbst in die Hand nimmt.

Wer den Sumidero dennoch in Eigenregie machen möchte: s.S. 409. Hauptbeschreibung Sumidero-Canyon s.S. 430.

Palenque-Ruinen / Agua Azul / Misol-Há an 1 Tag

Es ist möglich, von San Cristóbal de las Casas aus an nur einem (etwas anstrengenden) Tag die **Palenque-Ruinen, Misol-Há** und **Agua Azul** durch eine gebuchte Ausflugstour zu besuchen. Mit einem Kleinbus dauert dies etwa von 6.30/7 Uhr bis ca. 21/21.30 Uhr. Lohnend für jene, nach dem Besuch San Cristóbals wieder zurück in Richtung Mexiko-Stadt müssen oder für jene, **die auf ihrer Fahrt nach Yucatán/Karibikküste** nur noch wenig Zeit haben. Der „Trick" besteht darin, dass man am Ende des Tourtags mit dem Veranstalter nicht mehr nach San Cristóbal zurückfährt (Preisnachlass!), sondern bei den Palenque-**Ruinen** bleibt und dort übernachtet (s.S. 334). Die Tour kommt nicht teurer als die Fahrt mit dem Bus 1. Klasse nach Palenque-Ort und dann wie üblich per Colectivo zu den genannten drei Orten. Ein Anbieter ist z.B. *Agencia de Viajes „Pedrero Villanueva"*, Insurgentes 1 (am Zócalo), www.viajespedrerovillanueva.i8.com, Tel. 6781041. Er bietet auch eine Tour-Version mit **Toniná** an.

Bonampak / Yaxchilán

Beide Stätten besucht man besser von Palenque-Ort aus, sie werden aber auch als Zweitagestour von Reisebüros angeboten, z.B. von der *Agencia de Viajes „Pedrero Villanueva"*, Zócalo/Ecke Insurgentes (Plan C5), Tel. 6781041, www.viajespedrerovillanueva.i8.com.

Weiter entfernt sind:

Cascadas El Chiflón

Die Wasserfälle von **El Chiflón** liegen nördlich des großen Stausees *Presa Belisario Domínguez* und sind von San Cristóbal rund 110 km entfernt (von Comitán ca. 42). Touranbieter haben es in ihren Programmen. Der *Río San Vicente* stürzt und schäumt über ein halbes Dutzend hoher und herrlicher Wasserfälle hinab, der höchste, der *Velo de Novia*, fällt 70 m in die Tiefe. Entlang des Flusses kann man auf einem ca. 1,3 km langen, schweißtreibenden Treppenweg zu den gischtsprühenden Fällen aufsteigen (ca. 1 Stunde, Mittagshitze vermeiden). Das türkise Wasser lädt zum Baden und Relaxen ein. Die Fälle sind aber nur in der Trockenzeit bzw. in Wintermonaten besuchenswert. Eintritt 30 Ps.

Das *Centro Ecoturístico* bietet direkt am Fluss komfortable Cabañas (DZ ca. 700 Ps), es gibt Souvenirläden, Grillstände, Restaurants, Drahtseilgleiten *(tirolesa)*, Badebecken, ein kleines Museum u.a. Gut besucht in Ferienzeiten und an Wochenenden, alle Infos und Fotos auf www.chiflon.com.mx. Für Leute mit einem Wohnmobil lohnend. Dazu auf der Mex 190 hinter Teopisca nach San Francisco Pujiltic fahren, hinunter ins Tal des Stausees, im kleinen Ort Cristobalita rechts ab nach Chiflón, ausgeschildert, (Bus-)Parkplatz am Eingang, N16.18692, W92.27593. – Von *Comitán* 5 km nach Süden, dann rechts ab und auf 8 km nach Tzimol; Ort rechts liegen lassen, 24 km weiterfahren (CHIS 226) und in der Ebene bei San Vicente rechts abbiegen bzw. der Chiflón-Ausschilderung folgen. Von Comitán ständig Combi-Abfahrten mit *Transportes Tuxtepeques* oder mit Tuxtla-Gutiérrez-Combis, Stopp an der Straße, dann noch 1 km.

Laguna Miramar

Etwa 220 km östlich von San Cristóbal de las Casas bzw. 100 km östl. von Comitán liegt in der *Reserva Biósfera Montes Azules* die **Laguna Miramar,** größter See der Selva Lacandona, ca. 16 qkm groß. San Cristóbal-Reisebüros bieten mehrtägige Touren an, auf eigene Faust sehr zeitaufwendig und nicht einfach, sowohl von Comitán als auch von Ocosingo aus.

Chiapas Süden
0
50 km
© RKH Verlag Hermann
Golfo de Tehuantepec
Guatemala
Sierra Madre de Chiapas
Los Altos de Chiapas
La Selva Lacandona
Istmo de Tehuantepec
Veracruz
Oaxaca
Soconusco
Anschlusskarte S. 673
Anschlusskarte S. 490
San Cristóbal de las Casas
Tuxtla Gutiérrez
Chiapa de Corzo
Comitán
Ocosingo
Toniná
Yaxchilán
Bonampak
Lacanjá
Río Usumacinta
Río Jataté
Río Grijalva
Reserva Biósfera Monte Azules
Laguna Miramar
Parque Nacional Lagunas de Montebello
Carretera Fronteriza del Sur
Frontera Corozal / Bonampak / Palenque
Agua Azul / Palenque
Villahermosa
Mex 187 n. Cárdenas/Villahermosa
145 D Coatzacoalcos
Presa Nezahualcóyotl
P.N. Cañón de Sumidero
Reserva de la Biosfera El Ocote
Raudales
Puente Chiapas
Ocozocoautla
Las Cruces
Arriaga
Tonalá
Pto. Arista
Pijijiapan
Mapastepec
Acacoyagua
Tres de Mayo
El Triunfo 2450 m
Biosfera El Triunfo
Escuintla
Huixtla
Tapachula
Pto. Madero
Ciudad Hidalgo
Talismán
Motozintla
Volc. Tacaná 4093 m
Ciudad Cuauhtémoc
La Mesilla
Tziscao
La Trinitaria
Tenam Puente
Amantenango
Grutas de San Cristóbal
Pujiltic
El Chiflón (Wasserfälle)
Presa Belisario Domínguez
Jaltenango (Albino Corzo)
Huehuetenango
St. Cruz del Quiché
Chichicastenango
Los Encuentros
Panajachel
Lago de Atitlán
Quezaltenango
San Marcos
El Carmen
Coatepeque
Cd. Tecún Umán
San Sebastián
Mazatenango
Tapanatepec
La Ventosa
Juchitán
Tehuantepec
Salina Cruz
Lago Superior
L. Inferior
Palomares
n. Acayucán / Coatzacoalcos
n. Tuxtepec
n. Oaxaca
n. Huatulco / Pto. Ángel / Pto. Escondido
MEX 147
MEX 185
MEX 185D
MEX 190
MEX 190D
MEX 195
MEX 199
MEX 180D
MEX 200

Chiapas

Comitán

Ew. 110.000

✆ 01-963

Comitán (offiziell: Comitán de Domínguez) liegt an der Mex 190, etwa 85 km südöstlich von San Cristóbal. Es ist die letzte größere Stadt vor der Guatemala-Grenze (bis dorthin 80 km) und Ausgangspunkt zum nahen **Parque Nacional Lagunas de Montebello** (55 km). Eine nette, freundliche Stadt mit ruhiger Atmosphäre und milderem Klima als San Cristóbal, was die geringere Höhenlage von 1500 Metern bewirkt. Nord-Süd-Straßen heißen *Avenidas,* die in Ost-West-Richtung *Calles.* Die Stadtgeschichte verlief seit der Gründung 1548 als Dominikaner-Missionsstation und mit einem späteren Kloster nicht immer ruhig. Lokalpatriot ist **Belisario Domínguez,** 1863 in Comitán geboren und 1913 in Mexiko-Stadt als Senatsmitglied einem politischen Mord zum Opfer zum Opfer gefallen. Am Zócalo erinnert eine Statue an ihn. Sein sehenswertes Geburtshaus, ein typisches Stadthaus aus dem 19. Jahrhundert mit Innengarten, die **Casa Museo Belisario Domínguez,** ist in der Av. Central Sur 35 südlich vom Zócalo (Di–So 10–18.45 Uhr, Eintritt).

Nördlich vom Zócalo – auf ihm werden mehrmals in der Woche Marimba-Konzerte geboten – befindet sich die **Presidencia Municipal** mit sehenswerten *murales* zur Geschichte der Maya: *„Génesis e Historia de los Hombres del Maíz* – Entstehung und Geschichte der Maismenschen". Das Turismo (Tel. 963-6324047) ist nebenan, es hält Prospektmaterial über Comitán und über die Lagunas de Montebello bereit.

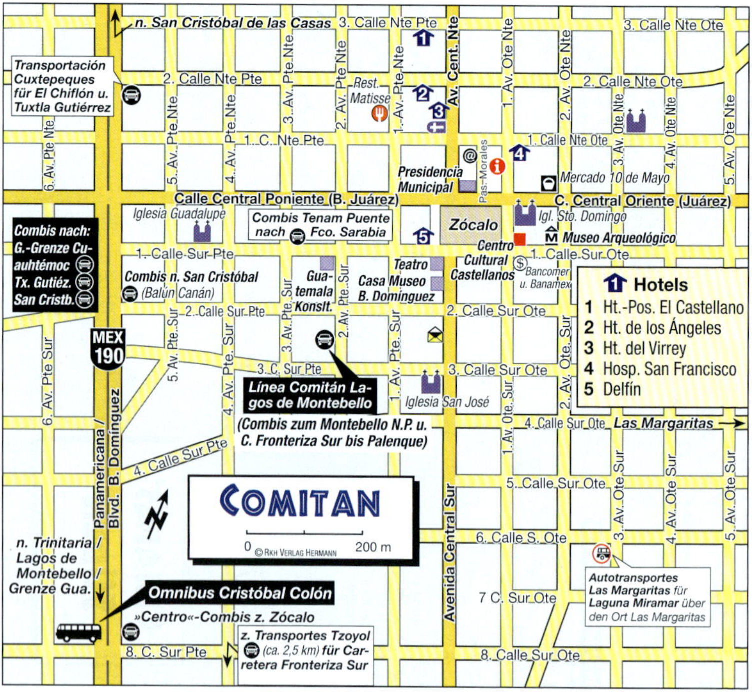

Das schöne **Centro Cultural Rosario Castellanos** in einem ehemaligen Kloster liegt an der Südostecke des Zócalo und besitzt Wandgemälde und ein gutes Café. Östlich davon befindet sich das **Museo Arqueológico de Comitán** mit Exponaten von Tenam Puente (9–18 Uhr). Das **Teatro de la Ciudad** an der Südwestecke des Zócalo ist im neoklassizistischen Stil erbaut und es finden regelmäßig Veranstaltungen statt.

Adressen & Service Comitán

Infos

Website: www.comitan.gob.mx.com. – **Post:** südlich vom Zócalo, s. Piktogramm. – **Bank:** *Bancomer* und *Banamex,* Südostecke des Zócalo, gegenüber der Casa de la Cultura. – **Internet-Cafés:** um den Zócalo, z.B. nördl. von ihm in der Pasaje Morales. – **Guatemala-Konsulat:** 1. Calle Sur Pte/Ecke 2. Av. Pte Sur, Mo–Fr 9–17 Uhr. – **Reisebüro:** *Viajes Tenam,* Pasaje Morales 8A (bei der Presidencia Municipal), Tel. 6321564; Touren nach Tenam Puente, Montebello, El Legatero u.a. – **Mexikanische Migración**/*Servicios Migratorios:* an der Mex 190/Panamericana, ca. 5 km südlich vom Zócalo, rechts an der Ecke der Abzweigung nach Tzimol, Mo–Fr 9–15 Uhr, Tel. 6322200.

Feste: 20. Jan.: *Feria San Sebastián* (im Barrio San Sebastián). 4. Feb.: *Día de San Caralampio.* Ostern/Semana Santa: *La Pasión de Cristo.* 7. Juli: *Feria de Las Luces.* 1.–5. Aug.: *Fiesta de San Domingo.* 21. Okt.: *Niñito Fundador.*

Unterkunft

Wegens des Grenzverkehrs gibt es genügend Unterkünfte/Hotels. Billigunterkünfte findet man in den Straßen um den Zócalo. Ein gutes PLV bietet die preisgünstige **Hospedaje San Francisco,** 1. Av. Ote Nte No. 13 (einen Block nördlich vom Zócalo), Tel. 6320194, nur *baño común.* – Günstig ist auch die **Pensión Delfín** (Südwestecke Zócalo), Tel. 6320013. – Gut und sauber mit einem schön begrünten Innenhof: **Hotel del Virrey,** Av. Central Nte 13 (nördl. des Zócalo), Tel. 632181. DZ 450 Ps. – Empfehlenswerte Mittelklasse mit Restaurant/Cafetería, Internet und Parkplatz: **Hotel Posada El Castellano,** 3. Calle Nte Pte, www.posadaelcastellano.com.mx, Tel. 6327152. DZ 600 Ps. – Oberklasse mit allen Annehmlichkeiten, kleiner Pool: **Hotel Hacienda de los Ángeles,** 2. Calle Nte Pte No. 6, www.hotelhaciendadelosangeles.com, Tel. 6320074. DZ/F ab 850 Ps.

Nett und günstig **italienisch essen,** sonntags Büffet: **Restaurant Matisse,** 1. Av. Pte Nte No. 16 (nördl. v. Zócalo, s. Stadtplan, Mo geschl.). Weitere Restaurant und Cafés rings um den Zócalo.

An- und Weiterreise

Der Busterminal 1. Klasse Ómnibus Cristóbal Colón (OCC) liegt an der Panamericana (Mex 190), südwestlich des Zentrums (km 1258) an der Calle 8 Sur Pte, Tel. 6320980 (zu Fuß zum Zócalo ca. 20 Min., Combis dorthin direkt gegenüber). Destinationen: Busse zur Guatemala-Grenze **Ciudad Cuauhtémoc** (82 km), **Palenque, San Cristóbal de las Casas, Tapachula** (über Motozintla), **Tuxtla Gutiérrez** u.a. Ziele. Busfahrkarten auch in der Stadt bei **Ticketbus** im Centro Cultural Rosario Castellanos.

Weiter nördlich an der Panamericana, zw. 1. u. 2. Calle Sur, liegen die **Combi-Terminals** zur Guatemala-Grenze, nach **Tuxtla Gutiérrez** und **San Cristóbal de las Casas** (auch mit Combis von Balún Canán gegenüber).

Zum **Nationalpark Montebello** mit Combis von *Línea Comitán Lagos de Montebello,* Av. 2 Pte Sur (zw. Calles 2 und 3 Sur Pte), ca. halbstündliche Abfahrten. Diese fahren – mit Stopp Chinkultic – zum Parkplatz der Laguna Bosque Azul (s. Montebello-Karte unten) und bis zum Ort Tziscao, Fz bis dorthin ca. 1 h. Letzte Rückfahrt von der Laguna Bosque Azul bzw. Tziscao erfragen.

Gleichfalls von dieser Stelle Abfahrten auf der Fronteriza Sur-Straße über **Reforma Agraria** (s.S. 337, 4,5 h, u. S. 410) bis nach **Palenque** (8 h). Nach Reforma Agraria – und auch in Richtung *Laguna Miramar* – fährt außerdem *Transportes Tzoyol* von der 4. Av. Pte Sur, Tel. 6327739.

Zur **Laguna Miramar** über Las Margaritas außerdem mit *Autotransportes Las Margaritas,* Abfahrtstelle s. Stadtplan r.u. – Nach **El Chiflón** mit *Transportes Tuxtepeques* von der Panamericana/Ecke 2. Calle Nte (s. Stadtplan) oder mit einem Tuxtla-Gutiérrez-Combi bzw. einem 2.-Klasse-Bus und unterwegs an der kurzen Chiflón-Zufahrtsstraße aussteigen.

Selbstfahrer: Die Nebenstrecke von Comitán über Gónzales de León und Altamirano nach **Ocosingo** ist **gut ausgebaut** und wunderschön! Wer auf der **Carretera Fronteriza del Sur** (Mex 307, entlang der guatemaltekischen Grenze) nach Palenque fahren will: s.S. 410.

Mayastätte Tenam Puente

Die Mayastätte **Tenam Puente** liegt ca. 15 Straßenkilometer südöstlich von Comitán. Anfahrt mit *Transportes Tenam Puente,* 1. Calle Pte Sur (s. Stadtplan) bis nach Francisco Sarabia, von da noch 2,5 km.

Mit eigenem Fahrzeug die Mex 190 in Richtung La Trinitaria nehmen, nach ca. 8 km rechts abbiegen (ausgeschildert). Tenam Puente liegt ca. 1 km hinter dem Dorf Francisco Sarabia strategisch auf einem Hügelrücken mit Panoramablick über die Ebene von Comitán. Über mehrere bebaute Terrassen, die mit starken Mauern befestigt sind, steigt man hügelaufwärts. Es gibt drei Ballspielplätze sowie zahlreiche Tempelgebäude auf jeder Terrasse. Auf der obersten befindet sich an der Rückwand des äußersten linken Tempels ein Holzkreuz, Ziel einer jährlichen Prozession der Bewohner von Francisco Sarabia. Eintritt 31 Peso.

Lg. Miramar

Laguna Miramar s.S. 420.

Parque Nacional Lagunas de Montebello/ Chinkultic

Der *Parque Nacional Lagunas* (oder *Lagos*) *de Montebello* liegt 55 Straßenkilometer südöstlich von Comitán direkt nördlich der Grenze Guatemalas. Autofahrer fahren von Comitán auf der Panamericana 16 km nach Süden und biegen noch vor dem Ort *La Trinitaria* nach Osten ab. Von Trinitaria sind es 33 km bis zum Eingang des Parks. Anfahrt mit öffentlichem Transport von Comitán s. dort bei „An- und Weiterreise".

Beim KM 22 geht es rechts auf 1,5 km zur historischen Ex-Hacienda **Parador Museo Santa María,** die zu einem stilvollen, luxuriösen Landhotel mit viel Mobiliar und Antiquitäten aus dem 18. und 19. Jh. umgestaltet wurde. Aus der Kapelle machte man ein kleines religiöses Museum (9–18 Uhr, 25 Ps). Sehr gutes Restaurant, auch für Tagesgäste. Infos www.paradorsantamaria.com.mx, Tel. 963-6325116. DZ HS 2420 Ps, NS 1760 Ps.

Ruinas de Chinkultic

Bei Km 30 führt nach links eine Straße zu den Ruinen der Mayastadt **Chinkultic** (ausgeschildert, der Busfahrer lässt einen aussteigen). Man geht zu Fuß ca. 2,5 km nach oben, dort ist Eintritt zu bezahlen (38 Ps, 9–16 Uhr). Chinkultic war vom 1. bis zum 13. Jh. bewohnt und hatte seine Blütezeit in der Spätklassik von 600 bis 900 – damit bestand diese regionale Macht länger als Palenque. Die Freilegung der über 200 überwachsenen Erdhügel, die in dichter Vegetation um sechs Hauptkomplexe mit Ballspielplatz und Hauptpyramide liegen, ist schon länger im Gange und wird sich noch lange hinziehen. Auch die dynastische Geschichte liegt, trotz vieler gefundener Inschriften, noch im Dunkeln. Vom *El Mirador* in Hügellage hat man einen herrlichen Rundblick über die Seenregion und einen tiefen Blick in den gleich daneben befindlichen *Cenote Agua Azul,* ein wassergefüllter Krater, in den die Bewohner religiöse Opfergaben warfen. Nahe Chinkultic wurde der berühmte **Markierungsstein eines Ballspielplatzes** gefunden **(s. Abb.):** ein kreisrunder, re-

liefierter Bildstein, der vermutlich als Zielscheibe diente. Sein Durchmesser beträgt 56 cm, im Zentrum ist ein Ballspieler mit Brustschutzring abgebildet, der gerade mit der Hüfte einen Ball wegstößt. Er wird eingerahmt von einem Kreis von Maya-Glyphen- und -Zahlen (9 baktun, 7 katun, 17 tun usf.). Die Scheibe stammt etwa aus dem Jahr 590 n.Chr. und befindet sich im Anthropologischen Museum in Mexiko-Stadt.

Hidalgo

Etwa 1,5 km östl. der Chinkultic-Abzweigung liegt die Streusiedlung **Hidalgo** mit der **Hospedaje El Pino Feliz,** wo der Bus hält. „Glückliche Pinien" ist der Name für einen Rancho mit Nutz- und Haustieren von Doña Berta (die die Gäste bekocht) und Don Rigoberto. Übernachten kann man in einfachen Holzcabañas mit *baños comunes.* Möglichkeit einer **Tagestour** mit José in die Seen- und Waldlandschaft zu Wasserfällen, Höhlen usw. und zum Abschluss, wenn gewünscht, auch Chinkultic. Eine empfehlenswerte Tour, Tel. 963-1021089.

Nach knapp 4 weiteren Kilometern erreicht man den Parkeingang, wo 30 Peso Eintritt zu bezahlen sind. Dahinter gabelt sich die Straße: nach Norden geht es zu den **Lagunas de Colores,** rechts zum Dorf *Tziscao* (9 km, s. Karte).

Parque Nacional Lagunas de Montebello

Der **Nationalpark Montebello** („schöner Berg" – eigentlich müsste er „schöne Seen" heißen) liegt auf 1500 Meter Höhe. Er ist ein überwiegend unberührter Gebirgsregenwald mit vielen Koniferen, epiphytenbewachsenen Eichen, Farnen und Sträuchern sowie 52 kleineren und größeren Seen, die 18% der 6022 ha großen Parkfläche einnehmen. Sie entstanden durch Verkarstungsprozesse, bei Sonnenschein schimmern sie in allen nur möglichen Farben, von dunkelgrün, türkis und blau bis hin zu kupferfarben und schwarz.

Flora und Fauna sind sehr artenreich (endemische Schmetterlinge), registriert wurden 256 Pflanzenspezies und über 100 Wirbeltierarten. Bei den *Lagunas de Colores* ist das Wasser der *Laguna Bosque Azul* jedoch leider eine veralgte Brühe mit Abwassereinleitungen! Der Park mag insgesamt zwar sehenswert sein, doch an vielen Stellen liegt der Müll herum, Brandrodungen sind üblich. Besuchen Sie ihn möglichst nur in der niederschlagsarmen Zeit zwischen November und April. Weitere Infos auf der Homepage der Comunidad Tziscao, www.tziscao.com.

Lagunas de Colores

Zu dieser am Parkeingang liegenden Seengruppe der fünf „Farb-Lagunen" gehören die *Laguna Agua Tinta, Ensueño, Esmeralda, Encantada* und die größte, die bereits erwähnte **Laguna Bosque Azul.** Um den Parkplatz Bootsvermietung, Comedores und Cabañas. Man kann mit gemieteten Pferden z.B. um die Seen reiten (Führer kostet extra) und es werden auch mehrstündige Wagentouren zu den anderen Seen des Parks angeboten. Auch Jungen aus den Comunidades bieten sich (gegen Entgelt) als Führer an.

Am hinteren Ende des Parkplatzes beginnt ein Weg zu den **Grutas San Rafael del Arco,** mehrere Kalksteinhöhlen und ein Felsenbogen (Arco), durch den ein Fluss fließt und den man zuerst erreicht (Schilder „Grutas" beachten). Hinter dem Felsbogen gabelt sich der Weg, beide Pfade führen zu den Höhlen, der linke zur Höhle unterhalb des Flusses. Bei niedrigem Wasserstand kann man auch unter dem Felsbogen hindurchgehen und so zu der flussnahen Höhle gelangen. Weglänge einfach ca. 1,5 km.

Vorsicht beim Wandern in entferntere Gebiete, es kam in der Vergangenheit schon zu Raubüberfällen. Parkwächter befragen und Hinweise beachten.

Foto: Blick auf die Laguna Esmeralda

Tziscao

Bleibt man nach dem Parkeingang auf der Hauptstraße, wird nach ca. 9 km die Streusiedlung **Tziscao** an der gleichnamigen Lagune erreicht (zuvor ist auf der Strecke ein geringes zusätzliches Entgelt zu zahlen, das der lokalen *eijido*-Comunidad zugute kommt; das Ticket aufbewahren). Man passiert die links liegende *Laguna de Montebello* (Reitangebote) und danach die Seengruppe *Cinco Lagunas* mit dem schönen See *La Cañada* (Kayakvermietung). Die *Laguna Pojoj* besitzt eine Insel, bietet Schwimmplatz, Comedor und fidele Seetrips per Paddelfloß zu jener Insel *(paseo en balsa)*. Schließlich erreicht man die **Laguna Tziscao,** den größten See des Parks. Uferseitig ist ein Aussichtspunkt, *mirador*. Am See Unterkünfte, Kajakvermietung und Bootstouren.

Die hübsche und der Landschaft angepasste, ruhige **Albergue Tziscao** gehört dem Ejido, von ihr hat man eine reizvolle Aussicht auf See, Strand und Wald. Insgesamt können dort 29 Personen unterkommen, Tel. 963-1107144, www.tziscao.com. DZ mit Bad und Heißwasser 600 Ps, Camping 80 Ps p.P. Holz-Cabañas in A-Form-Bauweise für bis zu 6 Personen 600 Ps. Günstiges Restaurant, Kajak- und Radvermietung. Daneben liegt die ältere Cabaña-Anlage *Playa Escondida*.

Carretera Fronteriza

Vom Pueblo Tziscao führt die asphaltierte Straße *Carretera Fronteriza del Sur* bis nach Palenque, Beschreibung s.S. 410.

Grenze Ciudad Cuauhtémoc // La Mesilla (Gua.)

Ciudad Cuauhtémoc, 82 km südöstlich von Comitán, ist keine „Stadt", sondern nur die mexikanische Grenzkontrolle: ein paar Häuser, ein Hotel und einfache Restaurants – das war's. Haltestation für Busse nach/von Comitán und San Cristóbal de las Casas sowie der Busse zur/von der Pazifikküste (Tapachula) über Motozintla.

Ausreise

Der mexikanische Grenzposten liegt gegenüber der Busstation. Die guatemaltekische Grenzstelle *La Mesilla* befindet sich 4 km von Ciudad Cuauhtémoc hügelaufwärts, nach der Ausreise gelangt man dorthin mit einem der vielen hin- und herfahrenden Colectivos (ca. 15 Ps, Nepper gibt es auch). Alles aber unkompliziert. Eine Bank gibt es nicht, dafür fliegende Wechsler. Man bekommt aber einen besseren Quetzal-Kurs für restliche Peso auf der guatemaltekischen Seite. Beide Grenzen sind offen von 6–22 Uhr.

Grenzgebühren

Mexiko, Aus- Einreise: s.S. 28. **Guatemala,** Einreise kostenlos; 90 Tage Aufenthalt. Ausreise: kostenlos. Doch es wird versucht, bei der Einreise Gringos bis zu 50 Quetzal (5 US$/50 mexikanische Peso) pro Person abzuknöpfen.

La Mesilla

Achtung, je nach Jahreszeit 1 Stunde **Zeitunterschied** Mexiko/Guatemala!

Die guatemaltekische Grenzstelle La Mesilla ist ein wenig „größer" als Ciudad Cuauhtémoc. Vom La Mesilla-Busterminal – dorthin von der Grenze mit Mototaxis – fahren Busse nach *Huehuetenango* (85 km, ca. 2 h, letzter Bus dorthin um 16 Uhr), nach *Quetzaltenango* (genannt *Xela,* 3,5 h) und auch nach *Ciudad de Guatemala* (ca. 7 h). In Huehuetenango kann man nach Ciudad de Guatemala, zum Atitlán-See sowie zu weiteren Guatemala-Zielen umsteigen. Bei der Rückreise von Guatemala nach Mexiko mit dem Taxi-/Colectivo zur Grenze, noch zuvor restliche Quetzal in Peso tauschen.

Einreise nach Mexiko

Mexiko-Einreise: kostenlos, sofern man bereits eine noch gültige Touristenkarte besitzt (s.S. 28).

Normalerweise braucht für die Weiterfahrt nicht lange auf einen Bus nach Comitán oder direkt nach San Cristóbal de las Casas gewartet zu werden, überdies verkehren auch ständig schnellere Colectivos nach Comitán (Fz ca. 1,5 h). Die Bus-Abfahrtszeiten sind beim Cristóbal-Colón-Busstopp ersichtlich, Fz nach San Cristóbal de las Casas ca. 3,5 h. Für Fernziele ist es jedoch besser, mit der nächsten Möglichkeit nach Comitán oder San Cristóbal zu fahren und dort umzusteigen, als stundenlang in Ciudad Cuauhtémoc zu warten.

Selbstfahrer: Grenzen sind offen für Fahrzeuge von 6–21 Uhr. Nach dem Zöllner kommt die *Control Sanidad* mit Desinfektion der Reifen. Polizeiliche Einreise und Fahrzeugpapier-Kontrolle ein paar Kilometer weiter. Die temporäre Fahrzeugeinfuhr ist derzeit 10 Jahre gültig.

Guter Campplatz bei den *Lagunas de Colón* bzw. bei der archäologischen Stätte **El Lagatero** auf einer See-Insel. An der Hauptstraße Mex 190 den Abzweig nach Osten zum Dorf Lagos de Colón beachten (toller Freizeitpark mit Tourismuseinrichtungen), vom Abzweig noch 11 km, N15.83009 W91.88733.

San Cristóbal de las Casas – Chiapa de Corzo mit Sumidero-Canyon – Tuxtla Gutiérrez

Von 2100 Meter Höhe geht es von San Cristóbal de las Casas über die *Sierra Los Altos de Chiapas* hinab auf 400 Meter Meereshöhe in Chiapa de Corzo. Die mautpflichtige Autobahn Mex 190**D** verkürzt die Fahrzeit zwischen beiden Städten erheblich. Die alte, äußerst kurvenreiche Bergstrecke Mex 190 ist eine Quälerei ohne Ende.

Selbstfahrer: Von der alten Mex 190 kann man ca. 14 km vor Chiapa de Corzo nach rechts auf die Mex 195 abbiegen, die zum Wasserfall **Cascada El Chorreadero** führt (s. Sumidero-Karte, beschildert, ca. 1 km). Das Wasser stürzt in einem Strahl von einer Felsenwand aus einer Höhle über 20 Meter tief nach unten. Man kann an einer Wandseite hochklettern (glitschig!) und etwa 60 Meter in die dunkle *gruta* hineinlaufen, entlang am Flussbett des Wasserfalls, bis zu einem See, der von einem weiteren kleinen Fall gespeist wird. (Nur in der Trockenzeit möglich, sonst zuviel Wasser, Taschenlampe erforderlich.) Am Wasserfall wohnen Leute, die führen können. Am Fuß des Falls außerdem Badebecken. Übersichtskarte am Eingang, tägl. 8–18 Uhr, Eintritt und Restaurant (nicht immer offen, eher teuer und nur mittelmäßig). Übernachten mit Wohnmobil auf dem Parkplatz nicht erlaubt.

Die Mex 195 führt weiter nach Norden in Richtung Villahermosa ab. 10 km hinter dem Tzotziles-Ort *Bochil* (58 km), in *Puerto Caté,* führt die Mex 173 nach **Simojovel** (weitere ca. 40 km). Der Ort ist ein Bernstein-Zentrum *(ámbar).* Man kann wertvolle Stücke, z.B. mit Insekten-Einschlüssen, preisgünstig erstehen.

Chiapa de Corzo

Ew. 60.000

✆ 01-961

Das provinziell-angenehme *Chiapa de Corzo* liegt auf der Nordseite des Río Grijalva und ist Ausgangspunkt für Bootsfahrten in den **Cañón del Sumidero.** Als erste Hauptstadt von Chiapas wurde sie 1528, noch vor San Cristóbal de las Casas, von *Diego de Mazariegos* als *Chiapa de los Indios* gegründet (erster spanischer Konquistador war 1524 Luis Marín).

Archäologische Ausgrabungen förderten nahe des Ortes präklassische Mayabauten zutage, es wurde eine Stele gefunden, auf der das **früheste archäologische Datum des ganzen amerikanischen Kontinent** eingraviert ist, der 9. Dezember 36 v.Chr. Sie befindet sich im Museo *Regional de Chiapas* in Tuxtla Gutiérrez. Darüber hinaus entdeckte man Siedlungsspuren einer über 3500 Jahre alten postolmekischen Regionalkultur, und damit zählt Chiapa de Corzo zu den ältesten permanent bewohnten Orten Mesoamerikas!

Sehenswert

Außergewöhnliche Attraktionen bietet Chiapa de Corzo keine. Alles ist zu Fuß erreichbar, vom Zócalo bis zur Ablegestelle der Boote sind es nur etwa 100 Meter. Sehenswert und ein Wahrzeichen auf dem riesigen und mit *portales* umsäumten Zócalo ist das Brunnenhaus **Fuente Colonial** oder **„La Pila“**. Dieser achteckige, kapellenähnliche Bau aus Ziegelsteinen wurde im spanisch-arabischen Stil *(estilo mudejar)* erbaut und diente einst zur Wasserversorgung des Ortes **(s. Foto).** Fertiggestellt wurde er bereits 1562. Die Kuppel und die acht umlaufenden spitzen Türmchen sollen angeblich die spanische Königskrone symboli-sieren.

Der daneben aufragende, überaus mächtige **Ceiba-Baum** *La Pochota* ist ein uraltes Naturdenkmal, Wissenswertes dazu steht auf einer Tafel. Die Statue ehrt den Lokalpatrioten *Ángel Albino Corzo,* nach dem der Hauptplatz der Stadt benannt ist.

Die langgestreckte, weißrote Kirche **Templo de Santo Domingo de Guzmán** aus dem 16. Jahrhundert befindet sich einen Straßenblock südlich vom Zócalo. Angeschlossen ist der Ex-Convento Santo Domingo mit schönem Innenhof und Arkadengängen, heute das **Centro Cultural** (Mo geschl.). In den Klosterräumen gibt es Kunstausstellungen, so z.B. Holz- und Linolschnitte des lokalen Künstlers Franco Gó-

mez, und es befindet sich dort auch das **Museo de la Laca** (Lackmuseum). Zu sehen sind kunstvoll mit floralen Motiven bemalte und dann lackierte Gebrauchsgegenstände, wie z.B. Schmuckkästchen, Truhen sowie *jícaras,* Flaschenkürbisse mit abnehmbaren Deckeln. Falls die Künstler Handwerker anwesend sind, kann man bei der Herstellung zusehen. Dieses Verfahren kam einst aus China nach Mexiko. Die wertvollen alten Holzmasken sollen die spanischen Eroberer darstellen, bei Festen werden sie von *parachicos* getragen. Das Museum ist Di–So 10–18 Uhr geöffnet.

In Sichtweite von Kirche und Kloster liegt am Fluss der **Embarcadero,** von dem die Boote in den Sumidero-Canyon abfahren. Mexikoweit bekannt sind die hübschen *chiapaneca*-**Trachten** im floralen Stickdesign **(s. Foto)** und die regenbogenfarbenen *rebozos* der *parachicos.*

Etwas außerhalb, am östlichen Ende der Straße Hidalgo, liegt die **Zona Arqueológica** mit bislang drei freigelegten Pyramidenstrukturen, den *montículos* 1 und 5 sowie 32 an der Einmündung der östlichen Ausfallstraße Carretera Internacional in die Libramento Norte.

Feste

Wer im Januar hier ist, kann was erleben: Vom 15.–23. und bereits ein paar Tage zuvor findet die grandiose **Fiesta San Sebastián Martír** (oder *fiesta grande*) statt, mit ausgelassenen Umzügen, tanzenden *chuntas* (Männer in Frauenkleidern) und bizarren Maskentänzern, *parachicos.* Eines der schönsten Feste Mexikos überhaupt! Haupttag ist der 21. Januar mit einer „Seeschlacht" auf dem Fluss zwischen „Indianern" und „Konquistadoren", gekrönt von einem Feuerwerk. Programm auf der Homepage des Hotels Los Ángeles, s.u.

Weitere Fiestas: 4. August, *Santo Domingo de Guzmán.* 17. September, *San Jacinto.* Am 3. Freitag im Oktober, *Fiesta del Señor del Calvario;* u.a.

■ *parachicos – Maskentänzer-Parade*

Adressen & Service Chiapa de Corzo

Infos

Turismo: Von der Westseite des Zócalo in die Av. Domingo Ruíz gehen, nächste Straßenecke links, Mo–Fr 8–16 Uhr, Tel. 6161013. Das *Centro Cultural* befindet sich im Kloster. **Banken** mit Geldautomaten rund um den Zócalo.
Websites: www.chiapadecorzo.com.mx • www.turismochiapas.gob.mx • u.a.

Unterkunft

Hotel Los Ángeles, Südostecke Zócalo bzw. Calle Grajales 2, Tel. 6160048, www.hotel-chiapas.com. Sehr gute Ausstattung, sauber und sehr gute Lage unweit der Bootsanlegestelle, ordentliches Restaurant, WiFi, sicheres Parken im Innenhof. DZ um die 400 Ps. – **Hotel Posada Real,** Grajales 192 (einen Block östlich vom Zócalo), Tel. 6161015, www.hotelposadareal.com.mx. 20 Zimmer, WiFi u.a. DZ 440–500 Ps. – **Hotel La Ceiba,** am westl. Ende der Av. Domingo Ruíz 300 (s.o. „Turismo") in Richtung Río Chiquito, Tel. 6160389, www.laceibahotel.com. Mittelklasse-Touristenhotel, Pool, Restaurant, 80 Zimmer/AC. DZ 700 Ps.

Essen & Trinken

Die Restaurants am Embarcadero sind voll auf Touristen eingestellt, Steuer und Bedienungsgeld meist extra obendrauf. Gegenüber vom Hotel Los Ángeles, Südostecke Zócalo, gibt es einen kleinen Markt mit günstigen Essensständen, leckeren Hähnchen und Burgern. Einfache Gerichte, auch im kleinen *Mercado Municipal* gleich östlich der Kirche Santo Domingo (Av. López). Nahe Zócalo-Südwestecke ist **Los Corredores,** beste Sitze im schattigen Gartenpatio, *platos chiapanecas,* speziell Rind und Schwein. Etwas teurer, aber in hübscher Lage und schön zum Sitzen: **Jardines de Chiapa,** Madero 395 (an der Südseite des Zócalo die C. Madero nach Westen gehen); umfangreiche Speisekarte, Standardgerichte, aber auch Außergewöhnliches und Fisch.

An- und Abreise

Von Tuxtla Gutiérrez (14 km) und von **San Cristóbal de las Casas** s. dort. Colectivo-Haltestelle an der Zócalo-Nordseite, *Av. 21 de Octubre.* Rückfahrten ebenfalls von dort auf der anderen Straßenseite, laufend Abfahrten. Für San Cristóbal de las Casas an der Parada an der Autobahn aussteigen (s. Beschreibung S. 409) und ein San-Cristobal-Colectivo anhalten.

Cañón del Sumidero

Embarcadero

Die Boote legen am Embarcadero am Ufer des Río Grijalva ab, Parkplatz 200 m zuvor. Die Boote fahren täglich und ganzjährig ab 8.30/9 Uhr morgens. Letzte Abfahrt so um 16.30 Uhr. Die ersten Abfahrten sind die besten, denn da gibt's wenig Motorenlärm. Winters ist es nach 16 Uhr in der tiefen Schlucht früh dunkel. Da einem der starke Fahrtwind um die Ohren pfeift und man sich leicht erkälten kann, ein Halstuch oder winddichte Jacke mitführen, Sonnenschutz auftragen und einen Hut festbinden. Ein kleines Fernglas lohnt für Vögel und Krokodile. Gepäck deponieren ist möglich an einem Stand in der Nähe vom Embarcadero oder beim Bootsanbieter.

Preise und Dauer

Die Tour kostet derzeit 160 Peso pro Person (nicht zusätzlich ein Ticket für den am Stausee liegenden Abenteuerpark aufdrängen lassen!), handeln zwecklos. Eine *lancha* fährt erst, wenn die 8–13 Sitzplätze belegt sind. Entweder man wartet bis das Boot voll ist – und das kann dauern – oder die schon Wartenden zahlen den Rest drauf. (Hinweis für die Nebensaison: bis das erste Boot abfährt, kann es 11 Uhr oder später werden!). Streckenlänge bis zur Chicoasén-Staumauer 21 km, Fahrtdauer insgesamt etwas mehr als zwei Stunden.

Leider versauen an allen Stellen mit ruhigem Wasser größere und kleinere Müllinseln aus Plastikabfall, das Nebenflüsse aus Tuxtla Gutiérrez kommend einspülen, das wunderschöne Naturerlebnis. Das Problem besteht seit langem und harrt noch immer einer Lösung.

Embarcadero Cahuaré

Außer der Hauptablegstelle direkt in Chiapa de Corzo gibt es noch den kleineren **Embarcadero Cahuaré** bei der Brücke *Puente Belisario Domínguez* an der Mex 190 (s. Sumidero-Karte). Es ist ab dort nicht billiger, die Boote fahren ebenfalls erst mit 10 oder 12 Personen, Fahrtdauer 2 h. Besonders morgens und auch in der Nebensaison hat man ab Cahuaré kaum Chancen eines sofortigen Starts. Minibus-Pendelverkehr zur Plaza von Chiapa de Corzo.

Hinweis: Man kann auch oben an der Schluchtkante mit Autor/Fahrrad etc. entlangfahren und in den Canyon runterschauen, s.S. 437; **Foto s.S. 330.**

Wissenswertes über den Canyon

Die tiefe Schlucht des Río Grijalva (Höhe 1200–700 Meter über NN) entstand durch einen tektonischen Riss zwischen dem Tiefland und der Sierra. Erste Versuche von Abenteurern, den wilden Grijalvafluss mit seinen vielen Stromschnellen in Booten zu bezwingen, endeten sowohl 1895 und 1932 tragisch. Auch nachfolgend gab es nur Teilerfolge. Erst 1960 gelang die vollständige Befahrung. Die Nutzung der Schlucht für einen Stausee mit Kraftwerk bot sich naturgemäß an. 1981 wurde der Chicoasén-Damm fertiggestellt, der aus dem einst reißenden Río Grijalva ein zahmes Wasserreservoir und einen der größten Stauseen Mexikos machte. Mit seinen teils über 1000 Meter aufragenden Felswänden ist der Sumidero („Abflussgraben") überdies eine der tiefsten Flussschluchten der Welt (Breite zwischen 500 und 2000 Meter). Der Canyon und das drumherum liegende Gebiet wurden als Nationalpark ausgewiesen, Fläche über 2000 ha. Mit Hochgeschwindigkeitsbooten donnert man bis zur Staumauer. Imposant ist aber nicht nur die Kulisse der gewaltigen Canyonwände, sondern auch die Flora und Fauna des Stausees – wenngleich die Frequenz, mit der die Boote mittlerweile über den Fluss jagen, es kaum mehr ermöglicht, scheue Wassertiere zu sehen. Viele Vogelarten, Reiher und Pelikane lassen sich jedoch nach wie vor sehr gut beobachten.

Die Boots-Fahrt

Anfänglich sieht man nichts Aufregendes, doch nachdem man unter der weitgespannten Brücke *Belisario Domínguez* mit dem *Embarcadero Cahuaré* hindurchgefahren ist, werden die Ufer hügeliger und der Fluss enger. Auf der rechten Seite kann man von weitem die Reste einer Siedlung namens *Berlin* erkennen, benannt nach dem deutschstämmigen Archäologen und Maya-Forscher Heinrich Berlin (1915–1987). Bald werden die Felswände steiler und höher und ragen schließlich an den engsten Stellen über 1000 m senkrecht hoch. Wenn der *lanchero* den Außenborder abschaltet, wird die Stille der Natur spürbar, eine Wohltat für die Ohren.

Interessant sind die vielen größeren und kleineren Höhlen, die der Fluss aus den Wänden auswusch – *Cueva del Silencio, Cueva de Colores* u.a. Man sieht Schildkröten und viele Wasser- und Raubvögel, und, mit etwas Glück, in den Uferbäumen auch Affen sowie an seichten Stellen das gefährdete *cocodrillo americano* (dt.: Spitzkrokodil). Doch manchmal ist es schwierig zu unterscheiden, ob ein Tier im Wasser schwimmt oder nur Plastikabfall, denn der Canyon hat ein immenses Umweltproblem. „Miren, en el centro de la basura hay una

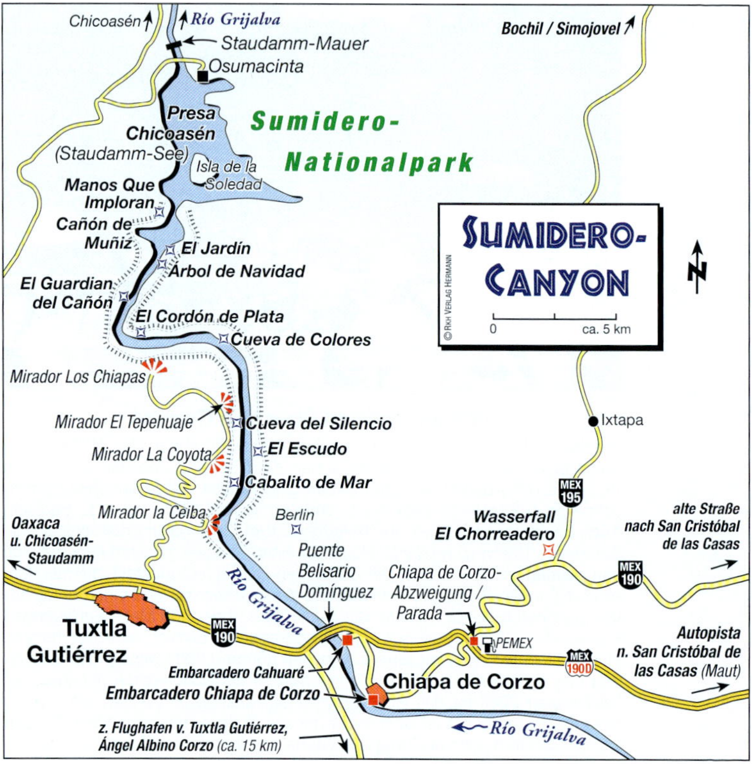

tortuga", sagt dann der Bootsführer …

Oft passiert man herabrinnende Quellgewässer und kleine Wasserfälle. Unter einem hat sich der **„Árbol de Navidad"** gebildet (ziemlich am Ende des Canyons, auf der rechten, pardon, Steuerbordseite): ein moos- und algenbedecktes, ausgefranstes Felsgestein, das mit seinem grünen Überzug die Form eines spitzen Weihnachtsbaums hat. Herabstürzendes Gischtwasser „schmückt" den „Baum" mit Silberlametta. („Wasserlassend" zeigen sich die Wasserfälle aber nur während der Regenzeit, also zwischen Juni und Oktober). Bei *El Jardín* gibt es ein kleine Höhle, in die manche Bootsführer reinfahren, dort gibt es eine Gedenkstätte für den Gründer des Sumidero-Nationalparks.

Danach treten die hohen Wände zurück, das Ende des Stausees *(embalse)* ist erreicht, großflächig weitet er sich. Am Ufer ein Denkmal und Restaurants, bei ihnen erfolgt meist ein Zwangsstopp (überhöhte Preise). An der Chicoasén-Staumauer beträgt die Wassertiefe 260 Meter, dahinter verwandelt ein Kraftwerk das Wasser des Río Grijalva in elektrische Energie. Die Leistung wird mit etwa 1200 MW angegeben, soviel also wie ein mittleres (ehemaliges …) deutsches Kernkraftwerk. Fertiggestellt wurde der Damm 1980. Etwa 50 km weiter westlich wird der Río Grijalva mit abermaliger Stromgewinnung nochmals zum *Presa Nezahualcóyotl* aufgestaut.

Auf dem Rückweg gibt der Bootsfahrer Speed und drosselt die Fahrt nur noch selten. Wer nicht genug hat, kann noch von oben Blicke in den Canyon werfen (s. „Umgebungsziele" bei Tuxtla Gutiérrez).

Tuxtla Gutiérrez

Ew. 580.000

✆ 01-961

Tuxtla Gutiérrez, seit 1892 Hauptstadt und Regierungssitz des Bundesstaates Chiapas, liegt weit ausgebreitet auf einer Höhe von 500 Meter. „Tuxtla" leitet sich von dem Náhuatl-Wort *tochtlán* ab, „Gutiérrez" ist der Name eines früheren Gouverneurs von Chiapas und seit 1848 Namensanhängsel.

Tuxtla Gutiérrez ist kein Touristenmagnet und keine historische Kolonialstadt wie das benachbarte Chiapa de Corzo, sondern Industrie- und Geschäftsstadt und Verkehrsdrehkreuz. Für Reisende ist Tuxtla deshalb meist nicht mehr als ein kurzer Zwischenstopp nach San Cristóbal de las Casas, nach Oaxaca oder zu Pazifikorten, vor allem auch, weil der neue Busterminal seit 2007 weit außerhalb liegt und Fernbusse nicht mehr wie früher ins Zentrum fahren müssen.

Orientierung: Straßen in N–S-Richtung heißen *Calles,* in O–W *Avenidas.* Ost-West-Hauptachse ist der *Boulevard Ángel Albino Corzo,* der beim Durchschneiden des Zócalo **Avenida Central** heißt, dann westlich zur *Av. 14 de Septiembre* wird und weiter draußen *Boulevard Belisario Domínguez* heißt. Nord-Süd-Hauptachse ist die *Calle Central Norte,* südlich vom Zócalo heißt sie *Calle Central Sur.* Entlang der Hauptstraßen verkehren Colectivos und es fahren zahlreiche (weiße) und nicht teure Stadttaxis.

Den Innenstadtbereich rund um die riesige **Plaza Cívica,** wie der Zócalo offiziell heißt, prägen nüchterne Zweckbauten. Attraktiv sind aber der **Zoo** und der **Parque de la Marimba,** Letzterer gern auch von Nachtschwärmern besucht.

Chiapas

Plaza Cívica

Um die Plaza Cívica liegen *Presidencia Municipal, Palacio Federal* und *Palacio de Gobierno.* Gleich südlich der Avenida Central steht die Kathedrale **San Marcos** – ein weißes, etwas eigenartiges und langgestrecktes Bauwerk mit Uhrenturm und Glockenspiel zur jeden vollen Stunde (48 Glocken!). Die dortigen Straßenrestaurants laden bei einem Rundgang zu einer Pause ein.

Zoo

Tier- und Naturliebhaber sollten sich den **Parque Zoológico Miguel Alvarez del Toro** nicht entgehen lassen, kurz **ZooMat** („Mat" steht für die Initialen des verstorbenen Gründers **M**iguel **A**lvarez del **T**oro). Er liegt außerhalb im Südosten, ca. 5 km vom Zentrum auf einer Anhöhe. Mit 140 ha bewaldeter Fläche – auch bei heißer Sonne geht man so fast immer im Schatten – ist er einer der größten der Welt und sicherlich **Mexikos schönster!** Viele Tiere sind nicht in enge Käfige gesperrt, sondern leben in natürlichem Habitat in weitläufigen Einfriedungen. Ein Muss ist das attraktive **Vogelhaus.** Chiapas hat diesbezüglich die höchste Artenkonzentration Mittelamerikas, und es ist deshalb absolut kein Manko, dass der Zoo „nur" die Tier- und Pflanzenwelt Südmexikos repräsentiert. Vertreten sind weit über 100 Spezies, wie Tukane, Papageien, Quetzales (im Gehege), Reptilien (Leguane, Krokodile), Fische, Insekten und große Spinnen (im *Vivario*), Schlangen usw., aber auch bedrohte Arten wie Jaguar oder Tapir. Durch die Bäume hangeln Affen, die Brüllaffenkolonie, die sich laut lärmend frei durchs Zoogelände bewegt, ist einmalig.

Zur Besichtigung mindestens 3 Stunden einplanen (2,5 km langer Rundweg), **montags ist der Zoo geschlossen,** ansonsten 8.30–16 Uhr, Tel. 6144765, Eintritt 40 Ps. Di freier Eintritt und Mi–Sa vor 10 Uhr auch. Es gibt einen Info-Kiosk, Laden, eine Cafetería, Picknick-Plätze und ein Museum.

Auch bei Regenwetter gut zu besichtigen, da die vielen Bäume Regenschutz geben. **Anfahrt:** am besten per Taxi oder etwas umständlich mit einem „Cerro Hueco"- bzw. „Zoológico"-Bus/Colectivo ab der Ecke 1. Calle Oriente Sur/7. Av. Sur Oriente (s. Stadtplan), Abfahrt ca. halbstündlich, Fz 20 Minuten.

Parque Madero

Bei genügend Zeit ist ein Besuch des im **Parque Madero** liegenden Anthropologischen Museums **Museo Regional de Chiapas** empfehlenswert (Di–So 9–18 Uhr, Eintritt), das ca. 1 km nordöstlich des Zentrums an der Fußgängerstraße *Calzada de los Hombres Ilustres* mit mexikanischen Nationalhelden liegt. Der moderne Bau zeigt prähispanische Kunstschätze – Keramiken, Olmeken- und Maya-Artefakte – und die berühmte **Stele No. 2** von Chiapa de Corzo, auf der das früheste archäologische Datum ganz Amerikas entziffert wurde: 9. Dezember 36 v.Chr. (manchmal als Leihgabe außer Haus). Berühmt ist auch die Steintafel mit dem Abbild von *Kan-Xul II.,* des letzten Herrschers von Palenque, der 711 n.Chr. in Toniná enthauptet wurde. Außerdem weitere historische, künstlerische und ethnologische Exponate. Gleich gegenüber liegt das kleine, aber didaktisch gut aufgemachte **Paläontologische Museum.**

Weitere Einrichtungen im Park: Gleich südlich des Museo Regional liegt der 4 ha große **Jardín Botánico Dr. Faustino Miranda** mit vielen Baumarten, Sukkulenten, Kakteen, Blumen (Orchideen) und Heilpflanzen (Di–So 9–18 Uhr). Angeschlossen ist das **Museo Botánico,** es zeigt u.a. Holzarten von Chiapas.

Außerdem noch der futuristische Bau des **Teatro de la Ciudad** (*Ballet-Folklórico*-Vorführungen), Kinderpark **Convivencia Infantil** und das Open-air-Theater **Teatro Bonampak** (sonntags Volkstänze von 17–20 Uhr). Veranstaltungsprogramme an den Kassen oder beim Turismo. Anfahrt zum Parque Madero am besten per Taxi. Wer mit dem eigenen Wagen unterwegs ist, kann vom Parque Madero über die **Calzada Cañón del Sumidero** zur kurvenreichen Aussichtsstraße entlang des Sumidero-Canyons weiterfahren (s.u.).

Parque de la Marimba

Der schöne **Parque de la Marimba** liegt 800 m westl. der Plaza Cívica an der Verlängerung der Av. Central Poniente zwischen 8. u. 9. Calle. Um ihn herum gibt es etliche Cafés und Restaurants. An seiner südwestlichen Ecke (Central Poniente/9. Calle) ist das kleine **Museo de la Marimba** (Di–So 10–20 Uhr, Eintritt) mit dem **Turismo.** Abends und am Wochenende oft mehrstündiges Musikprogramm mit Tanz und guter Stimmung im Park. Die Marimba ist das Nationalinstrument von Chiapas. Hier wird sie nicht nur virtuos gespielt, sondern es werden auch landesweit die besten Marimbaphone hergestellt. Das wohlklingende Instrument kam in anderer Machart einst mit afrikanischen Sklaven nach Lateinamerika. Auch in Guatemala ist die Marimba weit verbreitet.

Adressen & Service Tuxtla Gutiérrez

Turismo

Info-Kiosk auf der Plaza Cívica/Südostecke (s. Stadtplan). Das *Turismo Municipalidad* hat sein Büro am Parque de la Marimba (s.o.). Für den Bundesstaat Chiapas zuständig: *Secretaría de Desarollo Económico,* Blvd. Domínguez 950 (vor dem Gebäude steht ein großer Pacal-Kopf), rund 2 km westlich vom Zócalo, schräg gegenüber vom Hotel Bonampak, Mo–Fr 8–16 Uhr, Tel. 6170550, geb.-frei 01-800-2803500, www.turismochiapas.gob.mx.

Websites

www.turismotuxtla.com.mx • www.turismo.tuxtla.gob.mx • www.rutasdechiapas.com.mx • www.chiapas.gob.mx • über www.turismochiapas.gob.mx • www.chiapasmio.com • www.hotelesentuxtla.com • u.a.

Unterkunft

Preiswerte Hotels findet man in den Straßen rings um die Plaza Cívica:

Hotel Casablanca, 2. Av. Nte Ote 251, Tel. 6110142. Familienhotel, 46 Zimmer mit verschiedener Ausstattung (TV, AC), weiter hinten ist es ruhiger; öffentlicher Parkplatz nebenan. DZ 420 Ps.

Hotel Catedral, 1. Av. Nte Ote 367, Tel. 6130824, noch das beste unter den Budget-Unterkünften in dieser Gegend. DZ 450–550 Ps.

Hotel Regional San Marcos, 2. Calle Ote Sur 176, Tel. 6131940. Nicht berauschend, doch zentral an der Plaza. DZ 480 Ps.

Hotel María Eugenia, Av. Central Ote 507 (drei Cuadras östlich vom Zócalo), Tel. 01-800-7160149, www.mariaeugenia.com.mx. Fünfgeschossiger, moderner Bau, 75 Zimmer, WiFi, gutes Büffet-Restaurant, **Reisebüro** *Viajes Kali* (www.viajeskali.com), Pool und Parkplatz. Gute Wahl. DZ ab 750 Ps.

Beim Parque de la Marimba

Hotel Santa María, Calle Pte Nte 160, Tel. 6146577. Kleines, nettes Hotel direkt an der östlichen Seite des Parque de la Marimba. DZ 650. – **Hotel Real Avenida,** Central Pte 1230, zwei Cuadras westlich des Parque, Tel. 6122347, www.realavenida.com.mx. Modernes Mittelklassehotel mit vielen Annehmlichkeiten, Restaurant, WiFi u.a. Gutes PLV. DZ ab 750 Ps.

Oberklasse und LUX

Hotels der Luxusklasse, wie *Camino Real* oder *Crown Plaza,* liegen am westlichen Blvd. Domínguez. Dort auch: **Hotel Bonampak,** Blvd. Domínguez No. 180, ca. 2 km westl. des Zócalo. Ruhiges Gartenzimmer nehmen, Pool, Reisebüro, Restaurant im hinteren Hof. – **Best Western Palmareca,** Blvd.

Domínguez 4120, www.palmareca.com, Tel. 6170000. Mit den übliche Standards dieser Kette, großer Garten mit Pool und ein paar Extras mehr. Preise a.A., DZ ca. 900 Peso – „promociones permanentes"!

Außerhalb **Centro Ecológico & Spa El Zapote,** ca. 14 km nördlich der Stadt an der Straße zum Chicoasén-Staudamm (s.u. „Mit dem Wagen zur Staudamm-Mauer Chicoasén"), vor dem Ort San Fernando am KM 14 links abbiegen, in freier Natur auf kühleren 900 Metern Höhe, Tel. 2230624 (bei Anruf wird man in Tuxtla abgeholt). Temazcal (Schwitzbad), Massagen u.a. DZ ca. 250 Ps.

Wohnmobil / Campen Hotel/Trailer Park **La Hacienda,** Blvd. Domínguez 1197, westl. Stadtseite, in Richtung Tehuantepec, am Kreisverkehr/Kreuzung Blvd. Domínguez/Libramiento, Tel. 6127986, N16.7556 W9314213. Sehr laut durch Verkehrslärm. Vielleicht findet man im gleich nördlich gelegenen **Parque Caña Hueca** mit seinen Sportanlagen eine Möglichkeit (nördlich davon ist der OCC-Busterminal mit riesigem Einkaufszentrums *Plaza del Sol*) oder probiert **Hotel Arecas,** Blvd. Domínguez No. 1080, mit großem Garten. Oder evtl. beim o.g. Centro Ecológico & Spa.

Essen & Trinken / Unterhaltung Um die Plaza Cívica warten auf Kundschaft jede Menge *Taquerías, Loncherías, Torterías* und *Restaurantes* (z.B. östlich der Kathedrale). Das **Restaurante Imperial** westlich der Plaza Cívica ist ein Tipp, ebenfalls das nette **La Casona** in einem Haus aus dem 19. Jh. westl. der Kathedrale mit regionalen und mexikanischen Standards. In dem großen Show-Restaurant **Las Pichanchas,** Av. Central Ote 837 (zw. Calle 8 u. 9). wird Di–So von 12–24 Uhr zu *comida regional* unterhaltsame *música de marimba en vivo* geboten, und um 21 Uhr tanzt ein **Ballet Folklórico;** Infos und Speisekarte s. www.laspichanchas.com.mx. Auf der Plaza Cívica werden am Sonntagabend, je nach Jahreszeit, Platzkonzerte abgehalten. Cafés und Restaurants um den *Parque de la Marimba* (*Grado Cero,* Nordseite). Nachtclubs, Bars und Tanzschuppen findet man in der *Zona Dorada* auf dem westlichen Blvd. Domínguez.

Kommunikation **Post:** im Palacio Federal, Zócalo, PLZ 29000, mit Mexpost und Fax-Dienst. – **Telefon:** *Ladatels* um den Zócalo (Westseite). – **Internet-Cafés:** etliche.

Reisebüro *Viajes Miramar,* 1. Ote Nte 310 (Nordseite Zócalo), Tel. 6123930; *Viajes Kali,* im Hotel María Eugenia, Av. Central Ote 507.

Notfall **Polizei:** im Palacio Municipal, Tel. 6121106; **Notruf** Tel. 060, kostenlos.

Mercados / Einkaufen Die beiden Märkte *Mercado Viejo* und *Mercado Díaz Ordaz* befinden sich an der südlichen Calle Central, der *Mercado 20 de Noviembre* nordöstlich vom Palacio Municipal (s. Stadtplan). Kunsthandwerk aus ganz Chiapas gibt es beim staatlichen *Instituto Marca Chiapas,* westlicher Blvd. Domínguez 2035, tägl. bis 20 Uhr, So 10–14 Uhr, mit kleinem Museum.

Feste 20.–29. April: *Fiesta de San Marcos.* 1.–5. August *Fiesta de San Domingo.* 16.–25. August *Fiesta de San Roque;* u.a.

An- und Weiterreise

Bus Der neue OCC-Busterminal liegt knapp 3 km von der Plaza nordwestlich am *Periférico Norte* (16.45.44 N 93.8.22 W) beim Parque *Joyu Mayu* und ist Teil des riesigen Einkaufszentrums *Plaza del Sol.* Die hypermoderne Anlage bietet allen Komfort, Reisende der Luxus-Linien haben z.B. separate Wartezonen mit freien Getränken. WiFi und Gepäckdepot gleichfalls vorhanden. Hervorragende Busverbindungen zu zahllosen Destinationen. Sollte man doch länger warten müssen, bietet die Einkaufs-Mall mit ihren Läden, Restaurants und Kinos Zeitvertreib. Ins Zentrum der Stadt per Taxi oder Colectivo (Route 35).

Alle großen Buslinien wie ADO, ADO GL, OCC, UNO etc. fahren von hier ab oder kommen hier an, es gibt auch einige Busgesellschaften 2. Klasse. Diese haben im Zentrum weitere Terminals. Nachfolgend die wichtigsten Destinationen vom ADO/OCC Terminal mit 1.-Klasse- u. Luxusbussen:

Cancún (1150 km, über San Cristóbal u. Palenque, Tulúm u.a., auch über Villahermosa; ca. 20 h) 3x tägl. – **Comitán** (175 km, 3 h) ca. 10x tägl. – **Mérida** (820 km, über San Cristóbal, Palenque, Campeche; 14–15 h) 3x tägl. – **Mexiko-Stadt** (1015 km, 12 h) ca. 11x tägl. – **Oaxaca** (550 km, 10 h) um 11.30, 19.25 u. 23.55 Uhr. – **Palenque** (280 km, 6 h) 8x tägl. – **Puebla** (13 h) 3x tägl. – **Puerto Escondido** (560 km, 11 h) und Pochutla (für San Ángel) 2x tagsüber/nachts. – **San Cristóbal de las Casas** (56 km über die *autopista,* Fz eine gute Stunde), stündlich und häufiger. – **Tapachula** (400 km, ca. 7 h über die schnellere Strecke an der Küste entlang über Tonalá), Abfahrten ca. im Stundentakt. – **Veracruz** (7,5 h) 3 Nachtbusse. – **Villahermosa** (300 km, gut 4 h), um 10 Uhr OCC und 2 Nachtbusse. 2. Klasse TRT (6 h) gleichfalls vom ADO/OCC beim OCC-Schalter. – Abfahrtszeiten auch auf www.ticketbus.com.mx, Verkaufsstelle für Tickets 1.-Klasse-/Luxusbusse im Zentrum an der 2. Av. Nte Pte/Ecke 2. Calle Pte Nte (So geschl.). Busgesellschaften mit Webseiten s.S. 54.

Zum Sumidero-Canyon: Mit einem regulären Taxi zunächst ins Stadtzentrum (ca. 40 Ps) zur Abfahrtsstelle der Colectivos nach **Chiapa de Corzo** in der 1. Av. Sur Ote (es fahren auch wesentlich günstigere Colectivos dorthin, Abfahrtsstelle am anderen Ende des Einkaufszentrums, Linie Nr. 20). Vom Stadtzentrum ständige Abfahrten nach Chiapa de Corzo, Fz knapp 45 Minuten, ca. 10 Ps; diese Colectivos halten auch am *Embarcadero Cahuaré* an der Brücke B. Domínguez (s. Sumidero-Karte S. 432).

Der große 2.-Klasse Busterminal „Terminal de Transporte Tuxtla" befindet sich gegenüber dem *Mercado de los Ancianos* in 9. Av. Sur Ote/Ecke 13. Calle Ote Sur. Von hier fahren Busse 2. Klasse zu vielen Zielen in die nähere und weitere Umgebung und auch Colectivos nach San Cristóbal de las Casas (diese auch von der Ecke 13. Av. Ote Sur/Av. Central Ote).

Chiapas

Flug

Linienflüge vom Flughafen *Aeropuerto Ángel Albino Corzo* (TGZ), 35 km südöstlich der Stadt und 15 km südlich von Chiapa de Corzo. Dient auch als Flugplatz für San Cristóbal de las Casas. Touristen-Information und Mietwagen. Taxi-Fahrzeit **aus** dem Zentrum Tuxtlas bei dichtem Verkehr bis zu einer Stunde! Von Tuxtlas OCC-Terminal fahren ein paar wenige Busse zum Flughafen. **Vom** Flughafen ins Stadtzentrum mit (vorbezahlten) *Transporte Terrestre*-Taxis, auch nach San Cristóbal de las Casas und Chiapa de Corzo. Obendrein nachmittags drei Minibusse von *Ómnibus Cristóbal Colón* nach San Cristóbal de las Casas. Weitere Billigflieger s.S. 56.

Umgebungsziele Tuxtla Gutiérrez

TIPP: Blick in den Cañón del Sumidero

14 km östlich von Tuxtla Gutiérrez liegt das Städtchen **Chiapa de Corzo,** von wo aus Bootsfahrten auf dem Río Grijalva in den **Cañón del Sumidero** angeboten werden. Blicke *in* die ca. 1000 m tiefe Flussschlucht hat man von einer lohnenden **Panoramastraße,** die durch den Nationalpark *Cañón del Sumidero* (geöffnet 6–17 Uhr) am Canyonrand entlangführt. Anfahrt aus Tuxtla Gutiérrez auf der *Calzada Cañón del Sumidero,* s. Stadtplan. Man passiert die Aussichtspunkte *Mirador La Ceiba* (1. Mirador, km 8), *La Coyota, El Tepehuaje* und, am Ende der Straße, *Los Chiapas* (Cafetería mit Aussichtsterrasse). Von dort ergibt sich der eindrucksvollste Blick in die Schlucht **(Foto s.S. 330).** Von dieser Stelle haben sich 1527 etwa 2000 Chiapa-Maya in die Tiefe gestürzt, um der Versklavung durch die vorrückenden Spanier zu entgehen, die zuvor – unter Mazariegos – ihren Stammesführer Sanguiem verbrannt hatten.

■ Der **Bus „Autobus Panorámico"** fährt samstags und sonntags um 9 u. 13 Uhr vom Parque de la Marimba ab (beim Turismo erfragen). Die Tour zu den fünf Miradores dauert ca. 3,5 gemütliche Stunden. Tickets im Bus ca. 80 Ps, inkl. Parkeintritt. Jacke empfehlenswert.

Mit dem Wagen zur Staudamm-Mauer Chicoasén

Ausfahrt aus dem Zentrum von Tuxtla: zunächst nach Nordwesten, dann nach Norden. Nach ca. 40 km bietet sich ein herrlicher Ausblick über den Chicoasén-Stausee und den Talausgang des **Canyons.** Das Gebiet ist militärische Sperrzone, daher ist Fotografieren wie auch ein Aufenthalt auf der 265 m hohen Staumauer nicht erlaubt. Oberhalb des Staudamms führt eine Zufahrt in einer Kurve wenige hundert Meter zu einem Pier hinab. Von dort kann man sich mit einem Boot kostenlos zum gegenüberliegenden Ufer des Stausees übersetzen lassen, wo sich unmittelbar am Wasser einige Restaurants befinden, die Fisch und andere Köstlichkeiten anbieten.

... und weiter nach Villahermosa

Nach weiteren rund 50 km wird **Tecpatán** erreicht. Mitten im Ort liegt auf einer Terrasse über dem Talboden der Ex-Convento de *Sto. Domingo de Guzmán* (auch bekannt als „Las Ruinas"), eine der größten Klosteranlagen des Dominikanerordens in Chiapas. Die Mönche ließen sich 1564 im Gebiet der Zoque-Maya nieder, um diese zu bekehren. Der 1614 vollendete Klosterbau ist auf Fray Antonio de Pamplona zurückzuführen, der der Gemeinschaft fast 40 Jahre lang vorstand. Das Kloster mit einschiffigem Kirchensaal, Kreuzgang und Nebengebäuden wurde nach den Reformgesetzen von 1857 (Verstaatlichung der Kirchengüter) aufgelassen und verfiel. Restaurierung noch nicht vollständig abgeschlossen.

Nach weiteren 48 km wird **Raudales de Malpaso** erreicht, das unmittelbar am Nordufer des Malpaso-Stausees bzw. *Presa Nezahualcóyotl* liegt, wo der Río Grijalva ein weiteres Mal aufgestaut wird. Der Ort selbst ist unbedeutend; rund um den Hauptplatz gibt es drei Hotels, alle sehr einfach. Es besteht die Möglichkeit, mit einem Boot auf das gegenüberliegende Stauseeufer überzusetzen.

Ca. 35 km von Raudales entfernt liegt die sehr abgelegene Maya-Ausgrabungsstätte **Malpasito** im „Agua Selva"-Regenwaldgebiet, Siedlungsstätte der Zoque-Maya. Anfahrt nach Norden über die Mex 187, die von Raudales nach Heróica Cárdenas an der Mex 180 führt. Nach 30 km bei Romulo Calzada/La Herradura eine Abzweigung auf eine Piste, etwa 7 km über die Weiler Las Flores und Malpasito. Die Mayastätte Malpasito weist eine Hanglage auf und ist von markanten Hügeln umgeben, die mit Regenwaldflora bedeckt sind. Im Zentrum befindet sich die Plaza Principal mit einem Ballspielplatz und einem Temazcal (Dampfschwitzbad). Von der Plaza steigt man über eine breite Treppenanlage hangaufwärts zum Patio Sur und die ihn umgebenden Plattformen und von dort weiter auf die Acrópolis.

Nach weiteren 85 km auf der Mex 187 erreicht man Heróica Cárdenas; von dort geht es in östlicher Richtung nach Villahermosa (50 km).

Cascada El Aguacero

Etwa 45 km westlich von Tuxtla liegt in der über 100.000 ha großen **Reserva de la Biosfera El Ocote** der 25 m hohe Wasserfall **Cascada El Aguacero.** Anfahrt auf der Mex 190 Richtung Cintalapa, dabei passiert man gleich hinter Ocozocoautla die **Sima de las Cotorras,** einen über 80 m tiefen Abgrund (ausgeschildert). 11 km hinter Ocozocoautla geht es 3 km nach rechts zum *Centro Ecoturístico El Aguacero* mit Restaurant, Toiletten u. Platz für WoMo. Von zwei Aussichtspunkten kann man in den *Cañón de la Venta* hinabblicken und auf 716 Stufen geht es zum Wasserfall mit toller Bademöglichkeit hinab. Außerdem werden 2 Exkursionen mit einem Parkguide angeboten.

Reserva de la Biósfera El Triunfo

Das 30.000 ha große Biosphärenreservat *El Triunfo* liegt an der pazifikzugewandten Flanke der Sierra Madre de Chiapas, rund 200 km südlich von Tuxtla Gutiérrez bzw. südlich des langgezogenen, riesigen Stausees *Belisario Domínguez* (La Angostura). Seinen Namen erhielt das Schutzgebiet vom dortigen erloschenen Vulkan *El Triunfo.* Es ist relativ klein, doch schützt es die letzten intakten Berg- und Nebelurwälder Chiapas' und ist Habitat für seltene Tier- und Vogelarten. Tuxtla Gutiérrez ist Ausgangspunkt für einen Besuch mit einem lizenzierten Spezialveranstalter, Infos auf www.ecobiosfera.org.mx.

Von Tuxtla Gutiérrez zum Golf von Tehuantepec bis Oaxaca

Von Tuxtla Gutiérrez geht es auf der mautpflichtigen Mex 190D ständig abwärts nach Ariaga an den Golf von Tehuantepec. Selbstfahrer können unterwegs auf die alte und kostenfreie Mex 190 wechseln. Von Arriaga auf der Mex 200 nach Tapachula und zur Grenze Guatemalas s.S. 522.

Istmo de Tehuantepec

Am **Istmo de Tehuantepec** trennen nur 215 Kilometer den Atlantik vom Pazifik. Die alte Idee, hier einen Kanal zu bauen, um beide Weltmeere miteinander zu verbinden, wurde jedoch nie realisiert. Für den Gütertransport baute man eine Straße und 1908 auch die Bahnlinie von Salina Cruz nach Coatzacoalcos am Golf von Mexiko. Bis zur Eröffnung des Panamakanals 1914 hatte die Tehuantepec-Landenge einen gewissen strategischen Wert für Mexiko. In dieser Küstenebene ist es immer heiß und ein fast ständig wehender, nicht minder heißer Wind wirbelt Staub durch die Straßen der Orte. Auf den ersten Blick also keine Gegend zum Bleiben. Die Tatsache, dass die hier lebenden Zapoteken, die einst vom Hochland in den Isthmus eingewandert waren, in dieser Region eine matrizentrische Gesellschaftsstruktur im ansonsten so patriarchalen Mexiko entwickelten und bewahren konnten, stellt aber vielleicht überraschende Erlebnisse in Aussicht.

■ *Eine Tehuana in historischer Tracht*

Die Frauen von Juchitán

Die Region von Juchitán ist sozusagen eine **„weibliche Enklave“** im Machismo-Land Mexiko. Die traditionell buntgekleideten *zapotecas* dieser Region kontrollieren und dirigieren geschäftstüchtig, aber zum Wohle aller, das Marktwesen und beteiligen sich selbstbewusst in der Lokalpolitik. Ganz anders als sonst in Indígena-Gemeinden gibt es hier keine Kinderarmut. Die *juchitecas* scheinen nicht nur dicker, sondern auch größer als ihre Ehemänner zu sein. In Gruppen gehen sie zu Veranstaltungen oder setzen sich ins Café, ein ansonsten ungewöhnliches Bild im indigenen Mexiko. Spürbar wird diese matriarchalische Tradition auch bei den zahllosen **Vela-Festen** („Nachtwachen“), die hauptsächlich von Frühjahr bis Herbst stattfinden und die oft tage- bzw. nächtelang dauern. Anlässe sind die Patronatstage katholischer Heiliger, die *quinceañera,* der 15. Geburtstag eines Mädchens oder sonstige Festtraditionen. Eingeladen werden Hunderte von Gästen oder gleich das ganze Dorf, organisiert von den *sociedades*. So lassen die Frauen an ihrem Reichtum auch andere teilhaben. Mit ihren blumenmusterbestickten *huipiles,* langen *enaguas* (Röcken) und dem angelegten Gold- und Silberschmuck beherrschen die stattlichen Frauen souverän das Geschehen. Beim Tanz sieht man fast nur Frauen miteinander tanzen. Einen Mann benötigt frau, so scheint es, eigentlich nur zur Vaterschaft – ob es deshalb um Juchitán so viele homosexuelle Männer und Transvestiten gibt? Die sogenannten *muxe* („musche“) sind hier gesellschaftlich voll akzeptiert und werden vor allem von ihren Müttern und Schwestern sehr geschätzt, da sie sehr hilfreich und so auch Mitgaranten für die ökonomische Sicherheit der Familie sind. Sie haben sogar ihr eigenes Vela-Fest.

Chiapas

Juchitán

Ew. 80.000

✆ 01-971

Juchitán ist das Zentrum der *Istmeño*-Kultur, doch nur selten legen Reisende in dieser relativ wohlhabenden Stadt mit ihren freundlichen Menschen einen Stopp ein. Schön ist der zentrale Platz der Stadt, der **Jardín Juárez,** mit seiner großen zweistöckigen **Markthalle** auf der Ostseite. Das Treiben und die Szenerie dominieren stattliche *juchiteca*-Frauen mit langen Zöpfen, in die sie farbige Bänder geflochten haben. Ihre Umgangssprache ist *zapoteco.* In der Halle gibt es neben unzähligen Ständen mit Waren aller Art auch die mexikotypischen Garküchen, wo man authentisch und gut essen kann. Unter den Arkaden und in der näheren Umgebung wird gleichfalls verkauft, was in der Region produziert wird. Sehenswert ist evtl. noch die *Casa de la Cultura* mit Kunst- und Gemäldeausstellungen (eine Cuadra vom Zócalo in der Calle Gómez).

Am interessantesten ist Juchitán – wie Tehuantepec – in den Monaten seiner vielen *vela*-Feste von Mitte April bis Anfang September.

An- und Weitereise: Der Busterminal liegt etwas außerhalb, an der Prolongación 16 de Septiembre. Nach der Ankunft gleich um die nächste Verbindung kümmern, da von Juchitán zu Fernzielen nur Zusteigebusse abfahren („de paso"-Busse)! Zum Zócalo per Taxi oder mit einem „Terminal–Centro"-Bus. – **Destinationen:** Bahías de Huatulco (4 h), Mexiko-Stadt (11–12 h), Oaxaca (4,5–6 h, ständige Abfahrten), Pochutla (für Puerto Ángel), San Cristóbal de las Casas (5,5–6,5 h, Nachtbusse!), Tehuantepec (ständig), Tuxtla Gutiérrez (4–5,5 h) und zu weiteren Zielen. – **Übernachten:** *Hotel Mansión,* Prolongación 16 de Septiembre 34B, ca. 2 Cuadras vom Busterminal; schön, preislich gehoben. **Hotel López Lena Palace,** Av. 16 de Septiembre no. 70, Tel. 7111388. DZ ca. 550 Ps (darauf achten, ein Zimmer mit einem Außenfenster zu bekommen).

Essen: *Restaurante Casagrande,* Plaza-Südseite. *Marisco Itzel,* C. 5 de Mayo/Ecke 16 de Septiembre: Leckeres aus dem Meer.

Tehuantepec

Ew. 40.000

✆ 01-971

Tehuantepec kann man kaum als einen attraktiven Ort bezeichnen. Die Hitze und der ständige Wind vertreiben Besucher schnell wieder. Auffallend sind hier die dreirädrigen, kuriosen *motocarros,* die hinten eine Ladefläche haben, auf der dann die Fahrgäste stehend den kühlen Fahrtwind genießen können.

Wer hier zufällig in der letzten Maiwoche vorbeikommt, kann das einwöchige, ausgelassene Vela-Fest *Guiexoba* miterleben. Weitere Festtermine sind *San Sebastián* (um den 20. Jan.), *San Juan* (um den 24. Juni), *Maria Himmelfahrt* (14.–20.8.) und eines vom 6.–10. September. Am besten in der *Casa de la Cultura* erkundigen, im ehemaligen Kloster **Cosijopí,** Calle Rey Cosijopí, ob gerade eine *vela* ansteht. Gefeiert wird vielfach auch in den *barrios,* in den Stadtvierteln. Der Busterminal liegt nördlich außerhalb an der Mex 185, an ihr gibt es auch eine Touristen-Info. Nach der Ankunft gleich um die Weiterfahrt kümmern, es gibt viele Verbindungen zu Nah- und Fernzielen mit recht guten Frequenzen. Für Puerto Ángel nach Pochutla. Nach Puerto Escondido 6–7 h. Wer nach Guatemala will, fährt an der Küste entlang nach Tapachula, vorzuziehen ist aber die Fahrt über San Cristóbal de las Casas und dann über den Grenzpunkt Cuauhtémoc//La Mesilla. Nach Oaxaca (6–8 h) sehr viele Abfahrten, nach Juchitán ständig.

Übernachten: *Hotel Oasis,* Calle Melchor Ocampo 8, einen Block südlich vom Zócalo, Tel. 7150008; kleiner Innenhof, ruhig, zentral. DZ mit AC ca. 300 Ps. – *Hotel Calli,* Carretera Cristóbal Colón (Mex 185), KM 790 in Richtung Juchitán, Tel. 710085, www.hotelcalli.com. Große, moderne Anlage „mit allem", Pool. DZ 1100 Ps. – **Essen:** *Restaurante Scaru,* C. Leona Vicario 4; angenehmes Ambiente, gute Speisen. Der Mercado ist auf der Westseite der Plaza, abends laden dort die Garküchen zum Mahle.

Tehuantepec – Oaxaca

Selbstfahrer: Guiengola

Es geht wieder in höhere Lagen. Die 400 m hoch liegende Zapotekenfestung **Guiengola,** wo die Zapoteken 1496 erfolgreich einen Angriff der Azteken abwehrten, befindet sich 15 Kilometer hinter Tehuantepec bzw. beim KM 240 bei Las Tejas, wenige Kilometer nördlich der Mex 190. Der recht lange (45 Min.) und steile Fußweg zu der mit Mauern befestigten und zwischen 1350–1521 besiedelten Anlage ist anstrengend.

Presa Benito Juárez

Etwa 15 km weiter kann man zum Stausee *Benito Juárez* abbiegen – „mit einer Stimmung wie an einem Mondkrater …" Im eher desolaten Ort Jalapa del Marqués gibt es Fischrestaurants. – Nach Oaxaca sind es noch 210 km, eine bergige Serpentinenfahrt mit unzähligen Kakteen und Agavenfeldern.

Oaxaca

Ew. 500.000

© **01-951**

Oaxaca, offiziell **Oaxaca de Juárez,** Hauptstadt des gleichnamigen Staates, ist eine der Perlen mexikanischer Städte. Sie liegt in einem großräumigen Talkessel der Sierra Madre auf 1540 Meter Höhe, 520 km von Mexiko-Stadt entfernt. Drei Täler, die **Valles Centrales** laufen hier zusammen (s. Karte S. 469): *Valle de Tlacolula, Valle de Etla* und *Valle de Zimatlán.* Das Klima ist fast ganzjährig frühlingshaft, den Großteil der Bevölkerung stellen Zapoteken und Mixteken.

Koloniale Vergangenheit, indigenes Erbe und moderne Zeit verbinden sich in Oaxaca zu einer äußerst attraktiven Mixtur mit einem immensen Angebot an Kunst, Kultur und Kunsthandwerk. Das denkmalgeschützte *Centro Histórico* zählt zusammen mit Monte Albán zum UNESCO-Weltkulturerbe („Patrimonio Cultural de la Humanidad"). Die vielen Feste und Tänze mit herrlichen Trachten, das entspannte Leben in der Stadt mit ihren Fußgängerzonen und auch das enorm große gastronomische Angebot machen Oaxaca zu einer der meistbesuchten Städte Mexikos – wobei die Erträge aus dem Tourismus der Motor ständiger Veränderungen sind.

Bekannt ist Oaxaca außerdem für die archäologischen Stätten **Monte Albán** und **Mitla,** für das große **Guelaguetza-Fest** im Juli und die reizvollen Wochenmärkte in den Dörfern der Umgebung.

Hinweis: Allgemeine Diebstahlsgefahr, aufpassen, vor allem **in den Busterminals** (Trick- und Ablenkdiebe). Von nah und fern strömen Indígena in die Stadt, um als Straßenhändler, Kleinstanbieter, Schuhputzer oder Bettelnde vom Geld der Touristen auch etwas abzubekommen.

Geschichtliches

In prähispanischer Zeit lag *Huaxyacac* – „Oaxaca" ist eine spanische Verballhornung dieses Náhuatl-Wortes, was „Nase der Kalebasse" bedeutet – im Schnittpunkt wichtiger Handelswege. Die spanischen Konquistadoren erreichten den Ort 1521 unter *Francisco de Orozco.* Danach bemühten sich hier vor allem die Dominikaner um die Christianisierung der angestammten Bevölkerung. 1529 wurde Oaxaca als *La Nueva Antequera* neu gegründe und erhielt drei Jahre später von Kaiser Karl V. die Stadtrechte. Als der Eroberer Mexikos, *Hernán Cortés,* von seinem Rang als Gouverneur von *Nueva España* abgesetzt wurde, bekam er 1528 als Entschädigung den Titel eines *Marqués del Valle de Oaxaca* (Markgraf vom Tal von Oaxaca), verbunden mit großem Landbesitz – doch Cortés lebte nie in Oaxaca!

■ *Blick auf Oaxaca*

Die verschlafene Agrarregion war seit der Kolonialzeit kein Schauplatz von besonderen geschichtlichen Höhepunkten, was aber dadurch wettgemacht wird, dass zwei der berühmtesten mexikanischen Staatsmänner von hier stammen: der Diktator **Porfirio Díaz** (1830–1915) und **Benito Juárez** (1806–1872), als Zapoteke 1858 erster indigener Präsident und bedeutendster Reformpolitiker Mexikos. Während große Ungerechtigkeiten in der Regierungszeit von P. Díaz' („Porfiriat", 1876–1911) dessen Ruf nachhaltig schädigten und letztendlich zur Revolution 1910 führten, verehrt man Benito Juárez dafür um so mehr.

Zwei Erdbeben 1854 und 1931 zerstörten viele Gebäude der Stadt, und die nachfolgende Zeit der industriellen Entwicklung „verschlief" Oaxaca dann mehr oder weniger. Wichtigste Einnahmequelle ist heute der Tourismus. 2006/07 erschütterten monatelange Unruhen und Proteste gegen Gouverneur Ruíz die Hauptstadt und Teile des Staates. Widerstand gegen die Staatsgewalt, Protestmärsche und (Hunger-)Streiks der indigenen Bevölkerung als Folgen sozialer Ungerechtigkeiten sind in Oaxaca keine Seltenheit.

Angenehme Atmosphäre

Der Treffpunkt von Oaxaca ist der von hohen Bäumen beschattete, autofreie **Zócalo.** Unter den Portalen mit Restaurants und Cafés nippen Touristen ihren *café con leche,* spielen Musikgruppen, bieten Luftballonverkäufer, Schuhputzer und Straßenhändler ihre Waren und Dienste an. Außerdem ist der Platz manchmal politische Bühne für (stille) Indígena-Proteste vor dem ehemaligen Regierungspalast auf der Südseite.

In Oaxaca gibt es prächtige Barockkirchen und interessante Museen – das **Museo de las Culturas de Oaxaca** links neben der Santo-Domingo-Kirche nicht versäumen –, eine hervorragende Gastronomie und eine Innenstadt mit autofreien Straßen, wie die **Valdivieso/Alcalá,** die (teure) Flaniermeile der Stadt. An ihrem nördlichen Ende steht die Landmarke der Stadt, die Kirche **Santo Domingo.** Eine Stadt, in der man schöne Tage verbringen und Ausflüge in das indigen geprägte Hinterland machen kann. Das Klima ist angenehm mild, am späten Abend jedoch kühl. Sprachschulen bieten Spanischkurse an.

Zurechtfinden …

… ist in Oaxaca problemlos, die Straßen im Zentrum sind im Gitterraster angelegt. Schnittpunkt ist der **Zócalo,** offiziell *Plaza de la Constitución*. Viele der Sehenswürdigkeiten liegen fast alle in Gehweite nördlich der *Avenida Hidalgo,* die den Zócalo auf seiner Nordseite durchläuft. Vom nördlich gelegenen 1.-Klasse-Busterminal fahren Busse ins Zentrum. Eine **Taxifahrt** innerhalb des Stadtkerns kostet ca. 50 Peso.

Hotels

1 Posada Don Mario
2 Hostal El Pochón
3 Hostel Casa Ángel
4 Hostal Casa del Sol
5 Las Golondrinas
6 Hotel Casa del Sótano
7 Las Bugambilias
8 Hotel Quinta Real
9 Hotel Azucenas
10 Ht. Real de Antequera
11 Paulina Hostel
12 Hotel El Trébol
13 Hotel Aurora
14 Ht. Pos. Don Matias
15 Hotel Florida
16 Posada Catarina
17 Hotel-Pos. El Chapulín
18 Hostal El Qijote

weitere Hotels Karte n. Seite

Restaurants/Cafés

1 R. La Casa del Tío Güero
2 R. La Vida en un sorbo
3 R. La Biznaga
4 Pizzeria Nostrana
5 Café Comala
6 La Fonda de Sto. Domingo
7 R. La Olla
8 R. La Muralla
9 Café Coffee Beans & Bar
10 Café-R. La Antigua
11 R. Hostería de Alcalá
12 R. Manantial Vegetariano
13 Bar-Café Decano
14 R. Flor de Loto
15 R. El Catedral
16 R. El Mesón Oaxaqueño
17 Cafetería del Jardín
18 R. Alameda
19 Café-Rest. Alex
20 R. El Naranjo
21 Fondas

Musikkneipen/Bars

Bar Fandango B2
Bar Son Cubano B3
Café Central A4
Candela s. D3
Casa del Mezcal C5
Freebar B3
La Cucaracha B3
La Divina C2
La Tentación B3

Oaxaca - Centro
0
200 m
© Rkh Verlag Hermann
Fußgängerzonen
A
B
C
D
1
2
3
4
5
ARIPO
Cosijopi
Humboldt
zum Busterminal der 1. Klasse
zum Turismo SECTUR
Parque Juárez
Callejón del Carmen
Reisebüro Tierraventura
Quetzalcóatl
Escalera del Fortín (Treppe)
Crespo
El Punto
Del Monte
Port. Díaz
García Vigil
Casa de Juárez
Hostal Fernanda
Iglesia Carmen Alto
Plazuela del Carmen Alto
Carranza
IAGO
M. Alcalá
Berriozábal
Reforma
Benito Juárez
Centro Cultural Sto Domingo (CCSD) mit
Museo de las Culturas de Oaxaca
Jardín Etno-botánico
Eingang
Mezcaloteca
z. Hostal Casa del Sol
40 m
Iglesia y Ex-Convento Santo Domingo
Bar Fandango
Aranda
Allende
Constitución
Gurrión
F.d. Fortín
Pan & Co
Mietauto ONLY
Rest. Los Danzantes
Zona Bici (Räder)
Expediciones Sierra Norte
La Divina
Clínica Carmen
Plazuela Labastida
Abasolo
M. Bravo
ex Calle Unión
Casa de las Artesanías de Oaxaca
Libros Amate
Mezcal-/Tequila-Bar La Cucaracha
La Tentación
Centro Cultural R.F. Magón
Arte de Oax.
Hotel Quinta Real (Ex-Convento Sta. Catalina)
Matamoros
Murguía
Wäscherei
Tinoco y Palacios
Son Cubano
Museo Rufino Tamayo
Freebar
Aerotucán
Ambar Artesanías
Museo MACO
Mietauto ONLY
CEPROTUR
MARO-Artesanías
80 m z. Rest./ Musikbar La Candela
Basilica de la Soledad
Banamex
Morelos
Palacio Municipal
Bancomer
Museo de los Pintores Oaxaqueños
Universidad
5 de Mayo
Museo de la Soledad
Nachtmarkt
San Felipe Neri
Caseta Computel
Independencia
Kiosk
Hotel Monte Albán
Alameda de León
Catedral
Valdivieso
Teatro M. Alcalá
Café Teatro
Banamex
Cambio
Boletotal / Ticket Bus
Ticket Bus Aero-méxico
Cambio
Banamex
Museo Textil de Oaxaca
Galeana
Mier y Terán
Díaz Ordaz
Hidalgo
Café Central
Bäckerei
Zócalo
Agencia de Viaje Micsa
HSBC
Cambio Cons. Internacional
Fiallo
V. Trujano
Guerrero
Armenta y López
Viajes Turísticos Mitla (im Htl. Santa Rosa)
La Compañía
García
Cabrera
Museo del Palacio Universum
Bustamante
San Agustín
Las Casas
Crist. Colón
Ocampo
Viajes Turísticos Mitla (im Htl. Rivera Diamante)
20 de Noviembre
Mercado B. Juárez
Kneipe La Casa del Mezcal
Hintereingang zum Monte-Albán-Bus
Busse nach Monte Albán u. Mitla (mit Viajes Turísticos)
Aldama
San Juan de Dios
I.L. Rayón
(Hotel Roma)
Mercado 20 de Noviembre
Ticket Bus
Hotel Rivera del Ángel
F.J. Mina
Arteaga
Schoko-Betrieb »Mayordomo«
Autotransportes Miahuatecas n. Pochutla

Oaxaca

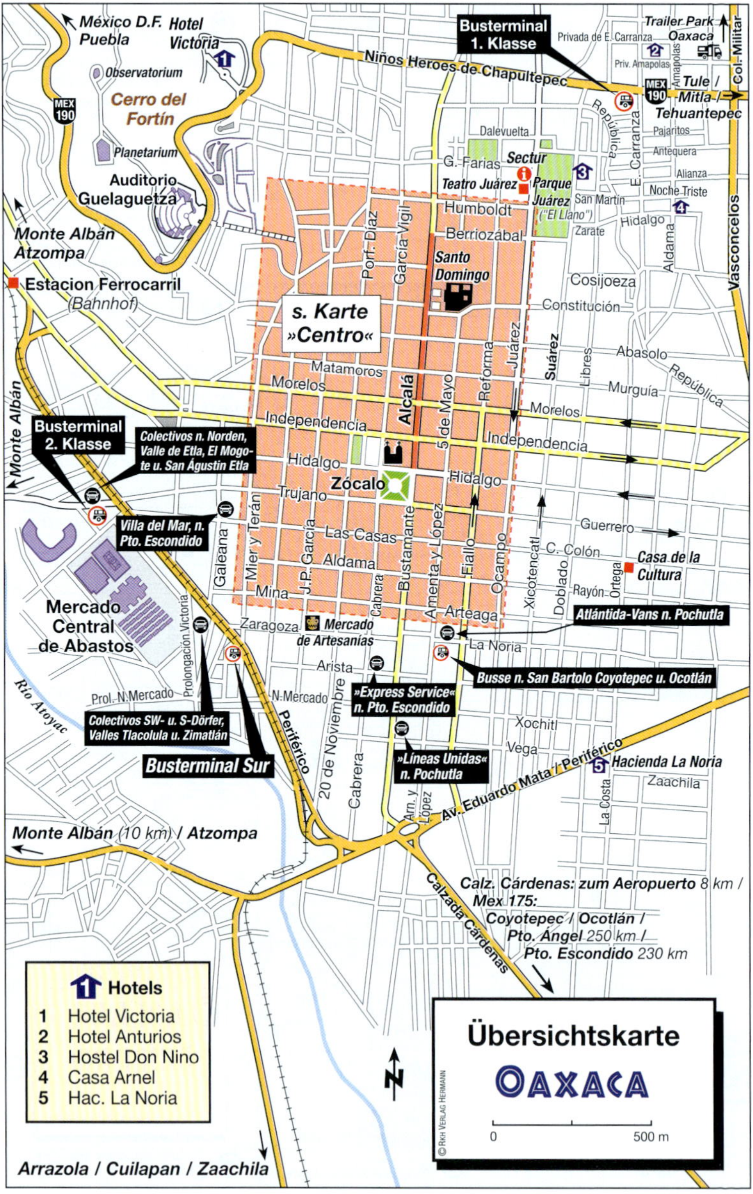
México D.F.
Puebla
Hotel Victoria
Observatorium
Cerro del Fortín
MEX 190
Planetarium
Auditorio Guelaguetza
Monte Albán Atzompa
Estacion Ferrocarril (Bahnhof)
Busterminal 1. Klasse
Niños Heroes de Chapultepec
Privada de E. Carranza
Priv. Amapolas
Amapolas
Trailer Park Oaxaca
Col. Militar
Tule / Mitla / Tehuantepec
República
E. Carranza
Pajaritos
Antequera
Alianza
Noche Triste
Dalevuelta
G. Farias
Sectur
Teatro Juárez
Parque Juárez ("El Llano")
San Martín
Zarate
Hidalgo
Humboldt
Berriozábal
Aldama
Vasconcelos
Porf. Díaz
García Vigil
Santo Domingo
Cosijoeza
Constitución
s. Karte »Centro«
Juárez
Reforma
Suárez
Libres
Abasolo
Matamoros
Morelos
Murguía
República
Alcalá
5 de Mayo
Independencia
Monte Albán
Busterminal 2. Klasse
Colectivos n. Norden, Valle de Etla, El Mogote u. San Ág

ustin Etla
Zócalo
Trujano
Villa del Mar, n. Pto. Escondido
Galeana
Mier y Terán
J.P. García
Las Casas
Guerrero
C. Colón
Casa de la Cultura
Aldama
Mina
Cabrera
Bustamante
Amenta y López
Fiallo
Ocampo
Xicotencatl
Doblado
Rayón
Ortega
Arteaga
Atlántida-Vans n. Pochutla
Mercado Central de Abastos
Prolongación Victoria
Zaragoza
Mercado de Artesanías
La Noria
Arista
Busse n. San Bartolo Coyotepec u. Ocotlán
Río Atoyac
Prol. N. Mercado
N. Mercado
»Express Service« n. Pto. Escondido
Colectivos SW- u. S-Dörfer, Valles Tlacolula u. Zimatlán
Periférico
Xochitl
Vega
Busterminal Sur
20 de Noviembre
Cabrera
»Líneas Unidas« n. Pochutla
Av. Eduardo Mata / Periférico
Hacienda La Noria
Zaachila
La Costa
Arn. y López
Monte Albán (10 km) / Atzompa
Calzada Cárdenas
Calz. Cárdenas: zum Aeropuerto 8 km / Mex 175: Coyotepec / Ocotlán / Pto. Ángel 250 km / Pto. Escondido 230 km
Hotels
1 Hotel Victoria
2 Hotel Anturios
3 Hostel Don Nino
4 Casa Arnel
5 Hac. La Noria
N
Übersichtskarte
OAXACA
0
500 m
© RKH VERLAG HERMANN
Arrazola / Cuilapan / Zaachila

Oaxaca lebt Kunst, es besitzt eine sehr lebendige Kunstszene. Der ständige Tourismus fördert sie und die Kunst den Tourismus. Viele Cafés und Restaurants präsentieren sich als Gemäldegalerien und eine große lokale Künstlergemeinde engagiert sich in diversen Kunstprojekten. Die expressiven Bilderwelten der drei berühmten Oaxaqueños, **Rufino Tamayo** (1899–1990), **Rodolfo Morales** (1925–2001) und **Francisco Toledo** genießen Weltruhm. Der „Malkämpfer" Toledo, ein geradezu exemplarischer Zapoteke, geb. 1940 in Juchitán, gründete 1993 die Organisation „Pro-Oax" und bekam 2004 für die Erhaltung des kulturellen Erbes seiner Heimat den alternativen Nobelpreis. Er errichtete ein großes Kunstzentrum im Städtchen *San Agustín Etla* (15 km nordwestlich von Oaxaca). Rodolfo Morales gründete die Kulturstiftung *Fundación Cultural Rodolfo Morales* und investierte auch viel in Oaxacas Kulturleben. Das *MACO,* das Museum für zeitgenössische Kunst (Calle Alcalá), die Galerie *Arte de Oaxaca* (Calle Murguía 105, www.artedeoaxaca.com) und das *Museo de los pintores de oaxaqueños* (Independencia/Ecke García Vigil) präsentieren Werke von Künstlern aus Oaxaca.

Das Angebot an *artesanías* in darauf spezialisierten **Läden** und allgemein auf den Märkten ist unendlich groß. Naturgemäß ist vieles auch Ramsch und schriller Mexiko-Kitsch, aber es gibt auch wunderschöne Stücke, wie z.B. die **Alebrijes,** buntbemalte Fantasie- und Monster-Figuren aus leichtem Holz. Für einen **Überblick über das traditionelle Kunsthandwerk Oaxacas** eignet sich z.B. der Laden der Frauenkooperative *MARO (Mujeres Artesanas de las Regiones de Oaxaca* 5 de Mayo 204 (Plan C3), *ARIPO* (bzw. *Instituto Oaxaqueño de las Artesanías*) García Vigil 809 und für hochwertige Volkskunst und Gewebtes *La Mano Mágica,* Alcalá 203. **Kunstgalerien** sind z.B. *Quetzalli,* Constitución 104, www.galeriaquetzalli.com, *Ollintla,* García Vigil 409A, *epicentro,* Reforma 406 u.a. Das *Sachmo Centro de Arte,* Melchor Ocampo 207, Tel. 5144073, www.sachmo.com.mx, gibt künstlerische Kurse (Zeichnen, Töpfern usw.), teils engl.-spr.

Foto unten: Benito-Juarez-Mural im ehem. Palacio de Gobierno, Zócalo

Sehenswertes

Folgende Besichtigungstour ist als eine Wegstrecke beschrieben, doch kann man das eine oder andere auslassen oder es sich später ansehen (das Museo de las Culturas de Oaxaca erfordert mindestens 2 Stunden!).

In Oaxaca wird Siesta gehalten, zwischen 14 und 16 Uhr sind die allermeisten Läden, Museen, Büros, Kirchen etc. geschlossen. Dafür haben viele Geschäfte bis 20 Uhr geöffnet, auch vielfach am Sonntagnachmittag und am Abend. Die staatliche Museen sind, wie üblich, am Montag fast alle geschlossen.

Palacio de Gobierno

An der Südseite des **Zócalo** befindet sich der **Palacio de Gobierno,** ehemals Regierungspalast und heute das **Museo del Palacio Universum** mit unterschiedlichen Ausstellungen und modernen High-Tech-Exponaten (Eintritt frei, Mo geschl.) Im Innenhof hinten ein Treppenaufgang mit Murales, die die prähispanische, koloniale und neuere Geschichte Oaxacas und Mexikos darstellen (s. Foto vorherige Seite): Im Zentrum das Porträt des Lokalpatrioten und mexikanischen Präsidenten **Benito Juárez** mit Frau und mit seinem Wahlspruch *„El respeto al derecho ajeno es la paz* – der Respekt vor den Rechten anderer ist Frieden".

Oben rechts der Unabhängigkeitsführer *José María Morelos*, links der radikal-anarchistische Theoretiker *Ricardo Flores Magón* (1874–1922), der mit seiner Forderung „Tierra y Libertad" kompromisslos gegen General *Porfirio Díaz* und dessen Regierung ankämpfte. Porfirio Díaz, 1830 in Oaxaca geboren, war zunächst wie B. Juárez ein liberaler Politiker, doch entwickelte sich dann in eine ganz andere Richtung: ab 1876 bestimmte er als Diktator über 30 Jahre die mexikanische Politik, bis ihn die Revolution 1911 wegkatapultierte. – Auf dem **rechten Wandbild** im Nonnengewand die Dichterin *Juana Inés de la Cruz* (1651–1695). Auf dem **Wandbild links** das alte Mitla.

Kathedrale

Im **Norden des Zócalo** steht unübersehbar die massige **Kathedrale.** Nach mehreren Erdbeben wurde sie 1724–36 neu erbaut, sicherheitshalber nur noch mit Mini-Türmen. Das Hauptportal mit der üppig ornamentierten Fassade ist auf der Westseite, an der **Alameda de León.** Ihr Inneres prägen wuchtige Pfeiler und Farbtöne in Braun und Gold.

Museo de los Pintores Oaxaqueños

Gleich nordwestlich der Kathedrale, Independencia 607 (Plan B3), ist das **MUPO,** das Museum der Maler Oaxacas. Wechselausstellungen der besten Künstler des Bundesstaates. Di–Sa 10–20 Uhr, So bis 18 Uhr. Eintritt.

Teatro Alcalá

Kleiner Abstecher nach Osten: Das **Teatro Macedonio de Alcalá** (Plan C3), benannt nach einem Komponisten aus Oaxaca, befindet sich an der Ecke Independencia/5 de Mayo mit kleinem Oaxaca-Info-Kiosk). Ein neoklassizistisches Gebäude, typisch für die Epoche des Porfiriats am Ende des 19. Jahrhunderts, eröffnet 1909. Wunderschöne, weiß-goldene barocke Innengestaltung mit 5 Rängen und Deckenbemalung. Besichtigung vor Vorstellungen und punktgenau um 10, 12 u. 13 Uhr möglich. Programm auf www.teatromacedonioalcala.org. Pause im netten *Café Teatro,* gleich südlich.

Museo Textil de Oaxaca (MTO)

Calle Hidalgo 917/Ecke Fiallo (Plan D4), Di–Sa 10–20 Uhr, So 11–19 Uhr, Tel. 5011617, www.museotextildeoaxaca.org.mx. Ein attraktives neues Museum mit Kostbarkeiten traditioneller Webkunst, die nicht nur aus Oaxaca, sondern aus vielen anderen Ländern und Regionen stammen. Kollektionen zeitgenössischer Webkünstler, Workshops und ein Laden mit sehr schönen Stücken von hoher Qualität.

Fußgängerstraßen Valdivieso u. Alcalá

Von der Zócalo-Nordostecke nun die gepflasterte Valdivieso/Alcalá *(Andador turístico)* hochgehen, an der sich in kolonialen Gebäuden Restaurants, Galerien, Schmuckläden und Modeboutiquen aneinanderreihen.

Das Gebäude 202 ist die **Casa de Cortés.** Es wurde aber erst anfangs des 18. Jahrhunderts von der Familie de la Vega erbaut, also zu einer Zeit, als der Eroberer Mexikos schon längst tot war. Beachtenswert über dem Eingang ist der Balkon und das Wappen in schöner Steinmetzarbeit. Hier hat das **MACO** seinen Sitz, das **Museo de Arte Contemporáneo de Oaxaca** (Museum für zeitgenössische Kunst, www.museomaco.com). Es zeigt moderne Kunst und Gemälde. Außerdem wechselnde Ausstellungen und kulturelle Veranstaltungen, wie z.B. Konzerte (ausgehängte Termine beachten). Mi–Mo 10.30–20 Uhr, Eintritt. Gleich beim Eingang befindet sich rechts ein Buchladen.

Arte de Oaxaca

Weitergehend an der nächsten Querstraße, der Murguía, nach rechts wenden. Auf der linken Straßenseite, No. 105, ist in einem restaurierten Kolonialhaus **Arte de Oaxaca,** eine Galerie der Kulturstiftung des Malers Rodolfo Morales. Sie zeigt Werke von ihm und von F. Toledo sowie vieler anderer Künstler aus Oaxaca. Mo–Fr 10–14 u. 17–20 Uhr, Sa 10–14 Uhr. Exponate im Internet ansehen: www.artedeoaxaca.com.mx.

Hotel Quinta Real

Nun nach links in die Calle 5 de Mayo einbiegen. Nahezu der gesamte rechte Straßenblock wird von einem der schönsten Kolonialhotels Mexikos eingenommen, vom **Hotel Quinta Real** (Plan C2). Es ist das ehemalige Kloster *Santa Catalina,* das nach der Säkularisierung der mexikanischen Klöster 1857 zunächst als Regierungspalast genutzt wurde, danach war es Gefängnis, Schule und Kino. Nun ist es stilvoll hergerichtet, eine Art architektonisch-historisches Museum mit blumenbewachsenen Patios, Restaurants, Reisebüro, ästhetisch dekorierten Räumlichkeiten und Pool.

Erkundigen Sie sich, ob ein Folklore-Abend ansteht. Die **farbenprächtigen Guelaguetza-Tänze aus den sieben Regionen Oaxacas** (s. Karte unten) **am Freitagabend sind sehens- und erlebenswert!** Es spielt und tanzt das *Ballet Folklórico del Estado* zur Musik einer *banda* in der alten Klosterkapelle. Der Eintrittspreis schließt ein opulentes Büffet mit Spezialitäten aus Oaxaca mit ein. Einmal in der Woche gibt es noch einen Mariachi-Abend.

Foto: *Der „Ananas-Tanz" „Flor de Piña" aus Oaxacas Nordregion Papaloapan.*

Plazuela Labastida

Die 5 de Mayo weiter hochgehen und an der **Plazuela Labastida** nach links abbiegen. Hier stellen Maler und andere Künstler ihre Werke open-air aus. Man kann schöne Stücke erstehen. Vorne erreicht man wieder die Straße Alcalá und steht vor dem stilvollen, gehobenen Patio-Restaurant **Hostería de Alcalá** (Plan C2). Der dort untergebrachte Buchladen **Libros Amate** besitzt ein umfangreiches und interessantes Buchsortiment zu Oaxaca und ganz Mexiko. Weitergehend hoch zur Kirche Santo Domingo liegt links das exklusive Restaurant *Los Danzantes.*

Kirche Santo Domingo

Von den 27 Kirchen Oaxacas ist sie die größte und wichtigste (Plan C2). Die davorliegenden Sukkulenten-Beete lockern den großen kahlen Platz ein wenig auf. Durch die zwei Torbögen links gehen wir nach der Kirchenbesichtigung ins **Museo de las Culturas de Oaxaca.**

Die **Kirche** mit ihren gedrungenen Türmen und das dazugehörende Kloster ist eine Gründung der Dominikaner (tägl. 7–20 Uhr, geschl. 13–16 Uhr). Baubeginn 1551, Fertigstellung 1666. Blicken Sie nach dem Eintreten nach oben: das Gewölbe des vorderen Chors zeigt den Stammbaum der Familie des Ordengründers *Domingo de Guzmán* in Form eines rankenden Weinstocks. Die vollplastischen Stuckbildnisse tragen fast alle eine Krone und sind mit akribischer Genauigkeit modelliert. An der Spitze der Rebe die Jungfrau Maria.

Überwältigend die Ausstattung des barocken Kirchenschiffs: Das Tonnengewölbe, die Seitenwände und die Kuppel sind nahezu komplett mit mehrfarbigem Stuckdekor, mit Heiligenbildern und Ornamenten aus dem 17. Jh. bedeckt. Den Chor füllt ein riesiger Retablo aus, vollständig mit Blattgold überzogen und geschmückt mit Heiligenstatuen und Ölgemälden. Gefertigt wurde er allerdings erst 1956–59, da das Original in den Wirren der Unabhängigkeitskriegsjahre im 19. Jh. zerstört worden war.

■ *Die reichverzierte Kuppel der Kirche Santo Domingo. Abends ist der Platz vor der Kirche beliebter Treffpunkt*

Feierlich sind die abendlichen Messen oder manchmal auch Konzerte, z.B. in der Vorweihnachtszeit, mit einer fantastischen Akustik.

Im gleichen opulenten Stuck- und Goldrauschstil präsentiert sich die südlich angebaute **Capilla de la Virgen del Rosario,** die Rosenkranzkapelle von 1731 (wer die Kirche von Tonantzintla bei Puebla kennt, wird Ähnlichkeiten entdecken). Fantastisch das Dekor in der Kuppeldecke. Die weißgewandete Statue zwischen den salomonisch gewundenen Säulen ist die Rosenkranz-Madonna. Kein Zweifel: Santo Domingo zählt zu den schönsten Barockkirchen Mexikos. – Im rechten Seitentrakt werden am Ausgang Postkarten und Literatur zur Kirche verkauft.

Zapoteken und Mixteken

Im Gebiet des heutigen Oaxaca hatten in prähispanischer Zeit zwei große Kulturen mit außergewöhnlichen archäologischen und künstlerischen Leistungen ihre Blütezeit: die **zapotekische** und die **mixtekische Kultur.**

Die **Zapoteken** traten als erste aus dem Dunkel der Geschichte. Bereits um **1000 v.Chr.** hatten sie eine komplexe Zivilisation entwickelt und große Teile von Südmexiko und die Region Oaxaca unter ihre Herrschaft gebracht. Ihre **Hauptstadt wurde Monte Albán** (Blütezeit 250 bis 750 n.Chr.). Neben den Maya waren die **Zapoteken die geschicktesten Keramiker Mesoamerikas,** wie viele großartige Funde und Artefakte beweisen. Sie stellten äußerst fantasievolle Terrakotta-Figurengefäße mit menschlichen Gesichtern her. Diese repräsentierten Götter, z.B. *Cojico,* den zapotekischen Regengott, oder *Pitao Cozobi,* den **Maisgott,** meist gekrönt mit hohem, ausladendem Kopfputz aus Maisblättern und an der Brust hängenden Maiskolben **(s. Abb.).** Diese Tonfiguren werden „Graburnen“, *urnas funerarias,* genannt, weil sie den Verstorbenen in ihre Gräber beigegeben wurden (als Behälter für die Asche von Toten, wie man dem Terminus nach vermuten könnte, waren sie aber nicht). In Form von *braseros* besaßen sie für das Abbrennen von Räucherharz spezielle Vertiefungen. Man fand sie in den unterschiedlichsten Ausführungen und Größen, wie die reichhaltige Kollektion des Museo de las Culturas de Oaxaca zeigt. Um das Jahr 750 zerfiel das zapotekische Reich in eine größere Anzahl von Kleinstaaten, danach begann die mixtekische Ära.

■ *Maisgott*

■ *Mit Türkisen belegte Mixteken-Maske. Rechts: mixtekischer Goldschmuck*

Mixteken

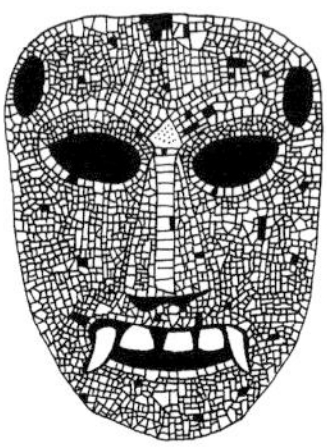

Die Mixteken stammten aus dem Nordwesten des heutigen mexikanischen Bundesstaates Oaxaca und aus dem südlichen Puebla. Man unterscheidet drei Mixteken-Regionen: *Mixteca Alta, Mixteca Baja* und *Mixteca de la Costa*. Erste Gruppen drangen um 800 von der Mixteca Alta nach Südosten vor, die sogenannte *Mixteca-Puebla*-Kultur. Ab dem 10. Jh. eroberten die Mixteken große Teile des heutigen Staates Oaxaca mit **Monte Albán** und **Mitla,** beides einstige Städte der Zapoteken.

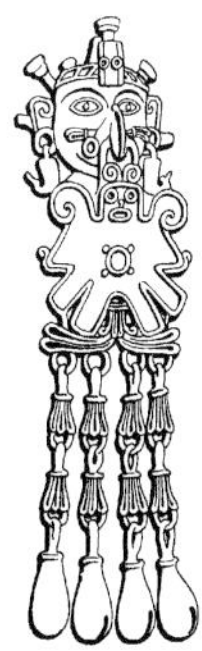

Die Mixteken schufen eine blühende Hochkultur, waren wie die Zapoteken **hervorragende Kunsthandwerker** (Goldschmiedearbeiten, Metallschmuck, polychrome Keramiken), ihre Arbeiten zählen zu den allerschönsten Mexikos! Goldguss stellten die Mixteken mit Wachsmodellen in einem speziellen Verfahren her („verlorene Form“), bei der sie es zur absoluten Meisterschaft brachten. Ihre Werke hatten einen religiösen oder mythologischen Symbolgehalt.

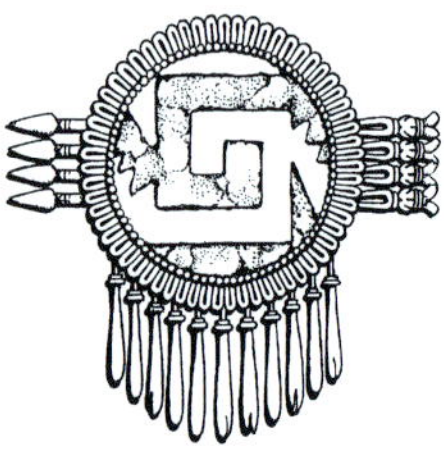

An der Spitze der Mixteken-Gesellschaft stand der *cacique* mit seinem herrschenden Clan, dem das Volk Fronarbeit zu leisten hatte. Es gab verschiedene Fürstentümer, zwischen denen immer wieder Kriege ausbrachen, aber auch Allianzen zwischen mixtekischen und zapotekischen Streitmächten gegen den **gemeinsamen Feind, die Azteken.** Um 1450 besiegten die Azteken die Mixteken endgültig und die mixtekischen Fürstentümer mussten dem überlegenen Hochlandvolk Tribute entrichten. 1522/23 erfolgte dann ihre Niederwerfung durch die spanischen Eroberer.

Abgelegene mixtekische Fürstentümer existierten jedoch weiterhin, wie z.B. in **Yanhuitlán,** dort wurde das formvollendete **Goldschmuckstück Chimalli** gefunden, **s. Abb.** Die heutigen ländlichen Mixteken leben als Bauern oder Fischer in ärmlichen Dörfern und einsamen Gehöften.

Wie bei den Zapoteken hatte auch bei den Mixteken der **Totenkult** eine große Bedeutung. Sie nutzen **Monte Albán** ebenfalls zur Bestattung ihrer Toten, man fand dort über 200 Gräber. Einige, wie das Grab 104, enthielten kostbare Beigaben und waren mit Fresken farbig ausgemalt. Die kostbarsten Funde barg man aus dem **Grab No. 7.**

Mixteken-Códices

Höchst wertvoll und historisch unersetzlich sind die **mixtekischen Bilderhandschriften** *(códices mixtecos),* denen man eine genaue Kenntnis der Geschichte der Mixteken verdankt. Mit ihren vielfarbenen, figurenreichen Darstellungen gelten sie als **die schönsten aller Bilderhandschriften Mexikos!** Die Aufzeichnung der mixtekischen Geschichte beginnt mit dem Jahr 692 n.Chr. Berichtet wird von Eroberungszügen, Regentschaften, Geburt, Heirat und Tod wichtiger Persönlichkeiten, wobei die realen geschichtlichen Daten innig mit religiösen Vorgängen und der Götterwelt verwoben sind. Diese Aufzeichnungen führten die Mixteken noch bis ins 17. Jh. weiter, also über die spanische Eroberung hinaus, und somit repräsentieren die Mixteken-Códices eine **über tausendjährige** ununterbrochene **Geschichtsschreibung!**

■ *Abb. rechts: Bildszene aus dem Códex Nuttal. Unten: Abb. aus dem Mixteken-Códex Fejerváry-Mayer, im Zentrum der Feuergott*

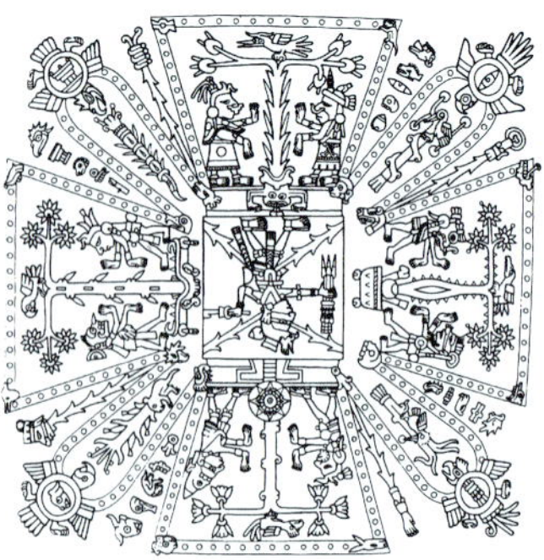

Die Darstellungen sind sowohl *ikonographisch* ausgeführt (bildlich beschreibend), *ideographisch* (Symbole repräsentieren Dinge und Begriffe) und z.T. auch *phonetisch* (lautschriftlich) ausgeführt. Neben mythologischen und astronomischen Inhalten stellen sie überwiegend die Dynastiegeschichte und die lückenlosen Stammbäume der mixtekischen Herrscher dar, die in ihrer Genealogie letztendlich alle von **Quetzalcóatl** abstammen sollen, dem Schöpfergott und der zentralen Figur der gesamten mesoamerikanischen Götterwelt. Nur etwa zwanzig Códices blieben erhalten, berühmt ist der **Códex Nuttall.** Im Museo de las Culturas de Oaxaca ist im Raum 4 der sehr große Códex *Alfonso Caso* (Colombino-Becker I) zu sehen.

Museo de las Culturas de Oaxaca

Centro Cultural Santo Domingo (CCSD)

Das *Centro Cultural Santo Domingo,* das ehemalige Santo-Domingo-Kloster, beherbergt Oaxacas berühmtes **Museo de las Culturas de Oaxaca,** das die Geschichte und die Volkskunst Oaxacas von den Anfängen bis zur Gegenwart zeigt (Plan C2). Es birgt kostbare archäologische Kunstschätze, alles in 14 Sälen und Abteilungen effektvoll präsentiert. Wer alles eingehend betrachten will, benötigt einige Stunden. Geöffnet Di–So 10–19 Uhr (letzter Zutritt 18.15 Uhr), Eintritt 57 Ps, Tel. 5162991. Taschenabgabe. Fotografieren nur ohne Blitzlicht und Stativ erlaubt.

Literatur aller Art gibt es im **Buch- und Souvenirladen,** nach dem Eingang auf der linken Seite (darunter auch die Broschüre „Santo Domingo Kloster und Kirche“ auf dt.). Beschriftungen der Exponate nur in Spanisch, mietbar ist ein „Audio Guía“ in Form eines Handys für englische Erklärungen.

Im Atrium des Klosters finden dann und wann Konzerte statt, in Räumen Filmvorführungen, Vorträge, Ausstellungen und künstlerische Workshops. Programm Tel. 5169741 und auch auf diversen Oaxaca-Internetseiten.

Versäumen Sie nicht, aus dem Obergeschoss einen Blick in den **Jardín Etnobotánico,** in den ehemaligen Klostergarten zu werfen. Äußerst zahlreich sind dort Kakteen vertreten. Zutritt hinter der Kirche, von Calle Constitución/Ecke Reforma. Nur mit Führung, span. Di–So um 10, 11 u. 17 Uhr, engl. Di/Do/Sa 11 Uhr, Eintrittsgebühr. Auskunft an der Kasse oder Tel. 5165325, www.jardinoaxaca.org.mx/

Nehmen Sie sich vor der Besichtigung die Zeit und lesen Sie den obigen **Exkurs über die Zapoteken und Mixteken,** deren Erbe und Kunstwerke Sie nun sehen werden.

Museumsrundgang

Noch vor der Treppe hoch zu den Ausstellungsräumen befindet sich links in mehreren Räumen die kostbare **Biblioteca Burgoa** mit einem riesigen Bestand alter Bücher (über 20.000 Exemplare) und wertvollen alten Landkarten aus fünf Jahrhunderten. Die Räume rechts vor der Treppe zeigen wechselnde Ausstellungen, z.B. zur mexikanischen Geschichte und zur Revolution.

Vom prächtigen Treppenhaus mit seinen goldenen Stuckverzierungen gelangt man vom Zwischenpodest der Treppe in einen langen Korridor. Die früheren Klosterzellen dienen heute als Ausstellungsräume.

Saal 1: *Culturas Milenarios*

Der erste Saal links heißt *Culturas Milenarios* (Tausendjährige Kulturen). Präsentiert werden Exponate präkolumbischer Kulturen, die einst in Oaxaca lebten: Ton- und Töpferwaren, Keramiken, Tier- und Götterfiguren, Urnen bzw. Opfergefäße für das Verbrennen von Copal-Harz, verziert mit menschlichen Gesichtern. Weiter vorne eine männliche Danzante-Steinplatte von Monte Albán mit amputiertem Geschlechtsteil, gleich rechts daneben in einer Vitrine die berühmte Tonfigur des im Schneidersitz hockenden **El Escriba de Cuilapan (s. Foto).** Auf der hohen Kappe des „Schreibers von Cuilapan“ sind Zahlenhieroglyphen eingraviert, die sich auf seiner Brust wiederholen. Zwei Meter rechts von ihm die Figur des „Gottes mit gespaltener Zunge“ mit kegelförmiger Kopfbedeckung. An der Stirnwand einige Graburnen.

Oaxaca

Saal 2:
Tiempos de Flores

Der Saal „Zeiten der Blüte" zeigt Höhepunkte mesoamerikanischer Kulturen in Städten wie Monte Albán in der Klassik-Epoche 200–900 n.Chr.: viele menschengestaltige Urnen, Räuchergefäße und Götterskulpturen. Unter anderem *Pitao Cozobi* (Maisgott), *Xipe-Tótec* (Fruchtbarkeitsgott) und *Tlacuache* mit seinem Mausgesicht. Außerdem Ballspiel-Joche, zapotekischer Kalender, Bilderschriften u.a. Exponate mehr.

Vor dem Betreten des Saales 3 empfiehlt sich am Gangende der Blick in den Klostergarten mit seinen Kakteen.

Saal 3:
Las tesoros de la tumba siete

Höhepunkt des Museums ist der Saal 3 mit dem **Grabschatz aus dem Grab 7** von Monte Albán. An der vorderen Stirnwand zeigt ein Video seine Entdeckung und Öffnung 1932 durch den Archäologen *Alfonso Caso.* Ein sensationeller Fund, in seiner Bedeutung nur noch vergleichbar mit der späteren Entdeckung der Krypta in der Inschriften-Pyramide von Palenque. Das Grab 7 wurde von den Zapoteken um 1400 n.Chr. angelegt, vermutlich für einen Adligen. Es enthielt neun Leichname, darunter eine Frau. Die Grabbeilagen – Schmuckstücke, Halsketten, Masken und andere Kunstgegenstände, zusammen über 500 Teile –, waren aus reinem Gold (insgesamt 3,6 kg) und Silber, aus Jade, Obsidian, Türkisen, Alabaster und anderen kostbaren Materialien.

Man betritt den Saal von hinten und sieht links an der Stirnwand in einer Vitrine (Nr. 28) den berühmten **Totenkopf,** vollständig mit einem feinen Türkismosaik überzogen und als rituelles Gefäß beschrieben. Als Augen setzte man durchbohrte Muschelscheiben ein. Bei den Mixteken war es Brauch, die Totenschädel hochgestellter Persönlichkeiten in dieser Art zu verzieren (Beispiele dafür gibt es auch bei den Azteken). Ein äußerst wertvoller Kunstschatz mit tiefem Symbolgehalt.

An der rechten Wandseite befindet sich ein goldenes, **siebenteiliges Pectoral** (Brustschmuck) mit tropfenförmigem unterem Abschluss **(s. Abb. links ob.).** Es besticht durch seine filigrane Ikonographie: zuoberst ein Ballspielplatz in Form eines liegenden Doppel-T (Ballspiel-Exkurs s.S. 244), in dem sich zwei Spieler gegenüberstehen. Zwischen den beiden die Glyphe „Tod" als Totenschädel. Die Scheibe darunter symbolisiert die Sonne, das rechteckige Teilstück mit einem Schmetterling den Mond und das nachfolgende die Erde.

Ganz vorne links weiterer Goldschmuck in höchster Perfektion. Rechts von Vitrine 27 ist die goldene Maske der Gottheit **Xipe-Tótec** zu sehen, Inkarnation der Fruchtbarkeit (Frühling, Vegetation und Aussaat) und der Gehäuteten (Opferpersonen wurde die Haut abgezogen, Priester trugen sie als religiöses Symbol über der Schulter; das Ritual wird mit der Feldbestellung in Zusammenhang gebracht). Vorne weitere Schätze des Grabes. Bedeutend ist ein goldener Anhänger mit einem Ring mit Adlerkopf **(s. Abb. links),** in dessen Schnabel ein Schmetterling hängt. Darunter Ketten mit tropfenförmigem Abschluss.

Auf der gegenüberliegenden rechten Wand drei prächtige große Ur-

nen. Rechts daneben, in Vitrine 26, das berühmte **Pectoral des Mictlantecutli (s. Abb.).** Es ist 11,5 Zentimeter hoch und ein absolutes Meisterwerk mixtekischer Goldschmiedekunst! Mictlantecutli war der Gott des Todes, der Dunkelheit, des Windes und auch der Goldschmiede *(orfebres).* In den unteren Quadraten des Pectorals befinden sich Datumsangaben: das linke A-förmige Zeichen in Doppellinie, umgeben von 10 Punkten, steht für die Kalenderglyphe „Jahr zehn Wind" (die zwei Punkte in der rechten unteren Ecke mit einem Feuerstein darüber sind das Zeichen für „Tag zwei Steinmesser"). Das „A" im rechten Quadrat ist von 11 Punkten umgeben, dem Jahresdatum für „Elf Haus". Dies interpretieren Forscher als einen Hinweis für die Korrelation des zapotekischen mit dem mixtekischen Kalender.

Obergeschoss

Nun zurück zur Treppe und ins Obergeschoss gehen. Die oberen Korridore dienten einst als Wandelgänge und waren Zugänge zu den Mönchszellen. Wenn Sie in den von doppelten Arkadengängen umgebenen Kreuzgang hinunterblicken, sehen Sie den kleeblattförmigen Brunnen mit seinen sechs umstehenden Säulen.

Die zehn Säle präsentieren Objekte der Geschichte, Kunst und Kultur Oaxacas und seiner Menschen. Ihre Anordnung bzw. Nummerierung ist etwas verwirrend; wenden Sie sich nach der Aufgangstreppe nach rechts und dann nochmals rechts, ganz hinten ist der

Saal 4: Exponate aus der Zeit zwischen 900 bis zum Beginn der spanischen Kolonialherrschaft 1521: Mensch- und Tierdarstellungen auf Gefäßen, Behältern und Graburnen in hoher künstlerischer Qualität und in der typisch braunroten Farbgebung der postklassischen Zeit. In der Vitrine gleich rechts nach dem 2. Eingang ein Räuchergefäß mit Frauenkopf, ein anderes zeigt einen Buckligen. In Raummitte in einer Vitrine ein dreifüßiges Ritualgefäß mit Adlerkopf, gefunden als Grabbeigabe. An der Wand hinten der große mixtekische Códex *Alfonso Caso* (Colombino-Becker I; Kopie).

Saal 5: Die militärische Eroberung Mexikos, Zeugnisse des Aufeinanderstoßens zweier Welten: Bildnisse, Rüstungen, Gemälde u.a.

Saal 6: Die religiöse Unterwerfung, der neue Glaube: Missionsorden, Gemälde, Heiligenfiguren, Kodex-Fragmente, Reliquien, Dokumente.

Gegenüber der Säle 4, 5 und 6 in kleinen Räumen alte handwerkliche Traditionen und Techniken, Musikinstrumente, *medicina tradicional* u.a.

Saal 7: Dieser Raum zeigt Exponate aus der Zeit der spanischen Vizekönige, wie Möbel, Truhen, Gerätschaften.

Saal 8: Religiöse Gemälde, das Kunstschaffen und das Kunsthandwerk in *Nueva España,* Handelsgüter u.a.

Saal 9: Entstehung der mexikanischen Nation, Jungfrau von Guadalupe, Benito Juárez und seine Zeit, politische Dokumente. – Am Gangende des Saals 9 können Sie das Gewölbe des vorderen Chors der Kirche mit dem Stuck-Stammbaum sehen.

Die Säle 10 bis 14 befinden sich im anderen Flügel:

Saal 10: Fortschrittsstreben in der Ära Porfirio Díaz. – **Saal 11:** Modernes Mexiko. – **Saal 12:** Kulturelle Vielfalt: Ethnien, Sprachen, Trachten, *costumbres,* Webtechniken u.a. – **Saal 13:** Indigenes Erbe: Tänze, Kunst, Musik. – **Saal 14:** Das Kloster Santo Domingo im Wandel der Zeit, Modelle.

Stadtrundgang-Fortsetzung

Instituto de las Artes Gráficas de Oaxaca (IAGO)

Nach dem Besuch des Museums die Alcalá ein Stückchen weiter hochgehen. Links befindet sich in dem roten Haus 507 (Plan C2) das *Instituto de las Artes Gráficas de Oaxaca* mit Bücherei, Patio und wechselnden Ausstellungen. Es geht auf eine Stiftung von Oaxacas bekanntem Maler *Francisco Toledo* zurück, viele der Werke stammen aus seiner Sammlung. Mi–Mo 9–20 Uhr.

Casa de Juárez

Anschließend von der Alcalá nach links abbiegen, über die *Plazuela del Carmen Alto,* dann rechts in die García Vigil. Links (No. 609), gegenüber der Carmen-Kirche, ist die **Casa de Juárez** (Plan B1). In diesem kleinen Haus lebte der spätere Nationalheld Benito Juárez in seiner Jugend 1818–28. Die Zimmer mit Erinnerungsstücken und Fotos von ihm sind im typischen Stil eines *oaxaqueño*-Hauses des 19. Jh. eingerichtet und spiegeln die damaligen Lebens- und Wohnverhältnisse wider. Di–So 10–19 Uhr, Eintritt 42 Ps. – Hungrig? Zu **La Casa del Tío** ist es nur noch einen Block (Plan B1), gut und günstig.

Benito Juárez

Benito Juárez, der bedeutendste mexikanische Reformpolitiker, war Zapoteke und 1858 der erste indigene Präsident Mexikos. Er wird als *der* mexikanische Volkspräsident verherrlicht. Unzählige Straßen, Plätze und Einrichtungen des öffentlichen Lebens tragen seinen Namen (auch Oaxaca heißt nach ihm offiziell *Oaxaca de Juárez*). Oft zitiert wird sein Ausspruch *„El respeto al derecho ajeno es la paz"* – „Der Respekt vor den Rechten anderer ist Frieden" (der Schriftzug ist im Palacio de Gobierno zu sehen, s.o.).

Geboren wurde Juárez am 21. März 1806 im Dorf San Pablo Guelatao, ca. 70 km nördlich von Oaxaca (der 21. März ist heute mexikanischer Feiertag). Erst mit 13 Jahren lernte er Lesen und Schreiben, konnte mit Unterstützung studieren und wurde Rechtsanwalt. 1848 bis 1852 war er Gouverneur des Staates Oaxaca. Als Justizminister in der Regierung Comonfort und als Präsident ab 1858 setzte er liberale Reformen wie Verstaatlichung des Kirchenvermögens und Klosterschließungen, Auflösung großer Haciendas, Schulpflicht, Zivilehe u.a. durch. Darüber kam es zum Reformkrieg 1858–1861, bei dem Juárez mit seiner Regierung nach Guadalajara und Veracruz flüchten musste, die Liberalen aber am Ende gegen die Konservativen siegreich blieben. Kaum war er wieder im Amt, erfolgte die französische Invasion Mexikos und Juárez musste erneut ins Exil (nach Norden, Chihuahua). Nach dem Ende des habsburgerischen Kaisertums unter Maximilian I., der 1867 exekutiert wurde, übernahm Juárez wieder das Präsidentenamt und setzte sein Reformwerk fort. Er starb am 18. Juli 1872 während seiner 4. Amtsperiode.

ARIPO (Instituto Oaxaqueños de las Artesanías)

Das *Instituto Oaxaqueño de las Artesanías,* früherer Name ARIPO, gleich nach der Querstraße Cosijopi links (Plan B1), ist ein kleines Zentrum für Kunsthandwerk aller Art aus den Regionen Oaxacas (tägl. ab 10 Uhr, So 11 Uhr). Wer dort nicht hin will, wendet sich auf der García Vigil nach Süden und biegt dann nach rechts in die Morelos ab. Nach anderthalb Straßenblöcken liegt rechts das *Museo de Arte Prehispánico de México Rufino Tamayo* (No. 503).

Museo Rufino Tamayo

(Plan B3). Es zeigt in 5 Räumen die Privatsammlung des berühmtesten zapotekischen Malers (1899–1990), die er der Stadt Oaxaca vermachte. Ausgestellt sind kostbare archäologische Artefakte wichtiger prähispanischer Kulturen (Olmeken u.a.): Goldschmuck, Masken, Keramiken, Figuren, alles hervorragend präsentiert. Ein Querschnitt mexikanischen Kunstschaffens durch die Jahrhunderte. Mo–Sa 10–15 u. 16–19 Uhr, So 10–15 Uhr, Eintritt 35 Ps (s.a. Museo R.T. in Mexiko-Stadt S. 597). Eine Cuadra südlich, Tinoco y Palacios, bietet die Kirche **San Felipe Neri** kunstvolle Altären, Jugendstil-Ausmalung und Darstellungen der Eroberungsgeschichte Oaxacas. Noch mehr Kirchenkunst in der zwei Straßenblocks westlich gelegenen *Basílica de la Soledad:*

Basílica Soledad

(Plan A3). Die gedrungene **Basílica de Nuestra Señora de la Soledad** („Jungfrau zur Einsamkeit", **s. Foto**) wurde Ende des 17. Jh. erbaut und ist der *Patrona* der Stadt geweiht. Die Türme sind, wie bei allen Kirchen in Oaxaca, wegen der Erdbebengefahr nur in Ansätzen vorhanden. Außergewöhnlich sind die zwischen dem Eingangsportal vorspringenden Fronten, die mit vielen Säulen und Heiligenstatuen verziert sind, ganz oben die „Jungfrau zur Einsamkeit". Für die Oaxaqueños ist die Basílica de la Soledad ihre wichtigste Kirche (alljährlich findet am 18.12. die *Fiesta de la Soledad* mit großer Prozession statt). Im düsteren Kircheninneren ist über dem Altar die beleuchtete Schutzheilige zu sehen, auf ihrem Kopf trägt sie eine Goldkrone. Das kleine religiöse Museum hinter der Kirche (Schilder „Museo") zeigt eine Sammlung verschiedener Dinge, die der Patrona im Laufe der Zeit geschenkt wurden.

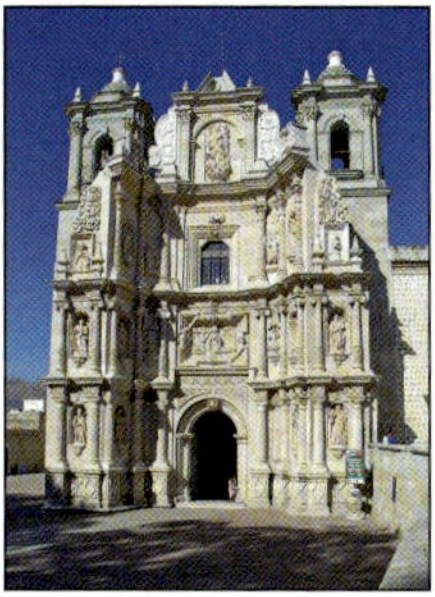

An der **Plaza de la Danza** mit ihren Essständen, Getränke- und Devotionalienverkäufern liegt auf der Ostseite die Escuela de Bellas Artes. Abends ist in der Calle Independencia **Nachtmarkt.**

Mercados Juárez und 20 de Noviembre

(Plan B5). Ein Muss und sehenswert sind die beiden großen benachbarten **Markthallen** südlich vom Zócalo: Ein Gedränge in engen Gängen, in denen es nach Früchten, Leder, Kräutern, Gewürzen, Fleisch und vielem anderem mehr riecht. Einfach treiben lassen. Im Juárez-Markt werden Kunsthandwerk, Haushaltswaren, Gebrauchsgegenstände, Blumen und Textilien angeboten, während es im Mercado 20 de Noviembre hauptsächlich Lebensmittel, Artesanías und vor allem viele *comedores* und *fondas* mit preis-werter Hausmannskost gibt. Zwischendurch kann man ja mal rausgehen und in einer Mezcal-Cantina einen solchen kippen, eine ist in der Cabrera zw. Colón u. Aldama (*Casa del Mezcal,* Plan B5). Weitere **Mezcal-Läden** sind in der Aldama zw. García u. 20 de Noviembre. Schönes Mitbringsel: Spezielles rotes Mezcal-Salz, das außer Chili geröstete und feingemahlene *gusanos,* Agaven-Würmer, enthält.

Lust auf Schokolade?

Um den Mercado 20 de Noviembre gibt es mehrere kleine **Schokoladenbetriebe**, wo man bei der Produktion zusehen und Proben verkosten und kaufen kann, z.B. bei **Mayordomo,** Ecke Mina/20 de Noviembre (Plan B5). Es wird dort eine Art Blockschokolade *(tablilla)* in den Varianten Mandel, Vanille und Zimt produziert, vor allem aber frische Schokopaste für Trinkschokolade aus gerösteten und gemahlenen Kakaobohne, viel Zucker und den gewünschten Zutaten, die man an einer Theke auch gleich heiß oder kalt trinken kann – ein Kakao-Erlebnis der anderen Art (der Dichter Gabriel Márquez schreibt der Schokolade von Oaxaca in einem seiner Werke aphrodisische Wirkungen zu … s.a. Exkurs „Heuschrecken und Kakteenblätter – die eigenwillige Küche Oaxacas"). Hinweis: Mayordomo-Produkte – auch Mole – kann man auch noch beim Heimflug in einem Airport-Laden kaufen.

Zwei andere Schoko-Adressen in der Nähe: *Chocolate y Mole Guelaguetza,* 20 de Noviembre 605 und *Molinos y Chocolate La Soledad,* F.J. Mina 212.

Außerhalb: Cerro de Fortín

Auf dem etwa 100 m hohen Hügel Cerro de Fortín Zaragoza nordwestlich vom Stadtzentrum steht Benito Juárez' Monument (s. Übersichtskarte Oaxaca). Dort befindet sich auch das **Auditorio Guelaguetza,** wo alljährlich Ende Juli das große **Guelaguetza-Fest** stattfindet (s.u.). Von der Calle Crespo führt die Treppe *Escaleras del Fortín* zum Cerro hoch, doch man nimmt besser ein Taxi, denn die Gegend um die Treppe gilt als unsicher (außer zu Guelaguetza-Vorführungen). Von der Aussichtsterrasse des Restaurants *El Mirador* unterhalb des Juárez-Monuments hat man einen weiten Blick auf Oaxaca. Es gibt dort oben auch ein Planetarium und ein Observatorium.

Adressen & Service Oaxaca

Turismo / Infos

SECTUR, das Turismo des Bundesstaates Oaxaca *(Secretaría de Turismo y Desarollo Económico del Estado de Oaxaca),* befindet sich in einem modernen Gebäude in Av. Juárez 703 nordöstlich vom Centro (s. Übersichtskarte Oaxaca, westlich vom Parque Juárez), Tel. 5021200 und Tel. 5160123, 8–20 Uhr, **www.oaxaca.travel**, info@www.oaxaca.travel

Sectur hat auch Info-Stellen bzw. Straßenstände auf dem 1.-Klasse-Busterminal, an der Kirche Sto. Domingo, am Teatro M. Alcalá, im Museo de los Pintores Oaxaqueños (nördlich vom Zócalo) und auf dem Flugplatz. Auskünfte, Prospekte, Stadtpläne, Karten, Umgebungsziele u.v.a.

Weitere Info-Quellen

Aktuelle Infos und Tipps für Oaxaca und das Umland kann man in vielen touristischen und kulturellen Publikationen nachlesen oder man besucht die diversen Webseiten über die Stadt und den Bundesstaat. Die engl. *Oaxaca Times – What's on in Oaxaca,* www.oaxacatimes.com, ist seit Jahren eine gute Info-Quelle, auch das *Oaxaca Mio Magazine* (www.oaxaca-mio.com) sowie die gedruckte Ausgabe von www.go-oaxaca.com. Einen ausführlichen, aktuellen Fest- und Veranstaltungskalender bietet www.oaxacacalendar.com.

Websites

www.go-oaxaca.com • **www.oaxacaes.com** • www.hotelesdeoaxaca.com • www.oaxacalive.com • www.go2oaxaca.com • www.oaxaca.magazzine.net • www.oaxaca-travel.com • www.oaxaca-mio.com • www.oaxaca.com • www.oaxacainfo.com • u.a.

Eine offizielle Kultur-Seite ist www.culturasyartes.oaxaca.gob.mx

Führungen auf Deutsch

Eine Oaxaca-Spezialistin, sowohl für die Stadt und Umgebung als auch für den gesamten Bundesstaat, ist *Kristina Schmidt-Mahla.* Organisation von Touren individueller Länge und Ziele (auch Ganztagesführungen), Spezialistin für Monte Albán, die Sehenswürdigkeiten rund um Oaxaca und die Strände des Pazifiks. Preise nach Vereinbarung, kristinatours@yahoo.com.mx, Tel. von D 0052 (951) 520 10 77, Handy in Mexiko 01-951-125 6146.

Unterkunft

In Oaxaca gibt es sehr, sehr viele Hotels aller Kategorien und Preisklassen. Nahe am Zócalo ist es teurer. Generell mehr verlangt wird in den Oaxaca-Hochsaisonzeiten (HS): Von Mitte Juli bis 1. Augustwoche (Guelaguetza-Fest), letzte Oktober- bis 1. Novemberwoche (Día de Muertos), in der Weihnachts-/Neujahrszeit von Mitte Dezember bis Mitte Januar und in den zwei Wochen vor und nach Ostern (Semana Santa). In diesen Zeiten ist dann immer auch Reservierung empfehlenswert.

Hostels und Budget-Unterkünfte findet man westlich der beiden Markthallen mit dem Vorteil der Zócalo-Nähe, nachteilig sind die lauten, wuseligen und unansehnlichen Straßen. Ruhigere Unterkünfte liegen fast alle nördlich vom Zócalo bzw. westlich und nordwestlich der Kirche Santo Domingo. Sie haben ein schöneres Ambiente, dafür etwas längere Gehzeiten ins Zentrum.

Außer nachfolgenden Unterkünften gibt es noch wesentlich mehr, siehe Sammelwebseiten www.hotelesdeoaxaca.com oder www.oaxacahotelesymoteles.com. Die Homepage der Bed&Breakfast-Organisation ist www.oaxacabedandbreakfast.com (ein günstiger Tipp ist dort www.lasmariposas.com). Zimmer, Apartments, Häuser für Langzeitaufenthalte s. Anzeigen auf www.oaxacatimes.com oder oben bei B&B.

Hostels

Es gibt immer mal wieder Hostel-Neueröffnungen, ältere sind oft abgewohnt – deshalb sich immer vorher die Zimmer zeigen lassen. Über Doppel- bzw. Privatzimmer mit eigenem Bad verfügen Hostels selten, deshalb solche Zimmer vorab reservieren. Leute mit Ausweisen kriegen häufig Rabatt.

Hostal El Pochón, Callejón del Carmen [Plan A1, **2**], www.hostalpochon.com, Tel. 5161322. Vielbesuchtes, nettes Hostel mit allen Traveller-Services. Gut ist das Drumherum wie kostenloses Trinkwasser, Internet, Komplett-Frühstück,

Gästeküche, Parkplatz, Tourangebote u.a. Bad und Zimmer akzeptabel. Dormitorios: 2x4 und 1x6 Betten, auch Einzel- und DZ. Ü/F 160, DZ/Bad 490. Alternative nahebei:

Casa Ángel, Tinoco y Palacios 610 [Plan B1, **3**], www.casaangelhostel.com, Tel. 5142224. Nettes, neueres Hostel mit sauberen Sanitäranlagen, Dachterrasse, gute Ausstattung und viele Services wie freies Internet, Lockers, Frühstück u.a. 3-, 4- und 12-Bett Mixto-Dormitorios. Ü/F 180–220 Peso, DZ ohne oder mit Bad 460–750 Ps. **TIPP.**

Hostal Casa del Sol, Constitución 301 zw. B. Juárez u. P. Suárez [Plan D2, **4**], Tel. 5144110, www.hostalcasadelsol.com.mx. Nettes kleines und gemütliches Hostal in guter Lage zur Kirche Santo Domingo, Innenhof mit Grün und Sitzgelegenheiten. 5 saubere und sehr geschmackvoll dekorierte DZ und ein 8er Dorm, Bäder sind gemeinsam. Ü 160 Ps, DZ 450 Ps, Triple 600 Ps. Frühstück jeweils inbegriffen, außerdem Gästeküche. **TIPP!**

Hostel Don Nino, Pino Suárez 804 (südl. vom Busterminal, s. Übersichtskarte Oaxaca), Tel. 5185985, www.hosteldonnino.com. Ein sehr gutes Hostel „mit allem" auf hohem Niveau. Ruhige Zimmer und Dormitorios, gute Betten, hilfsbereiter, freundlicher Service, im Preis inbegriffen ist ein reichhaltiges Frühstück, das Hausrestaurant serviert Mittagsmenüs. Außerdem Gästeküche, Internet, Pool u.a. Nebenan Seafood-Restaurant. Ü/F 170 Ps, DZ 800 Ps.

Hostel Paulina, Trujano 321 [Plan A4, **11**], www.paulinahostel.com, Tel. 5162005. Großes Haus, sauber, freundlich (jedoch etwas sterile Atmosphäre, alles ist reglementiert), zócalonah, Garten, gutes Frühstück. 10 Mehrbett- (4–11 Pers.) und 6 Privat- bzw. Doppelzimmer, insges. 100 Betten. Jene Zimmer zur Straßenecke hin sind laut! Alle Traveller-Services, Parkplatz, Fahrangebot nach Puerto Escondido mit Van. Ü/F 192 Ps, DZ/F 385 Ps (auch 3- u. 4-Bett-Privatzimmer).

Hostal El Qujote, Mina 509-5 [Plan A5, **18**], www.hostal-quijote.com, Tel. 5166486. Zócalonahes und unscheinbares, doch liebevoll von Martha & Emilio geführtes Hostal. Alles ist sehr sauber und schön dekoriert, sehr sicher, hilfsbereit, WiFi, kein Frühstück, Tour-Angebote (gegenüber ist das Ht. Rivera del Ángel, Busse zum Monte Albán). Zimmer m./o. Privatbad. Ü 220, DZ/Bad 550 Ps.

Hotel-Posada El Chapulín, Aldama 317 [Plan B5, **17**], hotelchapulin@hotmail.com, Tel. 5161646. Einfacher, freundlicher Familienbetrieb (Adrian spricht Englisch), hinten im Hof 8 schlichte, ruhige Zimmer mit Ventilator, Internet u.a. Ü 330–385 Ps.

Unterkunft beim Busterminal

Wer von Oaxaca früh abfahren will oder spät ankommt und eine Unterkunft in Nähe des Terminals 1. Klasse sucht: Außer dem **Hostel Don Nino** (s.o.) liegt noch nahe beim Busterminal die **Casa Arnel,** Aldama 404 (Ecke Hidalgo, s. Übersichtskarte Oaxaca), Tel. 5152856, www.casaarnel.com.mx. Vom Busterminal zu Fuß in 7 Minuten: die Calle E. Carranza hinuntergehen, nach 6 Querstraßen erreicht man die Hidalgo, nach links abbiegen; die Casa Arnel liegt einen Block weiter, gegenüber einer Kirche. Freundlicher Familienbetrieb, im Patio Bäume, gutes Frühstück, Touren-Angebote, Internet u.a. mehr. 20 Zimmer. Ü Hostel 280 Ps, DZ/Bad 650 Ps, in der NS 585 Ps.

ECO

Posada Don Mario, Cosijopi 219 [Plan B1, **1**], Tel. 5142012, www.posadadonmario.com. Familiär, geräumige, saubere Zimmer (jeweils 3 Zimmer teilen sich ein großes Bad). Sehr viele diverse Services, s. Homepage. Preise in der HS: EZ und DZ jeweils mit Bad 600 Ps. NS mit *baño común:* EZ 380 Ps, DZ 500 Ps, EZ/Bad 500 Ps, DZ 650 Ps. Auch Mehrbett-Zi. Alle Preise mit Frühstück. – Um die Ecke, in der P. Díaz, ist eine Wäscherei, und nahebei, García Vigil 715, das gute und günstige Restaurant *Casa del Tío* (s.u.). Ein zur Posada Don Mario nahegelegenes Ausweich-Quartier ist das familiäre **Hostal Fernanda,** Carranza 112 (s. Plan B1), Tel. 5162104.

Hotel Posada Don Matias, Aldama 316, [Plan B5, **14**],Tel. 5010084, www.donmatias.net. Individuelles Traveller-Mittelklasse-Hotel, etwas kleine, doch nett eingerichtete Einzel-, Doppel- und Mehrbettzimmer (bis zu 6 Pers.), engl.-spr., hilfsbereiter Besitzer. Freies Internet, Trinkwasser und Kaffee. DZ ca. 400 Ps, je nach Vereinbarung.

Hotel Florida, Aldama 417 [Plan A5, **15**], www.hotelflorida-oax.com, Tel. 5165911. Sehr saubere Zimmer, Besitzerin Blanca (engl.-spr.) ist sehr hilfsbereit, WiFi, Dachterrasse, Internet, u.a. Nebenan ein Café. DZ ab 500 Ps.

Hotel Aurora, Bustamante 212 [Plan C5, **13**], Tel. 5164145, www.hotelauroraoaxaca.com. Nicht weit zum Zócalo und zu den Markthallen. 32 geschmackvoll eingerichtete, sehr saubere Zimmer (möglichst obere wählen) mit Bad. Schließfach, Internet, Parkplatz (Zuschlag). Hilfsbereites Personal, Tourangebote. EZ 450 Ps, DZ 550 Ps, Dreibett 600 Ps. **TIPP.**

FAM

Las Golondrinas, Tinoco y Palacios No. 411 [Plan B2, **5**], Tel. 5143298, www.hotellasgolondrinas.com.mx, Älteres, ebenerdiges Kolonialhaus mit verschachtelten kleinen Patios mit tropischen Pflanzen, Sitzplätzen und Hängematten. 24 nicht gerade große Zimmer, doch alle sauber und geschmackvoll eingerichtet (jene zur Straße – und auch die hinteren – meiden, da diese sehr laut sind). Häufig belegt, viele Nordamerikaner. DZ 700 Ps. Restaurant: Die Straße hoch gibt es 30 Meter nördlich der Querstraße Carranza auf der Ostseite in einem lauschigen Hinterhof ein kleines, günstiges Restaurant, *La Vida en un sorbo* [Plan B1, **2**].

Hotel Azucenas, M. Aranda 203 (ex Unión)/Ecke Matamoros [Plan A3 **9**], Tel. 5147918, www.hotelazucenas.com. Renoviertes historisches Haus mit kolonialem Charme, 10 Zimmer mit Bädern um einen zentralen Patio, effizientes kanadisches Management (Donna Radtke reiste früher selbst viel in Lateinamerika), ortskundige, engl.-spr. und hilfsbereite Rezeption, WiFi-Leih-Laptop. Vermittlung von verlässlichen Taxi-Touren, zum Airport und Mietwagen, Tipps für öffentliche Busse/Colectivos zu Umlandzielen. Obergeschoss mit Küche (freier Kaffee und Tee) und begrünter Dachterrasse, auf der das Büffet-Frühstück eingenommen wird. DZ/F ab 700 Ps, HS 800 Ps.

Hotel Real de Antequera, Hidalgo 807 [Plan C4, **10**], Tel. 5164020, über www.oaxaca-mio.com. Kolonialhotel mit Arkadenpatio zentral beim Zócalo. Ältere Einrichtungen, doch alles sehr sauber. 29 Zimmer, Restaurant, freundliche Leute, gutes PLV. DZ/F 798 Ps, NS 698 Ps.

Posada Catarina, Aldama 325 [Plan B5, **16**], über www.hotelesdeoaxaca.com, Tel. 5164270. 30 verschiedene Zimmer, jene um den hinteren Patio sind ruhig. Kleine Dachterrasse, nebenan Cafetería. DZ King Size 740 Ps, NS 640 Ps.

Hotel Casa del Sótano, gleich gegenüber vom Las Golondrinas, Tinoco y Palacios 404 [Plan B2, **6**], Tel. 5162494, www.hoteldelsotano.net. Ein aufwendig renoviertes Kolonialhotel, idyllische Hanglage auf mehreren Ebenen mit Dachterrassen und Aussichten auf die Stadt, Steingarten und Bächlein. 23 Zimmer, 1 Suite. Alle Annehmlichkeiten, gutes Restaurant. DZ ab 900 Ps, bei Barzahlung 10% Preisnachlass.

Hotel Trébol, Flores Magón 201 bzw. Cabrera/Ecke Cristóbal Colón [Plan B5, **12**], Tel. 5161256, www.hoteltrebol.com.mx. 34 komfortable Zimmer, zentrale Lage, viele Nordamerikaner. DZ/Vent 730–860 Ps, mit AC mehr.

Für Selbstfahrer zwei Tipps

(Lagen s. Übersichtskarte Oaxaca): **Hotel Anturios,** Privada de Emilio Carranza 202 (einen Block nördl. v. Busterminal, Col. Reforma), Tel. 01-951-5130075. Ausgesprochen sauberes und gepflegtes Haus, 32 Zi., ruhige Lage in einer Seitenstraße, Innenhofparkplatz mit Baumschatten. DZ ca. 800 Ps. – **Hacienda La Noria,** Av. Eduardo Mata 1918 (südöstlich vom Zócalo), Tel. 5147555, www.haciendalanoria.com. Schöne, komfortable Anlage, hoteleigener Parkplatz, Pool u.a. Zu Fuß ins Zentrum ca. 20 Minuten. DZ ca. 800 Ps.

LUX

Las Bugambilias, Reforma 402 [Plan D2, **7**], Tel. 5161165, www.lasbugambilias.com. Sehr hübsches Bed&Breakfast-Hotel, US-Management, 9 wunderschön im Ethno-Stil dekorierte Zimmer, mindest. 2 Nächte. DZ/F ab 90 US$. Gleich nebenan das kleine Restaurant *La Olla.*

Hotel Victoria Oaxaca, Lomas de Fortín 1 (s. Übersichtskarte Oaxaca), www.hotelvictoriaoax.com.mx, Tel. 5152633. Großes 5-Sterne-Hotel auf einer Anhöhe mit Pool und Blick auf Oaxaca in ausgedehnter Gartenanlage. DZ/F ab 85 US$, *promociones.*

Quinta Real, 5 de Mayo 300 [Plan C2, **8**], www.quintareal.com, Tel. 01-800-9012300. Das Nonplusultra, was Oaxaca im Zentrum bieten kann (s. Webseite): koloniales Kloster-Ambiente, Pool, Restaurants etc. DZ ab ca. 350 US$.

Wohnmobil / Campen

Hinweis: Am besten gleich nach **Tule** fahren, zum schönen Platz **Overlander Oasis,** s. Tule.

Oaxaca Trailer Park, Violeta 900 (Colonia Reforma), Tel. 5152796, nordöstlich der Stadt an der Heroica Escuela Naval Militar (ca. 2,5 km v. Zócalo). Platz für nur 12 Wohnmobile, hässliche Lage, alles veraltet und unsauber. Einziger Vorteil ist die Zentrumsnähe. Busse und Taxis in die Stadt vor dem Eingang. – **Trailer Park Rosa Isabel** *(San Francisco),* an der Straße Cerro del Fortín bzw. Calzada Madero No. 705 (Mex 190), nahe des Monumento a la Madre, Col. San Francisco, ca. 3 km zum Zócalo. Nur für Dauercamper ab 4 Wochen und nur nach langfristiger Vorbuchung.

Essen & Trinken

Oaxaca ist ein Schlemmerparadies! Rund um den **Zócalo** gibt es unter den Arkaden viele Cafés und Restaurants, aber durchweg Touri-Schnellabfertigungen, mit geschmacks- und mengenmäßig eher dürftigem Essen. Günstige und gute Alternativen sind *El Mesón Oaxaqueño,* Zócalo-Nordostecke (Plan C4, **16**), das von 13–17 Uhr ein Menú del Día und ein Büffet zum Sattessen („todo lo que puedes comer") anbietet, und das *Café del Jardín* an der Nordwestecke des Platzes (Plan B4, **17**), das gleichfalls gerne besucht wird.

Ansonsten ist das Restaurant-Angebot Oaxacas immens, es gibt Neueröffnungen, Besitzerwechsel und Schließungen in kurzfristigen Abständen. Die preiswerteren Restaurants wurden und werden, vor allem im Bereich der Fußgängerzonen, von „moderner" (Ketten-)Gastronomie verdrängt. Im trubeligen *Mercado 20 de Noviembre* tischen die vielen Fondas Preiswertes und Frisches auf (Plan B5).

Nachfolgende Restaurants sind (fast alle) auf dem Oaxaca-Stadtplan verzeichnet (lesen Sie aber zuvor den Exkurs über die „eigenwillige Küche Oaxacas", damit Sie keine Überraschungen erleben ...). Im Web stöbern: www.oaxaca-restaurants.com. Die Küche Oaxacas nachkochen und Kochschule: www.casadelossabores.com.

Fußgängerzone Alcalá / Gegend Kirche Santo Domingo

Ein Restaurant der gehobenen Kategorie ist die **Hostería de Alcalá** No. 307 [Plan C2, **11**], im kleinen Einkaufszentrum *Plaza Alcalá* (dort auch der gutbestückte **Buchladen Amate**). – Im nächsten Straßenblock weiter oben, gleiche Straßenseite links, das exklusive Restaurant **Los Danzantes** [Plan C2] mit schönem Patio, Näheres auf www.losdanzantes.com. – Gut italienisch aß ich in der **Pizzeria Nostrana** gegenüber der Sto.-Domingo-Kirche [Plan C2, **4**] bzw. an der Ecke Alcalá/Allende (supergut ist die Pizza mit Huhn und Rosmarin). – In der gleichen Straße Allende gibt es ein kleines, günstiges Café mit Snacks und kleinen Gerichten, das **Comala** [Plan C2, **5**], davor Parkplätze.

Die García Vigil weiter hoch: Das Haus mit der No. 512 ist das **La Biznaga** [Plan B2, **3**]. Sehr gut mexikanisch und keineswegs teuer, obendrein ungewöhnlich kreative Gerichte aus lokalen Zutaten. Der Innenhof ist sehr schön einge-

Heuschrecken und Kakteenblätter – die eigenwillige Küche Oaxacas

Die *cocina oaxaqueña* ist eine Mischung aus altindigenen und spanischen Rezepten und Zutaten die in Mexiko weithin gerühmt wird. So werden z.B. die Tamales in Oaxaca besonders herzhaft gefüllt und Tortillas gibt es hier in Form von großen, knackig-gerösteten *tlayudas,* belegt mit Bohnenmus, Käse, Avocados, Tomaten u.a. (die kleineren Ausführungen heißen *memelitas*). Viele Gerichte werden auch nach ihrer Farbe genannt: *coloradito* ist rote Chili- und Tomatensoße mit Hühnchen- oder Schweinefleisch, *amarillo con pollo* gelbe Comino- und Chili-Soße mit Hühnchen, *verde con espinacas* eine grüne, gut gewürzte Chili-Soße mit Spinat.

Weil die Sierra Madre del Sur wasserarm und Landwirtschaft nur begrenzt möglich ist, mussten schon die prähispanischen Bewohner der Region Fehlendes durch andere – ungewöhnliche – Naturalien ersetzen. Noch heute haben z.B. Wildkräuter, *nopales* (Kaktusblätter), Insekten und deren Larven ihren festen Platz in Oaxacas Küchen. Eine Herausforderung für den Gaumen sind *grillos* (Grillen) und getrockneten **Heuschrecken,** *chapulines.* Sie haben keinen Eigengeschmack, werden mit Gewürzen etwas angebraten und mit einer Guacamole-Soße angeblich eine Delikatesse.

Die bekannteste Spezialität Oaxacas sind jedoch Moles, verschiedene dickflüssige Soßen, die in unterschiedlicher Komposition zu Geflügel, Schweinefleisch oder Truthahn gereicht werden (die *moles* werden separat vom Fleisch zubereitet!). Je nach den – oft geheimnisvollen – Zutaten haben sie verschiedene Farben: Bestandteile für den buntroten **Mole Coloradito** sind *chile ancho,* Sesam und Mandeln. Der dunkelrote **Mole Rojo** ist eine Mischung aus Pecan- und Erdnüssen sowie Sesam. Basis für den grünen **Mole Verde** ist eine spezielle Mischung von Kräutern. Die Farbe des delikaten **Mole Amarillo** ist eher orange als gelb; Bestandteile sind grüne Bohnen, *chayotes* (Kürbisse), Zwiebeln und Limonensaft. Um die dunkle Farbe von **Mole Chíchilo** zu erzielen dienen als Basis *chile chilcostle* und andere Chili-Sorten. Mit der dünnflüssigen und Soße **Manchamanteles** bekleckert man leicht das Tischtuch, deshalb der Name „Tischtuch-Kleckser"... der süßliche Geschmack rührt von den Bestandteilen Ananas und Kochbananen.

Die **„Königin der Soßen"** ist jedoch der schwarze, sämige **Mole Negro:** Mehr also 20 verschiedene Zutaten benötigt man für ihn, u.a. auch Schokolade! Wegen dieser berühmten Soßenkreationen wird Oaxaca auch, nach den sieben traditionellen Regionen, **„Land der sieben Moles"** genannt. Hinweis: Wer **Molepaste** in kleinen Beuteln heimbringen will, findet in den Markthallen Verkaufsstellen mit großer Auswahl, z.B. bei „Chocolate, Mole y Café – Emperador de Oaxaca".

An der Küste gibt es etliche Gerichte, bei denen Meeresfrüchte mit den Produkten der Sierra kombiniert werden, z.B. Garnelenküchlein mit Nopales und wilden Kräutern.

Ein typisches, durststillendes Getränk Oaxacas ist **Tejate,** hergestellt mit Mais, Kakao und Fruchtkernen von Mamey. Eine **Horchata** ist ein erfrischendes Getränk aus fein gemahlenem Reis und Milch, gewürzt mit reichlich Zucker und Zimt. An heißen Tagen ein Genuss! An kühleren Tagen bekommt man an Straßenständen auch **Champurrado** angeboten, heiße Schokolade mit aufgelöster Maismasse *(masa),* ebenfalls gewürzt mit Zucker und Zimt. Das i-Tüpfelchen dieses Getränks ist der luftige Schaum, der beim Quirlen mit einem speziellen Kakaoquirl aus Holz entsteht (als beliebtes Oaxaca-Souvenir wird er vielerorts angeboten; s.a. den Exkurs über Schokolade).

Zum „Nachspülen" sollte man mal einen **Tequila** oder **Mezcal** verkosten, denn Oaxaca ist – neben Tequila in Jalisco – einer der Hauptproduzenten dieser mexikotypischen Agavenschnäpse (auf den *gusano*-Wurm im Mezcal achten, in Oaxaca soll er sehr gut sein! Selbstverständlich gibt es auch Mezcal *sin gusano,* ohne Wurm). In der Aldama zwischen der García und Díaz Ordaz gibt es mehrere auf Tequila spezialisierte Läden.

richtet, passende Hintergrundmusik. Sogar Bitburger Bier. Service kann man aber nicht loben. Tel. 5161800, Mo–Do 13–22 Uhr, Fr/So bis 23 Uhr. **TIPP.**

In der García Vigil No. 715/Ecke Cosijopi [Plan B1, **1**], lädt das „Haus des blonden Onkels", die **Casa del Tío Güero,** zum Mahle. Traveller-Treff, leckere, typische Oaxaca-Gerichte zu zivilen Preisen, fleischlich und vegetarisch: *chiles rellenos, tlayudas, tortas, moles* u.v.a. Frühstück, Mittag- und Abendessen von 7.30–21.30, sehr freundlicher Service, Mo–Sa bis 20.30 Uhr. **TIPP!**

Südöstlich der Domingo-Kirche in der 5 de Mayo 411 [Plan C2, **6**]: **La Fonda de Sto. Domingo:** elegant, stilvoller Patio, gute *oaxaqueña*-Küche, Preise gehoben. – Schräg gegenüber auf der anderen Straßenseite das Café **Coffee Beans and Bar,** No. 205 [Plan C2, **9**].

Einen Block östlich, Calle Reforma 402 (Plan D2, **7**; gleiches blau-gelbes Haus wie Unterkunft *Las Bugambilias*): **Restaurante, Bar & Galería La Olla.** Klein, aber schmackhafte, einfallsreiche Oaxaca-Gerichte mit Zutaten aus biologischem Anbau, Salate, Säfte, sehr gutes Frühstück. Mo–Sa 8–22 Uhr, umfangreiche Karte auf www.laolla.com.mx, Hauptgerichte 90–150 Ps. **TIPP.**

Verdauungsschnaps nötig? Dann hin zu **Mezcaloteca,** einen Block nördlich, Reforma 506. Riesenauswahl mit viel Hintergrundinformationen!

Café Restaurante La Antigua, Reforma 401 [Plan D2, **10**], Live-Musik Mi–Sa 21–23 Uhr. – Nettes Café/Bar: **Decano,** 5 de Mayo/Ecke Murguía [Plan C3, **13**].

Westlich vom Zócalo

Restaurante Catedral, García Vigil 105/Ecke Morelos [Plan B3, **15**]. Großes Restaurant mit hohen Sälen, elegant mit schlichtem Dekor, vorbildlicher Service, sehr gutes Essen (Oaxaca-Spezialitäten), Hauptgericht 100–180 Peso, sehr empfehlenswert, keine langen Wartezeiten.

Eine **Bäckerei** mit guten Backwaren befindet sich in der 20 de Noviembre zw. Calle Hidalgo und Trujano (Plan B4), gegenüber des Hotels Francia. Eine weitere gute **Bäckerei** ist **Pan & Co,** García Vigil/Ecke Allende.

Café-Restaurante Alex, Ecke Díaz Ordaz/Trujano [Plan A4, **19**]. Einfaches, aber sehr gutes und günstiges Restaurant/Frühstückslokal mit kleinem Patio. **TIPP!**

Eher exquisit: **Restaurante El Naranjo,** Trujano 203 [Plan B4, **20**], So geschl. In kultiviertem Ambiente schmackhafte *platos oaxaqueñas* mit diversen *moles* genießen. – In der García zw. Trujano und Hidalgo liegt das gut besuchte **Alameda** mit regionalen Speisen [Plan B4, **18**], schließt um 18 Uhr, Mo geschl.). – Chinesisch/Arabisch bei **La Muralla,** Bravo 510/Ecke Crespo [Plan A2, **8**].

Vegetarisch

Beide Restaurants sind nicht teuer: **Flor de Loto,** Morelos 509 [Plan B3, **14**]. – **Manantial Vegetariano,** Tinoco y Palacios 303/nahe Ecke Calle Matamoros [Plan B3, **12**], familiäres Patio-Restaurant, Oaxaca-Gerichte, Frühstück, *comida corrida,* Salate etc., aber auch Fleischgerichte.

Außerhalb des Zentrums nördlich: **Itanoni,** Belisario Domínguez 513, Colonia Reforma, Tel. 5139223. Außergewöhnlich traditionelle Mais-Esserlebnisse – *memelitas, tetelas, tacos, tostadas, quesadillas* –, fast ein Restaurant mit „Slow food"-Philosophie. Auf dass die Vielfalt der mexikanischen Maissorten erhalten bleibe! Initiator ist der Agrarsoziologe Ramírez Leyva, der mit diesem Ansatz viel Anerkennung erfahren hat. Nicht überteuert. Mo–Sa 7–16 Uhr, So 8–14 Uhr, www.itanoni.com.mx.

Essen in den Märkten

Gegenstück zu den Restaurants der Fußgängerzone Alcalá sind die *comedores* und *fondas* in den beiden Markthallen südlich des Zócalos. Sehr viele gibt es im **Mercado 20 de Noviembre** [Plan B5, **21**]. Bei *Sarita, María Teresa, María Cristina, Fonda Candita* gibt es *tlayudas con pollo,* große und belegte Tortillas, und bei den anderen Köchinnen ist die Auswahl an Hausmannskost bzw. *auténtica comida tradicional* beachtlich. Zum Nachtisch Schokolade? Dann zu **Mayordomo,** Mina/Ecke 20 de Noviembre [Plan B5].

■ *Comedores in der Markthalle 20 de Noviembre*

... weiter mit „Adressen & Service Oaxaca"

Kommunikation

Post: Ecke Independencia/Alameda de León, Mo–Fr 8–22, Sa 10–17 Uhr; PLZ 68000. – **Telefon:** Caseta Computel bei der Post, Ladatel-Telefon- und Prepaid-SIM-Karten an jeder Ecke. – **Fax:** Servicios Telecomunicaciones, um die Ecke bei der Post (Independencia/20 de Noviembre), Mo–Fr 8–17.30 Uhr, Sa 9–16, So 9–12 Uhr; Internet-Cafés bieten meist auch Tel./Fax-Service.

Internet: Internet-Cafés gibt es unter den Zócalo-Arkaden, in der Calle Alcalá und in vielen anderen Straßen, s. einige @-Piktogramme im Stadtplan. Auch in fast allen Unterkünften. WiFi in einigen öffentlichen Zonen.

Bank / Geld

Banken/Geldautomaten sind reichlich um den Zócalo und in anderen Straßen vertreten, s. $-Piktogramme. Euro/Dollar/Franken-Scheine kann man bei *Consultoria Internacional* (Plan C4) tauschen.

Reisebüros und Touranbieter

An „Agencias de Viajes" herrscht in Oaxaca kein Mangel. Fast alle bieten die üblichen Bustouren nach Monte Albán, Mitla, in die Dörfer der Valles Centrales oder nach Hierve el Agua (s.S. 483) an. Veranstalterprospekte liegen auch vielfach in den Unterkünften aus. Dabei entpuppt sich manche dieser Touren hinterher als enttäuschende, lieblos geführte und wenig informative „Kaffeefahrt" (also eher selbst organisieren, sofern möglich). Einer dieser Anbieter ist z.B. *Viajes Turísticos Mitla,* mit dem viele zum **Monte Albán** hochfahren. Das Hauptbüro ist in der Lobby des Hotels *Rivera del Ángel,* Calle Mina 518 (Plan A5), Tel. 5165327 u. 5143161. Zweigstellen sind im Hotel *Rivera Diamante,* 20 de Noviembre/Ecke Aldama (Plan B5, Tel. 5010220) und im Hotel *Santa Rosa,* Trujano/Ecke 20 de Noviembre (Plan B4, Tel. 5147800).

Für Flüge und Flugtickets: *Agencia de Viajes ALVIR,* Porf. Díaz 234, Tel. 5133635 u. 5158299.

■ Ein auf besondere Ziele im Bundesstaat Oaxaca spezialisiertes und gutes Reisebüro ist **Tierraventura,** Callejón del Carmen 108 (Plan A1), www.tierraventura.com, Tel. 5164644, 10–14 u. 16–18 Uhr. Schweiz.-/dt. Leitung, Yves & Claudia. Land & Leute-Touren in die Sierra Mixteca, in die südliche und nördliche Sierra (*Pueblos Mancomunados,* s.S. 489) und an die Pazifikküste. Kleine Gruppen, ab zwei Personen, Tourdauer 1–3 Tage, auch nach individuellen Wünschen. Rechtzeitig buchen, ca. eine Woche im Voraus. **TIPP.**

Zwei weitere gute Adressen: *Viajes Xochitlán,* M. Bravo 210 (Plaza San Cristóbal), Tel./Fax 5143271. – *Transtours,* Taxis und Vans mit Fahrer, stunden- und tageweise, Tel. 5134434.

Mietwagen

Es gibt viele Anbieter und Büros in der Stadt. Wagen- u. Preisübersicht auf der Homepage vom günstig-guten *Only-rent-a-car,* www.onlyrentacar.com, Alcalá

401 (Plan C2), Tel. 01-800-2276659 und Calle 5 de Mayo 215A (Plan C3). – Günstig ist auch *Nice Trip,* Tel./Fax 5010816, Mobil 044-951-5082575 (sie bringen den Wagen zum Hotel und holen ihn wieder ab). – *Hertz,* Labastida 115 (zw. 5 de Mayo u. Alcalá), Tel. 5162434, Airport Tel. 5115478. – *Budget Rent-a-Car,* 5 de Mayo 315, gegenüber Hotel Qinta Real, Tel. 5164445, und am Airport, www.budget.com.mx. – *Alamo,* 5 de Mayo 203A, Tel. 5148534, und am Airport, www.alamo.com.

Notfall **Polizei, Ambulanz:** Tel. 066 (kostenlos). Bei touristischen Problemen, z.B. Diebstahl, kann man sich bei der *CEPROTUR* (Centro de Protección al Turista) beschweren, Murguía 206 (Plan C3), 8–20 Uhr, Tel. 5021200. – **Arzt:** Clínica Hospital Carmen (privat), Abasolo 215 (Plan D2), Tel. 5160027. – **Ángeles Verdes:** Tel. 5169597 u. 078. – **Migración:** Pensamientos 104, Tel. 5185200.

Buchladen *Amate,* Alcalá 307, www.amatebooks.com; sehr gutes Sortiment über Mexiko, Azteken, Maya und ganz Lateinamerika; Reiseführer, Zeitschriften, englische Bücher und auch der SPIEGEL. – Weitere: der Buchladen im Museo MACO, Alcalá 202, und die *Librería Grañén Porrúa,* Alcalá 104.

Einkaufen Oaxaca quillt über von *artesanías*-Angeboten. Webwaren kommen z.B. vom Dorf Teotitlán del Valle, Tonwaren von San Bartolo Coyotepec (schwarze), grüne von Atzompa. Die Preise in Oaxaca sind nicht teurer oder sogar billiger als in den Herstellungsdörfern. Das Angebot an Textilien, Gold- und Silberschmuck, Holz-, Korb- und Lederwaren usw. ist ebenfalls immens. Ein besonderes Produkt, das nur in Oaxaca bzw. in einigen umliegenden Dörfern hergestellt wird (Arrazola, San Martín Tilcajete), sind die lustigen **Alebrijes,** bunt bemalte Fantasie- und Monster-Figuren aus extrem leichtem Holz.

Läden für Kunsthandwerk gibt es reichlich, teure findet man in der Alcalá. Sehenswert ist das riesige und qualitativ gute Angebot der Frauen-Kooperative **MARO** *(Mujeres Artesanas de las Regiones de Oaxaca)* in 5 de Mayo 204 zw. Murguía u. Morelos (Plan C3), tägl. 9–20 Uhr: Textilien, Alebrijes, Keramiken, Lederwaren usw. Direktunterstützung der Hersteller, **TIPP!** – In der García Vigil 212 (Plan B3) offeriert **AMBAR** Schönes aus Chiapas, wie Bernstein, Jade, Quarz etc. sowie reizvolle Textilien (die dt. Eigentümerin Angélica weiß Wissenswertes und gibt gerne Auskunft). – An der nächsten Ecke, Matamoros 105 (Plan B3), befindet sich die **Casa de las Artesanías de Oaxaca;** große Auswahl an Kunsthandwerk aus allen sieben Regionen Oaxacas, Zusammenschluss von über 80 Organisationen, Stücke mit Hersteller- u. Herkunftsnachweis, www.casadelasartesanias.com.mx. Ganz oben in der García Vigil 809: **ARIPO** (*Artesanías e Industrias Populares del Estado de Oaxaca,* heute *Instituto Oaxaqueño de las Artesanías*).

Märkte **Central de Abastos;** das ist der Großmarkt für allgemeine Verbrauchsgüter, 4 Blocks südlich und 6 Blocks westlich vom Zócalo, s. Übersichtskarte Oaxaca. Markt ist täglich, samstagmorgens ist besonders viel los. Ein gewaltig großes Angebot: landwirtschaftliche Erzeugnisse, Haushaltswaren, Textilien, Tonwaren und alle Dinge des täglichen Bedarfs. **Kein Touristenmarkt,** sondern Warenumschlagplatz für Händler, Bauern und die Bevölkerung. Vorsicht vor Taschendieben, allgemein unsicher dort!

Im Stadtzentrum liegen südwestlich vom Zócalo die schon mehrfach erwähnten Markthallen **Mercado Benito Juárez** und **Mercado 20 de Noviembre:** Früchte, Kunsthandwerk, Textilien und Lebensmittel ohne Ende. Der Mercado 20 de Noviembre ist auch bekannt für seine *comedores* und *fondas.*

Vier Straßen südlich vom Zócalo, García/Ecke Zaragoza (s. Übersichtskarte Oaxaca), befindet sich die Halle des **Mercado de Artesanías** mit großem Angebot an Kunsthandwerk, Textilien, Haushaltswaren und auch Alebrijes.

Markttage *(tianguis)* **in den Orten um Oaxaca s.S. 469.**

Wäscherei *Clin Lavandería,* 20 de Noviembre 605B; *Lav. Hidalgo,* Ecke Hidalgo/García.

Bike-Touren u. Vermietung

Zona Bici, García Vigil 406, zw. Bravo u. Allende (Plan B2), Tel. 5160953, www.bikeoaxaca.com, Mo–Sa 10–14.30 u. 16.30–20.30 Uhr. Bikevermietung und auch diverse Halbtags- und Tagestouren.

Sprachschulen

Oaxaca ist zum Spanischlernen eine sehr angenehme Stadt. Es gibt viele Schulen, fast alle sind auf Nordamerikaner ausgerichtet. Gut beurteilen Absolventen: *Becari* (dt.-spr.), Tel./Fax 5146076, M. Bravo 210, Plaza San Cristóbal, www.becari.com.mx, *Instituto Cultura Oaxaca,* www.icimexico.com und ICC, *Instituto de Comunicación y Cultura,* Alcalá 307, www.iccoax.com, Tel. 5163443. ICC wirbt mit akademisch ausgebildeten Lehrkräften. Organisation der Oaxaca-Sprachschulen: www.aseseo.com.mx.

Unterhaltung

Auf dem **Zócalo** ist immer was los. Allabendlich – außer am Freitag – etwa ab 18.30 Uhr Open-air-Konzerte mit der *Banda de Música de Oaxaca* oder *Banda de Música del Estado.* Mo/Sa/So außerdem ab 12/12.30 Uhr. Auch klimpern Marimbaspieler und treten Mariachigruppen auf. Viele Restaurants, Hotels und Kneipen bieten ebenfalls Live-Musik.

Veranstaltungen / Festdaten

Veranstaltungen in der Stadt Oaxaca auf www.oaxaca.travel (bei „Events"). Seiten mit Veranstaltungen: www.oaxacacalendar.com • www.culturasyartes.oaxaca.gob.mx • www.conaculta.gob.mx (mit mexikoweiten Daten).

Folklore-Tänze

Touristische **Guelaguetza-Tänze** (s.u.) jeden Abend um 20.30 Uhr im **Hotel Monte Albán** (Alameda de León, Westseite, Tel. 5162330), 20.30 Uhr (nicht zu viel erwarten). – Ebenfalls täglich um 20.30 Uhr Folklore- bzw. Guelaguetza-Tänze in der **Casa de Cantera** (nördlich außerhalb, Federico Ortiz Armengol No. 104, La Resolana, Col. Reforma, www.casadecantera.com, Tel. 5153768); langjähriges Unternehmen, gute Vorstellungen, mit Essen während der Show. – Spitze sind die farbenprächtigen Guelaguetza-Tänze aus den sieben Regionen Oaxacas jeden Freitag um 19 Uhr im **Hotel Quinta Real** (Plan C2). Es tanzt das *Ballet Folklórico del Estado* zur Musik einer Band in der dortigen Klosterkapelle. Kostenpunkt ca. 360 Peso, inkl. Büffet-Essen – **TIPP.**

Musikkneipen / Bars

Bar Fandango, Porfirio Días 503/Ecke Allende (Plan B2), eine von drei Bars an dieser Ecke, junges Publikum, Rock, Reggae, Salsa etc., samstags Live-Musik. – **Café Central,** Hidalgo 302 (Plan A4), Treff der Alternativ-Szene; Jazz, Filme, Bands etc. Programm auf www.cafecentraloaxaca.blogsport.com, Mi–Sa ab 21 Uhr. – Oder lieber zum Kubaner mit Mojitos und Live-Musik? **Bar Son Cubano,** Tinoco y Palacios 210 (Plan B3), tägl. ab 20.30 Uhr. – **Candela,** Murguía 413/Ecke Pino Suárez (Plan D3). Schönes Kolonialhaus mit einer Tanzbühne im eleganten Innenhof, populär für Salsa- und Latinomusik, Do–Sa ab 22 Uhr *música latina en vivo,* Tel. 5142010. **TIPP.** –Disco-Laune im Doppelpack: **Freebar,** Matamoros 100C (Plan C3), mex./int. Musiktitel, gute Atmosphäre, und **La Tentación,** gleich gegenüber, wo's meist genauso abgeht. – **La Divina,** Gurrión, südlich Kirche Santo Domingo (Plan B2); Studententreff, Kerzen, Skelette, Gruselbilder … manchmal Live-Musik. – **Café La Antigua,** Reforma 401 (Plan D2), *música en vivo* Mi–Sa. – **La Casa del Mezcal,** F. Magón zw. Colón u. Rayón (Plan C5), typische Mezcal-Cantina mit Bar-Tresen, und auch **La Cucaracha** (Plan B3). – Weitere Hotspots für Nachtfalter listet die Website **www.nightlifeoaxaca.com** auf.

Centros Culturales (Konzerte, Kino, Theater)

Centro Cultural R.F. Magón, Alcalá 302. – *Centro Cultural Santo Domingo* (Sto.-Domingo-Kirche). – *Teatro Macedonio Alcalá,* Independencia 900 (Ecke Armenta y López). – *Casa de la Cultura Oaxaqueña,* Ortega 403/Ecke Colón (s. Übersichtskarte Oaxaca. – **Kinos** gibt es viele, US-/europ. Filme sind spanisch untertitelt; viele laufen im *Teatro Carrillo,* Madero/Ecke Tecnológico, Col. Lindavista. Der alternative Kinoclub *Pochote* befindet sich in der García Vigil 817, gleich nördlich von ARIPO und zeigt internationale Produktionen.

Fest Guelaguetza

Alljährlich findet an den **zwei auf den 16. Juli folgenden Montagen** auf dem *Cerro del Fortín* in dem eigens dafür gebauten Amphitheater *Auditorio Guelaguetza* **das größte und spektakulärste Tanzfestival des Staates Oaxaca statt,** die berühmte **Guelaguetza** (auch „Los Lunes del Cerro“ genannt, „Montage auf dem Hügel“). Dabei zeigen 16 Gruppen aus den 7 Regionen Oaxacas, nämlich *Valles Centrales, Sierra Norte, La Cañada, Tuxtepec (Alto Papaloapan), La Mixteca, Costa* und *Istmo de Tehuantepec*) – und auch aus anderen Teilen Mexikos – zur Musik von *bandas* traditionelle, mitreißende Tänze. Wunderschön sind die farbenprächtigen *trajes típicos* und die reichbestickten *huipiles*. In der Innenstadt, rund um die Kathedrale und in der Calle Alcalá, werden viele Stände mit Kunsthandwerk aus dem ganzen Land aufgebaut. Zehntausende reisen an und belegen alle Hotelzimmer!

Guelaguetza ist ein zapotekisches Wort und meint „teilnehmen“, „geben“, „sich gegenseitig helfen“ (bei der Arbeit) – also „Fest des Gebens und Teilens“. Entstanden ist die Guelaguetza durch eine alte Feier der Karmeliterinnen zu Ehren ihrer Schutzheiligen *Señora del Carmen,* die bei der Kirche Carmen Alto gefeiert wurde und an der auch Indígena teilnahmen. Diese brachten ihre eigenen religiösen Traditionen mit ein und verehrten ihre Gottheiten, wie z.B. *centeotl,* die aztekische Göttin des Maises. Ihr wurden Opfergaben – *ofrendas* – dargebracht, begleitet von rituellen Tänzen und Gesängen. Später wurde daraus ein Begrüßungsakt für Persönlichkeiten, heutzutage ist die Guelaguetza eine gewaltige **Folklore-Show.** Dabei werden die „Opfergaben“, Kostproben typischer Produkte der Regionen Oaxacas, wie Süßigkeiten, kleines Kunsthandwerk, Naturalien etc., dem Gouverneur überreicht und ins Publikum geworfen.

Am **Samstag** vor dem ersten Fest-Montag gibt es einen großen, farbenprächtigen **Umzug der Gruppen** (mit *„chinas oaxaqueñas“,* Musikkapellen etc.), am **Sonntag** auf der *Plaza de la Danza* bei der Basílica de la Soledad Tanzvorführungen *(Bani stui gulal),* und während der zwei Festwochen noch viele andere Rahmenveranstaltungen wie Konzerte, Ausstellungen u.a. Am zweiten Festmontag, der *octava,* werden die Veranstaltungen wiederholt.

Man muss sich rechtzeitig um Eintrittskarten für die Vorführungen in der Guelaguetza-Arena auf dem Cerro del Fortín kümmern. Es gibt sie bereits ab April, Auskunft beim Turismo. Karten fürs morgendliche Tanzfest benötigt man nur für die Sektoren A und B, Sektoren C und D sind kostenlos (bei C ist die Sicht immer noch gut, auch das Stadt-Panorama ist gut zu sehen). Sonnenschutz mitnehmen und sich für die Freiplätze *sehr früh* anstellen, langes Schlangenstehen, ab 7 Uhr werden die Tore geöffnet. Das Vorprogramm beginnt um 8 Uhr, die Tanzdarbietungen zwischen 9 und 10, sie dauern bis 14 Uhr. Nachmittags findet auf dem Cerro del Fortín an beiden Montagen ab 18 Uhr die getanzte Legende der letzten zapotekischen Prinzessin Donají statt. Getanzt wird erst mit Anbruch der Dunkelheit, geringer Eintrittspreis in den Sektoren A und B, kostenlos sind wieder C und D. Speziell schön ist das Donají-Tanzspiel am Vorabend (Sonntag) um 20.30 Uhr, Sektoren C und D wieder gratis. Die Lichterkulisse der Stadt ist grandios! **Hinweis:** Wenn der Feiertag am 18. Juli auf einen Montag fällt, kann sich die Guelaguetza um eine Woche nach hinten verschieben. Fotos und weitere Informationen zum Ablauf des Festes auf diversen Oaxaca-Webseiten, z.B. auf www.oaxacainfo.com oder www.oaxaca-mio.com (mit einem Plan des Cero-del-Fortín-Auditoriums).

Weitere Feste

Karwoche: diverse kirchliche Feierlichkeiten (am Donnerstag und Karfreitag). – **16. Juli:** *Virgen del Carmen,* eine Woche Fiesta mit nächtlichen Prozessionen um die Iglesia del Carmen Alto (Calle García Vigil), verbunden mit der *Fiesta de Mezcal*. – **31. August:** Segnung der Tiere, Kirche La Merced. – **1./2. November:** *Todos los Santos* und *Día de los muertos,* Allerheiligen und Allerseelen.

Oaxaca ist für seine üppig geschmückten *ofrendas* (Gabentische) zum **Totentag** bekannt. Er wird besonders groß auf dem alten und neuen Friedhof von Xoxocotlán westlich von Oaxaca (s. Umgebungskarte) begangen. – **18. Dezember:** *Fiesta de la Soledad,* Fest der Stadtpatronin bei der Basílica de Nuestra Señora de la Soledad (s.o.), eine Woche lang; die Fiesta geht nahtlos in die Weihnachtsfeste über, in die **Posadas** vom 16.–24. Dezember. Am 24.12. feierliche nächtliche Fackel-Prozession ab 22 Uhr vom Zócalo. – **23. Dezember:** *Fiesta (Noche) de los Rábanos,* Rettich-Fest auf dem Zócalo; Wettbewerb über die schönsten Kunstwerke und Figuren, hergestellt aus geschnitzen Retichen und Beiwerk aus Trockenblumen und Maisblättern. Die Teilnehmer reisen aus der ganzen Umgebung an und stellen sich einer Jury. *Buñuelos,* süße Pfannkuchen, gehören ebenfalls zur Tradition dieses Tages. Zum Abschluss gibt es ein Feuerwerk.

An- und Weiterreise Oaxaca

Bus

Oaxaca ist Verkehrsknotenpunkt mit besten Verbindungen in alle Richtungen. Es gibt **zwei** große, **auseinander liegende** Busterminals, die **1. Klasse im Norden,** die **2. Klasse im Süden** der Stadt (beide s. auf der Übersichtskarte Oaxaca). Von ihnen gelangt man mit einem Taxi oder „Centro"-Stadtbus in Zócalonähe, direkt zum Platz fährt kein Bus.

Der **Terminal 2. Klasse** liegt südwestlich neben dem großen Markt *Central de Abastos* am westlichen Ende der verlängerten Trujano, etwa 1,5 km vom Zócalo. Von hier Abfahrten der Linien *Fletes y Pasaje* (Fypsa), *Estrella del Valle* und *Oaxaca Pacífico.* Südwestlich von ihm liegt am Periférico noch eine weitere *Camionera de Segunda Clase,* der **Terminal Sur.** Von dort fahren die 2.-Klasse-Busse von *Sur* und *AU* ab. Ferner gibt es dort in der Gegend weitere Abfahrtsstellen von Bussen zu Dörfern in der Umgebung und von Colectivos/ Vans zu speziellen Zielen, wie z.B. nach Pochutla für Puerto Ángel/Pazifikküste oder für Puerto Escondido.

Abfahrtszeiten / Busfahrkarten

Über Abfahrtszeiten informieren www.ticketbus.com.mx, die Webseiten der Busgesellschaften (s.S. 54) und auch www.hotelesdeoaxaca.com (bei „Horario de Autobuses ADO y OCC").

Wichtige Fernziele wie San Cristóbal de las Casas, Mexiko-Stadt und Pazifikküstenorte vorausbuchen, vor allem, wenn man einen Luxusbus nehmen möchte, wie z.B. ADO, ADO GL oder ADO Platino.

Im Stadtzentrum verkaufen die Büros von **Ticket Bus** Busfahrkarten: an der Zócalo-Nordostecke (Plan C4), in der 20 de Noviembre 103D (Plan B4) und in der Cabrera beim Mercado 20 de Noviembre (Plan B5). Mo–Sa 8–22 Uhr, So 8–21 Uhr, Reserv.-Tel. 01-800-0099090. Auch gute Reisebüros verkaufen 1.-Klasse-Bustickets. Oder gleich direkt nach der Ankunft im Terminal 1. Klasse. Überdies bieten etliche Hotels und viele **Hostels** einen **Ticket-Service** zu den wichtigsten Reisezielen, beim Einchecken fragen.

Busterminal 1. Klasse

Niños Héroes de Chapultepec 1036, Tel. 520560. Zum Zócalo 1,8 km. Linien ADO/ADO GL, UNO, Ómnibus Cristóbal Colón (OCC) u.a.; auch 2. Klasse nach Cuenca.

Die wichtigsten 1.-Klasse und 2.-Klasse-Destinationen (Hinweis: keine Direkt-Verbindung von Oaxaca nach Cuernavaca oder Taxco). Nach: **Mexiko-Stadt,** Terminal Oriente (TAPO): ständige Abfahrten diverser Klassen, Fz gut 6 h über Supercarretera Mex 135D. Vom Terminal Sur Busse 2. Klasse, meist über die Mex 135. Wer von Mexiko-Stadt nach der Ankunft gleich in den Norden weiterfahren will, sollte einen Bus zum Terminal Norte (TAN) nehmen, wenn Ankunft im Süden erwünscht, zum Terminal Sur (TAS bzw. Tasqueña). – **Puebla:** ca. stündlich, Fz ca. 4,5 h. Wer nach Puebla gemächlicher gelangen will bzw. unterwegs Unterbrechungen plant, z.B. in Huajuapan oder Teotitlán, nimmt einen 2.-Klasse-Bus vom Terminal Sur. – **Puerto Escondido:** sehr, sehr kurvenreiche, eigentlich unzumutbare Fahrt, besser mit Kleinbus-/Van-Direkttransport, s.u., oder fliegen; gleiches Szenario gilt für die Busfahrt nach **Pochutla.** – **San Cristóbal de las Casas,** 1. Klasse-Busse, Nachtabfahrten, 19, 21 u. 22.30 Uhr (Fz 11–12 h), über **Tuxtla Gutiérrez,** Fz 10 h. Tagfahrten nach Tuxtla mit Fypsa-Bussen vom Terminal 2. Klasse. – **Tehuantepec:** viele Abfahrten 1. Klasse, auch mit Fypsa-Bussen vom Terminal 2. Klasse. – **Veracruz:** 3x tägl., Fz 6–7 h. – **Villahermosa:** 4x tägl., Fz 12 h.

Weiterreise-Optionen: Hochland von Chiapas und Yucatán
Fast alle Reisenden fahren von Oaxaca über Tuxtla Gutiérrez nach **San Cristóbal de las Casas** weiter, doch könnte man als Alternative auch über Tuxtla Gutiérrez und Villahermosa nach Mérida reisen und dann, nach einer Yucatán-Rundtour, über San Cristóbal nach Oaxaca und Mexiko-Stadt zurückkehren. Wenn nicht anders beabsichtigt, sollte die Fahrt über San Cristóbal jedoch vorgezogen werden. Wer dabei die Bootsfahrt auf dem **Sumidero-Canyon** machen möchte (s.S. 439), muss in Tuxtla Gutiérrez für Chiapa de Corzo/Sumidero-Canyon nicht unbedingt unterbrechen, man kann auch noch von San Cristóbal aus eine Tagestour dorthin machen (Details s.S. 409).

Nach **Guatemala:** statt über San Cristóbal de las Casas kann auch über Tehuantepec, Juchitán, Tapanatepec, Arriaga, Tonalá nach **Tapachula** gefahren werden. Von dort zu den Grenzübergängen Talismán oder Ciudad Hidalgo.

Weiterreise-Optionen zur Pazifikküste
Nach **Puerto Ángel** fährt man über den Umsteigepunkt **Pochutla.** Dorthin gibt es zwei Möglichkeiten: Auf der schnellen Straße **Mex 190** über Tehuantepec nach Salina Cruz am Istmo de Tehuantepec und von da nach Pochutla. Auf dieser längeren „außenrum"-Strecke dauert es mit einem 1.-Klasse-Bus 9 Stunden, rund 1,5 h länger als die Direktfahrt auf der Mex 175 nach Pochutla mit der 2. Klasse. Die Mex 175 durch die Sierra ist zwar landschaftlich abwechslungsreich, doch **äußerst kurvenreich,** und bei der Fahrt mit einem Nachtbus sieht man nichts davon, zudem ist wegen der Kurverei an Schlafen kaum zu denken. Also die längere Busstrecke vorziehen oder am besten – anstatt mit einem 2.-Klasse-Tagesbus, was auch möglich wäre – einen direkt fahrenden Van/großen Combi nehmen.

■ **Pochutla:** *Autoexpres Atlántida* fährt mit Vans tägl. auf der Mex 175 zwischen Oaxaca und Pochutla. Abfahrten um 4.30, 7, 9, 11, 13, 15, 17.30, 20.30 und 23.30 Uhr, Fz ca. 5,5 h. Wagendepot in der Calle La Noria 101 (s. Übersichtskarte Oaxaca S. 444), Tel. 5141346. Auch *Líneas Unidas Miahuatecos,* Calle Bustamante 601/Ecke Xoxitl, Tel. 5162472, www.lineasunidas.com.mx, fährt stündlich nach Pochutla. Ankunft in Pochutla in der Calle Lázaro Cárdenas. Von da weiter mit Colectivos nach Puerto Ángel und Puerto Escondido.

■ **Puerto Escondido:** über die Sierrastraße Mex 131 fahren wegen zahlloser Serpentinen ebenfalls nur wenige 2.-Klasse-Busse, auch da ist ein Bus über Salina Cruz die bessere Option. Am besten wieder mit einem Direkt-Colectivo über die Mex 131, entweder mit *Transportes Villa del Mar* vom westlichen Ende der Las Casas/Ecke Galeana 322A (s. Übersichtskarte Oaxaca), 5x tägl., Tel. 951-1165622, oder mit *Express Service,* Arista 116/Ecke Cabrera, 9x tägl., Tel. 5164059. Fz ca. 6 h. Oder mit *Minibuses Atlántida* (s.o.) nach Pochutla und dort umsteigen.

Flug

Der kleine Aeropuerto Juárez (Tel. 5115229) liegt 8 km südlich der Stadt an der Mex 175. Anfahrt mit einem Taxi oder mit *Transportación Terrestre Aeropuerto,* deren Büro ist an der Alameda de León 1G, gegenüber der Kathedrale, rechts vom Hotel Monte Albán. Mo–Sa 9–14 u. 17–20 Uhr, Tel. 5144350; einen Tag vorher arrangieren, dann Abholung vom Hotel. Vom Airport in die Stadt dto. mit einem Van von *Transportación Terrestre.*

Fluglinien: *Aeroméxico,* Calle Hidalgo 513, Tel. 5161066, Mo–Sa 9–18 Uhr. – *Aerotucán,* Alcalá 201 (Plan C3), www.aerotucan.com.mx, Tel. 5010530. Mo–Sa 7–20 Uhr, So 10–14 Uhr. Nach **Pto Escondido** mit einer 13-sitzigen-Cessna in einer halben Stunde (Aerotucán fliegt auch Flüge nach Huatulco und Tuxtla Gutiérrez). – *Aerovega,* Alameda de León 1, Tel. 5164982, 9–20 Uhr. Tickets auch in Reisebüros, gut ist die *Agencia de Viajes ALVIR,* Porf. Díaz 234, Tel. 5133635 u. 5158299.

Flugziele: Mexiko-Stadt, Puerto Escondido, Huatulco, Tuxtla Gutiérrez u.a.

Bahn

Personenzugverkehr Oaxaca – Mexiko-Stadt – Oaxaca (über Puebla) ist eingestellt.

Busfahrt nach Mexiko-Stadt

Vulkansichtungen auf der Fahrt von Oaxaca nach Mexiko-Stadt: Auf der Strecke über die Supercarretera kommt hinter Tehuacán rechts der Kegel des **Pico de Orizaba** in Sicht, mit 5610 m der höchste Berg Mexikos. Vor Puebla, ebenfalls rechts, **La Malinche,** 4461 m. Später taucht links der **Popocatépetl** auf (5452 m, meist mit Rauchwölkchen), rechts daneben der **Iztaccíhuatl** („Schlafende Frau“, 5230 m). Nach der Durchfahrt von Puebla liegen rechts großflächig die VW-Werke.

Umgebungsziele Oaxaca

■ Von den drei *Valles Centrales* (Lage s. Karte rechts), die sich bei Oaxaca treffen, erstreckt sich das **Valle de Tlacolula** etwa 50 km nach Südosten, das **Valle de Etla** in fast gleicher Länge nach Nordwesten und das **Valle de Zimatlán** nach Südwesten. Reizvolle Dörfer, archäologische Stätten und Naturattraktionen dort ziehen viele Besucher an, wobei besonders die Märkte immer wieder ein Erlebnis an Farben, Gerüchen und Warenvielfalt sind. Top-Attraktion ist **Monte Albán** (Zeitbedarf ca. halber Tag).

Für das *Valle de Tlacolula* bis nach **Mitla** sollte man einen ganzen Tag einplanen, denn rechts und links der Straße Mex 190 finden sich etliche sehenswerte Zeugnisse prähispanischer Kulturen, z.B. *Lambityeco* oder *Yagul.* Interessant auf dieser Tour sind außerdem: der 2000 Jahre alte **Baum von Tule,** das Weberdorf **Teotitlán del Valle** und, ganz am östlichen Ende des Valle de Tlacolula, der „versteinerte Wasserfall“ **Hierve el Agua.**

Verkehrsmittel: mit Bussen 2. Klasse (umständlich), Colectivos (schneller, Abfahrtsstellen s. Karte S. 444) oder, durchs Valle de Tlacolula, am besten mit einem Mietwagen. Oder bequem mit Touranbieter, wie z.B. *Viajes Turísticos* (Details dazu s.S. 477, „Tagestour“).

■ Einen weiteren Tagesausflug könnte man in das südlich von Oaxaca gelegene *Valle de Zimatlán* machen, zu den Orten Arrazola, Cuilapan, Zaachila, Coyotepec. Oder nach Nordwesten ins *Valle de Etla* mit Atzompa, Villa Etla, Mogote und San Agustín Etla (siehe 2. und 3. Tour). Reizvoll sind in beiden Tälern Märkte, Töpfereien, Webereien, Herstellung von Kunsthandwerk. Möglichst an den (morgendlichen) Markttagen anreisen.

Markttage

Sonntag: *Tlacolula* (30 km östlich von Oaxaca)
Dienstag: *Atzompa* (8 km nordwestlich)
Mittwoch: *Zimatlán* (30 km südwestlich an der Mex 131)
Donnerstag: *Zaachila* (17 km südlich)
Freitag: *Ocotlán de Morelos* (südlich an der Mex 175)

Ein Ausflug in die Dörfer der **Sierra Norte** wird bei „4. Nördlich von Oaxaca – in die Sierra Norte“ beschrieben. Selbstfahrer können über Nebenstraßen nach Mexiko-Stadt weitere archäologische Stätten und Klöster besuchen, s. „6. Stätten und Klöster in Richtung Mexiko-Stadt“.

Oaxaca

1. Monte Albán

Anfahrt

Monte Albán liegt 10 km westlich von Oaxaca. Früh aufmachen, es kann sehr heiß werden, wobei aber die Mittagshitze den Vorteil haben kann, dass man dann fast allein ist; auch nachmittags gelingen stimmungsvolle Fotos mit nur wenigen Besuchern. Sonnencreme/Hut ist wichtig, evtl. etwas zum Trinken mitnehmen, in der Stätte überteuert.

Die kurze, kurvenreiche Fahrt hoch durch eine arme Colonia macht man mit **Autobuses Turísticos vom Hotel Rivera del Ángel,** Calle Mina 518 (Plan A5), Tel. 5165327 u. 5143161. Der Schalter ist in der Hotel-Lobby, die Busse fahren im Hof dahinter ab. Abfahrt tägl. im Stundentakt ab 8.30 Uhr bis 15.30 Uhr, in der Hochsaison halbstündlich. Retorno-Busse zur vollen Stunde ab 12 Uhr bis 17 Uhr. Retorno-Fahrpreis 100 Ps. Es gibt auch noch andere Anbieter, z.B. *Turísticos Marfil.* Fast alle Unterkünfte haben Prospekte ausliegen.

Monte Albán ist tägl. von **8–17 Uhr** geöffnet, Eintritt 57 P. Videokamera 45 Ps, Fotostativ verboten. Es gibt ein Café und einen Verkaufs-/Bücherladen mit Literatur und beim Parkplatz einen Souvenirmarkt. Auf dem Platz befinden sich rechts der Südplattform Toiletten. Erläuterungstafeln in Spanisch und Englisch. Offizielle Guías bieten ihre Dienste an, Deutsch mit Kristina, zu erkennen an ihrem großen Strohhut.

Nach dem Kauf der Eintrittskarte an der Taquilla das schön gestaltete **Museo de Sitio Monte Albán** besuchen. Ausgestellt sind Reliefplatten mit *Danzantes* („Tänzern"), Stelen, ein Monte-Albán-Grab, Fotos und Schaubilder der Ausgrabungen, *urnas funerarias* (Opfergefäße), Keramiken, *craneos* (Totenschädel) mit Trepantationen (Schädelöffnungen) u.v.a. Sehenswert ist die *Señora con yelmo de jaguar* in einer Vitrine gleich links vom Eingang.

Ansicht vom historischen Monte Albán; im Hintergrund die Plataforma Sur

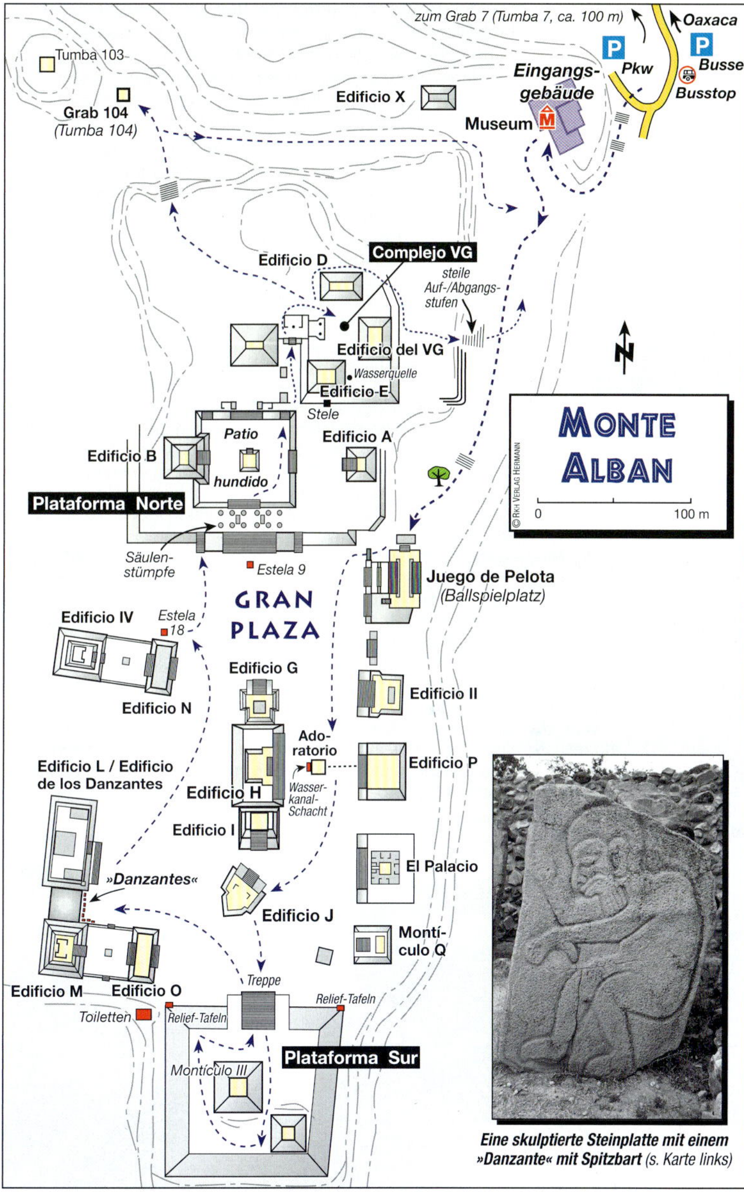

Eine skulptierte Steinplatte mit einem »Danzante« mit Spitzbart (s. Karte links)

Geschichte

Monte Albán ist die **größte und schönste aller Zapoteken-Stätten.** Sie liegt 400 Meter höher als Oaxaca auf einem Bergrücken, der zuvor zu einem Plateau abgetragen wurde (Maximalhöhe ü.d.M. 1936 Meter). Von hier aus beherrschten die Zapotekenfürsten nicht nur das Tal von Oaxaca, sondern, auf dem Höhepunkt ihrer Macht, das ganze südwestliche Mexiko. Der antike Name Monte Albáns ist unbekannt. Vielleicht stammt der Name „Weißer Berg" von den unzähligen weißblühenden Prunkwindenbäumen, *casahuates,* die überall um den Berg wachsen.

Maske des Fledermausgottes (span. murciélago) aus einem Grab in Monte Albán (Monticulo H, Periode II, Jade, 19 cm)

Die archäologischen Abschnitte der Besiedlung des Berges werden in fünf chronologische Sequenzen eingeteilt: Die Gründungsepoche, die sogenannte **Phase I** (ca. 500–100 v.Chr.), wurde von den Olmeken mitgeprägt, die **Phase II** (100 v.Chr.–250 n.Chr.), mit von den Maya. Die **Phase III** ist der wichtigste Zeitabschnitt, denn **zwischen 250 und 750 n.Chr.** entwickelte sich Monte Albán unter den **Zapoteken** zu einem religiösen und urbanen Zentrum mit über 25.000 Bewohnern auf einer Fläche von etwa 20 qkm. In dieser Zeit entstanden die wichtigsten der heute noch bestehenden Steingebäude, nachdem zuvor immer wieder neugebaut, erweitert oder Altes überbaut worden war. Nur Herrscher, Priester und Angehörige privilegierter Klassen der „Menschen der Wolken", wie die Zapoteken sich nannten, durften sich in den Zeremonialbauten auf dem Hügel aufhalten, die Bewohner der Siedlungen im Oaxaca-Tal und im weiteren Einzugsbereich waren tributpflichtig. Mit dem im Hochland bei Mexiko-Stadt gelegenen Teotihuacán fand ein Kulturaustausch statt, wie ähnliche Stilelemente und architektonische Details (Tableros) an Bauwerken verraten.

Der **Niedergang** Monte Albáns setzte etwa ab 750 ein **(Phase IV),** als die Zapoteken aus unbekannten Gründen den Ort verließen und im Zuge ihrer Migration im Oaxaca-Tal neue Städte gründeten bzw. früher aufgegebene Stätten neu besiedelten, wie z.B. Mitla. Danach tauchten die (sprachverwandten) **Mixteken** auf, die das bereits im Verfall begriffene Monte Albán vor allem zur **Bestattung ihrer Toten** nutzten. Ab 1300 hatten sich Mixteken endgültig etabliert **(Phase V).** Archäologische Ausgrabungen fanden von 1931 bis 1949 unter Dr. *Alfonso Caso* statt. 1987 wurde Monte Albán Weltkulturerbe.

Hinweis: Achten Sie bei Mauern und bei Gebäuden auf kleine, in die Kalkmörtelfugen eingedrückte Steinchen – so markieren Archäologen die Bereiche zwischen Originalzustand und Restaurationsarbeiten. Kleinere Öffnungen in Strukturen, Mauern und Treppen sind Probegrabungen.

Monte Albán, in der Mitte der im Boden vertiefte Adoratorio, im Hintergrund die Plataforma Sur

Rundgang durch Monte Albán

Hinweis

Zum besseren Verständnis von Monte Albán und seiner Geschichte sollte man zuvor in Oaxaca das Museo de las Culturas de Oaxaca gesehen haben.

■ *Monte Albán Audio Guide*

Monte Albán ist eine sehr eindrucksvolle Stätte, eine der meistbesuchten Mexikos. Die Bauten – mehr als 20 Komplexe und Pyramiden – gruppieren sich um den 300 x 150 Meter großen Hauptplatz, die **Gran Plaza.** Man durchwandert die Anlage am besten wie nachfolgend beschrieben (s. die Pfeile auf dem Plan). Für ein morgendliches Panoramafoto der Gran Plaza mit Rückenlicht sollte man aber zunächst auf den **Edificio E** des **Complejo VG** der Plataforma Norte steigen (nach dem Eingangsgebäude rechts hoch gehen oder über die Gran Plaza).

Noch vor Erreichen des Ballspielplatzes steht rechts eine Übersichts- und Geschichtstafel von Monte Albán.

Juego de Pelota (Ballspielplatz)

Den tief in einer Senke liegenden **Ballspielplatz** in Doppel-T-Form (erbaut ca. 100 v.Chr.) begrenzen geböschte, kleingestufte Schrägwände, die einst dick mit einer glatten Kalkschicht überzogen waren, damit der Ball, der mit den Ellbogen, Hüften und Knien geschlagen wurde, wieder schnell auf das Spielfeld zurücksprang. Der Platz besitzt keine seitlichen Zielringe wie viele andere Ballspielplätze Mexikos aus aztekisch/toltekischer Zeit, sondern eine Steinmarke in der Mitte des Feldes, die beim Spiel der Mannschaften mit dem *hule* (Gummiball) vermutlich zum „punkten" diente (ausführlicher Ballspiel-Exkurs s.S. 244). In Monte Albán gibt es insgesamt 5 Ballspielplätze, was die Bedeutung dieses einst in ganz Mesoamerika verbreiteten rituellen und religiösen Spiels unterstreicht.

Auf der Erläuterungstafel ist zu lesen, dass in Monte Albán bislang noch keine Entdeckungen gemacht wurden, dass der Spielausgang mit menschlichen Opferungen verbunden war. Mir fiel aber auf, dass der berühmte mixtekische Goldanhänger aus dem Grab 7 von Monte Albán, der sich im Museo de las Culturas de Oaxaca in Oaxaca-Stadt befindet, im obersten Plättchen einen Ballspielplatz mit zwei Spielern zeigt, zwischen denen sich ein Totenkopf befindet.

Nun vor- und die Treppe hinuntergehen in die **Gran Plaza** und dann nach links wenden.

Östliche Edificios / Adoratorio

Vorbei an den Bauten Edificio II und Edificio P mit ihren breiten Aufgangstreppen – langgestreckte Treppenfluchten sind typisch für die zapotekische Architektur des Klassikums –, erreicht man den vertieften **Adoratorio** (Altar), der sich in einer Zisterne älteren Datums befindet. Diese wurde durch einen unterirdischen Kanal zum Edificio P hin entwässert, ein weiterer Kanal führte zum Edificio II.

Edificio P

Sehen Sie das kleine Loch in der Mitte der Treppe vom **Edificio P?** Die da hindurch in einen Raum fallenden Sonnenstrahlen dienten zur Beobachtung des Zenits- bzw. des Tiefststandes der Sonne am 21. Juni und 21. Dezember, was dem Edificio P eine astronomische Relevanz verleiht.

Rechts bzw. südlich vom Edificio P liegt **El Palacio** mit einem ebenfalls breiten Treppenaufgang. Oben auf seiner Plattform sind noch die Grundmauern eines vermutlichen Sakralpalastes mit Eingangstor zu einem Patio zu sehen. Weitere Details über den Palacio s. die Erläuterungstafel.

Edificios H, G und I

Im Zentrum der Gran Plaza liegen die miteinander verbundenen Edificios I (südlich), H (mittig) und G (nördlich). Die Bauten stammen alle aus der Phase III mit Unterstrukturen aus Phase II. Beim Edificio H mit seiner überbreiten Treppe wurde ein mächtiger Felsen in seine Basis integriert. Architektonisch bemerkenswert sind oben rechts und links die beiden T-förmigen *Tablero-Talud*-Stilelemente in gedoppelter bzw. aufeinandergesetzter Ausführung (Bezeichnung „escapulario"). Einfacher Tablero-Talud stammt ursprünglich aus Teotihuacán, mit dem Monte Albán in Kontakt stand. Auch andere Bauwerke Monte Albáns wurden mit Tablero-Talud-Elementen dekoriert.

Edificio J / Observatorio

Dieses interessante, schrägstehende Bauwerk ist auch noch unter dem Namen **Observatorio** bekannt. Sein Grundriss in Form einer Pfeilspitze (mit rückseitiger Aufgangstreppe) ist eine Ausnahme unter den ansonsten rechtwinklig ausgeführten Gebäuden Monte Albáns. Es diente für astronomische Beobachtungen und Berechnungen, wie man aus gedachten Peil- bzw. Verbindungslinien zu anderen Bauten der Gran Plaza, z.B. zum Edificio P, und auch zu Landmarken im Oaxaca-Tal schließen kann. Der Text der Tafel weist darauf hin, dass die Spitze des Gebäudes auf den Aufgangspunkt des Sterns Capella zeigt (sechsthellster Stern am Nachthimmel und Hauptstern des Sternbilds „Fuhrmann"). Bei den Zapoteken war Himmelskunde eine wichtige Wissenschaft, wobei den Edificio J nur hochgestellte bzw. wichtige Personen betreten durften. Unklar ist die Bedeutung des engen Tunnels im Inneren des Baus, der auf die Dachplattform hinaufführt (der vergitterte Aufstiegseingang befindet sich an der Nordwest-Ecke des Observatorio).

Geht man um das Observatorio herum, sieht man auf den Steinplatten des Oberbaus feine, nur schwerlich identifizierbare Reliefs von Figuren und Glyphen; wahrscheinlich stellen sie militärische Eroberungszüge bzw. von den Zapoteken unterworfene Stämme dar.

■ *Blick auf den Edificio J, im Hintergrund die Plataforma Norte*

Plataforma Sur

Die Südplattform begrenzt die Plaza auf der Südseite. Das Sockelfundament ist mit Reliefs dekoriert. An der linken Ecke stehen ein paar Relief-Tafeln, auch eine an der rechten Ecke.

Nun die 42 Stufen der etwa 40 Meter breiten Treppe hinaufsteigen. Von oben haben Sie einen großartigen Panoramablick auf die Gran Plaza und die Plataforma Norte mit den akropolisähnlichen Bauten des Complejo VG. Auf dem Aufsatz vom Edificio J sind einige Relieftafeln zu sehen.

Oben ragen zwei Pyramidenhügel auf, der größere (Montículo III oder Sur) ist teilweise freigelegt und rekonstruiert. Es wird vermutet, dass auf der Südplattform das religiöse Zentrum Monte Albáns lag und auf der nördlichen Plattform wahrscheinlich die Residenz der Herrscher.

Seitlich vom hinteren kleineren Pyramidenhügel (Montículo Sureste) eröffnet sich ein Blick nach unten ins Tal bzw. nach Süden.

Gehen Sie nun etwas vor in Richtung Nordwestecke der Plattform. Von dort blicken Sie auf einen sogenannten „Templo-Patio-Adoratorio"-Komplex mit dem kleineren **Edificio O** im Vordergrund und dem dahinterliegenden höheren Pyramidenstumpf **Edificio M.** Zwischen den beiden Bauten ein Patio mit Altar. Zu sehen ist aber auch bereits die Reihe der Steintafeln der „Tänzer" zwischen Edificio M und dem langgestreckten „Edificio de los Danzantes" **(Edificio L).**

Patio de los Danzantes

Monte Albáns berühmte „Danzantes" reihte man zu einer langen Galerie auf. Die Steintafeln (fast alles Replikate) zeigen Reliefs von gedrungenen nackten männlichen Figuren mit großen Köpfen, Ohrpflöcken, geschlossenen Augen und meist offenen Mündern mit Zunge und wulstigen Lippen. Manche tragen Bärte. Auch Bucklige sind darunter oder welche mit Missbildungen an ihren Extremitäten. Können Sie den Kopf eines Ungeborenen (Mannes?) mit „Tirolerhut" entdecken? Seine Füße hängen bereits raus …(Original im Museum).

■ … *der mit dem Tirolerhut im Bauch …*

Von ihrer Typologie her sind die Danzantes olmekisch oder zumindest olmekisch beeinflusst. Die Konturen sind relativ schwach in den Stein eingraviert, jede Platte wird von nur einem einzigen Bildnis ausgefüllt. Der Name „Tänzer" geht auf das geschmeidige Gebärdenspiel der Gestalten zurück, einige nehmen auch eine liegende Position ein. Bemerkenswert ist die Betonung der genitalen Zonen, manchen sind die Genitalien abgeschnitten. Die (wenigen) Hieroglyphen und Sprechvoluten auf einigen Platten zählen zu den frühesten ganz Amerikas. Ihre Bedeutung ist so unklar wie die Funktion der „Danzantes". Vielleicht stellen sie geopferte Gefangene dar.

Rechts der Danzantes-Galerie führt beim Gebäudeeck ein kurzer Gang in den Edificio L, drinnen sehen Sie weitere in die Wand eingemauerte Tafeln mit Danzantes (Originale sind im Anthropologischen Museum in Mexiko-Stadt).

Die Außenwände des Edificios L waren einst mit einer großen Anzahl Danzantes dekoriert. Weitere Einzelheiten dazu s. Erläuterungstafel vor dem Bauwerk.

Gehen Sie nun in Richtung Nordplattform. Rechter Hand sehen Sie die Rückseite vom Edificio H und links liegt ein ähnlicher „Templo-Patio-Adoratorio"-Bautenkomplex wie bei der Danzantes-Galerie mit dazwischenliegendem Patio (hinten der höhere Edificio IV, vorn Edificio N). An der Nordseite steht die ca. 6 Meter hohe, beschädigte **Stele 18.** Sie stammt aus der frühen Phase II von Monte Albán und zeigt Reste kalendarischer Hieroglyphen.

Plataforma Norte

Die Nordplattform ist der vielschichtigste architektonische Komplex Monte Albáns mit zahlreichen unterschiedlichen Bauten und verwinkelten Zugängen. Vor der ca. 40 Meter breiten, gesperrten Freitreppe steht eine 2,50 m hohe Stele mit schön gearbeiteten Reliefs auf allen vier Seiten. Gehen Sie links die Treppe hoch. Oben auf der Plattform stehen zwölf meterdicke Säulenstümpfe, die sicherlich einst eine Dachkonstruktion trugen. Eine Treppe führt hinab zum **Patio Hundido,** zum „versunkenen Hof", in dessen Zentrum ein Altar steht. Zu beiden Seiten des Patios sind zwei Pyramiden, die höhere auf der rechten Seite wird den Mixteken zugeschrieben (Edificio A). Am Hang steht eine über 1200 Jahre alte Stele, die Erläuterungstafel nennt weitere Details.

Gehen Sie in den Patio hinunter und hinten im rechten Eck die Stufen hoch. Entlang dem Edificio E gelangen Sie über Treppen und dann nach rechts abbiegend in den Hof des **VG-Komplexes** (*Conjunto del Vértice Geodésico*; ein VG ist ein sogenannter Triggerpunkt für die Vermessung der Erdoberfläche). Diese akropolisähnliche Hofgruppe war einst ein Zeremonialkomplex, erbaut von 500–800 n.Chr. Auf den drei Pyramidenplattformen (Edificio D im Norden,

Edificio VG im Osten und Edificio E im Süden) standen Tempel mit Adobe-Mauern. Vom **Edificio E** haben Sie nochmals einen schönen Überblick über die Gran Plaza. Am Fuß der östlichen Pyramidenwand vom Edificio E ist die gemauerte Öffnung eines Wasserloches zu sehen.

Gehen Sie nun aus dem Hof hinaus und diagonal nach links bis zu einer Treppe, die abwärts zum Grab *(tumba)* 104 führt. Da das Grab dauerhaft geschlossen ist, könnten Sie aber auch jetzt schon zum Eingang zurückkehren. Dafür den Edificio D umrunden und die steilen Stufen runtergehen (s. die Monte-Albán-Karte).

■ Blick über den Patio hundido

Gräber / Tumba 104

Außerhalb des zentralen Platzes von Monte Albán liegt eine Vielzahl unterirdischer Grabkammern verstreut im Gelände. Sie befinden sich auf Hügeln oder unter zerfallenen kleinen Gebäuden, überdeckt von großen monolithischen Steinplatten. **Alle Grablegen sind leergeräumt und nicht zugänglich.** Sie wurden überwiegend von den Zapoteken angelegt, die Mixteken nutzten sie dann zur Nachbestattung ihrer hochrangigen Toten.

Auch Grab 104 ist eine leere Gruft. Über der Grabkammertür befand sich in einer Mauernische eine männliche (göttliche) Tonfigur mit ausladendem Kopfschmuck, der den zapotekischen Maisgott Pitao Cozobi darstellt. Als das Grab 1937 geöffnet wurde, fand man ein Skelett und viele Grabbeigaben, wie Keramiken, kostbare Urnen sowie Salb- und Weihrauchgefäße. Die Wände waren bemalt und in Nischen befanden sich Tonfiguren und -gefäße. Weitere Einzelheiten stehen auf der Erläuterungstafel. Hinter dem Grab 104 erhebt sich der Hügel von Grab 103. Ein Nachbau des Grabes 104 kann man sich im Anthropologischen Museum in Mexiko-Stadt ansehen.

Vom Grab 104 führt der Weg zurück zum Eingangsgebäude, vorbei am Edificio X. Unterwegs hat man schöne Sicht auf Oaxaca.

Grab Nr. 7

Monte Albáns berühmteste Grablege, Tumba Nr. 7, liegt außerhalb nördlich, nicht weit vom Pkw-Parkplatz, und ist ebenfalls geschlossen und leer. In ihm wurden 1932 über 500 Kunst- und Goldgegenstände von unschätzbarem Wert gefunden, die in Oaxaca im Museo de las Culturas de Oaxaca bewundert werden können (Beschreibung s. dort). Eine Rekonstruktion des Grabs befindet sich im Anthropologischen Museum von Mexiko-Stadt.

2. Von Oaxaca nach Mitla – Valle de Tlacolula

Für die Tour von Oaxaca durch das Valle de Tlacolula empfiehlt sich, wie erwähnt, ein Mietwagen, sofern Sie alle Sehenswürdigkeiten an einem Tag anfahren wollen. Man könnte auch ein Taxi mit Fixpreis anheuern.

Tagestour mit Touranbieter

Es kann aber auch eine **Tagestour** gebucht werden, z.B. bei *Viajes Turísticos* ab dem Hotel Rivera del Ángel, Calle Mina 518 (Plan A5, S. 462). Laut ihrem Prospekt täglich ab 10 Uhr zu allen oder nur zu Teilzielen im Valle de Tlacolula – hat aber eher den Charakter einer „Kaffeefahrt". Eine Tour geht auch nach **Hierve el Agua,** Abfahrt um 8.30 und 13 Uhr.

Mit Bus

Bis zum wichtigsten Ziel **Mitla** könnte auch ein 2.-Klasse-Bus genommen werden, für die dazwischenliegenden Orte und Stätten – sie liegen fast alle in Gehweite von der Hauptstraße – einfach unterwegs aus- und wieder zusteigen. Ständige Abfahrten vom Busterminal 2. Klasse (s. Übersichtskarte Oaxaca S. 444) mit *Transportes Oaxaca-Istmo.* Doch selbst wenn man sehr früh startet und auch ab und zu mit Colectivos fährt, wird man es nicht schaffen, bis zum Abend alle Orte zu besuchen. Man muss dann entweder eine Übernachtung einplanen, z.B. in Mitla oder in Hierve el Agua oder etwas auslassen.

Tipps für Fahrt mit eigenem Wagen

Selbstfahrern ist zu empfehlen, auf dem Hinweg nicht gleich überall anzuhalten, sondern nach einem **ersten Stopp in Tule** durchzufahren bis **Mitla** oder gleich weiter bis nach **Hierve el Agua** (Badekleidung nicht vergessen). Dann auf der Rückfahrt das Restliche besichtigen bzw. das, was in der verbliebenen Zeit noch möglich ist.

Aus Oaxacas Stadtzentrum der Ausschilderung „Mex 190"/„Istmo" folgen bzw. die *Calzada Niños Héroes Chapultepec* (beim Busterminal 1. Klasse) nach Osten nehmen. Die neue Mex 190 zweigt vom südlichen Periférico ab und trifft erst *hinter* Tule auf die alte Straßenführung. Die Fahrt führt später durch eine trockene Landschaft mit Akazien, Mais- und Agavenfeldern. Die zuckerhutförmigen Gebäude sind Silos für Mais und Bohnen.

Árbol de Tule

Dieser Baumriese befindet sich im 12 km östlich von Oaxaca an der Mex 190 liegenden Städtchen Santa María del Tule. Es ist eine Sumpfzypresse (*ahuehuete,* auch *sabino* genannt, botanisch *Taxodium mucronatum*), deren Alter auf etwa 2000 Jahre geschätzt wird. Selbstfahrer biegen am Ortsbeginn nach links ab, fahren durch den weißen Torbogen und finden dahinter mit etwas Glück einen Parkplatz (Touri-Rummel, Souvenir- und Imbissbuden, fast der ganz Ort scheint von der Zypresse zu leben).

Geringe Eintrittsgebühr. Man braucht aber nicht reingehen, auch außerhalb der Umzäunung kann das Naturdenkmal bestaunt und fotografiert werden. Zahlen: Höhe 42 Meter, Umfang 58 Meter (um den mächtigen Stamm mit Händen zu umspannen, werden 30 Personen benötigt), Durchmesser 14 Meter. Volumen: mehr als 800 Kubikmeter Biomasse, Gewicht über 600 t (s. die Tafel vor dem Baum). Der verwachsene Stamm und die Äste bildeten Fantasiefiguren, die man den Touris als „Elefant", „Löwe", „Hirsch", „Fisch" usw. deutet. Einen Größenvergleich bietet die Dorfkirche dahinter, neben der noch ein „kleinerer" Baumriese steht. Die *Fiesta Árbol de Tule* findet am 2. Montag im Oktober statt, eine weitere vom 5.–11. August.

Wohnmobil/Campen: Superschöner Platz mit ebenso sauberen Sanitäranlagen, nette kanadische Hosts, WiFi u.a. mehr. 3ra Privada de Niños Héroes, Lote 2, Tel. 951-1443099, www.overlanderoasis.com, 17°02.69N 096°38.400W. Auch Budget-Unterkunft in einer Casita. Per Colectivo ins Zentrum von Oaxaca.

Tlacochahuaya

(8 km hinter Tule). – Im Dorf Tlacochahuaya, 2 km südlich der Mex 190, ist die kleine Kirche und das ehemalige Kloster San Gerónimo aus dem 16. Jh. sehenswert. Harmonische Verbindung von Architektur mit schöner Innenausmalung, eine indigene Interpretation der christlichen Evangelisation mit Naturmotiven (Blumen, Früchte). Die rote Farbe wurde aus dem Farbstoff der Cochenille-Laus gewonnen. Hübsch ist die kleine Orgel. Tägl. 10–12 u. 14–16 Uhr.

Dainzú

Dainzú liegt 1 km südlich der Mex 190. Zu sehen sind die Ausgrabungen einer sehr alten Siedlung (ca. 300 v.Chr.), die an einem Hügel erbaut und später von den Zapoteken bewohnt wurde. Flachreliefs auf Steinplatten zeigen Anklänge an den Stil der „Danzantes" von Monte Albán, doch die 28 Akteure sind wegen ihrer Bälle unzweifelhaft Ballspieler, auch weil sie einen Kopfschutz tragen. Vom hangabwärts liegenden *Juego de Pelota* wurde nur eine Längsseite rekonstruiert. Es gibt außerdem etliche Gräber, bei einem, Tumba 7, ist der Sturz des Eingangs mit dem Relief eines Jaguarkopfes verziert. – Geringe Eintrittsgebühr. Tägl. von 8–17 Uhr.

Teotitlán del Valle

(25 km von Oaxaca, 4 km nördlich der Mex 190). Von Oaxaca fahren stündl. zur vollen Stunde Direktbusse 2.-Klasse von *Autotransportes Valle del Norte.*

Teotitlán ist das **bekannteste Weberdorf im Valle de Tlacolula**, die Tradition besteht hier seit vielen hundert Jahren. Dutzende von größeren und kleineren Familienbetrieben fertigen auf *telares* – Webstühlen – alle Arten von Webwaren, wie Decken *(tapetes),* Ponchos *(sarapes),* Läufer usw., von kleinsten Stücken bis hin zu großen Wand- und Wohnzimmerteppichen, und das in allen nur denkbaren Farben und Mustern, wie Mitla-Mäander, Azteken- und Maya-Abbildungen; selbst die Werke moderner Maler werden kopiert. Alles in allem eine ziemlich touristische Angelegenheit, doch nicht uninteressant, kann man doch in Werkstätten und Ausstellungsräumen Wissenswertes rund ums Weben erfahren. Informationen darüber auch auf www.teotitlan.com.

Folgen Sie der Hauptstraße Juárez aufwärts und biegen Sie dann rechts in die Hidalgo bis zum kleinen Parque. Dort befindet sich der **Mercado de Artesanías** und ein nettes kleines Museum, das *Museo Comunitario* (10–18 Uhr, Mo geschl.). Die Ausstellungsstücke dokumentieren die Geschichte des Ortes und der Weberei sowie die prähispanische Archäologie der Region. Einen Besuch wert ist außerdem die Dorfkirche. Wichtigstes Dorffest 1.–8. Juli.

Ein gehobenes Restaurant ist *Tlamanalli,* Juárez 39; sehr stilvoll eingerichtet, traditionelle Gerichte aus Oaxaca. Übernachten: *La Cúpula,* KM 2 beim Dorfeingang (Av. Juárez), Tel. 5244090, www.teotitlan.com, DZ 600 Ps.

Lambityeco

(5,5 km südöstlich der Teotitlán-Abzweigung). – Diese ausgedehnte archäologische Zone in offenem Gelände, von der sehr vieles noch nicht ausgegraben ist, liegt gleich südlich der Straße; zapotekische und mixtekische Elemente,

Blütezeit zwischen 700 und 900 n.Chr., nicht unbedingt lohnend. Sehenswert: die Stuckporträts eines (Ehe-)Paares über dem Eingang zum Grab 6; die Panelbänder mit seltsamen Wesen (eines zeigt eine Frau, eine Eule und einen liegenden Mann) im größten Bauwerk (Estructura 195); zwei vollplastische Bildnisse des zapotekischen Regen- bzw. Fruchtbarkeitgotts *Cocijo* mit ausladendem Kopfschmuck als Attraktion im Grab 2. Eintritt, tägl. 8–17 Uhr.

Tlacolula
Markt am Sonntag

(2 km hinter Lambityeco, 32 km von Oaxaca; Anfahrt von Oaxaca mit einem Mitla-Bus 2.-Klasse). – Zapotekische Kleinstadt, die aber nur **sonntags** sehenswert ist, wenn ganztägig der lebhaft-bunte Straßenmarkt stattfindet (in der Calle Juárez, an der Pemex-Tankstelle nach rechts). Es ist der größte Markt in der Region. Verkauft werden landwirtschaftliche Produkte, Lebensmittel, Früchte (saftig-süße Ananas, Mangos und andere tropische Köstlichkeiten werden in mundgerechten Stücken angeboten), Blumen, Keramik, *artesanías,* Plastikkram usw. Noch keine *chapulines,* getrocknete Heuschrecken gesehen? Ausschau halten nach Verkäuferinnen, die in Körben rostrote, ölig-glänzende Dinger anbieten ... oder doch lieber als Erinnerung an den Tag ein paar Stücke *copal* erstehen, wohlriechende Harzklumpen von Fichten. Bekannt ist Tlacolula auch für seinen Mezcal, ein Laden ist z.B. *Pensamiento Mezcal Reposado,* Juárez 9.

■ *Marktfrauen*

Die Calle Juárez erstreckt sich bis zum Parque, an dem sich links eine kleine **Kirche** von 1650 mit kolonial-indigener Innenausstattung erhebt. Rechts daneben die *Capilla del Santo Cristo,* mit ihren vergoldeten Stuckornamenten und Heiligenstatuen ebenfalls sehenswert. Rechts daneben Markthallen. Übernachten ist in zwei spartanischen Unterkünften möglich.

Von Tlacolula kann man auf einer Piste zum Zapoteken-Dorf **Cuajimoloyas** hochfahren, das auf 3150 m Höhe liegt und die einfache Ökotourismus-Unterkunft *Yacuetzi* bietet. Mit Buslinie Zempoaltepetl über Villa Díaz Ordaz.

Santa Ana del Valle

Dieses traditionelle Weberdorf liegt 4 km nördlich von Tlacolula (Colectivo-Verkehr). An der Plaza befindet sich die schön ausgeschmückte Kirche *Santa Ana,* der kleine *Mercado de Artesanías* und das *Museo Comunitario* mit Exponaten zur Dorfgeschichte und zur und Weberei (10–14 u. 15–18 Uhr). Fiestas 12.–14, Januar, 26. Juli und 11.–13. August.

Yagul

Yagul liegt 3 km hinter dem Tlacolula-Straßenabzweig, von der Straße 2 km nach Norden. Eintritt, tägl. 8–17 Uhr, Restaurant.

Die stille, lohnende Anlage liegt schon von weitem sichtbar am Hang eines hohen Felsenhügels auf verschiedenen Ebenen. Yagul („alter Baum") war ein bedeutendes Zentrum der Zapoteken, die Siedlungsanfänge reichen bis ins Jahr 500 v.Chr. zurück. Die meisten Bauten stammen aber aus der Zeit 800–

1200 n.Chr., als die Zapoteken Monte Albán bereits verlassen hatten. Danach hinterließen die Mixteken ihre Spuren, wie das geometrische Dekor an einigen Mauerfassaden im Stil des benachbarten Mitla verrät.

Den Hauptteil der Anlage nimmt der labyrinthartige *Palacio des los Seis Patios* ein, ein Komplex von sechs aneinanderliegenden Höfen, die durch korridorartige Längsräume und Türöffnungen miteinander verbunden sind.

Auf der Ebene darunter liegt der von niedrigeren Mauern umgebene Patio 1 und daneben der sehr schön restaurierte **Ballspielplatz** in Doppel-T-Form. Mit 38 Metern Ausdehnung ist er einer der längsten Oaxacas. Er besitzt wie der von Monte Albán geböschte Längsseiten (Ballspiel-Exkurs s.S. 244).

Auf der untersten Ebene befindet sich der *Patio de la Triple Tumba,* umgeben von vier pyramidenartigen Erhebungen. In der Mitte steht eine kleine Plattform. Bei ihr gibt es eine Einstiegsmöglichkeit in ein Grab mit drei Kammern, insgesamt entdeckte man in Yagul über 30 Gräber mit reichen Beigaben. Klettert man auf einem steilen Pfad hoch bis zu einer Art Fluchtburg („La Fortaleza"), ergibt sich ein Blick auf die Anlage und über das weite, grünbraune Tlacolula-Tal.

Höhlen von Yagul

Die **prähistorischen Höhlen von Yagul** liegen zwischen Yagul und Mitla (s.u.) und wurden 2010 ins UNESCO-Weltkulturerbe aufgenommen. Bislang entdeckte man über einhundert Feldstätten, steinzeitliche Lagerstätten unter Felsvorsprüngen sowie Höhlenbehausungen, teils mit Wandmalereien. Weitverstreute Spuren menschlicher Existenz in dieser Gegend sind auf etwa 8000 Jahre v.Chr. zu datieren. Anhand dieser lässt sich die Entwicklung vom Nomadendasein der Jäger und Sammler zu halbsesshafter Lebensweise mit der Domestizierung von Pflanzen, darunter das Wildgras *teosinte,* rekonstruieren. Aus diesem entwickelte sich der Mais.

Mezcal / Santiago Matatlan

Als Selbstfahrer kann man bei der Weiterfahrt in Richtung Mitla, kurz vor der Abzweigung nach Mitla, rechts bei einer urtümlichen Tequila- bzw. Mezcalbrennerei namens *Legítimo de Oaxaca* stoppen und in Erfahrung bringen, wie Mexikos Nationalschnäpse entstehen und schmecken – mit und ohne Wurm.

Wer noch mehr über Agaven und Mezcal erfahren will, macht von der Mitla-Abzweigung auf der Mex 190 einen Abstecher nach **Matatlan** (ca. 22 km). Der Ort ist eine kleine Mezcal-Metropole („Capital Mundial del Mezcal"). Drumherum liegen ausgedehnte Agaven-Pflanzungen und Famililienbetrieb reiht sich an Famililienbetrieb. Interessant ist das Zerkleinern der Agavenherzen mittels Wasserrad-Antrieb (Noria-System, ursprünglich aus arabischen Ländern).

■ *Ein Mezcal-Brenner. Agaven-Piñas werden mit einer Steinwalze zerkleinert*

Mitla

„Ort der Ruhe“

Nach Monte Albán war Mitla zweitwichtigstes Zeremonialzentrum im Tal von Oaxaca – erwarten Sie jedoch keine Anlage von der Dimension Monte Albáns, die Stätte liegt in wenig attraktiver Lage inmitten des gleichnamigen, uninteressanten Ortes.

Das archäologische Mitla umfasst fünf weitverstreute Bautengruppen, doch nur die Hauptgruppe, die **Grupo de las Columnas,** ist sehenswert und wird nachfolgend beschrieben. „Mitla“ leitet sich von dem aztekischen Wort *mictlán* ab, was „Ort der Toten“ bedeutet, *Mictlantecutli* ist der Gott des Todes. Der zapotekische Name für Mitla ist *Lyobaa* („Ort der Ruhe“ bzw. „Friedhof“). UNESCO-Weltkulturerbe.

Anfahrt

45 km südöstlich von Oaxaca. Vom Abzweig („La Chuchilla“) in den Ort an der Mex 190 sind es noch 1,5 km nördlich aufwärts durch die Straßen Morelos, 5 de Febrero und Reforma bis zur Kirche mit ihren roten Kuppeldächern (ausgeschildert mit „Zona Arqueológica“). Wer von Oaxaca einen „Mitla“-Bus vom 2.-Klasse-Terminal nimmt (ständige Abfahrten), benötigt hierher über eine Stunde. Der Bus hält in der Ortsmitte, Rest zu Fuß. Vor der Flussbrücke befindet sich rechts das einfache Hotel *La Zapoteca,* danach rechter Hand die Baustrukturen der *Grupo del Arroyo*.

Vor der Kirche San Pablo, die von den Spaniern 1590 auf den Ruinen und mit den Steinen eines zerstörten Tempels errichtet wurde, gibt es Restaurants, Souvenir- und Mezcal-Läden sowie einen Pkw-Parkplatz. Nach den Marktständen liegt rechts der Eingang zur *Grupo de las Columnas.* Es gibt ein kleines **Museo,** dazu an der Kirche links vorbei den kleinen Hügel hoch. Zu sehen sind Fotos, wie die ganze Stätte einst ausgesehen hat und wie sie rekonstruiert wurde. **Mitla-Öffnungszeiten:** täglich von 8–17 Uhr, Eintritt 51 P.

Weiterfahrt nach Hierve el Agua mit einem Colectivo von der Bushaltestelle in Mitla-Ort, unter der Woche unregelmäßig. Busankömmlinge aus Oaxaca können direkt in ein Colectivo umsteigen, das vor dem Terminal auf Fahrgäste wartet, ihnen zur Besichtigung von Hierve el Agua zwei Stunden lässt und dann wieder nach Mitla zurückfährt. Falls keines fahren sollte, reguläres Taxi anheuern. **Übernachten:** *Hotel Don Cenobio* an der Plaza bzw. Calle Juárez 3, Tel. 951-5680330, www.hoteldoncenobio.com. Nett, mit Restaurant, Garten und Pool. DZ 800 Ps.

Geschichte

Die Gründungszeit Mitlas geht etwa auf das Jahr 100 n.Chr. zurück. Nachdem die Zapoteken Monte Albán ab 750 verlassen hatten, entwickelte sich Mitla zum wichtigsten religiösen Zapoteken-Zentrum im Tal von Oaxaca (Sitz ihrer weltlichen Herrscher war *Zaachila,* s.u.). **Foto: Der Palacio de las Columnas**

Mixtekische Einflüsse sind ab dem 10. Jh. zu datieren, die Mixteken beeinflussten als hervorragende Kunsthandwerker den Stil der Architektur und nahmen in den zapotekischen Grabkammern Nachbestattungen vor. 1494, im Jahr der Entdeckung Amerikas durch Kolumbus, eroberten die **Azteken** den Stadtstaat. Als im 16. Jh. die Spanier nach Mitla kamen, war es immer noch ein funktionierendes Zeremonialzentrum. Einmalig an den Bauten Mitlas ist das äußerst kunstvolle Dekor der Wände mit geometrischen Steinmosaiken **(s. Abb.)** in vielen Variationen, künstlerisch unerreicht im gesamten prähispanischen Mexiko. Diese Meisterwerke werden den Mixteken zugeschrieben, vielleicht stammen sie aber auch schon von den Zapoteken, die Meinungen in der Fachwelt gehen da auseinander.

Grupo de las Columnas

Dichtstehende Säulenkakteen bilden auf der Nordseite der Grupo de las Columnas eine natürliche Einfriedung. Hinter dem Eingang nach rechts gehen bzw. den Pfeilen folgen. Nach dem ersten Bauwerk – beachten Sie den herrlichen Fassadenschmuck mit Steinornamenten – nach links wenden. Man gelangt in den **Patio Norte** (oder Patio E), an dessen Nordseite der über 40 Meter breite **Palacio de las Columnas** steht, der „Palast der Säulen", der fast die gesamte Breite des Hofes einnimmt. Seine Wände sind dreireihig mit rund einem Dutzend Variationen geometrischer Steinmosaike verziert. Gestalterisch besonders fantasievoll sind die Stufenmäander bzw. die „laufenden Hunde" **(s. Abb.)** – über dem linken Portal das linke Feld –, weil sie beim Betrachten den Eindruck intensiver Bewegung hervorrufen. **Diese Palast-Fassade ist in ihrer Formvollendung einmalig und eine der schönsten Mexikos!**

Nun die Treppe hinaufsteigen und durch eines der drei Portale in den **Salón de las Columnas** eintreten. In dem langgestreckten Raum befinden sich 6 mächtige, monolithische Rundsäulen, die einst ein Dach trugen (mehr Details kann man auf der Erläuterungstafel lesen).

Durch einen niedrigen Gang rechts gelangt man in einen hinteren Innenhof, zum **Patio de Mosaicos,** dessen Wände mit verschiedenen Steinornamenten kunstvoll verblendet sind. Je nach Sonnenstand erzeugen die Mosaik-Felder ein eindrucksvolles, plastisches Licht- und Schattenspiel. Verstärkt wurde der Effekt durch die einstige Bemalung der Steine, rote Farbreste sind teils noch zu erkennen.

Vom Patio führen niedrige Eingänge in vier umgebende Räume, der linke ist überdacht und daher dunkel. Die Wände des nördlichen sind im unteren Bereich wieder mit **„laufenden Hunden"** dekoriert, ein Puzzle aus zahllosen block- und parallelogrammförmig vorbehauenen Steinchen. Dieses Mosaikmuster sieht man im südwestlichen Mexiko immer wieder als Design auf Teppichen, Stoffen, Keramiken usw.

Patio Sur / Tumbas

Dazu aus dem Patio Norte hinausgehen und links hinunter zum Patio Sur. Auf diesem Platz stehen auf der Süd- und Nordseite Restmauern mit Portaleingängen. Das Besondere des Patios Sur sind seine zwei begehbaren unterirdischen **Gräber** aus sorgfältig behauenen Steinblöcken. Im **Tumba 1** (Platz-Nordseite) steht im Schnittpunkt der kleinen, kreuzförmig angelegten Grabkammer die sogenannte *Columna de la Muerte,* die „Todessäule“, welche die Grababdeckung stützte (man kann sie auch von oben durch das Schutzgitter an der Mauer sehen).

Die östliche **Tumba 2** muss man gleichermaßen im Kriechgang erkunden, auch hier sind die Wände der Kammern wie im Grab 1 mit Steinmosaiken verziert. Beide Gräber wurden für die Leichname hochrangiger Persönlichkeiten mehrfach genutzt, später gebrauchten sie die Mixteken für Nachbestattungen. Bei ihrer Freilegung 1901 waren sie aber längst von Grabräubern ausgeräumt worden.

Andere Gruppen

Wer mag, kann anschließend noch zur Kirche gehen, an ihrer Nordseite befindet sich die *Grupo de la Iglesia* mit den (Mauer-)Resten zweier Patios und verblichenen Malereien auf Türsturzen. Die Stätten *Grupo Adobe* und *Grupo Sur* liegen weiter weg, sind weniger gut erhalten und werden noch erforscht.

Museum im Ort Mitla

Das kleine *Museo de Arte Zapoteca* im Ort am Zócalo in der *Posada La Sorpresa* zeigt eine Sammlung vorwiegend zapotekischer Figuren (Tonplastiken, Gefäße usw.), doch nichts Besonderes.

Hierve el Agua

Hierve el Agua, „kochendes Wasser“, liegt ca. 15 km südöstlich von Mitla. Direktanfahrt von Oaxaca entweder mit einer gebuchten Touristentour oder mit einem 2.-Klasse-Bus von Oaxaca nach Mitla und von dort mit einem Colectivo weiter, s.o. Das Naturwunder des „Versteinerten Wasserfalls“ ist ein beliebtes Ausflugsziel, an Wochenenden bzw. sonntags großer Andrang einheimischer Ausflügler. Täglich geöffnet 8–18 Uhr.

Selbstfahrer fahren in Mitla ab der Plaza auf der Independencia in südöstlicher Richtung, erreichen nach ca. 2,5 km Mitlas südliche Umgehungsstraße Mex 179 und dann nach weiteren 1,5 km den kleinen Ort **Xaagá.** Ab da noch 11 km auf einer landschaftlich schönen, doch kurvenreichen und ruppigen Piste. Zweite Möglichkeit: Von Mitla auf besagter Umgehungstraße Mex 170 in Richtung Ayutla/Zacatepec fahren, nach ca. 10 km rechts abbiegen zum Dorf **San Lorenzo Albarradas** (ca. 2,5 km). Von dort noch 5 weitere Kilometer. Ebenfalls ein Tanz um und über Schlaglöcher. Unterwegs kommt man an kleinen Mezcal-Brennereien vorbei.

■ *Wasserbecken und „versteinerter Wasserfall“ von Hierve el Agua*

Die Fahrt endet, auch für Busse, ca. 2 km vor dem Eingang, da Dorfbewohner im Streit um das Recht für Straßengebühren einen tiefen Graben quergezogen haben. Deshalb ist ein zwanzigminütiger Fußmarsch erforderlich. Straßengebühr und Eintritt je 15 Peso p.P. Vielleicht konnte der Streit zwischenzeitlich beigelegt werden.

Neben festem Schuhwerk für die Rundwanderung um den versteinerten Wasserfall evtl. Badekleidung mitnehmen, da in einigen Becken gebadet werden darf (Umziehen in den Toilettenhäuschen).

Schon die frühen zapotekischen Bewohner nutzten Hierve el Agua zur Bewässerung, sie leiteten das artesische Wasser über ein kilometerlanges Kanalsystem – erbaut 500–700 n.Chr. – zur Bewässerung ins Tal.

Es gibt Comedores mit einfachen Gerichten, simple Cabañas mit *baños comunes* und auch ein, zwei Luxus-Cabañas. WoMo-Stellplatz am Ende des Camping-Areals. Außerdem ein Schwimmbad (das obere mit Süßwasser), Toiletten und einen Rundwanderweg, genannt *sendero peatonal,* auf dem das Gebiet umwandert werden kann (Weglänge ca. 2,5 km; eine Info-Tafel zeigt die Lage der Dinge). Unbedingt machen – herrliche Landschaft und interessante Pflanzen! Etwas anstrengend, weil es ständig bergauf und bergab geht.

Geht man den Abhang hinab, erreicht man nach ein paar hundert Metern natürliche Becken mit 22–25 Grad warmem Wasser, dessen mineralische Ausscheidungen zu gelblichweißen Krusten, Wällen und Terrassen versintert sind. Wo es blubbert, speien *ojos de agua* kleine Wasserfontänen in die Höhe.

Die Aussicht auf den „geronnenen" Wasserfall, dessen *cascadas petrificadas* sich strahlend weiß aus der grünbraunen Berglandschaft hervorheben, ist eindrucksvoll. Auf dem Rundwanderweg kann man zu ihm hinlaufen, hat dann von dort die Sicht zurück und sieht den zweiten „geronnenen" Wasserfall unter den Becken, wo man vorher stand.

3. Orte südwestlich von Oaxaca – Valle de Zimatlán

Xoxocotlán Das Dorf *Santa Cruz Xocotlán* durchfährt man auf dem Weg nach Arrazola, Cuilapan und Zaachila. Während der **Totentage** um den 1./2. Nov. verwandelt sich sein Friedhof in ein riesiges Blumenmeer mit *cempasúchiles,* den traditionellen Totenblumen aus der Tagetesfamilie, so dass die Gräber kaum mehr zu sehen sind. Man kann zu den Feierlichkeiten eine Tour buchen oder selbst mit einem Bus hinfahren.

Arrazola Im Dorf *San Antonio Arrazola* werden **alebrijes** hergestellt, jene buntbemalten Fabelfiguren aus leichtem Holz, die inzwischen die Hitliste der Oaxaca-Souvenirs anführen (s.S. 108). Sie entstanden in Arrazola um 1965, die Wesen erschienen dem kranken Pedro Linares im Traum. Ein netter Familienbetrieb, *Alebrijes Autóctonos,* befindet sich gleich nach der Einfahrt ins Dorf in der Straße rechts vor der gesperrten Weiterfahrt auf der rechten Straßenseite. Große Auswahl an allen Größen und Motiven, man kann bei der Fertigung zuschauen und darf natürlich auch kaufen – wobei Handeln nicht verboten ist. An der Plaza befindet sich der Kooperativen-Laden „Mercado de Artesanías de Arrazola" der Hersteller.

Cuilapan Auf dem Weg nach Zaachila kommt man durch *Cuilapan de Guerrero* mit einer dickmaurigen, sehenswerten Kirchen- und Klosteranlage der Dominikaner aus dem 16. Jh. (9–18 Uhr, Eintritt). Die Frontseite des dachlosen Basilikabaus flankieren zwei Rundtürme, innen wurde nur eine Arkadenreihe fertiggestellt. Gehen Sie rechts hinten ins Innere bis zum zweistöckigen Kreuzgang. Einige schöne, aber verblasste Fresken sind zu sehen, interessant ist der Stammbaum der Mönche. Anschließend hochsteigen und raus auf das hintere Flachdach. Unten im Hof ist ein Denkmal, das an *Vicente Guerrero,* den 2. Präsidenten Mexikos erinnert, der hier 1831 von seinen Gegnern durch Erschießen hingerichtet wurde. Die Zelle des Gefangenen ist ebenfalls vorhanden. Die Kirche – meist nur zu den Messen geöffnet – birgt das Grab der letzten Zapotekenprinzessin, *Donají.* Alljährlich findet am 25. Juni ein großes Fest mit Tanzdarbietungen statt.

An der Straße nach Zaachila gibt es linker Hand ein großes und gutes Open-air-Restaurant, **La Capilla.** Unter Schattenbäumen gut speisen.

Die unvollendete Basilika in Cuilapan

Zaachila Markt am Donnerstag

Liegt 17 km südlich von Oaxaca. Zaachila war die letzte (weltliche) Hauptstadt der Zapoteken unter ihrem König *Cocijoeza* (1457–1529, seine Tochter ist die oben erwähnte Donají), nachdem die Zapoteken Monte Albán aufgegeben hatten. Später übernahmen es die Mixteken. Die kleine, stillgelegte Zona Arqueológica (8–17 Uhr, Eintritt), liegt hinter der Kirche. Auf einem Hügel befinden sich zwei zapotekisch-mixtekische Grabkammern (eine Taschenlampe ist nützlich). In Grab 2 fand man einen sehr wertvollen Grabschatz, der im Anthropologischen Museum in Mexiko-Stadt ausgestellt ist. Die Wände des Grabes 1 schmücken plastische Stuckskulpturen von Personen, darunter auch eine Eule mit ausgestreckten Flügeln. Versäumen Sie nicht die **große Markthalle** mit ihrem riesigen Waren- und Lebensmittelangebot!

Anfahrt mit einem 2.-Klasse-Bus „Zaachila".

An der Mex 131 liegt ...

Zimatlán Markt Mittw.

Zimatlán de Álfarrez liegt 30 km südwestllich von Oaxaca an der Mex 131. Am letzten Montag im Juli findet auf dem Hügel Yavego eine kleinere, aber nicht weniger farbenprächtige Ausgabe von Oaxacas großer Guelaguetza statt, am 10. August steigt die *Fiesta San Lorenzo.*

An der Mex 175 südlich von Oaxaca (Ruta Ocotlán) liegen ...

Coyotepec

Das kleine Dorf *San Bartolo Coyotepec* liegt 15 km südlich von Oaxaca an der Mex 175 und ist bekannt für seine **schwarzen Tonwaren** *(barros negros).* Hergestellt werden sie von wenigen *alfarería*-Familienbetrieben, z.B. bei Doña Rosa, Calle Juárez 24 (nicht zu verfehlen, es ist die größte Alfarería im Ort, täglich Herstellungsdarbietung). Den schwarzen Glanz erzielt man durch eine Lehmsorte die ein spezielles Oxid enthält und mit dem Einbrennen von viel schwarzem Rauch. Auch in Oaxaca gibt es diese Tonwaren auf Märkten und in Läden.

Das sehenswerte Volkskunstmuseum des Ortes, *Museo Estatal de Arte Popular de Oaxaca,* befindet sich an der Südseite des Hauptplatzes (Di–So 10–19.30 Uhr). Zu sehen sind schöne Exponate, mit Verkauf.

Das kleine Unternehmen *Tlapanochestli* (Carretera Ocotlán KM 10,5) züchtet auf Opuntien-Kakteen (Nopales) **Cochenille-Läuse,** aus denen der rote Naturfarbstoff Karmin gewonnen wird. Besichtigung Mo–Fr 9–17 Uhr, Sa 9–14 Uhr, Tel. 01-951-5510030. Anfahrt mit Bussen nach San Bartolo Coyotepec s. Karte S. 444.

■ *Herstellung schwarzer Keramiken in Coyotepec*

Tilcajete

Ca. weitere 15 km südlich kommt rechts der Mex 175 der kleine Ort *San Martín Tilcajete* in Sicht, wo **Alebrijes** hergestellt und verkauft werden (auf Schilder „Artesanías de madera" achten).

Jalieza

Das Dörfchen *Santo Tomás Jalieza* liegt einige Kilometer weiter auf der linken Straßenseite, man kann dort Weberinnen besuchen, die den *telar de cintura* (Rückengurt- oder Gürtelwebgerät) benutzen. Der *Mercado de Artesanías* am Hauptplatz zeigt eine bunte Auswahl ihrer Produkte.

Ocotlán
Markt am Freitag

Die Kleinstadt *Ocotlán de Morelos* liegt gut 30 km südlich von Oaxaca und ist bekannt für Töpferwerkstätten und für einen großen Markt am Freitag. Anerkannt sind die farbenfrohen Erzeugnisse der Töpfereien der Schwestern *Aguilar,* Guillermina Aguilar hat ihre *alfarería* in der Morelos 430. Ocotlán ist außerdem der Geburtsort des berühmten Malers **Rodolfo Morales** (1925–2001), seine Stiftung *Fundación Cultural Rodolfo Morales* einen Block nördlich der Plaza förderte die Restaurierung von Kirche und Ex-Kloster *Santo Domingo* an der Plaza. Letzteres wurde zu einem sehenswerten Kunstmuseum umgewandelt, das u.a. auch Werke von Morales zeigt (9–18 Uhr, Eintritt). Mehr über die Morales-Stiftung auf www.artedeoaxaca.com bei „Fundación Cultural Rodolfo Morales A.C".

Die kleine Schokoladenfabrik *Ramos* findet man in der Aldama 11, Besucher willkommen. Von Oaxaca fahren ständig Busse von der Calle Armenta y López südlich vom Zócalo (s. Karte S. 444).

4. Orte nordwestlich von Oaxaca – Valle de Etla

Atzompa
Markt am Dienstag

Santa María Atzompa liegt nahe der Mex 190, ca. 10 km nördlich von Oaxaca. Diese kleine Töpferstadt ist das „grüne" Gegenstück zu San Bartolo Coyotepec, hier werden grünglasierte und auch andersfarbene Tonwaren gebrannt. Verkauf im *Mercado de Artesanías,* Libertad 3030 (ausgeschildert), reichhaltiges Angebot. Anfahrt von Oaxaca vom 2.-Klasse-Busterminal.

Aus dem Ortzentrum führt die Calle Independencia nach Süden, hoch zum *Cerro del Bonete* mit der **Zona de Arqueológica de Atzompa.** Am Fuß des Bergs widmet sich das *Museo Comunitario* mit interessantem didaktischen Aufbau der 2012 eröffneten Ausgrabungsstätte, deren Ballspielplatz mit 45 Metern Länge noch größer ist als der von Monte Albán.

Villa Etla
Markt am Mittwoch

Villa Etla besitzt einen sehr schönen Hallen- und teils planenüberspannten Straßenmarkt, auf dem landwirtschaftliche Produkte und anderes mehr angeboten wird. Die Frauen in den volkstümlichen, sauberen Comedores in der Halle servieren günstiges Essen. Gleich hinter der Markthalle ist das Innere der Dominikaner-Kirche einen Blick wert, die kleine Statue von Benito Juárez steht an der Straße neben der Markthalle.

■ *Schlaraffenland Mexiko, Markt in Etla*

San José El Mogote

San José El Mogote war einst ein wichtiges zapotekisches Zentrum, es liegt etwa 13 km nordwestlich von Oaxaca. Anfahrt mit einem Colectivo s. Karte S. 444. Selbstfahrer nehmen die Mex 190 und fahren beim Schild „Nazareno" westlich bzw. links ab.

Besuchen Sie im Ort zunächst das kleine *Museo Comunitario,* untergebracht in der früheren *Hacienda del Cacique.* Auswahl und Arrangierung der Exponate sollen die lokale Bevölkerung ansprechen, damit diese mehr „Tuchfühlung" zu ihren Wurzeln bekommt. Zu sehen sind neben Dokumenten und Fotografien zur örtlichen Geschichte und dem früheren Arbeitsleben auf der Hacienda archäologische Funde und Artefakte. Highlight ist ein 51 cm hohes rotes Räuchergefäß in Form einer grimmig blickenden Maske – die Gesichtszüge lassen olmekischen Einfluss erkennen –, volkstümlich „El Diablo Enchilado" genannt (manchmal als Leihgabe unterwegs). Sollte das Museum geschlossen sein, einfach jemand nach dem Schlüssel bzw. nach der Aufsichtsperson fragen.

Mogotes Siedlungsspuren reichen bis 1500 v.Chr. zurück und weisen es als ein bedeutendes zapotekisches Zentrum aus, das Handelsverbindungen mit weit entfernten Regionen hatte, etwa mit den olmekischen Niederlassungen in Veracruz und Tabasco. Mogotes Vorherrschaft in der Region endete mit dem Aufstieg Monte Albáns, um 400 n.Chr. wurde es von seinen Bewohnern endgültig aufgegeben. Es ist noch nicht besonders gut ausgegraben, man kann auf künstliche Erhebungen klettern,

Treppen führen zu den verschiedenen Plattformen, es sind Altäre zu erkennen und man fand auch Gräber mit Beigaben wie Tonfiguren mit Darstellungen von Gottheiten. Vom Monticulo 1, dem höchsten und teilweise restaurierten Baukomplex, bietet sich ein Rundblick auf das Siedlungsgebiet. Im Gelände sind die große Plaza unmittelbar nördlich des Monticulo 1, ein Ballspielplatz sowie weitere die Plaza umgebenden Plattformen unter ihrer Grasnarbe erkennbar.

San Agustín Etla

San Agustín Etla, rund 15 km nordwestlich von Oaxaca (und nicht zu verwechseln mit den vielen anderen „Etlas" der dortigen Gegend), wurde 1583 gegründet. Das Dorf liegt am Fuße der Sierra de San Felipe mit einem kleinen Flusslauf, dessen hydroelektrische Wasserkraft die ehemalige Spinn- und Webefabrik **Vista Hermosa** zum Antrieb ihrer Maschinen nutzte. Sie wurde bereits 1883 gegründet und bot in ihren besten Zeiten Hunderte Arbeitsplätze.

Das Gebäude mit Freitreppe und Wasserbecken befindet sich oberhalb bei der Kirche, wurde vorbildlich renoviert und zum sehenswerten Öko-Kunst- und Kulturzentrum **Centro de las Artes de San Agustín** umgewandelt (CaSa, tägl. 9–15 Uhr, Eintritt frei, Programm und Anfahrtsbeschreibung für Selbstfahrer auf www.casanagustin.com, Tel. 951-5212574). Beide Stockwerke dienen als Galerie zur Präsentation zeitgenössischer Werke von regionaler Künstler aller Stilrichtungen. Sehenswert.

Das Wasser fliest hinunter zum Turbinenhaus, zur *Hidroeléctrica.* Dort initiierte der Maler **Francisco Toledo** die zweite Attraktion des Ortes, den *Taller Arte Papel,* eine kleine Manufaktur zur Herstellung von handgeschöpftem Papier aus Naturfasern bei gleichzeitig künstlerischer Gestaltung. Man kann dabei zusehen, 9–15 Uhr. Schwimmen in ständig frischem Wasser ist möglich in den großzügigen Becken des *Balneario Vista Hermosa* in der Nähe der Papiermanufaktur (gut ausgeschildert). Einkehren: Gut und günstig Essen kann man im Restaurant *Alheli* nahe des Centro de las Artes de San Agustín.

Anfahrt von Oaxaca nach San Agustín Etla mit einem Colectivo, siehe wieder Karte S. 444. Selbstfahrer nehmen die Mex 190 und fahren beim Schild „Vista Hermosa" und „La Capellania" östlich ab.

■ *Papierschöpfen*

5. Nördlich von Oaxaca – in die Sierra Norte

Wer ein paar (Wander-)Tage im landschaftlich herrlichen Berggebiet der Sierra Norte nordöstlich von Oaxaca verbringen möchte (s. Karte „Oaxaca Umgebungsziele", S. 469), kann sich bei **Expediciones Sierra Norte,** Bravo 210 (Plan B2), Tel. 5148271, www.sierranorte.org.mx beraten lassen und dort auch eine Tour buchen. Hinter dem Ecoturístico-Projekt steht die Idee, diese abgelegene Region durch Individual-Tourismus gezielt zu unterstützen, staatliche Tourismusbehörden protegieren das System. Die acht beteiligten Dörfer, die *Pueblos Mancomunados,* arbeiten dabei eng zusammen. Expediciones Sierra Norte berät und organisiert Besuche, ihre Homepage zeigt Tourmöglichkeiten und Aktivitäten, wie Mountainbiking, Ausritte, Drahtseilgleiten (*tirolesa,* engl. *Zip-lining*) und nennt die Kosten. Des weiteren Infos über die Region, ein Video zeigt Landschaft, Leute, Unterkünfte und Aktivitäten. Expediciones Sierra Norte verkauft auch eine Karte des Gebiets. Vollorganisierte Touren führt auch **Tierraventura** durch, Callejón del Carmen 108 (Oaxaca-Plan A1).

In diesem über 2500 m hohen, waldreichen Berggebiet mit Wanderpfaden, MTB-Trails, Wasserfällen, Klettersteigen und Aussichtspunkten stehen in den beteiligten Dörfern, z.B. in Benito Juárez, Cuajimoloyas, Llano Grande, Ixtlán de Juárez u.a. solide Unterkünfte, *cabañas ecoturísticas,* zur Verfügung (wer in Eigenregie unterwegs ist, kann dort ebenfalls übernachten). Camping ist in allen Orten möglich. Die Dorfgemeinschaften freuen sich auf Besucher, haben ein Büro, Touristenbetreuer/Guides und bieten meist ein kulturelles Programm. Man bekommt Einblicke in den zapotekischen bäuerlichen Alltag, lernt Brauchtum und traditionelles Handwerk kennen. Hinweis: In der Sierra Norte gibt es häufig Wolken, es kann regnen und nachts ist es kalt. Entsprechend Vorsorge treffen.

Zwei Dorfbeispiele bei Eigenanfahrt mit Bussen 2. Klasse (Fz 2–2,5 h; gute Verbindungen gibt es nach Cuajimoloyas und Llano Grande, zuvor Expediciones Sierra Norte befragen):

Benito Juárez liegt auf 2800 Meter Höhe in frischer Bergluft, die Leute sind freundlich und es gibt ein gutes Restaurant, MTB- und Pferdeverleih (mit Führer), günstiges Übernachten. Wandern von Benito Juárez nach Cuajimoloyas und auf der Straße zurück. Schöne Strecke, herrliche Vegetation – Agaven, Nebelwald, Orchideen. Zeitbedarf ca. 4,5 h.

Ixtlán de Juárez: Ixtlán, 70 km nördlich von Oaxaca, hat 7000 Ew. und ist umringt von Bergwäldern und verschiedenen Höhenökosystemen, touristisch ist alles vorhanden, Spezialität der Gegend sind Forellen. Anfahrt mit Cuenca vom 1.-Klasse-Terminal, Fz knapp 2 h. Lokale Organisation/Buchung bei *Ecoturixtlan,* Calle 16 de Septiembre/Ecke Revolución, Tel. 951-5536075. Geführte Wanderungen bzw. Mountainbiketouren durch die Pinienwälder u.v.a. Mit dem Auto wird man in 10 Minuten zu außerhalb liegenden, 5 rustikalen und komfortabel eingerichteten Blockhütten am Waldesrand gefahren (4x6 Pers. u. 1x4 Pers.). Übernachten ist preiswert, inkl. heißer Dusche, Handtücher und offenem Kaminfeuer. Strom/Licht 20–23 Uhr, Außengrillplatz, Fahrdienst zwischen den Blockhütten und Ixtlán.

Pazifikküste

Nachfolgend werden folgende Pazifikstädte beschrieben:
Puerto Escondido, Puerto Ángel, Zipolite, San Agustinillo, Mazunte, La Ventanilla, Huatulco, Tapachula und **Acapulco.**

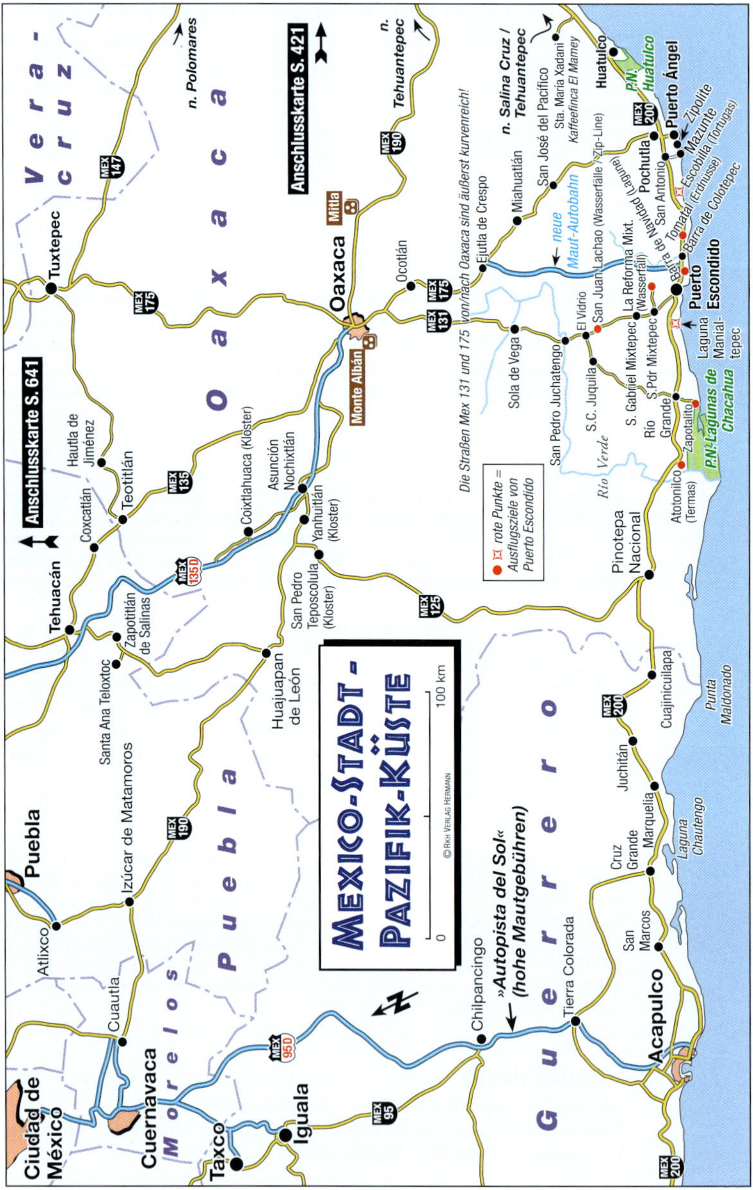
MEXICO-STADT - PAZIFIK-KÜSTE
0
100 km
© RKH VERLAG HERMANN
Anschlusskarte S. 641
Anschlusskarte S. 421
Vera-cruz
Oaxaca
Puebla
Morelos
Guerrero
Ciudad de México
Cuernavaca
Taxco
Iguala
Cuautla
Atlixco
Puebla
Izúcar de Matamoros
Santa Ana Teloxtoc
Zapotitlán de Salinas
Tehuacán
Coxcatlán
Teotitlán
Hautla de Jiménez
Tuxtepec
n. Polomares
Huajuapan de León
San Pedro Teposcolula (Kloster)
Yanhuitlán (Kloster)
Coixtlahuaca (Kloster)
Asunción Nochixtlán
Monte Albán
Oaxaca
Mitla
n. Tehuantepec
Ocotlán
Ejutla de Crespo
Miahuatlán
San José del Pacífico
Sta. María Xadani
Kaffeefinca El Mamey
n. Salina Cruz / Tehuantepec
Die Straßen Mex 131 und 175 von/nach Oaxaca sind äußerst kurvenreich!
neue Maut-Autobahn
rote Punkte = Ausflugsziele von Puerto Escondido
Sola de Vega
San Pedro Juchatengo
El Vidrio
San Juan Lachao (Wasserfälle / Zip-Line)
S.C. Juquila
S. Gabriel Mixtepec
La Reforma Mixt. (Wasserfall)
Barra de Navidad (Laguna)
S. Pdr Mixtepec
Río Verde
Río Grande
Zapotalito
Atotonilco (Termas)
P.N. Lagunas de Chacahua
Laguna Manialtepec
Puerto Escondido
Barra de Colotepec
Tomatal
Escobilla (Erdnüsse)
San Antonio
Pochutla
Mazunte (Tortugas)
Zipolite
Puerto Ángel
P.N. Huatulco
Huatulco
Pinotepa Nacional
Cuajiniculapa
Punta Maldonado
Juchitán
Marquelia
Laguna Chautengo
Cruz Grande
San Marcos
Acapulco
Tierra Colorada
Chilpancingo
»Autopista del Sol« (hohe Mautgebühren)
MEX 95
MEX 95D
MEX 190
MEX 135D
MEX 135
MEX 125
MEX 175
MEX 147
MEX 131
MEX 200

Puerto Escondido

Ew. 45.000
✆ 01-954

Puerto Escondido – der „Versteckte Hafen", ist eine bedeutende Pazifik- und Touristenstadt, bekannt für schöne Strände mit perfekten Surf-Wellen. Der Ort wurde 1928 als Kaffee-Exporthafen gegründet und in den 1970er Jahren von Hippies als idealer Strand- und Surfspot entdeckt. Danach entwickelte sich das verschlafene Fischernest zu einem boomenden Pazifik-Reiseziel, dessen bauliche Entwicklung noch lange nicht abgeschlossen ist, und zum Schauplatz internationaler Surfmeisterschaften. Viele Ausländer – aus Europa vor allem Italiener – ließen sich hier nieder, betreiben Unterkünfte und bereichern die Gastronomie. An 19 Ökotourismus-Projekten ist auch die lokale Bevölkerung beteiligt. Das Angebot an Unterkünften ist immens groß. Puerto Escondido ist durch viele Busverbindungen leicht erreichbar und es gibt auch einen kleinen Flugplatz, 4 km nördlich vom Stadtzentrum in Richtung Acapulo.

In der recht familiären Atmosphäre verbringen auch viele Mexikaner gern ihren Urlaub oder die Wochenenden. Alle Arten von Wassersport sind möglich, nicht nur Surfen, Schnorcheln und Tauchen, auch Hochseeangeln und „Stand-up-Paddling". In der Hochsaison von November bis März, in der die Zahl der Besucher stark anschwillt, kann man außerdem Schildkröten, Delfine und Wale beobachten.

Von P.E. aus lassen sich leicht schöne Halb- und Ganzttagesausflüge unternehmen, s.u. bei „Umgebungsziele von Puerto Escondido". Wie in jeder internationalen Touristen- und Badestadt sollte man auch in Puerto Escondido ein wenig vorsichtig sein, besonders nachts an unbeleuchteten Stränden.

Klima

Das Klima ist tropisch, Pazifikbrisen sorgen aber für Erfrischung. Regenzeit ist etwa von Mitte Mai bis Oktober. In diesen Monaten verwandelt sich die Natur in üppiges Grün und es ist sehr heiß und feucht. Dann können auch ab und zu Wirbelstürme die Küste entlang toben. Angenehme Temperaturen, wenig Moskitos und ein ruhiges Meer erwarten einen von Oktober bis März. Wetterinfos: www.oaxaca-mio.com/puertoescondido/ (bei „El Clima").

Orientierung

Puerto Escondido besteht aus mehreren Ortsteilen: Nördlich der Durchgangsstraße Mex 200, der *Carretera Costera,* liegt erhöht das alte Ortszentrum mit der Geschäftsstraße *Avenida Oaxaca,* dem *Mercado Juárez,* einigen Stadthotels, den üblichen Restaurants, Banken und den zwei großen Supermärkten *Súper Che* und *Ahorrara.* Der Punkt, an dem sich die Avenida Oaxaca und die Mex 200 kreuzen, heißt **„El Crucero".**

Zwischen der Carretera Costera und dem Meer erstrecken sich die westlichen Ortsteile **Bacocho, Rinconada** und **Carrizalillo.** Hauptstraße dort ist der Boulevard Benito Juárez. Vom Crucero führt die **Calle Pérez Gasga** den Hang hinab zum Meer und mündet in die Fußgängerzone **El Adoquín** („der Pflasterstein"), touristisches Zentrum Puerto Escondidos. Hier gibt es alle Angebote, strandnahe (ältere) Hotels, Restaurants, Geschäfte u.v. mehr. Einige weitere kleinere Unterkünfte liegen etwas versteckt und über Treppenwege erreichbar am Hang.

Südlich vom Adoquín erstreckt sich die bootsgesprenkelte **Bahía Principal** mit dem Strand **Playa Principal** und dessen Fortsetzung **Playa Marinero.**

Längste Strandmeile, zweite Haupttouristenzone und Surfertreff ist der Strand **Playa Zicatela,** der sich fast vier Kilometer bis zum Felsenkliff **Punta Zicatela** hinzieht. Die Strandstraße **Calle del Morro** bietet ein umfassendes touristisches Angebot: Hotels, Restaurants, Bars, verschiedene Service-Anbieter, Minisuper und Shops mit Vermietung von Surfboards. Am Strand gibt es mehrere kleine *Life Guard Tower,* öffentliche Toiletten und Duschen. Wegen des starken Wellengangs ist am Zicatelastrand Schwimmen jedoch nur beschränkt möglich!

Weiter südlich schließt sich die kleine Colonia **Santa María** mit weiteren Übernachtungsmöglichkeiten an und schließlich erreicht man die **Colonia Brisas de Zicatela** mit der oben genannten Punta Zicatela. Dort konzentrieren sich preisgünstige kleine und einfache Strandherbergen mit Hippie-Touch, geben sich Surfer und junges Publikum ein Stelldichein.

Colectivos verbinden Stadtteile und Strände und es gibt viele Taxis (Tel. 5820990). Die Playa Zicatela bedienen auch Lokalbusse.

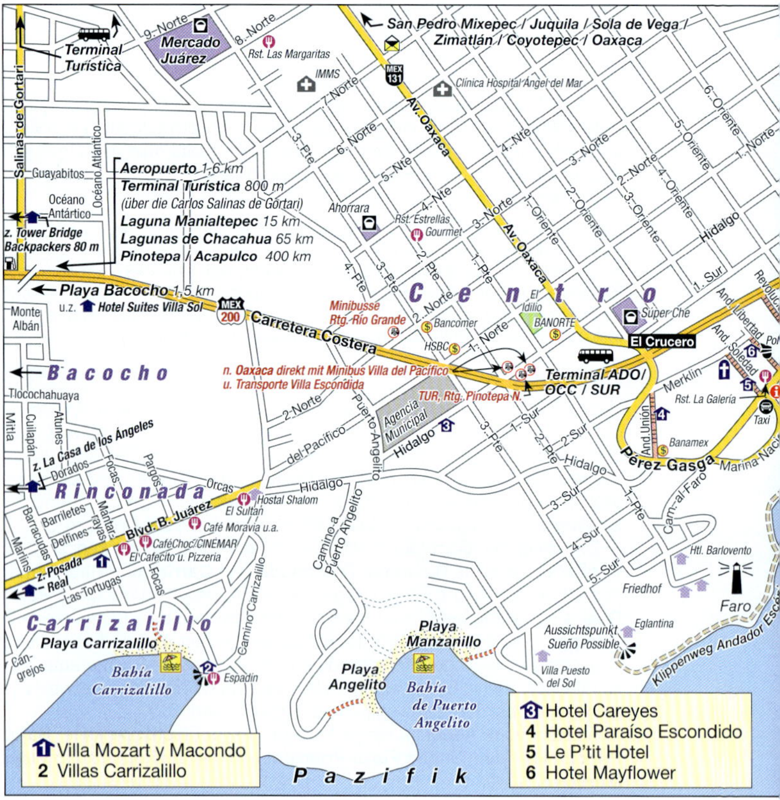

Puerto Escondidos 6 Strände

Die Strände von Puerto Escondido bieten ausgezeichnete Bedingungen für Surfer, sowohl für Könner wie auch für Anfänger. Durst oder Hunger braucht man an allen belebten Hauptstränden nicht zu leiden, Strandverkäufer bieten ständig Drinks, Häppchen, Kokosnüsse, Eis, Souvenirs und anderes an. Eine nahtlose Serie von Luftaufnahmen von P.E. und seinen Stränden zeigen die Webseiten www.tomzap.com und www.marymontanas.com.

Warnung: Die Brecher an den Surfstränden (Zicatela) sind meterhoch und furchtbar stark, es gibt gefährliche Unterströmungen! Deshalb nur in ruhigem Wasser schwimmen, die Gefahrenschilder beachten. Bei Fragen an die *salvavidas* (Rettungsschwimmer) wenden.

Playa Bacocho Der westlichste, abgelegenste und wenig besuchte Bacocho-Beach beginnt südlich des Flughafens. Er ist kilometerlang, bis zu 70 Meter breit und heftige Wellen schlagen gegen den Sandstrand und die Felsenkliffs.

Hier befinden sich der *Beach Club Coco* und der *Beach Club Villa Sol.* Bacocho ist ideal für einen sportlichen Strandlauf und romantische Sonnenuntergänge. In der Hochsaison gibt es hier Open-air Kinovorstellungen, Ankündigung in der lokalen Presse.

Playa Carrizalillo

Östlich vom Playa Bacocho liegt die geschwungene *Bahía Carrizalillo* mit einem beliebten und relativ wellengeschützten Strand – gut zum Schwimmen und Schnorcheln, denn Boote dürfen nicht in die Bucht fahren. Auch geeignet für Surf-„Erstversuche". Man steigt von oben über viele Treppenstufen hinunter zu dem schönen Sandstrand, Anfahrt per Taxi von der Oficina de Turismo in der Gasga oder man organisiert ein Bootstaxi an der Playa Principal (was aber aufgrund der hohen Kosten nur als kleine Gruppe Sinn macht). An dem etwa 140 m langen und bis zu 30 m breiten Strand mit Palmenschatten bieten ein paar Comedores Essen und der Muscheltaucher Pantera frische Austern an. Schnorchel- und Taucherausrüstung sowie Paddleboards sind mietbar, außerdem günstige Surfkurse.

■ *Blick auf den langen Strand von Puerto Escondido*

Playa Angelito u. Playa Manzanillo

Die nächsten Strände liegen an der halbmondförmigen **Bahía Puerto Angelito** mit den Doppelstränden **Playa Angelito** und **Playa Manzanillo,** voneinander getrennt durch eine kleine Felsformation. Weißer Sand und seichtes Wasser, ideal zum Sonnenbaden und Schnorcheln (Ausrüstung mietbar). Einfache Restaurants, Vermietung von Schirmen und Stühlen (bei genügend Verzehr kostenlos), Bootverkehr und Startpunkt zum Hochseefischen. An Wochenenden meist dicht belegt.

Playa Principal

Escondidos palmenbestandener Stadtstrand bei der Gasga-Fußgängerzone ist etwa 500 m lang und bietet eine gute Auswahl an Restaurants und strandnahen Hotels. Surfen und Schwimmen ist möglich. Außerdem Bootstouren zu anderen Stränden und Ausfahrten weit raus aufs Meer zum Hochseefischen.

Playa Marineros

Östlich, hinter der *Laguna Agua Dulce,* schließt sich der etwa 200 m lange **Marineros-Strand** an. Dort haben die Fischer ihre Boote liegen und verkaufen morgens ihre Fänge. Ideal für Surf-Anfänger.

Surfstrand Playa Zicatela Durch einen kleinen Felsenbereich getrennt, gelangt man dann zur rauhen **Playa Zicatela** mit starken Wellen, den *Mexpipes,* die mit bis zu 6 Metern Höhe von der offenen See herantoben. Am Strand der Surfer kann Schwimmen wegen der hohen Wellen und starken Unterströmungen lebensgefährlich sein! Im November werden hier u.a. die internationalen Surf-Meisterschaften abgehalten. An der **Punta Zicatela** am Südende des Zicatela-Strandes ist ein weiterer Surf-Hotspot, jedoch mit „sanfteren" Wellen.

Adressen & Service Puerto Escondido

Turismo ✆ 01-954 *Módulo de Información Turística,* Pérez Gasga/Ecke Calle Marina Nacional, Tel. 01-954-5821186, Mo–Fr 9–14 u. 16–18 Uhr, Sa 10–14 Uhr. Es wird geleitet von der engagierten *Gina Machorro* (ginainpuerto@yahoo.com), die bei allen Fragen überaus hilfreich ist und eine durch sie geführte Tour durch Puerto Escondido anbietet (mittwochs und samstags, 7.45–10 Uhr, 300 Ps mit Frühstück). Es gibt auch eine Sonntagstour in die Umgebung. Des Weiteren gibt es einen Info-Kiosk am Airport. Die *Capitanía de Puerto* erreicht man unter der Tel.-Nr. 5820139.

Alle touristisch relevanten Informationen und Adressen findet man im englischsprachigen und kostenlosen Puerto-Escondido-Magazin **El Sol de la Costa,** das monatlich neu erscheint. Online einsehbar auf www.soldelacosta.com. Auch www.visitapuerto.com bietet einen umfassenden Überblick.

Websites www.visitapuerto.com • www.ptoescondido.com.mx • www.soldelacosta.com • www.todopuertoescondido.com • www.escondido.com.mx • www.guiapuertoescondido.com • www.marymontanas.com
Seiten mit P.E.-Sektionen: www.tomzap.com • www.zonaturistica.com • www.oaxaca-mio.com/puertoescondido/
Surf-Bedingungen: über www.stormsurf.com
Staat Oaxaca: www.oaxaca-travel.com

Unterkunft

Puerto Escondido hält für jeden Geldbeutel und jeglichen Anspruch etwas bereit: übliche Touristenhotels, günstige Hostels, palmblattgedeckte Strandhütten mit Hängematten, Palapa-Bungalows, stylishe Privathäuser, Familien-Privatzimmer, Apartments für Langzeitaufenthalte – und immer wieder öffnet was Neues und oder schließt Etabliertes.

Ein vielfältiges Bettenangebot gibt es in der Fußgängerzone der Calle *Gasga.* Entlang der Strandstraße *del Morro* reihen sich überwiegend Mittelklassehotels, während sich in ihrem südlichsten Bereich bei der „Punta Zicatela" einfache und günstige Traveller-Herbergen konzentrieren. Weitere Möglichkeiten bieten die Viertel **Bacocho, Rinconada** und **Carrizalillo.** Doch dort gibt es nur wenige Hotels direkt am Strand an den beiden Buchten Puerto Angelito und Carrizalillo. Zum Mittelklassenstandard gehören Klimaanlagen, TV und Internet bzw. WiFi. Budget-Unterkünfte haben meist nur Ventilatoren oder man muss für AC zuzahlen.

Alle Preise sind saisonabhängig, mit nochmaligen Spitzen in Weihnachts- und Osterzeit. Ermäßigungen werden in der Nebensaison Juni, September und Oktober eingeräumt. Preise variieren auch nach Zimmerausstattung, Größe oder Vorzügen, wie Meerblick, Klimaanlage oder einer Kitchenette. Hochwertige Hotels nennen auf ihren Homepages meist Dollar-Preise. Vom Strand weiter wegliegende Unterkünfte sind in der Regel günstiger. Von Vorteil sind obere Zimmer (kühlende Brise) und ein gutes Moskitonetz. Weitere Hotels findet man auf www.zonaturistica.com, www.oaxaca-mio.com, www.tripadvisor.de und weiteren Hotelwebseiten.

Wohnmobil / Campen Möglich bei den *Cabañas Edda* an der Mex 200 (s. Karte), an den beiden Trailerparks *Palmas de Cortés* und *Neptuno* im Adoquín sowie an der Punta Zicatela (dort einfach vor Ort fragen).

Bacocho Die *Fraccionamientos* und Wohngebiete *Bacocho, Rinconada* und *Carrizalillo* sind Puerto Escondidos westlichste Stadtteile. Das Restaurant- und Unterhaltungsangebot ist hier wesentlich spärlicher als an der Playa Zicatela.

Backpacker **Tower Bridge Backpackers,** Océano Antártico 1 (Karte linke Seite, etwas abgelegen, 1,2 km zum Bacocho-Strand). Behaglicher (Party-)Backpacker mit Bar-, Hängematten- und Pool-Area und allem was der Traveller so braucht. Zwei Dorms (85 Ps/Person) und ein Privatzimmer (155 Ps/Person). Alle Daten, Preise und Bewertungen über www.hostelbookers.

LUX **Hotel Suites Villasol,** Fraccionamiento Bacocho, Loma Bonita 2, Tel. 01-800-7179050, www.hotelsuitesvillasol.com. Sehr schönes und modernes 4-Sterne-Hotel mit tollem Strandclub und Shuttlebus zur Playa Bacocho. 2 Pools, WiFi u.a. DZ/F ab 1000 Ps.

Hotel Posada Real, Fracc. Bacocho, Blvd. Benito Juárez 1, Tel. 58200133, www.posadareal-hotels.com. 4-Sterne Beach-Hotel mit privatem Strandclub *Coco* am Bacocho-Strand. Zwei Pools, Tennis, WiFi. DZ ab 1400 Ps.

La Casa de los Ángeles, Fracc. Bacocho, Calle Zaachila 9, Tel. 5822747, www.casadelosangelesboutique.com. Sehr komfortables, umweltbewusstes 4-Sterne-Gästehaus, dt. Gastgeberin Claudia. Schönes Design, edles, minimalistisches Interieur. 6 charmante Schlafzimmer mit Bad und Privatterrasse. Außerdem voll ausgestattete Küche und gemütliches Wohnzimmer. Rooftop-Palapa mit Bar und Hängematten, Blick auf den Sonnenuntergang im Meer. Garten, Jacuzzi-Spa, Gym, WiFi u.a. mehr. Preise a.A.

Fracc. Carrizalillo **Villa Mozart y Macondo,** Las Tortugas 77, www.hotelmozartymacondo.com, Tel. 1042295. Dt. Gästehaus in ruhiger Lage, zum Carrizalillo-Strand sind es nur 230 m über Treppen runter. Manfred & Frau bieten diverse, hübsch dekorierte Zimmeroptionen und einen Bungalow im Garten mit Frühstücksecke. Freundlich, persönlich, hilfsbereit, WiFi. Kleine Restaurants und Cafés nahebei, zum Flugplatz nur 5 Fahrminuten. DZ 400–750 Ps. **TIPP.**

Villas Carrizalillo, Av. Carrizalillo 125, www.villascarrizalillo.com, Tel. 58217735. Kleines Boutiquehotel auf einem Kliff über dem Carrizalillo-Strand mit eigenem Strandzugang. 12 vollausgestattete Suites (Villas) mit Kitchenette und privater Terrasse, Pool. Sehr gutes Restaurant. Suite ca. 150 US$, je nach Größe, Bettenzahl und Saison.

Außerdem gibt es in Carrizalillo viele Privatbungalows in ruhiger Lage nahe den Stränden Carrizalillo und Bacocho. Vermietung tages-, wochen- u. monatsweise.

Im Centro Im Ortszentrum von P.E. gibt es viele kleinere Unterkünfte, doch liegen alle vom Strand entfernt. Ein Beispiel:

Hotel Careyes, Av. Hidalgo 407, Tel. 5820022, www.hotelcarey.com. Kleines Hotel bei der Agencia Municipal mit Pool und netter Cafetería, WiFi. Fußweg zur Playa Angelito 800 m. DZ ab 650 Ps.

Pérez Gasga u. Adoquín In der Calle Pérez Gasga, in der Fußgängerzone El Adoquín und in der der Calle Marina Nacional gibt es mindestens 35 Hotels mit kurzen Wegen zur Playa Principal. Eine Auswahl:

Hotel Paraíso Escondido, Andador Unión 10, www.hotelpe.com, Tel. 5820444. Gut geführtes, großzügiges 3-Sterne-Hotel im Kolonialstil, 20 attraktive Zimmer mit (Balkon)-Aussicht. Pool, Restaurant, WiFi. DZ ab 790 Ps.

Hotel Le Petit, Andador Libertad 379, www.oaxaca-mio.com/leptit.htm, Tel.

5823178. Hübsches kleines, etwas verschachteltes Hotel direkt im Touristenzentrum. Die 16 Zimmer und 2 Suiten gruppieren sich um den zentralen Pool. Restaurants und Unterhaltungsmöglichkeiten in Fußweite. DZ ab 600 Ps.

Hostal Mayflower, Andador Libertad s/n, Tel. 5820367. Seit Jahrzehnten ein bei Backpackern beliebtes Hostal mit freundlichem Personal. Kleiner Pool und übliche Traveller-Services wie Gästeküche, Schließfächer u.a.m. 17 Einzel-, Doppel- und Mehrbettzimmer. Dorm 130 Ps, DZ 400 Ps.

Hotel Rincón del Pacífico, www.rincondelpacifico.com.mx, Pérez Gasga 900, Tel. 5820056. Zentraler gehts nimmer, Restaurant, Pool. DZ ab 600 Ps.

Playa Marinero

Hotel Flor de Maria, von der Mex 200 *primera entrada a la Playa Marinero,* Tel. 5820536, www.mexonline.com/flordemaria.htm. Nettes und sauberes Hotel, 22 geschmackvoll eingerichtete Zimmer. Nur 50 m zum Strand, gutes Restaurant, Rooftop mit Pool, Bar und toller Aussicht. Kanadisches Management, freundlich, WiFi, Reservierung empfohlen. DZ ab 650 Ps.

Playa Zicatela Calle del Morro (von O – W)

Die Unterkünfte entlang der Calle del Morro haben alle kürzeste Wege zum Strand. Nachfolgend sind nicht alle Hotels aufgeführt, am besten selber inspizieren. Restaurants und Strandkneipen in Hülle und Fülle.

Hotel Santa Fé, Tel. 5820170, www.hotelsantafe.com.mx. Schönes 4-Sterne-Hotel hinter Palmen mit 3 Pools, Autovermietung und etlichen Serviceleistungen, gutes Restaurant. Standard-Zimmer, Suiten und Bungalows. US-Management. DZ ab 1200 Ps.

Hostel Cabo Blanco, Calle del Morro 7, www.caboblanco.hostel.com, Tel. 1042071. Einfaches Hostal, Restaurant und Bar. Dorm ab 80 Ps, DZ 280 Ps. Gleich daneben: Hostel Mondala, ähnlich.

Hotel Las Olas, Calle del Morro 310, Tel. 5820919, www.hotel-lasolas.com. Bungalow- und rustikale Cabaña-Zimmer mit Kochnische und Kühlschrank, Vent. oder AC. Seit langem ein Traveller- und Surfertreff. Patio, Gästeküche, Hängematten, WiFi. Strandaussicht vom oberen Stock. DZ ab 350 Ps. Gleich daneben, zurückversetzt und ähnliche Kategorie:

Hotel Buena Vista, Tel. 5821474, buenavista101@hotmail.com. Vor allem wegen des guten PLV beim jungen Publikum beliebte Unterkunft. Super Strandblick, Gästeküche u.a.m. DZ/Vent ab 400 Ps.

Bungalows Zicatela, Tel. 5820798, www.bungalowszicatela.com.mx. Beliebtes 3-Sterne-Hotel mit Restaurant und zentralem Pool, um den sich die rund 40 Zimmer gruppieren. Außerdem 12 voll ausgestattete Mehrbett-Bungalows. DZ Standard ab 800 Ps.

Hotelito Swiss Oasis, Tel. 5821496, www.swissoasis.com. Erreichbar über die schmale Gasse Gaviotas von der Calle del Morro. Nicht nur bei Surfern beliebtes, sehr sauberes kleines Hotel mit Wohlfühl-Ambiente von René & Manuela. 8 Zimmer, stilvoll eingerichtet, Pool mit beschattetem Sitzbereich, Hängematten, Gästeküche, persönliche Betreuung. DZ ab 600 Ps. **TIPP!**

Hotel Ines, Tel. 5820792, www.hotelines.com. Die von Deutschen gemanagte große und schöne Anlage mit vier Gebäuden und 40 diversen Zimmerarten und Apartments ist seit Jahrzehnten eine Institution. Beschatteter Poolbereich, Restaurant, Café, Aktivitäten-Angebote. Zentrale Lage, ringsum Restaurants, Läden und Unterhaltungsmöglichkeiten. DZ ab 650 Ps, Cabañas ab 350 Ps.

Colonia Santa María

Im Neubauviertel Sta Maria ist man weg vom direkten Beachleben, hat aber dafür seine Ruhe. Die Hanglagen der Häuser ermöglichen Panoramablicke aufs Meer. Außer den hier genannten Unterkünften gibt es noch weitere.

Hostel Ananda, Jacarandas 18, www.anandahotelpuerto.com, Tel. 1186070, 6 große, helle und ruhige Zimmer bei der netten Maria, alle mit Meerblick, Hängematten, gemeinschaftlicher Terrasse und Kochgelegenheit. Außerdem 1 Apartment mit Küche und Privatterrasse. DZ je nach Zimmer und Personenzahl ab 210 Ps, Apartment 800 Ps. Auch günstige Wochentarife, insgesamt sehr gutes PLV. Weiter vorne an der Straßenecke befindet sich das gute „Dan's Café Deluxe".

Casa de Dan y Carmen, Jacarandas 14, www.casadanycarmen.com, Tel. 5822760. Schmucke und gepflegte Anlage mit tropischem Garten. Um einen 17 m langen Pool gruppieren sich 3 Cabañas, 7 Aussichts- und 2 „Garden View"-Apartments. Rooftop-Aussichtsterrasse, Gemeinschaftsbereiche, Gästeküchen u.a. mehr. DZ 350–700 Ps. Frühstücken/Essen kann man bei „Dan's Café Deluxe", gleich an der Straßenecke Jacarandas/Jazmines.

Hotel Aqua Luna, Calle Vista Hermosa s/n, www.hotelaqualuna.com, Tel. 5821505. Schönes kleines Hotel mit Pool, Restaurant, Bar und Rooftop-Jacuzzi. Sehr sauber. Clive (Australier) & Adriana (Mex.) sorgen für die Behaglichlichkeit. Standard-Zimmer und auch einige mit Küche und voll ausgestatteten Apartments. Internet, TV u.a.m. DZ ab 350 Ps.

Colonia Brisas de Zicatela mit Punta Zicatela

Der Strand der Colonia Brisas und die Punta Zicatela liegen von der Col. Santa María (s. Karte) etwa 2 km südlich, Anfahrt mit Bus, Colectivo oder Taxi. Nachfolgend genannte Unterkünfte befinden sich entweder direkt am Strand oder in unmittelbarer Nähe. Preise, Qualität und Besitzer ändern sich häufig, am besten vor Ort inspizieren.

Cabañas Buena Onda, Av. Alejandro Cárdenas Peralta 777, gleich beim Strand, Tel. 5821663, www.buenaonda.hostei.com. Bei Travellern und Alt-Hippies beliebtes Konglomerat von 10 Cabañas („Cabins"/„Bedrooms"), 2 Dormitorios und Camping. Gemeinschaftsbäder und -küche, Surfshop, Getränkeverkauf, Internet, Gepäckaufbewahrung. Je nach Saison und Unterkunftsart 230–350 Ps (Fotos s. auf der Homepage). Dorm 150 Ps p.P., Hängematte und Camping 80 Ps.

La Punta Rooms Hostel, Tel. 9931179649, www.lapuntaroomshostel.com. Beliebtes, dreigeschossiges Hostal in der Calle Nayarit, 250 m zum Strand. Gemütlich, Gemeinschaftsküche im Innenbereich, Hängematten. Einzel- und Mehrbettzimmer mit/ohne AC. DZ 350–600 Ps.

Cabañas Frutas y Verduras, am südlichen Ende der Av. Alejandro Cárdenas Peralta und gleich südlich von den oben erwähnten Cabañas Buena Onda, direkt am Strand, Tel. 1246927, www.frutasyverdurasmexico.com. Kunterbunte, rustikale Cabañas, gute Bewertungen, viel junges Publikum. Gemeinschaftsküche und *baños comunes,* gutes *Café Olé.* Aussichtstürmchen, Shop, Surfbretter, WiFi. Cabaña/Vent. 350 Ps. Außerdem Camping.

Puerto Surf, Calle Nuevo León s/n, Ecke Benito Juárez (80 Meter zum Strand), http://puertosurf.com.mx. Familiäres kleines Hotel mit tollem Service, die 5 sauberen Zimmer haben ihr eigenes Bad. Open-air Gemeinschaftsküche, Hängematten-Bereich und – nomen est omen – Surf-Kurse mit Package Deals (Preise s. Homepage). Außerdem Pilates und Thai Massagen. DZ ab 400 Ps.

Hostel Estación B, Guanajuato s/n (nahe Calle Heroes Oaxaqueños), 200 m zum Strand, Tel. 5400783, Webseite über www.hostelsclub.com. Bei Surfern und Backpackern beliebtes einfaches Hostal mit Küche, Bar und Restaurant. Ab 200 Ps, auch Dorm-Betten.

Essen & Trinken

Puerto Escondidos kulinarisches Angebot ist überwältigend. Auf den Speisekarten steht natürlich überall fangfrischer Fisch (Huachinango, Marlin, Dorado, Tuna, Pez Vela ...) und Meeresfrüchte sowie die typischen Gerichte aus Oaxaca (z.B. *pollo con mole poblano,* mit der dunklen, kakaohaltigen Soße), *tlayudas* (riesige, handgemachte Maistortillas, belegt mit Käse, Fleisch etc.), gebratene Grashüpfer für die Mutigen, süßen Kokos-Mezcal zum Nachspülen, Eiscreme (Guave, Hibiskus, Kürbis, Mango, Vanille, Tequila etc.) und eine breite Palette internationaler Küchen, darunter auch japanisch, thailändisch, chinesisch und israelisch. Außerdem gibt es unzählige Pizzerias, Tacobuden und den Mercado Benito Juárez mit frischen Fruchtsäften und deftiger örtlicher Hausmannskost. Nachfolgend bedeutet „s. Plan“, dass das Restaurant im P.-E.-Stadtplan verortet ist.

Centro Die kleinen Restaurants im Ortszentrum sind sehr preiswert. Ein paar Tipps: **La Juquilena,** 4a Poniente/Ecke 10a Norte, neben dem Terminal Turístico: riesige Portionen frisch vom Grill, typisch mexikanische Gerichte. – **Las Margaritas,** 8a Norte s/n, gleich östlich vom Mercado Juárez (s. Plan): gut mexikanisch. – Das kleine italienische Familienrestaurant **Non solo Pizza** befindet sich in der Calle Hidalgo westlich der Costera Mex 200 (toller Limoncello!). – **Estrellas Gourmet,** 2a Poniente 307, zw. 3a u. 4a Nte (s. Plan): mexikanische Standards und internationale Gerichte, Mo–Fr 8.30–18 Uhr.

Im Adoquín in der Fußgängerzone befinden sich zahlreiche Restaurants, jene am Strand haben etwas höhere Preise. – Tolle italienische Küche serviert die deutsche Besitzerin Sabina im **La Galería** (s. Plan). – Meeresfrüchte und Fisch direkt am Strand gibt es bei **Junto al Mar, Los Crotos, Pascale** (beide s. Plan) und bei **Estrella del Mar.** – Das **Vivaldi** (s. Plan) hat tolles Frühstück, **Benditos** und **La Divina Comida** leckere Pizzen. – Komplette und sehr preiswerte Menüs kommen im kleinen **Alicia** auf den Tisch.

Carrizalillo / Rinconada Hier gibt es entlang des Boulevard Juárez, zusammen mit Eisdielen, Cafeterías und *tiendas,* etliche Restaurants; z.B. das israelische **El Sultan** (am Beginn der Straße beim Hostal Shalom, s. Plan, gut und günstig), das **CINEMAR/Café Choc** oder **El Cafecito** mit Bäckerei (super Gerichte und günstige Preise, s. Plan). Am westlichen Ende des Blvd. Juárez befinden sich, gleichfalls auf der linken Straßenseite, die etwas teureren Restaurants **Paris Le Bistro** (Ecke Tiburones, französisch, Do–Di 17–23 Uhr) und danach **Los Almendros** mit dem danebenliegenden **La Torre** (Nr. 427). – Nobel mit *cuisine gourmet* und Meerblick von der Klippe speist man im **Espadín** im Hotel Villas Carrizalillo (s. Plan, Unterkunft Nr. 2).

Playa Zicatela In Zicatela reihen sich entlang der Calle del Morro und direkt am Strand sehr viele Gaststätten (Abfolge hier N – S). Empfehlenswert sind die vegetarischen Gerichten im gehobenen Restaurant des Hotels **Santa Fé** (s. Plan). Über die Straße am Strand ist **Brad's Split Coconut** bekannt für Steaks und Barbecues. Daneben liegt das alteingesessene **Sabor a Mar** mit Seafood, bekannte Spezialität ist gefüllter *huachinango* (red snapper). – Asiatisches gibt es im kleinen **Lotus** neben Cinemar (s. Plan), Japanisches wird im **Samuray Sushi** (s. Plan) aufgetischt. – Üppige, gute und preiswerte Gerichte bietet **Los Mangos** mit einem umfangreichen Angebot an tollen Shakes und Burgern. – Das **Fish Taco & Beer** (s. Plan) ist auf selbiges spezialisiert. – Teurer, aber sehr gut, isst man im **Hotel Ines** (s. Plan). – Das alteingesessene **Los Tíos** am Strand (s. Plan) ist bekannt für bodenständige, üppige und preiswerte *cocina mexicana,* während im benachbarten **El Maná del Jardín** Vegetarisches auf der Karte steht (tolles „Gado-Gado“!). – Asiatisches, Beach food und Fusionsküche serviert das Terrassenrestaurant **Sativa** an der Calle del Morro (s. Plan).

Colonia Santa María Richtig gutes Essen und Frühstücksvariationen zu zivilen Preisen erwarten den Gast in **Dan's Café Deluxe** (s. Plan).

Brisas und Punta Zicatela Dort gibt es preiswerte und gute Restaurants. Etliche kleinere befinden sich an den Straßenecken, alle relativ günstig mit entspannter Atmosphäre. „Cocktails Happy Hour“ verführen zum Bleiben. Das **Café Olé** bei „Frutas und Verduras“ (s.o.) bietet Leckeres und Variationsreiches. – Günstig und gut isst man im **Lugar,** in der **Monchistation,** bei **La Inmortalidad del Cangrejo** und bei **Punta Paraíso.** Schmackhaftes Thai-Food serviert das **Lychee.**

Fortsetzung von „Adressen & Service Puerto Escondido“:

Aktivitäten / Ausflüge

Die Möglichkeiten sind vielfältig. Wem das Faulenzen am Strand zu langweilig wird, sollte es mit **Surf-Unterricht** versuchen. Adressen: *Oasis Surf Clases,* Blvd. Juárez 6, Rinconada, Tel. 1016732, www.oasissurffactory.com. Oder direkt bei den Jungs am Strand der *Playa Carrizalillo,* im *Hotel Ines* in der Calle del Morro, im *Central Surf Shop,* gleichfalls in der Calle del Morro (www.centralsurfshop.com), im *Puerto Surf* (www.puertosurf.com.mx) bei David oder bei *Zicazteca* bei Julio Soto (www.zicazteca.com). Pro Unterrichtseinheit werden generell etwa 350 Peso verlangt, dafür sind Boards und gute Lehrer zu erwarten.

Tauchkurse (PADI) gibt es u.a. beim *Puerto Dive Center* im Adoquín schräg gegenüber dem Turismo, Tel. 1027767, www.puertodivecenter.com.

Informativ sind die **Stadttouren** zu Fuß mit Gina (s. „Turismo“) oder man unternimmt den schönen **Klippen-Spaziergang** „Andador Escéncio“, ein schmaler Weg mit vielen Stufen am Meer entlang ab Playa Principals Capitanía (s. Karte).

Reitausflüge sind möglich mit *Salvador Tours,* Calle Morelos s/n Punta Zicatela, Tel. 1093966, oder bei *Los Compadres Horsebackriding Tours,* Tel. 5822742, rancholoscompadres@gmail.com.

Bootsexkursionen mit Sichtung von Delfinen, Wasserschildkröten und auch Walfischen (zwischen November und März) werden in den Strandbuchten Carrizalillo, Puerto Angelito und Manzanillo angeboten und sind ein absolutes Highlight (500 Peso pro Person)! Empfehlenswert für Bootsausflüge ist *Roberto's Dolphin Watching,* Tel. 1083547, fishingbobmarlin@hotmail.com. *Omar's Sportfishing* an der Playa Angelito ist bekannt für Hochseefischen, 400–600 Peso/Person, man startet im Morgengrauen. In den Oster-und Weihnachtsferien wird vor dem Hotel Arcoiris in Zicatela **Skydiving** von *Skydive Cuautla* angeboten.

Zur Erkundung der Umgebung kann man **Fahrräder, Scooter** und **Quads** mieten, bei Gina im Tourist Office nach den aktuellen Anbietern fragen, einige gibt es in der Calle del Morro, z.B. vor den Hotels Arcoiris und Puerta del Sol.

Körper, Geist & Seele …

Spanisch lernen kann man bei etlichen Instituten und Schulen, die häufig auch Unterkünfte anbieten: *Oasis Language School,* Rinconada (Adr. s.o. bei *Oasis Surf Clases*). – *Puerto School,* Tel. 5822055, www.puertoschool.com. – *Experiencia Puerto Escondido,* Andador Revolución 21, Adoquín, Tel. 5821818, www.experienciapuerto.com. – *Calli Language School,* Calle Agua Zarca 210, Tel. 5820321, www.callilanguageschool.com.

Yoga: Kurse in der Benito Juárez, Rinconada, hinter dem *El Cafecito* bei Sofia Agaton, Cel. 954-1143269, im Hotel Casamar oder im *Vida Yoga,* www.casamandalapuertoescondido.com.

Man kann an Gratis-**Workshops** (Danza Africana, Meditation) teilnehmen, und zwar im **The Sanctuary,** Centro de Sanación Natural, Calle Qintana Roo/Ecke Veracruz, Brisas de Zicatela, Tel. 1104020, www.healing-haven.com; auch Massagen und Yoga. Ein Erlebnis ist ein Besuch im **Temazcalli,** wo Massage, Meditation, Reiki, Beauty Treatments und eben *temazcales,* prähispanische Sauna, angeboten werden. Unbedingt ausprobieren. Calle Temazcalli/Ecke Infraganti, Col. Lázaro Cárdenas, Tel. 954-5821023, www.temazcalli.com.

Organic Food Shop: vegetarische und vegane Produkte und Kosmetika der Region gibt es bei *El Señor de Salud,* Nico & Evelia. Calle Triunfo 441 (Col. Costa Chica, beim Flugplatz), Tel. 5821581. Tipp: frische Pizza und Lasagne nebenan bei der Italienerin Katuscia!

Unterhaltung

Für Partyfreunde und Nachtschwärmer bietet P.E. eine beachtliche Anzahl an Bars und Kneipen und durchs ganze Jahr finden Auftritte von **Live Bands** *(música en vivo)* statt, z.B. Jan./Feb./März beim *Split Coconut* an der Playa Marinero und in der *Casa Babylon* in der Calle del Morro (toller Laden!). In der Musikszene ist von Folk, Jazz, Klassik, Latin, Blues, Salsa bis Deep House alles vertreten. Wann und wo was abgeht steht im Magazin *Viva Puerto,* www.vivapuerto.com. Gute Livemusik mit preiswerten Gerichten bei **Los Mangos,** Calle del Morro.

Filme sehen ist möglich beim Kino *Cinemar* in der Calle del Morro beim Restaurant Lotus oder in Rinconada in der Av. Juárez neben der Casa Choc sowie im Open-air-Kino vor dem Villa Sol Beach Club, Playa Bacocho (nur in der Hauptsaison, Programminfos im lokalen Gratismagazin „El Sol de la Costa").

Feste Bekannt ist Puerto Escondido für die **Fiestas de Noviembre** mit dem *Festival Costeña de la Danza.* Einzelheiten und Termine auf den P.E.-Webseiten. Im August und ab Mitte November finden Surfmeisterschaften und das internationale *Sport Fishing Tournament* statt, am 18. Dezember das traditionelle Prozessionsfest *Virgen de la Soledad.* Auch die Karnevalszeit ist Anlass für Ausgelassenheit. Einen P.E.-Event-Kalender mit Daten fürs ganze Jahr findet man auf www.visitapuerto.com bei „Events".

Kommunikation **Internet-Cafés** gibt es sehr viele, die meisten in der Gasga und entlang der Calle del Morro. Viele Restaurants, Bars und Cafés bieten WiFi an.

Post: 7a Norte/Av. Oaxaca.

Bank/Geld In der Gasga, im Bereich der Calle del Morro, im Foyer des Supermarkts *Súper Che* bei der Crucero und beim dortigen ADO-Busterminal gibt es Geldautomaten diverser Banken (s. Signets in der Karte; teils niedrige Abhebe-Limits). *Casas de Cambio* bieten in der Gasga und entlang Calle del Morro (links vom Hotel Puerta del Sol) ihre Dienste an (Kurse vergleichen lohnt).

Touranbieter / Reisebüros Bei Gina im Touristen-Infokiosk in der Gasga kann man diverse geführte Touren buchen (Tel. 5821186, ginainpuerto@yahoo.com), z.B. zum *Santuario La Escobilla* der Golfina-Schildkröten und zum Schildkrötenzentrum im entfernteren Mazunte. – Erfahren ist das Allrounder-Reisebüro *Viajes Dimar,* www.viajesdimar.com, Tel. 5820259. Touren, Flughafen-Transfer, Bus- und alle Flugtickets. Sie haben zwei Büros, eins am Zicatela Beach im Hotel Puesta del Sol (nahe Hotel Ines), das zweite im Adoquín neben dem Hotel Casa Blanca.

Eine Adresse für Exkursionen zur Malinaltepec-Lagune (Kajaktouren, Vogelbeobachtung): *Hidden Voyages Ecotours,* www.hiddenvoyagesecotours.com, Kontakt in den Büros von Dimar.

Lalo Ecotours, www.lalo-ecotours.com, Tel. P.E. 5823050, Cel. 044-954-1189037, unternimmt Touren zur Lagune Manialtepec, zu den Thermalquellen in Atotonilco, zur Lagune Chacahua, zum Wasserfall der Reforma Mixtepec und zu anderen Zielen. Der Sitz von Lalo Ecotours ist in Las Negras Manialtepec an der Laguna Manialtepec, Tel. 5889164, Cel. 044-954-1189037.

Mietwagen Direkt am Flughafen gibt es die Möglichkeit Wagen zu mieten, desgleichen beim Reisebüro *Viajes Dimar* (s.o.) oder bei der großen Firma *Los Tres Reyes* (etliche Büros im Staat Oaxaca), Calle Las Brisas 9, Zicatela (gegenüber des Hotels Brisas Zicatela), Tel. 5823670, www.lostresreyes.com.mx.

Notfall **Touristenpolizei:** Anador Libertad, von der Gasga abzweigend (s. Signet in der Karte), Tel. 5823439. – Policía Municipal: Tel. 5820498. – Straßenpolizei: Tel. 5820820. – **Clínica Hospital Ángel del Mar,** 6a Nte/Ecke 1a Oriente, Tel. 1042270 u. 5821026. – Cruz Roja, Tel. 5820550.

Wäscherei Sehr günstige Wäschereien gibt es überall in P.E. Per Kilo (Waschen, Trocknen) werden durchschnittlich 10–12 Peso verlangt.

An- und Weiterreise per Bus

Terminal ADO Es gibt zwei Busterminals in Puerto Escondido. Der Terminal der Gesellschaften ADO, ADO Gran Lujo, Cristóbal Colón (OCC), AV, SUR und ECOBUS befindet sich zentral an der Carretera Costera beim Crucero bzw. neben Telmex, Tel. 5821073. Von hier starten 1.-Klasse-Fernbusse und günstige *economicos*-Busse zu nahe gelegenen Orten. Abfahrtszeiten und Tarife auf der Sammelwebseite **www.horariosytarifasdeautobuses.com** oder bei www.ticketbus.com, Tel. 01-800-009-9090.

ADO fährt nach Huatulco, Salina Cruz (4 h) und Veracruz (13 h), jeweils um 7 Uhr. – **OCC** nach **San Cristóbal** (über Tuxtla Gutiérrez) um 6.30, 20.30 und 21.30 Uhr, Fahrzeit 14 h. Außerdem nach Tonalá und Tapachula um 5 u. 15 Uhr. Nach Puebla um 14.45, 16.45 u. 18 Uhr. – **Mexiko-Stadt**/Tapo um 18 Uhr (16 h), Mexiko-Stadt/Tasqueña um 14.45 und 16.45 Uhr (16 h). Mexiko-Stadt/ Norte um 18 Uhr (16 h). Nach **Oaxaca** um 7, 14.30 u. 20.45 Uhr (6 h). Nach Salina Cruz um 7, 14.30 u. 14.45 Uhr (4 h). Nach Pochutla (1 h) und Huatulco (2 h) jeweils um 7 u. 14 Uhr und danach fast stündlich bis etwa 21 Uhr. Achtung: Die OCC-Busse nach Mexiko-Stadt nehmen die längere Strecke über Salina Cruz und durch diesen Umweg verlängert sich die Fahrtdauer von normalerweise 12 Stunden (z.B. mit Estrella Blanca, s.u.) auf rund 16 Stunden!

AV fährt nach Pochutla, Huatulco, Salina Cruz, Tehuantepec, Juchitán, Tuxtepec, Xalapa und Veracruz, alle um 15.50 Uhr. – **ECOBUS** nach Pochutla um 12.30 Uhr, Huatulco und Salina Cruz. – **SUR** nach Pochutla, Huatulco und Huatulco Airport von 6 bis 19.20 Uhr, nach Salina Cruz um 6 u. 10 Uhr.

Nach Oaxaca mit Shuttle-Bus

In der Hidalgo (s. Karte) befinden sich die Shuttle-Unternehmen *Transporte Villa Escondida* und *Villa del Pacífico,* die mit Minibussen via Sola de Vega **direkt nach Oaxaca** fahren (150–180 Ps). TUR (s. Karte) fährt auf der Mex 200 nach Westen über Río Grande nach Pinotepa Nacional. Minibusse nach/in Richtung Río Grande fahren auch von der 2 Norte ab (s. Karte).

Vom **Terminal Turístico** fahren mehrmals täglich (8.15, 10.15 u. 14.30 Uhr; Fz 8 h) die Shuttle-Kleinbusse von *Diamante* ab (via Pochutla) und legen auf der Mex 175 einen Stopp in San José del Pacífico ein.

n. Mazunte, San Augustinillo u. Zipolite

Am Crucero kann man in ein billiges Colectivo nach **Pochutla** und Huatulco einsteigen (Abfahrten so alle 15–20 Minuten). Für **Mazunte, San Augustinillo** und **Zipolite** unterwegs am **Crucero San Antonio** an der Mex 200 aussteigen und von da ein weiteres Colectivo nach Mazunte nehmen. Es fährt auch ein SUR-Bus. s.o.

Terminal Turístico

Der Terminal Turístico in der Oberstadt, Av. Oaxaca/Ecke 4 Pte, Tel. 5820050, hat Verbindungen von 1.- u. 2.-Klasse-Bussen zu folgenden Destinationen:

Estrella Blanca (www.estrellablanca.com.mx) fährt nach **Mexiko-Stadt**/ Tasqueña um 19, 19.40 u. 20.30 Uhr (12 h), nach Mexiko-Stadt/Norte um 19.40 Uhr (12 h). Nach Pochutla, Huatulco, Salina Cruz um 1.15, 10, 16.15 u. 20.15 Uhr. Nach **Acapulco** (400 km, 7 h), Río Grande und Pinotepa Nacional um 4, 6, 8, 10, 13.55, 20.25 u. 23.30 Uhr.

Turistar (Luxusbus, www.etn.com.mx, Tel. 5820334) fährt nach Huatulco, Pochutla und Pinotepa Nacional, jeweils 8.15 Uhr. Nach **Mexiko-Stadt**/Norte und Tapo um 18 u. 18.45 (12 h).

Estrella Roja (www.estrellaroja.com.mx) fährt 1. Klasse nach **Oaxaca** via Sola de Vega um 10.45, 22.30, 22.45 u. 23.10 Uhr (6 h).

Fletes y Pasajes (Fypsa) fährt nach **Mexiko-Stadt** (12 h) und Puebla (10 h), beide um 17.15 Uhr.

Estrella del Valle, 1. Klasse, fährt nach **Mexiko-Stadt**, Puebla u. Oaxaca um 22.15 Uhr.

An- und Weiterreise per Flugzeug

Puerto Escondido besitzt einen kleinen internationalen Flughafen (PXM) an der Mex 200, nur wenig außerhalb Richtung Acapulco, Tel. 5820492. Flugauskünfte und Tickets bei Reisebüros wie *Viajes Dimar* (Adressen s.o. bei „Touranbieter / Reisebüros"). Zum/vom Airport fahren Colectivos (vom Airport kurze Gehstrecke zur Carretera Costa, 5–10 Ps pro Person). Bequemer gelangt man mit dem Taxi in die Stadt (35 Ps p.P.)

Die Billiglinie **VivaAerobus** (www.vivaaerobus.com) fliegt täglich von/nach **Mexiko-Stadt** (1 h), gleichfalls **Aeromar** (www.aeromar.com.mx). Wer von Europa in Mexiko-Stadt ankommt und gleich nach Puerto Escondido weiter möchte, muss in der Regel in Mexiko-Stadt eine Nacht verbringen.

Aeromar und **Interjet,** www.interjet.com.mx, Tel. 01-800-011234, fliegen von Mexiko-Stadt nach Huatulco, dann von dort mit dem Bus in 2 Stunden nach Puerto Escondido.

Nach/von **Oaxaca** fliegt täglich **Aerotucán,** www.aerotucan.com.mx, Tel. 01-800-6404148. Eindrucksvoller Flug mit Cessnas über die Berge der Sierra Madre del Sur in ca. 45 Minuten.

Umgebungsziele von Puerto Escondido

In der näheren und weiteren Umgebung von Puerto Escondido gibt es einige lohnende Ausflugsziele, die entweder durch eine gebuchte Tour, in Eigenregie mit öffentlichem Transport oder als Selbstfahrer besucht werden können. Die Homepage www.lalo-ecotours.com stellt etliche der hier aufgeführten Ziele mit Fotos vor. Lage der Ziele auf der Karte S. 490.

Parque Nacional Lagunas de Chacahua

Die *Lagunas de Chacahua* liegen 65 km westlich von Puerto Escondido. Der kleine Nationalpark mit einer Größe von etwa 140 qkm, davon ein Drittel Wasserfläche, ist ein noch intaktes Ökosystem mit mehreren großen Lagunen, Inseln, Kanälen, Dünen und Mangrovenwäldern. Sehr viele Wasser- und andere Vogelarten, wie Pelikane, Kormorane, Fregattvögel, aber auch Reptilien und Wildtiere wie Iguana, Ozelot und Tapir haben hier einen Lebensraum. Erwarten Sie aber nicht, sie alle zu Gesicht zu bekommen, dies ist abhängig von der Saison, vom Glück und der Tageszeit. In den kleinen Dörfern wie Chacahua leben überwiegend Afromexikaner, Nachfahren afrikanischer Sklaven. In Chacahua kann die Krokodilzucht *Cocodrilario* besichtigt werden. Weitere Infos dazu auf www.lagunasdechacahua.com.

Um die Natur intensiv zu erleben empfiehlt es sich, mindestens 2 Tage vor Ort zu bleiben und morgens mit einem Einheimischen eine Boots- oder Einbaumfahrt auf den dicht mit Mangroven bewachsenen Wasserstraßen zu unternehmen (festes Schuhwerk anziehen!) und eine der kleinen Inseln zu besuchen. Von P.E. aus gibt es buchbare Touren zur Lagune oder man unternimmt den Ausflug (billiger) per Eigenorganisation. Übernachten ist möglich in einer der rustikalen Cabañas, die etwa 100 Peso p.P. und Nacht kosten. Das „Lagunenflair" ist total entspannt, es gibt sehr gute Wellen zum Surfen, Lagerfeuerromantik und magische Sternennächte. Die vielen Restaurants am Strand servieren alle ähnliche Gerichte, frischer Fisch kostet 100–120 Ps. Empfehlenswert sind Küche (Crêpes, Eiskaffee u.a.) und Unterkünfte bei Eva, abseits vom Strand (nach Eva fragen, denn es gibt hier keine Adressen).

Anfahrt: Von Puerto Escondido nach Zapotalito einen Bus oder Minibus in Richtung Pinotepa Nacional bzw. Acapulco nehmen, 9 km nach dem Ort Río Grande aussteigen (Fahrer fragen, ist sonst leicht zu verpassen); von dort mit lokalem Colectivo weiter bis zum Fischerdorf Zapotalito. Oder bereits in Río Grande aussteigen und ein Colectivo nach Zapotalito nehmen.

In Zapotalito gibt es zwei Anlegestellen für Boote: Die erste ist ausschließlich für (überteuerte) Touristenboote, weiter unten liegen die Taxi-Boote *(lanchas públicas)* zum Dörfchen **Chacahua** (Fz ca. 40 Min.). Die Einheimischen erkennen natürlich Touristen und verlangen inzwischen auch für ihre Lanchas gleichfalls den Touri-Preis, deshalb unbedingt tapfer feilschen! Die billigere Variante ist, die Lancha pública über den ersten Kanal zu nehmen (etwa 30 Peso), danach im Pickup weiter bis ins Herz von Chacahua (20 Min., etwa 20 Peso).

Laguna Manialtepec

Von Puerto Escondido lässt sich außerdem ein Ausflug zur schönen, etwa 6 km langen und 1 km breiten *Laguna Manialtepec* machen. Sie liegt 16 km von Puerto Escondido in Richtung Acapulco, zwischen Bajos de Chila und San José de Manialtepec. Bequem ist eine gebuchte Halbtagestour, z.B. mit *Lalo Ecotours* (Adresse s.o. bei „Touranbieter"). Lalo hat unterschiedliche Touren im Programm, die alle etwa 500 Peso kosten. Die Bootsfahrt führt durch die Lagune bis zum Pazifikstrand. Es gibt in dem Gebiet über 328 verschiedene Vogelarten. Zu sehen sind Mangrovenwälder und einheimische Fischer, die Shrimps und Lagunenfische fangen. Besucher können Manialtepec auch im Kayak erkunden. Ein dabei unvergessliches Erlebnis ist die Nachtexkursion mit einem Bad im fluoreszierenden Plankton des Wassers, bei dem der Körper von einer schimmernden Aura umgeben ist. Dieses Phänomen ist von Juni bis Dezember zu erleben.

Auf eigene Faust: mit einem Colectivo vom El Crucero nach La Alejandría oder El Gallo fahren, dort gibt es Bootsvermietungen, z.B. beim Restaurant *La Isla del Gallo* (Spezialität Fischgerichte, *mojarra*).

Reitausflug zu den Thermalquellen Atotonilco

Die Tour beginnt in den Wäldern von Manialtepec und führt zu den geothermalen Heilquellen, in denen gebadet werden kann. Ein Führer erklärt die Geschichte und gewährt Einblicke in das fragile Ökosystem. Der einzige Anbieter ist im Moment *Lalo Ecotours,* s.o. Kosten etwa 600 Ps.

Wasserfall La Reforma Mixtepec

Ein eindrucksvoller Wasserfall von 60 m Höhe und natürlich geformte Wasserbecken, ideal zum Baden, inmitten üppig grüner Vegetation. Übernachten kann man in Eco-Cabañas (250 Ps) und es gibt ein Restaurant.

Anfahrt von Puerto Escondido: die Carretera Federal 131 nördlich in Richtung Oaxaca bis kurz vor San Pedro Mixtepec; dann rechts abbiegen und geradeaus bis zum Wasserfall. Peseros fahren in P.E. ständig vom Terminal Turístico ab und benötigen etwa eine halbe Stunde.

Schildkrötenzentrum in Mazunte Informatives und sehenswertes Zentrum in Mazunte (s.S. 514). Dort befindet sich auch der Laden der lokalen Frauenkooperative *Cosméticos Naturales,* die organische Kosmetika herstellt (tolle Cremes, Öle, Shampoos ...)

Anfahrt von Puerto Escondido: mit einem Pesero vom Crucero aus oder mit einem der SUR-Busse (Terminal ADO, OCC) in Richtung Pochutla bis zur Kreuzung San Antonio. Dort ein Pesero nach Mazunte nehmen (65 km, 1h).

Erdnussbutterfabrik El Tomatal Eine Frauenkooperative stellt Erdnussbutter und Tahini (Paste aus feingemahlenen Sesamkörnern) her und gewährt Einblick in die Herstellung.

Anfahrt: mit einem Pesero vom Crucero aus oder mit einem der SUR-Busse auf der Mex 200 in Richtung Pochutla bis El Tomatal (25 km, 25 Min.)

Schildkröten / El Santuario La Escobilla Ein einzigartiges Naturereignis kann man hautnah von Juli bis Dezember miterleben, wenn über eine Million (!) Golfina-Schildkröten (Olive ridley Bastardschildkröte) an Land kommen, um ihre Eier zu legen und alle 28–30 Tage die Babys schlüpfen. Diese Kooperative wird von der Regierung und den Geldern der Touristen finanziert. Der wunderschöne Strand und das Santuario sind das ganze Jahr über einen Besuch wert, die Unterkünfte sind hübsch und einfach, Camping ist möglich. Weitere Infos über www.ecoturismoenoaxaca.com/bei „La Escobilla“

Anfahrt von Puerto Escondido: im Pesero oder im SUR-Bus die Carretera Costera Mex 200 in Richtung Pochutla bis zu La Escobilla (35 km, 30 Min.)

San Juan Lachao: Wasserfälle und Seilrutsche In der indigenen Chatino-Gemeinde wird mitten im Regenwald und in den Bergen Öko-und Abenteuertourismus angeboten. Ein Bad unter Wasserfällen nehmen oder auf der Zip-line über hundert Meter hoch über endemische Pflanzen sausen! Es gibt einfache Unterkünfte und Restaurants.

Anfahrt von Puerto Escondido: Die Carretera Federal 131 in Richtung Oaxaca fahren, Dauer ca. 1,5 h. Peseros fahren ständig vom Terminal Turístico ab.

Santa Catarina Juquila Das hübsche Dorf in der Sierra Madre ist berühmt für seinen Schrein der Jungfrau Juquila und das große Fest am 8. Dezember, zu dem Tausende Pilger kommen. Es gibt viele Hotels und Restaurants im Ort.

Anfahrt von Puerto Escondido: mit Colectivos von der Av. Hidalgo (s. Karte) die Carretera Federal 131 nördlich in Richtung Oaxaca, ca. 2,5 h.

Barra de Navidad Barra de Navidad ist ein kleines Dorf wenige Kilometer südöstlich von Puerto Escondido. Ortszufahrt gleich hinter der Brücke der Mex 200 über den Río Colotepec, an dessen Ufern Barra liegt. Wo der Fluss ins Meer mündet, erstreckt sich eine lange Lagune. Möglich sind Bootstouren durch die Mangrovenwälder mit Einheimischen als Guides. In der Lagune leben Krokodile, Schlangen, Riesenleguane u.a. Tierarten. Es handelt sich um ein Ökotourismus-Projekt unter Mitwirkung von 23 lokalen Familien. Übernachten kann man in neuen Eco-Cabañas (auch Campingmöglichkeit) und es gibt Restaurants (*La Luna Azul,* fangfrischer Fisch und Shrimps).

Anfahrt von Puerto Escondido: Mit einem Pesero mit der Aufschrift „Barra de Navidad“ vom Crucero (15 Min.). In Barra etwa eine halbe Stunde den schattigen Weg entlang bis zur Lagune spazieren.

Von Puerto Escondido nach Puerto Ángel (68 km)

Von Puerto Escondido auf der Mex 200 nach Südosten nach Pochutla, das gleich nördlich der Straßenkreuzung Mex 200/Mex 175 liegt, sind es rund 70 km. An dieser Großkreuzung geht es geradeaus nach **Huatulco** (50 km, Flughafen) und Salina Cruz (190 km), nach rechts nach **Puerto Ángel** (12 km), **Zipolite, San Agustinillo** und **Mazunte.** Nach links erreicht man gleich **Pochutla,** und von dort weiter auf der Mex 175 gelangt man nach Oaxaca (200 km). Wer allerdings gleich ans Meer möchte, sollte schon 12 km früher in **San Antonio** von der Mex 200 nach **Mazunte** abbiegen (s. kleine Karte im Puerto Ángel-Stadtplan).

Pochutla

Ew. 65.000

✆ 01-958

Pochutla ist das völlig unattraktive, kommerzielle Zentrum der Region. Es ist nur als Umsteigepunkt von Bedeutung. Noch bevor man nach Puerto Ángel bzw. nach Zipolite/Mazunte fährt, sollte die spätere Weiterfahrt geklärt und bei einem Fernziel das Ticket gekauft werden. Hauptdurchgangstraße in Pochutla ist die enge und verkehrsüberlastete Calle *Lázaro Cárdenas.*

Geld: Es gibt in Puerto Ángel zwar einen Geldautomaten, trotzdem ggf. bereits hier „nachtanken" (Zipolite, Mazunte und San Agustinillo haben keine Automaten). Etwa in Stadtmitte liegt rechts der Calle Cárdenas die *Scotia-Bank*, die *HSBC* ein wenig weiter links, wieder ein Stück weiter rechts *Bancomer.* Zur Banamex die Cárdenas weiter hoch, dann in die 3. Querstraße (Calle Juárez) nach rechts in Richtung Kirche gehen, nächste links.

An- und Weiterreise

Der Fahrkartenverkauf von Ómnibus Cristóbal Colón (OCC) und Autobuses Sur befindet sich 1,7 km nördlich der Kreuzung auf der linken Straßenseite. Der **Hauptterminal** mit Bussen von Futura, ETN/Turistar (Tel. 5849162), Sur, OCC, TRP (Transportes Rápidos de Pochutla) und AltaMar liegt weiter 80 m rechts. TRP-Minibusse findet man weitere 60 m rechts, die von *Líneas Unidas Miahuatecos* (Express-Minibusse nach Oaxaca, s.u.) sind gleich schräg gegenüber.

Nach Ankunft eines Busses schreien die Fahrer von Taxis und Colectivos ihre Ziele aus. Nach **Puerto Ángel** und **Zipolite** entweder mit Privattaxis oder sog. *pasajeras* zum billigeren Colectivo-Tarif (evtl. muss auf Mitfahrer gewartet werden). Pasajeras nach Zipolite fahren entweder direkt über Puerto Ángel oder länger „hintenherum" über die Mex 200 nach San Antonio und von da weiter über Mazunte, San Agustinillo nach Zipolite.

Minibusse nach Oaxaca

Die Mex-175-Strecke nach Oaxaca ist 245 km lang und sehr kurvenreich. Am besten nimmt man einen bequemeren und schnelleren Minibus. **Autoexpres Atlántida** fährt täglich Pochutla – Oaxaca und zurück. Abfahrten um 4, 8.30, 10.30, 12.30, 14.30, 16.30, 18.30, 20.45 u. 22.45 Uhr, Tel. 5840116, 120 Ps. Abfahrt vom Hotel Santa Cruz in der L. Cárdenas links, 100 m nördlich vom Hauptterminal. Ankunft in Oaxaca in der Straße La Noria 101 (s. Übersichtskarte von Oaxaca). Fahrzeit ca. 5,5 Stunden, nach etwa 3,5 Stunden hört die ewige Kurverei auf. Eine andere gute Gesellschaft ist **Líneas Unidas Miahuatecos,** Abfahrtstelle gegenüber TRP (s.o.), Lázaro Cárdenas 94, Tel. 01-9585841322, Cel. 01-9581091449, www.lineasunidas.com.mx. Gleichfalls fast stündliche Abfahrten. Ankunft in Oaxaca in der Calle Bustamante 601, s. Übersichtskarte von Oaxaca, S. 444.

Busse

Acapulco: mit Futura (9 h). – **Bahías de Huatulco** (= Santa Cruz de Huatulco oder „La Crucecita") mit Autobuses Sur und OCC, ständig; oder mit einem Minibus von TRP, alle 15 Min. (Hinweis: Busse mit der Aufschrift „S.M. Huatulco" bzw. „Santa María de Huatulco" fahren *nicht* nach Huatulco am Meer, sondern in ein gleichnamiges Huatulco im Inland!). – **Mexiko-Stadt** (TAPO): über Acapulco 13 h mit Turistar und AltaMar (Nachtbusse), über Salina Cruz 16,5 h mit OCC. – **Puerto Escondido:** mit OCC und Sur, ständig, auch ständig Microbusse. – **Oaxaca:** mit OCC über Salina Cruz, 10 h; besser mit einem Minibus über die Mex 175, s.o. – **Salina Cruz** (3,5 h) ist Umsteigepunkt nach Oaxaca, San Cristóbal de las Casas, Villahermosa, Tapachula (Grenze Guatemala). – **San Cristóbal de las Casas** (590 km/ca. 11,5 h): mit OCC, 2 Nachtbusse. San

Cristóbal de las Casas liegt auf 2100 m Höhe, nach heißen Küstentagen ist es dort sehr kalt! Warme Kleidung bereithalten; evtl. besser die Fahrt in Tehuantepec/Juchitán unterbrechen oder nur bis Tuxtla Gutiérrez fahren (gleiche Zeiten wie nach San Cristóbal de las Casas), in Tuxtla übernachten und anderntags den **Sumidero-Cañón** ansehen (S. 428, Chiapa de Corzo). – **Tehuantepec:** 4x mit OCC, nachmittags u. Nachtbus (4,5 h). **Tapachula:** OCC 21.15 Uhr (12 h). Abfahrtszeiten und Tarife auch auf **www.horariosytarifasdeautobuses.com**

Unterkunft Bei diesen drei Hotels, die alle in der L. Cárdenas liegen, kommt wenig Freude auf: *Hotel Santa Cruz, Hotel Izala* und *Hotel Costa del Sol.* Letzteres mit Terrassen-Restaurant.

Ausflugsziel Chacalapa 14 km nördlich von Pochutla liegt an der ständig ansteigenden und kurvenreichen Mex 175 das ruhige Dörfchen Chacalapa, erreichbar per Colectivo. Es gibt hier viele Kaffee-Fincas. 1,5 km vom Dorfzentrum entfernt liegt inmitten auf dem herrlichen Anwesen *Rancho El Riego* das Quellwasser-Schwimmbad *El Paraíso.* Frisches Wasser wird jeweils am Donnerstag eingelassen, bleibt freitags bis montags zum Badevergnügen im Pool und danach wird es zur Bewässerung der umliegenden Felder wieder abgelassen. Es gibt ein günstiges Restaurant – in einem Fischteich könnte man sich sein Mittagsmahl auch selbst fangen – und übernachten kann man beim Besitzer Octavio Ramos auch, Tel. 958-5837950. Alles ist schön und kinderfreundlich angelegt und gleicht einem kleinen tropischen – nomen est omen – Paradies. Von Chacalapas anderer Seite gelangt man nach 3 km Wegstrecke in Richtung des Dorfs Los Reyes zum hübschen gleichnamigen Wasserfall, dessen Wasser allerdings nur in der Regenzeit von Juni bis Oktober hinabstürzt.

Puerto Ángel

Ew. 5000

✆ 01-958

Der schläfrige Fischerort Puerto Ángel liegt an einer sichelförmigen Bucht zwischen ansteigenden, felsigen Hügeln. Hier kann man noch finden, was anderswo an Mexikos bekannteren Pazifikbadeorten schon selten ist: Ruhe, keinen Touristen-Rummel und zivile Preise. Traveller, die es noch einfacher lieben, zieht es aber meist gleich weiter zu den „Hippie"-Stränden von Zipolite, San Agustinillo und Mazunte.

Vom Pier des „Engelshafen" wurde einst, in den 1870er Jahren, Kaffee und Holz verschifft. Heute hat hier die mexikanische Marine eine kleine Basis und viele Familien vermieten Zimmer oder betreiben ein Restaurant. Ein paar Europäer und Nordamerikaner tun es ihnen gleich.

Infos kann das kleine Turismo an der Hauptstraße Uribe geben, gleich nachdem man von Pochutla in den Ort eingebogen ist auf der linken Seite. Puerto Ángel ist außerdem Sitz der ökologischen *Universidad del Mar,* die sich auf einem Hügel Richtung Zipolite befindet. Dorthin verläuft die Durchgangsstraße weiter. Fegen größere Hurrikane die Pazifikküste entlang, richten sie auch hier in diesem Küstenbereich meist Verheerungen an, wie im Oktober 1997 „Paulina".

Was tun? Urbane „Aufregungen" bietet Puerto Ángel keine. Am flachen Strand **Playa del Panteón** kann man baden (der gegenüberliegende *Playa Principal* ist weniger sauber) oder man unternimmt eine Bootstour zu den östlich von Puerto Ángel gelegenen Pazifikbuchten, beispielsweise zur **Playa Estacahuite.** In Mazunte befindet sich das sehenswerte *Centro Mexicano de la Tortuga.* Westlich von Mazunte liegt *La Ventanilla,* wo empfehlenswerte Mangroven-Bootstouren starten (s. dort).

Für Boots-, Schnorchel- und Tauchtouren am besten den Familienbe-

Puerto Ángel
0 100 m
© RKH Verlag Hermann
Hotels / Unterkünfte
1 Hotel La Buena Vista
2 Casa de Huéspedes de Gundi y Tomas
3 Hotel El Almendro
4 Hotel Puesta del Sol
5 Casa de Huéspedes El Capy
6 Hotel Cordelia's
7 Hotel La Cabaña
8 Apartementos Puesta del Sol
n. Pochutla / Mex 200
zur Playa La Boquilla
Calle del Tajo
José Vasconcelos
Bancomer
Htl Soraya
Av. Principal
Municipalidad
Taxis
WC
Rst. Villa Florencia u. El Almendro
Gen. José Azueta
La Costeñita
Palo Bello
La Buena Compañía
Blvd. Uribe
Strandrestaurants
Sector Naval Militar
Arroyo del Aguaje
Muelle / Pier
Playa Principal
Bahía de Puerto Ángel
Playa La Mina
Playa Estacahuite
Calle Panteón
Beto's
Fußweg
Calle de Baranda
P. Saeñz
Playa del Panteón
Susy
Panteón
Colonia El Faro
Universidad del Mar (UMAR)
Villas Mykonos
Punta del Faro
Punta de Fuente
Océano Pacífico
Castillo Oasis
Fernando's Trailer Park
Playa del Amor
Playa Zipolite
Zipolite Colonia Roca Blanca
San Agustinillo
Mazunte mit Centro Mexicana de la Tortuga
Ventanilla
Oaxaca
Huatulco
Pochutla
Puerto Ángel
Zipolite
San Antonio
Puerto Escondido
Centro Mexicana de la Tortuga
Mazunte
Playa La Boquilla
Playa Estachuite
Playa Zipolite
Playa Agustinillo
Playa Mazunte
Playa Ventanilla
Punta Cometa
0 10 km

trieb **Azul Profundo** kontakten, ihr Dive-Shop befindet sich an der Playa del Panteón. Chef Chepe (Juan José de Nova Reyes) spricht auch Deutsch, Tel. 5843109, im Web über www.hotelcordelias.com.

Hinweis für die Taxifahrt nach Zipolite (3 km), San Agustinillo (9 km) und Mazunte (10 km): immer vorher den Fahrer fragen, ob er als (Privat-)Taxi unterwegs ist. Wesentlich billiger sind *taxi colectivos* bzw. *pasajeras,* Pickups mit Sitzbänken hinten drauf und einer Plane darüber.

■ *Blick auf die Bucht von Puerto Ángel*

Unterkunft

In Puerto Ángel gibt es über zwei Dutzend Hotels und *Casas de Huéspedes,* die meisten zählen zur Kategorie „Budget". Die Allerbilligsten bieten nur Hängematten und *baños comunes.* Moskitonetze bzw. Gitter vor den Zimmerfenstern sind so wichtig wie Ventilatoren oder kühlender Durchzug, da die nächtliche Schwüle drückend sein kann. Die Unterkünfte in Ortsmitte liegen nahe beieinander, hügelaufwärts gibt es kaum Straßenschilder oder Hausnummern, so dass man sich durchfragen muss. In den Hochsaisonwochen ist fast alles voll und die Preise steigen.

Reihenfolge nacheinander in Richtung Zipolite

Casa de Huéspedes Gundi y Tomas (ECO), www.puertoangel-hotel.com, Tel. 5843068; rechts die schmale Teniente José de Azueta an der Marinebasis hochgehen, dann links, ausgeschildert. Insgesamt 16 unterschiedliche Einzel-, Doppel- und Mehrbettzimmer, alle mit Moskitonetzen, Ventilator, Privat- oder Gemeinschaftsbad, und auch nur Hängematten. Restaurant und diverse Services wie Internet, dt.-spr. DZ 350 Ps (variabel), Frühstücksangebote.

El Almendro, Blvd. Uribe 2, über www.hostelworld.com. Der „Mandelbaum" ist ein kleines Garten-Gästehaus mit 6 DZ/Bad und einem Mehrbett-Bungalow. Gästeküche, Grill, Hängematten. DZ ca. 430 Ps.

La Buena Vista, Tel. 5843104, www.labuenavista.com. Nach der Brücke rechts, dann links hoch, Hügellage mit tropischem Garten. 23 unterschiedliche Zimmer mit Bad, einige mit Küche. Frühstücks- bzw. Restaurant-Terrasse mit Aussicht, Pool, familiär, US-/mex. Eigentümer, Internet. Variable Preise, DZ 500–700 Ps. Das Schwesterhotel „Alta Mira" ist in Mazunte.

Hotel Puesta del Sol, Tel. 5843315, www.puertoangel.net, an einem Abzweigweg von der Calle Panteón (in nur 10 Min. ist man unten an der Playa del Panteón). 14 Zimmer diverser Ausstattung, familiäre Atmosphäre (Harald & María, dt./mexikanisch), reichhaltiges Frühstück, überdachte, luftige Hängematten-Terrasse. Insider-Infos zur Umgebung, Tourenvorschläge und -vermittlung, Internet, dt. Bücher u. Zeitschriften. DZ je nach Art und Saison ab 250 Ps. **TIPP.** Essen: Abends im Restaurant des Nachbarn, bei *Beto's.*

Casa de Huéspedes El Capy, Tel. 5843240, Calle Pedro Sáenz de Baranda, an der rechten Seite am Hang. Familienbetrieb, einfache, saubere Zimmer, Blick zum Meer, gutes Restaurant „Aracely". DZ 300–500 Ps.

Hotel Cordelia's, Playa Pantheon, Tel. 5843021, www.hotelcordelias.com. Dies ist das Strandhotel der Azul Profundo-Familie (s.o.). 17 geräumige, saubere Zimmer AC oder Vent., teils mit Strandblick. Restaurant direkt am Strand, Internet, Schnorchel- und Tauchtouren. DZ je nach Art und Saison 500–900 Ps. Gegenüber am Hang:

Hotel Cabaña, Tel. 5843105, www.lacabanapuertoangel.com. 24 sehr schön eingerichtete Zimmer mit allen Annehmlichkeiten. Wohlfühlatmosphäre, alle Services, Innenpool, Palmen, Palapa-Restaurant, Bar, Terrasse mit Meerblick etc. Kategorie Oberklasse, Preise a.A.

Apartementos Puesta del Sol, Ferienwohnungen am Meer, Besitzer ist Harald vom Hotel Puesta del Sol. Infos auf http://apartamentos.puertoangel.net

Essen & Trinken
Frische Fische und Meeresfrüchte stehen in Puerto Ángel ganz oben auf den Speisekarten. Etliche Palapa-Strandrestaurants gibt es an der Uribe entlang der Hauptbucht, und auch am Panteón-Strand. Die **Villa Florencia** in Ortsmitte bietet Italienisches. Außerdem haben fast alle der erwähnten Unterkünfte auch Restaurants.

Geld / Internet
Bancomer mit Geldautomat s. Stadtplan, dort auch ein Internet-Café. Die Post befindet sich bei der Municipalidad.

Feste
1.6. *Día de la Marina.* 5.8. *Día del Pescador.* 1.10. *Día del Ángel,* schönes Patronatsfest mit Feuerwerk. 2. Dez.-Woche: *Semana Cultural.*

Nützliche Infos...
... für allen nachfolgenden Strandorte von Zipolite bis La Ventanilla findet man auf der Seite www.puertoangel.net (dt.)

Zipolite

Zipolite, Mexikos legendärer Kultstrand an der südlichen Pazifikküste, ist nach wie vor ein Treffpunkt der internationalen Traveller-Szene. Das Leben spielt sich in Zipolite vor allem am breiten Strand ab.

Anfahrt von Pto Ángel mit Taxi bzw. einem *taxi colectivo,* ständiger Verkehr (ein Fußmarsch ist wegen der heißer Sonne und dem ständigen Auf und Ab der Mex 175 nicht zu empfehlen). Es zweigen immer wieder Stichwege an den Strand und zu Unterkünften ab. Hinter Mazunte knickt die Straße ins Inland ab und erreicht bei San Antonio die Mex 200 (s. kleine Karte in der Pto.-Ángel-Karte).

Das Konglomerat der spartanischen Cabañas, Strandhütten und auch Hotels in Festbauweise beginnt 3 km westlich von Puerto Ángel und zieht sich von dem sichelförmigen Mini-Strand **Playa del Amor,** hinter einem hohen Meeresfelsen verborgen (von dort tolle Aussicht, nicht versäumen!), etwa 1,5 km am offenen Pazifik entlang. Den westlichen Abschluss des sehr breiten Sandstrandes markieren – erhöht auf kaktusbestandenen Felsen und Nudisten am Strand – die Shambhala-Cabañas. Fast der gesamte Strandbereich ist zugebaut, die Entwicklung geht nun landseitig weiter, Zentrum von Zipolite ist die **Colonia Roca Blanca,** s. Karte.

Zipolites Publikum ist überwiegend jung. Zur Hochsaison an Weihnachten und Ostern sind meist alle Unterkünfte voll, auch bei den weiter westlichen Stränden von San Agustinillo und Mazunte. Viele gehen gleich dorthin, weil dort das Beachleben in noch ruhigeren Bahnen verläuft und außerdem sind dort die Brandungswellen etwas weniger brutal.

Rückblick: Angefangen hat's so um 1970. Angegraute „Zipolisten" kommen regelmäßig ins Schwärmen, wenn sie von den alten Flower-Power-Zeiten mit nie endenden Strandpartys mit Musik von den Stones und Beatles erzählen. Unter den Langzeitgästen gibt es einige recht freakige Typen, weshalb manche der Einheimischen auch vom *„playa de locos", vom* „Strand der Verrückten" oder dem *„*Irrenhaus mit Blick aufs Meer" („un manicomio con vista al mar") sprechen …

Achtung, es gibt eine Drogenszene! Die Polizei kontrolliert streng, auch die Migración. Diebstähle kommen leider sehr häufig vor!

Vertiefende Zipolite-Einblicke auf www.advantagemexico.com bei „Zipolite": Unterkünfte, Restaurants, Nightlife, Forum, Fotos etc.

Pazifikküste

Lebensgefährliche Strömungen!

Zipolite, auf zapotekisch „Strand der Toten", trägt seinen Namen nicht zu Unrecht, der Strand ist wegen der starken Brandung und den tückischen Unterströmungen – abhängig von Ebbe und Flut, Tageszeit und Wellengang – **äußerst gefährlich!** Jeder Ortsansässige weiß von Ertrunkenen zu berichten, selbst sportlichste Schwimmer haben hier schon ihr Leben gelassen. Man sollte nicht allein ins Wasser gehen und vor allem in Strandnähe bleiben, denn ab einer gewissen Entfernung kann die Unterströmung auch den besten Schwimmer ins offene Meer hinaustreiben! Nicht gegen den Sog ankämpfen sondern versuchen, parallel zum Strand zu schwimmen, meist lässt der Sog an anderer Stelle etwas nach. Die freiwilligen Rettungsschwimmer *(salvavidas)* müssen aber immer wieder in Aktion treten – die roten Gefahr-Wimpel beachten! Außerdem Abstand halten von den scharfen Felsen. Andererseits natürlich toller Wellengang zum (Body-)Surfen, und der breite Sandstrand ist prima „joggbar".

■ *Der lange Strand von Zipolite*

Unterkünfte

Vorbemerkung: Manche teure Primitiv-Cabaña wird hier als „Eco-Tourismus" verkauft (und es klappt auch). Bei den Hängematten-Palapas sind *baños comunes* üblich, auch Zimmer haben häufig kein Privatbad. Preise sind i.d.R. verhandelbar, besonders in der Nebensaison (ca. 20–30% billiger). **Hochsaison ist von 1. Dezember bis 1. Mai,** Regensaison von Juni bis Oktober.

Wohnmobilfahrer finden einen Standplatz z.B. bei *Fernandos Trailerpark* am östlichen Zipolite-Ortsbeginn, besser aber an einigen Strandhotels bzw. Cabañas weiter westlich, z.B. bei den Stelzen-Cabañas von **La Havana** direkt am Strand östl. der Lagune am Ostende der Colonia Roca Blanca.

Nachfolgend von den vielen Unterkunftsmöglichkeiten einige Vorschläge, beginnend westlich von Zipolite (wegen der Moskitos *repellente* bereithalten):

Castillo Oasis. Gleich am Anfang von Zipolite gleich links in kleine Seitenstraße abbiegen (Calle del Amor), dann auf der rechten Seite, No. 97, Tel. 958-5842316, Cel. 958-1061763, www.castillooasis.com. Kleine, ungewöhnliche Anlage in Holzbauweise um einen abgeschlossenen Hof mit viel Grün und Schatten, ca. 70 m vom Strand und zur Playa del Amor. 5 verschiedenartige Zimmer, hohe Preise zu Weihnachten/Neujahr und in der Osterwoche: 2 DZ, ab 200 Ps. 1 Suite, 1–6 Pers., ab 360 Ps. ein Ritterzimmer, 1–4 Pers., ab 300 Ps sowie ein Turmzimmer, 1–4 Pers., ab 360 Ps. Die Anlage ist penibel sauber und künstlerisch dekorativ gestaltet und hat dadurch eine sehr spezielle Atmosphäre. Alle Zimmer haben Bad, Tresor, Privatterrasse mit Hängematte, WiFi. Dt./österr. Management, Corinna & Kalle.

Ca. 500 m weiter westlich ist links eine Zufahrt zum Strand und zum „Oldie"

Lyoban, Tel. 958-5843177, www.lyoban.com.mx. Einfach, für schmale Geldbeutel, junges Publikum. Restaurant, Bar, Billard, Book-Exchange etc. HS-Preise: Hängematte 80 Ps, „Rustic room" für 2 Pers. 280 Ps, „Standard" mit Bad 360 Ps.

Villa Escondida. Etwa 900 m westlich vom Castillo Oasis ist rechts eine Feldweg-Abzweigung mit einem Villa-Escondida-Hinweisschild. Die gepflegte Anlage liegt erhöht über der Straße, bietet Doppel- und Mehrbettzimmer sowie Palapa-Bungalows. Bar-Cafetería, Dining-Bereich, freies WiFi, Parken, Wäsche-Service, www.villaescondida2002.com. DZ ab 250 Ps, Bungalows für zwei ab 450 Ps, Benutzung der Gästeküche kostet extra.

Zipolites Colonia Roca Blanca

Bei der Weiterfahrt ist nach ca. 400 Metern auf der linken Seite das Hinweisschild „Entrada al la Playa" zu sehen. Am Ende dieser Zufahrt liegt die *Colonia Roca Blanca* mit ihrer etwa 300 m langen „Hauptstraße" bzw. Fußgängerzone, *Roca Blanca* oder *Adoquín* genannt. An ihr reihen sich nahtlos Unterkünfte, Restaurants, Dienstleister (Wäsche waschen), Pizzerien etc. Gleich am Beginn links hat *Azul Profundo* seinen Shop, hier werden Boots- und Schnorchelausflüge organisiert, mit Internet-Café. Einen Geldautomaten gibt es in Zipolite noch nicht.

Etwa in der Mitte der Straße liegt links die empfehlenswerte

Posada México, Tel. 584-3194, www.playazipoliteposadamexico.com, ital. Management. Saubere Palapa-Bungalows bzw. Cabañas, einen Steinwurf vom Strand entfernt. Gutes Restaurant/Café für Frühstück und Dinner, freies WiFi, freundlich, ital. Management. Bungalow für zwei, je nach Größe und Ausstattung 350 Ps (baño común), mit Privatbad 450 Ps. Außerdem zwei Bungalows „Estrella y Maya" mit Bad, kleiner Terrasse und Hängematten ab 750 Ps.

Gleich neben der Posada México führt ein Bogendurchang zum Strand und zur **Posada und Hotel San Cristóbal,** www.posadasancristobalzipolite.com, Tel. 584-3020. Die 15 Hotelzimmer mit großem Bad und Meerblick haben eine gute Ausstattung, die 10 Cabañas sind einfacher. Palmschatten und Hängematten, Palapa-Restaurant, Parkplatz, WiFi. DZ ab 600 Ps. Cabaña-Preise a.A.

Man kann hier nach Osten hin am Strand noch weitere Unterkünfte inspizieren, ihre Qualität und die Preise wechseln häufig. Ein „Klassiker" westlich ist am Ende der Bucht das **Lo Cósmico,** „das Kosmische". Hängematten unter Palapas bieten beste Aussicht auf das Strandgeschehen, geschlafen wird in rustikalen, individuell eingerichteten Stelzen-Cabañas aus Naturmaterialien. Variable Preise, 150 bis 300 Peso für 2 Personen, Hängmattenplatz 50 Peso. Alle Details auf www.locosmico.com. Das Restaurant ist gut, hauptsächlich Italienisches, aber auch z.B. Fisch in Weißweinsauce.

Hinter dem Lo Cósmico befindet sich das schöne Hotel **El Alchimista** mit Pool, Spa, Yogakursen und einem guten Restaurant. Tische und Stühle im weichen Sand, abends Fackelschein, zauberhafte Atmosphäre. Cabañas mit Safe, WiFi und Bad 1000–1800 Peso, mehr auf www.hotelalqimista.com.

Schräg gegenüber, in Felsenaussichtslage und gleichfalls mit Robinson-Anmutung, Miss Glorias legendäres **Shambhala,** Cel. 958-1094359. Zimmer und Hängemattenplätze, variable Preise, DZ/baño común ca. 500 Ps. Restaurant und Beach-Café, Yoga-/Meditations-„Hintergrund". Weitere Einzelheiten mit „Hausordnung" auf http://shambhalavision.tripod.com.

Essen & Trinken

Am Strand und in der Fußgängerzone Adoquín gibt es jede Menge Restaurants mit mexikanisch-europäisch-amerikanischer Küche und natürlich viel frischem Fisch. Nicht billige Empfehlung in der Adoquín: **La Providencia** (etwa in der Mitte, meerseitig), Tel. 958-1009234. Am Strand: **El Alchimista** und **Las Casitas,** sehr gute italienische Küche, ganz westlich auf einem Hügel, Restaurant mit Aussicht in der gleichnamigen Palapa-Bungalowanlage.

Centro de Atención de Infantil

Ein Besuch im *Centro de Atención Infantil Piña Palmera,* eine nichtstaatliche Organisation, die Behinderte sozial integriert und betreut, ist ein berührendes Erlebnis. Leiterin Flavia Avanau bietet Workshops und die Möglichkeit zur Freiwilligenarbeit, näheres auf www.pinapalmera.org. Piña Palmera befindet sich etwa 400 m entfernt von der Kapelle im Zentrums Zipolites, dort wo die Straße nach Mazunte die Hauptstraße des Dorfteils „Roca Blanca" kreuzt.

San Agustinillo

Wenige Kilometer westlich von Zipolite erreicht die schmale und sich ständig windende Mex 175 das Fischerdorf San Agustinillo, das gleichfalls voll auf den Tourismus setzt, wie die rege Bautätigkeit bereits an der Durchgangsstraße, der Calle Principal, verrät. Früher lebte man hier vom Fang und der Verarbeitung von Meeresschildkröten zu Leder und Fleisch, es gab eine Fabrik, in der täglich bis zu 1000 Tiere geschlachtet wurden!

Nach der Ortseinfahrt befinden sich auf der linken Straßenseite die attraktiven **Cabañas Un Sueño,** 12 freistehende und individuell ausgestattete Cabañas mit Bad in zwei Strandreihen. Ab 750 Peso für zwei Personen, www.unsueno.com., Tel. 958-1138749. Angeschlossen ist das hervorragendes Restaurant „Un Secreto".

Gleich daneben: das zweistöckige **La Mora,** gleichfalls gepflegt. Die Zimmer mit/ohne Kitchenette kosten in der HS für zwei Personen ab 500 Ps. Tel. 584-6422, www.lamoraposada.com.

Sowohl hang- als auch meerseitig gibt es noch etliche Unterkünfte mehr, z.B. die **Posada La Termita,** gleich nach dem Restaurante/Posada „Paraíso del Pescador". Vier einfache, saubere Zimmer mit Ventilator, Bad und Moskitonetz. Gutes Pizza-Restaurant, Strandhängematten. DZ ca. 800 Ps, Tel. 5893046, www.posadalatermita.com. Günstiger ist etwas weiter vorne der Backsteinbau von „Jazim Palapa – „Cuartos con banõ privado y vista al Mar".

150 m weiter führt ein Stichweg runter zum Strand an einer malerischen Bucht mit kleinen Lokalen, Kokospalmen und Liegestühlen. Die Brandung kann hier an manchen Tagen ziemlich abflachen und die Unterströmungen sind weniger gefahrvoll – ideal zum Bodysurfen.

Übernachten am Strand ist möglich, z.B. beim Restaurant **Evelía,** das auch Zimmer vermietet. Oder gleich links daneben beim **Restaurante y Cabañas México Lindo** (DZ mit Aussicht; der freie Platz vor den Restaurants bietet sich – nach Absprache – gut als Standplatz für ein Wohnmobil an). Außerdem gibt es hier eine gute „Escuela de Surf", den **Coco Loco Surf Club,** der sich besonders Anfängern annimmt und Bretter vermietet. Weitere Infos auf www.cocolocosurfclub.com.

Yogaurlaub mit Kursen und Yogateacher-Training unter der Leitung von Brigitte Longueville findet man im *Solstice Yoga Center* im Resort/ Cabañas Las 3 Marias. Weitere Infos auf www.solstice-mexico.com.

Zurück zur Mex 175 führt diese nun einen Hügel hinauf und einen Kilometer später ist man in Mazunte.

Mazunte

Dieses Dorf ist vor allem durch sein Schildkröten-Zentrum bekannt. „Mazunte" ist ein Náhuatl-Wort und meint: „Ich bitte dich, Eier zu legen!"

Nach der Abfahrt befindet sich links der große Bau des *Centro Mexicano de la Tortuga.* Nicht zu übersehen, schon wegen der meist vielen geparkten Autos. Geöffnet Mi–Sa 10–16.30 Uhr, So 10–14.30 Uhr, Mo u. Di geschl., Eintritt 25 Ps mit Führung (manchmal auch in dt.), Tel. 544-970000, www.centromexicanodelatortuga.org.

Centro Mexicano de la Tortuga (CMT)

Die Anlage dient Meeresbiologen zu wissenschaftlichen Zwecken und zur Aufzucht. Sie wurde 1994 eröffnet und durch den Hurrikan Paulina 1997 stark beschädigt. In Freiluftbecken und in Meerwasser-Aquarien kann man Land-, Fluss- und Meeresschildkröten aller Größen sehen, darunter alle sieben Arten (von weltweit acht), die in Mexikos Küstengewässer vorkommen. Die größte aller Meeresschildkröten ist die **Lederschildkröte,** *tortuga laud* (engl. Leatherback), die bis zu zwei Meter lang werden kann und dann über 600 kg wiegt. Zu den kleinsten zählen die *golfinas* (engl.: olive ridley), die in den Sommermonaten zu Tausenden zum Eierablegen *(arribadas)* an den Strand Playa Escobilla bei Puerto Escondido kommen (s. dort). Bei der Führung wird einem alles erklärt.

Praktizierter Naturschutz

Haupteinnahmequelle vieler mexikanischer Küstenbewohner, auch der Einwohner von Mazunte, war früher der Fang und die Vermarktung der vom Aussterben bedrohten großen Schildkröten. An manchen Tagen wurden hier an der Küste Hunderte von Tieren geschlachtet und deren Eier, Fleisch und Schildpatt weiterverkauft. 1990 erließ die mexikanische Regierung ein Fangverbot, aber damit wurde auch vielen Fischern und ihren Familien die Lebensgrundlage entzogen. Deshalb initiierte man ein nachhaltiges ökologisches Entwicklungsprogramm und begann mit dem Bau des *Centro Mexicano de la Tortuga.* Dennoch müssen bis heute die Strände gelegentlich noch von bewaffneten Soldaten vor Eierräubern geschützt werden (Schildkröteneier gelten bei mexikanischen Männern als Aphrodisiakum).

Unter Umständen besteht die Gelegenheit, zusammen mit Wissenschaftlern und Einheimischen einen der Legestrände zu besuchen und den frisch geschlüpften Krötchen bei ihrer Reise ins Meer zu helfen. Diesbezügliche Information im Centro.

Ortsdurchfahrt

Etwa 100 m nach dem Centro de la Tortuga befindet sich links bzw. gegenüber einer Kirche die erste von vier kleinen Strandzufahrten, der *Andador Golfina,* der zur *Posada Ziga* an der Playa Mazunte (s.u.) führt. Nur wenig weiter kommt die 2. Zufahrt zum Strand, der *Andador Carey.*

Im Dorf geht es am erhöhten Werbeschild „Corona Extra" auf der *Calle del Rinconcito* runter zur **Playa El Rinconcito** (oder „Playa Familiar"), eine halbmondförmige Bucht mit Felseninseln im Meer (auf einer steht eine kleine Kapelle). Vorgelagert ist das südwestlichste Kap von Oaxaca, die *Punta Cometa.*

Die Wellen sind perfekt zum Bodysurfen, auch Schwimmen ist hier weniger gefährlich als in Zipolite. Es wird Beach-Volleyball gespielt und Organisatoren bieten Neuankömmlingen Schildkröten- und Schnorcheltouren zu einem kleinen Korallenriff an (Abfahrt 9 Uhr mit Motorboot, Dauer 3–4 Stunden).

Fürs leibliche Wohl sorgen ca. ein halbes Dutzend Strandrestaurants.

Zur etwas abgelegenen, brandungsstarken **Playa La Mermejita** gelangt man, indem man ca. 150 m vor Erreichen des Rinconcito-Strandes nach rechts dem Camino Mermejita folgt. Auf dem Weg dorthin liegen ein paar einfache Unterkünfte.

Straße nach San Antonio

Cosméticos Naturales

Die Hauptstraße im Dorf steigt nun an. 70 m hinter der Abzweigung der Calle del Rinconcito befindet sich links **Cosméticos Naturales.** Hier stellt eine lokale Frauenkooperative organische Kosmetika her, tolle Cremes, Öle, Shampoos, Seifen, Lotionen, Lippenstifte, Sonnenschutzmittel u.a. mehr. Man kann an einer kurzen Führung teilnehmen und die Produkte natürlich auch kaufen. Mo–Sa 9–16 Uhr, Tel. 958-5874860, www.cosmeticomazunte.com.

An einer Straßenverbreiterung ist links die **Información Turística.** Hier bekommt man alle Infos über und um Mazunte, z.B. auch Auskunft über die Lagunen-Bootsfahrt in Ventanilla (s.u.). Geöffnet 10–17 Uhr.

Unterkünfte Mazunte

Die Seite **www.hotelesdemazunte.com** listet mehr als zwei Dutzend Unterkünfte aller Art und Preisklassen mit Lageposition auf einer Mazunte-Karte auf. Aktuelle Preise auf den weiterführenden Hotel-Homepages. Hier eine kleine Auswahl, Preise jeweils für ein Zimmer oder eine Zweier-Cabaña in der Hochsaison:

Am Strand: **Cabañas Ziga,** 15 diverse Zimmer mit Bad und Ventilator, luftig und freundlich, gutes Restaurant, 400–950 Ps, www.posadaziga.com.

Cabañas Balamjuyuc, sehr einfache Cabañas und Hängematten in Hügellage am westlichen Rinconcito-Strand, für anspruchslose „Robinsons", *banõs comúnes.* 300–500 Ps, http://balamjuyuc.blogspot.de.

An der Playa Rinconcito ragen einige an Steinzeit-Behausungen erinnernde, selbstgezimmerte Konstruktionen in „Bio-Architektur" in die Höhe.

Posada del Arquitecto, Cabañas und Casitas, Freiluft-Hängebetten und Hängematten unter Palapa-Dächern. Gute Sicht von oben, Restaurant und Café-Bar. 400–1200 Ps, Hostal 180 Ps, www.posadadelarquitecto.com.

Cabañas El Copal wirbt mit „Un hotelito eco-chic", gelegen oberhalb der Playa La Mermejita, hin auf abzweigendem Fußweg von der Calle del Rinconcito, ausgeschildert. Cabañas und Tipis in Öko-Bauweise mit Solarstrom, stille Tage und Nächte über einem menschenleerem Strand. Das Restaurant ist auch für ein Sunset-Dinner eine Empfehlung. 1050 Ps, www.elcopal.com.mx.

Es gibt dort hinten in der Gegend noch höherpreisige Alternativen: **Oceano Mar** (www.oceanomar.com), die **Casa Mermejita** (www.casamermejita) sowie die Edel-Cabañas **Celeste del Mar,** www.celestedelmar.com.

Essen & Trinken

Zahllose Möglichkeiten im Ort und am Strand. **Unterhaltung** mit Musik am Abend: *Luna Nueva,* Andador La Barrita.

La Ventanilla

Knapp 2 km von der Touristen-Info in Mazunte entfernt zweigt von der Mex 175 nach links eine Stichstraße ab (geradeaus geht es nach San Antonio zur Mex 200, 6 km). Man fährt einen Kilometer Richtung Meer, wo einige Fischerfamilien leben und wo sich sich das Informations-Zentrum der **Cooperativa Ecoturística La Ventanilla** befindet (www.laventanilla.com.mx, Cel. 045-958-1087288). Der Name „Fensterchen" leitet sich von einem Felsen im Meer mit einer fensterartigen Öffnung ab.

Im Centro kann man für 100 Peso p.P. eine Bootstour durch die weiter westlich gelegene Mangroven-Lagune buchen, Abfahrten von 8.30 Uhr bis 17 Uhr (je früher am Tag, desto erlebnisreicher). Dauer etwa anderthalb Stunden, max. 12 Personen. Die Einnahmen kommen direkt den Bewohnern von La Ventanilla und ihrer ökologischen Arbeit zugute. Dieses Öko-Projekt verhindert, dass als Einkommenserwerb weiterhin Seeschildkröten gefangen und getötet werden.

Zusammen mit einem Führer geht man zunächst etwa einen Kilometer an dem sehr langen und breiten Strand entlang und besteigt dann ein Boot, das der Guide durch die mit *manglares* bewachsenen Kanäle zu einer Insel paddelt (Mangroven-Exkurs s.S. 306). Zu sehen sind neben der interessanten Fauna der Süßwasserlagune zahllose Vogelarten, sich sonnende Iguanas und auch Krokodile. Danach wird angelandet und in einem Wald hoher Palmen können in Aufzuchtgehegen größere und kleinere *cocodrilos* bewundert werden. Erfrischung und Stärkung mit Getränken, Kokosnüssen und Tortillas frisch vom Feuer sind inklusive. Anschließend geht es wieder zurück, ein schönes Erlebnis.

Alle Infos und weitere zubuchbare Aktivitäten (Ausritte, Schildkröten bei der Eiablage beobachten oder frisch geschlüpfte ins Meer entlassen, Vogelbeobachtung) im Info-Zentrum. Übernachten ist in rustikalen Cabañas für 500 Peso möglich und es gibt ein typisches Fischer-Restaurant.

Huatulco

Ew. 20.000

✆ **01-958**

„Bahías de Huatulco" ist der Name für neun hübsche Buchten an Mexikos südlicher Pazifikküste und für ein Megaprojekt der mexikanischen Tourismusbehörde Fonatur. Es war das bislang ehrgeizigste Projekt des mexikanischen Masterplans fünf touristische Großzentren zu schaffen: Cancún, Ixtapa, Los Cabos, Loreto und Huatulco. 1988 öffneten in Huatulco die ersten Hotels, doch erst 2018 soll das Gesamtprojekt vollständig realisiert sein. Neu erbaut wurde dazu die Stadt **La Crucecita** und miteinbezogen der ehemalige Fischerort **Santa Cruz Huatulco** als Hafen. Die Mehrzahl der First-Class Hotelanlagen, *Condos* und All-Inclusive-Resorts – öde Hochhäuser und Betonburgen wurden vermieden – liegen an den drei Hauptbuchten **Santa Cruz, Chahué** und **Tangolunda,** weitere, auch kleinere Unterkünfte, an den Bahías *Conejos, El Órgano, Maguey, Cacaluta, Chachacual* und *San Agustín* (s. Karte). Letztere drei liegen entfernt von Santa Cruz bzw. isoliert am Saum des **Parque Nacional Huatulco** und sind nur über Pisten oder wie Chachacual nur per Boot zu erreichen. Einen Überblick über alle Buchten aus der Vogelperspektive zeigt eine Serie guter Luftaufnahmen auf www.tomzap.com.

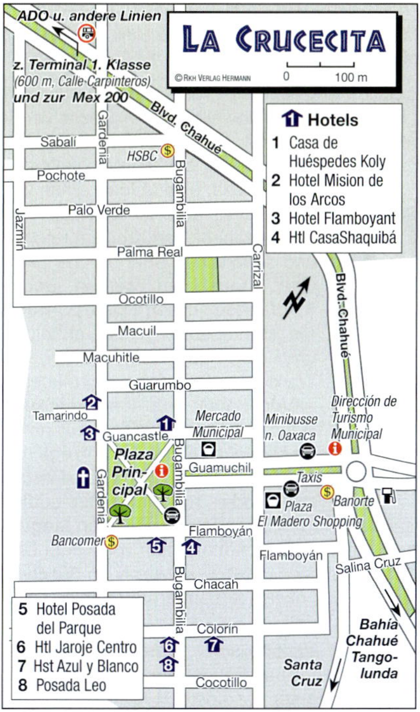

Huatulco war von Anfang an ein umstrittenes Projekt, weil zuvor große Landenteignungen und Zwangsumsiedlungen vorgenommen werden mussten. Doch der Bundesstaat

Oaxaca gehört zu den ärmsten Mexikos und mit dem Projekt sollten neue Arbeitsplätze und Devisenquellen entstehen.

Anfahrt La Crucecita bzw. Santa Cruz Huatulco liegt rund 50 km östlich von Pochutla. Von dort fahren ständig Busse und Colectivos nach La Crucecita – dabei von den vielen „Huatulcos" nicht verwirren lassen: *Santa María de Huatulco* ist eine Stadt 13 km nördlich der Mex 200 (also nicht in „S.M. Huatulco"-Busse einsteigen), außerdem fahren „Santa Cruz de Huatulco"-Busse nicht ganz bis zur Bucht von Santa Cruz, sondern nur bis La Crucecita zum ADO-Terminal am nördlichen Ortsrand.

Selbstfahrer Von der Mex 200 kann man 15 km vor La Crucecita an einer Kreuzung nach rechts ans Meer zur schönen Badebucht **San Agustín** abbiegen (13 km, gute Piste). Wer mit einem Colectivo anfährt und nach San Agustín möchte, steigt an der Kreuzung aus und nimmt eines der dort wartenden Taxis. Direkt am Strand gibt es zahlreiche Palapa-Comedores, gute Schnorchel- und einfache Übernachtungsmöglichkeiten. Unter der Woche herrscht meist kaum Betrieb.

Wenn man an der erwähnten Kreuzung nach links abbiegt, gelangt man zum oben erwähnten Santa María Huatulco (12 km). 6 km hinter dem Ort geht es nach rechts in Richtung Magdalena und nach 2,5 km befindet sich in Apangutito der **Jardín Botánico Hagia Sofia.** Die 130 ha große Öko-Anlage zieren zahllose tropische Frucht- und Farnbäume, buntblühende Sträucher und Blumenareale. Es gibt Pfade und Wege, ein reiches Vogel- und Schmetterlingsleben, Gewässer mit Bademöglichkeit und ein Restaurant. Empfehlenswert. Täglich geöffnet, Eintritt mit Führung ca. 450 Ps. Oder per Transport mit Essen von Santa Cruz aus, das Hagia Sofia-Büro ist in der Calle Mitla 402, Lokal 7, Tel. 5870871. Alle weitere Infos auf www.hagiasofia.mx.

Orientierung Huatulco ist eine sehr weitläufige Angelegenheit, wer alles erkunden will, mietet sich am besten ein Fahrzeug. Das langweilige La Crucecita wurde im Schachbrettraster angelegt und dient der Versorgung der Küstenresorts. Das benachbarte Santa Cruz de Huatulco besitzt gleichfalls eine kleine Plaza, eine Marina, einen weit ins Meer hinausreichenden Anleger für die zahlreichen Kreuzfahrtschiffe und den kleinen Strand *Playa Santa Cruz*. Angeboten werden Bootsrundfahrten zu den Huatulco-Buchten (mit späterer Wiederabholung) und man kann Schnorchel- und Wassersportausrüstungen mieten.

Von Santa Cruz lohnt die kurze Bootstour (oder per Taxi) zur nahen und schönen **Playa La Entrega** (gutes Schnorcheln, Palapa-Restaurants) oder zu den weiter südlich gelegenen und den gleichfalls attraktiven Stränden der Buchten **Maguey** (Restaurants) und **El Órgano.** Anschließend könnte man von Santa Cruz mit einem Colectivo (laufend Verkehr) oder per Taxi, vorbei an der *Bahía Chahué* mit seiner kleiner Marina, zur etwa 4 km entfernten *Bahía Tangolunda* fahren.

Bahía Tangolunda An der großen Tangolunda-Bucht (zapotekisch, „Platz, wo die Götter wohnen …") mit weißen und sonnenheißen Sandstränden befinden sich viele Hotelanlagen. Hier unterzukommen ist kostspielig, erschwinglich

Bahias de Huatulco
© RKH Verlag Hermann
0 1 km
5-Sterne-Hotels
1 Hotel Castillo Huatulco
2 Hotel Posada Eden Costa
3 Crown Pacific Hotel
4 Hotel Plaza Tangolunda
5 Hotel Plaza Huatulco
6 Barcelo Huatulco ok
7 Camino Real Zaashila
8 Agua Azul
zum Flughafen u. Pochutla
Salina Cruz
Blvd. Chachué
La Crucecita
s. andere Karte
Santa Cruz Huatulco
5 km z. Bahía Cacaluta
weiter entfernt sind Bahía Chachacual und Bahía San Agustín (s. kleine Karte)
Campo de Golf
Blvd. Tangolunda
Tangolunda
Blvd. B. Juárez
Conejos
zur Mex 200 / z. Playa La Bocana 1 km / z. Parque Copalita Arqueológico 1,5 km
Playa Conejos
Playa Magueyito
Bahía Conejos
Playa Punta Arena
Playa Tejoncito
Resicencial Conejos
Playa Picuda
Playa La Guerrilla
Isla La Montosa
Pl. Rincón Sabroso
Pl. Zicaru
Playa Tangolunda
Bahía Tangolunda
Playas Manzanillo Ventura Tornillo
Playa El Arrocito
Playa Consuelo
Playa El Tejón
Playa Esperanza
Marina Chahué
Bahía Chahué
Playa Chahué
Blvd. Santa Cruz
Blvd. Chachué
Super Ché
Marina St Cruz
Bahía Santa Cruz
Playa Yerbabuena
Playa La Entrega
Playa El Violín
Bahía El Órgano
Bahía Maguay
Salina Cruz
Barra de la Cruz
La Bocana
Bahía Conejos
Bahía Tangolunda
Santa Cruz Huatulco
La Crucecita
Río Copalita
Parque Copalita Arqueológico
Magdalena
Jardín Botanico Hagia Sofia
St. María Huatulco
Flughafen Huatulco
Crucero km 236
P.N. Huatulco
Bahía Cacaluta
Bahía Chachacual
Bahía San Agustín
Pluma Hidalgo
Oaxaca
MEX 175
MEX 200
Pochutla
Puerto Ángel
Zipolite
Puerto Escondido
0 10 km
P a z i f i k

aber im Rahmen eines günstigen Pauschalangebots inkl. Flug, das man z.B. in Mexiko-Stadt oder in Oaxaca buchen kann.

Den weiten Buchtbogen der **Bahía Conejos** hinter der Anlage *Residencial Conejos* zieren gleich drei hübsche Strände: *Tejoncito, Punta Arena* und *Conejos.* Hier ist es bereits ziemlich einsam. Nach der *Playa Magueyito* bildet der Strand von *La Bocana* den Abschluss der Buchtenkette.

Parque Eco Arqueológico Copalita Copalita, östlich von Tangolunda an der Straße zur Mex 200 im Deltabereich des Río Copalita gelegen (s. kleine Karte), ist eine archäologische Stätte aus dem 9.–10. Jh. Die Strukturen, Terrassen und Plattformen befinden sich in einem 87 ha großen Ökopark. Freigelegt und teils rekonstruiert wurden *Plaza Central Prehispánica, Juego de Pelota* (Ballspielplatz), *Cementerio* (Friedhof), *Pirámide Principal, Monumento 2, Edificio Principal Prehispánico* und *Conjunto Habitacional Prehispánico* 1 und 2. Es gibt ein Besucherzentrum mit einem *Museo de Sitio,* tägl. 8–17 Uhr, Eintritt. Video auf www.oaxaca-mio.com/huatulco/zonaarquelogica-copalita.htm

Adressen & Service La Crucecita u. Santa Cruz

Turismo Auf der Plaza Principal befindet sich ein Info-Kiosk. *Dirección de Turismo Municipal:* Ecke Blvd. Chahué/Guamuchil. Alles andere Reisewichtige, wie Internet, Geldautomaten, Geschäfte aller Art und Restaurants, findet man rund um die Plaza.
In Santa Cruz gibt es einen Info-Kiosk am Blvd. Santa Cruz gegenüber dem Mercado de Artesanías und in Tangolunda einen am Beginn der Hotelzone.

Websites www.huatulco.com.mx • www.todohuatulco.com • www.hoteleshuatulco.com.mx • www.hotelesdehuatulco.com.mx • www.oaxaca-mio.com/huatulco/. Über www.tomzap.com bekommt man beim Stichwort „Huatulco" jede Menge Infos zu allen Bereichen (auch Hotels etc.).

Lokalverkehr Es verkehren blau-weiße Stadtbusse und Colectivos. Taxistände gibt es an der Plaza Principal und am Einkaufszentrum Plaza el Madero (s. Stadtplan).

Unterkunft In La Crucecita gibt in den Straßen Gardenia, Carrizal und Bugambilia und in ihren dazwischenliegenden Querstraßen viele Unterkünfte von Budget bis Mittelklasse und sie häufen sich um die Placa Principal, so dass man sie mit wenigen Schritten selbst inspizieren kann. Die Seiten www.todohuatulco.com, www.hotelesdehuatulco.com.mx und www.oaxaca-mio.com/huatulco stellen zahllose vor. Lagen der Hotels auf www.hotelesdehuatulco.com.mx, auch jene, die sich an den Stränden befinden. Alle Preise saisonabhängig und nach Zimmerart.

um die Plaza **Hotel Flamboyant,** Plaza/Gardenia, www.hotelflamboyanthuatulco.com, Tel. 5870113. Großes Hotel mit allen Annehmlichkeiten, 70 attraktive Zimmer, Restaurant, Pool, Garten etc. DZ ab 2000 Ps, auch Suiten.
Nur wenige Schritte weiter:
Misión de los Arcos, Gardenia 902, www.misiondelosarcos.com, Tel. 5870165. Hotel mit Wohlfühl-Atmosphäre, Restaurant und Café. DZ-Preise saisonabhängig, ab 654 Ps. – Zwei einfache Optionen an der Plaza sind: **Casa de Huéspedes Koly,** Plaza-Nordseite, und die **Posada del Parque,** Flamboyán 301 (Südseite), Tel. 5871697.

südlich der Plaza **Hotel Casa Shaguiba,** Bugambilia 503, Tel. 5870390, www.shaguiba.com. Zentral an der Plaza-Ecke, 13 komfortable Zimmer (ein oberes wählen), Dachterrasse mit Ausblick, Shops, Restaurant. DZ 450 Ps.

Hotel Jaroje Centro, Bugambilia 304, www.hotelhuatulco.com.mx, Tel. 583-4801. 14 zufriedenstellende Zimmer, DZ ab 500 Ps.
Hostal Azul y Blanco, Colorín 114, Tel. 5872198, www.azulyblanco.com. Neuerbautes, sehr sauberes Hostel mit vielen Services wie WiFi, Gästeküche und einem interessanten Tourprogramm. 3 dormitorios, 2 DZ mit Privatbad, 1 Triple. Budget-Preise.
Posada Leo, Bugambilia 302, Tel. 5870372. Kleine Pension mit einfachen, aber ordentlichen Zimmern. DZ 400 Ps.

Chahué **Hotel Posada Edén Costa,** www.edencosta.com. Gute Mittelklasse, die Zimmer gruppieren sich um einen Pool, Restaurant. DZ 800–1700 Ps.

Santa Cruz **Hotel Castillo Huatulco,** Blvd. Santa Cruz 303, Tel. 5870144, www.hotelcastillohuatulco.com. Gute Mittelklasse, Pool, Rest. „La Capilla". Preise a.A.

Tangolunda Einige der dortigen exklusiven Hotels s. Karte „Bahías de Huatulco". Aktuelle Preise auf den Homepages der Hotels.

Wohnmobil / Campen An der Playa Tangolunda zwischen dem Hotel Quinta Real und dem Golfplatz befindet sich die *Playa pública,* dort ist ein großer, ausgeschilderter Trailerpark.
Oder: *Mango Trailer Park,* an der Straße nach Tangolunda. Ansonsten ist Campen nur erlaubt an den Buchten Chahué, Cacaluta und Conejos.

Bank / Geld In La Crucecita s. Signets im Stadtplan.

Mietwagen Auf dem Flughafen und in größeren Hotels. *Europcar,* www.europcar.com.mx, Tel. 5834751. – *Los Tres Reyes,* www.lostresreyes.com.mx., Tel. 1051376 (im Hotel Los Tulipanes).– *Auto-Car Rental Oaxaca,* Tel. 5810293, Blvd. Benito Juárez, Centro Comercial Las Conchas L-5, Bahía de Tangolunda, www.oaxacacarrental.com.mx.

An- und Weiterreise Die **Central de Autobuses** ist am Blvd. Chahué am nördlichen Ende der Calle Gardenia (s. Signet). Abfahrten 1.- u. 2.-Klasse-Busse der Linien ADO u. ADO GL (Luxus), OCC (1.-Klasse), AV, SUR u. ECOBUS zu vielen Nah- und Fernzielen. Linien, Ziele und Zeiten auf www.horariosytarifasdeautobuses.com.
Etwa 600 m weiter nordwestlich, in der Av. Carpinteros, befindet sich ein weiterer Terminal mit den Gesellschaften Estrella Blanca, Turistar (1.-Klasse), TRP (Transportes Rápidos de Pochutla) und AltaMar (1. Klasse).
Nach **Oaxaca** fährt man am besten mit einem der Minibusse von „Huatulco 2000" von der Calle Guamuchil östlich der Plaza Principal, gegenüber vom Shopping Centre Plaza Madero (s. Crucecita-Stadtplan), 8x täglich, über Pochutla. Oder mit einem OCC-Bus (8 h) über Salina Cruz.
Nach Acapulco (9 h) mit AltaMar. – Mexiko-Stadt mit Turistar und AltaMar über Acapulco (14 h), jeweils einer nachmittags; oder öfter mit OCC über Salina Cruz (15 h). – Puerto Escondido (2 h) und Pochutla vom ADO-Terminal, ständig. – San Cristóbal de las Casas (10–11 h): zwei OCC-Nachtbusse um 21 und 23.55 Uhr über Tuxtla Gutiérrez (s. Hinweis bei Pochutla S. 506). Nach Juchitán gleichfalls mit OCC.

Flug Huatulcos Internationaler Airport (HUX, Tel. 5819004, www.asur.com.mx) liegt 13 km westlich an der Mex 200 in Richtung Puerto Ángel. Nach La Crucecita und zu den Hauptbuchten fahren offizielle *Transporte Terrestre*-Minibusse. Man könnte auch an der Mex 200 (500 m Gehstrecke) ein Colectivo von TRP (Transportes Rápidos de Pochutla) nach La Crucecita oder Pochutla anhalten.

Die Billigfluglinie *VivaAerobus* (www.vivaaerobus.com) fliegt in der Saison täglich von/nach Mexiko-Stadt (1 h), desgleichen die Maschinen von *Aeromar* (www.aeromar.com.mx) und *Interjet,* www.interjet.com.mx.

Nach/von Oaxaca fliegt täglich *Aerotucán* (www.aerotucan.com.mx, Tel. 01-800-6404148). Eindrucksvoller, 45-minütiger Flug mit Cessnas über die Berge der Sierra Madre del Sur.

Huatulco – Salina Cruz

Hinter Huatulco windet sich die Mex 200 durch Küstenberge, geht nach gut 140 km auf Meereshöhe runter und erreicht dann **Salina Cruz.** Man kann schon von weitem die zahlreichen silbernen Kessel und Anlagen sehen. Salina Cruz ist eine wichtige Hafen- und Raffineriestadt am Golf von Tehuantepec. Von hier führt eine Öl-Pipeline nach Minatitlán an den Golf von Mexico. Mehr über den *Istmo de Tehuantepec* s.S. 439.

Durch die staubige, völlig unattraktive Stadt brausen ständig starke Winde. 17 km nördlich von Santa Cruz liegt die Verkehrsdrehscheibe **Tehuantepec** (s.S. 440) mit guten Busverbindungen nach Oaxaca-Stadt und ins Hochland von Chiapas. Von dort 25 Kilometer weiter ostwärts erreicht man das interessante **Juchitán** (s.S. 439).

Selbstfahrer: Etwa 20 km hinter Huatulco geht es von der Mex 200 nach links auf einem guten Schotterweg ab in die Berge nach *Sta. María Xadani,* Fz ca. 1,5 h. 8 km hinter dem Dorf liegt die Kaffeefinca *El Mamey,* eine dt. Gründung von 1935. Die Familie Mattern betreibt ein Gästehaus mit 5 Zimmern und bietet diverse Unternehmungen in die sehr schöne Umgebung an (mit einem Badefluss). Kaffeelese von Nov.–März. Vorabkontakt über www.tierraventura.com.

Salina Cruz – Tehuantepec – Tapachula – Guatemala

Etwa 110 km hinter Juchitán zweigt in Tapanatepec die Mex 200 nach Tapachula und Guatemala ab. Nach 45 km wird **Arriaga** erreicht, wo man auf der Mautstraße Mex 190D hinauf ins Hochland nach Tuxtla Gutiérrez und San Cristóbal de las Casas gelangt.

Über Tonalá verläuft die Mex 200 weiter Richtung Tapachula. Es ist eine endlose Geradeausausfahrt durch die grüne und heiße Küstenebene. Am Pazifik liegen einige ruhige Badeorte, wie z.B. **Puerto Arista** (dort ist *Joe's Campground & Cabañas* ein WoMo-Tipp, N15.93122 W9380103) oder **Puerto Madero** südlich von Tapachula (Hotel Victoria). Von **Mapastepec,** 116 km vor Tapachula, kann man auf abenteuerlichen Wegen – mit eigenem Wagen oder per rauher Lkw-Fahrt – über die Dörfer Tres de Mayo oder Lloma Bonita zur *Reserva de la Biósfera El Triunfo* gelangen (s.S. 438). Die Möglichkeit besteht auch von Acacoyagua aus.

In **Huixtla,** 55 km vor Tapachula, kann man auf der Gebirgsstrecke Mex 211 über Motozintla, Ciudad Cuauhtémoc (Grenzübergangsstelle nach Guatemala) und Comitán nach San Cristóbal de las Casas hochfahren. Die abwechslungsreiche Strecke führt in steilem Anstieg ins kühle Hochland.

Tapachula

Ew. 200.000

✆ 01-962

Mexikos letzte Großstadt, bevor man über Talismán bzw. Ciudad Hidalgo nach Guatemala ausreist, liegt in der schwülheißen Küstenebene am Fuße des über 4000 m hohen, erloschenen Vulkans *Tacaná* und ist das wirtschaftliche Zentrum der *Soconusco*-Kaffeeanbauregion. In dieser klimatisch-moderaten Zone zwischen 800 und 1500 Metern gründeten im 19. Jahrhundert Einwanderer aus Deutschland und der Schweiz Fincas zum Kaffeeanbau.

Tapachulas Stadtachsen sind in Süd-Nord-Richtung die *Central Sur/ Norte* und in West-Ost-Richtung die *Calle Poniente/Oriente.* Der langgestreckte Zócalo, der **Parque Central Miguel Hidalgo,** liegt zwischen der 3. und 7. Calle Poniente und der 6. und 8. Avenida Norte. Ihn im Lorbeerbäume, ein Springbrunnen und ein Musikpavillon (unter der Woche mehrmals Darbietungen). Seine Nordseite begrenzt der *Nuevo Palacio de Gobierno*, davor Statuen des Freiheitshelden Hidalgo und des Dominikaner-Mönchs *Matías de Córdova Tapachulteco.*

An der Westseite des Platzes, neben der *Iglesia San Agustín* von 1819 und dem *Monumento B. Juárez,* befindet sich im säulengeschmückten *Antiguo Palacio Municipal* von 1926 das **Museo Arqueológico del Soconusco.** Es zeigt u.a. 2000 Jahre alte Stelen, Artefakte und Keramiken aus **Izapa,** einer Stätte nordöstlich von Tapachula (s.u.). Prunkstück ist ein mit Türkisen überzogener Totenkopf (Di–So 9–18 Uhr, Eintritt). In dem Gebäude befindet sich auch die **Touristeninformation.** Eine motorisierte **Stadtbesichtigung** ist mit dem Turi-Bus „El Huacalero" möglich.

In den engen Straßen rings um den Parque gibt es dicht an dicht Geschäfte jeglicher Art, Restaurants und Unterkünfte. Die wuselige Marktstraße *Calle 5. Pte* beginnt gleich rechts der Iglesia San Agustín und führt abwärts zum Terminal der Colectivos.

Umgebungsziele

Kaffee Die Seite www.tapachula.gob.mx bietet eine „Ruta del Café". Sehenswert ist die Museums-Kaffeefinca *Hamburgo,* eine deutsche Gründung von 1888. Heute mit Cabañas, Restaurant, Pool, Spa, Canopy und Touren. Paketangebote inkl. Transport. Adresse: Carretera Nueva Alemania, km 54, www.fincahamburgo.com. Büro in Tapachula: Tel. 6267578. Es gibt auch noch die Fincas *Argovia* und *Irlanda.*

Archäologie Die archäologische Stätte **Izapa** wird von der Forschung auf die Zeitspanne von 200 vor bis 200 n.Chr. datiert. Damit ist sie eine der ältesten Stätten Mesoamerikas überhaupt. Sie befand sich im südlichen olmekischen Einflussbereich und wurde später von den Maya übernommen. Izapa ist in Gebäudegruppen unterteilt (für die *Grupo* F benötigt man etwa eine Stunde) und wartet mit diversen Strukturen, reliefierten Stelen, Altären und einem Ballspielplatz auf. Lage: 12 km außerhalb an der Straße nach Talismán. Di–So 10–18 Uhr, Eintritt. Anfahrt mit einem Colectivo vom Colectivo-Terminal in der Calle 5. Pte oder mit einem Bus Richtung Talismán.

Vulkan Die Besteigung des ehemaligen Vulkans **Tacaná** ist möglich. Komplettangebote mit Führer bietet z.B. www.adrenalinaextrema.com, Tel. 6250447.

Reserva El Triunfo Eine aufwendige Exkursion könnte man in die *Reserva de la Biósfera El Triunfo* unternehmen (s.S. 438). Buchung über Reiseagenturen.

Adressen und Service Tapachula

Turismo Büro im *Antiguo Palacio Municipal* (Museo Arqueológico del Soconusco), Parque Central Miguel Hidalgo, Tel. 6287725, Mo–Fr 8–19, Sa/So 9–14 Uhr. Von der Seite www.tapachula.gob.mx kann man ein umfangreiches Tapachula-Pdf mit allen touristisch relevanten Dingen runterladen. Reiseagentur-Adressen findet man gleichfalls dort.

Websites www.tapachula.gob.mx • www.turismochiapas.gob.mx/sectur/tapachula • u.a.

Unterkunft Einige Low-Budget-Unterkünfte liegen um das Colectivo-Terminal in und um die Calle 5. Pte. Weitere Hotels als hier aufgeführt findet man auf der Seite www.zonaturistica.com bei „Chiapas /Tapachula".

Hotel Plaza Guizar, 4. Av. Nte 27/Ecke 3. Pte, einen Block östl. vom Zócalo, Tel. 6261400. 5-stöckiges Eckgebäude, untere Mittelklasse, Aussicht von den oberen Zimmern, AC oder Vent. DZ ab 500 Ps. – In der gleichen Straße und im gleichen Straßenblock gibt es zwei weitere Hotels (die 4. Av. Nte südl. gehen):

Galerías Hotel y Arts, Tel. 6427590, www.galeriashotel.com.mx. Wie der Name sagt: Zimmer mit Kunst. DZ ab 600 Ps.

Hotel Fénix, 4. Av. Nte 19, Tel. 6289600, www.fenix.com.mx. 46 Zimmer unterschiedlicher Qualitäten und Ausstattung, familiäres Ambiente. DZ/AC ab

500 Ps, mit Vent. ab 280 Ps.

Casa Mexicana, Av. 8. Sur 19/Ecke 2. Calle Pte (350 m südl. des Zócalo), Tel. 6266605, www.casamexicanachiapas.com. Wunderbare Kolonialunterkunft mit Wohlfühl-Atmosphäre, kleinem Pool, Restaurant und historischer Einrichtung. Komfortable Zimmer, alle Services. DZ/F 1130 Ps.

Geld / Bank Scotiabank: Zócalo-Ostseite. HSBC: 1. Pte/Ecke 2. Av. Nte. Bancomer: 4. Av. Nte/Ecke Central Pte.

Migración **Instituto Nacional de Migración** (Touristenkarte): Vialidad 435, Fracc. Las Vegas, Tel. 6250559, 9–15 Uhr.

An- und Weiterreise

Bus

Hinweis: Tickets für alle Busgesellschaften bekommt man auch im Colectivo-Terminal in der Calle 5. Pte. beim Zócalo.

Der **1.-Klasse-Terminal** *Ómnibus Cristóbal Colón (OCC)/ADO* liegt an der 17. Ote (= Straße Mex 200)/Ecke 3 Av. Nte (7 Straßen nordöstl. vom Zócalo, zu Fuß etwa 1,2 km). Vor dem Terminal fahren Combis zu beiden guatemaltekischen Grenzübergängen (s.u.). Gleich nebenan: Hotel Santa Julia.

Fernziele: Bahías de Huatulco (5,5 h), Comitán (6 h), Mexiko-Stadt (18 h), Oaxaca (12 h), Palenque, Puerto Escondido (7 h), San Cristóbal de las Casas (8 h, über Motozintla/Ciudad Cuauhtémoc/Comitán) und Tuxtla Gutiérrez (6 h). Ziele u. Abfahrtszeiten auf www.horariosytarifasdeautobuses.com.

Busse 2. Klasse von *Rápidos del Sur* (RS), *Cristóbal Colón* und *ECOBUS* fahren ab von der Calle 9. Pte zw. 12. u. 14. Av. Nte (ca. 500 m nordwestl. vom Zócalo). Zu Umlandzielen und teils auch zu 1.-Klasse-Destinationen.

Nach Guatemala

Direkt nach Guatemala City (ca. 5,5 h) fahren vom 1.-Klasse-Terminal drei guatemaltekische Linien: *Trans Galgos Inter,* www.transgalgosinter.com.gt, Tel. 6262881, die *Línea Dorada,* www.lineadorada.info sowie *Tica Bus,* www.ticabus.

Es gibt zwei Grenzübergänge (s. Karte S. 421): **Talismán** (Grenzort in Guatemala: *El Carmen*), etwa 20 km nordöstlich von Tapachula, und **Ciudad Hidalgo** (Guatemala-Grenzort: *Ciudad Tecún Umán*), etwa 40 km südlich von Tapachula. Beide Übergänge haben 24 Stunden geöffnet. Zur Weiterreise mit Bussen ins Guatemala-Inland möglichst früh losfahren. An beiden Grenzen gibt es keine Bank, aber Geldwechsler (in El Carmen gibt es die *Banco de Quetzal* und auch einfache Hotels).

Anfahrt zur Grenze

1. Nach Talismán//El Carmen

Anfahrt mit einem Combi vom Colectivo-Terminal in der Calle 5. Pte oder vom OCC-Terminal, ständige Abfahrten. Nach der mexikanischen Ausreise geht es auf einer langen Brücke über den Río Suchiate zur Guatemala-Grenzstelle El Carmen. Von dort fahren ständig Busse nach Quetzaltenango, Guatemala City und zu anderen Zielen.

2. Nach Ciudad Hidalgo//Ciudad Tecún Umán

Anfahrt wieder mit einem Combi vom OCC-Terminal oder mit einem von *Autobuses Gral. Paulino Navarro* in der 7. Poniente No. 5 (genau zwischen der Central Nte und der 2. Av. Norte, ca. 350 m vom Zócalo); ständig.

Tipps zu Guatemala s.S. 377ff.

Flug Tapachulas Flughafen liegt in Richtung Madero, etwa 18 km südlich. *Aeromexio,* www.aeromexico.com, fliegt nach Mexiko-Stadt und auch zu anderen Destinationen.

Estado de Guerrero

Oaxacas westlicher Nachbarstaat Guerrero, in der Fläche etwas kleiner als Oaxaca, wurde nach *Vicente Guerrero* benannt. Der 1782 geborene Guerrero, ein Rebellenführer im mexikanischen Unabhängigkeitskrieg 1810–1821, wurde 1829 zum 2. Präsidenten Mexikos ernannt, jedoch kurze Zeit später als Verräter angeklagt und 1831 in Cuilapan (Oaxaca) exekutiert.

Guerrero besitzt eine sehr lange Küstenlinie, parallel dazu verläuft das zerklüftete Gebirge *Sierra Madre del Sur.* Die Region kam um 1450 unter aztekische Herrschaft, zwischen 1522 und 1532 wurde sie von den Spaniern erobert. Hauptstadt ist Chilpancingo, die größte Stadt ist die Pazifikmetropole **Acapulco**. Nicht weniger bekannt ist die alte Silber-, Kolonial- und Touristenstadt **Taxco.**

Guerrero ist geprägt von ländlicher, indigener Armut, gilt als „wilder", „dickköpfiger", „aufsässiger" Bundesstaat. Es sind mehrere kleine Guerillagruppen aktiv. Die Regierung versucht, den immer mal wieder aufflammenden Protesten und zahlreichen Morden, verübt von Verbrecherorganisationen wie „Guerreros Unidos", durch Militärkontrollen und -präsenz zu begegnen.

Acapulco

Ew. 1 Mio.

✆ **01-744**

Der Glanz von Mexikos berühmter Bade- und Partystadt Acapulco ist seit langem verblasst, das frühere exquisite Ferienparadies am Pazifik mutierte zu einem Sorgenkind des Landes. Dass der Mythos verging, Besucher, Feriengäste und Kreuzfahrtschiffe ausblieben, es kaum mehr Direktflüge aus den USA und Kanada gibt und der Bürgermeister 2012 die Stadt gar für „technisch bankrott" erklärte, lag daran, dass Acapulco sich immer mehr zum Schauplatz blutiger Machtkämpfe der mexikanischen Drogenkartelle entwickelt hatte, die sich hier eingenistet hatten. Morde waren an der Tagesordnung und niemand wollte mehr in die gewaltgebeutelte Stadt und in den Tourismus investieren. Bei einer Fahrt entlang der halbmondförmigen *Bahía Acapulco* auf der Küstenstraße Miguel Alemán (oder „La Costera") sieht man kaum bevölkerte Strände, dafür aber um so mehr „se vende"-Schilder. Der Blick auf die 12 km breite Bucht mit ihren goldgelben Sandstränden vor azurblauem Wasser, mit spektakulären Sonnenuntergängen und glitzernden Lichtern in der Nacht ist allerdings nach wie vor eine Attraktion, genauso wie die waghalsigen Quebrada-Klippenspringer. Mit neuen Maßnahmen, Geld aus der Hauptstadt und Kampagnen gegen die Gewalt soll nun Acapulcos ökonomisches Desaster gestoppt, die prekäre Sicherheitslage verbessert und das Vertrauen der ausländischen Touristen zurückgewonnen werden.

Umsichtiges Verhalten und Vorsicht waren in Acapulco angesichts der Langfinger und Abzocker schon immer angesagt. Zum Straßenbild gehören viele bewaffnete Sicherheitskräfte und militärische Straßenkontrollen. Die Touristenpolizei erkennt man an ihren weiß-hellblauen Uniformen. Ein großes Ärgernis sind die ständig verstopften Straßen.

Klima: In Acapulco ist es fast ständig heiß und sehr schwül, besonders zwischen Juni und November. In den Herbstmonaten kann außerdem schon mal ein Hurrikan die Stadt heimsuchen und für Verwüstungen sorgen.

Acapulco
0
1 km
© RKH VERLAG HERMANN
Coyuca
0 5 km
MEX 200
Bajos del Ejido
Laguna de Coyuca
Barra de Coyuca
Acapulco 12 km
Pie de la Cuesta
Pie de la Cuesta
Terminal Estrella Blanca 1. Klasse (Central Autobuses Ejido)
Calle 5
Zapata
Av. Ejido
Av. Constituyentes
Niños Heroes
Diaz del Castillo
Ruíz Cortines
Insurgentes
Estrella Blanca 1. Klasse (Terminal Papagayo)
Estrella de Oro 1. Klasse
Calle W. Massieu
Caminos
El Cano
Morín
H. Magallanes
Parque Papagayo
Terminal Estrella Blanca 2. Klasse
Cuauhtémoc
Super Soriana / Gigante
de Balboa
Flaggenmast
Ritz
Playa Hornitos
Playa Hornos
Playa Tamarindo
Playa Dominguillo
Costera Miguel Alemán
Calzada Pie de la Cuesta
MEX 200
La Mira
Escudero
Fuerte de San Diego
Isla Morro Chico
s. Karte »Acapulco Centro«
Quebrada
Zócalo
La Quebrada (Felsenspringer)
Bahía de A c
Playa La Angosta
Playa Manzanillo
Isla La Cobra
La Costera
Playa Larga
Pozo del Rey
Club de Yates
Isla Piedra del Elefante
Península de las Playas
Gran Via Tropical
Gran Via Tropical
Plaza de Toros
Mágico Mundo Marino
López Mateos
Playa Caletilla
Playa Caleta
Capilla Submarina
Playa La Roqueta
Isla La Roqueta

Pazifikküste

Bewegte Geschichte Historische Sehenswürdigkeiten wie die Städte des mexikanischen Hochlands bietet Acapulco so gut wie keine. Trotzdem hat die Stadt eine recht bewegte Vergangenheit. Den geschützten Naturhafen entdeckten die Spanier 1512 und machten ihn zum Ausgangsort für ihren pazifischen Expansionsdrang. Cortés kam 1535 hier her, nachdem er die Südspitze der Baja California mit seinem Schiff erkundet hatte. Von Acapulco stachen die spanischen *naos* (Galeonen) in Richtung Philippinen und Ostasien in See, und schwer mit Schätzen beladen gingen sie nach monatelanger Reise hier wieder vor Anker. Porzellan, Seide, Gewürze und anderes kostbares asiatisches Handelsgut wurde auf Eselsrücken gepackt, und ab ging's über Mexiko-Stadt und Puebla zum Atlantikhafen Veracruz. Dort warteten schon andere spanische Schiffe, um die Waren ins Mutterland zu schaffen. Auch die Goldschätze Perus nahmen ihren Weg über Acapulco. 1803 besuchte Alexander von Humboldt den Ort, doch seine Kommentare waren weniger gefällig. Ab 1946 begann dann die Entwicklung zu einer Bade- und Touristenstadt. Der ehemals kleine Hafen – 1950 hatte Acapulco nicht mehr als 50.000 Einwohner – verwandelte sich mit der Zeit zu einem exklusiven Tummelplatz der internationalen Schickeria, bis dann in den 2000er Jahren der langsame Abstieg begann.

Orientierung Aus der großen Bucht Acapulcos steigt das Terrain relativ schnell und steil an. Westlich liegt das alte Acapulco mit dem kleinen, aber immer belebten Zócalo, engen Straßen und krummen Gassen. Die Wohnviertel der ärmeren *acapulqueños* ziehen sich die Hänge und Hügel hinauf. Etwa in der Mitte der Acapulco-Bucht liegt der empfehlenswerte Badestrand *Playa Hornos,* und ab der *Playa Hornitos* beginnt die lange Kette der Hochhaus-Strandhotels mit Vergnügungszone, **„Acapulco Dorado"** genannt. Es folgen die Strände *Playa Condesa* und *Playa Icacos.* Danach steigt die Costera zum Vorort *Las Brisas* an, wird zur *Carretera Escénica* nach **Puerto Marqués** mit seinen Stränden und Fischlokalen. Den Abschluss bildet Acapulcos superteure Luxus-Hotelzone **„Acapulco Diamante"** mit den kilometerlangen Stränden *Diamante* und *Revolcadero.*

Am westlichen Buchtenende umrundet die Costera bzw. ihre Verlängerungsstraßen die *Península de las Playas,* passiert den Felsen der Klippenspringer *La Quebrada* und endet am Zócalo. Nach Westen aus der Stadt hinaus führt die *Calzada Pie de la Cuesta* (Mex 200), auf der man nach etwa 12 km den Strand von **Pie de la Cuesta** erreicht.

■ *Die große Bucht von Acapulco*

Herumkommen Weißblaue Käfer-Taxis gibt es in Massen. Den gesamten Küstenboulevard bzw. die Costera kann man mit den modernen gelben Acabussen oder alten Kisten abfahren, von der *Península de las Playas* über die *Base Naval Icacos* (Marinebasis) bis nach Puerto Marqués und zurück. Alle paar hundert Meter gibt es eine Haltestelle, z.B. gegenüber des Zócalo und *Sanborns.* Wesentlich schneller sind die Colectivos, die die Costera gleichfalls bis Puerto Marqués abfahren. Wer auf bequeme Art Acapulco kennenlernen will, kann bei einem Reisebüro eine Stadttour buchen.

Sehen und Erleben

Die Klippenspringer Die berühmten **La-Quebrada**-Klippenspringer sind wohl die bekannteste Attraktion Acapulcos. Vor ihrem gewagten Tauchsprung aus 25 bis 35 Metern Höhe verrichten die *clavadistas* ein Gebet zur Madonna, dann Konzentration und Abhechten … sekundenlanger Sturzflug entlang der scharfen Felsen und Abtauchen ins Wasser der engen Schlucht – atemberaubend!

Der Sprung in die Tiefe, links die Zuschauerplattform

Manche schlagen auch noch einen Salto. Ihren Absprung koordinieren die Clavadistas mit den heranflutenden Wellen, damit sich die Tauchtiefe erhöht, denn das Wasser ist an der Eintauchstelle nicht allzu tief. Das Sprungspektakel begann bereits 1934, heute sind die Clavadistas Profis und gewerkschaftlich organisiert. Vom Zócalo die Calle Quebrada zur Plaza La Quebrada hochgehen und möglichst vor Beginn da sein.

Die Sprungzeiten findet man am Eingang zur Aussichtsplattform. Gesprungen wird täglich um 12.45 Uhr, 19.30, 20.30, 21.30 und 22.30 Uhr. Eintritt 40 Ps. inkl. Getränk (kann nur oben hinter der Kasse eingelöst werden). Um 21.30 Uhr gibt es einen Sprung mit einem kleinen Lagerfeuer gegenüber, um 22.30 Uhr mit Fackeln. Zuschauen kann man außerdem bei einem teuren Drink vom Restaurant des danebenliegenden Hotels (plus zusätzlichem Eintritt).

Península de las Playas

Populär sind auf der Südseite der **Península de las Playas** die beiden kleinen Strände *Playa Caleta* und *Playa Caletilla.* Zwischen ihnen liegt **Mágico Mundo Marino,** ein Aquarium (Haie, Seelöwen, Schildkröten etc.) mit kleinem Wasserpark. Von beiden Stränden kann ein Bootsausflug zur vorgelagerten **Isla la Roqueta** unternommen werden (Tauch- und Schnorchelstrände, Wassersport, Spazierwege, kleiner Zoo, Restaurant). Es verkehren auch Glasbodenboote, die einen Blick auf die *Capilla Submarina* ermöglichen, eine ein paar Meter tief im Meer versenkte Guadalupe-Statue.

Fuerte de San Diego

Die etwa 700 m östlich vom Zócalo gelegene Festung wurde 1783 zum Schutz vor Piratenüberfällen anstelle eines Vorgängerbaus errichtet. Eindrucksvoll ist die perfekte 5-zackige Bauweise mit Bastionen. Im Unabhängigkeitskrieg Mexikos verschanzten sich hier Königstreue.

Das Fort beherbergt das sehenswerte **Museo Histórico de Acapulco.** In 12 Räumen wird die Geschichte der Stadt in den unterschiedlichen Jahrhunderten dokumentiert: Die Geschichte des Forts / Unabhängigkeitszeit / Handel mit dem Osten / Geschichte der Piraterie / Galeonen / Conquista u.a. mehr. Di–So 9–18 Uhr, Eintritt. Gratis ist die kühle Erholung von der Hitze und die Aussicht.

Jardín Botánico Pflanzen-, Blumen- und auch Tierfreunde werden in Acapulcos Botanischem Garten ihren Himmel finden. Er liegt auf dem Campus der Loyola del Pacífico-Universität am östlichen Buchtbogen, Av Heroico Colegio Military s/n. Ein Fußweg führt durch ein 6 ha großes tropisches Waldgebiet von 200 auf 400 m Höhe. Tägl. geöffnet, geringer Eintritt. Weitere Infos auf acapulcobotanico.org.

Schiffs- und Yachtfahrten Mehrere Veranstalter von Bootstouren bieten mehrstündige Fahrten über die Acapulco-Bay und rund um die Península de las Playas an. Beeindruckend ist bei einer Nachttour die Sicht auf die glitzernde Skyline der Stadt. Abgelegt wird meist vom Malecón beim Zócalo, Auskunft z.B. beim Acaray-Kiosk, Tel. 4823763, oder bei Fiesta Bonanza, Tel. 4831550 (beide s. Centro-Karte, Malecón).

Parque Papagayo Der Papagayo-Park (anderer Name: *Parque Ignacio M. Altamirano*) nördlich vom Hornos-Strand ist ein Kinder- und Familienpark mit kleinem Zoo, Rutschbahnen, Kino etc.

CICI, Casa de la Cultura Das *CICI* (Centro Internacional de Convivéncia Infantil) an der Playa Icacos ist gleichfalls ein Vergnügungs- und Wasserpark mit Pools, Wasserrutschen, Delphinshows usw. Infos auf www.cici.com.mx. Gleich in der Nähe liegt die **Casa de la Cultura,** ein kleines archäologisches Museum mit Galerien und Läden.

Centro de Convenciones Gleichfalls an der Playa Icacos liegt das Convention Center, auch *Centro Acapulco* genannt, ein großer Unterhaltungs- und Kongresskomplex mit Theater, Kinos, Shows etc. Dort kann man z.B. an bestimmten Tagen die *Voladores* sehen, „fliegende Menschen“, die kopfunter von einem hohen Mast zur Erde kreisen (mehr darüber S. 701, Foto s.S. 102).

Pie de la Cuesta

Etwa 12 km nordwestlich von Acapulco liegt am Beginn einer langgezogenen Landzunge, zwischen der *Laguna de Coyuca* und dem Meer, der kleine Küstenort Pie de la Cuesta. Am palmenbestandenen Sandstrand und am Lagunenufer gibt es etwa zwei Dutzend preiswerte kleine Hotels, Cabañas, Casas de Huéspedes und auch Trailerparks (die Seite www.vayma.com.mx zeigt ein Luftbild von Pie de la Cuesta). Von hier kann Acapulco in Tagesausflügen besucht werden. Die Versorgung ist gut und das Farbenspiel der Sonnenuntergänge traumhaft. Nachteilig ist die lebensgefährliche Brandung.

Zur **Anfahrt** aus Acapulco von der Costera gegenüber dem Palacio Federal einen „Pie de la Cuesta – **Playa Luces“**-Bus nehmen (Busse ohne „Playa Luces“-Zusatz fahren nicht die ganze Strandstraße entlang). Es verkehren auch Colectivos oder man nimmt ein Taxi.

Die etwa 14 km lange **Haupt- und Strandstraße** „Fuerza Aréa Mexicana“ beginnt am Straßenportalbogen „Bienvenidos“ am Abzweig von der Mex 200. An ihr reihen sich links und rechts auf knapp 2 km Geschäfte, Restaurants und Unterkünfte, alles ist schmuck gehalten und durch nette Hinweisschilder leicht zu finden.

Angeboten werden diverse Freizeitaktivitäten und Wassersportmöglichkeiten und man kann in der großen Süßwasserlagune Bootsausflüge durch das Naturschutzgebiet mit tropischer Fauna und Flora unternehmen, bis rauf zum 18 km entfernten *Barra de Coyuca* (Tipp dazu: keine der normalen Ausflugsfahrten buchen, sondern lieber eine Pivattour organisieren, so lässt sich die Mangroven- und Tierwelt intensiver kennenlernen).

Etwa 500 m nach dem Portalbogen, noch vor dem Lagunenbeginn rechts, konzentrieren sich Restaurants und man gelangt auf Stichwegen zu den

Strandunterkünften, z.B. zu den benachbarten Hotels **Villa Nirvana, Villa Roxana** oder **Yopes.**

Danach beginnt rechts die Lagune mit *Embarcaciones* für Bootstouren. Etwa 700 m weiterer befinden sich links und rechts der Straße die zwei empfehlenswerten Restaurants „Tres Marías". Keine 100 m weiter liegt links das gute Beachhotel **Vayma** (s.u.) und dahinter am Meer der „Trailer Park Acapulco" (Schattenplätze unter Palmen, Full hook-up, Pool).

Die Straße macht einen Knick nach rechts, führt am Militärflughafen vorbei und erreicht nach ca. 4 km die **Playa Luces.** Gleich zu Beginn links ein weiterer RV-Platz (wenig Schatten, großer Pool). Hier gibt es weit weniger Unterkünfte als am Beginn der Straße. 8 km ab dem Portalbogen bzw. hinter dem Straßensiedlung *Luces en el Mar* (Busstopp) liegt rechts die **Quinta Erika,** ein 1,2 ha großer Landsitz an der Lagune mit Pool und vielen Palmen. Deutsches Management, 6 Zimmer und Bungalows, Aktivitätenprogramm, Motorboot-, Segel- und Acapulco-Touren. Alle Infos auf www.quintaerika.com. DZ 55 US$.

Restaurants Viele entlang der Straße und am Beach, vor allem *cocina económica* und Seafood-Restaurants.

Unterkünfte **Hotel Villa Nirvana,** 550 m hinterm Portalbogen, www.lavillanirvana.com, Tel. 4601631. 21 Zimmer rahmen eine Gartenanlage mit großem Pool ein, direkter Strandzugang mit einer Palapa. Restaurant, Wifi. Pamela und Daniel aus den USA sind freundliche, hilfsbereite Gastgeber. Zimmer je nach Ausstattung und Saison 400–900 Ps (Zimmer No. 9 im Obergeschoss ist mit Ozeanblick, Hängematte und viel Ruhe ein Traum!).

Zuschrift: „Das **Hotel Yopes,** das bei der Villa Nirvana direkt am Strand liegt, ist unser absoluter Tipp! Familiär und supernett von zwei Schwestern betrieben, leckerstes Essen im Restaurant, sehr gutes PLV, um 500 Ps ab 3 Nächte für ein großes, sauberes DZ; essen wann und wo man will (Strand/Terrasse), hervorragende Fischgerichte, ein traumhafter Ort ..."

Villa Roxana: „Die Zimmer sind einfach hergerichtet, aber sehr sauber, es gibt Hängematten und zum Strand sind es keine 2 Minuten. Die Eigentümerin Roxana ist hilfsbereit und freundlich (engl.-spr.) und bereitet auf Wunsch auch ein herzhaftes, preisgünstiges Frühstück zu. Ein Zimmer – mit bis zu vier Betten – kostet ab 300 Ps, abhängig von Größe und Lage. Außerdem ein netter tropischer Garten und Pool". Tel. 01-744-4603252.

„Der **Parador de los Reyes** zwischen Hotel *Puesta del Sol* und Restaurant *El Zanate* ist wohl das günstigste Hotel in Pie de la Cuesta, nur ca. 300 Ps p.P. Große, saubere und komfortable Zimmer, bequeme Betten, Ventilator, warme Duschen, kleiner Pool. Langzeitgäste bekommen Nachlass. Die Señora bereitet auch ein preiswertes, ausgezeichnetes Frühstück zu (auch wer seinen Bettenplatz woanders hat)".

„Noch billiger kommt eine Hängematte, Vermietung z.B. vom *Restaurante Ukae Kim.* Ziemlich am Ortsende und direkt an der Lagune ist **Quinta Dora:** ruhiger kleiner Sandstrand, herrliches Baden, Palmenschatten, sehr schön".

Vayma Resort Beach Club, Av. Base Aérea Militar 378, Tel. 4602882, www.vayma.com.mx. Für Genuss-Reisende, alle Annehmlichkeiten, 25 Suiten. DZ ab 1100 Ps. – Für neue Erfahrungsberichte sind wir dankbar.

Adressen & Service Acapulco

Turismo Info-Kioske s. i-Signets in den Karten. – *Secretaría de Turismo Municipal,* Hornitos 7 (beim Fuerte de San Diego), Tel. 4407010-4767. – *SEFOTUR,* Secretaría de Fomento Turístico (für den Staat Guerrero), Costera 3221, Fracc. Costa Azul, Tel. 744435-1980. – **Touristenpolizei** Tel. 4407024

Websites www.allaboutacapulco.com • www.acapulco.com • www.sectur.gob.mx (Link Acapulco) • www.novedadesacapulco.mx • www.visitmexico.com • u.a.

Unterkunft

Acapulcos Zimmerangebot schlägt alle Rekorde. Die Preise variieren nach Saison, sind aber wegen der Tourismuskrise oft verhandelbar. Urlaubsschnäppchen lassen sich im Internet finden. Überblicke über das breite Angebot finden sich z.B. auf den Seiten www.vivatravelguides.com • www.zonaturistica.com • www.travelpod.com u.a. Hostels findet man über www.hostelz.com/hostels/Mexico/Acapulco. Auch Google listet viele Hotels und gleich mit Verortung. Wenn man mit dem Bus in Acapulco ankommt, kann man sich auch in den Busterminals informieren. **Hochsaison** ist in Acapulco von Dezember bis April mit Spitzen um Weihnachten, Neujahr und Ostern.

Budget-Unterkünfte konzentrieren sich um den Zócalo und um die Straße La Quebrada, Mittelklasse findet man auf der **Península de las Playas.** Inflationär ist das Zimmerangebot in „Acapulco Dorado" entlang des Buchtbogens, an dem sich Gehobenes und die Luxuskategorie verdichtet, insbesondere am Strand von Icacos. Es gibt auch die Option außerhalb von Acapulco, an der *Playa Pie de la Cuesta* (s.o.).

Altstadtbereich

Hotel Real del Centro, Madero 7 B (ca. 50 m hinter der Zócalo-Kirche). Zentraler geht's nimmer, 23 Zimmer. DZ/AC ca. 500 Ps.

Hotel Misión, Felipe Valle 12, nahe Zócalo, Tel. 4823643. Koloniales Ambiente, familiär, Patio, sauber und relativ ruhig. DZ/AC ca. 600 Ps.

Hotel Angelita, La Quebrada 37, Tel. 4835734. Nach einer Zuschrift sympathisch und ein Travellertreff. DZ/AC ca. 450 Ps. – Ein wenig weiter die Straße hoch liegt gleichfalls auf der linken Seite das

Hotel Asturias, La Quebrada 45, Tel. 4836548. Mit Patio und kleinem Pool, vergleichsweise ruhig, freundlich. DZ/AC ca. 450 Ps .– Gleich in der Nähe:

Hotel La Torre Eiffel, Pinzona 110, Tel. 4821683, mit kleinem Pool und Meerblick. DZ 300–500 Ps. – Vom „Eiffelturm" ist es nicht weit zum

Hotel Etel Suites, Cerro da la Pinzona 92, Tel. 4822240, www.etelsuites.com. Familiäres, sechsstöckiges Hotel in Aussichtslage, etwas altmodische, aber saubere Zimmer mit Balkon. Garten, Pool, gratis Internet, Apartments mit Küche. DZ/AC ab 600 Ps. **TIPP!**

Península de las Playas

Hotel Alba Suites, Peninsula de las Playa, Gran Vía Tropical 35, Península de las Playas, www.albasuites.com.mx. Hochragendes 4-Sterne-Hotel mit Blick auf den Yachthafen, 5 Pools und Wasserrutsche den Hang hinab, 250 Zimmer mit weiter Aussicht, gutes Restaurant. DZ ab 800 Ps.

Hotel Boca Chica, Playa Caletilla, Tel. 44827880, www.hotel-bocachica.com. Elegantes Design-Hotel mit allem Komfort aus edlen Materialien direkt am Meer, Pool, Palapa-Restaurant, Spa u.v.m. DZ online gebucht ca. 100 €.

An der Costera

One Acapulco Costera Hotel, Costera Miguel Alemán 16, Tel. 4350470, über www.onehotels.com. Hochhausklotz mit 126 günstigen Zimmern bei der Playa Icacos, neu, modern und komfortabel, in Gehweite viele Restaurants, Bars und Nachtleben. WiFi, Indoor Parking, Roof-Pool u.v.a. mehr. DZ ab 65 US$/ca. 850 Ps.

Acapulco Park Hotel, C. Miguel Alemán 127, www.parkhotel-acapulco.com, Tel. 4855992. 88 Zimmer auf nur zwei Stockwerken, große Anlage mit tropischem Garten, etwa 100 m zum Strand, familienfreundlich, Pool, Tennis, Innenparken, Einkaufszentrum etc. DZ ab 900 Ps.

Wohnmobil / Campen

Am Strand von Pie de la Cuesta (s.o) gibt es ein paar Trailer Parks. Im Stadtzentrum: *Playa Suave Trailer Park,* Vasco Nuñez de Balboa (zw. Diego Huarto de Mendoza u. F. de Ulloa, ca. 600 m östl. vom Fuerte de San Diego), ein befestigter Platz mit allem. Weitere in Punta Diamante (Trailer Park Diamante) und an der Straße von Puerto Marqués nach La Sabana (Trailer Park El Coloso).

Essen & Trinken

Acapulco besitzt unzählige Restaurants für jeden Geschmack und Geldbeutel, in den Kneipen ist den ganzen Tag „happy hour" – *hora feliz* – angesagt. Einfach und preiswert ist es rund um den Zócalo, insbesonders in der Calle Juárez. Abends sind Fischkneipen mit Fangfrischem immer eine gute Idee, z.B. bei *Amigo Miguel,* Ecke Azueta/Juárez. Bayerische Kost bei *Die Bratwurst,* Azueta 10/Ecke La Paz, hier kommen Bratwürstl mit Senf und Sauerkraut und anderes Herzhaftes auf den Tisch. König Ludwig II. an der Wand überwacht die Tischmanieren (So/Mo geschl.) *Sanborns* beim Zócalo hat eine reiche Auswahl an guten mexikanischen und internationalen Gerichten.

An der Playa Hornos laden eine Menge Palapa-Restaurants ein und je mehr man sich „Acapulco Dorado" nähert, desto US-amerikanischer werden Angebote und Preise. Vegetarier, Salate-, Saft- und Joghurtliebhaber sollten die zahlreichen Kettenrestaurants von „100% Natural" aufsuchen.

Unterhaltung

Die unzähligen Discos und Techno-Tempel, Rockpaläste und die Hotel-Nightclubs sind allnächtlich geöffnet, doch selten ist vor 23 Uhr Einlass. Gern besucht seit Jahren: *Baby'O* (Ecke Costera/Nelson), *Hard Rock Cafe* (La Costera 37) und *Planet Hollywood,* alle rund ums CICI, wo es noch weitere Schuppen gibt. Die großen Hotels bieten meist einmal in der Woche eine Show. Dann gibt es noch das *Acapulco Ballet Folklórico,* Vorführung in der Plaza des Centro Acapulco. Neuigkeiten auf www.novedadesacapulco.mx.

Feste: Karneval-Dienstag, 19. März, Karwoche (Semana Santa), 15. Mai (Festivales de Acapulco, eine Woche), 25. Juni, 28. September, 12. Dezember.

Sonstiges

Banken (s. einige $-Signets) wie auch Casas de Cambio und **Internet-Cafés** gibt es viele. Die **Post** ist im Palacio Federal an der Costera, davor ist das Warenhaus **Sanborns,** das alles mögliche führt. Supermärkte – *Super Soriana, Gigante, OXXO, Chedraui, MEGA* findet man in der ganzen Stadt. Lage des *Mercado de Artesanías* s. Stadtplan „Acapulco Centro".

Notfall

Notruf: Tel. 060, kostenlos. – **Touristenpolizei** Tel. 4407024.– Allgemeiner Notfall: LOCATEL, Tel. 4811100. – **Hospital Magallanes,** Tel. 4690270, Wilfrido Massieu 2, http://minisitios.seccionamarilla.com.mx/hospitalmagallanes/ (Ostseite vom Parque Papagayo, Privatklinik).

An- und Weiterreise

Bus

Acapulco hat **zwei 1.-Klasse-Terminals,** und zwar von den Gesellschaften *Estrella de Oro* und von *Estrella Blanca* (alle Lagen s. große Acapulco-Karte). Ziele und Abfahrtzeiten auf den Homepages der Gesellschaften.

Estrella de Oro (EDO): Terminal in der Cuauhtémoc 1490, nahe Ecke W. Massieu, Tel. 4858705, mit Geldautomaten, www.estrelladeoro.com.mx.

Estrella Blanca (EB), *Central Autobuses Ejido,* Av. Ejido 47, www.estrellablanca.com.mx (Futura). Außerdem hat Estrella Blanca noch einen zweiten 1.-Klasse-Terminal, und zwar an der Nordseite des Parque Papagayo („Central Papagayo", Linien TuriStar, Futura) in der Cuauhtémoc 1605, nicht weit vom EDO-Terminal.

Der Terminal **2. Klasse** von Estrella Blanca ist in der Cuauhtémoc 97 (nur für Nahziele). Estrella Blanca hat in der Stadt div. Ticket-Verkaufsstellen, z.B. beim Zócalo (s. Stadtplan). Zum Terminal Estrella Blanca mit Ejido-Bussen, gegenüber Sanborns an der Costera, zum Terminal Estrella de Oro mit „Cine Río – La-Base"-Bussen, Haltestelle gleichfalls bei Sanborns.

Hauptziele: **Cuernavaca** (4–5 h, je nach Bustyp): EDO und EB (vom Central Papagayo), ca. alle Stunde. – **Mexiko-Stadt,** zum Terminal Sur (Tasqueña, 5 h): sehr häufige Abfahrten von EDO und EB (vom Central Papagayo und v. Central Ejido); Verbindungen auch nach Mexiko-Stadt Norte (TAN, 6 h) mit EB/Papagayo. – **Puerto Escondido:** ca. anderthalbstündlich (7–8 h) mit EB/Central Papagayo. – **Taxco** (4–5 h, je nach Bustyp), ca. zweieinhalbstündlich mit EDO. – Weitere Ziele: Guadalajara, Huatulco, Pochutla (für Puerto Ángel), Puerto Vallarta, Zihuatanejo u.a.

Flug

Flughafen: Acapulcos internationaler Flughafen liegt 25 km östlich des Zentrums hinter Puerto Marqués bzw. „Acapulco Diamante". Viele Flüge nach Mexiko-Stadt, zu anderen mex. Städten fast nur über Mexiko-Stadt. In die Stadt mit *Transportación de Pasajeros* zum Einheitspreis. Preise regulärer Taxis basieren auf einem Zonensystem. Zum Airport mit einem Airport-Transportunternehmen, z.B. mit *Móvil Aca,* ein Tag Voranmeldung, Tel. 4621095.

Airlines: Aeroméxico, www.aeromexico.com mit Tochtergesellschaft **Aeromar** (www.aeromar.com.mx). Billigfluglinien: **Interjet,** www.interjet.com.mx (Mexiko-Stadt und Toluca), **VivaAerobus** (www.vivaaerobus.com, Monterrey) und **Volaris** (www.volaris.com, Tijuana)

Von Acapulco nach Norden

Von Acapulco sind es entlang der „Costa Grande" bis nach Zihuatanejo/Ixtapa 245 km. Weiter nördlich folgen die Küstenstädte Lázaro Cárdenas – Playa Azul – Tecomán – Manzanillo – Barra de Navidad/Melaque – Puerto Vallarta – San Blas – Mazatlán und Los Mochis.

Ins Hochland: Taxco

Ew. 75.000

✆ 01-762

Taxco (sprich: Tassko) de Alarcón liegt auf 1800 m Höhe und rund 180 km von Mexiko-Stadt entfernt. Die barocke „Silberstadt" am Abhang der El-Atache-Berge ist eine der schönsten Städte des Landes, eine koloniale Schatzkiste, sozusagen das mexikanische „Rothenburg" mit gleichfalls ständiger Touristenschwemme. Die Stadt steht komplett unter Denkmalschutz. Die ziegelgedeckten historischen Häuser mit ihren Holztüren und blumengeschmückten Balkonen, das Labyrinth der steilen und wirklich engen, kopfsteingepflasterten Sträßchen und Gässchen, die zahllosen Plätzchen, Treppen und Winkel versetzen den Besucher zurück in vergangene Zeiten. Stadtwahrzeichen sind die Türme der Kirche **Santa Prisca** an der Plaza Borda. Sollte man sich in dem Gassengewirr mal verlaufen, sind diese Türme immer ein gut sichtbarer Wegweiser.

■ *Taxco, hingeklebt an den Hang. Darüber die Christusstatue*

Die malerische Atmosphäre leidet jedoch stark unter dem Verkehr (viele VW-Käfer und -Busse) mit Lärm und Abgasen, teuren Hotels und epidemischer Touristenplage (insbesondere an Wochenenden), weil Taxco zum Standardprogramm vieler nationaler und internationaler Reiseveranstalter gehört. Hier wird das Geld fast nur noch mit Tourismus und dem Verkauf von Silberwaren verdient. Silberminen sind aber keine mehr in Betrieb, das Edelmetall wird aus anderen Bundesstaaten eingeführt.

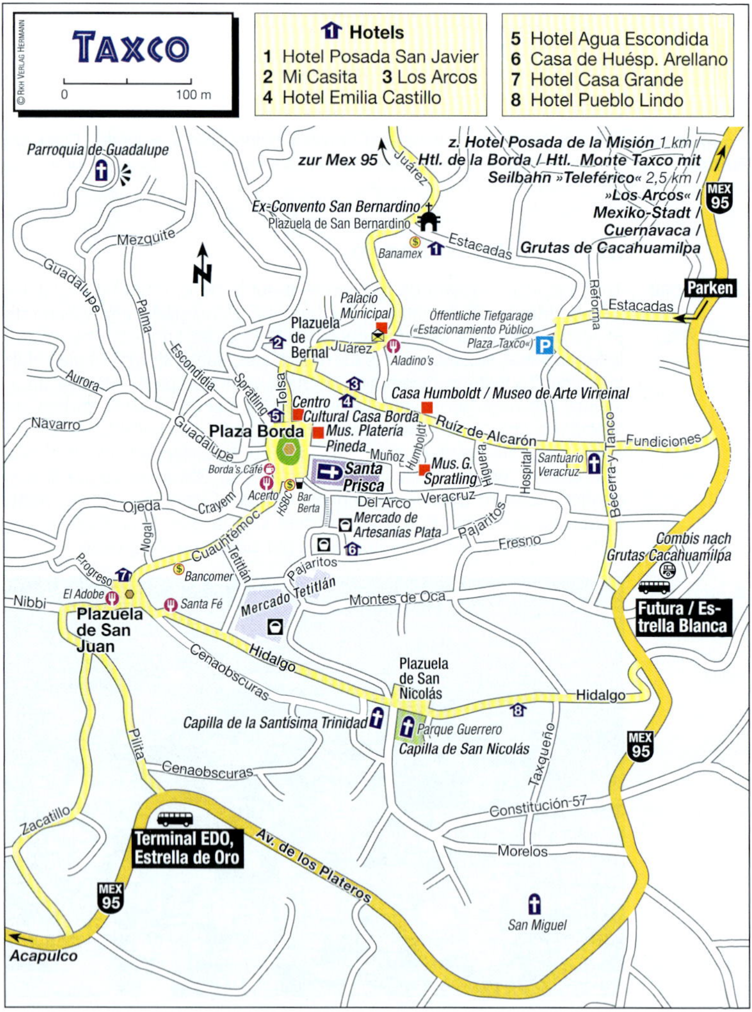

Silber-Geschichte Silberabbau war in Taxco schon in prähispanischer Zeit üblich. Die Spanier, die die Stadt 1529 neu gründeten, beuteten die reichen Vorkommen – es waren die ersten spanischen Silberminen in Mexiko überhaupt –, bis zu deren Erschöpfung gegen Ende des 17. Jahrhunderts aus. 1743 entdeckte **José de la Borda** durch Zufall eine weitere Silberader und nun begann der Rausch aufs Neue. Borda stieg zum reichen „Silberbaron" auf, mit seinem Geld ließ er die Santa-Prisca-Kirche und viele prachtvolle Häuser bauen, finanzierte auch den Borda-Garten in Cuernavaca.

Als die Minen nichts mehr hergaben, ging es wieder abwärts mit Taxco. Da tauchte 1930 der US-Amerikaner **William Spratling** (1900–1967) in Taxco auf. Er hatte die Idee, wieder an die alte lokale Silberschmiedekunst anzuknüpfen. Zusammen mit dem beginnenden Tourismus löste dies einen neuen Boom aus, der bis heute anhält. Es gibt in Taxco weit über hundert Silbergeschäfte *(platerías)* und Werkstätten, in denen Silberschmuck – in mehr oder weniger geschmackvollem Design – von den zahllosen *plateros* (Silberschmieden) hergestellt wird.

Orientierung Die Mex 95, genannt *Avenida de los Plateros,* umfährt die Stadt östlich. Von Süden her kann man auf der engen Calle Zacatillo zur *Plazuela de San Juan* einfahren, aus dem Zentrum führt die Pilita zum Busterminal von Estrella de Oro an der Mex 95.

Zwischen der *Plazuela de San Juan* und der **Plaza Borda** (Zócalo) verläuft die *Cuauhtémoc,* die nördlich danach zur *Juárez* wird. Links und rechts der Cuauhtémoc bzw. Juárez führen Gassen und kleine Stichstraßen die Hänge hinauf und hinab. So gut wie alle Straßen sind Einbahnstraßen.

Am besten schaut man sich Taxco zu Fuß an, man kann aber auch Taxis und weiße VW-Bussen (Combis) nehmen. Jene mit der Aufschrift „Zócalo" fahren zur Plaza Borda. Außerdem gibt es die kommerzielle *TURITUR*-Bustour, Infos Tel. 51411360, Nebenstelle 2000 oder über www.turibus.com.mx/turitaxco.html.

Sehenswertes

Sehenswert ist die ganze Stadt, einfach treiben lassen. Nachfolgender Fußweg beginnt im Süden bei der Plazuela de San Juan und führt über die Plaza Borda Richtung Norden.

Plazuela de San Juan Steil steigt das enge Sträßchen an und öffnet sich dann zur Plaza San Juan, die ein achteckiger Brunnen schmückt. Vom El Adobe-Restaurant gleich links kann man die Szenerie überblicken. Links hinten führt die Cuauhtémoc weiter zur Plaza Borda. Rechter Hand geht es über die Hidalgo zum Marktbereich zwischen und in den Gassen Tetitlán, Montes de Oca und Pajaritos. Die Hidalgo geradeaus gelangt man zur *Plazuela de San Nicolas* mit der *Capilla de Santísima Trinidad.*

Plaza Borda (Zócalo) Auf dem kleinen, aber trotzdem wichtigsten Platz Taxcos stehen einige Lorbeerbäume und es säumen ihn Restaurants, Souvenirläden, Cafés und *Platerías*. Hauptattraktion ist natürlich die alles beherrschende Kathedrale.

Kirche San Sebastián y Santa Prisca Das von 1751 bis 1758 im Auftrag und mit dem Geld des Silbermagnaten José de la Borda aus leicht rötlichem Sandstein erbaute prachtvolle Gotteshaus ist ein Meisterwerk kolonialer Kirchenbaukunst und ein Musterbeispiel des churrigueresken Stils. Die achteckige Kuppel ist mit farbigglasierten Puebla-Kacheln gedeckt. Die durchbrochenen Glockentürme sind 48 m hoch und ihre Spitzen sind mit Säulen und Skulpturen reich verziert. Die glatten unteren Quaderwände mit Rundfenstern sind der ruhige Gegenpol zur üppigen Ornamentik der Retablo-Fassade. Über dem schönen Holzportal mit zwei Aposteln rechts und links ist oben im großen Medaillon die Taufe Christi dargestellt, flankiert mit den Statuen von San Sebastián und der Namenspatronin *Santa Prisca* zwischen salomonischen Säulen. Beiden Märtyrern ist die Kirche geweiht. Maria und zwei Heilige bilden den Statutenschmuck der Uhr darüber.

■ *Kirche Santa Prisca*

Das Innere ist mit zwölf geschnitzten, goldüberzogenen Altären und mächtigen, reichgeschmückten Barock-Retabeln längs des Hauptschiffes verschwenderisch ausgestattet. Die Gemälde, auch die in der Sakristei hinter dem Altar, sind fast alle Werke des berühmten zapotekischen Malers *Miguel Cabrera.* Sie zeigen über ein Dutzend Szenen aus dem Leben der Jungfrau Maria. Im Bogenfeld über dem Eingang zur *Capilla de los Indios* malte Cabrera das Martyrium der Santa Prisca (man hatte sie einst Löwen zum Fraß vorgeworfen). Der heilige Sebastián ist auf der anderen Seite über dem Nebeneingang dargestellt. Die Pracht der Kirche findet ihren Höhepunkt im vergoldeten Hauptaltar in hochchurrigueреskem Stil: unzählige Heilige, Päpste, Apostel, Engel, Putten, Blattwerk, Muscheln, Bänder und florale Motive umringen das Bild der „Unbefleckten Empfängnis". Ähnlich aufgebaut sind die beiden nächsten Seitenaltäre. Die Kirchenführer wissen einige interessante Besonderheiten mehr.

Centro Cultural / Museo de la Platería

An der Nordseite des Platzes befindet sich die **Casa Borda,** das ehemalige und sehenswerte Wohnhaus des Silberkönigs, 1759 vom Architekten der Santa Prisca-Kirche erbaut. Heute ist es das **Centro Cultural Taxco** mit Ausstellungsräumen, Buchladen und Bibliothek. Manchmal Veranstaltungen. Di–So 10–18 Uhr, Eintritt frei.

Schräg gegenüber dokumentiert das kleine **Museo de la Platería Antonio Pineda** die Silbergeschichte Taxcos. Neben vielen Silbergegenständen sind auch Halbedelsteine und künstlerische Arbeiten aus den Werkstätten Spratlings zu sehen.

Museo Guillermo Spratling

Geht man links an der Kirche vorbei durch die Calle Muñoz, gelangt man in der Calle Delgado 1 zum sehenswerten Museo Guillermo Spratling. Die Privatsammlung William Spratlings zeigt hervorragende prähispanische Objekte diverser Epochen und Kulturen Mexikos, Artefakte, Schmuck, Keramiken und Skulpturen. Der *Sala de la Plata* präsentiert über 140 Silberwerke Spratlings. Kleine Museum-Tienda. Geöffnet Di–Sa 9–17 Uhr, So 9–15 Uhr, Eintritt.

Museo de Arte Virreinal

Durch das schmale Gässchen Humboldt geht es runter zur Calle Ruíz de Alarcón und dort direkt zum Türportal der zartrosa gestrichenen **Casa Humboldt** (man gelangt auch über die Calle Veracruz – Higuera – Ruíz de Alarcón dorthin). Die Casa Humboldt ist ein historisches und wunderschön restauriertes Kolonialhaus mit einem Eingang im Mudéjar-Stil. In dieser ehemaligen Herberge hielt sich im April 1803 kurzzeitig Alexander von Humboldt auf. Heute ist hier das eindrucksvoll gestaltete *Museo de Arte Virreinal* mit religiöser und kolonialer Kunst untergebracht (Di–So 10–18 Uhr Eintritt).

Weitergehend führt die ansteigende Straße zur **Plazuela de Bernal.** Geradeaus und dann links hoch kommt man wieder zur Plaza Borda. Hält man sich rechts, gelangt man in die hübsche Calle Juárez, die hoch zum **Ex-Convento San Bernardino** führt (nach der Casa Humboldt hätte man dorthin auch rechts über die Gasse Matanzas abkürzen können).

Ausblicke auf Taxco Ein Panoramablick auf Taxco ergibt sich von der Capilla de Guadalupe, zu der man über die steile Calle Guadalupe mit einem Taxi gelangt (s. Stadtplan links oben). Von dort kann man weiterfahren oder weitergehen zur noch höheren Statue Cristo Taxqueño (ähnlich der Statue in Rio) auf dem *Cerro del Atachi*: Man läuft an der Capilla de Guadalupe vorbei bis zum Ende der Straße, die in einen Schotterweg mündet. Dort geht es links weiter und nach ca. 500 m über freie Fläche muss man sich auf einem kurzen Pfad (ca. 50 m) durch ein kleines Waldstück nach oben arbeiten. Die tolle Aussicht ist die Mühe wert. Details auf www.taxcolandia.com.

Seilbahn zum Monte Taxco Vom nördlich außerhalb gelegenen Hotel Monte Taxco, zu dem eine Seilbahn hochführt, hat man auch eine tolle Sicht auf die Stadt. Talstation der **Teleférico** ist beim Brückenbogen „Los Arcos", der die Mex 95 überspannt (hin aus der Stadt mit einem „Los Arcos"-Combi von der Plazuela de San Juan). Die Seilbahn ist täglich von 8–19 Uhr in Betrieb und kostet 75 Ps. Bei der „Información Turística" bei den Arcos befindet sich die Platería *La Mina.* Man kann dort verschiedene Steine, Mineralien, Silber usw. anschauen, auch die Stollen einer Silbermine.

Adressen & Service Taxco

Turismo *Subsecretaría Fomento Turístico,* Avenida de los Plateros bzw. Mex 95, nördlich außerhalb am Beginn der Stadt am Straßenbrückenbogen „Los Arcos", Tel./Fax 01-**762**-6225073, tägl. 8–20 Uhr. Eine weitere Information ist im Busterminal Estrella de Oro und eine direkt am Zócalo bzw. Plaza Borda, tägl. 10–19 Uhr. An Geldautomaten mangelt es in der Stadt nicht.

Websites www.taxco.com.mx • www.taxcolandia.com • u.a.

Unterkunft Die meist gut eingerichteten Hotels mit schönen Aussichten sind teurer als anderswo, auch jene in der ECO-Kategorie. Viele liegen rings um den Zócalo und in den abzweigenden Gassen. Das Hotelangebot der Touristen-Information im Busterminal Estrella de Oro genau prüfen, es werden gerne nur teure Hotels angeboten. Einige der nachfolgenden Hotels und auch weitere aller Preisklassen listet auch www.zonaturistica.com (unter „Taxco").

ECO **Casa de Huéspedes Arellano,** Los Pajaritos 23 (die Gasse rechts der Kirche hinuntergehen, gleich wieder rechts den Treppen durch den Markt folgend, an der ersten richtigen Gabelung links, dann sieht man schon das Schild, beim Silbermarkt), Tel. 6220215. Einfache Traveller-Unterkunft, große Aussichts-Dachterrasse, nett und familiär, 13 Zimmer. DZ/Bad ab 340 Ps, ohne ab 300 Ps. – Gleich neben dem Arellano ist die **Casa de Huéspedes Central** (kleine eiserne Eingangstür), DZ o. Bad ab 200 Ps, Balkone. – **Hotel Casa Grande,** Plazuela de San Juan, Tel. 6220969, www.hotelcasagrandetaxco.com.mx. Mitten drin im Trubel mit Blick über den Platz, 22 Zimmer. DZ/Bad 515 Ps, ohne 330 Ps. **TIPP.**

FAM **Mi Casita,** Altos de Redondo 1, Tel. 6271777, www.hotelmicasita.com. Ein sehr schönes, ruhig gelegenes kleines Hotel mit 11 Zimmern, einem Apartment und Superausblick. DZ ab 700 Ps. **TIPP.**

Hotel Los Arcos, Juan Ruíz de Alarcón 4, Tel. 6221836, www.hotellosarcostaxco.com. Ein historisches und zentral gelegenes Hotel mit 21 großzügigen Zimmern, großartigen Blicken, vielen Terrassen und Sitzgelegenheiten. DZ mit Bad ab 850 Ps. Im selben Gebäude das höchst empfehlenswerte **Restaurant Sotovento** mit ausgefallener mex. Küche, super PLV, empfehlenswert. – Genau gegenüber, No. 7, ohne Innenhof: **Hotel Emilia Castillo,** Tel. 6221396, www.hotelemilia.com.mx. 14 mit mexikanischen Holzmöbeln ausgestattete Zimmer (jene zur Straße sind laut!). DZ ab 700 Ps, gutes PLV. (Gäste parken ermäßigt in der öffentlichen Garage „Plaza Taxco").

Hotel Agua Escondida, Plaza Borda 4, Tel. 6221166, www.aguaescondida.com. Historisches und großzügiges Kolonialgebäude, 67 schöne Zimmer (doch etwas klein), mehrere Terrassen mit Blick auf Kathedrale und Stadt. Gutes Restaurant, Cafetería, Pool, Parkgarage. DZ ab 1050 Ps (teurer am Wochenende).

Hotel Posada San Javier, Estacas 32, Tel. 6223177, www.hotelposadasanjaviertaxco.com. Sehr gepflegtes Haus, hübscher Garten, großer Pool, WiFi, Parkplatz, „ein kleines Paradies". DZ/FR ab 1550 Ps. Das daneben liegende Restaurant *Del Convento* bietet auf einer schönen Terrasse mit tollem Blick gutes Essen zu vernünftigen Preisen.

LUX

Posada de la Misión, Cerro de la Misión 32 (15 Min. zu Fuß ins Zentrum), Tel. 6220063, www.posadamision.com. Das weitläufige, parkähnliche Hotelgelände besticht durch die tolle Aussicht, die man vom Zimmerbalkon auf die weiße Stadt und die umliegenden Berge hat. Romantiker genießen am Abend die Lichter Taxcos. Am großen Pool das Natursteinmosaik „Rey de los Aztecas" von Juan O'Gorman, der zu Lebzeiten ein Freund des Hauses war (und das berühmte Mosaik an der Uni-Bibliothek in Mexiko-Stadt schuf). Alle Serviceleistungen und viele Annehmlichkeiten, Restaurant. DZ/F ab 1750 Ps (*promociones!*). – Luxus in der Stadt: Boutiquehotel **Pueblo Lindo,** Hidalgo 30, Tel. 6223481, www.pueblolindo.com.mx. Elegant, modern, ruhig und mit Tiefgarage. DZ/F ab 100 US$, günstiger übers Internet.

Wohnmobil

Stellplatz (auch für sehr große Fahrzeuge) am **Hotel de la Borda** an der Mex 95-Abzweigstraße Cerro de Pedregal s/n Richtung Mexiko-Stadt, www.hotelborda.com, Tel. 6220025, ca. 300 Ps/Nacht.

Essen & Trinken

Es gibt in Taxco zahllose Restaurants, deshalb hier nur wenige Tipps, ein paar weitere Empfehlungen s. Signets im Stadtplan. Viele „aussichtsreiche" Restaurants liegen um die **Plaza Borda** (Zócalo), weitere zwischen Zócalo und der Plazuela San Juan.

Zócalo: Rechts neben der Casa Borda, genau in der Ecke und im 1. Stock: **Pizza Mario.** Gut italienisch auf hübscher Terrasse mit Blick auf die Stadt. Besitzer ist auch Journalist und weiß alles über Taxco. Live-Musik. Im Untergeschoss von Pizza Mario findet man das **Restaurant Tia Calla,** berühmt für seine Pozole. Mo/Mi/ Fr gibt es auch günstige Comida corrida. – Zum Frühstücken bietet sich das **Restaurante Flor de la Vida** an der Plaza Borda an, gegenüber der Kirche und über dem Hotel Real de Mina. Man kann zwischen 4 Terrassen mit super Aussicht wählen. Rings um den Platz gibt es auch einige Musik-Bars.

An der Plazuela San Juan bietet **El Adobe** gute Fleischgerichte und eine breite Auswahl vom Hamburger bis zu Meeresfrüchten; außerdem eine gute hauseigene Kaffeemischung, auf die der Chef besonders stolz ist, sowie 56 Tequilasorten. Viele weitere Restaurants säumen die Calle Hidalgo, authentisch und bodenständig ist das **Santa Fé,** gleich am Beginn der Straße links. Im **Restaurante Del Convento,** Estacas 32, neben dem Hotel Posada San Javier, isst man auf schöner Terrasse mit grandiosen Blicken zu korrekten Preisen.

Notfall

Polizei, Tel. 6221017

Einkaufen

Silberschmuck kaufen oder zumindest ansehen ist eine der Hauptbeschäftigungen der Touristen in Taxco. Es gibt zahllose *Platerías*, von exquisit bis Kitsch. Markengeschäfte, z.B. *Los Castillos Plateros* (Plazuela Bernal), *Pineda* (Calle Muñoz, links der Santa Prisca) u.a. bieten Erstklassiges und die Preise sind entsprechend. Jeden Samstag ist großer Silbermarkt rund um den Busterminal. Bei den Straßenhändlern und im *Mercado de Artesanías Plata* (bei der Kirche Sta. Prisca) handeln und auf den (staatlichen) 925-(Adler)-Stempel achten (*plateado* heißt versilbert, falsches Silber *alpaca*).

Feste

Gibt es in Taxco viele (s.a. oben die Taxco-Internetseite). Vom 17.–20. Jan. Patronats-Fiesta *Sta. Prisca* und der *Día de San Antonio Abad* (17.1.) mit Tiersegnungen in den Kirchen, Umzügen, Tanzdarbietungen, viel Musik und Feuerwerk. Weitere Feste u.a. am 2. und 24. Feb., 3. Mai, 1. Juli, 3./4. Aug. „Padre Jesús" (Riesenspektakel), 29. Sept. (Día San Miguel). Am zweiten Dezembersonntag beginnt ein zweiwöchiger internationaler Silberschmied-Wettbewerb *(Feria de la Plata).* Höhepunkt im Jahr ist die Karwoche (Gründonnerstag/Karfreitag) mit spektakulären Prozessionen – dann sind alle Hotels voll.

An- und Weiterreise

Der Terminal von **Estrella Blanca und Futura u.a.** liegt an der Av. de los Plateros, der von **Estrella de Oro (EDO)** weiter südlich. Busse nach/von Acapulco, Cuernavaca und Mexiko-Stadt vom EDO, nach Cuernavaca und Mexiko-Stadt auch vom Futura-Terminal. Nach Acapulco (260 km, 4,5 h) und Cuernavaca (1,5 h) täglich mehre Abfahrten, nach Mexiko-Stadt häufiger (170 km, 3 h; entscheiden, ob Zielterminal SUR oder TAPO). Nach Oaxaca gibt es keine Direktverbindung! Zuerst nach Mexiko-Stadt (TAPO od. SUR) fahren. Von beiden Terminals pendeln zur Plaza Borda (Zócalo) und vice versa ständig Colectivos bzw. Combis.

Selbstfahrer /nach Acapulco

Die **Autopista del Sol** (Mex 95D) kostet **hohe Mautgebühren!** Auf den letzten 200 km vor Acapulco gibt es keine Tankstellen mehr! Alternativ über die Mex 95. Beide Straßen winden sich durch den breiten Gebirgsblock der Sierra Madre del Sur mit zerklüfteten Trockenbusch-Landschaften und großen Kakteenflächen, die später im Küstentiefland tropischer Vegetation Platz machen.

Umgebungsziele Taxco

Rancho Spratling

Etwa 11 km südl. von Taxco liegt an der Mex 95 die Spratling-Ranch, Silberwerkstätten mit kleinem Museum, Anfahrt mit einem „Iguala"-Combi.

Nahe dem Dörfchen Atzala de la Asunción liegen in einem engen Tal in subtropischer Vegetation die erfrischenden, blau-türkisen Naturschwimmbecken **Pozas Azules** mit kleinen Wasserfällen, geringer Eintritt. Das saubere Wasser lädt zum Schwimmen ein, Sitzgelegenheiten zum Picknicken. Die Kinder des Dorfes versuchen sich als Guides. Combis mit Ziel Ixcateopan fahren gegenüber dem Terminal Estrella de Oro ab, den Fahrer nach Atzala fragen (ca. 30 Min. Fahrzeit).

Grutas de Cacahuamilpa

Die Grutas de Cacahuamilpa, ein ausgedehntes Tropfsteinhöhlensystem, liegen 30 km nordwestlich im gleichnamigen Nationalpark. Etwa 2 km sind zugänglich. Führung zu jeder vollen Stunde. In den bis zu 80 m hohen Sälen pflegten Kaiser Maximilian und Porfirio Díaz Staatsempfänge zu geben, außerdem war Cacahuamilpa Drehort zahlreicher Filme. Im Sommer auch ab und zu Konzerte der mex. Philharmoniker. Anfahrt: mit „Grutas"-Combis vom Estrella Blanca-Terminal oder mit Bussen nach Ixtapan de la Sal/Toluca. Bei der *parada* „Grutas" aussteigen, und noch einige Hundert Meter laufen (wenn man den kleinen Abkürzungspfad rechts nimmt, ist man in 5 Minuten unten). Die Grutas sind tägl. von 10–17 Uhr geöffnet. Insgesamt sind 4 Stunden einzukalkulieren (40-minütige Anfahrt und zweistündige Führung).

Weiterfahrt nach Cuernavaca: Von den Grotten zur Hauptstraße hochgehen und dort ein Colectivo anhalten. Rechts geht es ins nächste Dorf *Michia-*

pa, links nach Taxco. In Michiapa in ein Colectivo nach *Puente de Ixtla* umsteigen, dort gibt es dann Anschlussbusse nach Cuernavaca.

Tequesquitengo-See Der bei den Mexikanern beliebte Tequesquitengo-See bietet diverse Wassersportmöglichkeiten, Hotels und Restaurants. Eines davon ist das komfortable Spa-(Bade)-Hotel *Villa Bejar Tequesquitengo* mit der Attraktion einer schwimmenden Diskothek und einem Musikdampfer, der an Wochenenden die ganze Nacht auf dem See unterwegs ist. In der Nähe befindet sich die *Ex-Hacienda Hotel Vista Hermosa* (s.o. bei Cuernavaca). – Von Tequesquitengo kann man nach Cuernavaca weiterfahren.

Cuernavaca

Ew. 332.000

✆ 01-777

Die Hauptstadt des Bundesstaates Morelos hat durch ihre Höhenlage von 1500 m ein ganzjährig sonniges, frühlingshaftes Klima („Ciudad de la eterna Primavera"), was schon Moctezuma zu schätzen wusste. Cortés ließ die frühere Siedlung *Cuauhnáhuac* 1521 in Brand setzen und neu erbauen und aus dem unaussprechlichen Aztekenwort wurde Cuernavaca. Neben Cortés residierte hier später auch Kaiser Maximilian und außerdem ist der aus Morelos stammende Revolutionsführers *Emiliano Zapata* mit Cuernavaca verbunden. Die Stadt ist heute ein gern besuchter Rückzugsort für die smoggeplagten Bewohner der Hauptstadt, für Prominente, Künstler und für nicht wenige US-Pensionäre. Für Spanischlernende gibt es zahlreiche Sprachschulen. Bei wenig Zeit kann man sich auf den *Palacio de Cortés*, das *Museo Robert Brady* und das Umgebungsziel *Xochicalco* beschränken.

Sehenswertes

Gärten und Innenhöfe voller bunter Blumen, kopfsteingepflasterte Gassen und sogar ein Wasserfall *(Salto de San Anton)* mitten in der Stadt (nördlich vom Jardín Borda gelegen, dazu die Brücke „Puente Ayuntamiento 2000" überqueren) prägen diese hügelige und mit engen Straßen durchzogene Stadt. Aus vielen historischen Kolonial- und Bürgerhäusern mit verborgenen Innenhöfen wurden Hotels, Modeboutiquen und gutbesuchte Restaurants.

■ *Palacio de Cortés*

Zwei Plätze beherrschen das Zentrum: der kleinere ist der **Jardín Juárez** (Zócalo) mit dem obligatorischen Musikpavillon, der größere der **Jardín de los Héroes.** An dessen Westseite steht der **Palacio de Gobierno** mit sehenswerten Wandgemälden und am anderen Platzende ragt unübersehbar der große, festungsartige **Palacio de Cortés** auf.

Palacio de Cortés

Der Palast von Hernán Cortés, 1530 auf den Ruinen einer aztekischen Pyramide erbaut, ist die Hauptattraktion Cuernavacas. Mit seinen an eine Wehrburg erinnernden trutzigen Mauern ist er geradezu ein Triumphsym-

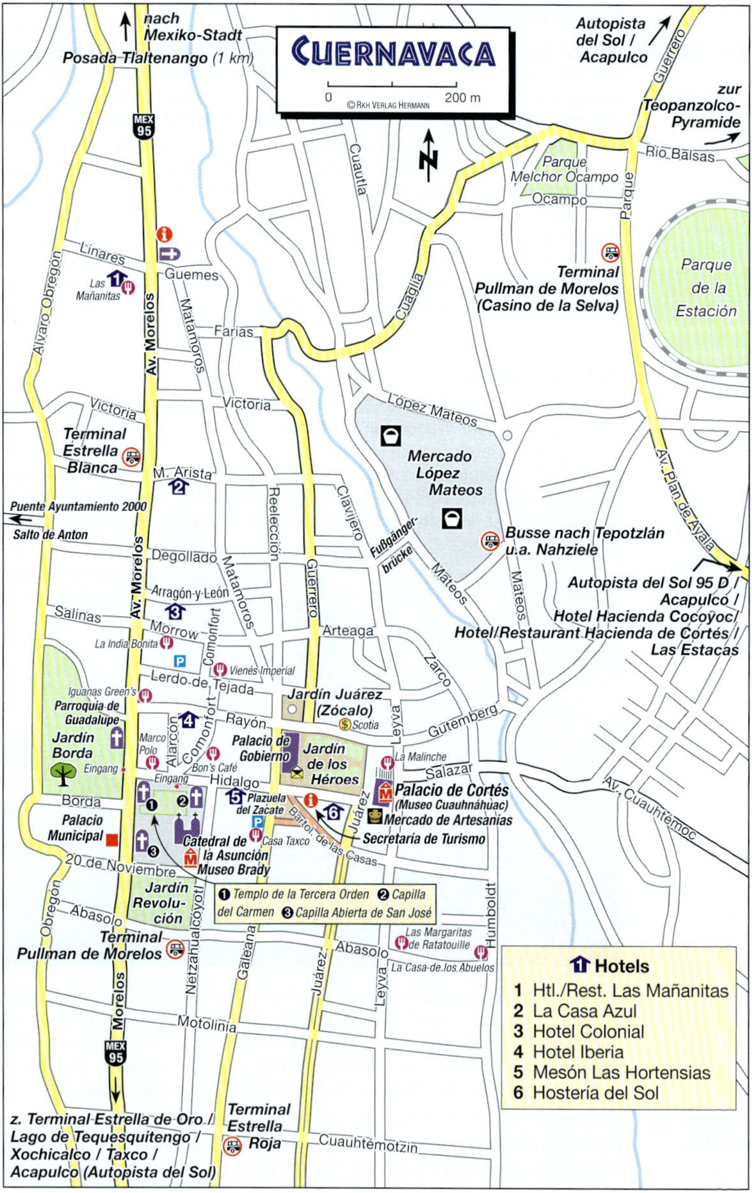

Cuernavaca
0
200 m
© RKH Verlag Hermann
nach Mexiko-Stadt
Posada Tlaltenango (1 km)
Autopista del Sol / Acapulco
zur Teopanzolco-Pyramide
MEX 95
Guerrero
Río Balsas
Parque Melchor Ocampo
Ocampo
Cuautla
Parque
Terminal Pullman de Morelos (Casino de la Selva)
Parque de la Estación
Linares
Guemes
Las Mañanitas
Álvaro Obregón
Av. Morelos
Matamoros
Farias
Cuaglia
Victoria
López Mateos
Terminal Estrella Blanca
M. Arista
Mercado López Mateos
Puente Ayuntamiento 2000
Salto de Anton
Reelección
Clavijero
Fußgängerbrücke
Busse nach Tepotzlán u.a. Nahziele
Av. Plan de Ayala
Degollado
Arragón-y-León
Guerrero
Mateos
Autopista del Sol 95 D / Acapulco / Hotel Hacienda Cocoyoc / Hotel/Restaurant Hacienda de Cortés / Las Estacas
Salinas
Morrow
Comonfort
Arteaga
La India Bonita
Zarco
Vienés Imperial
Lerdo de Tejada
Jardín Juárez (Zócalo)
Iguanas Green's
Parroquia de Guadalupe
Rayón
Scotia
Leyva
Gutemberg
Jardín Borda
Marco Polo
Alarcón
Palacio de Gobierno
Jardín de los Héroes
La Malinche
Eingang
Bon's Café
Salazar
Hidalgo
Palacio de Cortés (Museo Cuauhnáhuac)
Av. Cuauhtémoc
Borda
Plazuela del Zacate
Mercado de Artesanías
Palacio Municipal
Bartol. de las Casas
Juárez
Secretaría de Turismo
Catedral de la Asunción
Casa Taxco
Museo Brady
20 de Noviembre
Jardín Revolución
Netzahualcóyotl
❶ Templo de la Tercera Orden ❷ Capilla del Carmen ❸ Capilla Abierta de San José
Humboldt
Obregón
Abasolo
Terminal Pullman de Morelos
Las Margaritas
de Ratatouille
La Casa de los Abuelos
Galeana
Morelos
Motolinia
z. Terminal Estrella de Oro / Lago de Tequesquitengo / Xochicalco / Taxco / Acapulco (Autopista del Sol)
Terminal Estrella Roja
Cuauhtémotzin
Hotels
1 Htl./Rest. Las Mañanitas
2 La Casa Azul
3 Hotel Colonial
4 Hotel Iberia
5 Mesón Las Hortensias
6 Hostería del Sol

bol des Siegs über die Ureinwohner. Nachdem Cortés 1528 zum Marqués del Valle de Oaxaca ernannt wurde, verwaltete er von hier aus seine ausgedehnten Ländereien. Heute ist in dem Palast das **Museo Regional de Cuauhnáhuac** untergebracht, das die Geschichte der Stadt von der prähispanischen Zeit über die Conquista bis hin zur Mexikanischen Revolution 1910 mit Zapata dokumentiert. Die eindrucksvollen, von *Diego Rivera* 1929–30 gemalten Wandbilder dieser Epochen, sind im 2. Stock zu sehen. Di–So 9–18 Uhr, Eintritt 48 Ps (fotografieren nur ohne Blitz). Südlich des Palacio gibt es einen (touristischen) Artesanías-Markt mit vielen Silberwaren.

Kathedrale Die burgartige *Catedral de la Asunción* ist eine der ältesten Kirchen Mexikos, Baubeginn war 1529 (Eingang von der Hidalgo). Bemerkenswert sind die restaurierten Fresken im Kircheninnern, von denen eines die Kreuzigung mexikanischer Franziskanermönche in Japan zeigt. Der Weg nach Asien, der Handel und die Christianisierung dortiger spanischer Kolonien erfolgte einst über Mexiko.

Um die Kathedrale liegen noch weitere Kirchen und Kapellen, darunter die *Capilla de la Tercera Orden,* die *Capilla del Carmen* und die *Capilla Abierta de San José.* Ein Höhepunkt ist sonntags um 12 Uhr die Messe in der Kathedrale mit Mariachis.

Museo Robert Brady Neben der Kathedrale befindet sich die *Casa de la Torre* mit dem Museo Robert Brady (Eingang Nezahualcóyotl 4, www.bradymuseum.org). Es zeigt eine sehr sehenswerte Kunstsammlung mit prähispanischen Objekten, Gemälden von Frida Kahlo, Diego Rivera, Rufino Tamayo u.a., mexikanische Kolonialmöbel und Kunstgegenstände aus der ganzen Welt. Der reiche US-Künstler Robert Brady (1828–1986), der von 1961 bis zu seinem Tod in Cuernavaca lebte, trug sie zusammen. Nicht versäumen! Di–So 10–18 Uhr, Eintritt 35 Ps.

Jardín Borda In der Calle Morelos, Eingang gegenüber der Kirche *Tercera Orden,* liegt der kleine, schöne Borda-Park mit terrassierten Gärten, Springbrunnen, Teichen mit Ruderbooten und einem Freilufttheater. Der reiche „Silberkönig" von Taxco, *José de la Borda,* ließ ihn 1783 anlegen. Kaiser Maximilian und seine Frau Charlotte hatten hier eine Sommerresidenz, heute ein kleines Museum über diese Epoche. Di–So 10–17 Uhr, Eintritt 35 Ps.

Teopanzolco-Pyramide Die archäologische Stätte der einstigen Doppelpyramide Teopanzolco befindet sich 1,5 km vom Zentrum entfernt in Richtung Bahnhof, Calle Río Balsas. Tägl. 9–17 Uhr, Eintritt 35 Ps.

Adressen & Service Cuernavaca

Turismo Das städtische Turismo ist in der Morelos 278 nördlich des Zentrums, Tel. 3187561, 10–20 Uhr. Ein Info-Kiosk („Módulo de Información") befindet sich am Zócalo. Das bundesstaatliche *Secretaría de Turismo* findet man in der Hidalgo 5, Tel. 3143920, www.morelostravel.com, tägl. 9–20 Uhr.

Vor der Kathedrale fährt ein **Touristen-Sightseeingbus** ab *(Reccorido Tren Turístico de Cuernavaca),* Fahrtdauer eine gute Stunde (er fährt auch zur *Barranca de Amancalco* mit der „ältesten Brücke und dem ältesten Aquädukt Amerikas").

Websites Viele weitere Infos auf www.cuernavaca.gob.mx • www.morelostravel.com • www.morelos.gob.mx • u.a.

Unterkunft Es gibt ein großes Hotelangebot, doch für das (hohe!) Preisniveau wird wenig

Gegenwert geboten. An Wochenenden und in Ferienzeiten ist vieles ausgebucht. Für Privatunterkünfte im Turismo nachfragen. Die wenigen Billighotels bieten kein gutes Preis-/Leistungsverhältnis.

Mesón Las Hortensias, Hidalgo 13, Tel. 3185265, www.hotelhortensias.com. Sehr zentral, 16 Zimmer, für den Preis ein gutes kleines Hotel mit schönem Garten. DZ ab 320 Ps. In gleichem Besitz: **Hotel Iberia,** Rayón 7, Tel. 3126040, www.hoteliberia.com.mx. 21 Zi, etwas besser. DZ ab 430 Ps.

Hostería del Sol, in einem von der Hidalgo abgehenden schmalen Seitengässchen beim Restaurant Casa Bercenal, Tel. 3183241. Zentral und freundlich, nur 6 Zimmer, Pool, am Wochenende Disco. DZ ab 400 Ps. **Hotel Colonial,** Aragón y León 19, Tel. 3186414. Zentral gelegen, kleiner Innenhof, einfach, familiär. DZ ab 440 Ps.

LUX: Posada Tlaltenango, 10 Taxi-Minuten nördlich vom Zentrum, Col. Tlaltenango, Eucaliptos 77, Tel. 3132525, www.posadatlaltenango.com.mx. Stilvolle Zimmer, hübsch angelegter großer Garten mit Palmen, Pool, Restaurant, Bar etc. DZ ab 799 Ps. – **La Casa Azul,** Arista 17, Tel. 3142141, www.hotelcasaazul.com.mx. Das „Blaue Haus" ist ein sehr schönes Boutiquehotel mit allen Annehmlichkeiten, Spa, Gartenrestaurant und Parkgarage. DZ/F ab 1680 Ps. – **Las Mañanitas,** Linares 107, Tel. 3141466, www.lasmananitas.com.mx. Oberklasse-Hotel mit hervorragendem Restaurant in attraktiver tropischer Gartenanlage, Zimmer jeweils über 250 US$.

Essen & Trinken

Wegen der vielen Touristen und der hohen Kaufkraft besitzt Cuernavaca ein entsprechend umfangreiches Gastronomiegebot (Empfehlungen/Lagen s. Signets im Stadtplan), darunter auch etliche Nobelrestaurants, wie z.B. das südöstlich außerhalb gelegene Restaurant des Luxushotels **Hacienda de Cortés,** www.hotelhaciendadecortes.com.mx.

Ein weiteres historisches und kulinarisches Highlight ist **La India Bonita,** Morrow 15B, Tel. 3125021, www.laindiabonita.com.mx. Blumenbepflanzter, romantischer Innenhof, sanfte klassische Musik. Die Bedienung trägt die Tracht der „India Bonita", der indigenen Geliebten von Kaiser Maximilian (das Haus selber heißt „Casa Mañana", denn der ehemalige Eigentümer, der amerikanische Botschafter Morrow, bekam von seinen Arbeitern immer nur „mañana" zur Antwort, wenn er danach fragte, wann der Bau denn nun fertig sein werde). Tipps: *Filete maximiliano,* Rinderfilet mit *nopales* und *huitlacoche* (Edel-Maisschimmelpilz), *brocheta al mezcal, pechuga carlota* (Hähnchenbrust) oder selbiges in Mangosauce. Fr/Sa **Folklore-Abende,** Bühnentisch-Reservierung empfehlenswert. Und da aller guten Dinge drei sind: **Las Mañanitas** (s.o., Hotel).

Preiswert: Iguanas Green's, kleines, altes Eck-Restaurant mit sehr günstiger *comida corrida.* – **Restaurante Casa Taxco,** Galeana 12, bei der Plazuela del Zacate. Einfaches und kleines, aber gutes Lokal, fast immer voll, schnelle Bedienung, frische Obstsäfte. – **Las Margaritas de Ratatouille,** Abasolo 41/Ecke Leyva, klein und günstig, *menu del día, desayunos* etc. – **La Casa de los Abuelos,** Abasolo 59/Ecke Humboldt, freundlich und luftig, preiswerte *almuerzos, desayunos,* Säfte etc. – Günstiges Büffet-Essen: **La Malinche,** Ecke Salazar/Levy, Nordostecke des Palacio de Cortés. – Gut italienisch: **Trattoria Marco Polo,** Hidalgo. In der Calle Hidalgo und in ihren Nebenstraßen gibt es weitere Restaurants und Cafés, z.B. ist **Bon's Café** in der Comonfort 6B mit leckerem Kuchen, Gebäck und kleinen Gerichten ein Tipp.

Lust auf Heimisches? Dann ins Restaurant **Vienés Imperial** („Wiener Küche"), Lerdo de Tejada 12. Neben mexikanischem wie *chiles en nogada* und Tagesmenüs auch *chamorro estilo alemán, milanesa holstein, salchichas alemanas,* etc. Auch Kuchen. – Guten und günstigen Biokaffee, *tortas,* Baguettes u.a. erhält man im kleinen **Organik Café** in der schmalen Fußgängerstraße Fray Bartolomé de las Casas 9, die von der Plazuela del Zacate wegführt.

Notfall Touristenpolizei: Tel. 01-800-9039200

Einkaufen Im Zentrum gegenüber dem Jardín de los Héroes gibt es (innenliegende) Einkaufspassagen mit allen möglichen Geschäften, auch Reisebüros.

Unterhaltung Bars, Discos, Kinos, Theater, Nachtleben – Cuernavaca bietet alles. Am Donnerstag- und Sonntagabend Open-air-Musik auf dem Zócalo. Termine für Veranstaltungen z.B. in der Monatsbroschüre *Cartelera Cultural*. – Das *El Romántico,* Fußgängerstraße Fray Bartolomé de las Casas, ist eine kleine Künstlerkneipe mit Atmosphäre und guter Live-Musik. – Populär ist die *Disco 1910* in der Juárez zw. Bartolomé de las Casas und Abasolo. – *La India Bonita* (s.o.) Fr/Sa Folklore-Abende.

Feste Ab 21. März zwei Wochen lang die *Feria de la Primavera.* Alle Termine auf www.cuernavaca.gob.mx

Sprachschulen Viele verschiedene Schulen bieten ein- und mehrwöchige Kurse an (Minimum meist eine Woche), untergebracht wird man bei mexikanischen Familien. Eine empfehlenswerte Agentur für die Vermittlung von Sprachschulen ist „Spanischlernen" (www.spanischlernen.com); deutschsprachig (Schweizer Leitung Ernst Baerel), eine gute Anlaufstelle, man profitiert von der Ortskenntnis und einem dichten Kontaktnetz (Unterbringung in Gastfamilien).

An- und Weiterreise Jede Cuernavaca anfahrende Busgesellschaft hat ihr eigenes Terminal, sie sind teils weit voneinander entfernt (s. Stadtplan). Lokalbusse fahren überall ab. Gegebenenfalls im Turismo nachfragen.

Autos Pullman de Morelos (PDM, www.pullman.com.mx, Tel. 3180907), zwei Terminals: Innenstadt Ecke Abasolo/Netzahualcóyotl und Casino de la Selva (nordöstlich). – **Flecha Roja** (FR) und **Estrella Blanca** (EB, www.estrellablanca.com.mx): Morelos 503 zw. Arista u. Victoria, Tel. 3122626. – **Estrella Roja** (ER, www.estrellaroja.com.mx, Tel. 3185934): Ecke Galeana/Cuauhtémotzin. – **Estrella de Oro** (EDO, www.estrelladeoro.com.mx): Morelos Sur 812, weit im Süden.

Ziele: Nach **Acapulco** mit EDO u. EB, häufig (4 h). – **Grutas de Cacahuamilpa** mit EB, stündl. (2,5 h). – **Mexiko Stadt** (südliches TAS-Terminal) mit APM (vorzuziehen, div. Busklassen), ständig (1,5 h), auch EDO. Außerdem stündlicher Direktbus zum Flughafen von **Mexiko-Stadt,** mit APM vom Terminal Casino de la Selva. – Nach **Oaxaca** kein Direktbus, am schnellsten über Puebla oder mit ER nach **Cuautla,** dort umsteigen (2. Klasse, nicht empfehlenswert, Fz 7 h). – **Puebla** mit ER, stündl. (3,5 h). – **Taxco** (knapp 2 h), stündl. EDO u. EB. – **Tepoztlán** mit Ometochtli-Bussen vom Mercado. – **Xochicalco** s. dort.

Umgebungsziele Cuernavaca

Von Cuernavaca lassen sich lohnenswerte Ausflüge machen. Hier eine (nicht vollständige) Auflistung, weitere Details beim Turismo von Cuernavaca erfragen.

Tepoztlán Das stimmungsvolle, kopfsteingepflasterte und am Wochenende häufig überlaufene Bergstädtchen liegt 25 km nordöstlich von Cuernavaca (nicht zu verwechseln mit *Tepotzotlán* nördl. von Mexiko-Stadt). Anfahrt von Cuernavaca mit Ometochtli- oder *Tepoztlán-Directo*-Bussen vom Mercado López Mateos (Ostseite), ständig, Fz ca. eine halbe Stunde. Von Mexiko-Stadt (70 km) vom Terminal Tasqueña (Sur).

Sehenswert ist das festungsartige Ex-Dominikanerkloster **Convento Dominico Nuestra Señora de la Navidad.** In seinem oberen Stock befindet sich ein sehenswertes Museum über die regionale Geologie, Flora, Fauna, Bevölkerung, Wirtschaft, Kultur und die Festivitäten (Di–So 10–18 Uhr, Eintritt frei). Gleich östlich des Klosters, in der Gonzáles 2, befindet sich das **Museo Ar-**

queológico Carlos Pellicer mit einer kleinen, aber interessanten Sammlung prähispanischer Kunst (Di–So 10–18 Uhr).

Außerhalb auf einem Berg steht die kleine, dem aztekischen Pulque- und Fruchtbarkeitsgott Tepoztécatl geweihte **Pirámide de Tepozteco**. Dazu muss man zunächst vom Zócalo die Hauptstraße Av. Tepozteco etwa 2 km hinaufgehen, danach folgt ein mühsamer, einstündiger und steiler Aufstieg auf einem Steinweg. Am Ende ist eine Art Sprossenwand hochzuklettern. Gutes Schuhwerk tragen, Wasser mitnehmen, nicht zu spät losgehen (geöffnet ab 10 Uhr), Eintritt.

Es gibt einige **Hotels**. ECO: *Hotel Mesón del Indio,* Revolución 44, Tel. 01-**739**-3950238. – FAM: *Casa Iccemanyan,* Olvido 26, Tel. 3950899, beim Busstop von Pullman de Morelos. – LUX: *Posada del Tepozteco,* auf dem Hügel oberhalb des Städtchens. Fantastischer Ausblick, Garten mit großem Pool, exquisite und sehr teure Zimmer, www.posadadeltepozteco.com.mx, Tel. 3950010.

Restaurant-Tipps: *Mesón de Convento,* Revolución 6 (Zócalo), *Los Colorines,* Av. Tepozteco 13 (Richtung Pyramide zw. Galeana und La Cima, links; vegetarischer Vorschlag: *Huazontle*). Die Eisdielen-Kette *Tepoznieves* (eine Filiale ist an der Ecke 5 de Mayo/22 de Febrero) bietet exotisch-ausgefallene Eissorten, wie z.B. „Tequila", „Beso del Ángel".

Markt ist Mi/Sa/So rund um das Ex-Kloster. **Feste**: Die *Fiesta de los Tiznados* (die Leute reiben sich mit Asche ein) findet am 21. Jan. statt, danach folgt der Karneval. Ein großes Pulque-Fest steigt am 7./8. Sept. mit Wettlauf auf den Tepozteco-Berg.

Xochicalco

Ca. 35 km südwestlich von Cuernavaca liegt die eindrucksvolle, von verschiedenen mexikanischen Kulturen geprägte und nur wenig besuchte Ruinenstätte *Xochicalco* (sprich: ßschotschikálko, *náhuatl* „Platz des Hauses der Blumen").

■ *Die „Pyramide der gefiederten Schlangen"*

Hauptbau des weitläufigen Ruinengeländes mit vielen *edificios,* Tempelbauten, Höfen, Rampen und Plätzen ist die **Pirámide de las Serpientes Emplumadas** („Pyramide der gefiederten Schlangen"), die mit weiten Ausblicken 150 m über einer Ebene auf einem terrassierten Bergmassiv steht. Die Pyramidenplattform ist rund 6 m hoch und misst im Quadrat 20 x 20 m. Die Seitenwände sind geböscht, ein vorkragender und umlaufender Sims schließt sie ab. Alle vier Seiten sind geschmückt mit eindrucksvollen, plastischen Reliefdarstellungen von acht mächtigen **gefiederten Schlangen,** zwischen deren wellenartigen Windungen Gestalten sitzen.

Das rätselhafte Zeremonialzentrum Xochicalco gilt als zeitliches Verbindungsglied zwischen Teotihuacán und den Tolteken. Auch die Zapoteken, Mixteken und Maya müssen hier zwischen 700 und 1000 n.Chr. „zu Besuch" gewesen sein, wie Kalenderglyphen, Skulpturen, Keramikfunde und die entsprechenden Baustile vermuten lassen. Auf den tieferliegenden Terrassen befindet sich ein I-förmiger Ballspielplatz, der in Tula nachgebaut wurde. Im sehenswerten **Museum** sind Funde, Statuen, Schaubilder etc. ausgestellt.

Anfahrt: Es gibt vom Mercado in Cuernavaca alle 30 Min. einen Bus mit der Aufschrift „Xochi", der letzte fährt um 18 Uhr von Xochicalco zurück. Für eine geruhsame Besichtigung der Anlage (ohne Museum) etwa 2 Stunden veranschlagen. Tägl. 9–17.30 Uhr, Eintritt 59 Ps (Ticket im Museum), Restaurant.

TIPP für Selbstfahrer: Wer nach Xochicalco fährt, kann weiter über die Dörfer zu den **Grutas de Cacahuamilpa** (s. bei „Umgebungsziele Taxco") und dann vollends nach Taxco fahren.

Malinalco

Die einstige Azteken-Kultstätte (Ausmaße ca. 50 x 25 m) liegt rund 60 km westlich von Cuernavaca und wurde an einem steil abfallenden Hang, etwa 250 m über einem Tal mit gleichnamiger Ortschaft, erbaut. Zu sehen sind einige kleinere *edificios* und Felstreppen. Der Haupttempel, ganz aus dem Fels herausgehauen, ist mit seiner ungewöhnlichen, runden Bauweise einzigartig. Er wurde erst Anfang des 16. Jh. von den Azteken, die die Anlage von einem früheren Nahua-Stamm übernommen hatten, erbaut. Eine kurze und steile Treppe, flankiert von zwei Jaguar-Skulpturen, führt zu ihm hinauf. Am Eingang steht zu beiden Seiten ein Schlangen- und Kriegstrommel-Thron. In dem fast kreisrunden Raum befinden sich vor und auf einem umlaufenden Podest drei gemeißelte Adlerskulpturen sowie ein flacher, hingestreckter Jaguar. Der Raum diente wohl der Weihe der elitären Adlerkrieger der Azteken. (Betreten ist nicht möglich).

Anfahrt: In Cuernavaca am Busterminal Estrella Blanca einen Bus nach Santa Marta und dann weitere nach Chalma und Malinalco nehmen, dies dauert ca. 2 Stunden. Vom Malinalco ist es dann noch ein halbstündiger, steiler Aufstieg auf einem Bergpfad.

Chalma

Der kleine Wallfahrtsort Chalma mit seinem äußerst farbenfrohen und lebhaften Markt sowie der Wallfahrtskirche (verehrt wird ein Christusbild von 1533, der *Señor de Chalma*) ist einen Stopp wert. Alljährlich findet hier am 1. Freitag nach Karneval ein großes Fest statt, desgleichen an Himmelfahrt und am 28. August. Traditionelle Conchero-Tänze kann man bei den Pfingstfeiern sehen. Wallfahrten sind am 6. Jan. in der Karwoche, am 3. Mai und am 1. Juli. Zu den Prozessionen erscheinen Tausende mit Blumen. Im Ort **Malinalco** findet am 6. Januar das große Fest *Rosca de Reyes* statt.

Lagunas de Zempoala

15 km nordöstlich von Cuernavaca, auf beinahe 3000 m Höhe, liegen inmitten eines Nationalparks die drei *Lagunas de Zempoala*. Hier relaxen die Hauptstädter, wandern, angeln und campen.

Haciendas: Cocoyoc und Vista Hermosa

Wer mal luxuriös (und teuer) in einem Hacienda-Hotel residieren will oder sich eine solch exklusive Herberge mal ansehen möchte, hat bei Ausflügen von Cuernavaca zwei Gelegenheiten: **Cocoyoc** (35 km östl. von Cuernavaca, an der Mex 138, bei Oaxtepec, www.hcocoyoc.com, Tel. 01-735-3562211) und **Vista Hermosa** (38 km südl. von Cuernavaca, s. Karte) sind zu Super-First-Class-Hotels umgewandelte ehemalige Haciendas. Sie liegen in weitläufigen, schattigen Gärten einstiger Zuckerrohrplantagen, die einmal Cortés gehörten. Die Restaurants und die großen Zimmer beider Hotels sind geschmackvoll im Kolonialstil eingerichtet und bieten alle nur denkbaren Annehmlichkeiten – Tennis, Reiten und Golf gehören selbstverständlich auch zum Angebot.

Die **Hacienda Vista Hermosa** (120 Zi.) liegt beim populären *Tequesquitengo-See* mit Wassersportmöglichkeiten und weiteren Hotels und Restaurants. Das riesige Parkgelände mit großen Palmen und Flamboyants, historischen Gemäuern, Katakomben, Kutschen und wucherndem Efeu hat eine verwunschene Atmosphäre. Ein Highlight ist der große Pool unter einem Aquädukt. Es gibt einen Tennisplatz, einen eigenen Reitstall, eine Bar in den Katakomben und ein halboffenes Restaurant im Gewölbe (Essen recht gut, super Frühstücksbüffet). Die teils saalartigen Zimmer sind nur einfach ausgestattet und dafür zu teuer (Ventilator, kein TV) – hier zahlt man für das Gesamterlebnis. Tel. 01-734-3455362, www.haciendavistahermosa.com.mx. DZ 3200 Ps. Anfahrt über Tequesquitengo.

4 km nordöstl. von Cocoyoc liegt das Städtchen **Oaxtepec** mit dem *Centro Vacacional Oaxtepec* und dem riesigen Spaßbad *Parque Acuático.*

Cuautla

10 km südl. von Cocoyoc liegt Cuautla mit dem **Grab von Zapata** und den vielbesuchten **Schwefel-Thermalbädern** (etliche Hotels, ein Tipp ist das gute *Granada,* Reforma 136, Pool, Rest.). Nach Cuautla mit Estrella Roja, halbstündlich (1 h).

Natur- und Erholungspark Las Estacas

65 km südöstl. von Cuernavaca – zunächst auf der Mex 138 Richtung Yautepec fahren, dann vor Yautepec nach Süden gen Tlaltizapán abbiegen (Hinweisschild) – liegt der 20 ha große Natur- und Erholungswasserpark **Las Estacas,** Tel. 01-734-345007, www.lasestacas.com (Anfahrt mit einem öffentl. Bus von Pullman de Morelos nach Jojutla und von dort per Colectivo, Dauer ca. 1,5 h). Eintritt 299 Ps, schließt um 18 Uhr. Mit gutem Hotel, etwa 15 Cabañas sowie einer Art Jugendherberge, *Fuerte Bambu.* Es gibt Sport- („Tirolesa") und Unterhaltungsmöglichkeiten, Kinderspielplätze, zwei Pools und einen Fluss mit kühlem, sauberem Wasser, auf dem man durch eine Art Urwald herrlich hinabschwimmen und viele bunte Vögel sehen kann. Schöner Baumbestand, subtropische Flora mit Palmen, Campingplatz, Reiten. Mehr Infos und aktuelle Preise etc. auf der Homepage. – Billiger für **Wohnmobilfahrer** ist der nördlich benachbarte *Camping Santa Isabel,* schön gelegen, gleichfalls Bademöglichkeit im Fluss.

Grutas de Cacahuamilpa

Die ausgedehnten Tropfsteinhöhlen im gleichnamigen Nationalpark (tägl. 10–18 Uhr) liegen nördlich von Taxco (s.u., „Umgebungsziele Taxco"). Wer sie von Cuernavaca bei einer Fahrt über die Dörfer „mitnehmen" möchte: Anfahrt mit Estrella Blanca, stündl. (1 h), danach ist von den Höhlen die Weiterfahrt nach Taxco mit einem Bus oder einem Combi möglich.

Bitte mailen (verlag@rkh-reisefuehrer.de) **oder schreiben Sie, wenn sich in Mexiko Dinge verändert haben oder Sie Neues wissen. Herzlichen Dank!**

Ciudad de México – Mexiko-Stadt

Inhalt

Einführung

Ew. 22 Mio.

✆ 01-55

Ein endloses Häusermeer mit quälendem Verkehr und Straßenlärm, viel Schmutz und oft unfreundlichem Service (nüchtern-hauptstädtisch eben), und für fast alles muss mehr als im übrigen Mexiko bezahlt werden. Für direkt aus Europa Einfliegende ist Mexiko-Stadt wegen seiner dünnen und smoggeplagten Luft und der Zeitverschiebung noch unangenehmer. Doch man betritt auch eine pulsierende Metropole mit einer einzigartigen Konzentration von Kultur und Geschichte. Treffen Sie eine Auswahl der vielen Möglichkeiten beim Abschnitt „Sehen und Erleben". Minimalprogramm: **Centro Histórico,** das **Anthropologische Museum** *(Museo Nacional de Antropología)* und ein Ausflug nach **Teotihuacán.**

Fakten und Zahlen

Die älteste Hauptstadt der Neuen Welt liegt auf **2240** Meter Höhe im *Valle de México* (aztekischer Name: *Anáhuac*). Dieses Hochtal misst in Ost-West-Richtung etwa 60 km und von Nord nach Süd 40 km. Die Fläche von Mexiko-Stadt, eingezwängt und umgeben von hohen Bergzügen, ist kaum kleiner: Von Ost nach West 30 km und von Nord nach Süd knapp 40 km. Südöstlich ragen die beiden Vulkane *Popocatépetl* und *Iztaccíhuatl* auf, beide sind über 5000 Meter hoch.

Das **Klima** ist fast ganzjährig angenehm frühlingshaft und trocken, von Mai bis Juni ist es warm. Etwas Regen fällt von Juni bis September, hauptsächlich nachmittags. November bis Januar sind die kühleren Monate mit entsprechend frischen Abenden und kalten Nächten.

La Ciudad de México ist eine Mixtur aus (begrabener) aztekischer Geschichte, spanischer Vergangenheit und mexikanischer Jetztzeit. Mit über **22 Millionen Einwohnern** des 120-Millionen-Volkes zählt der urbane Gigant zu den größten Ballungsräumen der Welt. „Vorstädte", wie das östliche *Nezahualcóyotl,* grau und endlos unter der Smogglocke, oder *Iztapalapa,* nicht weniger trist, haben allein mehrere Millionen Einwohner. Die Megastadt ist außerdem das politische, kulturelle und vor allem das wirtschaftliche Zentrum Mexikos: zusammen mit den großen Nachbarstädten produziert Mexiko-Stadt nahezu die Hälfte des mexikanischen Bruttosozialprodukts. Die Bewohner des Stadtgroßraums werden umgangssprachlich als *chilangos* bezeichnet, Mexiko-Stadt kurz als „de efe" (DF, distrito federal) oder als *México (Mechico).*

México – Ciudad de México – México D.F.

Drei verschiedene Namen für die größte Stadt der Welt. Statt des amtlichen *Ciudad de México* sagen die Mexikaner meist nur *México* (gespr. *»me-hi-ko«*), und soll die Hauptstadt vom Bundesstaat *Estado México* – oder vom mexikanischen Staatsgebiet – unterschieden werden, wird sie oft auch als *»de-effe«* bezeichnet. »D.F.« ist die Abkürzung des Bundesdistrikts *Distrito Federal* in dem die Hauptstadt Mexikos liegt. Wie die Karte zeigt, ist *»La capital«* aber schon längst über die alten D.F.-Grenzen nach Norden hinausgewuchert. Das englische Wort »Mexico City« als Stadtname ist in Mexiko ein inadäquater Terminus. Die Stadtbewohner nennen sich *capitalinos*, die anderen Mexikaner sagen dagegen oft – geringschätzig – *chilangos* (Parasiten).

Rückblende: Aztekenhauptstadt Tenochtitlán

Der Aufstieg der Mexica

Mexiko-Stadt – das ist immer auch die Geschichte von der Eroberung Tenochtitláns, Hauptstadt der Azteken, aus und auf deren Trümmern die mexikanische Hauptstadt erbaut ist. Anders als die anderen Hochkulturen Mesoamerikas, die zu Beginn der spanischen *conquista* ihren Zenit längst überschritten hatten, hatte sich das Herrschaftsgebiet der **Azteken** erst kurz vor der Ankunft der Spanier zu voller Größe entwickelt. Die Azteken waren ein nomadisierender Stamm, der laut einer Legende um 1250 – nach mehr als 200-jähriger Wanderschaft – aus dem mythischen *Aztlán* im Nordwesten Mexikos in Etappen, zuletzt auch über Tula, in das zentralmexikanische Hochtal eingewandert war. „Azteca" leitet sich von Aztlán ab, sie selbst nannten sich *Mexitín* oder **Mexica.** Nach jahrhundertelangem Umherirren fanden sie endlich jenen schlangenverschlingenden **Adler auf einem Feigenkaktus,** den die Vorhersehung ihnen als Zeichen für die endgültige Niederlassung bestimmt hatte. Dies geschah ausgerechnet in **Anáhuac,** dem Hochtal von Mexiko, das bereits von vielen Völkern besiedelt wurde. Auf einer Insel mitten im großen **Texcoco-See** – von dem heute nur noch der kleine Südzipfel bei *Xochimilco* übriggeblieben ist – ließen sich die Mexica gegen 1250 nieder, behaupteten sich geschickt gegen die herrschenden Gruppen und gründeten **1325** als Siegermacht ihre **Hauptstadt Tenochtitlán.** Zusammen mit den anderen Stadtstaaten und Seeanrainern *Texcoco* und *Tlacopan* entstand der sogenannte Dreier-Bund, bei dem Tenochtitlán die Führung übernahm. Unter dem *tlatoani* (oberster Herrscher) **Moctezuma I.** (oder „Montezuma") und seinen Nachfolgern wurde ab 1440 ein riesiges Imperium erobert, das zu Beginn des 16. Jahrhunderts große Teile des heutigen Mexiko umfasste. Die Tributabgaben der unterworfenen Völker – Silber, Gold, Felle, Matten, Honig, Kakao u.a. – wurden zu einem wichtigen Wirtschaftsfaktor für die Hauptstadt, brachten den Azteken aber auch großen Hass ein. Die rebellischen **Totonaken** und die bedrohten **Tlaxcalteken** verbündeten sich in ihrer Not mit den vorrückenden Spaniern, die **1519** an der Küste von Veracruz gelandet waren. Ohne die Hilfe dieser beiden Stämme hätten die rund 500 Spanier Tenochtitlán nicht erobern können.

Die Welt der Azteken

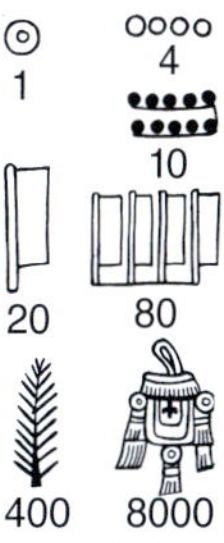

■ *Aztekische Symbole für Zahlenwerte*

Ganze zwölf Bände umfasst die „Historia general de las cosas de la Nueva España", in der der spanische Mönch *Bernardino de Sahagún* (1500–1590) unzählige Details des aztekischen Lebens festgehalten hat. Da die spanischen Eroberer diese Hochkultur noch intakt vorfanden, ist sie die einzige von Zeitzeugen dokumentierte. Vieles hatte diese streng hierarchisch organisierte Oligarchie (Herrschaft einer kleinen Gruppe) von anderen, früheren Kulturen übernommen. Sie kannten eine bildliche Schrift (Piktographie), mit der komplexe Vorgänge dargestellt werden konnten. Berühmt waren die **Códices** (Faltbücher) von Texcoco – sie und viele andere wurden aber von den Spaniern als „Teufelswerk" verbrannt, ein unwiederbringlicher Verlust für das Kulturerbe der Menschheit! Die Azteken waren ebenfalls geniale Mathematiker und Astronomen, wobei der **Zahl 52** in ihrem Kalendersystem eine besondere Bedeutung zukam: Nach jeweils 52 Jahren endete ein Weltenzyklus, und wenn dann nach einer großen „Neu-Feuer"-Zeremonie wider Erwarten nicht die Welt untergegangen war, begann alles von vorne. Zu diesem Anlass (und auch zu anderen) wurden Menschen geopfert. Die Forschung geht heute allerdings davon aus, dass die Greuelberichte der Spanier hinsichtlich massenhafter Menschenopfern und Kannibalismus maßlos übertrieben waren und u.a. ihr eigenes grausames Vorgehen rechtfertigen sollten. Sicher ist aber, dass das aztekische Leben bis in alltägliche Details hinein von einer kosmischen Ordnung und einem religiösen Grundsystem bestimmt wurde, wobei die „Zuständigkeiten" der vielfältigen Götterwelt breit gefächert waren. Letztendlich stehen alle Götter auf die eine oder andere Weise mit Elementen der Natur in Beziehung und symbolisieren in der Regel Leben und Fruchtbarkeit, aber auch Krieg und Tod. Wichtigste Gottheiten waren **Quetzalcóatl,** die „gefiederte Schlange“, der schlangengesichtige Regen- und Wassergott **Tlalóc** und der Sonnen- und Kriegsgott **Huitzilopochtli** als Hauptschutzherr der Azteken. Die Sprache der Azteken war *náhuatl* – heute nennt man es „klassisches Náhuatl“, in Abgrenzung zu den bis heute noch gesprochenen dialektalen Varianten. Landesweit zeugen viele geographische Bezeichnungen von den Azteken, und ohne es zu ahnen, verwenden auch wir Wörter der Aztekensprache: so gelangten zum Beispiel „Tomate“, „Avocado“ oder „Kakao“ erst mit den rückkehrenden Spaniern nach Europa.

Der Untergang Tenochtitláns (s. Foto S. 81)

„Diese Stadt ist so groß und so schön, dass ich über sie kaum die Hälfte von dem sagen werde, was ich sagen könnte, und selbst dieses wenige ist fast unglaublich, ist sie doch schöner als Granada ...“ schrieb der verzückte **Hernán Cortés** (1485–1547) an seinen König Karl V. Dies hinderte ihn jedoch nicht daran, die Wunderstadt bald darauf dem Erdboden gleichzumachen – der Hunger nach Gold und Macht waren stärker als jede Bewunderung!

Rund 100.000 Menschen lebten bei Ankunft der Spanier in der Inselstadt, die von einem dichten Netz an Kanälen durchzogen wurde – ein indianisches Venedig! Besonders bestaunten die Spanier den großen **Markt von Tlatelolco,** wo alles angeboten und gehandelt wurde, was die Azteken aus den tributpflichtigen eroberten Gebieten eintrieben. Wo sich heute Zócalo und Regierungspalast befinden (s. Karte S. 559), lag der politische und religiöse Mittelpunkt Tenochtitláns, die Reste in Form des ausgegrabenen **Templo Mayor** (Hauptpyramide) können besichtigt werden. Vom großen Palast des Herrschers **Moctezuma II. (s. Abb.)** ist nichts mehr übrig.

Moctezuma II. hatte die Spanier bei ihrer Ankunft in der Hauptstadt im November 1519 durchaus ehrerbietig behandelt, denn – laut spanischen Quellen – hielt er Cortés zunächst für den Gott Quetzalcóatl, dessen Rückkehr prophezeit worden war. **Malinche** (Ce Malinali Tenepal), Cortés' indianische Dolmetscherin und Geliebte, übersetzte die Verhandlungen **(s. Abb.)** und stand den Eroberern mit wertvollen Kenntnissen der Landessitten zur Seite.

Die durchaus weltlichen Begierden der Spanier wurden allerdings bald offensichtlich, kiloweise schmolzen sie die herrlichsten Goldschmiedearbeiten ein und verschifften die Barren nach Spanien. Moctezuma wurde gefangengenommen und starb am 27. Juni 1520. Bis heute ist es nicht geklärt, ob von spanischer Hand oder durch seine eigenen Leute. Doch schon drei Tage später sollten die Azteken ihren einzigen großen Sieg davontragen, als sie in der *„noche triste“* (traurigen Nacht) vom 30. Juni zum 1. Juli die Spanier entscheidend schlugen und aus der Stadt vertrieben.

Der letzte aller Aztekenherrscher ist der legendäre **Cuauhtémoc, s. Abb.,** („Herabstoßender Adler“, Cortés ließ ihn 1525 hängen). Als die Spanier und ihre indianischen Hilfstruppen Ende Mai 1521 wieder ins Anahuac-Tal kamen, schafften es die Azteken unter Cuauhtémocs Führung noch, den Angreifern fast drei Monate lang standzuhalten. Doch letztendlich erlagen sie den Feuerwaffen, aber auch Durst und Hunger, denn Cortés hatte die Wasser- und Lebensmittelzufuhr der Insel abgeschnitten. „Am **13. August 1521** fiel Tenochtitlán, heldenhaft verteidigt von Cuauhtémoc, in die Hände von Hernán Cortés. Es war weder Triumph noch Niederlage. Es war die schmerzhafte Geburt des Mestizenvolkes, des heutigen Mexiko“ heißt es auf einer Tafel im Stadtteil **Tlatelolco** (Karte s.S. 559).

Stadt-Daten **1521** Gründungsjahr • **1528** Bischofssitz • **1535** Hauptstadt des Vizekönigreichs Neu-Spanien • **1551** Gründung der Universität • **1629** Verheerendes Hochwasser, die Stadt steht fast drei Jahre anderthalb Meter unter Wasser • **1810–1821** Hauptstadt des freien Mexikos • **1846–1848** amerikanische Besetzung im Krieg USA – Mexiko • **1863** französische Besetzung • **1910–1918** Mexikanischen Revolution. Danach rasante Entwicklung und Bautätigkeit, doch ist sie immer noch eine elegante und wegen ihrer Schönheit und der klaren Luft weithin gerühmte Stadt • **1930** Eintritt in den Kreis der Millionenstädte, zunehmende Landflucht • **1960** 5 Millionen Einwohner, **1980** bereits 15 Millionen • **1990** über 20 Millionen (Großraum) • **1968** Olympische Spiele • **1970** und **1986** Fußballweltmeisterschaften • Am 19. September **1985** schweres **Erdbeben** mit weit über 10.000 Toten und gewaltigen Sachschäden • **1993 Städtepartnerschaft mit Berlin** • **1997** *Cuauhtémoc Cárdenas,* Sohn des früheren mexikanischen Präsidenten *Lázaro Cárdenas,* wird erster freigewählter Bürgermeister bzw. Regierungschef des Bundesdistrikts *Distrito Federal* (zuvor über 60 Jahre nur PRI-Kandidaten) • **2000–2005** *Manuel López Obrador* von der linksliberalen PRD Bürgermeister • **2006–20012** übernimmt das Amt sein Parteikollege *Marcelo Ebrard* • **Derzeit:** *Miguel Ángel Mancera,* PRD.

„Sin Agua" Mexiko-Stadt hat im wesentlichen mit drei Problembereichen zu kämpfen: **Luftverschmutzung, Bevölkerungszuzug** und **Wasserknappheit** – es ist die einzige Millionenstadt der Welt ohne einen Fluss! Die Fläche des Texcoco-Sees, einst 8000 Quadratkilometer groß, schrumpfte nach seiner Trockenlegung zu einer „Pfütze" (s. kleine Karte „Texcoco-See/Tenochtitlán" S. 558). Dramatische Folgen für den Wasserhaushalt hatte auch die Vermehrung der Bevölkerung und der Industriebetriebe: der Grundwasserspiegel im Hochtal von Mexiko fällt ständig, jedes Jahr um etwa 10 Zentimeter. Nachdem der frühere Wasserlieferant, der *Río Lerma,* heute nur noch ein dünnes Rinnsal ist, baute man eine gewaltige Pipeline bis zum 150 km weiter westlich liegenden Staudamm *Presa Valle de Bravo,* die aus diesem wie ein gigantischer Elefantenrüssel Wasser nach Mexiko-Stadt ansaugt – täglich weit über eine Milliarde Liter! Das Wasser muss aber zunächst mit einem gewaltigem Energieaufwand 1000 m steil hochgepumpt werden, ehe es über die Berge, die das Tal von Mexiko umschließen, in die Stadt fließen kann …

Derweil sinkt der Grundwasserspiegel weiter, weil auch dem umliegenden Land die Reserven abgezapft werden. Der Erdboden wird porös und schrumpft, Mexiko-Stadt ist auf Talfahrt: in den letzten **70 Jahren** sank es um mehr als **10 Meter** nach unten! Im Zentrum versacken Straßenzüge, überall sieht man schiefe Häuser, Risse in Fassaden und eingesunkene Gebäude. Namhafte Beispiele sind der *Palacio Bellas Artes,* die ehrwürdige *Kathedrale* am Zócalo oder die alte *Basilika von Guadalupe.* Andererseits haben tief in den Grund eingelassene Beton-Fundamentinseln den Bau von Hochhäusern ermöglicht, wie z.B. den 178 Meter hohen *Torre Latinoamericana,* der selbst die schweren Erdbeben von 1957 und 1985 überstand.

„Calidad de Aire" Die Luftverschmutzung von Mexiko-Stadt ist extrem, täglich schweben Staub- und Verkehrsabgase auf Stadt und Menschen nieder. Schlimm kann es vor allem in den Wintermonaten Dezember bis Februar werden, wenn Windstille und Inversionen die Schadstoffe bis auf Bodennähe herabdrücken. Die Menschen leiden dann unter Augen-, Herz- und Atembeschwerden, und auch als Tourist ist man dann in der äußerst trockenen Luft schnell erkältet oder fängt sich einen Husten ein. Der IMECA-Index *(Índice Metropolitana de Calidad de Aire),* die Messung der Schadstoff-Konzentrationen in der Luft, wird täglich in der Presse und im Internet veröffentlicht (www.calidadaire.df.gob.mx). Der Bereich „mala" (schlecht) liegt zwischen 100 und 150 Punkten, *muy mala* ist die Kategorie 150 – 200 Punkte.

„Hoy No Circula“: Kfz – Fahrverbot

Wegen der Luftverschmutzung wurde 1989 eine Regelung eingeführt, wonach jedes Auto sowohl in Mexiko-Stadt als auch im gesamten MS-Großraum einmal in der Woche nicht fahren darf – genannt *hoy no circula.* Kontrolliert wird dies durch Zahlenfolien auf der Rückscheibe in fünf verschiedenen Farben und anhand der Endziffer des Nummernschildes. Fahrzeuge, deren Nummernkennzeichen mit folgenden Ziffern enden, haben Fahrverbot zwischen 5 und 22 Uhr:
Mo (Gelb): **5+6, Di** (Rosa): **7+8, Mi** (Rot): **3+4, Do** (Grün): **1+2, Fr** (Blau): **9+0**.
Erlaubt ist das Fahren am Samstag und Sonntag. Befreit sind neuere Fahrzeuge mit einem speziellen Emissons-Sticker.
Das Gesetz gilt auch für Mietwagen und Touristenautos, mit Polizeikontrollen ist zu rechnen!
Durch Androhung drakonischer Strafen scheint das System auch einigermaßen zu funktionieren, wenngleich sich Vermögende einfach ein weiteres Auto mit einer anderen Endziffer auf dem Nummernschild zulegten.

Fluchtpunkt Mexiko-Stadt

Der Stadtmoloch ist ein Supermagnet für Hoffnungslose. Tagtäglich treffen hier aus allen armen Regionen Mexikos ganze Heerscharen und Arbeitssuchende ein. Die Migranten lassen sich als sogenannte *paracaidistas* – „Fallschirmspringer“ – in den *colonias populares* am Stadtrand nieder und vermehren dort die Armut, der sie zu entfliehen hofften. Die Menschen kommen voller Erwartung, Leid und Entbehrungen sind sie gewöhnt. Um kleinsten Verdienstmöglichkeiten nachzugehen, sind sie täglich mit dem Bus häufig Stunden unterwegs und sie fühlen sich, weil sie ganz unten beginnen, als potentielle Aufsteiger: Irgendwann muss das Ziel, ein fester Arbeitsplatz und ein sicheres Einkommen und ein besseres Leben, erreicht sein. Die Behörden erarbeiteten Pläne und Strategien, potentielle Neubürger von einem Zuzug abzuhalten, doch sie nützten nicht viel, weil schon die Aussicht auf einen noch so geringen Verdienst – und auch das milde Klima im Hochtal von Mexiko – eine weit höhere Anziehungskraft ausüben als z.B. das feuchtheiße Klima planungsgeförderter Küstenzonen. Doch jetzt will man eine Stagnierung der Zuzügler-Zahlen festgestellt haben – vielleicht deshalb, weil sich immer mehr Mexikaner gleich in Richtung USA aufmachen …

– doch Apokalypse „no“ …

Es wäre aber einseitig, Mexiko-Stadt nur als urbane Endkatastrophe darzustellen. **Die Stadt funktioniert, hat sehr viele liebenswerte Seiten** und hält Überraschungen bereit, wie jeder bestätigen kann, der mal ein paar Tage hier war. Mexiko-Stadt ist nicht nur eine Umweltkatastrophe, sondern wird auch geprägt von der Vitalität und der Zuversicht der *capitalinos,* vom mexikanischen Glauben der Verbesserung der Verhältnisse, wenn man nur lange genug warten kann. Es werden große Anstrengungen unternommen um die Zustände und Lebensverhältnisse zu verbessern, freilich eben nur im Rahmen beschränkter Möglichkeiten. Trendwenden sind bemerkbar und eine hoffnungslose Apokalypse ist Mexiko-Stadt keineswegs.

Orientierung

Unkompliziert

Verglichen mit manch anderen Weltstädten findet man sich in Mexiko-Stadt sehr schnell zurecht, die Hauptsehenswürdigkeiten sind mit der Metro und im Zentrum zu Fuß erreichbar. Vielbesucht sind das **Centro Histórico** mit dem **Zócalo** und der Fußgängerstraße **Calle Madero** sowie die **Zona Rosa** im Westen. Südlich der Zona Rosa liegen die Viertel **Roma** und **Condesa.**

Knapp 1 km westlich vom Zócalo liegt der **Parque de Alameda** mit dem Kulturpalast *Bellas Artes* und *Torre Latinoamericana.* Vom Alameda-Park führt der überbreite *Paseo de la Reforma* nach Südwesten, vorbei an der **Zona Rosa** zum **Chapultepec-Park,** wo sich das **Anthropologi-**

sche Museum befindet. Die nördliche Verlängerung der Reforma führt vorbei am *„Platz der drei Kulturen"* zur **Basilika von Guadalupe** (7 km nördlich vom Zócalo). Im Süden der Stadt liegen die noch kolonialzeitlich geprägten „Vororte" **San Ángel** und **Coyoacán,** die **Universitätsstadt** und – ganz im Süden – **Xochimilco** mit seinen „Schwimmenden Gärten". Das Pyramiden-Ausflugsziel **Teotihuacán** liegt vom Zentrum aus etwa 50 km nordöstlich.

Durchschnitten wird Mexiko-Stadt in Nord-Süd-Richtung von der etwa 50 km (!) langen **Avenida Insurgentes,** benannt nach den Aufständischen von 1810, dem Beginn des Freiheitskampfs gegen Spanien. Sie unterteilt sich in „Insurgentes Norte", „Insurgentes Centro" und „Insurgentes Sur" (ab da, wo sie sich mit dem Paseo de la Reforma kreuzt, beim Denkmal des letzten Aztekenherrschers Cuauhtémoc).

Eine andere Orientierungsstraße in Nord-Süd-Richtung ist die **Lázaro Cárdenas** (*„Eje Central"* genannt, Zentralachse), die am Torre Latinoamericana und Bellas-Artes-Palast – in diesem Abschnitt heißt sie *J.R. de Alarcón* – sowie an der *Plaza de Garibaldi* vorbeiführt. Die große periphere Ringautobahn heißt *Anillo Periférico,* die innere *Circuito Interior* (jeweils abschnittsweise verschiedene Namen). *Viaductos* sind wichtige Durchgangsstraßen.

Adressenangaben / Colonias

Verwaltungstechnisch ist Mexiko-Stadt in 16 **Delegaciones** unterteilt, große Bezirke, die Namen haben wie *Cuauhtémoc* oder *Benito Juárez.* Diese sind wiederum in über 200 Wohnviertel, **Colonias** (Col.), unterteilt. Ohne den Namen einer Colonia ist es fast unmöglich, eine bestimmte Straße zu finden, da viele gängige Straßennamen gleich dutzend- wenn nicht 100fach existieren! Bei Adressen-Angaben also darauf achten. (**TIPP:** Um problemlos zum Hotel zurückzufinden, Hotel-Visitenkarte mitführen, auch Taxifahrer sind dafür dankbar). **Polanco** und **Lomas de Chapultepec** nördlich bzw. westlich des Chapultepec-Parks sind feinere Wohnviertel (viele Botschaften), das moderne *Santa Fé* liegt weit außerhalb im Südwesten an der Autobahn nach Toluca.

Öffnungszeiten

Mexiko-Stadt erwacht spät. Im Allgemeinen öffnen Geschäfte nicht vor 9 Uhr, die meisten haben von 10 bis 19 Uhr – ohne Siestapause – geöffnet. Samstags verkürzte Öffnungszeiten. Banken sind montags bis freitags von 9 bis 13.30 Uhr offen (Banamex und Bancomer auch bis 17 Uhr, je nach Filiale). Casas de Cambio haben am Sonntag zu! Behörden (**Botschaften**) haben **in der Regel nur vormittags Sprechstunde.** Planen Sie am Montag nicht in Kultur: die **Museen und viele andere öffentliche Gebäude sind geschlossen!**

Sicherheit

Mexiko-Stadt ist **nicht ungefährlich! Straßenkriminalität!** Wenn das Hotel an einer unbelebten Straße liegt oder von der Metrostation ein längerer Fußweg zum Hotel anzutreten ist – immer vorsichtig sein, **sicherheitshalber jedes Mal ein Taxi benutzen** (aber kein unlizenziertes – *taxi pirata* – nehmen!). Offizielle Taxis zeigen gut sichtbar die **Taxi-Lizenz** mit dem Kfz-Kennzeichen und den Taxifahrer-Ausweis mit Lichtbild. Wer sicher gehen will, telefoniert für die nächtliche Heimfahrt nach einem *Taxi sitio* bzw. einem *Taxi radio* oder lässt anrufen, anstatt auf eines auf der Straße zu warten. Alleinreisende Frauen sollten immer nur Sitio-Taxis nehmen und hinten sitzen. **Nicht unnötig Papiere (Pass), Kreditkarten, Flugticket, Bargeld etc. in Mexiko-Stadt spazierentragen –** die gehören in den Hotel- bzw. Zimmer-Safe. **Besonders auf der Hut sein im Gedränge der Metro,** in Metrostationen und auch in Bussen – das ist das Arbeitsgebiet von Taschendieben und Taschenschlitzern! Vorsicht um die **Plaza de Garibaldi** und im **Alameda-Park** bzw. in allen offenen Parks der Stadt. Die Hotelrezeption kann meist aktuelle Sicherheitshinweise geben. Weitere Tipps zum Thema Sicherheit s.S. 43ff.

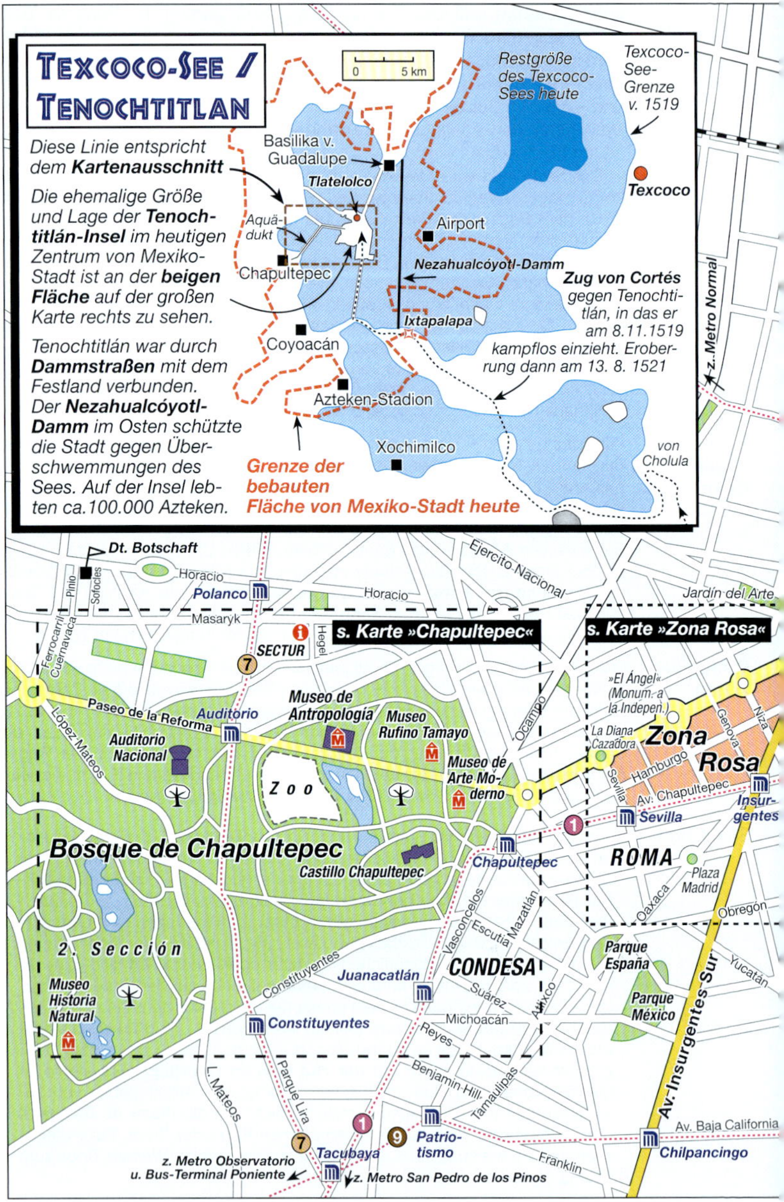
Texcoco-See / Tenochtitlan
Diese Linie entspricht dem Kartenausschnitt
Die ehemalige Größe und Lage der Tenochtitlán-Insel im heutigen Zentrum von Mexiko-Stadt ist an der beigen Fläche auf der großen Karte rechts zu sehen.
Tenochtitlán war durch Dammstraßen mit dem Festland verbunden. Der Nezahualcóyotl-Damm im Osten schützte die Stadt gegen Überschwemmungen des Sees. Auf der Insel lebten ca. 100.000 Azteken.
0 5 km
Restgröße des Texcoco-Sees heute
Texcoco-See-Grenze v. 1519
Texcoco
Basilika v. Guadalupe
Tlatelolco
Aquädukt
Airport
Chapultepec
Nezahualcóyotl-Damm
Zug von Cortés gegen Tenochtitlán, in das er am 8.11.1519 kampflos einzieht. Eroberung dann am 13. 8. 1521
Ixtapalapa
Coyoacán
Azteken-Stadion
Xochimilco
von Cholula
Grenze der bebauten Fläche von Mexiko-Stadt heute
Dt. Botschaft
Horacio
Pinio
Sofocles
Polanco
Horacio
Ejercito Nacional
Jardín del Arte
Masaryk
Hegel
SECTUR
s. Karte »Chapultepec«
s. Karte »Zona Rosa«
Ferrocarril Cuernavaca
Paseo de la Reforma
López Mateos
Auditorio
Auditorio Nacional
Museo de Antropología
Museo Rufino Tamayo
Museo de Arte Moderno
Zoo
Ocampo
»El Ángel« (Monum. a la Indepen.)
La Diana Cazadora
Zona Rosa
Genova
Niza
Hamburgo
Sevilla
Av. Chapultepec
Insurgentes
Sevilla
Bosque de Chapultepec
Castillo Chapultepec
Chapultepec
ROMA
Plaza Madrid
Oaxaca
Obregón
Vasconcelos
Escutia
Mazatlán
2. Sección
Parque España
Yucatán
Constituyentes
Juanacatlán
CONDESA
Suárez
Atlixco
Parque México
Museo Historia Natural
Constituyentes
Michoacán
Reyes
Av.-Insurgentes-Sur
L. Mateos
Parque Lira
Benjamin Hill
Tamaulipas
Av. Baja California
Tacubaya
Patriotismo
Chilpancingo
Franklin
z. Metro Observatorio u. Bus-Terminal Poniente
z. Metro San Pedro de los Pinos
z. Metro Normal

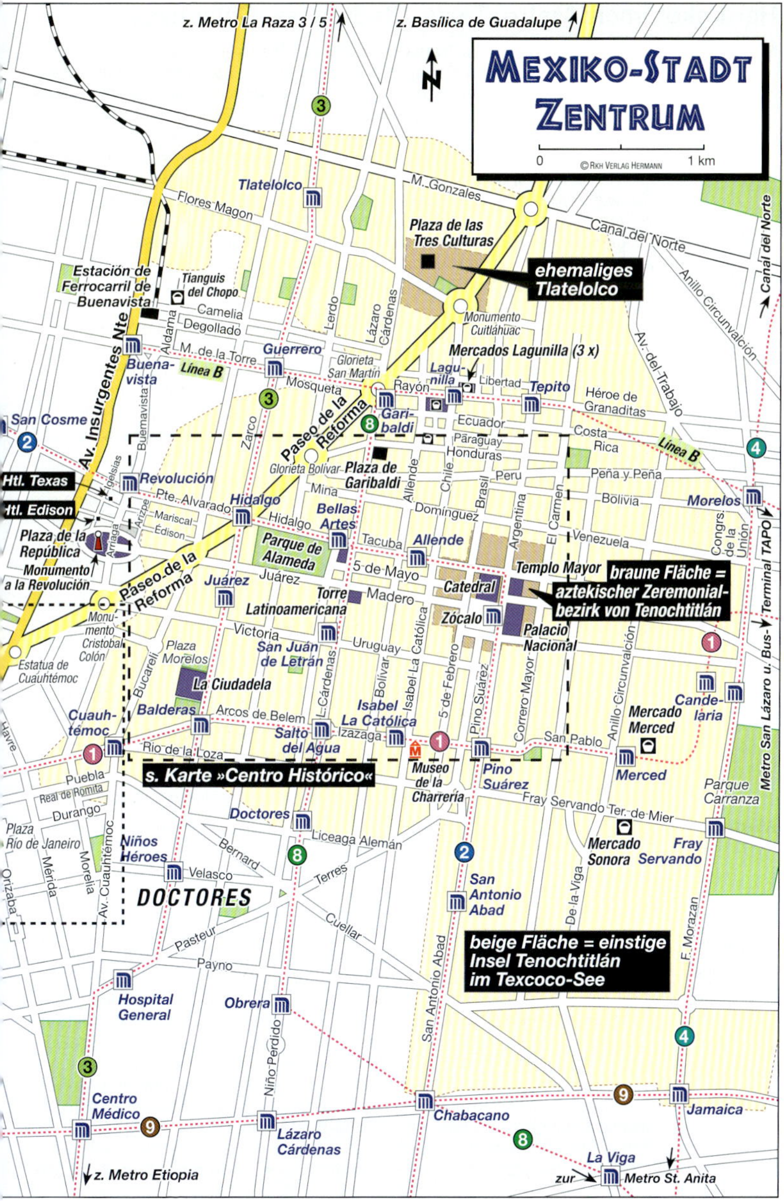
Mexiko-Stadt Zentrum
0
1 km
© Rkh Verlag Hermann
z. Metro La Raza 3 / 5
z. Basílica de Guadalupe
N
Tlatelolco
M. Gonzales
Flores Magon
Canal del Norte
Plaza de las Tres Culturas
ehemaliges Tlatelolco
Estación de Ferrocarril de Buenavista
Tianguis del Chopo
Camelia
Degollado
Aldama
Lerdo
Lázaro Cárdenas
Monumento Cuitláhuac
Anillo Circunvalación
Av. Insurgentes Nte
M. de la Torre
Guerrero
Glorieta San Martín
Mercados Lagunilla (3 x)
Av. del Trabajo
Buena-vista
Línea B
Mosqueta
Rayón
Lagu-nilla
Libertad
Tepito
Héroe de Granaditas
San Cosme
Paseo de la Reforma
Gari-baldi
Ecuador
Costa Rica
Línea B
Zarco
Buenavista
Paraguay
Honduras
Htl. Texas
Revolución
Glorieta Bolívar
Plaza de Garibaldi
Peru
Peña y Peña
Htl. Edison
Iglesias
Pte. Alvarado
Hidalgo
Mina
Allende
Chile
Brasil
Bolivia
Morelos
Mariscal
Edison
Hidalgo
Bellas Artes
Domínguez
Argentina
El Carmen
Venezuela
Congrs. de la Unión
Plaza de la República
Arriaga
Arizpe
Parque de Alameda
Tacuba
Allende
Monumento a la Revolución
Paseo de la Reforma
Juárez
Juárez
5 de Mayo
Templo Mayor
braune Fläche = aztekischer Zeremonial-bezirk von Tenochtitlán
Torre Latinoamericana
Madero
Catedral
Zócalo
Terminal TAPO
Monu-mento Cristobal Colón
Estatua de Cuauhtémoc
Plaza Morelos
Victoria
San Juan de Letrán
Uruguay
Palacio Nacional
Bucareli
La Ciudadela
L. Cárdenas
Bolívar
Isabel La Católica
5 de Febrero
Pino Suárez
Correro Mayor
Anillo Circunvalación
Cande-laria
Metro San Lázaro u. Bus-
Cuauh-témoc
Balderas
Arcos de Belem
Salto del Agua
Isabel La Católica
Izazaga
Mercado Merced
Havre
Rio de la Loza
San Pablo
Museo de la Charrería
Pino Suárez
Merced
s. Karte »Centro Histórico«
Puebla
Real de Romita
Fray Servando Ter. de Mier
Parque Carranza
Durango
Doctores
Liceaga
Alemán
Plaza Río de Janeiro
Niños Héroes
Mercado Sonora
Fray Servando
Bernard
Mérida
Morelia
Av. Cuauhtémoc
Orizaba
Velasco
Terres
DOCTORES
San Antonio Abad
De la Viga
Cuellar
Pasteur
beige Fläche = einstige Insel Tenochtitlán im Texcoco-See
F. Morazan
Payno
San Antonio Abad
Hospital General
Obrera
Niño Perdido
Centro Médico
Chabacano
Jamaica
Lázaro Cárdenas
La Viga
z. Metro Etiopia
zur
Metro St. Anita

Herumkommen: Metro, Taxis, Stadtbusse, Colectivos

Metro

Die Metro ist das Haupttransportmittel von Mexiko-Stadt – verlässlich, effizient und sehr billig **(5 Peso).** Hohe Zugfolge, im Zentrum im Minutentakt. Wachpersonal ist omnipräsent. Trotzdem im Gedränge auf **Taschendiebe** aufpassen, die in Gruppen arbeiten, Tasche bzw. **Tagesrucksack vor der Brust tragen.** In den Stoßzeiten, morgens zwischen 7.30 und 9.30 Uhr und abends von 17 bis 20.30 Uhr sind die *carros* übervoll, vor allem die der Hauptlinie 1 und auch 2 und 3 – das muss man erlebt haben! Und weil dann wirklich alle wie Sardinen zusammengepresst sind, ohne dass Gemaule und Geschrei zu hören wäre, hat man **für Frauen** zur Abwehr von Grapschern – besonders „begehrt" sind ausländische Touristinnen – extra Wagen reserviert *(„Solo Mujeres y Niños"),* meist vorne oder hinten am Zug. Der Zweck ist jedoch verfehlt, wenn bei der nächsten Station lauter Männer in den Frauenwagen steigen, wie es häufig der Fall ist.

Inklusive der Linien A und B gibt es **12 Líneas** (Linie 12 im Süden ist im Bau), mit denen nahezu alle Sehenswürdigkeiten der Stadt angefahren werden können. Auch die **vier großen Busterminals** und den Flughafen fährt die Metro an, s. Metro-Plan hier im Buch. Netzpläne **(„Red de Metro")** hängen in den Stationen und Zügen aus und es gibt sie auch an den Fahrkartenschaltern als kleine und kostenlose *folletos* zum Einstecken). Alles über die Metro auf **www.metro.df.gob.mx.**

Logo der Metro ist ein stilisiertes „M" **(s. Abb.),** eine *Correspondencia* ist eine Umsteigestation, eine *Estación de paso* eine normale Station, *Salida* der Ausgang, Bahnsteige heißen *Andenes*. Die richtige *Dirección* muss man sich – noch **vor** dem Passieren der Drehkreuze! – anhand des Namens der Endstation aussuchen (Analphabeten orientieren sich an den Pictogrammen und an den Farben der Linien). **Größeres Gepäck (Rucksäcke) mitzuführen ist offiziell nicht erlaubt,** wird aber fast immer toleriert, sofern man die Stoßzeiten meidet. **Betriebszeiten:** werktags ab 5 Uhr, samstags ab 6 Uhr, am Sonntag 7– 0.30 Uhr (Sa bis 1.30 Uhr). Am besten gleich 5 oder 10 *boletos* an der *taquilla* (Fahrkartenschalter) kaufen, so vermeidet man jedes Mal langes Anstehen. Die Tickets sind mit Magnetstreifen versehen und gültig für alle Distanzen und unlimitiertes Umsteigen. Ein *abono* lohnt nur für wirkliche Vielfahrer bzw. wer lange in Mexiko-Stadt bleibt (gültig dann auch für Stadtbusse).

Zum Metro-System gehören auch **Stadtbahnen,** sogenannte **Tren Ligeros.** Die Linie **L 1** fährt von Tasqueña nach **Xochimilco,** die **L 2** ist ein kurzer Seitenarm der L 1. Alle Infos auf www.ste.df.gob.mx/servicios/trenligero.html

Metrobús

Metrobús ist ein System moderner roter Stadtbusse, die auf festen Routen und auf Sonderspuren („Exclusivo Metrobús") in kurzer Taktfolge von 4.30–24 Uhr durch die Stadt rollen. Das Logo ist ein stilisiertes „MB" **(s. Abb.).** Auf breiteren Straßen, wo sich die Haltestellen in Straßenmitte mit erhöhten Zusteigsplattformen befinden, setzt man überlange Gelenkbusse ein. Das wieder aufladbare Ticket ist immer **vor** dem Einstieg an den dunkelgrauen Säulen zum Einheitspreis von 30 Peso zu lösen (keine Herausgabe von Wechselgeld). Es gibt 5 Linien. Die **Linie 1** fährt von der nördlichen Metrostation *Indios Verdes* (Metrolinie 3) 20 km durch die Stadt und durch die *Zona Rosa* bis nach Tlalpan im Süden (Metrobús-Endstation *El Caminero*). **Linie 2** pendelt von West und Ost, von der Metrostation Tacubaya auf der Eje 4 Sur bis zur Station Tepalcates der Metro-Línea A. Die **Linie 3** ist eine Nord-Süd-Verbindung von Tenayuca über La Raza zur Metro-3-Station *Etiopía.* Die **wichtige Linie 4** umkreiselt das *Centro Histórico* (Haltestellen s. Stadtplan „Centro Histórico") ab dem Buenavista-Bahnhof und fährt zum **TAPO-Busterminal** und zu den beiden Terminals des **Flughafens. Linie 5** fährt im Osten von N nach S bis San Lázaro (TAPO-Busterminal).– Alle weiteren Informationen: **www.metrobus.df.gob.mx**

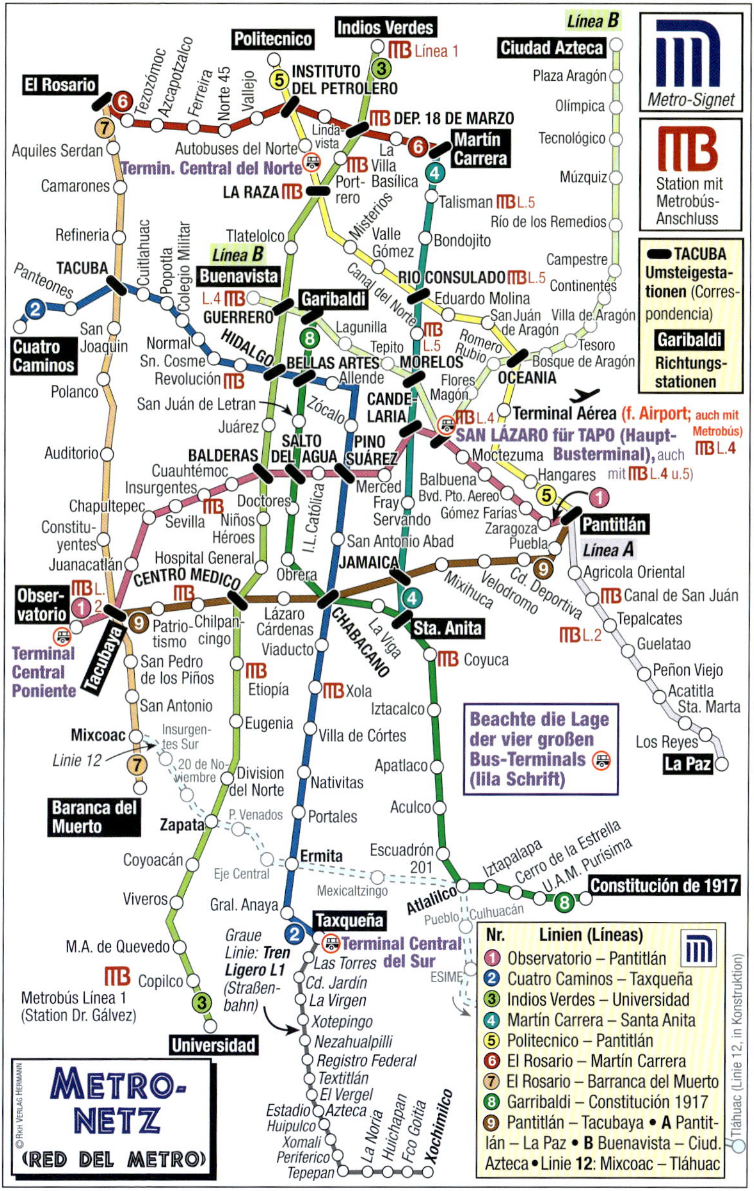

Mexiko-Stadt

Metro mit Kultur

Die Metro von Mexiko-Stadt ist eine Welt für sich. Ich benütze sie gerne. Sie ist sauber, sicher und interessant, und man kann – mit Musikberieselung – aufschlussreiche Studien treiben. Nicht nur beim Betrachten des nahezu grenzenlosen Spektrums mexikanischer Physiognomien aus allen Landesteilen, nein, in den zahllosen Gängen gibt es auch viel Kulturelles zu entdecken: Ausstellungen, Aztekenrelikte, Kunstwerke *(murales)* und Dutzende ständig wechselnde Sonderschauen zu allen möglichen interessanten Themen. Dafür zuständig in der Stadt ist ein extra Metro-Kulturprogramm, und über mangelnden Publikumsverkehr brauchen sich die Initiatoren bestimmt nicht zu sorgen – täglich strömen mehr als 5 Mio. Menschen in die Stationen. Attraktionen in Stationen sind z.B.:

■ **Zócalo** (Linie 2), ein Modell Tenochtitláns bzw. des früheren Tempelbezirks und das Centro im Laufe der Jahrhunderte. Im Gang bis zur Station Pino Suárez *(„Paseo entre libros")* kann man im Angebot von ca. 30–40 Buchhandlungen stöbern. In der Station **Pino Suárez** befindet sich ein prähispanischer Altar mit einem runden Aufsatz ■ In der Station **La Raza** werden im langen *Túnel de la ciencia* („Tunnel der Wissenschaft") zwischen den Linien 3 und 5 mittels Schwarzlicht eindrucksvoll das Firmament und wechselnde wissenschaftliche Leuchtfotos gezeigt ■ **Insurgentes** (Linie 1) ist gleichzeitig ein Einkaufszentrum ■ **Norte 45** (Linie 6) besitzt einen aztekischen Grabstein ■ **Bellas Artes** (Linien 2/8) zeigt Azteken-Statuen ■ In der Station **Hidalgo** (Linie 2) erschien im Juni 1997 einem *chicle*-Verkäufer Mexikos berühmte *Virgen de Guadalupe* (s.S. 610) in Form einer Wasserpfütze; ein kleiner Altar an einer Außenmauer erinnert an das Wunder. Alle Metrokultur-Stationen auf der Metro-Homepage, **www.metro.df.gob.mx**.

Die Metro ist das Hauptverkehrsmittel der kleinen Leute (die Begüterten stehen über der Erde mit ihren Autos im Stau), **der Fahrpreis war und ist immer billig.** Und für unzählige fliegende Händler *(ambulantes)* sind die Ein- und Ausgänge, Treppen und Korridore trotz Verbots Arbeitsplätze und Lebensgrundlage. Auch in den Waggons wird alles mögliche und unmögliche angeboten, tragen Sänger Lieder vor, murmeln Blinde Gebete, verlesen Wahrsager dein Horoskop. Bewundernswert, wie keiner sich aufregt und höflich bleibt, trotz des Stresses im dichten Gedränge.

Mit dem Bau der Metro wurde Anfang 1960 begonnen, in Betrieb gingen die ersten Linien 1969. Züge und Technik kamen ursprünglich aus Frankreich. Wegen des höchst unsoliden Baugrunds hatten U-Bahn-Firmen aus aller Welt es abgelehnt, an dem Projekt mitzuarbeiten. So bauten die Mexikaner alleine. Sie versenkten fertige Tunnelsegmente und schlossen sie zu einem Röhrensystem zusammen, das dank seiner elastischen Einbettung auch weitgehend erdbebensicher ist. Heute ist das Streckennetz 250 Kilometer lang und es fahren über 2000 Wagen. Aus- und zugestiegen werden kann an über 175 Stationen. Nach Tokio und Moskau ist es die drittgrößte Metro der Welt.

Taxis

Durch die Straßen von Mexikos-Stadt fahren weit über 100.000 Taxis diverser „Gattungen", darunter auch nichtregistrierte bzw. illegale private. Diese unbedingt meiden! Neue strenge Gesetze sollen jetzt diesen „Taxis piratas", in den wiederholt Fahrgäste ausgeraubt wurden, den Garaus machen! Also Fahrteinladungen ablehnen und in keines zusteigen, in dem schon jemand sitzt.

Ein offizielles Straßentaxi, **ein Taxi libre,** ist identifizierbar an seinem weißen Dachreiter mit Aufschrift „TAXI", an der speziellen gold- und burgunderroten Lackierung, dem Schriftzug „Taxi" auf Fahrer- und Beifahrertür nebst fünfstelliger Zulassungsnummer mit vorangestelltem „A" oder „B", die mit dem Nummernschild identisch sein muss.

• **Taxis de Sitio** und **Taxis Radio,** die Funk an Bord haben, gehören zu autorisierten Taxiunternehmen. Sie operieren von Standplätzen, *sitios,* aus. Sie sind teurer als die anderen, dafür sehr sicher, bei Nachtfahrten sollte man nur diese benutzen, besonders Frauen. Ein *Taxi de Sitio* kann auch stundenweise gemietet werden. Einige Firmen: *Radio Maxi Seguridad,* Tel. 5768-8557 u. 5552-1376 • *Taxi Mex,* Tel. 9171-8888 u. 5634-9912 • *Taxis Radio Unión,* Tel. 5514-8124 • *Sitio Parque México,* Tel. 5286-7129 u. 5286-7164. Wer ein Taxi übers Hotel oder von einem Restaurant bestellen lässt – was immer der beste Weg ist, denn diese arbeiten mit verlässlichen Unternehmen zusammen – sollte sich vorab den Preis für das Ziel nennen und ihn vor Fahrtantritt nochmals bestätigen lassen.

• **Airport-Taxis – „Transportación Terrestre"** – sind gelb-weiß oder gelb lackierte Wagen mit Flugzeug-Logos auf den Türen.

• **Taxi Turismo** oder Hotel-Taxis, meist dicke amerikanische Limousinen, warten bevorzugt vor (Touristen-)Hotels und kosten ein Mehrfaches als normale Taxis. Dafür sind Ihnen die Fahrer persönlich verpflichtet und können häufig etwas Englisch. Man kann diese Wagen auch stundenweise mieten.

• **Taxi-Tipps:** Im Vergleich zu Deutschland sind die Fahrpreise in Mexiko-Stadt erschwinglich. Beim Start ab Hotel ein Taxi vorbestellen, denn bis an der Straße ein leeres anhält, kann im Zentrum in Stoßzeiten lange dauern! Noch **vor** dem Einsteigen dem Fahrer das Ziel sagen. Sollte der Wagen ausnahmsweise keinen Taximeter *(taxímetro)* haben oder dieser nicht eingeschaltet sein, vorab den Fahrpreis festsetzen. Bei Fahrtende den Betrag am besten abgezählt parat halten, denn *taxistas* scheinen in ganz Mexiko grundsätzlich kein Wechselgeld zu haben. Nachtfahrten kosten meist 20–25% mehr. Bei entfernten Straßen sich darauf einstellen, dass der Fahrer oft nicht sofort hinfindet. Bei Problemen die Taxi-Lizenznummer bzw. die Wagennummer notieren und die aufgeführte Beschwerdestelle anrufen.

Sammelbusse (Colectivos)

... heißen in Mexiko-Stadt *Peseros* (weil sie früher mal nur einen Peso kosteten), *Microbuses (Micros), Combis* oder *Rutas,* weil sie auf festen Routen verkehren. Es sind Abertausende klein- und mittelgroße Busse, die ständig entlang der Haupt- und Durchgangsstraßen verkehren, wie z.B. auf dem *Paseo de la Reforma,* auf der *Avenida Insurgentes, Av. Eje Lázaro Cárdenas, Av. Juárez* u.a. Straßen mehr. Man erkennt sie an ihrer grau-grünen Lackierung (oben/unten). Sie haben z.T. feste Haltestellen (blaues Zeichen mit einem Bus-Piktogramm), doch man muss sie auch dort per Handzeichen stoppen. Sehr billig – nachts ein wenig mehr –, häufig überfüllt, und ob es schnell vorangeht, hängt vom Verkehrsgewühl ab. Ihre **Fahrziele orientieren sich meist an größeren Metrostationen** (s. Metro-Piktogramme), wie z.B. *Metro Chapultepec,* **oder an Metro-Endstationen,** wie z.B. im Norden *La Villa* oder *Indios Verdes* oder im Süden *Universidad* oder *San Ángel.* Die Namen der Zielrichtungen oder ihre Routen (z.B. „Ruta 22") sind an der Frontschutzscheibe und an der Seite angeschrieben. Auf der Straße Ausschau halten wo bereits Leute warten und fragen – *„pasa por ...?"* (plus Name des Ziels). Beim Einsteigen Kleingeld bereithalten, fürs Aussteigen *„bajan!"* rufen. Auf Touristen-Routen vor Taschendieben vorsehen!

Stadt- und Trolleybusse

Große Stadtbusse verkehren in Mexiko-Stadt relativ wenige, auch hier empfiehlt es sich, an den Haltestellen – *paradas* – zuvor jemanden nach dem Fahrziel fragen. Die Nummern der Busse verraten die grobe Fahrtrichtung. Gerade Zahlen: Fahrtrichtung Ost–West, ungerade Zahlen: Fahrtrichtung Nord–Süd. Entlang der Av. Insurgentes fahren „Ciudad Universitaria"-Busse nach Süden, „La Villa"-Busse in Richtung Norden bis zur Basilika Guadalupe. Sie sind so billig wie Metrotickets. Informationen auf der Seite des Transportministeriums *Red de transporte de pasajeros del D.F,* **www.rtp.gob.mx,** Routen der Busse auf www.rtp.gob.mx/red_rutas.html.

Trolebús: Auf der *Eje Central* (= Lázaro Cárdenas) fahren zwischen dem südlichen und nördlichen Busterminal (*Central del Norte* und *Central del Sur*) große, orangefarbene (Express: grüne) **Trolley- bzw. Oberleitungsbusse.** Im Zentrum/Alameda kann man beim Torre Latinoamericana zu- und aussteigen, Stopps auch an der *Plaza de las Tres Culturas* und *Plaza Garibaldi.* Homepage Trolebús: www.ste.df.gob.mx/servicios/lineas.html. – **Metrobús** s.o.

Sehen und Erleben – Überblick

Nur wenige Weltstädte präsentieren ihre Geschichte so eindrucksvoll und kompakt wie Mexiko-Stadt. Das Angebot der Sehenswürdigkeiten aus vielen Epochen und Jahrhunderten ist überwältigend, man bräuchte Wochen, um alles kennenzulernen. Für Kunst- und Kulturfreunde gibt es über 150 Museen, 100 Galerien und 71 Theater. Nachfolgend die **Hauptattraktionen der Stadt** in (subjektiver) Rang-Reihenfolge, das Anthropologische Museum gehört ebenfalls noch zur ersten Wahl.

■ *Blick auf den Zócalo, Nationalpalast und die Kathedrale vom Torre Latinoamericana*

Das Centro Histórico

… ist das kompakte, geschichtsträchtige Herz der Stadt (UNESCO-Weltkulturerbe) zwischen Zócalo und Alameda-Park. Dort gibt es Dutzende historische Bauten, Klosterkirchen, Museen u.a. interessante Dinge mehr. Highlights sind **Zócalo, Catedral Metropolitana, Palacio Nacional und Templo Mayor.** Baumaterial für viele Kolonialpaläste und -häuser war das graue Vulkangestein *cantera,* bei einigen Gebäuden oder auch nur Fassadenteilen verwendete man den dekorativen *tezontle,* ein hell- bis dunkelrotes, poröses Vulkangestein. Hausfassaden sind z.T. mit farbigglasierten Fliesen, *azulejos,* verblendet.

Parque de Alameda

In und um den kleinen Stadtpark westlich vom Zócalo liegen der Aussichtsturm **Torre Latinoamericana, Palacio de Bellas Artes** (Aufführungen des *Ballet Folklórico de México*), *Museo Mural Diego Rivera, Museo Franz Mayer,* **Casa de los Azulejos** und *Palacio de Correo* (Hauptpost).

Paseo de la Reforma

Dies ist die achtspurige Hauptverkehrsader der Stadt. Sie verbindet den Alameda-Park mit dem Chapultepec-Park. Entlang der Prachtstraße reihen sich internationale Hotels, Hochhäuser, Banken, Geschäfte und Botschaften und auf überdimensionierten Verkehrsrondells *(glorietas)* stehen Denkmäler und monumentale Säulen. Nördlich der Reforma ragt der Klotz des **Monumento a la Revolución** auf.

Die Zona Rosa

… ist das Touristen-Viertel der Stadt südlich des Paseo de la Reforma mit „allem“: Luxus-Hotels und Geschäfte, gute Restaurants und Cafés, Galerien, Boutiquen, Nachtleben etc. Die Straßen – einige sind Fußgängerzonen – tragen die Namen europäischer Städte. Historisch Relevantes findet man hier, außer den Resten des Azteken-Aquädukts, nicht.

Bosque de Chapultepec

Der Park ist die „grüne Lunge“ der Stadt und Erholungsgebiet der *capitalinos.* Der „Heuschreckenhügel“, was „chapultepec“ auf aztekisch heißt, liegt am Ende des Paseo de la Reforma. Top-Attraktion ist das berühmte **Museo Nacional de Antropología** und sehenswert ist auch das *Castillo de Chapultepec,* welches das *Museo Nacional de Historia* beherbergt.

Weiter weg v. Zentrum liegen …

Etwa 7 km nördlich vom Zócalo liegt das meistbesuchte religiöse Zentrum Mexikos, die **Basílica de Guadalupe** mit dem Bildnis der Jungfrau Maria. Alljährlich findet dort am 12. Dezember ein riesiges Fest statt.

Rund 10 km südlich des Zentrums liegen die Vorstädte **San Ángel** (samstags *Bazar del Sábado*) und **Coyoacán** (koloniale Architektur, entspannte Atmosphäre), die Universitätsstadt *Ciudad Universitaria* (13 km) mit dem Olympia-Stadion und **Xochimilco** (20 km), die Touristenattraktion mit buntbemalten Booten in den Wasserkanälen der „Schwimmenden Gärten“ (viel Betrieb ist an Wochenenden; in den trockenen heißen Sommermonaten unattraktiv wegen Verschlammung).

Tipps zu den Touren durch die Stadt

Die nachfolgenden Touren **Centro Histórico** und **Parque de Alameda** können zu Fuß bewältigt werden. Im Centro Histórico kann man sich mit grünen Fahrrad-Rikschas *(cyclo-taxis)* herumkutschieren lassen, sie parken am Zócalo. Die Calle **Madero** ist **Fußgängerzone** vom Zócalo bis zum Palast Bellas Artes. Sonntags ist es in der Innenstadt relativ ruhig, **montags sind fast alle staatlichen Museen geschlossen** (die Seite www.museosdemexico.org verlinkt so ziemlich auf jedes wichtige Museum in Mexiko-Stadt. Zur Besichtigung des Nationalpalasts den Pass (oder Kopie) mitnehmen. Die Höhenlage der Stadt nicht unterschätzen, nicht zuviel auf einmal vornehmen.

Sightseeing-Touren

Turibus

Viele Touristen besteigen zur Stadtbesichtigung den roten Doppeldecker-**Turibus,** der als „Hop-off, Hop-on“-Bus durch die wichtigsten Viertel fährt. Aus- und Zusteigepunkte gibt es am Zócalo, am Alameda-Park, in der Zona Rosa und in den Vierteln Condesa und Roma.

Startpunkt ist am Zócalo gleich westlich der Kathedrale (Plan F3), Abfahrt ab 9 Uhr. Beliebt ist der „Circuito Centro Histórico – Chalpultepec“ mit 21 *Paradas* (Haltestellen; s. ovale Markierungen mit Text „TURIBUS“ in den Stadtplänen „Centro Histórico“, „Zona Rosa“ und „Chapultepec“). Auch ein Tipp, um z.B. vom Zócalo zum Anthropologischen Museum zu gelangen. Dauer einer Runde ohne Pausen ca. 3 Stunden, Zusteigefrequenzen alle 30–40 Minuten, in der Hochsaison auch kürzer. Erklärungen unterwegs mittels Ohrhörer, auch auf Deutsch. Je nach Jahreszeit ist es aber eine windige, kalte und sonnenintensive Angelegenheit, Vorsorge treffen. Preis derzeit 125 Ps Mo–Fr, an Wochenenden/Feiertagen 145 Ps. Drei Tour-Routen, auch in den Süden der Stadt. Details auf www.turibus.com.mx.

Tranvía / Trenecito

Gemächlicher fährt man mit der **Tranvía** *(Trenecito),* einem motorisierten Straßenbahnwagen, durch die historischen Straßen des Centro. Abfahrten links vor dem Palacio Bellas Artes (Plan D3). Sonntags um 10 Uhr/Dauer 2 h (150 Ps) und Mo–So 10 Uhr/Dauer 45 Minuten, 100 Ps. Infos Tel. 5491-1615.

Touristenführer

Ein erfahrener, mir persönlich bekannter und staatlich geprüfter **Touristenführer** ist der englischsprachige *Francisco Grajales* („Paco“), der für ca. 50 Euro pro Tag (Gruppen bis zu 10 Personen) Fremden seine Stadt zeigt. Tel. 5762-5011 (von D: 0052-55-57625011), eMail: tobi_df_15621@yahoo.com.

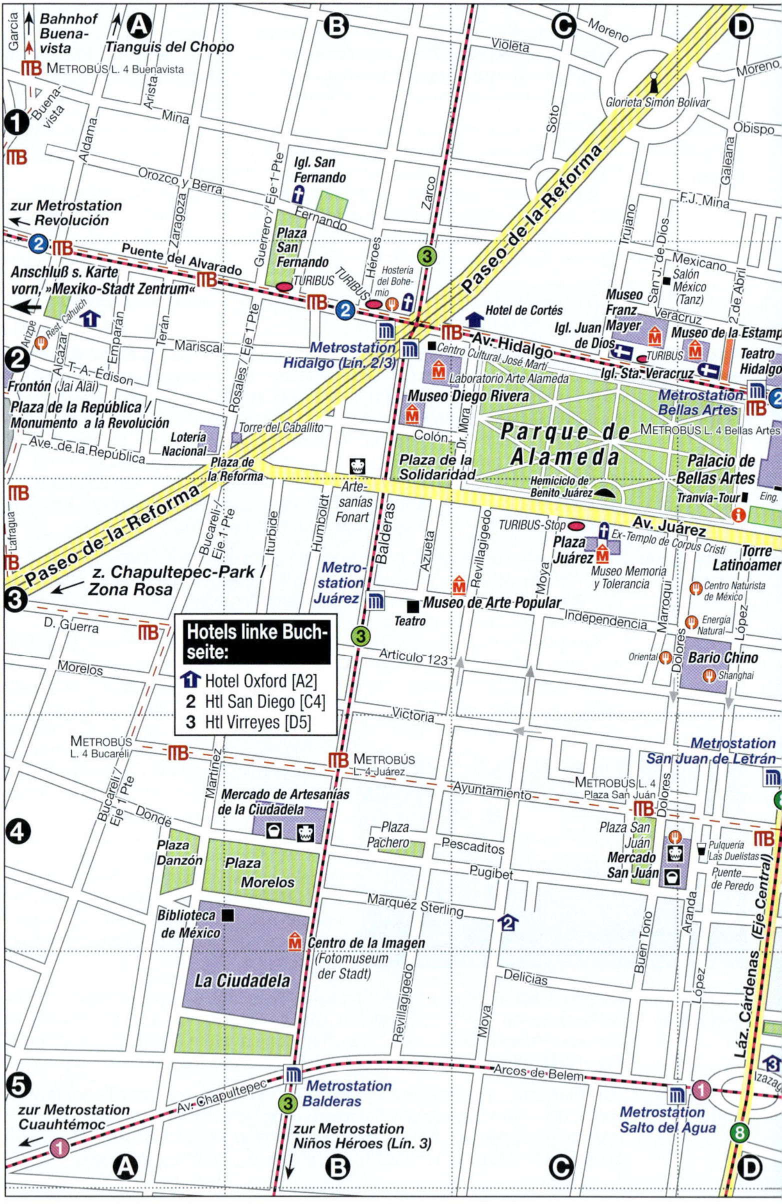

Bahnhof Buenavista
Tianguis del Chopo
Metrobús L. 4 Buenavista
Moreno
Violeta
Glorieta Simón Bolívar
Obispo
Mina
Orozco y Berra
Aldama
Arista
Buenavista
García
Soto
Galeana
Igl. San Fernando
Fernando
Zarco
Paseo de la Reforma
F.J. Mina
zur Metrostation Revolución
Puente del Alvarado
Zaragoza
Guerrero / Eje 1 Pte
Plaza San Fernando
Héroes
Hostería del Bohemio
TURIBUS
Trujano
San J. de Dios
Mexicano
Salón México (Tanz)
2 de Abril
Anschluß s. Karte vorn, »Mexiko-Stadt Zentrum«
Rest. Cahuich
Arizpe
Alcázar
Emparán
Terán
Mariscal
Rosales / Eje 1 Pte
Metrostation Hidalgo (Lín. 2/3)
Hotel de Cortés
Av. Hidalgo
Museo Franz Mayer
Veracruz
Igl. Juan de Dios
Museo de la Estampa
Teatro Hidalgo
Igl. Sta. Veracruz
Centro Cultural José Martí
Laboratorio Arte Alameda
T. A. Edison
Frontón (Jai Alai)
Plaza de la República / Monumento a la Revolución
Museo Diego Rivera
Metrostation Bellas Artes
Metrobús L. 4 Bellas Artes
Torre del Caballito
Lotería Nacional
Colón
Dr. Mora
Parque de Alameda
Ave. de la República
Plaza de la Reforma
Plaza de la Solidaridad
Hemiciclo de Benito Juárez
Palacio de Bellas Artes
Tranvía-Tour
Eing.
Artesanías Fonart
Lafragua
Iturbide
Humboldt
Bucareli / Eje 1 Pte
Balderas
Azueta
Revillagigedo
TURIBUS-Stop
Av. Juárez
Plaza Juárez
Ex-Templo de Corpus Cristi
Torre Latinoamericana
Moya
Museo Memoria y Tolerancia
z. Chapultepec-Park / Zona Rosa
Metrostation Juárez
Museo de Arte Popular
Teatro
Marroquí
Centro Naturista de México
López
Independencia
Energía Natural
D. Guerra
Hotels linke Buchseite:
1 Hotel Oxford [A2]
2 Htl San Diego [C4]
3 Htl Virreyes [D5]
Articulo 123
Oriental
Dolores
Bario Chino
Shanghai
Morelos
Victoria
Metrobús L. 4 Bucareli
Metrobús L. 4 Juárez
Metrostation San Juan de Letrán
Martínez
Ayuntamiento
Metrobús L. 4 Plaza San Juán
Mercado de Artesanías de la Ciudadela
Bucareli / Eje 1 Pte
Dondé
Plaza Pachero
Plaza San Juán
Pulquería Las Duelistas
Plaza Danzón
Plaza Morelos
Pescaditos
Mercado San Juán
Pugibet
Puente de Peredo
Marquéz Sterling
Biblioteca de México
Centro de la Imagen (Fotomuseum der Stadt)
Buen Tono
Aranda
La Ciudadela
Delicias
Láz. Cárdenas (Eje Central)
Revillagigedo
Moya
López
Arcos de Belem
Izazaga
Av. Chapultepec
Metrostation Balderas
zur Metrostation Cuauhtémoc
zur Metrostation Niños Héroes (Lín. 3)
Metrostation Salto del Agua

Centro Historico
© RKH Verlag Hermann
0 200 m
Fußgängerzonen
MB = METROBÚS Línea 4
Gestrichelte Linien = Ehemalige Lage und Bauten des aztekischen Zeremonial-Bezirks
Hotels
5 Hotel Azores [F2]
6 Hotel Catedral [F2]
7 Mex. City Hostel [F2]
8 Hostel Mundo Joven Catedral [F2]
9 Hotel Zamora [F3]
10 Hotel Gillow [E3]
11 Hotel Rioja [E3]
12 Hotel Canadá [F3]
13 Htl. San Antonio [F3]
14 Htl. Holiday Inn [F3]
15 Htl. Amigo Zócalo [G3]
16 Hotel Ritz [E3]
17 Hotel Majestic [F3]
18 Grand Hotel Ciudad de México [F3]
19 Ht. NH Centro Histórico [F4]
20 Hotel Monte Carlo [E4]
21 Hotel Isabel [E4]
Merc. San Camilito
Pulquería Familiar
Fondas Merc. Camilito
El Tenampa
Saloon Tequila & Beer
z. Mercado La Lagunilla
Honduras
Plaza de Garibaldi
Guadalajara de Noche
Plaza de Montero
z. Metrostat. Garibaldi / Línea B
Lázaro Cárdenas
Allende
Incas
Perú
Arena Coliseo
(Catchen, »Lucha libre«)
Aztuna
Aparto
Valle
Brasil
Bolivia
Ex-Convento Santo Domingo
Lazarin
Chile
Iglesia Santo Domingo
Rest. Hosteria Santo Domingo
Colombia
Argentina
Palacio de Inquisición u. Museo de la Medicina Mexicana
B. Domínguez
Plaza Santo Domingo
METROBÚS L. 4
Portal de los Evangelistas
Igl. La Encarnación
SEP (Secretaría de Educación Pública)
Venezuela
Metrostation Bellas Artes
Calle de 57
Cuba
Teatro de la Ciudad de México
Rest. Gallos Centenario
La Palma
Casa Malinche
Lafol
Obregón
METROBÚS L. 4 z. Flughafen über San Lázaro
San Ildefonso
Antiguo Colegio de San Ildefonso
Museo Nacional de Arte (MUNAL)
Marconi
Donceles
Xicoténcatl
El Caballito
TURIBUS
Café de Tacuba
Rest. Girasoles
Metrostation Allende
Museo de la Caricatura
Pasaje Catedral
CC España
La Casa de las Sirenas
Ruinas y Museo Templo Mayor
J. Sierra
El Carmen
Palacio de Minería
Jardín de la Triple Allianza
Museo del Ejército
Tacuba
Taxis u. TURIBUS
Bäckerei La Vasconia
Guatemala
Condesa
Alarcón
F. Mata
Motolinia
1a Cerrada de 5 de Mayo
México Viejo
Eing. Museo
Seminario
Café La Pagoda
Bar El Museo
Bar La Opera
R. Vegetariano
5 de Mayo
Rest. Potzollcalli
Monte de Piedad
Catedral
Casa de los Azulejos
Libr. Madero
Buch Gandhi
Café El Popular
Antiguo Arzobispado/Museo Hacienda y Crédito Público
Sanborns
Palacio de Iturbide
Zinco Jazz Club
2a Cerrada de 5 de Mayo
Monte de Piedad
Sagrario-Kirche
Tenochtitlán-Modell
Museo J.L. Cuevas
Cambios
F. Madero
Vegetariano Madero
Verdad
Moneda
San Francisco
Global Books
American Bookstore
Casa Borda
Zócalo
Ex-Convento San Francisco
Gante
Bolívar
Mus. del Estanquillo
MIXUP/ Ticketmaster
Hotel Majestic
Zócalo (Plaza de la Constitución)
Museo Nacional de las Culturas
Pastelería Ideal
Pasagüero
Palacio de los Condes de Miravalle
La Terraza del Conquistador
Palacio Nacional
Correo Mayor
Academia
Pórtico de la Ciudad (Bücher)
Ticketmaster
16 de Septiembre
Casa Boeker (Sanborns)
»Turismo Zócalo« (Bus-Tickets)
Gran Hotel Cd. de México
Palacio San Mateo de Valparaíso
Antiguas Departamentos del D.F.
Acequia Real (zugeschütteter Kanal)
Ven. Carranza
Cantina Gallo de Oro
Kaufhäuser El Palacio de Hierro und Liverpool
Suprema Corte de Justicia
Corregidora
Castellanos
Uruguay
Rest. Rincón Mexicano
Rest. El Danubio
Isabel La Católica
5 de Febrero
Tenochtitlán-Denkmal
Pino Suárez
Tabaqueros
Yucatán
Carranza
Salvador
METROBÚS Eje Central
Igl. San Felipe Neri
Antigua Biblioteca Nacional
20 de Noviembre
Pasaje Pino Suárez
Eingang Iglesia
Museo de la Ciudad de México
Uruguay
Las Cruces
METROBÚS Isabel La Católica
Meave
Aldaco
METROBÚS L. 4 Las Cruces
Vizcaínas
Colegio de las Vizcaínas
Iglesia y Hospital de Jesús
Gedenktafel für Cortés
Salvador
Mesones
Regina
San Jerónimo
z. Restaurante Chon einen Block
Metrostation Isabel la Católica
Izazaga
Museo de la Charrería
Metrostation Pino Suárez
San Pablo
zur Metrostation San Antonio Abad
Metrostation u. Mercado la Merced
MB L. 4

Centro Histórico

Zócalo-Platz

Ausgangspunkt zur Besichtigung der historischen Altstadt ist der Zócalo (Anfahrt mit Metro 2, *Zócalo*). Westlich der Kathedrale und östlich der Sagrario-Kirche stehen offizielle Info-Kioske, **Módulos de Información** genannt (Plan F3, s. Piktogramm „i" im Kreis, 9–18 Uhr), wo man eine detaillierte kostenlose Stadt-/Metrokarte des Zentrums sowie der Viertel Chapultepec, Zona Rosa, Coyoacán und San Ángel bekommt. Noch ausführlicher und größer ist die rote Karte *Mapa Turístico Ciudad de México* von *Guía Roji,* erhältlich in Buchhandlungen für ca. 100 Ps.

In der **Metrostation Zócalo** gibt es ein Modell Tenochtitláns bzw. des früheren Tempelbezirks. Eine unterirdische Passage mit vielen Buchläden („Paseo entre libros", s.u.) führt nach Süden zu dem Platz beim *Museo de la Ciudad de México* bzw. bei der *Iglesia de Jesús* (Plan G4).

Zócalo heißt „Sockel" oder „Podest", der Name geht zurück auf das Fundament eines 1843 von der Regierung des Generals Santa Ana geplanten gewaltigen Denkmals zur Unabhängigkeit Mexikos. Als Santa Ana wenig später abgesetzt wurde, war erst der Sockel fertiggeworden, der dann noch lange Zeit nutzlos herumstand und später entfernt wurde. Inzwischen hatte sich der Spitzname *zócalo* für den Platz durchgesetzt und wurde zum Inbegriff des städtischen Zentralplatzes in ganz Mexiko.

Offiziell heißt der Zócalo **„Plaza de la Constitución",** Platz der Verfassung. Mit einer Breite von 220 x 240 Meter ist es Amerikas ältester und größter Stadtplatz. Trotz seiner wenig einladenden, asphaltgrauen Fläche ist er ein Symbol mexikanischer Identität und das Machtzentrum des Landes: die Ostseite wird über die gesamte Breite vom **Palacio Nacional** eingenommen, im Norden ragt die größte **Kathedrale** Lateinamerikas auf, in der Mitte des Platzes steht ein riesiger Fahnenmast und unter dem Asphalt liegt die Geschichte Mexikos – denn hier befand sich einst das Herz der schönen aztekischen Metropole **Tenochtitlán,** aus deren Trümmern die Spanier ihre neue Hauptstadt *Méjico* erbauten. Ausgegraben wurden die Fundamente des *Templo Mayor* gleich nordöstlich vom Zócalo (s.u. „Templo Mayor").

■ *Die Kathedrale an der Nordseite des Zócalo. Rechts im Hintergrund eine Ecke des Nationalpalasts*

■ *Concherotänzer, im Hintergrund die Ostseite der Sagrario-Kirche*

Im 18. und 19. Jahrhundert befand sich auf dem Zócalo ein großes Marktgebäude und noch zu Beginn des 20. Jahrhunderts verschönte ihn eine Parkanlage. Er ist immer noch wichtigster Festplatz, aber auch Aufmarschfläche und Präsentationsbühne, z.B. für **Conchero-** und andere Tanzgruppen, für Militärparaden und politische Demonstrationen. Fast immer pran-gern irgendwo Arbeiter, Studenten oder Bauern aus weit entfernten Provinzen mit Spruchbändern oder mit Zelten Ungerechtigkeiten und Elend an. Fliegende Händler *(ambulantes)* halten in den Randzonen jeden freien Quadratmeter besetzt, Arbeitslose bieten an der Kathedrale handwerkliche Dienste an. Besonders „eng" wird es alljährlich in der Nacht vor dem Unabhängigkeitstag am 16. September, wenn der Präsident vom Balkon über dem mittleren Eingangsportal des Nationalpalasts den *„Grito de Dolores",* den „Unabhängigkeitsschrei" ausstößt und Hunderttau-sende mit *„viva México"* antworten (s.u., „Spezielle Feste in Mexiko-Stadt"). Vor Weihnachten bis in den Januar hinein kann in einem eigens dafür aufgebauten Eislaufzelt jedermann Schlittschuh laufen.

Die **Westseite** des Platzes säumen weitere koloniale Prachtbauten. Vom Dachterrassen-Restaurant „La Terraza" des *Hotels Majestic* an der Ecke Calle Madero ergibt sich vom 6. Stock ein toller **Blick von oben,** ebenfalls vom *Gran Hotel de México* an der Ecke Calle 16 de Septiembre oder vom Restaurant/Dachcafé des Hotels *Holiday Inn,* Ecke 5 de Mayo (mann muss etwas konsumieren). Ins traditionsreiche *Gran Hotel Ciudad de México* sollte man reinschauen, denn dort spannt sich über der Lobby mit seinem schmiedeeisernen Aufzug eine herrliche Jugendstil-Glaskuppel, Szene-Location im Film „Frida", als Diego Rivera in Paris war.

Die **Südseite** des Zócalo wird begrenzt von den zwei *Departamentos del Distrito Federal* (Rathäuser des Bundesdistrikts), das ältere (westliche) ist von 1724 und heißt *Antiguo Ayuntamiento.*

Einkaufsstadt Ciudad de México

In Mexiko-Stadt findet man alles, die Auswahl ist unendlich groß. Schon Cortés berichtete, dass in Tenochtitlán **in jeder Straße bestimmte Waren** gehandelt wurden. Dieses Prinzip hat sich bis heute erhalten: so gibt an der Westseite des Zócalo und in der Madero viele Juweliere *(Joyeros)* für Gold- und Silberschmuck (und in der Calle Argentina, Plan G2), in der Calle Chile konzentrieren sich Läden auf Hochzeitskleider, in der Donceles (Plan F2) findet man Buchantiquariate, in denen man auch uralte deutsche Romane in Originalausgaben finden kann, und es gibt auch eine Straße für Musikinstrumente. Gleich südlich vom Zócalo befinden sich in der Carranza zwei große Kaufhäuser, *El Palacio de Hierro* und *Liverpool.* Das Einkaufsparadies des Volkes sind aber die **Straßenmärkte,** ganze Straßenzüge, wie die **Calle Moneda** nördlich des Regierungspalastes werden tagsüber komplett von Händlern und Kleinstanbietern okkupiert und zugestellt (dafür deklarierte die Obrigkeit andere Straßen, wie z.B. die **Fußgängerstraße Madero,** zu „händlerfreien Zonen"). Akustisch „bereichert" werden die Straßenmärkte durch lautstarke CD-Verkaufstände und nostalgische **Leierkastenmänner (Foto),** deren vertraut klingende Drehorgeln die Aufschrift „Schönhauser Allee 73, Berlin" tragen …

Abstecher vom Zócalo für geschichtlich Interessierte

Bevor wir in den Palacio Nacional gehen, zuvor noch eventuell einen Abstecher nach Süden in die Calle **Pino Suárez** machen. Gleich um die Ecke des Nationalpalasts befindet sich die *Calle Corregidora.* In dieser Fußgängerzone mit Straßenhändlern gibt es einen rekonstruierten, zugeschütteten Kanal *(acequia real),* wie sie einst Tenochtitlán durchzogen. Ecke Corregidora/Suárez, Plan G4, steht das Gebäude des Obersten Gerichtshofs, **Suprema Corte de Justicia** mit einigen Wandmalereien von *José Clemente Orozco* im 1. Obergeschoss.

Besichtigung nur vormittags, strenger Taschen- u. Ausweis-Check; die Gemälde gleich rechts der Aufgangstreppe sind von H. García, das rechte zeigt Miguel Hidalgo und „El Pípila", wie dieser mit einer schützenden Steinplatte auf dem Rücken das Tor der Festung in Guanajuato anzündet; auf dem mittleren Mural sind u.a. die Unabhängigkeitsführer Benito Juárez und Ignacio de Allende abgebildet.

Gegenüber des Gerichtseingangs steht eine Figurengruppe, das Denkmal der legendären **Stadtgründung Tenochtitláns.** Eine Prophezeiung hatte den Azteken geweissagt, dass ihre künftige Hauptstadt dort entstehen würde, wo sich ein Adler mit einer Schlange auf einem Kaktus niederlassen würde (s.S. 553).

Zwei Cuadras südlich des Gerichtshofs an der Ecke Pino Suárez/El Salvador liegt das **Museo de la Ciudad de México** (Di–So 10–18 Uhr, Eintritt), ein schöner Stadtpalast aus rötlichem Gestein, erbaut im 18. Jh. In das südwestliche Gebäudeeck (Pino Suárez/El Salvador) wurde ganz unten ein aztekischer steinerner Schlangenkopf (Quetzalcóatl) miteingesetzt, der aus der Mauer stammt, die den Zeremonialbezirk von Tenochtitlán umschloss.

Ausgestellt sind Zeugnisse zur Stadtgeschichte aus den vergangenen Jahrhunderten sowie Kutschen und Gemälde der früheren gräflichen Eigentümer. Im Obergeschoss das Atelier des Impressionisten Clausell. Häufig auch interessante temporäre Ausstellungen, wie z.B. das fotografische Werk von Wilhelm Kahlo, Vater von Frida. Weitere Details über das Museum über www.cultura.df.gob.mx.

Cortés Grabstätte

Diagonal gegenüber vom Museum liegen **Iglesia y Hospital de Jesús Nazareno.** Das Hospital wurde 1528 von **Hernán Cortés** gegründet und ist wohl das einzig erhaltene Gebäude aus dem 16. Jh. im Centro Histórico, im Inneren Wandgemälde. An diesem Ort soll es gewesen sein, wo der spanische Eroberer nach seinem kampflosen Einzug nach Tenochtitlán am 8. November 1519 **zum ersten Mal dem Aztekenherrscher Moctezuma II.** (Xocoyotzin) gegenüberstand. Eine Gedenktafel vor der Kirche an der Calle Pino Suárez erinnert daran.

Cortés starb am 2.12.1547 bei Sevilla in Spanien, seine Gebeine wurden 1566 nach Mexiko und 1794 in diese Kirche überführt (der Eingang ist in der Calle Salvador). Nur eine messingfarbene Plakette mit seinem Wappen und der schlichten Aufschrift **„Hernán Cortés 1485–1547"** an der kahlen Mauer links des Hauptaltars markiert die letzte Ruhestätte des Eroberers von Mexiko (Cortés wollte ursprünglich in *Coyoacán* beigesetzt werden, insgesamt bettete man ihn sieben Mal um). In der hinteren Kirchenkuppel der dramatische Mural **„Apocalipsis"** von José Clemente Orozco.

„Paseo entre libros"

Man kann nun auf der Calle Pino Suárez zum Zócalo zurückkehren. Bücherfreunde gehen durch die Unterwelt, durch die *Pasaje Pino Suárez* (Zugangspunkt s. Stadtplan) bzw. durch den *Paseo entre libros* zur Metrostation Zócalo zurück.

Palacio Nacional

Der riesige Nationalpalast (tägl. 9–16.30 Uhr, Eintritt frei, hoher Andrang mit Wartezeit) nimmt die ganze Ostseite des Zócalo ein. Der Komplex umfasst etwa 200 x 200 Meter und wurde 1692 aus dunkelrotem *tezontle* erbaut, nachdem der vormalige (kleinere) Bau durch ein Feuer zerstört worden war. Vor der Verwüstung Tenochtitláns 1521 stand hier der „Neue Palast" von Moctezuma II., aus dessen Trümmern sich Cortés seine Residenz erbauen ließ, das sogenannte „Neue Haus". Danach regierten von hier aus ab 1535 alle 62 spanischen *Virreyes* (Vizekönige, der erste war *Antonio de Mendoza* 1535–50) das Land und von der mexikanischen Unabhängigkeit 1821 bis heute alle mexikanischen Präsidenten – also eine bemerkenswerte Kontinuität politischer Machtausübung. Darüber hinaus ist der eher nüchterne Palast auch Symbol der Zentralisierung der Staatsgewalt in Mexiko. Hier wohnte einst die berühmte Dichterin *Juana Inés de la Cruz* (1651–1695). Neben den Amtsräumen des mexikanischen Präsidenten – seine Residenz *Los Pinos* liegt im Chapultepec-Park – befinden sich im Palacio Nacional Ministerien, Behörden und Büros sowie das *Juárez-Museum* (Eingang nördliches Portaltor).

In den zentralen Haupthof geht es durch das mittlere Portal, da wo obendrauf die mexikanische Flagge weht (unter ihr hängt die *Campana de Dolores,* die Freiheitsglocke, mit der 1810 Padre Hidalgo in Dolores den Unabhängigkeitskampf einläutete). Die Wachsoldaten am Tor möchten einen Ausweis sehen, Taschen und Rucksäcke sind abzugeben (Schließfach 20 Ps). In der Ferien- und Weihnachtszeit ist der Andrang meist so groß, dass die Warteschlange bis zur Calle Moneda reicht.

Hauptattraktion in den Arkadengalerien sind die monumentalen **Wandgemälde** (*murales*) des berühmten mexikanischen Malers **Diego Rivera** (1886–1957), die die Geschichte Mexikos zum Thema haben und an denen der Künstler viele Jahre lang arbeitete. (Hinweis: wem die nachfolgenden Gemäldeerklärungen nicht ausreichen, kann dazu am Eingang Literatur kaufen, und es gibt auch Führer).

Hauptbild *(s. nächste Seite)*

Hauptbild ist das gewaltige Fresko *México através de los siglos* – **„Mexiko im Laufe der Jahrhunderte"** über der Aufgangstreppe zum 1. Stock (gemalt 1929–1935) mit zwei thematisch zusammenhängenden Seitenbildern rechts und links. Ein überwältigendes Geschichtsepos, bei dem sich der Bogen in übergreifenden Szenen von den Azteken und der Conquista über die Revolution bis in die dreißiger Jahre des 20. Jh. spannt. Eine Fülle von Details und Aberdutzende historische Persönlichkeiten wurden dabei ins Bild gesetzt, doch man muss schon ein Kenner der bewegten mexikanischen Geschichte sein, will man alle Personen identifizieren. Der untere Teil des Gemäldes zeigt den Kampf zwischen Spaniern und Azteken; im Mittelpunkt der Adler auf dem Kaktus, der auf die Gründungssage Tenochtitláns verweist; rechts, über der feuernden Kanone, Cortés mit weißen Strümpfen und Federhut, die Hand am Säbel. **Im zentralen Bogenfeld** ganz oben *Zapata* mit seiner Revolutionslosung „Tierra y libertad" auf dem Banner, unter ihm, links der Fahne, der weißhaarige *Hidalgo,* rechts von ihm *Morelos.*

Im Bogen rechts des Zentrums oben links Mexikos erster indigener Präsident *Benito Juárez* mit der liberalen Verfassung von 1857. **Im Bogenfeld links des Zentrums** sieht man ganz oben links (mit Schärpen) die Präsidenten *Porfirio Díaz* und rechts neben ihm *Madero,* der der Diktatur Díaz' 1911 ein Ende bereitete. Unten hält die Inquisition Gericht über Ketzer (mit spitzen Kapuzen), links daneben umklammert *Malinche,* die Geliebte von Cortés – er steht links neben ihr –, ihren gemeinsamen Sohn Martín. **Im äußersten linken Bogen:** die Exekution Kaiser Maximilians 1867, der mit der französischen Invasion 1861 ins Land gekommen war. **Äußerster Bogen rechts:** die US-amerikanische Invasion 1847. **Linke Wandseite** (Südwand): Beim „Kampf der Klassen" – *La lucha de clases* – mit „Helden" und „Schurken" wird geschossen und gehenkt, rote Fahnen wehen, die Kapitalisten Rockefeller und Vanderbilt studieren die Börse und Karl Marx verkündet ganz oben seine Thesen und den Sieg der Revolution. An der unteren Bildkante, hinter der Frau mit der roten Bluse – es ist Frida Kahlos Schwester – *Frida Kahlo,* die Ehefrau von Diego Rivera.

Rechte Wandseite: Hier thematisiert Rivera das vorspanische Mexiko mit indigenen bzw. aztekischen Szenen, mit Kampfdarstellungen links unten. Im blauen Himmel rechts oben Schöpfergott *Quetzalcóatl.*

Fresken im Obergeschoss

Die Fresken setzen sich im Obergeschoss mit Bilderzyklen und Motiven der verschiedenen urmexikanischen Kulturen fort, gemalt 1945 bis 1951. Zur Vorbereitung hatte Rivera die prähispanischen *códices* studiert.

Berühmt ist das erste Bild, das subtile *La gran Tenochtitlán* – **„Das große Tenochtitlán".** Es zeigt den großen Markt *(tianguis)* von **Tlatelolco,** die Schwesterstadt Tenochtitláns, das im Hintergrund mit Tempeln, Kanälen und der hohen weißen Hauptpyramide zu sehen ist (links der Mitte ragt die Pyramide oben nochmals groß heraus). In der Bildmitte in weißem Gewand der *tlatoani,* der aztekische Herrscher, wie er in einer Sänfte von Sklaven getragen wird. Auf der ganzen Breite des Vordergrunds wird mit unzähligen Waren aus dem großen Azteken-Imperium gehandelt. Rechts entblößt eine schöne Frau in weißem Kleid und mit Calla-Lilien im Rückenkorb, vielleicht eine Dirne, ihr geschmücktes Bein, und am Horizont sieht man rechts die beiden schneebedeckten Vulkane *Iztaccíhuatl* („Schlafende Frau") und rechts *Popocatépetl.*

Die (schmalen) Bilder danach vermitteln weitere Impressionen damaliger mexikanischer Hochkulturen mit Tätigkeiten und Beschäftigungen: Papierherstellung *(amate),* Wollefärben (bunte Tücher), Metallverarbeitung, Kautschukzapfen, Maisanbau sowie Agavenverarbeitung mit *itzcuintle*-Hunden, gezüchtete haarlose Hunde, die Fleischlieferanten der Azteken. Beim Fresko **„Die Kultur der Totonaken"** zeigt Rivera vor der großartigen Kulisse der Nischenpyramide von *El Tajín* den Warenaustausch zwischen totonakischen Würdenträgern und aztekischen Kaufleuten. Im Hintergrund ist ein hoher Mast mit dem Flug der *voladores* und einem Tanzreigen. Links davon ein Ballspielplatz

■ *Das riesige Mural „Mexiko im Laufe der Jahrhunderte"*

■ *„Die Ankunft des Cortés in Veracruz“*

mit Spielern und kleinem Zielring rechts oben. In der Wandecke das schöne Bild „Kakaoernte“, *Cocecha del cacao.*

Das letzte, düstere und unheilschwangere Fresko auf der Ostwand heißt **„Die Ankunft des Cortés in Veracruz 1519“** und zeigt die spanischen Eroberer als hässliche, dickwanstige Typen. Cortés ist zweimal vertreten: im Vordergrund mit rotem Wams und geschwollenen Gichtknien, wie er sich Münzen geben lässt, und in der linken oberen Ecke mit Schwert in der Hand und mit debil-ausdruckslosem Gesicht neben einem Padre. Das Kind mit den blauen Augen im Rückentuch der Frau im Zentrum unten soll die *mestizaje,* die Verschmelzung europäischer Kulturen mit mesoamerikanischen symbolisieren. Im Hintergrund schultern Einheimische in Fronarbeit Baumstämme, man spannt sie als Zugtiere vor einen Pflug und sie schuften in Silberbergwerken. Wer die Befehle nicht befolgt, wird an Bäumen aufgehängt. Links unten wird einem knienden afrikanischen Sklaven ein Brandeisen ins Gesicht gedrückt.

Kakteen

Besuchen Sie auch noch die kleine **Gartenanlage** im 2. Innenhof links mit einer großen Variation mexikanischer **Kakteen- und Agavenarten.**

Catedral Metropolitana

Dieses gigantische Gotteshaus beherrscht die gesamte Nordseite des Zócalo. Mit einer Grundfläche von 120 x 55 Metern **ist es die größte Kathedrale des amerikanischen Kontinents.** Geplant waren ursprünglich sieben Schiffe, wegen Fundamentsproblemen musste man sich auf fünf beschränken. Baubeginn war 1573, endlich fertiggestellt wurde sie aber erst 1813 – deshalb die Mixtur unterschiedlicher Baustile wie Renaissance, Barock, Churriguerismus und Klassizismus. Die spiralig gewundenen, sogenannten salomonischen Säulen über den Seitenportalen sind z.B. typisch spätbarocke Elemente. Auch die Innengestaltung und -ausstattung in allen Kunststilen und Moden der Kolonialzeit spiegelt diese lange Zeit bis zur Vollendung wider. Ausgefallen sind die Abschlüsse der beiden 67 Meter hohen Türme – sie haben die Form von Kirchenglocken! Der Uhrenturm dazwischen wird gekrönt von den Statuen Glaube, Hoffnung und Barmherzigkeit.

Die Kathedrale ist geöffnet 8–20 Uhr, bei großen Gottesdiensten ist eine Besichtigung nicht möglich. Fotografieren ist erlaubt, doch ohne Blitz. Turmbesteigung ist möglich von 10.30–18 Uhr, 15 Ps.

■ *Innen- und Teilansicht der Kathedale*

Der Bau, der auf den Resten eines Aztekentempels steht, sackte im Laufe der Jahrhunderte tief in den weichen, porösen Untergrund ein und geriet dadurch in eine bedrohliche Schieflage (vorne einstmals 2,5 m tiefer als hinten). In einer technisch äußerst aufwendigen, kostspieligen und jahrelangen Rettungsaktion wurden im Kircheninneren Dutzende Schächte tief unter das Fundament gebohrt, um durch Betoninjektionen einerseits und Erdabtragungen andererseits das einsturzgefährdete Bauwerk wieder in die Horizontale zu bringen. Oben halten Spannseile die Querschiffe zusammen.

Ist man durch den *rechten* Eingang eingetreten, glänzt linker Hand zwischen den Säulen mit Kanzelumgängen das Gold des Gnadenaltars, *Altar del Perdón* mit Rundbogenabschluss (1737). Von den Gläubigen geliebt und angebetet wird der schwarze Christus am Kreuz rechts, *El Señor del Veneno.*

Hinter dem Gnadenaltar baut sich der gewaltig große Mittelchor aus dem 17. Jh. auf, der *Coro,* der, wie in spanischen Kathedralen oft üblich, in das breite Hauptschiff eingebettet ist (Zugang weiter vorne links, kleine Gebühr). Beeindruckend ist sein kunstvoll geschnitztes Chorgestühl aus edlen Hölzern, 1967 zerstörte ein Brand Teile davon. Hoch oben links und rechts zwei riesige Orgeln aus dem 17. und 18. Jahrhundert mit einigen tausend Pfeifen.

Entlang des Hauptschiffes öffnen sich 14 Seitenkapellen, die mit Altären und Gemälden reich dekoriert und diversen Heiligen gewidmet sind. Von Bedeutung ist die 4. auf der rechten Seite, gleich gegenüber des Chor-Zugangs, die *Capilla de Nuestra Señora de Guadalupe,* in der Mexikos National-Madonna verehrt wird (s.S. 610). Weiter vorne sieht man in der Mitte das herabhängende Pendel, das die Neigung der Kirche zeigt und mit dem, als **Foucaultsches Fadenpendel,** die Erdrotation nachgewiesen werden kann.

Hinter dem Hochaltar *(altar mayor)* aus weißem Marmor und mit einem schwarzen Christus am Kreuz befindet sich im Presbyterium (Hauptapsis) das Glanzstück der Kirche, der gold- und skulpturenüberladene **Retablo de los Reyes** (Altar der Könige, 1718–35). Er erhielt seinen Namen nach dem zentralen Gemälde unten, das die Anbetung des Jesuskindes durch die Heiligen Drei Könige zeigt sowie nach den polychromen Holzfiguren auf den churrigueresken Wandpfeilern, die europäische Könige darstellen, wobei die unteren Figuren Frauen europäischer Herrscherhäuser verkörpern. Das obere Gemälde thematisiert Marias Himmelfahrt (ihr ist die Kathedrale geweiht).

Rechts des Königsaltars der Altar der Schutzheiligen von Guadalajara, der Patrona *Nuestra Señora de Zapopan,* die in ganz Mexiko sehr verehrt wird (die kleine Statue). In der Krypta der Kathedrale liegen die Bischöfe von Mexiko-Stadt, darunter auch *Juan de Zumárraga.*

Sakristei-Kirche

Östlich der Kathedrale fügt sich an die im 18. Jh. erbaute **Sagrario Metropolitana** (Sakristeikirche) an, deren prächtige, churriguereske Hauptfassade mit typischen Wandpfeilern *(estípites)* und einer Skulpturen-Galerie biblischer Heiliger sich vom Dreiecksgiebel aus rotem *tezontle* markant abhebt. In ihrem Inneren ist das gotische Kreuzrippengewölbe sehenswert, riesige Gemälde von C. Villalpando und von J. Correa schmücken die Wände. Die Ostfassade der Kirche ist nahezu identisch mit der Vorderseite. Auf dem Platz davor tanzen meist *concheros* mit Federhelmen und Rasseln aus Muscheln *(conchas)* aztekische Tänze.

Museen in der Calle Moneda

Nördlich des Nationalpalasts verläuft die *Calle Moneda,* meist dicht von Straßenhändlern bevölkert. Hier gibt es einige Museen. Auf der linken Seite, im ehemaligen Palast des Erzbischofs *(Antiguo Arzobispado,* 1554–1859), ist das **Museo de la Secretaría de Hacienda y Crédito Público** (Plan G3, Museum des Finanzministeriums; sehenswerte Kunst- und Gemäldesammlung, u.a. Werke von Tamayo und Rivera, Di–So 10–17.30 Uhr, Eintritt).

Mexiko schuf ein besonderes, weltweit einmaliges Steuersystem für professionelle Kunstschaffende: sie können ihre Steuerschulden, nach Begutachtung durch einen Expertenrat, mit ihren Gemälden und Skulpturen begleichen. Die besten Werke dieser „Finanzamts-Kollektion" präsentiert dieses Museum.

Ein wenig weiter vorne in der Straße, rechte Seite, in einem Teilbereich des Nationalpalasts, befindet sich das **Museo Nacional de las Culturas** mit Kulturobjekten aus aller Welt (Di–So 9.30–17.45 Uhr). Anderthalb Blocks östlich, links in der Academia 13, befindet sich das **Museo José Luis Cuevas,** im Patio die riesige Bronzeplastik *La Giganta* (zu sehen auf www.museojoseluiscuevas.com.mx). Ausgestellt sind moderne und auch erotische Gemälde und Skulpturen. Di–So 10–18 Uhr, Eintritt 20 Ps.

Tenochtitlán-Modell

Auf dem Platz östlich der Sakristeikirche, meist von fliegenden Händlern und Aztekentänzern belagert, befindet sich das grünkupferne **Modell von Tenochtitlán** *(Maqueta Tenochtitlán).* So sah die Inselstadt der Azteken einst aus. Das Wasserbecken stellt den Texcoco-See dar, Dammstraßen verbinden Tenochtitlán mit dem Festland. Im Zentrum sieht man den Zeremonialbezirk, wo das höchste Bauwerk und das größte Heiligtum der Azteken stand, die etwa 40 Meter hohe Hauptpyramide **Templo Mayor.** Es war eine monumentale Stufenpyramide, auf die nach Berichten der Spanier 114 steile Stufen hinaufführten, gekrönt von einem Doppeltempel, der dem Regengott **Tláloc** und dem Sonnen- und Kriegsgott **Huitzilopochtli** geweiht war. Die Fundamente dieser Pyramide können gleich schräg gegenüber beim Ausgrabungsgelände *Templo Mayor* besichtigt werden.

Unüberhörbar sind die Trommeln, Congas, Fußrasseln, Flöten und Muschelhörner der **Azteken-Gruppen** mit Federkopfschmuck, die rings um das Tenochtitlán-Modell ihre Auftritte haben. *Curanderos* exerzieren spirituelle Reinigungsrituale, „saugen" mit einem Ei, das sie über die Körper Leidender streichen, deren negativen Energien auf, während dazu blauer Copal-Weihrauch wabert …

Templo Mayor

Das Grabungsarreal der aztekischen Hauptpyramide am Ende der Calle Seminario ist Di–So von 9–17 Uhr geöffnet, Eintritt 57 Ps inkl. Museum. Camcorder 45 Ps. Geschlossen am 20.11. Erhältlich sind erklärende *folletos* für das Gelände, fürs Museum und den aztekischen Zeremonialbezirk, *recinto ceremonial.* Erklärungtafeln beim Rundgang in Spanisch und Englisch. Präsentation von Templo Mayor und Museum auf www.templomayor.inah.gob.mx.

■ *Lage des ehemaligen Templo Mayor; im Vordergrund links die Kathedrale*

Durch das Gelände führt ein Besichtigungssteg bis zum Museo del Templo Mayor. Seine überaus sehenswerten Objekte repräsentieren das elementarste Vermächtnis der aztekisch-mexikanischen Geschichte und Identität.

Vorgeschichte

Man blickt auf ein Feld schwarzer Wälle, Mauernzüge und Gesteinsplatten. Es sind die Basen mehrerer Pyramidenstrukturen, die einst wie russische Puppen bzw. im Zwiebelschalenprinzip bis zur finalen Pyramide **Templo Mayor** übereinander gebaut worden waren, gekrönt von den zwei Tempeln für *Huitzilopochtli* und *Tláloc*. Seit der Gründung Tenochtitláns 1325 geschah dies in sieben Epochen bzw. Ausbauphasen, den *etapas constructivas.* Die letzte war *Etapa VII.* Danach zerstörten die spanischen Eroberer Tenochtitláns die Templo-Mayor-Pyramide. Ein Besichtigungssteg führt durch Rekonstruktionen und zu originalen Strukturen der verschiedenen Ausbauphasen. Fundobjekte wurden *in situ* als Replikate an Ort und Stelle belassen.

Es war eine Sensation, als man **1978** bei Aushubarbeiten für den Bau der Metro auf ein mächtiges, mühlsteinartiges Objekt mit dem Bildnis der aztekischen Mondgöttin **Coyolxauhqui** stieß, die am Fuß der ehemaligen Aufgangstreppe der Templo-Mayor-Pyramide lag. Für die weiteren Grabungen mussten danach zuerst die Häuser von zwei Straßenblocks abgetragen werden. Ans Tageslicht kamen dann nicht nur die Fundamente der langgesuchten aztekischen Hauptpyramide, sondern auch wesentlich ältere Substrukturen. Der früheste sichtbare Pyramidenrest stammt aus der *Etapa II.* Er war durch das Gewicht der später darüber gebauten Pyramiden tief in den weichen Untergrund hineingedrückt worden. Er befindet sich im Zentrum der Ausgrabungszone und wird auf 1390 datiert.

Aus allen Bauphasen wurden Opfergegenstände und Zeremonialgaben, wie Keramiken, Obsidianmesser, Weihrauchgefäße etc. gefunden, zusammen über 7000 Teile, darunter auch Tributgaben an das Aztekenreich aus weit entfernten Gegenden, wie z.B. aus Veracruz – doch keine Überbleibsel vom Tláloc- und Huitzilopochtli-Zwillingstempel, da er, zusammen mit der finalen Pyramide, die die Azteken um 1502 vollendet hatten, von den Spaniern zerstört und abgetragen worden war.

Erdgöttin Tlaltecuhtli

Die zweite archäologische Sensation ereignete sich im Oktober **2006,** als bei Ausschachtungsarbeiten an der äußersten Westseite des Areals ein 12 Tonnen schwerer, rechteckiger Monolith mit dem Abbild der Erdgöttin **Tlaltecuhtli** („Tla-tec-tli", **s. Foto**) ans Licht gefördert wurde. Der Fundort ist gleich am Anfang des Laufstegs hinten links auf der anderen Seite der Schutzwand. Fotos und Tafeln erklären Herkunft, Bergung und das monströse Aussehen der Aztekengöttin, die in Hockstellung ein Kind zur Welt bringt. Ihre überlangen Finger- und Fußkrallen füllen die vier Ecken der in vier Teile zerbrochenen Andesit-Platte aus (das Mittelstück fehlt), die ursprünglich als Monolith aus einem knapp 10 km entfernten Steinbruch auf Flößen in die Inselstadt geschafft worden war. Bei der Restaurierung traten die ursprünglichen Bemalungsfarben Ocker, Weiß, Schwarz und Dunkelbraun wieder hervor. Bewundern können Sie das erstaunliche Objekt nachher im Museum.

Bei ihren Ausgrabungen bis zum Sommer 2010 fanden die Archäologen unter der Tlaltecuhtli-Platte und in einem danebenliegenden Tiefschacht zahllose Opfergaben aus allen Teilen des Aztekenreichs, wie Jadehalsketten, Masken, Meerestiere und Muscheln, Opfermesser, Korallen, Copal-Harz und vieles mehr.

Mondgöttin Coyolxauhqui

Beim Weitergehen sehen Sie links einige Schlangenköpfe, das mittige obere Paar bewachte die Haupttreppe des Templo Mayor, die zur Plattform der Tempel von Tláloc und Huitzilopochtli hinaufführte. Gleich rechts daneben bzw. links des Steggeländers liegt eine mächtige Steinscheibe von 3,20 Meter Durchmesser und 8 Tonnen Gewicht – es ist der Reliefstein der aztekischen Mondgöttin **Coyolxauhqui,** ausgeführt als zerstückeltes Individuum: Kopf, Arme und Beine sind vom Rumpf abgetrennt **(s. Foto).**

Mexiko-Stadt

Nach der aztekischen Götter-Mythologie war Coyolxauhqui die Tochter der Urmutter Coatlicue und ihr Bruder Huitzilopochtli die Inkarnation des Kriegsgottes. Coyolxauhqui wollte die Geburt Huitzilopochtlis verhindern und tötete die Mutter, doch diese konnte ihren Sohn dennoch gebären. Huitzilopochtli rächte daraufhin die Mutter mit der Enthauptung und Vierteilung seiner Schwester. Diese Zerstückelung sollen die aztekischen Priester bei ihren Menschenopfern dann rituell nachvollzogen haben …

■ *Modell der Templo Mayor Pyramide mit ihren Überbauungen*

Danach passiert man acht an der Mauer lehnende **Standartenträger** aus der Zeit des Aztekenherrschers *Itzcóatls* (1428–40, **Etapa III**). Ein wenig weiter steigt man hoch zum überdachten Pyramidenkern aus der Zeit des ersten Herrschers von Tenochtitlán, *Acamapichtli* (Regentschaft 1375–1395, **Etapa II**). Die Reste der frühesten **Etapa I** liegen darunter und sind nicht sichtbar.

Die südliche bzw. rechte Seite des Aufbaus war dem Kriegsgott *Huitzilopochtli* geweiht, auf dem Stein *Téchcatl* wurden die Opfer mit dem Gesicht nach oben angebunden und mit einem Obsidianmesser getötet. Der linke Bereich war *Tláloc* geweiht, dort ist die kleine Figur eines mayanischen *Chak Mool* mit einem Gefäß auf der Brust zu sehen. Die Reste seiner Bemalung in roter und türkiser Farbe, wie auch die der dahinterliegenden Mauerreste, sind original.

Anschließend gelangt man in den Patio Norte (**Etapa VI,** Regierungszeit von *Ahuítzotl,* 1486–1502), mit den Sektionen der elitären aztekischen Adlerkrieger, *La Casa de las Águilas* (**Etapa VII,** Moctezuma II., Regierungszeit 1502–1519, toltekischer Baustil) und *Recinto de los Guerreros Águila.* Beachtenswert sind wieder die farbigen Mauern.

Auf den drei östlich angebrachten Wandtafeln stehen Tenochtitlán-Beschreibungen von Cortés, seinem Chronisten Bernal Diaz del Castillo und dem Mönch Benavente.

Weitergehend sieht man schräg vorne eine Mauer mit gemeißelten Totenköpfen. Auf dem *Tzompantli* (náhuatl, „Schädelgerüst") wurden die Schädel Geopferter zur Schau gestellt. Dahinter liegt rechts der *Templo Rojo* mit Stilelementen aus Teotihuacán.

Museo del Templo Mayor

Die Ausgrabungen des Templo Mayor fanden von 1978 bis 1982 statt. Im Anschluss wurde dann das Museum 1987 eröffnet. Mit einem mietbaren „Audio-Guía"-Handy können Sie die Erklärungen zu den Ausstellungsstücken auf Englisch hören. Literatur-Verkauf.

Gleich gegenüber dem Eingang befindet sich ein großes Modell des Zeremonialbezirks *(recinto ceremonial)* der Aztekenhauptstadt Tenochtitlán. Im Hintergrund in der Mitte der Templo Mayor.

Prunkstücke im Erdgeschoss: die Erdgöttin **Tlaltecuhtli** und die Schädeldarstellungen am Tzompantli. In neun Abteilungen auf vier Ebenen sehen Sie nicht nur zahllose Fundstücke, Kunstwerke und kostbare Kleinobjekte in Vitrinen, sondern es wird auch die Geschichte und Kultur der Azteken und ihrer Nachbarvölker präsentiert (Agrarwesen, Flora und Fauna, Tributsystem, Fernhandel u.a.). Sehenswert sind die Modelle von Xochimilco, vom Tlatelolco-Markt und von der Templo-Mayor-Pyramide. Götterstatuen, **Adlerkrieger** **(s. Foto)** aus gebranntem Ton, Chak Mool- und Tláloc-Skulpturen, Totenschädel mit in der Nase steckenden Obsidianmessern, Standartenträger und der Stein der **Coyolxauhqui** in der 2. Etage, auf den man von der nächst oberen durch eine runde Bodenöffnung blickt, sind weitere einmalige Exponate.

– Fortsetzung des Stadtrundgangs nach Norden

Mehr Murales

Start ist in der Calle Argentina (wer günstig Silberschmuck kaufen möchte, kann in den dortigen Geschäften evtl. fündig werden). An der Kreuzung mit Justo Sierra nach rechts abbiegen (links geht es in die Calle Donceles, wo sich im *Antiguo Colegio de Cristo* – No. 99, linke Seite – das **Museo de la Caricatura** befindet: Präsentation mexikanischer Karikaturen, auch Werke des berühmten Posada).

In der Justo Sierra liegt linker Hand das 1588 gegründete Jesuiten-Kolleg **Antiguo Colegio de San Ildefonso** (Plan G2). In dem Gebäude, einem Schmuckstück kolonialer Architektur, gibt es häufig schöne Ausstellungen und es sind Wandbilder zu sehen. Gemalt wurden sie von 1922 bis 1933 von den Muralisten *Diego Rivera* („Die Schöpfung" im Anfiteatro Bolívar, nicht immer zugänglich), *David Álfaro Siqueiros* („Begräbnis des geopferten Arbeiters", u.a.) sowie von *José Orozco* („Die Familie", u.a.). Bemerkenswert ist auch das Gemälde „Cortés y la Malinche", beide von sehr fülliger Statur. Di 10–19.30, Mi–So 10–17.30 Uhr, www.sanildefonso.org.mx, Eintritt 45 Ps.

Noch mehr exzellente Beispiele des mexikanischen Muralismo mit Werken von Rivera (überwiegend) zieren die **Secretaría de Educación Pública** (SEP, Erziehungsministerium, nur noch mit Führung zugänglich, Mo–Fr 9–18 Uhr, Infos auf www.sep.com.mx). Dazu zur Calle Argentina zurückgehen, diese queren und an der nächsten Ecke nach rechts wenden. Einen Häuserblock weiter und man steht vor dem Eingang zur SEP, die in einem blockfüllenden ehemaligen Klosterbau untergebracht ist. Die von 1923–28 entstandenen Murales befinden sich in den Arkadengängen der beiden dreigeschossigen Innenhöfe, der vordere ist der „Hof der Arbeit", der dahinterliegende und größere der „Hof der Feste" (dort ist im 2. Stock auf dem Gemälde „En El Arsenal" *Frida Kahlo* mit orangefarbener Bluse beim Verteilen von Waffen zu sehen). Die riesige Bilderserie zeigt auf über 1500 qm Szenen, Zyklen und „Traumbilder" der Geschichte Mexikos und seiner Menschen *(visión política del pueblo mexicano),* wobei sich eindrucksvoll Elemente naiver indigener Kunst mit realistischen und sozialkritischen Darstellungen verbinden. Der damalige Erziehungsminister *Vasconcelos* initiierte die Werke. Für Kunstfreunde bestimmt ein Genuss! In der barocken Kirche des Klosters *La Encarnación* ist die *Biblioteca Iberoamericana* untergebracht.

Plaza Santo Domingo

Gegenüber dem Eingang zur SEP liegt die *Plaza Santo Domingo,* einer der besterhaltenen Plätze der Stadt mit altspanischem Flair und reichlich Geschichte (Plan F2). Es ist der Platz der Drucker, 1593 wurde hier die erste Druckmaschine Lateinamerikas in Betrieb genommen, und der Arbeitsplatz der **escritorios publicos,** der Lohnschreiber (auch *evangelistas* oder *escribes genannt*), die für Analphabeten auf uralten Schreibmaschinen Briefe tippen und Experten sind im Ausfüllen von Formularen und Amtsanträgen. Die Nachfrage ist seit 1821, als sich dieser öffentliche Schreibdienst etablierte, ungebrochen. Keine Visitenkarten mehr? Einer der vielen Handdrucker unter den Arkadengängen druckt sie schnell und günstig. Das Denkmal auf dem Platz erinnert an *Josefa Ortíz de Domínguez,* eine Protagonistin aus den Anfängen des mexikanischen Unabhängigkeitskampfes, genannt „La Corregidora". Sie stammt aus Querétaro.

An der Nordseite steht die **Kirche Santo Domingo** mit nüchterner Barockfassade, Nachfolgebau von 1736 von der ersten Klosterkirche des Dominikanerordens in Mexiko. An der Nordostecke das Nachfolgegebäude des gefürchteten Inquisitionstribunals, wo Verstöße gegen den christlichen Glauben verfolgt und „Ketzer" zu grausamen Strafen verurteilt wurden (**Palacio de Inquisición,** 18. Jh.). Heute ist darin das interessante **Museo de la Medicina Mexicana** untergebracht (Eintritt frei). Zu sehen ist u.a. eine Apotheke aus dem 19. Jahrhundert, das Modell eines *baño de temazcal* (Dampf- oder Schwitzbad der Maya, das als Reinigungsvorbereitung für Rituale und Zeremonien diente), allerlei medizinische Objekte und z.B. auch Embryos (gleich im Erdgeschoss gegenüber dem Eingang).

Auf der Südseite des Platzes rechts in die Calle Cuba biegen. Auf der linken Seite, Nummer 95, befindet sich die **Casa Malinche** mit dem Hinweis, dass dort *Malinche,* die Dolmetscherin und Geliebte von Cortés, eine zeitlang lebte. Etwas weiter westlich, Cuba 79, steht ein typischer Bau aus der Epoche des Porfiriats mit dem herrlich-altmexikanischen Restaurant **Gallos Centenario** und einmaliger Innendekoration – zwar teuer, aber einen Besuch absolut wert!

Danach zurück zur Brasíl in Richtung Zócalo. An der Ecke 5 de Mayo, liegt der „Gipfel der Barmherzigkeit".

Monte de Piedad

Dieses Pfandleihhaus von 1836 ist das größte und älteste ganz Lateinamerikas, es ist die Kreditanstalt des „Kleinen Mannes" (Mo–Fr 8.30–16 Uhr, Sa bis 13 Uhr). Hier kann jedermann Wertgegenstände versetzen oder günstig kaufen, es finden regelmäßig Versteigerungen statt. In unendlich langen Regalen liegt unendlich Vieles, so ziemlich alles, was es in Mexiko gab und gibt. Der „Monte" war immer auch ein Barometer der wirtschaftlichen Lage Mexikos: großer Andrang bedeutet schlechte Zeiten. Während der Eroberung Tenochtitláns stand hier ein aztekischer Palast, in dem Cortés wohnte (siehe Erklärungsplaketten an der Wand). Am Eingang auch ein Laden mit hochwertigem Kunsthandwerk aus Oaxaca.

Zwischen Zócalo und Alameda-Park

Zwischen dem Zócalo im Osten und dem Parque de Alameda im Westen liegt die Geschäftsstraße **5 de Mayo** (Cinco de Mayo) und parallel dazu die Fußgängerstraße **Francisco Madero.** Nachfolgend geht es auf der Madero, der alten Straße der Silberschmiede, vom Zócalo zum Alameda-Park. In ihrem Bereich gibt es viele Kolonialbauten, Kirchen und Adelspaläste. Auch in den Abend- und Nachtstunden ist die Straße gut belebt.

Wer Karten für Veranstaltungen braucht: Erhältlich bei *Mixup*/**Ticketmaster,** Madero 51 (Plan E3; und in den Filialen der Buchladenkette *Gandhi*). Gleich daneben, auf der Ecke, das prachtvolle neoklassizistische *Edificio La Esmeralda,* erbaut im 18. Jh. Es beherbergt das *Museo del Estanquillo.*

Fußgängerzone Calle Madero bei Nacht

Museo del Estanquillo Madero/Ecke Isabel La Católica 26, www.museodelestanquillo.com, Mi–Mo 10–18 Uhr, Eintritt frei. Dieses sehenswerte Kulturmuseum zeigt zahllose Dokumente, Gemälde, Stiche (u.a. von José Guadalupe Posada), Karikaturen und Fotos zur Stadtgeschichte und zur einstigen Popkultur in Mexiko-Stadt.

Weitere Beispiele historischer Stadtarchitektur gefällig? Dann die Calle Isabel La Católica südlich gehen.

Stadtpaläste Gleich auf der linken Straßenseite, Hausnummer 30, erhebt sich der **Palacio de los Condes de Miravalle** von Anno 1680, einer der ältesten Kolonialpaläste der Stadt. Weitergehend befindet sich an der Ecke mit der Querstraße 16 de Septiembre rechts die schöne **Casa Boeker** mit Rundbogenfenstern, einst das Eisenwarenkaufhaus von Heinrich Böker & Co aus Remscheid, eröffnet 1900. Heute nutzt es die Kette Sanborns als Filiale. Danach die 16 de Septiembre weiter nach Westen gehen und nach rechts in die Fußgängerzone *Motolinía* einbiegen. Sie führt **zurück zur Madero.** Dort nach links gehen.

Casa Borda Das mächtige Gebäude auf der linken Seite war einst Residenz des Silberkönigs *José de la Borda* von Taxco.

Palacio de Iturbide Im nächsten Häuserblock, Haus No. 17 auf der linken Straßenseite, befindet sich der 1780 erbaute, prachtvolle **Palacio de Iturbide** mit über und über ornamentierter Fassade, heute im Eigentum der Bank *Banamex.* Im Erdgeschoss befindet sich das *Museo Palacio Cultural Banamex,* die ständigen Kunst- und historischen Ausstellungen über das Leben in Mexiko sind sehr sehenswert (Di–Fr, Eintritt frei, Toiletten).

In dem Palacio lebte von 1821–23 *Agustín de Iturbide,* der als Offizier das spanische Kolonialregime stürzte und 1822 zum Kaiser von Mexiko proklamiert wurde. Doch schon 1823 wurde das nun unabhängige Land Republik, und der Kaiser – dem das Volk eben noch zugejubelt hatte – standrechtlich erschossen.

„Süßes Inferno“ Lust auf Süßes? Dann auf zur **„Pastelería Ideal“,** der größten von Mexiko. Von der Madero die Fußgängerzone *Calle de Gante* (nette Open-air-Restaurants/Cafés) südlich bis zur 16 de Septiembre gehen, dann nach rechts, Haus No. 14. Das ehemalige Klostergebäude bietet auf 3500 qm ein zuckersüßes Inferno: Kuchen, Süßgebäck, Schokolade, vielstöckige Hochzeits-Torten usw. Gute Backwaren werden ebenfalls verkauft.

Ex-Convento San Francisco Wer in der Madero geblieben ist, erreicht auf der linken Straßenseite mit Zugang durch ein kleines Tor, die tief eingesunkene Kirche des **Ex-Convento San Francisco** mit üppig ornamentierter Portalwand. Es ist die Stammkirche der Franziskaner und Teil des früheren Klosters, mit dessen Bau bereits 1524 begonnen wurde, nur drei Jahre nach dem Fall Tenochtitláns. Die Klosteranlage zählte zu den allergrößten Mexikos und wurde nach den Reformgesetzen von 1857 (Verstaatlichung der Kirchengüter) aufgelöst. 1949 bekam der Franziskanerorden die Kirche zurück. Im Inneren zwei gewaltig große Wandgemälde und ein goldprunkender Chor **(s. Foto).**

Gleich gegenüber der Kirche ein weiterer Höhepunkt, das „Haus der Kacheln“.

Casa de los Azulejos

Das „Kachelhaus“, Madero 4, zählt zu den besonderen Sehenswürdigkeiten des Zentrums und ist ein Architektur-Juwel. Alle Wandflächen sind außen und auch innen – was selten ist – mit blauen und weißen Kacheln aus Puebla gefliest (**s. Foto;** Puebla ist das Zentrum der mexikanischen *azulejos*-Herstellung, dort spricht man meist von *talaveras*).

Das einstige Wohnhaus der Grafen von Orizaba wurde 1596 im spanisch-maurischen Mudejarstil erbaut. Seit 1919 beherbergt es ein **Sanborns-**Restaurant und ist das bekannteste dieser Kette (Sanborn war US-Amerikaner). Im überdachten Patio eindrucksvolle Atmosphäre, mexikanische Gerichte, Preise noch moderat, fast immer voll, Service schnell (bei einer Pause kann man dort z.B. den sehr guten Kakao versuchen; Menü mit Preisen über die Seite www.sanborns.com.mx). 1914 trafen sich hier **Zapata** und **Pancho Villa** zum Frühstück. Das geflieste Treppenhaus schmückt Orozcos metaphysisches Mural „Omniciencia – „Allwissenheit“ (1926). Im Erdgeschoss ist rechts hinten ein Buchladen mit gutem Angebot an Mexikokarten.

Torre Latino-americana

Der kantige „Lateinamerika-Turm“ an der Ecke Madero/Alcarón ist eines der Wahrzeichen der Stadt, in seinem Baustil errinnert er an das Empire State Building in New York. Fertiggestellt 1956, Höhe 178 Meter. Geöffnet 9–22 Uhr (Restaurant länger), Aufzugsfahrt 50 Ps.

Dank seiner flexiblen Fundamente und 360 Meter tief eingerammter Tragepfeiler überstand der Turm unbeschadet das große Erdbeben vom September 1985. Im 38. Stock gibt es ein Aquarium, im 41. ein (weniger empfehlenswertes) Restaurant und im 43./44. Stock eine Aussichtsplattform, von der man das endlose, smoggraue „Stadtgebirge“ von oben betrachten kann. Gute Zeiten für Fernsichtfotos herrschen an klaren, d.h. windigen Tagen. TIPP: bei Anbruch der Dämmerung nochmals hochfahren (oder erst dann), wenn die Lichter der Stadt zu glühen beginnen. Neuerliche Auffahrt frei, sofern man noch das Armbändchen zeigen kann, das man beim Lösen des Tickets bekommt.

Seit 2003 ist der 225 Meter hohe und ebenfalls erdbebensicher gebaute, gläserne **Torre Mayor** am östlichen Rand des Chapultepec-Parks (Paseo de la Reforma, s. Karte Chapultepec) das höchste Bauwerk der Stadt, aber für Touristen nicht zugänglich. Bücherfreunde finden an der Ecke Alcarón (bzw. Lázaro Cárdenas)/Juárez, gegenüber vom Palast Bellas Artes, eine Filiale der *Gandhi*-Buchladenkette.

Palacio de Correo

Der beeindruckende, mächtige Bau der Hauptpost *(Correo Central)* liegt an der Alarcón/Ecke Tacuba. Er wurde zwischen 1902 und 1908 im Neo-Renaissancestil mit vielen gotischen und mozarabischen Stilelementen erbaut. Das Innere ist goldfarben im Jugendstil ausgestaltet, prachtvoll ist die schmiedeeiserne **Treppe** nach oben **(s. Foto).** Im Obergeschoss ist

ein Postmuseum mit Briefmarken, Mo–Fr 10–17.30, Sa bis 13.30).

Gegenüber der Post, am Ostende des Alameda-Parks, steht der nicht zu übersehende *Palacio de Bellas Artes* (s.u.). Wer vor seiner Besichtigung noch Lust auf ein Museum verspürt und die Zeit hat, sollte in die **Calle Tacuba** in Richtung Zócalo gehen: Dort liegt auf der linken Seite, an der Plaza Manuel Tolsá, hinter dem unübersehbaren Reiterstandbild „El Caballito", König Karl IV. von Spanien darstellend, das MUNAL.

Museo Nacional de Arte (MUNAL)

Ein imposanter neoklassizistischer Bau von 1911 mit einem prächtigen Treppenhaus mit viel Marmor und Schmiedeeisen (Di–So 10.30–17.30 Uhr, Eintritt, Plan D2, www.munal.com.mx). Die Säle zeigen eine Gesamtübersicht mexikanischer (Gemälde-)Kunst von prähispanischer Zeit bis zur Moderne, darunter auch Volkskunst und Werke der großen Muralisten.

Großartig sind die Landschaftsgemälde von *José María Velascos* (1840–1912), besonders das Panorama des Tals von Mexiko-Stadt.

Exakt gegenüber des Reiterstandbilds ist der Zugang in den **Palacio de Minería** mit dem *Museo de la Tortura,* dem Foltermuseum (Mi–So 10–18 Uhr). Im Zugangsbereich zur *Escuela Nacional de Ingenieros* sind seit vielen Jahren vier **Meteoriten** ausgestellt, drei wurden im Bundesstaat Chihuahua gefunden, der schwerste wiegt über 14 Tonnen. Den vierten mit einem Gewicht von 780 kg fand man in Zacatecas.

Jardín de la Triple Alianza / Museo del Ejército

Geschichtsinteressierte sollten sich an der Ecke Tacuba/Filomeno Mata die Denkmäler der drei Herrscher der **Triple Allianza** anschauen. Der sogenannte Dreierbund wurde einst zwischen den Städten *Tenochtitlán* (unter Itzcóatl, Regentschaft 1428–40), *Texcoco* (Nezahualcóyotl, 1431–72) und *Tlacopan* (Totoquihuatzin) geschlossen. Mit dieser Allianz begann der Aufstieg der Azteken. Die bronzenen Reliefbilder der drei Herrscher sind sehr eindrucksvoll. Das dazugehörende *Museo del Ejército y Fuerza Aérea* besitzt eine Statue des letzten Aztekenherrschers Cuauhtémoc und zeigt Waffen und Militaria ab der Conquista (Di–So 10–18 Uhr, Eintritt frei).

Bars und Restaurants

In der Gegend gibt es einige außergewöhnliche Restaurants: In der nördlichen Fortsetzung der Mata, der Fußgängerzone *Xicoténcatl,* liegt an der Ecke (Plaza Tolsá) das **Restaurante Los Girasoles.** Sehr angenehme Atmosphäre, außergewöhnlich gute Gerichte, doch nicht billig (www.restaurantegirasoles.com).

Auf der Tacuba etwas weiter in Richtung Zócalo (No. 28), liegt links in einem ehemaligen Kloster das bekannte **Café de Tacuba** (Plan E2): stilvolle altmexikanische Einrichtung (jene von 1912 fiel 2000 einem Brand zum Opfer) mit Talavera-Kacheln, sehr gute mexikanische Speisen, preislich noch moderat. **Sehenswert ist das Interieur** der herrlich nostalgischen und geschichtsträchtigen **La Ópera Bar** (Ecke F. Mata/5 de Mayo): hier speiste schon Pancho Villa und schoss ein Loch in die Decke (das sorgsam gepflegt wird). Ebenfalls gute Küche.

Parque de Alameda (Alameda Central)

Parque de Alameda

Der rechteckige Alameda-Park ist die kleine grüne (Staub-)Lunge des Zentrums mit Spazierwegen, Sitzbänken, Luftballonverkäufern, einigen Statuen – westlich vom Palast Bellas Artes steht ein kleines Beethoven-Denkmal – und vielen Straßenhändlern. Das ist nicht verwunderlich, denn die Alameda war zu Zeiten der Azteken ein *tianguis,* ein Marktplatz. 1592 wurde daraus ein Park mit Pappeln *(álamos),* wovon sich der Name ableitet. Sonntags und in der Weihnachtszeit ist hier viel los! Metrostationen: *Hidalgo* und *Bellas Artes.* An der Parksüdseite befindet sich an der Av. Juárez das halbkreisförmige Denkmal für Benito Juárez, das *Hemiciclo de Benito Juárez* (Juárez-Exkurs s.S. 454).

■ *Blick vom Torre Latinoamericana auf Alameda-Park u. Palacio Bellas Artes (r.u.)*

Plaza Juárez

Südlich der Avenida Juárez standen bis zum Erdbeben am 19. September 1985 viele Gebäude, heute ist dort, genau gegenüber vom *Hemiciclo de Benito Juárez,* die supermodern gestaltete **Plaza Juárez** ein neuer Anziehungspunkt. Die beiden rotbraunen Hochhäuser beherbergen Büros des Außenministeriums *(Secretaría de Relaciones Exteriores)* und des Gerichtshofs (linker bzw. östlicher Bau). Geduckt davor die wiederaufgebaute Kirche *Corpus Christus,* heute Stadtarchiv. Beeindruckend ist das Kunstwerk der mehr als 1000 kleinen roten Pyramiden in einem Wasserbassin.

Das dortige **Museo Memoria y Tolerancia** ruft zu weltweiter Toleranz unter den Völkern auf. Mit Exponaten, Fotos und Dokumenten werden die größten Verbrechen der Menschheitsgeschichte dargestellt: Juden- und Armenier-Genozid, Massaker in Srebrenica, Ruanda, Kambodscha, Darfur/Sudan und anderswo … eindrucksvoll! Di–Fr 9–18 Uhr, Sa/So 10–19 Uhr, Eintritt 55 Ps.

Palacio de Bellas Artes

Der „Palast der schönen Künste" (Plan D2) ist in neoklassizistischem Stil erbaut. Baubeginn 1904, 1934 nach längeren Unterbrechungen fertiggestellt, heutezutage tief in den weichen Grund eingesunken. Die Regierung Díaz wollte seinerzeit mit dem Prachtbau – sowie anderen neuen öffentlichen Gebäuden – den Einzug der Moderne in Mexiko-Stadt propagieren.

Es ist das **schönste Gebäude des Zentrums** und das kulturelle Herz der Stadt, hier wird vom klassischen Konzert über Tanzveranstaltungen bis zu Opern alles geboten. Geöffnet tägl. 11–19 Uhr (Betreten des Festsaals nur bei

Vorstellungen möglich), Programm und Spielpläne s. Aushang, www.bellasartes.gob.mx.

Foyer und Treppenhaus brillieren mit rotem, schwarzem und weißem Marmor, Lüstern und Art-Déco-Schmuck, rechts hinten ein gutsortierter Laden mit Büchern, Platten und kunstgewerblichen Artikeln. Die Wände der oberen Stockwerke sind mit eindrucksvollen Murales bemalt (Bilderklärungen nur in Spanisch). Von **Rufino Tamayo** stammen *Nacimiento de la nuestra nacionalidad* („Geburt unserer Nationalität") und *México de hoy* („Mexiko heute", beide 1952/53). Berühmt sind **Diego Riveras** *Carnaval de la vida mexicana* (1936) und das kontroverse *El hombre controlador del universo* – „Der Mensch kontrolliert das Universum" (1934), eine nahezu identische Fassung seines ursprünglich für das Rockefeller Center in New York begonnenen Werks „Der Mensch am Scheideweg", das dort wegen prokommunistischer Tendenzen zerstört wurde (links der elend- und kriegsbringende Kapitalismus mit der Büste von Marx, rechts der friedvolle Sozialismus mit Porträts von Lenin und Trotzki, in der Mitte die zukünftigen Segnungen der Wissenschaft und Technik).

Siqueiros schuf *La nueva democracía* („Die neue Demokratie", 1944) und *Homenaje a Cuauhtémoc* (1950–51), wo dargestellt ist, wie der letzte freie Aztekenherrscher von den Spaniern gefoltert wird. **Orozco** malte *La Katharsis* (1934), eine Darstellung des Kriegs und der dekadenten Bourgeoisie. Man kann die Stile dieser prominentesten Muralisten Mexikos gut miteinander vergleichen. Beachtenswert sind auch die vier Masken des Maya-Regengottes Chaak als obere Pfeilerabschlüsse.

Ballet Folklórico de México

Der Bellas-Artes-Palast ist das Stammhaus des berühmten **Ballet Folklórico de México,** das seit vielen Jahrzehnten – 1952 von Amalia Hernández gegründet – ein packendes Feuerwerk mexikanischer Tänze und Musik darbietet (spanisch beeinflusste Regionaltänze und altmexikanische Tanzeelemente, Video-Kostproben auf www.balletamalia.com, auch Programmdaten). Man sollte sich eine Aufführung nicht entgehen lassen! Vor der Vorstellung blickt man auf den herrlichen Bühnenvorhang *Cortina de cristal,* der aus ca. einer Million farbiger Glasplättchen besteht, bei Tiffany's in New York hergestellt wurde und das Hochtal von Mexiko mit den beiden Vulkanen Popocatépetl und Iztaccíhuatl zeigt.

■ *Tänzerinnen des Ballets Folklórico de México*

Vorführungen: Mi 20.30, So. 9.30 und 20.30 (oder 21 Uhr). Karten im Vorverkauf an der Kasse in Preisgruppen von 300, 600 und 700 Ps. Kassenstunden 11–19 Uhr, Tel. 5512-2593. Außerdem im Museo de Antropología erhältlich und bei den Filialen von **Ticketmaster,** www.ticketmaster.com.mx, z.B. in der Madero 51 (Plan E3), in der Zona Rosa, Génova 76/Ecke Liverpool oder in allen Läden der Buchladenkette Gandhi.

Museo Franz Mayer

Das sehenswerte Museum befindet sich in einem ehemaligen Hospital an der nördlichen Alamedaseite, in der Calle Hidalgo 45 (Plan C2), an der *Plaza de Santa Veracruz* zwischen den beiden Kirchen *San Juan de Dios* (links; ungewöhnlich ist das Muschelportal) und *Santa Veracruz,* rechts. Di–Fr 10–17 Uhr, Sa/So 11–18 Uhr, Eintritt 50 Ps, www.franzmayer.org.mx. Anfahrt mit Metro 2, *Bellas Artes* oder *Hidalgo.*

Die ehemalige Privatsammlung wurde zusammengetragen vom gebürtigen Mannheimer *Franz Mayer* („Don Pancho“, 1882–1975), der ab 1905 in Mexiko-Stadt lebte. Zu sehen sind Kunstgegenstände und Gebrauchskunst quer durch alle Epochen und Kontinente: Skulpturen, Gemälde, Keramiken (*talaveras* von Puebla mit einer Kolonialküche), Stilmöbel (Truhen), Silberwaren, Teppiche u.a. Interessant sind die Gemälde der Eroberung Mexikos auf Wandschirmen. Insgesamt ca. 8000 Ausstellungsstücke. Mit schönem, begrüntem Patio und netter *Cafetería del Claustro,* in der man eine Pause einlegen kann. Gleich daneben, bei der Kirche Santa Veracruz, befindet sich das kleine, aber interessante Grafikmuseum **Museo de la Estampa** („Museum der Kupferstiche“) mit Lithographien, Grafiken u.a. Exponaten, auch Holzschnitte vom berühmten *José Guadalupe Posada.*

Die Hidalgo nach Westen weiter kommt man am *Boutique Hotel de Cortés* vorbei (Haus No. 85), ein ehemaliges Augustiner-Hospiz aus dem 17. Jh. mit hübschem, begrüntem Innenhof. Über dem Paseo de la Reforma befindet sich die hübsche Barockkirche *San Hipólito.*

Museo Mural Diego Rivera

Die **Plaza de la Solidaridad** am Westende der Alameda trägt ihren Namen zur Erinnerung an die Solidarität der Menschen nach dem Erdbeben 1985. Gleich nördlich davon befindet sich das **Museo Mural Diego Rivera,** Av. Colón 7 (Ecke Balderas) mit seinem berühmten Wandgemälde **Sueño de una tarde dominical en la Alameda Central,** „Traum eines Sonntagnachmittags im Alameda-Park“ (**s. Foto,** zentraler Ausschnitt). Di–So 10–18 Uhr, Eintritt 20 Ps, Fotografieren extra).

Das monumentale, überbreite Meisterwerk (15 x 4,8 Meter), das einen Traum **Riveras (s. Abb.)** erzählt, malte er 1948 für die Lobby des Hotels del Prado südlich der Alameda. Beim Erdbeben 1985 wurde das Hotel schwer beschädigt und musste abgerissen werden. Zuvor rettete man das Bild und baute dafür 1987 eigens dieses Museum.

Es ist eine Bildgeschichte mit Charakteren aus der mexikanischen Vergangenheit, wie z.B. Cortés, Madero, Kaiser Maximilian, Juárez u.a. (s. die Personenerklärungen beim Bild). Rivera selbst lässt sich als Knabe mit Hut von einer Skelett-Dame an der Hand nehmen – von der berühmten **„Calavera Catrina"** nach einem Stich des populären Grafikers *José Guadalupe Posada,* der die satirisch-sozialkritischen „lebenden" Skelette und *calaveras* (Totenköpfe) schuf. Zwischen Rivera und Catrina lächelt *Frida Kahlo,* mit der Rivera verheiratet war. Und wie immer ist kein Gemälde Riveras ohne den Hintersinn und Symbolismus des Muralismo-Meisters: Catrinas Federboa ist der aztekische gefiederte Quetzalcóatl mit dem Schwanzende der Klapperschlangen. – Außerdem noch weitere Fotos und Zeugnisse aus Riveras Leben. Anmerkung: Die größte Sammlung von Riveras Werken findet man im *Museo Dolores Olmedo Patiño,* s.S. 606.

Nördlich des Museums schließt sich das **Laboratorio Arte Alameda** an, dahinter für Kubafreunde das **Centro Cultural José Martí.** Westlich der Plaza de la Solidaridad befindet sich an der Juárez 89 ein Ladengeschäft der staatlichen **FONART** mit hübschem Kunsthandwerk.

Museo de Arte Popular (MAP)

TIPP: Oder gleich das **Museo de Arte Popular** mit seinem immens umfangreichen und teils sehr hochwertigen Angebot an Kunsthandwerk aus ganz Mexiko besuchen (Beispiele auf www.map.df.gob.mx). Im Erdgeschoss Verkaufsraum, oben Museumsausstellung. Calle Independencia/ Ecke Revillagigedo No. 11 (Plan C3). Tägl. 10–17 Uhr.

Etwa 5 Straßenblocks weiter südlich und einen westlich (Anfahrt mit Metro 3, *Balderas*) befindet sich **La Ciudadela** („Zitadelle") mit der umfangreichen Stadtbibliothek und dem städtischen Fotomuseum **Centro de la Imagen** (Di–So 11–18 Uhr). Nördlich der Plaza Morelos ist der **Mercado de Artesanías de la Ciudadela,** ein empfehlenswerter Händlermarkt mit Kunsthandwerk aus allen Landesteilen Mexikos in riesiger Auswahl. Tägl. 10–18 Uhr.

Vom Alameda-Park zum Chapultepec-Park

Paseo de la Reforma

Der Paseo de la Reforma ist ein überbreiter einstiger Boulevard, den Kaiser Maximilian 1867 anlegen ließ, damit er bequem vom Zócalo zu seinem Schloss im Chapultepec-Park gelangen konnte. Nach der Exekution des Kaisers noch im gleichen Jahr erhielt der Boulevard zur Erinnerung an die Reformgesetze von 1857 seinen heutigen Namen. Er ist heute die achtspurige Hauptverkehrsader von Mexiko-Stadt mit wenigen Baum- oder Grünzonen und ihr Renommier-Boulevard. Ein Tummelplatz architektonischer Fantasien mit kühnen, himmelwärts ragenden Stahl- und Glaskonstruktionen, 5-Sterne-Hotels, Banken, Airlinebüros und exklusiven Läden. Statuen in den *glorietas* (Verkehrskreisel) erinnern an mexikanische Geschichtsereignisse. Der Paseo ist über 12 km lang, wichtigster Abschnitt ist der zwischen Alameda- und Chapultepec-Park.

Wer von der Alameda bis zur **Zona Rosa** (s.u.) will, steigt am Paseo de la Reforma in einen Pesero oder muss gut anderthalb Kilometer zu Fuß gehen. Dazu auf der Av. Juárez bis zur Reforma zum großen Kreisverkehr an der *Plaza de la Reforma* gehen. Auf der anderen Straßenseite ragt der schwarze **Torre del Caballito** auf, neben ihm die futuristische gelbe

Skulptur *El Caballito* („Das Pferdchen"). In der Nähe der eckige Bau und Turm der **Lotería Nacional** (1936) mit Art-déco-Elementen. Nach ein paar hundert Metern wird das **Kolumbus-Denkmal** erreicht (*Monumento Cristóbal Colón,* erbaut 1877). Zu Füßen des Seefahrers Standbilder von vier bedeutenden Mönchen in Mexiko, u.a. Bartolomé de las Casas.

Monumento a la Revolución

In die Kolumbus-Glorieta mündet von Norden die Calle Ramírez, an deren Ende das gigantische, über 60 Meter hohe **Monumento a la Revolución** steht, ein offener Kuppelbau auf der *Plaza de la República.* Es ist der Revolution von 1910 gewidmet, am Fuß der vier Säulen befinden sich die Grabstätten der Revolutionspräsidenten *Madero, Carranza, Calles* und *Cárdenas* sowie von *Francisco* („Pancho") *Villa.* Angeschlossen ist das subterrane **Museo Nacional de la Revolución.**

Dieses gut konzipierte Museum setzt sich mit Mexikos revolutionär-bewegter Zeit zwischen 1866 (Franzoseneinfall) und 1917 (neue Verfassung) auseinander. Fotos, Dokumente, Militaria und andere Exponate veranschaulichen eindrucksvoll diese Epochen und die damaligen Lebensverhältnisse (Erklärungen nur in Spanisch). Di–So 9–17 Uhr, Metro Linie 2, *Revolución,* Eintritt 20 Ps. Weitere Details über www.cultura.df.gob.mx.

■ *Revolutions-Monument bei Nacht*

Weiter auf der Reforma

An der verkehrsumtobten Kreuzung mit der Nord-Süd-Hauptstraße **Av. Insurgentes** befindet sich das Denkmal des letzten Aztekenherrschers **Cuauhtémoc** von 1883. Die Sockelreliefs zeigen seine Gefangennahme und Folterungen durch Cortés. Hier demonstrieren manchmal Indígena für ihre Rechte und alljährlich am 13. August finden hier aztekische Tänze zum Gedenken an den Fall Tenochtitláns statt. Am nächsten Rondell, an der *Plaza Necaxa*, steht der futuristische Glasturm der Börse *(Bolsa de Valores/Centro Bursátil),* danach folgt, im Schatten des HSBC-Bankturms, das Rondell mit dem 36 Meter hohen **Monumento a la Independencia,** das Unabhängigkeitsdenkmal von 1910 mit einem goldenen Engel auf der Spitze, kurz **El Ángel** genannt (zuvor kann nach links in die *Calle Génova* in die **Zona Rosa** abgebogen werden). Am Fuß der Säule Statuen der Freiheitskämpfer Hidalgo, Morelos, Guerrero und Bravo, im Unterbau ihre sterblichen Überreste. Das letzte Rondell der Reforma vor dem Chapultepec-Park ist Jagdgöttin Diana gewidmet *(Diana Cazadora).*

Zona Rosa

Die „rosarote Zone“, keilförmig zwischen Paseo de la Reforma und Av. Chapultepec gelegen, war früher mit ihren zahlreichen Modeboutiquen, Galerien, Diskotheken, Strip-Clubs, Bars und Fußgängerzonen ein fester touristischer Programmpunkt. Das Schwulen- und Lesbenviertel der Stadt ist die Zona Rosa immer noch. Doch etwas Flair und Nostalgie findet der Tourist heute eher in den südlicher gelegenen Vierteln **Roma** und **Condesa.** Namensgeber der Zona-Rosa-Straßen sind europäische Städte, einige sind begrünte Fußgängerbereiche, wie z.B. die *Génova.* Anfahrt mit Metro 1, *Insurgentes oder* mit dem Metrobús (seine Haltstellen und nachfolgend erwähnte Punkte s. Karte Zona Rosa).

- **Módulo de Información Turística** beim Monumento El Ángel
- **Plaza del Ángel** (Londres 161 zw. Florencia u. Amberes): kleiner Markt
- **Mercado Insurgentes**, Ecke Florencia/Londres
- **Aripo,** Londres 117, ist ein Laden mit Kunsthandwerk aus Oaxaca

- **Mixup,** Génova 76, Ecke Liverpool, großer Musikladen, mit **Ticketmaster**
- **Museo de Cera,** Londres 6 zw. Berlín u. Bruselas: Wachsfigurenkabinett mit berühmten Personen der mexikanischen und internationalen Geschichte, tägl. 11–19 Uhr, Eintritt 75 Ps, www.museodecera.com.mx. Angeschlossen ist das *Museo de lo Increíble* mit arg Bizarrem.
- **Acueducto Azteca:** an der Av. Chapultepec ist ein Rest des Aquädukts, der einst Tenochtitlán von Chapultepec aus mit Frischwasser versorgte (s. Karte)
- **Restaurants** gibt es in der Zona Rosa in Hülle und Fülle, besonders in den Fußgängerzonen. Weitere s. Piktogramme in der Karte. Preiswert essen kann man bei den *Comedores* am Mercado Insurgentes, stilvoll mit sehr gutem PLV z.B. in der *Fonda El Refugio,* Liverpool 166, Folklore-Darbietungen an Fest- und Feiertagen. Ein wirklich guter Italiener ist *Raffaello,* Londres 165, Orientalisches ein paar Meter weiter bei **King Falafel,** Londres 178. Beste vegetarische Gerichte bei *Yug Vegetariano,* Ecke Dresden/Varsovia. – Eine Pulquería: *Los Insurgentes,* Insurgentes nahe Ecke Colima (s. Karte).
- das **Goethe-Institut** hat seinen Sitz in der Liverpool 89 zw. Niza und Havre, Di 9–13.30 Uhr, Mi 14.30–19 Uhr, Fr 9–13 Uhr.
- **Am Abend** bietet die Zona Rosa reichlich Amüsement, viele Nachtschwärmerlokale und Bars reihen sich in der Florencia und Londres. **Focolare,** Hamburgo 87, bietet mexikanische Folklore-Tänze.

Colonia Roma

Südlich der Zona Rosa erstreckt sich **Roma** (Roma Norte, ein Wohngebiet wo bevorzugt Künstler wohnen und arbeiten **(s. Foto).** Anfahrt mit Metro 1, *Insurgentes,* oder mit Metrobús und auch mit dem Turibus.

In den Straßen Colima und Tabasco reihen sich historische Häuser mit prunkvollen neoklassizistischen Fassaden, typisch für die Epoche des Porfiriats von 1876–1911. Es gibt etliche eigentümergeführte kleinere Unterkünfte und auch das Gastronomieangebot ist gut. Restaurants findet man etliche um die *Plaza Villa de Madrid,* wo auch der Turibus hält. Aktuelle Hotspots für den Abend oder angesagte Lokale in der Unterkunft erfragen. Einen Besuch wert ist das *Centro de Cultura Casa Lamm* in der Obregón mit Kunstgalerie, Buchladen und elegantem Restaurant, www.casalamm.com.mx.

Colonia Condesa

Das Viertel **Condesa** liegt südwestlich von Roma. Eine trendy und sich ständig ändernde Mixtur von altem und modernem Mexiko.

Im Kreuzungsbereich der Straßen Michoacán, Atlixco und Suárez (s. Karte „Chapultepec") gibt es viele Künstlerkneipen, Bistros, Straßenmärkte und abwechslungsreiche Gastronomie (z.B. *Fonda Garufa,* Michoacán 93; das *Café Gloria* in der Calle Suárez, da wo diese mit der Calle Michoacán zusammentrifft, ist bekannt für hervorragende Nachtische). Spazierengehen im östlich angrenzenden, gepflegten *Parque México* mit der feinen Wohnadresse *Av. Amsterdam,* eine frühere, oval umlaufende Pferderennbahn. Tanzen, zusammen mit Profis und Amateuren, bei *Mama Rumba,* Querétaro 230. – Anfahrt nach Condesa mit Metro 1, *Juanacatlán,* dann auf der Márquez und Michoacán östlich gehen.

El Museo Nacional de Antropología und Chapultepec-Park

Mexikos **Anthropologisches Museum** („Wissenschaft vom Menschen") ist in seiner Vielfalt eines der schönsten der Welt, auch in seiner Architektur. Eröffnet wurde es 1964. Hier werden auf über 33.000 Qudratmeter Ausstellungsfläche Mexikos Kunstschätze, seine Völker und Kulturen großzügig präsentiert. Wer alles erfassen und auf sich einwirken lassen will, sollte 4–5 Stunden oder sogar einen ganzen Tag veranschlagen (Cafetería/Restaurant ist vorhanden, ab 13 Uhr gutes Lunchbüffet). Alle Informationen über die Säle, Exponate und die Museumsgeschichte auf www.mna.inah.gob.mx.

Geöffnet Di–So 9–19 Uhr, Eintritt 59 Ps, Studenten mit Ausweis ermäßigt. Taschenkontrolle und Abgabe derselben bei der *Guardarropa* rechts vom Museumsladen (www.tiendadelmuseo.com.mx). Sonntags ist das Museum meist überfüllt, weil da die Mexikaner freien Eintritt haben.

Erklärungen an den Ausstellungsstücken auf Spanisch, Höhepunkte/Wichtiges auch Englisch (Audioguías auf Englisch 75 Ps). Kauf von Führungsliteratur durch die Säle und über Mexikos Kulturen auch noch im Innenhof. Abteilungen können wegen Renovierungsarbeiten manchmal geschlossen, einzelne Exponate umgestellt oder ausgeliehen sein. Einen *Paseo virtual del Museo* durch einzelne Abteilungen bietet die Homepage der INAH, www.inah.gob.mx, bei „Museos".

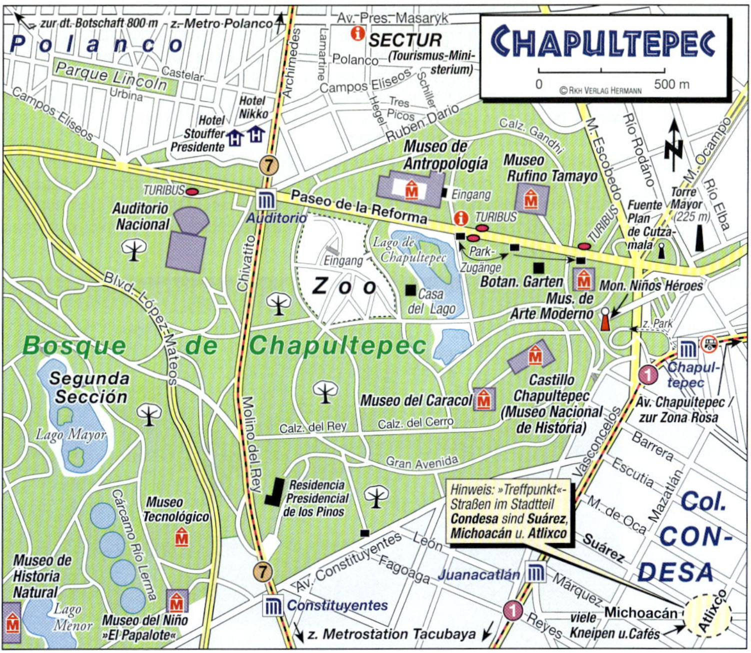

Anfahrt

Mit einem der Peseros, die entlang des Paseo de la Reforma fahren. Diese – und auch der Turibus (s.S. 565) – halten an der Reforma gleich südlich vom Museumseingang (siehe „i"-Kreis in der Chapultepec-Karte; eingetragen sind dort auch die Zugänge in den Chapultepec-Park). Mit der Metro: Mit Linie 7 zur Metrostation *Auditorio,* die am Paseo de la Reforma liegt, von da zu Fuß noch 500 Meter nach Westen. Dritte Möglichkeit von der Insurgentes-Metrostation, s.u. beim Chapultepec-Park.

Gleich an der Reforma ist ein **Módulo de Información Turística** und noch vor dem Eingang steht auf dem Freigelände ein hoher Mast, von dem ab und zu *Voladores* herabgleiten („Tanz" der Totonaken, Foto s.S. 102). Die Figur im Brunnenbecken stellt den Wassergott Tláloc dar.

Aufbau des Museums

Man gelangt in den großen Innenhof, wo eine monumentale, schirmartige Dachkonstruktion Schatten spendet. Von der Stützsäule fließt ein kühlender Wasservorhang.

Das Museum besteht aus dem Erdgeschoss *(Planta baja)* und dem Obergeschoss *(Planta alta)* mit je 12 Ausstellungssälen. Jeder **Saal ist einer bestimmten Region oder Kultur Mexikos gewidmet,** die ersten drei der Anthropologie, der Geschichte und der Besiedlung des amerikanischen Kontinents. Die Sammlungen im **Obergeschoss** zeigen Objekte der **Ethnographie** (Völkerkunde) prähispanischer und heutiger mexikanischer Indígena: Trachten, Kostümpuppen, Unterkunfts- und Wohnformen, kulturelle Bräuche, Handwerk und Geräte, Gesellschaftsstrukturen, Feste und vieles andere mehr – ebenfalls sehr sehenswert.

Was ansehen?

Entweder im Schnelldurchgang auf alles kurz einen Blick werfen oder sich gezielt auf Dinge/Säle konzentrieren, wo man hinreisen wird oder man schon war – Oaxaca-Reisende sollten sich z.B. die Nachbauten der **Gräber 7** und **104** von Monte Albán ansehen (übrigens ist im Museum vieles wesentlich besser zu sehen als *in situ*). Am interessantesten sind sicherlich die Säle **Mexica** und **Maya,** in die man gleich auch direkt gehen könnte.

Nachfolgend eine Übersicht mit den meines Erachtens wichtigsten Exponaten und Besonderheiten. **Rundgang-Beginn** im Erdgeschoss ist auf der rechten Seite *(Sala de Introducción a la Antropología),* dann geht es **entgegen dem Uhrzeigersinn** weiter. Nicht die Zeit vergessen, damit das Obergeschoss nicht zu kurz kommt. Erklärungen zur mexikanischen Götterwelt s. „Kleine Götterkunde" im Anhang.

■ *Blick in Sala 7, hinten an der Wand der große „Kalenderstein",* ***Piedra del Sol.*** *Im Vordergrund die reliefierte Steinscheibe des* ***Moctezuma I.***

Die Säle mit Höhepunkten

1. und **2.** Saal: **Culturas de Indígenas de México** und **Introducción a la Antropología,** Einführung in die Ethnographie und Anthropologie.

3. Saal: **Poblamiento de América:** Allgemeines über die Epochen der mesoamerikanischen Völker, große Mexiko-Karte mit den Hauptkulturen, Besiedlungsgeschichte Amerikas über Asien, frühe Fauna und die Entwicklung der Landwirtschaft (Mais).

4. Saal: **Preclásico en el Altiplano Central:** Die Evolution der Ethnien und Kulturen auf dem Altiplano (Hochland), unterteilt in drei Perioden v.Chr.: 1800–1300, 1300–800 und 800–200; Höhlenmalereien, Gräber mit Grabbeigaben, diverse Keramiken und Tonfiguren (sehr schön ist *El acróbata,* eine 25 cm hohe Figur von hoher Ausdruckskraft (Tlatilco-Kultur, Estado de México).

■ *Teotihuacán-Totenmaske*

5. Saal: **Teotihuacán:** Die Entwicklung der riesigen „Götterstadt" Teotihuacán zwischen 100 v.Chr. und 750 n.Chr. Grandios ist die Rekonstruktion der mächtigen, bunten Fassade des Quetzalcóatl-Tempels und das dunkelrote Fresko „Paradies des Regengotts Tláloc" *(Tlalocán)* vom Tepantitla-Palast (linker Nebenraum). Einmalig auch die mächtige, etwa 3 m hohe Statue der Wassergöttin *Diosa Chalchihuitlicue,* die über 2 m hohe Ballspiel-Stele *La Ventilla* und vor allem die berühmte, mit Türkisplättchen besetzte Totenmaske *(Máscara funeraria)* von Malinaltepec (Guerrero), 22 cm **(s. Foto).**

6. Saal: **Los Toltecas y su Época:** Diese Abteilung beginnt mit den wunderschön farbigen Wandmalereien von *Cacaxtla* bei Puebla, im Anschluss die plastischen Reliefs von der „Pyramide der gefiederten Schlangen" in *Xochicalco* (Morelos). Blickfang danach ist der monumentale, ca. 4,60 m große Atlant von *Tula* (Tula war die toltekische Hauptstadt). Links davon, in einer Vitrine mit der Grablege, das wertvollste archäologische Stück der Kultur der Tolteken, die Kopfplastik eines Tolteken-Kriegers (mit Kinnbart) im Rachen eines Kojoten, ganz mit Perlmutt-Plättchen belegt (*Cabeza de guerrero coyote,* 14 cm). Interessant ist auch der toltekische *Chak Mool* aus Tlaxcala (0,65 x 1,40 m) und der kleine Atlant (78 cm) mit nach oben gereckten Armen, der vermutlich einen Altar stützte.

Raumbeherrschend die Steinplastiken eines Teils der **Quetzalcóatl-Pyramide** in Teotihuacán **(s. Foto),** die abwechselnd den brillengesichtigen Regengott Tláloc und Quetzalcóatl darstellen. Der Kopf der Schlange tritt aus einem Blüten- oder Federkranz heraus und ihr Maul ist mit Fangzähnen bestückt.

Durch Exponate von *Tenayuca* gelangt man aus dem Nordflügel wieder in den Innenhof und danach in den *Sala de Mexica.* Dabei durchschreitet man das Modell eines **Ballspielplatzes** mit geböschten Seitenwänden und zwei Zielringen, in einer Vitrine der Spielball *(pelota)* aus Gummi.

7. Saal: **Mexica:** Die größte Abteilung des Museums ist den Meisterwerken des Aztekenreiches *Anáhuac* gewidmet. Am Eingang als eine Art Saalwächter eine furchterregende, zähnefletschende Jaguar-Skulptur, *Ocelotl Cuauhxicalli* **(s. Foto).** Auf seinem Rücken ist eine Schale eingelassen, in die einst die Herzen Geopferter gelegt wurden ... Die mächtige, mühlsteinartige Steinscheibe **(s. Foto linke S.)** erzählt in ihren umlaufenden Reliefs die Geschichte der militärischen Eroberungszüge des Aztekenherrschers *Ilhuicamina* oder Moctezuma I.

Unübersehbares Glanzstück im Hintergrund ist der monolithische Reliefstein **Piedra del Sol** („Stein der 5. Sonne", Durchmesser 3,58 m), fälschlicherweise meist als „Kalenderstein" bezeichnet **(s. Abb.).** Er diente jedoch nicht der Zeitbestimmung, sondern war die bildhafte Form der aztekischen Mythologie und ein Stein für Menschenopfer. In seinem Zentrum das Antlitz des Sonnengottes **Tonatiuh** mit heraushängender, nach Blut lechzender Zunge, drumherum in vier Rechtecken die vier abgelaufenen Weltzeitalter Jaguar, Wind, Regen und Wasser (Weltzeitalter = „Sonnen"; deshalb „Stein der 5. Sonne"). Um sie ein Kreis mit 20 Tageszeichen (Blume, Regen, Feuerstein etc.). Außen sind Schmuckringe und unten ein Schlangenrachen mit dem Sonnen- und dem Feuergott. Vor dem „Stein der 5. Sonne" befindet sich der Kopf der Mondgöttin *Coyolxauhqui,* die von ihrem Bruder *Huitzilopochtli* enthauptet und zerstückelt wurde (s.S. 577).

Links hinten ist die klobige Statue der schreckenserregenden Erdgöttin und Urmutter **Coatlicue (s. Abb.)** zu sehen: mit vier Fangzähnen, einer Halskette mit Menschenhänden und einem Totenkopf sowie einem Kleid aus Schlangen (Höhe 3,50 m, gefunden 1790 unter dem Zócalo).

Nun vom Eingang nach rechts wenden: vorbei an Vitrinen mit Sakral-Objekten gelangt man zum mächtigen runden Opferstein *Temalacatl* bzw. *Monumento de Tízoc* (Tízoc war von 1481–86 ein Aztekenherrscher, der Stein wurde auf dem Zócalo ausgegraben); links des Steins in einem Schaukasten wertvolle Kleinobjekte, u.a. Schmuckstücke, der Schild eines Aztekenkriegers, Pfeilspitzen sowie ein toltekischer *atlátl* zum Schleudern von Speeren.

Danach geht man auf das große Modell der Aztekenhauptstadt *Tenochtitlán* zu, dahinter, als großartiges Wandgemälde, die Stadt im Texcoco-See vor den beiden Vulkanen wie sie beim Eintreffen der Spanier aussah. Beachtenswert ist auch das **Modell des Templo Mayor** (s.S. 81). Weitergehend an der Wand entlang ist das Modell des großen Markts von Tlatelolco zu sehen, früher die nördliche Schwesterstadt Tenochtitláns.

Höhepunkte bei der Eingangsstirnwand: hinter Glas die mit Goldknöpfen besetzte grüne **Quetzal-Federkrone** *(penacho de plumas de quetzal)* von Moctezuma II. (Replikat, das Original ist in Wien). Rechts davon, in einer Vitrine, ein schwarzes und hochglanzpoliertes Obsidian-Gefäß in Form einer knienden trächtigen Äffin mit Kopf, Armen und Beinen. Die hübsche Statue des jungen Gottes *Xochipilli* (Gott der Liebe, der Blumen und der Künste) sitzt im Schneidersitz auf einem Altar (1,15 m). Sein Gewand ist mit Blumenblüten übersät, über sein Gesicht hat er sich die Haut eines Geopferten gezogen …

8. Saal: **Culturas de Oaxaca:** Präsentiert werden Danzantes, „Tänzer", eingemeißelt in Steinplatten, alle von Monte Albán (Oaxaca). In Vitrinen zahllose Kult- und Kunstobjekte der Zapoteken und Mixteken der Monte-Albán-Zeitperioden: *urnas antropomorfas* (Opfergefäße), farbige Keramiken, Götterfiguren (*Pitao Cozobi,* zapotekischer Maisgott), Grabbeilagen, *sacerdotes* (Priesterplastiken), *braseros* (Weihrauchgefäße) u.a. Beim Modell von Monte Albán (s. das Gemälde oben, s. Foto S. 470) kann man ins rekonstruierte **Grab 104** hinabsteigen (Skelett des Herrschers, Grabbeigaben, in den Nischen Keramiken). Bei den Stelen 2 und 4 von Monte Albán geht es nach draußen zur *estela* 5 und zum **Grab 7.**

Im Mixteken-Saal sieht man an der Wand Mitla-Mäander *(Grecas de Mitla)* und darunter die großartigen Mixteken-Códices, links der berühmte *Códice Nuttall* sowie *Colombino.* Weiteres: ein Modell von Yagul, Goldobjekte, darunter das berühmte Pectoral **Chimalli** **(s. Abb.)** aus Yanhuitlán, eine Rekonstruktion des Grabes 1 von Zaachila und am Ausgang die Stelen 11 und 10 von Monte Albán.

■ *Olmekenkopf*

9. Saal: **Culturas de la Costa del Golfo:** von Bedeutung sind dort *Cabeza colosal No. 6 de San Lorenzo,* ein 1,67 m hoher olmekischer Kolossalkopf aus dem Bundesstaat Veracruz. Außerdem diverse Olmeken-Kunstwerke, sehr schön ist *„El luchador“,* „Der Ringer“ (mit Bart, Höhe 65 cm), Replikate totonakischer Schutzkleidung von Ballspielern (gepolsterte, hufeisenförmige Joche bzw. Hüftgürtel – *yugos,* Arm- und Knieschützer); Objekte von *El Tajín,* Artefakte der Huasteken u.v.a.

10. Saal: **Maya:** Im Vorraum ebenerdig ein Modell des Maya-Lebensraums auf Yucatán und in Chiapas, geradeaus hinter Glas 5 kostbare *portasincensarios,* Räuchergefäße aus Palenque und links an der Wand eine Zeiten-Tafel. Im linken Nebenraum Exponate aus Chichén Itzá, wie z.B. 3 Atlanten, der Kopf der gefiederten Schlange und rechts daneben ein Steinblock mit der Gravur eines Menschenherzen verschlingenden Jaguars sowie Gott Kukulkán, wie er aus einem weit aufgerissenen Schlangenrachen schaut. An der Stirnwand beim Eingang die Stuckplastik eines „Herabstürzenden Gottes“ bzw. des Bienengottes **Ah Mucen-Cab** (Tulúm).

■ *Teilansicht des Maya-Saales*

Im nächsten Raum weitere Exponate aus Palenque, links ein überbreites Stuck-Panel, hinten an der Wand eine typische Maske des Regengottes *Chaak.*

Der anschließende größeren Saal zeigt über die gesamte Wandbreite die Tempelfassade von *Sayil,* darunter und hinter Glas die runde Steinscheibe des Ballspiel-Markers von Chinkultic, *Disco de Chinkultic.* Gegenüberliegend oben als breites Band ein farbenfrohes Gemälde mit Szenen aus dem Leben der frühen Maya. Darunter links *tableros* von Palenque. Weit rechts davon sind in der Vitrine 5 *urnas (braseros ceremoniales)* von Mayapán ausgestellt, berühmt ist die 2. von rechts, Regengott Chaak darstellend.

Außerdem zahlreiche Stelen und Türsturze *(dinteles)* von Yaxchilán im Eckraum. Berühmt ist Stele No. 26 aus Tempel 23: sie zeigt Frau Xoc, „Lady Fist-Fish“, wie sie ihrem Mann Schild-Jaguar eine Jaguar-Maske überreicht **(s.S. 365).**

Ein weiterer Höhepunkt ist das rekonstruierte Grab von Pacal unter dem „Tempel der Inschriften“ in Palenque **(s.S. 349).** Dazu müssen Sie über eine Treppe in die „Unterwelt“ gehen. Der skelettierte Pacal trägt auf seinem Schädel die berühmte Totenmaske aus Jade-Mosaikplättchen.

Im Außenbereich baute man den Tempelbau *Estructura II* von *Hochob* mit einem Eingang in Form eines Monsterrachens im typischen Chenes-Stil nach. Nebenan der *Tempel von Bonampak* mit seinen berühmten farbigen Wandfresken.

11. Saal: **Culturas del Occidente:** Kultur der Tarasken, Keramikfiguren, Metall- und Schmuckarbeiten aus Gold und Silber, kunstvolle Masken, Gräber mit Skeletten und Grabbeigaben, ein postklassischer Chak Mool von Michoacán, Waffen, Webstoffe, Gerätschaften.

12. Saal: **Culturas del Norte:** Objekte der (Halbwüsten-)Kulturen des Nordens, von *Casas Grandes, Alta Vista* und *Paquimé,* der bedeutendsten archäologischen Stätte des Nordens, nachgebildet als Modell und mit dicken Adobe-Wänden im Maßstab 1:1. Außerdem viele künstlerisch sehr ansprechende Tongefäße und Keramiken. Ferner die Kultur der Anasazi u.a.

Im Obergeschoss des Museum ...

... entspricht die Anordnung der Ethnographie-Säle im wesentlichen den der Kulturen parterre. In außerordentlich großer Vielfalt werden dem Besucher Traditionen und Brauchtum *(costumbres),* Lebens- und Wohnverhältnisse, Trachten, Kunsthandwerk *(artesanías),* Familienleben, Landwirtschaft, *tianguis* (Märkte), *fiestas, danzas y música,* religiöse und zeremonielle Bräuche und vieles andere mehr präsentiert, meist in lebensgroßen Modellen.

Direkt über dem unteren Saal 1 liegt der **Sala Pueblos Indios** (Einführung in die Völkerkunde), dann folgen **Sala Gran Nayar** (Volksgruppen und Stämme des Nordens, Huicholes u.a.), **Sala Puréecherio** (Purépechas bzw. Tarasken), **Sala Otopame** (Hochland-Ethnien, Otomíes u.a.) und **Sala Sierra del Puebla** (Nahuas, Totonacas, Otomíes, Tepehuas).

Auf dem anderen Flügel von vorn: **Los Nahuas** (Völker der Sierra und des Hochlandes, Nahuas), **El Noroeste: Sierras, Desiertos y Valles** (Völker des Nordwestens, Seri, Tarahumara u.a.), **Pueblos Mayas** (Mayavölker des Tief- und Hochlandes), **Costa del Golfo** (Huastecas, Totonacas), **Oaxaca** (Zapoteken, La Región de las Nubes und Mixteken).

Bosque de Chapultepec

Mit einer Fläche von über 10 qkm ist der „Wald von Chapultepec" nicht nur der größte Park und die „grüne Lunge" der Stadt, sondern ganz Lateinamerikas. Mächtige Zypressen *(ahuehuetes)* spenden Schatten, auf einem Hügel steht das schöne Schloss *Chapultepec* (náhuatl, „Heuschreckenhügel"), es gibt Seen und einen Zoo. Hauptattraktion ist das **Anthropologische Museum,** s.o.

Chapultepec ist vor allem am Wochenende ein Magnet, dann strömen Tausende Familien hierher und finden Open-air-Unterhaltungsangebote jeglicher Art vor, von Schlangenbeschwörern und Parktheater bis hin zu Clowns, Zauberkünstlern oder Frisierkursen. Am Lago Chapultepec mit Ruderboot-Vermietung befindet sich die *Casa del Lago,* ein Forum für Musikkapellen und kulturelle Veranstaltungen.

Lage

Den (eingezäunten) Park durchschneiden im Norden in O-W-Richtung der breite *Paseo de la Reforma,* in N-S die *Molino del Rey* und der *Boulevard López Mateos.* Westlich von diesem liegt die **Segunda Sección** des Parks mit den Themenmuseen *Museo Tecnológico, Museo del Niño „El Papalote"* (Kindermuseum, www.papalote.org.mx) und *Museo de Historia Natural,* www.sma.df.gob.mx. Im Nordwesten des Parks befindet sich am *Paseo de la Reforma* der futuristische Bau des **Auditorio Nacional,** Mexikos nationales Konzertgebäude.

Anfahrt

siehe Anthropologisches Museum. Oder auch durch den Haupteingang des Parks, der sich im Osten nahe der **Chapultepec-Metrostation** befindet (s. Chapultepec-Karte, rechter Rand). Dort ist auch der Chapultepec-Busterminal. Über eine Überführung gelangt man von der Metrostation zum Haupteingang, bewacht von zwei Bronzelöwen. Dahinter geht man auf das 6-Säulen-Denkmal für die sechs **Niños Héroes** („Kinderhelden") zu, junge mexikanische Kadetten, die 1847 auf dem Hügel des Chapultepec-Schlosses tapferen, doch vergeblichen Widerstand gegen die US-amerikanischen Invasionstruppen leisteten und dabei starben.

Museo Rufino Tamayo Die außergewöhnliche Sammlung moderner Malerei und Skulpturen dieses großen mexikanischen Malers aus Oaxaca (1899–1990) ist ein Genuss, und gewiss genauso die futuristische, lichtdurchflutete Beton-Glas-Architektur in prähispanischer Monumentalität. Aktuelle Ausstellungen auf der Homepage www.museotamayo.org. Di–So 10–18 Uhr, Eintritt 15 Ps.

Museo de Arte Moderno Das Museum der modernen Kunst zeigt in zwei Rundbauten Werke von Orozco, Rivera, Siqueiros, Cuevas, Tamayo, O'Gorman u.a. Auch Frida Kahlo ist vertreten, nämlich mit ihrem Bild *Las Dos Fridas* („Die zwei Fridas"). Mit Skulpturengarten. Di–So 10–17.30 Uhr, Eintritt 20 Ps.

Zoo Der sehenswerte und kostenlose Zoo zeigt nicht nur Tiere aus Mexiko und Amerika, sondern auch aus aller Welt (Pandabären!) in großen, domartigen Freigehegen. Di–So 9–16.30 Uhr, www.chapultepec.df.gob.mx.

Jardín Botánico Der Botanische Garten liegt am Paseo de la Reforma östlich vom Anthropologischen Museum und zeigt Gewächse aus allen Regionen und Klimazonen Mexikos, darunter viele Kakteen. Di–So 10–16 Uhr, Eintritt frei.

Castillo de Chapultepec Das **Chapultepec-Schloss,** ein zweistöckiger klassizistischer Bau aus dem 18. Jh., thront auf dem höchsten Hügel des Parks. Es war die Sommerresidenz des Vize-Königs von *Nueva España* und 1863–67 Domizil des mexikanischen Kaisers, des Habsburger Maximilian und seiner Frau Carlota. Außerdem bis 1940 Amtssitz der mexikanischen Präsidenten.

Heute beherbergt es das weitläufige **Museo Nacional de Historia,** das mexikanische Nationalmuseum für Geschichte (Di–So 9–17 Uhr, Eintritt 51 Ps, www.mnh.inah.gob.mx). Unzählige Exponate und historische Erinnerungsstücke – Gemälde, Kutschen, Waffen, Musikinstrumente, Möbel, Fotos, Schaubilder und auch Reproduktionen von *códices indígenas* – zeigen die mexikanische Vergangenheit. Außerdem Wandgemälde von *Juan O'Gorman* (eindrucksvoll: „Retablo de la Independencia"), von *Orozco, Siqueiros* („Vom Porfiriat zur Revolution", *Del Porfirismo a la Revolución,* Sala 13, oberes Geschoss) und viele andere. Außerdem einige Räume von Kaiser Maximilian im Originalzustand.

Anschließend kann man zum unweit gelegenen, schneckenförmigen Rundbau **Museo del Caracol** *(Galería de Historia)* gehen, wo in Schaukästen weitere wichtige Szenen und Stationen mexikanischer Geschichte zu sehen sind.

Polanco u. Lomas Nördlich des Chapultepec-Parks erstreckt sich das Viertel **Polanco** und westlich das reiche Wohnviertel **Lomas de Chapultepec.** Die dortigen Bauten reflektieren den Reichtum und die bizarren Fantasien des mexikanischen Geldadels: Häuser im Hochzeitstorten- und maurischen Stil wechseln sich ab mit Supermodernem, englischem Tudorstil und Disneyland-Architektur – Verrücktheiten, geschützt durch meterhohe Mauern und Privatpolizisten. Für Interessierte vielleicht einen Taxi-Ausflug wert.

Nach Süden:

Coyoacán, San Ángel, Ciudad Universitaria, Xochimilco

Insurgentes Sur

Die Insurgentes ist, wie erwähnt, die längste Nord-Süd-Durchgangsstraße der Stadt (Karte s.S. 552). In Richtung Süden verläuft sie über *San Ángel* (s.u.), durch die Universitätsstadt (mit Olympia-Stadion) bis zur Autobahn Mex 95 nach Cuernavaca. Auf der **Insurgentes Sur** verkehren ständig Busse und Peseros (in Südrichtung Aufschrift „San Ángel", „Ciudad Universitaria", in Nordrichtung „Metro Indios Verdes"). Anfahrt mit der Metro zur **Insurgentes Sur** mit der Linie 9 zur Station *Chilpancingo.*

Etwa in der Mitte des Abschnitts Alameda-Park/Universitätsstadt befindet sich an der Insurgentes Sur/Calle Filadelfia das Kulturzentrum **Polyfórum Cultural Siqueiros,** ein kurios-kühnes, zwölfzackiges Gebäude und Gesamtkunstwerk aus Architektur, Malerei, Reliefs und Skulpturen von *David Álfaro Siqueiros* (tägl. 10–19 Uhr). Außen ist es vollständig mit *murales* von der mexikanischen Geschichte geschmückt, im Inneren prunkt über dem Obergeschoss in der eiförmigen Kuppel das Kolossalgemälde *La marcha de la humanidad en la tierra hacia el cosmos* – „Marsch der Menschheit auf dem Weg zum Kosmos". Das mit 2400 qm Bildfläche größte Gemälde der Welt ist den Völkern Lateinamerikas gewidmet. Gebäude und Kunstwerke entstanden von 1965 bis 1973.

Nahebei (Av. de las Naciones 1, Col. Nápoles) und unübersehbar das **World Trade Center** (www.torrewtc.com). Es hat einen turmartigen Aufsatz mit dem Drehrestaurant *Bellini* im 45. Stock. Einlass nur mit – teurem – Essen. Auskunft und Reservierung Tel. 9000-6000. Kostenlose Auffahrt bis zum 41. Stock. 1,5 km südlich vom Polyforum Cultural Siqueiros liegt die *Ciudad de los Deportes* („Sportstadt") mit der *Plaza México,* der weltgrößten Stierkampfarena.

Coyoacán

Der historische Ort **Coyoacán** („Ort der Kojoten", ca. 9 km südlich vom Zócalo) wurde längst vom Stadtmoloch geschluckt, konnte jedoch in Teilen sein koloniales Flair bis in die heutige Zeit hinüberretten. Hier findet man schöne Kolonialgebäude – viele rot-orange getüncht – mit hübschen Patios und Gärten, es warten freundliche Plätze mit Cafés, Galerien und Kneipen, in denen sich Künstler, Studenten und Intellektuelle treffen. Coyoacán hat sich der Kultur und Kunst verschrieben und ist mindestens so attraktiv – wenn nicht noch mehr – wie das bekanntere San Ángel (s.u.). Mittelpunkt ist die **Plaza Hidalgo** und der angrenzende **Jardín del Centenario** mit seinem Coyoten-Brunnen als Wahrzeichen.

Auf beiden Plätzen (nähere Beschreibung s.u.) gibt es Cafés, Restaurants und Artesanías-Läden. Am meisten ist an den Wochenenden los: Samstags findet ein Freiluftmarkt statt, am Vormittag beginnen (Althippie-)Händler mit dem Aufbau ihrer bunten Stände mit Schmuck, Klamotten und modernem Kunsthandwerk. Sonntags ist Bildermarkt, montags sind alle Museen geschlossen. Alljährlich am 17. Januar findet in der *Iglesia San Juan Bautista* (Plaza Hidalgo) ein schönes Kirchenfest statt, der *Día de San Antonio Abad.*

Coyoacán war zur Zeit der Eroberung Mexikos eine kleine Siedlung am Westufer des Texcoco-Sees. Von hier befehligte **Cortés** die Angriffe auf die Aztekenhauptstadt Tenochtitlán, nach ihrer Eroberung 1521 besaß er hier ein Haus, hier wollte er auch begraben werden (seine Gebeine liegen mittlerweise in der Iglesia y Hospital de Jesús Nazareno, s.S. 570). Spätere Berühmtheiten mit Wohnsitz Coyoacán waren das Maler-Paar *Frida Kahlo* und *Diego Rivera,* der russische Revolutionär *Leo Trotzki* (all deren Häuser sind heute Museen), der Schriftsteller Octavio Paz u.a.

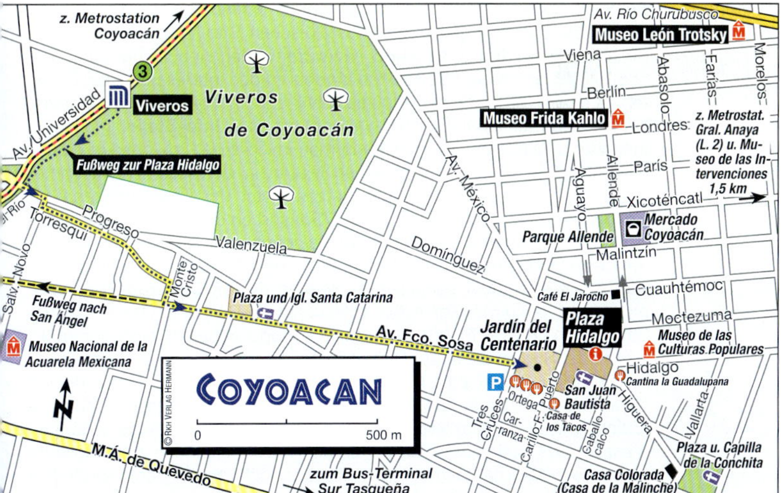

Mexiko-Stadt

In der Regel wird man sich **Coyoacán zusammen** mit dem westlich gelegenen **San Ángel ansehen** (Weiterfahrt per Taxi oder Pesero). Man kann die 3 km nach Westen aber auch zu Fuß gehen, über die **Avenida Francisco Sosa** (s. die gestrichelte Linie auf der Karte, Wegbeschreibung bei San Ángel, Marginalie „Zur Metrostation M.Á. de Quevedo").

Anfahrt/ Rückfahrt

Mit Metro 3 zur Station *Coyoacán* oder eine weiter bis *Viveros,* von beiden Stationen sind es jeweils knapp 2 km bis zur Plaza Hidalgo. Beim Ausstieg an der Station *Viveros* nach Süden zur Av. Progreso gehen und dort einen *„Metro General Anaya"*-Pesero zur Plaza Hidalgo nehmen (s. Karte). **Rückfahrt** zur Metrostation *Viveros* mit einem „Metro Viveros"-Pesero von der Malitzín/Ecke Allende beim Mercado Coyoacán; zur Station *Coyoacán* mit einem *„Metro Coyoacán"*-Pesero von der Westseite der Plaza Hidalgo. Man kann aber auch hin- und zurückfahren mit Linie 2 über die Station *General Anaya,* die knapp 2 km östlich der Plaza Hidalgo liegt.

Fußweg

Wer sich der Plaza Hidalgo **zu Fuß nähern** möchte (s. Karte), steigt an der Metrostation **Viveros** aus, geht 300 Meter südlich, dann nach links in die erwähnte Av. Progreso, nach ca. 50 Meter nach rechts in die Salvador Novo*) und gleich wieder links in die Calle Torresqui. Ihr bis zu ihrem Ende folgen, dann nach rechts und gleich danach links in die reizvolle und von alten Kolonialresidenzen gesäumte **Avenida Francisco Sosa,** eine der **ältesten spanischen Straßen Lateinamerikas** überhaupt. Vorbei an der beschaulichen *Plaza Santa Catarina* mit der gleichnamigen Kirche (gut essen und über den Platz blicken kann man oben vom Restaurant *Mesón Antigua Santa Catarina*), erreicht man am Ende der Calle Sosa durch den Torbogen den **Jardín del Centenario** (s.u.) und die **Plaza Hidalgo.**

*) Kunstfreunde können das in der Salvador Novo gelegene kleine **Museo Nacional de Acuarela Mexicana** besuchen, das eine eindrucksvolle Sammlung von Aquarellen besitzt (Di–So 11–18 Uhr).

Coyoacáns Plaza Hidalgo

In Platzmitte befindet sich der Musikpavillon, südlich steht die Klosterkirche *San Juan Bautista* (16. Jh.). Von hier starten tägl. ab 10 Uhr alle halbe Stunde – sofern sich genügend Teilnehmer einfinden – Rundfahrten (50 Ps). Dabei zockelt der zu einer nostalgischen Straßenbahn umgebaute Kleinbus, die **Tranvía turístico** (www.tranviadecoyoacan.com.mx, Tel. 5658-4027) durch die Straßen des Viertels zu den interessantesten Punkten. An der Nordseite des Platzes steht die einstige **Casa de Cortés,** heute Casa Municipal (Stadtverwaltung) mit einer **Info-Stelle.** Im kleinen Innenhof ist ein Brunnen, links kann man im *Sala de Cabildos* ein Wandgemälde über die *Conquista* sehen (Zutritt in den Raum nicht immer möglich). An der Westseite des Platzes bietet der *Bazar Artesanal de Coyoacán* Kunsthandwerk an (nur Sa/So) und an der Ostseite sollten Sie in die traditionsreiche *Cantina la Guadalupana* von 1932 reinsehen (Mo–Sa 13–24 Uhr). Einen halben Straßenblock östlich, in der Av. Hidalgo 289, liegt das kleine, aber sehenswerte **Museo de las Culturas Populares** mit Sammlungen mexikanischer Volkskunst (Di–Do 10–18 Uhr, Fr–So 10–20 Uhr, Mo geschl., Eintritt, www.culturaspopulareseindigenas.gob.mx).

Von der Südost-Ecke der Plaza Hidalgo kann man auf der *Calle Higuera* zur stillen, baumbestandenen **Plaza de la Conchita** mit der kleinen *Capilla de la Conchita* gehen. Noch vor der Plaza befindet sich rechts die rötliche *Casa Colorada* (Higuera 57), auch *Casa de la Malinche* genannt – dieses Haus soll einst Cortés für seine Dolmetscherin und Geliebte *Malinche* erbaut haben (heute Privatbesitz, nicht zugänglich). Südöstlich hinter der Plaza de la Conchita liegt der *Jardín Cultural Frida Kahlo.*

Jardín del Centenario Der kleine Park mit den Coyoten als Brunnenfiguren war einst das Atrium des Klosters San Juan Bautista. Er wird gesäumt von Cafés und Restaurants. Nett sitzt man in den Cafés *El Parnaso* (mit Buchhandlung) bei der Kirche oder im *El Guarache,* Platzsüdseite (dort gibt es noch einige Restaurants mehr, *Las Esquina de los Milagros* an der Ecke hat auf seiner Speisekarte köstliche *cazuelas,* Eintöpfe). Südlich gibt es in der Calle Carranza 115 einen FONART-Laden (Artesanías).

An der Westseite des Platzes beginnt hinter dem Torbogen die schon erwähnte *Avenida Fco. Sosa* nach San Ángel. Wer Zeit hat, kann auf ihr bis zur *Plaza Santa Catarina* spazieren.

Weitere Restaurants/Cafés: Ein traditionsreiches und beliebtes Straßencafé in Coyacán ist *El Jarocho,* Cuauhtémoc 134 (Lage nördlich von der Plaza, s. Karte). Sehr gepflegt speist man im *Los Danzantes* in präkolumbischem Ambiente, Jardín del Centenario No. 12. Gleich daneben ist das *Entre Vero* mit guter internationaler Küche und witzig-modernem Ambiente. Gute Tacos und einfache mexikanische Standardgerichte zu reellen Preisen gibt es im *La Casa de los Tacos* in der Felipe Carillo Puerto (s. Karte).

Museo Frida Kahlo Das Haus liegt 600 Meter nördlich der Plaza Hidalgo an der Ecke Allende/Londres No. 247 (die Allende hochgehen, dabei passiert man am Parque Allende den *Mercado Coyoacán*).

Museums-Öffnungszeiten: Di–So 10–17.30 Uhr, kleiner Laden und Café, Videofilmen und Fotografieren nur im Garten erlaubt, Taschenabgabe. Eintritt 55 Ps, Tel. 5554-5999. Die Homepage www.museofridakahlo.org.mx führt viele Fakten, Details und Fridas Lebensgeschichte auf, inklusive einem virtuellen Rundgang und dem Hinweis, dass zum Erhalt des Hauses und zur Restaurierung früher Werke Frida Kahlos Deutschland 50.000 Euro spendete. Frida kam 1907 als Tochter des Deutschen Wilhelm Kahlo und seiner zweiten mexikanischen Frau Mathilde Calderon zur Welt. Kahlo, 1871 in Pforzheim geboren, war 1890 nach Mexiko ausgewandert und wurde dort ein anerkannter Architektur- und Industriefotograf mit Regierungsaufträgen zur Zeit des Porfiriats. Vielleicht hatte Frida das künstlerische Talent von ihrem Vater geerbt, der zuvor in der Goldstadt Pforzheim in der Schmuckindustrie tätig war.

Die historische, indigoblau gestrichene „Casa Azul" – dunkelblau soll nach mexikanischem Volksglauben böse Geister abwehren – ist noch original eingerichtet, mit zahllosen persönlichen Erinnerungsstücken der zierlichen Frida, wie z.B. ihren Trachtenkleidern (für jene aus Oaxaca hatte sie eine besondere Vorliebe), mit Kunsthandwerk (Judasfiguren aus Pappmaché), Keramiken aus allen Teilen Mexikos und einer umfangreichen Votivbilder-Sammlung *(exvotos)* im Treppenhaus. Doch kein Original ihrer großen Werke ist zu sehen, „Las Dos Fridas" ist eine fotografische Reproduktion! Eindrucksvoll wie das ganze Haus ist die fröhlich-farbenfrohe Küche, ihre Lieblingsfarbe war eindeutig Gelb. Im Malstudio Entwurfsskizzen, ihr Rollstuhl und ein unvollendetes Stalin-Porträt (wie Rivera war Frida kommunistisch engagiert). Im Schlafzimmer ihr Bett mit einem Holzaufbau mit oben angebrachtem Spiegel, damit sie auch liegend – sie musste sich im Laufe ihres Lebens über 30 Operationen unterziehen – ihre Selbstbildnisse, in denen sie ihren zerstörten Körper thematisierte, weitermalen konnte. Zeitlebens schmerzgeplagt, war die Malerei ihr Ventil für ihre körperlichen und seelischen Leiden.

Als Achtzehnjährige hatte Frida Kahlo einen schweren Verkehrsunfall erlitten, der sie zur Invalidin machte. 1929 heiratete sie Mexikos fülligen Malerfürsten **Diego Rivera** („der Elefant und die Taube"), es folgte eine turbulente Ehe

(Scheidung und Wiederheirat; Rivera hatte, wie Frida, zahllose Affären, sie auch mit Trotzki). 1953 wird ihr ein Bein amputiert, 1954 stirbt sie. Ihr letzter Tagebucheintrag lautet: *„Ich hoffe, ich komme nie wieder zurück ..."* Ihre Asche befindet sich im Haus in einer Maya-Urne.

Erst nach ihrem Tod machten ihre Bilder sie zur berühmtesten Malerin Mexikos. Ein Teil ihrer Werke – und viele von Riveras – sind im *Museo Dolores Olmedo Patiño* zu sehen (s.S. 606; s.a. *Museo Casa Estudio Diego Rivera y Frida Kahlo* in San Ángel S. 601). Diego Rivera starb 1957 und vermachte die Casa Azul, in dem auch Leo Trotzki zeitweise Aufnahme gefunden hatte, dem mexikanischen Staat.

Anahuacalli

Zuvor hatte sich Rivera 3 km südlich von Coyoacán auf einem Hügel sein Privatmuseum **Anahuacalli** gebaut, ein eigenwilliger, wuchtiger Bau aus dunkelgrauem Lavagestein mit aztekischen Stilelementen. Ausgestellt ist dort seine sehr umfangreiche Sammlung prähispanischer Kunst (über 2000 Objekte), sein Atelier ist im Obergeschoss. Anahuacalli ist für Kunstfreunde sicherlich einen Abstecher wert (per Taxi). Calle del Museo 150, nur per Führung Di–So 10.30, 11.30, 12.30, 13.30, 15.15, 16.15 u. 17 Uhr (Fr letzte Führung 16.15 Uhr). Eintritt 20 Ps, Tel. 5617-4310, www.museoanahuacalli.org.mx.

Museo Leo Trotzki

Etwa 500 Meter nordöstlich des Frida-Kahlo-Hauses liegt an der Viena 45 das **Museo Leo Trotzki,** das letzte Wohnhaus des russischen Revolutionärs. Zutritt von der Av. Churubusco 410, Di–So 10–17 Uhr, Eintritt 35 Ps.

Trotzki (richtiger Name Leib Bronstein, geb. 1879) war militärischer Chefstratege der russischen Oktoberrevolution 1917. Im Machtkampf nach Lenins Tod 1924 war er zunächst Konkurrent und später der Todfeind Stalins, der ihn 1929 aus der Sowjetunion auswies. Mexiko gewährte Trotzki 1937 Asyl, wo ihn der kommunistisch gesinnte Diego Rivera aufnahm. Nach einer Affäre mit dessen Frau Frida Kahlo kam es zum Zerwürfnis, es erfolgte 1939 der Umzug in dieses Haus, wo er mit seiner Ehefrau Natalia zurückgezogen lebte. Nach einem ersten Attentat auf ihn im Mai 1940, angeführt von dem überzeugten Stalinisten und Muralisten David Álfaro Siqueiros – in den Zimmerwänden sind noch die Einschusslöcher des nächtlichen Überfalls zu sehen – baute Trotzki sein Haus festungsartig aus. Vergeblich. Stalins Schergen erreichten ihr Ziel doch noch: am 20. August 1940 rammte ihm der katalanische NKWD-Agent Ramón Mercader, der Trotzkis Vertrauen besaß, am Schreibtisch einen stiellosen Kurzpickel in den Hinterkopf, ein paar Tage später erlag Trotzki der schweren Verletzung ... Zu sehen sind im Haus Trotzkis persönlichen Dinge, Bücher, der Schreibtisch mit seiner Büste, Fotos u.a. Im Garten sein Grabmal, dekoriert mit Hammer und Sichel. Mercader bekam 20 Jahre Gefängnis, starb 1978 in Kuba und liegt als „Held der Sowjetunion" auf einem Moskauer Friedhof.

San Ángel

San Ángel liegt 3 km westlich von Coyoacán und 10 km südlich vom Zócalo. Der Ort (offizieller Name *Villa Obregón,* einst das aztekische *Tenantitla*) „rivalisierte" ursprünglich mit Coyoacán und ist diesem sehr ähnlich und doch wiederum anders. Hier gibt es verschwiegene Kolonialhäuser (die meisten hinter hohen Mauern, denn hier wohnt die Oberschicht der *capitalinos*), gepflasterte Straßen, große Bäume, Märkte und bunte Blumenhecken, die diese einst ländliche Siedlung zum schönsten der historische Viertel der Hauptstadt machen. San Ángel wurde erst relativ spät vom Stadtkraken einverleibt. Durch das Viertel verlaufen die *Avenida Revolución* und die *Insurgentes Sur.* Alljährlich findet um den 16. Juli, am *Día del Carmen,* eine Woche lang das große Blumenfest *Feria de la Flor* statt.

Anfahrt

mit Metro 3 zur Station *Miguel Ángel Quevedo,* von da ca. 1,2 km nach Westen zur Plaza San Jacinto gehen oder einen Pesero an der Metrostation nehmen. Oder von der Insurgentes Sur mit einem San-Ángel-Bus bzw. mit einem Pesero (Haltestellen s. Karte). Am bequemsten mit dem **Metrobús** (s.S. 560), der die Insurgentes runterfährt, Haltstelle beim Jardín de la Bombilla, s. Karte. Eine Metrobús-Station weiter, *Dr. Gálvez,* erreicht man das tolle **Museo Soumaya** (s.u.) Wer vom Jardín de la Bombilla gleich nach Coyoacán will, nimmt ein Taxi oder einen Pesero oder geht zu Fuß. Vom Museo Soumaya kann man auf der Arteaga ca. 600 m nach Norden zur Coyoacáns *Plaza San Jacinto* gehen, vorbei am *Jardín del Arte.*

Von San Ángel erreicht man mit einem Pesero oder mit Metro-Linie 3 von der Station *M.Á. de Quevedo* schnell die **Universitätsstadt.**

Plaza San Jacinto

Der Platz mit seinen Restaurants ist das Herz von San Ángel. Hier – und in dem Patio-Haus an der Nordwestseite des Platzes (Casa No. 11) – findet an Samstagen der sehr bekannte bzw. touristische **Bazar del Sábado** statt, 10–19 Uhr. Angeboten wird alles und vieles zwischen Kitsch und Kunst, Bilder, Antiquitäten etc. In der Mitte der Nordseite befindet sich das hübsche **Museo Casa del Risco** aus dem 18. Jahrhundert (www.isidrofabela.com) mit zwei reizvollen Patios und einem originellen, kachel- und porzellanverzierten Brunnen. An der Westseite der Plaza die eintürmige **Kirche San Jacinto** mit idyllischem Klostergarten.

Restaurant-/Café-/Bar-Tipps: An der Nordseite das gute indische Restaurant *La Casona del Elefante,* in der Madero 2 *La Mora* (man kann oben sitzen), in der Madero 8 das *Chucho el Roto,* gut und preiswert, und in der Madero 10C das kleine, gemütliche Café über *Artesanías Janana Rana* (Eingang durch diesen Laden). Eine tolle Villa in Av. La Paz 32 ist Sitz des sehr guten, aber trotzdem noch moderaten spanischen Restaurants *La Paz.* Empfehlenswerte Salsa-Tanzbar: *Mama Rumba,* San Jacinto 23.

Abstecher: Etwa 600 Meter südlich der Plaza San Jacinto, dazu die Calle Arteaga gehen, liegen *Plaza Opción* und *Plaza Loreto* mit einem sehr attraktiven Einkaufszentrum in einer umgebauten Fabrik und mit dem **Museo Soumaya.**

Museo Soumaya

Av. Revolución/Ecke Río Magdalena (Plaza Loreto), tägl. außer Di 10.30–18.30 Uhr (Fr/Sa 20.30 Uhr), www.soumaya.com.mx, Tel. 5616-3731. Dieses Museum gehört dem reichsten Mann der Welt, *Carlos Slim* (geb. 1940, Vermögen über 53 Milliarden, das jeden Tag um 27 Millionen US-Dollar wächst ...), die „5. Macht im Staate Mexiko"; ihm gehört u.a. Telmex). Zu sehen in einer fantastischen Architektur: Rodin-Skulpturen, Gemälde von Cranach, Rubens, Picasso, Miró, Tamayo, Diego Rivera u.a. Eintritt frei (natürlich).

Zurück zur Plaza San Jacinto: von ihr führt die **Calle Madero** nördlich zur kleineren **Plaza del Carmen,** samstags findet hier ebenfalls ein Künstlermarkt statt. Rechter Hand an der Calle Allende das **Centro Cultural de San Ángel** (mit **Turismo**). Kunstfreunde können jetzt auf der Av. Revolución nördlich zum **Museo de Arte Carillo Gil** gehen, vorbei am üppig-bunten Blumenmarkt **Mercado de Flores** an der rechten Straßenseite. Das Museum besitzt u.a. Gemälde berühmter mexikanischer Maler wie Rivera, Orozco oder Siqueiros. Di–So 10–18 Uhr, geringer Eintritt.

Auf der anderen Seite der Av. Revolución sehen Sie die drei Kuppeln der **Iglesia y Museo de El Carmen,** die Kirche des früheren Karmeliterklosters, gegründet 1615, mit einem großen Altar und schönem Garten. Das Museum zeigt sakrale Gemälde (u.a. vom berühmten Villapando, 1644–1744) und Möbel und in der Kloster-Krypta Mumien, ausgegraben 1916. Di–So 10–17 Uhr, www.museodeelcarmen.org.

Zur Metrostation M.Á. de Quevedo

Geht man die kopfsteingepflasterte Av. La Paz weiter östlich, gelangt man zum **Jardín de la Bombilla** mit dem **Monumento Álvaro Obregón,** errichtet zum Gedenken an den mexikanischen General und Präsidenten (1920), der hier im *Restaurante La Bombilla* 1928 einem Mordanschlag zum Opfer fiel. Im Untergeschoss des Monuments ist als hölzerne Nachbildung sein 1915 in einer Revolutionsschlacht verlorener Arm ausgestellt.

Am östlichen Ende des Bombilla-Parks liegt die **Plaza San Sebastián Chimalistac** (oder Plaza Gamboa) mit alten Kolonialhäusern, die dortige Kapelle aus dem 17. Jh. besitzt eine *Capilla abierta,* dort konnten Messen auch im Freien abgehalten werden. Bücherfreunde gehen anschließend zur *Librería Gandhi* (Calle M.Á. de Quevedo 128) am Parque Tagle, einer der größten Büchertempel von Mexiko-Stadt mit nettem Café, auch Sa/So bis spätabends geöffnet. Anschließend weiter zur Metrostation M.Á. de Quevedo oder auf der **Avenida Fco. Sosa** weiter nach Coyoacán.

Museo Casa Estudio Diego Rivera y Frida Kahlo

Das **Museo Casa Estudio Diego Rivera y Frida Kahlo** liegt 800 Meter westlich der Plaza San Jacinto in der Calle Altavista (s. Karte). Das von Juan O'Gorman aus zwei Kuben entworfene Zwillingshaus im Bauhausstil – O'Gorman schuf auch das berühmte Mosaik an der Uni-Bibliothek – diente dem Künstlerpaar 1934–40 als Atelier und Wohnhaus. Fridas Haus ist das kleinere, blaue, mit dem anderen durch einen Steg verbunden. Zu sehen sind Gemälde von Rivera, Fotos, Masken, Pappmaché-Figuren, Mal-Utensilien, persönliche Gegenstände, ab und zu Sonderausstellungen, s. Homepage. Di–So 10–18 Uhr, Eintritt 15 Ps, www.estudiodiegorivera.bellasartes.gob.mx. Fotografieren gegen Gebühr.

Gegenüber auf der anderen Straßenseite befindet sich in der ehemaligen Hacienda Goycoechea das exquisite **Restaurante San Ángel Inn** mit köstlichen Gerichten, Garten, Tischen drinnen und draußen, Brunnen und Kapelle. Einen Drink dort zu genießen ist es allemal wert.

Ciudad Universitaria

Etwa 2 Kilometer südlich von San Ángel liegt die *Ciudad Universitaria* von Mexiko-Stadt mit der UNAM (*Universidad Nacional Autónoma de México,* www.unam.mx). Mit über 300.000 Studierenden ist die UNAM die größte Uni der Welt.

Für die berühmte **Biblioteca Central** Anfahrt vom Stadtzentrum mit Metro 3, aussteigen an der Station *Copilco*. Oder mit dem **Metrobús** (s.S. 560) auf der Insurgentes, die den riesigen Campus durchschneidet, Ausstieg *Ciudad Universitaria* (CU). Danach über die Insurgentes-Fußgängerbrücke zur Haltstelle der sog. *Pumabusse,* die durchs Gelände fahren (No. 10 fährt zum *Centro Cultural Universitario;* ab Ende Juni nicht mehr, denn da bleibt der gesamte Campus wegen Sommerferien geschlossen, auch die Biblioteca Central).

Viele der mehr als 80 Gebäude, erbaut in den 1950er Jahren, sind inzwischen Paradebeispiele mexikanischer Architektur, wobei das „Aushängeschild" die fensterlose Kubatur der **Biblioteca Central** von Juan O'Gorman ist, aufgenommen ins UNESCO-Weltkulturerbe. Ihre Außenfassade ist komplett mit einem fantastischen Bildmosaik verblendet, auf der Südseite mit Astronomie- und Astrologiemotiven. Die Fassaden des Rektoratsgebäudes **La Rectoría** (die Südseite bemalte Siqueiros) und des **Auditorio Alfonso Caso** am östlichen Ende des Jardín Central sind ebenfalls großartig künstlerisch dekoriert. Das **Museo Universitario** zeigt zeitgenössische Kunst, im Botanischen Garten der Uni wachsen Kakteen aus ganz Mexiko. Die Universitätszeitung *Gaceta UNAM* berichtet, was gerade los ist und ob Veranstaltungen anstehen.

Xochimilco

Eine Bootsfahrt mit den farbenfrohen Barken durch die Kanäle von Xochimilco gehört seit Jahrzehnten zum Standardprogramm der Touristen von Mexiko-Stadt – wenngleich die Meinungen über den „mexikanischen Spreewald" stark auseinandergehen. Viel los ist nur sonntags, wenn die mexikanische Familien zu Hauf anrücken, zum geselligen Bootspicknick die *trajineras* stürmen und alles fröhlich durch die Kanäle gondelt. Die überdachten Kähne tragen alle Frauennamen und haben in der Mitte einen Holztisch. Küchen- und Getränkeboote versorgen die Ausflügler mit Tacos, Tortillas und Bier, auf anderen Booten spielen lautstarke Mariachi- und Marimba-Kapellen. Ein weniger schönes Bild bieten die Kanäle **während den trockenen Monate von Januar bis März,** denn dann sinkt der Wasserspiegel und wird schlammig.

Zwischenbemerkung: Die Anfahrt nach Xochimilco ist **kombinierbar mit dem Museo Dolores Olmedo Patiño,** s.u.

■ *Alle Boote tragen Frauennamen*

„ … wo die Blumen wachsen"

Xochimilco (sprich sotschimilco) ist ein Wort aus der Aztekensprache Náhuatl und bedeutet „wo die Blumen wachsen" – nämlich auf den *chinampas.* Die Spanier sagten dazu *huertos flotantes,* „Schwimmende Gärten". Es ist der letzte südliche Rest des einst so riesigen Texcoco-Sees, die Kanäle sind die Überbleibsel der einstigen Wasserlandschaft Tenochtitláns. Noch in der 2. Hälfte des 19. Jahrhunderts befuhren Dampfboote die Seen und Kanäle, die Mexiko-Stadt mit Xochimilco, Chalco, Texcoco und mit anderen See-Orten verbanden – ein ländliches Venedig. Man bekommt eine Vorstellung, wie die aztekischen Wasseranbauflächen zur Versorgung der Bewohner Tenochtitláns funktionierten: Holz- und Weidenflöße wurden mit Erde bedeckt und bepflanzt, die ständige Durchfeuchtung von unten ermöglichte ganzjährig hohe Ernteerträge. Mit der Zeit wuchsen die Chinampas mit ihren Pflanzenwurzeln am Seegrund fest, es bildeten sich Inseln, und so entstand ein Kanalsystem (in Xochimilco noch über 100 km lang). Heutige Abwässer und Luftverschmutzung belasteten dieses Aqua-Ökosystem jedoch immer stärker, so dass Maßnahmen zu seiner Rettung eingeleitet werden mussten.

Anfahrt vom Zentrum Mexiko-Stadt

Xochimilco liegt 23 km südlich vom Zócalo, Anfahrt mit Metro 2 bis zur südlichen Endstation *Tasqueña,* dann weiter mit der Stadtbahn **Tren Ligero L 1** bis zu ihrer Endstation *Xochimilco* (Fahrzeit noch eine gute halbe Stunde; von der Metro-Endstation *Tasqueña* fahren aber auch Peseros bis zu den *Embarcaderos,* wird lautstark ausgerufen).

Von der Ligero-Endstation Xochimilco dann auf der Morelos nördlich gehen in Richtung Mercado und dann östlich (Calle Nezahualcóyotl) zum *Embarcadero San Cristóbal,* von wo die *trajineras* ablegen (oder einfach den Schildern „Los Embarcaderos" folgen, Gehstrecke ca. 500 Meter, oder auch per Fahrrad-Taxi). Nördlich vom Embarcadero San Cristóbal liegt an einem Kanal der *Embarcadero Salitre,* östlich davon *Embarcadero Caltongo* (Boote von dort aus sind eventuell billiger).

Das **Turismo von Xochimilco** befindet sich nördlich der Plaza, Calle Pino 36. Alljährlich findet in Xochimilco vom 16.–18. Feb. das *Festival del Amaranto* statt. Ab Freitag 10 Tage vor Ostern *(Domingo de Ramos)* steigt ein traditionelles Blumenfest, Xochimilco versorgt nämlich Mexiko-Stadt mit Blumen.

Preise

Sie sind auf Tafeln angeschlagen oder stehen in der Liste *„Precios y Tarifas dentro del Canal Turístico".* Kostenpunkt mindestens 150 Ps für eine etwa einstündige Fahrt, verhandeln nicht möglich. Meist geht es pro Boot, die kleinsten, die gelben und roten, fassen 6–8 Personen. Der Preis ist überdies abhängig von der Zeitdauer der Fahrt – eine Stunde genügt normalerweise –, dem Wochentag und von welchem Embarcadero man ablegt. Jede weitere „Dienstleistung", wie Mariachi-Lieder und sonstige Musik von Begleitbooten, Essen usw. kostet extra. Am günstigsten sind die *lanchas colectivas,* die bei hohem Andrang fahren.

Parque Ecológico de Xochimilco

Etwa 3,5 km nördlich der Touristenkanäle schuf man den *Parque Ecológico de Xochimilco* (Fläche ca. 2 qkm), wo etwas anspruchsvollere „Öko"-Bootstouren angeboten werden und es außerdem einen attraktiven Blumen- und Pflanzenmarkt gibt (man kann für eine Tour auch ein Rad mieten). Auskunft beim dortigen *Centro de Información.* Anfahrt von Xochimilco mit einem Taxi, von der Innenstadt mit der Metro 2 bis zur Station General Anaya, von dort weiter mit einem „Tlahuac"-Pesero. Der Park ist montags geschlossen und lohnt nicht in der Trockenzeit!

Museo Dolores Olmedo Patiño

Señora *Dolores Olmedo Patiño,* früher mal ein Modell von **Diego Rivera** (und mutmaßlich auch eine seiner Geliebten), war nach dessen Tod seine vermögende Erbwalterin, sie starb 2002. Ihre historische Hacienda *La Noria* aus dem 17. Jahrhundert beherbergt die **bedeutendste Privatsammlung der Werke von Diego Rivera und Frida Kahlo:** Von Diego über 140 Arbeiten, von Frida etwa 25 Bilder, darunter *„La columna rota* – das zerbrochene Rückgrat" (nämlich Fridas) und ihr „Selbstbildnis mit Affe". Außerdem zahlreiche Objekte *Arte prehispánico* (Maya, Zapoteken) und *Arte popular mexicano.* Ein sehr ansprechend gestaltetes, repräsentatives Privatmuseum mit einem gepflegten Park mit vielen Pflanzen und mit einigen heimischen Tieren (Pfauen und die merkwürdigen, haarlosen *itzcuintle*-Hunde, die einst den Speisezettel der Azteken bereicherten). Insgesamt **lohnend und sehenswert,** vor allem für Kunstfreunde.

Av. México 5843, La Noria, Xochimilco (etwa 2,5 km westlich von der Ligero-(Stadtbahn)-Endstation *Xochimilco*). Di–So 10–18 Uhr, Eintritt 55 Ps, Cafetería, Tel. 5555-1016, www.museodoloresolmedo.org.mx. Lageplan auf der Homepage.

Anfahrt: Mit Metro 2 bis zur Endstation *Tasqueña,* dann weiter mit dem Tren Ligero zur **Estación La Noria**; von dort noch ca. 300 Meter zu Fuß. Ab und zu gibt es im Museo Veranstaltungen, z.B. wird dort der *Día de los muertos* mit fantasievollen Gabentischen u.a. volkstümlich gefeiert.

Nach Norden:
Plaza de Garibaldi, Tlatelolco (Plaza de las Tres Culturas), Basílica de Guadalupe

Plaza de Garibaldi

Fünf Straßenblocks nördlich des Palacio Bellas Artes liegt an der Lázaro Cárdenas/Honduras (Anfahrt mit Metro-Linie 8, *Garibaldi*) die bekannte **Plaza de Garibaldi** (Plan D1), Zentrum und Treffpunkt Dutzender **Mariachigruppen,** die allabendlich lautstark fürs – zahlende – Publikum aufspielen. Wem immer der Sinn nach Fröhlichkeit steht – Verliebte, Verzweifelte, Feiernde, Gelangweilte – der geht auf die Garibaldi (zahlreiche Touristen verständlicherweise auch, wer Mexiko schon kennt, kann sich die Angelegenheit ersparen).

Alte Tradition

Die Tradition soll bis ins Jahr 1925 zurückreichen, als hier ein Kneipenbesitzer Mariachigruppen aus seiner Heimat Jalisco (Guadalajara) engagierte, von wo Mexikos bekannteste Musik ursprünglich stammt (es ist oft zu lesen, *mariachi* leite sich vom französischen *mariage* – Hochzeit – ab, doch es ist eher eine Umformung des galizischen Wortes *marriego,* das ebenfalls Hochzeit heißt; die Musik gab es in Jalisco schon vor der französischen Intervention Mexikos 1862.) Gespielt wird Mariachi-Musik mit Trompete, Gitarre, Bassgitarre und Geige. Man kann auf dem Platz aber noch andere Musikstile Mexikos hören, wie z.B. *música norteña* (mit Akkordeon), Lieder mit Harfenbegleitung (typisch für Veracruz) oder Marimba-Musik, charakteristisch für Chiapas. Viel Betrieb ist am späten Samstagabend. Mehr über mexikanische Musik s.S. 105.

■ *Mariachi-Musiker treten in der traditionellen Charro-Tracht von Jalisco auf*

Achtung, die gesamte Gegend ist ein wenig unsicher, die dunklen Nebenstraßen meiden, später am besten mit einem Taxi fahren.

Um den Platz gibt es etliche Restaurants und Kneipen, in denen Mariachi-Kapellen die Stimmung anheizen. Eine Institution ist seit 1925 **El Salón Tenampa.** Ein ebenfalls empfehlenswerter Mariachi- und Tanzschuppen ist **Guadalajara de Noche** in der Calle Honduras rechte Seite, man geht vorbei an den Büsten verdienter Mariachi-Sänger und Komponisten. Es gibt auch einfache *cantinas* mit Live-Musik, z.B. *Soloon Tequila & Beer,* die Honduras weitergehen, links an der Ecke. Pulque-Schlürfer bekommen ihren Kaktusmost in der *Pulquería Familiar* auf der Nordseite des Platzes (Honduras 4). Preiswert essen kann man bei den Fondas des *Mercado Camilito,* ebenfalls Nordseite.

Mariachi-Musiker sind überwiegend ältere Amateure, die sich auf der Garibaldi abends noch etwas dazuverdienen, es gibt auch Familienunternehmen vom Großvater bis zum Enkel. Wichtigster Mann einer Gruppe ist der „Greifer", der potentielle Kunden ausspäht und schneller sein muss als die Konkurrenz. Die Liedkosten richten sich nach der Größe der Gruppe und ihrem Können und ob die Zuhörer *gringos* sind oder z.B. ein junges mexikanisches Liebespaar. Man kann eine Gruppe außerdem stundenweise für eine Hochzeit oder eine Hausparty engagieren oder sie vor das Haus der Angebeteten bestellen. Das **größte Mariachi-Konzert** auf der Plaza de Garibaldi findet alljährlich am **21. November** gegen Mitternacht statt, wenn Aberdutzende Gruppen zu Ehren der Musiker-Schutzpatronin *Santa Cecilia* aufspielen.

Die Seele Mexikos

Mariachi-Musik ist das Herz und die Seele Mexikos. Die Musiker in traditioneller Charro-Tracht, nämlich schwarze Anzüge mit Silberknöpfen, spitze Stiefel und ausladende Sombreros, singen von unerfüllter Liebe, vom großen herrlichen Mexiko, der Schönheit seiner Frauen und unerschütterlichem *macho*-Stolz. Mal leise und sentimental, mal schmetternd und fröhlich, auf ein paar schräge Töne kommt es nicht an – *ay, ay, ay, ay, cánta y no llores* – sing' und wein' doch nicht …

Cielito Lindo

De la Sierra Morena cielito lindo vienen bajando – un par de ojitos negros cielito lindo de contrabando – Y ese lunar que tienes cielito lindo junto a la boca – no se lo des a nadie cielito lindo que a mí me toca – Ay ay ay ay, cánta y no llores, porque cantando se alegran, cielito lindo los corazones

Tlatelolco / Plaza de las Tres Culturas

Der „Platz der drei Kulturen" liegt etwa 2 km nördlich des Bellas-Artes-Palastes, Anfahrt mit Metro-Linie 3, *Tlatelolco.* Von dort drei Block ostwärts zur Lázaro Cárdenas gehen und dann einen Block südlich. Oder Anfahrt mit nordwärts fahrenden Trolleybussen *(Trolebús)* auf der Eje Central Lázaro Cárdenas.

Der Platz trägt seinen Namen wegen der Bautenfusion dreier historischer Epochen Mexikos, die hier beieinander stehen: Grundmauern eines zerstörten **Aztekentempels,** ein ehemaliges **spanisches Kloster** mit Kirche *(Templo de Santiago)* und **moderne Zweckbauten** des 20. Jahrhunderts. Eine Gedenktafel vor dem Templo de Santiago beschönigt nüchtern, dass der Untergang des heldenhaft verteidigten Tenochtitlán und ihrer Schwesterstadt Tlatelolco „weder Sieg noch Niederlage war, sondern die schmerzhafte Geburt des heutigen mestizischen Mexiko" – *„No fue triunfo ni derrota. Fue el doloroso nacimiento del pueblo mestizo que es el México de hoy".*

Das Areal beeindruckt jedoch trotz des vielversprechenden Namens nur wenig. Am **13. August** finden hier aztekische Tänze zum Gedenken an den Kampf um Tenochtitlán statt.

In Tlatelolco befand sich der riesige Markt, den die Spanier voller Staunen beschrieben (zu sehen als Gemälde im Palacio Nacional). In der hier später erbauten Klosterkirche predigte *Bernardino de Sahagún* (1500–1590), ein Franziskanermönch, der als erster aztekische Dichtungen und Überlieferungen in der Náhuatl-Sprache aufschrieb (*„Historia general de las cosas de la Nueva España",* auch die Geschichte der Eroberung Tenochtitláns aus indigener Sicht – *Códex Florentinus*). Außerdem gründeten die Franziskaner hier ein Kolleg, das ausschließlich der Bildung indigener Kinder adliger Abstammung vorbehalten war. Ende 2007 wurden in Tlatelolco Pyramidenreste freigelegt, die älter sein könnten als jedes andere bekannte Azteken-Bauwerk. Dies könnte möglicherweise die etablierte Zeitrechnung der Gründung Tenochtitláns 1325 in Frage stellen …

Blutbad

Zu trauriger Berühmtheit gelangte der Platz am 2. Oktober 1968, als sich hier ca. 10.000 Menschen versammelten, um sich mit den Zielen demonstrierender Studenten zu solidarisieren. Die Polizei feuerte in die Menge und es starben etwa 400–500 Menschen, Hunderte wurden verletzt (die Regierung sprach von „nur" 20 oder 30 Toten). Es war die schwerste Belastungsprobe für die mexikanische Nation, kurz vor der Eröffnung der Olympischen Spiele im gleichen Jahr. An der Nordseite der Kirche befindet sich ein Mahnmal an das Blutbad. Das unübersehbare Hochhaus des **Centro Cultural Universitario Tlatelolco,** unmittelbar südlich an der Ricardo Flores Magón 1, gedenkt mit seinem *El Memorial del Movimiento Estudiantil de 1968* ebenfalls dem Geschehen. Weitere Details und Fakten auf www.tlatelolco.unam.mx.

La Basílica de Nuestra Señora de Guadalupe

Die Basilika der Jungfrau von Guadalupe, der **Virgen de Guadalupe** mit ihrem Bildnis auf Stoff, ist die **bedeutendste Wallfahrtskirche Mexikos.** Sie liegt ca. 7 km nördlich vom Zócalo. Abermillionen Mexikaner pilgern alljährlich dorthin. Ein interessanter Platz, vor allem lohnend beim alljährlichen gewaltigen Fest der *Señora de Guadalupe* am 12. Dezember.

Anfahrt: vom Zentrum mit Metro-Linie 3 bis Station *Deportivo 18 de Marzo,* dort wechseln in Linie 6 Rtg. Osten *(Martín Carrera),* jedoch nur eine Station (s. blaue Hinweistafeln) bis *La Villa Basílica* fahren (diese ist jedoch am 12.12. gesperrt, man muss dann ein Station vorher aussteigen). Von dort noch 200 Meter zu Fuß nordwärts, auf der Straßenmitte immer entlang der Devotionalien-Verkaufsstände. Oder Anfahrt mit „La-Villa"-Bussen bzw. Peseros von der Reforma. **TIPP:** Guadalupe mit Teotihuacán kombinieren, auf der Rückfahrt von dort. Infos vorab: www.virgendeguadalupe.org.mx.

■ *Die alte Guadalupe-Basilika mit Blick auf Mexiko-Stadt*

Das Wunder

Nach der Legende erschien am 2. Dezember 1531 dem (bereits bekehrten) Schafhirten *Juan Diego* (sein aztekischer Name war *Cuauhtlatohuac*) auf dem Hügel von *Tepeyac,* der sich nördlich hinter der alten Basilika erhebt, mehrmals die Jungfrau Maria, und als Beweis der göttlichen Vision bildete sich ein paar Tage später auf seinem Mantel das Gesicht einer **dunkelhäutigen** Frau ab, die dann vom damaligen ersten Bischof von Mexiko-Stadt, *Juan de Zumárraga,* als das Bildnis von Maria erkannt wurde …

Statt „Erscheinung“ liest man manchmal auch von „Inszenierung“, denn da waren noch viele rote Rosen „im Spiel“ – in Mexiko bis dato unbekannt –, und auf dem Hügel von Tepeyac – aztek. Name *Tepeyacac* – stand bereits „schicksalshaft“ ein heiliger Schrein, der der Göttin *Tonantzín* (anderer Name *Coatlicue*) geweiht war, der wichtigsten aztekischen Gottheit, und dieser Erdgöttin hatten die Azteken schon immer Opfer dargebracht. Die Verlegung des Fests vom 2. Dezember auf den 12. Dezember ging auf die Einführung des Gregorianischen Kalenders ab 1582 zurück, was bekanntlich mit dem „Überspringen“ von 10 Tagen verbunden war (apropos: *Guadalupe* ist ein Kloster in Spanien und seit 1340 ein bekannter Wallfahrtsort mit gleichnamiger Marienstatue).

Mit dem Erscheinungswunder vermengten sich zwei Glaubenswelten und zwei „Göttinnen“ durchdrangen sich, wobei die damaligen Indios die Jungfrau von Guadalupe noch lange Zeit *Tonantzín-Guadalupe* nannten. Für die Katholische Kirche aber wurde die *Virgen Morena* der entscheidende Faktor zur durchgreifenden Missionierung Mexikos, denn mit der „Dunklen“ fiel es den Menschen wesentlich leichter, die Religion ihrer Unterwerfer anzunehmen.

„Die Anerkennung der Indianer der Jungfrau von Guadalupe als indianische Gottheit machte sie nicht nur formal zu Christen, sondern gab der spanischen Kirche auch ein zusätzliches Herrschaftsinstrument über ihre fernen Untertanen …“ so Alan Riding in seinem Buch „Distant Neighbours“.

Die „Königin von Mexiko“

Der Kult um die Virgen de Guadalupe und die Einbindung in die mexikanische Kultur bzw. ihre Wandlung auch zum politischen Symbol war ein langer, schmerzlicher Prozess, standen doch die Symbole der Kirche der Eroberer – Kreuz, Christus und Maria – zunächst nur für Zerschlagung, Vernichtung und Tod. Das Umdenken begann mit der Marienerscheinung von Juan Diego 1531 (er wurde 1990 beim Besuch des Papstes selig- und 2002 heiliggesprochen). Die braunhäutige Jungfrau von Guadalupe war die erste „einheimische“ Madonna Lateinamerikas, doch *La Morena* zeigt sich interessanterweise immer ohne ihren Sohn, in dessen Namen die planvolle Vernichtung der altindigenen Kulturen Lateinamerikas geschah. 1745 wurde die „Eingebürgerte“ vom Papst als **Patrona principal** von Mexiko anerkannt und später entwickelte sie sich zum **Symbol des Widerstandes** gegen die spanische Herrschaft über das Land. Unter ihrem Banner zogen Allende und der Priester Hidalgo 1810 in den mexikanischen Unabhängigkeitskampf, *„Tod den gachupines, es lebe die Jungfrau von Guadalupe“* hieß der Schlachtruf, man beförderte gar Guadalupe zur Generälin.

Auch noch später, bei der Mexikanischen Revolution 1910–1917, spielte sie diese Rebellions- und Patronatsrolle, der Diktator Porfirio Díaz ließ sie gar zur **Königin von Mexiko** krönen, und der erste Präsident Mexikos – Félix Fernández – nannte sich in *Guadalupe Victoria* um. Sie wurde die **Beschützerin des kleinen Mannes,** und fast jede glückliche Fügung, alle persönlichen kleinen und größeren Wunder wird *Morenita* zugeschrieben. Kein Ort in Mexiko, wo nicht ihr Bild mit gefalteten Händen und goldenem Strahlenkranz zu sehen ist – in Bussen, Zügen, Bars, Busterminals, Geschäften und Wohnungen und natürlich auch in allen Kirchen (zuletzt erschien sie im Juni 1997 in der Metrostation Hidalgo einem fliegenden Händler, ein Altar dort kündet davon). Guadalupe entwickelte sich im Laufe der Jahrhunderte für die Mexikaner zu einem Symbol der Ermutigung und Hoffnung, zur personifizierten Glücks- und Integrationsfigur aller Bevölkerungsgruppen. Der Staat, der aus Verfassungsgründen aus dem 12. Dezember keinen offiziellen Feiertag machen konnte, verhält sich diesem Kult gegenüber loyal, denn es waren in Mexiko schon immer der Glaube und Guadalupe, die dem (brüchigen) sozialen Frieden Rückhalt gaben – mit *„La Morena“* für Gott und Vaterland!

P.S. Natürlich ist Guadalupe im Internet-Zeitalter auch mit Websites vertreten, z.B. unter www.virgendeguadalupe.org.mx.

Großer Platz Nach Betreten des riesigen *Atrio de América* sieht man von links: *Basílica Nuevo, Basílica Antigua* (gelbe Kuppel), Sakristeikirche (rote Kuppel) und rechts hinten die *Capilla del Pocito* (Brunnenkapelle, blau-weiße Kuppel; s.a. den Lageplan gleich links nach dem Eingangstor). Auf dem Hügel steht eine weitere Kirche, und zur Erinnerung des Besuchs von Guadalupe lassen Eltern ihre Kinder auf Holzpferdchen oder mit dem Papst fotografieren.

Neue Basilika Der Mantel mit dem Abbild Guadalupes wurde 1976 aus der langsam in den weichen Boden absinkenden alten Basilika in die neu erbaute gebracht. Eine gigantische Wallfahrtskirche, die wie ein Riesenzelt aussieht – sie soll den Poncho von Juan Diego symbolisieren – und etwa 15.000 Personen fasst. An der Stirnwand hängt hinter schussfestem Glas das Bildnis der Jungfrau. Wegen des oft gewaltigen Andrangs der Pilgerschar wurde darunter ein vierspuriges Rollband verlegt, auf dem die Gläubigen staufrei an der Virgen vorübergleiten. Dabei murmeln sie ein *mandado* zu ihr hoch, ihr persönliches Anliegen.

Alte Basilika mit Museo de la Basílica Zwischen der neuen und der alten Basilika steht die Statue von Papst Johannes Paul II. (Juan Pablo II.) anlässlich seines Besuchs 1999. Die alte Basilika wurde 1700 erbaut, in ihrem Inneren hängt rechts ein großes Gemälde, das die Taufe der Indios zeigt *(Conversión de los Indios),* darüber die Madonna.

Hinter der Kirche befindet sich das Museo de la Basílica de Guadalupe mit einer umfangreichen Gabenkollektion für die Jungfrau und vielen *exvotos* bzw. Votivbildern, Di–So 10–18 Uhr, geringer Eintritt, www.mubagua.org.mx.

Capilla del Pocito Vorbei an dem modernen Glockenturm mit einer astronomischen Uhr nun zur Capilla del Pocito gehen. Auf dem Weg eine Bronzeskulptur, wie Juan Diego dem Bischof seinen Mantel mit dem Bildnis der Madonna mit roten Rosen präsentiert. Die kleine Pocito-Kapelle aus rotem *tezontle* besitzt einen elliptischen Grundriss und ist ein sehr schönes Beispiel barocker Baukunst des 18. Jahrhunderts, ausgeschmückt mit viel Gold. Wer mag und Zeit hat, kann noch den Park des Tepeyac-Hügels für eine Aussicht ersteigen.

Mexikos größtes Fest Das Bild der Jungfrau von Guadalupe ist *der* Anziehungspunkt für Millionen von Katholiken ganz Lateinamerikas. Höhepunkt ist jedes Jahr der **12. Dezember** bzw. schon die **Mitternachtsmesse am Vorabend,** Tage vorher werden alle Zufahrtsstraßen abgesperrt. Am 11. und 12. wird der große Vorplatz der Basilika zu einem Aufmarschzentrum für unzählige Wallfahrtsgruppen, viele Pilger rutschen die letzten hundert Meter demütig auf den Knien. Dankesgebete und Bußszenen spielen sich ab, Platz und Kirche quellen über, und inmitten des gewaltigen, bunten Volksfestes führen *concheros* aztekisch-verwurzelte Tänze auf, bei denen sich indigene Mythen mit christlichem Glauben verbinden. Nirgendwo in Mexiko tritt dieser Synkretismus stärker zutage als an diesem Tag vor der Basilika. Das Fest mitzuerleben, das auch im ganzen Land gefeiert wird, ist ein Höhepunkt einer Mexikoreise.

Bitte mailen (verlag@rkh-reisefuehrer.de) **oder schreiben Sie, wenn sich in Mexiko Dinge verändert haben oder Sie Neues wissen. Herzlichen Dank!**

Adressen & Service Mexiko-Stadt

Ew. 22 Mio.

✆ **01-55**

Touristen-Informationsstellen: Außer den *Módulos de Información Turística* auf dem Flughafen und in den vier großen Busterminals gibt es auch im Zentrum derartige Info-Kioske. Besetzt von Mo–So von 9–18 Uhr, meist engl.-spr. Man erhält Auskunft, einen Stadtplan und Flyer mit den wichtigsten Hinweisen und Notruf-Nummern. Lageorte s. i-Piktogramme in den Stadtplänen. Standorte:

- auf dem **Zócalo** westlich (Tel. 5518-1003) und östlich der Kathedrale, Tel. 5512-8977
- beim **Palacio Bellas Artes,** Südostecke Alameda-Park, Tel. 5518-2799
- beim **Anthropologischen Museum** am Zugangsweg vom Paseo de la Reforma zum Museum, Tel. 5286-3850
- in der **Zona Rosa** beim Monumento a la Independencia *(El Ángel),* Paseo de la Reforma, Tel. 5208-1930
- bei der **Basílica de Guadalupe,** Plaza de las Américas, Tel. 5748-2985
- und auch in **Coyoacán** (Casa de Cortés), **San Ángel** und **Xochimilco** (beim *Embarcedero Nativitas*, Tel. 5653-5209).

Städtische Tourismus-Behörde

Das Tourismus-Sekretariat von Mexiko-Stadt, *Secretaría de Turismo de la Ciudad de México,* befindet sich in der Avenida Nuevo León 56, Col. Hipódromo Condesa (zwischen Parque España u. Parque Mécico), Tel. 5212-0227 (und 15 Nummern mehr, s. Homepage; geb.-frei ist die Tel. **01-800-0089090** für alle touristischen Fragen und Angelegenheiten). Ihre sehr gut gemachte Homepage **www.mexicocity.gob.mx** beantwortet so ziemlich alle touristischen Fragen bezüglich Mexiko-Stadt, es lohnt, auf ihr zu stöbern.

Das **nationale** Tourismus-Ministerium, *Secretaría de Turismo,* kurz **SECTUR,** befindet sich nördlich des Anthropologischen Museums in der Presidente Mazaryk 172/Ecke Hegel (s. Karte „Chapultepec", Metro 7, *Polanco*), Tel. 3002-6300. Mo–Fr 8–18 Uhr, Sa 10–15 Uhr, www.sectur.gob.mx.

Die Homepage der Stadt Mexiko ist **www.df.gob.mx,** dort findet man weiter Interessantes über die Hauptstadt.

Hilfe für Touristen /

Notrufe u. Notfälle

Es gibt eine spezielle **Touristen-Polizei** (*Policía Turística),* erkennbar an ihren blau-grauen Uniformen.
Secretaría de Turismo: Tel. 01-800-0089090 oder Tel. 078-50897500
Allgemeiner Notruf Polizei, Feuer etc.: Tel. 060 und Tel. 066, beide kostenlos
Ärzte: s.S. 629
Mobile Kriminal-Einsatzgruppe: Tel. 061
Verkehrspolizei (Policia Federal de Caminos): Tel. 5684-2142
Rotes Kreuz (Cruz Roja): Tel. 065 oder 5395-1111
Feuerwehr: Tel. 068
Locatel für vermisste Personen 5658-1111
Autopannenhilfe (Ángeles Verdes): Tel. 078
Telefonbuch-Auskunft: Tel. 040 (alles übers Telefonieren s.S. 46)

Webseiten

Städtisch-/ staatlich offizielle („gob.mx"; teils in Engl.)

Homepage der Stadt Mexiko bzw. des D.F.: www.df.gob.mx
Öffentlicher Transport, *Transporte público:* www.rtp.gob.mx
Metro der Stadt: www.metro.df.gob.mx
Kultur in Mexiko-Stadt, *Secretaría de Cultura:* www.cultura.df.gob.mx
Tourismus-Sekretariat der Hauptstadt „mit allem": www.mexicocity.gob.mx
Nationalinstitution für Kultur und Kunst: www.conaculta.gob.mx (mexikoweit)

Museen in Mexiko: www.museosdemexico.org

von/über Mexiko-Stadt

http://wikitravel.org/en/Mexico_City – Wikis solider Beitrag zu Mexiko-Stadt
www.mx-df.net: detaillierte Infos zu Gastronomie, Nachtleben, Veranstaltungen, Kulturleben; gut sowohl für Besucher als auch die *capitalinos*
www.nextmap.com.mx – hilfreich und kurzweilig über alles Touristische – **Tipp**
www.mexicocity.com.mx – gute Seite für Touristen
www.chilango.com – Kultur, Restaurants und Nachtleben (auch Magazin)
www.allaboutmexicocity.com – „The complete Guide about Mexico City"
www.travelmexicocity.com.mx – private, ergiebige US-Seite
www.go2mexicocity.com – kommerzielle Touristen-Seite
www.tiempolibre.com.mx – Kultur u. Veranstaltungsprogramm (auch Magazin)
www.ticketmaster.com.mx – Karten für jegliche Veranstaltungen
www.ticketbus.com.mx – Busverbindungen mexikoweit
www.femexfut.org.mx – der mexikanische Fußballverband, Spiele
www.edomexico.gob.mx – Seite des Bundesstaates México
www.artesdemexico.com – alles über Kunst in Mexiko
www.guiaroji.com.mx – die Seite für Landkarten
www.museosdemexico.org – verlinkt auf sehr viele Museen der Stadt

Weitere Informationsquellen

TIPP: Sehr hilfreich für einen ersten Überblick ist die Werbebroschüre *Ciudad de México* von **Mapa&Guia** mit Internet-Auftritt **www.nextmap.com.mx:** Viele Karten, Hotelverweise, Herumkommen, Metro, Restaurants, Kulturelles und Attraktionen; 45 Ps, erhältlich an touristischen Stellen.

Die wohl besten Info-Quellen für Kino- und Theaterprogramme, Restaurants, Nachtleben, Ausstellungen, Kunst etc. sind die beiden Magazine **Chilango** und **El Tiempo Libre** (jeden Do neu am Kiosk), beide auch mit Internet-Auftritten (s.o.). – Engl. Internet-Zeitung: **The News,** www.thenews.com.mx, gedruckte Ausgabe bei Zeitungsläden und Sanborns. – „The English Speaker's guide for living in Mexico: www.insidemex.com. – **Deutsche Zeitungen** im *Goethe-Institut,* Liverpool 89 (zw. Niza und Havre, s. Karte „Zona Rosa"), Di 9–13.30 Uhr, Mi 14.30–19, Fr 9–13 Uhr. – **Internationale Presse,** Bücher und **Karten** von Mexiko bekommt man bei *Sanborns,* z.B. in der *Casa de Azulejos,* Madero 4, schräg gegenüber vom Torre Latinoamericana, bei *La Casa de la Prensa* in der Zona Rosa, Calle Florencia 59 und Calle Hamburgo 141 und außerdem bei *FAMA*-Läden, einer Ladenkette mit Büchern, Zeitschriften und Zeitungen.

Internet-Cafés

zahllose Möglichkeiten und vielfach in den Unterkünften/Hotels, auch gibt es immer mehr Cafés und Hotels mit WiFi.

Bank/Geld

Mexiko-Stadt ist voll mit Banken und Geldautomaten *(cajeros automáticos, cajas permanentes),* es gibt weit mehr als die $-Piktogramme in den Karten. Wechseln von Bargeld und Traveller-Schecks vorzugsweise bei *Banamex* und *Bancomer* oder bei **Casas de Cambio,** diese haben länger offen, auch samstags, einige auch sonntags, wie z.B. *Centro de Cambios y Divisas:* Zócalo-Westseite, Ecke 16 de Septiembre (Plan F3). Zona Rosa: Hamburgo 88. Paseo de la Reforma 87-F (Glorieta de Colón). Die Homepage www.ccd.com.mx zeigt die Kurse. – *Cambios Centro Histórico,* Madero 13; *CI-Banco,* Madero 27B, u.a.

Verlorene/gestohlene Kreditkarten anrufen und sperren: **MasterCard:** Tel. 001-800-307-7309 (= USA), www.mastercard.com (bei Länderliste „Mexico"). – **VISA:** www.visa.de, Tel. 001-800-847-2911 (= USA). – **American Express:** www.americanexpress.de, AE-Kreditkarte sperren: Tel. 001-866-247-6878 (= USA). Adresse: Paseo de la Reforma 350 (Ecke Lancaster, Zona Rosa), Tel. 5207-7049, geb.-frei Tel. 01-800-2217282. AE-Scheckeinlösung und Client Mail Service Mo–Fr 9–18 Uhr, Sa 9–13 Uhr.

An- und Weiterreise

Die größten Ein- und Ausfallstore von Mexiko-Stadt sind:

■ **1.** Der internationale Flughafen **Aeropuerto Internacional Benito Juárez** am östlichen Stadtrand (7 km vom Zócalo).

■ **2.** Die **vier großen Busterminals** *Terminal Central del Oriente (TAPO), Terminal del Sur* (TAS), *Terminal del Poniente* (TAP) und *Terminal del Norte* (TAN), jeweils an der östlichen, südlichen, westlichen und nördlichen Peripherie. (Tipp: Möglichst vermeiden, dass man zwischen zwei Fahrten die Busterminals wechseln muss)!

■ **3.** Etwa ein Dutzend Hauptstraßen und Autobahnen aus allen Himmelsrichtungen.

Weiterreise-Planung

Reist man von Mexiko-Stadt aus zu einem Fernziel, kann man dies entweder auf „einen Rutsch" tun oder unterwegs in sehenswerten Städten Zwischenaufenthalte einlegen. **Hier einige Vorschläge für Zwischenstopps:**

Nach **Oaxaca** oder **Veracruz:** Unterbrechung in *Puebla*

Nach **Acapulco:** Unterbrechung in *Taxco,* auch evtl. Cuernavaca

Nach **Guadalajara** bieten sich zwei Routen an: auf der nördlicheren sind mögliche Zwischenstationen *Querétaro, San Miguel de Allende, Guanajuato* u.a., auf der südlichen *Morelia* (von dort aus auch weiter zu den Pazifikbadeorten), *Pátzcuaro* und *Uruapan.*

Nach **Yucatán** entlang der Golfküste: Stopps in *Veracruz* und *Villahermosa* (von dort Ausflug nach Palenque).

Nach **USA/Kalifornien:** Über Baja California mit/ohne vorheriger Eisenbahnfahrt Los Mochis – Chihuahua.

Aeropuerto Internacional Benito Juárez

Der *Aeropuerto Internacional Benito Juárez* ist einziger Passagierflughafen der Riesenstadt. Alle Informationen, wie Flugauskunft, Anfahrt mit Metro oder eigenem Wagen mit Parkplätzen, Mietwagen, Immigration, mexikanischen Zollbestimmungen etc. auf der sehr gut gemachten Homepage des Airports mit einer interaktiven 3-D-Karte, **www.aicm.com.mx.** Außerdem Terminal-Pläne zum Herunterladen und allgemeine Tipps rund ums Reisen in Mexiko.

Zwei Terminals: Der Airport besteht aus dem **Hauptterminal T1** (Tel. 2482-2424) und dem 3 km südlich gelegenen, modernen **Terminal T2** (Tel. 2598-7000). Verbunden sind beide mit der Flughafenbahn **Air Train,** der alle 10 Minuten verkehrt. Von beiden Terminals gibt es sowohl nationale als auch internationale Ankünfte und Abflüge. Ebenfalls in beiden Terminals: etliche Info-*Módulos,* Geldautomaten, Banken bzw. *Casas de Cambio,* Geschäfte, Internet, Post, Schließfächer, Hotelreservierung, Restaurants, Shops für Mobiltelefone und Telefonkarten u.v.a. Mietwagen im Terminal 1 in den Salas A und E, ebenfalls Schalter im T2.

Der Hauptterminal 1 besitzt acht Bereiche bzw. *salas* von **A bis J**

Sala A: Nationale Ankünfte
Sala B: Check-in für Aeroméxico
Sala D: Check-in für mex. Billigflieger wie Interjet und Magnicharter
Sala E: Internationale (und auch nationale) Ankünfte
Sala F: Check-in für internationale Abflüge
Salas G, H u. J: Internationale Abflüge

Terminal 2 hat ebenfalls acht Salas von **K bis Q**

Von hier operieren *Aeroméxico, Aeromar, Delta, Continental, Copa, Lan Chile*

Sala K: Internationale Abflüge
Sala L1: Check-in international für Continental, Delta und Lan Chile
Sala L2: Check-in für *Aeroméxico* und *Aeroméxico Connect*
Sala L2: Check-in für *Aeromar* und *Copa*

Sala M: Nationale Abflüge
Sala N u. P: Internationale Ankünfte
Sala Q: Nationale Ankünfte

Airlines

Lufthansa: T1, Sala F1, Tel. 5571-2702, www.lufthansa.com. Adresse in der Stadt: Lufthansa, Paseo de las Palmes 239, Colonia Lomas de Chapultepec, Tel. 5230-0030. – **Iberia:** T1, Sala F3, Tel. 2599-0229. Adresse in der Stadt: Iberia, Avenida Ejército Nacional 843B, Colonia Chapultepec Morales, Tel. 1101-1515. – **KLM:** T1, Sala F1, Tel. 5571-3246. – **Aeroméxico,** T2; Office: Bay L-2, Tel. 9132-6000 (Ext. 6003), Telefon gebührenfrei: 01-800-0214050, www.aeromexico.com. Adressen in der Stadt: Aeroméxico, Av. Juárez 76 (Parque Alameda), Tel. 5512-4000. Aeroméxico, Paseo de la Reforma 445, Tel. 5133-4010. – Weitere Airlines s. www.aicm.com.mx, bei „Passenger Information/Airlines".

Billigflieger

Die mexikanischen **Billigflieger** *Interjet* (www.interjet.com.mx), *Volaris* (www.volaris.com) und *VivaAerobus* (www.vivaaerobus.com) haben im Terminal 1 in den Salas C und D Schalter. Weitere Daten dieser Airlines siehe wieder www.aicm.com.mx bei „Passenger Information/Airlines". **Tipp:** wer z.B. einen günstigen Flug nach **Cancún** benötigt, sollte mit dem Bus nach Toluca fahren (Fz ca. 1 h; Volaris hat nach Toluca aber auch einen kostenlosen Shuttlebus vom Stadtteil Santa Fé, das südwestlich des Zentrums liegt). Vom dortigen Toluca-Flughafen fliegen z.B. Volaris und Interjet nach Cancún und auch zu weiteren Städten in Mexiko und in die USA. Alle Details auf den Homepages dieser Billigflieger, Frühbucher profitieren am meisten.

Ankunft

Die Flieger aus Europa kommen alle spätnachmittags/abends an, schon deshalb empfiehlt sich ein **Taxi** zum vorgebuchten Hotel. Auch die **Metro** kann genommen werden. Bei Ankunft im **Terminal 2** muss zuvor mit dem *Air Train* zum Terminal 1 gefahren werden, dort geht man dann zur Metrostation. Vom T2 fahren aber auch vom Ausgang rote Busse zur Metrostation *Hangares* (Linie 5), von dort dann eine Station weiter zur Umsteigestation *Pantitlán* (wie man von dort weiter ins Zentrum fährt s.u. bei „Mit der Metro in die Stadt"; Metroplan s.S. 561).

Nach der Landung geht es zur Migración, in Ihre Touristenkarte wird die Aufenthaltsdauer eingetragen (Details s.S. 28). Dann mit dem Gepäck zur Zollkontrolle *(aduana)* und den Zufallsgenerator drücken: bei „grün" darf man weiter, bei „rot" wird kontrolliert. Den Gepäckschein nicht wegwerfen, da nachher am Ausgang geprüft wird, ob es Ihr Gepäck ist, was Sie da bei sich haben. Bereits vor der Zollkontrolle kann man Taxiwertscheine kaufen.

Wechseln Sie Geld bzw. ziehen Sie aus einem der zahlreichen Geldautomaten mit Ihrer Kreditkarte mexikanische Peso. Kaufen Sie auch gleich eine nationale Telefonkarte (Telcel-Shop) und lassen Sie sich bei einem **Módulo de Información Turística** (Tel. 5786-9002, Mo–So 7–22 Uhr) eine kostenlose Mexiko-Stadtkarte („Mapa turístico de la Ciudad de México") geben. Dann ggf. Ihr Hotelzimmer reservieren oder anrufen, ob Zimmer verfügbar sind. In der Ankunftshalle gibt es auch eine Verkaufstelle für **Bustickets,** man kann also bereits seine Weiterfahrt organisieren.

Mit dem Taxi in die Stadt

Der Taxiverkehr von Mexikos Flughäfen ist gesetzlich geregelt. Nur *Taxis Autorizados* dürfen Passagiere vom Flughafen wegbefördern. Gewöhnliche Taxis dürfen Passagiere nur anliefern, aber keine mitnehmen.

Einen Taxiwertschein – *boleto* – erhalten Sie in beiden Terminals an einem der gelben Verkaufsschalter, wie „Taxi Autorizado", „Yellow Cab" (Tel. 5785-7949), „Sitio 300" (Tel. 5571-9344) und anderen. Aufpassen, dass man dabei kein Luxus-Taxi bucht, wie z.B. *Nueva Imagen.* Der Kauf ist bei der Ankunft im Terminal 1 im Sala E bereits hinter dem Gepäckband möglich und auch außerhalb im Sala A.

Die Fahrpreise sind nach Zonen bzw. deren Entfernungen vom Flughafen gestaffelt. Man muss also bereits die Straße oder das Viertel seines Hotel wissen. Pläne hängen an den Verkaufsschaltern aus. Die Innenstadt („Centro") bis einschließlich Alameda-Park liegt in **Zona 3** und kostet derzeit 127 Ps, die **Zona Rosa** in der **Zona 4** 152 Ps. Man kann auch mit Euro oder Dollar bezahlen. Zusätzlich wird der Preis durch den Wagentyp bestimmt. Ein *Sedan* fasst max. 4 Personen und 4 normale Gepäckstücke, eine Großraumlimousine, *Van* oder *Ejecutivo* genannt, 5–8 Passagiere. Nach dem Kauf des Tickets der Ausschilderung zum Außenbereich folgen, wo man es an einem Schalter vorlegt und dann in die Wartereihen eingewiesen wird (oder direkte Zuweisung). Direkt auf die Taxis zusteuern oder beim Fahrer bezahlen zu wollen ist nicht möglich.

Zum Zócalo sind es 7 Kilometer, eine *al centro*-Fahrt dauert je nach Verkehr und Tageszeit 20–40 Minuten. Trinkgeld an den Fahrer ist nicht üblich.

Direktbusse zu anderen Städten

Wer nach seiner Ankunft direkt **per Bus** nach **Puebla** möchte, zum dortigen Hauptbusterminal CAPU (zentraler ist jedoch die Haltestation in der 4. Pte; mit Linie Estrella Roja, Fz ca. 2 h), oder nach **Cuernavaca, Querétaro, Tlaxcala, Córdoba, Toluca** oder **Veracruz,** der kann direkt ab Flughafen einen Bus besteigen. Abfahrtsstelle im Terminal 1: gegenüber von Sala E; vom Terminal 2 vom Ausgang der nationalen Flugankünfte. Abfahrtszeiten und Ticketpreise dieser Busziele s. www.aicm.com.mx.

Mit der Metro in die Stadt

Nicht in den Stoßzeiten und nur mit ganz wenig Gepäck! Vom **Terminal 1** vom Sala A beim Gate 2 dem Metro-Logo folgen, ein stilisiertes „M". Die Airport-Metrostation der (gelben) Linie 5 heißt **Terminal Aérea** und liegt etwa 200 m entfernt. Nach Verlassen des Gebäudes dem überdachten Gehweg folgen. Ins **Zentrum** der Stadt zunächst zwei Stationen weiter zur Umsteigestation *Pantitlán,* dort mit der (braunen) Linie 9 weiter, *Dirección Tacubaya* bzw. *Observatorio.* Nochmals Umsteigen in der Station *Chabacano,* in die (dunkelbraune) Linie 2, Rtg. *Cuatro Caminos.* Anschließend kann an den Stationen *Zócalo, Allende* oder *Bellas Artes* ausgestiegen werden. **TIPP:** Auf **Youtube.com** gibt es dazu **ein Video,** Sucheingabe „directions: airport to zocalo - mexico city"

Für die Zona Rosa wie gehabt nach *Pantitlán,* dort in die (rosa) Linie 1 in Richtung *Observatorio* weiterfahren. Aussteigen bei der Station *Insurgentes.* Der **Terminal 2** hat keine direkte Metroanbindung, s.o. Die Homepage der Metro ist **www.metro.df.gob.mx.**

Mit dem Metrobús (s.S. 560)

Die Metrobús-Linie 4 fährt vom Buenavista-Bahnhof über den TAPO-Busterminal (s.u.) zu/von den **Terminals 1 und 2.** Haltestellen im Centro z.B. Metrostation Bellas Artes oder Calle Venezuela, s. Stadtplan „Centro Histórico".

Zum Flughafen / Abflug

Wegen des starken Verkehrs rechtzeitig aufbrechen. Am besten mit einem vorbestellen Taxi. **Wichtig:** Dem Fahrer seine Airline nennen, er setzt einen dann am richtigen Terminal am richtigen Eingang ab.

Mit der **Metro** ginge auch, doch **nicht in den Stoßzeiten und nur mit ganz wenig Gepäck!** Vom Stadtzentrum mit Linie 1 oder 9 nach *Pantitlán.* Von dort mit Linie 5 (gelb) in Endrichtung *Politécnico,* aussteigen in der Station **Terminal Aérea** (nicht verwechseln mit Station *Boulevard Puerto Aéreo* der Linie 1!). **Hotels direkt am Flughafen** sind teuer, moderat ist *Hotel Aeropuerto,* Blvd. Puerto Aéreo 380, Tel. 5785-5851.

Vor dem **Abflug** wird die **Airport-Tax** (TUA) fällig, sofern Sie **kein** im Ausland gekauftes internationales Ticket besitzen. Bei innermexikanisch gebuchten Flügen muss sie bezahlt werden, und auch wer einen Airpass besitzt.

Busterminals

Mexiko-Stadt besitzt vier sehr große, moderne Busterminals, *Centrales Camioneras,* die nach den Himmelsrichtungen ihrer Lagen an der Stadtperipherie benannt sind (O, S, W, N) und die hier in den Buchkarten „Cuidad de México" und „Metro-Netz" verortet sind. Von diesen vier

Terminals fahren Dutzende Busgesellschaften in die entsprechenden Richtungen ins Land hinaus bzw. kommen von dort in der Hauptstadt an. Die größten sind **TAPO** (im Osten gelegen) und TAN (Norden).

Alle verfügen über vorherige Gepäckaufgabe vor der Abfahrt, Geldautomaten, Läden, Telefon-, Fax- und Internet-Service, Hotelvermittlung, Restaurants, Reisebüros, Post, Polizei, Turismo, Gepäckaufbewahrung sowie Metro-Anschluss (auch Peseros fahren die vier Busterminals an). Für Taxifahrten vom Terminal in die Stadt aus Sicherheitsgründen nur **offizielle Taxis** nehmen *(Transportes terrestres),* für die man zuvor einen Taxi-Wertschein kaufen muss (*boleto,* gestaffelte Zonenpreise).

■ Alles über Busse, Busklassen, Terminals, Fahrpläne, Websites von Buslinien und Ticket-Kauf im Internet **s.S. 51ff.** Alle Mexiko-Städteziele von allen vier Terminals mit den operierenden Busgesellschaften auf der Seite **www.metro.df.gob.mx/servicios/transportesdf.html** (gibt man bei „buscar" den Zielort ein, gelangt man zum passenden Abfahrtsterminal mit weiteren *destinos,* Zielorten).

Direktbusse vom Airport nach Puebla und zu anderen Städten s.o.

TAPO (Osten)

1. Terminal Central de Autobuses de Pasajeros de Oriente, kurz **TAPO**

Ca. 2,5 km östlich vom Zócalo, Calz. Zaragoza 200, Col. 10 de Mayo, Tel. 5522-9350. Mit Metro-Linie 1 (rosa), *estación* San Lázaro, und der **Metrobús-Linie 4** (s.S. 560) **ins/vom Centro. Haltestellen gleich bei der Metrostation.**

Der TAPO ist mit der wichtigste Terminal; großer Rundbau, 24-h in Betrieb, manchmal beängstigend voll. Taxi-Boletos nahe dem Eingang zur Metro. Luxusbusse haben einen separaten kleinen Schalter/Terminal mit Service-Einrichtungen. *Información Turística:* Tel. 5784-3077, 9–18 Uhr.

Abfahrten in Richtung Yucatán und zu Städten in den Bundesstaaten Puebla, Veracruz, Oaxaca, Chiapas u.a.

TAS (Süden)

2. Terminal Central de Autobuses del Sur, kurz **TAS**

Ca. 11 km südlich vom Zócalo, Av. Tasqueña 1320, Col. Campestre Churubusco, Tel. 5689-9745. Mit Metro-Linie **2** (blau), *estación* **Tasqueña.** Bei der Hinfahrt mit der Metro den Ausgang „Autobuses del Sur" nehmen, hoch zu einer Fußgängerbrücke. Zum Hinuntergehen letzte Treppe links nehmen und dann kurz durch einen Straßenmarkt (Vorsicht, Diebstahlsgefahr). Vom Terminal zur Metro: nach rechts über die Fußgängerbrücke. Taxi-Boletos in Sala 3 und am Hauptausgang. *Información Turística:* Eingang 3, Tel. 5336-2321, 9–18 Uhr. Zwischen Süd- und Nordterminal verkehrt auf der *Eje Central* (= Lázaro Cárdenas) außerdem ein Trolleybus, zu-/aussteigen im Centro beim Torre Latinoamericana.

Destinationen: Süd- und südwestliche Ziele, wie Cuernavaca, Taxco, Tepoztlán, Pazifikküste (Acapulco, Huatulco, Ixtapa-Zihuatanejo) und zu Städten in den Bundesstaaten México, Guerrero, Morelos, Oaxaca.

TAP (Westen)

3. Terminal Central de Autobuses del Poniente, kurz **TAP**

Ca. 8,5 km südwestlich vom Zócalo, Sur 122/Av. Río Tacubaya, Col. Real del Monte, Tel. 5271-0149. Mit Metro-Linie 1 (rosa), *estación* **Observatorio.** Nicht besonders groß, Taxi-Boletos am Ausgang zur Metro. *Información Turística* am Haupteingang, Tel. 5272-8816, 9–18 Uhr.

Ziele Richtung Westen (Toluca) bzw. westliche Bundesstaaten Michoacán (Morelia, Pátzcuaro-See), Jalisco (Guadalajara), Pazifikküste (Manzanillo) u.a.

TAN (Norden)

4. Terminal Central de Autobuses del Norte, kurz **TAN** (oder CN)

Ca. 6 km nördl. des Zócalo, Eje Central Láz. Cárdenas 4907, Col. Magdalena de las Salinas, Tel. 5587-1552, TAN-Plan auf www.centraldelnorte.com.mx.

Mit Metro-Linie 5 (gelb), *estación* **Autobuses del Norte.** Ein sehr großer Terminal, 24 h geöffnet, Hotelvermittlung, Taxi-Boletos in der Haupthalle. *Información Turística* am Haupteingang, Tel. 5719-1201, 9–18 Uhr. Zwischen Nord- und Südterminal verkehrt auf der *Eje Central* (= Lázaro Cárdenas) außerdem ein Trolleybus, zu-/aussteigen im Centro beim Torre Latinoamericana.

Ziele: Pazifikküste (Acapulco, Puerto Vallarta), Guadalajara, Oaxaca, Kolonialstädte im Hochland inkl. Puebla sowie das ganze nördliche Mexiko bis zur US-Grenze. Auch Busse nach **Teotihuacán** und **Tula.**

Wichtige Busgesellschaften (in Klammer ihre Luxusbusse)

ADO/ADO GL, www.ado.com.mx, Tel. 5133-2424, geb.-frei 01-800-7028000, vereint mit *Ómnibus Cristóbal Colón,* OCC (*ADO GL* und *ADO Platino*).
Autobuses Teotihuacanos, Tel. 5587-0501
Autovías, Tel. 01-800-6222222, www.hdp.com.mx
Estrella Blanca, Tel. 5729-0707, www.estrellablanca.com.mx
Estrella de Oro, Tel. 01-800-9000105, www.estrelladeoro.com.mx *(Diamante)*
Estrella Roja, Tel. 5130-1800 u. 01-800-7122284, www.estrellaroja.com.mx *(Pullman Plus de Lujo).*
ETN, Tel. 5277-6529, geb.-frei 01-800-8000386, www.etn.com.mx *(Turistar)*
Ómnibus de México, Tel. geb.-frei 01-800-7656636, www.odm.com.mx
Primera Plus, Tel. geb.-frei 01-800-3757587, www.primeraplus.com.mx
Pullman de Morelos, Tel. geb.-frei 01-800-7007172, www.pullman.com.mx *(Ejecutivo Dorado* und *Pullman de Lujo)*

Verbindungen / Abfahrtszeiten

Vorab: Die **Busverbindungen von Mexiko-Stadt sind in alle Richtungen optimal!** Zu allen wichtigen Städten gibt es täglich und nächtlich viele Abfahrten. Faustregel: Je **näher** und **größer** die Stadt, desto mehr Abfahrten, nach Puebla z.B. alle 15 Minuten. **Zu Fernzielen** nimmt man am besten einen 1.-Klasse oder **Luxus-Bus,** s.o.

Wer in einem der Terminals von Mexiko-Stadt ankommt und später mit dem Bus weiterreisen will, sollte gleich bei seiner Ankunft die Verbindungen für seinen nächsten Zielort prüfen. Vielleicht muss dazu zu einem anderen Terminal gefahren werden. Manche Busgesellschaften fahren auch von zwei oder drei verschiedenen Terminals in die gleichen Städte, z.B. ADO nach Oaxaca vom Terminal Oriente, Sur und Norte. Wer auf dem **Airport** ankommt, findet in der Ankunftshalle ebenfalls Verkaufstellen für Bustickets.

■ **Busverbindungen und Ticket-Vorabkauf,** vorwiegend für Busse 1.-Klasse/Luxusbusse von allen Gesellschaften mit geringem Preisaufschlag bei **www.ticketbus.com.mx,** Tel. 5133-5133, telefonisch bezahlbar mit Kreditkarten VISA und MasterCard. Oder auf die Homepages der Buslinien gehen und dort buchen. **In der Stadt gibt es weitere** *puntos de venta* für Bustickets, wenngleich auch meist nur für 1.-Klasse-/Luxus-Busse, z.B. beim Reisebüro *Turismo Zócalo,* Palma 34/Ecke 16 de Septiembre (Plan F3), Tel. 5510-9219, www.turismozocalo.com. Oder z.B. auch im Hotel Amigo Zócala, s. Hotel-Nr. 15, Plan G3.

Tabelle Busziele

Folgende Tabelle führt wichtige Busziele ab Mexiko-Stadt auf. Die Spalte „Abfahrten" meint die Anzahl der Abfahrten innerhalb von 24 Stunden (tagsüber dann meist mehr Fahrten als abends/nachts). Zu sehr weit entfernten Zielen, z.B. Mérida, fahren die Busse meist in der Nacht los, damit sie am Zielort am Tag ankommen. Große bzw. touristische Orte sind zu den „besseren/angenehmeren" Abfahrtszeiten in der 1.- und in der Luxus-Klasse oft schnell ausgebucht. Die Fahrpreise sind abhängig von der Busgesellschaft und Komfortklasse. Meist sehr unterschiedlich – vergleichen!

Von Mexiko-Stadt nach:	Terminal	ca. km	Dauer	Bus-Linie(n) bzw. Klassen	Abfahrten
Acapulco	TAS/TAN	410	5 h	Futura, Estrella de Oro	ca. stündl.
Aguascalientes	TAN (Nord)	500	6 h	Futura, ETN, Primera Plus, u.a.	stündl.
Campeche	**TAPO**/TAN	1300	16–18 h	ADO/ADO GL	6x tägl.
Cancún	TAPO (Ost)	1780	23–27 h	ADO/ADO GL	6x tägl.
Chetumal	TAPO	1480	20 h	ADO	3x tägl.
Chihuahua	TAN (Nord)	1450	20 h	Ómnibus de México	10x tägl.
Cholula	TAPO	120	2 h	Estrella Roja	ständig
Ciudad Juárez	TAN (Nord)	1820	25 h	Futura, Ómnibus de México, u.a.	stündl.
Córdoba	TAPO		4,5 h	ADO/ADO GL, Autobuses Unidos (AU)	ständig
Cuernavaca	TAS (Süd)	85	1,25 h	Pullman de Morelos	ständig
Guadalajara	**TAN** / TAP	580	7 h	Primera Plus, ETN	halbstündl.
Guanajuato	TAN (Nord)	430	5 h	Primera Plus, ETN	ca. stündl.
Huatulco, Bahías de	**TAS**/TAN	850	14–15 h	Futura, Turistar, Ómnib. Cristóbal Colón (OCC)	1-2x tägl.
Ixtapa/Zihuatanejo	TAS/TAP		9 h	Estrella de Oro, Futura	6x tägl.
Matamoros	TAN (Nord)	1030	14 h	Futura, ETN	4x tägl.
Mazatlán	TAN (Nord)	1085	14–16 h	Turistar, Elite	stündl.
Mérida	TAPO	1460	18–20 h	ADO/ADO GL	6x tägl.
Mexicali	TAN (Nord)	2730	40 h	Futura, Elite	3x tägl.
Monterrey	TAN (Nord)	990	12 h	Futura, ETN	stündl.
Morelia	TAP (West)	310	4–5 h	ETN	ständig
Nogales	TAN (Nord)	2280	34 h	Elite u.a.	3x tägl.
Nuevo Laredo	TAN (Nord)	1190	14–16 h	Turistar, Futura	8x tägl.
Oaxaca	**TAPO** TAS (Süd)	490	6,5 h 6,5 h	ADO / ADO GL u. ADO Platino dto.	ständig 7x tägl.
Palenque	TAPO	1030	13 h	ADO	1x tägl.
Papantla	TAN (Nord)	300	5–6 h	ADO	6x tägl.
Pátzcuaro	TAN/**TAP**	370	5,5 h	Autovías, Primera Plus	stündl.
Playa del Carmen	TAPO	1850	25 h	ADO	3x tägl.
Puebla	TAPO	125	2 h	viele Linien, ADO, Estrella Roja	ständig
Puerto Escondido	TAS	800	14 h	Futura, Turistar, Ómnib. Cristóbal Colón (OCC)	direkt 2x tgl
Puerto Vallarta	TAN (Nord)	890	13 h	ETN, Futura	6x tägl.
Querétaro	**TAN**/TAP	215	3 h	ETN, Primera Plus	ständig
San Andrés Tuxtla	TAPO		8 h	Autobuses Unidos	2x tägl.
San Cristóbal d.l. Casas	TAPO	1150	14h 1.Kl	ADO GL u. ADO Platino, OCC	7x
San Luis Potosí	TAN (Nord)	420	5 h	ETN, Primera Plus	stündl.
San Miguel de Allende	TAN (Nord)	280	4 h	ETN, Primera Plus	10x tägl.
Taxco	TAS (Süd)	170	2,5 h	Estrella de Oro, Estrella Blanca	11x tägl.
Teotihuacán	TAN (Nord)	s. bei „Umgebungsziele Mexiko-Stadt"; ständige Abfahrten			
Tepic (für San Blas)	TAP (West)	810	10 h	Transportes del Pacífico	stündl.
Tepoztlán	TAS (Süd)	75	1,5 h	OCC	stündl.
Tijuana	TAN (Nord)	2880	48 h	Elite	10x tägl.
Tlaxcala	TAPO	115	2 h	Autotransportes Tlaxcala u.a.	ständig
Toluca	TAP (West)	65	1 h	ETN, Flecha Roja; v. Flughafen TMT	ständig
Tula	TAN (Nord)	85	1,5 h	Autotransportes Valle de Mezquital	ständig
Tuxtla Gutiérrez	TAPO	1010	12 h	ADO GL u. ADO Platino, OCC	12x tägl.
Uruapan	TAP (West)	420	6 h	Autovías, ETN, u.a.	ständig
Veracruz	TAPO	440	5,5	ADO/ADO GL u. ADO Platino, AU	stündl.
Villahermosa	TAPO	830	10–13 h	ADO/ADO GL u. ADO Platino	ständig
Xalapa	TAPO	315	4,5 h	ADO/ADO GL u. ADO Platino	ständig
Zacatecas	TAN (Nord)	610	8,5 h	Ómnibus de México	stündl.
Zihuatanejo	TAS (Süd)	650	9 h	Estrella de Oro, Futura	5x tägl.

Hotels in Mexiko-Stadt

Hotels gibt es in Mexiko-Stadt in Hülle und Fülle in allen Preis- und Komfortklassen. Man logiert am besten zentral im **Centro Histórico** zwischen Alameda-Park und Zócalo oder nördlich von diesem in einem der Hostels oder in einem der zahlreichen Mittelklasse-Hotels. So lassen sich im Zentrum alle Sehenswürdigkeiten zu Fuß erreichen. Luxus- und internationale Top-Hotels reihen sich entlang des **Paseo de la Reforma.** Gute Touristen-Hotels und auch kleinere Unterkünfte sind in der **Zona Rosa** zu finden, s. Karte „Zona Rosa". Südlich von ihr, in den Wohnvierteln **Roma** und **Condesa,** gibt es einfache Unterkünfte in Privathäusern, kleinere Hotels und Bed&Breakfast-Zimmer bis hin zu Boutiquehotels. Preisgünstiges findet man auch um die **Plaza República** nördlich vom *Monumento a la Revolución* (Plan A2).

Hotels im **Zentrum** sind meist umgebaute alte Kolonialgebäude, teils abgewohnt mit dunklen Zimmern oder auch modern renoviert. Fast alle haben TV, Radio, eigenes Bad und Dusche – Zimmer vorher inspizieren. Laute Verkehrsstraßen müssen im Centro in Kauf genommen werden, obere Stockwerkszimmer sind meist etwas leiser. Es sei nochmals daran erinnert, dass viele Hotels Zimmer in verschiedenen Komfort- und Bettenversionen anbieten (s.S. 64, Kapitel „Wie man sich bettet – Unterkünfte"). Eine Metrostation in Hotelnähe ist von Vorteil, vgl. die Lagen auf den Karten.

Der Hotelvermittlungs-Service in der Flughafenhalle in Mexiko-Stadt ist mit Vorsicht zu genießen, denn preiswerte Hotels sind dort fast immer „ausgebucht" (obwohl sie es dann bei späterer Nachfrage nicht waren).

■ Bei **Vorausbuchung im Internet** oder auch in einem Reisebüro vor dem Abflug nach Mexiko werden teure, gehobene Hotels erschwinglich! Möglich z.B. über hiesige Veranstalter oder in Reisebüros, man bekommt dann einen Hotelgutschein (Voucher). Auf gewünschte Bettenart achten (ein oder zwei Einzel oder breites Doppelbett). Auch Internetseiten, wie www.expedia.de oder Preisvergleichsmaschinen wie www.kayak.com bieten außer Flügen auch günstige Hotelzimmer, besonders von Luxushotels. Recherchieren lohnt auch in mexikanischen Portalen, wie http://mexico.city.hotelguide.net, http://mexhotels.freehomepage.com; u.a.

Hotels im Centro Histórico zwischen Zócalo u. Alameda-Park

ECO / Hostels u. Budget-Hotels

Direkt im Zentrum befinden sich um den Zócalo drei gute Hostels:

Hostel Mundo Joven Catedral, República de Guatemala 4 [Plan G3, **8**], nordwestlich der Kathedrale, Metrostation *Zócalo,* www.mundojovenhostels.com, Tel. 5518-1726, Hostelling Internacional (HI).

Sehr zentral und unmittelbar bei den Abfahrtsstellen von Turibus, Taxis und Tourbussen. Backpacker-Treff, alle üblichen Dienste, Internet, Restaurant in der Lobby, Tourprogramm (geführte kostenlose Fußtour durchs Centro Histórico) oder z.B. die Kombination Teotihuacán, Basílica de Guadalupe, Platz der drei Kulturen/Tlatelolco. Offene Dachterrasse im 7. Stock mit Bar und Aussicht auf Zócalo und Kathedrale, Selbstkocherküche, TV-Raum, Taxi-Service zu Flughafen u. Busterminals (Taxipreise s. auf der Homepage), mit Reisebüro www.mundojoven.com.mx. Ü Dorm ab 190 Ps, Privatbad-Dorm ab 312 Ps, je nach Bettenanzahl und Zimmertyp. Ermäßigte Preise bei Vorlage des YH-Ausweises.

Nur einen Katzensprung um die Ecke liegt das

Mexico City Hostel, República de Brasil 8 [Plan C3, **7**], ca. 100 m nordwestlich der Kathedrale, Metrostation *Zócalo,* www.mexicocityhostel.com, Tel. 5512-7731.

Gutes, renoviertes Hostel in gleichguter Lage, nett geführt, sauber (auch die Gemeinschaftsbäder), jedoch je nach Zimmerlage manchmal etwas laut. Zeitgemäße

Einrichtungen wie elektronische Schlüsselkarten, Locker, Gepäckdepot, Gästeküche, Wäsche-, Taxi- und Busticket-Service. Umfangreiches Tourangebot zu Stadt- und Umgebungszielen, z.B. Teotihuacán (s. Homepage). Dormitorios haben 8–12 Betten, 14 Privatzimmer. Ü im 12er Dorm 170 Ps, im 8er 180 Ps, DZ 400 Ps, mit Privatbad 500 Ps. Frühstück (eher bescheiden) jeweils im Preis inbegriffen. **TIPP.**

Hostal Virreyes, Izazága 8/Ecke Lázaro Cárdenas [Plan D5, **3**], Metrostation *Salto del Agua,* Tel. 5521-4180, www.hostalvirreyes.com.mx. Freundlich, sauber, diverse Zimmer (hintere sind ruhiger), am Wochenende manchmal Partys, junges, internationales Publikum, wird gerne von Studenten und Künstlern besucht die sich dort länger einmieten (monatliches Mieten ist möglich), gut für Kontakte. Café. Ü im 4- und 6-Dorm 180 Ps, DZ mit Bad 445 Ps.

Hotel San Antonio, Segunda Cerrada de 5 de Mayo [Plan F3, **13**], in einer kleinen Seitenstraße von der 5 de Mayo, No. 29, Metrostation *Zócalo* oder *Allende,* Tel. 5512-1625. Zentral und doch ruhige Lage, kleine, doch saubere Zimmer (helles verlangen). Sehr gutes PLV für ein ECO-Hotel: DZ ca. 250 Ps.

Hotel Zamora, 5 de Mayo 50 [Plan F3, **9**], Metrostation *Allende,* Tel. 5512-8245. Budget-Hotel, sehr einfache Zimmer ohne Schnickschnack, mit und ohne Privatbad, Innenhof über 3 Etagen, Betreiber freundlich und hilfsbereit, zentrale Lage, preiswert: DZ 220–280 Ps.

Hotel Rioja, 5 de Mayo 45 [Plan E3, **11**], gleich neben dem unten aufgeführten Hotel Canadá, Metrostation *Allende*, Tel. 5521-8333. Für nicht Anspruchsvolle, günstig, Zimmer mit und ohne Fenster, mit/ohne Balkon. DZ 350–500 Ps.

Hotel San Diego, Luis Moya 98 [Plan C4, **2**], Tel. 5510-3523, keine unmittelbare Metrostation, www.hotelsandiego.com.mx. Nüchterner, fünfstöckiger und plattenverkleideter Hotelkasten, große Zimmer, Restaurant. DZ 480 Ps.

Hotel Azores, República de Brasil 25 [Plan F2, **5**], Metrostation *Zócalo,* Tel. 5512-5220, www.hotelazores.com. Mittelklasse-Hotel in zentraler Lage nördlich vom Zócalo, 65 saubere Zimmer mit guten Betten, alle um einen Patio. Restaurant, Lobbybar (evtl. störend wer früh schlafen geht), bewachter Innenparkplatz. Gutes PLV: DZ ab 500 Ps.

Hotel Monte Carlo, Uruguay 69 [Plan E4, **20**], Tel. 5521-2559. Nüchterne, große, doch teils dunkle Zimmer, nichts Besonderes, ohne nahe Metrostation, doch für Selbstfahrer ein Tipp, da Parkplatz im Hof. DZ ab ca. 500 Ps.

Hotel Isabel, Isabel la Católica 63 [Plan E4, **21**], www.hotel-isabel.com.mx, Tel. 5518-1213. Schönes historisches Haus, Gäste vorwiegend Traveller, 74 geräumige Zimmer (zuvor inspizieren) mit Privat- oder Gemeinschaftsbad, auch Mehrbettzimmer, von einigen oberen Aussicht auf die Stadt. Preiswertes Restaurant. Etwas ungünstig ist die Lage ohne eine nahe Metrostation, aber der Metrobus (Linie 4) hält praktisch vor der Haustür. DZ/F 700 Ps.

FAM

Hotel Canadá, 5 de Mayo 47 [Plan F3, **12**], Metrostation *Allende*, Tel. 5518-2106, www.hotelcanada.com.mx. Zentrale Lage, renoviert, viele kleinere, saubere Zimmer (ein ruhiges verlangen), Zimmer-Safe u.a. Restaurant im 7. Stock. Parterre die gute Früchte-/Torta-Bar *Jugos Canadá.* EZ/F 530 Ps, DZ/F 670 Ps, Triple/F 800 Ps.

Amigo Zócalo Hotel, Moneda 8 [Plan G3, **15**], ca. 150 m nordöstlich vom Zócalo, Metrostation *Zócalo*, Tel. 5522-5803, www.hostalamigo.com.mx. Sehr zentral, Nichtraucherzimmer, Dachterrasse mit Aussicht, Ausflugsprogramme, Pick-up-Service zum/vom Flughafen, WiFi, Safe etc. DZ/F 730 Ps.

Hotel Gillow, Isabel la Católica 17/Ecke 5 de Mayo [Plan E3, **10**], Metrostation *Allende*, Res.-Tel. 5518-1440, www.hotelgillow.com. Historisches Haus in exzellenter Lage, sehr gute Mittelklasse, 103 große, renovierte Zimmer (keines zum Innenhof nehmen, sondern zur Querstraße), Restaurant Capilla, nette Musik-Bar, WiFi, meist gut belegt (Gruppen), informative Homepage. DZ 920 Ps.

Hotel Catedral, Donceles 95 [Plan F2, **6**], Metrostation *Zócalo,* Tel. 5518-5232, www.hotelcatedral.com. 3 Minuten nördlich vom Zócalo in ruhiger Lage, gut eingeführtes Touristenhotel, 116 sehr saubere Zimmer (an heißen Tagen keins nach Süden nehmen). Restaurant, Bar, gratis Internet/WiFi, Reisebüro in der Lobby, offene Dachterrasse im 7. Stock mit Aussicht, Parkplatz nahebei. DZ/F ab 970 Ps (tagesabhängig), bei Barzahlung 10% Nachlass. **TIPP.**

Hotel Ritz, Madero 30 [Plan E3, **16**], Metrostation *Allende*, Tel. 5130-0169, www.hotelritz.mx. Mitten in der Fußgängerzone Madero gelegen mit deren Angebot an Restaurants und Unterhaltung. 120 relativ kleine, doch zufriedenstellende Zimmer auf sieben Stockwerken. Schnäppchenpreise über diverse Buchungsportale, tagesaktuell auf der Homepage, etwa ab 975 Ps/DZ. Gleich gegenüber das gute Café-Restaurant *Les Bisquet Bisquet.*

LUX

Hotel NH Centro Histórico, Palma 42 [Plan F4, **19**], Metrostation *Zócalo*, Tel. 5130-1850, www.nh-hotels.com. Neues Stadthotel im schönen Retro-Design, zócalonahe, ideale Lage. Alle Annehmlichkeiten dieser Klasse. Vor Ort ab ca. 1800 Ps/DZ, günstiger über ein Buchungsportal, ca. 85 Euro/DZ. **TIPP.**

Hotel Majestic (Best Western), Madero 73 [Plan F3, **17**], Zócalo-Westseite, Metrostation *Zócalo*), www.majestichotel.com.mx, Tel. 5521-8600 (geb.-frei 1-800-3347234). Koloniales Flair, 80 gute, saubere, aber recht hellhörige Zimmer mit Fenster zum Innenhof, Zócalo-Blick von der Terrasse des Restaurants im obersten Stockwerk, WiFi, supergutes Frühstücksbüffet. Preise a.A. oder günstiger über eines der großen Buchungsportale.

Gran Hotel Ciudad de México (Howard Johnson), einen Block südlich des Majestic-Hotels/Ecke der Calle 16 de Septiembre [Plan F3, **18**], Tel. 1083-7700, www.granhotelciudaddemexico.com.mx. Wunderschön ist die Art-Nouveau-Glaskuppel (Tiffany), die die Lobby krönt. Vom Restaurant/Café im obersten Stock Ausblick auf Zócalo. DZ/F ab ca. 2200 Ps (tagesabhängig), günstige „promociones“.

Holiday Inn, 5 de Mayo 61 [Plan F3, **14**], direkt am Zócalo, Tel. 5521-2121, über www.holydayinn.com. Der üblich gute Standard dieser US-Kette, schönes Dachrestaurant/-café mit Blick über den Zócalo, Garage für Selbstfahrer. Tagesaktuelle Preise s. Webseite oder über ein Buchungsportal.

Um die Plaza República

Metro-Linie 2, *Revolución,* Lage der Hotels s. Karte „Mexiko-Stadt Zentrum“, Lage des Hotels Oxford s. Karte „Centro Histórico“, linke Buchseite.

Hotel Édison, Édison 106, Tel. 5566-0933. Einfach, großzügige Zimmer, ruhiger Innenhof. DZ 330 Ps. – Vergleichbare Kategorie: **Hotel Texas,** Ignacio Mariscal 129, Tel. 5705-5782. – **Hotel Oxford,** Ignacio Mariscal 67, Tel. 5566-0500. Zuschrift: „Vom Preis-/Leistungs-Verhältnis beste Wahl“.

In der Zona Rosa (alle Metro-Linie 1, Station *Insurgentes*) und mit dem Metrobús, Linie 1

Hostal Casa Vieja, Cerrada de Londres 7, nahe Metrostation *Sevilla* Linie 1, Tel. 5208-3004, www.hostalcasavieja.com.mx. Sehr ruhig, sauber und familiär, geführt von zwei freundlichen jungen Leuten. Kleiner gemütlicher Wohnbereich mit TV, Küche, Zimmer-Safe. Dorm-Bett/F 170 Ps, DZ/F 440 Ps.

Hostal Boutique La Tercia, Génova 75 (Metrostation *Insurgentes* Linie 1), Tel. 5533-7848, www.hostalboutiquelatercia.com.mx. Mitten drin im Trubel der Zona Rosa, doch in der Fußgängerzone Calle Génova mit allem. Neu, sauber, alle Services, 5 Dormitorios. Ü 185–210 Ps, DZ/Bad 450 Ps.

Hostal B&B Dos Fridas y Diego, Río Tigris 128, www.dosfridasydiego.com, Tel. 5533-2499. Schöne große Zimmer, alle Services, Gästeküche, WiFi. Insgesamt 8 private Zimmer, davon 2 mit Bad. Ü/F 230 Ps, EZ/F 490 Ps, DZ/F 540 Ps, DZ/Bad/F 690 Ps. Parkhaus an der Ecke. **TIPP!** Eine Straße weiter:

Casa González, Río Sena 69, Tel. 5514-3302, Metrostation *Insurgentes* Linie 1, www.casagonzalez.com. Zwei von der Straße zurückstehende Häuser mit 33 Gästezimmern diverser Ausstattung und Größen in ruhigem Ambiente. Familiengeführt, gutes Frühstück. DZ/F 700 Ps, Barzahlungsrabatt 10%.

Hotel María Cristina, Río Lerma 31 (nördlich der Reforma), Tel. 5703-1212, www.hotelmariacristina.com.mx. Stilvolles Mittelklasse-Hotel im spanischen

Baustil mit vielen Annehmlichkeiten. 150 Zimmer, Restaurant, Bar und Garten. Gleich vor der Tür ist ein Taxistand, Restaurants im Umkreis. Standard-DZ 775 Ps, DeLuxe 990 Ps.

Mansión Havre, Havre 40, Metrostation *Insurgentes* Linie 1, Tel. 5533-6147, www.mansionhavre.com.mx. Moderne, elegante Einrichtung, viele Services, kurze Wege zur Restaurants etc. DZ 1000 Ps.

Col. Roma / (Metro-Linie 1, Stationen *Insurgentes* und *Sevilla*)

Bed&Breakfast, Durango 145/Ecke Tonalá, www.bedandbreakfastmex.com, Tel. 5207-5585. Modernes und sehr sauberes B&B südlich der Zona Rosa/Metrostation Insurgentes (jeweils wenige Minuten zu Fuß). Ruhiges, sicheres Wohnviertel, viele Leistungen, Touren nach Teotihuacán, Gästeküche; Bar/Restaurant nebenan. Nettes Personal, Besitzer engl.-spr. Verschiedene Zimmerkategorien. Einheitspreis ca. 160 Ps/Nacht p.P. inkl. Frühstück.

Hostel Home, Tabasco 303, Tel. 5511-1683, www.hostelhome.com.mx. Sehr sauberes Hostel in einem historischen Haus, freundliche Gastgeber, sympathische Einrichtung, Cafetería. Ein Bett im 6er oder 8er Dormitorio kostet 170 Ps inkl. Frühstück und Internet.

Hostel Condesa Chapultepec, Cozumel 53-A, HI-Hostel, Tel. 5211-1024, www.hostelcondesachapultepec.com. Dormitorios u. DZ, alle mit Privatbad, ruhig, viele Services wie WiFi, Gästeküche, Transfers, Radverleih etc. 170–350 Ps p.P., **TIPP!**

Wohnmobil / Campen

Kein Stadt-Campingplatz, deshalb evtl. beim *San Juan Trailer Park* in San Juan Teotihuacán stehen (s.S. 632), L. Mateos 17, gleich neben der Kirche im Ort; mit Bus u. Metro in 1,5 h zum Zócalo. Oder *Trailer Park Pepe,* 48 km nördlich von Mexiko-Stadt auf der Nordautobahn Mex 57 in Tepotzotlán. Von dort Busverbindung nach Mexiko-Stadt bzw. zu einer nördl. Metrostation (Tacuba).

Essen und Trinken in Mexiko-Stadt

- siehe dazu in den Karten die Restaurant-Piktogramme (Gabel), auch wenn hier nachfolgend nicht alle beschrieben sind.

„Vorsichtige" oder Neuankömmlinge ziehen vielleicht „solide" Restaurants vor oder gehen in mehr oder weniger amerikanisierte Kettenrestaurants wie *VIPS, Denny's, Potzollcalli, Sanborns, Taco Inn, Wings, KFC, Pizza Hut* u.a. (für Naturkost, Säfte, Früchte und gutes Frühstück ist – mexikoweit – *100% Natural* zu empfehlen). Kulinarisch bietet Mexiko-Stadt alles, auch z.B. Heuschrecken bzw. *cocina prehispánica* (s.u.). Kaffee wird nach US-Brauch kostenlos nachgeschenkt, *cubierta* ist ein Gedeck (Butter, Brot, Salsa) und in besseren Restaurants üblich, steht später dann aber hoch auf der Rechnung, also besser drauf verzichten. Im *Centro Histórico* zwischen Zócalo und Torre Latinoamericana gibt es sehr viele Restaurants und Frühstücks-Cafés, vor allem in der Fußgängerstraße Madero (Plan D/E/F3). Preiswert ist *comida corrida,* Standard-Tagesmenüs. Gut und billig kann man außerdem in den ehemaligen Markthallen bei der Plaza de Garibaldi essen. Da wo viele Mexikaner sitzen, ist es reell und gut. Sehr viele (Touristen-)Restaurants gibt es in der *Zona Rosa,* Tipps s. dort. Mittagsessenszeit ist erst zwischen 14 und 16 Uhr. Am Sonntagabend schließen viele Restaurants früh, schon um 18, 19 Uhr, und etliche auch unter der Woche. Mehr übers mexikanische Essen s.S. 68, „Mexiko zwischen Topf und Deckel – Essen und Trinken".

Restaurants und Cafés im Centro Histórico

Nördlich vom Zócalo

La Casa de las Sirenas, Tacuba nahe Ecke Seminario (Plan G3); stilvoll-historisches, sehr teures Restaurant, vom Dachgarten Blick auf Nationalpalast, Kathedrale und Templo-Mayor-Gelände. – **Gallos Centenario,** Rep. de Cuba 79 (Plan F2), Tel. 5521-7866. Herrlich nostalgisches Restaurant im Stil der Porfiriats-Epoche, diverse Räume, deren Wände mit zahllosen Hahnenkopf-Nachbildungen dekoriert sind; traditionelle mex. Gerichte, Live-Musik; teuer, doch erlebenswert. – **Hostería de Santo Domingo,** Belisario Domínguez 72 (Plan F2); sehr gutes Essen (Tipp: *chiles en nogada* – gefüllte große Chilischoten mit Walnusssoße, riesige Portion, eine halbe ist möglich), guter Service, traditionsreich (gegr. 1860), Preise gehoben, www.hosteriadesantodomingo.com.mx.

Calle Tacuba

Restaurante México Viejo, Ecke Monte de Piedad (Plan F3); das „Alte México" bietet am Wochenende ein riesiges Frühstücksbüffet. – **La Vasconia,** Tacuba 71 (Plan F2); eine gute Bäckerei mit großem Angebot und Kaffee (günstig frühstücken, öffnet schon vor 8 Uhr). – **Café de Tacuba,** Tacuba 28 (Plan E2); stilvoll-altmexikanisch mit Talavera-Kacheln, gute Speisen, preislich noch moderat, abends Live-Musik. – In der Nähe, Tacuba 40 Rtg. Zócalo, gleiche Straßenseite, das Kettenrestaurant **Súper Soya.** – **Restaurante Girasoles,** Tacuba/Ecke Xicoténcatl (Plaza Tolsá, Plan E2); etwas Besonderes, sehr angenehme Atmosphäre, außergewöhnlich gute Gerichte, doch nicht billig!

Calle 5 de Mayo

Café El Popular, 5 de Mayo 52 (Plan F3); Kaffee, Säfte und leckeres Kuchenangebot, Gerichte gut, doch nicht gerade preiswert und eher kleine Portionen. – **Restaurante Potzollcalli** (Plan E3), Kettenrestaurant, sauber, freundliche Bedienung. – **La Ópera Bar,** 5 de Mayo/Ecke F. Mata (Plan D3); sehenswert und geschichtsträchtig: Pancho Villa schoss ein Loch in die Decke, sehr gute Küche angenehme Atmosphäre, häufig Live-Musik. Gleich daneben das populäre, große Café-Restaurant **La Pagoda.**

Calle F. Madero

Los Vegetarianos, Madero 56 (Plan F3, 1. Stock); empfehlenswert, *ensaladas,* Säfte, Pizzen etc., gutes PLV, kleine Balkone, tägl. 8–20 Uhr, Karte auf www.losvegetarianos.com.mx. – Ein Leser empfiehlt das **Les Bisquet Bisquet** gegenüber vom Hotel Ritz (Plan E3). – **Vegetariano Filomeno Mata,** Zweigstelle des obigen, Filomeno Mata 13 (Plan D3); große Auswahl, *comida corrida.* – **Sanborns** in der Casa de Azulejos, Madero 4 (schräg gegenüber vom Torre Latinoamericana, Plan D3); mexikanische und internationale Gerichte, schön und stilvoll, eine (touristische) Institution seit 1903.

Zócalo-Westseite

Hotel Majestic, Madero 73 (am Zócalo, Plan F3); speisen mit Aussicht auf den Zócalo, sonntags Brunch mit Mariachi-Musik. Südlich daneben, No. 13, auch mit Zócalo-Aussicht: **La Terraza del Conquistador,** ähnlich gehoben.

Speisen wie die Azteken

Wer Interesse an der *cocina prehispánica* hat, sollte zur folgenden Adresse gehen: **Restaurante Chon,** Calle Regina 160 zw. J. María u. Talavera (Metrostation *La Merced* o. *Pino Suárez*), Mo–Sa 13–17.30 Uhr. Serviert werden „Geschmackserlebnisse" wie Schlangen, Ameisen, Ratten, Agaven-Würmer *(gusanos),* Heuschrecken, Raupen, Käfer und außerdem *itzcuintle*-Fleisch, von den kleinen, haarlosen Azteken-Hunden. Aber auch ein paar „zivile" und vegetarische Gerichte …

Rest./Cafés um den Parque de Alameda

Die **Cafetería** im **Palacio de Bellas Artes** (Westseite) ist eine kleine, ruhige Oase. – **Cafetería del Claustro** im Museo Franz Mayer, Calle Hidalgo 45 (nördliche Alamedaseite); stilvoll Kaffee trinken und eine Kleinigkeit essen in einem kolonialen Patio; Di–So 10–17 Uhr (mit Museumsbesuch verbinden). – **Hostería del Bohemio,** Hidalgo 107, bei der Metrostation Hidalgo (Plan B2), nette *cafetería musical*. – Plan D3: Das **Centro Naturista,** Dolores 10B (südlich der Alameda) ist ein Geschäft mit gutem **vegetarischem Restaurant,** preisgünstig, und an der Ecke Dolores/Independencia befindet sich **Energía Natural.** In der Calle Dolores und im **Barrio Chino** gibt es asiatische bzw. chinesische Restaurants. – Günstig essen kann man im **Mercado San Juán** (Plan D/E4).

Restaurants um die Plaza República **Restaurante Cahuich,** Arizpe 30 bei der Édison (Plan A2); schmackhafte Gerichte, gutes Frühstück, preiswerte *comida corrida.* – **Potzollcalli,** Arriaga zw. Mariscal und Alvarado; sehr gutes Kettenrestaurant. – **Los Arcos,** Iglesia 26 (Ecke Ig. Mariscal); einfach, gut und preiswert.

Zona Rosa s. dort

Cantinas und Pulqerías

Mexiko-Stadt besitzt noch etliche *cantinas,* von denen einige traditionelle heute beinahe nationales Kulturgut sind. Die rauhen Trinkstuben waren einst nur Männern vorbehalten, doch da die Emanzipation auch die Cantinas nicht verschonte, wird frau heute dort nicht mehr komisch angesehen. Und es gibt dort auch herzhafte Hausmannskost. Zwei Adressen im Zentrum: **Gallo de Oro,** Venustiano Carranza 35 (südlich der Madero, Plan E4), eine historisch-traditionelle Cantina von 1874. Sehr volkstümlich mit Liedvorträgen geht es zu in der **Casa de Paquita la del Barrio,** Zarco 20 (nordwestlich des Alameda-Parks, Anfahrt am besten per Taxi, da zwielichtige Gegend). **Pulque-Liebhaber** gehen zum Schlürfen ihres Kaktusmostes in eine der in Mexiko-Stadt langsam aussterbenden Pulque-Trinkstuben, z.B. in der *Pulquería Familiar* auf der Nordseite der Plaza Garibaldi (Honduras 4, Plan D1), in die reanimierte **Pulquría Las Duelistas** in der Aranda 28 beim Mercado San Juan (Plan D4) oder in der Zona Rosa in die **Pulquería Los Insurgentes,** Insurgentes zw. Durango u. Colima (s. Karte Zona Rosa).

Unterhaltung

Am Abend ... braucht man nur mal durch die Calle Madero und ihre Nebenstraßen gehen (Motolinía). Aus etlichen Kneipen tönt Musik oder es versammeln sich Leute vor gerade angesagten Musiklokalen. Beachten Sie auch die Trinkglas-Piktogramme für Bars in der Karte „Centro Histórico".

Wer sich etwas Spezielles sucht, sollte die Seiten der Zeitschrift *Tiempo Libre* studieren (www.tiempolibre.com.mx), dort findet man das aktuelle Programmangebot der Kinos, Theater, Musikkneipen, Discos, Konzerthallen, Nightclubs etc. Oder man stöbert auf den vorn aufgeführten Webseiten mit „Nachtleben"-Vermerk. **Ticketmaster** bietet auf seiner Homepage ebenfalls das aktuelle Unterhaltungs- und Konzertprogramm der Stadt und man kann gleich Karten bestellen (etliche Verkaufsstellen in der Stadt, z.B. in der Madero 34, Plan E3, oder in den Filialen der Buchladenkette Gandhi, TM-Adressen s. www.ticketmaster.com.mx).

Wer es ermöglichen kann, sollte unbedingt eine Aufführung des **Ballet Folklórico de México** im Palacio Bellas Artes besuchen (s.S. 584). Große klassische und moderne Konzerte bietet das *Auditorio Nacional* (Metro 7, *Auditorio*) im Chapultepec-Park. Freitagabends finden *Lucha-libre*-Kämpfe statt (s.u. bei „Sportliches").

Ein mexikotypisches Erlebnis ist der Besuch einer **Cantina** oder **Pulquería** (s.o.). In der Dämmerung kann man vom **Torre Latinoamericana** die Stadt von oben sehen und später zur **Plaza de Garibaldi** mit ihren Mariachi-Kapellen fahren. Blick auf den Zócalo von seiner Westseite: Von der Dachterrasse/v. Restaurant des dortigen Hotels *Majestic,* vom Restaurant *La Terraza del Conquistador* oder vom *Café Luna,* alle zwischen 5 de Mayo und Madero.

Musik & Tanz, Bars Am Samstagnachmittag öffentliches Open-air Latino-Tanzen, vor allem den kubanischen Danzón, auf der *Plaza del Danzón* nördl. von La Ciudadela (Plan A4). Für Musik-, Disco- und Tanzfreudige im Centro Histórico einige Empfehlungen (meist Eintritt oder Getränkezuschlag): **Centro Cultural España,** Guatemala 18 (Plan F2, Mi–Sa, spät Live-Musik und Tanz auf der Dachterrasse, Programm auf www.ccemx.org. – **Pasagüero,** Motolinía 33 (Plan E3), Do/Fr/Sa ab 22 Uhr. In der Motolinía 20 nördlich der Madero (Plan E3) unterhält ab 21 Uhr der **Zinco Jazz Club,** www.zincojazz.com. – **Hostería del Bohemio** (Hidalgo 107, bei der Metrostation Hidalgo, Plan B2); nette Cafetería musical mit romantischer Atmosphäre und großem, zweistöckigem Innenhof, tägl. ab 17 Uhr.

Zwei Bars in der 5 de Mayo, beide Plan D3: **El Bar Museo,** ein wenig vornehm, für Ältere. – **La Ópera Bar,** Ecke F. Mata, bereits bei „Essen und Trinken in Mexiko-Stadt" erwähnt.

Sehr viel nächtliche (touristische) Unterhaltung bietet die **Zona Rosa** (s. dort). Viel los ist außerdem in den südlichen Stadtteilen *San Ángel* und *Coyoacán,* doch die sind abends zu weit weg, wenn man im Zentrum wohnt.

Spezielle Feste in Mexiko-Stadt

17. Jan. *Día de San Antonio Abad.* Geschmückte Haustiere werden zum Segnungsfest in Kirchen gebracht: in *Coyoacán* (Kirche San Juan Bautista), beim *Platz der drei Kulturen* (Kirche Santiago Tlatelolco) und bei der Kirche *San Fernando* beim Alameda-Park (westliche Verlängerung der Av. Juárez).

März *Festival del Centro Histórico* – dreiwöchiges, internationales Kulturprogramm mit vielen Veranstaltungen im historischen Zentrum, Musik- und Tanzdarbietungen, Ausstellungen u.a. Daten und Programm auf www.festival.org.mx.

März/April Traditionelles Blumenfest auf den Kanälen von Xochimilco ab Freitag acht Tage vor Ostern *(Domingo de Ramos).*

16. Juli In *San Ángel* findet an diesem *Día del Carmen* die *Feria de la Flor* statt, eine große Blumenschau.

13. Aug. Aztekische Tänze am Cuauhtémoc-Denkmal und auf dem Platz der drei Kulturen in Tlatelolco zum Gedenken an den Kampf um Tenochtitlán.

15. Sept. Am Vorabend des Unabhängigkeitstages (16. Sept.) erschallt Punkt 23 Uhr vom Balkon des Nationalpalasts vom mexikanischen Präsidenten nochmals Hidalgos Ruf nach Freiheit, der *El Grito,* mit dem Geläut der Unabhängigkeitsglocke *Campana de Dolores.* Ein tolles Volksfest mit hundertausenden fahnenschwenkender Mexikaner auf dem brechend vollen Zócalo (Achtung, Taschendiebe; Jugendliche spritzen mit weißem Schaum um sich!), mit Straßenständen und einem Feuerwerk zum Abschluss. Am 16. ab 9 Uhr (Militär-)Parade ab Zócalo, vorbei am Alameda-Park zur Reforma bis zum Unabhängigkeitsdenkmal „El Ángel".

1./2. Nov. *Día de los muertos* – der Zócalo ist geschmückt, auf öffentlichen Plätzen und in Metrostationen baut man Gaben- bzw. Totenaltäre auf (s.S. 104, Exkurs „Día de los muertos"). Stimmungsvolle Atmosphäre, Feiern auf den Friedhöfen, Tanzdarbietungen, volkstümlich auch im *Museo Dolores Olmedo Patiño,* s.S. 606.

20. Nov. Jahrestag der Revolution, morgens Parade vom Zócalo aus. Es haben dann viele **Museen geschlossen** (Templo Mayor).

22. Nov. Namenstag von *Santa Cecilia,* der Schutzpatronin der Musiker; großes Mariachi-Fest auf der Plaza de Garibaldi.

12. Dez. Bedeutendster religiöser Feiertag Mexikos. Bei der *Basílica de Guadalupe* (s.o.) am Vorabend große Mitternachtsmesse zu Ehren der Schutzheiligen Mexikos. Zehntausende Pilger aus dem ganzen Land, sehr eindrucksvoll. Bereits in der Woche vorher zahllose Pilger, Azteken-Tänze am 11. und 12. vor der Basilika.

Vom **16. Dezember** bis **6. Januar** *posadas,* vorweihnachtliche Hausfeste.

Sportliches

Fußball Heiße fútbol-Schlachten werden an den Wochenenden von Fr–So in den riesigen Stadien von Mexiko-Stadt ausgefochten (alle drei südlich): im *Estadio Guillermo Cañedo* (früher: Azteken-Stadion, www2.esmas.com/estadio-azteca, Führungen sind möglich, Puerta 1), im *Estadio Olímpico* (http://clubpumasunam.com) und im *Estadio Azul* (www.cruz-azul.com.mx). Spielfreie Zeit ist Juni und Juli. Details über Spiele, Zeiten und Mannschaften in den Zeitungen oder unter www.femexfut.org.mx (mex. Fußballverband). Anfahrt zum Olympia-Stadion s.S. 604 *Ciudad Universitaria,* zum Estadio Azul s.u. bei „Stierkampf", zum Azteken-Stadion mit Metro 2 nach *Tasqueña*, dann mit einem Pesero oder der Stadtbahn Tren Ligero bis *Estadio Azteca.*

Charreadas Reiterspiele bzw. Rodeos finden statt in der *Rancho del Charro,* Av. Constituyentes 500, im südwestlichen Bosque de Chapultepec (s. Karte „Ciudad de México" S. 552). Saison ist Mitte Mai bis Mitte Juni, Auskünfte Tel. 5277-8706.

Stierkampf In der *Ciudad de los Deportes* („Sportstadt"), an der Insurgentes Sur, ca. 1,5 km südlich des Polyforum Cultural Siqueiros, liegt die *Plaza México,* die größte Stierkampfarena der Welt, www.lamexico.com, Tel. 5563-3961. *Corrida de toros* finden statt zwischen November und März und beginnen jeden Sonntag pünktlich (!) um 16 bis 20 Uhr; Sitze in der Sonne sind billiger als *sombra,* Schatten. Anfahrt mit Metro 7 nach *San Antonio,* dann nach Osten gehen. Oder mit Bus Nr. 17 von der Insurgentes nach Süden bis zum *Estadio Ciudad de los Deportes,* Orientierungspunkt ein Haus mit der Aufschrift „Suburbia", dort aussteigen und noch etwa 10 Min. zu Fuß westlich gehen, am (blauen) Fußballstadion *Estadio Azul* vorbei.

Lucha libre *Lucha libre* ist catchen auf mexikanisch (www.luchopolis.com). Verrückte Gladiatoren-Schauspiele, mehr Volkstheater für den kleinen Mann als sportlicher Ringkampf. Die Catcher tragen Kostüme aus der Comic-Strip-Monsterwelt. Zu sehen sonntags ab 17 Uhr in der *Arena Coliseo,* Perú 77 (Plan F1), 5 Straßenblocks nördlich der Metro 2, *Allende,* Tel. 5526-1687. Kämpfe auch in der wesentlich größeren *Arena México,* Dr. Lavista 197, Col. Coctores, Tel. 5588-0266; www.arenamexico.com.mx. Die Seite informiert über Shows (Di 19 Uhr, Fr 20.30 Uhr), Kämpfer und Hintergründe.

Einkaufen

Ciudad de México bietet komplett alles, was das Land produziert. In den Straßen westlich vom Zócalo, in der *Madero* und in der *5 de Mayo,* gibt es viele Gold- und Schmuckgeschäfte, Läden für Schuhe und Textilien, Werkzeuge und Optiker. In der Carranza (südlich der 5 de Mayo) findet man Sport- und Ausrüstungsgeschäfte (z.B. Deportes Rubens, No. 17). **Fotoapparate/Reparaturen** um die Kreuzung Donceles/Brasil, Computer und Zubehör bei NETFM in der Cárdenas zw. Uruguay und Salvador. **Modernes, Teures und Ladengalerien** wie erwähnt in der **Zona Rosa**: *Aripo,* Londres 117 ist ein Laden mit Kunsthandwerk aus Oaxaca. Auch gibt es in der Zona viele Musikläden, z.B. Mixup, Génova 76. **Sanborns,** Madero 4 *(Casa de Azulejos)* hat schöne Spezialgeschäfte. **FONART** ist eine staatliche Artesanías-Vermarktungsorganisation, in deren Läden es handwerkliche Produkte und Regionalkunst aus ganz Mexiko gibt (Wissenswertes darüber s.S. 108). Laden im Centro: Juárez 89 (Westseite Alameda-Park).

Mercados – Märkte

Davon besitzt Mexiko-Stadt nicht nur einen, sondern gleich Dutzende (in jeder *colonia*), sie unterscheiden sich nach ihrem Angebot. Die großen liegen alle im Zentrum oder in der Nähe davon (s. Karten). Man wird aber wohl kaum seine kostbare Reisezeit auf diesen Stadtmärkten verbringen wollen. Ein Tipp ist jedoch der **Flohmarkt Lagunilla** östlich der Kreuzung Paseo de la Reforma/Lázaro Cárdenas, an der Ecke Rayón/Chile (Metro 8, *Garibaldi,* dann östlich gehen, oder in der Metrostation Garibaldi umsteigen in die Línea B, eine Station nach Osten bis *Lagunilla*). Nur am Sonntagvormittag, ab ca. 10.30 Uhr! Ein kunterbunter Markt im Freien mit Antiquitäten, Büchern, Münzen, Waffen, Bildern, Kleidung etc., eine Fundgrube für Kleinigkeiten. **Generell auf allen Märkten aufpassen, keine Wertsachen mitnehmen!** Wer mag, kann die drei riesigen **Lagunilla-Markthallen** durchwandern, eine liegt nordöstlich der Rayón (vorwiegend Lebensmittel), in der Halle an der Ecke Rayón/Chile (also westlich des Flohmarkts) werden überwiegend Kleidung und Stoffe verkauft, und in der Halle südlich von dieser gibt es Möbel und Wohnungseinrichtungen.

La Merced ca. 1 km südöstlich vom Zócalo, in mehreren Gebäuden. **La Merced ist der riesige, farbenfrohe Bauch der Stadt,** lautstark und ein unheimliches Getümmel, einer der ältesten Märkte Amerikas überhaupt. Über ein halbes Dutzend Sektoren: Obst und Lebensmittel, Haushaltswaren, Souvenirs, *Mercado de Dulces, Mercado de Flores* usw.; abends tragen hier gewisse Damen auch ihre Haut „zu Markte". Täglich, doch am besten sonntags. Anfahrt mit Metro 1, *Merced,* direkt vor dem Eingang.

Sonora Zwei Straßen südlich von La Merced an der Straße Fray Servando Teresa de Mier. Der Markt für sehr schöne mexikanische Töpferwaren, für Esoterisches und vor allem für okkulte, zauberkräftige Utensilien für die Hexenkunst – getrocknetes Getier, Heilkräuter und Tees, Zauberwurzeln, Glücksbringer, Pülverchen und Wässerchen gegen dies und das ... Hier decken sich *curanderos, yerberos* und *brujos* ein (der Glaube an das Übersinnliche, an die Kraft der Magie hat sich bis heute in Mexiko erhalten. Außerdem Kleintiere. Um die Weihnachtszeit schöne Kollektionen von *piñatas.* Anfahrt mit Metro 1, *Merced,* dann 300 m südlich gehen.

Mercado San Juan Nennt sich auch *Mercado de Curiosidades,* vier Straßen bzw. ca. 600 m südlich des Alameda-Parks, Ecke Dolores/Ayuntamiento. Körbe, Decken, Möbel, Lebensmittel, Fleisch, Früchte, Silber und Artesanías aus ganz Mexiko, darunter viel Kitsch. Tägl. 9–19 Uhr (So bis 16 Uhr).

Mercado de Artesanías de la Ciudadela Ist ein **sehr empfehlenswerter Markt** mit Kunsthandwerk und Souvenirs aus allen Landesteilen Mexikos: Textilien, Gewebtes, Kleidung, Keramik, Körbe usw. Riesenauswahl, Preise moderat (Plan B4). Tägl. 10–18 Uhr. Mit Metro 3, *Balderas,* dann auf der Calle Balderas 200 m nördlich gehen, auf der auch ein Markt mit Straßenständen entstanden ist.

Plaza Insurgentes außerhalb der Metrostation *Insurgentes;* Hippie-Markt mit Schmuck, Silber- und Lederwaren, Kleidung usw. Nördlich des Paseo de la Reforma findet im **Jardín del Arte** sonntags ein Künstlermarkt statt (s. Karte „Zona Rosa").

Zona Rosa *Plaza del Ángel,* Londres 161, kleiner Antiquitätenmarkt und viel Silber, tägl. 10–19 Uhr, und *Mercado Insurgentes.*

Tianguis del Chopo Nördlich des *Centro Artesanal Buenavista,* das östlich des Bahnhofs Buenavista liegt (Metro Línea B, *Buenavista*). Freakiger, kleiner Samstagsmarkt, gern von „Hippie"-*capitalinos* besucht: billige CDs und DVDs, Schmuck, Bücher, Textilien usw. Nachmittags Live-Musikgruppen.

Jamaica Für Früchte und Gemüse, Blumen und Kleintiere ist dies der beste Markt! Ca. 3 km südlich vom Zócalo, mit Metro 1 oder 4, *Jamaica.*

Südlich außerhalb Der *Bazar del Sábado* **in San Ángel** an der Plaza San Jacinto ist ein bekannt schöner, kleiner (touristischer) Samstagsmarkt von 10–19 Uhr (s.S. 602). Überwiegend Kunstgewerbe, Schmuck, Gemälde etc.

Nördlich außerhalb Der **Mercado San Felipe** ist wohl der größte im D.F., dort sind komplett alle Waren vertreten (doch nur Sa/So!). Anfahrt mit Metro Línea 6 oder 4 zur Endstation Martín Carrera, von dort weiter mit einer Camioneta „San Felipe".

... und weiter mit Adressen & Service (A – Z)

Automobil-Club *AMA* (Asociación Mexicana Automovilística), Orizaba 7, 06700 México, D.F., Tel. 01-800-9110262, www.ama.com.mx. Webseite auf Englisch mit Zweigbüros: www.ama.com.mx/EngVer/Sucursales.asp

Ärzte / Krankenhaus Im dringenden medizinischen Notfall die deutsche Botschaft anrufen, die Vertrauensärzte kennt, Adressen und Tel.-Nr. auf der Homepage der Botschaft: Embajada de Alemania, Calle Horacio 1506, Col. Los Morales, Tel. 5283-2200, Fax 5281-2588, www.mexiko.diplo.de (Bürger von A und CH s. „Diplomatische Vertretungen"). Engl.-spr. private Ambulanz: 5705-0925

Dt.-spr. **Ärzte:** Regional- und Kooperationsärzte der dt. Botschaft: *Dra. Isabel Rucker Jörg,* Bajio 360 (am westl. Ende in einem Hochhaus), Col. Roma Sur, Tel. 2614-2424. – *Dr. med. Rolf Stumpenhorst,* Horacio 1506, Polanco Ii Sección, Tel.-Büro 5283 2281, Mobil-Tel. 044-55-14519010 (Innere, Tropen- und Reisemedizin). – Dr. med. *Paul Clever Arellano,* Durango 245, Roma Sur, Tel. Mobil 044-5514774136, Tel. Mobile 2: 044-55- 55066165 (Allgemeinmedizin u. Kooperationsarzt). – *Dr. Armin Reimers,* Vito Alessio Robles 117104, Col. Florida, Tel. 5661-9023. HNO: *Dr. Kurt Ellinghaus,* Clínica Eugenio Sue, 5. Stock, Calle Eugenio Sue, Col Polanco, Tel. 5545-4929. Zahnarzt: *Dr. Carlos Flugel Dietrich,* Bosque de Radiatas 18-204, Bosques de las Lomas, Tel./Fax 5259-9687, Mobil 044-55-54021903. **Hospital:** ABC, American British Cowdray Hospital, Calle Sur 116, Esq. Observatorio, Col. Las Américas, Tel. 5230-8000, www.abchospital.com. – **Hospital Ángeles Clínica Londres,** Durango 50, Colonia Roma (siehe Karte Zona Rosa), Tel. 5229-8400, www.hospitalangelesclinicalondres.com.

Buchläden im Centro Histórico: **Librería Gandhi,** Madero 32 (Plan E3, tägl. 10–21 Uhr) und Av. Juárez 4/Ecke Lázaro Cárdenas (Plan D3), gegenüber vom Palacio Bellas Artes. Gandhi, www.gandhi.com.mx, ist Mexikos größte Buchladenkette mit vielen Zweigstellen, **Ticketmaster** verkauft bei Gandhi Tickets für Veranstaltungen. Gandhi-Zweigstelle Coyoacán: Miguel Ángel de Quevedo 128.

Global Book, Gante 4A (Plan E3). – *Librería Madero,* Madero 12 (Plan D3). – *American Bookstore,* Bolívar 23 (Plan E3). – Ein gutes Sortiment bietet auch die Buchhandlung im Palacio Bellas Artes. Auch Museen haben häufig eine gute Auswahl hochwertiger Bücher über Mexiko. Buchantiquariate in der Donceles westlich der Brasil.

Das Non-plus-ultra an Büchern liegt aber unter der Erde, unter dem Zócalo: In der Metrostation *Zócalo* gibt es in einem Gang bis zur Station Pino Suárez, den *Paseo entre libros,* wo man im Angebot von ca. 30–40 Buchhandlungen stöbern kann.

Botschaften Alle Adressen ausländischer Botschaften in Mexiko weiß die mexikanische Seite http://embamex.sre.gob.mx/alemania/. – Embajada de **Alemania,** Horacio 1506, Col. Los Morales (s. doppelseitige Karte „Mexiko-Stadt Zentrum" linke Kante), 11530 México D.F., Tel. 5283-2200 (dringende Notfälle: im DF Tel. u. SMS 044-55-5431-2177, innerhalb Mexikos Tel. u. SMS 045-55-5431-2177), Fax 5281-2588, **www.mexiko.diplo.de.** Besucher Mo–Fr 9–12 Uhr, Arbeitszeit Mo–Do 7.30–16.30 Uhr, Fr nur bis 15 Uhr.

Embajada de Austria, Sierra Tarahumara Pte 420, Col. Lomas de Chapultepec, México D.F. 11000, Tel. 5251-0806, Notfall (0052-55) 044-55-9199-4579, Mo–Fr 9–12 Uhr, www.embajadadeaustria.com.mx. – *Embajada de Suiza,* Av. Paseo de las Palmas 405, Torre Optima, Piso 11, Col. Lomas de Chapultepec, México D.F., Tel. 5520-3003, Fax 5520-8685, Mo–Fr 9–12 Uhr, www.eda.admin.ch. – *Niederlande:* Montes Urales Sur 635, 20. Piso, Col. Lomas de Chapultepec, México D.F. 11000, Tel. 5258-9921, Fax 5258-9921. Mo–Fr 8.30–15 Uhr. – *Guatemala:* Av. Explanada 1025, Col. Lomas de Chapultepec, México D.F., Tel. 5540-7520, Fax 5540-7520, Mo–Fr 9–17 Uhr. – *Belize:* Bernardo de Gálvez 215, Col. Lomas de Chapultepec, México D.F., Tel. 5520-1274, Fax 5520-1274, Mo–Fr 9–13.30 Uhr. – *USA:* Reforma 305, Col. Cuauhtémoc, Tel. 5080-2000, http://mexico.usembassy.gov.

Goethe- u.a. dt. Institute *Instituto Cultural Alemán* **(Goethe-Institut),** Liverpool 89 (zw. Niza und Havre, s. Karte „Zona Rosa"), Tel. 5207-0487, www.goethe.de/mexiko. Metro 1, *Insurgentes,* geöffnet Di 9–13.30 Uhr, Mi 14.30–19, Fr 9–13 Uhr. – Deutsche Schule *(Colegio Alemán):* Lomas Verdes, Superavenida. – Deutsch-Mexikanisches Kulturinstitut Alexander von Humboldt: Calle Tehuantepec 255/4.

Mitt, dt.-spr. Monatszeitschrift in Mexiko. Die Zeitschrift informiert die dt.-spr. Gemeinschaft in Mexiko über Wirtschaft, Kultur, Politik sowie die Aktivitäten der dt. Institutionen in Mexiko. Umfangreicher Service- und Adressteil mit z.B. Ärzteteil und Terminkalender. Tel. 5641-7430, aasca@mx.inter.net

Kommunikation

Post: Die Hauptpost *Correo Central* (Palacio de Correo) befindet sich an der Lázaro Cárdenas/Ecke Tacuba, gegenüber dem Palast Bellas Artes (Plan D2, Metro 2, *Bellas Artes).* Mo–Fr 8–17.30 Uhr, Sa/So bis 15.30 Uhr. Postleitzahl 06002. Weitere Postämter in der Zona Rosa Londres 208/Ecke Varsovia und Río Tiber (nördlich) sowie nördlich vom Revolutions-Monument Arriaga/Ecke Mariscal (Metrostation *Revolución*). – **Pakete:** Päckchen bis 2 kg Absendung von der Post, internationale Pakete nur vom speziellen Post- und Zollamt 1 in der Av. Ceylan 468 (Metro 2, *Normal,* von dort mit einem *Ceylan*-Colectivo). Wertvolles mit **Mexpost** in der Hauptpost oder mit einem internat. Kurierdienst wie UPS, Federal Express oder DHL, Adressen s. Telefonbuch u. „Gelbe Seiten" (oder z.B. mit *Air Cargo Service,* Liverpool 6, Zona Rosa). – **Fax, Telegramme:** Von der *Central de Telégrafos,* Tacuba 8 (Museo Nacional de Arte, Ostflügel), geöffnet bis spät in die Nacht. Außerdem viele *fax públicos* (auf Schilder/Aufschriften achten). – **Telefon:** öffentliche (Telmex-)Kartentelefone gibt es überall, eine *tarjeta telefónica* bzw. *tarjetas Ladatel* bekommt in zahllosen Läden/Papelerías und in *Ladatel*- oder *Telmex*-Shops (www.telmex.com). – **Internet:** s. @-Piktogramme in den Karten.

Mietwagen

In Mexiko-Stadt mit einem Mietwagen herumzufahren ist nicht zu empfehlen, besser ein Taxi einen halben oder ganzen Tag mieten. Wer trotzdem einen benötigt: Am Airport sind alle großen Gesellschaften vertreten, dort kann man in kurzer Zeit alle Preise vergleichen und aushandeln! Adressen der Stadtbüros s. „Gelbe Seiten" (etliche in der Zona Rosa, z.B. *Budget,* Hamburgo 71, www.budget.com.mx.

Reisebüros

Empfehlenswert für Flüge und alle Reisefragen, auch z.B. Mietwagen- und Hotelreservierungen: **Koch Overseas,** Benjamin Hill 123, Col. Condesa, Tel. 5527-8384, www.kochoverseas.com.mx; persönliche Beratung durch Frau Hacker oder Frau Nellen, die Deutsch sprechen. – **Mundo Joven** und **Wayak** (www.wayakbus), Guatemala 4/Ecke Brasil (Nordwestecke Zócalo, im Hostel Mundo Joven Catedral, Plan F2), Tel. 5518-1755, www.mundojoven.com.mx, Mo–Fr 9–19 Uhr, Sa 10–14 Uhr; Flugtickets, **internationale Hostel- und Studentenkarten** (ISIC, ITIC, IYTC) u.v.a. Weitere Büros in der Stadt und mexikoweit s. Homepage. – **Turismo Zócalo,** Palma 34 (Plan F3), in der Einkaufspassage Gran Plaza Ciudad de México, Tel. 8596-9648, www.turismozocalo.com (Flug- und Bustickets). – *Agencias de viajes* gibt es auch einige in der Zona Rosa, z.B. **Sigma,** Amberes 33.

Touristenkarte

Die zuständige Stelle für die zeitliche Verlängerung der Touristenkarte FMM) oder bei ihrem Verlust ist das **Instituto Nacional de Migración** (INM) in der Av. Ejército Nacional 862, Col. Polanco (nördlich vom Bosque de Chapultepec). Mo–Fr 9–13 Uhr, Tel. 2581-0111, **www.inm.gob.mx**. Verlängerung ist nur möglich *vor* Ablauf der Gültigkeit, ca. 1–2 Wochen vorher, mit Solvenz-Nachweis/Kreditkarte. Die Migración hat auch ein Büro auf dem Airport. Weiteres über die Touristenkarte s.S. 28.

Umgebungsziele von Mexiko-Stadt:

Teotihuacán

Viele Tourangebote

Teotihuacán mit der gewaltigen Sonnen- und Mondpyramide liegt etwa 50 Kilometer nordöstlich von Mexiko-Stadt. Ein sehr empfehlenswerter Ausflug (aufgenommen ins UNESCO-Weltkulturerbe), auch vielfach als bequeme Tour von Hostels/Hotels angeboten. Zeitbedarf: guter halber Tag.

Geöffnet ist das gewaltige Areal täglich von 7–17 Uhr, Eintritt 57 Ps (das Ticket aufbewahren, man muss es nach dem Rausgehen aus einem der Tore beim Wiedereintritt nochmals vorzeigen). Generell früh da sein bzw. losfahren, zum einen entgeht man so der stärksten Hitze und zum anderen dem Touristenansturm. Die starke Sonnenstrahlung und die Höhenlage auf 2200 Meter können sehr anstrengen, Kopfbedeckung tragen, genügend trinken, Getränke und Snacks werden im Gelände – teuer – angeboten.

Um die Gesamtanlage verläuft die Ringstraße *Carretera de Circunvalación* mit 5 Eingängen (Puertas). Busse aus Mexiko-Stadt kommen an der Puerta 1 an. Dort gibt es eine Info-Stelle mit WC und das empfehlenswerte Café/Restaurant *Las Pirámides* (ein Tipp ist auch *Techinanco* nördlich vom Tor 3). Zahlreiche weitere Restaurants mit überwiegend schlechtem PLV gibt es außerhalb entlang der Ringstraße .

Man kann ein größeres und zwei kleine Museen besichtigen: Das sehr interessante **Museum de Sitio** befindet sich südlich der Sonnenpyramide beim Tor 5 (9–16 Uhr; am besten besuchen, sobald man die Sonnenpyramide erreicht hat). Nahebei, außerhalb von Tor 5, befindet sich im *Centro de Estudios Teotihuacanos* das **Museo Manuel Gamio** mit wechselnden Themenausstellungen. Das **Museo de la Pintura Mural Teotihuacana** befindet sich nordwestlich beim Tor 3 und zeigt sehenswerte Wandmalereien von Teotihuacán (9–18 Uhr, freier Eintritt mit dem Teotihuacán-Ticket).

■ *Blick von der Mondpyramide (vorn, li. Kante) über die „Straße der Toten" zur Sonnenpyramide*

Internet-Infos www.inah.gob.mx • http://archaeology.la.asu.edu/teo • www.teotihuacan.com

Übernachten Wer nahe der Stätte stilvoll übernachten möchte: südlich der Ringstraße liegt das *Hotel Villas Arqueológicas.* Wie jedes Hotel dieser Kette (weitere in Cobá, Uxmal, Cholula, Chichén Itzá) im gefälligen Einheitsstil mit Komfort und Restaurant. DZ ca. 800 Ps, Tel. 594-9560909 od. 01-800-557-7755. Details, Verfügbarkeit und „Special Promotions"-Preise auf www.villasmex.com.

Ansonsten preiswerter im Ort San Juan de Teotihuacán, ca. 2 km westlich, z.B. in der familiären *Posada Sol y Luna,* Cantú 13 (1,2 km von den Pyramiden), Tel. 594-9562368, www.posadasolyluna.com, DZ ca. 550 Ps. Oder im 4-Sterne-Touristenhotel *Quinto Sol,* Hidalgo 25, www.hotelquintosol.com, Tel. 594-9561881. DZ ca. 800 Ps. –

Wohnmobil/Campen *Trailer Park Teotihuacán,* L. Mateos 17 (bei der Ortskirche), N19.68320, W 98.87049. Gepflegt, gut, Rasenplätze. Mit Bus und Metro in 1,5 h zum Zócalo von Mexiko-Stadt, 20 Fußmin. zu den Ruinen. Tagweise WoMo-Unterstellung gegen Gebühr.

Anfahrt von Mexiko-Stadt **Anfahrt** vom nördlichen Busterminal **Terminal Central del Norte** mit einem Bus von *Autobuses Teotihuacanos* von *Sala 8,* Busaufschrift „Los Pirámides", 36 Ps einfach. (Anfahrt zum Terminal del Norte aus dem Stadtzentrum mit der Metro 5, Station *Autobuses del Norte.*) Abfahrt etwa alle 15 Minuten, Fz 50 Min. Er fährt direkt zur **Puerta 1** mit Stopps an den Toren 2 und 3.

Beachte: der Ort westlich der Pyramiden heißt ebenfalls „Teotihuacán", in korrekter Länge „San Juan de Teotihuacán". Das Ziel ist, wie erwähnt, *Los Pirámides!*

2. Möglichkeit: Nehmen Sie von der Endstation der Metro-Linie 3, **Indios Verdes,** einen Bus (40 Ps) nach Teotihuacán (Ausgang **„J"**). Darauf achten, dass man einen **Schnellbus** besteigt, Fz ca. 30 Min. Der Normalbus fährt über die Dörfer und benötigt über eine Stunde. Das gleiche gilt für die Rückfahrt, genau nachfragen.

Rückfahrt von Teotihuacán vom Tor 1, s. Karte. Die Busse stoppen auch bei den Toren 2 und 3. Sie fahren zuerst zur Metro-Endstation *Indios Verdes* (passt für anschließenden Besuch der Guadalupe-Kirche), danach zum Busterminal *Central del Norte.* Fahrkartenverkäufer geben Auskunft. Letzter Bus nach 18 Uhr (wer ihn verpasst: mit Taxi/Combi zum Ort Teotihuacán – von den Toren 1, 2 und 5 – und von dort mit einem Bus nach Mexiko-Stadt zurück).

Selbstfahrer fahren aus Mexiko-Stadt über die Insurgentes Norte Rtg. Pachuca (Mex 85D), dann auf der Mex 132 nach Osten abbiegen.

„Heimat der Götter"

Das auf 2200 m Höhe in einem trockenen Hochtal gelegene Teotihuacán war das **bedeutendste Kulturzentrum** und die **größte Stadt** des alten Amerika – man schätzt, dass hier etwa 200.000 Bewohner zu ihrer Blütezeit zwischen 200 bis 500 n.Chr. wohnten (Gründungszeit Teotihuacáns war vermutlich **100 v.Chr.**). Als die Azteken um 1250 in *Anáhuac,* dem Hochtal von Mexiko, ankamen, war Teotihuacán schon seit fünf Jahrhunderten verlassen und teilweise zerstört. Beeindruckt von den gewaltigen Dimensionen der Bauten nahmen die Azteken an, dass hier die Götter selbst ihren Ursprung hatten, hier die Zeit ihren Anfang nahm. *Teotihuacán,* „Heimat der Götter", tauften sie den Ort, und die beiden größten Pyramiden nannten sie nach Sonne und Mond, in der Annahme, dass sich an ihrer Stelle zwei Gottheiten durch Selbstopfer in diese Himmelskörper verwandelt hätten. Die 22 qkm große Stadtfläche war nahezu doppelt so groß wie die der Aztekenhauptstadt Tenochtitlán, allein das innere Areal der Anlage umfasst 4 qkm. Neben der 40 Meter breiten und 2 Kilometer langen Hauptachse, eine der längsten urbanen Achsen der Menschheitsgeschichte überhaupt, vermuteten die Azteken fälschlicherweise Begräbnisstätten, weshalb diese bis heute als *Calzada de los Muertos,* „Straße der Toten",

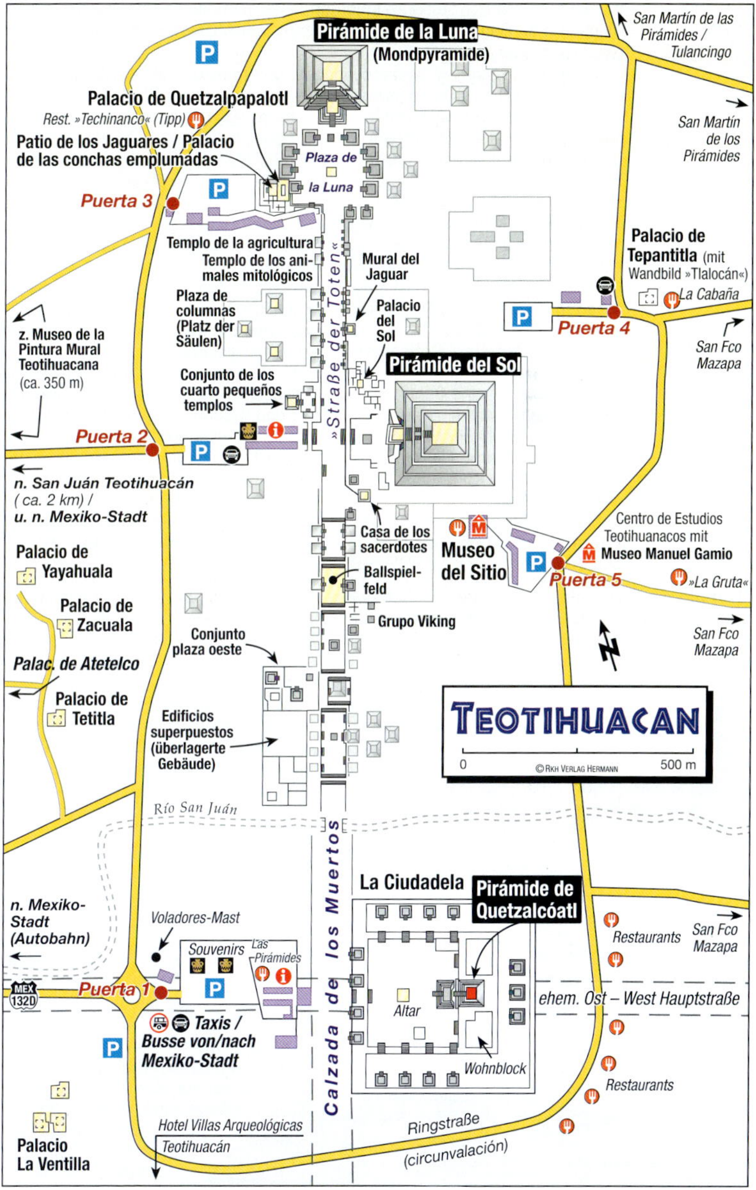

Mexiko-Stadt

bekannt ist. Mit den Ausgrabungen und Rekonstruktionen begann man allerdings erst zu Beginn des 20. Jahrhunderts, vieles Unerforschtes liegt im Umland noch unter der Erde.

Teotihuacán war ein kosmopolitisches Zentrum und eine Stadtkultur, die das damalige Hochland politisch, ökonomisch und kulturell beherrschte. Fernhandel war eine Domäne von Teotihuacán, es lieferte vor allem die überall in Mesoamerika begehrten scharfen Messer aus Obsidian. Die Anziehungs- und Einflusskraft auf andere mesoamerikanische Kulturen war enorm, Kontakte bestanden z.B. mit *Cacaxtla, Oaxaca* (*Monte Albán/Zapoteken*), mit den Golfküsten-Kulturen und den *Maya* bis hinunter nach Guatemala (Tikal). Ein Teotihuacán-Reich im imperialen Sinn gab es jedoch nicht.

Die *teotihuanacos* dienten einer Vielzahl von Göttern, wichtigste Gottheit war die „gefiederte Schlange" **Quetzalcóatl,** der eigens eine Pyramide geweiht wurde. Teotihuacán ist eines der frühesten Zentren des Kults um diesen **mesoamerikanischen Schöpfergott.** Wichtige Rollen spielten auch der Wassergott **Tláloc** und die Wassergöttin **Chalchihuitlicue.** Die Azteken übernahmen später diese drei Gottheiten in ihren Götter-Pantheon.

Woher die *teotihuanacos* kamen, welche Sprache sie sprachen, wie sie ihre Stadt nannten – eine Schrift ist in Teotihuacán nicht nachweisbar –, wie ihre Gesellschaft im einzelnen strukturiert war und welches Schicksal sie letztendlich erlitten, ist nach wie vor ein Rätsel. Der mysteriöse **Niedergang** Teotihuacáns setzte **um 750** ein. Der Zerfall der Stadt bedeutete aber nicht den Untergang der **„Kultur-Lokomotive Teotihuacán",** denn andernorts setzte sich die Zivilisation Teotihuacáns für weitere Jahrhunderte fort.

Höhepunkte des Rundgangs sind die zwei imposant hohen Pyramiden **Pirámide de la Luna** (Mondpyramide, 45 m) und **Pirámide del Sol** (Sonnenpyramide, 70 m) sowie der **Templo de Quetzalcóatl.**

Templo de Quetzalcóatl

Die „Schauseite" dieser eher kleinen Pyramide liegt hinter der vorgelagerten vierstufigen Pyramide. Die Seitenwangen ihrer Treppe sind mit je vier Köpfen der „gefiederten Schlange" geschmückt **(s. Abb.),** ein weiterer Kopf ist rechts oben zu sehen. Von den ehemals sechs bzw. sieben Plattformen sind nur noch vier erkenntlich, alle im **Tablero-Talud-Stil** ausgeführt. Die senkrechten *tableros* sind mit vollplastischen und großartigen Steinplastiken dekoriert, die abwechselnd **Quetzalcóatl** und den brillengesichtigen **Tláloc** darstellen, den Gott des Regens. Die beiden Gottheiten symbolisieren die Erde und das Wasser. Das aufgerissene Maul der Schlange zeigt mächtige Hauer und der Kopf wird von einem Federkranz umrahmt.

Unter den Quetzalcóatl- und Tláloc-Darstellungen winden sich auf den geböschten Talud-Flächen über die ganze Breite eingemeißelte Schlangen, in den Krümmungen ihrer Leiber befinden sich kleine Muschel- und Wasserschnecken, was wohl mit dem Fruchtbarkeitskult zu tun hatte. Als Modelle dienten Klapperschlangen, wie an der typischen Schuppung der Schwanzenden zu sehen ist. Reste roter und blauer Bemalung sind in Spuren noch erkennbar.

2003 stießen die mexikanischen Archäologen auf einen Tunnel unter der Pyramide, 14 Meter unter der Erdoberfläche. Ihr spezieller Miniroboter *Tlaloque 1* rollte 2010 in den 100 Meter langen, 2,5 Meter hohen und 4 Meter breiten Gang ein und lieferte Filmaufnahmen. Mit Hilfe eines Georadars spürte man drei Kammern auf, vermutlich Grablegen. Der Tunnel war vor über 1800 Jahren angelegt und sein Portal mit großen, behauenen Steinquadern verschlossen worden.

Pirámide del Sol

Die monumentale **Sonnenpyramide** mit ihren vier Plattformen hat eine Höhe von rund 70 Meter. Die Basis misst 225 x 222 Meter. Auf ihrer Westseite führen 4 Treppen, die auf jedem Absatz neu beginnen, hoch zur abgeplatteten Spitze, die von kleineren Tempelbauten gekrönt war. Wer sich die Mühe macht und die 250 Stufen hochsteigt, wird mit einem weiten Panoramablick belohnt.

Die Lage der Pyramide steht in Korrelation zum Lauf der Sonne, was auf das astronomisch-mathematische Wissen der Erbauer hinweist. Die Westseite ist so ausgerichtet, dass die Sonne am 20. Juni genau ihr gegenüber untergeht, und zur Tagundnachtgleiche am 20./21. März und am 21./22. September ergibt sich ebenfalls eine auffällige Konstellation von Fluchtlinien.

Die zwei große Pyramiden Teotihuacáns waren in erster Linie religiöse Zentren und Grabstätten, und wie auch andere Pyramiden Mesoamerikas „wuchsen" sie durch wiederholte Ummantelungen früherer Unterstrukturen, unter der Sonnenpyramide liegen mindestens zwei. Die Pirámide del Sol ist **nicht** der Sonne geweiht, sondern **Tláloc.** Ihr Alter wird auf knapp 2000 Jahre geschätzt. Um das Volumen von 1,1 Millionen Kubikmeter auszufüllen, benötigten Tausende Arbeiter Abermillionen luftgetrockneter Lehmziegel und tonnenweise Füll- und Schüttmaterial – wobei der Neigungswinkel der Pyramide dem natürlichen Rutschwinkel des Füllmaterials von 45 Grad entspricht. Bei ersten Restaurierungsarbeiten 1908 wurde sie in Teilen bautechnisch leider verfälscht. Unter der Pyramide stieß man auf eine Höhle als Kultstätte.

Tepantitla-Palast

Gleich östlich vom Tor 4 liegt der **Palacio de Tepantitla,** in dem sich das wohl berühmteste Wandbild Teotihuacáns befindet, das polychrome, jedoch leider stark lädierte und verblasste **„Paradies des Regengottes Tláloc".** Eine Szene zeigt Tláloc mit einer Vogelmaske und darüber eine Pflanze mit verflochtenen Trieben, aus denen Wassertropfen fallen **(Foto s. nächste Seite).**

Pirámide de la Luna

Am Ende der „Straße der Toten" befindet sich an der *Plaza de la Luna* die vierstufige **Mondpyramide,** die „nur" etwa 45 Meter hoch ist, aber eine etwas klassischere Pyramidenform als ihre größere Schwester hat. Durch das ansteigende Gelände erreicht sie optisch nahezu die gleiche Höhe wie die Sonnen-

Blick von der Sonnen- zur Mondpyramide

pyramide. Ihre Grundfläche misst 140 x 150 Meter und sie wurde auf die gleiche Art und Weise wie die Sonnenpyramide erbaut, jedoch in fünf Bauperioden bzw. mit fünf früheren Unterstrukturen. Beachtenswert ist der vorgebaute fünfstufige Pyramidenstumpf im Tablero-Talud-Stil.

Archäologen entdeckten 1998 auf dem 2. Absatz der Pyramide eine Grabkammer, die vier menschliche Skelette und über 150 Beigaben enthielt – kostbare Artefakte wie Zeremonialmesser aus Obsidian, Jade-Figurinen, Pyrit-Spiegel, Muscheln u.v.a. Höhepunkt im Jahr 2000 war der Fund von 17 Totenschädeln *(craneos)* von Geopferten.

Nach dem Aufstieg eröffnet sich ebenfalls ein Panoroma-Blick. Westlich der Ringstraße befinden sich noch weitere Tempelbauten, wie *Yayahuala, Zacuala, La Ventilla, Tetitla, Atetelco* u.a. (s. Karte). Einige dieser Tempel, wie Tetitla, besitzen Reste schöner Wandmalereien.

Palacio de Quetzalpapalotl

Der an der Südwestecke des Mondplatzes gelegene **Quetzalpapalotl-Palast** trägt seinen Namen nach dem mythischen Quetzal-Schmetterling. Der zerstörte und niedergebrannte Komplex wurde 1962–64 mit Originalmaterialien eindrucksvoll und komplett rekonstruiert. In den Räumen wohnten Würdenträger und Priester, viele Wände sind mit kunstvollen Malereien verschönt. Quetzalcóatl-Schlangenköpfe flankieren die Aufgangstreppe, die zu einem Säulenvorraum hinaufführt. Nach rechts hinten gelangt man in einen Patio mit quadratischen Pfeilern, die mit **Quetzalvögeln** reliefiert sind **(s. Abb.).** Von jenen, die im Profil ausgeführt sind, haben einige Augen aus Obsidian.

Auf der Rückseite des Quetzalpapalotl-Palasts befindet sich der tiefergelegene **Patio de los Jaguares,** der ebenfalls von Räumen umgeben ist, die mit Wandmalereien von gefiederten Jaguaren geschmückt sind. Von diesem Patio aus geht es in den älteren, subterranen **Palacio de las Conchas Emplumadas,** in den „Palast der gefiederten Muscheln" (bzw. Meeresschnecken), der ebenfalls mit farbigen Wandfresken verschönt ist, die u.a. wasserspeiende grüne Papageien zeigen.

Weit westlich und außerhalb unserer Karte liegt das **Museo de la Pintura Mural Teotihuacana,** das u.a. eine Vielzahl eindrucksvoller Teotihuacán-Wandmalereien zeigt (9–18 Uhr). Eintritt im Ticketpreis inbegriffen.

„Paradies des Regengottes Tláloc"
(Aufnahme im Anthropologischen Museum in Mexiko-Stadt)

Toluca und Nevado der Toluca

Toluca

Ew. 500.000

✆ 01-722

Toluca de Lerdo ist die Hauptstadt des Bundesstaates México, sie liegt 70 km westlich von Mexiko-Stadt auf 2600 m (!) Höhe. Toluca ist Ausgangspunkt zum schneebedeckten *Nevado de Toluca* (s.u.). Bekannt ist Toluca auch als **Flughafen-Alternative** zu Mexiko-Stadt, s.u.

Sehenswert ist der Botanische Garten **Cosmovitral Jardín Botánico** in den ehemaligen Hallen des Mercado 16 de Septiembre, eine 200 x 100 m große Stahlkonstruktion mit Buntglasfenstern im Art-Nouveau-Stil. Licht empfangen die zahllosen Pflanzen nicht nur durch das Dach, sondern auch über die farbigen, gläsernen Wände. Wunderschön! Gleich nordöstlich der zentralen **Plaza de los Mártires** an der Calle Lerdeo de Tejada/Ecke Juárez, Di–So 9–16 Uhr.

Mit der **Tranvía,** einer historischen Straßenbahn nachempfunden, oder auch mit dem Doppeldecker „Turibus Toluqueño" kann man das *Centro Histórico* besichtigen. Abfahrt von der *Catedral de San José* an der Plaza de los Mártires, Sa/So 11–17 Uhr, weitere Infos auf der Website des **Turismo,** www.toluca.gob.mx. Dieses befindet sich an der Plaza Fray Andrés de Castro, Ed. B, Local 6, Tel. 3841100. Ein Info-Kiosk ist im Palacio Municipal.

Der Kulturkomplex **Centro Cultural Mexiquense,** 5 km südwestlich im Parque Alameda 2000, vereint drei Museen: *Museo de Culturas Populares* (Kunsthandwerk), *Museo de Antropología* (Geschichte) und *Museo de Arte Moderno.* Alle drei Di–Sa 10–18 Uhr, So 10–15 Uhr. Anfahrt mit einem Colectivo „Centro Cultural" von der Lerdo de Tejada. Im Zentrum gibt es noch ein paar weitere Museen, z.B. das Museo de Bellas Artes im Ex-Kloster an der Nordseite der Plaza Garibay (religiöse Bilder/Reliquiare), Di–So 10–18 Uhr (So 15 Uhr).

Der Ort **Metepec** liegt ca. 8 km südöstlich von Toluca (s.S. 661). Hier wird glasierte Gebrauchskeramik und die dekorativen, buntbemalten Lebensbäume *(árboles de la vida)* hergestellt (Kerzenständer). Außerdem laden die farbenfroh bemalten Häuser zum Bummeln ein und viele reizvoller Läden bieten so manche Besonderheit. Dies bietet auch in Toluca das staatliche Zentrum **Casart** mit hochwertigem Kunsthandwerk (Aldama 102, Mo geschl.),

Von **Mexiko-Stadt** vom Busterminal Poniente (dorthin mit Metro 1, *Observatorio*), ständige Abfahrten, Fz ca. 1 h. Tolucas Busterminal liegt 2,5 km südöstl. vom Zentrum, Buslinien u. Verbindungen auf www.terminaltoluca.commx. Ins Centro (Plaza de Mártires) mit einem „Centro"-Bus.

Airport: Der *Aeropuerto Internacional Adolfo López Mateos* liegt etwa 12 km nordöstlich des Zentrums, Webseite über www.toluca.gob.mx. Er ist Heimatflughafen der mex. Low-Cost-Airlines *Interjet* (www.interjet.com.mx) und *Volaris* (www.volaris.com) für Inlandsflüge, wobei Volaris auch in die USA fliegt. Auch Aeromexico und die US-Linie Continental sind vertreten.

Übernachtungstipp: *Hotel Alameda,* Ordoñez 104 (Nordseite Parque Alameda westl. des Zentrums), Tel. 2143377. DZ ab 500 Ps. Es gibt auch eines im Busterminal. Weitere Angebote auf der Turismo-Seite www.toluca.gob.mx, oder auf www.zonaturistica.com.

Nevado de Toluca (oder **Xinantécatl**) 4660 m

Der schon lange erloschene Vulkan erreicht eine Höhe von 4660 m und liegt 20 km (Luftlinie) südwestlich von Toluca im *Parque Nacional Nevado de Toluca.* Anfahrt von Toluca auf der Mex 134, Abbiegen nach Sultepec. Hin und zurück ca. 2 Std. Man kann nicht mehr ganz hoch bis an den Kraterrand fahren, sondern muss ab dem Häuschen auf 4160 m Höhe den Rest zu Fuß bewältigen. Hauptgipfel ist der *Pico del Fraile* (4660 m), der kleinere – und besser zu erreichende ist der *Pico del Aguila* (4550 m). Im Vulkankrater liegen zwei Seen, der größere *Lago el Sol* und *Lago de la Luna.* Von oben Ausblicke auf den Ixtahiccuatl und den rauchenden Popocatepetl, aber nur bis gegen Mittag möglich, danach überziehen Wolken den Gipfel. Park 10–17 Uhr geöffnet, Nov.–März sehr kalt mit Schnee! Infos: http://nevadodetoluca.conanp.gob.mx.

Für Tagestouren:

Pirámide de Tenayuca

In diesem ehemaligen Chichimeken-Ort, 12 km nördlich des Zócalos (s. Karte „Ciudad de México“ S. 552), steht eine mehrfach überbaute, vierstöckige Pyramide, ähnlich wie die einstige Hauptpyramide von Tenochtitlán, aber in kleinerer Ausführung (Höhe 20 m, Basis 60 x 60 m). Der Doppeltempel auf der abgeplatteten Spitze, zu dem zwei Treppen hinaufführen, war wie der *Templo Mayor* in Tenochtitlán gleichfalls den Gottheiten Tláloc und Huitzilopochtli gewidmet (doch da die Tenayuca-Pyramide älter ist als die von Tenochtitlán, ist anzunehmen, dass sie den Azteken als Vorbild für ihre Hauptpyramide diente). Eindrucksvoll sind die drei eingerollten steinernen aztekischen „Türkisschlangen“ und die Schlangenwand *(coatepantli)* mit etwa 140 Schlangenskulpturen. Ein kleines Museum ist vorhanden. Di–So 10–17 Uhr. Anfahrt mit Metro 3 nach *La Raza,* dann direkt am Metroausgang auf dem Busterminal einen Pesero Rtg. Tenayuca nehmen (Schild an der Haltestelle), bis zur Endstation fahren, je nach Verkehr 20 bis 60 Minuten. – Ca. 3 km nördlich von Tenayuca liegt die kleine restaurierte Pyramide von **Santa Cecilia Acatitlán,** ein vollständig erhaltener Azteken-Tempel, der Huitzilopochtli geweiht war. Angeschlossen ist ein kleines Museum. (Weiterfahrt von Tenayuca mit einem Pesero.)

Tepotzotlán

Tepotzotlán, 35 km nördlich von Mexiko-Stadt an der Mex 57D nach Queretaro, ist eine vielbesuchte koloniale Kleinstadt. Im Centro befindet sich der *Ex-Colegio de San Francisco Javier*, ein ehemaliges Kloster und Jesuiten-Kolleg aus dem 16. Jh., in dem Ordensnovizen und auch Kinder der span.-mex. Oberschicht unterrichtet wurden (eine von etwa 50 gleichartigen Institutionen im kolonialen Mexiko). Der weitläufige Komplex an der Plaza Hidalgo beherbergt heute das **Museo Nacional del Virreinato,** Mexikos vollständigste Sammlung kolonialer Kunstschätze (Gemälde, Skulpturen, Möbel, Volkskunst, Schmuck, Reliquiare; Di–So 9–18 Uhr, Eintritt. Alle Infos, 360°-Ansichten und Videos auf www.virreinato.inah.gob.mx). Versäumen Sie nicht die **Capilla Doméstica** mit ihrer prächtigen, spiegelgeschmückten Altarwand.

Die Klosterkirche **San Francisco Javier** im Churrigueresco-Stil mit typischen Wandpfeilern *(estípides)* und Fassaden-Kalksteinbildnissen ist eines der schönsten Beispiele mexikanischen Kirchenbarocks (über dem „Auge“ die Statue von *Francisco Javier*). Das Innere ist mit vergoldeter Stuckornamentik, kunstvollen Retabeln, Gemälden und Altären ausgeschmückt. Der Altar des hl. Ignatius von Loyola zeigt den Gründer des Jesuitenordens, der Altar der Jungfrau von Guadalupe die Schutzpatronin Mexikos und der Hauptaltar ist dem Patron der Kirche gewidmet. Einzigartig ist der Prunk der kleinen achteckigen Loreto-Seitenkapelle **Camarín de la Virgen** mit Gemälden des berühmten zapotekischen Malers Miguel Cabrera, und atemraubend der *Relicario de San José,* der einer goldenen Schatztruhe gleicht und einen Reliquien-Schrein birgt. – **Anfahrt:** Vom Busterminal del Norte (Metro-Linie 5, *Autobuses del Norte*) mit einem der ständigen AVM-Busse 2. Klasse oder einem Directo 1. Klasse Richtung Tula. In Tepotzotlán per Taxi zum Zócalo. Restaurants drumherum, Unterkunft *Hotel San Francisco* oder *Posada del Virrey,* Insurgentes 13. Später könnte man nach Tula weiterfahren.

Tula

In Tula, 85 km nördlich von Mexiko-Stadt, stehen die berühmten **Atlanten,** 4,60 m hohe Kolossalfiguren (ein Tula-Atlant ist im Anthropologischen Museum in Mexiko-Stadt zu sehen). Wer nach Querétaro fährt, kann die Fahrt in Tula unterbrechen. Anfahrtszeit eine Stunde, tägl. von 10–17 Uhr geöffnet.

Golfküste / Ruta de Cortés

Einstieg

Auf dieser großen Rundreise von Mexiko-Stadt an den Golf von Mexiko und zurück in die Hauptstadt lernt man wichtige historische Städte, archäologische Stätten und viele kulturelle Sehenswürdigkeiten kennen. Hinzu kommen endlose, einsame Strände und das Tiefland am Golf von Mexiko, wo sich die ersten Hochkulturen entwickelten, aber auch die abwechslungsreiche Bergwelt der Sierra Madre Oriental. Das Reisegebiet weist einen hohen Anteil an indigener Bevölkerung auf – hier leben *Nahua, Totonaken* und *Huasteken.* Nicht zuletzt stößt man unterwegs immer wieder auf Orte, die in einem historischen Kontext zu **Hernán Cortés** stehen. Der spanische Eroberer ging 1519 bei **Veracruz** an Land und trat von dort seinen Eroberungszug ins Hochland nach *Tenochtitlán* an (Bericht darüber s.S. 675ff).

Verlauf der Hauptroute

Von Mexiko-Stadt geht es zunächst nach **Puebla,** in die Hauptstadt des gleichnamigen Bundesstaates (s. Karte nä. Seite). Von dort aus lassen sich interessante Ausflüge ins Hinterland machen, z.B. zu der großen **Pyramide von Cholula** oder ins historische **Tlaxcala,** wo Cortés einst (weitere) Verbündete bei seinem Kampf gegen die Azteken fand. In der Nähe von Tlaxcala liegt **Cacaxtla** mit sehr sehenswerten **Wandmalereien.** (Vorschlag: Nach Ankunft im Busterminal von Puebla gleich weiter nach Tlaxcala fahren und erst danach nach Puebla.) Über **Orizaba** und **Córdoba** (oder Xalapa) führt die Route nach **Veracruz,** Mexikos tropischer Großstadt am Golf. Dann in nördlicher Richtung entlang der Küste zum archäologischen Höhepunkt der Golfregion, zu den **Pyramiden von El Tajín.** Danach geht es über die vielbefahrene Mex 130 wieder nach Mexiko-Stadt, unterwegs werden noch einige Abstecher zu sehenswerten Bergorten bzw. eine Alternativroute nach **Teotihuacán** beschrieben.

■ *Palacio Municipal von Veracruz*

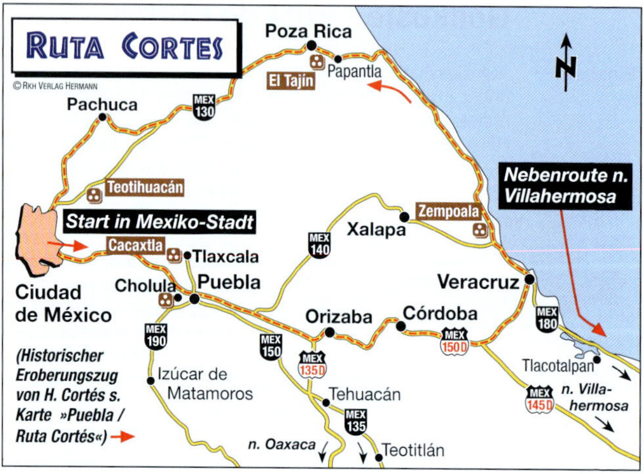

Strecken u. Sehenswertes unterwegs

Von Puebla nach Veracruz: Entweder auf der Autopista Mex 150D über Orizaba und Córdoba oder auf der Mex 140 über Xalapa nach Veracruz.

Von Puebla nach Oaxaca: Es gibt drei Strecken, die schnellste ist die Autopista 150D/135D. Langsamer (mit Bussen der 2. Klasse), aber mit der Option unterwegs interessante Orte zu besuchen, geht es über die Mex 150/Mex 135 oder die Mex 190 (über Izúcar de Matamoros).

Sehenswertes an der Mex 150/Mex 135: Tepeaca (Franziskanerkloster, s.u.). **Tecali** (Onyx-Steine und Franziskanerkloster, s.u.). **Tehuacán** (Verkehrsknotenpunkt; *Museo de Mineralogía* und *Museo del Valle de Tehuacán,* älteste Keramikfunde Mexikos; viele Mineralbäder, s.u.).

Abstecher von Tehuacán: Über die Mex 135 nach **Coxcatlán.** Dort befand sich einst die „Wiege der amerikanischen Zivilisation" (s.u). Etwas weiter südöstlich, in **Huautla de Jiménez** (s.u.), gibt es Heiler und Heilerinnen sowie halluzinogene Pilze. Fährt man auf der Mex 125 nach Huajuapan de León (schöner Zócalo, s.u.), durchquert man das ca. 5000 qkm große Biosphärenreservat **Tehuacán-Cuicatlán.** Kurz vor Zapotitlán Salinas ist linker Hand der Jardín Botánico Helia Bravo Hollis (s.u.) zu finden. Wenig später zweigt rechts eine Nebenstraße ins 45 km entfernte **Santa Ana Teloxtoc** ab (Fossilien, s.u.).

Sehenswertes an der Mex 190: Die westliche, weniger attraktive Alternativstrecke von Puebla nach Oaxaca führt über **Atlixco** (s.u.), den Mineralquellenort **Izúcar de Matamoros, Acatlán de Osorio** (farbenfrohe Tonwaren, u.a. „Lebensbäume") und **Huajuapan de León**. Rund 70 km weiter südlich ragt im Mixtekendorf Yanhuitlán eins von drei sehr beeindruckenden Dominikanerklöstern in den Himmel.

Nebenroute Villahermosa

Von Veracruz nach Süden an der Küste entlang bis Villahermosa und dann eventuell weiter nach Yucatán oder Palenque.

Wohnmobilreisende

Für das nachfolgend beschriebene Reisegebiet am Golf von Mexiko und Hinterland stellt unser Autor Klaus Vierkotten in seinem Buch „Panamericana südwärts" bzw. in seinem **„Panamericana Ratgeber"** über 20 Plätze und Übernachtungsmöglichkeiten ausführlich vor (Anfahrt, GPS-Daten, Preise, Zustand etc.). Beide Bücher können auf seiner Homepage www.abenteuertour.de erworben werden, der „Panamericana Ratgeber" mit den Übernachtungsmöglichkeiten auch als kostenlosen Download.

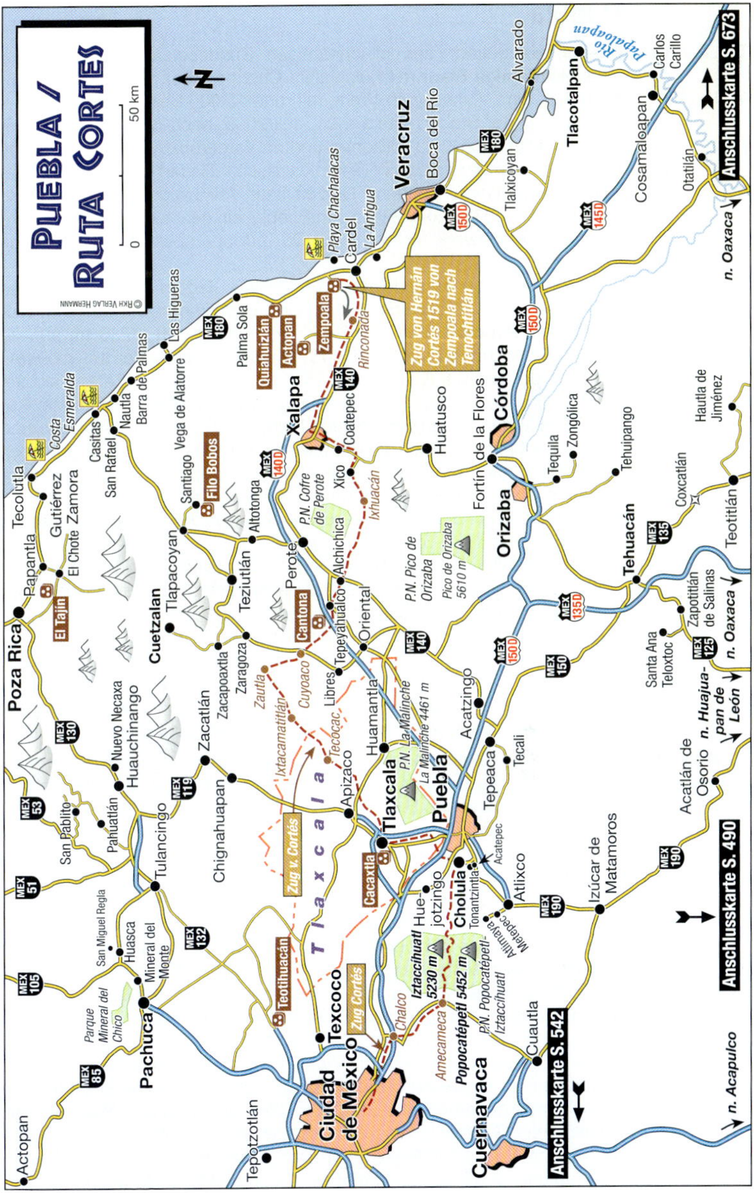
Puebla / Ruta Cortés
0
50 km
N
© RKH Verlag Hermann
Zug von Hernán Cortés 1519 von Zempoala nach Tenochtitlán
Zug v. Cortés
Zug Cortés
Tlaxcala
Veracruz
Boca del Río
Alvarado
Río Papaloapan
Tlacotalpan
Carlos Carillo
Cosamaloapan
Otatitlán
Tlalixcoyan
Playa Chachalacas
Cardel
La Antigua
Zempoala
Rinconada
Actopan
Quiahuizlán
Palma Sola
Las Higueras
Vega de Alatorre
Barra de Palmas
Nautla
Costa Esmeralda
Casitas
San Rafael
Tecolutla
Gutiérrez Zamora
El Chote
Papantla
El Tajín
Poza Rica
Santiago
Filo Bobos
Tlapacoyan
Altotonga
Xalapa
Coatepec
Xico
Ixhuacán
P.N. Cofre de Perote
Perote
Alchichica
Teziutlán
Cuetzalan
Cantona
Tepeyahualco
Oriental
Zaragoza
Zacapoaxtla
Zautla
Cuyoaco
Libres
Ixtacamatitlán
Tecocac
Huamantla
P.N. La Malinche
La Malinche 4461 m
Apizaco
Tlaxcala
Cacaxtla
Puebla
Huatusco
Fortín de la Flores
Córdoba
Orizaba
P.N. Pico de Orizaba
Pico de Orizaba 5610 m
Tequila
Zongólica
Tehuipango
Coxcatlán
Teotitlán
Hautla de Jiménez
Tehuacán
Zapotitlán de Salinas
Santa Ana Teloxtoc
Acatzingo
Tepeaca
Tecali
Acatepec
Cholula
Tonantzintla
Huejotzingo
Atlixco
Alimaya
Metepec
Izúcar de Matamoros
Acatlán de Osorio
n. Huajuapan de León
n. Oaxaca
n. Acapulco
Iztaccíhuatl 5230 m
Popocatépetl 5452 m
P.N. Popocatépetl-Iztaccíhuatl
Amecameca
Chalco
Cuautla
Cuernavaca
Ciudad de México
Texcoco
Teotihuacán
Tepotzotlán
Actopan
Pachuca
Parque Mineral del Chico
Mineral del Monte
Huasca
San Miguel Regla
Tulancingo
Chignahuapan
Zacatlán
Huauchinango
Nuevo Necaxa
Pahuatlán
San Pablito
MEX 180
MEX 150D
MEX 145D
MEX 140
MEX 140D
MEX 135
MEX 135D
MEX 125
MEX 150
MEX 190
MEX 132
MEX 130
MEX 119
MEX 105
MEX 85
MEX 53
MEX 51
Anschlusskarte S. 673
Anschlusskarte S. 490
Anschlusskarte S. 542

Puebla

Ew. 2,7 Mio.

✆ **01-222**

Puebla, Hauptstadt des gleichnamigen Bundesstaates, ist eine geschichtsträchtige Stadt mit kolonialem Charme, aber auch Industriezentrum. Aus dem Volkswagen-Werk, mit rund 15.000 Beschäftigten größter Arbeitgeber der Stadt, rollte am 31. Juli 2003, nach der weltweiten Gesamtstückzahl von 21,3 Millionen und im vorgerückten Rentenalter von fast 70 Jahren, der letzte VW-Käfer klassischer Bauart vom Band, in Mexiko liebevoll *vocho* genannt. Derzeit baut Volkswagen im kleinen San José Chiapa, 50 km nordöstlich von Puebla, ein neues und einmal riesengroßes Montagewerk für den Audi Q5 – Jobperspektive für Tausende Mexikaner.

Puebla liegt 130 km südöstlich von Mexiko-Stadt in einem fruchtbaren Talbecken auf 2100 m Höhe und ist von vier Vulkanen umgeben: im Westen ragen **Popocatépetl** (5452 m) und **Iztaccíhuatl** (5230 m) auf, im Norden **Malintzín** (La Malinche, 4461 m), und etwas entfernter im Osten der **Pico de Orizaba** (Citlaltépetl, 5610 m). Der sprunghafte Anstieg der Bevölkerung begann nach dem verheerenden Erdbeben 1985 in Mexiko-Stadt, als viele „Chilangos“ (Hauptstädter) nach Puebla flüchteten und zahllose Arbeitssuchende aus ländlichen Regionen den Zustrom noch verstärkten. Auch rund 2500 Deutsche leben dort. Die Stadt ist mittlerweile mit vielen umliegenden Dörfern und Kleinstädten, wie z.B. dem 15 km entfernt liegenden Cholula, zusammengewachsen. (Übersichtskarte von Groß-Puebla s.S. 557).

Auch in Puebla beeinträchtigen Straßenlärm einen Stadtbummel. Fußgängerzonen gibt es außer in der **5 de Mayo** keine, aber der Zócalo wird sonntags autofrei gehalten. Ein Zwischenstopp oder Tagesausflug von Mexiko-Stadt lohnt sich in der Kolonialstadt mit dem sehr sehenswerten historischen Zentrum auf jeden Fall. Erkunden Sie, wenn Sie mehr Zeit haben, auch die attraktive Umgebung, nähere Infos beim Turismo. Und probieren Sie unbedingt die schmackhaften Puebla-Spezialitäten wie *mole poblano, chiles en nogada* u.a.m. (s. Exkurs „La Cocina Poblana“).

Geschichtliches

1531 von Franziskanermönchen gegründet, wurde *Puebla de los Ángeles* bereits 1539 Bischofssitz. Laut Legende hatten Engel dem bis dato in **Tlaxcala** residierenden Bischof im Traum den Grundriss seiner zukünftigen Stadt gezeigt. Dass die Spanier ausgerechnet dort, wo sich vor ihrer Zeit die Ortschaft *Cuetlaxcoapan* befand, ihre Bischofsstadt bauen sollten, hatte sicher damit zu tun, dass sich im nahegelegenen **Cholula** zur Zeit der Conquista ein sehr bedeutendes Zeremonialzentrum der Indígena befand, was es nicht nur physisch zu zerstören galt, sondern dessen spirituelle Kraft von der Überlegenheit des Christentums in den Schatten gestellt werden sollte. Bis heute haben die *Poblanos* den Ruf, religiös und äußerst konservativ zu sein. Sie werden etwas abfällig „Camotes“, eine poblanische Süßigkeit aus Süßkartoffeln, genannt.

Während der britisch-spanisch-französischen Intervention Mexikos 1862–1867 (ausgelöst durch die Weigerung von Präsident Benito Juárez, die immensen Auslandsschulden zurückzuzahlen), rückte eine französische Truppe gegen Mexiko-Stadt vor. Diese wurde am **5. Mai 1862** bei Puebla unter General *Ignacio Zaragoza* geschlagen (übrigens der einzige militärische Erfolg der Mexikaner). Der 5. Mai ist heute mexikanischer Feiertag und im ganzen Land gibt es „Cinco de Mayo“-Straßen.

Tönerne Kunst

Talavera-Kacheln und -Keramikwaren sind nach dem spanischen Ort *Talavera de la Reina* (Toledo) benannt. Mit den Eroberern kam das Herstellungsverfahren nach Mexiko und in Puebla fand sich der dafür geeignete Ton. Die (schon arabisch geprägten) spanischen Schmuckornamente verschmolzen in Mexiko mit indigenen und chinesischen (Pazifikhandel!) Designs zu einzigartigen Dekors. Als man dann im 17. und 18. Jh. in Puebla begann, Gebäudefassaden mit Kacheln zu verblenden, erreichte die Produktion ihren Höhepunkt. Doch nicht nur Kacheln, auch kunstvolles Geschirr, Vasen und sonstige Keramikwaren wurden und werden in Puebla hergestellt.

Die Herstellung von Talavera-Keramik ist aufwendig: Weißer, roter, schwarzer und gelber Ton werden miteinander vermischt, gut durchgeknetet und dann der Sonne ausgesetzt. Wenn das Wasser größtenteils verdunstet ist, wird die Masse, um sie gut formen zu können, in einem dunklen und feuchten Raum für 30 Tage gelagert. Dann werden die Tonwaren in der Sonne getrocknet und bei 600 °C gebrannt. Um der Keramik das gewünschte porzellanartige (weiße) Aussehen zu verschaffen, folgt ein Bad in Zinnoxid, die Trocknung für einige Tage und schließlich die Handbemalung mit Schlussbrand bei 1100 °C für 24 Stunden. Bevorzugte Farben waren zunächst Weiß und Blau (das spanische Wort für Kacheln, *azulejos,* geht auf ihre ursprünglich blaue Farbe – *azul* – zurück). Im 18. Jh. kamen u.a. Orange, Grün und Schwarz dazu.

Heute gibt es nur noch wenige handwerkliche *talavera*-Betriebe, die industrielle Produktion hat sie verdrängt. In der 4 Poniente 911 kann man die Talavera-Fabrik *Taller Uriarte* besichtigen, ein hübscher, kachelgeschmückter Innenhof mit zugehörendem Laden (Führungen halbstündlich Mo–Fr 10–14 Uhr, um 11 Uhr gratis, auch auf Englisch; man bekommt den Produktionsprozess in all seinen Etappen zu sehen und erklärt). Rund um den Markt El Parián gibt es eine große Auswahl an Talavera-Keramik, z.B. im Laden „Centro de la Talavera Poblana“, 6 Ote No. 11. Ein Glanzstück ist auch der ganz und gar mit Kacheln geschmückte **El Patio de los Azulejos** aus dem 17. Jh. in der Calle 11 Pte No. 111 (heute *Casa de Ejercicios*). Kleiner Holztür-Eingang, eingeschränkte Öffnungszeiten).

Talaveras Während der Kolonialzeit wurde die sehr spanisch-katholisch geprägte Siedlung recht schnell zu einer der wichtigsten Städte des Vizekönigreiches und entwickelte sich zu einem bedeutenden Kunst-, Handels- und Wissenschaftszentrum (erste Universität im 16. Jh.). Bekanntestes Handelsprodukt waren zunächst die **Talaveras,** glasierte, farbenfroh bemalte Kacheln. Zusammen mit weißer Stuckornamentik und rotbraunen Ziegelsteinen gestaltete man mit ihnen die charakteristischen Fassaden im **Poblano-Stil,** eine Variante des mexikanischen Barocks (18. Jh.). Noch heute sind in Puebla und Umgebung viele Kirchen und Häuser mit den unterschiedlichsten Kachelfassaden geschmückt. Im 19. Jh. entwickelte sich die Glas- und Textilindustrie, seit 1967 laufen im VW-Werk die heutzutage bekanntesten Exportartikel Pueblas vom Band. Puebla ist heute, zusammen mit Cholula, eine wichtige Universitätsstadt mit Tausenden von Studierenden. Viele der Fakultäten befinden sich im historischen Zentrum. Nach den Zerstörungen des letzten schweren Erdbebens im Juni 1999 wurden im historischen Zentrum Pueblas viele Gebäude renoviert.

Orientierung Vom baumbestandenen Zócalo ausgehend breiten sich schachbrettartig und sehr übersichtlich, wenn man das System verstanden hat, durchnummerierte Straßen, Calles (C.) und Avenidas (Av.) aus, die sich in „sur“ und „norte“ (nte), in „poniente“ (pte) und „oriente“ (ote) mit geraden und ungeraden Zahlen unterscheiden. Hauptachsen in Nord-Süd-Richtung sind die *Calle 5 de Mayo / C. 16 de Septiembre,* in Ost-West-Richtung *Avenida Reforma / Av. Palafox y Mendoza.* Alles Wichtige befindet sich innerhalb einiger Blocks *(cuadras)* rund um den Zócalo. Schicke Restaurants, Diskotheken, viele Banken usw. gibt es entlang der *Avenida Juárez* (die westliche Verlängerung der 7 Poniente).

Hinweis: Die „5 de Mayo" darf nicht verwechselt werden mit dem „Boulevard Héroes del 5 de Mayo"! Östlich dieses Boulevards liegt das **Centro de Convenciones** (Kongresszentrum, Eingang Höhe 4 Oriente) mit dazugehörender Parkanlage. Yuc_2Afl11_MxK_SpeiseFrau.tif

Stadttaxis

Vor allem nachts empfiehlt es sich, ein Taxi telefonisch zu bestellen (Preis evtl. schon am Telefon ausmachen). Man kann sie auch stundenweise anheuern oder im Voraus an einen Ort bestellen. *Taxi Rápido*, Tel. 2359966; *Taxi Express,* Tel. 2243535; *Taxi Puebla,* Tel. 2353555.

Sehenswertes

Puebla ist wegen seines Reichtums an kolonialer Bausubstanz bereits seit 1987 UNESCO-Weltkulturerbe. Es gibt über 800 historische Baudenkmale, etliche sehenswerte Museen und von den über 100 Kirchen, Kapellen und Klosteranlagen in Stadt und Umland sind viele aufs prunkvollste ausgestattet – wie z.B. die große Kathedrale am Zócalo, die *Capilla del Rosario* (in der Kirche Santo Domingo, Calle 5 de Mayo) oder die wunderschönen Landkirchen von **Tonantzintla** und **Acatepec** südlich von Cholula, die zu den schönsten Kirchen Mexikos zählen, sowie **Ocotlán** bei Tlaxcala.

Stadtrundfahrten

Eine **Stadtrundfahrt** ist möglich mit dem roten, oben offenen Doppeldecker-**Turibus** („Circuito Turístico"), Tel. 2259025, www.turibus.com.mx/puebla.html. Täglich 10–18 Uhr, Abfahrt etwa alle halbe Stunde von der westlichen Zócaloseite (s. Stadtplan) und vom Turismo in der Av. 5 Ote. Route: Barrio de Analco, Centro de Convenciones, Paseo de San Francisco, Fuerte de Loreto, Mueso Regional, Teatro Principal, Los Sapos, Paseo Bravo, Monumentos Independencia und Juárez. Erklärung über Ohrhörer, auch Deutsch. Tourdauer etwa eine Stunde, aussteigen unterwegs möglich, Weiterfahrt dann 30 Min. später mit nächstem Bus. Ca. 160 Ps, am Wochenende etwas teurer. Auch eine vierstündige Tour nach Cholula und andere Orte auf der Strecke dorthin, Sa/So und tägl. in der Ferienzeit um 13 Uhr. Näheres s. erwähnte Webseite.

Zweite Möglichkeit und Billigvariante ist mit **Tranvía,** einem kleineren Doppeldeckerwagen im Look einer historischen Straßenbahn („Recorrida Histórico"). Abfahrten westliche Zócaloseite. Es stehen drei Touren zur Auswahl: *Tranvía de la Revolución,* Fr, Sa, So und in den Ferien tägl. um 10 Uhr, Dauer ca. 50 Min., 67 Ps. *Tranvía Nocturno de Leyendas* (fährt die Calle Juárez hoch), Sa 18 Uhr, Dauer ca. 1,5 h, 130 Ps. *Tranvía Cholula* mit Besuch der Talaverafabrik, Di–So u. in den Ferienzeiten um 11 Uhr, 111 Ps, 5 Std.) Weitere Infos Tel. 2301438 und unter www.tiptours.com.mx.

Zócalo / Kathedrale

Ausgangspunkt für einen längeren Stadtrundgang ist der weiträumige und mit Arkadenumgängen gesäumte *Zócalo* mit der monumentalen **Kathedrale,** Bauzeit war 1575–1649. Geöffnet i.d.R. von 7–12.30 und von 16.15–19.30 Uhr. An Größe wird sie mexikoweit nur noch von der Kathedrale der Hauptstadt übertroffen, architektonisch ist sie jedoch gelungener. Sie besitzt zwei über 70 m hohe Glockentürme und eine glänzende Kachelkuppel. Über und neben dem Portal sind die Statuen vier spanisch-habsburgischer Könige zu sehen, Karl V., Philipp II., III. und IV.

Puebla Centro
0
300 m
© RKH Verlag Hermann
Hotels
1 Hotel San Ángel
2 Hotel Imperial
3 Hotel Gilfer
4 Hotel Palace
5 Htl. Aristos Puebla
6 NH Hotel Puebla
7 Hotel Victoria
8 Hotel Colonial
9 Gr. Htl. San Agustín
10 Htl. Teresita
11 Pos. de los Ángeles
12 Mesón de San Sebastián
zum Busterminal CAPU
Busse nach Cholula
Museo del Ferrocarril
Mercado de Sabores Poblanos
Talavera-Fabrik Uriarte
Igl. Guadalupe
Paseo Bravo
Cacaxtla
Calle Juárez
Zona Esmeralda
Av. Reforma
Av. Palafox y Mendoza
Museo de Artesanías del Estado de Puebla
Mercado 5 de Mayo
Museo de Arte Religioso
Ex-Convento de Santa Mónica
Ex-Convento de Santa Rosa
Igl. San José
Kirche Santo Domingo u. Capilla del Rosario
Mercado La Victoria
Fußgänger
Palacio Municipal
Zócalo
Catedral
Turismo
Casa de la Cultura u. Biblioteca Palafoxiana
Museo Amparo
Casa Serdán
Igl. San Cristóbal
Teatro Principal
Barrio del Artista
Casa Alfeñique
Museo de Arte San Pedro
Casa de los Muñecos
Igl. La Compañía
Universidad
Plazuela de los Sapos
Callejón de los Sapos
Antigua Fonda de la China Poblana
Mesón Sacristía de la Compañía
Parque de Analco
Mercado El Parián
Centro de Convenciones
Templo y Convento San Francisco
Parque de San Francisco
Mercado El Alto (Essen)
Palacio del Gobierno (Casa Aguayo)
Blvd. Héroes del 5 de Mayo
14 Oriente (Blvd. Xonaca)
El Tranvía u. Turibus
Fonda Mexicana
Fonda de Santa Clara
Tacos La Iguana/Ranas
La Luna Negra
El Patio de los Azulejos
Profética
Casa Real Poblana
Zanahoria
VIPS
HSBC
Santander
Bancomer
16 de Septiembre
5 de Mayo
Ruta Cortés

Die Kathedrale besteht aus fünf Schiffen und 14 Seitenaltären. Der Chor befindet sich im Hauptschiff, hinter ihm der freistehende Hauptaltar mit Statuen von vier Kirchenfürsten in Form eines überwölbten Rundtempels, ein klassizistisches Werk des berühmten Architekten *Manuel Tolsá* (1819). Die Kuppeln mit ihrer Kassettenausschmückung bieten ein edles Bild und das mit komplizierten Einlegearbeiten ornamentierte Chorgestühl im Mudéjar-Stil ist nicht weniger prächtig. Die Apsis schmückt der prunkvolle *Altar de los Reyes* mit Mariengemälden (Himmelfahrt und Krönung, in der Kuppel als Fresko), umrahmt von Figuren zwischen salomonisch gewundenen Säulen.

Casa de la Cultura

Südlich der Kathedrale an der 5 Ote, im ehemaligen Bischofspalast, der den ganzen Block einnimmt (heute *Palacio Federal,* an der Westecke ist die Post), befindet sich die *Casa de la Cultura.* Hier finden Ausstellungen, Konzerte und Veranstaltungen statt (10–20 Uhr). Im selben Gebäudekomplex ist das **Turismo** mit viel Info-Material zu Puebla und Umgebung (Mo–Sa 9–20 Uhr, So 9–14 Uhr, WC).

Im Obergeschoss der Casa de la Cultura befindet sich die berühmte **Biblioteca Palafoxiana** (tgl. 10–17 Uhr, sonntags bis 16 Uhr), benannt nach dem Bischof von Puebla, *Juan de Palafox y Mendoza,* der 1646 seine 6000 Bände umfassende Privatbibliothek dem Colegio de San Pedro stiftete. Im Lauf der Zeit wurde die Sammlung erweitert und heute umfasst der Bestand über 50.000 bibliophile Schätze sowie Karten und Atlanten (darunter auch eine deutsche „Chronik von Nürnberg" aus dem Jahr 1493). Einblick nehmen in die kostbaren Werke, von denen die meisten in Latein verfasst sind, dürfen jedoch nur „Auserwählte" …

Nicht weit von der Casa de la Cultura gibt es ein sehenswertes Museum, das *Museo Amparo.*

Museo Amparo

In zwei miteinander verbundenen Kolonialhäusern werden prähispanische und koloniale Objekte und Kunstschätze und auch Exponate der Moderne präsentiert. Mehrsprachige Audioguides (kostenpflichtig), Cafetería und Buchhandlung. 7 Ote zw. 2 u. 4 Sur; Mi–Mo 10–18 Uhr (Fr bis 21 Uhr), 35 Ps, Mo freier Eintritt. Termine und aktuelle Ausstellungen auf www.museoamparo.com.

Casa de los Muñecos

Gleich an der Nordostecke des Zócalos (2 Nte 1) steht die dreigeschossige *Casa de los Muñecos* (Haus der Puppen) mit zehn spaßig-skurrilen männlichen Figuren auf großen Fassadenkacheln. Das wohl ungewöhnlichste kachelgeschmückte Haus Pueblas wurde Ende des 18. Jahrhunderts im Auftrag des reichen Ratsherren Don Agustín Ovando erbaut. Über Sinn und Zweck der allegorischen Darstellungen, die indigene und spanische Stilelemente vereinigen, gibt es verschiedene Interpretationen; die Figuren über dem Haupteingang sind sicherlich Tanzende. Im Patio und in den Treppenhäusern setzt sich das Schmuckwerk des Hauses fort. Im Inneren präsentiert das *Museo Universitario* seine Sammlung (Kunstschätze, wissenschaftliche Objekte, Dokumente u.a.) sowie wechselnde Kunstausstellungen. (Di–So 10–16.30 Uhr).

Das nördlich benachbarte schöne Gebäude an der Straßenecke, dessen gusseiserne Bauteile im 19. Jh. aus Frankreich importiert wurden, war ursprünglich ein Warenhaus. Heute hat es das Kettenrestaurant VIPS in Beschlag genommen.

Auf der Av. Palafox y Mendoza nach Osten gehend erreicht man an der Ecke zur 4 Sur die **Iglesia de la Compañía,** eine Jesuitenkirche mit churrigueresker Fassade. Hinter ihrem Altar soll angeblich *Catarina de San Juan* begraben sein, eine Frau, die als **China Poblana** in die mexikanische Geschichte einging (s. Exkurs). Gegenüber der Kirche, in der Calle Palafox y Mendoza, ist das Boutique Hotel *Casona de la China Poblana.* Dort kann man sie in ihrer Tracht als Statue im Patio des Hotels sehen.

China Poblana

Die mexikanische Nationaltracht *China Poblana* besteht aus einem weiten, roten oder grünen Rock mit Taillenband und einer weißen, kurzärmeligen und gestickten Bluse (Rot, Grün und Weiß sind die mexikanischen Nationalfarben). Dazu wird ein *rebozo* über die Schultern geschlungen und vor der Brust gekreuzt. Getragen wird die Tracht bei Festlichkeiten oder zum Tanz (beim *jarape tapatío*). Laut Legende wurde das ostindische Mädchen *Mirrha* von portugiesischen Sklavenhändlern entführt und in Manila (Philippinen) an den Kapitän Miguel Sosa weiterverkauft, der den Auftrag hatte, eine „Chinesin" zu erwerben (damals wurde nicht unterschieden zwischen Chinesen, Indern, Malayen etc., alle Asiaten waren „chinos"). Ihr neuer Besitzer nahm sie 1620 in Acapulco in Empfang und brachte sie nach Puebla. Mirrha war damals 9 Jahre alt und wurde von den Jesuiten auf den Namen *Catarina de San Juan* getauft. Sie verliebte sich in den Sohn der Familie, bei der sie arbeitete und nach vielen Schwierigkeiten durften sie heiraten. Als Hochzeitskleid nähte sie sich die Tracht, die heute als Tracht der „China Poblana" bekannt ist. Sie tat sich später durch Milde und Gutherzigkeit bei den Armen hervor und war eine gute Katholikin.

Unromantisch und wenig legendär, dafür schlüssig, ist die soziokulturell begründete Erklärung, nach der die „China Poblana" mit einer „chinesischen Prinzessin aus Puebla" nicht das Geringste zu tun habe, sondern schlicht ein Synomym ist. Als *china* bezeichnete man seit Ende des 18. Jh. auch ein Mädchen, eine Frau aus dem niederen Volk, ein Kindermädchen, eine Indianerin, die Liebste, eine öffentliche Frau. Es handelte sich in der Regel um eine Mestizin, die sich durch ihre malerische Tracht von anderen Frauen unterschied. Nachdem die *chinas* in Mexiko-Stadt verschwunden waren, gab es sie noch eine Zeitlang in Puebla, daher der Stadtbeiname „Poblana". Der China Poblana wurde an einer Straßenkreuzung Pueblas (s. Übersichtskarte Puebla) ein Denkmal gesetzt.

Museo de Arte San Pedro

Geht man die 4 Nte hoch, kommt man nach der 2 Ote zum *Museo de Arte San Pedro,* das im ehemaligen Hospital San Pedro untergebracht ist. Zu sehen sind eine permanente Austellung zur Geschichte des Gebäudes, wechselnde Kunstausstellungen und zwei Bibliotheken (Di–So, 10–17 Uhr, 30 Ps, So gratis).

Märkte

An der 6 Nte und zwischen 2 und 4 Ote erstreckt sich der **Mercado El Parián,** ein kleiner Kunsthandwerksmarkt mit Kupferarbeiten, Talaveras, Onyx-Figuren, Ponchos, gewebten Taschen, regionalen Süßigkeiten u.a. netten Sachen, aber auch viel Kitsch. Nördlich der 4 Ote liegt der **Barrio del Artista,** wo regionale Künstler in kleinen Ateliers ihre Gemälde anfertigen und auch verkaufen.

Sonntags findet südöstlich des Zócalo zwischen der 5 und 7 Ote am Callejón **Los Sapos** ein schöner **Antiquitäten- und Flohmarkt** mit vielen originalen und originellen mexikanischen Produkten statt. In den Hinterhöfen gibt es mehrere gemütliche Cafés. Modernes Kunsthandwerk findet man auf einem weiteren **Sonntagsmarkt** auf der anderen Seite des Boulevards 5 de Mayo *(Mercado Analco).*

Centro de Convenciones

Rund um den *Templo de San Francisco* liegt das **Centro de Convenciones,** ein in orangerot gehaltenes Kongresszentrum mit netter Parkanlage (Eingang am Blvd. 5 de Mayo, Höhe 4 Ote). Im hinteren Teil des Parks befindet sich die *Galería de Arte Contemporáneo* (Di–So 10–17 Uhr) mit gelegentlichen, wechselnden Ausstellungen. Es handelt sich um das einzig zumindest ansatzweise grüne Areal im Stadtzentrum.

Casa del Alfeñique

In unmittelbarer Nähe des Parián-Marktes, an der 4 Ote/Ecke 6 Nte, befindet sich die *Casa del Alfeñique,* Pueblas berühmtes und prachtvolles **„Mandelkuchen- oder Zuckerbäckerhaus"**. Es heißt so, weil seine üppige weiße Stuckdekoration an die Sahnetorte eines Zuckerbäckers erinnert (*alfeñique* ist eine Dessert-Masse aus Mandeln, Zucker und Eiweiß). Das 1790 erbaute Haus mit seiner braunrot gekachelten Fassade, der üppigen Stuck-Ornamentik um die Fenster im oberen Stock und den zum Teil überdachten kleinen schmiedeeisernen Balkonen ist ein imponierendes Glanzstück des Poblano-Baustils. Im Inneren präsentiert das **Museo del Estado** für Geschichte und Volkskunst historische Möbel, Einrichtungsgegenstände, Trachten à la *China Poblana,* Kutschen, Gemälde und Dokumente zur Stadtgeschichte (Di–So 10–17 Uhr, 30 Ps). Sehr interessant ist eine vollständig eingerichtete Küche aus dem 18. Jh. und die Hauskapelle, eine Nachbildung der *Capilla del Rosario* (s.u.).

■ *Stuck-Delirium*

Theater

An der 6 Nte (zw. 6 u. 8 Ote) liegt das 1756 erbaute **Teatro Principal,** eines der ältesten Theater Amerikas. 1902 abgebrannt, wurde es 1935 wieder aufgebaut.

Casa Serdán / Revolutionsmuseum

In der Av. 6 Ote No. 206 befindet sich das **Revolutionsmuseum** Pueblas, die **Casa de los Hermanos Serdán** (Di–So 10–17 Uhr, 30 Ps). Im ehemaligen Wohnhaus der Familie Serdán werden Erinnerungsstücke, Dokumente und Bilder von *Carmen* und *Aquiles Serdán* gezeigt sowie Exponate aus den Revolutionsjahren 1910–17. Die liberal gesonnenen Geschwister spielten eine führende Rolle im lokalen Widerstand gegen die Wiederwahl des Diktators

Porfirio Díaz. Dabei wurde Aquiles Serdán bei einem Feuergefecht mit der Staatsgewalt erschossen. Die originalen Einschusslöcher sind noch in der Fassade zwischen und über den Balkonen zu sehen.

Templo San Francisco

Über dem breiten Boulevard Héroes del 5 de Mayo thront der **Templo San Francisco,** zwischen 1550 und 1570 als Gotteshaus einer Klosteranlage erbaut. Die eintürmige Kirche hat ein churrigueresken Portal, links und rechts davon schmücken die Fassade große Kachelbilder mit Vasen und Blumen als Motiv. Im weiträumigen Vorhof der Kirche hielten die Franziskaner, die heute noch das angrenzende Kloster betreiben, früher Freiluft-Messen für die indigenen Massen ab. Die Indígena, die ihre traditionellen Zeremonien immer unter freiem Himmel durchführten, konnten so in gewohnter Weise bekehrt werden. Zudem durften „Ungläubige" die Kirchen nicht betreten. Heute finden hier Schulabschlussfeiern statt, sonntags werden an einer Seitenstraße Fahrzeuge gesegnet (!).

Auf der 5 de Mayo

Capilla del Rosario

Ausgangspunkt für weitere Kirchen und Klöster ist wieder der Zócalo. Man folgt der Fußgängerstraße 5 de Mayo in nördlicher Richtung und biegt links in die 4 Pte ein, wo sich die sehenswerte Kirche **Santo Domingo** mit der berühmten Rosenkranzkapelle **Capilla del Rosario** befindet (9–12 u. 15–18 Uhr). Das „Vorzeigestück" der Stadt wurde in den Jahren 1680–1720 erbaut. Von den Poblanern auch gerne als „8. Weltwunder" bezeichnet, ist das goldene **Stuck-Delirium** wohl der absolute Höhepunkt des bombastischen mexikanischen Ultrabarocks.

Über dem quadratischen Hochaltar mit der Rosenkranzmadonna spannt sich eine prunkvoll verzierte, achteckige doppelstöckige Kuppel, durch die Licht einfällt. Im Zentrum sieht man die Taube des Heiligen Geistes, umgeben von den 8 allegorischen Figuren der Tugenden (ablesbar): *Gratia Divina* (Güte), *Spiritus Intellectualis* (Intelligenz), *Fortitudinis* (Tapferkeit), *Pietatis* (Frömmigkeit), *Sapientiae* (Weisheit), *Consilii* (Ratschlag), *Scientiae* (Wissenschaft) und *Timoris* (Gottesfurcht). In den Nischen der unteren Reihe stehen 16 lebensgroße, vollplastische Heiligenfiguren, alles Frauen, wie die Namen bekunden (u.a. Lucia, Katharina, Inés, Anastasia, Barbara usw.) An der Westwand der Kapelle befindet sich ein riesiges Gemälde, von dem man wegen des Altars kaum etwas sehen kann.

Mercado de la Victoria

Der ganze Straßenblock hinter der Santo Domingo-Kirche wird vom riesigen **Mercado de la Victoria** eingenommen, mit einem nicht endenwollenden Angebot aller nur erdenklichen Waren in unzähligen Ladengeschäften. Gehen Sie dazu auf der 4 Pte weiter und biegen nach rechts in die 3 Nte ein. In Höhe der 6 Pte geht es durch den Torbogen des Uhrturms ins Innere. Die Ende des 19. Jahrhunderts in wuchtiger Eisenkonstruktion erbauten historischen Markthallen wurden nach achtjährigem Umbau 1994 als ein modernes Einkaufszentrum wiedereröffnet. Schmuckstück ist das zentrale Atrium mit einer Kuppel aus buntem Glas.

Ex-Convento Santa Mónica

Die 5 de Mayo weiter in nordöstlicher Richtung geht es an der 18 Pte links zum ehemaligen, hellblau gestrichenen Kloster Santa Mónica, heute das **Museo de Arte Religioso** (Di–So 10–17 Uhr) im ehemaligen Kloster Santa Mónica.

Klöster waren in Mexiko 1857 durch ein antiklerikales Reformgesetz verboten worden, Santa Mónica und noch zwei weitere Klöster in der Stadt wurden jedoch heimlich bzw. mit stillschweigender Duldung der Obrigkeit bis 1934 weitergeführt (die Anlage war durch einen Geheimgang zugänglich). Im Garten des Kreuzgangs wachsen mediterrane Pflanzen und in den verschiedenen Räumen hängen u.a. zahlreiche Gemälde mit religiösen Motiven. Man kann den Speisesaal besichtigen sowie zwei Nonnenzellen mit Peitschen zur Selbstkasteiung. In der gekachelten Küche soll 1821 **die berühmte Poblaner Spezialität** *chiles en nogada* erfunden worden sein (s. Exkurs im Kasten). Die damalige Klosterkirche liegt an der 5 de Mayo und ist vom übrigen Komplex getrennt.

Ex-Kloster Santa Rosa

In der 3 Nte zw. 12 und 14 Pte befindet sich der **Ex-Convento Santa Rosa,** heute ein Museum für poblanische Volkskunst, **Museo de Arte Popular Poblano** (Eingang 14 Pte, Di–So 10–17 Uhr, 30 Ps, Di gratis). Präsentiert wird eine große und vielfältige Sammlung an Kunsthandwerk, Trachten und Volkskunst aus allen nur denkbaren Materialien. Sehenswert ist der riesige Lebensbaum *(árbol de vida)*, aber vor allem die komplett eingerichtete und gelblich-blau gekachelte Klosterküche mit Herd, tönernen Krügen und Töpfen, Geschirr und Kochutensilien. Hier soll um 1690 eine Nonne die dunkelbraune **Mole poblano,** die berühmteste Soße Mexikos kreiert haben (s. Exkurs).

La Cocina Poblana

Natürlich sollte in Puebla auch **Mole poblano** probiert werden, die dickflüssige, dunkle „Puebla-Soße", die in der Stadt auf fast jeder Speisekarte zu finden ist (sie kann ganz schön im Magen liegen…). Angeblich wurde sie um 1690, anlässlich des Besuchs des Vizekönigs Antonio da la Cerda, von der Dominikaner-Nonne Andrea de la Asunción in der Küche des Santa-Rosa-Klosters (s.o.) zusammengemixt.

„Was schütte und rühre ich bloß in den Kessel, wenn ein solch hoher Herr zu Besuch kommt?", muss sie sich gefragt haben. Am besten alles, was gerade zur Hand ist: scharfe Chilischoten, Erdnüsse, Sesam, Zimt, Anis, Mandeln, Tomaten, Zwiebeln, Knoblauch und anderes mehr und auf jeden Fall nicht zu wenig Kakao. Von ihr hat die Poblano-Soße ihre tiefbraune, charakteristische Farbe. Mole poblano wird meist mit Huhn oder Truthahn serviert und jede Hausfrau hat ihr eigenes Spezialrezept (sofern sie sich die aufwendige Arbeit macht). Wem's geschmeckt hat: die Zutaten kann man in Pasten- oder Pulverform kaufen und zu Hause anrühren.

Typisch für Puebla sind außerdem die **Tacos Árabes** vom Drehspieß, „Mitbringsel" der vielköpfigen libanesischen Kolonie (meist christlichen Glaubens), die sich vor einigen Jahrzehnten in Puebla angesiedelt hat. In der Regel handelt es sich um Schweinefleisch in Weizenmehl-Tortillas.

Manche Gerichte gibt es nur zu bestimmten Jahreszeiten: zwischen Juli und September unbedingt **Chiles en nogada** probieren, die süß-salzig gefüllten großen Chileschoten mit Walnusssoße und Granatapfelkernen! Angeblich wurden sie zu Ehren Kaiser Iturbides aufgetischt, als dieser 1822 Puebla besuchte. Auch die meist als Süßigkeit angebotenen **Camotes** (Süßkartoffeln) sind eine Besonderheit Pueblas.

Weitere, eher ungewöhnliche Spezialitäten: Im Herbst gibt es **Chapulines,** getrocknete Heuschrecken, von April bis Mai die Agavenwürmer **Gusanos del Maguey**, genaugenommen sind das Raupen, und im Juni die trüffelartigen **Huitlacoche**, hocharomatische schwarze Pilze, die Maiskolben befallen können (der Nahuatl-Name bedeutet „schlummernder Kot". Wohl bekomms!).

Weiter Sehenswertes

Eisenbahn- und Lokomotiv-Fans sollten auf keinen Fall das Freiluftmuseum **Museo Nacional de los Ferrocarriles Mexicanos** versäumen! (9–17 Uhr, 12 Ps, So Eintritt frei); alles über die Züge Mexikos, uralte Lokomotiven, Waggons, ganze Züge und andere Ausstellungsstücke. Av. 11 Nte 1210 (s. Stadtplan). Viel architektonisch Sehenswertes findet man in den Innenhöfen der Bürgerhäuser, einfach mal in das ein oder andere Gebäude hineinschauen.

Einen **Stadtüberblick** hat man vom Park- und Festungshügel **Los Fuertes de Loreto y Guadalupe** im Nordosten der Stadt; hier fand **1862 Mexikos berühmte Nationalschlacht gegen die Franzosen statt** (2000 Mexikaner gegen die Übermacht von 5000 Franzosen). Auf dem Gelände liegen Messehallen (die Feria de Puebla ist im Mai), das **Centro Cívico 5 de Mayo** mit dem **Museo Regional de Antropología e Historia** und das wirklich gut gemachte, interaktive Kindermuseum **Imagina** mit zahllosen Dingen zum Bestaunen, Anfassen und Probieren (Mo–Fr 9–13 u. 14–18 Uhr, Sa/So/Ferien- und Feiertage 10–18 Uhr). Im benachbarten **Planetarium** gibt es IMAX-Filme zu sehen. Anfahrt zu Los Fuertes mit Colectivo Ruta 72.

Eine Besonderheit Pueblas ist der *Cuexcomate,* der **„Kleinste Vulkan der Welt".** Er ist im Handumdrehen bestiegen – Höhe ca. 11 Meter –, auch die Erforschung des Kraters ist völlig ungefährlich: eine Stahlwendeltreppe führt zum Grund hinab. Anreise mit der Buslinie 3 vom Blvd. 5 de Mayo in Richtung Libertad oder per Taxi.

Besichtigung des VW-Werks: derzeit nur für Gruppen (Techniker- und Hochschulen, Firmen, Vereine). Informationen auf www.vw.com.mx/es/mundo_volkswagen/visitanos.html

Adressen & Service Puebla

Turismo

Das städtische **Turismo Municipal** ist an der Nordseite des Zócalo unter den Arkaden rechts neben dem Eingang zum Palacio Municipal, Tel. 01-222-309-4300, Mo–So 9–20 Uhr, www.puebla.travel. Die Touristeninformation des Bundesstaates Puebla befindet sich südlich der Kathedrale in der Av. 5 Oriente 3 (blaues Schild mit Fragezeichen), Tel. 01-222-2462490 oder gratis 01-800-3268656, tägl. 8–20 Uhr. Infos und Prospekte zu Puebla und Umgebungszielen, www.turismo.pue.gob.mx. Hier kann man sich auch nach Abfahrtspunkten diverser Regional-Busse erkundigen.

Websites

Weitere neben den beiden Turismo-Seiten: www.visitepuebla.com (Englisch) • www.puebla.gob.mx • www.pueblaonline.com.mx • puebla.turista.com.mx • www.quepuebla.com • www.corazondepuebla.com.mx • www.turismopuebla.mx

Unterkunft

Hotels sind in Puebla nicht gerade billig bzw. wenn, dann bieten sie nur wenig Komfort fürs Geld. Sehr billige Hotels sind nicht selten verkappte Bordelle (vor allem die Gegend nordwestlich der Achse 5 Norte/6 Poniente meiden!). Viele innenliegende Zimmer in den alten Kolonialhäusern haben keine Fenster. Hotels sind in den Straßen bereits von weitem durch ein größeres weißes Aushängeschild mit einem roten „H" zu erkennen. Eine umfassende Hotel-Listung mit Reservierungsmöglichkeit bietet die Homepage der städtischen Touristeninformation, www.puebla.travel. Auch die Seiten www.hotelesdepuebla.com und www.zonaturistica.com bieten eine große Auswahl. Bei Internet-Buchungen manchmal ermäßigte Preise.

ECO

In der Av. 3 Pte nahe des Zócalo befinden sich diverse einfache Unterkünfte, wie das **Hotel Victoria,** Av. 3 Pte No. 306, Tel. 2328992, über www.hotelesenpuebla.com. 42 Zimmer mit Bad, Fenster zum Innenhof. DZ ab 250 Ps. Auf der anderen Straßenseite in ähnlicher einfacher Qualität und Preislage weitere zum selber inspizieren: **Hotel Teresita,** Av. 3 Pte No. 309, Tel. 2327072, www.hotelteresita.com.mx und die kleine **Posada de Los Ángeles,** Zimmer mit oder ohne Privatbad. Im Gegensatz zu seinem Namen ist das **Gran Hotel San Agustín,** Av. 3 Pte No. 531, Tel. 2325089, über www.hotelesenpuebla.com, einfach und günstig. Es hat 74 eher kleine Zimmer, ruhig sind die hinteren um den Patio. DZ/F ab 350 Ps. Gehobene Preise hat das **NH Hotel Puebla** in der Av. 3 Pte, s.u.

FAM

Hotel San Ángel, 4 Pte No. 504, über www.hotelesenpuebla.com, Tel. 2322766. Angenehmes Haus, 67 zufriedenstellende Zimmer, Restaurant, Innenhof, diverse Serviceleistungen, Parkplatz. DZ/F 660 Ps.

Hotel Imperial, 4 Oriente No. 212, www.hotelimperialpuebla.mx, Tel. 2424980. Gute Lage, sauber und ruhig, 60 Zi. (etliche ohne Fenster), begrenzte Parkmöglichkeit, Restaurant. DZ/F ab 635 Ps.

Hotel Palace, 2 Ote No. 13, Tel. 2322430, www.hotelpalace.com.mx. Günstige Mittelklasse, zentral bei der Passage zum Zócalo. DZ ab 660 Ps. – Gleich daneben das **Hotel Gilfer,** 2 Ote No. 11, www.gilferhotel.com.mx, Tel. 2460611. 92 attraktive Zimmer, direkte Tiefgarage. DZ ab 700 Ps.

Hotel Mesón de San Sebastián, 9 Ote No. 6, www.mesonsansebastian.com, Tel. 2466523. Das unter Denkmalschutz stehende Haus (erbaut 1539) beherbergt in historischer Bausubstanz 17 Zimmer mit antiker Möblierung. Besonders schön ist der Arkaden-Patio. Viele Service-Dienste. DZ/F ab 800 Ps.

Hotel Colonial, Calle 4 Sur No. 105 (sehr zentral), www.colonial.com.mx, Tel. 2464612. Historisches Stadthotel (der Aufzug ist über 110 Jahre alt) mit kolonialem Flair, 67 schöne Zimmer (besonders im 1. Stock), Restaurant im überdachten Patio, Parkmöglichkeit. Über eine kleine Treppe geht es zur Dachterrasse mit Blick auf die Vulkane. Stimmiges PLV. DZ ab 825 Ps.

LUX

Hotel Aristos Puebla, Reforma 533/Ecke 7 Sur, www.hotelesaristos.com, Tel. 2325082. 122 moderne, makellose Zimmer und Suiten, Restaurant, Bar etc. DZ ab 80 US$, Ermäßigungen auf der Homepage.

NH Hotel Puebla, 5 Sur No. 105, Tel. 3091919, www.nh-hotels.com. Modernes Hotel der NH-Hotelkette mit allen Annehmlichkeiten und vielen Services in zentraler Lage. 180 stylishe, komfortable Zimmer, Dachterrassen-Pool und -Bar, Restaurant, WiFi etc. Tagespreise auf der Homepage ab 82 US$.

La Purificadora, Callejón de la 10 Norte 802, Paseo San Francisco, Tel. 3091920, www.lapurificadora.com. Für das in der Nähe des Kongresszentrums gelegene Designerhotel wurde eine im Kolonialstil gehaltene Wasser- und Eisfabrik aus dem 19. Jh. minimalistisch modern ausgebaut. 26 Zimmer, spektakuläre Terrasse, Spa, Restaurant und viel Luxus. Internet-Tagespreise ab 100 US$.

Wohnmobil / Campen

Trailer Park Las Américas, die Verlängerung der Av. Reforma Richtung Westen fahren, an der Carretera Federal México–Puebla, ca. 2 km vor Cholula, südseitig (s. Karte), minimal beschildert. Gepflegter Platz, ca. 250 Ps/Tag, Tel. 4137171. Gute Basis für Puebla, vom Laden „Oxxo" den blauen Bus mit Aufschrift „Ruta 14, Puebla" nehmen.

Essen & Trinken

Restaurants: Das Zentrum Pueblas bietet jede Menge Restaurants für jeden Geschmack und Geldbeutel, hier folgende sind im Stadtplan aufgeführt. Typisch poblanische Küche (s. Exkurs oben) gibt es z.B. entlang der 6 Nte beim Mercado El Parián in kleinen Familienlokalen oder preiswerten Fondas, wie in der **Fonda Mexicana** (3 Pte/Ecke 5 Sur) oder der kleinen **Antigua Fonda de la China Poblana** (5 Ote 401) sowie in vielen anderen Lokalen mehr. In der Straße 5 Ote, No. 206, befindet sich in einem Innenhof das vegetarische, preiswerte **Zanahoria.** Taco-Freunde sollten mal bei **La Iguana/Ranas** vorbeisehen (2 Pte, bei der Fußgängerzone 5 de Mayo), dort bekommt man sehr leckere *tacos árabes.*

Auf dem kachelgeschmückten **Mercado El Alto** an der 14 Oriente, nordöstl. vom Templo de San Francisco, verlocken viele verschiedene Imbissstände. Lecker sind *cemitas,* eine Art Sesambrötchen mit diversen Füllungen, oder *pozole,* Maissuppe mit Fleischeinlage. Am späten Abend spielen dort **Mariachigruppen** auf, meist so viele auf einmal, dass man keine mehr richtig hört – ein lustig-lautes Schauspiel. Eine dritte Anlaufstelle ist der neue **Mercado de Sabores Poblanos** in der 4 Pte zwischen 11 u. 13 Nte. In dem riesigen, modernen Gebäude kann man sich durch die ganze Landesküche futtern und die regionalen Delikatessen entdecken.

Ein Tipp für Büffets ist die **Casa Real Poblana,** 4 Ote 208, www.casarealpoblana.com. Frühstück 110 Ps, Comida 135 Ps; auch „sabores especiales". Nicht ganz billig speist man im **Mesón Sacristía de la Compañía,** Callejón de los Sapos 304, einem sehr stilvollen Patio-Restaurant mit feiner, authentisch-regionaler Küche.

Kulinarisches Heimweh? Dann zum österreichischen Bäcker Pan & Co, 16 de Septiembre 4101, Tel. 4036309, Di–Sa 8–20 Uhr, leckeres Schwarzbrot und mehr (Filiale in Oaxaca).

Cafés

Die vielen Cafés der *Italian Coffee*-Kette bieten verlässlich gute Kaffeespezialitäten. – Für Literaturinteressierte ist die **Cafetería Profética** in der Casa de la Lectura, 3 Sur 701 (s. Stadtplan), ein Erlebnis. Der vorbildlich restaurierte Stadtpalast aus der Kolonialzeit beherbergt neben dem Café einen Buchladen und eine öffentliche Bibliothek. Es werden regelmäßig Lesungen gehalten. – Solidarisch trinkt man seinen Kaffee in einem der **Café Colibri,** z.B. in der 11 Ote 205. Mehr Infos zu diesem Café-Projekt, mit dem eine Gruppe vor allem indigener Kleinbauern aus dem Nordosten der poblanischen Sierra seit 1999 ihren hochwertigen Kaffee unter fairen Bedingungen vermarktet, unter www.cafecolibri.mx. – **Café La Luna Negra,** bei der *Librería El Alma Zen,* 11 Ote 11, interior 4; abends gelegentlich Veranstaltungen (Musik, Poesie, Lesungen etc.), im selben Hof ein Laden mit Webwaren und Baumwollkleidung, Musik aus aller Welt, sowie „Condonería" – Kondome in allen Geschmacksrichtungen … na, wenn das nichts ist!

Kommunikation / Geld

Post: Ecke Av. 5 Oriente/16 Septiembre oder 2 Oriente 411 (beim Parián-Markt). – Internet-Cafés in den Straßen um Zentrum. – **Banken** mit Geldautomaten s. Signets im Stadtplan.

Notfall

Notruf: Touristenpolizei Tel. 1-800-9039200. – **Hospital:** Hosp. Universitario, Calle 13 Sur, Av. 25 Pte, Tel. 2295500; gutes Krankenhaus: Beneficiencia Española, 19 Nte 1001, Tel. 2293700. – **Dt. Honorarkonsulat:** Herr Mark Ulrich Foitzik, Tel. 2488199, 9–13 u. 15–19 Uhr.

Reisebüro

Koch Overseas, Calzada Zavaleta 4906, int. 10 Col. Santa Cruz Buenavista, San Andrés Cholula (ca. 5 km östl. v. Zócalo), www.kochoverseas.com.mx, Tel. 1695300. Sehr empfehlenswert für alle Reisefragen und Flüge.

Einkaufen

Internationale Presse bei VIPS oder Sanborns. Viele Läden mit typischen Süßigkeiten liegen entlang der 6 Oriente. **Kunsthandwerk:** *Mercado El Parián* zw. 2 u. 6 Oriente sowie etliche Läden rund herum. Talavera-Kacheln von der Fabrik: *Casa Aguilar,* 40 Pte 106, sowie die oben erwähnte Fabrik *Taller Uriarte,* 4 Poniente 911. Jeden Sonntag **Kunsthandwerksmarkt** am Blvd. 5 de Mayo und 5 Oriente. **Antiquitäten-Flohmarkt:** *Callejon de los Sapos,* jeden Sonntag, 6 Sur zw. 5 und 7 Oriente. **Straßenmarkt:** auf dem alten Markt zwischen der Av. 4 und 10 Pte und Calle 3 Nte. Es gibt auch viele Markthallen, der größte ist der *Mercado Hidalgo,* Blvd. Norte (in der Nähe vom Busterminal CAPU – Vorsicht, Langfinger!).

Schwimmbad

(Schwefel)-Schwimmbad: *Balneario Agua Azul,* Boulevard Club de Golf (die Verlängerung der 11 Sur im Südwesten der Stadt), Anfahrt mit einem Minibus in Richtung „Mayorazgo" vom Paseo Bravo aus, mit Schwitzbad, Rutschen etc., Di–So 7.30–18 Uhr).

Unterhaltung In der **Casa de la Cultura:** *Cinemateca Luis Buñuel,* meist ausländische Filmzyklen in Originalsprache. Jeden Sa-/So-Vormittag gegen 11 Uhr **Folkloretänze.** Sonstige Veranstaltungen s. Programm der Casa de la Cultura. In der Avenida Juárez gibt es schicke Bars und Restaurants. Täglich Live-Musik im *El Convento de las Carolinas,* 3 Ote 403 BIS.

Zoo **Africam Safari,** liegt 15 km südöstl. der Stadt, tägl. 10–17 Uhr, Anfahrt-Details s. www.africamsafari.com. – Eine der grünen Lungen Pueblas ist der **Parque Ecológico,** 24 bzw. 26 Sur zw. Juan de Palafox y Mendoza u. 31 Ote (Taxi nehmen). Im dortigen Vogelhaus *(Aviario)* gibt es u.a. Tukane. – Im **Parque Loro,** km 9 Carretera Federal Puebla – Atlixco, www.parqueloro.com.mx, findet man vom Aussterben bedrohte Papageienarten und andere Tiere.

Feste April/Mai: Feria de Puebla auf dem Messegelände. Großer Umzug am 5. Mai (Sieg gegen die Franzosen). In der Nacht vom 15. auf den 16. September: Unabhängigkeitsfeier auf dem Zócalo. Im November zahlreiche kulturelle Veranstaltungen in der ganzen Stadt.

An- und Weiterreise

Bus In Puebla nutzen die Busgesellschaften 1. und 2. Klasse den riesigen **Terminal CAPU** (www.capu.com.mx) am Blvd. Norte, gut 4 km nördlich vom Zócalo. Mit Touristeninformation, Gepäckaufbewahrung, gratis-WiFi in div. Bereichen, Wechselstube, Geldautomaten u.a. Zahlreiche und direkte Busverbindungen in den Süden und Osten des Landes, seltener in Richtung Nordmexiko (dazu im Terminal Central del Norte in Mexiko-Stadt umsteigen, www.centraldelnorte.com). Homepages aller Buslinien gleichfalls unter www.capu.com.mx (bei Líneas de Autobuses).

Vom Busterminal in die Innenstadt: Mit einem der gelben *Taxis Autorizados.* Taxi-Fahrscheine gibt's im Terminal. Oder einen Combi, z.B. No. 40, bzw. einen Stadtbus nehmen, z.B. „Ruta 52", von der anderen Seite der Fußgängerbrücke (Schilder „Autobuses Urbanos"). Aus dem Zentrum zum CAPU mit jedem Colectivo mit der Aufschrift „CAPU".

Auskunft/Ticketkauf: bei **Ticket Bus** bzw. **Boletotal,** www.boletotal.mx, Tel. 5133-5133 oder 01-800-009-9090.

Nach Mexiko-Stadt zum Terminal TAPO oder Tasquena (TAS, Süd) mit ADO (www.ado.com.mx), Estrella Roja (www.estrellaroja.com.mx) und AU, ständig Abfahrten. Von Mexiko-Stadt vom TAPO mit ADO oder Estrella Roja, laufend, 1. und 2. Klasse. Mit Autobuses Unidos (AU) 2. Klasse. Außerdem pendelt ein Estrella Roja-Direktbus **vom Flughafen** in Mexiko-Stadt nach Puebla.

Einige Fernziele: Cancún / Mérida / Oaxaca (4 h, 6x tägl.) / Veracruz (3,5 h, ständig), Cuernavaca (3,5 h), Taxco (5 h) u.v.a.

Nahziele 2. Klasse: viele der Busse starten von der *Área Suburbanos* links der Haupthalle.

Nach Cholula: Vom Zentrum Pueblas mit Microbussen von der Kreuzung 6 Pte/13 Norte (s. Stadtplan), ständig; einen „Recta Directo"-Bus nehmen, nur die fahren die Schnellstraße! Ab CAPU von der *Área Suburbanos* mit Estrella Roja, Super Rápido und Cholula. Auch hier den schnelleren „Recta" oder „Intermedio" nehmen!

Flug *Aeropuerto Hermanos Serdán,* 20 km westl. von Puebla (Huejotzingo; schlechte Anbindung); Regional- und einige USA-Flüge. Es ist umständlich nach/ab Puebla zu fliegen, besser nach Mexiko-Stadt und dann weiter per Flughafenbus.

Nähere und weitere Umgebungsziele von Puebla

■ *Blick auf den Popocatépetl (li.) und Iztaccíhuatl von Puebla aus*

Nationalpark Popocatépetl Iztaccíhuatl Zoquiapan

Zwischen Puebla und Mexiko-Stadt erstreckt sich um die beiden Vulkane Popocatépetl und Iztaccíhuatl der **Parque Nacional Popocatépetl Iztaccíhuatl Zoquiapan** (Ausdehnung N–S ca. 70 km, O–W ca. 20 km, Eintritt). Er wurde 1948 eingerichtet und besitzt auf drei Höhenetagen subalpine Graslandschaften mit offenen Pinienwäldern (die höchstgelegene Pinienregion der Erde) und eine endemische Vulkan-Fauna, wie z.B. den kleinen Vulkanhasen *teporingo* und auch „Vulkanmäuse". Außerdem ist die Vogelwelt des Parks einzigartig. Die Straße Mex 115 von Amecameca nach Cholula/Puebla durchschneidet den Park im unteren Drittel und führt zum 3650 m hohen **Paso de Cortés,** dem Scheitelpunkt der Mex 114. Von hier führen Stichpisten nach Süden zum Popocatépetl und nach Norden zum Iztaccíhuatl wegführen. Vom westlich gelegenen Amecameca (2470 m, 40.000 Ew.) zum Paso de Cortés sind es 23 km, von Cholula ungefähr 40 km, wobei die letzten ca. 15 km zum Paso de Cortés sehr schlecht und nicht asphaltiert sind (trotzdem von Cholula oder Puebla aus ein lohnender Ausflug, unterwegs gibt es ein gutes Forellen-Restaurant sowie eine Einsiedlerkapelle an einem Felsen mit Super-Aussicht). Droht der „Popo" aktiv zu werden, wird die Mex 115 gesperrt.

Paso de Cortés

Auf der Fläche des Paso de Cortés, der die Grenze zwischen den Staaten México und Puebla markiert, ist es bereits ziemlich kalt. Es gibt ein Gedenkmonument mit einer Tafel, die Cortés und seine Mannen zeigt, wie sie bei ihrem Anmarsch nach Tenochtitlán im November 1519 den Pass überschreiten (s.S. 676). Außerdem Parkplätze, einfache Unterkunft, Restaurant, Schautafeln, das SEMANAP-Büro der Nationalparkverwaltung sowie die Piste nach *La Joya* (7 km) zur Besteigung des Iztaccíhuatl.

Die 5-km-Stichstraße rauf nach Tlamacas auf 3950 m Höhe, der Basisstation zum Aufstieg auf den Popo, ist gesperrt, weil die Besteigung schon seit vielen Jahren **nicht mehr möglich ist.** Der Vulkanberg befindet sich seit 1994 in einer Aktivitätsphase und stößt dabei immer wieder bedrohliche Rauch- und Aschewolken aus, wie zuletzt 2005. Zwischen 1994 und 2001 herrschte höchste Alarmstimmung mit der Evakuierung von 16 Dörfern im Einzugsbereich des Vulkans. Die Besteigung seines nördlichen Nachbarvulkans Iztaccíhuatl ist jedoch möglich, s.u. Zunächst noch ein paar interessante Fakten über den bekanntesten Berg Mexikos:

„Rauchender Berg" und „schlafende Frau" Der Vulkankegel des Popocatépetl („rauchender Berg") ragt etwa 70 km südöstlich von Mexiko-Stadt auf. Zusammen mit seiner gleichfalls schneebedeckten „Vulkanschwester" Iztaccíhuatl – beide Gipfel liegen 18 km Luftlinie auseinander – trennen sie das Hochtal von Mexiko-Stadt vom Hochtal von Puebla. Der Popocatépetl ist mit 5452 Metern, nach dem 5610 m hohen Pico de Orizaba, der zweithöchste Berg Mexikos. Der kraterlose Iztaccíhuatl („schlafende Frau" – tatsächlich ähnelt seine Kontur mit etwas Fantasie einer hingestreckten Frau) ist mit 5230 m nur geringfügig niedriger und der dritthöchste Berg Mexikos.

Kommt es zur ganz große Katastrophe? Seit dem 14. Jh. ist der Popocatépetl, oder „Don Gregorio", wie er auch genannt wird, etwa 30 Mal ausgebrochen und heute ist er der seismologisch bestüberwachte Vulkan der Welt – was angesichts der potentiellen Bedrohung von 30 Mio. Menschen in seinem Umkreis unerlässlich ist. Wissenschaftler des mexikanischen nationalen Zentrums für Katastrophenvorsorge **CENAPRED** installierten an den Bergflanken Spezialsensoren, die mit 24 Satelliten ständig in Verbindung stehen. Baut sich im Vulkaninnern Magma-Druck auf, weitet sich der Krater des Popocatépetl minimal, was mit dem satellitengestützten Messverfahren nahezu millimetergenau feststellbar ist. Dadurch will man die ganz große Katastrophe vorhersagen können. Über die tagesaktuelle Situation des Vulkans kann man sich auf **www.cenapred.gob.mx** („monitoreo volcánico) kundig machen. Eine andere Vulkanseite ist www.volcano.si.edu/gvp/volcano (alles über Vulkane weltweit, auch über mexikanische).

Besteigung Iztaccíhuatl Der **Iztaccíhuatl** kann nur nach Registrierung bei der SEMARNAP in Amecameca bestiegen werden (s.u.). Benötigt werden zwei Tage, beste Klettermonate sind November bis Februar, problematisch kann nur fehlende Höhenadaption sein. Es gibt in Amecameca auch private Bergführer. Astrid Därr:

Als Tour sehr anstrengend, große Ausdauer, Trittsicherheit und Bergerfahrung sind notwendig! Mindestens 12 Std. Gehzeit für Auf- und Absteig (am besten noch in der Dunkelheit starten!), 1500 Höhenmeter. Vor dem Gipfel muss ca. 200 m Gletscher (Blankeis) überquert werden, daher ist Eisausrüstung (Steigeisen) notwendig. Wegen Steinschlaggefahr in der steilen Rinne zwischen der Biwakschachtel (4700 m) und dem Cruz Guadalajara (4950 m) sollte man auch einen Helm mitnehmen. Zelt-Übernachtungsmöglichkeit an der Biwakschachtel (4700 m, 3-4 Std. ab Parkplatz) und unten am Ausgangsplatz „La Joya" (3990 m) beim Parkplatzes. Es gibt kein Wasser, dieses sowie Verpflegung, Schlafsack, Isomatte etc. müssen selbst mitgebracht werden. Meist steiles und gerölliges Gelände, wegen der Höhenakklimatisation anspruchsvoll und anstrengend. Ein kleinerer Gipfel heißt „Las Rodillas", der höchste „El Pecho". Von oben super Ausblick auf den rauchenden Popocatépetl, am Kraterrand im Gipfelbereich bizarre Landschaft mit schwefeligem Vulkanstein und Vulkanstaub.

Kurvige Auffahrt zum Parkplatz „La Joya" auf 3990 m Höhe über den Paso Cortés auf etwas holpriger Staubpiste (7 km). Nahe des Parkplatzs befindet sich der oben erwähnte Zeltplatz La Joya, von wo der Weg auf den Berg startet. Vor der Besteigung bzw. der Auffahrt zum Berg ist eine Übernachtung in Amecameca möglich.

Amecameca liegt rund 60 Straßenkilometer östlich von Mexiko-Stadt (Anfahrt mit einem Bus vom TAPO-Terminal, etwa 1,5 h), www.amecameca.gob.mx. Die Verwaltung des Nationalparks *Popocatépetl Iztaccíhuatl Zoquiapan,* SEMARNAP, befindet sich an der Plaza de la Constitución 10 (Südostseite des Zócalos), Mo–Fr 9–18 Uhr, Sa 15 Uhr, Tel. 01-597-9783829. Zum Paso de Cortés per Taxi oder Colectivo vom Zócalo. In Amecameca gibt es einige Hotels, z.B. das *San Carlos,* am Zócalo und gleich rechts der Nationalparkverwaltung.

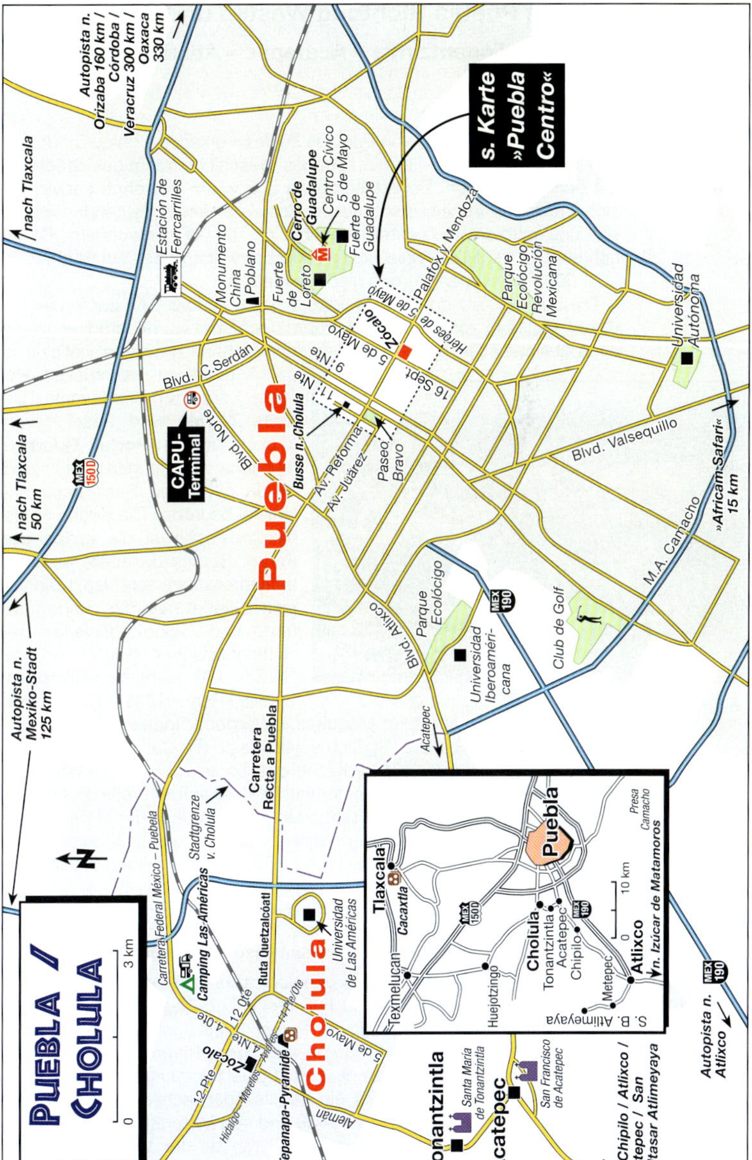
PUEBLA / CHOLULA
0
3 km
© RKH VERLAG HERMANN
Puebla
Cholula
s. Karte »Puebla Centro«
Autopista n. Orizaba 160 km / Córdoba / Veracruz 300 km / Oaxaca 330 km
nach Tlaxcala
nach Tlaxcala 50 km
Autopista n. Mexiko-Stadt 125 km
MEX 150D
MEX 190
Estación de Ferrcarrilles
Monumento China Poblano
Fuerte de Loreto
Cerro de Guadalupe
Centro Cívico 5 de Mayo
Fuerte de Guadalupe
Palafox y Mendoza
Parque Ecológico Revolución Mexicana
Universidad Autónoma
Blvd. C.Serdán
Blvd. Norte
CAPU-Terminal
Busse n.Cholula
Av. Reforma
Av. Juárez
Paseo Bravo
11 Nte
9 Nte
5 de Mayo
Zócalo
Héroes de 5 de Mayo
16 Sept.
Blvd. Valsequillo
»Africam-Safari« 15 km
M.A. Camacho
Club de Golf
Blvd. Atlixco
Parque Ecológico
Universidad Iberoameri-cana
Acatepec
Carretera Recta a Puebla
Stadtgrenze v. Cholula
Carretera Federal México – Puebla
Camping Las Américas
Ruta Quetzalcóatl
Universidad de Las Américas
12 Ote
4 Ote
4 Nte
14 Pte Ote
Zócalo
12 Pte
Hidalgo – Morelos – Andrés
Tepanapa-Pyramide
5 de Mayo
Alemán
Tonantzintla
Santa María de Tonantzintla
Acatepec
San Francisco de Acatepec
Chipilo / Atlixco / Metepec / San Baltasar Atlimeyaya
Autopista n. Atlixco
Tlaxcala
Cacaxtla
Texmelucan
Huejotzingo
Cholula
Tonantzintla
Acatepec
Chipilo
Metepec
Atlixco
S. B. Atlimeyaya
n. Izúcar de Matamoros
Presa Camacho
0
10 km

Ruta Cortés

1. Von Puebla Richtung Westen und Südwesten:
Cholula – Tonantzintla – Acatepec – Atlixco – Atlimeyaya

Cholula

Ew. 90.000

✆ **01-222**

Cholula, 15 km westlich von Pueblas Zentrum gelegen – beide Städte gehen ineinander über – ist ein schönes, geschichtsträchtiges Städtchen mit über 45 Kirchen. Bereits seit etwa 200 v.Chr. bewohnt, entwickelte sich Cholula in früher vorspanischer Zeit zu einem bedeutenden religiösen und merkantilen Zentrum mit bis zu 100.000 Einwohnern. Cortés richtete hier mit Hilfe seiner tlaxcaltekischen Hilfstruppen ein Blutbad an: über 5000 Menschen wurden niedergemetzelt.

Die Stadt ist Sitz der „Universidad de las Américas". An der teuren Privatuni, die 1945 von US-Staatsbürgern gegründet wurde, studieren viele, auch ausländische Studenten. Dementsprechend groß und vielfältig ist das Angebot an Diskotheken, Hostels, Bars und Restaurants. Der weite **Zócalo** wird westlich vom 170 m langen **Portal Guerrero** (hübsche Arkadengänge aus dem 17. Jh. mit Läden, Restaurants und Hotels) begrenzt. Die Kirche an der Nordwestecke ist die Iglesia San Pedro. Rechts daneben, in einem bemerkenswert schönen Kolonialpalast, findet man das Stadtmuseum und eine Galerie mit zeitgenössischer Kunst. An der Nordostecke steht die vielkupplige Capilla Real (1631–1731), deren bauliches Vorbild die große Moschee in Córdoba/Spanien war (im Inneren ein Wald aus Säulen). Südlich schließt sich die Capilla de la Tercera Orden (17. Jh.) und die Klosterkirche des Convento de San Gabriel an. Das ehemalige Franziskanerkloster wurde 1530 an der Stelle eines Quetzalcóatl-Tempels gegründet (Führungen). Die Statue in der Mitte des Zócalo stellt Pater Hidalgo mit der Fahne der Jungfrau von Guadalupe dar. Sonntags herrscht auf dem Platz ein buntes Familientreiben mit Ständen und Kinderkarussells.

■ *Blick auf Cholula*

TIPP: auch die wunderschönen, nahegelegenen Kirchen von **Tonantzintla** und **Acatepec** besichtigen (Details s. „Umgebungsziele"). Von dort fahren Busse zurück nach Puebla. – Auffahrt zum **Paso de Cortés** s.S. 655.

Tepanapa-Pyramide

Vom Zócalo aus ist die *Zona Arqueológica* mit der weit sichtbaren Tepanapa-Pyramide in 10 Min. zu Fuß erreichbar. Tägl. 9–18 Uhr, 46 Ps, Eintritt für die Teildurchquerung der Pyramide gilt auch fürs Museum.

Die unter einem riesigen Erdhügel verborgene Pyramide, die mehrfach überbaut und erweitert wurde, war einst Quetzalcóatl gewidmet. Bei der Ankunft der Spanier 1519 war sie bereits überwachsen und diente als Steinbruch. Mit Seitenlängen von 430 und 460 Metern und fast 66 Meter Höhe ist sie die **an Volumen größte** Pyramide **der Welt!** Sieben verschiedene Zivilisationen hinterließen hier ihre Spuren. Für einen Überblick besucht man das kleine **Museum** gegenüber der Kasse, in dem ein Pyramiden-Modell die Überbauungen verdeutlicht und Ausgrabungsstücke ausgestellt sind. Sehenswert sind auch die Kopien von den Wandfresken „Die Trinker" und „Die Schmetterlinge".

Die Pyramide wurde lediglich an der Westseite – mit Beton (!) – rekonstruiert. Zur Erforschung und Freilegung der Bauschichten im Inneren wurden systematisch Tunnel mit einer Gesamtlänge von ca. 8 km angelegt. Man betritt die untertunnelte Pyramide auf der Nordseite, passiert einige freigelegte Stellen und gelangt dann östlich wieder ans Tageslicht. Von dort führt ein Weg an die Südseite, wo sich der einstige Zeremonialplatz Patio de los Altares befindet. Spanisch- u. englischsprachige Führer bieten ihre Dienste an.

Oben auf dem Hügel befindet sich die weithin sichtbare und bekannte Kirche **Nuestra Señora de los Remedios** (1550 als Einsiedelei erbaut, spätere Umbauten; die heutige Kirche stammt aus dem 19. Jh.). Um die Überlegenheit ihres Gottes zu demonstrieren, errichteten die Spanier ihre Kirchen, wenn immer möglich, auf den Pyramiden. Man hat von hier oben eine fantastische Sicht auf die nahegelegenen Vulkane Popocatépetl und Iztaccíhuatl im Westen sowie Malinche im Norden. Bei sehr klarem Wetter sieht man sogar den rund 100 km entfernten Pico de Orizaba im Osten.

Adressen & Service Cholula

Anfahrt

Von Mexiko-Stadt: Vom Busterminal TAPO mit der Linie Estrella Roja (2. Klasse), schöne Fahrt mit Aussicht auf die Vulkanberge. **Von Puebla** mit Stadtbussen vom CAPU-Terminal (Linie Super Rápidos, Aufschrift „Cholula-Huejotzingo") oder im Zentrum vom kleinen Cholula-Terminal in der 6 Poniente/Ecke 13 Norte (s. Stadtplan Puebla); „Directo"-Busse nehmen!

In Cholula liegt der Busstop von **Estrella Roja** drei Cuadras nördl. vom Zócalo an der 12 Poniente zw. 5 de Mayo und Calle 3 Nte. „Directos" stoppen an der 12 Ote/Ecke Calle 2 Nte. Colectivos nach Puebla fahren von der Calle 5 Pte/Ecke 3 Sur ab.

Turismo

unter den Arkaden am Zócalo, Portal Guerrero 9, www.vivecholula.com, Tel. 2612393

Unterkunft

ECO: Einen Block östl. vom Zócalo liegt das fröhlich-bunte **Hotel Reforma,** 4 Sur 101, Tel. 2470149; an einer Wand der dazugehörenden Bar sind die 125 Kirchen von Cholula dokumentiert. DZ 250 Ps. – An der Südseite des Zócalo steht das **Hostal del Zócalo,** Miguel Aleman 101, www.hostaldelzocalo.galeon.com, Tel. 2477071. 25 meist helle Zimmer, das DZ ab 400 Ps.

FAM: Unter den Arkaden findet man den Eingang zum netten **Hotel Casa Calli,** Portal Guerrero 11, Tel. 2615607, www.hotelcasacalli.com. 42 Zimmer, Pool, demnächst auch SPA. DZ ab 530 Ps. – Ein weiteres sehr schönes Hotel am Zócalo in original kolonialem Gemäuer ist das **Hotel Marmoy,** Av. Morelos 214A, Tel. 2471879, www.hotelmarmoy.com. 17 Zimmer, hübsche Patios zum Sitzen, Pool, Rest./Bar. DZ 550 Ps. – Nur einen Block nördlich des Zócalo liegt das **Hotel Real de Naturales Cholollan,** 6 Ote 7, Tel. 2476070, www.hotelrealdenaturales.com.mx. Ein Neubau im kolonialen Stil, 44 Zimmer. DZ ab 550 Ps.

LUX: Estrella de Belém, Calle 2 Ote 410, www.estrelladebelem.com.mx. Luxuriöses Bed&Breakfast mit allen Annehmlichkeiten, nur 6 DZ, 1900–2480 Ps.

Wohnmobil: *Trailer Park Las Américas,* an der Straße Carretera Federal México–Puebla (s. Karte), minimal beschildert, Ausfahrt aus Cholula über die 4 Nte. Gepflegter Platz, ca. 250 Ps/Tag, Tel. 4137171.

Restaurants

Gibt's rund um den Zócalo, eine gute Empfehlung ist **Los Jarrones** unter den Portalen. – *Comida corrida* mit reichlich Auswahl im **Comedor El Portón,** Hidalgo 302, anderthalb Cuadras westl. vom Zócalo. Direkt gegenüber befindet sich das **Restaurante Cocoyotla,** Sa/So Büffet. Ein gutes 3-Gänge-Menü zu zivilem Preis findet man im stilvollen Restaurant des Hotels Marmoy. Der **Mercado** liegt eine Cuadra westl. vom Zócalo.

Unterhaltung

Casa de la Cultura, 4 Pte 102A (eine Cuadra vom Zócalo). *Bar Enamorada,* unter den Portales (Studententreffpunkt, manchmal Live-Musik). An der Zufahrtsstraße von Puebla, Calle 12 Oriente, gibt es viele Diskotheken und Bars, gehäuft auch in der bunten, sogenannten **Container City** zw. der 5 de Mayo und 2 Nte, www.containercity.com.mx.

Feste: Am späten Nachmittag des 21. März Tänze zum Frühlingsanfang rund um und auch auf der Pyramide, nachts Lichterspektakel. – *Feria de Cholula:* Sie beginnt in der Nacht des 31. August mit einer Fackelprozession und geht vom Zócalo bis zum Santuario auf der Pyramide. Danach gibt's zwei Wochen lang Musik und Tanzdarbietungen sowie Verkaufsstände aller Art.

Umgebungsziele von Cholula

Huejotzingo

Etwa 16 km nordwestlich von Cholula liegt das schon in vorspanischer Zeit bedeutende Städtchen **Huejotzingo.** Hauptattraktion ist das gut erhaltene Franziskanerkloster **San Miguel Huejotzingo**. Die eindrucksvolle ehemalige Klosterkirche mit Fassadenschmuck im plateresken Stil wurde in typisch frühkolonialer Form einer Wehrkirche erbaut. Bemerkenswert sind auch die Prozessionskapellen *(posas),* die sich in den vier Ecken des davorliegenden Atriums befinden. Das Kloster ist eine von 14 Missionsstationen am Fuße des Popocatépetl, die aus dem 16. Jh. stammen und seit 1994 Unesco-Weltkulturerbe sind. Karge Zellen führen einem das spartanische Leben der Franziskanermönche bildlich vor Augen (Di–So 9–18 Uhr). In den umliegenden Läden kann man *sidra* (Apfelwein) und Webarbeiten erstehen. **Anfahrt** vom Estrella Roja-Busstop in der 12 Pte nördl. vom Zócalo (ca. 20 Min.), ab Puebla/CAPU (ca. 40 Min.).

Der **Carnaval de Huejotzingo** an den vier Tagen vor Aschermittwoch geht einher mit diversen Feierlichkeiten und Umzügen. Mit fantasievollen Kostümen, Holzmasken und Tänzen werden historische Ereignisse, wie die Schlacht gegen die Franzosen (Invasion 1862–67), der Raub der Tochter des Gouverneurs und eine indigene Hochzeit nachgespielt bzw. tänzerisch aufgeführt. Auch *Voladores* zelebrieren ihr Ritual (s.S. 701).

Tonantzintla / Acatepec

4 km südl. von Cholula steht die kleine, aber sehr sehenswerte Kirche **Santa María de Tonantzintla** aus dem 18. Jh., ein Paradebeispiel für die verschwenderische Üppigkeit des churrigueresken Stils. Der gesamte Innenraum mitsamt Kuppel ist spektakulär und vollständig mit farbigen Stuckornamenten in Form von Blumenranken, Vögeln, Früchten, Heiligenstatuen, Putten, Masken, Engeln usw. dekoriert. Stilistisch unverkennbar ist der Einfluss der indigenen Künstler, denen es gelang, auch ihre vorspanischen Götter dort unterzubringen. Das Kirchlein ist das indigene Pendant zur Rosenkranzkapelle von Puebla (s. dortige Beschreibung), tgl. geöffnet bis 18 Uhr. Am 15.08. findet in der Kirche das Fest *Día de la Asunción* statt. Von Cholula nach **Tonantzintla** und **Acatepec** vom Blvd. Miguel Alemán/Ecke 7 Pte.

1,5 km südl. von Tonantzintla liegt **Acatepec** mit der gleichfalls sehr sehenswerten Dorfkirche **San Francisco Acatepec** **(s. Foto)** aus der 2. Hälfte des 18. Jh. Die komplette Fassade wurde im *estilo poblano* mit bunten Talavera-Kacheln verkleidet und mit zahlreichen, teils gewundenen Säulen geschmückt. Der Innenraum ist wie in Tonantzintla dicht mit vergoldeten Stuckarbeiten überzogen, doch mit weniger indigenen Stilelementen. 9–18 Uhr.

Atlixco und Metepec

Atlixco, ca. 35 km südwestlich von Puebla gelegen, ist eine unter Denkmalschutz stehende Kolonialstadt mit rund 120.000 Einwohnern. Ein Schild am Ortseingang verkündet das „beste Klima der Welt". In der Tat scheint hier auf 1880 m fast immer die Sonne und es ist um einige Grade wärmer als in Puebla. In den letzten Jahren ist die Bevölkerungszahl rasant gestiegen, da viele gutsituierte Großstadtflüchtige mit Arbeitsstätte in Puebla zugezogen sind. Der indigene Einschlag seiner Bewohner ist jedoch nicht zu übersehen. An den Markttagen Dienstag und Samstag kommen noch viele Nahuatl sprechende Indígena aus den umliegenden Dörfern hinzu. Mutige können in den Herbstmonaten *chapulines,* getrocknete Heuschrecken, probieren.

Der aztekische Name der Stadt („atl" = Wasser, „ixtli" = Oberfläche, die Endung „co" bedeutet „auf", also ungefähr „Wasser auf der Erdoberfläche") deutet schon darauf hin, dass es hier nicht an Wasser mangelt. Mehrere Wasseradern fließen vom nahegelegenen Vulkan Popocatépetl ins Tal. So trägt Atlixco auch den Beinamen „Stadt der Blumen", die hier neben landwirtschaftlichen Produkten in großem Maßstab angebaut werden.

Vom Wasserreichtum profitieren auch Badefreunde, es gibt eine Vielzahl an Freibädern; zentral und günstig ist z.B. *Agua Verde,* 3 Norte 817 – das Wasser kommt direkt vom Popo, ist also kalt! Unterkommen kann man im nur wenige Fahrminuten nordwestlich von Atlixco entfernten *Centro Vacacional IMSS Metepec,* Tel. 01-244-4440088, über http://centrosvacacionales.imss.gob.mx, direkt im Zentrum des Dorfes **Metepec.** Das Tal von Atlixco war nicht nur die wichtigste Kornkammer des Vizekönigreiches, hier öffnete im Jahre 1835 auch die erste moderne Textilfabrik Lateinamerikas ihre Tore. In Metepec erinnern noch die von Franzosen errichteten reihenhausartigen Arbeiterwohnblocks an diese Industrialisierungsphase, im ehemaligen Fabrikgebäude befindet sich das oben genannte Centro Vacacional. Es bietet fünf Hotels, Bungalows, ein kleines Theater, Schwimmbecken und ein kleines Museum zur Geschichte der Textilindustrie der Gegend. Außerdem **WoMo**-Stellplätze, N18.93882 W98.47131.

Unternehmungslustige können zum ehemaligen Kloster San Francisco hochsteigen oder aber den San-Miguel-Hügel emporklimmen. Schöne Aussicht auf das Atlixco-Tal!

Am letzten Sonntag im September findet das **Atlixcayotl-Fest** statt. Auf dem San-Francisco-Hügel werden Tänze und Musik aus dem Bundesstaat Puebla vorgeführt, u.a. der berühmte Tanz der Voladores (s.S. 701).

Turismo im Palacio Municipal am Zócalo, weitere Infos auf www.atlixco.gob.mx.

Unterkunft *Hostal San Miguel* (10 Zi.), Av. Libertad 408, Tel. 01-244-4450074. Sehr zentral gelegene, fröhlich-bunte und günstige Unterkunft mit. Parkplatz und Terrasse.

Restaurants Empfehlenswert ist das traditionsreiche Restaurant *La Perla,* Hidalgo 5, direkt am Zócalo. Fisch- und Fleischgerichte, mex. Küche. Die *Cocina Económica Gaby* bietet bis 17 Uhr günstige mexikanische Küche, 13 Pte 102. Pozole und andere mexikanische Gerichte findet man in der *Pozolería La Guera*, 3 Pte 709.

2. Von Puebla Richtung Osten und Südosten

Tepeaca Auf der Mex 150 gelangt man bei km 32 in das von jeher strategisch günstig gelegene Städtchen Tepeaca (ca. 45 Minuten Fahrzeit mit AU). Sehenswert sind das große Franziskanerkloster, „El Rollo", ein kleiner, achteckiger Turm mit Fenstern im maurischen Stil, wo in der Kolonialzeit Todesurteile verkündet wurden und, direkt am Zócalo, die *Casa de Cortés,* die heute ein kleines Museum beherbergt. Hier schrieb Cortés im Jahre 1520 seinen zweiten Bericht an die spanische Krone.

Tecali In Tecali, eine Region mit vielen Steinbrüchen 50 km südöstlich von Puebla, kann man günstig Onyx erstehen. Alljährlich findet hier ein großer Onyx-Markt vom 22. bis 25. Juli statt. Besuchenswert sind auch die alles überragenden Ruinen eines ehemaligen Franziskanerklosters.

Tehuacán Das zentral gelegene Tehuacán, bekannt für sein Mineralwasser, liegt inmitten des Biosphärenreservats **Tehuacán-Cuicatlán.** Die Region gilt als die Wiege der mexikanischen Zivilisation (s.u. Coxcatlán). Sehenswert sind das *Museo de Mineralogía* mit zahlreichen lokalen und internationalen Gesteinsarten und das *Museo del Valle de Tehuacán,* wo u.a. die ältesten Keramikfunde Mexikos zu sehen sind. Beide Museen befinden sich im *Ex-Convento del Carmen,* drei Blocks nördlich vom Zócalo, Av. Reforma Norte 218, tgl. 10–17 Uhr. Das letzte von einst vielen Mineralbädern, das *Balneario de San Lorenzo*, liegt 2 km außerhalb der Stadt, Busse ab 3 Nte.

Turismo: Nordwestecke Zócalo, www.tehuacan.com.mx. **Unterkunft:** *Bogh Suites Hotel,* Zócalo-Nordwestseite, 1 Nte 102, Tel. 01-238-3823006. Luxuriös ist die Resortanlage *Hotel Casas Cantarranas,* gleich südl. der Fabrik Peñafiel, Tel. 3834922, www.cantarranas.com.mx. **Feste**: Ab 15. Okt. zweiwöchiges Fest *La Matanza.* Weiterfahrt nach Süden (Oaxaca) entweder über **Huajuapan de León** (Mex 125), **Teotitlán** (Mex 135) oder über die Autobahn Mex 135D.

Santa Ana Teloxtoc Das 1300-Seelen-Dorf liegt nordwestlich der Mex 125 in der fossilienreichen *(Sierra) Mixteca Poblana,* knapp 50 km von Tehuacán entfernt. Vor Jahrmillionen war hier Meer. Die Gemeinde hat angesichts wiederholter Plünderung den illegalen Verkauf von Fossilien und archäologischen Funden verboten und 1999 das *Museo Comunitario Histórico Cultural Paleontológico* eröffnet. Von Mi–So kann man sich gratis die schönsten fossilen und prähispanischen Fundstücke anschauen. Es werden auch Rundgänge und Wanderungen angeboten. Bitte eigene Funde nicht mitnehmen, sondern beim Museum abgeben.

Das „Tal der Stille“, wie die Region auch genannt wird, ist auch für seine weltweit höchste Kakteendiversität bekannt. Zu besichtigen sind diese u.a. im **Jardín Botánico Helia Bravo Hollis** (tägl. von 9–19 Uhr), kurz vor dem Dorf Zapotitlán Salinas, durch das man bei der Fahrt auf der Mex 125 nach Santa Ana Teloxtoc kommt. Man kann dort zelten und Cabañas mieten, geführte Wanderungen zu Kultorten der dortigen Ethnie *Popolocas* machen, alte Salinen besichtigen u.v.m. Informationen am Besucherzentrum und unter Tel. 237-3836246.

Anfahrt ab/über Tehuacán (vom CAPU in Puebla mit ADO), von dort sind es mit einem lokalen Bus noch 45 km.

Huajuapan de León liegt bereits im Bundesstaat Oaxaca, ca. 45.000 Ew. Zuschrift „Die Stadt hat einen der schönsten Zócalos (mit Parque de Independencia), den wir in Mexiko gesehen haben. Hübscher Pavillon, ringsherum Arkaden, viele verschiedene Bäume“.

Unterkunft: *Hotel Valladolid* (FAM), Jiménez 12, Tel. (953)-5300019. – *Hotel García Peral* (LUX), am Zócalo, mit Pool u. Garten, Tel. 5320742. Restaurant *Nikos* am Zócalo, gutes Essen. **An- und Weiterreise:** Der Busterminal 1. Klasse (ADO, Ómnibus Cristóbal Colón) ist an der Mex 190, die 2. Klasse in der Calle Nuyoo 75. Nach Oaxaca sind es noch ca. 230 km (Fz 3,5 h). **Ausflug:** Zur Iglesia Sangre de Dios auf dem Hügel hinter der Mex 190, schöne Aussicht.

Coxcatlán Der Ort liegt 40 km südöstl. von Tehuacán an der Mex 135. Das **Tal von Tehuacán** (Río Salado) wird als die „Wiege der amerikanischen Zivilisation“ bezeichnet, denn hier begann der mesoamerikanische Ackerbau. Hier trat zum ersten Mal, ca. 5000 Jahre v.Chr., **kultivierter Mais** in einer noch primitiven Form in Erscheinung und man fand Hinweise darauf, dass auch andere Wildpflanzen auf den feuchten Flussböden angebaut wurden. Dass hier ein Übergang vom Jäger-Sammlertum zur sesshaften Lebensweise stattgefunden hat, belegen u.a. Keramikfunde. Man kann die Marcos-Höhle, wo 1950 der Amerikaner MacNeish wichtige Funde machte, besuchen.

Spezialtipp/Abstecher Huautla de Jiménez: Wer von Puebla nach Südosten auf der Mex 150 (Carretera Principal) über Tehuacán nach Oaxaca fährt, kann von Teotitlán aus einen Abstecher (ca. 35 km) nach **Huautla de Jiménez** einplanen. In diesem abgelegenen Bergstädtchen (Bundesstaat Oaxaca), das fast ganzjährig in einer dicken Wolkenschicht liegt, lebte *María Sabina* (1894–1985), eine bekannte „curandera" (Heilerin), die mit halluzinogenen Pilzen (sie nannte sie „heilige Kinder) heilte. Der Gebrauch dieser Pilze gehört zur kulturellen Tradition der *Mazateken,* die dieses Gebiet bewohnen. In den 1960er Jahren war Huautla Treffpunkt von Popgrößen, Hippies und Drogenfreunden aus aller Welt. Das artete so aus, dass die Polizei einschritt und „Langhaarigen" bis 1976 den Zutritt ins Dorf verweigerte. Heute geht es wieder ruhiger zu, man trifft aber immer noch internationale Besucher, die hauptsächlich zu Forschungszwecken oder auf der Suche nach Heilung hierher kommen. Eine empfohlene Curadera ist Ines Cortés, die hinter der Casa de Cultura lebt; s. Blog livingandworkinginmexico.wordpress.com/2010/08/28/huautla-de-jimenez-in-the-footsteps-of-maria-sabina/

Unterkunft: *El Rinconcito de Huautla* (mit Restaurant), Av. Juárez 8, Tel. 236-3780136. Noch weitere einfache Hotels gibt es in der Av. Juárez. Ines Cortés vermietet auch ein Zimmer. – **Fest:** In der zweiten Märzhälfte.

An- und Weiterreise: Von Tehuacán aus mit AU (Autobuses Unidos) oder 2. Klasse FYPSA (Fletes y Pasajes S.A.) direkt bis Huautla (ca. 3,5 h). Falls von Tehuacán gerade kein Direktbus fährt – es gibt nur wenige täglich –, in Teotitlán del Camino umsteigen. Von Huautla aus gibt es auch Direktbusse nach Oaxaca.

3. Von Puebla Richtung Norden

Tlaxcala

Ew. 84.000

✆ 01-246

Die schöne Kolonialstadt Tlaxcala, Hauptstadt des gleichnamigen und kleinsten Bundesstaates von Mexiko, liegt, zwischen Hügeln gebettet und 30 km nördlich von Puebla, am Fuße des Vulkans **Malinche/Malitzín** auf 2200 m Höhe. Man kann die Stadt bequem bei einem Tagesausflug besuchen oder in einem der hübschen Hotels der beschaulichen Provinzstadt übernachten und ggf. von dort aus Puebla besichtigen. Das sehr saubere Zentrum Tlaxcalas besticht durch seine harmonisch orange-gestrichenen Kolonialhäuser, seine entspannte Atmosphärre und seine netten Bewohner. Nahebei liegt die berühmte archäologische Stätte von **Cacaxtla** (s.u.).

Die gut strukturierte Homepage der Touristen-Information, www.turismotlaxcala.com, listet unter „Que hacer" viele touristische Angebote und unter „Tours y Paquetes" z.B. die anderthalbstündige Stadttour zu vielen Sehenswürdigkeiten mit der *Tranvía,* einem motorisiertes Gefährt im Aussehen einer historischen Straßenbahn. Abfahrten Mi–So vor den Portales Hidalgo am Zócalo um 12, 14, 16 u. 18 Uhr (ohne Anmeldung, 75 Ps, mit Basílica de Ocotlán). Angeboten werden auch Ausflüge nach Cacaxtla, zum Vulkan Malinche und zu umliegenden schönen Haciendas.

Die „Verräter"

Den Tlaxcalteken kommt eine besondere Stellung in der mexikanischen Geschichte zu: Sie verbündeten sich, angeführt von *Xicohténcatl,* im Herbst 1519 mit Hernán Cortés, nachdem sie seiner Truppe zunächst den Durchmarsch verwehrt hatten und Cortés daraufhin unter ihnen das erste große Blutbad seines Eroberungszuges anrichtete (s.S. 675). Mit Hilfe der Tlaxcalteken, die Feinde der Azteken waren, gelang es Cortés später, die aztekische Hauptstadt Tenochtitlán einzunehmen. Als Dank gewährte die spanische Krone den Tlaxcalteken spezielle Privilegien: Sie erhielten das Stadtrecht, waren berechtigt mit Pferden zu reiten, wurden nicht versklavt und durften bei der Taufe ihre indigenen Namen behalten. Deshalb gibt es hier heute noch mehr indigene Familiennamen als anderswo. Auch die Tatsache, dass das kleine Tlaxcala ein eigener Bundesstaat ist, geht auf diese Sonderstellung zurück. Logischerweise waren die Tlaxcalteken dafür nicht sehr beliebt und wurden oft als „Verräter" beschimpft. Gegen diese Bezeichnung wehren sie sich mit dem Argument, „dass ein Verräter ist, wer seinen Freund hintergeht, nicht aber, wer sich mit anderen verbündet, um seine Feinde zu bekämpfen".

Sehenswertes

Zócalo mit Palacio de Gobierno

Hohe Bäume beschatten Tlaxcalas arkadengesäumten, zentralen *Parque* oder *Plaza de la Constitución.* In der Mitte der obligatorische Musikpavillon, um den herum an den Wochenenden getanzt wird, nahebei ein achteckiger Brunnen von 1646, ein Geschenk des spanischen Königs Philipp IV. an das loyale Tlaxcala.

Absolut sehenswert sind die eindrucksvollen Wandgemälde im Patio des **Palacio de Gobierno** an der Nordseite des Platzes **(s. Foto).** Die seit 1957 entstandenen *murales* erzählen bunt und detailreich die Geschichte der Tlaxcalteken, von ihrem Leben in vorspanischer Zeit, ihren Auseinandersetzungen mit den Azteken, von ihren Kämpfen und der Allianz mit den Spaniern sowie von historischen Ereignissen der Stadt bis in die Neuzeit (Maler war *Desiderio Hernández Xochiteotzin*). Im Eingangsbereich findet man lizensierte Guides, die gegen ein Entgelt die Bilder (span. oder engl.) erklären können.

An der Westseite des Platzes befindet sich (mit großer Uhr) der **Palacio de Justicia,** die ehemalige *Capilla Real de Indios* von 1528. Zwischen dem Justizpalast und der Post lädt das **Museo de Arte** mit seinen sehenswerten Sammlungen moderner mexikanischer Kunst zu einem Rundgang ein (Di–So 10–18 Uhr, Eintritt). Eine kleinere Zweigstelle ist in der Calle Guerrero.

Parroquia de San José

Nordwestlich vom Zócalo gelangt man zur großen, kachel- und stuckverzierten, orangefarbenen **Parroquia de San José,** erbaut im 17. und 18 Jh. Im Inneren befindet sich neben dem Altar ein Gemälde, das die Taufe eines Tlaxcalteken-Fürsten im Beisein von Cortés und Malinche zeigt.

Museo Vivo de Artes y Tradiciones Populares

Weiter westlich, am Ende der 1 de Mayo, zeigt das **Museo Vivo de Artes y Tradiciones Populares** Kunsthandwerkliches und Regionales (traditionelle Küche, Pulque-Herstellung u.a.) aus dem Staate Tlaxcala. Man kann Kunsthandwerkern bei der Arbeit zusehen, *artesanías* kaufen und im Restaurant traditionelle Gerichte probieren (Di–So 10–18 Uhr, Eintritt).

Plaza Xicohténcatl / Museo de la Memoria

Südöstlich des Zócalo liegt die pittoreske **Plaza Xicohténcatl** mit der Statue des gleichnamigen Tlaxcalteken-Führers. An Samstagen wird hier ein kleiner Markt abgehalten. Auf der Westseite, Independencia 3, dokumentiert das interessante **Museo de la Memoria** multimedial mit beeindruckenden Exponaten die Geschichte Tlaxcalas vom ersten Zusammentreffen mit den Spaniern bis zum Ende des 19. Jh. (tgl. 10–17 Uhr, Eintritt).

Ex-Convento de San Francisco

In der Südost-Ecke der Plaza Xicohténcatl geht es, vorbei an der Plaza de Toros (Stierkämpfe bei der *Feria de Tlaxcala* Mitte Okt. bis Mitte Nov.), hoch zum **Ex-Convento Francisco de Nuestra Señora de la Asunción.**

Es war das erste Franziskanerkloster Mexikos (erbaut 1537–1540) und ist damit eines der ältesten auf dem amerikanischen Kontinent. Die Kirche hat eine wunderschöne Holzdecke im Mudejar-Stil, am Taufbecken der *Capilla de la Tercer Orden* (beim Altar) empfingen die ersten mit Córtes verbündeten Tlaxcalteken-Häuptlinge ihre christliche Weihe. Von der Kanzel einer der Seitenkapellen sagt man, dass von ihr aus das Evangelium in der Neuen Welt seinen Anfang nahm.

Im ehemaligen Kreuzgang des Klosters befindet sich das kleine **Museo Regional INAH Tlaxcala** mit archäologischen Fundstücken aus Cacaxtla und Xochitécatl und sakralen Gemälden und Skulpturen aus der Kolonialzeit (Di–So 10–17 Uhr, Eintritt). Unterhalb des Klosters, Zugang über die Calle Independencia, liegt eine **Capilla Abierta** mit Bögen im maurischen Stil.

Außerhalb: Kirche von Ocotlán

■ Auf einem steilen Hügel nordöstlich des Zentrums steht **eine der schönsten barocken Wallfahrtskirchen Mexikos,** die in ziegelrot und weiß gehaltene *Basílica de Nuefstra Señora de Ocotlán* (überwiegend 18. Jh.). Hier fand im Jahre 1541 eine ähnliche Marienerscheinungs-„Story“ statt wie bei der Guadalupe (s.S. 610). Die üppige Ornamentik der weißen

Stuckfassade in Kombination mit roten Ziegeln bzw. Kacheln wiederholt sich farblich und stilistisch in den schlanken, durchbrochenen Türmen mit freihängenden Glocken und in der kunstvollen Umfassungsmauer des Kirchplatzes. Das Kircheninnere schwelgt in churriguereskem Goldrausch. In der achteckigen Kapelle neben dem Hauptaltar (*camarín,* nur geführt zugänglich) ist das Bild der Jungfrau von Ocotlán zu sehen. Alljährlich am 3. Montag im Mai Marienprozessionsfest. Man erreicht die Kirche zu Fuß, organisiert mit der Tranvía inkl. *camarín* oder per Taxifahrt.

Adressen & Service Tlaxcala

Turismo

Städtische Touristen-Information: Unter den Arkaden, www.turismotlaxcala.com (von der Homepage kann man gratis eine Touristen-App runterladen). Turismo-Kioske stehen vor der Post und der Parroquia de San José. – Turismo-Büro des Bundesstaates Tlaxcala: Ecke Avenida Juárez/Lardizábal, Mo–Fr 9–18 Uhr, Sa/So 10–18 Uhr, Tel. 01-246-4650960, www.tlaxcala.gob.mx.

Websites: Außer den o.g. Seiten auch www.visitatlaxcala.com

Unterkunft

Das Angebot ist gut. Die Seite www.turismotlaxcala.com listet bei „Hospedaje" nach Preisen und Arten, auch Unterkünfte im Umland.

Hotel Alifer, Morelos 11, Tel. 4625678, www.hotelalifer.com.mx. 40 zufriedenstellende Zimmer, Rest. DZ ab 600 Ps. – **Posada la Casona de Cortés,** Lardizábal 6, Tel. 4622042, www.lacasonadecortes.com.mx. Wunderschönes Boutiquehotel mit guter Ausstattung, ruhig gelegen, 14 Zimmer. DZ ab 795 Ps, **TIPP.** – Am Zócalo befindet sich das schöne Hotel **Misión San Francisco,** Plaza de la Constitución 17, Tel. 4626022, über www.hotelesmision.com. Bar/Restaurant, Pool, Tennisplatz, Garten. Homepage-Angebote ab 920 Ps.

Wohnmobil: *Centro Vacacional IMSS La Trinidad,* Ferienanlage mit allem, 10 Min. in Richtung Apizaco, N19.36166 W98.15395, http://centrosvacacionales.imss.gob.mx

Restaurants

Kulinarische Spezialität Tlaxcalas ist *pollo tocatlán,* gewürzt mit besonderen Kräutern. Wie überall in Mexiko gibt es div. Restaurants rund um den Zócalo bzw. unter den Portales Hidalgo. Ein netter Familienbetrieb mit sehr gutem *queso fundido* ist das *Restaurante Sharon,* Guerrero 14. Eine spannende Karte mit vielen krabbeligen Spezialitäten bietet das *Restaurante Tirol* an der Plaza Xicohténcatl. Im neu eröffneten *Cohtán Eco Café,* Prolongación Xicohténcatl 2, gibt es Biokaffee aus Chiapas, kleine Speisen, gute Musik und WiFi. – Auf dem Weg hoch zum *Convento de San Francisco* liegt links an der Plaza Xicohténcatl Nr. 7 die *Pulquería La Tia Yola.* In schönem Ambiente werden leckere, mit frischen Früchten aromatisierte Pulquesorten und viele regionale Gerichte (handgemachte Tortillas!) zu korrekten Preisen geboten. Vermittlung von Hacienda-Touren (www.operadorasanfrancisco.com), Malinche zu Fuß oder per Mountainbike (armandovm1@hotmail.com). Ein Stück weiter rechts das gute Restaurant *La Funda del Convento,* Preise mittel.

Weiteres

Polizei: Tel. 4645257. – **Post:** Zócalo, Ecke Av. Camargo. PLZ 90000. – **Mercado Municpal:** Calle Alonso Escalona. – **Einkaufen:** *Pasaje de las Artesanías,* s. Stadtplan. Buchladen: *Libro y Arte Conaculta,* Portal Hidalgo 5. – **Kulturelles/Veranstaltungen:** *Palacio de la Cultura,* Av. Benito Juárez 62 (vier Blocks nördl. vom Zócalo), 9–20 Uhr, Tel. 4623633. – **Feste:** Feria de Tlaxcala, Mitte Okt. bis Mitte Nov., Semana Santa (speziell) sowie Karneval im Februar. Einen Veranstaltungskalender bietet www.visitatlaxcala.com bei „Eventos".

An- und Weiterreise

Die Central Camionera liegt ca. 1 km westl. des Zócalo, dorthin per Taxi oder zu Fuß, s. Stadtplan. **Von Puebla nach Tlaxcala** vom Busterminal CAPU mit ATAH-Busse (2. Klasse) in ca. 40 Minuten. Oder mit einem blauen Microbus von der Ecke 11 Nte mit 10 Pte (Nähe Museo del Ferrocarril), ca. 1 Std. **Von Mexiko-Stadt** (TAPO) fahren ATAH-Direktbusse nach Tlaxcala.

Von Tlaxcala: Von der Central Camionera fahren ADO, ATAH, Autotransportes Tlaxcala u.a. ständig nach Mexiko-Stadt, Puebla, Veracruz und zu anderen Städten. Zum **Vulkan La Malinche** von der Brücke im Zentrum mit Flecha Verde, Azul und *Peseras*, über Apizaco, von dort per Taxi zum Ferienzentrum „Centro Vacacional Malintzín“ (Details s.S. 669). Sehr früh losfahren!

Rund um Tlaxcala

Cacaxtla

Diese archäologische Stätte liegt 20 km südwestlich von Tlaxcala und ist ein prähispanisches Zeremonialzentrum, wahrscheinlich aus dem 7./8. Jh. Den **„Gran Basamento“,** ein ca. 150 x 40 m großer Komplex mit Plattformen, Säulengängen, Treppen, Patios und Altären, überspannt als Wetterschutz eine riesige Dachkonstruktion.

Anfahrt z.B. ab Markt mit einem Nativitas-Colectivo Richtung San Miguel del Milagro, Fz ca. 40 Min. Oder als geführte Tour, z.B. mit www.mexicoviejo.mx, Tel. 01-246-4668583. **Geöffnet** tägl. 9–17.30 Uhr, **Eintritt** 55 Ps (Karte gilt auch für Xochitécatl). Am Eingang gibt es ein Museum, eine Cafetería, Literatur zur Stätte sowie das gute *Restaurante Cacaxtla.*

Die Wandmalereien

Berühmt ist Cacaxtla vor allem wegen seiner hervorragend erhaltenen farbigen **Wandmalereien,** überwiegend in den Farben Rot, Blau und Ocker. Bei ihrer Entdeckung 1975 galten sie als die archäologische Sensation Mexikos im 20. Jahrhundert! Die am besten erhaltenen Wandbilder, Darstellungen eines „Jaguar“- und „Vogel“-Mannes mit Göttern (Tláloc, Quetzalcóatl u.a.) sind im *Edificio de las Pinturas* **(Edificio A)** zu sehen (s.u.). Um die Details der Wandbilder besser sehen zu können, ist ein kleines Fernglas nützlich, da man nicht so nah an die Gemälde herangelassen wird. Die Fresken sind stilistisch mit denen der Maya vergleichbar, beispielsweise mit denen von Bonampak in Chiapas. Ein Beweis dafür, dass die Kulturen des Hochlandes nicht nur mit den Küstenvölkern der Golfregion Handel trieben, sondern auch mit den Maya in Verbindung standen.

Man entdeckte in Cacaxtla viele Venus-Symbole (fünf Strahlen, die von einem Punkt ausgehen). Die Venus galt als böses Omen, denn nicht der Mars, sondern der Lauf der Venus bestimmte bei vielen altmexikanischen Völkern die Kriegszüge. Venus-Symbole findet man nicht nur bei den Maya, sondern auch schon im ca. 100 km entfernten, frühgeschichtlichen Teotihuacán bei Mexiko-Stadt. Deshalb müssen auch Cacaxtla und Teotihuacán Kontakt gehabt haben. War das frühere Tlaxcala-Volk, die *Olmeca-Xicalanca* – die aber nichts mit den vorklassischen Olmeken zu tun haben –, gar am rätselhaften Untergang Alt-Teotihuacáns beteiligt …?

Bevor die *Olmeca-Xicalanca* etwa im 9. Jh. selbst von der Bildfläche verschwanden, schütteten sie Cacaxtla zu, doch nicht ohne zuvor die Wandgemälde vorausschauend mit einer feinen Sandschicht luftdicht abgedeckt zu haben. Dieser Konservierungsmethode verdanken die Fresken ihren hervorragenden Erhaltungszustand.

Abb.: Gran Mural de la Batalle, Edificio B

Schlachtenbild am Edificio B

Eindrucksvoll ist vor allem das **Gran Mural de la Batalla** am **Gebäude B** vor der Plaza, ein 22 m langes und 2 m hohes Gemälde. Es zeigt mehrfarbig und in Lebensgröße detailreiche Kampfszenen zweier feindlicher Gruppen, die (obsiegenden) Jaguar-Krieger und die (verlierenden) Vogel-Menschen, erkennbar an ihrem Kopfputz (s. **Abb.** vorherige Seite). Mittlerweile interpretiert man es weniger als Schlacht, sondern als die nach Kriegszügen übliche Opferung von Gefangenen , mit der den Göttern gedankt wurde.

Edificio A

Das Highlight dort sind die zwei großen Wandbilder der Anführer der Jaguar- und Vogel-Krieger. Der *hombre jaguar* steht in einem Jaguar-Kostüm mit langen Krallen auf einer jaguargetupften Schlange. Blaues Blut tropft aus seiner dicken, spitzen Lanze. Die Bordüre außen ist mit kleinen Wassertieren (Schildkröten, Krebse, Schnecken) verziert.

Der vor rotem Hintergrund schwarz dargestellte *hombre pájaro* trägt eine Vogelmaske (**s. Foto,** Aufnahme im Anthropolog. Museum in Mexiko-Stadt), hält in seinen Händen einen mayatypischen Zeremonialstab und steht auf der gefiederten Schlange Quetzalcóatl. Rechts die Schwanzfedern eines Quetzal-Vogels, außen umlaufend wieder Meeresgetier.

Beeindruckend sind auch die Fresken an der Abgangstreppe des tieferliegenden „Roten Tempels". Unter den Kuppen im Gelände befinden sich vermutlich noch weitere Bauwerke.

Xochitécatl

Auf dem Cacaxtla gegenüberliegenden, etwa 2 km entfernten Hügel (es verkehren Taxis), liegt die etwas kleinere archäologische Stätte **Xochitécatl** mit einigen Baustrukturen die etwa 3000 Jahre alt sind. Größte Pyramide ist die *Pirámide de las Flores* („Blumenpyramide"). Bei der *Pirámide de la Serpiente* (Schlangenpyramide) fand man eine Stele mit der Gravur eines Schlangenkopfs, das dortige große Wasserbecken wurde aus einem Monolith herausgemeißelt. Die neunstufige und mehrfach überbaute *Pirámide de la Espiral* (Spiralpyramide) hat einen kreisrunden Grundriss. Von Xochitécatl hat man einen schönen Blick auf die Vulkane Popocatépetl und Iztaccíhuatl.

Sta. Ana Chiautempan

10 Min. von Tlaxcala entfernt, kann man dort in der Calle Díaz Varela günstig Wollwaren (Ponchos, Pullover, Taschen) kaufen. Anfahrt mit Microbussen vom Markt oder vom Blvd. Revolución.

4. Von Puebla Richtung Nordosten

Huamantla

Wer um Maria Himmelfahrt (15. Aug.) in Puebla und Umgebung reist, kann das große Himmelfahrtsfest in **Huamantla** besuchen. Huamantla hat ca. 50.000 Einwohner, liegt 70 km nordöstlich von Puebla und 50 km östlich von Tlaxcala, von dort ständig Busverbindungen mit ATAH. Die *Feria de Huamantla* beginnt bereits Anfang August. Zu diesem Anlass sind Straßen und Plätze mit kunstvollen, einzigartigen Blumenteppichen geschmückt. Live-Musikgruppen spielen auf, Feuerwerk und Bullenrennen finden statt. Für diese Zeit müssen Betten lange vorreserviert werden. Weitere Infos auf www.turismotlaxcala.com.

Unterkunft: Am Zócalo befindet sich das *Hotel Mesón del Portal,* das empfehlenswerte *Hotel Centenario* in der Calle Juárez Nte 209, www.hotelcentenariodehuamantla.com, mittlere Preislage. Toller Luxus, Angebot von Aktivitäten: *Hotel Hacienda Soltepec,* Carretera Huamantla – Puebla Km 3, Tel. 01-247-4721466, www.haciendasoltepec.com.

Vulkanbesteigung La Malinche

Ein Erlebnis für alle, die einmal einen Vulkanberg besteigen möchten, aber nicht über die nötige Erfahrung für einen der 5000er Mexikos mitbringen. Wer dennoch einen erfahrenen Bergführer sucht, hier einer aus Puebla: *Luis Ignacio Rojas,* Tel. 01-222-2442479, luirogod@hotmail.com, span., engl., franz. u. etwas dt.

Der **4461 m** hohe Malinche (aztek. *Malintzín,* so hieß Cortés' einheimische Geliebte) liegt ca. 30 km nordöstlich von Puebla im gleichnamigen Nationalpark. Mit (sehr guter!) Kondition ist es möglich, am selben Tag von Puebla oder Tlaxcala anzureisen, den Berg auf- u. abzusteigen und wieder zurückzufahren. Doch es ist besser, man übernachtet in 3000 m Höhe im „Centro Vacacional Malintzín" (über http://centrosvacacionales.imss.gob.mx). Dies ist eine Art Feriendorf mit diversen Mehrbett-Cabañas für 4–9 Personen, kleiner Küche und offenem Kamin. An Wochenenden und zu Ferienzeiten viel Betrieb, unter der Woche ruhig. Ein eigener warmer Schlafsack ist erforderlich. Es gibt einen kleinen Laden, Restaurant, Camping- und WoMo-Stellplätze. Der Aufstiegs-Wanderweg startet an der Anlage, s.u.

Wichtig: Morgens um ca. 6 Uhr aufbrechen, da die Gipfelregion nach 11 Uhr fast immer in den Wolken liegt! Ausrüstung: feste Schuhe, warmer Pullover, Windjacke (oben ist es bitterkalt, oft überraschender Wetterumschwung!), mind. 2 Liter zu trinken (keine Quellen unterwegs!), genügend Proviant, Sonnenschutz für Haut und Kopf.

Anfahrt von Puebla: mit einem frühen Bus (Verdes) vom Capu nach Apizaco fahren, von dort weiter mit einem Colectivo zum Centro Vacacional Malintzín. Die Abfahrtsstelle ist zwei Straßen weiter, in der Serdán/Hidalgo, ca. 100 m vom Busterminal. *„Man kann von Apizaco notfalls auch nur bis Teacalco am Fuß des Malinche fahren. An der Gabelung aussteigen und von dort zum Centro Vacacional trampen",* so eine Zuschrift.

Die Anfahrt ist auch möglich über **Huamantla,** von dort weiter per Taxi. Oder von **Tlaxcala** frühmorgens mit einem Taxi zum Centro Vacacional fahren. Eine überlegenswerte Investition, weil man bei der normalen Colectivo-Anfahrt erst um 9 Uhr mit dem Aufstieg beginnen kann.

Rückfahrt, Version 1: vom Centro Malintzín nach Apizaco um 9, 13 und 17 Uhr (Zeiten nochmals erfragen!). **Version 2:** An der Schranke des Kontrollpostens vom Centro Malintzín fährt nachmittags um 16.30 Uhr ein Bus ab, der bald danach nach links abbiegt. Auf einer unasphaltierten Straße geht es lange bei schöner Szenerie durch den Park, der Bus sammelt dabei Feldarbeiter vom Straßenrand auf. In dem kleinen Ort San Isidro kann man dann in einen regulären Puebla-Bus umsteigen, der einen in der Nähe vom CAPU-Terminal rauslässt.

Aufstieg: Am Eingang des Nationalparks beim Besuchercamp (3000 m) zwischen 2 Restauranthütten geradeaus den Waldweg hinaufgehen, der zu Anfang noch gelegentlich eine Serpentinenstraße kreuzt. Nach etwa einer Stunde erreicht man in 3500 m Höhe das Fundament einer ehemaligen Hütte, rechts daran vorbei führt der Weg nun steiler durch den Nadelwald (es gibt keine Abzweigungen). Nach einer weiteren Stunde erreicht man die Waldgrenze (ca. 3850 m), zum ersten Mal wird der Gipfel sichtbar. Weiter dem erkennbaren Weg folgen, der zunächst flach, dann in einem Geröllfeld steil ansteigt und zu einem Sattel führt, von dem man zum ersten Mal die Vulkane Popocatépetl und Iztaccíhuatl sehen kann (Waldgrenze bis Sattel ca. 1 h). Am Sattel links haltend, geht es noch ca. 30 Minuten entlang des Grates weiter in Richtung Gipfel (unterwegs eine Steilstufe, danach ein Blockfeld und eine weitere Steilstufe). Bei guter Kondition ist **nach insgesamt 3,5 Stunden** der 4461 m hohe Gipfel erreicht. Mit Glück kann man die drei höchsten Berge Mexikos sehen.

Cantona

Archäologisch Interessierte sollten auf ihrem Weg von Puebla nach Cuetzalan unbedingt einen Abstecher zum wenig bekannten, isolierten Cantona einlegen. Es ist zwar mühsam, dort hinzugelangen, aber dafür ist die inmitten von Yucca-Palmen, Kiefern und Kakteen gelegene Stätte auch etwas ganz Besonderes.

Anfahrt: Vom Ort Oriental mit einem Combi nach **Tepeyahualco** fahren, dort ein lokales Taxi nehmen. Oder gleich in Oriental ein Taxi für die ganze

Fahrt anheuern (man muss ungefähr 3,5 bis 4 Stunden für den Ausflug einplanen). **Von Xalapa:** Bus nach Perote (oder nach Alchichica) nehmen, dann von Perote oder Alchichica einen Bus nach Tepeyahualco. Nach der Besichtigung Cantonas von Tepeyahualco nach Oriental fahren, dort hat man Anschluss nach Westen. **Eintritt**: tgl. 9–18 Uhr, Eintritt. Museum, Cafetería, Infomaterial und Literatur.

Cantona, der mit einer Fläche von ca. **12 qkm** wohl **größte prähispanische Stadtkomplex Mexikos,** war zwischen dem 6. u. 10. Jh. n.Chr. bewohnt. In der Blütezeit könnten dort bis zu 100.000 Menschen gelebt haben. Zu welchem Volk sie gehörten, weiß man nicht. Bei Restaurierungsarbeiten wurde bislang nur ein Teil der hügeligen Gesamtanlage freigelegt, doch die Arbeiten schreiten voran und der Besucher bekommt immer mehr eine Vorstellung, wie diese große Stadt einst ausgesehen hat. Ein markierter Rundweg über die mittlerweile wieder freigelegten alten gepflasterten Wege, *calzadas,* die die Bauten Cantonas seit jeher miteinander verbanden, führt durch die Anlage.

Die Einzigartigkeit Cantonas besteht u.a. darin, dass es hier ca. 3000 noch heute sichtbare, d.h. steinerne Wohnkomplexe gab (in den archäologischen Stätten Mexikos sind i.d.R. religiöse Gebäude bzw. „Herrschaftshäuser" zu finden). Die Aufteilung der Stadt in solche Areale und das weitläufige und komplexe Netz von mehr als 500 Calzadas ermöglichten eine strenge Kontrolle der Einwohner. Cantona besitzt neben den üblichen rituellen Gebäuden eine große Anzahl von vielgestaltigen Plätzen, Plattformen und Wohnterrassen. Weitere Calzadas verbanden die auf einem Plateau äußerst günstig gelegene Stadt mit Dörfern und Wachposten der näheren Umgebung.

Beim Bau der Stadt wurde kein Zement oder sonstiges Bindemittel verwendet, auch das ist einzigartig. Ein weiteres Charakteristikum Cantonas ist der Umstand, dass die diversen Gebäude keinerlei Symmetrie aufweisen, ebensowenig ihr Grundriss innerhalb der natürlichen Ausbildung des Geländes. Geradezu sensationell ist jedoch die Menge der Ballspielplätze. Über **24** wurden bislang freigelegt, 12 davon mit jeweils einer Pyramide. Damit ist Cantona die archäologische Stätte Mexikos mit den **meisten Ballspielplätzen.**

Bei der Weiterfahrt nach Cuetzalan sollte man in **Libres** kurz stoppen und die schmucke Kirche anschauen.

Cuetzalan

Ew. 6000

✆ 01-233

Cuetzalan liegt abseits von den üblichen Reiserouten in der *Sierra Norte* des Bundesstaats Puebla, etwa 130 km Luftlinie nordöstlich der Stadt Puebla. Bereits die Anreise über die kurvenreiche Bergstraße mit Aussichten ist ein Erlebnis. Das abgeschiedene, malerische Kolonialstädtchen mit seinen ziegelgedeckten Häusern und verwinkelten, engen Sträßchen – allesamt mit Bruchsteinen belegt – liegt an einem Hang auf 1000 m Höhe. Es ist ein Zentrum der Totonaken- und Nahua-Indígena mit einem bunten Sonntagsmarkt. Ringsherum erstrecken sich die endlosen Ketten der *Sierra Madre Oriental* – allerdings häufig in dichte Nebelschwaden gehüllt –, die zu Erkundungsausflügen einladen.

Berühmt ist Cuetzalan für seine Feste mit Tänzen und Darbietungen aus prähispanischen Zeiten (Voladores, Quetzales) und der kolonialen Epoche (Santiagos, Negritos). Höhepunkt sind die Tage um den 4. Oktober, wenn der Schutzheilige Franziskus mit der *Feria del Café y del Huipil* gefeiert wird. (Wer zu anderen Zeiten kommt: Tänze werden auch in der Peña *Los Jarritos,* Plazuela López Mateos 7, Tel. 01-233-3310558, vorgeführt, doch nur am Freitag und Samstag) Die *Casa de Cultura* beherbergt ein kleines Museo Regional (Calle Alvarado, 8–19.30 Uhr, gratis). Alle Informationen, auch Anreise, auf www.cuetzalanmagico.mx.

Anreise: vom Busterminal CAPU in Puebla direkt mit Linie VIA oder ADO, über Teziutlán/Zacapoaxtla, sehr schöne Bergfahrt, ca. 4 h (wenn gerade kein Direktbus geht, nach Zaragoza fahren, dorthin und von da nach Cuetzalan gibt es laufend Verbindungen). Vom Busterminal TAPO in Mexiko-Stadt mit ADO (ca. 6 h). Beste Reisemonate sind November bis April in der Trockenzeit. Am Ortseingang gibt es einen Info-Kiosk.

Das feuchtwarme Klima Cuetzalans ist ideal für Kaffeeanbau, aber auch Zitrusfrüchte und viele andere Pflanzenarten gedeihen hier. Ebenso vielfältig ist die Fauna. Schöne Spaziergänge zu Wasserfällen sind möglich: **Las Brisas** ist in einem ca. 40-minütigen Fußmarsch zu erreichen; weiter entfernt sind **Atepatáhua** oder **La Encantada.** Vermutet wird, dass sich in der Gegend das umfangreichste Höhlensystem von ganz Lateinamerika befindet, bislang können allerdings nur zwei der Höhlen besucht werden: **Atepolihui** und **Chivostoc** (erstere mit Stalagmiten und Stalaktiten; letztere ist leichter zu erreichen – doch Vorsicht: beim Rausgehen unbedingt „Jetzt gehen wir aber!" sagen, damit Dein Geist auch wieder mitkommt, denn die Indígena sind überzeugt, dass dies die Höhle des Teufels ist ...). Der Besucher lässt sich am besten von einem der vielen kleinen Touristenführer – Kinder aus den umliegenden Dörfern – zu einem der genannten Ziele führen. Infos zu Führungen in die Umgebung auch in der Delegación de Turismo. Lohnend sind außerdem die **Nischenpyramiden von Yohualichan** („Haus der Nacht"), 5 Pyramiden im typischen El-Tajín-Nischenstil, ca. 9 km außerhalb (tägl. 9–17.30 Uhr, Eintritt). Man erreicht sie mit Colectivos (Fahrer fragen, wo man aussteigen muss). Dann ist noch ein ca. 20-minütiger Fußmarsch bergab erforderlich. Gelegentlich gibt es auch Direktfahrten.

Turismo: Hidalgo 29, beim Zócalo, Tel. 01-**233**-3310015, www.cuetzalanmagico.mx

Unterkunft: es gibt zahlreiche Hotels (wie auch Restaurants), an Festtagen ist meist alles voll, dann vorher reservieren. Gesamtverzeichnis auf http://cuetzalanpueblomagico.mex.tl. Günstig sind: *Posada Jaqueline*, Calle 2 de Abril 3 (beim Zócalo), Tel. 3310354, und *Hotel Rivello,* Calle Guadalupe Victoria 3, Tel. 3310083. – *Villas Cuetzalan,* Zaragoza 12 (zentral), Tel. 3310423, www.villascuetzalan.com.mx; mit Restaurant, Pool, Parkplatz (es ist eng im Ort!), WiFi. DZ/F inkl. dreistündigen Umgebungs-Fußtour 1000 Ps. – Unser TIPP: Die Öko-Anlage *Taselotzin,* Yoloxochitl s/n, Barrio Zacatipan (ca. 15 Min. zu Fuß bergauf vom Zentrum), Tel. 3310480, www.taselotzin.mex.tl. Wird seit 1995 von einer Indígena-Frauenkooperative geführt; liebevoll gestaltete Zimmer, kein TV, aber WiFi, trad. Massagen, Artesanías, Kräutermedizin, Restaurant mit Blick auf die Berge, Tourangebote. DZ ab 593 Ps, auch Cabañas.

Pahuatlán und San Pablito

Ebenfalls in der Sierra Norte de Puebla liegt *Pahuatlán,* ein Bergdorf, das Cuetzalan von der Bauweise her ähnelt. Es ist etwas weniger malerisch doch dafür gibt es andere Attraktionen: An Festtagen ziehen **Huapangeros,** Trios, die mit Geige und hochgestimmter kleiner Gitarre *(requinto)* ihre oft improvisierten Lieder mit Kopfstimme trillern, durch das Städtchen. Wer stehenbleibt und zuhört, wird Thema des nächsten Verses.

An den Ostertagen findet in Pahuatlán eine große Fiesta mit viel Musik, Tanzdarbietungen (Voladores) und der Vorführung einer traditionellen Opferzeremonie der Otomíes statt. Dann ist alles ausgebucht!

In der Calle 5 de Mayo kann man einen Bus nach **San Pablito** nehmen. Nach einer knappen Stunde Fahrt entlang steiler Berghänge kommt man in das abgelegene Dorf der Otomí-Indígena. Schon von weitem ist ein seltsames Klopfen zu hören. Der Grund: Hier wird noch das prähispanische *Papel amate* hergestellt und zwar genau so wie vor über tausend Jahren. Nach Aussage seiner Bewohner nur an diesem einen Ort in Amerika! Das Rindenbastpapier wird hier heute noch für zeremonielle Zwecke und Zauberei verwendet. Um es touristisch zu vermarkten, bemalt man es dann oft in anderen Staaten, z.B. in

Guerrero, und von dort gelangen die bunten Bastbilder in alle touristischen Orte Mexikos. In San Pablito kann man Bilder mit ausgefallenen Gottheiten kaufen (Bohnen-, Tomaten-, Erdnuss-, Ananas-, Chile-, Bananengott usw.)

Unterkunft: Preiswert ist in Pahuatlán *Hotel Jardín,* Calle Tellez Vaquier 3, Tel. 01-776-7520555. Teurer: *Hotel San Carlos* (mit Restaurant), 2 de Abril 26, Tel. 7520502. – **Anfahrt:** von Puebla aus mit Flecha Azul nach Tulancingo (Bundesstaat Hidalgo). Von dort mit lokalem Bus nach Pahuatlán. Oder auf der Mex 119 über Chignahuapan (ein Zentrum für Heilbäder, heiße Schwefelwasserquellen) und **Zacatlán** nach Huauchinango und dort einen lokalen Bus nehmen. Die Anfahrt über Tulancingo ist auch von Mexiko-Stadt aus möglich (Central del Norte, 4 Std.).

Zacatlán

Die Stadt liegt in einem Apfelanbaugebiet und bietet ein Naturschauspiel: In einem nahegelegenem Tal mit dem Namen **Piedras Encimadas** („übereinandergetürmte Steine") hat die Erosion in tausenden von Jahren unzählige, ausgefallene Steinfiguren entstehen lassen. Ein kleiner Bus mit der Aufschrift „Camotepec" fährt jeweils zur vollen Stunde ins Tal (Abfahrt in der Stadt, nicht am Busterminal). Übernachten: *Hotel Zacatlán,* Av. Juárez 8, Centro, Tel. 01-797-9750315, ECO, gutes PLV.

Naturliebhaber sollten noch weiter über **Huauchinango** nach **Nuevo Necaxa** fahren. Der dortige große Stausee (mit Kraftwerk) ist von üppiger Tropenvegetation umgeben. Dazu eröffnen sich einzigartige Ausblicke auf die dort zusammentreffenden Bergketten der Sierra de Puebla und Sierra de Veracruz am Horizont.

Die Golfküste

Mexikos Golfstaaten

Der größte Teil der mexikanischen Golfküste wird vom Bundesstaat Veracruz eingenommen. Nördlich schließt sich Tamaulipas an, südlich das kleine **Tabasco.** Das größtenteils aus flachem Schwemmland bestehende **Tabasco** wird von einem Netz von Lagunen, Sumpfgebieten und Flüssen durchzogen. Die Vegetation ist tropisch, das Klima dementsprechend ganzjährig heiß und schwül. **Veracruz** ist der landschaftlich gegensätzlichste und vielfältigste Staat der Golfküste. Wenn man von der trockenen zentralmexikanischen Hochebene durch die bergig-grüne *Sierra Madre Oriental* ins feucht-tropische Küstentiefland hinabfährt, ist der Wechsel besonders beeindruckend. In der Küstenebene dehnen sich endlose Zuckerrohrfelder und Plantagen mit tropischen Früchten aus, der beste Kaffee des Landes wird in der *Sierra* bei Jalapa gepflückt, und die weltweit beste *Vanille* stammt aus der Gegend um Papantla (bei Poza Rica). Der höchste Berg des Bundesstaates Veracruz ist zugleich auch der höchste des Landes: 5610 m ragt der *Pico de Orizaba* (Citlaltépetl) bei Orizaba auf. Den fast ganzjährig tropischen Temperaturen an der Golfküste stehen kühlere Werte in den Bergregionen gegenüber. **Regenzeit** in den Bergen ist von **Mai bis November,** im Winter kann der kalte und feuchte Wind *El Norte* blasen. Kulturell ist Veracruz genauso abwechslungsreich und vielfältig wie seine Landschaften: *fiestas* mit Trachten, Tänzen und *charreadas* finden in allen Landesteilen statt (gehäuft im Juni und Juli). Ergo: Im *Estado de Veracruz* kann der Reisende noch ein Stück lebendiges, unverfälschtes Mexiko erleben.

Veracruz - Villahermosa
0 100 km
© RKH Verlag Hermann
Olmekisches Herzland
Letzte olmekische Ansiedlung nach der Zerstörung von La Venta
Große olmekische Ansiedlung nach der Zerstörung von San Lorenzo
Frühestes olmekisches Zeremonialzentrum zw. 1200 u. 900 v.Chr.
Anschluss-karte S. 641
Anschlusskarte S. 421
nach Ciudad del Carmen
Palenque
Córdoba
Veracruz
Boca del Río
Tlalixcoyán
Cerro de las Mesas
El Zapotal
Ignacio de la Llave
Piedras Negras
Tlacotalpan
Alvarado
Cosamaloapan
Carlos Carillo
Otatitlán
Tuxtepec
R. Papaloapan
Tres Zapotes
Santiago Tuxtla
San Andrés Tuxtla
Catemaco
Laguna de Catemaco
Monte Pio
Sontecomapan
Río San Juán
S.J. Evangelista
Acayucan
Tenochtitlán
San Lorenzo
Hidalgotitlán
Coatzacoalcos
Minatitlán
Agua Dulce
Río Tonalá
La Venta
Río Uspanapa
R. Coatzacoalcos
Río Playas
Río Mezcalapa
Cárdenas
Comalcalco
Paraíso
Pto. Ceiba
Villahermosa
Teapa
Grutas de Coconá
Raudales
Presa Nezahualcóyotl
Chicoasen
Cañón del Sumidero
Chiapa de Corzo
Tuxtla Gutiérrez
Palomares
Oaxaca
Mitla
Veracruz
Oaxaca
Tabasco
Chiapas
Istmo de Tehuantepec
MEX 180
MEX 150D
MEX 145
MEX 145D
MEX 175
MEX 147
MEX 185
MEX 180D
MEX 187
MEX 195
MEX 190

Jarochos

Der Bundesstaat Veracruz kann mit einem besonderen Menschenschlag aufwarten, den **Jarochos.** Sie nehmen mit ihrem Frohsinn, ihrer Leichtlebigkeit und ihrer Musikalität einen besonderen Platz innerhalb der mexikanischen Bevölkerung ein. Sie sind Nachfahren vieler wechselnder Verbindungen der Urbevölkerung mit Spanisch- und auch Afrikanischstämmigen. Ursprünglich ein abwertender Ausdruck – *jarocho* bedeutet „ungeschliffen", „grob" – für die dunkelhäutige Bevölkerung der Region um Tlacotalpan (s.S. 706), werden heute alle Bewohner von Veracruz als *jarochos* bezeichnet und sie halten ihre Titulierung hoch in Ehren.

Ölvorkommen

Wer in Mexiko „Golf" sagt, meint damit fast immer „Öl". Am und im Golf von Mexiko befinden sich riesige Erdöllagerstätten, die nach ihrer Entdeckung Ende 1970 den Mexikanern wirtschaftliche Unabhängigkeit und Reichtum bringen sollten. Doch der Rausch der Boomjahre ist längst verflogen, das reichlich sprudelnde schwarze Gold erwies sich nicht als der Gesundbrunnen, der auf wunderbare Weise alle Gebrechen Mexikos kurierte. Was in den Erdölregionen zurückblieb, ist eine zerstörte, oft vergiftete Umwelt, mittlerweile ineffiziente, marode Förderanlagen und ein Netz an korrupten, mafiösen Strukturen, das die ganze Zeit Gelder abgeschöpft hat. Coatzacoalcos, wo sich die petrochemische Industrie konzentriert, ist ein besonders eklatantes Beispiel verfehlter Politik: einst ein kleiner Fischerort mit schönen Stränden, dann der größte Tankerhafen Mexikos, heute eine Stadt vor dem ökologischen Kollaps.

Routen und Reisen

Die Strände der Golfküste spielen – im Gegensatz zur mexikanische Karibik- oder Pazifikküste – kaum eine Rolle für den ausländischen Tourismus. Deshalb gibt es so gut wie keine „genormten" Touri-Zentren „von der Stange", aber dennoch ist eine gewisse touristische Infrastruktur für Individualreisende durchaus vorhanden. Wer endlose, einsame Strände liebt, auch mal mit einfacheren Unterkünften und Restaurants zufrieden ist, kann hier noch ein authentisches Mexiko erleben. Freunde der Archäologie finden viele Zeugnisse der **Totonaken-** und **Olmekenkultur.** Besonders sehenswert ist das bei Papantla im Norden gelegene und wenig besuchte **El Tajín** mit seiner Nischenpyramide und auch das **Museo de Antropología in Xalapa.** Wer auf dem Weg zur Yucatán-Halbinsel nach Villahermosa kommt, sollte dort unbedingt den archäologischen **Parque Museo La Venta** besuchen. Für „Esoteriker" könnte noch **Catemaco,** das spirituelle Zentrum der Golfküste mit vielen *brujos* und *curanderos* von Interesse sein. Wer sich für indigene Kultur interessiert, findet im nördlichen Veracruz, im Grenzgebiet zu Tamaulipas, die mit den Maya verwandte Ethnie der **Huasteken.**

Größte und **reisewichtigste Stadt** der Golfregion **ist Veracruz,** während der Knotenpunkt im Süden **Villahermosa** ist. Beide Städte sind durch die Mex 180, Hauptschlagader entlang der Küste, und durch die Autopista Mex 145D miteinander verbunden.

In diesem Kapitel wird die **Route von Mexiko-Stadt** bzw. von **Puebla** als Startpunkt bis Veracruz beschrieben. Anschließend geht es nach Norden weiter nach El Tajín und durch die nördlichere Sierra Madre Oriental zurück nach Mexiko-Stadt (Übersichtskarte s.S. 640). Wer nach Yucatán oder Palenque weiterreisen will, fährt von Veracruz auf der **„Nebenroute Villahermosa"** in Richtung Süden nach Villahermosa.

Homepages der bereisten Bundesstaaten: www.veracruz.gob.mx • www.tamaulipas.gob.mx • www.tabasco.gob.mx

Hernán Cortés und die Eroberung Mexikos

■ *Hernán Cortés (1485–1547)*

Hernán Cortés ist der Inbegriff der Verwegenheit der spanischen Konquistadoren (Eroberer). Er wird 1485 in Medellín (Provinz Extremadura) geboren und entstammt bürgerlichen Verhältnissen, ist ein sogenannter *hidalgo*. 1511 beteiligt er sich an der Eroberung Kubas unter Diego de Velásquez, des späteren Gouverneurs der Insel. Velásquez stellt Cortés 1519 an die Spitze einer Expedition zum Reich der Azteken. Deren Hauptstadt, Tenochtitlán, wird 1521 eingenommen. Cortés wird von Kaiser Karl V. zum Generalkapitän, d.h. zum militärischen Oberbefehlshaber und zum Gouverneur der neu eroberten Gebiete ernannt. 1521/22 erkundet er den Westen Mexikos, 1524–26 den Süden Guatemala zu bis Honduras. 1527 wird er als Gouverneur abgesetzt. Von 1528–30 ist er in Spanien und erhält den Titel eines *Marqués del Valle de Oaxaca*. 1533–35 leitet er eine Expedition zur Südspitze der Baja California. 1540 verlässt Cortés Mexiko, ohne die öffentliche Anerkennung erreicht zu haben, nach der er zeitlebens trachtete. Verbittert stirbt er am 2.12.1547 bei Sevilla. Auf seinen Wunsch hin werden seine Gebeine nach Nueva España überführt, sie liegen heute in Mexiko-Stadt in der Iglesia y Hospital de Jesús Nazareno. In ganz Mexiko findet man so gut wie keine Cortés-Denkmäler.

(Der Verlauf von Cortés' Eroberungszug von der Küste nach Tenochtitlán ist auf der Karte „Puebla/Ruta Cortés" ersichtlich, s.S. 641).

Quelle: „Historia Verdadera de la Conquista de la Nueva España", von Díaz del Castillo, dt. „Die Eroberung von Mexiko".

Der Marsch nach Technochtitlán

Am 10. Februar 1519 verlässt Cortés mit 11 Schiffen und über 600 Mann Besatzung Habana. Er landet zunächst auf der Insel *Cozumel,* wo er *Jerónimo de Aguilar* aus Maya-Gefangenschaft befreit, der 1511 als Schiffbrüchiger an die Küste von Yucatán gespült worden war. Danach segelt der Verband weiter entlang der Golfküste nach Westen, auf der Route der Cortés-Vorgänger *Córdoba* und *Grijalva* (letzterer war 1518 bis zum heutigen Tampico vorgestoßen). Nach einer weiteren Zwischenlandung im Mündungsgebiet des Río Tabasco (Río Grijalva, bei Villahermosa) erreichen seine Schiffe am Gründonnerstag 21. April die Küste der heutigen Stadt Veracruz.

Moctezuma II., der Aztekenherrscher im Hochland, ist durch seine Kundschafter längst darüber informiert, dass an der Ostküste des Reiches sich etwas abspielt. Die Abordnung, die er zu Cortés schickt, hat kostbare Dinge und Gold dabei. Die Männer sollen feststellen, ob es sich bei den Ankömmlingen um den nach einer alten Prophezeihung wiederkehrenden Priestergott *Quetzalcóatl* mit seinem Gefolge handelt, der versprochen hatte, im Jahr „Eins Rohr" wiederzukommen …

■ *Abgesandte Moctezumas II. überreichen an Cortés Geschenke …*

Cortés bedankt sich für die Gastgeschenke mit Glasperlen und lässt auf einen Baum eine Kanone abfeuern, die ihre Wirkung nicht verfehlt. Als Moctezumas Leute ihrem Herrscher von den großen „Wasserhäusern mit Schwanensegeln" berichten, von „hohen Hirschen" mit daraufsitzenden bärtigen Männern mit „metallumhüllten Körpern" und ihren eisernen Schwertern und Lanzen, muss dies für den Aztekenkönig überaus angsteinflößend geklungen haben.

Cortés' Dolmetscher sind *Jerónimo de Aguilar,* der Yucateco-Maya gelernt hatte, und

■ *Malinche (3. v. links), rechts Cortés zu Pferd*

Malintzín (**Malinche**, span. getauft als Marina, richtiger Name wahrscheinlich *Ce Malinali Tenepal*), Tochter eines aztekischen Kaziken, die er in Tabasco an Bord genommen hatte. Malintzín beherrscht sowohl *náhuatl*, die Sprache der Azteken, als auch Yucateco-Maya. Sie wird Cortés' Geliebte und Ratgeberin.

Der Auftrag, den der kubanische Gouverneur Diego de Velásquez Cortés erteilt hatte, war folgender: Cortés solle mit den Bewohnern der neu entdeckten Gebiete Handel treiben und Kenntnisse über Land und Leute erweitern. Als Velásquez Verdacht schöpfte, Cortés wolle das Land erobern, entzog er ihm den Oberbefehl. Doch dieser war nicht mehr zu halten: mit 508 Soldaten, 100 Seeleuten, 14 Kanonen, 16 Pferden und einheimischen Totonaken als Träger tritt Cortés **am 16. August 1519** von Zempoala seinen **Zug ins Hochland** an. Ziel ist **Tenochtitlán,** die Hauptstadt der Azteken. Zuvor lässt er noch alle seine Schiffe bis auf eines seeuntüchtig machen, als Zeichen für seine Männer, dass Meuterei oder Rückkehr unmöglich ist. **Einer der gewagtesten und berühmtesten Eroberungszüge der Weltgeschichte hatte begonnen.**

Es geht über die Berge der Sierra Madre Oriental, über Xalapa, Cocotlán, Teziutlán nach Tlaxcala und Cholula. Unterwegs verstärkt er seine Truppe durch weitere Männer von Völkern, die von den Azteken unterworfen worden waren.

Am 5. September tobt die Schlacht mit den **Tlaxcalteken,** Cortés siegt. Er besetzt deren Hauptstadt **Tlaxcala** und verhandelt dort mit Gesandten Moctezumas. Auch die Tlaxcalteken verbünden sich mit Cortés gegen ihre Feinde, die Azteken. 6000 Krieger schließen sich den Spaniern an. Im nahen **Cholula,** das loyal zum Herrscher der Azteken stand, richtet er am 18. Oktober unter der Bevölkerung ein Gemetzel an: über 5000 Cholultecas werden getötet **(s. Códice-Abb.).**

■ *Die Schlacht von Cholula (rechts steht Malinche)*

Tenochtitlán ist von der Kunde schockiert. Dorthin sind es jetzt nur noch 80 Kilometer. Am 3. November wird die 3650 m hohe Passhöhe zwischen den Vulkanen Popocatépetl und Iztaccíhuatl überschritten (es ist der später nach Cortés benannte **Paso de Cortés**). Die Wunderstadt Tenochtitlán im Texcoco-See kommt in Sicht und Cortés zieht über Ixtapalapa und den südlichen Damm **am 8. November 1519,** im aztekischen Jahr „1 Rohr", **kampflos in Tenochtitlán ein** (s. Karte S. 558). Moctezuma II., durch die Quetzalcóatl-Prophezeiung verängstigt, empfängt Cortés freundlich und als hohen Gast. Als Dolmetscher fungieren Malinche und Aguilar.

„Oh unser Herr, mit Mühsal, mit Entbehrung hast Du es geschafft, dass Du hier in dem Lande angekommen bist, um Dich auf deiner Matte niederzulassen, die ich nur eine kleine Weile für Dich gehütet habe. Dahingegangen sind Deine Untertanen, fünf Könige, die vor mir geherrscht haben … Denn das haben uns die Vorfahren gesagt, dass Du kommen wirst, Deine Stadt zu besuchen, dass Du wiederkommen wirst. Und jetzt ist es wahr geworden ..."

Diese Begegnung zählt sicherlich zu den folgenschwersten Episoden der Menschheitsgeschichte.

■ *Moctezuma II. empfängt Cortés, Malinche übersetzt (aus Lienzo de Tlaxcala)*

Die Rückkehr der Götter

„Diese Stadt ist so groß und so schön, dass ich über sie kaum die Hälfte von dem sagen werde, was ich sagen könnte, und selbst dieses wenige ist fast unglaublich, ist sie doch schöner als Granada ..." schreibt der verzückte Cortés an seinen König, Karl V.

Und auch seine Soldaten sind vor Ehrfurcht wie erstarrt: *„Wir waren bass erstaunt, die majestätischen Türme und Häuser, alle aus massivem Stein, ragten aus dem Wasser. Sie sahen aus wie verzauberte Burgen, und manch' unserer Männer fragte sich tatsächlich, ob das, was wir sahen, nicht ein Traum sei ..."* Und Cortés weiter: *„Berücksichtigend, dass alle diese Leute Barbaren sind, die nichts von Gott wissen und von allen zivilisierten Völkern abgeschnitten sind, ist es wirklich bemerkenswert zu sehen was sie geschaffen haben".*

Die Spanier bestaunen besonders den großen **Markt von Tlatelolco,** wo es alles gab und mit allem gehandelt wurde, was das Aztekenreich zu bieten hatte (diesen Markt stellte der Maler Rivera im Nationalpalast in Mexiko-Stadt dar). Die Spanier sind überwältigt, doch am meisten aber verlangt es sie nach Gold.

■ *Der Templo Mayor (Codex Telleriano Remensis)*

„Ihr Durst nach Gold war eindeutig unstillbar; sie hungerten danach, sie lechzten danach", zitiert der Mönch Sahagún, der die Geschichte der Eroberung Tenochtitláns aufschrieb, aztekische Zeitzeugen und Gewährsleute, *„sie wollten sich damit vollstopfen, als wären sie Schweine ..."*

Geschickt bedient sich Cortés des Quetzalcóatl-Mythos. Nur sechs Tage später, am 14.11.1519, nimmt er Moctezuma als Geisel und plündert dessen Schatzkammer. An den König von Spanien schreibt er:

„Eure Königliche Hoheit! Es gibt so viel zu schildern, dass ich nicht weiß, wie ich beginnen soll, auch nur einen kleinen Teil davon aufzuzählen. Moctezuma besitzt sämtliche Gegenstände, die man unter dem Himmel finden kann, angefertigt aus Gold und Silber."

■ *Cuitláhuac*

Die Spanier schmelzen unverzüglich all die herrlichen Goldarbeiten zu handlichen Barren und halten Moctezuma weiter in Gefangenschaft. Derweil organisiert **Cuitláhuac,** Moctezumas Bruder, den aztekischen Widerstand.

Im März 1520 muss Cortés zur Küste zurück, weil dort Pánfilo de Narváez vor Anker gegangen ist. Narváez kommt im Auftrag des Gouverneurs von Kuba, er soll Cortés in einer Strafexpedition wegen dessen eigenmächtiger Handlungen absetzen. In Eilmärschen zieht Cortés nach Vera Cruz und besiegt Narváez am 29. Mai 1520 (nachdem er zuvor mit Gold die Offiziere bestochen hat). Mit dem Rest von Narváez' 1300 Soldaten verstärkt er seine Truppe und kehrt nach Tenochtitlán zurück. Dort hat zwischenzeitlich sein Stellvertreter, der brutale **Pedro de Alvarado,** am 23. Mai 1520 bei der großen aztekischen **Neu-Feuer-Zeremonie** *toxcatl* (Ablauf von 52 Jahren) in einem Blutbad über 200 Angehörige der aztekischen Oberschicht getötet. Ein Aufstand folgt und die Spanier verschanzen

■ *Der Kampf zwischen Azteken und Spaniern*

sich in einem Palast. Am 27. Juni erfolgt der gewaltsame Tod des gefangenen Moctezuma, der entweder von den Spaniern ermordet wird oder durch Steinwürfe aus einer Menschenmenge heraus stirbt, wie diese behaupten.

Drei Tage später, in der Nacht vom 30. Juni auf den 1. Juli, versuchen die eingeschlossenen Spanier zu fliehen. Viele von ihnen, schwer beladen mit Goldklumpen, fallen ins Wasser und ertrinken. Nach den Worten von Díaz del Castillo wird diese Nacht für die Spanier zur *„noche triste"*, zur „traurigen Nacht", denn sie verlieren bei ihrem Ausbruch mindestens 150 Mann, 45 Pferde, alle Kanonen und mehr als 2000 tlaxcaltekische Hilfskrieger. Bei Otumba werden die Flüchtenden von den Azteken nochmals angegriffen, doch Cortés gelingt es, im Getümmel den Anführer *Cuiacoatl* zu töten, den zweitmächtigsten Mann im Aztekenreich, worauf die Azteken den Kampf abbrechen. Der übriggebliebene Rest der spanischen Truppe – nach Díaz del Castillo „440 Mann, 12 Armbrustschützen, 7 Musketiere und 20 Pferde" – rettet sich, zu Tode erschöpft, in das 80 km entfernte Tlaxcala. Dort heilen die Verletzten ihre Wunden, werden neue Kräfte gesammelt und Pläne geschmiedet.

■ *Cuauhtémoc*

Tenochtitlán ist für kurze Zeit wieder eine freie Stadt. Neuer *tlatoani* nach dem Tod Moctezumas wird **Cuitláhuac.** Doch dieser stirbt noch im selben Jahr 1520 an den von den Spaniern eingeschleppten Pocken, so wie unzählige andere Stadtbewohner. Cuitláhuacs Nachfolger und der letzte Aztekenherrscher wird dann der legendäre **Cuauhtémoc,** der „herabstoßende Adler".

Am 26. Mai 1521, im aztekischen Jahr „3 Haus", marschiert Cortés von Tlaxcala erneut Richtung Tenochtitlán. Außer seiner Truppe befehligt er über 75.000 Tlaxcalteken und andere einheimische Krieger. Als erstes lässt er die Wasserleitung Tenochtitláns zerstören. Danach greift er nicht nur über die Dämme, sondern auch mit 13 vorgefertigten Booten von See aus an. „Santiago y España! Für den heiligen Jakobus und für Spanien", gellen die Schlachtrufe. Die Azteken wehren sich verzweifelt und mit allen Kräften, haben aber der großen Übermacht und der über zweimonatigen Aushungerung letztendlich nichts entgegenzusetzen. Am **13. August 1521 fällt Tenochtitlán.** Das Drama des Untergangs von Tenochtitlán dauerte über anderthalb Jahre. Cuauhtémoc wird gefangengenommen und die schönste Stadt Amerikas dem Erdboden gleichgemacht. Eine Gedenktafel im heutigen Stadtteil Tlatelolco, am „Platz der drei Kulturen", erinnert daran: „Am 13. August 1521 fiel Tlatelolco, heldenhaft verteidigt von Cuauhtémoc, in die Hände von Hernán Cortés. Es war weder Triumph noch Niederlage. Es war die schmerzhafte Geburt des Mestizenvolkes, des heutigen Mexiko".

■ *Angriff mit Booten über den See*

Cortés nimmt Cuauhtémoc 1524 auf seine Expedition nach Süden nach Honduras mit, wo er ihn unter dem Vorwurf des Verrats am 28. Februar 1525 beim Río Candelaria (Itzamkanac) hängen lässt.

Das Ende der „Fünften Sonne“

Der schnelle dramatische Zusammenbruch des aztekischen Reiches – wie konnte dies geschehen, warum haben die Azteken nicht konsequenter Widerstand geleistet? Wäre es für sie nicht ein Leichtes gewesen, die zwar stark bewaffneten, doch zahlenmäßig weit unterlegenen Spanier gleich bei der ersten Begegnung zurückzuschlagen und zu vernichten?

Das aztekische Tributimperium war zur Zeit der Ankunft der Spanier ein labiles Gebilde voller interner Spannungen. Cortés gewann sogleich nach seiner Landung die Totonaken als Verbündete, trat als Befreier auf. Selbst die später von ihm besiegten Tlaxcalteken unterstützten ihn bereitwillig mit Trägern, Führern und Kriegern. Ohne diesen Beistand – und den Rachegelüsten der Unterdrückten – wäre ihm die Eroberung Tenochtitláns kaum gelungen. Vor allem aber konnte sich der Traum der Konquistadoren von Sieg, Gold und Macht deshalb so leicht erfüllen, weil er auf einen anderen traf, nämlich auf die Vision der Azteken von der Rückkehr Quetzalcóatls aus dem Osten – „von dort, wo die Sonne aufgeht …“. Vier Schöpfungszyklen bzw. „Sonnen“ waren bereits vergangen, und für das Zeitalter der „5. Sonne“ wurde Quetzalcóatl erwartet. Und hatten nicht auch die unterdrückten Völker prophetische Zeichen gesehen, Rauch über dem Popocatépetl und vor allem den nächtlichen Kometen, dessen Schweif nach Osten wies …? Es war also nur eine Frage der Zeit, wann sich die Beherrschten erheben und sich den Invasoren anschließen würden, die ausgerechnet im aztekischen Jahr „1 Rohr“, im Jahr der erwarteten Rückkehr Quetzalcóatls, 1519 an der Küste von Veracruz gelandet waren.

„Wenn die Zeit reif ist, werde ich zusammen mit bärtigen weißen Männern über das Meer im Osten zu euch zurückkehren …“ Der angsterfüllte und verunsicherte Aztekenkönig Moctezuma II., der die Identität und die Dimension der heranrückenden Spanier nie richtig einzuschätzen vermochte, wurde zum Spielball der Quetzalcóatl-Prophezeiung. Viel zu spät erkannte er, dass der Zurückgekehrte in der Person Cortés nichts anderes beabsichtigte als Tod und Vernichtung. Die Azteken wurden Opfer ihrer eigenen Weissagung.

Soweit die gängige Version.

(Literatur-Tips: „Die Aztekin“, von Colin Falconer, Heyne Verlag. Das Leben der Malinche, Dolmetscherin und Geliebte von Hernán Cortés und die Eroberung von Tenochtitlán. – „Die Eroberung Mexikos“, von H. Thomas, S. Fischer Verlag.)

War es wirklich so?
(von Dr. Karsten Witt)

Die „Quetzalcóatl-Legende“ schon zu Lebzeiten Moctezumas als handlungsbestimmend herauszustellen ist problematisch, wenn auch die „Rückkehr der weißen Götter“ zum bekanntesten Topos (Klischee) der Eroberungsgeschichte gehört. Wie ist die Quellenlage? Bei keinem der spanischen Augenzeugenberichte wird eine Identifizierung zwischen Cortés oder Karl V. und Quetzalcóatl erwähnt. Auch in den aztekischen Quellen ist nicht belegt, dass die Azteken tatsächlich schon vor Ankunft der Spanier an eine Rückkehr Quetzalcóatls (s.S. 741, Glossar) glaubten. Die Version vom zurückkehrenden Quetzalcóatl findet sich **nur in Dokumenten, die relativ spät entstanden sind.** Hauptquelle für die Quetzalcóatl-Legende ist der aztekische Eroberungsbericht *Codex Florentinus,* der rund 30 Jahre nach dem Geschehen entstand (s.S. 553, „Fray Bernardino de Sahagún“). Er ist weniger ein historischer Bericht als ein Zeugnis über die Verarbeitung des eigenen Untergangs. Alle Berichte die sagen, Moctezuma habe Cortés für den zurückgekehrten Quetzalcóatl gehalten, wirken wie eine Entlastung für die Azteken, für eine nachträgliche Rechtfertigung ihrer Niederlage. Und ähnlich wie der Quetzalcóatl-Mythos müssen auch die Vorzeichen gesehen werden, von denen verschiedene Berichte sprechen und die schon Jahre vorher die Ankunft der Spanier und den Untergang der Azteken angekündigt hätten. Auch die Vorzeichen sind nachträglich mit dem Geschehen verknüpft worden, um das kaum zu Erklärende zu verstehen.

Orizaba

Ew. 121.000
1236 m
✆ **01-272**

Kurz vor Orizaba windet sich die Mex 150 aus dem Hochland kurvenreich durch bewaldetes Hügel- und Bergland auf nur noch gut 1200 m herab (die Mex 150D umfährt die Stadt). Gut 20 km nordwestlich erhebt sich mit 5636 m der höchste Berg Mexikos, der Vulkan **Pico de Orizaba** (*Citlaltépetl,* aztek. „Sternberg").

Geschichtliches

Das wasserreiche, schon in vorspanischer Zeit besiedelte *Ahuilizapan* wurde bereits wenige Jahre nach der Conquista zu einer der wichtigsten Stationen auf dem Verbindungsweg von Veracruz nach Mexiko-Stadt. Allein Cortés machte hier dreimal Halt, lobte schon 1520 nach der Eroberung von Tenochtitlán den Ort für seine Schönheit, sein mildes Klima und seine vielen Quellen. Durch die frühere Calle Real (heute Oriente 6) zogen sämtliche Konvois der Vizekönige Neuspaniens. Ende des 18. Jahrhunderts begann man in dem fruchtbaren Tal mit dem Tabakanbau. Mit der Industrialisierung im 19. Jh. kamen neben Tabak- auch Papierfabriken und 1896 die erste Brauerei hinzu. Heute ist Orizaba u.a. Sitz von Zementfabriken.

In Orizaba gibt es außer den Exkursionen in die attraktive Umgebung nicht sehr viel zu unternehmen. Kunstliebhaber sollten aber unbedingt einen Blick in das **Museo de Arte del Estado de Veracruz** werfen (im *Antiguo Oratorio de San Felipe Neri,* Sur 25 zw. 2 u. 4 Av. Ote, Di–So, 10–19 Uhr). Es beherbergt Werke mexikanischer Künstler aller Epochen, u.a. 33 Bilder von Diego Rivera sowie einige Lithografien von Alexander von Humboldt!

Das ehemalige Rathaus, der sehenswerte **Palacio de Hierro** im Zentrum an der Madero zw. 3 u. 5 Ote, ist eine gusseiserne Konstruktion mit Uhrenturm nach einem Entwurf von Eiffel. Es wurde Ende des 19. Jahrhunderts, in Einzelteile zerlegt, aus Belgien importiert und beherbergt heute das Turismo, diverse kleine Museen zu verschiedenen lokalen Themen und Veranstaltungsräume. Schräg gegenüber befindet sich die Kirche des Ex-*Convento de San José* und der schöne, baumbestandene Zócalo bzw. *Parque Castillo* mit üblich-buntem Treiben. Die Südseite des Platzes schließt das *Teatro I. de la Llave* ab. Nördlich schräg gegenüber vom Palacio nimmt das Marktgebäude mit Arkadenbögen einen ganzen Straßenblock ein.

Im ehemaligen Ausbildungszentrum für Arbeiter (*Centro Educativo Obrero*, an der Colón) befindet sich ein Wandbild des großen Muralisten *José Clemente Orozco* von 1926. Schöne Spaziermöglichkeit in der *Alameda Central,* 600 m westlich vom Zócalo, sowie am Uferweg des Río Orizaba.

Orizaba ist auch Ausgangspunkt für Ausflüge in die südlich gelegene **Sierra de Zongólica,** eine malerische Gebirgslandschaft mit unzähligen Berggipfeln, Höhlen, Bächen und Wasserfällen, wo die Traditionen der Nahua-Bevölkerung noch lebendig sind. Anfahrt mit einem 2.-Klasse-Bus über die kurvenreiche Mex 150 nach *Tequila* (30 Min.) oder *Zongólica* (1 h), die größten Ortschaften des Gebirges.

Adressen & Service Orizaba

Turismo Im *Palacio de Hierro*, tägl. 9–19 Uhr, Tel. 7289136; Broschüren und Stadtplan.

Unterkunft *Hotel Arenas,* am Parque Castillo (2 Nte 169, zw. Ote 3 u. 5), einfach u. nett, die 16 Zi. gruppieren sich um blumenbewachsenen Patio. DZ ab 160 Ps. – *Hotel Posada del Viajero,* Madero Nte gegenüber vom Markt, Tel. 7263320. 51

sehr einfache Zimmer, freundlich. DZ 200 Ps. – *Hotel del Rio,* Pte 8 No. 315, direkt am Fluss/Terminal von AU, Tel. 7289226. Freundlich, 35 einfache Zimmer. DZ ab 220 Ps. – *Hotel Plaza Palacio,* Pte 2/No 1, Tel. 7259933. Zentral, sauber, große Zimmer mit u. ohne Ausblick. DZ ab 355 Ps.

Essen Im *Palacio de Hierro* gibt es ein Café mit Fotoausstellung zum Thema Kaffee, um den Zócalo viele Restaurants. Günstig kann man im lebendigen Markt essen. Das *Mariscos Boca del Rio*, Pte 6/No 3, bietet viele Fisch- und Meeresfrüchtegerichte zu günstigen Preisen.

An- und Weiterreise Busterminal 1. Klasse ADO/UNO: Av 6 Ote/Ecke 13 Sur. Zahlreiche Fernverbindungen mit hohen Frequenzen. Nach **Córdoba** (45 Min.) halbstündlich. **Veracruz** (2,5 h) ca. alle 45 Minuten. **Mexiko-Stadt** (4 h) ca. stündlich. **Xalapa** (4 h) ca. anderthalbstündlich. – 2. Klasse/AU: Zaragoza Pte 425.

Besteigung des Pico de Orizaba

Ausgangspunkt für eine Besteigung – nur für geübte Bergsteiger! – ist das nordwestlich und unterhalb des Berges gelegene Dorf **Tlachichuca.** Der Bergführer Joaquin Canchola Limón betreibt eine nette Herberge für Bergsteiger, Av. 3 Pte No. 3, cancholashouse@yahoo.com.mx, Tel./Fax 011 (52)245 4515082. Professionelle Organisation von Orizaba-Besteigungen, Bergführerbüro, einfache Zimmer, 4x4 Transfer zur Hütte Piedra Grande (Ausgangspunkt für Besteigung), gute Hausmannskost, sehr freundlich. *(Astrid Därr).*

Für Selbstfahrer: Von Orizaba über die MEX 150 Richtung Puebla, Ausfahrt El Seco/Esperanza, ab Esperanza auf der PUE 394 über Ciudad Serdán nach Tlachichuca. Von Puebla biegt man in Acatzingo auf der MEX 140 nach N, dann noch ca. 20 km weiter auf der PUE 394 nach Tlachichuca.

Christian Müller, Österreich: In Tlachichuca organisiert auch Señor Reyes mit seiner Firma *Servimont* (www.servimont.com.mx, Calle J. Ortega 1A Sur, Tlachichuca, Tel. 245-4515019) alles (Dollars vorausgesetzt) und hat die neuesten Berichte bezüglich Aufstiegsrouten und Schneeverhältnissen. Fahrt zur Hütte Piedra Grande, in einem lockeren Spaziergang noch einige Höhenmeter aufsteigen (man schläft dadurch besser), restliche Zeit am Abend mit Essen und Trinken, Trinken und Trinken verbringen. Wir sind um 20 Uhr schlafen gegangen und um 2.30 Uhr für den Gipfelsturm aufgestanden. Weg bis zum Gletscher ist gut markiert (Steinmännchen, kleine Flaggen und weiße Farbmarkierungen), Aufstiegsroute über den Gletscher ist egal (zu Beginn dort wo es flacher ist, weiter oben ist es sowieso überall gleich steil, 40–45 Grad). Wir haben uns im oberen Drittel eher rechts gehalten und sind direkt Richtung Gipfel aufgestiegen (man erspart sich einen Teil des Kraterrandes), keine Spalten. Schneeverhältnisse idealer Harsch, Seil war nicht notwendig (gewisse Trittsicherheit vorausgesetzt). Der Gipfel sollte um ca. 10 Uhr erreicht werden wegen des später einfallenden Nebels, Abstieg dauert ungefähr 3 Stunden. Wir haben am Vortag das Taxi von Señor Reyes für 14.30 Uhr bestellt (bei Señor Reyes besteht auch die Möglichkeit zu duschen).

Technisch ist der Orizaba nicht besonders schwierig, eine gewisse Erfahrung mit Höhenbergsteigen und eine Grundkondition vorausgesetzt, wobei die Wetter- und Schneeverhältnisse eine große Rolle spielen: bei Blankeis braucht man gute Trittsicherheit und Erfahrung auf Eis (evtl. sind dann Seil und Eisschrauben notwendig); wenn beim Aufstieg um 10 Uhr der Gipfel noch nicht erreicht ist, besser umdrehen, weil ab 11 Uhr z.T. ziemlich dichter Nebel einfällt und es beim Abstieg vom Gletscher zu Orientierungsproblemen kommen kann (Ausstieg vom Gletscher muss gefunden werden).

Für Technikfreaks: Auf dem Gipfel des 4580 m hohen, erloschenen Vulkans Sierra Negra, direkt neben dem Pico de Orizaba, befindet sich u.a. das weltgrößte Radioteleskop für Millimeterwellen.

Córdoba

Ew. 196.000
860 m
✆ **01-271**

Weniger als 25 km und dazwischen die tiefe *Barranca del Metlac* trennen Córdoba von Orizaba. Die weite Eisenbahnbrücke, die schon 1873 über diese Schlucht gebaut wurde, war eine technische Meisterleistung des 19. Jahrhunderts. Erst seit 1985 fährt die Bahn über eine neue Brücke.

In der Kolonialzeit wichtiges Zuckeranbaugebiet und Schauplatz mehrerer Sklavenaufstände, die von den *hacendados* blutig niedergeschlagen wurden, ist die Gegend mit dem subtropischen Klima seit dem 20. Jahrhundert ein bedeutendes Anbaugebiet für Kaffee und tropische Früchte. Historische Bedeutung erlangte Córdoba 1829, als hier die Unabhängigkeit Mexikos von der spanischen Krone mit den „Tratados de Córdoba" vertraglich besiegelt wurde.

Die etwas verschlafene wirkende Stadt auf 860 m Höhe besitzt ein hübsches historisches Zentrum. Ein beliebter Treffpunkt sind die **Portales de Zevallos** am Zócalo (Parque de 21 de Mayo) mit Cafés und Restaurants. Hier wurden seinerzeit die „Tratados unterzeichnet. Schräg gegenüber begrenzt der platzbreite, prächtige **Palacio Municipal** die Westseite des Zócalo. Ihm gegenüber beobachten die Doppeltürme der großen Kathedrale mit barocker Fassade das Treiben. Neben der Kirche, im sehenswerten Gebäudekomplex **Portal de la Gloria** in doppelstöckiger Arkadenausführung, befindet sich das **Museo de la Ciudad** (Eingang: Calle 3/Av. 3 No. 305, tgl. 9–14 u. 16–20 Uhr) mit Fundstücken der Olmeken- und Totonakenkultur, einem Kulturzentrum und einer Bibliothek. Bekannt ist Córdobas Schweigeprozession am Karfreitag.

6 km außerhalb liegt das für den Anbau tropischer Blumen bekannte Städtchen **Fortín de las Flores**. Nahebei auch die **Hacienda Las Animas,** einst Residenz des Kaiserpaars Maximilian und Charlotte.

Adressen & Service Córdoba

Turismo
Im Palacio Municipal, Tel. 01-**271**-7171700.

Unterkunft
Hotel Iberia, Av. 2 Nr. 919, Tel. 7121301, iberiacordoba@prodigy.net.mx; schöner Patio, DZ ab 190 Ps. Am Zócalo: *Hotel Virreynal,* Avenida 1, Tel. 7122377, www.hotelvirreynal.com. Gute Zimmer, DZ 500 Ps, TIPP. Gleichfalls mit Zócalo-Überblick, neben der Kathedrale: *Hotel Mansur,* Tel. 7126000, www.hotelmansur.com.mx. DZ ab 535 Ps.

Essen & Trinken & mehr
schöne Restaurants in den Portales, Café-Buchladen *El Interior* im Innenhof in der 3. Av. Nr. 318: leckerer Kaffee und mehr in entspannter Atmosphäre, Artesanías, Spezialitäten aus Córdoba, besondere Bücher.

An- und Weiterreise
Im 1.- und 2.-Klasse-Busterminal (3 km südl. vom Zócalo an der Av. Privada, ins Zentrum mit „Centro"-Bussen oder einem Taxi) gibt es Verbindungen zu vielen Fahrzielen. ADO und Ómnibus Cristóbal Colón fahren nach **Mexiko-Stadt** (TAPO), luxuriös mit Línea UNO oder mit ADO GL (4,5 h). – **Oaxaca** (6,5 h), **Puebla** (3 h, ADO). – **Veracruz** (1,5 h, ständige Abfahrten). – **Xalapa de Enríquez** (mit ADO, ca. stündlich, 3 h). *Autobuses Unidos* (2. Klasse) fahren nach Alvarado, Catemaco, San Andrés Tuxtla, Tlacotalpan u.a. Ziele.

Xalapa de Enríquez

Ew. 512.000
✆ **01-228**

Die beschauliche Hauptstadt des Bundesstaates Veracruz, oft noch in span. Schreibweise „Jalapa" geschrieben, liegt inmitten üppiger subtropischer Vegetation und ausgedehnter Kaffeeplantagen. Cortés erreichte *Xallapan* 1519 bei seinem ersten Zug ins Hochland und befahl den Bau einer Kirche. Das wurde 1641 mit dem Bau der Kathedrale umgesetzt. Alexander von Humboldt nannte Jalapa bei seinem Besuch 1804 „Stadt der Blumen", was bis heute Slogan ist. Viele schön gestaltete Parks und Grünanlagen lockern das Häusermeer der ausgesprochen hügeligen Stadt auf. Das Klima Xalapas ist wegen der Höhenlage von 1400 Metern erfrischend. Es ist häufig dunstig oder nebelig, der typisch feine Regen wird lautmalerisch *chipichipi* genannt.

Kulturell hat Xalapa – ganz hauptstadtgerecht – viel zu bieten: Es gibt interessante Museen, eine Staatsgalerie *(Galería del Estado)* und ein Staatstheater *(Teatro del Estado),* Galerien für moderne und traditionelle Kunst sowie ein umfangreiches Angebot an Konzerten, Aufführungen und Veranstaltungen – dies alles nicht zuletzt wegen der bekannten *Universidad Veracruzana* mit vielen tausend Studierenden.

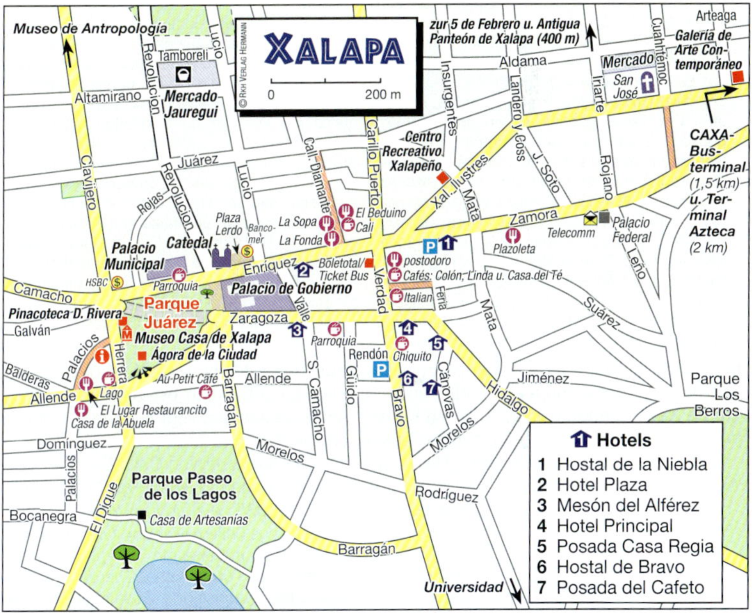

Sehenswertes

Wichtigste Straße im *Centro Histórico* ist die Calle Enriquez. Hier befindet sich der alte Zócalo, die *Plaza Lerdo,* flankiert von der mehrfach umgebauten, eintürmigen *Catedral Metropolitana* auf der Westseite und vom neoklassizistischen *Palacio de Gobierno* auf der Südseite. Der einen ganzen Block einnehmende Sitz der Landesregierung birgt in seinem Inneren ein sehenswertes *mural* (dazu den

Osteingang nehmen), außerdem gibt es einen Info-Kiosk. Gleich westlich des Palacios schließt sich der beliebte *Parque Juárez* an, der auf dem Gelände des ehemaligen Franziskaner-Klosters angelegt wurde. An seiner nördlichen Seite liegt der *Palacio Municpal*, das Rathaus von 1892. Der zentral gelegene *Parque Juárez* wird von der Calle Zaragoza untertunnelt und bietet auf seiner Süd- und Westseite schöne Ausblicke auf die Stadt und die Umgebung (bei guter Sicht kann man den schneegekrönten *Pico de Orizaba* sehen). Zum Seepark **Paseo de los Lagos** geht es steil durch enge, meist verstopfte Straßen und viele Stufen hinunter.

Das Volk der Huasteken

Die Huasteken (*Huaxtecas,* Eigenbezeichnung *Teenek*) leben nördlich des Siedlungsgebietes der Totonaken. Linguistisch zählen sie zur Maya-Sprachgruppe mit heute noch etwa 180.000 Sprechern. Ihre Blütezeit hatte diese Zivilisation, die vor der spanischen Eroberung das Gebiet zwischen der Sierra Madre Oriental und dem Golf von Mexiko beherrschte, im 10. Jh. n.Chr. Die Huasteken galten als sehr kriegerisch, schon die Azteken hatten ihre liebe Not mit ihnen und eine erste spanische Expedition unter dem Konquistador *Alonso Alvarez de Pineda* (1494–1520) wurde völlig aufgerieben. Viele andere Völker, allen voran die expansiven Azteken, haben in der *Huasteca* gleichfalls ihre Spuren hinterlassen. Heute bewohnen das Gebiet eine Vielzahl von Ethnien, neben Huasteken auch Nahua, Totonaken, Otomíes, Tepehuanes, in der Küstenregion zahlreiche Afrikanischstämmige und vor allem als Mehrheitsgesellschaft Mestizen.

Trotz der vielen Gruppen und geografischen Unterschiede innerhalb der Huasteca, die von Meeresspiegelhöhe bis auf 2200 m Höhe ansteigt und spektakuläre Gebirgslandschaften bietet, hat sich bei diesem offenen, gastfreundlichen Menschenschlag eine gemeinsame Identität herausgebildet, die sich vor allem in der musikalischen Kultur ausdrückt. Die typische und mitreißende Tanzmusik der Region, der *huapango* oder *son huasteco,* wird von Geige und der *huapanguera*-Gitarre begleitet und meist mit Kopfstimme gesungen. Beim rituellen Gruppentanz *Danza de las Varitas* kommen meist Flöten und Trommeln zum Einsatz. Ein guter Ausgangspunkt für Reisen durch die touristisch immer noch wenig bekannte Huasteca ist Tuxpan.

Museo de Antropología de Xalapa (MAX)

Nach dem Anthropologischen Museum in Mexiko-Stadt ist dies das attraktivste des Landes und ein Muss! Es präsentiert beinahe drei Jahrtausende Geschichte und Kunst Mesoamerikas und liegt 4 km nördlich vom Zentrum inmitten einer ausgedehnten Gartenanlage an der Av. Xalapa. Anfahrt mit einem „Tesorería“-Bus von der zentralen Calle Enríquez. Geöffnet Di–So 9–17 Uhr, 50 Ps, Gratisführungen in Span. tgl. 11.30 Uhr, in Engl. nur Sa/So gegen Gebühr. Tel. 8150920, www.uv.mx/max/.

In einem modern konzipierten Gebäude aus hellem Marmor, Glas und Stahl, präsentiert das mehrfach prämierte MAX eine umfassende Sammlung der drei wichtigsten Golfküstenkulturen, die **Olmeken, Totonaken** („Culturas del Centro“) und **Huasteken** sowie in zwei Sälen wechselnde Ausstellungen. Wer noch keinen olmekischen **Kolossalkopf** sehen konnte, kann dies hier nachholen: Den Patio beherrscht der besonders schöne „El Rey“ aus graugrünem Basalt. Es gibt weitere Köpfe, einige aus San Lorenzo bei Coatzacoalcos (Olmeken-Exkurs s.S. 720). Nach den beiden Olmeken-Sälen findet man im nächsten Raum Objekte der weniger bekannten Remojadas-Kultur aus Zentral-Veracruz: Meisterwerke aus Terrakotta sind die typischerweise **lächelnden Figurinen, Xipe-Tótec,** der Gott des Frühlings, der Aussaat und der Vegetation (mit Schuppenkleid, hergestellt aus der Haut Geopferter) sowie **Mictlantecutli,** der Gott des Todes in Form einer Skelettfigur. Es folgen ein Modell von **El Tajín** und Kunstschätze von dort (Reliefplatten und Schutzkleidung von Ballspielern). Die Attraktion im Saal *El Zapotal* ist die Skulptur des brillengesichtigen **Regengotts Tlalóc.** Der Saal 8 widmet sich der Kultur der

telgebäuden. Auf dem Platz ist immer was los, und abends, wenn das musikalische Durcheinander der vielen Musikgruppen alles andere übertönt, findet man kaum mehr einen Sitzplatz bei den Cafés und Restaurants unter den Arkaden.

Zum Leuchtturm Faro Carranza

Über die Straßen Zamora oder Molina gelangt man zum breiten Boulevard Insurgentes Veracruzanos, auch **Paseo del Malecón** genannt. Der große *Mercado de Artesanías M. Valdes* zieht sich bis vorn zur Kaimauer. Auf der anderen Boulevardseite, eingerahmt von Hotelbauten, ist das bekannteste Kaffeehaus der Stadt, das **Gran Café de la Parroquia** („Café Bicentenario"), wo man eine Pause einlegen könnte, wenn man einen Platz ergattert. Hier vom Malecón fahren die Sightseeing-Busse **TuriBus** und **TranVía** ab und an der Mole liegen Boote bzw. *lanchas* für Hafentouren. Die Boote der Firma ASDIC für Hafenrundfahrten, nach San Juan de Ulúa sowie zur *Isla de Sacríficos* (s.u., „Umgebungsziele") liegen weiter vorn direkt an der Kaimauer, Abfahrtszeiten s. dort, Tel. 9359417, Infos auch auf www.asdic.com.mx.

Am Ende des Malecón ragen zwei Bauwerke in die Höhe: der Leuchtturm **Faro Venustiano Carranza** mit einer hohen Statue des Namensgebers davor und der **Torre de Pemex,** das Verwaltungshochhaus der mexikanische Petro-Industrie *Petroleos Mexicanos*. Der ehemalige Revolutionsführer Carranza (1859–1920) wurde 1914 mexikanischer Präsident und war Miturheber der neuen mexikanischen Verfassung von 1917. Entlang des Wassers gibt es weitere Statuen, darunter eine zum Gedenken an Alexander von Humboldt, der 1804 Veracruz bereiste (ganz vorne).

San Juan de Ulúa

Auf der Halbinsel Gallega befindet sich das Wahrzeichen und die wohl größte Sehenswürdigkeit von Veracruz, die **Hafenfestung San Juan de Ulúa.** Mit ihren pfeilförmigen Eckbastionen *Santiago, Solidad, San Pedro* und *Crispín* bewacht sie wirkungsvolle die Einfahrt zum Hafen von Veracruz. Geöffnet Di–So 9–16 Uhr, Eintritt. Anfahrt mit einer Tranvía vom Paseo del Malecón oder mit einem Boot von dort. Es gibt Gruppenführungen in Spanisch, Privatführer auf Englisch sind teuer, Rundgang ca. 2 Std., www.sanjuandeulua.com.mx.

Der spanische Seefahrer *Juan de Grijalva* landete 1518, noch ein Jahr vor Cortés, auf der einstigen Festungsinsel, die später durch einen aufgeschütteten Deich mit dem Festland verbunden wurde (Grijalva segelte damals weiter nach Norden die Golfküste entlang). Zur Abwehr englischer und holländischer Piraten begannen die Spanier bereits 1528 mit dem Bau der Festung aus Korallengestein, doch erst 200 Jahre später wurde sie fertig. Nachdem es keine Piraten mehr gab, wurde sie ein berüchtigter Kerker mit Verliesen und Gängen, die bei Flut unter Wasser standen. Zur Zeit der mexikanischen Inquisition 1539–1815 wurde hier gefoltert. Prominentester politischer Insasse war 1853 der spätere mex. Präsident *Benito Juárez.* San Juan de Ulúa war die letzte Festung des spanisch-mexikanischen Vizekönigreiches im Unabhängigkeitskrieg. Von 1823–25 verschanzten sich hier die Königstreuen und beschossen mit Kanonen die schon freie Stadt Veracruz. Venustiano Carranza machte die Festung ab 1915 zeitweilig zum Regierungs„palast". In der Morgensonne hat man von dort einen schönen Panoramablick auf Veracruz.

■ *Die Festung San Juan de Ulúa*

Museo Histórico Naval Das Museum in der ehemaligen Marineschule an der Calle Landero y Cos zwischen Arista und Morales ist die zweitwichtigste Sehenswürdigkeit der Stadt und ein Muss nicht nur für Freunde der Seefahrt: Zu sehen sind Modellschiffe, Seekarten und Navigationsgeräte, Objekte und historische Zeugnisse zur Stadtgeschichte und zur mexikanischen Marine. Außerdem Waffen aller Art, Uniformen, Schautafeln zum Krieg Mexiko–Frankreich und vieles mehr. Zeit mitbringen! Di–So 10–17 Uhr, Eintritt frei.

Baluarte de Santiago Diese Bastion liegt an der Calle Farías zwischen Canal und Rayón; Di–So 10–16.30 Uhr. Als 1873 die Eisenbahnlinie von Mexiko-Stadt nach Veracruz fertiggestellt worden war, musste auch die Stadtmauer fallen, um die Gleise bis an die Kais führen zu können. Nur noch ein kleines Stück Stadtmauer ist geblieben, zusammen mit dem **Baluarte de Santiago,** dem letzten von ehemals 9 dieser Bollwerke. Falls sich jemand wundert, dass die Festung so weit vom Meer entfernt steht: im Laufe der Zeit wurden die Hafenkais immer weiter ins Meer hinausgebaut und die Schutzmauern rückten vom Wasser weg.

Zugang über eine Rampe mit Zugbrücke. In dem kleinen Museum (Eintritt) sind die **Joyas del Pescador** ausgestellt. Eine 1976 entdeckte spanische Galeone, die vor Veracruz versank, hatte den kleinen Goldschatz einst an Bord. Er besteht aus Schmuckstücken, Ketten, Ohrgehängen und Spangen und ist vermutlich mixtekischen Ursprungs.

Museo de la Ciudad Einen Überblick über die Geschichte der Stadt von den Olmeken bis zur Mexikanischen Revolution, u.a. mit einem Saal über die Geschichte der schwarzen Sklaven in Veracruz, zeigt das **Museo de la Ciudad,** Ecke Zaragoza/Morales. Mo–Sa 10–18 Uhr, So bis 15 Uhr, Eintritt frei.

Weiteres Am breiten Malecón liegen das riesige Zollamt und Schiffe aus aller Welt. Einen **Hafenüberblick** hat man von der Dachterrasse des Hotels Emporio (freundlich nachfragen, da sie normalerweise nur für Hotelgäste ist). In der Calle Julio Montero, befinden sich die ehemaligen Lagerhallen **Las Atarazanas** aus dem 18. Jh. Heute sind dort ein kleines Kulturzentrum und eine Buchhandlung untergebracht (Mo–Sa).

Südlich außerhalb: Acuario de Veracruz Einen Besuch wert ist dieses große **Aquarium** im Innern des Einkaufszentrums *Centro Comercial Plaza Acuario* südlich außerhalb (Blvd. A. Camacho, s. Übersichtskarte). Hauptattraktion ist ein riesiges, ringförmiges Acrylglasbecken, in dem Schildkröten, Haie und andere Großfische die Besucher umgleiten. Wasserdampfdüsen sorgen für permanent-tropische Schwüle. Alle Infos auf www.acuariodeveracruz.com, tägl. 10–19.30 Uhr, 110 Ps. Außerdem *Delfinario* und hautnahe Hai-Begegnungen im *Tiburonario* (440 Ps).

Das ebenfalls dort befindliche **Museo de Cera** präsentiert 130 Wachsfiguren realer und fiktiver Persönlichkeiten aus aller Welt, merkwürdige Objekte u.v.m. Kombi-Ticket mit dem Acuario, *www.museodecera.com.mx*. Anfahrt mit einem Boca del Río-Bus von der Calle Serdán oder einem Villa del Mar-Bus von der Zaragoza („Ripley"). Sie halten direkt vor dem Eingang. Die Strände die neben dem Acuario beginnen sind alles andere als einladend.

Adressen & Service Veracruz

Turismo Im Palacio Municipal am Zócalo (rechts), tägl. 10–18 Uhr, Tel. 01-**229**-9398817, www.veracruz.mx; Infos, Stadtplan etc. Ein „Información Turística"-Kiosk steht an der Ecke Insurgentes (Paseo del Malecón)/Landero y Cos.

Web www.veracruzmunicipio.gob.mx • http://centrohistorico.veracruzmunicipio.gob.mx/ • www.veracruzmio.com • www.carnavalveracruz.com.mx • u.a.

Unterkunft

Der Standard der Hotels in Veracruz ist für das verlangte Geld häufig ziemlich schlecht und die Auswahl nicht besonders groß. Am Zócalo ist es laut, dort auf „leise" Zimmerlage achten. Lärmig sind meist auch die Klimaanlagen, auf die man aber kaum verzichten kann. Je nach Nachfrage bzw. Saison variable Preise. In der Karnevalszeit, zu Ostern und Mitte/Ende Juli (Karibik-Festival) vorbuchen! Die Seite www.veracruzmio.com listet bei „Hotels" übersichtlich alle 3–5-Sterne-Hotels mit Fotos und Preisen auf.

Hotel beim Busterminal: Zu empfehlen ist das Hotel **Impala,** Orizaba 650, Tel. 9351257; sehr ordentliche Zi. ab DZ 350 Ps.

ECO **Hotel Amparo,** Serdán 482, Tel. 9322738, www.hotelamparo.com.mx. Zentral, saubere, einfache Zimmer, freundlich. DZ/F ab 300 Ps, mit AC mehr. – 50 m zuvor in der Fußgängergasse Trigueros de la Campaña das kleine, einfache **Hotel Casa Blanca** in ähnlicher Preislage, Tel. 29004624.

Hotel Santander, Landero y Cos/Ecke Molina, Tel. 9324529. Zentral, aber laut, 50 Zimmer. DZ ab 350 Ps.

FAM **Hotel El Faro,** 16 de Septiembre 223 zw. Arista u. Morales, Tel. 9316538, www.hotelelfaro.com.mx. Schmales, vierstöckiges Gebäude mit 28 Zimmern/ AC/Vent. Sicher, freundlich, in der Lobby ein Café. Die Betreiber (engl.- u. franz.-spr.) verstehen ihr Gastgewerbe. DZ 400 Ps, HS 550 Ps. **TIPP.**

Hotel Oriente, Lerdo de Tejada zw. Landero y Cos u. Morelos, Tel. 9312615, www.hoteloriente.mx. Gute Mittelklasse, 78 Zimmer/AC, Restaurant, Bar u.a. DZ ab 420 Ps.

Hotel Ruíz Milan, Paseo del Malecón/Ecke Farias, Tel. 9323777, www.ruizmilan.com. Attraktive, moderne Zimmer, Restaurant etc. DZ/F 680 Ps (NS).

Um den Zócalo gibt es einige Traditionshotels: **Hotel Imperial** von 1793, Lerdo de Tejada 153 (gegenüber der Kathedrale), Tel. 9313470, www.hotelimperialveracruz.com. 55 Zimmer/AC, Restaurant, Bar, von der Dachterrasse Blick auf den Zócalo. DZ 600–905 Ps.

Einen Steinwurf entfernt: **Hotel Colonial,** Lerdo de Tejada 117, Tel. 9320193, www.hcolonial.com.mx. In dem verwinkelten Gebäude gibt es 178 verschiedene Zimmer, mit und ohne Zócalo-Blick oder Balkon. Dachterrasse, Bar, kleiner Pool. DZ mit Blick ab 595 Ps, kleines DZ ab 495 Ps.

LUX **Hotel Veracruz,** Zócalo, Ecke Independencia/Lerdo de Tejada, Tel. 9893800, www.hotelveracruz.com.mx. Hotel der Oberklasse, 104 Zimmer, 4 Suiten, alle Services und Einrichtungen, Pool. DZ/F als *oferta* ab 990 Ps.

In der Insurgentes bzw. am Paseo del Malecón reihen sich neuere Hotels:

Hotel Emporio, Paseo del Malecón 244, www.hotelesemporio.com, Tel. 9893300. 223 Zimmer mit allen Annehmlichkeiten, Terrasse im 9. Stock, toller Blick über den Hafen, Pools und Restaurants. DZ ab ca. 2000 Ps, Homepage-Sonderangebote. – **Hawaii Hotel,** Paseo del Malecón 458, Tel. 9898888, www.hawaiihotel.com.mx. Modernes Business-Hotel mit gutem PLV. DZ 600–800 Ps. Gleich daneben: **Hotel Ruíz Milan,** s.o.

Wohnmobil *Rancho La Condesa,* N19.09477 W96.11607. In einem Balneario an der Mündung des Río Jamapa/Boca del Río (v. N vor der Brücke in die Hidalgo/Playa de Vacas).

Essen & Trinken Als Hafenstadt stehen in Veracruz Fisch und Meeresfrüchte überall auf den Speisekarten. Spezialitäten sind z.B. *langosta loca* („verrückter Hummer"), *huachinango* (Rotbarsch) oder *filete a la veracruzana,* gegrilltes Fischfilet mit Zwiebeln, Knoblauch, Tomatensoße und Oliven. Es gibt aber auch eine große Anzahl von Kettenrestaurants bekannter Namen.

Die unter den Arkaden liegenden Restaurants rings um den Zócalo verlangen erhöhte Preise. Außerdem wird man dort alle zwei Minuten von Leuten genervt, die von Tisch zu Tisch ziehen, um Geld betteln oder etwas verkaufen wollen. Im Stadtplan haben wir einige Alternativen eingetragen, z.B. das familiäre **Don Juan II** in der Serdán/Ecke Landero y Cos mit Comida corrida und „Desayuno económicos". Gleich daneben, Ecke Zaragoza: **El Cochinito de Oro,** einfach. In Serdáns Parallelstraße Molina, gleich neben dem Hotel Santander, ist das Fischrestaurant **Mariscos Tano** ein Tipp. Etwas südlicher, in der 16 de Septiembre 727, findet man das alteingesessene Familienrestaurant **Sanborcito** mit traditionellen Gerichten aus Veracruz.

Einen abendlichen Markt gibt es montags entlang des Hafens am *Paseo del Malecón,* nett für einen Bummel. Dort findet man auch das **Gran Café de la Parroquia,** ein traditionsreiches, weithin berühmtes Kaffeehaus. Mit dem Klimpern ihrer Löffel rufen die Gäste den Ober herbei, der dann den *café lechero,* den Milchkaffee, nachfüllt. Wahrzeichen der Parroquia sind zwei italienische Espressomaschinen aus dem Jahre 1926. Das Café zog 1994 vom Zócalo (jetzt: Gran Café del Portal) an seinen heutigen Ort. Das gesamte Stammpublikum ist zwar mitgegangen, so dass man wie früher oft keinen Platz findet, aber die 1950er-Jahre-Atmosphäre des früheren Cafés ist leider nicht mitgezogen. Auch Speisen, gehobene Preise. Die ganze Story auf www.laparroquia.com.

Einkaufen

Artesanías und Sonstiges entlang des Paseo del Malecón bzw. in der Insurgentes und im gegenüberliegenden Gebäude „Plaza de las Artesanías", neben dem Hawaii-Hotel. Der *Mercado Hidalgo* befindet sich südlich des Zentrums an der Madero zw. Calle Cortés und Juan Soto (beim Parque Zamora).

Unterhaltung

Das abendliche Zócalo-Treiben beobachten und der Musik zuhören. Tanzgruppen am Dienstag- und Freitagabend. Veranstaltungen im *Instituto Veracruzano de la Cultura* (IVEC) an der Canal und in der Casa de la Cultura, Calle Landero y Cos. Am südlichen Boulevard Camacho gibt es zahlreiche Hafenkneipen und Bars.

Feste

Karneval! Karwoche, Ende Juni das *Festival Afrocaribeño,* in den letzten beiden Juliwochen das *Festival del Caribe.*

An- und Weiterreise Bus

Wie bereits bei „Orientierung" geschrieben, liegen die Busterminals 3 km südlich vom Zócalo. Das 1. Klasse-Terminal CAVE (ADO u.a. Gesellschaften) liegt an der Av. Díaz Mirón zw. Molina und Orizaba. Rings um den Terminal-Straßenblock gibt es einige Hotels, gut ist das nahegelegene NU-Hotel in der Av. Lafragua zw. Molina und Orizaba, www.nuhotel.com.mx (DZ 400 Ps, HS 550 Ps).

Veracruz ist Verkehrsknotenpunkt mit vielen Verbindungen in alle Richtungen. Direkt nach **Mexiko-Stadt** geht es über Córdoba, Orizaba und Puebla. Oder mit Abstechern die Küste nordwärts, dann landeinwärts über Papantla/ Poza Rica (El Tajín besuchen s.u.) und evtl. **Pachuca**. – Eine dritte Möglichkeit nach Mexiko-Stadt ist die Strecke über Xalapa. Nach **Oaxaca** fährt man über Tuxtepec. Nach **Villahermosa** über San Andrés Tuxtla und Acayucan.

1. Klasse, ADO/AU: Catemaco 11x tägl. (3,5 h). – **Córdoba** ständig (1,5 h). – **Mexiko-Stadt** (zum TAPO-Terminal) mit ADO/AU ständig (5,5–7 h; mit ADO GL auch zu anderen Mexiko-Stadt-Terminals). – **Oaxaca** mit ADO 6x (7–8 h). – **Orizaba** ständig (2,5 h). – **Papantla** (El Tajín) 6x tägl. (rd. 4 h). – **Puebla** sehr häufig (direkt 3,5, sonst bis 5 h). – **San Andrés Tuxtla** 15x (3 h). – **Santiago Tuxtla** 13x (2,5 h). – **Villahermosa** häufig (6–8 h). – **Xalapa** ständig (knapp 2 h). – **Tampico** (8–9,5 h).

2. Klasse, AU (Autobuses Unidos), **TRV** (Transportes Regionales de Veracruz) u.a. bedienen Ziele in näherer Umgebung, aber auch oben genannten Städte.

Flug

Der Flughafen *Heriberto Jara Corona* liegt 10 km südl. der Stadt an der Mex 150. An-u. Abfahrt nur mit Taxi möglich. Flugzeit nach Mexiko-Stadt ca. 30 Minuten. Weitere Verbindungen nach Monterrey, Guadalajara, Cancún, Villahermosa, Acapulco. Fluggesellschaften sind *Aeromar, Aeroméxico, Aeroméxico Connect, Interjet, Viva Aerobus, MAYAir.* Infos unter www.asur.com.mx.

Umgebungsziele Veracruz

Zur **Isla de los Sacrificios,** wo einst angeblich Menschenopfer stattfanden, ist es mit dem Boot vom Paseo del Malecón eine halbe Stunde (Kostenpunkt ca. 6 €). Betreten werden darf sie nicht. Man sieht ein kleines Haifischbecken und fährt danach zu einer netten Sandbank zum Schwimmen (Badezeug vorher anziehen!).

Baden ist noch möglich am (nicht attraktiven!) Strand von **Mocambo** (8 km südlich, Anfahrt mit Boca del Río/Mocambo-Bussen von der Ecke Serdán/Zaragoza, s. Übersichtskarte). Südlich davon liegt **Boca del Río,** ein Touristenzentrum mit etwas besseren Stränden, teuren Hotels und vielen kleinen Fisch- und Meeresfrüchterestaurants. Noch südlicher folgen weitere Strände sowie die **Laguna Mandinga** (20 km), dorthin mit 2.-Klasse-Bussen vom Busterminal.

La Antigua

Wer sich für die wohl **älteste Kirche des amerikanischen Kontinents,** die *Ermita del Rosario* von 1523/24 interessiert, der muss zum bereits am Kapitelanfang erwähnten Fischerdorf **La Antigua** am kleinen *Río Antigua* fahren (28 km nördl. von Veracruz, Anfahrt mit einem 2. Klasse-Bus). Auch hier rühmt man sich mit einer **Casa de Cortés.** Die Ruine aus schwarzbraunen Korallensteinmauern hinterm Zócalo ist von Baumwurzeln und Schlingpflanzen überwachsen. Cortés hat hier niemals gewohnt, in dieser Bucht soll er aber seine Schiffe – bis auf eines – seeuntüchtig gemacht haben lassen (s.a. Cortés' Zug nach Tenochtitlán, S. 675). Es gibt nette Fischrestaurants am Fluss.

Zempoala (Cempoala)

Etwa 40 km nördlich von Veracruz nahe der Mex 180 liegt **Zempoala** und die gleichnamige Ruinenstätte (1 km außerhalb des Orts, tägl. 8–17 Uhr, 43 Ps, kleines Museum). Die einstige Hauptstadt der Totonaken war damals ca. 8 qkm groß und hatte vermutlich 30.000 Einwohner. Etwa 50 Jahre vor Cortés' Ankunft von den Azteken unterworfen, konnte dieser sie als Verbündete gewinnen. Von Zempoala begann Cortés' im August 1519 seinen Marsch nach Tenochtitlán.

Die kleine Stätte umfasst zehn mauerumgrenzte Gebäudegruppen. Der *Templo Mayor,* eine dreizehnstufige Pyramide, ist mit 11 m Höhe das größte Bauwerk, bei der kleineren Nachbarpyramide wurde eine *Chak Mool*-Skulptur gefunden. Interessant sind noch drei verschieden große, kreisförmige Steingebilde, die vermutlich zeremoniellen Zwecken dienten. In der Mitte der Anlage (hier soll ein besonderes Energiefeld liegen) ist ein Echo zu vernehmen. Anfahrt mit AU-Bussen (2.-Klasse), ev. umsteigen in Cardel.

14 km von Zempoala entfernt (mit Taxi oder Bus ab Cardel) liegt der Strand von **Chachalacas.** In der kleinen Ortschaft mit tropischem Ambiente gibt es preiswerte Hotels und Strandrestaurants.

Quiahuitzlán

30 km nördlich von Zempoala, bei *Cerro de los Metates* (Bus), befindet sich auf einem Hügel *Quiahuitzlán,* der „Ort des Regens", eine ehemalige Siedlung und Festung der Totonaken (im 13. Jh. von den Azteken erobert). Vorhanden sind noch drei wenig erhaltene Pyramiden und der Ballspielplatz. Besuchenswert ist die Stätte aber vor allem wegen ihrer Steingräber in Form kleiner Tempel oder Pyramiden. Es wurden insgesamt 78 *teocallis* („Götterhäuser") mitsamt den dazugehörenden Gebeinen und Grabbeilagen, auf drei Begräbnisstätten verteilt, entdeckt,. Auch dieser Ort hat einen Bezug zu Cortés: Kurz nach der Ankunft der Spanier schlossen diese hier ein Bündnis mit 30 Totonakenvölkern.

Von Veracruz nach Norden

Die oben beschriebenen Orte/Stätten La Antigua, Zempoala und Quiahuitzlán kann man auch als Abstecher auf der Reise nach Norden bzw. nach El Tajín besuchen.

Die Mex 180 verläuft zwar stets parallel zur Küste, doch nur selten sieht man Strände. Zwischen Nautla und Tecolutla erstreckt sich die „Smaragdküste", die **Costa Esmeralda.** Das Meer präsentiert sich hier häufig türkisfarben, selten aber im Februar und seinen Folgemonaten. Es gibt jede Menge Strände mit guter touristischer Infrastruktur (Strandhotels, Cabañas) und viele Trailer- bzw. Campingparks. Vor Casitas (km 88) ist *Camping Coco Loco* beim freundlichen Schweizer Martin ein Tipp, einfache Casitas mit Restaurant direkt am Meer. Bis Playa Paraíso (km 86) gibt es noch ca. zehn weitere Campingplätze, anzusehen auf www.ontheroadin.com. Etwa 2 km nördl. von Casitas liegt das Hotel *Marbella,* eine gepflegte, empfehlenswerte Anlage mit Cabañas und gutem kleinen Restaurant.

In Gutiérrez Zamora gabelt sich die Mex 180: Der Straße zum Meer folgend gelangt man nach **Tecolutla**, ein netter Fischer- und Küstenbadeort. Ins Landesinnere nach Papantla sind es von Gutiérrez Zamora noch 30 km.

Papantla

Ew. 170.000

✆ 01-784

Papantla, die „Stadt, die die Welt parfümiert", ist von dicht bewachsenen Hügeln umgeben, besitzt eher kleinstädtischen Charakter und ist mit ihren krummen Straßen definitiv nicht nach dem Schachbrettmuster angelegt. Die Einwohner sind überwiegend Nachfahren der Totonaken, manche Männer tragen noch die traditionellen weißen und weiten Hosen und Hemden. Vom ADO-Busterminal geht es etwa 600 m die Juárez aufwärts (am Hotel Mesón del Conejo links halten) zum kleinen Zócalo (Parque Téllez). Am Hang oberhalb liegt die **Iglesia de la Asunción.** Die Wand unterhalb der Kirche schmückt ein überbreites, modernes Relief von Teodoro Cano mit Szenen der Totonaken-Kultur. Das zentrale Motiv ist die berühmte Nischenpyramide von **El Tajín.** Dem in Papantla geborenen Maler und Bildhauer ist in der 16 de Septiembre ein kleines Museum gewidmet (Bilder, Skulpturen, Tonakentrachten, archäologische Artefakte, alte Fotos von Papantla; im hinteren Bereich ein Saal für Kulturveranstaltungen). Ansonsten ist Papantla vor allem Ausgangspunkt für die Pyramiden von El Tajín (im Inneren des Palacio Municipal gibt es eine Kopie der Reliefszenen des südlichen Ballspielplatzes). Täglich finden **Voladores-Vorführungen** auf dem Platz vor der Kirche statt (und auch in El Tajín). Auf einem Hügel steht das weithin sichtbare *Monumento al Volador,* auch von T. Cano gestaltet.

Papantla ist Wiege und Zentrum der mexikanischen **Vanilleproduktion**. Die Orchideenart stammt aus dieser Gegend und gelangte erst im 19 Jh. nach der mexikanischen Unabhängigkeit in andere Länder und Erdteile. Bis dahin hüteten die Spanier ihr Monopol auf die edle Schote, die schon in vorspanischer Zeit als Aphrodisiakum und Allheilmittel höchst begehrt war. Die Totonaken zahlten einen Teil ihrer Tribute in Form von Vanille. Von Moctezuma II. heißt es, er hätte seinen Kakaotrunk mit Vanille verfeinert. Heute ist Madagaskar weltweiter Hauptlieferant, die Pflanzen müssen dort allerdings künstlich bestäubt werden. Laut Legende der Totonaken entsprang die Vanillepflanze einer getöteten Prinzessin und hieß poetisch *xanat*, „die gejagte Blume". Die Spanier nannten sie *vainilla* – „kleine Schote". Der Großteil der Produktion wird exportiert – Hauptabnehmer ist Coca Cola –, so dass man im restlichen Mexiko kaum noch echte Vanille findet. Auch keinen Vanille-Likör! Wie er schmeckt, kann auf dem Mercado Juárez probiert werden. Im *Consejo de Vainilla,* der Vertretung der Vanilleproduzenten, Calle Juárez 202A, werden Vanillestangen, -essenzen, -liköre u.a. kontrolliert und gemeinsam vermarktet.

Feste Mitte Juni findet die große **Fiesta de Vainilla** mit vielen Tanzgruppen statt. Bedeutende Fiestas mit Prozessionen, Tänzen und *Voladores* gibt es auch in der **Karwoche** und zu **Fronleichnam** *(Corpus Christi,* 4 Tage Ende Mai/Anf. Juni, Haupttag ist der Sonntag). Um den **21. März** wird das Fest der Tagundnachtgleiche in El Tajín begangen (s. „Pirámide de los Nichos").

Cuyuxquihui / Xanath Wer nach der Besichtigung von El Tajín von Steinen und Ruinen noch nicht genug hat, kann das 33 km südlich von Papantla gelegene **Cuyuxquihui** besuchen (vorbei am Dorf El Chote) Das Zeremonialzentrum aus dem 13. Jh. entstand, nachdem El Tajín verlassen wurde (Di–So 10–17 Uhr). Wenig spektakulär, aber sehr schöne Lage.

Unterwegs kommt man am **Parque Ecológico Xanath** vorbei. Um die alte Finca La Asunción herum ist ein Ökopark für Einheimische und Touristen entstanden, in dem bei geführten Touren das Ökosystem der Region und der Vanilleanbau erklärt werden, historische Fotos und die original möblierte Finca besichtigt werden können sowie Workshops stattfinden. Es gibt einen Campingplatz, ein *Temazcal*, einen Voladores-Mast für Vorführungen, Spielmöglichkeiten für Kinder u.v.m. Regionales Essen erhält man auf Vorbestellung. Infos unter Tel. 01-78-8425635, www.agenciadeviajespapantours.com (Reiseagentur in Papantla, 16 de Septiembre 107).

Adressen & Service Papantla

Turismo im Palacio Municipal an der Plaza (Westseite), Tel. 01-**784**-8429016, Mo–Fr 9–14 u. 16–18 Uhr, Sa/So 10–18 Uhr. Ein kundiger Guide und engagierter Vertreter der Totonaken ist Gaudencio. Man erreicht ihn im Hotel El Tajín oder unter Tel. 1219654.

Unterkunft ECO-Hotels gibt es in der Calle Benito Juárez zwischen ADO-Busterminal und Plaza: **Hotel K'tlen** No. 311, Tel. 8425960. 25 geräumige, saubere Zimmer mit Fenster, gutes PLV, DZ ab 200 Ps. – Auch o.k. ist das **Hotel Blanch** No. 305 (gleich nach dem K'tlen), Tel. 8424020, www.hotelblanch.com.mx. 13 Zimmer, Cafetería und Terrasse. DZ ab 354 Ps. – Etwas verwohnt ist das **Hotel Totanacapán** an der 20 de Noviembre/Ecke Olivo (vier Cuadras nördl. der Plaza, schräg gegenüber dem Busterminal 2. Kl, Tel. 8421216); große, helle Zimmer mit AC, WiFi in der Lobby, Fahrstuhl, Parken. DZ ab 350 Ps. – Gut ist das **Hotel El Tajín,** gleich bei der Plaza (Nuñez y Domínguez 104, Tel. 8420644, www.hoteltajin.com.mx). WiFi, Pool, 72 Zi./AC. Sie organisieren Ausflüge nach El Tajín, auch per Pferd (und auch weitere Pferdeausritte in die Umgebung). DZ ab 449 Ps. – Empfehlenswert ist auch das noch bessere **Hotel Provincia Express,** Calle Enríquez 103 (direkt an der Plaza, an der Nordseite), Tel. 8421645, http://hotelesprovinciaexpress.infored.mx. 20 große Zimmer/AC, doch nicht alle haben ein Fenster. DZ ab 580 Ps.

Essen & Trinken Im *Mercado Municipal Juárez* diagonal gegenüber der Kirche an der 20 de Noviembre oder in den Restaurants rings um die Plaza. Dort ist die beste Wahl das **Plaza Pardo** an der Nordseite, wo man auf dem Balkon sitzen und bei leckeren Gerichten das Treiben auf der Plaza beobachten kann (Tipp: Pozole, glasierte Zwiebeln). Sonntags sieht man um die Mittagszeit die Voladores-Vorstellungen vor der Kirche. Gleich rechts daneben ist das nette und günstige Familienrestaurant Sorrento. – Gut ist auch **La Hacienda** auf der anderen Seite der Plaza und das **Adrianos** gegenüber der Kirche. Qualitativ gute italienisch-uruguayische Küche bekommt man im luftigen, schön gestalteten **L'Invito** (früher das Haus des Consejo de Vainilla), Obispo de las Casas/16 de Septiembre 106, Di–So, 14–23 Uhr.

Märkte *Mercado Municipal Juárez,* Nordwestecke der Plaza/16 de Septiembre: Lebensmittel, Früchte. *Mercado Hidalgo*, 20 de Noviembre/A. Serdán: Artensanías, Vanille (-Likör) u.a.

An- und Weiterreise Es gibt zwei Busterminals: **1. Klasse** (ADO) in der Juárez 207 (5 Blocks nördl. vom Zócalo, Tel. 8420218). Ziele sind Poza Rica (ständig, 40 Min.), **Mexiko-Stadt** (div., viele nachts, 5–6 h), Jalapa (häufig, 4 h), Veracruz (4 h), Tuxpan (knapp 2 h), Tecolutla (max. 1 h). Selten: Reynosa (13 h) , Puebla (6,5 h), Matamoros (13 h), Tulancingo (4 h), Pachuca (5 h), Tampico (5–6 h).

Der Busterminal **2. Klasse** (genannt Transportes Papantla) liegt in der 20 de Noviembre 200 und bedient Nahziele.

■ **Nach El Tajín:** Mit einem Bus/Kleinbus von der Haltestelle in der 16 de Septiembre hinter dem Hotel El Tajín, Abfahrten alle 15–30 Minuten, je nach Tageszeit und Andrang, Fahrzeit ca. 20 Min. Achtung: viele andere Busse! Es ist auch möglich, mit einem Bus über den Ort El Chote zu fahren (dort umsteigen). Wer im 2.-Klasse-Terminal ankommt und gleich nach El Tajín weiter will, nimmt von dort einen „El Chote"/„El Tajín"-Bus. Auch von Poza Rica gibt es Verbindungen.

El Tajín

Die *Zona Arqueológica El Tajín* liegt 8 Straßenkilometer westlich von Papantla. Dabei passiert man einen Kilometer vor El Tajín den an der Mex 127 liegenden Themenpark *Takilhsukut*. Von der Bushaltestelle an der Mex 127 sind es noch 600 Meter bis zum Eingang der archäologischen Stätte, dort gibt es Parkplätze. Entlang der Straße bieten *curanderas* (Heilerinnen) Massagen und Reinigungen *(limpias)* in Schwitzhütten *(temazcal)* an. Schwitzen wird man beim Rundgang aber auch so, mit der Besichtigung möglichst früh beginnen, Zeitbedarf 2–3 Stunden, Sonnenschutz nicht vergessen. Rückfahrt nach Papantla vom Parkplatz (es warten auch immer Taxis) oder von der Mex 127. Nach Poza Rica mit *Transportes Papantla.*

■ *Die Nischenpyramide*

El Tajín ist tägl. 9–17 Uhr geöffnet, Eintritt 57 Ps. Web-Infos in Englisch auf www.delange.org/ElTajin/ElTajin.htm, auf Spanisch auf www.veracruzmio.com, *www.inah.gob.mx und www.mexicodesconocido.com.mx.*

Es gibt es viele Souvenirstände, ein Restaurant und am Eingang einen hohen Mast für **Voladores**-Vorführungen. Das **Museo del Sitio** zeigt Fundstücke und eine Miniaturnachbildung der gesamten Anlage. An den knapp 40 besichtbaren Bauten, die u.a. deshalb nicht bestiegen werden dürfen, weil der Kalkstein durch den sauren Regen (PEMEX – Ölindustrie!) brüchig geworden ist, gibt es Erklärungstafeln.

Fakten El Tajín

Das präkolumbische Zeremonialzentrum von **El Tajín** mit der einzigartigen **Pirámide de los Nichos** ist *die* archäologische Attraktion der Golfküste. Die 1992 zum Weltkulturerbe ernannte Stätte liegt malerisch zwischen Hügeln inmitten tropischer Vegetation zwischen zwei Bächen und ist etwa 12 qkm groß. Mit schätzungsweise 30.000 Menschen war sie die größte Stadt der **Totonaken.** Sie entstand etwa 200 v.Chr., ihre Blütezeit lag zwischen 700 und 900 n.Chr. Um etwa 1200 wurde El Tajín verlassen, die Ruinen im dichten Dschungel gerieten in Vergessenheit. 1785 wurden sie zufällig wiederentdeckt. Ausgrabungs- und Restaurierungsarbeiten werden seit 1934 durchgeführt.

Etwa 50 Gebäude und 17 Ballspielplätze sind inzwischen freigelegt, doch viel liegt noch unter überwucherten Erdhügeln begraben. 2011 wurden bei Luftaufnahmen viele versteckte Gebäude und Ballspielplätze genau geortet, sogar Keramik und Knochen waren zu erkennen. Aufgrund des feuchten Untergrunds sind etliche der Bauwerke in Teilbereichen abgesackt.

El Tajín ähnelt ein wenig der Alt-Metropole des Hochlands Teotihuacán, ist aber kleiner und weist keine Achsenstraßen auf, was wegen der Unregelmäßigkeit des Geländes auch gar nicht möglich war. Außerdem ist der Baustil der Pyramiden nicht so massiv. Dafür besitzen sie spezielle bauliche Eigenarten, die es in ganz Mesoamerika so gut wie nicht noch einmal gibt. Charakteristisch sind z.B. quadratische Nischen und fliehende Simse, Gebäude mit hohem, schrägem Unterbau und Flachdächer aus aufgeschüttetem Kalkmörtel. Die **Kraggewölbe** der Maya und die **Tablero-Talud-**Fassadengestaltung Teotihuacáns finden sich in der Nischenpyramide wieder – Beweise dafür, dass die Totonaken mit beiden Regionen eine kulturelle Verbindung hatten. Die Gebäude waren rot, türkisblau oder schwarz bemalt. An manchen Stellen gibt es zudem Wandmalereien.

Voladores

Hinter dem Eingang von El Tajín steht für die Vorführungen der **Voladores,** der „fliegenden Menschen", ein über 20 m hoher Mast *(palo volador;* Foto s.S. 102, aufgenommen in Santiago Tuxtla). Das Zeremoniell, das inzwischen an vielen Orten Mexikos als Touristenattraktion vorgeführt wird, geht auf eine kultische Handlung der Totonaken zurück, wahrscheinlich um Regen für den jungen Mais zu erbitten (oder auch auf den Sonnenkult).

An der Spitze des Mastes, auf dem ein Mann sitzt, ist ein drehbarer Holzrahmen befestigt, über den Seile laufen, die vier Männer um ihre Fußknöchel oder die Hüfte gebunden haben. Diese *tocotines* lassen sich kopfunter nach hinten sinken und schweben, während sich die Seile über den Holzrahmen vom Mast abspulen, mit ausgestreckten Armen in immer größer werdenden Kreisen zu Boden. Nach genau 13 Umdrehungen haben sich die Seile abgewickelt und die „fliegenden Menschen", kurz vor der Bodenberührung, wieder

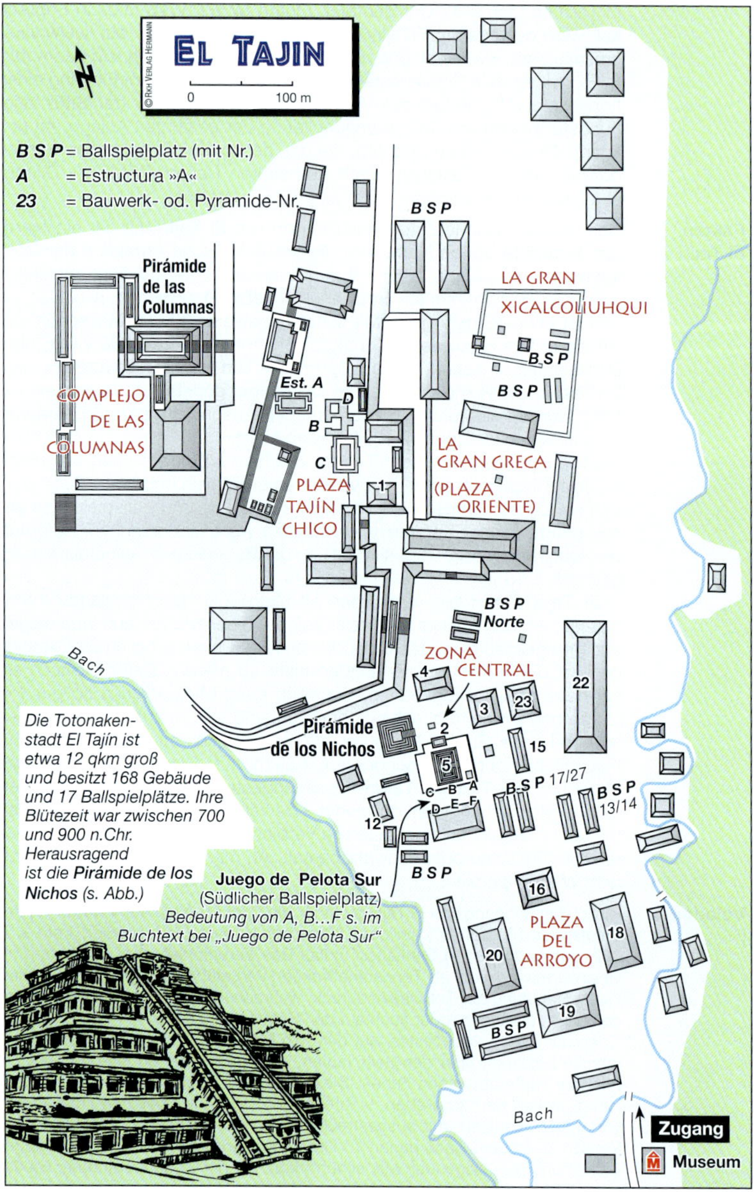
El Tajin
©Rkh Verlag Hermann
0
100 m
B S P = Ballspielplatz (mit Nr.)
A = Estructura »A«
23 = Bauwerk- od. Pyramide-Nr.
Pirámide de las Columnas
Complejo de las Columnas
Est. A
D
B
C
Plaza Tajín Chico
1
B S P
La Gran Xicalcoliuhqui
B S P
B S P
La Gran Greca (Plaza Oriente)
B S P Norte
Zona Central
Bach
4
3
23
22
2
Pirámide de los Nichos
5
15
B S P 17/27
B S P 13/14
C B A
D E F
12
Die Totonakenstadt El Tajín ist etwa 12 qkm groß und besitzt 168 Gebäude und 17 Ballspielplätze. Ihre Blütezeit war zwischen 700 und 900 n.Chr. Herausragend ist die Pirámide de los Nichos (s. Abb.)
Juego de Pelota Sur
(Südlicher Ballspielplatz)
Bedeutung von A, B…F s. im Buchtext bei „Juego de Pelota Sur“
B S P
16
Plaza del Arroyo
18
20
19
B S P
Bach
Zugang
Museum

aufgerichtet. Wahrscheinlich sollen sie Vögel darstellen, die die vier Elemente Erde, Wasser, Feuer und Luft symbolisieren und der 5. Mann auf dem Mast die Sonne. In der Totonaken- (und in der Maya)-Zahlensymbolik war die 52 eine heilige Zahl: 4 x 13 ergibt 52, also die Dauer eines Jahres. Das ganze Schauspiel dauert etwa 10 Minuten. Während des Herabgleitens spielt der Mann auf der Mastspitze Flöte und schlägt eine Trommel. Die Voladores tragen die weiß-rote Totonakentracht. Die Vorführungen finden statt, wenn genügend Touristen da sind. Es ist eine Spende zu entrichten.

Plaza del Arroyo

Vom Eingang geht es zunächst über die *Plaza del Arroyo* (Platz des Baches). Die vier den Platz umgebenden Pyramiden zählen zu den ältesten Bauwerken der Anlage und sind genau auf die vier Himmelsrichtungen ausgerichtet. Die nördliche Pyramide 16 gleicht ein wenig der Nischenpyramide. Vier Ballspielplätze liegen in diesem Gebiet.

Danach wird die *Zona Central* mit der großen Nischenpyramide erreicht. Noch vor ihr sieht man links auf der Treppe der Pyramide 5 die reliefierte **Statue des Gottes Tajín.**

Pirámide de los Nichos

Die Nischenpyramide wurde zwischen dem 6. und 7. Jh. erbaut. Mit ihrer unverwechselbaren Architektur kommt das Prunkstück Tajíns in der üppig-tropischen Landschaft schön zur Geltung. Sie war dem Gott des Blitzes *(tajín)* und des Windes (*huracán* – davon leitet sich „Hurrikan" ab) geweiht und wurde, wie viele andere Tajín-Monumente, über einer älteren Substruktur errichtet (ihr Kern besteht aus gestampftem Lehm).

Der quadratische Grundriss hat eine Seitenlänge von 35 m, sie ist 25 m hoch und ihre Wände sind auf 6 Etagen bzw. Plattformen mit insgesamt 364 fensterähnlichen und dekorativen Nischen geschmückt. Zusammen mit dem obenliegenden Tempel symbolisieren die Nischen die 365 Tage eines Jahres. Sie waren einst mit Stuck verziert und rot bemalt. Eine 9 m breite Treppe mit 5 kleinen Aufsätzen führt zum Tempel hinauf.

■ **Riesenfest:** Alljährlich um den Frühlingsbeginn am 21. März (*Equinoccio,* Tagundnachtgleiche) findet in El Tajín die große, viertägige **Cumbra Tajín** mit Künstlern aus der ganzen Welt statt. Höhepunkt ist die Light-Show **Luz y Voces del Tajín,** bei der die Nischenpyramide effektvoll bunt angestrahlt wird. Dabei wird die Geschichte der Totonaken erzählt. Im Themenpark *Takilhsukut* präsentieren sich dann Volksgruppen aus ganz Mexiko mit Musik, Tänzen und religiösen Ritualen. Zehntausende Besucher kommen! Ausführlicher Programmablauf auf www.cumbretajin.com.

Juego de Pelota Sur

Noch vor der Nischenpyramide liegt links der große **„Südliche Ballspielplatz"** (auch „Ballspielplatz der Flachreliefs" genannt). Er ist ca. 60 m lang und 10 m breit. An den langen seitlichen Steinblöcken (s. Plan, A bis F) sind 6 illustrierende und sehr plastische Reliefdarstellungen eines **Ballspiels** zu sehen (die 4 äußeren Reliefs sind ca. 1 x 2 m groß, die beiden mittleren ca. 2 x 3 m). Das später in ganz Mesoamerika verbreitete Ballspiel hat aller Wahrscheinlichkeit nach an der Golfküste bzw. bei den Totonaken seinen Ursprung. El Tajín zählt allein 17 Ballspielplätze in verschiedenen Bauweisen und Ausformungen (T-, Doppel-T oder I-förmig; ausführlicher Exkurs über das mesoamerikanische Ballspiel s.S. 244).

Relief A (s. Abb.): Es zeigt ein Menschenopfer nach einem Ballspiel. Der Betroffene sitzt auf einem Opferstein, ein Obsidianmesser wird ihm ins Herz gestoßen, die Augen hat er schon

Ruta Cortés

geschlossen. Der Spieler links hält ihn von hinten fest. Das ganz links aus einem Gefäß aufsteigende Skelett symbolisiert die Unterwelt.

Relief B: Zeigt eine Pulque-Zeremonie. Rechts eine Agavenpflanze *(maguey)*, in der Mitte unten ein Becken zum Fermentieren des Saftes. Darüber sieht man eine Person in „Chak-Mool-Stellung" (s. Chak Mool in Chichén Itzá), rechts über ihr der Urgott Quetzalcóatl. In der Mitte hält der Regengott Tláloc der Person ganz links, die einen Pulque-Krug unter den Arm geklemmt hat, einen Stab (Blitz?) hin. Auf dem Band ganz oben sieht man zwei liegende Leiber mit nur einem einzigen Kopf als Symbol der Dualität: Tag und Nacht, Leben und Tod, Sonne und Mond, Gut und Böse usw.

Relief C: Das nordwestliche Relief zeigt zwei einander zugewandte Personen. Es sind entsprechend ausgerüstete Ballspieler mit prachtvoller Kopfbedeckung (Quetzalfedern). Vor ihren Mündern schwebt das Bildsymbol für „Wort", was bedeutet, dass sie miteinander sprechen oder sich herausfordern. Zwischen ihnen liegt auf dem Boden der Kautschukball. Der Spieler rechts hat in seiner Hand ein Obsidian-Messer. Zwei weitere Personen links und rechts sitzen auf den Bänken des Ballspielplatzes, die rechte trägt eine Jaguarmaske (der Jaguar geleitet Geopferte in die Unterwelt).

Relief D: Ist wahrscheinlich eine Beschwörungsszene. Eine hingestreckte Person ruht mit vor der Brust verschränkten Armen auf einer Plattform. Über ihr ein Priester in Adlerkostüm mit Kopfschmuckfedern. Links und rechts stehen zwei Musiker, der linke schüttelt eine Rassel, der rechte schlägt auf ein Klangholz mit Schlitz. Links wieder das Skelett.

Relief E: Es ist ähnlich wie das gegenüberliegende Relief „B" aufgebaut, hat wieder mit der Pulque-Zeremonie zu tun. Eine Person mit Fischmaske stellt den Pulque-Geist dar, indem sie in dem Pulque-Becken badet. Der rechts am Rand sitzende Tláloc durchsticht mit einem Messer eine Agave, damit die Flüssigkeit in das Becken fließen kann. Links oben der Gott *ometochtli* („zwei Kaninchen") mit dem Kopf eines Kaninchens, Pulque-Gott und auch Symbol des Mondes. Ganz rechts Agavenpflanzen und darüber wieder das Dualitätsprinzip wie auf Relief „B".

Relief F: Dieses Relief ist weniger gut erhalten. Es zeigt 3 Personen, von denen die rechte auf einem Thron zu sitzen scheint. Im rechten Sektor steigt wieder ein Skelett aus einem Gefäß hervor.

Nördlicher Bereich

Über den zentralen Ballspielplatz Norte erreicht man **La Gran Greca** (Plaza Oriente), dort befindet sich eine gewaltig große Plattform als Basis für mehrere Bauwerke. Linker Hand liegt **El Tajín Chico**. Die Gebäude hier stammen aus jüngerer Zeit und waren wahrscheinlich das Wohnviertel der Oberschicht. Dahinter liegt auf dem höchsten Erdhügel des Areals der **Complejo de las Columnas** („Komplex der Säulen"). Von diesem Säulenbau mit vormals offenem Innenhof sind nur noch Reste vorhanden. Auffällig sind am Fundament die Säulentrommeln mit über einem Meter Durchmesser, geschmückt mit Flachreliefs, die ähnliche Szenen wie die des südlichen Ballspielplatzes zeigen. Man nimmt an, dass die Hügelanlage Herrscherresidenz war.

Poza Rica

Ew. 175.000

✆ 01-782

Poza Rica („Reiche Pfütze") ist eine Erdöl- und Industriestadt ohne Attraktionen, nur gut, um umzusteigen. Die Stadt wird von Fernbussen öfter angefahren als Papantla und das 16 km südöstlich von Poza Rica liegende El Tajín lässt sich auch von hier aus erreichen, z.B. mit einem 2.-Klasse-Bus in Richtung El Chote. Die große *Central de Autobuses* CAPOR liegt an der Calle Puebla. Wer hier strandet, findet gleich außerhalb des Terminals Unterkunft in den Hotels *Real de Poza, Escenial* oder im *Auto Hotel Los Arcos.*

Busse der Linien *Oriente, Turistar, Futura, Ómnibus de México, Estrella Blanca, Eje del Golfo und Transportes Papantla* u.a. bieten zahlreiche Verbindungen nach nah und fern. Nach Mexiko-Stadt gelangt man in gut 5 Stunden (stündliche Abfahrten), nach Papantla in 40 Minuten. – In die USA/Texas über Tuxpan (60 km) und Tampico zur Grenze Matamoros//Brownsville.

Poza Rica – Mexiko-Stadt

Die vielbefahrene Mex 130 steigt aus der Küstenebene ins Hochland hinauf. Serpentinen, lange Autoschlangen hinter dieselqualmenden Lkws und teils sehr schlechte Straßenabschnitte erwarten einen. Das wird erst besser werden, wenn die im Bau befindliche mautpflichtige Autopista Mexiko-Stadt – Poza Rica 132D einmal komplett fertiggestellt ist.

In **Huauchinango** könnte man die Reise unterbrechen, um die dort in der Nähe liegenden Bergdörfer **Pahuatlán** und **San Pablito** (*amate*-Herstellung) zu besuchen oder man macht eine Stippvisite nach **Nuevo Necaxa** (Stausee mit Kraftwerk, üppige tropische Vegetation). Pahuatlán und San Pablito sind beschrieben bei „Von Puebla Richtung Nordosten“, s.S. 668.

Wer Zeit hat, verlässt die Mex 132D hinter Tulancingo in Richtung Pachuca, Hauptstadt des Staates Hidalgo. 35 km nordwestlich lohnt an der Mex 85 die imposante Klosteranlage *Convento de Actopan.* Nordöstlich von **Pachuca** liegen die malerischen und interessanten Bergbaustädtchen *Mineral del Monte* und *Huasca,* nahebei befinden sich die Bergbau-Haciendas *Sta. María Regla* und die – sehr teure – *San Miguel Regla*. Wander- und Klettermöglichkeiten, Wasserfälle, viel frische Luft und mehr bietet der nördlich von Pachuca gelegene *Parque Nacional Mineral del Chico.* Die Region verfügt über ein gutes Angebot an Unterkünften und Restaurants. In Pachuca kann man einfach, günstig und lecker im *Restaurant Don Blas* (Blvd. J. Rojo Gómez 301) nur wenige Meter links vom Terminal essen.

Letzte lohnende Unterbrechung, wenn man auf der MEX 132D bleibt, wären kurz vor Mexiko-Stadt die Pyramiden von **Teotihuacán,** sofern man sie nicht schon bei einem Ausflug von Mexiko-Stadt aus gesehen hat.

Damit ist die „Ruta de Cortés“ beendet

„Nebenroute Villahermosa“: Von Veracruz nach Villahermosa

Von Veracruz gelangt man über Mex 145D und Mex 180 direkt nach Villahermosa. Weitaus erlebnisreicher ist es aber, auf der **Mex 180** entlang der Küste zu fahren und einige der nachfolgend beschriebenen Orte zu besuchen.

Nach Boca del Río verläuft die Straße durch eine fruchtbare Lagunenlandschaft mit ausgedehnten Plantagen und Zuckerrohrfeldern. Hinter dem Ort La Laguna in Richtung Tlalixcoyán, zwischen Piedras Negras und Ignacio de la Llave, befindet sich die archäologische Stätte *Cerro de las Mesas*. Von der neben *Tres Zapotes* bedeutendsten epi-olmekischen Siedlung ist aber nicht mehr viel zu sehen. In der Nähe befindet sich auch die Totonakensiedlung *El Zapotal,* wo mehr als 200 prähispanische Grabstätten mit vielen großartig gestalteten Terrakottafiguren, unter ihnen der Todesgott *Mictlantecuhtli* freigelegt wurden. Die Figurinen und andere Grabbeigaben befinden sich in den Anthropologischen Museen von Mexiko-Stadt und Xalapa.

Alvarado

Das friedliche Fischerstädtchen 70 km südöstlich von Veracruz, liegt an der Mündung des *Río Papaloapan* auf einer Nehrung, die die *Laguna de Alvarado* vom *Golfo de México* trennt In Alvarado (schöner Zócalo) wird noch intensiv kulturelles Erbe (Musik, Tänze und Gastronomie) gepflegt.

Abstecher Tlacotalpan

Ew. 8000
✆ 01-288

Über die mächtige Brücke *Puente Alvarado,* die den Río Papaloapan überspannt, geht es auf der Mex 180 weiter nach Süden. Etwa 14 km später zweigt die Mex 175 landeinwärts ab und führt nach Tlacotalpan am Río Papaloapan, das seit 1999 UNESCO-Weltkulturerbe ist.

Die malerische, bonbonbunte Kolonialstadt am breiten „Schmetterlingsfluss" besitzt einen großen Zócalo (Plaza Zaragoza) mit einem *Quiosco* in maurischem Stil. Auf der Westseite des Platzes steht die hellblaue *Parroquia de San Cristóbal* (mit englischer Turmuhr von 1886) und auf der Südseite der *Palacio Municipal.* Diagonal angrenzend liegt die **Plaza Hidalgo** mit der *Capilla de la Candelaría* (18. Jh.) aus Korallengestein und dem **Museo Salvador Ferrando** (s. Schild; Malereien, Trachten, alte Möbel und sonstige lokale Kuriositäten vergangener Zeiten, Mo geschl.). Das **Museo de Agustín** in der Beltrán/Ecke Carranza (ein paar Schritte in Richtung Fluss) ist dem gleichnamigen, legendären Musiker, Dichter und Komponisten (1900–1970) aus Tlacotalpan gewidmet.

■ *Eine der vielen bunten Fassaden in Tlacotalpan*

In der Av. Carranza No. 25 befindet sich das ausgefallene **Mini-Zoológico Museo** von Don Pio Barán (Mo–Sa 10–17 Uhr), wo es neben Tieren der Region (Krokodile, Schildkröten, Schlangen, Papageien, Reiher etc.) auch Antiquitäten und Kuriositäten zu sehen gibt.

Sehenswert ist die Calle **Lerdo de Tejada** (beim Museo Salvador Ferrando um die Ecke), weil sich dort in langen Arkadenreihen die buntesten Hausfassaden konzentrieren. Man kommt dabei an der nicht weniger farbenfrohen *Plaza de Doña Marta* vorbei, wo sich regelmäßig die *jaraneros* – traditionelle Musikgruppen – treffen, um ihre improvisierten Lieder und Gedichte vorzutragen.

Die **Casa de la Cultura Agustín Lara,** Av. Carranza 43, veranstaltet samstags in den Arkaden des Palacio Municipal *fandangos* und sonntags *danzón* auf dem Zócalo. Unterhaltung auch im Teatro Netzahualcóyotl, Av. Carranza.

Tlacotalpan, die vergessene Stadt

Das kleine Städtchen wird nicht umsonst „Perle des Papaloapan" genannt. Die Zeit hat hier einen anderen Wert, ja man meint, sie sei stehengeblieben. Weit weg von dem Gehetze des modernen Lebens strahlt hier alles erholsame Ruhe aus. Unter den langen Säulengängen der ziegelbedachten Häuser findet der Spaziergänger Schutz vor der prallen tropischen Sonne, die hier Dauergast ist. Doch nicht nur die schmuckvollen Bögen eines jeden Hauses, auch ihr Anstrich mit Pastellfarben in immer wieder neuen Kombinationen macht die Stadt einmalig! Ein Blick durch die kunstvoll vergitterten Fenster oder in die eine oder andere offenstehende Tür bringt neue Überraschungen: Elegante Wohnräume, reich bestückt mit alten Gemälden, Kronleuchtern und feinen Holzarbeiten, wobei die handgeschnitzten Schaukelstühle nie fehlen dürfen.

Tlacotalpan hat eine bewegte Geschichte hinter sich. Viele wollten vom Ort und der Region, in deren Gewässern reichlich Fische und andere Tiere leben und wo auf sehr fruchtbaren Ackerböden Mais, Zuckerrohr, Baumwolle, Avocados, Bananen und viele weitere tropische Nutzpflanzen gedeihen, etwas abhaben. Olmeken und später Totonaken waren die ersten, sie besiedelten nacheinander den Ort, bis im Jahre 1474 der Aztekenherrscher Moctezuma Ilhuicamina die Bewohner tributpflichtig machte. So bekam er den aztekischen Namen „Tlacotalpan" – „Auf halber Erde", und er erscheint im Codex Mendoza als Kreis dargestellt, der halb weiß, halb farbig bemalt ist, was so viel wie „Halb-Erde" bedeutet (die andere Hälfte ist Wasser).

Aber schon waren neue Eroberer unterwegs, die den Azteken ihren Besitz wieder abjagen sollten: Im Jahre 1518 betrat erstmals der als grausam bekannte spanische Kapitän *Pedro de Alvarado* die Gegend, und zur Jahrhundertwende wohnten hier bereits etliche spanische Familien. Den Indígena wurden nicht nur ihre Äcker entwendet, viele starben auch an neuen, aus Europa importierten Krankheiten. Die Übriggebliebenen mischten sich mit Spaniern oder den zahlreichen afrikanischen Sklaven, die ins Land gebracht worden waren – so entstand mit der Zeit der lebenslustige, heutige **Jarocho.**

Natürlich musste auch die alte indigene Göttin *Chalchihuitlicue,* die einen Jaderock im grünen Farbton des Meerwassers trug, der *Virgen de la Candelaría* weichen, die heute noch alljährlich am 2. Februar gefeiert wird.

Ende des 18. Jh. war die Stadt ein wichtiges Handelszentrum für die Küste. Eine Vielzahl an Handwerkern fertigte hier erlesene Produkte aus Stoffen, Silber und Holz, Baumwolle und Zucker wurden produziert und weiterverschifft. Seinen Höhepunkt erreichte Tlacotalpan in der zweiten Hälfte des 19. Jahrhunderts mit der Erfindung des Dampfschiffs, das den Wassertransport erheblich erleichterte. Auf rund 400 km schiffbarer Strecke gelangten tropische Produkte weit aus dem Hinterland auf dem Río Papaloapan in den Hafen der Stadt und wurden von dort weiterverschifft nach Veracruz, nach Südamerika, Kuba oder Europa, denn sogar große Überseehandelsschiffe konnten in dem tiefen Flussbett bis zum Hafen der Stadt gelangen. Zedernholz, Kakao, Häute und Federn seltener Vögel, Baumwolle und Zucker wurden verfrachtet, und die Fremden brachten dafür holländisches Geschirr, österreichische Pianos, spanische Decken, europäische Industrieprodukte und anderes mit. Infolge des Wohlstands, der sich aus dieser günstigen Handelsposition ergab, wurde nun auch die Stadt ausgebaut. Man baute Schulen, ein Theater, Krankenhaus und sogar eine Straßenbahn hielt Einzug. Mit dem Bau mehrerer Eisenbahnlinien, die an Tlacotalpan vorbeiführten, verlor die Stadt aber dann innerhalb weniger Jahre ihre Bedeutung als großer Warenumschlagsplatz und versank im Vergessen.

Dies bewirkte, dass seitdem kaum noch etwas am Stadtbild geändert worden ist, die Zeit scheint stehengeblieben zu sein. Und gerade darin liegt ihr Reiz für den modernen Besucher. Künstler wie der kolumbianische Schriftsteller *Gabriel G. Márquez* kamen hierher, um sich inspirieren zu lassen oder um sogar den einen oder anderen Film zu drehen. Alltagssorgen erscheinen für kurze Zeit unwirklich und endlos weit entfernt, wenn man sich in den Bann der zeitlosen Atmosphäre und Schönheit der Stadt ziehen lässt. Man sollte sich eine Weile neben den Quiosco setzen, den zahlreichen Vögeln auf den Palmen oder der Musik einer Jaranero-Gruppe lauschen und diese Stimmung genießen. – *Dorit Heike Gruhn*

An der Flusspromenade *Malecón* werden **Bootsfahrten auf dem Río Papaloapan** angeboten (für Exkursionen auch in den Hotels fragen), hier landen die Fischer ihren frischen Fang an und man kann auch in einem der vielen Restaurants essen. Die große **Fiesta** zu Ehren der **Virgen de la Candelaría** findet zwischen dem 31. Januar und 2. Februar statt: In einer prunkvollen Prozession wird die Madonna am 2. Februar in lichter- und blumengeschmückten Booten übers Wasser gefahren. Neben traditioneller Musik und Tänzen findet am 1. Feb. auch ein Stierlauf statt. Die Tiere müssen durch den Fluss schwimmen und werden anschließend wie in Pamplona durch die Straßen getrieben. An diesen Tagen ist die Stadt komplett ausgebucht. Die Regenzeit Juni – September sollte man wegen der großen Überschwemmungen und unzähligen Moskitos meiden! – Alle weiteren Infos auf www.tlaco.com.mx

Adressen & Service Tlacotalpan

Turismo in der Fußgängerzone bei der Plaza Hidalgo.

Unterkunft Es gibt etwa 10 kleinere Hotels, Preise variieren je nach Saison.
Hotel Tlacotalpan, Beltrán 35 (4 Blocks westlich vom Zócalo), Tel. 8842063. Stilvoll mit alten Möbeln eingerichtete Zimmer, Pool, gutes Restaurant „Fandango". DZ ab 600 Ps. – **Hotel Posada Doña Lala,** Av. Carranza 11 (bei der Stadteinfahrt), Tel. 8842580. 35 gute Zimmer auf zwei Stockwerken in zentraler Lage, Pool, Restaurant, Bar. DZ ab 700 Ps. – **Hotel Casa de la Luz,** Aguirre 15 (250 m nördlich der Plaza Hidalgo zw. Pérez u. Alegre), Tel. 8842331, www.casadelaluz-mexico.com. Schöngestaltetes Gästehaus, 2 Zimmer und 1 Apartment, Tourenangebote, Fahrräder. DZ ab 460 Ps. – **Hostal El Patio,** Alvarado 52 (ca. 300 m nördlich vom Zócalo zw. Aldama und Ocampo), www.hostalelpatio.com.mx. Sehr hübsche und ruhige Zimmer/AC, im lauschigen Innenhof kann man frühstücken, Innenparken, u.a. DZ 550–650 Ps.

Essen Am Malecón reihen sich viele Restaurants, gemütlich mit Flussblick. Weitere und auch Cafés um die zwei Plazas. Günstig, regional und frisch auf dem Mercado beim ADO Terminal.

An- und Weiterreise Der Busterminal befindet sich an der Ein- und Ausfahrtshauptstraße Mex 175 (Malecón-Restaurantstraße). Es gibt nur wenige überregionale Verbindungen: ADO (1. Klasse) fährt 2x tägl. nach Veracruz, 1x tägl. nach Mexiko-Stadt, Puebla und Xalapa. 2.-Klasse-Nahziele mit TRV, *Transportes Regionales de Veracruz.*

Région de los Tuxtlas

Die Mex 180 führt weiter nach Osten zur landschaftlich abwechslungsreichen „Région de los Tuxtlas" (von Tlacotalpan ca. 60 km). Namensgeber waren die Orte *San Andrés Tuxtla* und *Santiago Tuxtla* und besuchenswerte Ziele sind **Catemaco** an der Laguna de Catemaco, **Tres Zapotes** (Olmekenkopf-Fundort), die Wasserfälle **Salto de Eyipantla** sowie kleine Nahua-Dörfer. Die Region wird bisher vor allem von Mexikanern in der Weihnachtszeit, um Ostern und in den Sommermonaten frequentiert. Schon Alexander von Humboldt, der 1804 Veracruz bereiste, gefiel diese hügelige Landschaft, die sogenannte *„suíza veracruzana",* die „Schweiz von Veracruz".

Die *Sierra de los Tuxtlas* mit dem Vulkan San Martín (1650 m) steigt bis auf 1800 m an und trennt den feuchtheißen Meeressaum von einer klimatisch angenehmen Bergregion. Es gibt viele Flussläufe, Seen und Wasserfälle. An der **Laguna de Catemaco,** dem drittgrößten See Mexikos, befindet sich ein Regenwald-Naturschutzgebiet, das mit Führer besucht werden kann. Neben Infos zur heimischen Flora und Fauna erfährt man einiges über die hier ansässigen, in ganz Mexiko berühmten **Curanderos** (Heiler) und **Brujos** (Hexer), denen außergewöhnliche Kräfte zugeschrieben werden. Wer lieber im Meer baden möchte, fährt von Catemaco über Sontecomapan nach **La Barra de Sontecomapan.**

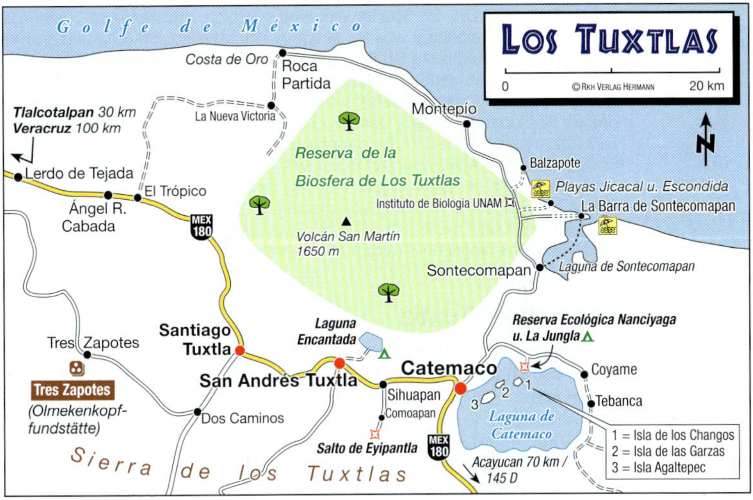

Santiago Tuxtla

Ew. 15.000
✆ 01-294

Auf der schönen Plaza des 1525 gegründeten Städtchens steht der größte je gefundene **Olmeken-Kopf,** der *Cabeza Q*. Er ist über 3 m hoch und 40 t schwer, Fundort war Tres Zapotes (s.u.) 1862. Ungewöhnlich sind seine geschlossenen Augen. Das **Museo Tuxteco** an der Plaza-Südseite präsentiert Objekte dieser ältesten Kultur Mesoamerikas (Olmeken-Exkurs s.S. 720). Zum Zócalo: von der Bushaltestelle an der Mex 180 in die Calle Morelos und dann gleich rechts in die Calle Ayuntamiento.

Fiestas Patronales

Wer mexikanische Feste liebt, kann in der letzten Juliwoche eine unvergessliche Zeit erleben. Dann findet in Santiago Tuxtla das Fest zu Ehren des Schutzpatrons, des heiligen Jakobs *(Santiago Apóstol)* statt. Es gibt neben der Prozession am Haupttag 25. Juli auch Reiterumzüge und Charreadas (mex. Rodeo), allabendliche Tanzvorführungen, Wettbewerbe und Folkloregruppen aus anderen Teilen Mexikos.

Adressen & Service

Web-Infos www.catemaco.info

Unterkunft: **Hotel Mesón de Santiago,** an einer Ecke der oberen Zócaloseite, Tel. 9471671, www.mesonsantiago.com.mx. 20 sehr gute Zimmer, alle dem Innenhof mit Pool zugewandt. Empfehlung. DZ 600 Ps. – Getrennt durch die Kirche dominiert der weniger einladende Klotzbau mit Rundturm (Ausblick!) des Hotels **Gran Santiago Plaza** die Plaza. Tel. 9470300, www.hotelgransantiagoplaza.com.mx, ähnliche Preiskategorie.

An- und Weiterreise

1. Klasse ADO an der Hauptstraße fährt *de paso* etwa stündlich nach Veracruz (2,5 h) und etwa jede Stunde nach San Andrés Tuxtla (von dort wesentlich bessere Fern-Anschlüsse). Weitere Ziele: Xalapa, Puebla, Mexiko-Stadt u.a. Mit der 2. Klasse geht es mit *Transportes Los Tuxtlas* häufig nach San Andrés Tuxtla (20 Min.), ferner nach Tres Zapotes (1 h), Catemaco (45 Min.), Tlacotalpan und Veracruz. Auch viele Colectivo-Taxis.

Tres Zapotes

Bei dem kleinen Ort, 22 Straßenkilometer westlich von Santiago Tuxtla (per Bus oder Taxi erreichbar), wurden einige olmekische Basaltköpfe und (in zwei Teilstücken) die berühmte **Stele C** gefunden. Sie enthält in olmekischen Zahlenglyphen, ähnlich denen der Maya, das mit **32 v.Chr** zweitälteste Jahresdatum Amerikas (die älteste Datums-Inschrift, nämlich von 36 v.Chr., wurde in Chiapa de Corzo gefunden). Das am Ortsrand gelegene hübsche kleine *Museo Tres Zapotes* (Di–So 9–18 Uhr, sonntags bis 15 Uhr) zeigt neben bemeißelten Stelen, diversen Ausgrabungsfunden wie Keramiken und Schmuckobjekten auch eine Kopie der Stele C (der originale obere Teil mit dem Datum befindet sich in Mexiko-Stadt im Anthropologischen Museum). Weitere Highlights sind der 1,50 m große Tres Zapote-Basaltkopf *Hueyapan* mit negroiden Gesichtszügen und eine längliche Skulptur mit Jaguaranlitz.

San Andrés Tuxtla

Ew. 60.000

✆ 01-294

Das größere der beiden „Tuxtlas" liegt inmitten von vulkanischen Hügeln 15 km östlich von Santiago Tuxtla. Das betriebsame Handelszentrum mit seinen engen Straßen ist bekannt für die Herstellung von *puros,* Zigarren. Der Tabak wird in der Umgebung angebaut, die Zigarren traditionell in Handarbeit gefertigt. Man kann die Fabriken besuchen und den Zigarren-Rollern über die Schulter sehen. *Santa Clara* (Markenname „1830") liegt direkt neben dem ADO-Busterminal, *Te Amo* auf dem Weg nach Santiago Tuxtla, Halt auf Verlangen.

Umgebungsziele

3 km außerhalb liegt der Kratersee **Laguna Encantada** („Verwunschener See" – aus unbekannten Gründen fällt sein Wasserspiegel während der Regenzeit und steigt in der Trockenzeit). 12 km südöstlich von San Andrés Tuxtla rauscht der Wasserfall **Salto de Eyipantla** 50 m in die Tiefe (am schönsten ist er morgens zwischen 7 und 8 Uhr, wenn die Sonne hineinfällt). Drumherum wuchert tropische Vegetation, an heißen Tagen ist es ein Genuss, in dem kleinen Restaurant zu sitzen und sich von der Gischt abkühlen zu lassen. Anfahrt mit Autotransportes Los Tuxtlas beim Markt (Bus „Salto de Eyipantla").

Unterkunft

Den Zócalo überblicken die modernen Zimmer des dreistöckigen **Hotel del Parque,** Madero 5, Tel. 9420198, www.hoteldelparque.com. DZ 600 Ps. – Gleichfalls eine gute Wahl: **Hotel Posada San Martín,** Juárez 304 (300 m nordwestl. vom Zócalo), Tel. 9421036, über www.zonaturistica.com (auf dieser Seite weitere Hotelangebote in San Andrés Tuxtla). DZ ab 575 Ps. – Günstig außerhalb in der Natur an der Laguna Encantada auf einer *estancia rural*: **Yambigapan,** ca. 3 km nordöstlich vom Zócalo (Mex 180 – Calle Valencia, s. Karte): Cabañas, Campen, *ecoturismo,* gutes Restaurant. Cabaña 350 Ps.

An- und Weiterreise

Beide Terminals 1. u. 2. Klasse liegen ca. 1 km nordwestl. der Plaza an der Mex 180/Calle Juárez (die zum Zócalo führt). Es gibt gute Verbindungen in alle Richtungen, doch Fernziele möglichst vorausbuchen, da viele Busse *de paso* sind. Nach Catemaco (20 Min.) laufend mit Transportes Los Tuxtlas (2. Klasse), desgleichen nach Santiago Tuxtla. Nach Villahermosa 2 direkte Nachtbusse (ADO, 5 h), nach Veracruz 6x täglich direkt in knapp 3 h.

Catemaco

Ew. 26.000

✆ 01-294

Catemaco liegt 15 km östlich von San Andrés Tuxtla an der *Laguna de Catemaco* und ist das touristische Zentrum der Region. Bekanntgemacht hat den Ort seine nette Lage am See und die vielen hier ansässigen **Brujos** und **Curanderos** (s. Exkurs). Auf dem kleinen Markt werden entsprechend viele Wunder- und Esoterikmittel angeboten, das magische Dienstleistungsgewerbe ist schließlich eine wichtige Einnahmequelle.

Orientierung: Der 1.-Klasse-Terminal (ADO und AV, Autobuses Unidos) liegt am See am östlichen Ende des Malecón/Südende Calle Revolución (zum Zócalo mit der Basílica del Carmen geht's auf der Aldama 400 m nach Westen, oder am See entlang). Der 2. Klasse-Terminal („Tuxtlas"-Busse, TLT) befindet sich am Westende Catemacos an der Mex 180 im Bereich da wo die Calle Carranza vom Zócalo her (nach ca. 1,2 km) in die Mex 180 einmündet. Taxis und Colectivos, hier *piratas* genannt, starten nach Nanciyaga (5,5 km), Coyame (12 km), Sontecomapan (20 km, für La Barra de Sontecomapan) und Montepío (40 km) von der Ecke Revolución/Lerdo (vom ADO-Terminal auf der Revolución 350 m nördlich).

Laguna de Catemaco

Der See, eingebettet zwischen sanften Vulkanhügeln, ist etwa 18 x 9 km groß und füllt den Krater eines ehemaligen Vulkans. An der Uferpromenade (Malecón) reihen sich Restaurants und Souvenirstände, zahllose Lancheros bieten **Bootsausflüge** an (auch per Ruderboot). Preis ist Verhandlungssache, abhängig von Tourdauer, Anzahl der Teilnehmer und ob die *Reserva Ecológica de Nanciyaga* mitbesucht wird (der Lanchero wartet solange). Eine Fahrt im **Colectivo-Boot** kommt viel billiger. Es werden einige der rund ein Dutzend Seeinseln angefahren, z.B. die *Isla de las Garzas* (mit Schwärmen von weißen Fischreihern und anderen Wasservögeln) oder die *Isla de los Changos* (Affeninsel). Dort leben freigesetzte, zutrauliche Makaken, Meerkatzen (eigentlich sind es zwei Inseln, auf der anderen lebt eine Population Mandrills, beide unter Aufsicht des biologischen Instituts der Universidad Veracruzana).

In der **Reserva Ecológica de Nanciyaga** am See-Nordufer (Tel. 9430199, www.nanciyaga.com, Eintritt, per Bootsfahrt vom Malecón oder über die Straße) gibt es einen ökologischen Lehrpfad durch tropischen Regenwald. Man bekommt einen Guide, der einem auf Spanisch Wissenswertes über Flora und Fauna erzählt und natürliche Heil- und Kosmetikmittel anbietet. So kann z.B. ein prähispanisches Schwitzbad *(temazcal)* genommen werden oder man lässt sich das Gesicht mit Heilerde einreiben. Bei Bedarf und Neigung können überdies die Künste bzw. eine „Limpia" des hier agierenden „Betriebs-Curandero" in Anspruch genommen werden. Direkt an der Lagune liegen die elf *Cabañas Nanciyaga* mit je einem Wohn-/Schlafraum und kleiner Veranda, nur *baño común.* Inklusive Massage, Schlammbad und Wanderung 700 Ps (HS 1000 Ps) für 2 Personen. Alle Angebote mit aktuellen Preisen s. Homepage.

Der nahegelegene Park **La Jungla** ist ein Erholungspark mit Restaurant, Schwimmbad, Campingplatz und Spaziermöglichkeiten im ökologischen Reservat.

Adressen & Service Catemaco

Turismo

im Palacio Municipal, Zócalo-Nordseite, Tel. 01-**294**-9430016. Gute Website mit vielen Infos: www.catemaco.info

Unterkunft

Es mangelt nicht an Hotels. Man kann im Ort oder an der Straße am See (Avenida Playa) nächtigen. Einige der See-Hotels sind jedoch ziemlich abgewohnt, so dass auch wegen der Moskitos ein Hotel im Ort die bessere Wahl ist.

Von Curanderos und Brujos

Catemaco ist für seine zahlreichen *curanderos* (Heiler) und *brujos* (Zauberer) bekannt, deren Heilkunde und Künste viele Leidende und Neugierige aller Schichten aus ganz Mexiko anlocken. Man sucht Hilfe bei Liebeskummer, Krankheiten, finanziellen Sorgen und anderen Dingen, die das Leben schwer machen. Die Brujos vollziehen *limpias,* fertigen auf Wunsch Amulette, lesen die Zukunft aus Karten oder führen Geistheilungen durch. Die Wunderheiler, von denen nur wenige öffentlich mit einem Schild an der Haustür auf ihre Tätigkeit hinweisen (die Mund-zu-Mund-Werbung funktioniert bestens), haben in Catemaco alljährlich am **ersten Freitag im März** ein großes Treffen auf dem *Cerro Mono Blanco,* bei dem es Vorträge gibt und Erfahrungen ausgetauscht werden (ein anderes Fest ist am 15. Juli).

Die **Curanderos** sind meist indigener Abstammung und bewahren das jahrtausendealte Wissen der Urbewohner. Sie besitzen eine umfassende Kenntnis der Heilpflanzen, ihrer Anwendung und Wirkungen und geben ihr Wissen von Generation zu Generation weiter. Auch die herkömmliche Medizin sieht die Wirkung einiger Heilpflanzen inzwischen als erwiesen an. Die **Brujos** beschwören spirituelle und göttliche Kräfte und erzielen durch die Kombination mit Heilpflanzen und dem festen Glauben des Patienten an all diese Dinge (der Glaube versetzt bekanntlich Berge) oft erstaunliche Erfolge. Christentum, Teufelsglaube und prähispanische Naturkenntnisse sind also die Wurzeln der *brujería.*

Durch das Ritual einer **Limpia,** der spirituellen Säuberung oder Reinigungszeremonie von *malos aires,* welche die körperliche und seelische Harmonie eines Menschen stören, werden dem Körper die krankmachenden Kräfte entzogen. Heiler können sich durch spezielle Atemtechniken in einen Trancezustand versetzen, der es ihnen ermöglicht, die „Aura", die negativen und positiven Strömungen, die von jedem Menschen ausgehen, wahrzunehmen. Dadurch ist der Curandero zugleich in der Lage, die Ursachen von Problemen zu erkennen. Er kann Energie nehmen oder geben, je nachdem, was nötig ist. Die negativen Energien können auf ein anderes Medium übertragen werden, z.B. auf ein Ei, das über den Körper gestrichen wird. Auch Steine, Frösche, saure Limonen etc. werden dazu benutzt.

Viele Curanderos verwenden für die spirituelle Reinigung Zweige bestimmter Bäume, z.B. Myrrhenzweige. Meist wird bei den Sitzungen Copalharz abgebrannt, der „Weihrauch" Mexikos. Jede Sitzung ist individuell verschieden und jeder Curandero hat seine speziellen Rezepte, je nach Schwere des Falls. Es kommt immer auf den Patienten und das Problem an. Bei Doña Rosenda, einer der bekanntesten Heilerinnen Catemacos, entscheidet die Farbe, die der Patient beim Schließen seiner Augen sieht, über die Behandlungsmethode.

Außer der sogenannten „Weißen Magie", die Gutes bewirken und heilen soll, gibt es auch die „Schwarze Magie". Manche Curanderos praktizieren beide Arten, je nach Wunsch des Klienten. Schwarze Magie kann z.B. verwendet werden, um einer unangenehmen Person einen Schaden zuzufügen. Dazu gehören z.B. Flüche und Verwünschungen. Sie ist wesentlich teurer als weiße Magie, u.a. auch deshalb, weil der Brujo dafür einen Pakt mit dem Teufel eingehen muss (mit der Kirche und den Priestern im Ort leben die Brujos übrigens in friedlicher Koexistenz). Die „weißen" Magier distanzieren sich klar von dem Missbrauch ihrer Praktiken und von Scharlatanerie, denn sie wollen ihr gut gehütetes Wissen nicht dazu benutzen, Menschen Leid anzutun. Die Erfolge und die Popularität der Magier hat inzwischen auch viele Schwindler angezogen. Wer Hilfe sucht, sollte sich also vorher informieren und umhören. Magie wird in Mexiko sehr ernst genommen, sehr viele Mexikaner glauben fest daran.

Angela Mendoza

Ein gutes PLV bietet das **Hotel Acuario** neben dem Palacio Municipal, Nordwestecke Zócalo, Tel. 9430418, www.hotelacuariocatemaco.com. DZ 350/HS 450 Ps. – Gegenüber: **Hotel Las Brisas,** www.lasbrisashotel.com.mx. DZ 600 Ps. – **Hostal del Cid,** Ecke Hidalgo/Rayón (2 Cuadras östl. vom Zócalo), Tel. 9432492, www.hostaldelcid.com.mx. 20 gute Zimmer/AC, viele Services, WiFi, Parken, Restaurant. DZ ab 450 Ps. **TIPP.** – Unsere Empfehlung für Genuss-Reisende: **Hotel Los Arcos,** Ecke Madero/Mantilla (100 m westl. vom Zócalo), Tel. 9430003, www.arcoshotel.mx. Pool, Innenparken, alle Services. DZ ab 700 Ps, Rabatt bei mehreren Nächten. – Sehr gute Hotelanlage am Ostufer des Sees in Tebanca mit buddhistischer Ausrichtung, Pool, Restaurant, Temazcal, Touren u.a. mehr: **Prashanti,** www.prashanti.com.mx. DZ ab 1000 Ps.

Wohnmobilfahrer können zum *Restaurante La Ceiba* am Malecón fahren (vom 1.-Klasse-Terminal 900 m nach Westen) und sind sehr gut aufgehoben beim *Parque La Jungla* (s.o.) mit Naturschwimmbecken und kleinem Restaurant sowie beim luxuriösen *Tepetapan RV Park* am Nordufer des Río Grande de Catemaco westlich der Mex 180, www.tepetapan.com. Auch die *Rancho Turístico Xococapan* an der Straße nach Nanciyaga und *Prashanti* in Tebanca bieten Stellplätze.

Essen & Trinken

Am Zócalo isst man gut und günstig bei *La Casona* (Südseite). Viele (touristenorientierte) Restaurants aber auch einfache *loncherías* liegen am See bzw. entlang des Malecón. Günstige authentische Speisen und Frühstück findet man im bunten Markt an der Av. Playa, der Parallelstraße zum Malecón. Lokale Spezialität sind Seefische und *carne de chango,* was nicht etwa gebratener Affe ist, sondern geräuchertes Schweinefleisch mit Chili. Hochgelobt wird das Familienrestaurant *El Teterete,* das sich im Grünen südlich der Mündung des Río Grande im Dorf Pozolapán befindet (GPS N18.3657722 W95.0919213). Nur Fr–So, Tel. 294-9430620, Gonzalo Hernández, auch Unterkunft.

Feste

2. Juli, Tag der Schutzpatronin *Virgen del Carmen,* es kommen zahllose Gläubige. Am 1. Freitag im März Treffen der Curanderos und Brujos, viele Touris.

An- und Weiterreise

Fernbusse halten kaum in Catemaco, meist muss in San Andrés Tuxtla umgestiegen werden. ADO/AU fahren u.a. nach **Acayucan** (1,5 h), **Villahermosa** (5,5 h), **Veracruz** (3 h), **Puebla** (6 h), **Mexiko-Stadt** (9 h). *Autotransportes Los Tuxtlas* (2. Klasse) fährt ständig nach **San Andrés Tuxtla** und zu anderen Umgebungszielen.

Umgebungsziele von Catemaco

Auch von Catemaco aus kann man einen Ausflug zu dem bei *San Andrés Tuxtla* erwähnten Wasserfall **Salto de Eyipantla** machen. Ein Bad im Meer ist möglich im Dörfchen **La Barra de Sontecomapan,** das man mit dem Colectivo-Boot von Sontecomapan aus erreicht (17 km; dort gibt es einfache Unterkünfte). La Barra mit seinem einsamen und weitläufigen Sandstrand liegt malerisch auf der Landzunge, die die Lagune vom Meer trennt (man erreicht es auch über den Landweg, s. Karte). Entlang der Zufahrtspiste (8 km) und direkt am Meer gibt es ein paar einfache Restaurants und Palapa-Unterkünfte der Fischerfamilien.

Bleibt man auf der Straße und biegt nicht nach La Barra ab, erreicht man nach ca. 2 km die Abzweigung zu den Stränden *Jicacal/Icacos* und *Escondida.* Danach führt die ständig ansteigende Straße nun unasphaltiert durch das Naturschutzgebiet *Biosfera de Los Tuxtlas* mit der Forschungsstation *Instituto de Biologia UNAM* mit kleinem Museum (Mo–Fr). Bald danach kommt die Abzweigung zum Fischerdorf *Balzapote* (2 km, weniger ein Tipp). Nach weiteren 6 km erreicht man den einsamen und weitläufigen Meeresort **Montepío** (5 km). Das Wasser ist hier sehr sauber, es gibt tropische Früchte und frischen Fisch in rustikalen *comedores.* Unterkommen kann man z.B. in den *Villas Montepío* (s. Hinweisschild bei der Ortseinfahrt, links), in der *Posada San José* (dto. linke Straßenseite) oder billiger privat bei der *Lonchería Susi.*

Acayucan

Die Stadt ist Verkehrsknotenpunkt an der Mex 145D/Mex 185 mit Weiterfahrmöglichkeiten nach Villahermosa (230 km), Veracruz (250 km) oder zum Golf von Tehuantepec (Juchitán, 250 km). Die Busterminals liegen 800 m östlich vom Zócalo, dorthin gelangt man auf der Calle Hidalgo. Erste Klasse ADO und OCC, alle Richtungen, z.B. nach Villahermosa (3 h), Veracruz (3 h), Tuxtla Gutiérrez (4 h), Catemaco (1,5 h), Mexiko-Stadt (9 h) u.a. Ziele. Auskunft und Bustickets außerdem bei *Ticket Bus,* Hidalgo 802.

Hotel Kinaku, Ocampo Sur 7 (eine Cuadra östl. der Plaza), Tel. 01-**924**-2450466, www.hotelkinaku.com.mx. Komfortable Zimmer, DZ 722 Ps. Oder *Hotel Joalicia,* Plaza-Südseite, Tel. 2450877, ab 400 Ps.

Umgebungsziele

Ca. 30 km südwestlich von Acayucan liegt am Río San Juan das Dorf **San Juan Evangelista,** während der Kolonialzeit ein wichtiger Verschiffungshafen mit einer Architektur, die der Tlacotalpans gleicht.

San Lorenzo Tenochtitlán

Ca. 45 km südöstlich liegt am Río Chiquito die schwer zugängliche Olmeken-Urstätte **San Lorenzo Tenochtitlán** (Anfahrt auf der Mex 180 über Texistepec). Von dort führt eine gut befahrbare Piste über mehrere Dörfer nach San Lorenzo Tenochtitlán (Fahrzeit 30–45 Min., Colectivos).

San Lorenzo gilt als das früheste **Olmeken-Zentrum** (zw. 1200 u. 900 v.Chr., Olmeken-Exkurs s.S. 720). Viele der großen Olmekenköpfe in den Museen von Villahermosa, Xalapa oder Mexiko-Stadt stammen von hier. Es gibt ein kleines Museum mit Olmeken-Skulpturen und einen Kolossalkopf. Vom ältesten Zeremonialzentrum der Olmeken selbst ist nichts mehr zu sehen. Plattformen und Pyramidenhügel liegen unter der dichten Vegetation begraben.

Etwa 7 km südlich von San Lorenzo Tenochtitlán liegt die Ausgrabungsstätte **El Azuzul.** Auch hier ist alles unter dichter Vegetation begraben und außer der Hinweistafel „Zona Arqueológica" nichts mehr zu sehen. 2,5 km weiter, in *Potrero Nuevo,* soll es laut Auskunft des Museumswärters von San Lorenzo Tenochtitlán einige wenige olmekische Fundstücke geben, die aber nur mit Hilfe Einheimischer lokalisierbar sind.

Weiterfahrt

Auf der schnurgeraden und vielbefahrenen Mex 185 erreicht man die 30 km östlich gelegene Industriestadt **Minatitlán** am Río Coatzacoalcos, wo 1908 die erste große Erdölraffinerie Mexikos errichtet wurde. Von Minatitlán verläuft eine Ölpipeline bis nach Salina Cruz am Pazifik.

Ein Arm der Mex 180 biegt zur Küste ab und erreicht nach 20 Kilometern Coatzacoalcos.

Coatzacoalcos

Der Name bedeutet „wo sich die Schlange versteckt". Laut indigener Legende ließ sich Coatzacoalcos, der Herr über Wind und Himmel, hier ein Boot bauen und fuhr in ihm davon. Bis zum Beginn des 20. Jh. war Coatzacoalcos ein unbedeutendes Dorf. Mit der Fertigstellung der die zwei Ozeane verbindenden Eisenbahnstrecke Coatzacoalcos – Salina Cruz entwickelte sich der Ort zum internationalen Hafen und der Erdölboom tat ein übriges, um ihn weiter anschwellen zu lassen. Die wichtigste petrochemische Stadt Mexikos bezahlte dafür mit der Vergiftung von Luft, Erde und Wasser. Von Coatzacoalcos bestehen gute Verbindungen nach Mérida, Mexiko-Stadt, Puebla, Veracruz, Villahermosa u.a. Städte.

Die mautpflichtige Mex 180D spurt weiter Villahermosa entgegen und mit dem Fluss Tonalá ist auch die **Grenze** zwischen den Bundesstaaten Veracruz und **Tabasco** erreicht. Als mit Grijalva 1518 die ersten spanischen Seefahrer hier landeten, wurde die Region von einem Herrscher namens *Ta Bah Coh* regiert – „unser starker und mächtiger Vater". Daraus wurde dann Tabasco.

Von den beiden Grenzbrücken über den Río Tonalá sind es noch 120 km nach Villahermosa. Nach 4 Kilometern zweigt eine Straße nach Norden nach *La Venta* ab (4,5 km bis zum La-Venta-Museum).

La Venta

La Venta war ein olmekisches Zeremonialzentrum in der gleichnamigen Ortschaft Villa La Venta (Olmeken-Exkurs s.S. 720). Man fährt durch den Ort, passiert den Busterminal rechter Hand und erreicht 500 m weiter das *Museo de Sitio La Venta.* Auf einer Schwemmlandinsel im sumpfigen Mündungsgebiet des Río Tonalá wurden hier bei Erdölbohrungen 1940 vier 3000 Jahre alte **Olmekenköpfe** ans Tageslicht befördert, das Ausgrabungsgebiet liegt unmittelbar hinter dem Museum. La Venta war nach dem Niedergang von San Lorenzo, des ersten Olmeken-Zentrums, das bedeutendste. Durch die Anordnung der *Complejos* A bis F um die 30 m hohe, gerundete und besteigbare Erdpyramide C1 wird jene Grundkonzeption ersichtlich, die später für nahezu alle Zeremonialzentren mesoamerikanischer Hochkulturen typisch ist: Pyramiden und Bauwerke gruppieren sich um Plätze und an „Straßen“, die in bestimmten Ausrichtungen zueinander stehen. Zu sehen sind Stelen, Altäre, Hofareale, Erdhügel und viele Säulen aus Basaltgestein, das aus der Sierra de los Tuxtlas hierher geschafft wurde.

Das Museum zeigt neben einem Modell des Zeremonialzentrums drei etwas beschädigte Olmekenköpfe, Artefakte wie Keramik- und Jadefiguren sowie Replikate von Skulpturen. Die Originale fast aller Funde befinden sich heute hauptsächlich im *Museo Parque La Venta* in Villahermosa.

Tägl. 10–16.30 Uhr, Eintritt 43 Ps. Anfahrt auch ab Villahermosa mit ADO-Bussen, s. dort.

Über Cárdenas (Umsteigemöglichkeit nach Tuxtla Gutiérrez/Chiapas) geht es dann weiter nach Villahermosa.

Villahermosa

Ew. 670.000

✆ 01-993

Villahermosa, die Hauptstadt Tabascos, wurde 1593 von den Spaniern gegründet und heißt wörtlich übersetzt „schöne Stadt“, was nicht allzu ernst genommen werden sollte. Für Touristen nicht besonders attraktiv, dämpft zudem das ständig schwülheiße Klima die Unternehmungslust. Die Stadt wurde reich vom Geld der Erdölförderung und der dadurch ausgelöste Bauboom ließ sie großflächig ins flache Umland wuchern. Durch- und umflossen wird die Stadt von den Flüssen *Río Grijalva* und *Río Carrizal* sowie deren zahllosen Nebenflüssen. Die Hauptattraktionen Villahermosas sind im wesentlichen der **Parque de la Venta** und das **Museo Regional de Antropología.** Die moderne Verwaltungszone mit futuristischen öffentlichen Gebäuden, glitzernden Einkaufszentren, Nobelhotels und Geschäftssitzen nennt sich **Tabasco 2000.**

Orientierung Mehrere große Verkehrsachsen (*Boulevard Adolfo Ruíz Cortínez, Paseo Tabasco, Paseo Usumacinta* und *Avenida 27 de Febrero*) durchschneiden das Stadtgebiet. Der am Río Grijalva liegende Zentrumsbereich **Zona de la Luz** erstreckt sich nördlich der **Fußgängerbrücke Puente Gaviotas** bis zur Calle Zaragoza und zwischen der Hidalgo und der Madero. Die *Central Camionera* 1. Klasse liegt einen Kilometer nördlich davon an der *Javier Mina,* der 2.-Klasse-Terminal weitere 350 m nördlich an der *Av. Ruíz Cortínez.*

Herumkommen Bedingt durch die große Ausdehnung Villahermosas sind Besichtigungen nicht ganz einfach, doch mit Taxis kommt man trotz des enormen Verkehrs schnell überall hin (die gelben Taxis sind billiger; die weißen sind Radio-Taxis; Preissicherheit durch Zonensystem). Bei den Colectivos sind die Fahrziele zwar angeschrieben, z.B. „Centro“ (= Zona de la Luz), „2000“ (= Tabasco 2000), CICOM (= Anthropologischen Museum), man wird aber häufig fragen müssen.

Zona de la Luz

Die verkehrsberuhigte *Zona de la Luz* ist noch ein Stück altes Villahermosa. In diesem Viertel mit unzähligen kleinen Geschäften, Restaurants und Straßencafés kann man zwischen restaurierten und farbenfroh angepinselten Häusern nett bummeln, Kunstgalerien besichtigen, einkaufen, Eis und erfrischende Fruchtsäfte genießen oder von einer der gusseisernen weißen Bänke das Leben beobachten. Stimmungsvoll ist es besonders abends. An Fest- und Feiertagen und insbesondere zur Karnevalszeit spielen lautstarke Musikgruppen.

Museo de Historia de Tabasco

In der wunderschönen und historischen *Casa de los Azulejos* mit blauer Fliesenfassade in der Calle Juárez 402 befindet sich das kleine **Museo de Historia de Tabasco**. Präsentiert wird ein regelrechtes Sammelsurium: Fotos von der Mexikanischen Revolution, alte Möbel, Kanonen, Grammophone, einige archäologische Objekte, Ritterrüstungen, Schiffsmodelle, eine alte Kutsche usw. Di–So 9–17 Uhr, 30 P.

Plaza de Armas

Zur erhöhten Plaza de Armas gelangt man durch die Fußgängerpassagen Guerrero oder Juárez. Den, weitläufigen, steril wirkenden Platz säumen modern konzipierte öffentliche Gebäude. Der neoklassizistische **Palacio de Gobierno** mit seinem Uhrentürmchen und einer Glocke darunter stammt jedoch aus dem Jahr 1894. Sein Inneres lohnt einen Blick. Die Statue schräg vor dem Palacio de Gobierno stellt General Vicente Guerrero dar und die Wasserbecken in der Platzmitte symbolisieren die „Wasserstadt“ Villahermosa. Auf der Südseite wird der Platz von der weißen Kirche *Templo de la Concepción* abgeschlossen.

In Richtung Osten/Río Grijalva ist der 40 m hohe Betonturm **Torre del Caballero** nicht zu übersehen. Er ragt direkt aus der Fußgängerbrücke *Puente Gaviotas* heraus. Von oben (9–16 Uhr, gratis) hat man tolle Ausblicke über die Stadt und den Río Grijalva (vormals *Río Tabasco;* Grijalva war ein span. Seefahrer, der 1518 die Golfküste befuhr).

Museo de la Cultura Popular

In dem kleinen Haus in der Calle Zaragoza 810 in Nähe des Parque de los Pajaritos sind in nur zwei winzigen Räumen Trachten ausgestellt und es werden Artesanías verkauft. Di–So 10–17 Uhr.

Parque Museo La Venta

Der **Museumspark La Venta** ist ein sehr schön gestaltetes Freiluftmuseum an der *Laguna de las Ilusiones,* das auf eine Anregung von *Carlos Pellicer Cámara* (1897–1977) zurückgeht. Cámara war ein berühmter Dichter und Anthropologe aus Tabasco, der für die Präsentation der olmekischen Kolossalköpfe und Basaltskulpturen einen Ort schaffen wollte, der den Originalfundorten so ähnlich wie möglich sein sollte. Eingebettet in üppige, tropische Natur bedeckt der Archäologie-Garten eine Fläche von ca. 500 x 300 m. Einweihung war 1958.

In dem gleich hinter dem Eingang beginnenden Zoo **(Parque Zoológico)** kann man heimische (und gefährdete) Arten wie Pumas und Jaguare sehen. Das Vogelhaus ist schön, andere Gehege aus Beton und Drahtgitter sind eher eine Zumutung. Man begegnet aber auch freilaufenden Tieren (Rehe, Affen, Nasenbären u.a.) beim ausgeschilderten Rundgang.

Start ist an einem hohen Ceibabaum (stachliger Urwaldriese, s.S. 193). Von

Villahermosa Centro
0
500 m
© RKH Verlag Hermann
Parque Museo La Venta 2 km
Busterminal 2. Klasse, Central de Autobuses de Tabasco CAT
Blvd. Ruíz Cortínez
MEX 180
Puente Grijalva
Mex 180, Aeropuerto / Yumka / Palenque
Abelardo Reyes
Calle 1
L.C. Rivera
Borrego
Gil y Sáenz
Super-mercado Chedraui
Taxi
Javier Mina
Terminal Cardesa
Zozaya
Álvarez
Castillo
Busterminal 1. Klasse ADO
Central de Autobuses de 1a. Clase
Fuentes
Lino-Merino
Magallanes
Méndez Magaña
Zona de la Luz
= Fußgängerstraßen
Galeana
Castillo
Cuauhtémoc
Fidencia
Carranza
Madero
Pino Suárez
Constitución
Malecón Madrazo
Río Grijalva
Sarlat
Parque Juárez (Markt)
Sánchez
Marmol
Zaragoza
Rosales
Zaragoza
Museo de Cultura Popular
Bancomer
Iguala
HSBC
Lerdo de Tejada
Parque Los Pajaritos
27. Febrero
Hidalgo
5 de Mayo
Sáenz
Aldama
Juárez
Pino Suárez
Cenma
Corozal
Reforma
27. Febr.
Banamex
Museo de Historia de Tabasco
(Casa de los Azulejos)
Palacio del Gobierno
Guerrero
Excobar
Bravo
Rovirosa
Juárez
Malecón
Plaza de Armas
Allende
Paseo Tabasco
Macuilis
Puente Gaviotas
(Fußgängerbrücke)
Torre del Caballero
Arista
Ocampo
Independencia
Bruno
Hotels
1 Hotel Palomino
2 Hotel Oriente und Provinica Express
3 Hotel Olmeca Plaza
4 Hotel Best Western Madan
CICOM
Biblioteca Suárez
Teatro Iris
Museo Regional de Antropología

dort geht es über gewundene Wege mit schattenspendendem Baumbestand, wie *Ceibas*, *Palos mulatos, Chico zapote* (Kaugummi), *ramón* (Brotfruchtbaum), *Yucas pochotes,* Tamarinden, Kakao, Bambus etc. von Skulptur zu Skulptur mit Erklärungstafeln in Spanisch und Englisch.

Das **Museo de las Olmecas de La Venta** vor dem Rundgang bietet eine Einführung und Wissenswertes über die Olmeken-Kultur.

Anfahrt / Zeiten / Eintritt

Der La Venta Park liegt 2,5 km westlich von der Zona de la Luz entfernt am Blvd. Adolfo Ruíz Cortínez. Vom Zentrum aus nimmt man am nervenschonendsten ein Taxi. Oder einen Tabasco-2000-Bus (den Busfahrer bitten, nahe der Kreuzung Paseo Tabasco/Ruíz Cortínez Bescheid zu sagen). Auch von den Busterminals gibt es Fahrmöglichkeiten zum La Venta Park.

Beim Haupteingang (40 Ps, tägl. 8–17 Uhr, letzter Einlass 16 Uhr, Zoo montags geschlossen) kann man sich anhand einer großen Übersichtstafel einen Überblick verschaffen. An bestimmten Abenden Lichtshows. Alle Infos auf www.iec.tabasco.gob.mx bei „Patrimonio Cultural". Es gibt eine Gepäckaufbewahrung und sogar ein kleines Postamt. Gesamtzeitbedarf 1–2 Std. Je nach Jahreszeit können Moskitos schwirren, Schutzmittel auftragen.

Rundgang

Highlights des *recorrido* sind 33 monumentale Skulpturen, Stelen, Altäre und natürlich besonders die 3000 Jahre alten **Olmeken-Kolossalköpfe** aus Basalt, alles Originale. Die Olmeken- bzw. die La-Venta Kultur war die Mutterkultur Mexikos (s. Exkurs). Die hier ausgestellten Köpfe wurden 1940 im Sumpfgebiet von **La Venta,** etwa 130 km westlich von Villahermosa, ausgegraben und 1958 hierher gebracht.

Besonders erwähnenswert sind der tätowierte Olmekenkopf *Cabeza Tatuada* und der berühmte, 2,20 m hohe „Kopf des Kriegers" (Cabeza del Guerrero) mit verziertem Helm, der wahrscheinlich ein Herrscher war und der besterhaltene der Köpfe von La Venta ist. Sympathisch auch *La Abuela,* die Großmutter Kurz vor dem Ende des Rundgangs geht es über eine Hängebrücke und dann blickt man dem allergefährlichsten Raubtier ins Auge … Überraschung! Ein kleiner Ausstellungsraum zeigt noch einmal die Tiere und Pflanzen des Parks.

Wer noch Lust auf weitere Altertümer hat: Nach dem Ausgang liegt auf der anderen Seite das **Museo de Historia Natural** mit Objekten der Naturgeschichte Tabascos. Man könnte auch am Ufer der **Laguna de las Ilusiones** entlangspazieren und auf den 50 m hohen Aussichtsturm **Mirador de las Águilas** steigen. Westlich vom Parque de la Venta erstreckt sich **Tabasco 2000,** das man sich am besten motorisiert anschaut.

Tabasco 2000

Ultramodern ist der **Palacio Municipal** (1982) am Paseo Tabasco. Seine Frontseite, die *Plaza de la Revolución,* säumen die Statuen von vier bedeutenden mexikanische Revolutionspolitikern: *Francisco Madero, Venustiano Carranza, Plutarco Elías Calles* und *Lázaro Cárdenas.* Links ist die „Fuente de los Pescadores", das Gebäude gegenüber ist das *Centro Administrativo del Gobierno,* das Verwaltungszentrum der Regierung. Weiter weg, über der Straße, ist das schräge Flachdach des Planetariums zu sehen.

Museo Regional de Antropología

Das kastenförmige Museum mit seinem überstehenden Gitter-Flachdach ist wichtigster Bestandteil des **CICOM** („Centro de Investigaciones de las Culturas Olmeca y Maya"). Zum CICOM-Komplex gehören u.a. noch ein Theater und eine der wichtigsten Bibliotheken Mexikos. **Anfahrt** vom Zentrum mit CICOM-Bussen oder per Taxi.

Das Museum liegt 1 km südlich der Plaza de Armas am Río Grijalva und beherbergt Ausstellungsstücke aller mesoamerikanischen Geschichtsepochen und Kulturen. Gewidmet ist es dem Dichter und Sammler *Carlos Pellicer Cámara,* dessen Statue vor dem Eingang steht. (Di–So 9–17 Uhr, 20 Ps, Infos unter iec.tabasco.gob.mx, Zeitbedarf 1–2 Stunden, Erklärungen auf Spanisch).

Am besten zunächst in den 2. Stock hochsteigen (weite Sicht auf Villahermosa, herausragend die Türme der Kathedrale am Paseo Tabasco). Zu sehen gibt es Objekte von Teotihuacán und El Tajín, von den Huasteken und Zapoteken (Monte Albán), von Oaxaca, Nayarit und Colima, von den Tarasken, Mexica (bzw. Azteken), Tolteken und Mixteken.

Im 1. Stock die Kulturen von La Venta bzw. der Olmeken, der Maya (Fotos, Tongefäße, Masken, Kleinfiguren, Urnen, Werkzeuge usw., auch die zwei Pacal-Köpfe von Palenque) sowie Objekte von Chichén Itzá. Im Erdgeschoss nochmals ausgewählte Stücke aller Kulturen (Olmeken-Kopf und Skulpturen, Maya-Stelen, Fresken von Bonampak, u.a.).

Adressen & Service Villahermosa

Turismo Ein Büro gibt es beim Parque Museo La Venta. Infos auch im Busterminal 1. Klasse (Módulo de Información Turística) und auf dem Flughafen. Secretaría de Turismo Tel. 3109700.

Websites www.iec.tabasco.gob.mx und www.tabasco.gob.mx/turismo. Infos über Tabasco: www.visitetabasco.com.

Unterkunft Das Angebot an Mittelklasse-Hotels ist recht groß (*promociones* auf den Hotel-Homepages), gute Budgethotels sind selten. Zentral nächtigt man in der Zona de la Luz. Ein Zimmer mit AC ist unumgänglich.

Beim Busterminal 1. Klasse ADO: **Hotel Palomino Palace,** Av. Javier Mina 222, direkt gegenüber vom ADO-Terminal, Tel. 3143379. DZ ca. 400 Ps.

Hotel Best Western Madan, Calle Madero 408, Tel. 3121650, www.madan.com.mx. Restaurant, Bar und laute (!) Disco, kostenloses Parken im Parkhaus in der östl. Parallelstraße, von dort direkter Zugang zur Madero. DZ ca. 800 Ps. – **Hotel Olmeca Plaza,** Reforma 418, www.hotelolmecaplaza.com, Tel. 3580102. Gutes, modernes Hotel, 150 Zi. auf 6 Etagen, Pool, Rest. DZ 750–1200 Ps, *promociones.* – **Hotel Oriente,** Madero 425, Tel. 3120121. Klein, einfach, doch sauber. DZ 350 Ps. – Gleich daneben, an der Ecke zuvor: **Hotel Provincia Express,** Lerdo de Tejada 303, Tel. 3145378, http://hotelesprovinciaexpress.infored.mx. Mex. Kettenhotel, gute, neue Zimmer. DZ ab ca. 600 Ps.

Essen & Trinken In der Zona de la Luz gibt es zahllose Restaurantes, Cafés, Loncherías, Taquerías und Niverías. Frisches aus dem Meer steht fast überall auf den Karten. Eine lokale Spezialität ist Kakaowein.

Notfall **Notruf** Tel. 060, kostenlos. – **Polizei:** Aldama 101 (Zona de la Luz), Tel. 3152633, Touristenpolizei Tel. 0800-039200

Feste Eine Attraktion Villahermosas ist der Karneval mit vielen Musikgruppen. Bei der *Feria de Tabasco* Ende April/Anfang Mai werden Kunsthandwerk, Tänze und sonstige Besonderheiten aus den verschiedenen Regionen Tabascos gezeigt.

An- und Weiterreise Villahermosa ist Verkehrsdrehscheibe und Ausgangspunkt für die Halbinsel Yucatán und für Chiapas. Wer von hier aus nur einen Ausflug zu der Maya-Stätte **Palenque** machen will, sollte nach der Ruinenbesichtigung in Palenque eine Übernachtung einplanen. Reisebüros und große Hotels bieten aber auch organisierte Tagestouren an. Hauptdestinationen wie Palenque, Mérida oder Veracruz möglichst im Voraus buchen! Vom Busterminal zum Hotel mit Taxi oder Colectivos fahren.

Bus 1. Klasse (ADO): *Central de Autobuses de 1a. Clase*, Av. Javier Mina/Ecke Lino Merino, etwa 800 m nördlich der Zona de la Luz. Großer Terminal mit Gepäckaufbewahrung und kleiner Touristenauskunft. Linien: ADO u.a. sowie Luxusbusse (die bei Fernstrecken meist nachts fahren). Auskunft/Ticketkauf

Die „Gummimenschen“

Die **olmekische Kultur** war die Initialkultur Mesoamerikas (die präklassische Olmekenkultur wird exakter als **La Venta-Kultur** bezeichnet). Sie etablierte sich im Herzland der **Olmeken** am Golf von Mexiko zwischen 1200 und 500 v.Chr. (Karte s.S. 673). Mit handwerklichen Techniken, künstlerischen und geistigen Leistungen in Architektur, Kunsthandwerk und Höhlenmalerei (Juxtlahuaca in Guerrero) und insbesondere in der Arithmetik **(Kalender!)** beeinflusste und inspirierte sie viele andere mesoamerikanische Völker (die Maya bauten auf dem Zahlenwissen der Olmeken auf).

Doch woher die Olmeken kamen, warum sie ihre Zentren ausgerechnet im sumpfigen Tiefland inmitten dichter Vegetation gründeten, wo ihre Hauptstadt lag – städtebaulich hinterließen sie keine großen Anlagen – und warum ihre Zeremonialzentren **San Lorenzo** und **La Venta** von ihnen selbst zerstört wurden – das liegt im Dunkeln. Nicht mal den richtigen Namen dieses Volkes weiß man. Die Bezeichnung „Olmeken“ stammt von den Azteken und bedeutet so viel wie „Leute aus der Gummiwaldregion“, und damit meinten die Azteken das Volk am südlichen Golfbogen (die Beziehungen zwischen Hochland und Golfküste setzten etwa um das Jahr 1000 ein). Denn dort wuchsen *Heveen,* Kautschukbäume, aus deren Saft die Gummibälle für das mesoamerikanische Ballspiel gewonnen wurden.

Die bedeutendsten und ältesten Fundstätten der La Venta-Kultur sind **La Venta** in Tabasco, **Tres Zapotes** und **San Lorenzo Tenochtitlán** (in Veracruz), wobei San Lorenzo das früheste Zeremonialzentrum war (zw. 1200 und 900 v.Chr.).

„Nachlässe“ der reichen Olmeken-Kultur sind, neben den berühmten Kolossalköpfen, Steinmonumente, Altäre, Bildwerke, unzählige Ton-, Jade- und Steinfiguren, Keramikgefäße, Statuen von Gottheiten und von übernatürlichen Wesen, Masken, Schmuckstücke, Obsidianmesser u.v.a.m. Der charakteristische Olmeken- bzw. La-Venta-Kunststil ist leicht an den ausgeprägten, massiven Formen in Verbindung mit einfacher Linienführung zu erkennen. Olmeken-Kunstschätze sind außer in Villahermosa hauptsächlich in den Anthropologischen Museen von **Xalapa** und **Mexiko-Stadt** zu sehen.

Insgesamt wurden bis jetzt 17 **Olmeken-Kolossalköpfe** gefunden, allein 8 in San Lorenzo, die allerersten durch Zufall beim Bohren nach Erdöl. Sie sind 1,5 m bis 3,40 m hoch und 6 bis 50 t schwer. Hergestellt bzw. gehauen wurden sie aus dem Basalt der vulkanischen Sierra de los Tuxtlas (Cerro Cintepec). Doch wie diese gewaltigen Steine mühsam über Hügel und Flüsse und über die enorme Distanz von 60 km von ihren Abbaugebieten nach San Lorenzo – gar 100 km bis nach La Venta – transportiert wurden, das ist nach wie vor ein Geheimnis.

Die imposanten Köpfe repräsentierten vermutlich Herrscher, Krieger oder Athleten, vielleicht auch Gottheiten. Jeder Kopf ist mit einem individuell verzierten Helm bedeckt. Oder waren es Helme mit Rangabzeichen, wie sie beim Ballspiel getragen wurden? Auch die Olmeken spielten dieses Spiel (Ballspiel-Exkurs s.S. 244).

Am rätselhaftesten sind jedoch die Gesichtszüge der Kolossalköpfe, manche lächeln sogar. Solch asiatische Augenpartien und negroide Nasen mit wulstigen Lippen entsprechen keinesfalls dem Menschentyp, der in der Golfregion einmal lebte. Es sind anthropomorphe Darstellungen, **vermenschlichte Jaguare** (schräge Katzenaugen, platte Nasen), der Jaguar war bei den Olmeken (und bei den Maya) das wichtigste Mythologie-Tier.

Dass die Gesichter nach Fertigstellung oft wieder zerstört wurden, wird so erklärt, dass neue Herrscher und neue Zeiten meist auch ein anderes „Design“ verlangten. Da der Transport neuer Steine zu aufwendig oder gar unmöglich war, meißelte man die vorhandenen Köpfe wieder glatt und bearbeitete sie neu. Was nicht fertiggestellt wurde, sah dann „zerstört“ aus.

Metallwerkzeuge zur Bearbeitung der großen Steine kannten die Olmeken nicht, deshalb war das glasharte Vulkangestein *Obsidian,* das sie aus dem mexikanischen Hochland und von Guatemala einführen mussten, ihr wichtigstes Werkzeug.

auch bei **Ticket Bus,** Tel. 01-993-3128313 (u.a.), geb.-frei 01-800-0099090, www.ticketbus.com.mx.

Ziele: Nach **Campeche** (sehr häufig, 6–7 h). – **Cancún** (ca. stündl., 13–15 h). – **Comalcalco** (sehr häufig, 1,5 h). – **Mérida** auf der Mex 180 über Frontera, Ciudad del Carmen und Campeche oder über die Mex 186 über Francisco Escárcega und Champotón (häufig, 9–10 h). – **Mexiko-Stadt** über Coatzacoalcos und Veracruz (sehr häufig, 10,5–13 h). – **Oaxaca** (wenige, 12–14 h). – **Palenque** (stündl. mit Cardesa, s.u., 2–2,5 h). – **San Cristóbal de las Casas** (wenige, 6 h) oder über Tuxtla Gutiérrez oder Palenque. – **Tuxtla Gutiérrez** (häufig, 4–5 h). – **Veracruz** (sehr häufig, 6–8 h). – u.a. Ziele.

2. Klasse, CAT: Der *Central de Autobuses de Tabasco* liegt ca. 500 m nördlich der 1. Klasse am Blvd. Ruíz Cortínez. Von dort fahren etliche kleinere Buslinien zu Umgebungszielen (auch nach **La Venta**) sowie zu einigen Zielen der 1. Klasse. **Autobuses Cardesa** ist eine weitere 2.-Klasse-Gesellschaft mit Terminal in der Calle Zozaya gleich nordöstlich des ADO-Terminals, stündlich nach Palenque und auch nach Comalcalco.

Flug

Der Flughafen *Rovirosa* liegt 15 km nordöstlich vom Zentrum an der Straße Mex 186 nach Palenque. Kleines Turismo, Mietwagen, Taxi in die Stadt per Wertgutschein. Flugverbindungen nach Mexiko-Stadt, Veracruz, Tuxtla Gutiérrez, Mérida, Cancún u.a. Die kleine *Mayair,* www.mayair.com.mx, fliegt nach Cancún, Mérida und Veracruz.

Umgebungsziele Villahermosa

Yumka

Der große Öko-Safaripark (100 ha, www.yumka.org) mit vielen bedrohten Tierarten, 4 km östlich des Flughafens (*yum-ká* war ein mythischer Maya-Zwerg), vereinigt die drei Hauptökozonen Tabascos: *selva, sabana* und *laguna.* Bei der „Dschungel-Tour" (La Selva) geht es durch den tropischen Regenwald, man sieht Bromelien, Farne, wilde Orchideen, Wildtiere usw. Bei der „Savannen-Tour" (La Sabana) sieht man auch Tiere aus Afrika und Asien. Bei „Visita a los Humedales" geht es per Boot über Flüsse und Seen. Eine ziemlich touristische Angelegenheit, hauptsächlich für Familien gedacht. Tägl. 9–16 Uhr, 100 Ps, www.yumka.org, Anfahrt mit Taxi.

Comalcalco

Die archäologische Stätte im tropischen Küstenschwemmland liegt etwa 60 km nordwestlich von Villahermosa unmittelbar bei der gleichnamigen Stadt an der Mex 187. Sie ist **die westlichste aller Maya-Stätten** (Fläche ca. 1 qkm). Drei große Zeremonialkomplexe beherrschen das Zentrum: die Gran Acrópolis, die Nordgruppe (mit großer Pyramide/Templo I) und die Ost-Akropolis. In Ermangelung von Natursteinen wurden die Bauwerke größtenteils aus getrockneten Ziegeln errichtet, die die Maya aus dem lehmigen Boden herstellten, mit Mörtel verbanden und mit Stuck verputzten. Viele Bauten waren einst mit Masken und Hochreliefs verziert, von denen einige noch erhalten sind. Ein schönes Beispiel ist die markante Maske des Gottes *El Señor del Sol* (Maya-Sonnengott Kinich Ahau) an der Basis der Gran Acrópolis. Hieroglyphentexe wurden ebenfalls in Tonziegel eingeritzt. Comalcalco war etwa zur gleichen Zeit wie Palenque bewohnt (ca. 600–800), die letzten Herrscher unterhielten dynastische Verbindungen dorthin. Das Museum am Eingang zeigt interessante Fundstücke und Fotografien. Tägl. 8–16 Uhr, 48 Ps. Weitere Infos über www.comalcalco.gob.mx.

Anfahrt mit einem ADO-Bus (Terminal 1. Klasse) in gut einer Stunde oder mit einem Colectivo (Standplatz beim ADO-Terminal, erfragen). Im Ort Comalcalco gibt es genügend Hotels, falls eine Übernachtung notwendig werden sollte (z.B. San Lorenzo, Reforma 331 oder Camilli, Lerdo 421). Eine große Feria findet vom 3.–16. Mai statt. Bei der Anfahrt mit eigenem Wagen auf Kakaoplantagen achten, die ein Besichtigungsprogramm anbieten.

15 km nördlich von Comalcalco erreicht man **El Paraíso** (das aber seinem Namen kaum Ehre macht, Campingmöglichkeit am Playa Paraíso) und gleich danach das Meer. Das nahegelegene **Puerto Ceiba** ist bekannt für seine Fisch- und Meeresfrüchtespezialitäten. Hier kann man Boote mieten und Lagunen erforschen.

Teapa

Nach ca. einer Stunde Fahrt bzw. nach ca. 70 km auf der Mex 195 in Richtung Süden (Busgesellschaft OCC oder Transportes Villahermosa-Teapa) gelangt man nach Teapa, ein verschlafenes Städtchen, das von Kakao- und Bananenplantagen umgeben ist und in einer der regenreichsten Zonen Mexikos liegt. Es besitzt ein kleines Museum für Archäologie und Geschichte (Objekte der Maya). 5 km westlich liegen die Schwefelbäder **El Azufre (**Restaurant, Cabañas).

Eine weitere Attraktion sind **Las Grutas de Coconá,** ca. 2,5 km außerhalb von Teapa (tägl. 9–16 Uhr). Die 1892 entdeckten Tropfsteinhöhlen sind 500 m lang, bunt beleuchtet und gut begehbar. Im ausgedehnten Höhlensystem gibt es 8 große Stalagmiten-Grotten und den *Cenote de los peces.* Colectivos fahren in der Calle Bastar neben der Kirche ab.

Villahermosa – Ciudad del Carmen

Von Villahermosa sind es auf der Mex 180 noch ca. 160 km nach Ciudad del Carmen. Beschreibung der Strecke und der Stadt s.S. 323/324.

Bitte mailen (verlag@rkh-reisefuehrer.de) **oder schreiben Sie, wenn sich in Mexiko Dinge verändert haben oder Sie Neues wissen. Herzlichen Dank!**

ANHANG

Autor Helmut Hermann bereist seit über 40 Jahren die Welt. Viele Buchveröffentlichungen, nicht nur über Mexiko. Erste Mexikoreise 1979.

Fotos **Delius, Klaus:** S. 385 • **Ferber, Harald:** S. 509, 512, 639, Klappe v. 1 • **Fotolia.com:** S. 129: atanas.dk#24834900. S. 359: ekix#31088032 • S. 543: samantoniophoto#69359282 • **Hermann, Helmut:** S. 25, 29, 33, 41, 48, 51, 58, 64, 66, 68, 69, 70, 72, 73, 77, 80, 81, 83, 86, 101, 102, 103, 104 l, 106, 107, 2x 108, 109 u, 111, 123, 124, 127, 148, 152, 154, 170, 173, 174, 186, 193, 194, 196, 200, 207, 208, 209, 211, 216, 225, 228, 232, 237 o, 239, 249, 2x 253, 256, 277, 278, 281, 282, 3x 283, 285, 286, 288, 289, 292, 295, 298, 2x 301, 319, 329, 332, 347, 348, 349, 352, 355, 358, 2x 365, 367, 370, 2x 372, 373, 374, 375, 383, 394, 2x 395, 396, 400, 2x 429, 2x 445, 447, 448 u, 455, 460, 462, 470, 471, 472, 474, 476, 485, 487, 488, 494, 518, 565, 568, 2x 569, 573 o, 2x 577, 2x 578, 580, 581, 2x 582, 583, 2x 585, 586, 590, 592, 2x 593, 2x 595, 607, 636, 668, 706, 720, Klappe vorne 2, hinten 1 •
iStock.com: S. 162: VisionsbyAtlee#5039492. S. 166: kkbunker#5951160. S. 168: g01xm#12803700. S. 275: Alija#15395980. S. 316: net_fabrix#1468827. S. 362: funkydata#17694168. S. 364: Jjacob#11729520. S. 534 g01xm#12447628. S. 643: marcviln#24139556 • Titel: LUNAMARINA#16453397
Kalista, Angela: S. 588 • **Klotzbücher, Jörg:** S. 241 u, 320 • **Krauß, Elke:** S. 514 •
Reif, Adrian: S. 109 o, 226, 328, 330, 331, 337, 344/45, 350, 356, 364, 389, 390, 391, 397, 414, 415, 417, 426, 428, 441, 448 o, 477, 486, 572/73 u, 574, 605, 609, 631, 635, U4 1x •
Secretaría de Turismo de Campeche: 213 o, 214, 2x 307, 311 • **Trejo Moreno, Doris:** S. 50, 104 r, 105 • **Vierkotten, Klaus:** S. 63, 212, 483, 646, 648, 655, 658, 660, 665, 683, 691 • **Weißbach, Angelika:** S. 213 u • **www.two-vagabonds.com:** 247, 299, 304, 308, 363, 431, 452, 479, 480, 529, 530, 535, 538, 548, 700, Klappe vorne 1 •

Danke! Gracias! an: Astrid Därr • Tanja Baumann • Stefano Bellotti • Frauke Boenkost • Thorsten Bruning • Familie Buhre • Ewelina Bürger • Gertraud Eichinger • Ursula Etter, San Cristóbal de las Casas • Harald Ferber, Pto Ángel • Anna Goernemann • Robert Gossner • Wolf-Dietrich Gotthilf • Francisco Grajales, Mexiko-Stadt • Ulrich Grasse • Dorit Heike Gruhn • Anne Gülich • Martina Inspruckner • Juliane Israel • Maggie Karl • Marc Kempe • Joachim Kieser & Bärbel Stahl • Eckhard Löcher • Simone & Olaf Patt • Adrian Reif & Jean-Pierre Mercanton, Schweiz • Dieter Richter • Kristina Schmidt-Mahla, Oaxaca • Doris Trejo Moreno • Klaus & Petra Vierkotten • Angelika Weißbach • Patricia Woidich • Steffen Würtz • Sylvia Zapletal • u.a.

Abkürzungen und mexikanische Akronyme

AC *Aire Acondicionado;* Klimaanlage (air conditioning)
A.C. *antes de Cristo;* v.Chr.
AMAJ *Asociación Mexicana de Albergues Juveniles;* mexikanische Jugendherbergs-Vereinigung
Apdo. *Apartado postal;* Postfach
Av. *Avenida;* breite, große Straße
Blvd. Boulevard
C. *Calle;* Straße
C.P. *Código postal;* Postleitzahl
Calz. *Calzada;* Fahrdamm, Chaussee
Cd. *Ciudad;* Stadt
Col. *Colonia;* Stadt-/Wohnviertel
Conasupo *Comisión Nacional de Subsistencias Populares;* Kommission für Volkslebensmittel, staatliche Ladenkette für (subventionierte) Güter des täglichen Bedarfs.
D.C. *después de Cristo;* n.Chr.
D.F. *(de-effe) Distrito Federal;* Bundesdistrikt, in dem Mexiko-Stadt liegt
e. *este;* Osten
Ed. *Edificio;* Gebäude bei Adressenangaben, archäologisches Bauwerk

esq.	*esquina,* Ecke zweier Straßen (bei Adressen-Angaben)
Est.	*Estado;* mexikanischer Bundesstaat
EUA	*Estados Unidos de America;* USA (auch EEUU)
FMM	*Forma Migratoria Múltiple para Extranjeros;* Touristenkarte *(tarjeta de turista)*
FONATUR	*Fondo Nacional de Fomento del Turismo;* staatliche Gesellschaft zur Tourismusförderung.
fracc.	*fraccionamiento;* (häufig bewachtes, umschlossenes) Wohnviertel
Gral.	Abkürzung für General, z.B. bei Straßennamen
HS	Hochsaison (bei Hotels)
INAH	*Instituto Nacional de Antropología e Historia;* nationales mex. Institut für Anthropologie und Geschichte, Verwaltung der archäologischen Stätten; **www.inah.gob.mx**
INI	*Instituto Nacional Indigenista;* Nationales Institut für Indígena-Fragen
ISH	*Impuesto sobre hospedaje;* Hotelzimmersteuer, 2–3%
IVA	*Impuesto de valor agregado;* Mehrwertsteuer (derzeit 16%)
Kk	Kreditkarten
Lada	*Larga distancia;* Ferngespräch
Ladatel	*Larga distancia teléfono;* Ferngespräch-Telefon, meist für Telefonkarten
lic.	*licenciado;* Akademikertitel, besonders Anwälte
loc.	*local;* Laden oder Büro (mit Nummer, z.B. in einem Einkaufszentrum)
MN	*Moneda Nacional;* der mexikanische Peso, Zeichen: $ (wie US-Dollar!)
n./Nte	*norte;* Norden
NS	Nebensaison (Hotels)
NAFTA	North American Free Trade Agreement; zollbegünstigtes/zollfreies Handelsabkommen zwischen den USA, Mexiko und Kanada
o.	*oeste;* Westen
occ.	occidente; Westen
ote	*oriente;* Osten (bei Straßen)
PAN	*Partido de Acción Nacional;* politische Partei
P.B.	*Planta baja;* Erdgeschoss (in Aufzügen)
PEMEX	*Petroleos Mexicanos;* staatliches Erdölunternehmen
PLV	Preis-/Leistungsverhältnis (bei Hotels)
PLZ	(dt.), Postleitzahl
PRI	*Partido Revoluciario Institucional;* Partei der institutionellen Revolution
pte	*poniente;* westlich (bei Straßen)
Pto.	*puerto;* Hafen
s.	*sur;* Süden; „siehe"
S.A.	*Sociedad Anónima;* Aktiengesellschaft
SECTUR	*Secretaría de Turismo;* Tourismus-Ministerium
Sematur	*Servicios Marítimos y Turísticos;* Fährlinie Festland zur Baja California
s/n	*sin número;* „ohne Nummer" bei (Straßen-)Adress-Angaben
Sr., Sra., Srta.	*Señor, Señora, Señorita;* Herr, Frau, Fräulein
Telmex	Teléfono de México S.A.; mex. Telefongesellschaft
TLC	*Tratado de Libre Comercio;* s. NAFTA
Ü	Übernachtung
UNAM	*Universidad Autónoma de México;* in Mexiko-Stadt, die größte Uni Mexikos
Urb.	*Urbanización;* Wohnviertel, Villenviertel
WiFi	drahtloser Internetzugang (span. *internet inalámbrico)*

Kleine Götterkunde

Hier eine Auswahl der unzähligen Götterfiguren der prähispanischen Völker. Kennzeichnend für viele Gottheiten sind unterschiedliche Verkörperungen und wechselnde Zuständigkeitsbereiche (**wichtige** sind **fett** markiert).

Gottheiten	Kulturen	zuständig für / Inkarnation
Ah Mucen-Cab	Maya	Herabstürzender Gott (Bienengott)
Centeotl Xilonen Gott E Pitao Cozobi	Azteken Azteken Maya Zapoteken	**Maisgott** (centli = Mais, teotl = Gott) Göttin v. jungem Mais (*xilotl* = Maiskolben, *nenen* = Puppe) Maisgott Maisgott
Chak Mool (maya, „roter Jaguar", eine spätere Fantasiebezeichnung)	in vielen Kulturen und weiten Teilen Mexikos	halb rücklings liegendes menschliches Wesen mit seitlich gewendetem Kopf, angezogenen Beinen und einer Opferfläche vor dem Bauch. Eine Art Tempelwächter
Chalchihuitlicue	Azteken	Wassergöttin, Schwester/Frau von Tláloc
Coatlicue	Azteken	Erdgöttin und Mutter von Huitzilopochtli; anderer Name: Tonantzín
Coyolxauhqui	Azteken	Mondgöttin
Huitzilopochtli („Kolibri des Südens") Kinich Ahau	Mexica / Azteken Maya	Schutz-, Kriegs- und Sonnengott, dem Menschen geopfert wurden; ursprünglich Erd- oder Wassergott Sonnengott
Ik	Maya	Gott des Windes
Itzamná	Maya	Himmels- und Schöpfergott (auch „Erdmonster" genannt, verwandt mit dem Windgott)
Ix Chel	Maya	Regenbogen-, Mond- und Fruchtbarkeitsgöttin
Tlahuizcalpantecuhtli	Tolteken, Azteken, Huasteken	Venus
Mayáhuel	Azteken	Agaven-Gott
Mictlantecutli Ak Puch (Yum Kimil)	Zapoteken / Mixteken / Azteken Maya	Gott des Todes, Dunkelheit, Jenseits, dargestellt als Skelett Todesgott
Ometecuhtli	Azteken	Schöpfergott (seine Frau: Omecuhuatl)
Ometochtli	Azteken	„zwei Kaninchen", Pulque-Gott
Quetzalcóatl („gefiederte Schlange") entspricht: **Kukulkán**	Tolteken und Azteken Maya	Urgottheit der Náhua-Götterwelt, Gott der Fruchtbarkeit und der 4 Elemente. Als Ehécatl (mit Vogelschnabel) auch Gott d. Windes und als Tlahuizcalpantecuhtli Gott der Venus; s.a.„Historische Persönlichkeiten" Darstellung als „Vogel-Schlangen-Mann"
Tezcatlipoca	Azteken	„rauchender Spiegel", Gestirnsgott, Quetzalcóatls Gefährte u. Gegenspieler
Tláloc – er entspricht **Chaak** Cocijo Tajín	Tolteken/Azteken (*tlalli* = Erde) Maya Zapoteken Totonaken	Regen- u. Fruchtbarkeitsgott, Wassergöttin. Schwester oder Frau von Tláloc ist Chalchihuitlicue Regengott mit Rüsselnase Regengott Regengott
Tonantzín	Azteken	Erdgöttin (s. Coatlicue)
Tonatiuh	Azteken	Sonnengott (er ist verbunden mit Huitzilopochtli, sein Gesicht ist in der Mitte des aztek. „Kalendersteins")
Xibalba	Maya	Verkörperung der Unterwelt
Xipe-Tótec Tepoztécatl	Azteken, Mixteken Azteken	Fruchtbarkeit und Erneuerung (Frühling / Vegetation / Aussaat) Fruchtbarkeit und Pulque
Xochipilli	Azteken	Gott der Blumen, des Frühlings und der Künste

Glossar und Lexikon

Speisen- u. Getränkebegriffe s.u. bei „Die mexikanische Speisekarte".

Abkürzungen: arab. = arabisch; náh. = náhuatl/aztekisch; griech. = griechisch; lat. = lateinisch; mex. = mexikanisch; span. = spanisch.

Nicht gefundene Wörter suche bei „Historische Persönlichkeiten" und „Speisen und Getränke"

abarrotes kleiner Lebensmittelladen, Gemischtwaren

abrazo Umarmung zur Begrüßung und Verabschiedung

adobe (arab./span.) luftgetrocknete Lehmziegel, meist mit Stroh vermischt, Hausbaustein

adoratorio Altar bzw. kleine niedrige Plattform für religiöse Zeremonien

aduana Zoll, Zollamt

alfarería Tonwaren, Töpferwerkstatt

agave (mex. *maguey; Agava americana, Agava sisalana*); vielseitig verwertbare Amaryllisgewächse mit großen, fleischigen Blättern. Aus dem Saft wird z.B. *Pulque, Mezcal* und *Tequila* hergestellt und aus den Blättern Fasern *(henequén)* für Seile und Matten.

ahau (geschrieben ajaw), „göttlicher König", Maya-Herrscher in der Klassischen Zeit

Akropolis höherliegendes Zentrum eines Tempelbezirks (Haupttempel, Hauptpyramide, Herrschersitz) bzw. einer archäologischen Stätte

alameda Stadtpark, Promenade, große Plaza (von *álamo* – Pappel, die es dort meist gab).

alcalde (arab./span.) Hoheitsträger mit richterlichen Befugnissen (*alcalde mayor,* Gemeindeoberhaupt, Bürgermeister)

amatl (amate) prähispanisches Bastpapier, das aus der Rinde zweier Ficus-Baumarten gewonnen wird; einst für die *códices* gebraucht

andador Fußgängerweg bzw. -Zone

annex Anbau, Nebenraum (bei archäologischen Tempeln)

anthropomorph menschlich-tierische Darstellungsformen und Objekte, z.B. bei den Olmeken vermenschlichte Jaguare (antrozoomorph)

apartado Postfach

arrecife Riff

arroyo Trockenfluss, -bach

arte popular „Gebrauchs"-kunst, Volkskunst

artesanías Kunsthandwerk

arzobispal erzbischöflich

Atlanten (sing. Atlas, span. *telamones*), skulptierte männliche Steinfiguren als Pfeiler oder als Träger von Dächern bzw. Dachgebälk

audiencia Oberste Verwaltungs- und Gerichtsbehörde im Vizekönigreich Neu-Spanien

autochthon (griech.) alteingesessen, die Ur- bzw. indigene Bevölkerung

auto de fé (auch *Autodafé*) „Glaubensakt", Verkündung und Vollstreckung eines kirchlichen Urteils der Inquisition, z.B. das von Maní 1562

autopista Autobahn

ayuntamiento Rathaus

azulejos farbig glasierte Tonfliesen, ursprünglich blau (azul), meist mit Ornamenten, vor allem in Puebla zu sehen, dort heißen sie *talaveras*

baktun Zeitspanne beim Maya-Gemeinjahr *Haab:* 400 Jahre zu jeweils 360 Tagen

balam maya, Jaguar (auch *bolom* oder *bahlum*)

balneario Schwimmbad, Fluss-Badestelle

barranca tiefe Schlucht, Canyon
barrio Wohn/Stadtviertel
biósfera Biosphäre (B.-Reservat, Öko-Park)
Blattkreuz (auch Blätterkreuz), bildliche Darstellung einer Maispflanze, deren abstehende Seitenarme behaarten Maiskolben ähneln und die an ihren Enden Menschenköpfe tragen die nach oben blicken. Auf ihrer Spitze thront der Himmelsvogel, und unten entsprießt sie der Maske des Erdmonsters. Im kosmologischen Modell der Maya versinnbildlicht das Blattkreuz die Mittelachse der Welt; s.a. *Weltenbaum.*
bolero (mex.) Schuhputzer
boleto Fahrschein, Eintrittskarte
bolom maya, Jaguar (auch *balam* oder *bahlum*)
bóveda (span.) *Kraggewölbe*
brujería Zauberei, Magie
brujo (span.) Zauberer, Hexer, Schamane
caballero (span.) „Reiter", heute als Anrede „Herr"
cabaña einfache Hütte
cabildo (span.), Stadt-/Gemeinde-/Versammlungsrat; Verwaltungsgebäude
cacique (Kazike), indigener Herrscher, heute auch Ortsvorsteher, das Wort stammt von den Arawak auf den Antillen
caleta kleine Bucht
calle Straße
callejón Sträßchen
calzada Fahrdamm, Chaussee
camarín Seitenkapelle einer Kirche
camino Weg
camión (mex.) Bus
campesinos indigene Landbewohner, Kleinbauern und Landarbeiter
cañada (kleine) Schlucht, Senke
cantera (hell-)grauer vulkanischer Naturstein aus Mexiko
cantina Bar, (Männer-)Kneipe
capilla abierta offene Kirche oder Kapelle (meist in Muschelform), in der frühen Kolonialzeit für Indígena-Messen genutzt
cardón Säulenkaktus *(Cereus pringlei)*
carretera Straße
casa de cambio Wechselstube
casa de contratación In Sevilla angesiedelte spanische Behörde, die seit 1503 den Handel mit den amerikanischen Kolonien überwachte und reglementierte
casa de huéspedes kleines Gästehaus
cascada Wasserfall
caseta Maut- oder Zahlstelle (Autobahn); *caseta de teléfono/larga distancia:* Telefonstelle/-laden
casona (span.), Herrenhaus, Mansión (Wohnsitz)
ceiba (*ceiba pentandra;* maya *ya'axché*) Kapokbaum, höchster Urwald- und heiliger Baum der Maya, er symbolisiert den kreuzförmigen *Weltenbaum* der Maya
cempasúchil gelbe-orange Ringelblume *(Tagetes erecta),* wird als *flor de muertos* zum Schmücken der Totenaltäre im November verwendet

cenote (maya *tz'onot*) ganzjährig wasserführendes Becken (Doline) auf Yucatán, auch unterirdische Höhlen-Cenotes

central camionera Busterminal

cerro Hügel, Bergspitze, Anhöhe, Verkleinerungsform *cerrito*

chaak Regengott der Maya in der postklassischen Epoche. Im Klassikum trägt er vielerlei Namenszusätze

chak Mool „Roter Jaguar", Name für ein halb rücklings liegendes menschliches Wesen mit seitlich gewendetem Kopf, angezogenen Beinen und einer Opferschale vor dem Bauch. In weiten Teilen Mexikos verbreitet, bekannt ist der Chak Mool von Chichén Itzá (maya-toltekisch).

charreada mexikanische Reiterspiele (Rodeo)

charro mexikanischer berittener Rinderhirt, Cowboy

chava/o Mädchen, Typ

chenes Maya-Bau- bzw. Architekturstil aus dem End-Klassikum, benannt nach der Region *ch'e'en* im Osten des heutigen Bundesstaates Campeche. Charakteristisch ist die Gestaltung von Portalen als große Rachen von Schlangen, Masken oder Monstern oder anthropomorphe Darstellungen (halb Mensch, halb Tier), die Eingänge zur Unterwelt symbolisieren. Wichtige Chenes-Stätten sind *Hochob, Dzibilnocac* und *Chicanná* (Struktur II).

chicanos Mexikaner in den USA

chicle zur Herstellung von Kaugummi eingekochter Saft des Zapotebaums *(Chico zapote)*

chiclero Chiclesammler

chilam balam Sammelname für Maya-Handschriften („Bücher des Jaguarpriesters"). Die *chilam* (oder *chilanes,* „Wahrsager", „Dolmetscher") waren bei den Maya zuständig für Orakel und Weissagungen. Die einzelnen Handschriften (mehr als 10) enthalten auf über 1000 Seiten Berichte vom Schöpfungsmythos der Maya, Prophezeiungen, Legenden, ihr kosmologisches und astronomisches Wissen sowie Chroniken vergangener Zeiten. Diese Enzyklopädie wurde nach ihrer Übersetzung im 16. und 17. Jh. für die Maya-Forschung zu einer der wichtigsten Quellen.

chilangos Bewohner von Mexiko-Stadt (geringschätziger Ausdruck)

chile Chilischote

chinampas künstliche See-Inseln in (seichten) Binnenseen zur Landgewinnung und als Anbaubaufläche landwirtschaftlicher Produkte mit hohen Ernteerträgen durch gleichmäßige Befeuchtung von unten („schwimmende Gärten", Reste in Xochimilco/Mexiko-Stadt).

choza Maya-Hütte mit Wänden aus Palisadenhölzern (mit Lehm und Stuck verputzt), Grundriss oval oder rechtwinklig

chulel tierischer Schutzgeist, Schutztier der Maya-Völker (*tonal* in Zentral- und Nordmexiko). Im Glauben vieler Indígena-Völker (Maya-Völker, Azteken, Mazateken u.a.) hat jeder Mensch ein ganz bestimmtes Tier als Beschützer.

chultún (maya) Zisterne zum Sammeln von (Regen)Wasser im Kalkgestein von Yucatán

Churriguerismus Sonderform der spätbarocken spanischen und hispanoamerikanischen Architektur, die auf den spanischen Architekten *José Benito de Churriguera* (1650–1723) zurückgeht. Anderer Name „Ultrabarock". Den Churriguerismus charakterisiert überladener, vielfältig gegliederter Fassadenschmuck mit sich nach unten verjüngenden Wandpfeilern, *estípites,* und ornamentierten Wand- und Deckenflächen.

ciénaga (sumpfige) Lagune

ciudad (Cd.) Stadt

claustro Kreuzgang

cochenille (Koschenille) getrocknete und zu Pulver zermahlene Schildläuse (Opuntien/Nopal-Schädlinge) zur (früheren) Herstellung des roten Farbstoffs Karmin

códices (Sing. **códex**): ziehharmonikaartig gefaltete, bis zu 6,5 m lange Bilderhandschriften prähispanischer mesoamerikanischer Kulturen, hauptsächlich der Maya, Nahua (Azteken), Mixteken u.a. Das Papier wurde aus den Fasern der Feigenbaumrinde (Ficus cotinifolia) gefertigt und vor dem Beschreiben und Bemalen mit einer dünnen Kleisterschicht aus feinem Kalk versiegelt. Die Texte handeln von historischen, religiösen, mythologischen und astronomischen Themen. Von den ehemals zahllosen **Maya-Códices** sind nur noch drei erhalten und nach ihrem Aufbewahrungsort benannt: *Códex Dresdensis* (der ästhetisch schönste), *C. Peresianus* (Paris), *C. Tro-Cortesianus* (Madrid; mit 6,7 m der längste). Der *Códex Grolier* wurde erst 1971 in einer südmexikanischen Höhle gefunden, ist aber nur ein Fragment. Er befindet sich – wie auch Kopien der anderen – im Anthropologischen Museum in Mexiko-Stadt **Mixteken-Códices:** *Bodley, Nuttall, Becker* u.a. Nahua- bzw. **Azteken-Códices:** *Mendoza, Humboldt, Borgia, Borbonicus, Florentinus* u.a.

cofradía (dörfliche, indigene) Bruderschaft, verbunden mit Gemeinschaftsdiensten und Ämtern (Oaxaca, Chiapas)

colectivo Kollektiv-Taxi, Sammelkleinbus

colegio Kolleg, kirchliche Schule, Bildungseinrichtung

colonia (col.) Stadt-/Wohnviertel

comal Metallplatte oder -blech zum Tortilla backen, traditionell eine Tonplatte

comedor (span.) „Esssaal", preiswertes Restaurant

comida corrida preiswertes Menü zum Festpreis (Tagesessen)

comida típica orts-/landesübliches Essen

compadre Gevatter, Familienpate, der Wahlverwandte einer Familie

comunidad indigene Dorfgemeinschaft

conchero (aztekischer) Tänzer mit Muschelketten (*concha* „Muschel")

conjunto (archäologischer) Komplex

conquista (span.) Eroberung Amerikas. In Mexiko die Eroberung des Hochlandes von April 1519 bis 13.08.1521 (Zerstörung von Tenochtitlán). In Yucatán von 1527–1542. Der offizielle Gebrauch des Wortes wurde vom spanischen König Philipp II. 1573 verboten (aufgrund der anklagenden Berichte von Bartolomé de las Casas).

conquistador Sammelbegriff für Eroberer, Söldner, Abenteurer, Entdecker in Spanisch-Amerika

consejo Verwaltungsrat

convento Kloster

copal (maya *pom*) Baumharzklumpen verschiedener Bäume (Zäsalpinien), als Weihrauch bei religiösen Zeremonien genutzt

corregidor kolonialzeitlicher oberster Verwaltungsmann einer Stadt mit richterlichen Befugnissen

correos Postamt

costumbre Brauchtum, kulturelle Tradition

coyote Schlepper, Fluchthelfer beim illegalen Grenzübertritt von Mexiko in die USA

cresteria durchbrochener Dachkamm auf Maya-Bauten

criollos rein spanischstämmige Bewohner Mexikos bzw. Hispanoamerikas

cuadra Häuser- bzw. Straßenblock

cuesta Bergabhang, Anhöhe

cueva Höhle
cuota Maut, gebührenpflichtige Autobahn
curandero Heiler, Naturheiler
danzón traditioneller Tanz von Veracruz (wird langsam getanzt)
delegación Großer Stadtbezirk in Mexiko-Stadt mit vielen *colonias*
de lujo de luxe, Luxus-Bus
de paso durchkommender, nicht am Ort abfahrender Bus
dintel Türsturz, der Querbalken über den Türpfosten (engl. lintel)
don, doña Herr, Frau – höfliche Anrede
edificio Gebäude
ejido gemeinschaftliches (kommunales) Indígena-Land, kollektiv bewirtschaftet oder zur Selbstbewirtschaftung überlassen
embarcadero Bootsanlegestelle, Kai, Pier
encomendero Lehnsherr, Inhaber einer *encomienda*
encomienda (von span. *encomendar,* anvertrauen); die zwangsweise Heranziehung freier Indígena als Leibeigene spanischer Lehnsherren bzw. Landbesitzer; verdiente Konquistadoren wurden damit bedacht.
enramada einfache Palmhütte
ensenada (kleine) Bucht
ermita kleine Landkirche, Wallfahrtskapelle
estípites sich nach unten verjüngende Pilaster (Pfeiler), Fassaden vorgesetzt
esquina Ecke zweier Straßen
estación del ferrocarril Bahnhof
este Osten
estero Flussmündung
Ex-Convento früheres Kloster
exvotos Votiv-Bilder, selbstgefertigte/-gemalte (Altar-)Bildchen, z.B. zum Dank für eine Heilung
fandango fiesta (Bedeutungswandel von Spanien nach Mexiko: dort Tanz, hier Fiesta)
faro Leuchtturm
fayuca Schmuggelware
feria Fest (landwirtschaftliches), Kirmes
finca Grundstück, Plantage, Farm
fonda Gasthaus, kleines Restaurant, Imbiss
fortín Fort, Festungsanlage
fracciona-miento (häufig bewachtes, umschlossenes) Wohnviertel
fray Bruder; vor Vornamen von Geistlichen bzw. Mönchen bestimmter Orden
frontera Grenze
frontón Spielfeld wo das schnelle baskische Ballspiel *jai alai* gespielt wird
fuente Brunnen
fuerte Festungsanlage, Bollwerk
gachupines auch *chapetones,* Schimpfname für Spanier in Mexiko
glorieta Kreisverkehr, runde Verkehrsinsel
Glyphen s. Hieroglyphen
gobierno Regierung („Palacio de Gobierno" – Regierungspalast)
gringo ursprünglich eine abwertende Bezeichnung für US-Amerikaner. Wird heute in

	ganz Lateinamerika auch für andere hellhäutige Fremde benutzt. Im nördlichen Mexiko wird der *gringo* auch *gabacho* genannt.
gruta	Grotte, Höhle
guarda equipaje	Gepäckaufbewahrung
güero/a	(sprich guero/a) so werden in Mexiko Blonde bzw. Hellhäutige genannt, genaugenommen all jene die keine schwarzen Haare haben.
haab	das Maya-Sonnen- oder Gemeinjahr, 360 Tage *(kin),* eingeteilt in 18 Monate *(uinic)* zu 20 Tagen mit zusätzlicher 5-tägiger Jahresendperiode *uayeb*
hacendado	Besitzer einer *hacienda*
hacienda	großes Landgut bzw. Plantage mit abhängigen Arbeitskräften, entstanden ab ca. 1550 aus staatlichen Landschenkungen und Encomiendas. Viele mexikanische Haciendas wurden heute zu teuren Luxushotels umgebaut, vor allem auf Yucatán.
halach uinic	Maya-Herrscher („wahrer Mann")
hamaca	Hängematte
henequén	(maya: Sisal) verspinnbare Agavenfaser für Seile, Matten usw.
hidalgo	Edelmann bzw. Titel des niederen spanischen Geburtadels, Anredetitel „Don" oder „Doña"
Hieroglyphen	(griech. „eingravieren") Bilderschrift aus Zeichen und Symbolen. Eine Hieroglyphenschrift kann sowohl Ideogramme (Logogramme) enthalten, also Bildzeichen, die für ein ganzes Wort stehen oder Begriffe repräsentieren, wie auch phonetische Zeichen, die für bestimmte Laute stehen (Lautschrift). Wobei aber die Logogramme der Maya-Schrift nicht unbedingt Abbilder der Dinge waren, die sie zeigten, und nicht Einzellaute, sondern Silben aufgezeichnet wurden.
hispanos	lateinamerikanische Bezeichnung für Spanien-Abkömmlinge
hotun	Zeitabschnitt im Maya-Kalender, 5 Jahre
huapango	traditioneller Tanz der Huasteken (Veracruz, San Luis Potosí, Tamaulipas)
huipil	*(hipil)* kurzärmlige oder ärmellose Bluse, Überhemd bzw. Hemdkleid der Indígena-Frauen (meist schön bestickt)
Idol	Kleinplastik, Abbild einer Gottheit
iglesia	Kirche
iguana	Leguan (Echse)
Ikonographie	Beschreibung und Klassifizierung bildlicher Darstellungen (z.B. Reliefs, Hieroglyphen)
incensario	(porta de); Terrakotta- bzw. Keramikfigur für Räucherwerk (copal), meist dekoriert mit einem Göttergesicht oder einer Monster-Maske
indígena	die autochthone (alteingesessene), „indianische" Bevölkerung
Indio	früher die span. Bezeichnung für die Bewohner Amerikas bzw. „Indiens" (geogr. Irrtum von Kolumbus); heute abwertende Bezeichnung für die *Indígena*
Inquisition	geistliche Behörde bzw. höchstes Gericht in Glaubensfragen, das Verstöße gegen die katholische Lehre verfolgte und Ketzer verurteilte (in Mexiko 1539–1815)
in situ	lat. für „am Ursprungsort"; archäologisches Objekt am originalen (Fund-)Platz
insurgentes	„Aufständische", die Anführer des Freiheitskampfes gegen Spanien von 1810, Hidalgo, Allende, Aldama und Jiménez
jai alai	mex. Form des schnellen baskischen Pelota-Spiels; ein kleiner Ball wird mit bananenförmigen Handkörben gegen eine Wand geschleudert
jarana	traditioneller Tanz auf Yucatán und Musik-/Tanzform aus Veracruz; mit hochgestimmter Gitarre

jardín	Garten
jarocho/a	Einwohner(in) des Bundesstaats Veracruz
Kapitell	der oberste Teil (Kopf) bei Säulen und Pfeilern als Zwischenglied zwischen Stütze und Lastauflage; häufig verziert
katun	Zeitphase im Maya-Kalender *Haab:* 20 Jahre zu je 360 Tagen
kin	(maya) „Sonne“ bzw. „Tag“ im Maya-Kalender
Klassik	Zeit- und Ereignisschema für die historische Abfolge und die Entwicklungsstadien Mexikos und Mesoamerikas. Die „Präklassik“ reicht (von Urzeiten) bis ca. 200 n.Chr., die „Klassik“ von 200–909 n.Chr., die „Postklassik“ 910–1517
Konquistador	s. Conquistador
Kraggewölbe	Konstruktion aus vorkragenden (vorspringenden) Steinlagen zweier gegenüberliegenden Wände und einem oberen Abschlussstein für ein Dachgewölbe (span. *bóveda*) oder für einen Torbogen, auch „Schein-“, „falsches“ oder „Maya-Gewölbe“ genannt. Das typische Kennzeichen klassischer Maya-Architektur (Palenque u.a. Stätten).
Kreolen	*(criollos)* rein spanischstämmige Bewohner Mexikos bzw. Hispanoamerikas
Kreuzgang	rechteckiger Innenhof eines Klosters, mit zum Hof hin offenen Arkadengängen
Ladinos	in Guatemala und teils auch in Chiapas Bezeichnung für jene indigenen Bevölkerungsteile, die nach dem Vorbild westlicher Kultur leben bzw. stark in der hispanischen verwurzelt sind (zur Abgrenzung von traditionell lebenden *Indígena*). Auch Eigenbezeichnung von Stadtbewohnern.
lago	See
laguna	Lagune, flacher See
lancha	Boot
Lange Zählung	(auch „Initialserie“ genannt); Maya-Zählprinzip, basierend auf der Einheit 20 (Vigesimalsystem) und Anwendung der Null. Mit ihm werden fortlaufend alle Tage und Jahre gezählt, die seit dem Nullpunkt des mayanischen Kalenders im 4. Jahrtausend v.Chr. vergangen sind (11.08.3114). Die Lange Zählung ist – noch vor dem indischen – das älteste Rechensystem der Menschheit mit der Erfindung und Einbeziehung der „0“. Ihr Gebrauch wurde um 900 n.Chr. mit dem Zusammenbruch des mayanischen Klassikums aufgegeben.
Latifundium	Land eines Großgrundbesitzers, das von Leibeigenen oder Bauern in Abwesenheit des Besitzers bewirtschaftet wird. *Latifundistas:* Großgrundbesitzer.
lavandería	Wäscherei
lintel	s. *dintel*
licenciado	Akademikertitel, insbesondere Anwälte
lista de correos	„Briefliste“, postlagernd
lienzo	(span.) „Leinwand“, im Sinne von Indígena-Hand- bzw. Bilderschrift *(códices)*
llano	Flachland, Ebene
Logogramme	Schriftzeichen oder Symbol das ein Wort bezeichnet
machismo	übersteigertes mex. Männlichkeitsbewusstsein
maguey	mex. Name für Agave, s. dort
malecón	Straße am Meer entlang, Uferpromenade, Kai
Malinche	s. Malintzín bei „Historische Persönlichkeiten“
Maniok	(Mandioka) wichtige tropische Kulturpflanze; um die Knollen genießbar zu machen, muss zuvor der in rohem Zustand enthaltene giftige Saft (blausäurehaltig) ausgepresst werden. Dann wird die Masse geröstet und zu Mehl verrieben.
maquiladoras	Industriebetriebe mit Niedriglöhnen nahe der US-Grenze; Vorprodukte werden zollfrei eingeführt und billig exportiert

mariachi	typ. mex. (Straßen-)Gesangsmusikgruppe mit Trompeten und Gitarren
marías	Frauen, die in Mexiko-Stadt mit Kleinkindern auf der Straße leben
marimba	xylophonartiges Musikinstrument mit Tonhölzern
matachine	Tanz und Musik der Tarahumara
matapalo	Würgefeige *(Ficus lapathifolium);* ihre Luftwurzeln erdrosseln ihren Wirtsbaum
Mayab	das Territorium der prähispanischen Maya („Land der Auserwählten")
mayordomo	gewählter Träger eines religiösen und sozialen Amtes mit gewissem politischen Einfluss, Autorität. Noch üblich in indigenen Gebieten (Chiapas, z.B. bei den Chamula), nicht aber mit einem offiziell gewählten Bürgermeister vergleichbar. Ursprünglich span. Haushofmeister, Gutsverwalter; s.a. *alcalde.*
Mennoniten	Traditionelllebende, deutschstämmige protestantische Glaubensgemeinschaft (Yucatán, Chihuahua u.a.)
mercado	Markt (stationär, Markthalle, im Gegensatz zum temporären *tianguis*)
Mesoamerika	kulturgeografische Bezeichnung des Gebiets der altmexikanischen und der Maya-Kulturen von Nordmexiko bis einschließlich Honduras bzw. des Maya-Gebiets (nicht identisch mit dem geografischen Mittelamerika).
Mestizen	lat. *mixticius,* Nachkommen europäisch-indigener Verbindungen, also der Großteil der Mexikaner. *Mestizaje:* Verschmelzung europäischer Kulturen mit mesoamerikanischen.
Mestizo-Stil	indigen beeinflusster barocker Baustil
metate	(náh.) konkaver Lava-Stein, auf dem mit dem Handreibestein, dem *mano,* beidhändig Mais zerrieben bzw. grob gemahlen wird. Der Metate kann auch drei kleine Füßchen haben.
mezcal	Agavenschnaps (mit Wurm)
Migración	mexikanische Einwanderungsbehörde
milpa	(aztek. *milpan,* Feld); Anbaumethode durch Brandrodung (Milpa-Feldbau), älteste Methode zur Aussaat bzw. Kultivierung von Nutzpflanzen, noch heute praktiziert.
mirador	Aussichtspunkt
mochila	Rucksack
mojiganga	Mummenschanz, lustiges Treiben bzw. tanzende Clowns oder „Puppen" mit übergroßen Pappmaché-Köpfen bei Straßenfesten oder Bühnenaufführungen.
Monolith	aus einem einzelnen großen Steinblock gefertigte Säule oder Statue
mordida	„Biss"; Bestechungs- oder Schmiergeld
mota	Marihuana
motocicleta	Motorrad
Mozarabischer Stil	Stilbezeichnung für die maurisch geprägte christliche Architektur und Kunst in den ehemals arabisch besetzten Gebieten Spaniens (Hufeisen-Arkaden, islamische Kapitelle und Ornamentik; s.a. *Mudejar-Stil*).
muchacha	kleines Mädchen, Dienst-/Kindermädchen, Putzfrau
Mudejar-Stil	(arab.); Bau- und Dekorationsstil, bei dem sich islamische (maurische) Baukunst und Ornamentik mit spanischer Gotik vermischt. Charakteristisch sind hufeisenförmige Bögen und Arkadengänge, arabeske Stuckornamente, Kassettendecken aus Holz, farbig glasierte Kacheln (azulejos), prunkvolles Schnitzwerk. Der Name leitet sich von den *Mudejaren* ab, den 1492 nach der Vertreibung der Mauren in Spanien verbliebenen arabischen Künstlern und Handwerkern.
muelle	Pier
mulato/a	Mulatte/in; Nachkommen aus Verbindungen von Schwarzen und Weißen
municipal	städtisch; *Municipalidad*: Gemeindeverwaltung

municipio	verwaltungstechnische Zusammenfassung von Kleinstädten und umliegenden Dörfern
murales	Wandmalereien mit historischen und politisch-sozialkritischen Inhalten in öffentlichen Gebäuden Mexikos als volksbildungstaugliches Medium ab 1920
muralismo	Kunst der Wandmalerei
Nagualismus	(Nahualismus), von aztek. *nahuali,* „Maske, Verkleidung". Bei nahezu allen Indígena-Ethnien verbreiteter Glaube an einen tierischen (oder pflanzlichen) Schutzgeist, der mit dem Menschen schicksalhaft verbunden ist (Simultanexistenz). *Nahuali* ist eine (in der Regel bösartige) Person, die sich nachts in ein Tier verwandelt und ihr Unwesen treibt.
Náhuatl	klassisches *náhuatl* sprachen die Azteken, aber auch andere prähispanische Völker Zentralmexikos (Tolteken). Gegenwärtig existieren im zentralen Hochland noch verschiedene dialektale Varianten, in abgelegenen Gebieten ist Náhuatl oftmals noch die wichtigste Verkehrssprache der Bevölkerung.
naos	spanische Handelsgaleonen
Neu-Spanien	*(Nueva España)* Spanisches Vizekönigreich der Kolonialzeit, das außer Mexiko auch Texas, Kalifornien, Mittelamerika und Venezuela umfasste. Hauptstadt war Ciudad de México.
nevado	verschneit, verschneiter Berggipfel oder -kette („Sierra nevada")
niños héroes	„Heldenkinder", die sich 1847 im US-Interventionskrieg in Mexiko-Stadt den US-amerik. Truppen entgegenwarfen. Ihrer wird alljährlich patriotisch gedacht.
noche triste	die „Traurige Nacht" vom 30.6. auf den 1.7. 1520 (nämlich für die Spanier), als die Azteken die spanischen Eindringlinge mit hohen Verlusten (vorübergehend) aus Tenochtitlán jagten
norte	Norden
Obsidian	vulkanisches schwarzes Gestein bzw. Gesteinsglas, aus dem überaus scharfe Messer, Werkzeuge und Waffenspitzen gefertigt wurden. Begehrt bei allen mesoamerikanischen Völkern, ursprünglich von Teotihuacán und Tula, bei den Maya aus dem Hochland des heutigen Guatemala (Jilotepeque u.a.).
occidente	Westen; *occidental:* westlich
oeste	Westen
oratorio	Bethaus, Hauskapelle
oriente	Osten; *oriental:* östlich
padre	Vater; Priester; „qué padre" – Ausspruch: wie gut, schön, prima
palacio	Palast oder herrschaftliches Haus
palacio municipal	Rathaus
palacio de gobierno	Regierungspalast, Regierungssitz
palapa	palmwedelgedeckte Hütte, meist ringsum offen (z.B. als Palapa-Restaurant)
panadería	Bäckerei
panga	kleines Boot oder Fähre
panteón	Friedhof
paracaidista	„Fallschirmspringer", Bezeichnung für illegalen Siedler
parada	Bushaltestelle
parroquia	Pfarrkirche
pasamontañas	Kopfmasken (nur die Augen bleiben frei) der Zapatisten (Chiapas)
paseo	breiter Boulevard, Promenade, Fußgängerzone, auch das abendliche Flanieren um den Zócalo, Spaziergang

paso	Passhöhe
pastelería	Konditorei
patio	Innenhof eines Hauses, meist von Arkadengängen umgeben
pelota	juego de; rituelles prähispanisches Ballspiel
península	Halbinsel
peña	Musikkneipe mit Folkloremusik
peón	ungelernter Arbeiter, Tagelöhner
periférico	Ring- oder Umgehungsstraße
pesero	Name für ein *colectivo* (Kleinbus) in Mexiko-Stadt
Petén	(maya, Insel), Provinz im Nordosten Guatemalas, Herzland der Maya-Kultur
peyote	kleiner stachelloser Kaktus mit halluzinogenen Wirkstoffen
pib na	(maya, „unterirdisches Haus"), Schrein- oder Sakralräume in Tempeln
Pilaster	aus einer (Kirchen-)Fassade heraustretende Pfeiler zur Wandgliederung
piñata	mit Süßigkeiten gefüllte Pappmaché-Figur, früher auch aus Ton, die von Kindern mit einem Stock und verbundenen Augen zerschlagen wird. Vor allem in der Adventszeit darf die *piñata* bei keinem Fest (das heißt dann *posada*) fehlen.
plateresker Stil	(span. platería, Silberarbeiten) filigraner Dekorations- und Ornamentsstil. An Fassaden fein ziselierte Steinmetzarbeiten mit Blumen-, Ranken- und Fantasie-Elementen
plaza	Platz (plazuela = Plätzchen)
Poblano-Stil	Variante des mexikanischen Barocks im 18. Jh. Mit Talaveras (Kacheln) verblendete Kirchen- und Hausfassaden, weißer Stuckornamentik und roten Ziegeldächern. Hauptsächlich in der Region von Puebla und Tlaxcala.
pochteca	aztekischer Fernhändler
polychrom	vielfarbig
pom	s. Copal
poniente	Westen (bei Straßen)
popol vuh	„Buch des Rates" (oder der Ratsversammlung), Buch der Quiché-Maya (heutiges Guatemala), das die mythologische Schöpfungsgeschichte der Maya und ihrer Herrscherdynastien zum Inhalt hat. Es wurde ca. 1545 auf der Grundlage eines (verschwundenen) Maya-Glyphenbuches und mündlichen Überlieferungen von Pater F. Jiménez in lateinischer Schrift niedergeschrieben und später von dem franz. Pater *Brasseur* entdeckt und übersetzt und 1861 veröffentlicht („Geschichte der zivilisierten Völker Mexikos und Zentralamerikas").
Porfiriat	Regierungszeit des Diktators Porfirio Díaz (1876–80 und 1884–1911)
portales	Arkadenbögen zwischen Pfeilern oder Säulen (meist um den Zócalo bzw. die Plaza (de Armas) oder bei kirchlichen Bauten
portico	(Portikus) Säulenhalle/-raum in Tempeln
posada	kleines Hotel („Herberge"); *posadas* sind auch vorweihnachtliche Feiern
posh	selbstgebrannter, hochprozentiger Schnaps, traditionelles Trancemittel in Chiapas
Postklassik	Spätklassik
prähispanisch	die Zeit vor der spanischen Eroberung Mexikos
Präklassik	Frühklassik
präkolumbisch	die Zeit vor Kolumbus, die Zeit vor der spanischen Eroberung Mexikos
presa	(span.) Staudamm, Stauwehr
Presbyterium	(hinterer) Chorraum einer Kirche

profan	weltlich, unkirchlich, alltäglich
prolonga-ción	(prol.) Verlängerung (einer Straße)
propina	Trinkgeld (das keine *mordida* ist)
pueblo	Ort, Ortschaft
puente	Brücke
puerto	(Pto.) Hafen
pulque	vergorener, weißlicher alkoholischer Agavenmost; bei den prähispanischen Völkern Ritual-Trunk
punta	Landspitze
Puuc-Stil	Maya-Architekturstil, benannt nach einer Hügellandschaft bei Mérida (Uxmal, Sayil u.a. Stätten). Charakteristisch für den Puuc-Stil sind kahle untere Mauernzonen und überreich verzierte Oberteile (Friese, Gesimse und Türsturze).
quebrada	Bach, Klamm
Quetzal	Urwaldvogel mit farbenprächtigem, grünem Federschmuck (lange Schwanzfedern), bei den mesoamerikanischen Herrschern (Maya und Azteken) begehrt als Federkronen *(penachos),* heute nahezu ausgestorben. Die Maya verehrten den Quetzal auch als Götterboten, bei ihnen hieß er *Kukul.*
Quetzalcóatl	„gefiederte Schlange“ (s.o. „Kleine Götterkunde“ und „Historische Persönlichkeiten“, s.u.)
quinta	Herrenhaus, Stadtpalast, auch Landhaus oder kleiner Landsitz
quiosco	kleiner, erhöhter und überdachter Musikpavillon in meist schmiedeeiserner Ausführung in der Mitte der mexikanischen *zócalos*
rancho	Landgut mit überwiegend extensiver Viehzucht
Real Audiencia	oberstes Gericht Neu-Spaniens
rebozo	(span.) „Umschlagtuch“, traditionelles Schultertuch, Schal
Reduktion	Missionsterritorium (Jesuiten) mit begrenzter Selbstverwaltung (hauptsächlich in Südamerika)
refugio	Schutzhütte
Relief	sich plastisch aus einer Fläche (Stein oder Holz) erhebende Darstellungen. Je nach ihrer Ausarbeitung bzw. Erhöhung unterscheidet man Flach-(Bas-)Reliefs, Halb- oder Hochreliefs.
retablo (dt. (Retabel)	„Brett, Gemäldetafel“ (das Wort setzt sich zusammen aus lat. *retro* = hinter und *tabula* = Brett); prunkvolle, meist mit feinstem Blattgold überzogene Schaufront hinter dem Hochaltar, mit Heiligenbildnissen, Gemälden und Skulpturen geschmückt; ursprünglich vor dem Altartisch befindlich, später auf und dann hinter ihm, in mexikanischen Kirchen der Barock-Epoche meist monumental die ganze Rückwand des Presbyterium (Chorraum) ausfüllend.
ría	eine schmale und lange, tief in das Land eindringende Meeresbucht
Río Bec	Maya-Baustil im Süden Yucatáns, ähnlich dem Chenes-Stil. Typisch sind kompakt-schlanke, kantengerundete sehr steile Zwillingstürme bzw. „Scheinpyramiden“.
sascab	oder *sahcab,* Kalkmergel zur Herstellung von Stuck und Wandputz
sacerdote	Priester
sakbe	(Plural *sakbeob*) schnurgerade, dammartig erhöhte und teilweise sehr lange Verbindungsstraßen zwischen Mayastädten und auch innerorts von Mayastädten, hauptsächlich in der Mitte und im Norden Yucatáns. *Sakbe* – „weiße Straße“ leitet sich von der Deckschicht mit weißen Kalksteinen ab.
sala capitular	Kapitelsaal, Versammlungsraum eines Klosters
sanitarios	Toiletten

santuario	Kirche mit Heiligenschrein, Schutzgebiet
sarape	traditionelles Umhangtuch, Decke, Poncho
Schamane	Geisterbeschwörer, Heiler
semana santa	Karwoche (Ferienzeit)
señorío	herrschaftlicher Besitz
serranía	Gebirgsland
sierra	Gebirgskette („Säge“)
siesta	Ruhepause nach dem Mittag
sitio	archäologische Stätte, Taxistand
son	(pl. *sones*), spezieller mexikanischer regionaler Musikstil, z.B. an der Golfküste *son jarocho* und *son huasteco*
Stele	(griech.) freistehende, aufrechte und in den Boden eingelassene kantige oder runde Steinsäule (Monolith) oder auch in Plattenform, meist mit (datierten) Inschriften oder Reliefs versehen. Stelen dienten als Kult,- Weihe,- Grenz- oder Siegesobjekte.
Stuck	(Mörtel-)Gemisch aus gebranntem Kalk, Muschelschalen oder Kalkstein. Das wichtigste Material der Maya, um Reliefs und Masken zu modellieren und Steingebäuden eine Schutzschicht zu geben und sie mit hineingearbeiteten Reliefs und Masken zu dekorieren. Stuck diente außerdem als Malgrund und es wurden damit auch Stelen ummantelt.
Sukkulenten	Wasserspeichernde, dickblättrige Pflanzen (*succulentus* – fleischig, saftig), heimisch in Trockenzonen und Wüsten
sur	Süden
Tablero-Talud (o. Talud-Tablero)	Architekturstil zur plastischen Fassadengestaltung an Bauten und Pyramiden, besonders in Teotihuacán angewandt: Auf eine schräge bzw. geböschte Wand *(talud)* wird eine senkrechte *(tablero)* gesetzt. Manchmal mit Stuckornamenten verziert. Es gibt viele stilmäßige Abwandlungen. Von Teotihuacán aus verbreitete sich das Prinzip über ganz Mexiko (Cholula, El Tajín u.a. Stätten).

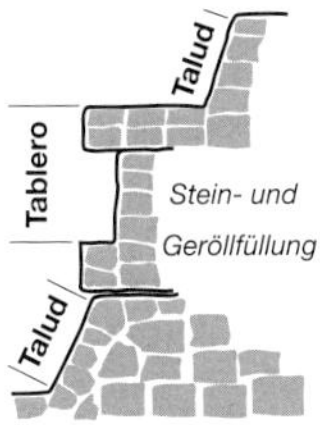

talaveras	s. Azulejos
taller	Werkstatt
taquería	(Straßen-)Stand für Tacos
taquilla	Fahrkarten-/Kartenschalter
temazcal	Dampf- oder Schwitzbad der Mesoamerikaner für rituelle Reinigungen
temblor	Erdbeben
templo	Tempel, Kirche
Tenochtitlán	Hauptstadt der Azteken bei der Ankunft der Spanier (heute steht hier Mexiko-Stadt)
teocalli	(náh. „Götterhaus“ oder „Heiliges Haus“), auch allgem. für „Heilige Pyramide“ bzw. sakrale Tempelpyramide
terremoto	starkes Erdbeben
tezontle	leicht bearbeitbarer rosa- bis dunkelroter Tuffstein (vulkanisch) zum Bau von Palästen und Kirchen (Mexiko-Stadt u.a. Kolonialstädte)
tianguis	Indígena-Markt, temporärer „Open-air“-Markt, z.B. Straßen- oder Viehmarkt
tienda	Laden
tirolesa	Drahtseilgleiten in luftiger Höhe, engl. „Zip-lining“
tlalocán	in der Mythologie der Azteken das Paradies des Regengottes Tláloc

tlatoani aztekischer Herrschertitel („der für andere spricht", oder „Großer Sprecher")

tonal (auch *tonali*), tierischer Schutzgeist, Schutztier bei den Völkern in Zentral- und Nordmexiko *(chulel)*

topes Querschwellen auf Straßen, damit Fahrzeuge die Geschwindigkeit senken

trajinera buntbemaltes Touristenboot auf den Kanälen von Xochimilco (Mexiko-Stadt)

transbordador Fährschiff

trova spezielle Form von Musik und Balladenliedern auf Yucatán (*trova yucateca)*

tumba Grab

tun Maya-Jahr zu 360 Tagen (Haab-Gemeinjahr)

tzolkin Ritualjahr von 260 Tagen

tzompantli (náh.) „Schädelgerüst" oder „Schädelplattform", Bauwerk der Tolteken, Azteken und Maya, auf dem die aufgespießten Schädel besiegter Feinde oder geopferter Menschen zur Schau gestellt wurden

uayeb 19. Kurzmonat im Haab-Gemeinjahr, 5 Unglückstage

uinic Maya-Monat im Haab-Gemeinjahr

urbanización (Urb.) Wohnviertel (Vorort)

verbena nächtliches Fest am Vorabend von Patronats-Festen (regional) oder nächtliches Wohltätigkeits-Fest

viajera/o Reisende/r

vaquero Cowboy, Rinderhirt

Vigesimal-system Zahlen- und Rechensystem der Maya, basierend auf der 20-Einheit. Reihenfolge also nicht dezimal (1 – 10 –100 –1000 usw.), sondern 1 – 20 – 400 – 8000 usw.

virreinato Vizekönigreich, Periode der span. Herrschaft ü. Mexiko (1521–1821)

virrey Vizekönig (Vizekönige waren Beamte des span. Königs mit einem befristeten Dienstverhältnis)

Visions-schlange die Maya stellten Visionen als Schlangen dar, aus deren Köpfe die angebeteten Vorfahren blicken

voladores de Papantla ritueller „Fliegertanz"; vier an den Füßen festgebundene Männer kreiseln kopfunter von einem hohen Mast hinab; totonakischen Ursprungs

Weltenbaum der kreuzförmige *wacah chan* ist im kosmologischen Modell der Maya das Zentrum des Kosmos und die Verbindungslinie zwischen natürlicher und übernatürlicher Sphäre. Die Enden seines Querarms stellen Schlangenköpfe dar, auf der Spitze thront der Himmelsvogel. Symbolisiert wird er durch den (kreuzförmigen) Ceiba-Baum; s.a. *Blattkreuz.*

xibalba Maya-Unterwelt, Schattenreich, Hades

zapote oder *Chico zapote* (*Manilkara zapota,* maya *Y'aa,* dt. Breiapfelbaum), Kautschukbaum mit sehr hartem Holz. Aus dem weißen Rindensaft wird die Rohmasse für Kaugummi gewonnen *(chicle).*

zócalo (span. Sockel); zentraler (Markt-)Platz einer mexikanischen Stadt (Name je nach Region auch anders)

zona peatonal Fußgängerzone

Zona Rosa „Rosarote Zone", Touristen- und Rotlichtviertel in Mexiko-Stadt

zoomorph tiergestaltige Objekte (Masken)

Historische Persönlichkeiten

Aguilar Jerónimo de (vermutl. 1489–1531); schiffbrüchiger Spanier, der 1511 an die Ostküste Yucatáns gespült wurde (zusammen mit *Guerrero*), jahrelang unter den Maya lebte und später Cortés bei seinem Eroberungszug gegen die Azteken als Dolmetscher diente.

Aldama Juan; Unabhängigkeitskämpfer von 1810

Allende y Unzaga, Ignacio de (1779–1811); Unabhängigkeitsführer von 1810

Alvarado Pedro de; Hauptmann und Schiffskommandant unter Cortés, während der Abwesenheit von Cortés dessen Vertreter in Tenochtitlán, er befahl das Gemetzel an den Azteken. 1524 Leiter einer Expedition nach Süden, Gründer von Guatemala la Antigua.

Brasseur französischer Pater und Maya-Forscher, übersetzte das *Popol Vuh* und veröffentlichte 1864 das Buch „Relación de las Cosas de Yucatán" von *Landa*

Carranza Venustiano (1859–1920); Revolutionsführer und mexikanischer Präsident ab 1914, wurde ermordet

Catherwood Frederick, britischer Architekt und Maler, fertigte eindrucksvolle Stiche der Mayastätten an.

Casas Bartolomé de las (1474–1566); spanischer Priester, der sich für die Urbevölkerung einsetzte, 1544 Bischof von Chiapas. Hauptwerk: „Kurzer Bericht über die Verwüstung und Zerstörung der Indischen Länder" *(Brevísima relación de la destrucción de las Indias occidentales).*

Castañeda Carlos; Anthropologe, der sich mit den Ritualen des halluzinogenen Peyote-Kaktus beschäftigte (s. „Ausgewählte Mexiko-Literatur")

Castillo Bernal Diaz del; Hauptmann von Cortés, schrieb Berichte über die Eroberung des Aztekenreichs (s. „Ausgewählte Mexiko-Literatur"), erschienen 1632

Charnay Claude-Joseph-Désiré; Franzose, fotografierte als erster die großen Mayastätten („Les Anciennes Villes du Nouveau Monde")

Colón Cristóbal; span. Name f. Christoph Kolumbus (Genuese in spanischen Diensten)

Córdoba Hernández de; Entdecker von Yucatán (1517)

Cortés Hernán (1485–1547); der Eroberer des Aztekenreichs und Mexikos

Cruz Inés de la (Juana de Asbaje, 1651–1695); Nonne und die herausragende mexikanische Dichterin ihrer Epoche

Cuauhtémoc „Herabstoßender Adler" (geb. 1496), letzter freier Aztekenherrscher (Nachfolger von *Cuitláhuac*), wurde in Tenochtitlán 1521 besiegt. Cortés nahm ihn 1525 auf seine Expedition nach Süden (Honduras) mit, wo er ihn unter dem Vorwurf des Verrats am 28.02.1525 beim Río Candelaria (Itzamkanac, heute Ausgrabungsstätte El Tigre) erhängen ließ.

Díaz Porfirio (1830–1915); mexikanischer Diktator, seine harte Regierungszeit (1876–80 und 1884–1911) wird als *Porfiriat* bezeichnet

Grijalva Juan de; span. Seefahrer, befuhr 1518 die Küste Nord-Yucatáns u. Golfküste

Guerrero Gonzalo; schiffbrüchiger spanischer Seemann, der 1511 an die Ostküste Yucatáns gespült wurde (zusammen mit *Aguilar*). Er nahm sich in Chetumal die Maya-Häuptlingstochter Zazil Há zur Frau (mit der er zwei Söhne hatte, erste Urahnen der mexikanischen Mestizen) und kämpfte mit den Maya gegen das Vordringen der spanischen Truppen, dabei fiel er 1536.

Guzmán Nuño de (14??–1550); skrupelloser Konquistador, eroberte West- und Nordwestmexiko

Hidalgo y Costilla, Miguel (1753–1811); Padre, mexikanischer Nationalheld, stieß am 16.09.1810 in Dolores den „Grito von Dolores" aus, den Aufruf zur nationalen Erhebung, damit begann der Unabhängigkeitskampf Mexikos.

Humboldt Alexander von (1763–1859); großer dt. Südamerikaforscher der 1803/04 auch Mexiko bereiste (Acapulco, Taxco, Mexiko-Stadt, Pachuca, Querétaro, Guanajuato, Actopan, Puebla, Veracruz.

Iturbide Agustín de (1783–1824); 1822 der erste Kaiser von Mexiko, wurde erschossen

Jiménez Mariano; Unabhängigkeitskämpfer von 1810

Juárez Benito; (1806–1872); Zapoteke und erster indigener Präsident Mexikos (1858)

Kahlo Frida (1907–54); mexikanische Malerin, war verheiratet mit *Diego Rivera,* dem wichtigsten Repräsentanten der mexikanischen Wandmalerei

Kukulkán der mayanische Quetzalcóatl (maya *kukul* = Vogel bzw. Quetzal, *kán* = Schlange), versinnbildlicht durch den Vogel-Schlangen-Mann: aus einem aufgerissenen Schlangenrachen schaut ein menschlicher Kopf heraus. Bei den Guatemala-Maya *Gucumátz.*

Landa Diego de (1524–1579); Bischof von Yucatán, fanatischer Inquisitor und zugleich Ethnograph, der sich intensiv für die Kultur der Maya interessierte und seine Beobachtungen in seinem Hauptwerk „Relación de las Cosas de Yucatán" (Bericht über die Angelegenheiten von Yucatán") niederschrieb (1566, veröffentlicht von Pater *Brasseur*). Eine der zuverlässigsten Quellen der Maya-Forschung.

Madero Francisco (1873–1913); liberaler Sohn eines Großgrundbesitzers von Coahuila, ab 1910 Revolutionsführer an der Seite von Zapata und Villa gegen Díaz, 1911 mexikanischer Präsident, 1913 erschossen

Maler Teobert (1842–1917); deutsch-österreichischer Architekt, Fotograf und Pionier der Maya-Archäologie, durchforstete 1880/1890 die Yucatán-Halbinsel nach Mayastätten und fertigte von vielen hervorragende Fotografien an, arbeitete eng mit dem franz. Archäologen Charnay zusammen.

Malintzín (náh.), auch *La Malinche,* span. getauft als Doña Marina, richtiger Name wahrscheinlich *Ce Malinali Tenepal,* Tochter eines aztekischen *caciquen*, geb. wahrscheinlich in Painala in der Nähe des Flusses Coatzacoalcos. Malinche war Cortés' einheimische Dolmetscherin (sie sprach aztekisch bzw. *náhuatl* und Yucateco-Maya), Geliebte und Ratgeberin (auf den *códices* der Azteken sitzt sie meist neben ihm). Mit ihr hatte er einen Sohn, Don Martín Cortés. Nach der Eroberung von Tenochtitlán gab Cortés Malinche einem seiner Hauptleute zur Frau. Malinche ist auch das mexikanische Symbol des Verrats und ausländischer Bevormundung (*malinchismo*).

Maudslay Alfred; engl. Maya-Forscher, fotografierte viele Stätten

Maximilian I. von Habsburg (1832–1867); jüngster Bruder des österreichischen Kaisers Franz Josef I. Wurde auf Vorschlag von Napoleon III. 1864 Kaiser von Mexiko und nach einem Militärprozess in Querétaro standrechtlich erschossen.

Mazariegos Diego de; spanischer Konquistador, stieß nach Chiapas vor

Mendoza Don Antonio de; erster Vizekönig von Neu-Spanien 1535–1550

Moctezuma I. (richtiger: Motecuhzoma Ilhuicamina, „Pfeilwerfer des Himmels"), auch **„Montezuma"** geschrieben. Aztekenherrscher, Regierungszeit 1440–1469. Er baute Tenochtitlán und den Aztekenstaat auf.

Moctezuma II. (richtiger: Motecuhzoma Xocoyotzin, „unser Herr, der Erhabene"). Aztekenherrscher, der das Aztekenreich in mehreren Feldzügen nach Süden erweiterte und dann Cortés unterlag. Regierungszeit 1502–1519. Wurde entweder von den Spaniern getötet oder starb durch Steinwürfe aus einer Menschenmenge.

Montejo y León Francisco de, Vater („El Adelantado") u. Sohn („El Mozo", der Jüngere, 1507–1564); sie eroberten ab 1527 Yucatán. Montejo d.J. gründete 1542 Mérida.

Morelos y Pavón, José María (1765–1815); Priester und Unabhängigkeitsführer wie Hidalgo und Allende.

Narváez Pánfilo de; Abgesandter des kubanischen Gouverneurs, der Cortés wegen dessen eigenmächtiger Azteken-Expedition zur Rechenschaft ziehen sollte. Cortés nahm ihn gefangen.

Nezahual-cóyotl („Fastender Kojote", 1402–1472); weiser Herrscher und Dichter von Texcoco, ließ den 16 km langen Damm im Texcoco-See bauen

Obregón Alvaro (1880–1928); Revolutionsführer und mexikanischer Präsident 1920–24

Quetzalcóatl Die **„gefiederte Schlange"** (geschmückt mit grünen Federn des Quetzal-Vogels) war die zentrale Gottheit der gesamten mesoamerikanischen Götterwelt und Urgott aller Nahua-Stämme (Tolteken und Azteken, bei Letzteren war Quetzalcóatl der Schöpfergott im Zeitalter der „Fünften Sonne"). Er hatte sich aber auch schon um die Zeitenwende in Teotihuacán manifestiert (Quetzalcóatl-Pyramide).

Es gibt verschiedene Deutungen und Theorien über ihn, und er war für viele Bereiche zuständig (s.o., „Kleine Götterkunde"), z.B. war er der Schutzpatron der Künste. Als ein Mischwesen versinnbildlichte Quetzalcóatl die Dualität und die Erde, die Grundlage allen Lebens. Was zu beachten ist: Die toltekischen **Priesterkönige** trugen ebenfalls den Titel Quetzalcóatl. Der Legende nach verließ ein vergöttlichter Herrscher das Toltekenreich nach Osten übers Meer, und nach einer mythischen Weissagung sollte er auf einem Schiff wiederkommen – was dann zu dem tragischen Missverständnis der Azteken führte, die in Cortés anfänglich den wiederkehrenden (weißhäutigen) Quetzalcóatl erblickten. Unter der Führung des existierenden, historischen Quetzalcóatl, **Ce Acatl Topiltzin Quetzalcóatl** (König von Tula, geb. vermutl. um 940; *ce acatl* = das aztekische Jahr 1 Rohr) sollen Tolteken, noch vor dem Jahr 1000 (vermutlich 987), nach Yucatán (Chichén Itzá) gezogen sein. Bei den Maya hieß Quetzalcóatl *Kukulkán* (Quetzal = *Kukul*).

Nach der Interpretation des aztek. Autors *Xokonoschtletl Gomora* (s. „Ausgewählte Mexiko-Literatur") war Quetzalcóatl auch das **heiligste Symbol der Azteken:** *„Einen Menschen, der über große Weisheit verfügt, nennen wir Quetzalcóatl. Quetzal heißt ‚hübsch' und cóatl ‚Schlange', Quetzalcóatl ist die ‚hübsche Schlange'. Sie verkörpert für uns die Weisheit. Jede Kultur hat ihren eigenen Begriff für die Weisheit. Für die Spanier und ihre Missionare war die Schlange das Symbol des Bösen, des Teufels. Deshalb dachten sie, unser Volk würde den Teufel anbeten, als sie unsere zahlreichen Schlangensymbole sahen".*

Quiroga Vasco de (1470?–1565); der Urbevölkerung freundlicher gesonnener Franziskaner-Mönch, wirkte in Pátzcuaro

Proskouria-koff Tatjana; Maya-Forscherin (US-Amerikanerin russ. Abstammung, 1909–1985), die wesentlich zur Entzifferung der Maya-Glyphen beitrug

Rivera Diego (1886–1957); berühmtester mexikanischer Wand- und Freskenmaler, er schuf monumentale Wandgemälde der mexikanischen Geschichte *(murales)*

Sahagún Bernardino de (1500–1590), Franziskanermönch; in einem zwölfbändigen Werk (*Códex Florentinus,* 1555) schrieb er als erster altmexikanische Dichtungen und Überlieferungen in der Náhuatl-Sprache nieder und schilderte die Eroberung Tenochtitláns und des Aztekenreichs aus Sicht der Besiegten („*Historia general de las cosas de la Nueva España").*

Stephens John Lloyd (1805–1853); US-Amerikaner, schrieb über Copán, Palenque, Toniná, Quiriguá, Uxmal u.a. Stätten das Buch „Incidents of Travel in Central America, Chiapas and Yucatán" (1841), ein Bestseller, das den Weg für die wissenschaftliche Maya-Archäologie bereitete. Illustriert wurde es von *Catherwood.*

Velásquez Diego de; Gouverneur von Kuba, anfänglich Förderer und später Gegenspieler von Cortés

Villa Pancho (= Francisco, 1878–1923); charismatischer mexikanischer Revolutionsheld, Mitstreiter von Zapata, kämpfte mit seiner Aufständischen-Armee

„División del Norte" gegen die Regierungstruppen. Richtiger Name *Doroteo Arango.*

Waldeck Johann Friedrich Maximilian von (1766–1875); Künstler und Abenteurer, fertigte 1832-34 über 100 (idealisierende) Zeichnungen und Aquarelle von Palenque an.

Zapata Emiliano (1879–1919); Mexikos legendenumwobener Revolutionsheld, kämpfte seit dem Beginn der mexikanischen Revolution 1910 für *tierra y libertad* und die Campesinos.

Zumárraga Juan de; erster Erzbischof von Mexiko-Stadt, ließ viele aztekische *códices* verbrennen

Ausgewählte Mexiko-Literatur

Maya

Popol Vuh, Das Buch des Rates. Buch der Quiché-Maya mit den mythologisch/religiösen Vorstellungen der Maya, übertragen von W. Cordan. Diederichs, Düsseldorf/Köln

The Maya, Michael D. Coe. Thames & Hudson, London 1986

Die Maya, Michael Coe; Bastei Lübbe. – Ein kompaktes Werk über das Volk der Maya

Versunkene Städte der Maya. Baudez/Picasso. Otto Maier, Ravensburg. – Sachliches kleines Handbuch mit vielen Illustrationen

Die Welt der Maya, archäologische Schätze aus drei Jahrtausenden, N. Grube u.a., Buchkatalog einer Maya-Ausstellung des Roemer-Museums Hildesheim. Phlp. von Zabern, Mainz 1992

Die unbekannte Welt der Maya, das Geheimnis ihrer Kultur entschlüsselt, Schele/Freidel. Weltbild, Augsburg 1995 (1990). – Eines der Standardwerke der Maya-Forschung

Versunkene Reiche der Maya, National Geographic Society USA, 1993. Bechtermünz/Weltbild Augsburg 1997. – Empfehlenswerter Bildband

Die Kunst der Maya, Stierlin. Belser, Stuttgart 1997 (1981)

Die Entdeckung der alten Mayastätten, John Lloyd Stephens. Edition Erdmann, Tübingen, und Atlantis, Zürich, 1969. – Die Erkundung der Maya-Ruinen von Yucatán durch den New Yorker Anwalt 1839–1842, ein Klassiker.

Maya, die nachklassische Periode, Nalda u.a. Hirmer, München 1998. – Empfehlenswerter Bildband

Maya, die klassische Periode, Nalda u.a. Hirmer, München 1998. – dto.

Die Lebenswelt der Maya. Weltbild, Augsburg 1998. – Schöner Bildband

Maya – Gottkönige im Regenwald, Nikolaus Grube u.a. Könemann 2000. – Großvolumiger, guter u. sehr informativer, wissenschaftlicher Bildband

Augenzeugenberichte, Biographien

Bericht aus Yucatán, von Diego de Landa; Kunzmann. Reclam, Leipzig 1993

Die Eroberung Mexikos, Hernán Cortés. Insel, Frankfurt/M. 1980. – Die selbstgerechte Darstellung des spanischen Eroberers von Mexiko.

Die Eroberung von Mexiko, Bernal Diaz del Castillo. Insel, Frankfurt/M. 1992. – Augenzeugenbericht eines Soldaten in Cortés' Truppe in schlichter, lebendiger und spannender Form. Interessanteste und vollständigste Chronik der Eroberung Mexikos.

Chronik des Fray Bernardino de Sahagún. Insel, Frankfurt/M. 1989

Sie suchten nach dem Gold wie Schweine, Fray Bernardino de Sahagún, Hrsg. Karl Braun. AS-Verlag, Tübingen 1982. – Die Eroberung von Tenochtitlán aus aztekischer Sicht.

Kurzer Bericht von der Zerstörung Neuspaniens, Bartolomé de las Casas. Insel, Frankfurt/M. 1989. – Die Wahrheit über die Unterdrückung der Indios.

Erwachen in der neuen Welt, die Geschichte v. Bartolomé d.l. Casas; Fiechtner, Vesely. Edition día.

Die Eroberung v. Mexiko durch Ferdind. Cortes, Arthur Schurig. Kindle Edition.

Sachbücher, Kultur, Land und Leute

Die Lehren des Don Juan und *Reise nach Ixtlán,* Carlos Castañeda. Fischer, Frankfurt

Verbranntes Wasser, vier Erzählungen, Carlos Fuentes. Rowohlt 1990. – Nur zwei der vielen Bücher des mexikanische Erfolgsautors (1928–2012).

Das Labyrinth der Einsamkeit, Octavio Paz. Suhrkamp, Frankfurt/M. 1980. – Pflichtlektüre über Mexiko des bekannten mexikanischen Autors.

Entdeckungen in Mexiko, Egon Erwin Kisch. Kiepenhauer & Witsch, Köln 1981. – Klassisch-pointierte Reportagen von 1940 bis 1946

Die Rebellion der Gehenkten, B. Traven. Diogenes, Zürich 1983. *Land des Frühlings,* B. Traven (handelt über Chiapas), Diogenes, Zürich. *Der Schatz der Sierra Madre,* B. Traven. Ullstein, Berlin. – Drei lesenswerte Klassiker des mysteriösen deutschstämmigen Schriftstellers, der nach Mexiko emigrierte.

Der gekreuzigte Kontinent, 500 Jahre Evangelisierung Lateinamerikas am Beispiel von Mexiko, Goldstein. Peter Hammer, Wuppertal 1992

Menschenopfer bei den Azteken? Peter Hassler. Europäischer Verlag der Wissenschaften Peter Lang, Bern/Frankfurt/M./New York/Paris/Wien 1992, ISBN3-261-04587-6. – Eine quellen- und ideologiekritische Studie zur Frage der Menschenopfer bei den Azteken.

Juchitán, Stadt der Frauen, Bennholt-Thomsen. Rororo, Hamburg 1994

Frauen Wirtschaft, Juchitán – Mexikos Stadt der Frauen, Frederking & Thaler, München 2000. – 144 S., 100 Farbfotos

Mexiko – ein literarisches Porträt, R. Motz. Insel, Frankfurt/M. 1997. – Buchauszüge sehr vieler Mexiko-Autoren und ein Streifzug durch die mexikanische Geschichte. Empfehlenswert.

Gebrauchsanweisung für Mexiko, Schwager/Hegglin. Piper, München 1998. – Realistisches Bild des heutigen Mexikos, scharf beobachtet, gut geschrieben.

Die wahre Geschichte der Azteken, Xokonoschtletl Gomora. Gfw Verlag Heidenheim. – Die spanische Eroberung und die Kulturen der Azteken von einem Azteken geschrieben. Ehrlich und überraschende Aspekte, **Tipp!**

Kleine Geschichte Mexikos, K.-J. Ruhl und L.I. García; Von der Frühzeit bis zur Gegenwart. Beck'sche Reihe 1366, München 2000

Marcos. Herr der Spiegel, Manuel Vázquez Montalbán. Wagenbach 2001. – Politisch-philosophische Gespräche mit dem Zapatisten-Führer.

Azteken, DuMont 2003. – Katalog der Azteken-Ausstellungen 2003 in Berlin und Bonn, ein außergewöhnlich schönes Werk mit zahllosen Fotos, **Tipp!**

Pyramiden und Paläste in Mittelamerika, Baldur Köster, Philipp von Zabern, Mainz 2003. – Interessanter Vergleich mit Bauten der Ägypter und Griechen.

Malinche, Die andere Geschichte der Eroberung Mexikos, Anna Lanyon und Christa Krüger von Amman; btb-Verlag. – Ein tolles Buch!

Im Reich von Moctezumas Erben, Volker Mehnert, Picus Lesereisen 2002. – Essays zu mexikanischen Themen.

Die Kaktuspflückerin, Thomas Fitzner, Rotbuch 1998. – Ein kriminal-archäologisches Mysterium, bei dem viel von mexikanischer Kultur und Lebensweise rübergebracht wird.

Mexiko: Ein Länderportrait, Jürgen Neubauer, Christoph Links Verlag 2014. Der Autor, der in Mexiko lebt, erzählt facettenreich vom Alltag der Mexikaner.

Mexiko fürs Handgepäck, Anja Oppenheim, Unionsverlag 2014. Geschichten und Berichte. Ein Kulturkompass.

Romane

Der Azteke, Gary Jennings. Fischer, Frankfurt/M. 1984. – Schilderung der span. Eroberung aus der Sicht eines Azteken, lesenswert.

Jesusa. Allem zum Trotz, Elena Poniatowska. Lamuv, Bornheim-Merten 1992. – Die Lebensgeschichte einer Mexikanerin, die das Leben von Frauen im Mexiko des 20. Jh. widerspiegelt. Von der gleichen bekannten mexikanischen Autorin: *Stark ist das Schweigen* (4 Reportagen) und *Tina Modotti* – Die

Geschichte der italienischen Fotografin Tina Modotti. Suhrkamp 1999.
Die Aztekin, Colin Falconer. Heyne 1996. – Großer historischer Roman über das Leben der Malinche (Mali im Roman), Dolmetscherin von Hernán Cortés.
Bittersüße Schokolade, Laura Esquivel. Suhrkamp 1995, u.a. – Roman um Liebe, Kochrezepte und bewährte Hausmittel, erfolgreich verfilmt.
Rosario Castellanos: *Das dunkle Lächeln der Catalina Diaz* (Droemer Knaur 1996) und *Die Neun Wächter* (Insel-Verlag). – Es ist nicht leicht, zu dieser indigenen Welt Zugang zu finden. Beide Bücher sind sehr wichtig, um die Auseinandersetzungen in Chiapas (Zapatistenaufstand) zu verstehen.
Esperanza und die Heiligen, Maria Amparo Escandon, 2000. – Eine märchenhafte Reise durch Mexiko, bei der man alles über die mexikanischen Heiligen erfährt.
Zu Besuch bei Don Otavio, Sybille Bedford. Piper 2009. – Ein Reisebericht zweier Frauen aus den 40er Jahren. Sehr schön geschrieben.
Die Jahre mit Laura Diaz, Carlos Fuentes. Fischer Tb 2002. – Höchst spannende Lebensgeschichte einer Mexikanerin während des 20. Jh., teils autobiografisch, gut geschrieben.
Die Maya Priesterin, Andreas Gößling, Heyne 2006. – Ein sehr spannend zu lesender Abenteuerroman, der historisch gut recherchiert die Mayakultur näher bringt.

Tourismus

Mexiko verstehen, ein Sympathie-Magazin vom Studienkreis für Tourismus, 82541 Ammerland, Kapellenweg 3, Bestellung per Fax 08177-1349.
Mexiko, Motz/Otto. Rowohlt Reinbek („Anders Reisen"). – Gut geschriebene politische und soziale Hintergründe, empfehlenswert!
Spanisch für Mexiko, Kauderwelsch-Sprachführer, und
Kulturschock Mexiko, Klaus Boll, beide RKH-Verlag Peter Rump, Bielefeld.

Mexiko-Bildbände / Kunst

Mexiko – ein Porträt in Luftbildern, M. Calderwood. RV-Verlag, Stuttgart 1992 – Fotografisch perfekte, eindrucksvolle Bilder! Diesbezüglich das Beste.
Frida Kahlo, das Gesamtwerk, Priegnitu-Poda u.a. Verlag Neue Kritik.
Frida Kahlo, Gemaltes Tagebuch, Faksimile-Ausgabe ihres Tagebuchs. Kindler Verlag
Mexiko, Archäologischer Reiseführer, Verlag Karl Müller, Köln 2001. – Schöner Bildband über die wichtigsten Stätten in Mexiko, Guatemala und Honduras.
Frida Kahlo, Karen Genschow, Suhrkamp. Basis-Biographie – eine gute Einführung in das Leben und Schaffen von Frida Kahlo
Diego Rivera, Andrea Kettenmann. Taschenverlag. Ebenfalls gute Einführung zum Malerfürsten, viele Bilder.

Kochbücher

Mexiko – eine kulinarische Reise, Palazuelos/Tausend. Christian Verlag, München 1992. – Opulenter, einmalig schöner Bildband mit Rezepten.
Fridas Fiestas, Die Rezepte der Malerin Frida Kahlo, Guadalupe Rivera/Colle. Christian Verlag, München. Dto. im gleichen Verlag: *Mexikanische Feste,* Die Fiestas der Frida Kahlo.
Mexikanische Küche, Hicks. Könemann, Köln 1995
Die Kultur der mexikanischen Küche, P. Quintana. DuMont, Köln
Mexikanisch kochen, Engelbrecht/Keyser, www.werkstatt-verlag.de
Chili-Küche, G. Steer. Könemann Köln 1996

Rad- und andere Abenteuer aus aller Welt

Edition Reise Know-How

In der Edition Reise Know-How erscheinen außergewöhnliche Reiseberichte, Reportagen und Abenteuerberichte, landeskundliche Essays und Geschichten. Gemeinsam ist allen Titeln dieser Reihe: Sie unterhalten, sei es unterwegs oder zu Hause – auch als ideale Ergänzung zum jeweiligen Reiseführer.

Abenteuer Anden – Eine Reise durch das Inka-Reich · ISBN 3-89662-307-9 · € 17,50

Afrika – Mit dem Fahrrad in eine andere Welt · ISBN 978-3-89662-522-9 · € 19,90

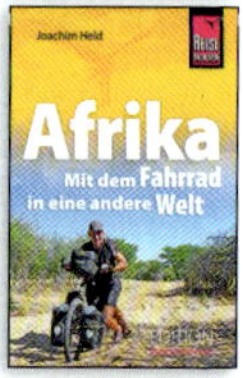

Auf Heiligen Spuren – 1700 km zu Fuß durch Indien
ISBN 3-89662-387-7· € 17,50

Auf und davon – Auf Motorrädern durch Europa, Asien und Afrika
ISBN 978-3-89662-521-2 · € 19,50

Die Salzkarawane – Mit den Tuareg durch die Ténéré
ISBN 3-89662-380-X · € 17,50

Durchgedreht – Sieben Jahre im Sattel
ISBN 3-89662-383-4 · € 17,50

Myanmar/Burma – Reisen im Land der Pagoden
ISBN 3-89662-196-3 · € 17,50

Odyssee ins Glück – Als Rad-Nomaden um die Welt 10 Jahre, 160.000 km und 5 Kontinente
ISBN 978-3-89662-520-5 · € 19,90

Panamericana südwärts – Eine Abenteuertour durch Lateinamerika.
ISBN 978-3-89662-523-6 · € 19,50;
auch als **E-Book** erhältlich: ISBN 978-3-89662-621-9 · € 13,99

Please wait to be seated – Bizzares und Erheiterndes
von Reisen in Amerika. ISBN 3-89662-198-X · € 12,50

Rad ab – 71.000 km mit dem Fahrrad um die Welt. ISBN 3-89662-383-4 · € 17,50

Südwärts – von San Francisco nach Santiago de Chile.
ISBN 3-89662-308-7 · € 17,50

Suerte – 8 Monate auf Motorrädern durch Südamerika. ISBN 978-3-89662-366-9 · € 17,50

Taiga Tour – 40.000 km allein mit dem Motorrad von München durch Russland
nach Korea und Japan · ISBN 3-89662-308-7 · € 17,50

USA Unlimited Mileage – Abgefahrene Episoden einer Reise durch Amerika
ISBN 3-89662-189-0 · € 14,90

Völlig losgelöst – Panamericana Mexiko–Feuerland in zwei Jahren
ISBN 978-89662-365-2 · € 14,90

Eine mallorquinische Reise – Mallorca 1929 · ISBN 3-89662-308-7 · € 10,50

Geschichten aus dem anderen Mallorca – Robert Graves
ISBN 978-3-89662-269-3 · € 12,50

und mehr …

Panamericana südwärts

Eine Abenteuertour durch Lateinamerika

1. Auflage 2014

ISBN 978-3-89662-523-6 · € 19,50 [D]
E-Book ISBN 978-3-89662-621-9 · € 13,99 [D]

Als nach fast 25 Jahren Berufsleben aus Spaß Stress und aus Herausforderung Belastung wird, krempeln Petra und Klaus Vierkotten ihr Leben komplett um. Sie verzichten auf Karriere, Konventionen und Konsum und wagen mit 43 Jahren das große Abenteuer. Der Job wird gekündigt, die Wohnungseinrichtung aufgelöst, das Haus geräumt.

Mit einem Allrad-Wohnmobil starten sie zu einer Abenteuertour entlang der Panamericana von Mexiko nach Feuerland, der berühmtesten Fernstraße der Welt. Eine echte, 100.000 Kilometer lange und drei Jahre dauernde Herausforderung für Auto, Material und Insassen, immer auf Tuchfühlung mit dem Leben und Treiben neben den Straßen und Pisten. In Mexiko besuchen sie den ausgelassenen Straßenkarneval und in Guatemala steht plötzlich ein ganzes Dorf in ihrem Auto. In Nicaragua schwitzen sie bei einem Hilfsprojekt in der Gluthitze der Tropen und in Kolumbien treffen sie auf die neugierigsten Menschen. Dann geht es monatelang durch die südamerikanischen Anden über waghalsige und einsame Bergpisten. Am 1000. Reisetag erreichen sie im sturmumheulten Feuerland die südlichste Stadt der Welt, Ushuaia, und schließlich verlockt zum Tourabschluss Rio de Janeiro mit Samba und Copacabana.

Die Panamericana ist mehr als nur eine Straßenverbindung zwischen den USA im Norden und Feuerland im Süden – sie ist eine Traumroute für Fernwehsüchtige. Unterhaltsam verknüpft der Autor die Abenteuer des Reisealltags mit fremden Kulturen und mit der faszinierenden Geografie und bewegten Geschichte Zentral- und Südamerikas. Begleiten Sie Petra und Klaus auf ihrer Reise entlang paradiesisch anmutender Strände, durch hitzeflirrende Wüsten, abgelegene Dörfer und dichte Regenwälder. Lassen Sie sich einfangen von der länderverkettenden „Traumstraße der Welt", der Panamericana.

Plus Tipps, Zusatzinformationen und Bilder auf der Internetseite der Autoren unter **www.abenteuertour.de**.

Promobil, 10/14: „Buchtipp zur Panamericana"

Allradler, 4/14: „Wer eine solche Tour plant, kann gar nicht anders, muss das Buch verschlingen. Klaus Vierkotten ist es gelungen Fakten in einen Reisebericht zu integrieren, ohne von der Datenflut erschlagen zu werden oder von tagebuchartigen Einträgen gelangweilt zu werden!"

OFF ROAD Magazin, 10/14: „Abenteurer-Pflichtlektüre" und: „Abenteuerlustige erhalten eine Lektüre, die sie vom ersten bis zum letzten Satz fesseln wird!"

Leverkusener Wochenpost, 16. September 2014: „Dem Autor ist es gelungen, Interesse beim Leser zu wecken … nach individueller Lebensart" sowie „Der Leser wird mitgenommen auf eine faszinierende Tour, lebendig gemacht mit dem angenehmen Schreibstil eines Weltenbummlers."

WENDY -PAMPA - TOURS®
Spezialist für individuelle Reisen
in Mittel- und Südamerika
seit 1993
Reisebausteine,die Sie als
Reiseetappen individuell
zusammenstellen und verändern
können, finden Sie in unserem
Reise-Baustein-Katalog.
< Sie wissen nicht wohin?
< Wir schicken auch Sie gerne in die Pampa!
www.Wendy-Pampa-Tours.de
Oberer Haldenweg 4 - 88696 Billafingen/ Bodensee
Telefon: 07557-9293 74 + 75, Fax: 929376

Spanisch lernen
in Flores, Guatemala –
im Herzen der Mayawelt!
www.flores-spanish.com
Touren zu riesigen, aber
unbekannten Mayastätten:
www.the-mayan-
adventure.com
Dos
20 Stunden Einzelunterricht: 120 US$
Unterkunft in Familien oder im Studentenhaus: 100 US$ pro Woche

Cómo se dice – Sprachhilfe Spanisch

Span. Alphabet, Aussprache

A – aa • **B** – be grande • **C** – ße • **D** – de • **E** – ee • **F** – äffe • **G** – che (rauhes *ch*) • **H** – atsche • **I** – ii • **J** – chota (rauhes *ch*) • **K** – ka • **L** – älle • **Ll** – älje • **M** – ämme • **N** – änne • **Ñ**, ñ – änje • **O** – oo • **P** – pe • **Q** – ku • **R** – ärre • **S** – ässe • **T** – te • **U** – uu • **V** – be chica • **W** – doble u • **X** – eckiss • **Y** – i gri-ega (oder je) • **Z** – ßeta

Kurzgrammatik Spanisch

Substantive sind maskulin oder feminin, Neutrum gibt es nicht. Die männlichen (m) Artikel im Singular und Plural lauten *el* und *los,* im weiblichen (f) *la* und *las.* Der neutrale Artikel *lo* (*los*) dient zur Substantivierung von Zahl- und Fürwörtern u. Adjektiven, z.B. lo primero = das erste. Der unbestimmte Artikel heißt mask. *un* (*unos*) und fem. *una* (*unas*).

Die m-Substantive enden meist auf -o, selten auf -e, -n, -o, -r, (Ausnahme la mano = die Hand), die f-Substantive meist auf -a, seltener auf -d, -ión, -z, (Ausnahme el día = der Tag, el clima = das Klima, el agua = das Wasser). Der Plural wird bei Vokal-Endung durch Anhängen eines -s, bei Konsonanten-Endung durch -es gebildet. Bei der Deklination wird der Genitiv mit *de* u. der Dativ mit *a* gebildet, wobei maskulin *de el* und *a el* zu *del* u. *al* zusammengezogen werden. Akkusativ ist wie Nominativ.

Die Satzstellung ist Subjekt-Prädikat-Objekt (S-P-O). Adjektive stehen hinter dem Wort, mit Ausnahme von mucho = viel, poco = wenig, más = mehr, menos = weniger und otro = andere. Adjektive enden m auf -o, f auf -a, andere Endungen werden nicht verändert. Die Steigerung wird mit más und el bzw. la más gebildet.

Fragen werden mit einem Fragewort oder unter Voranstellung eines Verbums formuliert.

Ein grammatikalischer **Unterschied des lateinamerikanischen Spanisch** zum in Spanien gesprochenen *Castellano* ist der Wegfall von*vosotros* (ihr, 2. Person Plural); stattdessen wird **ustedes** (sie) verwendet. Dadurch entfällt auch die Verbform für „ihr" bzw. es wird die für die Höflichkeitsform gültige Endung verwendet, die der 3. Person Plural („sie") entspricht. Beispiel: *Ustedes hablan castellano?* – sprecht ihr Spanisch? *Usted habla castellano?* – sprechen Sie Spanisch?

Fürwörter, persönliche

ich – yo
du – tú
er, sie – él, ella
Sie (Anrede) – Usted (Ud.)
wir m / f – nosostros, -as
ihr – Ustedes (Uds.)
sie m / f – ellos, -as
Sie (Anrede) – Ustedes (Uds.)

Fürwörter, besitzanzeigende

mein (meiner) – mi (mío)
dein (usw.) – tú (tuyo)
sein, ihr – su (suyo)
unser – nuestro
euer – su
Ihr – su (suyo)

Verben enden auf -ar, -er, -ir, z.B. hablar (= sprechen), beber (= trinken), vivir (= leben).

Der **Wortstamm** bleibt immer gleich, die Endung ändert sich, z.B. (Präsens)

ich	habl-o	beb-o	viv-o
du	habl-as	beb-es	viv-es
er/sie/Sie	habl-a	beb-e	viv-e
wir	habl-amos	beb-emos	viv-imos
ihr/sie/Sie	habl-an	beb-en	viv-en

Das **persönl. Fürwort** lässt man normalerweise weg, nur zur Betonung wird es hinzugefügt, z.B. ustedes viven todavía = *Ihr* lebt noch.
Das **Perfekt** wird aus *haber* (= haben) und dem Partizip gebildet, dieses bei -ar aus Wortstamm und -ado, z.B. hablado, bei -er und -ir aus Wortstamm und -ido, z.B. bebido, vivido.
Als **Futur** kann man das Präsens plus ein Zeitwort, wie morgen, später, in einer Woche usw. benutzen; oder das Verb -ir (gehen), a und den Infinitiv, z.B. voy a regresar = ich werde zurückkehren.

Hilfszeitwörter

haber (haben)	estar (sein)	ser (sein)
he	estoy	soy
has	estás	eres
ha (hay)	está	es
hemos	estamos	somos
han	están	son

Dabei bezeichnet *estar* einen vorübergehenden Zustand, *ser* einen Dauerzustand.

Die wichtigsten unregelmäßigen Verben

ir (gehen)	tener (haben)
voy	tengo
vas	tienes
va	tiene
vamos	tenemos
van	tienen
decir (sagen)	oir (hören)
digo	oigo
dices	oyes
dice	oye
decimos	oímos

dicen	oyen
querer (wollen, möchten)	poder (können)
quiero	puedo
quieres	puedes
quiere	puede
queremos	podemos
quieren	pueden

Im Unterschied zu *haber* wird *tener* im Sinne von *besitzen* gebraucht, zusammen mit que und dem Infinitiv eines anderen Verbs bedeutet es „müssen", z.B. tengo que beber = ich muss trinken, aber: man muss/sollte trinken heißt hay beber. Hay ist ein sehr wichtiges Wort und bedeutet *es gibt* bzw. in der Frage *gibt es?*
Zum Schluss noch: das verneinende Wort *no* steht vor dem Verb, z.B. ich habe keine Zeit = no tengo tiempo.

Adjektive
hell, dunkel – claro, oscuro
schwarz, weiß – negro, blanco
rot, braun, gelb – rojo, marrón, amarillo
blau, grau, grün – azul, gris, verde
gut, schlecht – bueno, malo
groß, klein – grande, pequeño
viel, wenig – mucho, poco
leicht, schwer – fácil, difícil
alt, neu, jung – viejo, nuevo, joven
schnell, langsam – rápido, lento
früh, spät – temprano, tarde
billig, teuer – barato, caro
hoch, niedrig – alto, bajo
warm, kalt – caliente, frío
sauber, schmutzig – limpio, sucio

Präpositionen
und, oder, nach – y, o, a
vor, nach (örtl.) – delante de, para
vor, nach (zeitl.) – antes de, después de
auch, auch nicht – también, tampoco
mit, ohne – con, sin
plus, minus – más, menos
mehr oder weniger – más o menos
noch eins mehr – otro más
aber, dann – pero, entonces
in, an, auf – en
weil, wegen – porque, por
dass, als, was – que

Allgemeine und nützliche Redewendungen
bitte weitergehen – prosiga/siga
das ist liebenswürdig – muy amable
das ist mein Freund(in) – es mi amigo (amiga); bei engerer Beziehung: novio/novia
es tut mir leid – lo siento
geben sie mir – déme
gern – con mucho gusto
gibt es hier…? – hay por aquí?
gibt es in der Nähe ein Wäscherei? – hay una lavandería cerca de aquí?
haben Sie … – tiene Usted
ich bin aus Deutschland – soy de Alemania
ich bin Deutsche(r) – soy alemana (alemán)
ich heiße – me llamo
ich möchte nicht – no quiero
ich reise alleine – estoy viajando solo
kann ich fotografieren? – Se puede sacar una foto?
selbstverständlich – claro que sí / cómo no?
so ist's – eso es/asi es
stopp – pare; alto
wann ist geöffnet? – a qué hora está abierto?
was ist los – qué pasa?
wieviel Uhr ist es – qué hora es?
wie lange wird es dauern? – cuánto tiempo va a durar?
wie nennt man …? – cómo se llama?
wo bekomme ich? – dónde se vende?
wo ist die Toilette – dónde está el baño (sanitarios)?

Elementare Worte
ja, nein – sí, no
bitte – por favor
danke, vielen Dank – gracias, muchas gracias
Achtung! – cuidado
alt – viejo
Apotheke – farmacia
Baum – árbol
Berg – montaña
billig – barato
bisschen – un poco
Eingang – entrada
einverstanden – de acuerdo, bueno
es gibt nicht – no hay
essen – comer
Flughafen – aeropuerto
Frau – mujer
Fräulein – señorita
genug – bastante
geschlossen – cerrado
gestern – ayer
gibt es … – hay
groß – grande
Haus – casa
heiß – caliente
Herr – señor
heute – hoy
hoch – alto
ich – yo
ich möchte – quiero
immer – siempre
jetzt – ahora (Verkl.-Form *ahorita*)
kalt – frío
Kirche – iglesia
klein – pequeño
Land, auf dem – en el campo
lang – largo

leicht – fácil
Mann – hombre
Markt – mercado
Meer – mar
mehr – más
mit – con
morgen – mañana
morgen früh – mañana por la mañana
nahe – cerca
Name – nombre
neu – nuevo
niedrig – bajo
oben – arriba
oder – o
offen – abierto
ohne – sin
Regen – lluvia
sauber – limpio
schlecht – malo
schmutzig – sucio
schnell – rápido
schwierig – dificil
See – lago
sehr – muy
Sonne – sol
spät – tarde
Strand – playa
Stunde – hora
teuer – caro
Tourist – turista
trinken – beber
und – y
viel – mucho
Vorsicht – cuidado
wann – cuándo, a qué hora?
warum – por qué
Wäscherei – lavandería
Wasser – agua
wie? – cómo?
wo ist – dónde está
wohin – a dónde
zahlen – pagar
zurückkommen – regresar/volver

Wochentage
Montag – lunes · Dienstag – martes · Mittwoch – miércoles · Donnerstag – jueves · Freitag – viernes · Samstag – sábado · Sonntag – domingo · Feiertag – día festivo · diese Woche – esta semana

Monate
Januar – enero · Februar – febrero · März – marzo · April – abril · Mai – mayo · Juni – junio · Juli – julio · August – agosto · September – septiembre · Oktober – octubre · November – noviembre · Dezember – diciembre · nächsten Monat, Jahr – el próximo mes, año

Uhrzeit
wieviel Uhr ist es? – qué hora es?
es ist halb drei – son las dos y media
Viertel vor neun – un cuarto para las nueve
5 Minuten und 30 – cinco minutos y treinta
Sekunden – segundos

Zahlen

0 cero	22 veintidós
1 un(o)	30 treinta
2 dos	31 treinta y uno
3 tres	40 cuarenta
4 cuatro	50 cincuenta
5 cinco	60 sesenta
6 seis	70 setenta
7 siete	80 ochenta
8 ocho	90 noventa
9 nueve	100 cien(to)
10 diez	101 ciento uno
11 once	110 ciento diez
12 doce	200 doscientos
13 trece	300 trescientos
14 catorce	400 cuatrocientos
15 quince	500 quinientos
16 dieciséis	600 seiscientos
17 diecisiete	700 setecientos
18 dieciocho	800 ochocientos
19 diecinueve	900 novecientos
20 veinte	1000 mil
21 veintiuno	1 Mio. – un millón

Ordnungszahlen

1. primero	40. cuadragésimo
2. segundo	50. quincuagésimo
3. tercero	60. sexagésimo
4. cuarto	70. septuagésimo
5. quinto	80. octogésimo
6. sexto	90. nonagésimo
7. sé(p)timo	100. centésimo
8. octavo	1 x: una vez
9. noveno	2 x: dos veces
10. décimo	3 x: tres veces
11. undécimo	1/2: un medio
12. duodécimo	1/3: un tercio
13. décimo tercero	1/4: un cuarto
20. vigésimo	einfach: simple
21. vigésimo primero	zweifach: doble
22. vigésimo segundo	dreifach: triple
30. trigésimo	vierfach: cuádruple

Begrüßung und Zwischenmenschliches
Auf Wiedersehen – hasta luego, adiós
bitte – por favor
bitte (als Erwiderung) – de nada („keine Ursache“)
danke (sehr) – (muchas) gracias
Entschuldigung – perdón, disculpe
Gestatten Sie – con permiso
Gut, danke – bien, gracias

Guten Abend, Nacht – buenas noches
Guten Morgen – buenos dias (bis 12 Uhr)
Guten Tag – buenas tardes (ab 12 Uhr)
Hallo! – hola!
Hallo, hören Sie, mein Herr – oiga, señor
Herr, Frau, Fräulein – señor, señora, señorita (in Zweifelsfällen auch „seño", das bedeutet aber nicht etwa, dass man das Geschlecht seines Gegenübers nicht einschätzen kann, sondern lediglich den Familienstand der Dame nicht kennt)
Ich heiße ... – me llamo
ja, nein – sí, no
mach's gut! – que te vaya bien!
wie geht's? – cómo está? (Qué tal?)
sehr gut (schlecht) – muy bien (mal)
Wie alt sind Sie? – cuántos años tiene Usted?
Wie heißen Sie? – cómo se llama?
Willkommen – bienvenido

Fragen und Verständigung
Bitte schreiben Sie – escríbalo, por favor
Ich möchte ein ... – quiero/Quisiera un ...
Ich spreche kein Spanisch – no hablo espanol
Ich verstehe nicht (s) – no entiendo (nada)
Ich verstehe spanisch nicht gut – no entiendo muy bien el español
Ich weiß nicht – no sé
Können Sie mir helfen? – puede Usted ayudarme?
Sprechen Sie bitte langsamer – hable más despacio, por favor
Sprechen Sie englisch – habla Usted inglés?
Spricht jemand englisch – hay alguien quien hable inglés?
Was wünschen Sie? – qué desa Usted?
Wie bitte? – mande? („cómo" ist eher unhöflich, „was"?)
Wie heißt das auf Spanisch? – cómo se dice en español?
Wie heißt das? – cómo se llama esto?

Zurechtfinden
abbiegen – dar vuelta
Adresse – la dirección
an der Ecke – en la esquina
die Straße nach ...? – el camino para ...?
diese Richtung! – por aquí (allí)
dort – allí
hier – aquí
immer geradeaus – siempre adelante, (siga) derecho
ist es nah? – está cerca?
ist es weit? – está lejos?
kann ich mit dem Bus dahin fahren? – puedo ir allí en camión?
kennen Sie ...– sabe Usted
nach links – a la izquierda
nach rechts – a la derecha
nahe – cerca
welcher Weg – por dónde
wie habe ich zu gehen? – cómo puedo llegar a?
wie lange? – cuánto tiempo?
wie weit? – qué distancia?
wieviele Straßenblocks von hier? – a cuantas cuadras de aquí?
wo ist – dónde está

Ándale – órale
Diese zwei Wörter kann man immer wieder hören. Sie können bedeuten: auf geht's, in Ordnung, einverstanden, so ist's, beeil Dich, ich bitte dich/Sie darum, und ähnliches mehr. Dabei wird „ándale" für die Du-Form und „ándele" für die Sie-Form gebraucht, órale nur für „Du".

Bus, Bahn, Flug, Schiff
reisen, Reise – viajar, viaje
Ich möchte nach ... – quiero ir a ...
Welchen Bus? – cuál camión?
Gibt es einen Bus nach – hay un camión para?
Um welche Zeit fährt der Bus? – a qué hora sale el camión?
Wohin fährt dieser Bus? – a dónde va este camión?
Wieviel kostet eine Fahrkarte nach ... – cuánto cuesta un boleto para ...
Ich möchte eine Fahrkarte nach ... – quiero un boleto a ...
Erster, zweiter Klasse – primera, segunda clase
Sind (Plätze) nummeriert? – son numerados?
Ich möchte einen Fensterplatz – quiero un asiento con ventana
Wie lange dauert die Reise – cuánto dura el viaje?
Fahren Sie am (Zócalo) vorbei? – pasa Usted por el zócalo?
Können Sie mir sagen, wenn wir die x-Straße erreichen? – me puede avisar cuando lleguemos a la avenida/calle x ?
Ich möchte aussteigen (beim) – quiero bajar (en)
Abfahrt – salida
Ankunft – llegada
Bahnhof – la estación del ferrocarril
Bus-Haltestelle – la parada del autobús
Bus-Terminal – terminal de buses, central camionera
Eisenbahn – ferrocarril
Fahrplan – horario
Fährschiff – transbordador
Flughafen – el aeropuerto
Gepäck – equipaje
Gepäckaufbewahrung – Documentación de equipaje / Guardaequipaje
Ohrstöpsel – tapónes
Preis – precio
Rundreise (hin- und zurück) – viaje redondo (auch: ida y vuelta)

Schiff – barco
seekrank – mareo
umsteigen – transito, cambiar
Zug – tren
de paso – Bus auf der Durchreise
directo – mit einigen Stopps
semi-directo – einige Stopps mehr als directo
sin escalas, expreso – non-stop

Hotel / Übernachten
„Alles inbegriffen?“ – „todo incluido?“
Dieses Zimmer ist zu laut – la habitación es demasiado ruidosa
Dusche – regadera/ducha
für drei Personen – para tres personas
Gibt es heißes Wasser? – hay agua caliente?
Gibt es Rabatt für eine längere Zeit? – hay un descuento por una estancia más larga?
Haben Sie ein freies Zimmer? – tiene una habitación libre?
Haben Sie nichts billigeres? – tiene algo más barato?
Handtuch – toalla
Ich möchte ein Einzelzimmer – quisiera una habitación sencilla („... para una persona“)
...mit Doppelbett – con una cama matrimonial
... mit zwei Betten – con dos camas
Ich möchte um ... geweckt werden – quiero que me despierten a las ...
Kann ich das Zimmer sehen – puedo ver la habitación?
Kann ich meine Wertsachen im Safe lassen? – Puedo dejar mis valores en la caja de seguridad?
Klimaanalage – aire acondicionado
Können Sie mir ein Hotel empfehlen? – puede recomendarme un hotel?
leise, ruhig – tranquilo
Toilettenpapier – papel higiénico
Wie ist der Preis für eine Nacht? – cuál es el precio por una noche?
Wir gehen morgen – nos vamos mañana
Wir möchten ein Doppelzimmer – quisiéramos una habitación doble
Wo ist das Hotel ...? – dónde está el hotel ...?
Wo ist ein Hotel? – dónde hay un hotel?

Einkaufen
billig – barato
das gefällt mir nicht – no, gracias, no me gusta
das ist sehr teuer – es muy caro
das ist zu teuer – es demasiado caro
haben Sie nichts billigeres? – no tiene Usted algo más barato?
Ich möchte nicht mehr als ... Peso zahlen – no, no quiero pagar más de ... Peso
Ich sehe mich nur um – estoy mirando, gracias
Kreditkarte – tarjeta
Laden – tienda
Markt – mercado
mehr – más
Preis – precio
Supermarkt – supermercado
weniger – menos
Wieviel kostet das? – cuánto cuesta? Cuánto vale? En cuánto sale?

Post / Fax
Adresse – dirección
Brief – carta
Briefkuvert – sobre
Briefmarke – estampilla
Einschreibe-Brief – carta certificada
Fax-Stelle – oficina de fax
Luftpost – correo aéreo
Päckchen – paquete pequeño
Paket – paquete
Post – oficina de corrreos
Postkarte – tarjeta postal
Postlagernd – poste restante/lista de correos
Telegramm / -stelle – telegrama / oficina de telégrafos

Telefon
Telefon – teléfono
Telefonbuch – directorio telefónico
anrufen – llamar
Hallo – bueno
Ferngespräch – larga distancia
Nummer – número
Telefonstelle – caseta de teléfono
Vermittlung – operadora
Mein Name ist ... – me llamo ...
besetzt – ocupado

Geld
Bank mit Geldautomat – banco con caja automática
Geld – dinero
Geldwechselstelle – casa de cambio
Ich möchte Geld wechseln – quiero cambiar dinero
Kann ich Reiseschecks wechseln? – puedo cambiar cheques de viajero?
Traveller-Scheck – cheques de viajero
Wann öffnet die Bank? – a qué hora abren el banco?
Wie ist der Wechselkurs? – cúal es el tipo de cambio?

Krankheit
Apotheke – farmacia
Fieber – fiebre
Ich bin krank – estoy malo
Ich brauche einen Arzt – necesito un médico
Ich fühle mich nicht gut – no me siento bien
Ich habe Durchfall – tengo diarrea
Können sie mir helfen – puede Usted ayudarme?

Krankenhaus – el hospital
Krankenwagen – una ambulancia
übergeben – vomitar
Wo ist ein Doktor der englisch spricht? – dónde hay un médico que hable inglés?
Zahnarzt – dentista

Notfälle und Polizei
Achtung! – cuidado!
Dieb – ratero/ladron
Diebstahl – robo
Gefahr – peligro
Hilfe! – socorro!
Ich habe mein ... verloren – he perdido mi ...
Ich habe meine Schecks verloren – he perdido mis cheques
Ich möchte den Diebstahl aufnehmen lassen – quiero levantar una acta de robo
Ich möchte ein Anzeige machen – quiero hacer una denuncia
Jemand hat meine Brieftasche gestohlen – alguien me ha robado la cartera
Ruf' die Polizei/einen Arzt – llame a la policía/a un doctor
Überfall – asalto
Verständigen Sie bitte das deutsche Konsulat – informe Usted al consulado alemán, por favor

Auto
autopista – Autobahn
bifurcacíon – Gabelung
bleifrei – sin plomo
Parkplatz – estacionamiento
Autoteile-Handlung – refaccionería
Führerschein – licencia de manejar
fahren – manejar
Habe ich eine Strafe zu zahlen? – tengo que pagar una multa?
Ich benötige einen Abschleppwagen – necesito una grúa
Ich möchte ein Auto mieten – quiero alquilar (od. *rentan,* von engl. „rent") un coche
Kann ich eine Quittung haben? – me puede dar un recibo?
Kontrolle – revisión
Mein Auto hat eine Panne – se me descompuso el carro
Mutter – tuerca
Nummernschild – placa
Öl – aceite
Panne – avería
Hauptstraße – carretera
Stadtstraße – calle
Reifen – llantas
Reifen-Reparatur Geschäft – vulcanízadora
Schraube – tornillo
Tankstelle – gasolinera
voll(tanken) – lleno
Versicherung – seguros
Werkstatt – taller
Wo kann ich die Strafe bezahlen? – dónde puedo pagar la multa?

Verkehrsschilder – Warnungen, Verbote und Gebote
Alto – Stop!
Aproxima Salida – nächste Ausfahrt
Caseta de Cobro – Mautzahlstelle
Ceda el Paso – Vorfahrt gewähren
Circulación – Einbahnstraße
Cuidado – Achtung!
Cuota – Maut (Straßen/Brückengebühr)
Curva Peligrosa – Gefährliche Kurve
Derrumbes – Geröll- und Steinabbrüche (Bergstrecken)
Despacio – Langsam
Desviación – Umleitung
Entronque – Abzweigung
No Hay Paso – Keine Durchfahrt
No Rebase – Nicht Überholen
Obras – Baustelle
Paso prohibido – Durchfahrt verboten
Peatones – Fußgänger
Peligro – Gefahr, Gefährlich
Periférico – (Peripherie)-Umgehungsstraße
prohibido estacionarse – Parken verboten
Puente – Brücke
Salida – Ausfahrt
Semáforo – Ampel
Sinuoso – Kurvenreich
Topes – künstliche Bodenwellen
Vado – Querrinne, Bodensenke
Volver – Umdrehen
Zona de Niebla – Nebelzone

Campen und Wandern
Boot – lancha; barco
Camping – acampar
Campingplatz – campamento
Dorf – pueblo
Hof, Farm – rancho
Hütte – cabaña
Können wir hier campen? – podemos acampar aquí?
Regenwald, Dschungel – selva virgen
Rucksack – mochila
Schutzhütte – refugio
Trailer Park – parque de trailer; trailer park
Wald – bosque
wandern – caminar, marchar
Weg – camino
Wohin führt dieser Weg – a dónde va este camino
Zelt – tienda de campaña, carpa

Speisen und Getränke

(s.a. „Mexiko zwischen Topf und Deckel – Essen und Trinken“, s.S. 68ff und „Cocina yucateca“, s.S. 72

Nützliche Sätze
Wo gibt es hier in der Nähe ein Restaurant? – *dónde hay un restaurante cerca de aquí?*
Ein Restaurant mitl lokalen Spezialitäten? – *un restaurante con platos típicos?*
Die **Speisekarte** bitte – *la carta, por favor*
Was empfehlen Sie heute? – *Qué recomienda hoy?*
Woraus besteht das? – *de qué consiste?*
Ist das scharf – *es picante?*
Bitte nicht scharf – *no muy picante, por favor*
Bringen Sie mir bitte … – *traígame por favor*
Eine Portion – *una orden*
Die Rechnung, bitte – *la cuenta, por favor*
Kellner/in – *joven, mesero/a, señorita*
Wo ist die Toilette – *dónde está el baño?*

Gabel – *tenedor*
Glas – *vaso*
Löffel – *cuchara*
Krug – *jarra*
Messer – *cuchillo*
Serviette – *servilleta*
Teller – *plato*
Tasse – *taza*
Weinglas – *copa*

Zubereitung / Gewürze / Begriffe
al carbón – vom Holzkohlegrill
a la plancha – gegrillt, geröstet
a la suiza – mit Sauercreme
a la veracruzana – Fisch mit würziger Soße aus Tomaten, Chilis, Zwiebeln und Oliven
aceite – Öl
achiote – gekochte Samen des Orleansstrauchs (Bixa orellana), färbt Speisen gelb bis rot (Yucatán)
aderezo – würzen, anmachen, zubereiten
adobado/a – Fleisch wird vor dem braten oder grillen mit Marinade bestrichen
adobo – Marinade aus Chilis, Essig und Gewürzen
ahumado – geräuchert
al estilo – nach Art
al horno – gebacken im Ofen
al mojo (de ajo) – in Tunke bzw. Knoblauchsoße
al pastor – gegrillt am senkrechten Spieß (Taco-Fleisch)
al vapor – gedämpft
almuerzo – zweites Frühstück
antojitos („kleine Gelüste“), pikante Snacks, Vorspeisen, wie *tacos, tamales* etc.
asado/a – gegrillt, kurzgebraten (Steak „gut durch“ = bien asado)
aves – Geflügelgerichte
barbacoa – Erdofen; in ihm werden Speisen langsam gegart (Yucatán)
bebidas – Getränke
bodega – Weinlokal, Weinkellerei
brocheta – Grillspießchen
bundín – Auflauf/Pudding
canela – Zimt
catsup – Ketchup
cena – (spätes) Abendessen
cilantro – frischer Koriander, vielverwendet für Soßen, Salsas und Gerichte
cocido – gekocht
comal – Ton- oder Blechplatte zum Tortilla backen
comedor – „Speisesaal“, ein preisgünstiges Esslokal (Markt)
comida – Mittagessen, Hauptmahlzeit (meist nach 14 Uhr)
comida corrida – günstiges Tagesessen
crudo – roh, ungekocht
cubierto – „Gedeck“ (Brot, Butter, Salsa)
desayuno – Frühstück
dulcería – Laden mit Zuckerbackwerk und Süßigkeiten
empanizada/o – paniert
entremeses – Zwischengerichte, Snacks
epazote – in Mexiko heimisches, vielverwendetes Würzkraut (Teekraut), leichter Zitronengeschmack
escabeche – nach Maya-Art delikat Mariniertes (z.B. Huhn) in Limettensaft, Essig, Lorbeer, Öl, Knoblauch, Oregano, *achiote* u.a. **TIPP**
estofado – Eintopf
flameado – flambiert
fonda – Gasthaus, kleines Restaurant, Imbiss im Markt
frito – gebraten; *refrito* – kurz aufgebraten
fruta – Obst
fundido – geschmolzen (Käse)
guisado – Gericht (geschmort)
harina – Mehl
hielo – Eiswürfel
hierbas – Kräuter
licuados – Mixgetränke mit Früchten
lonchería – kleines Esslokal mit einfachen Speisen, meist im *mercado* (Wortumformung des engl. *lunch*).
marisquería – hier gibt's *mariscos* (Meeresfrüchte u. Fisch)
masa – Maisteig für Tortillas

masa harina – Maismehl für Tortillas
merienda – leichtes Abendessen
milanesa – paniert (Schnitzel z.B.)
mixta – gemischt
mole – (sämige) Soße die u.a. *chiles* enthält
olla – Tontopf
panadería – Bäckerei
parrilla, a la – vom Grill *(talla)*
parrillada – Grillplatte mit diversen Fleisch- und Wurstsorten
pastelería – Konditorei
pasteles – Kuchen, Süßigkeiten
perejil – Petersilie
picadillo – würzige Hackfleischmischung, Füllung für Tacos oder Empanadas
pimienta – Pfeffer
postre – Nachtisch
recado – yucatekische Gewürzpaste mit *achiote*
relleno/a – gefüllt
sal – Salz
sopa – Suppe
sopa seca – „trockene Suppe", Zwischengang; meist Reis, Nudeln oder Spaghetti
tamarindo – gekochte Kerne und Fruchtmark der braunen Schoten des Tamarinden-Baums
taquería – hier gibt's Tacos (vom *taquero*)
tortas – unterschiedlich belegte (warme) Brötchen
tortería – hier gibt's *tortas*
vainilla – Vanille
venado – Wild
verduras – Gemüse

Die mexikanische Speisekarte

Nachfolgend die (unvollständige) alphabetische Auflistung mexikanischer Speisen und Getränke (je nach Region variieren Zubereitung und Zutaten). Sehr schmackhaftes oder mal einen Versuch wert ist mit **TIPP** gekennzeichnet (logischerweise eine subjektive Empfehlung). Weitere lokale Gerichte und Zutaten sind bei den Reiseregionen aufgeführt (z.B. Yucatán).
Zu allem: *„buen provecho"* (guten Appetit) und *„salud"* (Gesundheit)!

aceitunas – Oliven
agua de chía – Erfrischungsgetränk aus den Samen einer maracuja-ähnlichen Frucht
agua de horchata – süßes Erfrischungsgetränk mit fein gemahlenem Reis und Zimt
agua de jamaica – dto. mit Hibiskusblüten
agua de piña – dto. mit Ananas
agua de tamarindo – dto. mit Tamarindenfrüchten
agua purificada – Trinkwasser
aguacate – Avocado
aguardiente – Zuckerrohrschnaps
aguas frescas – Erfrischungsgetränke aus eisgekühltem Wasser, Fruchtfleisch und Zucker
ajo – Knoblauch
albóndigas – Fleischklößchen
alcachofas – Artischocken
almejas – Muscheln
almendras – Mandeln
ante – Süßspeise mit Sirup
arrachera – dünnes Steak, in Streifen geschnitten und schnell gegrillt
arroz – Reis
arroz a la mexicana – Reis als Beilage
arroz con leche – Milchreis (Nachtisch)
arroz, sopa de – Reisgericht
ate – Fruchtpaste bzw. kandierte Früchte
atole – Maisstärke-Getränk mit diversen Zugaben (zerkleinerte Früchte)
atún (bonito) – Thunfisch
avena – Haferflocken
azúcar – Zucker

bacalao – Kabeljau
birote – Weißbrot (nur im Norden Mexikos)
birria – Ragout aus Schaf- oder Ziegenfleisch (Jalisco und Michoacán)
bistec – mariniertes Rindfleisch
bolillo – Weizenbrötchen
botanas – pikante Snacks
budín – Gemüse-Gratin mit Schmelzkäse überbacken; auch Pudding
buñuelos – süße, ausgebackene Pfannkuchen
burritas – gefüllte Tortillas, im Norden Mexikos meist mit Bohnen und scharfer Soße

cabrito – Zicklein
cacahuate – Erdnuss
café americano, negro – schwarzer Kaffee, bitter geröstet
café con crema – Kaffee mit Sahne
café con leche – Milchkaffee
café de olla – Kaffee mit Zimt und brauner Zuckermelasse *(piloncillo)* und Gewürzen, der in Tontöpfen zubereitet und aus Tonbechern getrunken wird. **TIPP**
café instantaneo – löslicher Kaffee (Nescafé)
cahuma – Riesenschildkrötenfleisch (darauf verzichten)
calabacita – Zucchini
calamar – Tintenfisch

caldo – Brühe, Bouillon
camarones – Krabben (Garnelen)
camote – Süßkartoffel (Batate), als Nachtisch (Puebla)
canela – Zimt
cangrejo – Krebs
carne – Fleisch
carne asada – gegrilltes oder kurzgebratenes Fleisch
carnero – Hammel
carnitas – kleine Fleischstücke
cazón – Hundshai (Yucatán)
cebollas – Zwiebeln
cecina – dünne Rindfleischscheiben, eingelegt in Zitronensaft und dann gegrillt
cerdo – Schweinefleisch
cerveza – Bier (*clara* – helles, *obscura* – dunkles)
ceviche – aromatischer (roher) Meeresfrüchte-Cocktail in Limettensaft (Gesundheitsgefahren! Wenn, dann unbedingt nur frisch zubereitet!)
chalupas – kleinere Tortillas mit *salsa verde* oder *roja* und jeder Menge Zwiebeln.
champurrado – heiße Schokolade mit aufgelöster Mais-*masa*, gewürzt mit Zimt und Zucker.
chapulines – frittierte oder nur getrocknete Heuschrecken
chaya – eine Art Spinat, Yucatán
chayote – Kürbis
chelada – eiskaltes Bier mit frischem Limettensaft (Limettenschnitz)
chícaros – Erbsen
chicharrón – knusprig ausgebackene, gewürzte Schweineschwarten
chilaquiles – schmackhafte Mischung aus zerschnitzelten Tortillas mit gratiniertem Käse, Sahne, Tomatensoße und Zwiebeln; gut zum Frühstück.
chilatole – Maissuppe
chile – das in Mexiko am meisten verwendete Gewürz
chiles chipotles – rote Chilisorte
chiles en nogada – große, milde und gefüllte Chilischoten mit Walnusssoße. **TIPP**
chiles rajas – grüne, bohnenähnliche Chilisorte
chiles rellenos – gefüllte Paprikaschoten
chimichangas – in Öl ausgebackene, knusprige *burritas*
chipilín (chepil) – würzige, spinatähnliche Blätter einer tropischen Hülsenfrucht
chirimoya – wohlschmeckende Tropenfrucht (cremig-süß)
chocolate – Kakaogetränk
chorizo – würzige (Schweins-)Wurst, luftgetrocknet oder geräuchert
chuleta – Kotelett
churros – Spritzgebäck in Öl ausgebacken
cilantro – Koriander
ciruela – Pflaume
cocada – Süßspeise aus Kokosraspeln (Dessert)
cochinillo – Spanferkel
cochinita pibil – zerkleinertes Spanferkelfleisch in Bananenblättern und im Erdofen geschmort; traditionelles und bekanntestes Gericht Yucatáns. **TIPP**
coco – Kokos
coco loco – Kokosmilch mit Tequila, Rum oder Gin
coditos – Makkaroni, kurze Röhrennudeln
codzitos – gerollte und gefüllte Tortillas mit Tomatensoße und weißem Krümekäsebelag
col – Kohl
coliflor – Blumenkohl
colonche – Getränk aus fermentierten Kaktusfrüchten
conejo – Kaninchen
consome de pollo – Hühnerbrühe
cordero – Lamm
cordorniz – Wachteln
crema de coco – Punsch aus Rum, Kokosmilch und Orangensaft
crepas – Crêpes
cuitlacoche (huitlacoche) – schwarzer Pilz, der auf Maiskolben wächst; köstlich mit Ei, in Suppen u.a. Gerichten. Spezialität und Delikatesse.

dulce de leche – Milchkonfitüre, Karamellcreme
duraznos – Pfirsiche

ejotes – grüne Bohnen
elotes – gekochte Maiskolben (Straßenverkauf)
empanadas – gefüllte Tortillas oder kleine Pasteten, entweder frittiert und gebacken, Füllung süß oder pikant; dazu eine Soße
enchiladas – (*enchilar* = mit Chili), lecker gefüllte, eingerollte Tortillas mit Chili-Soße, Zwiebeln und weißem Krümel-Käse obendrauf (regional verschieden)
ensalada – Salat
entremeses – meist kalte Vorspeisen
escamoles – gebratene Ameiseneier
espinaca – Spinat
esquite – lose, gekochte Maiskörner im Becher, gewürzt mit *limón, chile* oder Mayonnaise

estofado – Eintopf

fajitas – Geschnetzeltes, mariniert (Hühnchen/Rind). **TIPP**
fideos – Fadennudeln
filete – Schnitzel (kein zartes Filetfleisch, nur beim Fisch!)
flan – Karamel-Pudding
flautas – „Flöten“ – gefüllte Tortillas doppelter Länge
flor de calabaza – Kürbisblüten
flor de jamaica – Hibiskusblüte, für Erfrischungsgetränke
fresas – Erdbeeren
frijoles – schwarze Bohnen
frijoles refritos – dickes Bohnenmus, das mit etwas Schweineschmalz kurz aufgebraten wurde. **TIPP.**

gazpacho – kalte Gemüsesuppe
gelatina – (Wackel-)Pudding, „Götterspeise“
gorditas – dicke, gefüllte Tortillas in vielen Varianten
grillos – Grillen
gringas – Taco bzw. Quesadilla-Variante
guacamole – schmackhafte Avocadocreme mit Tomaten, mildem Chili, Zwiebeln, Koriander und mit einem Spritzer Limonensaft. **TIPP.**
guajolote – (náh.) Truthahn
guayaba – Guave, birnenförmige Tropenfrucht
gusano – Agavenwurm (für Mezcal-Schnaps)

habas – Saubohnen
helado – Eis (Vorsicht mit Softeis!)
hierba buena – Pfefferminze
hígado – Leber
higos – Feigen
hongos – Pilze
horchata – Erfrischungsgetränk mit fein gemahlenem Reis, Zimt und Zucker
huachinango – Rotbarsch, Roter Schnapper, engl. red snapper; als „a la veracruzana“, einer würzigen Soße aus Tomaten, Chilis, Zwiebeln und Oliven, ein **TIPP**
huarache – „Latsche“, „Schuh“; große, dick belegte Tortilla
huevo – Ei
huevo duro/tibio – hartgekocht/wachsweich
huevos a la mexicana – Rühreier mit *chiles,* Zwiebeln, Tomaten und *frijoles refritos.* **TIPP**
huevos ahogados (poches) – Eier pochiert („verlorene Eier“)
huevos estrellados – Spiegeleier
huevos motuleños – Tortilla mit Ei, Bohnenmus, Schinken, Erbsen und *salsa;* Yucatán
huevos rancheros – gebratene Eier auf warmen Tortillas mit Tomaten und Bohnenmus
huevos reales – süßes Eierdessert mit Zimt
huevos revueltos – Rühreier

jaiba – Krebs
jamón – Schinken
jamón serrano – geräucherter Schinken
jitomate – rote Tomate
jugo – Saft
jumiles – kleine Käfer zum Essen (Pazifikküste)

Kahlúa – Kaffee-Likör

langosta – Languste
leche – Milch
lechuga – Kopfsalat
legumbres – Hülsenfrüchte (Erbsen etc.)
lengua – Zunge
lentejas – Linsen
licuados – Mixgetränk mit Früchten, Wasser oder Milch
lima – größere, gelbe Limette, süßsauer
limón – Limette, kleine und grün
lomo – Lende, Lendenbraten
longaniza – würzige Dauerwurst-Spezialität aus Schweinefleisch

machaca – Dörrfleisch
mamey (sapote) – Tropenfrucht mit orangerotem, weichem Fruchtfleisch
manchamanteles – „Flecken auf dem Tischtuch“, Mole aus Oaxaca
manteca – (ausgelassenes) Schweineschmalz
mantequilla – Butter
manzana – Apfel
manzanita – apfelsafthaltiges Getränk
Margarita – Mexikos berühmtester Tequila-Cocktail, gemixt aus klarem Tequila
mariscos – Meeresfrüchte und Fische
marlin – Fisch mit langem Kopfstachel
masa – frischer Maisteig für Tortillas
melón – Honigmelone
memelitas – kleine, belegte Tortillas (Oaxaca)
menudo – würzige Suppe mit Kutteln
merengue – Schaumgebäck (Baiser)
Mezcal – Agavenschnaps, der nicht aus der Region Tequila stammt
michelada – Biermischgetränk, u.a. mit Chili
miel – Honig
mixiote – Lamm-Eintopf
mojarra – Flussbarsch

mole – (náh., „Mischung"), Soßenmischung, die Chilis und andere Gewürzen enthält (s.a. „salsa")
mole poblano – „Puebla-Soße", Mexikos berühmteste pikante Schokoladensoße, dunkel, schwer und sämig. **TIPP**
mole verde – Kürbiskernsoße
mollete – überbackenes Brötchen, z.B. mit Bohnenmus und Käse; Baguette
morrón – Chilischote bzw. -Sorte

nachos – Tortillachips mit Käsesoße
nance – kirschähnliche gelbe Frucht, süß bis leicht sauer
naranja – Orange
naranja agria – Bitterorange (Pomeranze)
nieves („Schnee"), Wasser-Eis
nopales – Gemüse aus entstachelten, flachen Blättern des Feigenkaktuses (Opuntie)
nuez – Nuss

ostiones – Austern (Vorsicht, eher verzichten!)

paella – gekochter Safran-Reis mit allen möglichen Zutaten (Fleisch, Fisch)
paleta – Eis am Stiel
pan – Brot
pan de muerto – Allerheiligen-Brot, mit Knochen oder Totenköpfen verziert
pan dulce – süßes Brot
panuchos – Tortillas gefüllt mit vielerlei Zutaten
papadzules – gerollte Tortillas, gefüllt mit hartgekochten Eiern, Tomaten- und Kürbiskernsoße
papas – Kartoffeln
papas fritas – Pommes frites
pastel – Kuchen
pato – Ente
pavo – (span.) Truthahn
pavo en relleno negro – Truthahn mit dunkler Füllung (Yucatán)
pechuga – Hähnchen-Brustfleisch
pepino – Gurke
pepitas – Kürbiskerne
pescado – Fisch
pescado blanco – weißer Fisch vom Pátzcuaro-See
pez vela – Seglerfisch (wohlschmeckend)
pico de gallo – „Hahnenschnabel", gemacht aus Orangen, Yambohnen *(jícamas)* und *chile*
piloncillo – eingedickte Zuckermelasse (z.B. für *café de olla*)
pintos – gefleckte Bohnen
piña – Ananas
piña colada – Ananascocktail mit Cocos und Rum
piñones – Pinienkerne
pipián – Kürbiskerne
pipián verde – grüne Soße mit Kürbis-, Pinien- und auch Sesamkörnern. **TIPP**
pistache – Pistazien
plátano macho – Kochbanane
plátano manzano – Apfelbanane
poc chuc – Schweinefleisch mit Zwiebeln und einer sauren Orangen- oder Zitronensoße (Yucatán)
pollo – Huhn
pollo pibil – zerkleinertes Hühnerfleisch in Bananenblättern im Erdofen geschmort, traditionelles Gericht auf Yucatán. **TIPP**
pozole – deftig-kräftige Suppe bzw. ein Eintopf (grüner oder roter) mit Huhn- und Schweinefleisch, Chilis, Gewürzen und gequollenen ganzen Maiskörnern.
puchero – würziger Eintopf mit vielerlei Gemüse und Fleisch, meist Huhn (Yucatán)
pulpo – Tintenfisch
Pulque – weißer, fermentierter Agavenmost
quesadilla – zusammengeklappte Tortilla mit Käsefüllung (auch Kartoffeln, Pilze u.a.). **TIPP**

queso – Käse
queso asadero – Ziegenkäse
queso Chihuahua – milder Käse (von den Mennoniten)
queso de bola relleno – gefüllter Käselaib (Yucatán)
queso de tuna – süße Fruchtcreme aus Kaktusfrüchten
queso fresco (blanco) – eine Art Feta-Käse, weiß und krümelig
queso fundido – geschmolzener Käse

rabano – Rettich
raspados – geraspeltes Blockeis
refresco – Erfrischungsgetränk
res – Rind
róbalo – Seebarsch
romeritos – Kraut, gekocht in *mole* und Beilagen *(nopales)*
rompope – Likör mit Eiern
ron – Rum

sal – Salz
salbutes – frittierte Tortillas, belegt mit Truthahnfleisch, Zwiebeln, Avocadoscheiben und Tomaten (Yucatán). **TIPP**
salchichas – Würstchen

salsa – Chili-Würzsoße, roh oder gekocht, frisch oder fertiggemischt in Fläschchen.
salsa de cacahuate – Erdnusssoße
salsa mexicana – klassische mexikanische Salsa, frisch angemacht aus Tomaten, *chiles serranos, cilantro,* Zwiebeln und Limettensaft, dazu Tortilla-Chips (Vorspeise). **TIPP**
salsa verde – ebenfalls beliebt, aus grünen *tomatillos, chile* und *cilantro*
sandia – Wassermelone
sapote oder *mamey* – Frucht des Sapote-Baums mit rostbrauner Haut und melonenähnlichem, süßen Fruchtfleisch (lachsfarben bis rot). **TIPP**
Sidral – apfelsafthaltiges Getränk
sikil pak – Salsa/Püree aus Kürbiskernen, Tomaten, Zwiebeln und scharfem Chili
sincronizada – leichtgebratene Tortilla mit Schinken und Käse. **TIPP**
sopa de arroz – keine Suppe, sondern ein Reisgericht!
sopa de elote – Maiscremesuppe
sopa de lima – Suppe mit Huhn, Tortillastreifen, Limettensaft, Gemüse und Gewürzen (Yucatán). **TIPP**
sopa seca – „trockene Suppe", Gang zwischen Vor- und Hauptspeise
sopas – Suppen

taco – Mexikos Leib- und Magenspeise: eine belegte oder gerollte Tortilla mit diversen Belägen bzw. Füllungen, auch in knuspriger Form. **TIPP**
taco papadzule – Taco mit hartgekochten Eiern, Tomaten- und Kürbissoße
tacos al pastor – Tacos mit Fleisch vom Dreh- bzw. Schabegrill („Döner"). **TIPP**
tacos árabe – Tacos vom Drehgrill mit Mais- oder Weizentortilla. **TIPP**
tamales – Mais-*masa* wird mit einer würzigen Paste (gehacktes Fleisch, Kräuter, *chiles* und Zwiebel) auf Mais- oder Bananenblätter gestrichen, eingewickelt, mit Blattstreifen verschnürt und in Dampf gegart. **TIPP**
taquitos – kleine Tacos
té – Tee
té de hierba buena (auch *yerba buena*) – milder Pfefferminztee
té de manzanilla – Kamillentee
té negro – Schwarzer Tee
telera – längliches Weißbrötchen
tepache – gegorener Ananassaft mit braunem Zucker und Nelken
Tequila – Agavenschnaps (Markengetränk)
ternera – Kalb
tiburón – Haifisch
tinga – zerkleinertes Fleisch, z.B. *tingo de pollo,* Hühnerklein
tlacoyos – ovale, dickere, schon vor dem Backen gefüllte Tortillas
tlayudas – knackig-große Tortillas, belegt mit allem Möglichen (Oaxaca)
tocino – durchwachsener Speck
tomatillo (tomates verdes) – grüne Tomate (ist aber keine unreife rote Tomate), für die *salsa verde*
toronja – Grapefruit
tortas – belegte Brötchen (mit Fleisch, Käse, Gemüse, Avocado); *t. ahogadas* – in Soße
tortilla – Fladen aus Maisteig, der kurz auf dem *comal* gebacken wird, Brot Mexikos!
tostadas – frittierte bzw. knusprige Tortillas, dient als „Teller" für diverse Beläge
totolero – Truthahn
totopos – goldbraun-knusprige Mais-Chips zum Knabbern und Löffeln von Bohnenmus, Avocadocreme, Salsas u.a.
truchas – Forellen
tuetano – Markknochen
tuna – essbare Frucht des Feigenkaktus (Opuntie)

uvas – Weintrauben

vaca – Kuh
verdura – Gemüse
vinagre – Essig
vino – Wein; *blanco* (weiß), *tinto* (rot), *seco* (trocken), *dulce* (süß)

Xtabentún – Anis-Honig-Likör aus Yucatán

yerba buena – *s. hierba buena*

zanahorias – Karotten

Register